大方县志

· 1991— 2015 ·

DAFANG XIANZHI

贵州省大方县地方志编纂委员会 编

方志出版社
Publishing House of Local Records

图书在版编目（CIP）数据

大方县志：1991—2015/贵州省大方县地方志编纂委员会编．—北京：方志出版社，2019.12

ISBN 978-7-5144-3976-2

Ⅰ.①大… Ⅱ.①大… Ⅲ.①大方县—地方志—1991—2015 Ⅳ.①K297.34

中国版本图书馆 CIP 数据核字（2019）第 268912 号

大方县志（1991—2015）

编　　者：贵州省大方县地方志编纂委员会
责任编辑：高孟君

出 版 者：方 志 出 版 社
地址　北京市朝阳区潘家园东里 9 号（国家方志馆 4 层）
邮编　100021
网址　http：//www.fzph.org
发　　行：方志出版社发行部
电话（010）67110500
经　　销：各地新华书店
印　　刷：成都市标点制版印务有限责任公司

开　　本：889×1194　1/16
印　　张：64.5
字　　数：1731 千
版　　次：2019 年 12 月第 1 版　　2019 年 12 月第 1 次印刷
印　　数：0001～5000 册

ISBN 978-7-5144-3976-2　　定价：468.00 元

大方县地图

比例尺 1:370 000

审图号：图黔F（2018）005号

贵州省第三测绘院 编制 二〇一八年十一月

大方县资源图

比例尺 1:370 000

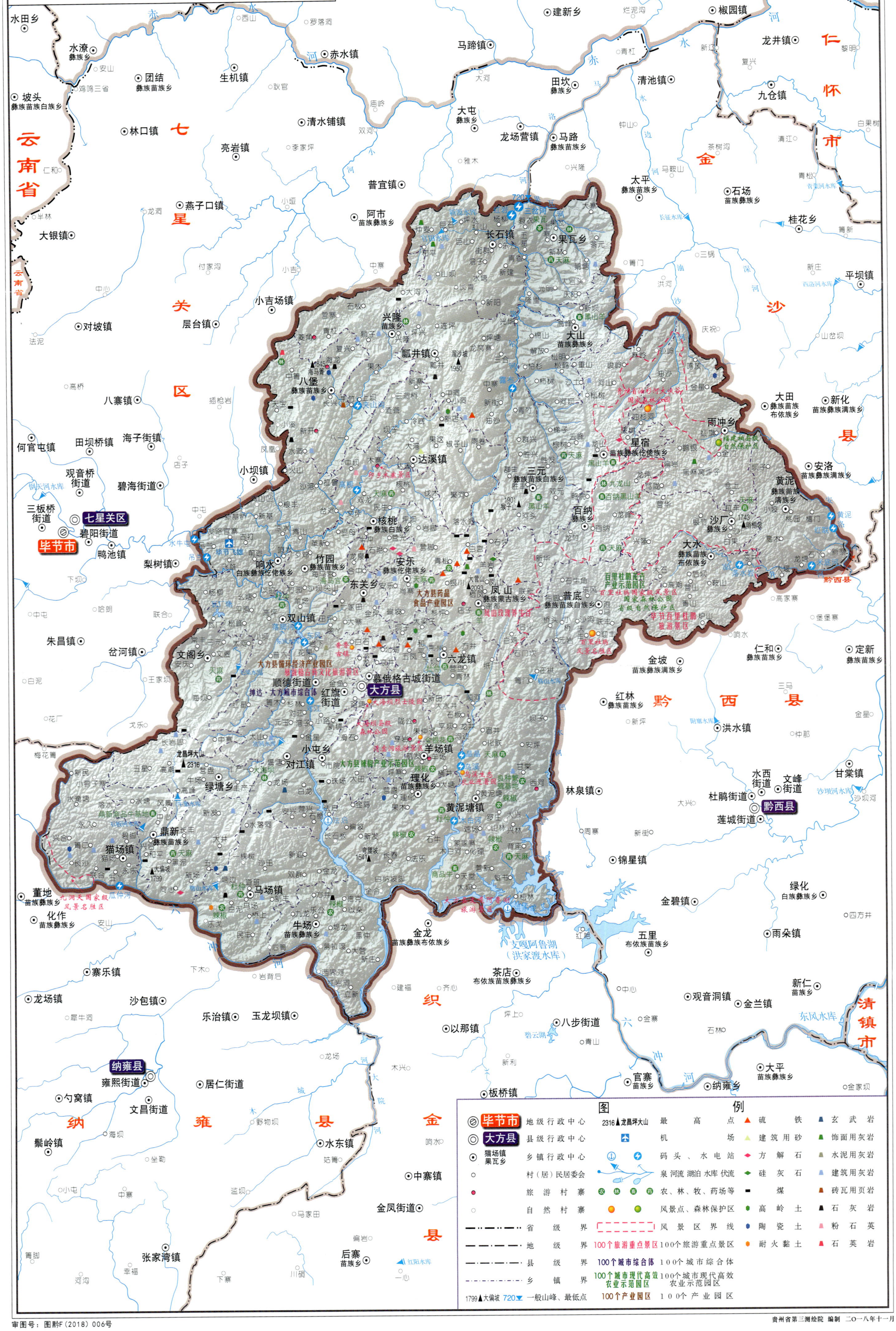

审图号：图黔F（2018）006号

贵州省第三测绘院 编制 二〇一八年十一月

《大方县志（1991—2015）》
编纂委员会

《大方县志（1991—2015）》
编辑部

《大方县志（1991—2015）》人物志
审定人员

陈　萍　杨志成　黄海鸣　徐　萍　李天智　周登印　叶顺枝　谢志全
康朝敏　杨官文　罗昌孝　赵凤英　王慧玲　宋永斌　赵　江　刘明刚
陈绍竹　陈开亮　徐德后　吴季陶

《大方县志（1991—2015）》
初审人员

曾在大方县担任过副县级以上领导职务的部分离任老领导

大方籍在县外工作的部分领导和专业人士

大方县四大班子领导成员

大方县各乡镇党政主要负责人

大方县县直各部门主要负责人

《大方县志（1991—2015）》复审人员

潘圣群（毕节市史志办主任）
高隆礼（毕节市史志办副主任）
吴南剑（毕节市史志办副主任）
金国藩（毕节市史志办原党组书记）
曾加伦（毕节市社科联主席）
王明贵（贵州工程应用技术学院教授）
高承仁（原毕节地区文化局文艺创作室主任）
饶艳兰（毕节市史志办年鉴编纂科科长）
刘　宇（毕节市史志办科研管理科科长）

《大方县志（1991—2015）》
终审人员

梁贵钢（贵州省地方志办公室副主任）
范同寿（贵州省地方志办公室原主任）
唐玉芳（《贵州大百科全书》常务副主编）
王任索（贵州省文史馆原副巡视员）
伍启林（九三学社贵州省委调研处处长）
钟　莉（贵州省地方志办公室业务四处处长）
陆　震（贵州省地方志办公室业务四处副处长）
车秀琴（贵州省地方志办公室业务四处主任科员）
胡　宇（贵州省地方志办公室业务四处工作员）

奢香夫人塑像（2016 年 4 月摄）

大方县城全景（2017 年 8 月摄）

● “中国现代民间绘画画乡”证书

● “中国民间文化艺术之乡”牌匾

● “中国天麻之乡”牌匾

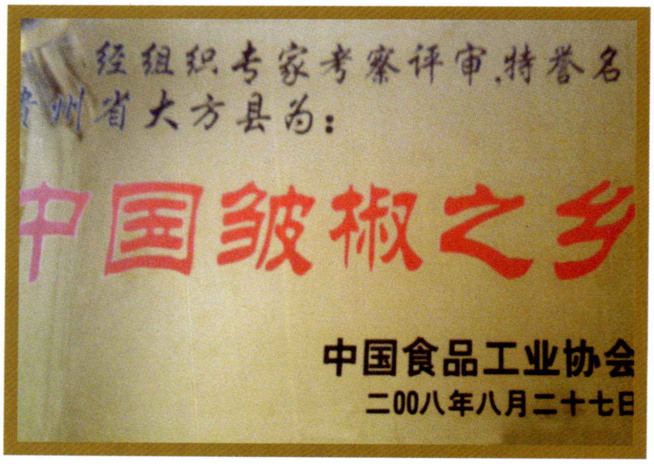

● “中国皱椒之乡”牌匾

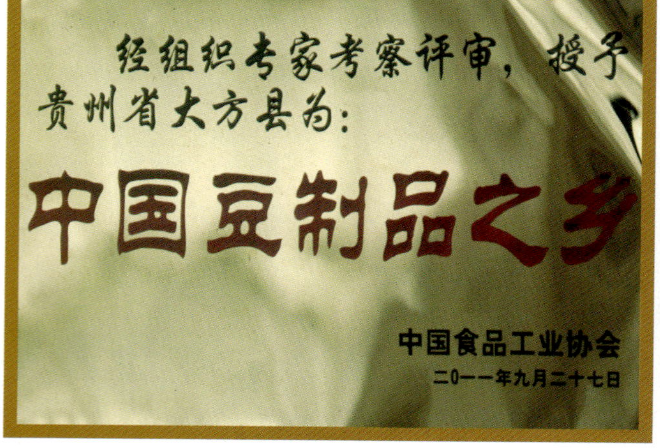

● “中国豆制品之乡”牌匾

● “中国漆器之乡”牌匾

●中国共产党大方县第十一次代表大会第四次会议第一次全体会议
●（2014年3月1日摄）

●大方县第十六届人民代表大会第五次会议
●（2015年2月11日摄）

●大方县2014年经济工作会议（2014年1月13日摄）

●中国人民政治协商会议第九届大方县委员会第五次会议
●（2016年3月14日摄）

位于大方县城北郊的贵州宣慰府（2011 年 11 月摄）

百里杜鹃景区五彩亭（2016 年 3 月摄）

●奢香古镇（2018 年 6 月摄）

●奢香墓（2012 年 9 月摄）

●奢香博物馆（2017 年 4 月摄）

九洞天（2011 年 6 月摄）

油杉河景区仙宇屯（2016 年 7 月摄）

马干山蒙古风情园（2017 年 12 月摄）

支嘎阿鲁湖（2013 年 8 月摄）

清虚洞（2015 年 10 月摄）

落脚河（2017 年 6 月摄）

●油杉河景区古银杏林（2012 年 11 月摄）

●位于大方县境内的毕节飞雄机场（2013 年 7 月摄）

●织毕铁路大方境岩下特大桥（2015 年 12 月摄）

●杭瑞高速公路大方互通（2013 年 1

织毕铁路大方南站通车运营（2016 年 10 月 24 日摄）

成贵高铁大方站（2019 年 12 月摄）

黔大高速公路大方境坝子寨大桥（2015 年 9 月摄）

● 杭瑞高速公路大方收费站（2017 年 6 月摄）

● 东清高速公路大方北站（2018 年 12 月摄）

● 大方县汽车客运站（2017 年 9 月摄）

●贵毕公路大方境石关互通（2015 年 8 月摄）

●大纳公路大方境山王庙隧道（2014 年 11 月摄）

●清毕公路大方境落脚河段（2011 年 8 月摄）

●六龙至羊场通乡油路（2014 年 4 月摄）

大海坝至小屯乡龙洞通村水泥路（2015 年 6 月摄）

羊场镇坝子村连户路（2013 年 9 月摄）

奢香公园（2013 年 9 月摄）

杜鹃广场（2014 年 10 月摄）

●奢香大道（2012 年 5 月摄）

●顺德彝族风情街（2012 年 4 月摄）

●慕俄格古城西城门（2016 年 7 月摄）

移山水库（2015 年 5 月摄）

凉水井水库（2013 年 6 月摄）

新源水库（2014 年 7 月摄）

岔河水库（2017 年 8 月摄）

●官田水库（2014 年 5 月摄）

●宋家沟水库（2012 年 7 月摄）

●天门关水库（2017 年 6 月摄）

雨冲小城镇（2011 年 8 月摄）

兴隆乡菱角苗寨（2018 年 5 月摄）

●六龙古镇（2012 年 5 月摄）

●小屯梯田（2009 年 9 月摄）

黄泥塘小城镇（2012 年 6 月摄）

核桃乡马白寨（2017 年 8 月摄）

羊场镇清虚洞休闲山庄（2016 年 7 月摄）

凤山乡火封丫民居（2016年8月摄）

●许家印（前排左）与大方县县长顾掌权（前排右）签订恒大集团结对帮扶大方县精准脱贫协议，全国政协第十二届委员会经济委员会副主任项宗西（后排左五）、全国政协第十二届委员会经济委员会副主任胡纪源（后排左四）、贵州省人民政府副省长刘远坤（后排右四）、贵州省政协副主席班程农（后排右三）、中共毕节市委书记陈志刚（后排右二）、毕节市人民政府市长陈昌旭（后排右一）等共同见证　　（2015 年 12 月 19 日摄）

●恒大集团结对帮扶大方县首批援建 40 项重点工程和 200 个农牧业产业化基地项目开工仪式（2016 年 2 月 27 日摄）

● 恒大集团帮扶大方县吸纳就业培训第二期培训班开班仪式（2016 年 1 月 12 日摄）

●恒大帮扶大方县引进的安格斯牛（2017 年 1 月摄）

●安乐乡恒大第五纯种安格斯牛育种场（2017 年 10 月摄）

●辐射大方县的东关乡恒大蔬菜育苗中心（2017 年 5 月摄）

● 星宿乡恒大六村（2017 年 10 月摄）

● 安乐乡白宫村油用牡丹种植基地（2017 年 4 月摄）

● 大方县恒大敬老院（2017 年 12 月摄）

● 大方县恒大儿童福利院（2017 年 12 月摄）

● 大方县恒大慈善医院（2017 年 12 月摄）

● 大方县恒大第二小学（2017 年 4 月摄）

● 大方县恒大职业学院（2018 年 1 月摄）

羊场镇穿岩村龙井沟退耕还林前（2000 年摄）

羊场镇穿岩村龙井沟退耕还林中（2009 年摄）

羊场镇穿岩村龙井沟退耕还林后（2015 年摄）

●黄泥乡天然林（2014 年 6 月摄）

●星宿乡漆树林（2010 年 10 月摄）

●对江镇箐梁子林场（2016 年 4 月摄）

●红河生态林（2014 年 7 月摄）

●羊场镇桶井村中药材治理石漠化（2015 年 6 月摄）

●小屯乡退耕还林（2014 年 7 月摄）

● 东关乡丹参种植基地（2017 年 6 月摄）

● 雨冲乡油用牡丹种植基地（2017 年 7 月摄）

● 黄泥塘镇辣椒种植基地（2017 年 5 月摄）

● 核桃乡玫瑰花种植基地（2018 年 6 月摄）

● 理化乡猕猴桃种植基地（2016 年 7 月摄）

●达溪镇香葱种植基地（2018 年 5 月摄）

●凤山乡绵羊养殖（2016 年 4 月摄）

猫场镇茶园（2016 年 3 月摄）

小屯乡林下养鸡（2015 年 5 月摄）

星宿乡黄牛养殖（2012 年 6 月摄）

● 大方火电厂（2018 年 1 月摄）

● 大方经济开发区（2016 年 1 月摄）

●黄泥塘镇返乡农民工创业园（2015 年 5 月摄）

●大方县电子商务产业园（2015 年 10 月摄）

富榕公司生产基地工人查看食用菌生长情况（2016 年 2 月摄）

●陶瓷工业产品（2015 年 12 月摄）

● 大方一中（2016 年 10 月摄）

● 大方县毕节同心农工中等职业技术学校（2015 年 12 月摄）

● 大方县恒大民族中学（2018 年 3 月

● 大方一小（2015 年 4 月摄）

● 大方县启蒙幼儿园（2014 年 12 月摄）

● 大方县特殊教育学校（2016 年 11 月摄）

大方三中大课间（2016 年 12 月摄）

大方三中学生管乐队排练（2016 年 12 月

大方县毕节同心农工中等职业技术学校学生艺术体操表演（2016 年 11 月摄）

大方县贵阳一中金塔英才学校（2017 年 9 月摄）

● 大方二小学生手风琴演奏（2017 年 3 月摄）

● 大方县 2016 年高考奖励扶助大会（2016 年 8 月摄）

● 大方县人民医院（2017 年 4 月摄）

● 农工民主党中央捐赠大方县16 辆救护车（2011 年 5 月摄）

● 大方县中医医院

●（2007 年 1 月摄）

六龙镇卫生院（2012 年 5 月摄）

黄泥乡卫生院（2012 年 5 月摄）

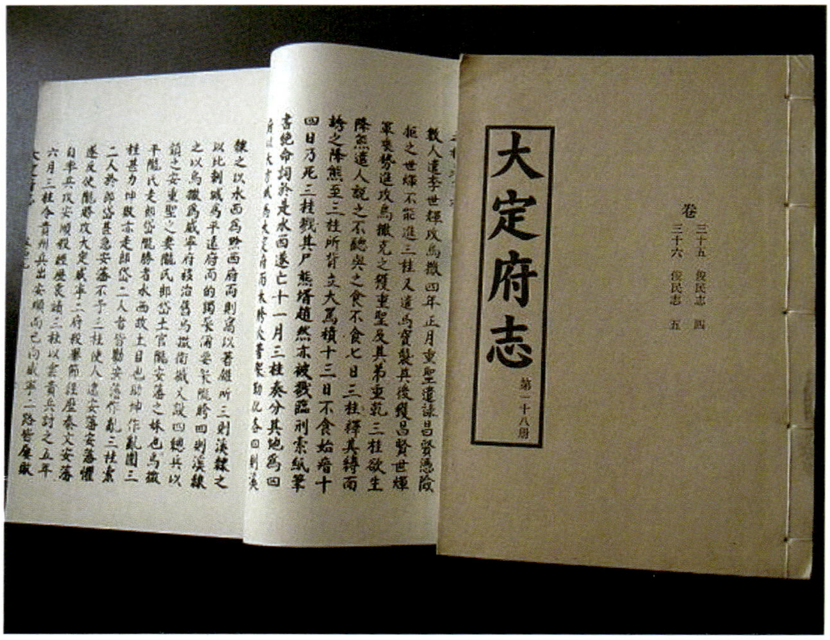

●黄宅中主修、林则徐作序的《大定府志》

●2012 年再版的《大定府志》

●电视连续剧《奢香夫人》在大方县贵州宣慰府举行开机仪式（2010 年 3 月 18 日摄）

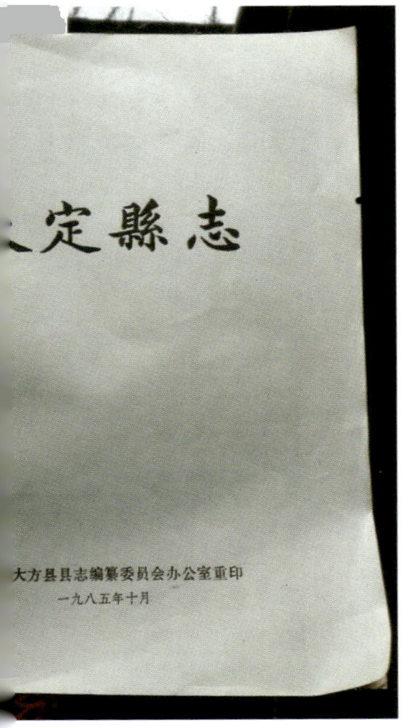

●《大定县志》

●《西南彝志》

●1996年出版的首部《大方县志》

大方县第二届奢香文化节暨贵州宣慰府落成典礼（2010年4月20日摄）

大方县纪念中国人民抗日战争胜利70周年群众文艺调演

大方县民乐演奏（2016年7月29日摄）

大方县首届"庆中秋·迎国庆中华经典诗词朗诵"决赛

（2014年9月8日摄）

（2015 年 9 月 29 日摄）

百对新人在大方县贵州宣慰府广场举行汉唐婚礼（2015 年 8 月 20 日摄）

千人彝舞——《乌蒙欢歌》（2015 年 3 月 21 日摄）

● 大方县首届音乐文化节暨文艺创作基地授牌仪式（2015 年 7 月摄）

● 灯谜竞猜（2015 年 2 月摄）

● 舞龙（2011 年 2 月摄）

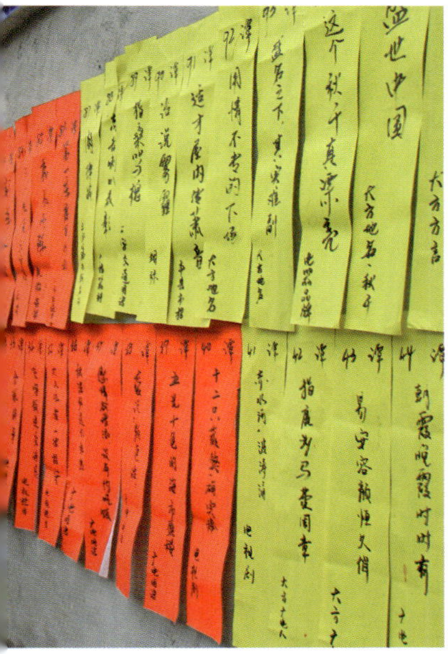

农民画创作现场（2013 年 7 月摄）

大方县第三十届国庆歌咏比赛（2017 年 9 月 29 日摄）

彝族祭祀活动（2012 年 7 月摄）

彝族赛马（2012 年 7 月摄）

彝族小年长桌宴（2018 年 2 月 5 日摄）

● 苗族风情（2012 年 7 月摄）

● 苗家咂酒（2012 年 7 月摄）

● 苗族芦笙舞（2012 年 7 月摄）

●苗族同胞夹道欢迎宾客（2013 年 5 月 25 日摄）

●苗族纺线（2015 年 5 月摄）

● 白族舞蹈（2015 年 4 月 21 日摄）

● 白族团圆节表彰“十大孝媳”（2014 年 4 月 2 日摄）

●白族恭迎本主仪式（2014 年 4 月 2 日摄）

●白族体育竞技（2015 年 4 月 21 日摄）

●中国第一航空发动机制造厂考工室全体人员合影（2018 年 6 月翻拍）

●位于大方县城的中华苏维埃人民共和
滇黔省革命委员会旧址（2018 年 4 月摄

●位于大方县羊场镇的中国第一航空发动机制造厂遗址（2013 年 4 月摄）

●大海坝革命烈士纪念碑（2017 年 4 月摄）

●红二、红六军团将军山之役纪念碑（2017 年 8 月摄）

●红九军团猫场战斗纪念园（2017 年 4 月摄）

●红二、红六军团黄家坝阻击战纪念碑（2017 年 7 月摄）

●瓢井镇运盐古道（2016 年 9 月摄）

黄泥塘镇甘棠节孝坊残部（2013 年 4 月摄）

瓢井镇春秋祠石刻（2014 年 1 月摄）

高店白布河千岁衢古驿道（2014 年 1 月摄）

●龙王庙井（2014 年 5 月摄）

●杨柳井（2017 年 8 月摄）

●桶桶井（2017 年 8 月摄）

●龙水井（2017 年 8 月摄）

●联壁塔（2011 年 11 月摄）

●扶风塔（2011 年 8 月摄）

●奎峰塔（2011 年 8 月摄）

大方漆器

●漆器制作

●漆器成品（一）

●漆器成品（二）

大方豆制品

豆棒

豆干

豆豉粑

腐竹

包装豆制品

大方皱椒

晒生椒

辫生椒

干椒

肉丁油辣椒

辣椒罐头

大方天麻

生天麻

干天麻

天麻酒

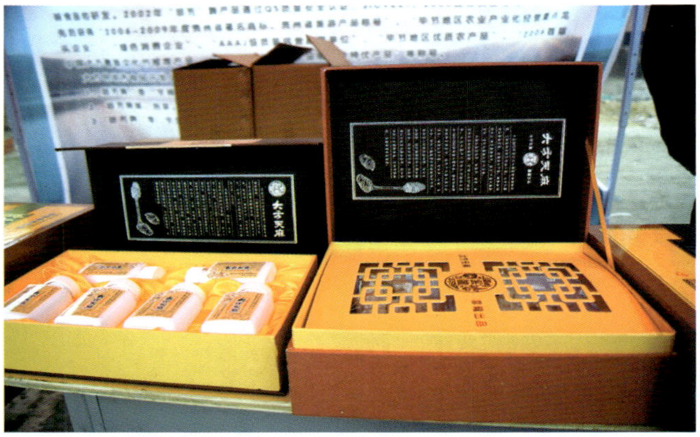

天麻胶囊

● 冬荪

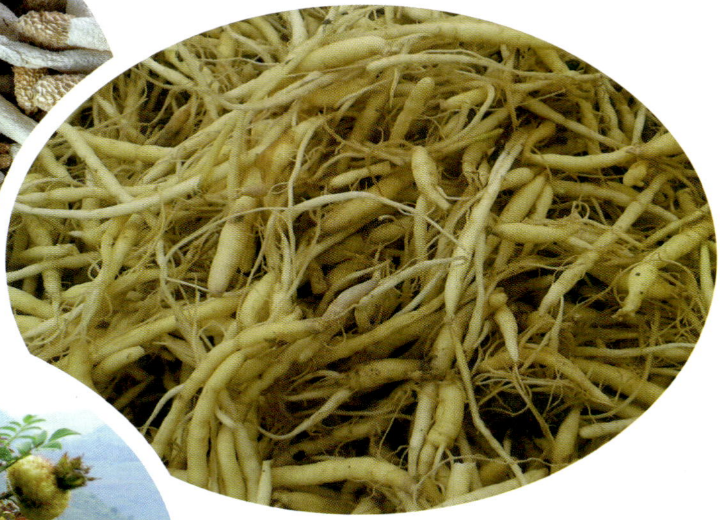

● 太子参

● 刺梨

● 猕猴桃

苗家八块鸡与盖碗肉

骟鸡点豆腐火锅

绣球蹄筋

糍粑豆干

阁雅黄粑

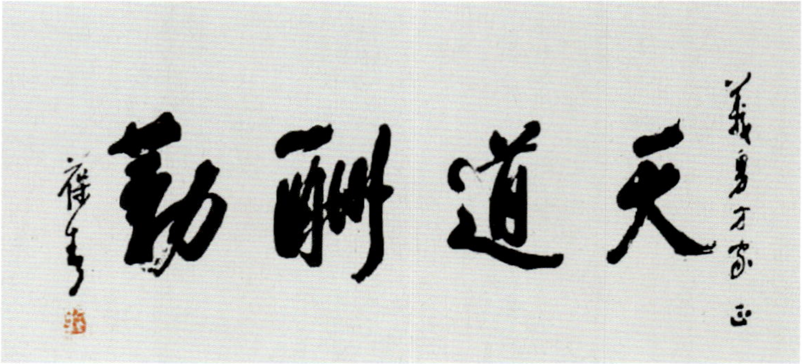

李葆春（书）

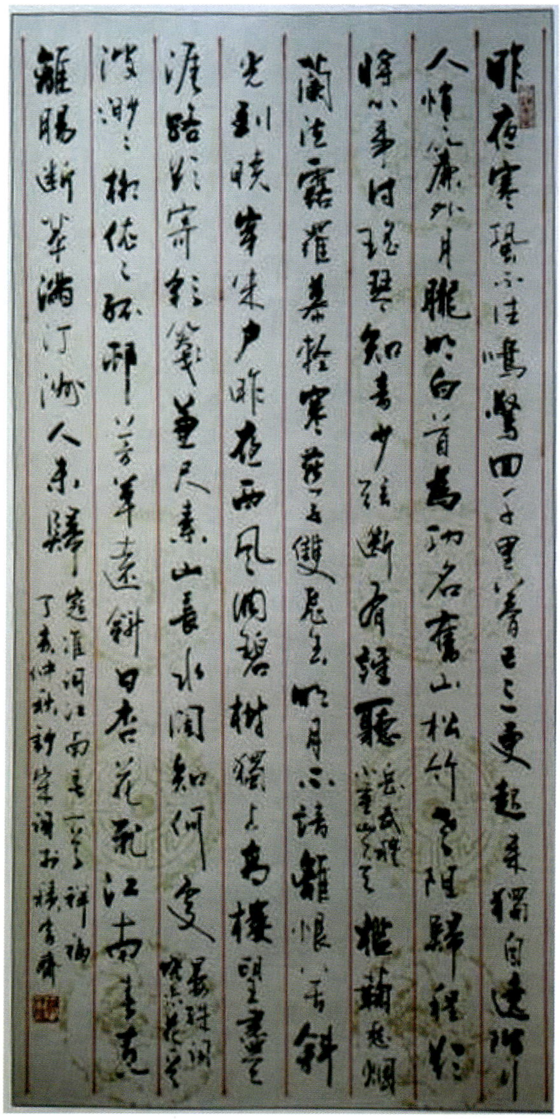

郭祥福（书）

黄鹏（书）

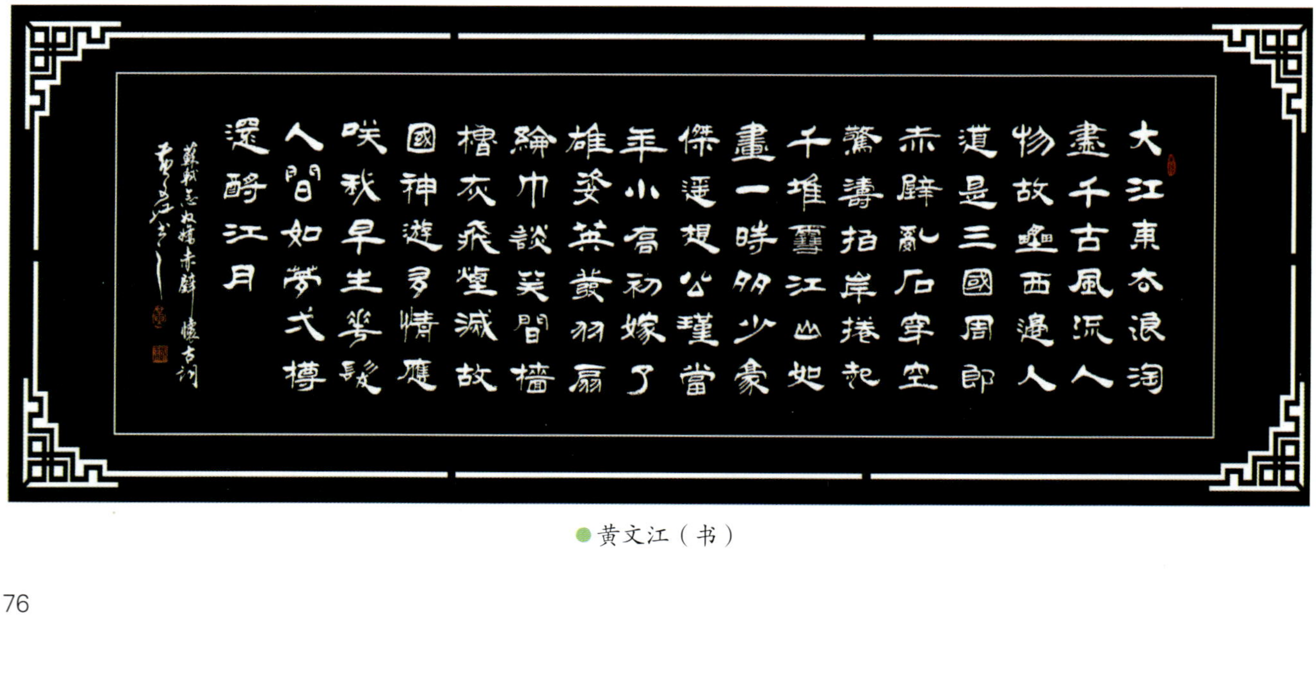

黄文江（书）

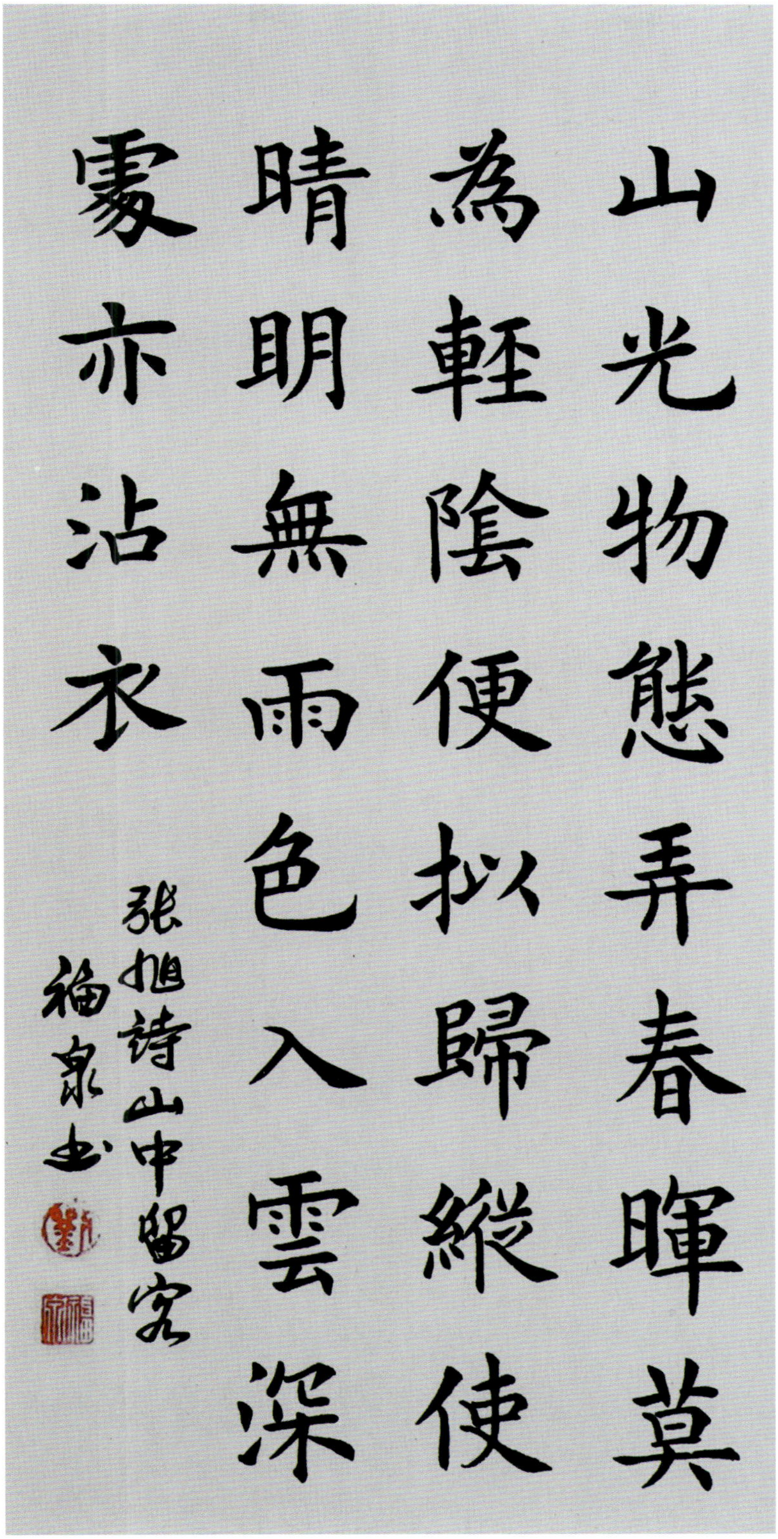

● 刘福泉（书）

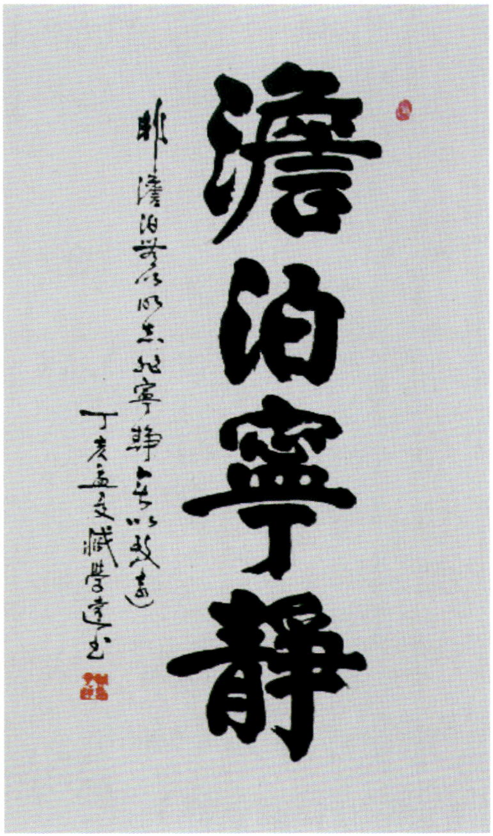

● 臧学达（书）

● 魏开君（书）

鲁国荣（刻）

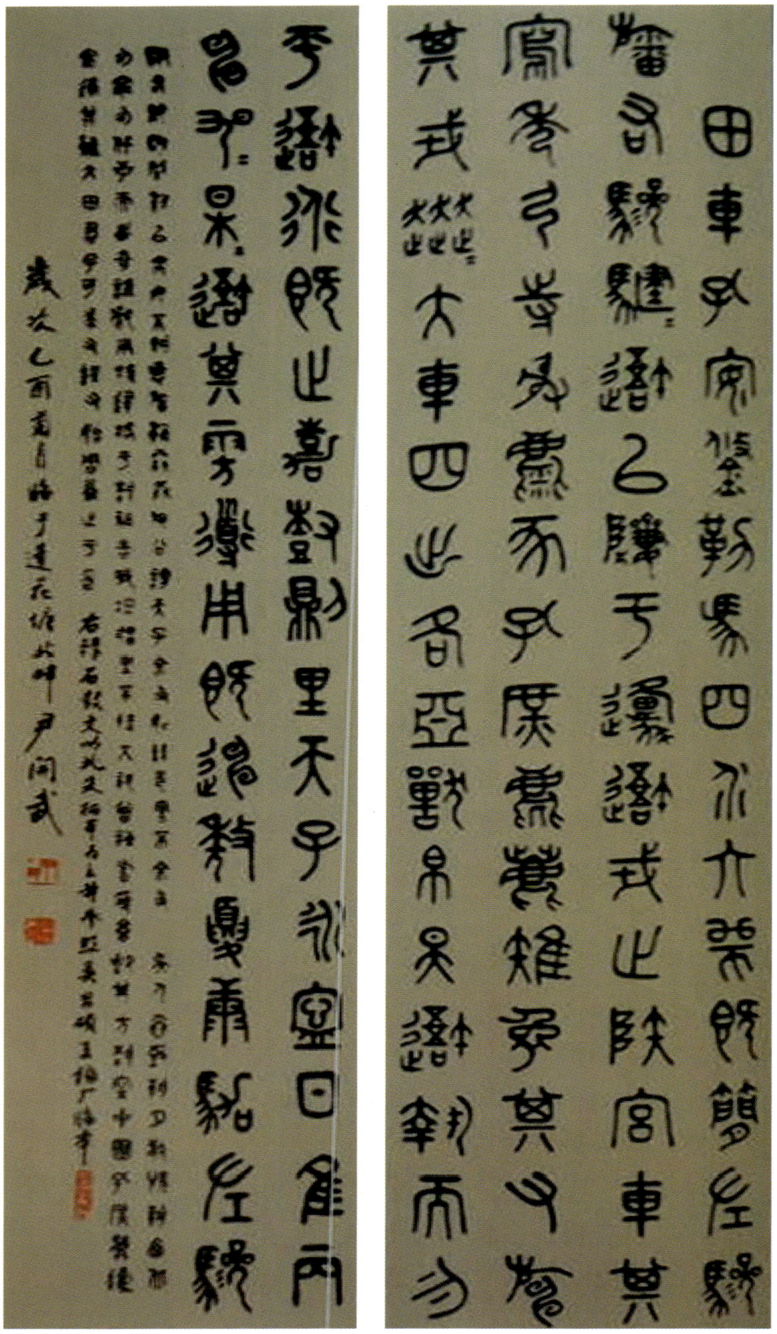

尹开武（书）

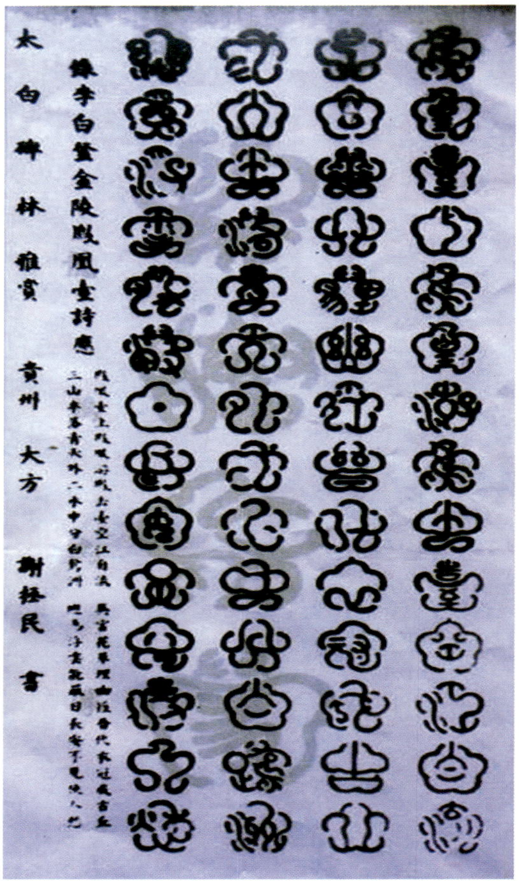

谢拯民（书）

●刘继贤（作）

●刘继贤（作）

●陈绍竹（作）

●刘福泉（作）

●程大文（作）

●周学艳（作）

●杜昌诗（作）

●吴维玚（作）

●杨少先（作）

●王永柱（作）

●童趣（周毅 作）

●挖洋芋（周秦 作）

●跳花坡（吴兴华 作）

●顺德彝情（蒋悝 作）

●梦想（杨学梅 作）

●洞天蝶魂（刘华 作）

●新时代农民讲习所（高俊 作）

●索玛花开（高光友 作）

● 参加省终审会人员合影（2017 年 12 月 18 日摄）

● 前排左起：高隆礼　王任索　陈　萍　梁贵钢　范同寿　伍启林　钟　莉

● 后排左起：胡　宇　赵凤英　宋永斌　陆　震　王慧玲

● 省终审会现场（2017 年 12 月 18 日摄）

● 市复审会现场一（2017 年 11 月 17 日摄）

● 市复审会现场二（2017 年 11 月 17 日摄）

● 县地方志编纂委员会成员合影（2018 年 8 月 29 日摄）
● 前排左起：唐　婧　章　育　陈祖军　佘　龙　陈　萍　袁家艺　李天智　陈亚林
● 后排左起：赵凤英　陈昌顶　王慧玲　宋永斌　龙兴建　汪　石　勾廷艳　杨永松　张发明　朱建明

● 县审稿大会现场（2019 年 1 月 23 日摄）
● 主席台左起：陈亚林　章　育　陈　萍　曹代发　唐　婧

人物志审定会议现场（2018 年 10 月 12 日摄）

人物志审定小组参会人员合影（2018 年 10 月 12 日摄）

前排左起：罗昌孝　赵　江　杨官文　周登印　康朝敏　吴季陶

后排左起：王慧玲　陈开亮　陈绍竹　徐德后　刘明刚　赵凤英

● 编纂人员合影（2017 年 11 月 22 日摄）

● 前排左起：杨雪露　陈　艳　朱建明　赵凤英　宋永斌　王慧玲　李兴远

● 中排左起：刘安军　陈　娟　吴　蔷　谢洪秦　陈开亮

● 后排左起：任贵明　刘明刚　陈绍竹　龙玉廷　沈福德　孙元祥

● 每周五召开的编纂调度会（2017 年 4 月 16 日摄）

序一

阔别我魂牵梦绕的故乡，已经三十四年了。我于1986年1月5日调到赫章县工作，辗转毕节、贵阳、安顺、安徽、北京，直至2018年8月退休。虽然公务繁忙，仍通过报刊、电视和互联网以及亲朋好友，关注家乡的建设和发展。三十四年倏忽之间，仿佛已不能寻觅故乡当年的样貌，山林更绿了，河流更清了，街道更宽了，楼房更高了，人民生活质量提高了，社会更加和谐了，党群干群关系更加密切了；三十四年其实也慢，我们一直在慢慢地反刍故土的味道，总想从中咂摸出一些沧海桑田的意味。这便是历史，它要告诉我们和未来，发展是永恒的主题。这个主题，就是我的故乡——大方，乃至这部《大方县志（1991—2015）》所承载的使命。

提到地方志，我们大方应该是源远流长灼灼其华的。先有清代为贵州四大名志之一的《大定府志》，时任云贵总督林则徐为其作序；后有民国15年刊行的《大定县志》，成就了旧志时代的最后辉煌。20世纪80年代，全国启动社会主义新方志编修，大方不负文蕴深厚文风浓郁之声名，荟萃县内各界之翘楚，历时9年，首部《大方县志》于1996年付梓出版，煌煌140万字，并有全国名志之誉。进入21世纪，地方志启动第二轮编修，为赓续前志，传承史料，使地方志的文化传统源源不断，让资治、教化、存史的功能永不断线，这就是我们对历史和文化的初心。这部续编《大方县志（1991—2015）》，县委领导嘱我为其作序，虽欣然接受，又恐词不达意，忐忑不安。

我离开大方后，相当一段时间里无论是学习培训，还是工作开会，教员或主持人当谈到生态恶化、贫穷落后、交通闭塞的时候，都经常把西部、贵州、毕节乃至大方作为例子。这个时候，在场的同学、同志都会把目光投向我，我都会脸红。但是，我并不感到羞愧，因为我深深懂得，家乡的贫穷落后有自然、历史、地理、现实等方面的原因，脱贫致富是一个长期的任务。同时，我也深深地知道，大方的干部和群众不怨天不怨地，从未懈怠，从未停步，埋头苦干，这就是大方人的鲜明特征。

随着毕节生态建设、开发扶贫试验区建设及西部大开发、全面建成小康社会战略和政策的实施，中央统战部、农工民主党、恒大集团等鼎力相助，再加上社会各界倾情帮扶，助力大方经济社会发展日新月异，成果累累，喜报频传。

——脱贫攻坚取得决定性胜利。截至2018年末，全县摘掉了贫困帽子。2019年4月24日，贵州省人民政府正式批准大方县退出贫困县序列。

——通过产业扶贫、易地搬迁扶贫等方式，老百姓有了更多获得感和幸福感。

——通过几大生态工程的实施，生态环境焕然一新，绿意盎然。

——通过煤电项目、工业园区建设、招商引资等举措，县域经济驶入快车道，社会经济发展蒸蒸日上。

——油杉河风景区、贵州宣慰府、奢香古镇等自然的、人文的、民族的旅游项目的开发，使大方更漂亮、更宜于人居，加上早已开通的毕节飞雄机场、杭瑞高速公路、黔大高速公路、织毕铁路和最近开通的成贵高铁，大方将告别边远闭塞、贫穷落后的过去，迎来一个充满希望、令人振奋的未来！

远居京华，思我桑梓；桑梓腾飞，我之欣慰。离别故乡三十四年，故土的山水、故友的音容总会万里依稀入梦来。我坚信，《大方县志（1991—2015）》将满怀大方人民的心愿，把大方新的历史变革、重大决策举措、重大项目建设、人民群众生产生活的重大变化、各行各业的优秀成果、可歌可泣的英雄模范人物等记录在册，彪炳千古，留传后世，启迪和教育后人。借着这本《大方县志（1991—2015）》，借着大方实现全面小康，迈向一个崭新的、辉煌的时代的时刻，我还要借用诗人艾青的著名诗句“为什么我的眼里常含泪水？因为我对这土地爱得深沉”表达我，表达一个游子，对故乡真挚的爱和深深的祝福！

“此夜曲中闻折柳，何人不起故园情。”所有的希望和感动汇集于此，是为序。

中华全国总工会原副主席
书　记　处　书　记
十二届全国政协常委

2019年12月

序二

戊戌仲冬，方闻成贵高铁穿越乌蒙腹地，方城跨入高铁时代之欣喜；又逢家乡同志呈来县志续修刊样，即将付梓嘱余作序之大喜。余捧之在怀，展卷细阅，观奢香故里之深刻变革，叹古彝圣地之跨越腾飞，览美丽大方之卓越成就，不觉豪情满怀，欢慰非常，遂不辞浅陋，欣然命笔，直抒胸臆，语短情长，以此记之。

文化古城，文脉悠长。彝族圣典《西南彝志》，被誉为彝族文化之“百科全书”；彝族“十月太阳历”，可与玛雅文明相媲美；大方漆器与茅台酒、玉屏箫笛并列为“贵州三宝”；文学、灯谜、诗词、戏剧、音乐、农民画等，独树一帜，兴盛不衰。“中国现代民间绘画画乡”“中国漆器之乡”“中国民间文化艺术之乡”“全国先进文化单位”“贵州省历史文化名城”“全国民族团结进步模范集体”等誉，乃传承文艺精髓、发扬民族团结、推进文化繁荣之本。

康养名城，美名远扬。油杉河幽谷峻峡、玉宇仙境；九洞天洞天相接、天外有天；支嘎阿鲁湖水光潋滟、山色空濛；慕俄格古城彝风雄踞、神秘悠远；奢香古镇风情独具、彝韵悠扬；崔苏坝草原风吹草低、天高云淡；清虚洞荷香浮动、雅静清幽。彝族火把节、苗族跳花节、白族团圆节等民族风情，返璞归真、乡愁款款。“中国休闲避暑百佳县”“中国县域旅游竞争力百强县”“中国最美风景县贵州十佳”“全国休闲农业和乡村旅游示范县”等誉，乃发展全域旅游、推进三产融合、建设美丽大方之措。

动力新城，崛起一方。毕节试验区建立以来，百万大方人民栉风沐雨、励精图治，经济发展突飞猛进，城市建设日新月异，农村面貌焕然一新，交通改善堪称空前，脱贫攻坚成果斐然，特困之县摘帽出列，人民生活水平大幅提升。三十载春华秋实，发展成果泽被百姓，改革红利释放空前，已然从打赢脱贫攻坚战向建设贯彻新发展理念示范区迈进。“农业标准化示范县”“国家天麻种植综合标准化示范区”“全国法治宣传教育先进县”“全国义务教育发展基本均衡县”“全国科普示范县”等誉，乃提级基础设施、提效公共服务、提升幸福指数之绩。

方域之变，常以志记之，以求通古今、察兴替、鉴往来。大方素有编史修志之风，清大定知府黄宅中主修《大定府志》，因编纂之勤、采辑之博、选择之当、综核之精，一代名臣林则徐为其作序时誉为“全国四大名志之首”。1996年，编纂出版第一部《大方县志》，记述下限至1990年之大方发展脉络。今又接力续修《大方县志（1991—2015）》，所记美丽大方之变革，读之心潮澎湃，热血沸腾。

青山常入梦，锦绣总牵情。家乡之景、家乡之人、家乡之变、家乡之情，常萦于耳、常荡于胸、常牵于心、常挂于怀，每每于梦中念之想之、思之盼之，今手捧家乡人民呕心沥血之著作，心里倍感温暖。值此县志续修付梓之际，拙笔成文，聊以三言两语，一则慰思乡之情，二则抒家乡之变，三则引后人之思。

是为序。

十三届全国政协委员
十一届贵州省政协副主席 黄家培

2019年12月

序三

《大方县志（1991—2015）》即将付梓之际，意外接到编委会邀请，为此书作序，情恳辞切，盛情难却。内心深为感动——家乡不曾将我忘记。

怀揣对科学的热爱与梦想，十六岁离开家乡求学，直至走出国门从事科学研究工作，至今已近四十载。在核物理研究领域教书育人，学术交友，应邀在国内外知名大学、研究所访问讲学与合作研究，获得殊荣的同时，也培养了不少优秀人才。但是，无论走在世界任何地方，魂牵梦绕的永远是养育我的故土。忘不了云龙山清凉的风，龙水井甘甜的泉，奎峰塔的巍峨，九洞天的奇幻，宣慰府的大气磅礴，油杉河的鬼斧神工，百里杜鹃的五彩缤纷，支嘎阿鲁湖的碧波荡漾……

遥想几十年前贫瘠的家乡，抚今思昔，不禁感慨万千。如今沧桑巨变，大方正迈开大步实现跨越式发展。家乡人民凭着勤劳的双手，在试验区三大主题的指引下，践行“绿水青山就是金山银山”的理念，在开发扶贫、生态建设以及经济社会全面发展上取得累累硕果，将山水田园打造得自然清新，将城镇乡村建设得富有魅力。最可喜的是，家乡人民万众一心，聚力脱贫攻坚，甩掉了贫困帽子。一条条高速公路横贯东西南北，四通八达，铁路、机场、通信打通了人流、物流、信息流的通道。我的家乡大方，正以开放的姿态，拥抱世界，拥抱未来。

感谢历届县委政府的坚强领导，感谢父老乡亲的戮力拼搏，将我的家乡建设得如此美好，感谢全体编纂人员，忠实记载大方人民艰苦奋斗的历程，将大方独具魅力的历史文化传承下去，让大方人民的文化自信世代相传，让每一位大方奋斗者都能自信地说：“我因大方而骄傲，大方因我而自豪！”

修志问道，以启未来。在全面建成小康社会、实现中华民族伟大复兴的新征程中，《大方县志（1991—2015）》的出版，是大方地域文化、民族文化传承发扬的有力体现，也是大方精神文明建设的一项重要成果。欣逢喜事，谨撰此序以表祝贺。

北京大学物理学院教授
教育部长江学者
欧洲科学院院士

2019 年 12 月

序四

古语有云："治天下者，以史为鉴；治郡国者，以志为鉴。"一方地理山川、历史沿革、政治形态、经济文化、社会风物，常以志记之，以其观兴衰、知得失，通古今、启未来。《大方县志（1991—2015）》作为"一方之全史""一地之百科全书"，记述了1991年至2015年25年间大方县的历史变迁、大事辑要，如今即将付梓问世，这是大方县百万各族人民政治、经济、文化生活中的一件大事喜事，也是大方县文化史上的盛举，可喜可贺！

大方县"于滇为咽喉，于蜀为门户"，地处贵阳、重庆、成都、昆明、南宁经济辐射圈内，自古为黔西北交通枢纽，是西南出海大通道之一。明崇祯八年（1635），镇将方国安建大方城，县城始名大方；清康熙五年（1666）设大定府，民国3年（1914）废府设大定县，1958年，经国务院批准，大定县更名为大方县。县内居住着汉、彝、苗、白、蒙古、仡佬、布依、满、水、壮等民族。在这片古老的土地上，虽然历经沧桑，风云变幻，但是励精图治、奋发进取之火从未熄灭。千百年以来，纯朴勤劳、智慧勇敢的大方人民战天斗地，砥砺前行，描绘着美好家园的宏伟蓝图。改革开放以来，特别是1988年毕节试验区建立以来，大方县迎来发展的加速期，各项事业日新月异，蒸蒸日上。党的十八大召开以来，大方县进入新时代发展的快车道，更是发生了翻天覆地的变化，在政治、经济、社会、文化、生态等方面取得了巨大成就。

《大方县志（1991—2015）》百万余言，运用述、记、志、传、图、表、录等多种体例形式，广征博采，去粗取精，去伪存真，既可一窥辖区内的山川河流、资源物产、风土人情、名胜古迹，又能总观历年来的历史进程、经济发展、文化繁荣、社会变革，揽经年于一瞬，熔百业为一炉，包罗万象。纵览《大方县志（1991—2015）》，以改革发展为主线，立足现实，忠于历史，体例完备，资料翔实，文风朴实，做到观点与史实相统一、资料性与思想性相统一、时代特色与地方特点相统一，是大方县25年间政治文明、物质文明、精神文明、生态文明协调发展的真实记载，也是全县历史发展全貌的客观反映。25年沧桑巨变，25年春华秋实，在历史的长河中几经洗礼、几经沉淀，终于凝结成今天的结晶。编者记录历史，人民群众用汗水和智慧书写历史。在这部志书中，有波澜壮阔的改革实践，有开拓进取的奋斗求索，还有开创未来的壮丽诗篇。

《大方县志（1991—2015）》讫于2015年，然重大政事、大事记、图片、人物及开发扶贫合理下延，有效记载大方被赋予新使命、迈上新征程的奋进盛况。在2018年毕节试验区建立30周年之际，习近平总书记要求“尽锐出战、务求精准，确保毕节试验区按时打赢脱贫攻坚战。同时，要着眼长远、提前谋划，做好同2020年后乡村振兴战略的衔接，着力推动绿色发展、人力资源开发、体制机制创新，努力把毕节试验区建设成为贯彻新发展理念的示范区”。循着习近平总书记的指引，按照省委、省政府，市委、市政府系统谋划部署，大方县各级各部门形成共识、增强信心、凝聚力量、发挥智慧、攻坚克难，带领大方百万各族人民，按时打赢脱贫攻坚战。同时，在建设贯彻新发展理念示范区的新征程上，步履铿锵，砥砺前行，推动脱贫攻坚与乡村振兴有效衔接，从更高层面建设美丽大方。

“以铜为镜，可以正衣冠；以史为镜，可以知兴替；以人为镜，可以明得失。”修志之意，旨在记载历史、服务现实、垂鉴后世、育人兴邦。《大方县志（1991—2015）》兼具存史、资政、教化之功能，可以作为广大领导干部从政理事的参考，可以对人民群众和后代子孙进行爱国主义教育、革命传统教育、共产主义理想教育，可以为宣传大方、推介大方提供直观、丰富、详尽的历史资料。相信《大方县志（1991—2015）》的编纂出版，必将进一步激发社会各界人士热爱大方、建设大方的自豪感和责任感，必将更好地凝聚各方面的智慧和力量，在大方这块蕴藏无限希望和生机的土地上，创造新的更大的辉煌！

“穷莫过于讨米，苦莫过于修志。”要编纂好一部体例完备、内容翔实、质量上乘的地方志，是一项脑力与体力并重的开拓性工作。《大方县志（1991—2015）》能够取得今天的突破和成就，正是无数直接或间接参与修志工作的人默默无闻夜以继日伏案笔耕的结果。他们不计报酬、不讲条件、不挑环境，有的甚至不顾年迈体衰，一心扑在编纂工作上，几度增删，几度修改，其艰辛苦楚之状可想而知。在此，特向所有辛勤耕耘、无私奉献的修志工作者表示衷心的感谢！

中共大方县委书记 

2019 年 12 月

序五

地方志作为记录历史、传承文明、服务社会的重要载体，作为“一方之全史”“一域之重典”，是中国特色社会主义文化事业的重要组成部分。一部地方志记载一方水土的人和事，是一方人的精神家园。《大方县志（1991—2015）》出版问世，是大方县精神文明建设的一项重要成果，是大方文化软实力不断提升的重要体现，可喜可贺！

大方历史悠久，文化灿烂。县城始建于明崇祯年间，周属夜郎国地，蜀封罗甸王国，宋赐罗施鬼主，元置顺元宣抚司，明领贵州宣慰使，县城始建于明崇祯八年（1635），清康熙五年（1666）设大定府，民国3年（1914）废府设大定县，1958年，经国务院批准，大定县更名为大方县。千百年来，水西彝族土司政权治所大方，世代相袭，使大方成为黔西北地区政治、经济、文化中心，传承了古老渊深的华夏文明，积淀了多民族灿烂辉煌的历史文化，孕育了流芳千古的彝族女政治家奢香。进入新世纪以来，大方传统文化乘着改革开放的春风，与社会主义先进文化水乳交融，焕发出勃勃生机，不断发展壮大，成为促进区域经济发展的重要精神力量。改革开放以来，特别是党的十八大以来，大方经济社会发生了翻天覆地的变化。在全国地方志忠实记录中国共产党领导全国人民坚持和发展中国特色社会主义的光辉历程和丰功伟绩，翔实记载中华民族走向复兴、实现中国梦的伟大进程的大背景下，迫切需要新一轮大方县志找准时代定位，紧跟时代步伐，全面、系统、翔实、准确地记载大方的历史与现状。《大方县志（1991—2015）》秉承使命，应运而生。

习近平总书记指出，文化是一个国家、一个民族的灵魂。文化兴则国运兴，文化强则民族强。习近平总书记曾多次强调，历史是最好的教科书，是最好的老师，可以把历史智慧告诉人们，可以启迪后人。

习近平总书记说："不忘历史才能开辟未来，善于继承才能善于创新。"《大方县志（1991—2015）》系统记述了1991年至2015年间大方县自然、经济、政治、军事、文化、人物、风俗以及各行各业建设发展状况，突出时代特点和大方特色，具有时代性、连续性、综合性、资料性、系统性和科学性，可称为大方县的百科全书。它能最大限度地保存地方资料和信息，具有存史作用；能为领导提供决策依据，为经济建设提供信息服务，具有资政作用；能作乡土教材，为大方今人和后人提供爱祖国爱家乡教育、革命传统教育和道德风尚教育，具有育人作用。

方志流传绵延千载，贵在史识，重在致用。只有认真研究大方、认识大方，才能更好地建设大方。广大党员、干部和群众要认真读志用志，坚持从实际出发，求真务实，锐意进取，埋头苦干，为夺取脱贫攻坚全面胜利，推动脱贫攻坚与乡村振兴有效衔接，书写建设贯彻新发展理念示范区大方篇章，建设富裕、文明、和谐、美丽新大方而努力奋斗。让盛世修志助力大方的中国梦！

大方县人民政府县长 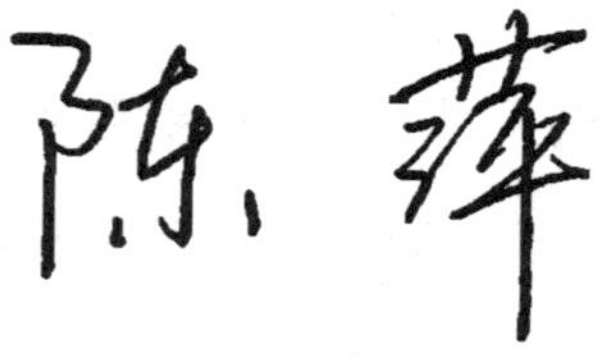

2019年12月

凡 例

一、本志坚持以马克思列宁主义、毛泽东思想、邓小平理论、“三个代表”重要思想、科学发展观、习近平新时代中国特色社会主义思想为指导，坚持辩证唯物主义和历史唯物主义的世界观和方法论，按照国务院《地方志工作条例》编写，实事求是记述大方县自然、政治、经济、文化和社会发展的历史与现状。

二、本志是1996年版《大方县志》的续志，起讫时间为1991年至2015年。根据需要，概述、建置沿革及前志未记之事物有所上溯；重大政事、大事记、图片、人物及开发扶贫等有所下延。

三、前志已集中介绍地质地貌、土壤矿产、气候特征等，故本志有关内容未写或略写。

四、本志以述、记、志、传、图、表、录为体例，以志为主体，按篇、章、节、目统属。概述综叙县情，总揽概要；大事记记述本县大事、要事；志体原则上兼顾部门分工和业务范围，横列门类，纵述史实；附录收录大方县重要文献和下限后的大事记等。概述、大事记、附录、人物志、编纂始末不列入篇的序列。

五、关于人物传、名录。遵循生不立传原则，去世人物立传以其贡献、影响为标准，以卒年先后为序，应立传但资料不足的去世人物和离休干部，采用列表方式记载；因查无资料、考无线索的应立传人物，未收录。

六、“社会风土”篇中涉及的各类道德模范，系县委、县人民政府行文表彰的人士。“文化体育”篇中涉及的作者作品为获省级以上表彰。“党派群团”篇中除县委、人大、政府、政协四大班子副县级以上实职领导外，一般不记述县直各部门和各乡镇历届领导干部任职情况。

七、数据以统计部门提供的为准，统计部门缺的则用业务部门提供的数据。

八、本志纪年，中华人民共和国成立前用年号纪年法和中华民国纪年法，括注公元年份；中华人民共和国成立后用公元纪年，年月日用阿拉伯数字书写。

九、本志计量单位用统一的中文法定计量单位。根据具体情况，数据中小数点后保留位数未作统一。

十、政区及机关名称，均系当时名称。专业术语使用标准、规范名称，必要时括注俗称。

十一、地图和大部分图片分门类置于志首，其余随文设置，以佐证史料的原真性。

十二、中华全国总工会原副主席、书记处书记、十二届全国政协常委段敦厚，十三届全国政协委员、十一届贵州省政协副主席黄家培，北京大学物理学院教授、教育部长江学者、欧洲科学院院士孟杰，中共大方县委书记余龙，大方县人民政府县长陈萍，分别为本志作序。

十三、《大方县志（1991—2015）》历届编委会名单以县委、县人民政府正式行文为依据。

十四、本志资料来源于县直各部门和各乡镇提供的资料，以及档案、史籍、部门志、报刊、专著、口碑和有关人士的回忆材料，经考证后使用。

目　　录

第三篇　党派群团

第四篇 政权 政协

第五篇 军 事

第六篇 法 治

第七篇 开发扶贫

第八篇　生态建设　环境保护

第九篇　综合经济管理

第十篇　财政　税务　金融

第十一篇　农　业

第十二篇　工　业

第十三篇　交通　邮政　通信

第十四篇　城乡建设

第十五篇 商业贸易

第十六篇 旅 游

第十七篇　民政　人事劳动　社会保障

第十八篇　教育　科技

第十九篇　卫　生

第二十篇　文化　体育

第二十一篇　社会风土

人物志

附　录

Contents

Part Three Party groups & Mass organizations

Part Four Government & Political Consultative Conference

Part Five Military affairs

Part Six Rule of law

Part Seven Economic development & Poverty reduction

Part Eight Ecological maintenance & Environmental protection

Part Nine Comprehensive economic administration

Part Ten Government finance & Taxation & Finance

Part Eleven Agriculture

Part Fourteen Urban and rural construction

Part Fifteen Business and trade

Part Sixteen Tourism

Part Seventeen Civil affairs & Human resources & Social security

Part Eighteen Education, science and technology

Part Nineteen Health

Part Twenty Culture and sports

Part Twenty - One Local customs and manners

Biographical records

Appendices

概　述

具有悠久历史的大方县和大方人民，从先秦、两汉的漫长岁月跋涉而来，历经唐、宋、元、明、清，从夜郎故地到罗氏鬼国，从亦奚不薛宣慰司到贵州宣慰司，前有妥阿哲献粮通道，打通中原之路；后有奢香夫人开九驿兴汉学，汇入华夏潮流。经历红军长征的历史洗礼，革命建设的突飞猛进，改革开放的日新月异，大方县，来到了两个世纪的节点。1991—2015 年，大方县，走过了发展历史上至关重要的 25 年。

大方县位于贵州省西北部，毕节市中部，乌江支流六冲河北岸，大娄山西端。地处东经 105°15′47″~106°08′04″，北纬 26°50′02″~27°36′04″之间。2015 年年末，除竹园乡、响水乡、双山镇、文阁乡委托双山新区（金海湖新区）管理，大水乡、普底乡委托百里杜鹃管理区管理外，辖 19 个乡、9 个镇、3 个街道。全县总面积 3500.11 平方千米，耕地面积 1222.61 平方千米。

大方县境属黔西北高原向黔中山原过渡地带，山峦重叠，沟壑纵横，山地、坡地、丘陵、洼地、盆地（坝子）、河谷交错分布，自然景观多样。气候资源良好，暖温带湿润季风气候特点突出，夏短冬长，春秋相近，冬无严寒，夏无酷暑，是天然避暑胜地。生物资源充足，全县森林覆盖率达 45.99%。

一、生态立县，绿水青山就是金山银山

25 年间，大方县坚持环境优先，生态立县，响应党和国家的战略决策，争取政策的支持，先后实施国家天然林保护工程、长江中上游防护林体系建设工程、长江上游水土保持重点防治工程、退耕还林工程、石漠化治理工程。实施天然林保护工程和防护林工程兼顾生态效益、社会效益和经济效益，对防治水土流失、培育森林资源、增加林草植被、改善生态环境起到积极作用。实施水土保持工程，共完成水土流失治理面积 1414.73 平方千米。2013 年，与开始实施工程的 1988 年相比，全县水土流失面积减少 25.94%，年均侵蚀模数减少 77.1%，森林覆盖率从 10.36% 达到 45.99%，通过实施退耕还林工程，新增森林面积 27 万亩，水源涵养能力增强，退耕地周围农田得到保护。退耕农户得到国家的粮食补助，腾出更多劳动力从事其他产业。农村产业结构得到合理调整，由退耕前单一生产粮食转变为退耕后的多种经营，外出务工人员增加，农民纯收入增加，农民观念得到更新，耕作和经营方式明显改善。把石漠化综合治理与农业产业结构调整、区域经济发展、农民脱贫致富有机结合起来。林药结合，以短养长，解决治理项目的长远效益与农民群众当前利益的矛盾。

2001 年前，全县各乡镇皆有煤矿，合法煤矿不多，非法小煤窑乱挖滥采，加上土法生产硫磺，对生态环境破坏严重。2002 年后，县委、县人民政府采取严厉措施，炸封非法煤窑，取缔落后产能，环境得到改善。城乡污水处理厂的建设，整脏治乱工程的推进，单位、街道、村寨环境卫生的治理，改善了人们的生活环境，减少了污染现象。化学需氧量和氨氮排放量分别控制在 4691 万吨和 520 万吨以内，二氧化硫和氮氧化物排放量分别控制在 2.15 万吨和 1.12 万吨以内，城市环境空气质量达标率和集中饮用水水源水质达标率均为 100%。生态环境改善带来经济增长。

二、以民为本，农村改革惠民生

绿水青山的生态环境，为农业的增产增收和可持续发展提供保障。这 25 年，全县科技兴农如火如荼，杂交玉米、杂交水稻等良种的推广，绿肥聚垄免耕、玉米育苗移栽及地膜覆盖、水稻旱育稀植等良法的普及，提高了粮食单产。撤区并乡建镇后，全县农村进入稳定完善农业联产承包责任制时期。1991—2000 年，农户承包土地，冲破“一大二公”体制对农村生产力的束缚，农户自主经营，迸发出空前的生产积极性。2001—2015 年，通过农村税费改革，在稳定联产承包责任制的同

时，调整和规范国家、集体与农民三者之间的利益关系，将农村的分配制度进一步纳入法治轨道，农民负担减轻，农民耕种土地，国家免征税费，政府给予补贴，全县农村呈现无捐无赋、百姓安居乐业的局面。全县农村经济发展进入一个崭新阶段。“十二五”规划期间（2011—2015年），粮食总产量累计达121.54万吨，比“十一五”规划期间（2006—2010年）增加41.28万吨。进入21世纪，全县农村中各种专业户、合作社迅速发展起来。粮食产量逐年增加，果园、茶园、花卉园、中药材园等遍及全县；畜牧养殖业异军突起，牛、羊、鸡、猪、鱼等养殖场兴起于各乡；加上现代互联网的普及使用，信息畅通，促使全县传统农业逐步向现代农业转变。

三、尽锐出征，苦战脱贫攻坚决胜全面小康

长期以来，由于受喀斯特山区恶劣自然条件制约，农业基础设施建设和农业生产条件起点低、基础差、底子薄，以及社会发育迟缓、思想观念陈旧、文化科技落后等多种因素叠加的影响，至1985年，全县尚有贫困人口55.85万人，占总人口的74.02%。1986年，大方县制定全县开发扶贫规划，以农业“温饱工程”、乡村资源开发、农业基础设施建设为重点，以开发扶贫项目计划申报和立项建设为主要方式，广泛实施增加农民钱、粮收入为目标的开发扶贫。建立和实施减贫摘帽激励机制、结对帮扶机制、城乡最低生活保障机制、新型城乡养老保险机制、农村医疗保险机制、集中供养机制、粮食救助机制等，以财政资金扶贫、技术培训扶贫、产业扶贫、劳务输出、生态移民、集团帮扶、整村推进、精准帮扶等扶贫措施，实现逐步减少贫困人口、直至达到全面小康的目标。

1986—1993年，全县累计投入扶贫开发资金9568.59万元，重点投入种植养殖业、农村基础设施建设和农村资源开发。贫困人口由53.99万人下降到42万人。1994—2000年，围绕《国家八七扶贫攻坚计划》，以解决贫困人口温饱问题为中心，以改善贫困人口生产生活条件和促进贫困人口增粮增钱为重点，以偏远贫困乡村为主战场，全力投入扶贫攻坚大决战。全县累计投入扶贫资金2.08亿元，其中信贷扶贫资金投入1.21亿元，实施项目398个。贫困人口从42万人减少到11.35万人。2001—2005年，国家下拨资金4154.8万元用于公路建设、人畜饮水工程、农田基本建设等农村基础设施建设；划拨资金2473.48万元用于易地扶贫移民搬迁。2006—2010年，国家划拨资金3432万元用于通村公路、人畜饮水、农田灌溉等工程建设，投资1060万元实施烟水配套工程。2011年，大方县被列入贵州省乌蒙山连片地区开发扶贫重点县。2011—2015年，全县投入扶贫资金3.51亿元，实施培训项目、小额信贷项目、草地生态畜牧业项目、种植养殖项目、基础设施项目、公益项目等，全县贫困人口下降到18.16万人（由于划分贫困人口标准提高，故而贫困人口数增多）。

四、小康路上，多党合作和政企联手

1990年4月，农工民主党中央主席卢嘉锡率领考察组到大方县考察后，提出“扶贫先扶智，致富先育人”的战略主张，并向中共中央提交《关于加强对毕节开发扶贫、生态建设试验区领导和重点扶贫的建议》，拉开了农工民主党联系帮扶大方县的序幕。1994年，经国务院开发扶贫领导小组办公室正式批准，把大方县确定为农工民主党中央的定点扶贫县。从此，大方县的脱贫攻坚，一直牵挂着农工民主党中央历届领导的心。1999年5月，全国人大常委会副委员长、农工民主党中央主席蒋正华率队到大方县考察，对全县经济社会发展和开发扶贫提出建议和意见。2008年1月，全国人大常委会副委员长、农工民主党中央主席桑国卫率调查组到大方县，调研新型农村合作医疗、村级卫生室建设、农村安全饮水、生态建设问题。2013年4月，全国人大常委会副委员长、农工民主

党中央主席陈竺等到大方县调研开发扶贫、医疗卫生、小城镇建设。农工民主党中央、农工民主党贵州省委等各地各级组织，以建言献策、智力帮扶、牵线搭桥、定点帮扶、滚动帮扶、产业帮扶、同心工程等方式，倾力于大方县的建设发展和脱贫攻坚。

1996 年，深圳市开始对口帮扶大方县。1996—2012 年，深圳市向大方县无偿投入帮扶资金 3144.8 万元，项目的实施帮助 18 万名贫困人口改善生产生活条件，帮助 2 万多名适龄儿童入学。2013 年，国家新一轮对口帮扶明确深圳市继续对口帮扶毕节市，由深圳市龙岗区对口帮扶大方县。2013—2016 年，龙岗区共投入资金 1625 万元，实施 26 个以农村基础设施建设为主的项目，项目覆盖 14 个乡镇 28 个村。

2015 年 11 月，恒大集团响应中共中央号召，在全国政协的推动下，将大方县作为结对帮扶对象。恒大集团三年内投入扶贫资金 30 亿元，通过产业扶贫、易地搬迁扶贫、吸纳就业扶贫、发展教育扶贫和特困群体生活保障扶贫等综合措施，帮助大方县到 2018 年年底实现贫困人口全部稳定脱贫。恒大集团通过出资金、出人才、出技术、出管理、出思路，分年度划片区对大方县 175 个贫困村实施整村推进，2016 年帮扶 60 个村，2017 年帮扶 80 个村，2018 年帮扶 35 个村。至 2016 年年底，恒大集团在大方县各级各部门的密切配合下，精准扶贫工作有序推进，大方县近 8 万人初步实现脱贫。

五、快跑腾飞，基础设施先行

“要得富，先修路”系老百姓的基础性诉求。25 年前，大方县相当数量的贫困村不通公路，并且缺电、缺水，基础设施建设落后，严重制约经济发展。1991—2015 年，大方县通过实施从通村公路开始的交通建设，以及水利、电力、通信等基础设施建设，实现了翻天覆地的变化。

撤区并乡建镇以前，县境内最好的公路是清毕公路，其余县道、乡道、村道皆为四级、五级便道。1992 年，大纳公路开通，第一次改善了大方县的通达条件。1996 年开始修筑的贵毕公路，是境内继大纳路之后的一条高等级公路。2001 年，贵毕公路开通。进入 21 世纪之后，县境内公路建设进入高峰期。“十一五”规划期间，全县投入通乡油路、通村通组公路建设。“十二五”规划期间，杭瑞高速、黔大高速等高速公路大方段建成开通；实施国、省干道改造 346.36 千米，县乡公路改造 719.1 千米；实施通村油路或水泥路建设 2349.7 千米，百分之百的行政村通油路或水泥路。累计投入交通建设资金 130 亿元，全县公路通车里程达 3415.16 千米。

2013 年 1 月，杭瑞高速公路大方段建成通车。6 月，毕节飞雄机场通航。12 月，设计行车时速 250 千米的成贵高铁正式进场施工。2014 年 12 月，黔西至大方高速公路石板至东关段建成通车。2016 年 10 月，织毕铁路大方段建成通车，大方的公路、铁路、航空进入崭新时代。

25 年间，修建洪家渡、小箐沟、宋家沟、岔河等水库；实施双龙洞、敞口龙潭、天星龙潭、折溪河等提水工程，县城日供水能力从 1.7 万吨增加到 3 万吨；完成农村饮水安全项目 293 个，基本解决 42.36 万人安全饮水问题；夹岩水利枢纽黔西北供水工程大方输配水管道建设项目高效推进。“十二五”规划期间，在开发建设新城区的同时，启动老城区改造工程。完成奢香大道、顺德大道、环东路改造；建成平安大道、丰登大道、红旗大道；完成奢香公园、杜鹃广场、莲花塘、斗姥阁、贵州宣慰府、顺德民族风情街、奢香博物馆二期工程、西城门一批景点的新建和恢复重建。全面启动 30 个特色小城镇建设，建成黄泥塘、六龙 2 个特色示范小城镇。至 2015 年，县城面积扩展到 20 平方千米，人口增加到 12.5 万人，全县城镇化率提高到 36.01%。

2001 年年底，全县实现乡乡通电话。2002 年，电信跨入网络时代。2005 年，宽带技术推动电信业务转向以固话与网络共同为主导的电信运营。到2008年年底，全县34个乡镇开通程控电话，农村通程控电话覆盖率达95%，农村有线电话通达户为2.12万户；无线农话用户2.01万户；宽带用户6395户。2009年，通信业务进入3G时代。2015年，实现县城和全部乡镇中心区域的4G网络全覆盖。农村实现村村通广播电视，全县有线数字电视终端数达3.26万户。

六、工业强县，煤电产业助推经济起飞

1991年前，大方县由于受自然条件、区域位置等因素的制约，工业经济一直徘徊不前，以单一的农业经济为主的经济格局为多年常态。1990年，全县工业总产值9843万元，占工农业总产值的比重仅为22.49%。到2000年，工业总产值仅为5.57亿元，占比仅为35.47%。进入21世纪，大方县的交通、能源等基础设施建设为县内工业的发展提供了有利条件，县内外市场需求给大方县工业发展带来契机。县委、县人民政府抓住机遇，作出工业强县的战略决策，抓住西部大开发的历史机遇，抢占西电东送、黔电送粤的制高点，争取火电项目落户大方，带动煤炭产业的大发展，推动全县现代工业蓬勃发展。2015年，全县工业总产值达到131.58亿元，在工农业总产值中占比达到88%。

2003年6月，县人民政府与贵州大方发电有限公司签订投资协议。协议决定由中国华电集团有限公司、贵州中水能源股份有限公司、兖矿贵州能化有限公司共同出资设立贵州省大方发电有限公司。大方火电厂意向投资建设为8×300兆瓦，首期建设规模为4台30万千瓦燃煤机组，投资总额估算人民币47.45亿元。同年11月，大方火电厂开工建设。2015年，大方发电公司完成全年发电量50.4亿千瓦时，实现机组平均利用小时数4200小时，实现利润7651万元。大方火电厂二期2×660兆瓦项目于2015年10月27日开工建设。至2015年，全县有煤矿49个，产能1359万吨/年。煤矿最小规模30万吨/年，最大规模180万吨/年。全年生产原煤628万吨，其中供应电煤204.5万吨。原煤产量为1991年的16倍。

设立工业园区，以园区为载体，制定优惠政策，集中改善投资环境，扩大招商引资，发展工业经济。2010年，贯彻中共贵州省委、省政府提出的“加速发展、加快转型、推动跨越”主基调和实施“工业强省、城镇化带动”主战略的重大决策，建立大方县食品药品产业园区和大方县循环经济产业园区，拉开了工业园区建设的序幕。2011年9月，建立大方县金门陶瓷工业园区。大方经济开发区发挥资源优势和交通优势，承接东部沿海的产能转移，构建以煤电、化工、建材、食品药品、电子信息产品及地方特色产品、现代装备制造相关支撑行业、商务办公等为主导的特色产业集群。至2015年，大方经济开发区累计完成固定资产投资286.63亿元，其中基础设施建设完成投资73.92亿元，产业项目建设完成投资212.71亿元，实现工业总产值318.5亿元。建成标准化厂房109.77万平方米，引进入驻企业102家，其中规模以上企业33家；建成投产企业62家，在建企业40家。陶瓷工业园区累计完成固定资产投资11.96亿元，其中完成产业项目投资8.1亿元，基础设施建设投资3.86亿元。引进海美斯科技、松马陶瓷、中石油、大方昆仑、双城振华房开、奢香陶瓷科技、佳鹏矿业、万象新型材料等企业入驻园区，引进投资34.36亿元。

七、跨越发展，经济的可持续依靠软实力

25年砥砺奋进，大方县经济社会发展呈现出一派蒸蒸日上的景象，其中，教育、科技、文化、卫生等一系列昭显软实力的领域得以同步发展。

1999年，县委、县人民政府出台《关于实施科教兴县的决定》，把教育摆在优先发展的战略地位。从2012年起，每年从县财政安排1000万元作为教育奖励专项资金，用于奖励对教育事业做出突出贡献的单位和个人以及全县各阶段品学兼优的学生，进一步促进全县教育事业科学发展、跨越发展，加快建设教育强县步伐。引进资金办教育，先后有深圳、重庆、上海、北京、香港等地的单位、组织或个人到大方县捐资建校，全县先后利用外资修建教学楼120多栋。“十二五”规划期间，政府累计投入教育经费41.95亿元。教育基础设施得到充实完善。至2015年，全县有小学269所，在校生7.76万人；初级中学33所，在校生4.29万人；高级中学13所，在校生2.25万人；高考报名5980人，理科专科以上录取率为88.22%，文科专科以上录取率为73.83%。

2005年前，农村群众普遍处于看病难、看病贵的状况。2005年起，实施新型农村合作医疗制度，参合者上缴较少的合医费用，县人民政府按政策规定给予补助，实行大病统筹制，参合者就医，按规定按一定的比例给予报销。新型农村合作医疗逐渐完善，与城镇居民医疗保险并轨为城乡居民医疗保险，除参保费逐年有所增加外，国家投入有了较大幅度的增加，城乡参保居民报销比例逐年上升。2012年，在农工民主党中央的帮扶下，全县深入推进“同心助医”工程。至2015年，全县实现乡镇卫生院规范化建设，村村有卫生室，乡乡有救护车，山区卫生应急救援系统初步建立。城乡居民医疗保险参保率达100%，率先在全省实行新型农村合作医疗与城镇医疗保险并轨管理，实施100%补偿，全县建立“基本医疗保险＋大病医疗保险＋医疗救助”的基本医疗保障体系。全县每千人口拥有床位4.82张，拥有执业医师1.13人。

25年间，逐步形成以“奢香文化”为代表的大方文化。20世纪末21世纪初，大方县加大对奢香夫人的宣传力度。拍摄电影、电视剧，创作歌剧、舞剧、话剧、宣传画、农民画、小说、散文、诗、词，命名街道、景点、餐馆、公园、场地等，有许多都以奢香或与奢香有关的物事为题，奢香夫人名扬海内外。建成全省十大文化产业建设项目“毕节—大方古彝文化产业园”。

1992年4月，全县组织编排由3200多人参与的大型歌舞剧《乌蒙欢歌》。1996年，拍摄电视专题片《奢香故里行》，宣传奢香的爱国主义和民族团结精神。2001年4月，举办首届奢香文化节。2011年，电视连续剧《奢香夫人》在央视一台黄金时间播放，后又拍摄纪录片《奢香》、电影《乌蒙春晓》。在奢香文化节的引领下，全县兴起举办彝族文化节、彝族火把节、苗族跳花节、白族团圆节。举办首届“藏羌彝走廊·彝族文化产业博览会”、5届奢香文化节、5届端午节民族民间中医药文化交易会。各种节日盛会的举办，促进县内各民族团结和谐，丰富各民族文化内涵。电视连续剧《奢香夫人》荣膺第二十六届金鹰奖优秀电视剧奖、中宣部“五个一工程”奖。电影《凤凰台》在全国公映，《水西谣》获全国“最佳县（市、区）旅游歌曲”称号。

大方县有丰富的旅游资源，集自然景观、民族风情、人文景观和红色文化为一体。1991年以后，县委、县人民政府将旅游发展作为大方经济发展的重要组成部分，投入或引进资金开发旅游景点，改善旅游环境，增加旅游设施。县境内有国家级旅游风景区百里杜鹃、九洞天、油杉河等。1992年4月1日，大方县将每年4月16日定为“杜鹃花节”。之后，每到“杜鹃花节”期间，旅游观光游人如织，“世界花园，地球彩带”享誉国内外。九洞天以其洞天佳境，吸引中外游客，四季不衰；慕俄格古城被评为“国家AAAA级旅游风景区”“第六批国家级文化产业示范基地”“全国指定影视拍摄基地”；油杉河景区被评为“国家AAA级旅游景区”“中国最美休闲度假旅游目的地”，油杉河大峡谷获“国家级森林公园”称誉。2012年，恢复重建贵州宣慰府，建设彝族风情街、支嘎阿鲁湖风景区、清虚洞、中华苏维埃人民共和国川滇黔省革命委员会旧址、奢香博物馆等景区景点，游客逐年增多，收入逐年增加。“十二五”规划期间，累计接待游客1759.8万人次，实现旅游综合收入154亿元。

跨入21世纪，大方县迎来跨越发展的良好机遇，经济社会持续健康发展，获得“中国现代民间绘画画乡”“中国民间文化艺术之乡”“中国天麻之乡”“中国皱椒之乡”“中国豆制品之乡”“中国漆器之乡”等称号，彰显了大方县的历史文化特色和自然生态魅力，青山更绿，乡村更美，城市更加繁荣，人民更加富裕。

2015 年，全县地方生产总值达到 167.17 亿元，是 1990 年的 32 倍；财政总收入 25.83 亿元，是 1990 年的 80 倍；粮食总产量 21.64 万吨，是 1990 年的 1.6 倍；肉类总产量 3.52 万吨，是 1990 年的 2.2 倍；原煤产量 650 万吨，是 1990 年的 8.5 倍；发电量 50.4 亿千瓦时，是 2000 年的 90.69 万倍；水泥产量 96 万吨，是 2000 年的 8.7 倍；社会消费品零售总额 24.18 亿元，是 1990 年的 25 倍；金融机构存款余额 118.95 亿元，是 1990 年的 122 倍，金融机构贷款余额 74.28 亿元，是 1990 年的 59 倍。1995 年，三次产业的比例为 56∶22∶22，到 2015 年，三次产业的结构调整为 19∶40∶41，经济结构实现第一产业大幅下降，第二、三产业快速增长的良性转变。

25 年间，历届县委、县人民政府带领大方各族人民艰苦奋斗，励精图治，战胜各种困难，创造不朽业绩。2016 年 10 月，中国共产党大方县第十二次代表大会第一次会议指出，不忘初心、继续前进，勇于变革、勇于创新，永不僵化、永不停滞，深化改革、锐意创新，埋头苦干、同心攻坚，守底线、走新路，扬主题、建高地，为实现脱贫困奔小康而努力奋斗。同年 12 月，大方县第十七届人民代表大会第一次会议提出，打造大方经济社会改革发展升级版，全力把大方县建设成为精准扶贫、精准脱贫的示范高地，生态保护、绿色发展的示范高地，对口帮扶、多党合作的示范高地，实干作风、奋斗精神的示范高地。

八、展望未来，大方将更加富裕文明和谐美丽

在夺取新时代中国特色社会主义伟大胜利的新征程中，大方县将向更高目标迈进。“十三五”规划期间，将坚持创新、协调、绿色、开放、共享“五大发展理念”，统筹经济、政治、文化、社会、生态“五位一体”总体布局，协调推进全面建成小康社会、全面推进深化改革、全面推进依法治国、全面推进从严治党“四个全面”战略布局，实施大扶贫、大旅游、大健康、大数据“四大战略”行动，突出抓好现代农业、做强新型工业、壮大城镇经济、培育主导产业、创建法治大方、保障民生事业“六大重点”，抓紧抓好重大项目建设、生态文明建设、教育医疗卫生建设、美丽乡村创建、文化旅游提升、招商引资“六件实事”，把保质量、保速度、保发展作为首要任务，把稳就业、稳收入、稳社会作为基本目标。凝聚力量，埋头苦干，按时全面打赢脱贫攻坚战，同时，推动经济转型升级，使脱贫攻坚与乡村振兴有效衔接，努力建设贯彻新发展理念示范区。2020 年，与全国、全省、全市同步全面建成小康社会。

大事记

1991 年

2 月 5 日 沙厂区雨冲乡建成第一座乡级卫星地面接收站。

3 月 27 日 列为毕节地区重点建设项目的县城西大街动工建设。

同月 大方民间绘画作品先后在北京、上海、广州、西安、长春等城市参展，其中 55 幅作品由香港达成公司选送美国、瑞士展出。

4 月 县磷肥厂建成投产，年产过磷酸钙 6800 吨。

6 月 农牧渔业部、国家环保局在大方县召开全国硫磺灭烟生产现场会。

7 月 1 日 百纳区吉星乡划归黔西县管辖。

同月 县投资 50.6 万元修建的老干部活动中心竣工。

10 月 1 日 县教育电视台建成正式开播。

11 月 5 日 县涂层织物厂竣工投产。

同月 县文化馆获文化部授予“全国先进集体”称号。

12 月 8 日 全县撤区并乡建镇工作结束。

1992 年

1 月 21—25 日 全县新建乡镇分别召开第一届乡镇人民代表大会。

同月 县中医医院获卫生部、人事部授予“全国卫生系统先进集体”称号。

4 月 1 日 县第十一届人大常委会第四次会议决定把每年 4 月 16 日定为“大方百里杜鹃花节”。

4 月 16 日 县首届“百里杜鹃花节”在普底乡中心花区举行。

4 月 4 日—7 月 20 日 县境连续 10 次遭受冰雹、大风、暴雨袭击和持续高温干旱等自然灾害，全县有 33 个乡镇不同程度受灾，粮、烟等农作物损失折款 2500 余万元。

6 月 8 日 省政府批准大方县城关镇为省级历史文化名城。

6 月 23 日 县公安局交通警察大队成立，同时在县城和瓢井镇分别设立县公安交通警察大队一中队和二中队。

7 月 文化部文物管理部门将大方县奢香墓定为国家一级文物保护单位，省、县共拨款 70 万元进行整修。

8 月 4 日 凤山乡海坝煤矿因工人在井下吸烟导致瓦斯爆炸，死亡 11 人，重伤 1 人，经济损失 10 余万元。25 日，经县人民检察院批准，对玩忽职守造成重大责任事故的煤矿厂长、安全员李某某实行逮捕。

9 月 28 日 县委、县人民政府决定从 1992 年起，将每年 10 月定为“大方县民族团结活动月”。

10 月 20 日 瓢井街上发生火灾，烧毁房屋 4 栋 12 间 223 平方米、粮食 9065 公斤，折合人民币 4.7 万元。

12 月 26 日 大方县至四川纳溪公路贵州境段通车典礼在县城西大街客车站举行，贵州、四川两省干部、群众 2 万余人参加。

1993 年

3 月 16—18 日 中国共产党大方县第七次代表大会召开。吕开邦当选为县委书记。

4 月 23—27 日 县第十二届人民代表大会第一次会议召开。武孟伟当选为新一届县人大常委会主任，杨兴举当选为县人民政府县长。

5 月 8 日 受交通部委托，贵州省交通厅主持对大纳公路贵州境段进行初步验收，评为“优良工程”。

7 月 7 日 百里杜鹃林区获林业部批准为“百里杜鹃国家级森林公园”。

9 月 29 日 县第十二届人大常委会第四次会议通过《关于确立大方县第二经济支柱的决定》，决定把以硫铁矿、煤炭、坡缕石为龙头的矿产资源开发作为县第二经济支柱。

1994 年

4 月 8 日 县举行县城西大街建成通车典礼。西大街建设于 1991 年 3 月 27 日动工，总投资 749.7 万元，街道长 3.29 千米，路宽 34 米。

4 月 14 日 奢香博物馆建成开馆，经过修葺的奢香墓同时开放。

同日 川、滇、黔、桂 4 省（区）彝文古籍整理协作会暨贵州彝学研究会在县城召开。

4 月 23 日 世界卫生组织（WHO）技术官员、博士汤格曼（德国）到大方县考察计划免疫工作。

5 月 13 日 大方镇云龙村煤矿发生瓦斯爆炸事故，死亡 17 人。

5 月 20 日 县人民政府出台《1994 年经济体制改革工作要点》共 20 条。决定在县水泥厂先行试点，探索建立现代企业制度；对国有企业逐步进行股份制改造；对国有小型企业和老集体企业进行改组改造；对资不抵债的县酒厂进行破产试点；组建商业、供销集团企业，完善“国有民营”“社有私营”改革；加快住房建设，规范房地产交易；完善以家庭联产承包为主的责任制和统分结合的经营体制，再延长承包期 30 年；允许土地使用权依法继承、转让、互换、抵押、入股。

7 月 15 日 大方一中青年教师石禄恒的《九步·五段·递进式教学法》在北京召开的国际物理数学讨论会上获二等奖。

8 月 18 日 贵毕公路大方境归化大桥合龙。

8 月 30 日 县委、县人民政府出台《关于进一步加强农业农村工作打好扶贫攻坚战的决定》，明确扶贫开发目标和农业农村工作总体思路。

9 月 12 日 县地方税务局成立。

9 月 14 日 县国家税务局成立。

11 月 双山镇被列为国家和省级“金三角”农业综合开发基地。

12 月 31 日 县煤炭工业管理局成立，与乡镇企业管理局合署办公。

同月 县长杨兴举（苗族）作为中国优秀少数民族代表团成员，随团访问日本。

县委、县人民政府组织干部职工集资修建的 100 套职工宿舍楼竣工交付使用。

是年 县境几次遭受冰雹袭击，造成重大经济损失，县人民政府发放救济粮95万公斤、救济款112万元，发放北京等地捐赠的衣物11.42万件。

是年 大方县被定为贵州省畜牧业基地县，至年底，在百纳、雨冲、猫场建成3个黑山羊养殖基地，养殖黑山羊4000多只，扶持全县24个乡镇101个村3988户农户。

1995年

2月24日 中国人民解放军总政治部、中央电视台、萧克办公室《长征纪事》摄制组一行8人，到大方县拍摄中华苏维埃人民共和国川滇黔省革命委员会旧址及将军山战役战场外景。

3月 贵州腾华实业公司总经理陈家文捐资20万元兴建大方文惠实验学校。

4月3—6日 县“长治工程”通过长江上游水土保持重点防治工程专家验收组验收。

4月11日 全省烤烟工作会议在大方县召开。

4月17—20日 全省社会治理达标现场会在大方县召开，与会人员实地参观鸡场乡、羊场镇、东关乡及大方镇金鱼村、庆云村综合治理工作。

5月1日 县内16个乡镇遭受特大暴雨和冰雹袭击，112个村784个村民小组2万多名农户受灾，受灾面积45.65万亩，经济损失约1630万元。

6月9日 全国人大常委会副委员长、民盟中央主席费孝通到大方县考察奢香博物馆。

6月25—26日 大方县水土保持执法工作通过国家级验收。

7月10—12日 县境连续遭受特大暴雨、冰雹和洪涝灾害袭击，23个乡镇166个村1467个村民小组4.44万户19.94万人不同程度受灾，直接经济损失7816万元。

同月 县图书馆继1989年获文化部命名为“全国文明图书馆”称号之后，再次获“全国文明图书馆”称号。

10月25—27日 世界银行西南扶贫项目检查团官员麦克·高登伯格（美国）、重·查普·李（马来西亚）、梁衡（中国）、克劳德·桑·皮埃尔（法国）、刘贤方（中国）、布尔斯特拉格曼（新西兰）、毕洛特·克拉格特（法国）、葛友俐（中国）及国家项目办公室官员一行22人到大方县检查“世行项目”实施情况。

1996年

1月7—9日 长江中上游水土保持重点防治区委员会水土保持局一行3人，到大方县检查鸡场乡马鬃岭水土保持综合开发区经果林、万亩封管林，竹园乡海马宫茶场及六龙顺河小流域经果林，黄泥塘镇在拱、化联，双山镇木革坡改梯工程。

1月28日 零时50分，一辆从毕节市开往广东的客车，在黄泥塘镇罗庄村三道拐翻下50多米高的斜坡，造成6人死亡26人受伤。

2月5日 中共中央政治局候补委员、中央书记处书记温家宝到大方县视察。温家宝深入到双山镇幺塘村、羊场镇穿岩村视察坡改梯工程，并实地调查部分贫困农户生产生活情况。

3月11日 县水泥厂年产5万吨技改工程竣工。

同月 兴隆乡狮子村获全国绿化委员会评为“全国造林绿化千佳村”。

4月11日 县委、县人民政府召开表彰大会，表彰勇斗歹徒的肖素琴姐弟。

4月15日 县召开纪念明代杰出彝族女政治家奢香夫人逝世600周年暨理论研讨会。

5月15日 县1820亩水稻旱育浅植在小屯乡取得成功，每亩比水育水稻增产75公斤。

8月6—7日 由民革中央副主席胡敏，农工民主党中央常委常近时，民建中央委员会委员、全国工商联经济部部长张复生，民进中央委员会委员童景山等组成的毕节试验区专家顾问组一行，到双山、响水、竹园等乡镇考察开发扶贫、生态建设工作。

同月 经省地质部门概算，大方县为全省硫铁矿储量最大的县，硫铁矿储量达106.96亿吨。

9月23日 农工民主党中央定点扶贫工作会议在县城闭幕。

同日 水利部组织辽宁、河北、陕西、甘肃、山西5省水电厅和北京市水电局及长江中上游防治委员会水保局领导到大方县考察“长治工程”。

10月4日 举行新编《大方县志》出版发行首发仪式。新编《大方县志》全书140万字，萧克题写书名并作序。

1997年

1月1日 第一次全国农业普查现场调查在县内全面展开。

1月7—9日 在武汉召开的全国烟叶生产收购工作会议上，大方县获“1996年度全国烟叶生产收购先进单位”称号。

3月28日 国家烟草局局长倪益瑾到大方县考察烤烟生产工作。

4月 大方县获“全国社会治安综合治理先进单位”荣誉称号。

5月8日 县110千伏安输变电工程竣工，工程总投资700万元，总容量2万千伏安，输变电量比以前增加3倍。

5月22日 全国政协副主席、毕节试验区专家顾问组组长钱伟长率中央统战部、国家民委、各民主党派中央、全国工商联等有关部门领导到大方县视察，并捐资20万元在理化中学校址内修建毕节地区实验学校。

同月 总投资539.5万元的大方居乐至毕节二铺公路全线竣工通车。

6月28日 县举行“喜迎香港回归祖国”庆祝大会。

7月31日 国家烟草局烟叶购销公司生产处处长赵振山及辽宁、福建、贵州三省专家一行7人，到大方县考察良种繁殖基地建设和烤烟生产工作，在大方镇石关村选择400多亩土地作良种繁殖基地。

8月5日 深圳市审计局副局长庞邦和一行到大方县考察农村教育情况，捐资20万元共建东关乡希望学校。

8月17日 县城书院街道路拓展工程破土动工。

9月2日 县委书记杨兴举出席在深圳市举行的捐赠仪式，代表大方县接受深圳市机关单位及干部职工、社会各界人士捐赠的1100万元和30多万件衣被，并签订深圳在大方县修建希望学校的协议。

9月23日 深圳市直机关工委书记王玉洁一行，到大方县出席深圳市直机关向大方县希望学校捐款签约暨首届“深圳—大方希望工程奖学金”颁奖仪式。深圳市有关单位与大方有关乡镇签约援建大方五小、迎江小学、鸡场小学、甘棠小学、响水中学、竹戛小学、大水小学、星宿中学、小屯小学、抬沙小学、龙场小学、高店中学、牛场中学、绿塘中学、六龙小学、凰山中学、化育小学、凤山小学、核桃小学、高枧小学、中洞小学、长石小学、隆里小学等17所小学及6所中学的教学楼。对全县1997年获省地县表彰的129名优秀教师、优秀班主任、优秀校长、优秀教育工作者和考取本科的30名贫困学生分别颁发500元和1000元的奖金。

10月10日 县教育局在全国群众体育工作表彰会上获“全国群众体育先进单位”称号。

1998年

1月24—26日 中国共产党大方县委员会第八次代表大会召开。杨兴举当选为县委书记。

2月7日 凤山乡店子村桥边组大水井煤矿发生瓦斯爆炸事故，导致6人死亡，直接经济损失7万余元。

4月24日 县粮食局饲料加工厂一辆客车从马场开往白布途中在高店乡境内翻下安家麻窝，造成11人死亡19人受伤的重大交通事故。

6月25日 县公安局组织警力44人，在百纳、普底2乡捕获以黄某某、史某某为首的流氓团伙成员10人。

7月8日 县水泥厂召开第一次股东大会，标志水泥厂完成国有企业股份制改造。

7月17日 县机械厂召开第一次股东大会，标志机械厂完成国有企业股份合作制改造。

同日 大方镇海燕煤矿发生瓦斯爆炸，造成6人死亡7人受伤的重大安全事故，直接经济损失约11万元。

7月25日 深圳市援建的大方镇五小、东关小学、甘棠小学、凤山小学、化育小学、龙场小学、迎江小学、抬沙小学、核桃小学、长石小学、隆里小学、鸡场小学、六龙小学共13所希望小学竣工落成。

8月9日 全县第一家村级股份合作制企业——庆云村金达有限责任公司成立。

8月12日 贵（阳）毕（节）高等级公路大方段工程启动。

8月21日 举行县直机关支援长江下游灾区抗灾救灾捐款仪式，现场共捐款6.86万元。

9月3日 深圳市在大方县援建的23所学校全部竣工投入使用。

9月10日 发生在清毕公路双山镇幺塘段的“7.15”特大车匪路霸案告破。

11月18日 大方县猫场至纳雍县化作公路竣工通车。

同月 大方县获卫生部评为“全国农村中医工作先进县建设单位”。

12月12日 大方县获国家计委定为首批“生态环境建设示范县”。

1999年

1月16日 大方镇石关烟叶生产制种基地通过国家烟草专卖局验收。

2月23日 县房产事业管理局成立。

3月19日 普底乡过称洞煤矿发生瓦斯爆炸事故，造成8人死亡6人受伤、炸死5匹马的安全事故，直接经济损失近10万元。

5月18—19日 全国人大常委会副委员长、农工民主党中央主席蒋正华一行到大方县视察。

5月25日 上午7时许，普底乡东风永跃煤矿发生瓦斯燃烧，造成8人死亡3人受伤的重大安全事故，直接经济损失12万元。

9月2日 对口帮扶大方县的深圳市直机关工委在深圳市举行捐赠仪式，将98个单位干部职工捐赠的1155万元扶贫资金和30万件衣被移交大方县。

9月16日 六龙镇获"全国创建精神文明先进单位"称号。

10月21日 县百货大楼失火，整栋大楼化为灰烬。

2000年

1月6日 县委、县人民政府召开迎接西部大开发动员暨招商引资政策兑现大会，对有关单位和个人兑现奖金16.73万元。

2月21日 大方县获国家广播电视总局评为"全国广播电视先进县"。

4月14日 九洞天资源开发有限责任公司开业，九洞天风景区正式对游客开放。

5月7日 全县16个乡镇遭受雹、风、雨袭击，176个村1680个村民小组受灾，受灾人口17.57万人，死亡20人，失踪8人，伤35人。小屯乡滑石村受灾特别严重，死亡15人，失踪3人，轻重伤18人。全县小麦受灾1.59万亩，绝收1.55万亩；玉米受灾1.63万亩；杂粮受灾2.01万亩；经济作物受灾8111亩；毁坏房屋3816间、畜圈4621间、烤房376间、蔬菜大棚近百个；损毁树木4.59万棵。

5月5日至6月5日 "视觉第一中国行动"国家医疗队在县人民医院设点诊治，使全县156名患者重见光明。

7月3日 由人民日报社、中央电视台等新闻单位组织的"西部开发记者行活动"记者团到大方县采访退耕还林试点示范基地建设情况。

8月19日 贵州省电力公司、西南电力设计院、贵阳勘测设计院的领导和专家一行16人到大方县进行大方火电厂选址考察。

10月 贵州省电力公司批准大方县电网建设与改造实施方案，拨款4900万元实施城乡电网新建和改造工程。

11月1日 全县开展第五次人口普查登记。

11月8日 "西电东送"工程——洪家渡水电站开工建设。

11月11日~23日 全省退耕还林还草试点工作现场会在大方县召开，全省各地、州、市及14个试点县和省有关部门负责人参加会议。

2001年

1月1日 贵州国信寻呼公司毕节分公司大方经营部开业，全县用户达5000多户。

1月6日 县长倪小兵到贵阳参加大方火电厂（4×300兆瓦）可研评审会议，大方火电厂初可研通过评审。

2月17日 马场镇乐戈村二组发生一起重大投毒案，犯罪嫌疑人安某某向水井中投毒，致67人中毒、133头（匹、羽）牲畜和家禽死亡，直接经济损失10余万元。22日，安某某被公安机关抓获。

3月4日 一辆中巴车在县城南门木材公司门口爆炸，造成6人死亡19人受伤的重大事故。4月19日，制造爆炸案的李某某等4人及同案犯全部落网。2002年4月26日，贵州省高级人民法院在大方召开宣判大会，对4名主犯及9名同案犯进行公开宣判，判处李某某等4名主犯死刑。

3月6日 小箐沟水库供水工程开工。

3月22日 国家环保总局评估部主任张辉一行6人及省环保局、省电力公司、西南电力设计院专家到大方，对大方县火电厂新铺选址环境评估大纲进行审查。

3月28日 中法专家联合组对大方岩溶景观、洞穴资源进行踏勘，认为九洞天洞穴系统在中国是唯一可与南斯拉夫的喀斯特洞穴媲美的洞穴。

4月13日 县城东郊水厂扩建工程奠基。此工程由国家计委和建设部补助建设资金300万元，省计委、省财政厅、建设厅补助专项贴息资金200万元。

4月16日 由香港善启慈善基金会捐资10万元、兴隆乡匹配2万元、群众集资3500元的“温哥华祗恒希望小学”开工。

同月 大方二中被命名为“全国现代教育技术实验学校”。

5月10日 县举行纪念“五四”运动暨大方县首届“十佳杰出青年”表彰大会。

6月10日 双山至马场56千米公路改造工程开工。

6月12日 贵州省“大地之爱·母亲水窖”项目启动仪式在黄泥塘镇举行。此项目首期由摩托罗拉（中国）电子有限公司赞助启动资金100万元，解决5600人饮水困难。

7月7日 大山乡河坝村长河组肖家寨发生山体滑坡，淹没土地50亩，垮塌土石方40余万立方米，冲毁淹没房屋14幢，损失粮食1.69万公斤，大牲畜死亡22头（匹），造成经济损失约26万元。

7月15日 中国人民解放军南京军区105医院正式对口帮扶大方县人民医院。

同日 中国啤酒协会副会长、上海杨浦区政协委员王坤伦捐赠16万元在达溪镇新寨村修建的兴邦希望小学举行奠基仪式。

7月28日 由全国人大环资委、水利部等10多个部委共同组织发起的中华环保世纪行“保护长江生命河”记者采访团，对羊场镇穿岩村退耕还林工程进行采访。

9月6日 总投资251.77万元，惠及鸡场乡、黄泥塘镇片区移民的人畜饮水工程——移山管引工程开工。

9月21日 县会计核算中心和县人民政府采购办公室成立。

9月29日 重庆市璧山县民营企业家袁同利投资300万元在百纳乡大元村修建的宏声铁厂点火投产。

10月1日 县投资40万元改造安装县城路灯150多盏的“亮丽工程”完工。同日，全县公路普查工作完成。全县公路通车里程1872.16千米，其中，国道省道272.36千米，县道333.3千米，村道1266.5千米。

10月13日 县人民检察院法警秦成明酒后开枪打死无辜群众4人。当晚，秦成明被抓获。11

月23日，秦成明被毕节地区中级人民法院判处死刑，剥夺政治权利终身。12月12日，贵州省高级人民法院下达刑事裁定书，核准对秦成明执行死刑，剥夺政治权利终身。

10月18日 县人民政府出台《政府采购试行办法》，全县机关、事业单位、人民团体开始实施政府采购。

同月 贵毕公路大方境段建成通车。

11月29日 捷克专家基哈一行到安乐乡养殖示范场传授胚胎移植技术，完成25头受体母牛外来纯种胚胎移植。

12月19日 香港善启慈善基金会伍启宁与加拿大温哥华祇恒讲堂果明一行9人，到兴隆乡杉树村参加由果明捐资10万元修建的祇恒希望小学竣工典礼，到马场镇老塘村参加由拿格捐资10万元修建的拿格思亲纪念希望小学奠基仪式。

2002年

1月15日 县公安局缉毒队分别在鸡场乡和理化乡破获2起贩毒大案，收缴鸦片1216克，海洛因10.6克，犯罪嫌疑人杨某某、肖某某、陈某某、郭某某被依法刑事拘留。

1月23日 县药品监督管理局成立。

2月4日 文阁乡海坝煤矿发生一起瓦斯爆炸事故，致4人死亡、1人重伤、1人轻伤。

3月15日 县工商局在县城北郊垃圾场集中销毁收缴的总价值25.75万元假冒伪劣商品。

3月20日 县疾病预防控制中心成立，县卫生监督所成立。

4月6日 国有大海坝林场云龙山林区燕子岩地段发生一起森林火灾，毁林30余亩，经济损失约3万元。

4月8日 第一届“中国贵州杜鹃花艺术节”在普底中心花区开幕。

4月15日 326国道大方县至金沙县公路改造工程开工典礼在百纳举行。公路全长96千米，总投资5340万元。

5月5日 兴隆乡遭受暴雨、冰雹袭击，造成7个村35个村民小组1864户6419人受灾，稻秧受灾540亩，玉米受灾3600亩，洋芋受灾2800亩，毁坏住房26幢，打伤牛马31头（匹）。同日，长石镇遭受百年不遇的特大雹灾，5300户农户2.12万人受灾。

5月28日 中央电视台摄制组和新华社彩视摄制组到猫场镇狗吊岩小学采访。

6月6日 山东兖州矿业集团董事局副主席、总裁耿家怀一行4人到大方县考察煤电联营事宜，详细了解大方县煤炭资源情况和水电路基础设施情况，对大方火电厂选址点新铺进行实地考察。

6月15日 全国人大常委、民革中央副主席胡敏及农工民主党中央常委常近时等到大方县考察畜牧业发展和沼气池建设工程。

6月18日 国家计生委主任张维庆到大方县检查计划生育工作。

6月23日 省委书记钱运录率省委常委、省委秘书长虞文升、副省长顾庆金及省直有关部门负责人到大方县调研，对交通基础设施建设、安全生产、生物资源开发、退耕还林等工作提出具体要求，指出发展方向。

同日 全省农村独生子女户、二女绝育户养老保险试点工作在大方县全面启动。

6月24日 大方籍留美医学博士李佑福回到大方县，为全县卫生系统干部和医务人员160人作学术讲座。

同日 经文化部和省地文化部门批准，俄罗斯现代艺术团到大方县演出。

6月27日 猫场镇长征村一私营加油站爆炸，致3人死亡1人受伤，13间房屋被毁，经济损失约15万元。

7月13日 美国友人方如玉捐资12万元、长石镇政府匹配5万元修建的厉素芬希望小学奠基。

8月18日 山东兖矿集团与大方县在山东邹城签订合作开发煤电项目协议。县委书记李绍武、县长倪小兵出席签字仪式。

9月4日 国家烟草局局长姜成康一行到大方县检查烤烟生产工作。

9月6日 县人民医院在中国人民解放军第一〇五医院第二批医疗队的协助下，建立毕节地区第一个纤维支气管镜实验室，开展纤维支气管镜检查和介入疗法取得成功。

11月11—15日 国家中医药管理局委托的省中医药管理局专家组一行14人，到大方县评估“全国农村中医药工作先进县”建设工作。经评估检查，大方县评审验收合格，成为全省第一家全国农村中医药工作先进示范县。

11月15日 省政府对大方县“两基”工作评估验收总结大会在大方县城召开。省政府宣布大方县“两基”教育工作基本合格。

12月4日 县长倪小兵与兖矿贵州能化有限公司负责人梁荣训在贵阳签订煤炭勘探成果转让协议，标志大方县煤炭开发工作进入实质性阶段。

同月 全县36个乡镇开通程控电话，程控电话装机27708门；建成移动电话机站70个，移动通信27000门，网络覆盖率为85%。

2003年

1月10日 山东兖矿集团贵州能化公司在大方镇对江村举行对江大型井田精查钻勘开工仪式。

1月27日 广东省委、省政府和深圳市委、市政府慰问团一行15人，到高店乡向40余户贫困户每户发放慰问金300元、大米1袋、棉衣1件、棉被1床，共计20万元。

同日 县财政拨款55万元，购买50万公斤玉米，在春节前分发到全县36个乡镇贫困农户手中。

2月18日 凤山乡杉坪村冷文富煤矿发生瓦斯爆炸事故，死亡3人，直接经济损失3.5万元。

3月9日 雨冲乡老鹰岩煤矿发生瓦斯爆炸事故，死亡3人，直接经济损失10余万元。

4月10日 国家林业局局长周生贤一行到大方县考察百里杜鹃花区天然林保护和羊场镇穿岩村退耕还林工程。

4月14日 盗窃黄泥塘至西溪大桥处7000多米新改造的10千伏高压输电线路，造成15万元直接经济损失的4名犯罪嫌疑人被抓获。

4月23日 成立大方县“非典”防治中心，县人民医院为“非典”防治医院。

4月25日 鼎新乡风景煤矿发生瓦斯爆炸事故，死亡4人，伤2人，直接经济损失10万余元。

4月28日 县启动农村独生子女户、二女绝育户养老保险工作，每户投保1000元，由省计生委拨付50万元、地区计生局投入20万元、县财政投入30万元解决保险资金。

5月28日 农工民主党贵州省委副主委万龙君一行向大方县“非典”防治中心捐赠价值10万

元的医疗器械和药品。

6月5日 大方县与贵州大方发电有限公司在贵阳签订投资协议。协议决定由中国华电集团有限公司、贵州中水能源股份有限公司和兖矿贵州能化有限公司共同出资设立贵州大方发电有限公司，对大方火电厂进行建设和经营管理。

6月7日 六龙镇纸厂村毛栗组张应荣煤矿发生瓦斯爆炸事故，死亡3人，伤4人，直接经济损失10万元。

8月2日 县日杂公司花炮厂发生爆炸事故，2人死亡，21人受伤。

8月22日 县煤炭稽查大队成立。

8月26日 贵州大方发电有限公司在大方注册登记，首期注册资金9490万元。

11月20日 省长石秀诗到东关乡宏富德煤矿考察调研。

11月28日 大方火电厂（4×300兆瓦）前期工程场平仪式在大方镇新铺村举行。

同月 省委书记钱运录到大方县考察产业结构调整工作。

12月18日 南京军区第一〇五医院向大方县人民医院危房改建工程首期捐款40万元。

2004年

1月29日 九洞天被命名为“国家级风景名胜区”。

2月10—13日 县领导李绍武、黄仲祥、李泽贵、司晋一行在北京向农工民主党中央、中共中央统战部汇报争取大方火电厂项目工作。同时，在北京邀请大方县籍知名人士郑世民、刘扬忠、孟杰、杨恩勋、黄采奕、罗厚、李安宁、张庆方、李庆、周平、罗锦平、李昱、李东舰等召开座谈会，共谋大方发展大计。

2月12—13日 县长倪小兵到贵阳参加大方火电厂地质总体规划和火电厂水资源论证会。

2月28—29日 县长倪小兵到贵阳参加大方火电厂初步设计审查会议。

3月21日 全国政协常委、毕节试验区专家顾问组组长厉以宁一行11人到奢香博物馆考察。

3月25日 大方发电有限公司董事长戴绍良、总经理何光宏等在县长倪小兵陪同下，检查大方火电厂场平工作进展情况。

3月30日 省人大常委会原副主任禄文斌到大方调研民族工作，通过协调，将县民族经费恢复到50万元。

4月3—7日 县长倪小兵赴西安参加第八届中国东西部经贸洽谈会，在会上与兖矿贵州能化公司、毕电开发投资有限公司签订联合开发大方县煤炭资源的合作协议。

4月21日 广东省委副书记、深圳市委书记、深圳市人大常委会主任黄丽满，广东省委常委、深圳市委副书记、市长李鸿忠率团到大方县考察，资助100万元用于羊场镇穿岩村修建饮水工程、公路和购置教学设备等。

5月10—11日 由英国、瑞典、印度、莫桑比克专家组成的国际专家考察团，到大方县考察“性别与卫生公平安全国际研究项目”实施情况。

5月21日 县召开农村信用合作联社创立大会暨首届社员大会。

6月24日 “大方八碗席”在成都举行的“第五届西部博览会·2004年中国西部国际精品菜肴美食文化展”中获“团体特别金奖”。

7月18日　洪家渡水电站首台20万千瓦机组投产发电。

8月3日　华中农业大学捐资建设的大水乡华农大石希望小学奠基。

8月5日　省委书记钱运录批示要求省教育厅对大方县大水乡大石小学的校舍、师资、支教教师情况进行调查。

同日　国家烟草局局长姜成康一行到大方县考察调研烤烟生产工作。

8月9日　省教育厅和县教育局举行座谈，落实省委书记钱运录批示精神，以华中农大捐资8万元、大方县匹配5万元为启动资金，改建大水乡大石小学，学校以华农大石希望小学为名。

9月5日　大方火电厂矿区总体规划通过中国国际工程咨询公司评估。县委书记李绍武、县长倪小兵参加评估会议。

9月9日　县计生服务站和妇幼保健院合并，成立县计划生育和妇幼保健服务中心。

9月16日　中国联通公司大方分公司成立。

10月18日　县广播电视局选送的《农村大观园》《让辣椒富农》《筑巢引凤发展——大水乡科技兴乡扫描》《反季节无公害蔬菜让农民走上致富路》节目获全国市县电视台优秀农业节目奖。

10月22日　由中国农业发展银行贵州省分行捐资50万元援建的将军山农发行希望小学奠基，萧克之子萧星华参加奠基仪式。

11月23日　大方火电厂新建工程环境影响报告书在贵阳通过国家环保总局评估，县委书记沈晓春、代理县长李玉平参加评估会议。

11月28日　大方火电厂项目建设正式动工。

12月4日　曾在猫场镇狗吊岩小学、大水乡大石小学支教的华中农业大学学生徐本禹被评为2004年“感动中国”十大年度人物之一。

12月19日　省委书记钱运录到大方县调研煤炭安全生产、农业产业结构调整等工作。

2005年

1月19日　大方县第一批保持共产党员先进性教育活动工作会议在县城召开。

2月19日　县邮政储蓄突破亿元大关，成为毕节地区邮政储蓄首个突破亿元的县。

3月11日　共青团山东省委到大水乡大石小学捐赠学习用品及保健品，并确定每年派出1名志愿者到该校支教。

3月19日　全国人大常委会副委员长许嘉璐到大方县考察退耕还林工程。

3月20日　县第十四届人民代表大会第三次会议召开。李玉平当选为大方县第十四届人民政府县长。

3月31日　大方县绿塘乡高峰村李松在海南省海口市为救落水工友而牺牲，被共青团海口市委追授“见义勇为杰出青年”荣誉称号；共青团毕节地委发出《关于向李松学习的倡议书》。

4月1日　全省2005年烤烟生产工作现场会在大方县召开。

4月4日　《贵州日报》记者一行到六龙镇采访造林大户、全国劳动模范、全国“三八红旗手”李淑彬。

4月11日　县公安局破获一起非法地下钱庄案，涉案金额1352.64万元。

4月12日　省残联到绿塘乡慰问在海口打工勇救工友献身的残疾青年李松的家属，并颁发省残联追授李松“见义勇为杰出残疾人”荣誉证书。

4月15日 山东省聊城市东昌府区与大方县缔结为友好区县。

4月16日 海口市民政局局长文日坤率慰问团到绿塘乡慰问见义勇为杰出青年李松的父亲。

4月24日 北京大学教授、核物理博士生导师、大方籍人士孟杰在县影剧院为2000多名师生作报告。

4月26日 县公安局禁毒大队在712省道大方境内从六盘水方向开往大方的2辆摩托车上查获毒品海洛因1015克，抓获2名大方籍运输毒品犯罪嫌疑人。

同日 安利（中国）贵州分公司捐赠20万元扩建八堡乡中心小学。

5月22日 华电集团总经理贺恭到大方县视察大方火电厂建设工作。

6月1日 大水乡华农大石希望小学竣工。

6月3日 在国务院第四次全国民族团结进步表彰大会上，大方县响水白族彝族仡佬族乡乡长杨思云（女，白族），云南某部大方籍战士吴道江（彝族）获全国民族团结进步模范个人称号。

6月16—18日 县举办首届“多彩贵州”歌唱大赛初赛，230多名选手参赛，54名选手进入复赛，比赛分8场进行，6000多名群众观看大赛。

6月24日 中国美术家协会党组成员、副秘书长李荣海一行到安乐乡参加中国美术家协会白岩希望小学奠基仪式，捐赠30万元人民币援建该校。

7月5日 毕节地区兑现农村部分计划生育家庭奖励扶助金首发式在黄泥塘镇举行，向胡林远等30名农村计生奖励扶助对象每户发放扶助金600元。

7月25日 大方特色火锅“仔鸡豆腐”获贵州省“名火锅”称号。

8月11日 全国人大常委会副委员长、农工民主党中央主席蒋正华一行到大方火电厂、奢香博物馆、云龙天麻开发有限公司等地视察调研。

8月26日 萧克题写校名的大方县将军山农发行希望小学举行落成典礼。学校由中国农发银行贵州省分行全体职工捐资35万元、农发行资助15万元援建。全省农发行职工还结对帮扶100名贫困学生，每年资助学费1.6万元。

9月12日 中国人民解放军南京军区105医院第五批医疗队到大方县人民医院开展帮扶工作。

9月19日 县召开创建“平安大方”动员部署会。

9月28—29日 毕节地区第二届农产品展销会开幕式暨大方皱椒批发市场开业仪式在黄泥塘镇举行，共12个参展团展出农牧初级产品和加工产品236个，其中被地区优质农产品认证委员会认定的优质产品43个。现场签订购销合同25份，金额8.8亿元。

10月28日 大纳公路核桃乡文坪村境内发生一起死亡12人、伤42人的重大交通事故。

11月22日 贵州省示范性高中评估复查组一行对大方一中示范性高中申办进行评估复查，复查结果为“合格”。

11月24日 大方一中被评为“全国德育科研先进实验学校”。

2006年

1月4日 县新型农村合作医疗工作正式启动。

1月12日 县委书记沈晓春率团到北京向农工民主党中央汇报大方经济社会发展情况，以及农工民主党帮扶大方在项目引进、教育卫生、扶贫开发等方面取得的成效。

1月14日 县委书记沈晓春率团赴北京举行大方籍在京人士座谈会，与20多位大方籍在京人士共商大方发展大计。

3月3—4日 由江苏省张家港市原市委副书记、市政协主席顾泽芬带队的张家港市考察团一行，到大方县考察经济社会发展和资源等情况，与大方县结成友好市县。

3月15日 县首届奢香文化节组委会举行冠名签约仪式，县内11家企业与组委会签订12项冠名赞助协议，赞助金额20.4万元。

3月26日 外出务工的黄泥塘镇麻窝村人万勇向麻窝村坝子小学捐赠20万元。

3月27日 贵州省煤矿整顿关闭工作领导小组公布全省关闭煤矿名单，大方县被关闭的有：普底乡河沟煤矿、春玉煤矿，凤山乡凤阳煤矿、大路边煤矿，星宿乡兴龙煤矿，六龙镇石板田煤矿、红星煤矿、上坝田煤矿，百纳乡小坡煤矿、胡家湾煤矿。

3月29日 县人民政府贷款2000万元投入教育基础设施建设。

同日 县公安局禁毒大队在毕节破获一起贩毒案，抓获犯罪嫌疑人4人，缴获毒品海洛因598克。

4月2—3日 “2006国酒茅台杯多彩贵州旅游形象大使”大方赛区选拔赛举行海选，748名选手参加角逐，31人进入决赛。

4月8日 首届“中国·大方奢香文化节”在大方一中开幕。

同日 举行首届奢香文化节招商引资签约仪式，来自省内外10余家企业与大方县及县内企业签约项目11个。

4月16—19日 江苏省张家港原市委书记秦振华，中国发展研究院执行院长、大方经济顾问章琦一行，到大方县考察经济社会发展情况。考察期间，随同考察的2家企业分别捐资25万元援建2所希望小学。

4月15—21日 香港善启慈善基金会主席古振江、秘书长伍启宁等一行，到大方参加其捐资137万元修建的10所希望小学竣工仪式，参加其捐资41万元修建的3所希望小学奠基仪式。

4月27日 深圳市对口帮扶办主任刘仕泽一行到达溪镇红星村、核桃乡文坪村考察新农村建设工作，并向两村分别捐资110万元和80万元。

5月10日 小屯乡大田村发生山洪灾害，致1人死亡、2人失踪、2人受伤，毁坏房屋225间。

5月27日 中国华电集团公司党组成员、副总经理程念高，到大方火电厂检查工程进度，县委书记沈晓春、县长李玉平陪同。

6月1日 贵阳海关副关长、缉私局局长尹树兴一行到大方一中捐赠总价值30余万元旅游鞋1000双。

6月2日 省长石秀诗到大方视察大方火电厂和煤矿等重大项目建设，县委书记沈晓春，县长李玉平陪同视察。

6月3日 八堡乡新开村李家湾寨子后面发生山体下滑，山体撕裂处离寨子不足200米。县委书记沈晓春率有关部门负责人和技术人员赶赴现场，组织险情危及群众65户236人撤离险区。

7月2日 2006多彩贵州旅游商品设计大赛、旅游商品制作能工巧匠选拔大赛和旅游商品展销大会在县城进行海选，高光友等15人获“大方名匠”称号，大方漆器“牡丹大花瓶”等35件作品被评为“大方名创”。

7月7日 县城市管理局成立。

7 月 10 日　毕节地区人口和计划生育“少生快富、奖励扶助”工作会议在大方县召开，表彰 42 名计划生育二女绝育户及“少生快富、奖励扶助”代表。

7 月 11—12 日　贵州大方发电有限公司 1 号机组 1 号锅炉点火，机组并网成功正式投入运行。首台 30 万千瓦亚临界燃煤发电机组并网发电，1 号机组进入 168 小时试运行并网发电一次成功。

7 月 20 日　由百纳乡煤矿企业扶贫济困基金会捐资 25.7 万元兴办的百纳乡煤矿企业希望小学奠基。

8 月 4 日　国家民委授予奢香博物馆“全国民族团结进步教育基地”称号。

8 月 29 日　中央电视台、新华社、中央人民广播电台和《人民日报》《光明日报》《经济日报》《农民日报》《法制日报》《工人日报》《科技日报》《中国青年报》《中国妇女报》等 12 家中央媒体对大方县生态建设成果进行联合采访。

9 月 19 日　国家林业局局长贾治邦、副局长赵学敏，省委书记石宗源到大方县视察生态建设，县委书记沈晓春、县长李玉平等陪同。

9 月 24 日　县青年志愿者协会成立。

9 月 27 日　“国酒茅台杯 2006 多彩贵州旅游形象大使”选拔大赛表彰大会在贵阳举行，大方县获组织奖。

10 月 24 日　县筹措资金 14 万元，对县城祝融街、文星街及西门小十字共 3 条街路面进行改造，施工总长约 380 米，施工面积 2500 平方米。

9 月 27 日　深圳市供电局党组书记贾振旺一行 8 人，到沙厂乡向竹戛小学捐赠 34 万元，资助 49 名特困生每人 800 元，资助 53 名贫困生每人 500 元，资助 2 名贫困教师每人 2000 元。

10 月 31 日　县人民政府政务服务中心挂牌成立。

11 月 8 日　深圳市政协副主席姜忠、富士康集团党委书记刘忠先率代表团到黄泥塘小学举行捐赠仪式，向黄泥塘镇和沙厂乡分别捐赠 25 万元修建希望小学。

11 月 27—30 日　县“两基”教育和“普及实验室”工作通过省人民政府验收。

12 月 9 日　县公安局禁毒大队从毕节开往上海的一辆长途客车上，查获毒品海洛因 342.6 克、毒资 13000 余元，抓获犯罪嫌疑人 3 人。

12 月 28 日　贵州省煤矿整顿关闭工作领导小组公布全省关闭煤矿名单。大方县被关闭的有：东关乡半冲煤矿，黄泥乡新兴联营煤矿、盈营煤矿，百纳乡沙坡煤矿、林山煤矿、九龙湾子煤矿、玉龙煤矿、天桥煤矿、乾龙煤矿，六龙镇生地湾煤矿、白坟坡煤矿、兴隆煤矿，普底乡娃娃洞煤矿、黄坪煤矿、普华煤矿、凤源煤矿。

2007 年

1 月 1 日　县奢香文化发展有限责任公司成立。

1 月 6—10 日　政协大方县委员会第八届第一次会议召开，张智当选为第八届县政协主席。

1 月 7—11 日　县第十五届人民代表大会第一次会议召开，高兴全当选为县第十五届人大常委会主任。

1 月 18 日　县委书记沈晓春到北京参加全国县（市）委书记、县长新农村建设培训班学习。

1 月 10—24 日　因天气持续凝冻，大海坝林场树木被冰冻压倒折断 2000 余株。

1月24日　贵毕公路大方段经果林示范带全线下苗种植。

1月29日　百纳乡乾龙煤矿发生瓦斯爆炸，致7人死亡。

2月7—10日　县组织13家企业12类农特产品到贵阳参加特色农产品展销会，现场销售40万元，签订订单500多万元，其中，大方云龙天麻开发公司保鲜盒装礼品天麻订单240万元、天麻酒订单200万元。

2月10日　县第一个引资开发的房地产项目——红旗小区正式开工。

2月13日　县长李玉平率党政代表团到北京向农工民主党中央汇报工作。

2月18日　由副省长吴嘉甫帮助解决50万元修建的大山乡柿树村至瓢井镇中洞村全长18.5千米公路正式开工建设。

同月　由省政府投资24万元、大方县人民政府投资80万元、煤矿建设方投资620万元的县煤炭瓦斯监控系统开始安装。

同月　县2006年度烟水配套工程项目开工建设，工程项目涉及6个乡镇9.72万亩土地，总投资7339.76万元，安装管网1013千米，修建水池157个。

3月12日　由贵州中水能源有限公司投资1.33亿元修建的落脚河水电站（2×10兆瓦）投入试运行。

3月20日　贵州天润矿业有限公司在大方县注册成立，注册资金1亿元。

同日　设置县人民政府应急管理办公室，承担全县突发公共事件应急管理日常工作，履行值守应急、信息汇总和综合协调职能，发挥运转枢纽作用。

3月28日　成立县建设投资有限公司。

同日　大方发电有限公司（4×300兆瓦）1号机组、2号机组环境保护通过国家环保总局验收。

3月31日　县彝学会第一次代表大会召开。黄仲祥当选为首届会长。

4月2日　“2007·中国贵州杜鹃花节”招商引资项目签约仪式在和泰大酒店举行，县人民政府及县民政局、县云龙天麻公司等单位与贵州天润矿业有限公司等15家企业就15个项目（其中煤炭业12个，天麻销售2个，殡仪馆建设1个）进行签约，签订投资总额7.99亿元。

4月3日　省长林树森到百里杜鹃景区、普底乡石牛村、马干山牧垦场视察。林树森对百里杜鹃旅游基础设施、石牛村人畜饮水工程、马干山牧垦场生态畜牧业发展情况等进行视察。

4月30日　县“多彩贵州”舞蹈大赛决出一等奖4名，二等奖2名，三等奖4名，获奖的10个节目代表大方县参加地区选拔赛。

同日　全地区改茅建房工程在双山镇木格村正式启动。

同月　双山、文阁、羊场、理化、鸡场、黄泥塘等6个乡镇烟水配套工程完工，总投资7000多万元，灌溉面积约10万亩。

5月11日　贵阳市小河区与大方县缔结友好县区签约仪式在大方举行，小河区现场向大方县捐赠20万元援建希望小学。

同月　县财政拨款100万元用于百纳乡新华村、达溪镇冷底村等2个省定试点村及黄泥塘镇黄泥村、羊场镇桶井村、大方镇对江村等3个地区试点村无房户新建住房和茅草房户改造工程。

6月6日　县十五届人大常委会第三次会议召开，会议接受李玉平辞去大方县人民政府县长职务，任命卢林为县人民政府代理县长。

6月9日 奢香博物馆获人事部和国家文物局授予“全国文物系统先进集体”称号。

6月12日 以在大方支教志愿者徐本禹、李华芬事迹为原型的电影《杜鹃花开》在县城举行开机仪式。《杜鹃花开》是中国关工委发起的“中国校园健康行动”10部电影中开拍的第一部，摄制完成后在全国3亿多学生和全军系统中放映。

6月16日 白石至石关绕城运煤公路——九驿大道正式开工建设。

6月21日 地区发改局副局长、地区铁路机场办公室主任王钥进到大方主持召开毕节机场选址工作会议，毕节机场确定选址在响水乡飞雄村。

6月24日 大方火电厂一期（4×300兆瓦）新建工程3号机组顺利通过168小时试运行，正式投入商业运营。

6月25日 贵阳市小河区捐资20万元援建的双山镇木格村小河希望小学奠基。

6月19—28日 县组团赴上海、温州、福州等地招商引资，共签约项目12个，签约资金94.55亿元。

7月15日 香港善启慈善基金会引进爱琴海光学美肌水疗集团捐资13万元援建的大山乡河坝村爱琴海第四希望小学奠基。

7月14—18日 香港善启基金会到大方县捐资64万元援建星宿乡盐行、鼎新乡姚寨、马场镇乐戈、瓢井镇贾垮、大山乡河坝5所希望小学。

7月22日 县人民政府投入230万元在各合法煤矿安装煤炭税费监控系统。

7月25日 全县高考上线人数位居毕节地区第二，大方一中阮鹏以总分681分的成绩位居全区理科第一名，被北京大学录取。

7月28—30日 全县遭受特大暴雨袭击，32个乡镇225个村12.15万人受灾，农作物受灾面积5693公顷、绝收950公顷，毁坏耕地20公顷，倒塌房屋356间，因灾死亡6人、大牲畜67头，冲毁乡村公路4千米、通组公路96千米，直接经济损失2682万元。

7月31日 县农村最低生活保障金首发式在羊场镇穿岩村举行，发放最低生活保障金1590万元，8.84万名贫困群众生活得到保障。

同月 由香港慈善家余彭年发起的“彭年光明行动”，对白内障患者手术费及术前检查、人工晶体等全部免费，做一例手术由余彭年补助医院200元。大方县是全省低视力康复试点县，2007年受益162人。

8月27日 中国医药卫生事业发展基金会、天大生物技术有限公司向大方资助280万元，用于援建农村卫生室、培训乡村卫生人员和改善农村医疗条件。

9月24日 由香港叶嘉林、彭君莹捐资14万元援建的大山乡柏杉村彭福基第四希望小学及香港善启慈善基金会、旅欧吉澳同乡会捐资12万元援建的大山乡棉山村旅欧吉澳同乡会第二希望小学奠基。

9月26日 农工民主党中央经济委员会副秘书长周庆年一行到鸡场乡捐赠总价值18万元的药品。

10月12日 县白族学会成立大会在县城召开。谢志全当选为首届会长。

10月13日 解放军第一〇五医院在对大方县进行5年帮扶的基础上，决定开展新一轮5年的帮扶计划。

同日 毕节机场选址报告修编通过西南民航管理局初审。

10月15日 县委、县人民政府投入1400万元解决群众生产生活用煤问题。

10 月 26 日 《大方县城市总体规划（2007—2025 年）》评审会在大方召开。

11 月 6 日 深圳市对口扶贫办公室副主任高雷、深圳市审计局副局长陈志刚一行到大方为东关乡深圳审计希望小学捐资 20 万元。

11 月 11 日 全县第一条 10 千伏煤矿专线正式运行，对星宿乡、百纳乡等 4 家煤矿进行供电。

11 月 17 日 大方火电厂 4 号机组顺利通过 168 小时试运行，正式投入商业运营。至此，大方火电厂一期（4×300 兆瓦）新建工程 4 台机组全部投产。

12 月 7 日 深圳市慈善会援建敬老院捐赠仪式在黄泥塘中学举行，分别向大方县和毕节市捐赠 40 万元建 2 所敬老院。

12 月 9 日 大方县与百里杜鹃管委会签署百里杜鹃风景区托管移交协议。大方县普底乡、大水乡 2 个乡及黄泥塘镇、百纳乡 2 个乡镇的部分村移交百里杜鹃管委会管理。

12 月 16 日 县苗族学会成立大会在县城召开。杨官文当选为首届会长。

12 月 21 日 中国初级卫生保健基金会向县人民医院和县中医医院分别捐赠价值 280 万元的全自动生化分析仪和价值 68 万元的全自动尿沉渣分析仪各 1 台。

同月 县选送的 5 件农民画作品，4 件入展第三届中国农民画艺术节。

2008 年

1 月 27 日 全国人大常委会副委员长、农工民主党中央主席桑国卫到大方县调研。桑国卫冒着严寒赴双山镇沙子村，对开发扶贫、新型农村合作医疗和农村饮水安全等方面进行调研。

1 月 29 日 县长卢林主持召开县长办公会，专题研究和安排雪凝灾害应急处理工作，会议确定追加 100 万元用于抗灾救灾。

1 月 30 日 农工民主党中央机关干部职工捐赠 10.5 万元支援鸡场乡大坝村基础设施建设。

2 月 1 日 县首批廉租住房钥匙及租赁补贴发放仪式在县城举行。

2 月 3 日 县委、县人民政府发起“冰雪无情人有情，齐心协力战冰雪”捐赠活动，并紧急下拨 1000 多万元资金用于救助困难群众燃煤和住房等问题。

2 月 11 日 成都军区驻滇某部 100 名官兵进驻大方县，增援电力抢险恢复等工作。

2 月 13 日 在得知云南省镇雄县王某某的大宗毒品准备销往大方后，大方县公安局禁毒大队派员赶往镇雄，在镇雄县城吉安宾馆将正在贩卖毒品的 4 名嫌疑人（均系镇雄人）抓获，当场查获海洛因 1400.5 克，收缴毒资 2.83 万元、运毒汽车 2 辆，成功破获一起跨省贩毒集团案。

2 月 14 日 解放军第四十四医院慰问团到大方县慰问抗雪凝灾害官兵，给援建官兵检查身体，向灾区群众送医疗服务。

2 月 15 日 百纳乡年仅 34 岁的农民党员武德顺在抢修被冰冻压坏的高压电网时不幸牺牲。

同日 成都军区增派驻滇某部指挥连 50 名官兵到达大方县，援助雪凝灾害恢复重建工作。

2 月 15—22 日 县纪委、县监察局组成 4 个检查组，分赴全县 34 个乡镇对雪凝灾害期间各级拨付、捐赠的 3144.99 万元救灾款、2496 床（件）毛毯衣被发放情况、干部到岗到位情况、乡镇灾情等进行全面督促检查。

2 月 21 日 县农发行向县建设投资有限公司发放农村基础设施中长期贷款 4340 万元，为大方电厂绕城运煤公路建设提供资金保证。

同日 县人民政府在羊场镇举行灾后重建良种发放仪式，向受灾农户发放4万公斤脱毒马铃薯种子，拨付260万元资金，从威宁紧急调运1700吨脱毒马铃薯种子帮助群众生产自救。

2月23日 致公党中央主席、科技部部长万钢，毕节试验区专家顾问组常务副组长常近时等一行到大方县调研石漠化治理与生态建设等有关工作。

2月26日 县长卢林代表县几大班子把全县干部、群众和抗灾官兵捐赠的11.8万元善款送到抗灾英雄武德顺家人手中。

3月1日 国家向西部农村义务教育阶段学生免费提供教科书，大方县约6.52万名中小学生共计免除教科书费524.46万元。

3月8日 贵阳卷烟厂机关到雨冲乡捐赠35万元扶贫资金。

同日 县非公经济人士蒋祖德出资30万元在绿塘乡建脱毒马铃薯扩繁基地。

3月25日 列为“省长工程”之一的朱仲河地下水资源开发利用工程开工建设。

3月27日 县漆器行业协会成立。

同月 县半夏科技示范种植项目正式启动。项目由农工民主党中央提供滚动发展资金40万元，县配套资金40万元，先在鸡场、黄泥塘、凤山等乡镇实施。

4月3日 原籍大方县普底乡旅居台湾古稀老人王朝相回乡探亲，将筹措的10万元善款捐给普底乡桥头村桥头小学。

4月8日 全国人大常委会副委员长、农工民主党中央主席桑国卫到双山镇、六龙镇、鸡场乡视察调研。

4月18日 “2008中国（大方）古彝圣水·支嘎阿鲁湖首游式”在六圭河畔举行。

同日 香港慈恩基金会黄紫薇、张超杰捐款15万元援建的响水乡岔河小学奠基。

4月19日 由贵阳市小河区委、区政府捐资20万元修建的木格小河希望小学竣工。

同日 香港慈恩基金会为大方县206名高中贫困生每人发放助学金400元。

4月24日 中国爱德基金会秘书长何文到鸡场乡大坝村代表单位援助20万元建设大坝村社区发展项目。

5月4日 共青团中央、全国青联追授大方县百纳乡抗凝冻英雄武德顺“中国青年五四奖章”。

5月12日 14时28分，四川省汶川县发生里氏8.0级大地震，大方县有明显震感，凤山乡公鸡山岩头震垮岩石数千吨。

5月14日 “抗震救灾，向汶川灾区人民献爱心”捐赠活动在县城举行，当天全县共捐款57万元。

5月20日 全县非公企业及人士累计向四川地震灾区捐款45万元。

5月25日 全县各界及爱心人士累计向地震灾区捐款达219.5万元，其中，机关、单位、企业、学校、乡镇、民营企业捐款210.41万元，社会各界爱心人士捐款9.1万元。

5月29日 全县共收到支援四川灾区的“特殊党费”60.01万元。

6月4日 中国邮政储蓄银行大方支行成立。

6月20日 因盗窃案潜逃12年的牛场乡安书村陶某某在纳雍县雍熙镇被抓获。陶某某先后流窜于纳雍、大方、织金、水城等地，作案121起，盗窃农民耕牛等物资价值达100多万元。

同月 大方镇派出所成功捣毁由16名青少年组成的特大盗窃团伙，破获入室盗窃案件50余起。

7月10日 由响水乡供销社、大方县天椒公司和响水乡部分辣椒种植大户发起的全县第一个辣椒专业合作社成立，并召开第一次社员代表大会。入股社员共有351户辣椒种植户，第一批社员参股资金共85.38万元。

7月14日 全县集体林权制度改革林权证首发仪式在小屯乡滑石村举行。

7月15日 召开全县城市公共客运交通行业业务培训暨燃油补贴发放会议，县城293辆出租车共发放补贴110.9万元，每辆车补贴3784元。

同日 安乐乡派出所在安乐乡岩脚村原老干硫磺厂工棚内查获自制炸药55.8公斤，抓获犯罪嫌疑人1人。

7月30日 全省广播电视无线覆盖工程竣工暨开播仪式在大方县举行。

8月9日 大方县申报的“中国漆器之乡”通过中国工艺美术行业区域专家考评组审查。

同日 水利部部长陈雷一行到大方县考察水利建设工作。

8月26日 举行县城西大街（奢香大道）改造工程开工仪式。

8月27日 大方县申报的“中国天麻之乡”“中国皱椒之乡”在北京通过专家评审。

9月9日 县年产48万吨硫酸生产项目在东关乡岩下村正式启动。

9月23日 农工民主党中央副主席姚建年代表农工民主党中央、中国初级卫生保健基金会、农工民主党贵州省委向大方县捐赠价值100万元的医疗器械和救护车辆。

10月1日 永贵煤业集团举行大方五凤二矿联合试运转庆典仪式。

10月6—8日 国家林业局中南林业勘察设计院一行对大方县退耕还林工程进行检查验收。

10月23日 农工民主党贵州省委副主委、贵州威门药业董事长梁斌携远程药业、宏奇药业联合向羊场镇捐赠价值约16万元的抗生素及常用药品。

10月30日 县委书记沈晓春率县党政考察团赴山东省兖矿集团和枣矿集团、河南省永煤集团考察。

11月7日 “中国工艺美术行业特色区域荣誉称号”在杭州举行授牌仪式，大方县获赠“中国漆器之乡”牌证。

12月1日 县人民政府启动开展“十佳外出务工人员”“十佳外来务工人员”“十佳返乡创业人员”评选活动。

12月5日 贵州宣慰府恢复重建工程在大方镇云龙村螺蛳塘畔举行开工仪式。

12月16日 县石漠化治理项目启动仪式在羊场镇举行。大方为全国100个石漠化治理项目县之一，中央财政拨付3000万元资金分3年实施石漠化治理150平方千米。

12月28日 杭瑞高速公路遵义至毕节段举行开工典礼，经过大方县境11个乡镇，在县境设6处互通式立交。

2009年

1月2日 投资200万元的敞口龙滩县城供水工程开工建设。

1月15日 县委书记沈晓春率县党政代表团赴京向农工民主党中央汇报工作。全国人大常委会副委员长、农工民主党中央主席桑国卫，农工民主党中央秘书长陈建国、农工民主党中央社会服务部副部长刘峻杰及农工民主党中央有关部门负责人在京接见汇报团成员并举行座谈。

2月26日 卫生部部长陈竺率卫生部考察团到大方县考察农村医疗设施建设、地氟病防治等工作。

3月6日 农工民主党中央新增竹园乡沙坝村、东关乡半冲村2个帮扶点。

3月18日 全国政协副主席、民革中央主席周铁农一行27人到大方县考察退耕还林、生态建设工作。

4月16日 县人民政府授予潘明清、张天禄等7名大方漆器专家为"漆器工艺美术大师"称号，聘请7名漆器专家为"大方县漆器传统工艺传承人"。

4月18日 中国·贵州2009年大方（国际）奢香文化发展论坛开幕。

4月25日 大方县首次为吴正奎、王明亮等10名优秀农民画家授予"农民画传承人"荣誉称号。

5月5日 全县共计107户偏远无电户用上节能环保太阳能发电。

5月8日 涉及14个乡镇73个村200个村民小组1415人，总投资1301万元的危房改造工程通过毕节地区验收。

5月25日 全国岩溶地区石漠化综合治理工程第一次省部级联席会与会人员到大方县参观石漠化综合治理工程。

5月31日 2007年6月在大方县开拍历时近3年的电影《杜鹃花开》首映仪式在北京中国电影博物馆举行。《杜鹃花开》是以曾在大方支教志愿者、2004年"感动中国"十大人物之一的徐本禹和身患白血病、仍坚持在大方支教的志愿者李华芬事迹为原型创作的一部公益性影片。

同月 获科技部批准的"科技富民强县大方天麻产业化项目"举行启动仪式，项目分3年实施，总投资5038万元，其中，国家拨款173万元、省科技计划拨款200万元、地方配套资金250万元、企业及农民自筹4415万元。

同月 九洞天茶场生产的"九洞天仙茗"系列毛尖、翠片在2009年中国（上海）国际茶业博览会上分别获金奖和银奖。

6月20—21日 县委书记沈晓春、县长卢林到北京向农工民主党中央汇报农业产业化发展、工业园区建设、中药产业发展、水利工程建设等工作。

6月21日 暴风雨袭击大方县境，全县有6个乡镇45个村323个村民小组1.36万户4.41万人不同程度受灾。因灾死亡1人；农作物受灾2094.6公顷，成灾852.1公顷，绝收44.8公顷；房屋倒塌29间，损坏26间；死亡耕牛1头。累计直接经济损失511.65万元。

7月4日 中央电视台新闻部采访组到大方就农村危房改造工程实施情况进行采访。全县第一批农村危房改造工程建筑面积2.81万平方米，惠及1465人，入住新居243户，新居入住率52%。

7月25—28日 国家林业局工程验收组对大方县2001年退耕还林工程进行验收。2001年全县退耕还林工程涉及14个乡镇共9160.2亩，通过验收组抽样调查，全县退耕还林工程面积保存率99.1%，成林率89.1%，林权证发证率100%，建档率100%，管护率90.3%。

7月29日 大方永贵建材有限责任公司日产2500吨熟料新型干法水泥生产线技改项目开工仪式在东关乡岩下村举行。

8月24日 中央统战部副部长、全国工商联党组书记全哲洙率全国知名企业家到大方参观考察。25日，投资签约仪式在毕节举行，大方签约重点投资项目11个，签约项目金额达36.4亿元。

9月2日 全县地方志工作暨首卷《大方县年鉴》（2008卷）发行会议召开，县委书记沈晓春、县长卢林、县人大常委会主任高兴全等县几大班子领导出席会议。会议强调，各级各部门要提高对地方志编修工作功在当代、利在千秋的认识，进一步增强做好地方志工作的使命感和责任感，各乡镇和各部门要建立健全组织编纂机构，落实经费、人员和办公室，制订工作方案，明确目标任务，注重调查研究和资料考证，做好资料收集工作，为县志提供资料的同时，要注重乡镇志和部门志编纂进度和质量。

9月4日 深圳“104S”爱心助学基金会“慈善助学行”一行到大方三中给予80名贫困学生每生每学期助学金700元，明确在3年内进行不间断资助。

9月19日 毕节飞雄机场奠基仪式在响水乡飞雄村举行。

9月27日 县庆祝建国60周年大会在大方一中体育场举行，县委书记沈晓春讲话，全县60名劳动模范和60名先进工作者在大会上受到表彰。

9月28日 县城首个广场——和谐广场开工建设。

9月29日 在国务院第五次全国民族团结进步表彰大会上，中共大方县委获“全国民族团结进步模范集体”称号。

9月30日 全县职工住房公积金个人贷款突破亿元大关，达1.03亿元。

10月15日 全县约4.06万户群众炉灶改造结束，覆盖沙厂、六龙、雨冲等9个乡镇，受益群众24万余人。

同日 果瓦乡上寨村白泥田发现一座葬于清嘉庆二十四年（1819）的水西安氏古墓，古墓占地面积300多平方米，为水西彝族土目安李玉及安禄氏合葬墓。

11月15日 位于九驿大道的新客运站建设项目开工。

11月18日 一辆从上海开往毕节的大型客车行驶至县境贵毕公路161千米+99米处时侧翻下30多米高的路基下，造成9人死亡30余人受伤的重大交通事故。

11月24日 在人力资源和社会保障部、文化部召开的全国文化先进单位表彰大会上，大方县获“全国文化先进县”称号、县文化广播电视局获“全国文化先进集体”称号。在全国属唯一同时获两项国家级殊荣的县。

11月26日 国家减灾委员会、民政部授予大方镇城中社区为第三批“全国减灾灭灾示范区”称号。

12月4日 凤山煤矿举行综合办公楼落成典礼及捐款仪式，分别向团县委、凤山乡各捐款10万元，用于资助全县当年考取大学的贫困生。同时，向矿区群众提供350元/吨的生活用煤1600多吨，向矿区20户“五保户”“二女绝育户”“独生子女户”免费赠送生活用煤40吨，为矿区群众解决农民工就业问题、为矿区创业群众优先提供煤炭运输。

12月26日 县第三次全国文物普查工作结束。共收录登记不可移动文物点186处，收集新增文物点106处，复查80处，调查消失文物点20处。

是年 大方县争取到中央、省专项资金及中国福利彩票公益金等共75万元，在全县22个乡镇建成25个农民体育健身场所。

2010年

1月4日 在大纳公路（321国道）1537千米+900米处，一辆大型货车从四川省眉山县载运货物往贵阳方向行驶，与对向行驶的小型客车发生碰撞，将小型客车撞出公路外土坎下，造成小型客车上4人死亡、6人受伤。

1月11日 全国人大常委会副委员长、农工民主党中央主席桑国卫在北京接见以县长卢林为团长的县赴京汇报团。桑国卫就如何进一步做好大方县中草药及野生保健饮品发展、促进农民增收致富等作出重要指示。

1月13—18日 县长卢林率党政考察团赴山东、江苏、河南等地，就现代大型煤炭企业先进经营理念和管理办法以及现代城市园林规划设计建设等进行考察学习。

同月 省农委授予大方县“云龙山”牌天麻“贵州省名牌农产品”称号。

2月 重庆第三军医大学第二附属医院与县中医医院签订结对帮扶协议。

3月11日 县出台《关于严禁领导干部利用婚丧喜庆大操大办借机敛财的暂行规定》。

3月18日 八一电影制片厂摄制的30集大型电视连续剧《奢香夫人》在大方贵州宣慰府广场举行开机仪式。

3月23日 在县举行的抗大旱保民生暨纪念世界水日和倡导清明文明祭祀活动仪式上，共收到各界支持抗旱救灾捐款68.72万元。

3月25—29日 县组织多家漆器企业到扬州市参加第四十五届全国工艺品、旅游纪念品暨家居用品交易会，大方漆器取得参加当年联合国教科文卫组织世界杰出手工艺品徽章认证资格推荐。

3月30日 由金城宝五金（深圳）有限公司捐资30.5万元、金城宝五金（深圳）有限公司洪晓捐款3.4万元、穿岩村群众投工投劳建成的金城宝希望小学竣工落成。

4月1日 省红十字会向理化乡长春村捐赠总价值10.8万元的大米、纯净水、水泵；省消防总队给长春村受灾群众送2车消防罐车装载的生活用水，缓解当地群众生活用水困难。

4月3日 河南省平顶山市人大常委会副主任黄林森一行到达溪镇大湾村捐赠16万元援建160口小水窖。

4月7日 省工商联安徽商会到羊场镇穿岩村捐赠桶装矿泉水60多吨、现金10万元，缓解穿岩村穿岩组村民生活用水困难。

4月10日 江苏中烟工业公司（淮阴卷烟厂）到大方县捐赠80万元资金帮助开展抗旱救灾工作。

4月14日 山东枣庄矿业（集团）公司总经理王明南一行9人向大方县捐赠30万元抗旱救灾资金。

4月16日 省红十字会为羊场镇穿岩村受灾群众送去20吨大米、1500箱纯净水和10台抽水机等抗旱救灾物资，价值11.26万元。

4月18日 中央电视台《每日农经》栏目组和上海欧酪食品公司向竹园乡沙坝村捐赠10万元援建33口小水窖，解决沙坝村33户165人饮水困难。

4月20日 县举行大方县第二届奢香文化节开幕式暨贵州宣慰府落成典礼。

5月11日 岔河水库灌溉工程环境影响报告书通过省环评专家组评审。

5月13日 西藏军区政治部批准在抗击泥石流灾害中为抢救军用电台英勇牺牲的大方籍战士宋卫为“烈士”。

6月4日 香港乐施会向八堡乡政府捐款23.47万元援建的八堡乡灌溉沟渠工程项目启动。该灌溉沟渠长5000余米，惠及13个村民小组641户2215人，灌溉水田1150余亩。

6月27日 河南煤化焦集团公司党委书记、永贵能源董事长于顺德及永贵能源党委书记王群芳一行将集团团员青年捐赠的16.29万元捐给安乐乡支持农村危房改造。

7月7日 全县村级公益事业建设“一事一议”财政奖补试点工作启动大会召开。大方县属2010年全省18个试点县（市）之一，在20个乡镇32个村实施“一事一议”财政奖补通组公路建设项目。

7月10日 竹园乡珍光希望小学落成。珍光希望小学由香港善启慈善基金会引进比利时华侨张伟光捐资港币17万元，竹园乡匹配5万元建设，解决海马宫村400余名苗族适龄儿童上学难的问题。

7月13日 雨冲乡遭受暴雨袭击，降水量达150毫米，引发山洪，导致油杉村、金星村等6个村约38平方千米范围内出现土坎垮塌、山体滑坡和泥石流等灾害。灾情发生后，县委、县人民政府迅速启动三级应急预案，指导开展伤员救治、公路和供电线路抢修、灾情排查、灾民安置等工作，紧急下拨救灾资金105万元。

7月21日 大西南公司总经理陈凡代表公司捐赠500万元援建敞口龙潭县城供水工程。

7月22日 国家质量监督检验检疫总局地理标志专家委员会在北京组织召开“大方漆器地理标志保护”审查会，“大方漆器”产品符合《地理标志产品保护规定》要求，通过审查。

8月13日 县委书记、县长卢林率县党政考察团赴四川省乐山市就能源及农业产业化发展等进行为期4天的考察。

8月20日 县举行2010年“圆梦大学”希望工程助学金发放仪式，款项由凤山煤矿捐资10万元，大方一中1994级学生会捐资4000元，共计捐赠助学金10.4万元，帮助全县34名贫困学子圆大学梦。

8月27日 全省1000万只肉羊工程项目启动仪式在大方县凤山乡地区牧垦场举行。副省长禄智明出席仪式。

同月 省委追授大方县见义勇为勇救落水工友而献身的打工青年贺远、贺兴永两兄弟为全省“道德模范”称号。

同月 在2010年“国酒茅台杯”多彩贵州“两赛一会”毕节地区选拔赛中，大方选手及作其品荣获一等奖1个、二等奖3个、三等奖4个，占总奖牌数的三分之二。获奖作品和获奖者代表毕节地区到贵阳参加全省总决赛。

9月1日 由中国电力规划设计总院项目部经理朱京兴带队的专家审查组到大方县，就大方电厂二期（2×660兆瓦）扩建工程进行实地踏勘。

9月2日 总投资1535万元的大方县第六小学奠基仪式在金龙新区举行。

9月16日 位于东关乡田坪村的县城生活垃圾填埋处理工程开工建设。

10月25日 贵州省第五个环卫工人节前夕，县委书记、县长卢林代表县委、县人民政府向全县环卫工人及其家属表示节日问候，并送去10万元慰问金，用于环卫工人节日慰问、年终奖励及缴纳人身意外伤害保险。

10月26日 县城220多名环卫工人齐聚一堂欢度环卫工人节，县委、县人民政府对30名环卫先进工作者进行表彰。

11月1日 由贵州、云南、四川等省内外专家组成专家组对《贵州宣慰府装修施工方案》《慕俄格古城概念规划》进行评审。

11月10日 全国政协副主席、中央统战部部长杜青林到大方县调研石漠化治理及新农村建设，省委书记、省人大常委会主任栗战书陪同。

11月11日 中央统战部副部长黄跃金率东部十省市统战部组成的考察团到大方县考察，省委书记、省人大常委会主任栗战书陪同。

同月 在贵州省第四届残疾人运动会上，大方县选派的6名运动员获团体1金1银和个人5银2铜的好成绩。

12月7日 毕节试验区食品药品工业园区在大方县东关乡正式挂牌。副省长谢庆生为园区揭牌。园区位占地15平方千米。

12月23日 成贵高铁、织毕铁路举行开工典礼。成贵高铁经过县境5个乡镇，并在东关乡设站；织毕铁路经过县境5个乡镇，并在县境设2个站。

12月26日 毕节飞雄机场高速公路和开发大道（小坝至瓦厂塘）开工典礼在响水乡飞雄村举行。

12月28日 厦蓉高速公路织金至纳雍段、毕节至生机段、杭瑞高速公路毕节至都格段开工仪式在双山镇归化村举行。

12月28—29日 总投资48.12亿元的大方电厂二期工程（2×660兆瓦）可行性研究报告在贵阳通过评审。

同月 大方镇对江村获“全国科技惠农兴村先进单位”称号。

同月 总投资4325万元的110千伏朝中输变电工程建成投入运营。至此，“十一五”规划期间，大方电网新建的2个110千伏、3个35千伏变电站全部建成投入使用。

同月 由香港善启慈善基金会捐赠14万元援建的八堡乡复兴村惠华希望小学竣工落成。

2011年

1月5—6日 百纳至沙厂35千伏输电线路因持续低温凝冻造成电杆断线，致使该片区7个乡镇、18家煤矿企业、13万群众中断供电。

1月7—8日 中国地方病防治中心主任孙殿军率卫生部及贵州、云南、广西三省合作评估验收组对大方县清除燃煤污染型氟中毒项目进行评估验收。

1月8日 由农工民主党中央、中国医药卫生事业发展基金会和中国红十字总会联合开展的“贵州毕节贫困山区助医工程”（第二期）大方县试点项目启动。项目先在鸡场、六龙、双山3个乡镇卫生院和所属9个村卫生室推行试点工作。

1月15日 首家入驻大方县食品药品园区企业——四川蓝雁集团农牧综合开发项目举行奠基仪式。

同日 在云南省昆明市召开的全国地方志系统第二届年鉴评奖工作总结会上，首卷《大方县年鉴（2008）》获全国地方志系统第二届年鉴评奖二等奖。

1月30日 香港乐施会到凤山乡向受灾养殖户捐赠价值52万余元的玉米和药品。

同月 《毕节—大方城市总体规划（2010—2030）》通过贵州省住房和城乡建设厅组织的专家评审。

2月12日 中国·大方首届兰花博览会在县城开幕。中国兰花协会副会长刘清涌、秘书长朱根发及国内众多知名兰花专家和县领导卢林、高兴全、张智等出席开幕仪式。兰博会以展示大方兰花精品、传播兰花文化、普及兰花知识、繁荣兰花经济、推动兰花产业发展为宗旨，吸引10多个省市兰花爱好者。兰博会评出金奖8名、银奖12名、铜奖20名和组织奖3名，大方县参展的“乌蒙雄狮”夺得金奖。兰博会还举行招商引资活动，签约5个重点项目，签约资金4亿元。

同月 省林改办通报全省集体林权制度改革检查验收结果。大方县确权勘界率99.23%、分山到户率99.23%、发证率99.23%、纠纷调处率86.34%、群众满意度96%，获省级验收最高等次。

3月1日 铁道部工程设计鉴定中心铁路客站方案部部长谢晓东、成贵高铁有限公司副总经理王树强等17人组成专家组到大方县，就成贵高铁大方站房概念设计进行现场踏勘。

3月6日 奢香博物馆陈列展览设计方案通过专家评审。

3月17日 贺远、贺兴永两位道德模范的英雄事迹巡回报告会在大方一中举行，1500多人聆听报告。

3月12—18日 县委书记、县长卢林率团到浙江、吉林、辽宁等省就中草药种植加工、服装生产、节能环保灯具开发生产等项目进行招商引资考察。

3月22日 最高人民检察院检察长曹建明到大方县调研检察工作。

3月23日 大方润丰化工有限公司硫精砂制硫酸化工生产项目，一期年产16万吨硫酸项目竣工投产，二期年产32万吨项目工程开工仪式在东关乡岩下村举行。

4月9日 九洞天国家重点风景名胜区管理局挂牌成立。

4月22日 投资1188万元的敞口龙潭提水工程正式向县城供水。

4月25日 县47个重大建设项目集中开工仪式在循环经济产业园区举行，项目总投资近43亿元。

4月26日 省长赵克志到大方县调研工业化、城镇化、农业产业化等工作。

4月29日 “村村通”广播电视工程通过省广电局验收。“十一五”期间，全县应完成20户以上已通电自然村“村村通”广播电视工程1438个自然村建设任务，实际完成1589个自然村建设任务。

5月1日 贵阳市市西商会、隆源企业、隆源汽车俱乐部到大方县星宿乡盐行小学捐赠80套课桌、100余本图书等物资，7.15万元现金，捐赠价值共计13.56万元。

5月5—7日 全国人大常委会副委员长、农工民主党中央主席桑国卫邀请广西梧州中恒集团到大方县对中药材种植生产、加工经营等情况进行投资考察。

5月11日 宋庆龄基金会向大方县捐赠1万盒婴儿奶粉，价值38万元。

5月12日 由中国人口福利基金会、微软MSN中国、贵州省计划生育协会、贵州省人口福利基金会共同主办的2011年“幸福书屋，爱自2010”公益项目启动仪式在羊场镇穿岩村举行。中国人口福利基金会、微软MSN中国及大方县好风景家居公司向全县100个村捐赠价值35万元的书籍和书柜。

5月20日 毕节飞雄机场建设破土动工。

5月27—29日 全国人大常委会副委员长、农工民主党中央主席桑国卫到大方视察，与省委书记、省人大常委会主任栗战书出席大方县中药材产业发展及食品药品工业园建设座谈会、大方县人民政府招商引资项目签约暨捐赠仪式。桑国卫一行先后到双山、鸡场、六龙、东关等乡镇，视察调研医疗卫生、文化教育、新农村建设和产业园区建设等工作。

5月31日 大方永贵建材厂3200吨/天新型干法熟料水泥生产线配套6兆瓦纯低温余热发电项目一次并网发电成功。

6月7日 全省2010—2011年度“和谐贵州建设·个十百千万工程”十佳单位授牌仪式在贵阳举行，全省评选出25个先进县市、150个先进乡镇、150个先进村、500个先进单位、200家先进企业和500户先进家庭。大方县获“十佳县市”，大方镇、黄泥塘镇、羊场镇、雨冲乡获“十佳乡镇”，羊场镇桶井村获“十佳乡村”，县委统战部获“十佳单位”，永贵五凤煤业获“十佳企业”。

6月8日 黔西至大方高速公路石板至东关段、东关至清丰段举行开工典礼。

同日 由农工民主党中央、中国红十字总会、中国医药卫生事业发展基金会联合，在大方县实施的“同心助医工程”乡镇卫生院检验人员第二期培训结束，24个乡镇医技人员经过20天的学习圆满结业。

6月11日 2010贵州“都市年度人物”评选活动在贵阳举行颁奖典礼，在大方支教助学5年的辽宁女孩孙影获“都市年度人物奖”。

6月17日 全县农村低保季节救济性缺粮首发仪式在六龙镇举行。大方县作为3个省级示范县之一，首批共15994户得到救助。

同月 大方县退耕还林工程建设成果通过国家林业局验收。

7月2日 大方县获中共贵州省委表彰为“全省基层组织建设先进县”，是毕节地区唯一受到表彰的县。

7月28日 大方县焦青松树希望小学捐赠仪式在星宿乡举行。由河南焦煤集团联系共青团焦作市委援助20万元、大方县财政匹配20万元兴建。

8月6日 毕节金海集团董事长杨大愚到星宿乡捐资150万元修建棕树希望小学。

8月15日 毕节地区51个“六个一批”文化产业项目启动建设大会暨大方县古彝文化产业园、漆器文化产业园及乌鸦洞航空文化产业园开工仪式在慕俄格古城举行。

同日 2011年高考学生奖励资助大会在大方一中举行，县财政共发放助学金31.52万元，88名高考学子每人领取到“圆梦大学”助学金4000元。

8月24日 由有关企业、团队和爱心人士捐资援建的爱恩小学在星宿乡麻岭村奠基，当天为建校进行现场捐款，众汇集团捐款30万元，福安集团捐款5万元，IN联盟捐款40万元，其他捐款3万元，共计78万元。

8月28日 被列为贵州省2011年首批启动实施的14个骨干水源工程之一、预计总投资2.47亿元、库容量1124万立方米的岔河水库灌溉工程开工建设。

同日 新城区杜鹃大道开工建设，项目总投资3.5亿元，全长6千米，宽40米，双向6车道。

9月9日 县庆祝第二十七个教师节表彰大会在大方一中举行，大会表彰38个尊师重教先进单位、19名尊师重教先进个人、34名先进教育工作者、39名优秀班主任、98名优秀教师，发放奖金共26.6万元。

9月11日 毕节飞雄机场集中安置点建设工程正式开工。毕节飞雄机场共拆迁各类房屋3.3万平方米，涉及农户261户。

9月13—14日 全国政协常委、上海市政协副主席、农工民主党上海市委主委、上海交通大学副校长蔡威一行，到大方县考察调研农村基层卫生事业、产业园区建设、中药材资源开发项目等，并捐资16万元援建村卫生室。

9月18日 大方镇小路坡博爱小学、牛场乡黑塘博爱小学、瓢井镇官寨博爱小学举行奠基仪式，3所小学由大方好风景家居公司分别捐助10万元修建。

9月27日 中国食品工业协会授予大方县“中国豆制品之乡”荣誉称号，是大方县继“中国现代民间绘画画乡”“中国民间文化艺术之乡”“中国天麻之乡”“中国皱椒之乡”“中国漆器之乡”之后获得的又一称号。

9月28日 “贵州30个最具魅力民族村寨”授牌暨开寨仪式在八堡乡新开村举行，新开村新寨苗寨获“贵州30个最具魅力民族村寨”称号。

9月30日 由大方县承办的毕节地区第五届旅游产业发展大会在贵州宣慰府广场开幕。

同日 奢香博物馆新馆正式开馆。

同月 大方县合利鑫打火机厂、塑料制品厂项目在循环经济产业园区入场开工。

10月10日 农工民主党浙江省委副巡视员兼社会服务部部长宋凤珠率浙江海港集团董事长朱正耀、上海“吃亏是福”管理咨询有限公司董事长郑卫国等10余个企业人士到大方县开展学生营养午餐捐赠活动，向星宿乡松树小学、鸡场乡营新小学、大山乡松鹤小学、羊场镇陇公小学4所学校共捐赠100万元。

10月17日 毕节地区第五届旅游产业发展大会暨大方县第三届奢香文化节闭幕。大会期间，到大方旅游人数达28.3万人（次），同比增长50%，旅游综合收入2.5亿元，同比增长40%；招商引资共签约企业51家，签约资金110.4亿元，涉及基础设施建设、种植养殖业等10多个行业。

10月18日 县烤烟受灾救助补贴兑现现场会在黄泥塘镇西河村烟叶收购站召开，共发放现金60余万元，全县67户绝收烟农首先领到救助补贴。

10月28日 中国共产党大方县第十一届委员会第一次全体会议召开。卢林当选为县委书记。

11月1日 毕节试验区“同心新村”建设动员大会暨八堡乡新开同心民族文化生态广场开工仪式在八堡乡新开村新寨苗寨举行。

11月4日 大方县被列为贵州省县域经济知识产权试点县，成为全省6个试点县（市）之一。

11月6日 由贵州省创制、中国第一部以彝族历史文化为题材、在大方拍摄的大型电视连续剧《奢香夫人》在北京人民大会堂新闻厅举行首播新闻发布会。

11月10日 电视连续剧《奢香夫人》在中央电视台综合频道黄金时段正式开播。

11月16日 辽宁省委宣传部副部长孙成杰率全国第三届道德模范爱心团队到大方县开展扶贫助学活动，郭明义、孙东林、阿里木、孙影等全国第三届道德模范向羊场镇中心小学捐资18万元，捐赠图书200多册、手套1000余双。

同日 县城市公共交通车首发仪式在县城南门转盘举行，县城1、2路城市公共交通车于当日下午2点48分正式开通上线运营。

11月23日 全省平安建设表彰大会在贵阳召开，大方县荣列10个先进县之一，是毕节地区唯一受到表彰的县。

11月24—27日 重庆市九龙坡区区委常委、副区长秦大春，副区长李瑞涛率团到大方县开展对口支援考察活动，与大方县签订对口支援协议并资助建设资金500万元。

同月 贵州省名牌战略推进领导小组办公室公布2011年“贵州省名牌产品”评选结果，大方县石老祖公豆制品公司生产的腐竹获“贵州省名牌产品”称号。

12月5日 县人民医院晋升为“二级甲等综合医院”。

同日 县分别召开中国共产党大方县第十一次代表大会第二次、第三次会议，县委书记卢林主持会议。大会选举产生大方县出席毕节市第一次党代会代表43名，选举卢林、罗太瑜、黄晓咏3人为大方县出席贵州省第十一次党代会候选人预备人选。

12月16—20日 县第十六届人民代表大会第一次会议、政协大方县第九届委员会第一次会议在县城召开。高兴全当选为县第十六届人大常委会主任，葛传彦当选为政协大方县第九届委员会主席。

12 月 21 日　全国民营企业助推贵州发展毕节招商引资推介会暨项目签约仪式在贵阳举行。大方县与民营企业签约 5 个项目，签约资金 167 亿元。

2012 年

1 月 4 日　在政协毕节市第一届委员会第二次全体会议上，中共大方县委书记卢林当选为政协毕节市第一届委员会副主席。

1 月 8 日　一辆车号为川 E15787 的大客车从广东惠州开往四川泸州途中，行驶至贵（阳）毕（节）高等级公路 K175 +350 处（大方境新庄加油站附近）时，冲出左侧护栏坠入垂直高度约 5 米的路坎下，造成 4 人死亡、45 人受伤的交通事故。

1 月 12 日　毕节市政协副主席、县委书记卢林接受新华社、中央人民广播电台和《人民日报》《中国日报》《经济日报》《中华工商时报》《贵州日报》等多家中央及省级媒体的联合专访，就大方县经济社会发展等各方面问题回答记者提问。

1 月 17 日　全国人大常委会副委员长、农工民主党中央主席桑国卫在北京接见大方县党政汇报团。

2 月 28 日　贵州同威生物科技有限公司一期项目工程建设在大方县药品食品工业园区举行开工仪式。

3 月 1 日　毕节市众隆建筑投资开发有限公司董事长王隆海向鸡场乡背座小学捐资 15 万元修建综合教学用房，并为该校捐赠 300 套校服。

3 月 12 日　在贵州省“诗词之乡”颁奖表彰大会上，六龙镇获“诗词之乡”称号。

3 月 23 日　省委副书记、省长陈敏尔到大方县考察指导工作。

3 月 30 日　县举行 2012 年第一次 49 个项目集中开工仪式。项目总投资 42.05 亿元，涉及农林牧、水利、交通、城建、房地产等领域。

同月　毕节飞雄机场绕场公路建设项目工程全面启动，吊兰、官寨、古打、前进 4 个村涉建地段征地拆迁工作有序进行。

4 月 11 日　“中国·大方首届（国际）彝族文化节暨大方县第四届奢香文化艺术节”开幕式在贵州宣慰府举行。

4 月 12 日　油杉河景区首游仪式在崔苏坝景点举行。

4 月 15 日　县人民政府出台《大方县殡葬管理办法（试行）》后，相继出台《大方县关于切实做好殡葬改革工作的意见》《大方县关于规范城区文明治丧殡葬管理的公告》等一系列政策规定。

4 月 23 日　省委书记栗战书到大方县考察指导工作。

同日　贵州省第七届旅游产业发展大会在百里杜鹃景区举行。

4 月 24 日　县举行慕俄格古城二期工程开工典礼暨开游仪式。

4 月 24—25 日　省水土保持世行贷款/欧盟赠款项目验收专家对大方县项目进行检查验收。

4 月 29 日　达溪、核桃、安乐、六龙、凤山、百纳、三元、八堡、沙厂、羊场等乡镇遭受不同程度冰雹灾害袭击，共 26 个村 122 个村民小组 5 万人受灾，受灾面积 1847 公顷，成灾 525 公顷，绝收 40 公顷，受灾农作物主要为烤烟苗、玉米苗、水稻秧苗；倒塌房屋 3 户 4 间，损坏房屋 293 户 573 间，造成直接经济损失 282.5 万元。

4月30日 中国航空历史文化旅游区首游式在羊场镇举行。

5月3日 连接毕节市区和大方县城的同心大道项目在响水乡举行开工典礼。

5月6日 毕节试验区专家顾问组总顾问厉以宁到贵州宣慰府考察。

5月16日 县申报的“大方圆珠半夏”地理标志产品在北京通过地理标志保护技术审查，是继“大方天麻”“大方漆器”之后获得的国家地理标志保护产品。

5月18日 县城及周边地区抗旱应急供水工程折溪河提水工程开工仪式在核桃乡折溪河畔举行。

同月 俄罗斯、日本、韩国、英国、埃及、德国、澳大利亚及国内多名著名摄影家到油杉河风景区考察采风。

同月 德国林业专家特纳，国内林业专家、博士梁伟忠一行到大方县对中德财政合作森林经营项目营林措施进行监测评估。

6月4日 中德财政合作大方县果瓦乡上寨林农专业合作社在瓢井工商分局登记注册。

6月11日 由贵州省文联、贵州日报报业集团黔森影视文化工作室，贵州省世扬文化传播有限公司，大方县委、县人民政府联合摄制的电影《莫道君行早》开机仪式在大方举行。

6月11—12日 大方县2010年度岩溶地区石漠化综合治理试点工程通过市级验收。

6月21日 县纪委（监察局）第一至第六纪工委（监察分局）挂牌成立。

6月25日 牛场乡立新村村干部肖军在支嘎阿鲁湖上游黎家营渡口看到一渔民打捞到一条不寻常的鱼，并将这条鱼买下带回家里，后经渔政部门专家鉴定，确认是被称作古鱼类“活化石”的中华鲟后放生。

6月28日 佳鑫国际商业广场开工奠基仪式在县城迎宾大道举行。项目占地面积200亩，建筑面积61.8万平方米，总投资17.5亿元。

7月6日 以奢香夫人为主题的大型音画史诗《九驿长歌》在贵州省国际会议中心首演，剧目由贵州日报报业集团，大方县委、大方县人民政府和贵州索玛文化产业投资有限公司共同打造。

7月11—12日 全县普降大暴雨并伴短时雷雨大风，导致全县受灾人口4.78万人，紧急转移安置42人，房屋倒塌7户13间、损坏34户77间，农作物受灾面积2576.6公顷，成灾面积1445.1公顷，绝收面积183.5公顷，造成直接经济损失717.73万元，其中农业损失597.18万元。

7月26—31日 文阁乡毛栗水库发生险情，县委、县人民政府组织部队官兵、民兵应急分队、矿山救护大队、机场建设和高速公路建设施工队及干部群众连夜抢险，紧急转移受灾群众，排除水库险情。

同月 县检察院公诉科被最高人民检察院表彰为“全国优秀公诉团队”。

8月16日 全省高速公路征地拆迁协调服务经验交流会在大方县召开。

8月21日 大方富民村镇银行股份有限公司创立大会暨第一次股东大会召开。

8月23日 县招商引资考察团在重庆市参加毕节市成渝地区招商引资推介会暨项目签约仪式。大方县人民政府分别与上海新纪元实业集团、四川川娃食品有限责任公司、湖南合利鑫硫酸厂3家企业签约，签约金额4.7亿元。

同日 杭瑞高速公路风山互通立交开工。

8月25日 县召开高考奖励扶助大会，对2012年高考中取得优异成绩的45名学生、被二本及二本以上大学录取的贫困生及被征地农民和农村计生“两户”家庭的472名学生，共发放200万元奖学金和助学金。

同月 大方贵州宣慰府被中国广播电视协会评为“全国影视指定拍摄景地”。

9月7日 威宁自治县与云南省昭通市彝良县交界地区发生5.7级地震，大方县组织民兵应急分队、医疗救护队赶赴灾区参与抢险救援，并向威宁灾区捐助100万元救灾资金。

9月9日 第26届中国电视金鹰奖暨第九届中国金鹰电视艺术节评选结果揭晓，在大方县拍摄的电视连续剧《奢香夫人》夺得优秀电视剧奖和最佳美术奖。

9月11日 贵州石中玉集团大方石材工艺厂建成投产。

9月13日 县举行黔大高速公路（大方境）、16个乡镇邮政支局、奢香大酒店等30个项目集中开工仪式。

9月14日 县开展向威宁“9.7”地震灾区集中捐赠活动，共捐款169.46万元。

9月23—26日 县“同心助医工程”项目通过农工民主党专家组验收。

9月28日 县举行首届道德模范暨第三届“十佳青年”颁奖晚会。

同日 《奢香夫人》荣膺中宣部第12届“五个一工程”优秀电视剧奖。

同月 贵州省政府正式批准在大方县设立省级经济开发区——贵州大方经济开发区。

10月7日 中共中央政治局常委、国务院总理温家宝到大方视察扶贫开发、生态建设、产业结构调整等工作。

10月19日 电视剧《奢香夫人》获全省第十二届精神文明建设“五个一”工程奖。

11月8日 县救助站正式挂牌，开始全面接收城市流浪乞讨人员。

11月17日 县招商引资企业——贵州金凤农牧有限公司总投资1.2亿元、年产30万吨猪用浓缩饲料第一条生产线投产。

11月29日 在湖北省宜昌市召开的全国首届天麻工作会议上，大方县获“全国天麻生产先进县”称号。

12月2日 中共中央总书记、国家主席胡锦涛到大方县羊场镇穿岩村、奢香博物馆视察。

12月4日 县辣椒产业科技园区现代育苗中心项目在羊场镇桶井村奠基。

12月25日 毕节飞雄机场开始校飞。

12月29日 县500千伏奢香变电站220千伏奢毕线、220千伏奢驮线投运成功。

2013年

1月18日 大方县人民法院被最高人民法院确定为第二批100个全国司法公开示范法院之一。

同月 杭瑞高速公路大方境段建成通车。

2月6日 连接贵毕公路至奢香大道、老城区至新城区的迎宾大道建成通车。

3月1日 县举行2012年度“香港道德会助学金”和“中央专项彩票公益金润雨计划”资助金发放大会，家庭经济困难的28名大学生和4名幼儿教师各获1万元资助。

3月2—5日 毕节市政协副主席、县委书记卢林率团赴北京开展招商引资引智考察活动。

3月7日 县2006—2011年通乡（村）油（砼）路通过市级验收。

3月20日 县循环经济产业园区首家招商引资企业——大方县圳太轻质混凝土有限责任公司正式投产运营。

3月27日 夹岩水利枢纽工程大方县输配水区实物调查工作培训会召开。

同月 毕节飞雄机场高速公路大方段和开发大道大方段建成通车。

4月9日 北京大学物理学院教授、博士生导师孟杰，中国社科院研究员、博士生导师、语言研究所方言研究室副主任李蓝，回到故乡大方举行“毅力与执行力”专题讲座。

4月15日 县召开农工民主党大方县支部委员会成立大会，张琳任主委。

同日 县委组织部获“全国2011—2012年度基层党建宣传示范单位”称号。

4月16—18日 全国人大常委会副委员长、农工民主党中央主席陈竺到大方县调研扶贫开发、医疗卫生及小城镇建设，重点考察基层医疗卫生服务能力建设、食品药品产业发展等。陈竺一行实地考察了八堡乡新开村建设，黄泥塘镇小城镇建设，羊场镇卫生院、羊场镇羊场村坝子组中药材基地，羊场镇穿岩村卫生室，大方县人民医院，贵州同威药业，毕节农工同心职业技术学校，食品药品产业园等。

4月26日 重庆市九龙坡区常务副区长何勇一行到大方县开展对口帮扶工作，代表九龙坡区现场向大方捐款300万元，并派人到大方挂职进行智力帮扶。

5月23日 贵阳黎明爆破有限公司承担的黄泥塘镇西河水库大坝爆破拆除成功。

6月12日 县中药材产业发展大会召开。会上，贵州鑫源达利特种农业控股有限公司等7家企业与大方县人民政府签订4.4亿元投资协议。

6月14—16日 全国政协副主席、农工党中央常务副主席刘晓峰领导带领30多位农工党党员企业家到大方县进行考察，并出席农工党党员企业家考察团与大方县人民政府合作项目签约暨对口捐赠仪式，现场共签订8个合作项目，总投资97.4亿元。

6月16日 中午12时40分，北京至毕节首航航班抵达飞雄机场，标志毕节飞雄机场正式通航。

同月 小桥至凤山通村油路建成通车。

8月26日 县举行2013年全县高考奖励扶助大会，发放奖励扶助资金197.4万元，400名高考学生得到奖励或资助。

同日 县举行2013年度人口计生利益导向农村计生“两户”子女大学助学金发放仪式，33名考入省内外本（专）科院校的农村计生“两户”子女得到资助奖励，按照本科每人6000元、专科每人4000元的标准，发放助学金共计18.4万元。

8月30日 “中国·贵州国际绿茶博览会”组委会在贵阳举行“贵州最美茶乡”授牌仪式，猫场镇获第二届“贵州最美茶乡”称号。

9月2日 省长陈敏尔率领第二届全省小城镇建设发展大会与会人员到黄泥塘镇参观小城镇建设。

9月8—17日 县长顾掌权率县有关部门负责人参加第三届中国（贵州）国际酒类博览会签约和展销活动，并到广东、福建、广西、四川等地进行招商引资考察，分别与农工民主党广东省委、农工民主党福建省委、农工民主党贵州省委签订三方合作协议2个，与企业签订投资协议6个，总投资36.4亿元。

10月16日 县农村专业技术协会联合会成立并召开第一次代表大会。

10月18日 贵州银行向大方县提供4.8亿元人民币融资，为重大项目建设提供资金保障，助推地方经济持续健康发展。

10月18—21日 国家旅游局在台北世贸中心展览馆举办第八届海峡两岸台北旅展，大方县油杉河景区作为贵州省毕节市唯一景区参加旅展。

10月21日 中国工艺美术协会专家组一行到大方县对“中国漆器之乡”进行复评。

10月24日 县召开全县第九届村（居）“两委”换届选举工作会议。

同日 兴隆乡实施的中央财政中幼林抚育补贴试点项目工程通过国家林业局验收。项目共1999亩，增加经济收入近80万元。

10月26日 大方县湖北商会成立大会暨第一次会员代表大会召开。

10月28日 夹岩水利枢纽工程开工建设，设计输水干渠经过县境5个乡镇。

11月3—4日 大方县油杉河景区荣膺“中国最美休闲度假旅游目的地”称号。

11月5日 中国工艺美术协会再次授予大方县“中国漆器之乡”称号。

11月18日 县水泥一厂旋窑炉成功爆破拆除，爆响全县淘汰高能耗产业第一炮。

同月 《大方县全面建成小康社会总体规划（2013—2018年）》通过省发改委专家组评审验收，大方县率先成为全省第一个制定小康规划的县。

12月1日 在北京举办的第二届全国天麻会议上，大方县中药产业局李柱辉、李明晋，县九龙天麻开发有限公司文平分获“全国天麻生产先进个人”称号，县乌蒙腾菌业有限公司获“全国天麻生产先进集体”称号，为第二届全国天麻会议上贵州省唯一获此荣誉的先进个人和先进集体。

12月6日 “2013中国智慧政府发展年会”在北京举行。大方县获2013年中国政府网站服务创新奖、2013年中国政府网站透明度领先奖、2013年全国试点县（市、区）政府网站综合排名第5名，全国试点县（市、区）“政府透明度”第三名。

12月16日 第九届深圳文博会冬季工艺美术品展在深圳会展中心落幕，大方县选送参评的7件漆器作品中，4件作品分获中国工艺美术行业最高奖项——中国工艺美术“百花奖”2银2铜的好成绩。

12月21日 农工民主党中央为大方引进的猕猴桃产业示范园建设项目在理化乡果木村正式启动。

12月28日 电视连续剧《奢香夫人》获第二十九届电视剧“飞天奖”长篇电视剧奖。这是《奢香夫人》继获第二十六届“金鹰奖”优秀电视剧奖、中宣部第十二届“五个一工程”优秀电视剧奖之后的又一大奖。

2014年

1月16日 成贵高铁毕节段征地拆迁工作会在大方县召开。

同月 大方县获“中国最美风景县贵州十佳”称号，是毕节市唯一获此殊荣的县。

2月10日 县召开党的群众路线教育实践活动动员部署会议。

3月13日 全国人大常委会副委员长、农工民主党中央主席陈竺，农工民主党中央专职副主席龚建明在京会见大方县工作汇报组一行，就对口帮扶大方县工作进行座谈。

3月14日 县召开同步小康干部驻村暨党建扶贫（集团帮扶）工作安排部署会议。

3月26日 县长顾掌权率队到遵义医学院附属医院对接对口帮扶大方县人民医院有关事宜。

4月2日 全省造林工作现场会在大方县召开。

4月11日 遵义医学院附属医院帮扶大方县人民医院在大方举行签约仪式。

4月11—15日 县长顾掌权率团赴深圳市龙岗区汇报对口帮扶工作，并到深圳、中山、珠海等地开展招商引资活动。

5 月 16 日 全国著名红色演讲家、校园德育教育专家、中原基础教育研究院院长、教育中国演讲团团长、大型校园演讲《让生命充满爱》原创人、首席演讲家邹越到大方作客贵州宣慰司学第二期“奢香大讲坛”，作“坚定信念·做一个纯粹的共产党员”主题演讲。

6 月 2 日 第二届中国·大方民族民间中医药文化交易会在贵州宣慰府广场举行。贵阳中医学院原院长、中国医学学会理事、研究生、博士生导师刘尚义等有关专家，县内多家中医药企业负责人、中药材种植大户等参加相关活动。交易会上，开展中药企业产品推介和厂商联谊活动，举行招商引资推介，现场签约项目 10 个，签约金额 6.25 亿元；表彰中药产业发展先进乡镇、先进合作社、优秀种植大户和大方县“名中医”；为县级药品食品产业重点龙头企业授牌。

7 月 4—8 日 国家林业局中南林业调查规划设计院专家到大方县，对 2014 年到期的退耕还林工程进行阶段验收。

7 月 19 日 全县农村客运班线正式开通。

7 月 31 日 内蒙古出版集团向凤山乡捐赠 3 万册价值 50 万元的图书。

8 月 10 日 县城桃园农贸市场建成投入使用。

8 月 12—14 日 全国人大常委会副委员长、农工民主党中央主席陈竺到大方县考察，并出席农工民主党帮扶大方县签约仪式。省委书记、省人大常委会主任赵克志陪同。

8 月 13 日 农工民主党天津市委、天津市眼科医院向大方县人民医院捐赠 100 万元医疗设备。

8 月 26 日 县召开 2014 年高考奖励扶助大会，发放奖励和扶助金 234 万元，在 2014 年高考中取得优异成绩的 635 名学生和家庭困难学生得到奖励和扶助。

9 月 10—19 日 县长顾掌权率有关部门负责人赴云南、山东等省进行招商引资考察，分别回访十四冶建设集团、山东日照市金宝包装制品有限公司等企业，考察学习楚雄、腾冲等地城镇建设，昆明、青岛等城市垃圾污水处理设施建设先进经验，会见客商 80 余人，推介项目 54 个，与企业达成投资意向项目 4 个，预计投资 20 亿元，对接已签约投资项目 2 个，投资总额 35 亿元。

9 月 11 日 由大方县打造的歌舞剧《古彝香魂》在毕节大剧院上演。歌舞剧以大方彝族文化艺术为主要题材，以奢香夫人历史功绩为主线，将地方传统文化和旅游景点相融合，展现水西大地各民族团结和睦、祥和安宁、共建美好家园的繁荣景象。

同月 在 2014 年“全国生态文化村”和“全国生态文化示范基地”遴选命名活动中，羊场镇穿岩村进入“全国生态文化村”榜单。

10 月 10 日 大方县正式发放 80 岁以上高龄老人生活补贴金，成为毕节市第一个启动 80 岁以上老龄人补贴金发放的县。

同日 上海雪榕生物科技股份有限公司与大方县人民政府签订食用菌种植协议，总投资 20 亿元，在大方建设规模为日产量 500 吨的食用菌产业园。

10 月 16 日 长 2.6 千米、宽 12 米、投资 1.89 亿元的杭瑞高速公路凤山互通竣工通车。

10 月 17 日 县举行“10.17”全国首个“扶贫日”公募活动。全县各乡镇、党政机关、企事业单位、民营企业、社会团体现场捐款共 36.48 万元。

11 月 1 日 由大方县、贵州日报报业集团·黔森影视文化工作室、省文联联合摄制的电影《凤凰台》在羊场镇平坝村平坝小学首次放映。11 月 4 日，《凤凰台》在北京公映。

11 月 8 日 由中央电视台、央广网、人民网、新华网、光明网、腾讯、新浪等 20 余家全国知名网络媒体 30 多名编辑和记者组成的“网络媒体毕节行”采访团深入大方县，到大方经济开发区、贵州宣慰府、奢香博物馆、羊场镇穿岩村等地开展采访活动。

11 月 18 日 由中国电子政务理事会举办的“2014 年中国政府网站集约化建设与精品栏目管理经验交流大会”在广西桂林举行。经过专家评选，大方县人民政府门户网站获 2014 年“政府信息公开”精品栏目奖。

同月 经贵州省生态文明教育基地领导小组办公室、省林业厅、省教育厅、共青团省委遴选，大方县油杉河景区被评为“贵州省生态文明教育基地”。至此，油杉河景区已获多项国家级和省级称号，分别为“中国最美休闲度假旅游目的地”“国家 AAA 级景区”“省级生态旅游度假区”“省级体育休闲基地”“全省首批乡村旅游扶贫示范点”等。

贵毕公路大方境石关互通建成通车。

12 月 25 日 中华见义勇为基金会在北京人民大会堂召开第十一届“全国十大见义勇为英雄司机”表彰大会，大方县出租车司机李德举获“全国见义勇为英雄司机”称号。

12 月 31 日 黔大高速公路建设项目通过验收，石板至百里杜鹃西、六龙至大方段进入通车试运营阶段。

同月 大方县 2014 年度 5047 户农村危房改造工程通过市级考核验收。

2015 年

1 月 6 日 县举行第二届“明礼知耻、崇德向善”道德模范颁奖典礼，对公开评选出的助人为乐、见义勇为、诚实守信、敬业奉献、孝老爱亲五个方面模范人物及“最美大方人”“十佳青年”进行表彰。

1 月 10 日 省委农村工作会议暨全省扶贫开发工作会议在贵阳举行，大方县获评“全省扶贫开发工作先进单位”，获财政专项扶贫资金 1000 万元奖励，县党政班子和脱贫乡镇党政班子分别获奖金 50 万元和 10 万元。

1 月 25 日 北京华麟合众科技有限公司与理化乡瑞峰合作社猕猴桃种植签约仪式在理化乡举行，标志“金圆”猕猴桃落地大方后第一家授权签约合作社正式成立。

2 月 8 日 山东红端云龙健康产业集团到雨冲乡开展捐赠活动，捐赠物资累计达 20 多万元。

2 月 15 日 由国家一级导演、中国电视剧导演协会副秘书长洪宝生执导，著名影视演员李建新、实力小生曹楠联袂主演的电影《一代人师——严修》在大方贵州宣慰府拍摄杀青。

2 月 28 日 大方县工商局荣获“第四届全国文明单位”荣誉称号。

同月 黔大高速公路大方境段通车。

3 月 28 日 巴勒斯坦、伊拉克、黎巴嫩、突尼斯、摩洛哥、阿尔及利亚等阿拉伯国家政党治国理政方略研修班 18 人到大方县考察经济社会发展和文化旅游等情况。

4 月 30 日 全县部分乡镇遭受冰雹灾害袭击，其中黄泥塘镇、绿塘乡、小屯乡、理化乡受灾情况较为严重。全县近 5 万人受灾，农作物受灾 600 多公顷，成灾 110 公顷，绝收 20 公顷，造成直接经济损失共 150 万元。

5 月 7 日 在小屯乡滑石村“5.7”灾难 15 周年之际，县委、县人民政府领导到小屯乡滑石村与乡、村、组干部及群众代表、致富能手座谈，纪念在 2000 年“5.7”灾难中遇难同胞，听取滑石村 15 年来围绕“开发扶贫、生态建设、人口控制”三大主题，在退耕还林、植树造林、封山育林、调整农业产业结构、增加农民收入、带动群众脱贫致富、改善生产生活等方面取得的成绩、创造的经验以及下一步打算。

5月13日 由新华社、中新社、光明日报、贵州日报等各级新闻媒体组成的集中采访团到大方县，对生态建设、卫计整合等工作进行集中采访。

5月20日 农工民主党大方县工作委员会正式成立，张琳任主委。

同月 中共中央政治局委员、国务院副总理汪洋到小屯乡滑石村考察林业工作。

6月16—17日 中共中央政治局委员、国务院副总理汪洋到羊场镇羊场村考察指导扶贫开发工作。

6月20日 大方一中学生何娇以650分的优异成绩夺得毕节市2015年高考理科状元，被清华大学录取。

7月2日 大方县与贵州正大集团农牧食品有限公司签订30万头生猪养殖项目协议。

7月6—7日 中国工农红军九军团军团长罗炳辉之子罗新安一行到大方县重走红军路，罗新安一行为大方县干部职工和学生作革命传统教育专题讲座。

7月16日 县举行纪念中国社科院文学所研究员、大方籍著名学者刘扬忠追思会。

8月6—7日 全国退耕还林还草工作现场经验交流会在毕节召开，国家发改委、国家林业局、农业部、财政部、国土资源部及22个省（直辖市）和新疆建设兵团等与会代表到大方县小屯乡滑石村、羊场镇穿岩村进行现场观摩。

8月15日 县召开2015年高考奖励扶助大会，奖励在2015年高考中取得优异成绩的55名学生，扶助高考成绩优秀的292名贫困学生，重奖被清华大学录取的学生何娇10万元，共发放奖扶资金197万元。

8月20日 农历七月初七，中国传统七夕节，贵州省2015年“我们的节日·七夕”集中示范活动在大方贵州宣慰府举行。开展汉服集体婚礼仪式、七夕情诗会等活动，展示大方彝族文化和奢香文化。

9月10日 县召开农村电子商务工作启动大会。

9月29日 县举行以“铭记历史、缅怀先烈”为主题的纪念中国抗日战争胜利70周年暨世界反法西斯战争胜利70周年群众文艺调演暨第二十八届国庆歌咏比赛。

10月9日 县首批“三证合一、一照一码”营业执照发放仪式在县政务服务中心举行。

10月14日 县举办第一期召回管理干部集中教育培训班，贯彻落实“三严三实”，整治“为官不为”，深化作风建设。

10月15日 农工民主党中央主办的同心全科特岗医生大方培训班开班。

10月16日 县召开阿里巴巴“农村淘宝”合伙人招募大会，标志大方县电子商务进农村工作正式拉开序幕。

10月27日 贵州大方发电有限公司二期（2×660兆瓦）燃煤机组工程“五通一平”在顺德街道新铺村开工建设。

同月 县“十二五”广播电视“村村通”工程通过市级验收。工程覆盖全县33个乡（镇、街道）、2870个自然村寨，发放、安装“村村通”设备2.96万套，用户信息录入率达100%。

同月 岔河水库工程竣工。

同月 大方三塔——联璧塔、奎峰塔、扶风塔修缮亮化工程完工。

11月8日 “2015中国·大方·油杉河首届音乐文化节暨文艺创作基地”授牌仪式在雨冲古银杏树下举行。

11月13日 由大方县信用合作联社改制组建的大方农村商业银行股份有限公司创立大会暨第

一次股东大会召开。

同日 大方县“干部大学习大培训”第一期培训班开班。

11 月 25 日 国家质检总局为大方天麻和大方皱椒颁发“国家生态原产地产品”保护证书。

12 月 3 日 阿里巴巴农村淘宝大方服务中心在经济开发区电子商务产业园正式开业。大方县首批 44 家村级农村淘宝服务站同时开业。

12 月 6 日 中共毕节市委追授绿塘乡原党委书记彭练基为“毕节市优秀共产党员”，并号召全市中级党组织和广大党员干部向彭练基学习。

12 月 11 日 县召开致公党大方县支部委员会成立大会，李富美任主委。

12 月 17 日 县召开民主同盟大方县支部委员会成立大会，陈倩任主委。

12 月 19 日 恒大集团结对帮扶大方县精准脱贫签约仪式在大方县经济开发区会议室举行，全国政协常委、恒大集团董事局主席许家印与大方县人民政府县长顾掌权代表双方签约，恒大集团无偿投入 30 亿元资金帮扶大方县。新华社、人民日报社、经济日报社、光明日报社、中国政协报社、中国商报社、中新社、央视网、贵州日报社、贵州电视台等各级 30 余家媒体记者云集大方，聚焦签约现场。

12 月 30 日 大方县恒大奢香古镇一期重点工程项目征地拆迁工作正式启动。

第一篇
环境资源　行政区划

第一章　地质　地貌

县域属中山地貌类型。由于境内地貌发育演化过程复杂，全县山峦重叠，切割较深，沟壑纵横，地貌破碎，地形多样，山地、坡地、丘陵、洼地、盆地、坝子、槽子、河谷交错分布。

第一节　地质概况

一、地层

境内地层出露不完整，有寒武系、奥陶系、石炭系、二叠系、三叠系、侏罗系、下第三系及第四系等，其中以二叠系、三叠系地层分布最广。地层岩石多为沉积岩组成，玄武岩在县境西南猫场、珠场一带有少量分布。

（一）寒武系

主要分布在县境东北部的大水、黄泥、沙厂、雨冲、星宿、长石等地，其中以中上寒武统分布较广。下寒武统在县境东北的油杉河地带有少量分布。下部为碎屑岩、夹灰岩，中上部为碳酸盐岩（灰质白云岩及砂岩、叶岩）。厚度113米，有明心寺组、金顶山组、清虚洞组岩层。中上寒武统分布于县境东北的沙厂、星宿一带，长石附近也有少量出露。为灰、浅灰色薄至中厚层微晶白云岩、砂泥质白云岩，厚600米~700米，有高台组、娄山关群组岩层。

（二）奥陶系

发育程度差，仅中下奥陶统在北部的长石、瓢井有少量分布。由浅海相白云岩、灰岩、页岩、钙质黏土等组成。下部为灰色中厚层灰岩，上部以灰岩及炭质页岩为主，厚100米~150米。

（三）石炭系

地层分布较少，在县境东北沙厂及百纳等地寒武系地层外缘，以石炭系下统地层为主。岩石多为灰岩，下部为灰、浅灰、深红色厚层粗晶钙质白云岩或巨晶白云岩，偶夹页岩，底为角砾状白云岩或灰岩砾岩。上部为浅灰、灰、浅红色中厚或块状生物碎屑灰岩、巨晶白云岩、灰岩砾岩夹少许假鲕粒灰岩及泥质瘤状灰岩，偶含燧石团块，厚0米~62米。

（四）二叠系

县内分布较广，发育完整的地层，主要由海陆交互相含煤建造及浅海相碳酸盐岩建造组成。受晚二叠纪火山活动的影响，部分地区有基性玄武岩，与下伏的下奥陶统地层之间有一个较长时期的沉积间断，呈“假整合”接触，分为上二叠统及下二叠统两部分。下二叠统主要分布在县境中部的达溪、核桃及东部的、雨冲、百纳、黄泥、大水、西南部的猫场、北西缘长石、兴隆等地，由下至上分为下部梁山组，中部栖霞组，上部茅口组。上二叠统按成因及岩性又分上下两组，下部为火成成因的峨眉山玄武岩组，上部为滨海含煤建造和海相炭岩建造的龙潭组以及长兴组，主要分布在小屯、高店、马场及猫场一带。

（五）三叠系

县内分布最广的地层，广泛出露于向斜翼部，发育良好，岩性变化不大，主要由浅海相碎屑岩、碳酸岩及陆相含煤砂页岩组成，厚1250米～1470米。下三叠统多分布于二叠系地层的旁侧，在瓢井、达溪、响水、双山、文阁、鼎新、三元、安乐、羊场、理化、鸡场、马场一带广为分布，有飞仙关组、夜郎组和永宁镇组。中三叠统主要分布在长石、瓢井、响水一线以西，鼎新、马场、牛场、鸡场、黄泥塘及理化等地。岩性为灰色中厚层至厚层的石灰岩、白云岩及白云质泥岩，厚600米～800米。上三叠统主要分布在向斜的近核部，在鸡场、长石、瓢井有少量分布。为冲积相浅灰、黄灰色中厚层粘土质岩屑石英砂岩和长石石英砂岩组成，底部夹炭质页岩及煤线，厚170米～260米。

（六）侏罗系

出露于向斜核部，主要分布于兴隆、八堡、响水、果瓦、鸡场等地。以拉鲁、中普向斜发育完好，岩层为紫红夹灰绿色泥岩、粉砂岩及砂岩组成，厚1000米左右。

（七）第三系

分布极少，发育差，仅见马场附近，主要是一层紫红色块状砾岩，厚40米。

（八）第四系

分布十分零散，保存极差，主要分布在瓢井等地的河谷地段，按成因有残积、冲积、崩积、洞穴堆积等，最大厚度为40米。六冲河谷阶地有冲积分布，长石有第四系沉积物的泥炭层分布，厚0米～30米。

二、地质构造

县域介于川滇经向构造带和川黔经向构造带之间，南与南岭东西构造带北部边缘的“黔中隆起”相接，北同中国新华夏构造体系最西边第三级沉降带的四川盆地南侧相接，处于黔西山字形构造近脊柱部位，中心地带在响水至马场南北一线。

长期以来，由于地壳受南北挤压，产生东西向构造线和伴生的共轭扭动，形成北东向等构造线，控制了沉积和火山活动。在“燕山运动”时期以此为基础的岩层发生比较强烈的形变，逐步产生一系列褶皱断裂。县境地质构造形迹的展布，基本上呈北东向、北北东向、东西向三个方向，南北向也有展布，其中北东向构造形迹最为明显，范围也最广泛。主要发育于三叠系地层中，二叠系地层中也有分布，构成县境内主要构造骨架，县境内山系、河流、溶洞、泉水的发育大多受其控制。

（一）北东向构造

在侏罗纪后的中生代末期，县境内受到“燕山运动”影响，地块主要向东南方向移动，受到阻碍后，产生了大规模北东向构造，形成北东向大致平行的背斜、向斜及断裂，在背斜的基础上发育的次级构造穹窿是另一种形态。

“燕山运动”使得县境内寒武系至侏罗系地层发生北东向褶皱。自西北向东南分布的有：拉鲁向斜、长石背斜、瓢井向斜、维新背斜、新场向斜等，以短轴构造居多。拉鲁向斜、新场向斜核部由侏罗系地层组成，维新背斜、石关口背斜、水打桥背斜、川洞向斜核部由二叠系茅口组地层组成，其余由三叠系地层组成。因受地质构造控制，境内大部分山脉呈北东至南西走向。如老鸹山、海马箐梁子、火烧箐、青龙山、大山、牛集大山、云龙山等。

县境内北东向断层在中部及东北部分布较少，南部较多。县境南部自西向东，分布的主要有：

山脚断层、大方断层、老官寨断层、羊场坝断层、猫场断层、在拱断层。南部北东向断层主要切割三叠系地层，多沿地层线发育。大方断层和山脚断层部分切割二叠系地层，一般长 15 千米～20 千米，羊场坝断层为 40 千米。除猫场断层为右行平移断层、在拱断层为二序次张性正断层外，其余为压性逆断层，断距在 200 米以下。

县境北部主要断层自西向东有：菱角塘断层、野螺田断层、长石断层、达溪断层等。除菱角塘断层北段发育在寒武系奥陶系地层外，其余均切割二叠系、三叠系地层，一般长 10 千米～30 千米，菱角塘断层超过 50 千米，断距大多为 200 米～300 米，以压性逆断层为主。县境西部的海坝断层，长约 4 千米，为张性断层，断距 900 米。

（二）北北东向构造

县境内北北东向褶皱分为东西两组。西组在上坝以西，由若干北北东向延伸平行排列的背斜、向斜组成，主要有以拉塘背斜、响水向斜、普六普背斜，系中下三叠统地层受到“燕山运动”挤压而成。东组在上坝以东，自西向东有：聚河向斜、冒沙井背斜、干田向斜、詹家寨背斜、苗寨向斜等。一般向斜核部以下三叠统地层为主，背斜核部以上二叠统地层构成为主。主要山脉有马干山（后山、公鸡山）、母鸡山、猴子山、七岔岩等。

北北东向断层主要有湾子头断层，双山断层，凤元场断层等。湾子头断层位于落脚河向斜南段，长约 12 千米，断层呈平行地层走向，属压性逆断层，断距 200 米。双山断层位于普六普背斜西翼，长约 17 千米，断距 200 米。凤元场断层位于冒沙井背斜西翼，长约 10 千米，平行地层走向。

（三）东西向构造

东西向褶皱，县境内大致可分为南北两组。

南部形成马场东西向构造带，包括六伸向斜、则鸡向斜、黑塘向斜、董地背斜、依多背斜、龙家寨向斜及野麦地向斜、中寨向斜、小坝向斜、屯脚向斜的部分地段，全长 75 千米，县境内约 27.5 千米，宽约 7 千米，核部大多是中下三叠统关岭组、飞仙关组岩层，两翼多是下三叠统岩层。

县境北部东西向褶皱主要有飞雄背斜、锅厂穹窿。飞雄背斜位于响水乡东北部，长约 9 千米，核部为下三叠统永宁镇组，南翼也由永宁镇组岩层构成，北翼为中上三叠统和下中侏罗统构成。锅厂穹窿长轴 6.5 千米，短轴 5.5 千米，核部出露下二叠统栖霞组，四周由下二叠统茅口组构成。

马场断层，是东西向构造中规模最大的断层，长约 60 千米，属压扭性正断层，走向东西，倾西北，倾角南 60 度～80 度，断距 450 米，断层通过下二叠统茅口组，上二叠统、三叠系和下侏罗统。

在东西向构造的控制下，山脉也多沿东西向延伸。县境北部东西向构造带多呈低中山和丘陵。而南部的山有水牛大山、后箐大山、大营坡、五指岩、马鞍山等。

第二节 地 貌

一、地形

县境地形，中部稍高，四周略低，皆为山脉纵横跌宕之势所形成。新华夏复背斜构造体系核部横贯县境中部，形成中部高、四周低的地势。县境中部的县城区，北东部的六龙、凤山、百纳、沙厂、大山、长石、瓢井、达溪等乡镇，海拔在 1700 米～2000 米左右，成为赤水河水系与乌江（六冲河）两水系的分水岭。而西、南及北部的响水、双山、文阁、鼎新、猫场、马场、理化、鸡场、长石等乡镇，海拔在1500米~1700米之间，中部及北东地势高，向南北倾斜，至北部长石的三岔河口海拔下降到708米，至南部的六冲河，海拔也仅有1012.6米。

境内地形复杂多样。按形态分类，有山地、丘陵、河谷；按成因分类，有侵蚀、溶蚀构造类型及复合类型。灰岩、白云岩、泥质碳酸盐岩分布面积，占全县总面积的61.12%，构成岩溶地形地貌特征。其组合地形形态有峰丛洼地、峰丛沟壑、峰丛谷地、溶丘洼地。岩溶个体形态有石芽、洼地、落水洞、暗河、天窗、溶洞、绝壁岩、天生桥等。九洞天岩溶风景区，分布在瓜仲河（六冲河）直线长5.6千米的河段内，汇聚天窗、地下瀑布、天生桥、峰丛、漏斗、盲谷、袋状谷、暗河、溶洞等岩溶地貌类型。另外，背斜成谷、向斜成山的倒置地形特点较为突出，分布较广。

境内有多处断层，大多形成断层谷。断层谷控制河谷的发育和方向。断层控制多数谷地的发育方向和部分山脉走向，断层线则常常是小溪、小河发育的源出，也是地势分界线，境内以岩溶地形为主。境内岩石以砂岩为主，砂岩一般无溶洞、漏斗、天坑、天窗、暗河等地形发育，多发育为侵蚀地貌，地形山脉纵横，山峰突兀。

二、地貌类型与分区

（一）地貌类型

1. 高中山

主要分布在县境西南部的鼎新、猫场、绿塘，东部的凤山、百纳，北部的瓢井与长石两镇交界处。海拔2000米以上，坡度一般大于45度，相对高差大于700米，山高谷深。

2. 中山

分布较广，在海拔1600米~1900米之间，相对高差为500米~700米，坡度30度~45度，按岩性分为：砂岩中山和碳酸盐岩中山。砂岩中山分布于境内西南部的文阁、绿塘、牛场，中部的达溪，东南部羊场、黄泥塘，东北部的大山、星宿，西北部的瓢井、兴隆、八堡等乡镇。这些地区处于河流发源地，地表受流水切割侵蚀，千沟万壑，地形破碎，坡形下陡上缓。碳酸盐岩中山分布在县境东北部的星宿、百纳，中部的凤山，西南部的鼎新、猫场等乡镇。在溶蚀作用下，地貌以峰丛洼地为主，轮廓分明，坡度较大，东部白云岩地区糖粒状风化物较厚，落水洞众多。

3. 低中山

县境内低中山地貌类型面积较大，分布于海拔1100米~1600米之间，相对高差200米~500米，坡度25度~40度，按岩性分为：碳酸盐岩低中山和砂页岩低中山。碳酸盐岩低中山分布在县境北部南北延伸的第尔河谷两侧，南部六冲河、落脚河、木柏河、洼水河之间的牛场、马场、鸡场、黄泥塘、理化、羊场，中部的达溪、核桃，东北部的沙厂、大水、黄泥、普底、百纳、三元、安乐等乡镇。南、北两部侵蚀作用占重要地位，多已开垦，坡形浑圆，洼地落水洞、盲谷等岩溶地貌发育，因泥质成分多，易风化，土层较厚，是主要农耕区。东部、中西部地区溶蚀作用占优势，峰丛洼地、谷地遍布，坡形较陡，山体轮廓呈锥形，耕地少，缺水。砂页岩低中山分布于县境西北部八堡、响水，东南部鸡场、黄泥塘和东北部的黄泥等乡镇。岩性松软，易受切割侵蚀，沟壑纵横，缓坡，山多呈浑圆状，土壤发育程度低。

4. 丘陵

分布在县境中部的六龙、凤山，东部百纳、普底，东北部达溪、核桃、安乐、东关、竹园等乡镇，相对高差50米~200米，多数丘陵顶部平缓，坡度为10度~25度，丘陵之间槽谷风化物较厚，为重要农垦区。沙厂、大水，百纳东部的丘陵风化时间长，丘陵上风化物质厚，土壤发育程度高。

5. 河谷盆地

境内盆地仅河谷地带有少量分布。主要有双山、响水南部及八堡等地的河谷，难于风化，易于溶蚀，加上易于汇水，水流常将风化物带走，成为基岩裸露的瘦地。盆地内分布有相对高差小于50米的缓丘。谷地主要分布于六冲何、落脚河、木柏河、洼水河、第尔河等河谷底部，丘陵之间也有少量分布。按岩性不同分为：碳酸盐岩谷地和砂页岩等谷地，碳酸盐岩谷地分布在河流河谷地带，海拔在1200米以下，谷地两侧坡度较大，一般大于30度，为V形谷，谷地中常有岩溶泉出露，受众多溪沟切割，形成谷中有谷，六龙镇内丘陵之间有带状分布。砂页岩等谷地主要分布在双山南部，百纳东部，沙厂西南部以及高店、猫场等乡镇，谷地较深，底部平坦，两侧地表破碎。

（二）地貌分区

境内地貌属中山地貌，根据地貌类型特征、海拔高度差异及地面被切割程度，分为四个地貌区。

1. 西北部中山丘陵地貌区

位于县境西北的响水、达溪、核桃、瓢井、兴隆、长石、果瓦一带，地势除长石马洛河（三岔河）河谷一带南高北低外，大部分地区西北高东南低，海拔多在1400米～1600米之间，最高点为瓢井、长石交界的火烧箐2102.3米，最低点马洛河口为708.8米。地面切割深，地形破碎，沟壑纵横，多东西走向峡谷和山间盆地。双山、响水、达溪、八堡一带为切割较浅的缓丘洼地和谷地。丘陵中夹众多洼地、谷地，是县境内重要的农业区。

2. 东北部中山缓坡谷地和丘陵洼地地貌区

位于县境东北的瓢井、达溪、三元、百纳、普底、星宿、大山、果瓦、沙厂、大水、黄泥、雨冲等乡镇，地貌类型复杂，海拔在1600米～1900米之间，中部的大山海拔2027.2米，九龙山海拔2026.2米，老鸹山海拔2079.2米。山高坡陡，内部起伏平缓，地面多岩溶丘陵及孤峰、洼地，相对高差为250米～350米，局部地区有缓丘谷地。

3. 中西部高中山深切割和缓坡丘陵谷地地貌区

位于县境中西部的安乐、凤山、六龙、羊场、大方、东关、双山、文阁、竹园、绿塘、高店等乡镇，是境内地势最高地区，海拔在1700米以上，中部的后山海拔2085米，县城附近云龙山海拔1977.8米，笋子山1932米，西部龙昌坪大山海拔2325米，是全县境内最高的山峰，也是境内主要河流的分水岭。由于河流的切割，地形破碎，高山与河谷之间高差400米～500米，山高坡陡，河谷纵横。

4. 东南部低中山浅切割谷地地貌区

位于县境东南部黄泥塘、理化、牛场、小屯、高店、马场、羊场、鼎新、猫场等乡镇。地势较平缓，海拔为1200米～1500米，相对高差250米～300米，以丘陵和山间河谷为主，河谷两岸分布有河流冲积阶地。气候条件较好，是境内粮食主产区。

第三节　矿产资源

大方县矿产资源丰富，已发现和探明储量的矿种有25种，其中以煤炭和硫铁矿为主要优势矿种。

（一）煤炭资源

煤炭是大方县的优势矿产资源，煤质优良，具有低硫低灰、高发热量的特点。大方县是全省无烟煤重要产区之一，也是全国200个重点产煤县之一。截至2015年，已查明资源储量达112亿吨。分布面积占全县总面积的80%以上，主要分布于达溪、三元、大山、星宿、百纳、普底、黄泥、大水、核桃、对江、马场、小屯、羊场、六龙、黄泥塘、长石、兴隆、果瓦、八堡、瓢井、安乐、东关、凤山、黄泥、绿塘、文阁、猫场等乡镇。含煤构造单元自北向南有上寨向斜、拉鲁向斜、草坪向斜、鹏程背斜、维新背斜、平寨背斜。含煤岩系为二叠系上统龙潭组，可采煤层2层~10层，厚度0.9米~9.18米，煤质属中低灰分、中低硫，也有特低硫无烟煤。

二、硫铁矿资源

硫铁矿为全县优势矿产之一，分布面积约2570平方千米，和煤炭资源分布范围相近，产于二叠系上统龙潭组底部，矿层厚度一般1米~3.5米，最厚可达8米。矿石品位全硫含量一般为15%~25%，富矿25%~35%。地质资料显示，境内预测资源储量109.96亿吨，累计查明资源量6323万吨。

三、高岭土资源

境内高岭土属煤系沉积型高岭土矿床，主要分布于县境北部、中部和西部的东关、大山、百纳、凤山、达溪、猫场、理化等乡镇，分布面积约占全县总面积50%。大的含矿构造单元自北向南有上寨向斜、拉鲁向斜、大方背斜、草坪向斜、鹏程背斜、维新背斜、平寨背斜。矿体产于二叠系上统龙潭组底部、中统茅口组灰岩古侵凹地中，矿层厚度不稳定，一般为0.8米~2.2米，最厚可达5.5米。矿石品位一般为20%~35%。

四、其他矿产资源

境内矿产资源还有铅锌矿、铁矿、坡缕石、铜矿、大理石、粉石英、方解石、玄武岩等。分布在长石、八堡、绿塘、猫场、大山、星宿、马场、核桃、安乐、兴隆、雨冲等乡镇。

第四节　地质灾害

大方县地处乌蒙山脉东麓地黔西高原向黔中山原丘陵过渡的斜坡地带，地势中部高、南北低。境内地势高低起伏较大，山高坡陡，沟多谷深。碎屑岩软质岩石地层，硬夹软、软夹硬岩组中的硬质岩层广泛分布，加之降雨集中频繁等自然条件，极端天气发生频繁，雪凝、暴雨、持续降雨或干旱诱发地质灾害呈现多发和动态变化状态。人类工程活动，修路、采矿及基础设施建设，导致境内地质灾害多发、易发，诱发滑坡、崩塌、泥石流、地裂缝、地面塌陷等地质灾害。

大方县常年对地质灾害隐患开展调查，健全地质灾害防治体系，科学规划大方县地质灾害综合防治、调查评价、监测预警工作，编制地质灾害防治专项规划。2015年，全县有地质灾害隐患点232处，威胁居民3745户1.69万人，潜在经济损失4.08亿元。地灾隐患点分布在30个乡镇137个村225个村民小组。其中威胁人数100人以上的重灾隐患点44处，分布在17个乡镇。根据规划，对趋于稳定和已搬迁的隐患点进行拆除。

第二章　气候　水文

第一节　气　候

县境地处低纬度高海拔地区，为暖温带湿润季风气候，大部分地区海拔在1400米~1900米之间，地势起伏大，沟多谷深，山脉多呈北东走向，冷空气易进难出，年均温度为11.8℃。冬半年（10—3月）受昆明准静止锋影响，云雾弥漫，雾日和低温阴雨天气较多，是省内低温和多雾地区。夏半年（4—9月）受西太平洋东南季风影响，雨量充沛，年降水量在1000毫米以上。全县呈立体气候，特点为冬无严寒，夏无酷暑，夏短冬长，春秋相近，雨雾超半年，十里不同天。

一、气候要素

（一）气温

全县年均气温为11.8℃。一年中最热为7月，平均气温20.7℃；最冷为1月，平均气温1.6℃。极端最高气温为31.5℃，极端最低气温为-9.3℃。通常划分的四季为：3—5月为春季，平均气温12.5℃；6—8月为夏季，平均气温19.8℃；9—11月为秋季，平均气温12.3℃；12月至次年2月为冬季，平均气温2.8℃。

境内地势不同，气温有异。日平均气温和积温最高的是北部河谷地区的果瓦乡隆里村，海拔960米，分别为15.3℃和5585℃。最低气温为绿塘，海拔1938米，分别为10.7℃和3906℃。其余地区日平均气温在11℃~15℃之间，平均积温在4000℃~5500℃之间。地势较高的大山、星宿、百纳、凤山、绿塘，是全县低温地区，最高日均温在20℃以下。

全县无霜期平均为254天，初霜期平均为11月15日，终霜期平均为3月5日。无霜期最长的果瓦，平均为276天；最短为绿塘，平均为247天。全县地面温度平均为14.5℃，比年均气温高2.7℃。

（二）降水

境内雨量丰沛，年均降水量1180.8毫米。降水多集中在4—9月，为941.8毫米，占全年降水总量的79.8%。降水最多的是6月，达203.5毫米，占全年降水量的17.2%；最少的是2月，仅为25.2毫米，仅占全年降水量的2.1%。雨季初日，平均为5月4日，终日平均为10月15日。平均降水日数为160天，占全年日数的43.6%。

大方县为全省雾日最多的县之一，年平均雾日为159.2天，占全年日数的43.6%。县城地处海拔1700米的斜坡上，除受昆明准静止锋的影响外，东面有高山夹峙，西面有较深河谷，水汽易于凝聚而不易流散，因而县城雾日特多。

境内降水的分布各地也有差异，多雨中心处在海拔1600米以上的迎风坡区域，包括大方城区、六龙等地，年降水量1180毫米~1185毫米。少雨中心在县城西部的背风坡区域，年降水量890毫米，其余地区在900毫米~1180毫米之间。

（三）日照

由于阴雨天多，境内日照较少，全年为4384小时，年平均日照为1335.5小时，占全年可照时数的30%。一年中7月、8月的日照最多，月平均在150小时以上；1月、2月、10月、11月、12月这5个月日照最少，月平均日照在100小时以下。春季（3—5月）总日照为367.9小时，夏季（6—8月）为483.3小时，秋季（9—11月）为292.7小时，冬季（12—次年3月）为191.6小时。

年总辐射量为3717.46兆焦耳/平方米，最多月是7月，为491.11兆焦耳/平方米，最少月是12月，为172.91兆焦耳/平方米。由于境内雨日雾日多，散射辐射量大，太阳辐射能大为减弱。

（四）风

县境全年多为东南风，频率16%，其次是西北偏北风，频率13%。年平均风速为每秒2.7米，最大风速达每秒15米。一年中，以冬春风速较大，3月、4月更为明显；夏秋半年各月气温增高，对流加强，风速相对减弱。

二、气象灾害

（一）灾害性天气

1. 春季低温（倒春寒）

春季低温俗称“倒春寒”，县内百姓习惯称为“反春”，又称“烂秧天气”。多发生在3月下旬至4月下旬，连续3天以上日平均气温小于10℃，最低气温小于5℃，并伴随0.1毫米以上小雨。县内年平均春季低温天数为11.5天，年平均2次以上，均为全省之冠。春季低温年年有，只是危害程度大小不同而已。春季低温容易造成烂种、烂秧，并对小麦、油菜、果树的开花、抽苔影响很大。

2. 春旱

春旱发生于2—5月，久旱不雨，影响水稻撒种、插秧及玉米、大豆等作物播种。2月下旬至4月，旬降水量小于10毫米，为早期春旱；5月下旬降水量小于60毫米，不能满足打田插秧的需用水，为后期春旱。

3. 夏旱

夏旱发生在6—8月，7月出现最多。7月中旬至8月上旬正是晚秋作物成长的关键时期，出现夏旱对农作物的影响很大。

4. 秋季低温

秋季低温也叫“（秋风）绵雨”，主要出现在7月上旬至9月。连续出现2天或2天以上日平均气温低于20℃、最低气温低于15℃，并伴随阴雨天气，形成秋季低温。境内年平均秋风日为19.45天，是贵州省秋风最严重的地区之一。秋风随地势增高而加重，海拔在1700米以上的县城区、大山、绿塘等地年均秋风日数在20天左右。8月上旬至9月上旬，秋风出现的几率增多，秋风的强度逐渐增大。8月中下旬，境内大部分水稻正值扬花期，秋风影响水稻扬花，空秕粒多，造成粮食减产。秋季绵雨主要出现在9—11月。连续5天或5天以上逐日降水量均大于0.1毫米为秋季绵雨，连续5—6天为轻级，7—9天为中级，10天以上为重级。大方历史上有秋季绵雨日数超过30天的记录，是全省秋季绵雨最重的县之一。秋季绵雨带来日照少，气温低，推迟农作物成熟期，已成熟的作物不能及时收割，造成倒伏、霉烂，并影响秋种的进行。

5. 暴雨

境内暴雨以7月最多，年平均3次。暴雨区集中在中南部和北部，多为狂风暴雨同时出现，造成灾害。暴雨出现，容易引发山洪，并引发泥石流。

6. 冰雹

大方县是全省严重冰雹区之一。以春季最多，占全年的73.2%。冰雹小者如玉米粒，大者如核桃、鸡蛋，一般出现在强对流天气，先有大雨或暴雨，再出现冰雹。境内冰雹路径主要有三条：一路由纳雍县维新镇进入猫场，分两支行进，一支至鼎新终止，一支经猫场到鼎新再到马场终止。二路由七星关区鸭池镇进入双山归化后，分两支行进，东北支经响水、竹园等地直抵东关，东南支经双山至东关又分两路，偏东路由东关到六龙，偏东南路经城关、小屯、羊场、理化，直抵鸡场。三路由七星关区小吉场镇进入兴隆，经瓢井及其东北偏北方向的与由金沙进入果瓦偏北路的瓢井、大山交接汇合，然后分两路行进，一路在瓢井到达溪之间终止，另一路经星宿、三元、百纳、沙厂、黄泥直抵大水终止。

7. 凝冻

大方县地处高寒山区，冬季冷风入侵，常常雾罩弥漫，低温绵雨，形成雨凇或雾凇，时有雪雨或冻雨夹雪便为凝冻。凝冻从11月到次年3月都有出现，其中1月至2月最多。积冰厚度最厚时达50毫米左右。对交通、电力和通信、工农业生产的危害较大。

8. 霜冻

从8月至次年5月，境内霜冻年平均在100天以上，初霜日为11月9日，终日为次年3月3日。由于县境地势高度差异大，霜冻期的长短早迟不一。霜冻多集中于12月至2月，以1月最多。

（二）灾害记录

1992年春，出现倒春寒，持续时间14天。

1993年3月1日至4月30日，严重干旱达61天之久，春播受到严重影响。

1997年7月，连续三天三夜暴雨，大山乡河坝村长河村民组发生山体滑坡，8间土墙草房和12间水泥平房全部倒塌。

2000年5月，小屯乡滑石村因暴雨成灾，发生泥石流，18人死亡。

2003年入春后，干旱严重，是1960年以后持续时间长、温度高、蒸发量大的一次秋冬春连旱天气，影响小麦、油菜和烤烟生长，致使全县夏粮大幅度减产。

2004年4月20日，马场、牛场2个乡镇遭受大风、冰雹袭击。牛场乡有9个村受灾，以朵、泥龙2个村冰雹灾情较重。马场镇有2个村11个组受灾。同年秋季，县内出现秋季低温，温度下降至10.9℃，持续时间11天。

2005年5月2日，马场、牛场、理化、绿塘、鼎新、猫场等乡镇受冰雹、大风袭击。5月7日，果瓦、雨冲、黄泥、沙厂、百纳等乡不同程度遭受大风、冰雹灾害。6月5日，降暴雨52.8毫米，县内部分乡镇遭受暴雨冰雹灾害。

2006年4月24日，沙厂、大水、百纳、三元、黄泥、核桃、达溪、响水、双山、大方、羊场、黄泥塘等乡镇不同程度遭受雷雨、大风、冰雹袭击。同年8月中旬，全县出现连续高温天气，相对湿度小，日照时数多、蒸发量大，加重了干旱程度。双山、文阁、响水、竹园等乡镇地势低洼的河谷地区干旱严重，农作物减产，山塘水库枯竭，人畜饮水困难。

2007年7月29日，境内出现强降雨天气，北部乡镇达到大暴雨，最大降雨量157毫米。核桃、瓢井、兴隆、八堡、响水、竹园、双山、文阁等乡镇受灾，为历史同期最强的区域性大暴雨，响水、瓢井、达溪为此次降雨的中心。

2008年1月12日开始，全县遭受罕见的凝冻灾害。最低气温达 -6.5℃，雨雪冰冻天气一直持续到2月14日，持续时间达33天。根据资料统计，此次冰冻为大方县有气象记录以后影响范围最广、持续时间最长、灾情最为严重的一次。雪凝灾害中，基础设施受到严重损坏，输电线路严重受损，电力系统瘫痪；凝冻难行，交通中断；供水设施损坏，饮水困难；县城及各乡镇出现停电、停水、通信断网、燃油短缺等困难，林木成片倒伏。同年7月22日，境内出现强降雨天气，东部乡镇大暴雨，大方、响水、竹园、双山、黄泥塘、马场、牛场、鸡场、凤山、六龙等乡镇平均降水达78毫米，东关、鼎新、高店、核桃、达溪、八堡、兴隆、瓢井、长石、大山、果瓦、沙厂、百纳等乡镇不同程度受灾。

2009年4月15日，雷雨冰雹袭击6个乡镇，19个村受灾。6月21日，县内遭暴雨雷电袭击，大方、长石、马场、牛场、高店、凤山6个乡镇受灾严重，涉及45个村。8月4日，马场、猫场、鼎新、雨冲、果瓦、高店6个乡38个村遭受强降雨灾害。同年9月，县内发生秋旱，影响农作物生长，人畜饮水困难，水力发电受限，城镇供水不畅，森林防火难度增大。

2010年6月23日，全县27个乡镇降大雨，共造成3.61万人受灾。7月6日，暴雨再次来袭，受灾人口1.93万人。7月12日，雨冲乡金星、油杉河、鸣放3个村因山洪引发山体滑坡，20余间房屋受损。

2012年7月26日，由于连日暴雨，文阁乡毛栗水库大坝右侧排水渠50米处山体滑坡造成水渠堵塞，威胁大坝安全及水库下游千余群众生命安全。市、县、乡领导组织抢险救援，转移群众352户1083人。至7月31日，险情排除。

第二节　水　文

境内河流分为两大水系，即赤水河水系和乌江水系。全县年均降水量为1180.8毫米，降水总量36.72亿立方米。地表径流总量16.39亿立方米，丰水年为20.05亿立方米，平水年为15.99亿立方米，枯水年为13.2亿立方米，特枯年为9.91亿立方米。径流在450毫米~550毫米之间，平均年径流深462.5毫米。全县年径流变差系数为0.25~0.35。对江水文站所在地，平均径流量最高为37.2立方米/秒，最低13.5立方米/秒，高低差2.76倍。

一、河流

境内河流为山区雨源型，河川径流依赖降水补给，属长江上游的赤水河水系与乌江水系，以九龙山、公鸡山、海马箐等连续山脉为分水岭。北部属赤水河水系，流域面积为741平方千米，占全县土地总面积的20.9%。南部属乌江水系，流域面积达2803.7平方千米，占全县土地总面积的79.1%。全县共有干流河20余条，其中，属乌江水系的有14条，总长394.6千米；属赤水河水系的主要有6条，总长100.6千米。河流长度大于10千米的有16条，其中，赤水河水系5条，乌江水系11条，最长的六冲河沿县界由西南往东北方向流淌63千米最短的哥搓罗河仅6.1千米。按流域面积划分：10平方千米~50平方千米的3条，50平方千米~100平方千米的3条，100平方千米以上的2条。流域面积最大的落脚河有1069平方千米。流域面积最小的哥搓罗河只有25.6平方千米。

（一）河流特征

县境地处中山向中山丘陵过渡地带，地形复杂，中部隆起，河流多以南北流向为主，河道迂回曲折，上游稍开阔平缓，中下游急剧下切，多跃水、陡滩，天然落差大，不利通航和农田灌溉。但水力资源丰富，水力理论蕴藏量为24.48万千瓦。至2014年，已建水电站108处，总装机容量为2.38万千瓦，仅占可开发量的3.3%。境内河流均属山区雨源型，流程短，流域面积小。

境内碳酸盐类岩石分布广泛，岩溶地形发达，河流经过岩溶地段，潜入地下，形成伏流暗河。六冲河在猫场镇有几处伏流出现，形成极为壮观的九洞天伏流风景区。米底河在大水乡有一段伏流和20多米高的伏流瀑布。安洛河在黄泥乡境内也有伏流出现。有的伏流进入盲谷时，由于地下水排泄不畅，或排水洞堵塞，形成季节性海子，羊场镇朱仲河坝子、牛场乡方家井坝子、鸡场乡杨柳坝子，雨季易形成季节性海子。此外，常年性海子有双山镇瓦厂塘，面积668亩，常年库容水223万立方米；马场镇则鸡戛大塘，面积480亩，常年库容水169万立方米。全县河道总长727.3千米，河网密度大。赤水河水系河网密度为20.02千米/百平方千米，乌江水系为20.12千米/百平方千米，大于全省17.1千米/百平方千米的平均数。

（二）主要河流

1. 赤水河水系

（1）二道河

又名马洛河、格里河、聂尔第河，是赤水河上游最大的支流，主要河段在县境内长46.3千米。发源于大方县后山北麓，名为花底河，向北流至路布名路布河。东岸支流较多，有发源于九龙山的母都河，发源于大山的蚂蚁河，在柿树注入干流，名聂尔第河。往北至隆里名格里河，隆里以北又名马洛河，在县境最北有9千米长的果瓦河汇入干流称为三岔河，出境至金沙县清池镇注入赤水河。二道河流经凤山、安乐、三元、达溪、瓢井、大山、长石、果瓦等乡镇，流域面积651.8平方千米，落差713.5米，平均流量4立方米/秒。

（2）油杉河

位于县境东北角，由油杉河与后河汇聚而成。油杉河长14.1千米，后河长10千米，由西南向东北流，在金沙县境注入二道河，汇入赤水河。县境内流域面积148.9平方千米，平均流量1.8立方米/秒。河流流经高山深谷地区，但水流平缓，植被破坏少，故河水含沙量较低。

（3）母都河

又称“慕都河”，发源于三元乡的白沙，流经三元乡、大山乡，至三岔河与路布河汇为二道河，全长13.5千米，天然落差377米，流域面积120.9平方千米，平均流量1.6立方米/秒。

（4）果瓦河

发源于果瓦乡白岩脚，流至6千米后为大方县与金沙县界河，于三岔河汇入二道河出县境，天然落差365米，流域面积54平方千米，平均流量为0.7立方米/秒。

（5）乌须暗河

源头为火烧箐脚仲麦大沟，至石坪伏于地下，至二道河侧洞复出，流域面积94平方千米，河流全长12千米，其中暗河7.5千米。

2. 乌江水系

（1）落脚河

古名“禄水”，又名“落折河”，为六冲河最大支流，也是境内最大河流。落脚河发源于七星关区黄泥冲，由西南向东北流至归化入境，从归化又折向东南，于马场马鞍山汇入六冲河，境内全长59.4千米。在双山镇段叫落脚河，过县城段称对江河，经白布段名白布河。落脚河在县境内纳水较多，东岸有响水河在响水乡以拉塘注入干流。响水河由新基河、拉鲁河、凉水河等汇合而成，新基河全长21.5千米，流量0.7立方米/秒；拉鲁河长44.7千米，流量6.7立方米/秒，有八堡河、冷底河两条支流，西岸有岔河在岩下注入落脚河。岔河长27千米，流量1.4立方米/秒。落脚河水系流经瓢井、达溪、响水、双山、对江、鼎新、理化、马场等地，流域面积1069.8平方千米，流量为30.6立方米/秒。落脚河干流切割较深，河槽呈“V”字形，多为石底，两岸悬崖峭壁，多急滩，河宽平均为25米，水深一般为2米，流量21立方米/秒，最低时为5.58立方米/秒。进入21世纪，两岸自然植被逐渐恢复。干流高差为371.1米，河床比降7.2%。水力资源蕴藏量7.77万千瓦，可开发量1.48万千瓦。

（2）木柏河

发源于六龙镇大龙潭和五凤，南流至乌溪名乌溪河，以下名木柏河，在黄泥塘镇安化注入六冲河，全长29.5千米，高差399米，沿河有瀑布分布，流域面积428.8千米，流量6.9平方米/秒。水力资源蕴藏量1.67万千瓦，可开发量为800千瓦。

（3）西溪河

是大方与黔西两县界河，又名洼水河，发源于县内普底乡境内，上游有5条支流注入，河流自北向南，在新场汇入六圭河（即六冲河），从源头起有12千米在境内，下段为两县界河。平均流量为6.9立方米/秒，落差458米，境内流域面积458平方千米。

（4）六冲河

是大方县与纳雍县、织金县的界河，秦称“濛水”，汉称“延江”，是乌江最大支流，在不同河段名称不一，如瓜仲河、西盖河、那盖河、六圭河等。发源于赫章县罐子窑，由纳雍东南流入县境六仲起至武佐河口为大方、纳雍界河，从武佐河口折向东流至洼水河口为大方、织金两县界河。从六仲至洼水河口，在大方段长79.4千米，分为上下两段：从六仲至中坝为上段，长54.3千米；中坝至洼水河口为下段，长25.1千米。上段河谷深切，水流湍急，多溶洞伏流，有九洞天伏流胜景。六冲河上段集雨面积为8236.9平方千米，平均流量120.9立方米/秒，落差157.1米，水力资源蕴藏量9.07万千瓦，可开发量为2.23万千瓦。下段北岸汇入落脚河、木柏河，西溪河流量增大，河谷稍为开阔，水流稍平缓，平均比降为1.59%，集雨面积为9445平方千米，流量152.1立方米/秒。2000年，在鸡场、黄泥塘段开工建设洪家渡电站，所形成水面称为支嘎阿鲁湖。

（5）安洛河

发源于沙厂手扒岩，流经五头山脚至两岔河，经戛木入渭河，是大方县与金沙县的界河，长25.7千米，落差5米，集雨面积264.7平方千米，流量4.2立方米/秒，水力蕴藏量为4382.4千瓦，可开发量400千瓦。

（6）米底河

发源于九龙山东麓大水乡，自西向东流，与安乐河汇入渭河，长21.9千米。集雨面积234.4平方千米，流量为3.7立方米/秒，流经地区为二叠系碳酸盐岩溶地层，岩溶地形发育，在大水乡有一段伏流和20多米高的瀑布，水力资源蕴藏量为5985千瓦。

二、地下水

大方地下水源丰富，长期以来，人们用挖井取水的方式，利用地下水作生活和农业灌溉用水。县城水井很多，曾有“九十九口井”之称。境内由于碳酸盐岩与碎屑岩相间分布，岩溶发育，贮存了丰富的地下水资源。地下水与地表水互相补给，多以暗河、溶泉形式排泄于侵蚀基准面的河谷。境内地下水总储量为5.07亿立方米，丰水期为6.35亿立方米，平水期为4.79亿立方米，枯水期为2.93亿立方米。境内地下水分为碳酸盐岩岩溶水和基岩裂隙水两大类，碳酸盐岩岩溶水又分3个亚类。

（一）碳酸盐岩岩溶水

1. 碳酸盐岩裂隙溶洞水

赋存于灰岩、白云岩的岩溶管道及溶洞中，主要地层为栖霞组、茅口组、娄山关群组。分布于大水、核桃、星宿、大山、八堡、长石、猫场等地，地貌常为峰丛洼地或峰丛谷地，岩溶管道发育规模大，地下径流模数6升／秒 * 平方千米 ~7升／秒 * 平方千米，岩组出露面积共为1090.86平方千米，占全县总面积的30.8%。

2. 碳酸盐岩夹碎屑岩岩溶裂隙水

赋存于永宁镇组、关岭至法郎组的石灰岩、白云岩、泥质白云岩等含水岩组的裂隙、岩溶管道中，管道规模较小。主要分布于鼎新、马场、绿塘、牛场、理化、羊场、鸡场、黄泥塘、双山、文阁、响水、竹园、东关、核桃、瓢井、八堡、大山、三元等地，地下径流模数为5升／秒　平方千米。岩组出露面积1107.53平方千米，占全县总面积的31.2%，其中碳酸盐岩占92%，碎屑岩占8%。

3. 碎屑岩夹碳酸盐岩岩溶裂隙水

赋存于龙潭至大隆组、夜郎组的石灰岩、砂岩、泥岩、少量玄武岩的含水岩裂隙、岩溶管道及孔洞中，地貌常成侵蚀斜坡或谷地。主要分布于马场、高店、东关、竹园、安乐、瓢井、八堡、长石、大山、果瓦、星宿、百纳、三元、凤山、六龙、小屯、黄泥塘等地，地下径流模数3升／秒 * 平方千米。岩组出露面积933.4平方千米，占全县总面积的26.3%，其中碎屑岩为60%，碳酸盐岩为40%。

（二）基岩裂隙水

赋存于砂岩、泥岩、砂砾岩、泥页岩、凝灰岩等含水层的裂隙中，地貌为浅切割中山，多成垄状，分布于鸡场、猫场、鼎新、绿塘、双山、文阁等地。出露面积412.81平方千米，占全县总面积11.6%，地下径流模数为1升／秒 * 平方千米。

第三章　土壤　植被

第一节　土　壤

境内岩层出露不一，地形复杂，土壤形成和地域差异较大。在局部地区内形成的土壤，肥力水平悬殊明显。土壤熟化度低，山地土壤大多处于粗骨状态，其形态特征与母质差别较小；土层浅薄，涵养水肥的能力低，地表径流大，水土流失较重。土壤物质和能量分异性突出，土壤性状和生产性能变化很大；土壤垂直分布比较明显，在一定范围内，土壤类型的变化与海拔高度和山体大小相关。

一、土壤母岩及母质类型

境内母岩以碳酸盐类岩石为主，黄色页岩、黄色砂页岩、紫色岩类也有较大面积分布，成土母岩母质共11种，成土母质分为坡积、残积、冲积、洪积4种。

（一）石灰岩

主要分布在东关、响水、文阁、双山、绿塘、猫场、鼎新、马场、牛场、理化、小屯、羊场、黄泥塘、鸡场、六龙、安乐、凤山、三元、百纳、核桃、瓢井、果瓦、长石、星宿、雨冲等乡镇。石灰岩形成的土壤，除山间沟壑由残积物发育成石灰土和大土泥土外，一般都形成地带性的铁铝质黄壤和黄泥土，山地黄棕壤和灰泡土、小黄泥土。沟槽地方有堆积母质，缓冲地段为残积母质或坡积物。

（二）不纯石灰岩

境内大部分乡镇皆有分布，有灰色块状白云岩及白云质灰岩夹少量白云岩，深灰厚层燧石灰岩及灰岩，白云质灰岩夹少量泥质白云岩。因母岩组成不同，形成的土壤类型也不同，燧石灰岩多发育成铁铝质粗骨黄壤和砾石火石土，成砾质、砾石石蛋垆土。白云质灰岩形成石灰土和大土泥土、铁铝质黄壤和黄泥土，或铁铝质山地黄棕壤和灰泡土、小黄泥土。一般为残积、坡积母质。

（三）白云岩

主要分布在沙厂、大水、雨冲、长石、大山、星宿、兴隆、普底、百纳、三元、瓢井、达溪、鸡场、黄泥塘、羊场、牛场、马场、鼎新、双山、文阁、响水等乡镇。缓坡地带由坡积物洪积物形成铁铝质黄壤和黄泥土，或铁铝质山地黄棕壤和灰泡土、小黄泥土；较陡的侵蚀山地，由残积坡积物发育成石灰土和砾石石蛋垆土。

（四）砂岩

全县多数乡镇有分布，主要有灰白、浅灰色石英砂岩、灰色细砂岩、粉砂岩、砂岩、灰黄色石英砂岩，形成硅质黄壤或黄砂土。母质为坡积。

（五）煤系砂页岩

分布在对江、东关、响水、安乐、凤山、六龙、绿塘、百纳、普底、达溪、瓢井、长石、大山、果瓦等乡镇，形成硅铝质黄壤、黄砂泥土或硅铝质粗骨黄壤、煤砂泥土。母质为坡积。

（六）黄色砂页岩

分布在响水、双山、文阁、安乐、六龙、百纳、普底、八堡、兴隆、长石、雨冲、沙厂、黄泥等乡镇，主要是灰色细砂岩、石英砂岩、粉砂岩、云母石英砂岩。形成硅酸质黄壤、黄砂泥土，或硅铝质粗骨黄壤、煤砂泥土。母质为坡积或残积。

（七）页岩

境内分布较广，出露面大。主要是黄绿色页岩、黄褐色钙质泥页岩、灰绿灰黄色页岩、粉砂质页岩、泥质或钙质页岩和泥页岩。形成硅铁质粗骨黄壤和豆瓣泥土，或硅铁质黄壤和黄泥土。母质为坡积。

（八）紫色岩

分布在对江、竹园、响水、文阁、双山、绿塘、鼎新、猫场、马场、牛场、羊场、黄泥塘、六龙、安乐、普底、三元、星宿、达溪、兴隆、瓢井、果瓦、长石、大山、黄泥等乡镇的煤地层的上部，分紫色粉砂岩和紫色砂页岩。形成淋溶紫砂土和砾石表酸紫砂土，或中性紫砂土和紫釉砂土。母质为坡积，沿大河两侧有冲积母质。

（九）紫红色岩

主要分布在六龙、鸡场、达溪、核桃、八堡、果瓦等乡镇，多是紫红砂土岩、黏土质粉砂岩和紫红钙质黏土岩，三叠系下沙溪庙组紫红、暗紫红砂泥岩，紫红、暗紫红砂岩。形成酸性紫红砂土、酸性紫红泥土和血砂土、血泥土，或钙质紫红泥土、血肝泥土。母质为坡积。

（十）泥页岩

主要分布在对江、响水、绿塘、猫场、牛场、理化、黄泥塘、安乐、六龙、凤山、百纳、达溪、核桃、兴隆、瓢井、长石、大山、大水、黄泥等乡镇，多是灰色粉砂质泥页岩、泥页岩、灰绿泥页岩、黄褐钙质泥页岩、灰色泥页岩。发育成硅铁质黄壤和黄泥土。母质为坡积。

（十一）玄武岩

玄武岩在境内出露不多，主要分布在绿塘、鼎新、猫场、小屯、马场等乡镇。形成铁质黄壤和黄泥土，在海拔较高地区形成铁质黄棕壤和灰泥土。母质为残积或坡积。

二、土壤类型及分布

境内岩性多变，成土母质复杂，气候和植被在不同的海拔高度差异性明显，相应土壤类型也较多。全县计有6个土类，13个亚类，45个土属，105个土种。

（一）黄壤

黄壤是全县分布最广的地带性土壤，在海拔1800米以下的地区均有分布，有效面积294.9万亩（丈量亩，以下同），占有效土地总面积的61.63%。成土母质以石灰岩、砂页岩、玄武岩和第四系红色黏土风化物为主。由于发育程度和附加成土过程不同，黄壤分为黄壤和粗骨黄壤2个亚类。又根据母质类型不同，分为硅质黄壤、硅铁质黄壤、硅铝质黄壤、铁铝质黄壤、第四系黏土黄壤5个土属，19个土种。粗骨黄壤分为硅铝质粗骨黄壤、硅铁质粗骨黄壤、铁质粗骨黄壤、铁铝质粗骨黄壤9个土属，8个土种。全县各乡镇皆有分布。

（二）黄棕壤

根据其原始母岩母质和发育程度的差异，分为山地黄棕壤和山地粗骨黄棕壤2个亚类。山地黄棕壤分为：铁铝质山地黄棕壤、硅铝质山地黄棕壤、硅铁质山地黄棕壤、紫色岩山地黄棕壤4个土属，10个土种。山地粗骨黄棕壤分为：铁质山地粗骨黄棕壤、铁铝质山地粗骨黄棕壤2个土属，3个土种。有效面积20.7万亩，占有效土地总面积的4.32%。主要分布在文阁、双山、鼎新、绿塘、沙厂、凤山、普底、大山、星宿、安乐、百纳、达溪、对江、六龙等乡镇的海拔1800米以上的高中山上部。黄棕壤是在温凉湿润气候条件和阔叶混交林下形成的地带性土壤，主要由灰岩、砂页岩风化而成，酸性反应，pH值4~5.5。

（三）石灰土

境内主要岩性土之一，黄壤、黄棕壤地带内的喀斯特丘陵洼地、谷地均有分布，全县有效面积47.76万亩，主要由泥灰岩、钙质泥页岩、钙质砾岩、白云质灰岩、石灰岩等碳酸钙类岩石风化物发育而成。根据成土条件，又分为黄色石灰土、黑色石灰土2个亚类，亚类之下分淋溶黄色石灰土、粘土质次生黄色石灰土、黄色石灰土、石灰岩黑色石灰土4个土属，12个土种。主要分布在牛场、马场、理化、鸡场、瓢井、响水、双山、竹园、东关、达溪、三元、大方、果瓦、大山、长石、文阁等乡镇。其特征是质地粘细，富含钙质，呈碱性反应，有机质含量较多，表层带黑色，结构粒状，土壤肥力较高。这类土壤多处于陡坡地带，水土流失严重，有机质含量下降，碳酸比值增加。

（四）紫色土

境内面积大、分布广的主要岩性土，仅次于黄壤的分布。由侏罗系和三叠系的钙质页岩、中性紫色砂页岩和酸性紫色砂页岩风化发育而成，有效面积81.59万亩，占有效土地总面积的16.86%。主要分布在响水、双山、鼎新、马场、理化、鸡场、百纳、达溪、瓢井、东关、竹园、对江、文阁、黄泥、羊场、小屯、长石、果瓦、八堡等乡镇。根据成土过程差异，分为钙质紫红泥土、中性紫砂土、酸性紫红泥土、淋溶紫砂土3个亚类4个土属型1个土种。

（五）潮土

境内面积最小的土类。潮土由河流冲积物发育而成，主要分布于河流沿岸地带的湾滩、洼地、平地、阶地上，或山麓地带。河流冲积物因流域水文地质与河谷发育地质作用不同而异，县境河流一般发源于砂岩和砂页岩侵蚀山地，河流冲积物一般在砂页岩、石灰岩谷地和石灰岩断层谷地、石灰岩育谷中形成阶地。这些谷地狭小，很难形成冲积平原，一般冲积物只能产生一级阶地的发育。根据冲积物被河流运积差异，可分为集流冲积物、近源冲积物和复原冲积物。县境河流冲积物主要是紫红砂岩风化侵蚀物和紫砂岩风化侵蚀物。潮土根据母质类型的差异，分为淤沙泥土和潮沙泥土2个土属，有效面积9689亩，占有效耕地面积的0.2%。主要分布在鼎新、猫场、雨冲、大水、鸡场、黄泥塘、羊场、小屯、响水、长石、果瓦、六龙等乡镇的部分地区。

（六）水稻土

分布在海拔1900米以下的砂岩、砂页岩冲谷和砂岩、砂页岩、石灰岩河谷坝地、槽谷、洼地及沟垄地区，有效面积17.51万亩，占有效耕地面积的7.79%。分为渗育、潴育、潜育3个亚类，18个土属，38个土种。

渗育型水稻土，有渗育黄泥田、渗育沙泥田、渗育大泥田、渗育血肝沙泥田、渗育羊肝泥田、渗育煤泥田、渗育煤锈水田7个土属。潴育型水稻土，有潴育黄泥田、潴育大眼泥田、潴育紫泥田、潴育血泥田、潴育潮泥田、潴育沙泥田6个土属。潜育型水稻土，有鸭屎泥田、青紫泥田、青潮泥田、冷浸田、烂锈泥田5个土属。

水稻土主要分布在猫场、绿塘、对江、响水、竹园、东关、双山、文阁、兴隆、八堡、鼎新、马场、牛场、理化、鸡场、黄泥塘、羊场、小屯、六龙、凤山、瓢井、达溪、长石、雨冲、百纳、果瓦、大山、安乐、大水、黄泥、沙厂、普底、核桃等乡镇。

第二节 植 被

境内植被为亚热带常绿阔叶林带，大部分地区属海拔1500米~1700米中山山地。20世纪50—90年代，由于乱砍滥伐，呈现不少荒山秃岭。仅在部分地区如火烧箐、九龙山等地尚保存有常绿阔叶林，大部分地区为次生灌木丛。植被类型种类有：

一、中亚热带常绿阔叶林

主要植物有：贵州石栎、细叶青冈、粗糖柴、包石栎、甜槠栲、粗穗石栎、厚皮丝栎、大叶樟、黄肉楠、楠木、桢楠、女贞等。分布于海拔1900米以上的山地。

二、中亚热带落叶阔叶林

主要植物有：光皮桦树、响叶杨、麻栎、枫香、亮叶桦、栓皮、槲栎、白栎、朴、黄连木等，分布在海拔1500米的山地。

三、中亚热带针叶阔叶混交林

主要植物有：马尾松与栎类混交林、杉木与栎类混交林。

四、中亚热带针叶林

主要植物有：马尾松、杉树、柏木、华山松、福建柏、云南松等，多分布在海拔1500米~2000米的向阳山坡地带。

五、中亚热带灌木草丛

是境内主要的植被类型。主要植物有：杜鹃、滇杨梅、毛栗、盐夫木、白栎、枹树、南烛、马桑、老虎刺、化香、小米漆、沙汤果、刺梨、火棘、野蒿、朝天罐、蕨类等。草本植物有：芒萁、白茅草、丝茅草、白羊草、白花杨草、狗尾草、鸭茅、知风草、天天苜、红茅草、火草、红茅根、具草、麦青草、野麦草等。

六、中亚热带半常绿阔叶林

主要植物有滇青木冈、丝栎、桂枝、鸭脚板、冬青、川金榔、猴樟等树种，呈混交林。

七、中亚热带沼泽植被

主要植物有木贼、蒲草、马唐草、雀稗、发草、海子草、红三叶、白三叶、白脉根、苕菜、菖蒲、艾叶、灯芯草、毛针草、野棉花、鱼腥草、凤尾草、马耳草、鹅儿草、肥猪苗、米蒿、酸浆草、仙鹤草、车前草、毡毡草、豆瓣草、连三草、野韭菜、熟地草、芦苇草、龙须草、野荞麦、红荞兰、扁担草、老鹳筋、红地梅、野芝麻、猪鼻草、蓼紫草、露水草、红脚兰、竹叶菜、杨柳条、海花草。

八、石灰岩植被

石灰岩中亚热带落叶阔叶林主要有朴树、黄连木等植物；石灰岩中亚热带半常绿阔叶林，主要有青冈栎、化香、榆树；石灰岩中亚热带针叶林，主要有柏木等植物；石灰岩中亚热带藤灌丛，主要有岩豆、黄檀、小果蔷薇、大小血藤、万年青等植物；石灰岩亚热带植被，主要有五节芒、铁芒萁、白茅草、红茅草等植物。

第四章 行政区划

第一节 建置沿革

县境夏为梁州南域荒地，商属荆州西境，周属卢夷之国，战国为夜郎国属地。

秦灭夜郎后，以其地设置夜郎、汉阳2县，县境属汉阳县。

西汉属牂牁郡，东汉属卢鹿部领地。

蜀汉建兴三年（225），诸葛亮南征，昆明夷默部二十五世孙妥阿哲（济火）献粮通道，助擒孟获有功，封罗甸王，命世长其地。妥阿哲由陇更（今毕节七星关）迁白乍戈（今大方县），建慕俄格城堡于珠乍山（今云龙山）下，县境属罗甸国领地。

唐宋为姚州治所，宋属平蛮郡。

宋、元属罗氏鬼国领地。

元、明两代先后为亦溪不薛（水西）宣慰司、贵州宣慰司、水西宣慰司。

明朝中后期辖12则溪。明崇祯八年（1635），贵州总督朱燮元遣副将方国安筑城，县城始名大方。

清康熙三年（1664），宣慰使安坤反清，次年被吴三桂平定，奏请改土归流，设府治。清康熙五年（1666），大方城更名大定，以原木胯、火著、化各、架勒4则溪辖地设大定府。二十六年（1687），改大定府为州，隶威宁府。三十七年（1698），结束土官统治。

雍正八年（1730），恢复大定府，降威宁为州，与平远州、黔西州、毕节县同隶属大定府。

民国3年（1914），废除府治，设大定县，隶贵州省黔西道。民国24年（1935），改隶贵州省第四督察专员公署。

1949年11月25日，大定县城解放。12月5日，大定县人民政府成立，隶毕节专员公署，将旧政权4镇16乡改为5个行政区。

1950年1月，改设为5个区，辖4镇16乡。7月，撤销乡、镇调整为城关、响水、双山、坡脚、马场、理化、鸡场、六龙、百纳、达溪、瓢井、长石、沙厂13个行政区，设区人民政府。1949年9月至1950年5月，废除保甲制度，将256个保改建为228个村（含城关8个街），成立村（街）人民政府。

1953年4月，完成并村建乡，将228个村（街）改建为138个乡4个街，设乡人民政府。同时区人民政府改称区公所，为县人民政府派出机构。

1958年2月，经国务院批准，大定县更名为大方县。

第二节　区划调整

1961年10月，恢复区建制，全县设13个区62个人民公社。

1963年3月，全县13个区62个人民公社调整为109个人民公社、1个镇。

1978年4月，恢复13个区。

1984年，成立乡（镇）政府。全县设13个区，1个区级镇，14个乡级镇，95个乡（其中33个民族乡），4个街道办事处，10个居民委员会，83个居民小组，506个村民委员会，4053个村民小组。

1991年5月，将百纳区吉星彝族苗族乡划归黔西县。同年12月，经贵州省人民政府批复，撤销原城关、响水、双山、坡脚、马场、理化、鸡场、六龙、百纳、达溪、瓢井、长石、沙厂13个区，将108个乡镇（正股级）合并建立为10个镇、26个乡（其中18个民族乡）。36个乡镇（正科级）辖499个行政村、31个居民委员会、3932个村民小组、131个居民小组。

2007年12月，毕节地区建立百里杜鹃管理区。大方县将普底彝族苗族白族乡、大水彝族苗族布依族乡委托百里杜鹃管理区管理。

2008年，大方县将黄泥塘镇在拱村、箐门村和百纳乡龙坪村、龙峰村、龙竹村委托百里杜鹃管理区管理。

2012 年 7 月，毕节市建立双山新区，大方县将响水乡、双山镇和文阁乡的瓦厂村、常丰村、三元村、太河村委托双山新区管理。

2013 年 4 月，撤销鸡场乡、黄泥塘镇，合并设置新的黄泥塘镇；撤销高店乡，设置对江镇。5 月，撤销大方镇，设置慕俄格古城、顺德、红旗 3 个街道。同年，大方县将黄泥彝族苗族满族乡大堰村、戛木村委托百里杜鹃管理区大水乡管理。

2014 年 8 月，大方县将竹园乡、文阁乡的文阁村、安庆村、海坝村、中寨村委托毕节市双山新区管理。

2017 年 2 月，大方县将百纳乡、黄泥乡、沙厂乡（仓上、骂陇 2 个村除外）及凤山乡的白鸡、联兴 2 个村委托百里杜鹃管理区管理。

第三节　乡镇概况

一、大方镇

大方镇位于县境腹地，为县人民政府驻地，是全县政治、经济、文化中心。杭瑞高速公路遵毕段、黔大高速公路、贵毕高等级公路、大纳高等级公路等，和隆黄铁路织毕段、成贵高铁在辖区交汇，构成全县物流集散中心。全境最高海拔 2008 米，最低海拔 1140 米。东西相距 12.23 千米，南北相距 10.5 千米。全镇总面积 97.74 平方千米。

1991 年 12 月撤区并乡建镇，大方镇由原城关镇、新庄乡、对江乡和花果乡的花果、元宝、法书、龙井、箐木 5 个村，大寨乡的白石、余石 2 个村，五凤乡的凉井村，小屯乡的新铺村合建而成。辖陡坡、关井、云龙、金鱼、路塘、石关、新庄、蔬菜、龙昌、对江、杉林、湾子、金星、小路、大屯、花果、元宝、法书、龙井、箐木、白石、余石、新铺、凉井、庆云 25 个村，南街、慈善街、解放街、南郊、中街、和平街、西街、书院街、核桃湾、东郊、北街、珠子巷、杨柳井、北郊 14 个街道，167 个村民小组，89 个居民小组。2003 年，将 14 个街道与周边村组合并为城中、城南、城北、东郊、西南、西北、南郊、北郊 8 个社区。至此，全镇辖 25 个村，8 个社区，164 个村民小组，89 个居民小组。镇政府驻城中社区。

境内有慕俄格古城、九层衙遗址，有全国重点文物保护单位奢香墓和奢香博物馆；有全国文物保护单位中华苏维埃人民共和国川滇黔省革命委员会旧址；有恢复重建的贵州宣慰府、斗姥阁、莲花塘等历史人文景观。县城内古井众多，素有“九十九口井”之称，被誉为“乌蒙井城”。

境内年平均气温 12.9℃，年降水量 1182 毫米，无霜期 257 天。耕地面积 2.23 万亩，其中旱地 2.07 万亩，水田 2229 亩。种植水稻、玉米、小麦、大豆、芸豆、马铃薯、蔬菜、中药、烤烟、经果林等粮食和经济作物，尤以蔬菜种植为盛。矿产有煤、硫铁矿、石灰石等。

1992 年，全镇总人口 7.6 万人。粮食总产量 6851 吨，农业总产值 1373.34 万元。财政收入 162.42 万元，农民人均纯收入 687.75 元。

2013 年，全镇总人口 10.02 万人。粮食总产量 6513 吨，农业总产值 1.26 亿元。财政收入 1077 万元，农民人均可支配收入 6510 元。

二、东关乡

东关乡位于县城北面，距县城 11.5 千米。总面积 48.1 平方千米。境内最高海拔 1650 米，最低海拔1400米。为县城交通枢纽，杭瑞高速公路遵毕段、黔大高速公路在乡境设互通式立交，大纳高等级公路贯穿乡境，成贵高铁在东关乡七家田村设大方站。

1991年12月撤区并乡建镇，由原东关乡和大寨乡岩下、大阁雅、马鞍、大寨、田坪、七家田6个村，白泥乡的合中、龙泉、半冲3个村合建，辖东关、罗寨、金坪、长丰、朝中、合中、龙泉、半冲、岩下、大阁雅、马鞍、大寨、田坪、七家田14个村，103个村民小组。2003年，将罗寨村和东关村合并为罗寨村，马鞍村和大阁雅村合并为马鞍村，金坪村和长丰村合并为金坪村。2013年11月，岩下村划归顺德街道。东关乡辖10个村、1个社区、95个村民小组。乡政府驻同心社区。

境内有将军山战斗遗址。红军长征时期，中国工农红军二军团、六军团过七家田时，红六军团军团长萧克指挥将军山战役，消灭敌人先锋加强营，缴获全部枪支弹药，毙敌100多人。1985年7月1日，县人民政府在将军山竖立纪念碑，由萧克亲笔题写“将军山之役纪念碑”8个大字。此遗址为爱国主义教育基地。

境内年平均气温13.2℃，年降水量1085毫米，无霜期260天。耕地面积2.97万亩。粮食作物主要有玉米、水稻、小麦、芸豆、大豆。经济作物有烤烟、马铃薯、油菜、辣椒、核桃、天麻、竹荪、大蒜等。矿产资源主要有煤、铁、硫铁矿、大理石、高岭土、方解石、硅石等。

1992年，全乡总人口2.03万人。粮食总产量3464吨，农业总产值651.75万元。财政收入37.26万元，农民人均纯收入318.32元。

2011年，县人民政府贯彻工业强县精神，在东关乡建设食品药品工业园区、循环经济产业园区，后组合成贵州大方经济开发区，入驻企业92家。2015年，工业产值78亿元，实现税收6.75亿元，解决就业8300人。

2015年，全乡总人口2.57万人。粮食总产量9643吨，农业总产值7768万元，财政收入831.38万元，农民人均可支配收入7000元。

三、竹园彝族苗族乡

竹园彝族苗族乡位于县城西北面，距县城18千米。总面积51.59平方千米。境内最高海拔1840.6米，最低海拔1201.5米。隆黄铁路织毕段在竹园村设毕节东站，公路有508县道通达。

1991年12月撤区并乡建镇，由原竹园彝族苗族乡、海马彝族苗族乡和大寨乡的尖山、小阁雅2个村合建。辖老街、竹园、羊场、沙坝、歹鸡、海马宫、箐脚、革新、显母、尖山、小阁雅11个村，89个村民小组。2003年，将箐脚村和海马宫村合并为海马宫村，将小阁雅村和羊场村合并为羊场村。2014年8月，大方县将竹园乡委托双山新区管理。乡政府驻老街村。

乡境有彝族、苗族等多民族聚居，民族风情浓郁，有苗族芦笙舞、手工蜡染和刺绣。农历二月苗族跳花节、农历六月彝族火把节等民族节日文化活动。

境内年平均气温11.9℃，年降雨量为850毫米，无霜期265天。耕地面积3.81万亩。粮食作物有玉米、大豆、芸豆、马铃薯等。经济作物有茶叶、辣椒、烤烟等，其中海马宫茶叶为地方知名特产。

1992年，全乡总人口1.75万人，其中少数民族人口6965人，占总人口的39.75%。粮食总产量2621吨，农业总产值524.16万元。财政收入80.59万元，农民人均纯收入169.39元。

2015年，全乡总人口2.65万人，其中少数民族人口1.02万人，占总人口38.61%。粮食总产量6327吨，农业总产值2.18亿元。财政收入1301.8万元，农民人均可支配收入6448元。

四、响水白族彝族仡佬族乡

响水白族彝族仡佬族乡位于县城西北面，距县城23千米。西与七星关区梨树镇相连，北靠七星关区小坝镇。境内最高海拔1706.4米，最低海拔1340米。全乡总面积111.54平方千米。杭瑞高速公路遵毕段在境内设响水互通式立交，508县道过境。毕节飞雄机场在境内建成通航。

1991年12月撤区并乡建镇，由原响水镇、大道乡、青山彝族仡佬族乡合建。辖响水、以拉、前进、古打、官寨、吊兰、飞雄、凉水、新基、邵家关、法路、黄泥、粮丰、青杠、岔河、沙湾、拉鲁、七丘、火山、青山20个村和响水街道，181个村民小组，2个居民小组。2003年，将吊兰村和七丘村的部分合并为吊兰村，官寨村和法路村的部分合并为官寨村，新基村和黄泥村的部分合并为新基村，粮丰村和黄泥村、七丘村的部分合并为粮丰村，青山村和七丘村的部分合并为青山村，岔河村和青杠村合并为岔河村，凉水村和邵家关村合并为凉水村，响水村和响水街道合并为响水社区。辖14个村，1个社区，172个村民小组。2012年7月，大方县将响水白族彝族仡佬族乡委托双山新区管理。乡政府驻响水社区。

境内居住汉、白、彝、苗、仡佬、蒙古等民族，常年举办白族团圆节、彝族火把节、苗族跳花节。

境内年平均气温13.5℃，年降雨量976毫米，无霜期263天。粮食作物以玉米、小麦、大豆、芸豆、水稻、马铃薯为主，经济作物有烤烟、辣椒、油菜等，以烤烟较为突出。辣椒生产较成规模，远销东南亚等地。

1992年，全乡总人口2.8万人，其中少数民族人口8360人，占总人口29.85%。粮食总产量5305吨，农业总产值1013.74万元，财政收入115.05万元，农民人均纯收入280元。

2015年，全乡总人口3.83万人，其中少数民族人口1.15万人，占总人口30%。粮食总产量8282吨，农业总产值3.51亿元，财政收入1893万元，农民人均可支配收入7998元。

五、双山镇

双山镇位于县城西北面，距县城17千米，距毕节市区29千米。西与七星关区梨树镇相接。境内最高海拔2140.4米，最低海拔1151.8米，全镇总面积93.2平方千米。贵毕高等级公路在境内设有匝道，326国道贯穿全境，境内小瓦高速公路连通毕节飞雄机场。

1991年12月撤区并乡建镇，由原双山镇、木格乡和归化乡的归化、香田、中路、杨柳、沙子5个村和归化街道，素合乡的大河、红星2个村，花果乡的茶山村合建。辖2个居民委员会，4个居民小组，双山、高坪、幺塘、平原、松峰、归化、香田、中路、杨柳、沙子、普六、木格、兴合、联合、小坝、法书、大河、红星、茶山19个村，双山、归化2个街道，139个村民小组、4个居民小组。2003年，将普六村和兴合村合并为普六村，红星村和大河村合并为红星村，小坝村和联合村合并为小坝村，法书村和茶山村合并为法书村，撤销双山、归化街道组建双山社区。辖15个村，1个社区，131个村民小组。2012年7月，大方县将双山镇委托双山新区管理。镇政府驻双山社区。

镇境旅游资源有落脚河峡谷风光、四方洞、杨家洞。

境内年平均气温13.2℃，年降水量948毫米，无霜期267天。粮食作物主要有玉米、水稻、大豆、芸豆、小麦、马铃薯等，经济作物有大蒜、辣椒、魔芋等。中药材有天麻、杜仲、金银花等。

1992年，全镇总人口3.24万人。粮食总产量7211吨，农业总产值1492.26万元。财政收入146.27万元，农民人均纯收入112.35元。

2015年，全镇总人口4.67万人。粮食总产量7592吨，农业总产值1.43亿元。财政收入8380.75万元，农民人均可支配收入7810元。

六、文阁乡

文阁乡地处县城西北面，距县城31千米，距毕节市区27千米。西与七星关区梨树镇毗邻。境内最高海拔1950米，最低海拔1200米。全乡总面积78.55平方千米。有106省道与杭瑞高速公路、贵毕高等级公路相接。

1991年12月撤区并乡建镇，由原文阁乡、毛栗乡和素合乡的中寨村，归化乡的瓦厂村合建。辖文阁、常丰、三元、大寨、安庆、海坝、岩坝、太河、中寨、瓦厂10个村和文阁街道，107个村民小组，1个居民小组。2003年，将文阁街道和文阁村合并为文阁村，海坝村、岩坝村、太河村合并为海坝村。2012年7月，大方县将文阁乡的瓦厂村、常丰村、三元村、太河村委托双山新区管理。2014年7月，大方县将文阁乡全部辖区委托双山新区管理。乡政府驻文阁村。

境内年均气温13.9℃，年降雨量为1255毫米，无霜期265天。耕地面积2.08万亩，林地5.9万亩，水域面积3578亩。粮食作物主要以玉米、大豆、小麦、水稻为主。经济作物有辣椒、油菜籽、烤烟。矿产资源主要有煤炭、石膏、铁矿。毛栗水库既是双山镇、文阁乡的水源点，又是旅游景点。

1992年，全乡总人口2.31万人。粮食总产量5281吨，农业总产值1104.56万元。财政收入104万元。农民人均纯收入389.92元。

2015年，全乡总人口1.76万人。粮食总产量4832.8吨，农业总产值3.58亿元。财政收入2291.11万元，农民人均可支配收入7677元。

七、绿塘乡

绿塘乡位于县城西面，距县城38千米，距毕节市区50千米。西与七星关区岔河镇、纳雍县库东关乡毗邻。境内最高海拔2325米，最低海拔1450米。全乡总面积75.19平方千米。有X5H6县道与杭瑞高速公路、贵毕高等级公路相接。

1991年12月撤区并乡建镇，由原绿塘乡、牛集乡合建，辖丰产一村、丰产二村以及绿塘、牛场、营盘、高峰、高潮、五星8个村，108个村民小组。2003年，将牛场村和绿塘村合并为牛场村。辖7个村101个村民小组。乡政府驻牛场村。

境内年平均气温11.7℃，年降水量1010毫米，无霜期254天。耕地面积1.88万亩，草地面积3682亩，林地面积6586亩。森林覆盖率为52%。境内有煤矿、硫铁矿、铁矿、磷矿。主要粮食作物有玉米、马铃薯、荞子等。主要经济作物有漆树、核桃等经果林和天麻等中药材。境内有牛集水库、龙昌坪大山等自然风光。

1992年，全乡总人口1.28万人。粮食总产量2406吨，农业总产值401.75万元，财政收入15.76万元，农民人均纯收入301.73元。

2015年，全乡总人口1.82万人。粮食总产量6723.8吨，农业总产值7500万元，财政收入164.07万元，农民人均可支配收入6341元。

八、鼎新彝族苗族乡

鼎新彝族苗族乡位于县城西南面，距县城43千米。南以瓜仲河为界与纳雍县隔河相望，境内最高海拔1870米，最低海拔1110米。全乡总面积110.25平方千米。有S430省道与纳雍县及县内绿塘等乡镇连接。

1991年12月撤区并乡建镇，由原鼎新镇、则鸡乡、长冲乡合建。辖风景、中心、新场、兴启、五一、黑泥、同心、长丰、大井、新发、和平、水塘12个村和鼎新社区，166个村民小组，2个居民小组。乡政府驻兴启村。

境内居住着汉、彝、苗、白、穿青、蒙古、蔡家、回、布依、仡佬等民族。

境内年平均气温12.5℃，年降水量1100毫米，无霜期261天。耕地面积2.77万亩，其中水田3100亩。粮食作物主要有玉米、水稻、小麦、马铃薯等。主要经济作物有烤烟、油菜、花生等。水果有柑橘、樱桃、桃、李、梨等，干果有板栗、核桃。矿产资源主要有煤、铅、硫铁矿、铁矿、石灰石、坡缕石等。

1992年，全乡总人口3.18万人，其中少数民族人口8955人，占总人口的28.15%。粮食总产量4595吨，农业总产值1083.36万元。财政收入90.7万元，农民人均纯收入353.2元。

2015年，全乡总人口4.51万人。粮食总产量8478吨，农业总产值2.06亿元，财政收入1504.1万元，农民人均可支配收入7018元。

九、猫场镇

猫场镇位于县城西南面，距县城51千米。南抵瓜仲河，西与纳雍县化作乡、董地乡接壤，北与七星关区岔河镇、纳雍县厍东关乡毗邻。境内最高海拔1910米，最低海拔1140米。全乡总面积103.98千米。有430省道环绕镇境东部直达九洞天风景区。

1991年12月撤区并乡建镇，由原猫场镇、大湾乡、六仲乡合建，辖五丫、永乐、长沙、碧脚、永久、新民、水淹塘、联合、箐口、长征、中坝、兴合、前进13个村和猫场街道，122个村民小组，6个居民小组。2003年，将中坝村和长征村合并为长征村，前进村和兴合村合并为兴合村。辖11个村1个街道，121个村民小组，3个居民小组。镇政府驻长征村。

境内有国家级重点风景名胜区九洞天，红军长征时九军团猫场战斗遗址、纪念园、纪念碑。

境内年均气温12.8℃，年降雨量1160米，无霜期300天。耕地面积1.72万亩，其中水田3274亩。农作物有玉米、水稻、大豆、马铃薯、花生、茶叶等。樱桃、柑橘等水果生产较成规模并已有知名度。矿产资源主要有煤炭、硫铁矿、大理石、石灰石等。

1992年，全镇总人口2.84万人。粮食总产量5220吨，农业总产值854.39万元，财政收入155.71万元，农民人均纯收入324.81元。

2015年，全镇总人口4.01万人。粮食总产量5220吨，农业总产值5041万元，财政收入1935.92万元，农民人均可支配收入6908.84元。

十、马场镇

马场镇位于县城西南面，距县城37千米，南与纳雍县老凹坝乡接壤。境内最高海拔1780米，最低海拔1076米。全镇总面积132.17平方千米。有214省道与高速公路相连。

1991年12月撤区并乡建镇，由原马场镇、螺丝乡、鼠场乡、抬沙乡合建，辖新丰、白泥、塘边、马场、以扒、民丰、木空、乐戈、桥上、老塘、双群、金龙、大石板、新迎、衙院、沙田、共丰、赫拉格、水落洞、阿支孔、一棵树21个村和马场街道，182个村民小组，3个居民小组。2003年，将乐戈村、以扒村、塘边村、白泥村合并为白泥村，民丰村、木空村和桥上村部分合并为民丰村，桥上村和木空村部分、老塘村合并为桥上村，新迎村、大石板村、衙院村合并为新迎村，一棵树村、阿支孔村合并为一棵树村，赫拉格村、共丰村、沙田村合并为沙田村。辖马场、新丰、白泥、民丰、桥上、双群、金龙、新迎、沙田、水落洞、一棵树11个村，180个村民小组。镇政府驻马场村。

境内年平均气温13.2℃，年降水量1100毫米，无霜期260天。耕地面积3.47万亩，其中水田2458亩。主要农作物有玉米、大豆、芸豆、小麦、马铃薯。主要经济作物有烤烟、油菜、辣椒等。

1992年，全镇总人口3.64万人。粮食总产量7473吨，农业总产值137.98万元，财政收入

90.81 万元，农民人均纯收入 329.04 元。

2015 年，全镇总人口 5.23 万人。粮食总产量 7114 吨，农业总产值 1.7 亿元，财政收入 1530.5 万元，农民人均可支配收入 6539.87 元。

十一、牛场苗族彝族乡

牛场苗族彝族乡位于县城西南面，距县城 45 千米。东与织金县金龙乡相邻，南与纳雍县老凹坝乡隔河相望。境内最高海拔 1702.5 米，最低海拔 1140 米，全乡总面积 105.87 平方千米。公路有 106 省道通达。

1991 年 12 月撤区并乡建镇，由原牛场乡、果宝乡、中坝乡合建，辖白岩、方井、九龙、乐公、后箐、坭龙、安书、以朵、田坝、德克、黑仲、立新、新中、大营、独库、红岩、义中、黑塘 18 个村，120 个村民小组。2003 年，将乐公村、白岩村合并为乐公村，坭龙村和安书村合为坭龙村，大营村、独库村和红岩村、义中村部分合并为大营村，新中村和义中村部分合并为新中村，立新村和红岩村部分合并为立新村，以朵村和田坝村部分合并为以朵村，黑仲村和田坝村部分合并为黑仲村，德克村和黑塘村部分合并为德克村，九龙村和后箐村部分合并为九龙村。撤并后全乡辖方井、九龙、乐公、坭龙、以朵、德克、黑仲、立新、新中、大营 10 个村，117 个村民小组，居住汉、彝、白、苗、穿青人等民族。乡政府驻乐公村。

境内三面环水，东面有果宝河，西南面有法启河、西界河交汇于三岔河。牛场乡为支嘎阿鲁湖大方境内河岸线最长、水域面积最大的乡。

每年正月二十六是牛场乡苗族跳花节，跳花节碑文有记：“四方苗胞相约至此，载歌载舞，鼓乐吹笙，其乐融融，其景炽炽。至今一百六十多年，未曾间断，其历史之长，规模之大，影响之宽，叹为观止。届时，近至织金、黔西、纳雍、金沙，远至毕节、关岭、水城、古蔺之苗胞纷至沓来，盛况空前，更有各族兄弟各界人士慕名来聚，共匡盛事。”

境内年均气温 13.6℃，年降雨量 1132 毫米，无霜期 272 天。耕地面积 2.69 万亩，其中水田 3740 亩。主要农作物有玉米、水稻、大豆、芸豆。主要经济作物有辣椒和烤烟。

1992 年，全乡总人口 3.06 万人，其中少数民族 8633 人，占总人口的 28.23%。粮食总产量 6467 吨，农业总产值 1220.94 万元。财政收入 90.45 万元，农民人均纯收入 274.5 元。

2015 年，全乡总人口 4.94 万人，其中少数民族人口 1.28 万人，占总人口 26%。粮食总产量 6259 吨，农业总产值 1.99 亿元。财政收入 652.72 万元，农民人均可支配收入 7213 元。

十二、高店乡

高店乡位于县城西南面，距县城 16 千米。境内最高海拔 2150 米，最低海拔 950 米。全乡总面积 71.41 平方千米。方纳路（712 县道）穿境而过，是县城通往西片区乃至纳雍、六盘水方向的主要通道之一。

1991 年 12 月撤区并乡建镇，由原高店乡、白布乡、岔河乡合建。辖营兴、安兴、石桅、大山、农林、鞍山、高榜、新房、龙场、白龙、堰塘 11 个村，95 个村民小组。2003 年，将堰塘村和高榜村合并为堰塘村，白龙村和新房村合并为白龙村，大山村、鞍山村、农林村合为大山村。全乡辖营兴、安兴、石桅、大山、龙场、白龙、堰塘 7 个村，94 个村民小组。乡政府驻堰塘村。2013 年 11 月，撤销高店乡，其辖区并入新设立的对江镇。

境内年平均气温 14℃，年降雨量 1200 毫米，无霜期 208 天。耕地面积 2.24 万亩。主要粮食作物有水稻、玉米、大豆、芸豆、小麦、马铃薯等。经济作物有烤烟、油菜。有省级文物保护单位千岁衢摩崖石刻及古驿道。

1992 年，全乡总人口 2.37 万人。粮食总产量 4851 吨，农业总产值 959.61 万元。财政收入 18.75 万元，农民人均纯收入 294.81 元。

2013 年，全乡总人口 2.98 万人。粮食总产量 6858 吨，农业总产值 7746 万元。财政收入 769.66 万元，农民人均可支配收入 5378 元。

十三、小屯乡

小屯乡位于县城南面，距县城 12 千米。全乡总面积 51.36 平方千米。境内最高海拔 1848 米，最低海拔 1070 米。隆黄铁路织毕段在法启村设法启站。公路有 X5H9 县道通达。

1991 年 12 月撤区并乡建镇，以原珠场乡、龙洞乡和小屯乡的石墙、市院 2 个村合建。辖石墙、市院、珠场、法启、滑石、大田 6 个村，90 个村民小组。乡政府驻市院村。

境内年平均气温 15℃，年降雨量 1100 毫米，无霜期 264 天。耕地面积 2.66 万亩，其中水田 4000 亩。主要农作物有玉米、水稻、大豆、芸豆、小麦、马铃薯等。森林资源有杉树、松树、白杨树、柳杉、桦槁。经果林木有漆树、杜仲、黄柏、刺梨、核桃、板栗、花椒等。矿产资源主要有大理石、铁矿、石灰石、玄武岩、黏土等。

境内有支嘎阿鲁湖、法启码头、一对蜡、宣慰墓、财神庙、石佛岭、水西扎营、小屯梯田、石龙洞、仙人画石等景点。

1992 年，全乡总人口 2.12 万人。粮食总产量 3884 吨，农业总产值 642.36 万元，财政收入 16.25 万元，农民人均纯收入 274.05 元。

2015 年，全乡总人口 2.41 万人。粮食总产量 3471.82 吨，农业总产值 1.18 亿元，财政收入 2400.42 万元，农民人均可支配收入 6335 元。

十四、羊场镇

羊场镇位于县城东南面，距县城 15 千米。境内最高海拔 1500 米，最低海拔 1200 米。全镇总面积 89.06 平方千米。贵毕高等级公路在境内设有匝道，有 004 县道贯穿境内。

1991 年 12 月撤区并乡建镇，由原羊场镇、陇公乡和妈米乡的龙井、新田、石板、平坝 4 个村合建，辖羊场、坪寨、桶井、朱仲河、龙井、新田、石板、平坝、穿岩、陇公 10 个村和羊场社区 1 个居民委员会，124 个村民小组，3 个居民小组。2014 年，陇公村部分划归慕俄格街道后，辖 10 个村 1 个社区，109 个村民小组。总面积 89.06 平方千米。镇政府驻羊场社区。

境内年平均气温 13.2℃，年降水量 1170 毫米，无霜期 267 天。耕地面积约 2 万亩，其中水田 600 亩。粮食作物有玉米、小麦、大豆、芸豆、马铃薯等，经济作物有烤烟、油菜、辣椒等。特色农林产品有生漆、天麻、桔梗、金银花、竹荪等。矿产资源主要有硫铁矿、石灰石、高岭土等。

境内有“中国第一巨大天生桥”清虚洞天生桥、中国第一航空发动机制造厂旧址乌鸦洞、蒋介石下榻别墅、九层衙遗址及宋家沟水库库区、小箐沟水库库区等景观，有穿岩生态示范园。

1992 年，全镇总人口 2.58 万人。粮食总产量 4039 吨，农业总产值 951.14 万元，财政收入 163.13 万元，农民人均纯收入 341.45 元。

2015 年，全镇总人口 2.92 万人。粮食总产量 8914 吨，农业总产值 1.63 亿元，财政收入 428.28 万元，农民人均可支配收入 7061 元。

十五、理化苗族彝族乡

理化苗族彝族乡位于县城南面，距县城 20 千米，南与织金县金龙乡为邻。境内最高海拔 1500

米，最低海拔940米。全乡总面积131.07平方千米。公路有X5H9县道连接干道。

1991年12月撤区并乡建镇，由原理化镇、长春乡、法沙乡合建，辖理化、大塘、营盘、石牛、长春、法乐、新发、金鸡、偏坡、果木10个村，143个村民小组，2个居民小组。2003年并村时，村不变，143个村民小组调整为142个。乡政府驻理化村。境内居住着汉、苗、白、布依等民族。总人口3.72万人，其中，少数民族人口1.22万人，占总人口的32.75%。

境内年平均气温13.8℃，年降水量1144毫米，无霜期264天。耕地面积4.37万亩，其中水田600亩。粮食作物主要有玉米、小麦、水稻。经济作物有烤烟、辣椒、油菜等。

果木村清代刘氏民居古建筑是县级文物保护单位。

1992年，全乡总人口3.79万人，其中少数民族1.25万人，占总人口的32.99%。粮食总产量5712吨，农业总产值1558.66万元，财政收入200.56万元，农民人均纯收入379.7元。

2015年，全乡总人口4.98万人，其中少数民族人口1.77万人，占总人口的34.5%。粮食总产量6899吨，农业总产值1.72亿元，财政收入719.21万元，农民人均可支配收入7044元。

十六、鸡场乡

鸡场乡位于县城南面，距县城30千米。东与黔西县林泉镇、锦星乡毗邻，南与织金县茶店乡、金龙乡隔湖相望。境内最高海拔1598米，最低海拔995米。全乡总面积104.07平方千米。公路有426省道贯穿全境。

1991年12月撤区并乡建镇，由原新场乡、安化乡和黄泥塘镇的鸡场街道、鸡场、大桥、大兴、山林、罗庄5个村合建，辖鸡场、大桥、大兴、山林、罗庄、营上、新场、松林、魁书、新街、竹林、背座、天堂、大坝、化理、黑鱼16个村和1个街道，117个村民小组，2个居民小组。2003年，鸡场村和大桥村合并为鸡场村，营上村和新场村合并为营新村，背座村和竹林村部分合并为背座村，魁书村和竹林村部分合并为魁书村，大兴村和山林村合为兴林村。全乡辖兴林、罗庄、营新、松林、魁书、背座、天堂、大坝、化理9个村和鸡场社区，102个村民小组。乡政府驻鸡场社区。2013年11月，鸡场乡与黄泥塘镇合并为新设置的黄泥塘镇。

境内年平均气温13.9℃，年降水量1150毫米，无霜期257天。全乡耕地面积2万亩，其中水田6440亩。主要粮食作物有水稻、玉米、小麦、马铃薯、大豆、芸豆、红薯等。主要经济作物有烤烟、辣椒等。

1992年，全乡总人口2.02万人。粮食总产量4458吨，农业总产值931.96万元，财政收入80.21万元，农民人均纯收入290.26元。

2013年，全乡总人口3.22万人。粮食总产量5223吨，农业总产值1.04亿元，财政收入1247.98万元，农民人均可支配收入5372元。

十七、黄泥塘镇

黄泥塘镇位于县城南面，距县城25千米。东与黔西县林泉镇隔河相望。境内最高海拔1805米，最低海拔1112米。全镇总面积149.53平方千米。为县境南部交通枢纽，黔大高速公路在眉井村设有百里杜鹃西互通式立交，贵毕高等级公路在境内设有匝道，321国道和426省道在境内交会。

1991年12月撤区并乡建镇，由原甘棠乡、化联乡、在拱乡和黄泥塘镇黄泥塘街道、黄泥村及燕坪乡的六塘村合建，辖黄泥、甘棠、安坪、西河、保乐、新桥、眉井、移山、乌溪、在拱、半箐、箐门、各大、麻窝、六塘15个村和黄泥塘街道，134个村民8小组，4个居民小组。2003年，将乌溪村、保乐村、新桥村部分和黄泥村合并为黄泥村，安坪村、麻窝村部分合并为安坪村，西河村和新桥村部分合并为西河村，在拱村和各大村合并为在拱村，西河村、安坪村、保乐村部分和甘棠村合并为甘棠村，眉井村、六塘村和移山村部分合为眉井村，箐门村和半箐村合并为箐门村，移山村、乌溪村、保乐村部分合并为化联村。全镇辖黄泥、甘棠、安坪、眉井、西河、化联、在拱、箐门8个村和黄泥塘社区，134个村民小组。2008年，县人民政府将在拱村、箐门村委托百里杜鹃管理区管理。全镇辖6个村1个社区，73个村民小组，总面积由149.53平方千米变更为130.99平方千米。镇政府驻黄泥塘社区。2013年11月，黄泥塘镇与鸡场乡合并为新设置的黄泥塘镇。

黄泥塘镇是贵州小城镇建设的重点镇，制定《黄泥塘镇控制性详细规划》，以50年不变为目标，以水、电、路、讯建设为基础，以“因地制宜、着眼长远、规模适度、功能齐全、设施完善、产业配套、特色鲜明、宜居宜业”为原则，注重“田园风光与山水园林的有机统一，按照交通枢纽、商贸集散、工业集聚、绿色产业、移民安置、休闲度假、旅游服务多功能为一体”为标准，高起点规划、高标准建设。建成7条主街道、黄泥塘大酒店、文化广场、山体公园、旅游度假村、返乡农民工创业园等规划建设项目。

境内年平均气温11.8℃，年降水量1414毫米，无霜期292天。耕地面积2.35万亩，其中水田799亩。粮食作物以玉米、水稻、小麦、大豆、芸豆为主。经济作物有烤烟、辣椒、油菜。

1992年，全镇总人口2.77万人。粮食总产量4222吨，农业总产值1087.79万元，财政收入178.17万元，农民人均纯收入358.03元。

2013年，全镇总人口3.04万人。粮食总产量4991吨，农业总产值8286万元，财政收入2287.25万元，农民人均可支配收入5736.3元。

十八、六龙镇

六龙镇位于县城东面，距县城12千米。境内最高海拔1750米，最低海拔1400米。全镇总面积78.77平方千米。黔大高速公路在境内下坝村设六龙互通式立交，326国道过境。

1991年12月撤区并乡建镇，由原六龙镇，燕坪乡，五凤乡的坝子、后寨、大梁、尖山、马厂、头塘6个村，妈米乡的海丰村合建，辖青林、下坝、龙井、和平、中街、凰山、坝子、后寨、大梁子、尖山、马厂、头塘、坪上、顺河、长坡、方井、营盘、纸厂、海丰19个村和六龙街道，109个村民小组，3个居民小组。2003年，将六龙街道、新丰村、中街村、和平村部分合并为新丰村，下坝村和青林村部分合并为下坝村，青林村部分和凰山村合并为青林村，马厂村、尖山村、和平村部分合并为和平村，头塘村、马厂村部分合并为头塘村，坝子村和后寨村部分合并为坝子村，大梁子村和后寨村部分合并为大梁子村，方井村和长坡村部分合并为方井村，营盘村和长坡村部分合并为营盘村，纸厂村和营盘村部分合并为纸厂村，顺河村和海丰村合并为顺河村。全镇辖新丰、下坝、青林、和平、坝子、大梁子、头塘、顺河、方井、营盘、纸厂11个村，110个村民小组。镇政府驻新丰村。

境内年平均气温12.5℃，年降水量1170毫米，无霜期259天。耕地面积4.34万亩。森林覆盖率37.94%。矿产资源主要有煤、硫铁矿、石灰石等。

境内东有七岔岩、一字岩，南有观音山，西有五凤岩，北有公鸡山、一把伞，六座主峰雄踞在蜿蜒环绕的六条山脉之上，如六条巨龙盘踞，故名六龙。因地理位置特殊，历来商贾云集，集市繁荣、文化昌盛，故有“小荆州”之誉。文物古迹有沈公营、石羊坟、陈友德墓、陈百朋墓、陈恩墓、花牌坊、三官殿、回龙寺、文昌阁、谭家祠堂、草寇皇帝坟、永贞桥等。数百年文化传承，文风鼎盛。2012 年被列为全省 30 个省级示范小城镇之一。有“诗词之乡”“豆制品之乡”“龙灯之乡”之美誉。

1992 年，全镇总人口 2.47 万人。粮食总产量 5109 吨，农业总产值 1002.99 万元，财政收入 106.03 万元，农民人均纯收入 342.67 元。

2015 年，全镇总人口 3.1 万人。粮食总产量 1.05 万吨，农业总产值 1.81 亿元，财政收入 1554.16 万元，农民人均可支配收入 6710 元。

十九、凤山彝族蒙古族乡

凤山彝族蒙古族乡位于县城东面，距县城 20 千米。境内最高海拔 2092.9 米，最低海拔 1572 米。全乡总面积 84.12 平方千米。杭瑞高速公路在杉坪村设凤山互通式立交，326 国道过境。

1991 年 12 月撤区并乡建镇，由原凤山彝族乡、渣坪乡和白鹤彝族乡的联兴、白鸡 2 个村合建，辖凤山、谢都、羊岩、石坪、店子、杉坪、渣坪、银川、联兴、白鸡 10 个村，64 个村民小组。2003 年，将渣坪村和银川村合并为银川村，全乡辖 9 个村和栖凤社区，67 个村民小组。境内居住有汉、彝、蒙古、苗、白等民族。乡政府驻栖凤社区。

境内年平均气温 11.8℃，年降水量 1250 毫米，无霜期 257 天。森林覆盖率 51.07%。全乡耕地面积 1.63 万亩，其中水田 977 亩。粮食作物主要有玉米、水稻、大豆、芸豆、马铃薯等。药用植物有天麻、何首乌、半夏等。用材林主要有松、杉、柏杨、桦树。经果林木有核桃、花椒、梨、李、猕猴桃等。矿产资源主要有煤、铁、硫铁矿、石灰石、硅石等。

民族风情有彝族祭山、祭土活动，十月初一彝族年，农历六月二十四彝族火把节，以及独具特色的彝族婚礼、丧葬习俗。蒙古族农历除夕和正月初一白月节，每年正月十五为年节，夏季马奶节，十月二十五燃灯节。蒙古族的娱乐活动还有赛马、摔跤、射箭、舞蹈等。

境内有“一原一林八座山”等独特的自然风光。一原为凤山乡马干山万亩大草原，一林为联兴村至白鸡村连片千亩天然杜鹃林；八座山为水西神山公鸡山、金马山、茶罐山、纱帽山、轿子山、大箐坡、燕子岩、四望山。有银川村天生桥，有躲兵洞、穿洞、金鸡洞、观音坑等大小溶洞群，以及马干山湿地公园。2010 年兴建马干山湿地公园，建成樱花大道、金马山天池、环山游览通道、彝寨、彝族节日活动广场、万亩广场边寨蒙古包。水西神山公鸡山周边留下许多古遗址，有县级文物保护单位大营古城墙残垣、玉圣庙遗址、五营盘兵营遗址、化各（珐果）则溪官邸遗址、彝族古歌场遗址、奢香通衢古道、土目官房遗址、谭氏宗祠遗址等。

1992 年，全乡总人口 1.5 万人，其中少数民族 5561 人，占总人口的 37%。粮食总产量 3275 吨，农业总产值 601.91 万元，财政收入 46.97 万元，农民人均纯收入 423.78 元。

2015 年，全乡总人口 1.89 万人，其中少数民族 8208 人，占总人口的 43.37%。粮食总产量 4884 吨，农业总产值 6177 万元，财政收入 8947.25 万元，农民人均可支配收入 7407 元。

二十、安乐彝族仡佬族乡

安乐彝族仡佬族乡位于县城东北面，距县城 17 千米。境内最高海拔 1850 米，最低海拔 1360 米。全乡总面积 67.85 平方千米。公路有 5G5 县道与大纳高等级公路连接。

1991 年 12 月撤区并乡建镇，由原安乐彝族乡、新民彝族乡、白岩彝族仡佬族乡合建。辖尚寨、安乐、偏坡、营脚、青松、白宫、场坝、岩脚、坪坝 9 个村，64 个村民小组。2003 年，将岩脚村和场坝村合并为岩脚村，全乡辖 8 个村、63 个村民小组。境内居住有汉、彝、仡佬、白、苗等民族。乡政府驻尚寨村。

境内年均气温12.5℃，年降水量1100毫米，无霜期285天。耕地面积2.22万亩，其中水田150亩。粮食作物有玉米、大豆、芸豆、马铃薯等。中药材有天麻、金银花、杜仲、半夏等。有百年古樟、千年古榆、野生猕猴桃、杨梅、板栗和蕨菜。森林覆盖率67.1%。

矿产资源主要有无烟煤、硫铁矿、铁矿、高岭土、粉石英和页岩气等。

境内有五营盘原始杜鹃林10平方千米，号称"十里杜鹃"。有古驿道从北向南，穿越全境。五营盘是古彝水西宣慰府屯兵之地。

1992年，全乡总人口1.26万人，其中少数民族8288人，占总人口的65.3%。粮食总产量3240吨，农业总产值638.19万元，财政收入75.03万元，农民人均纯收入427.48元。

2015年，全乡总人口1.63万人，其中少数民族1.06万人，占总人口的65.3%。粮食总产量1.01万吨，农业总产值1.06亿元，财政收入1102.05万元，农民人均可支配收入6881.54元。

二十一、核桃彝族白族乡

核桃彝族白族乡位于县城北面，距县城19千米。境内最高海拔1925米，最低海拔1380米。全乡总面积88.04平方千米。有大方至四川纳溪高等级公路在境内通过。

1991年12月撤区并乡建镇，由原核桃彝族乡、锅厂乡、高枧乡和坝子乡的木寨村，白泥乡的文坪村合建。辖核桃、伐木、路海、民生、典母、新关、锅厂、新合、石艳、营光、高枧、双龙、则溪、中坝、木寨、文坪16个村，121个村民小组。2003年，将文坪村和则溪村合并为文坪村，民生村和典母村合并为民生村，伐木村和路海村合为伐木村，营光村、新关村、锅厂村合并为营光村，石艳村和新合村合并为石艳村，双龙村和高枧村合并为双龙村。辖核桃、伐木、民生、石艳、营光、双龙、中坝、木寨、文坪9个村，119个村民小组。境内居住汉、彝、白、苗、蒙古、仡佬、土家、穿青人、蔡家人等民族。乡政府驻文坪村。

境内年平均气温14.5℃，年降水量1190毫米，无霜期268天。耕地面积2.1万亩。主要农作物有玉米、大豆、小麦、水稻、马铃薯等。经济作物主要有烤烟、辣椒。农特产品有核桃、天麻。矿产资源主要有煤、硫铁矿、高岭土、石灰石等。

木寨村马白寨白族休闲度假村，总面积2.54万平方米，设有水榭、楼台、神庙、健身房、游泳池等，是一个集观光、娱乐、健身、祈福、美食于一体的乡村旅游休闲景点。

1992年，全乡总人口2.56万人，其中少数民族6588人，占总人口的25.7%。粮食总产量3853吨，农业总产值685.97万元，财政收入80.49万元，农民人均纯收入205.59元。

2015年，全乡总人口3.53万人，其中少数民族9030人，占总人口的25.58%。粮食产量1.12万吨，农业总产值1.57亿元，财政收入1564.59万元，农民人均可支配收入6699元。

二十二、达溪镇

达溪镇位于县城北面，距县城36千米。全镇总面积116.87平方千米。境内最高海拔1820米，最低海拔940米。大方至纳溪高等级公路过境。

1991年12月撤区并乡建镇，由原达溪镇、雨沙乡和坝子乡的坝子、冷底、红星、新寨、大湾、渣聋6个村合建，辖达溪、果这、新店、洒雨、雨卷、椒子山、聚河、坝子、冷底、红星、新寨、大湾、渣聋13个村和达溪街道，131个村民小组，2个居民小组。2003年，将渣聋村和坝子村大部分合并为坝子村，椒子山村、洒雨村和新店村小部分合并为椒子山村，冷底村和红星村大部分合并为冷底村，新寨村和红星村小部分合并为新寨村，坝子村、达溪村小部分和大湾村合并为大湾村。辖达溪、果这、新店、雨卷、椒子山、聚河、坝子、冷底、新寨、大湾10个村和达溪社区，132个村民小组。镇政府驻达溪社区。

境内年平均气温11.8℃，年降水量1065毫米，无霜期254天。耕地面积2.44万亩。粮食作物主要有玉米、水稻、大豆、芸豆、马铃薯、小麦等。经济作物主要有烤烟、辣椒。矿产资源主要有煤、硫铁矿、石灰石。

境内有待开发的聚河温泉，县级文物保护单位柳家花坟、新店古盐道。

1992年，全镇总人口2.59万人。粮食总产量4237吨，农业总产值1082.19万元，财政收入76.09万元，农民人均纯收入295.35元。

2015年，全镇总人口3.48万人。粮食总产量8547吨，农业总产值4.02亿元，财政收入302.91万元，农民人均可支配收入6878元。

二十三、八堡彝族苗族乡

八堡彝族苗族乡位于县城西北面，距县城65千米，西邻七星关区小坝镇和小吉镇。全乡总面积107.14平方千米。境内最高海拔1680米，最低海拔1460米。公路307省道贯穿乡境。

1991年12月撤区并乡建镇，由原八堡彝族苗族乡、新开彝族苗族乡、中箐彝族乡及上坝乡的平桥、荆竹、八一、营脚4个村合建，辖长兴、长坪、海龙、树龙、复兴、法中、新开、堰塘、元宝、白果、水洞、瓦房、桥边、以角、桃园、天宝、小溪、中箐、平桥、荆竹、八一、营脚22个村，139个村民小组。2003年，将中箐村、瓦房村、桥边村、以角村和桃园村部分合并为中箐村，天宝村、小溪村和桃园村部分合并为天宝村，八一村和营脚村部分合并为八一村，水洞村、白果村、元宝村和营脚村部分合并为水洞村，荆竹村和平桥村合并为荆竹村，长兴村、长坪村、法中村合并为长兴村，海龙村和树龙村合并为海龙村，新开村和堰塘村合并为新开村，全乡辖海龙、复兴、水洞、天宝、中箐、荆竹、八一共7个村，长兴、新开2个社区，139个村民小组。境内居住有汉、彝、苗、蒙古、白、仡佬等民族。乡政府驻长兴社区。

境内年平均气温11℃，年降水量960毫米，无霜期259天。全乡耕地面积2.67万亩，其中水田9000亩。主要农作物有水稻、玉米、大豆、芸豆、高粱、小麦、马铃薯、油菜等。矿产资源有煤、铁、硫铁矿、瓷土等。

八堡是红色革命纪念地。1935年，中国工农红军九军团在八堡苗寨组织成立苗民自救会、苗民自卫军。中国工农红军二军团、六军团到八堡开展革命斗争宣传，成立抗日救国团和苗族独立团，开展革命活动。

境内民族风情浓郁，主要有苗族踩花节、苗族逛花坡、苗族跳花节、彝族火把节、彝族十月年等。“五里香”大米是八堡著名的农特产品。水花酒、盖碗肉、鸡八块是八堡名特食品。

1992年，全乡总人口2.81万人，其中少数民族7534人，占总人口的26.85%。粮食总产量5349吨，农业总产值1225.11万元，财政收入47.65万元。农民人均纯收入323.82元。

2015年，全乡总人口4.01万人，其中少数民族1.07万人，占总人口的27.5%。粮食总产量1.08万吨，农业总产值2.19亿元。财政收入1339万元，农民人均可支配收入6480.7元。

二十四、兴隆苗族乡

兴隆苗族乡位于县城北面，距县城52千米。西与七星关区吉场镇相连，北与七星关区阿市乡、普宜镇毗邻。境内最高海拔1805米，最低海拔1408米。全乡总面积103.47平方千米。公路307省道贯穿乡境。

1991年12月撤区并乡建镇，由原兴隆乡、石板乡、菱角苗族乡和上坝乡的中坝、上坝、大桥、果木4个村，山坝乡的大坪村合建。辖兴隆、狮子、石板、杉树、大沟、菱角、硝厂、青杠、营寨、中坝、上坝、大桥、果木、大坪14个村，96个村民小组。2003年，将大沟村、杉树村、大坪村合并为大沟村，菱角村和硝厂村合并为菱角村，青杠村和营寨村合并为青杠村，上坝村和中坝村合并为上坝村，果木村和大桥村合并为果木村，辖兴隆、狮子、石板、大沟、菱角、青杠、上坝、果木8个村，96个村民小组。境内居住有汉、苗、白、彝、蒙古、仡佬等民族。乡政府驻兴隆村。

境内年均气温12.4℃，年降水量1046毫米，无霜期260天。耕地面积2.07万亩，其中水田7140亩。粮食作物有玉米、水稻、马铃薯等。经济作物主要有辣椒。干果有核桃、板栗。农特产品有“五里香”大米、苗族水花酒。矿产资源主要有煤、硫铁矿等。

菱角村是六寨苗的主要聚居地，历史悠久，民族文化源远流长，民风淳朴。

1992年，全乡总人口2.21万人，其中少数民族6068人，占总人口的27.5%。粮食总产量4083吨，农业总产值797.89万元，财政收入23.62万元，农民人均纯收入298.35元。

2015年，全乡总人口3.03万人，其中少数民族人口8640人，占总人口的28.5%。粮食产量1.22万吨，农业总产值1.54亿元，农民人均可支配收入6687元。

二十五、瓢井镇

瓢井镇位于县城北面，距县城42千米。全镇总面积128.72平方千米。境内最高海拔2120米，最低海拔970米。大纳高等级公路贯穿镇境，307省道过境。

1991年12月撤区并乡建镇，由原瓢井镇、居乐乡、果邦乡、中洞乡、露布乡合建。辖平街、西街、南街、北街、坪上、中洞、下洞、小洞、龙洞、官寨、油沙、大寨、老街、新街、中寨、贾垮、三合、蚂蝗、平塘、新田、乐丰、连坪、回龙、干河、白泥、坪兴26个村和瓢井街道，168个村民小组，2个居民小组。2003年，将西街村、南街村、平街村、北街村和瓢井街道合并为瓢井村，连坪村、乐丰村、回龙村、新田村合并为联坪村，平兴村、干河村、白泥村合并为坪兴村，平塘村和蚂蝗村合并为平塘村，中洞村、下洞村、坪上村合并为中洞村，小洞村和龙洞村合并为小洞村，新街村、大寨村、老街村合并为新街村，中寨村和贾垮村合并为中寨村，油沙村和官寨村合并为油沙村。辖瓢井、中洞、小洞、油沙、新街、中寨、三合、平塘、连坪、坪兴10个村，168个村民小组。瓢井村改为瓢井社区。镇政府驻瓢井社区。

境内年平均气温12.4℃，年降水量1136毫米，无霜期267天。耕地面积5.34万亩。农作物主要有玉米、大豆、芸豆、马铃薯。盛产柑橘、李子、樱桃、杨梅等水果。矿产资源主要有煤、铁矿、硫铁矿、石灰石、瓷土等。

瓢井从明末清初起逐渐形成川盐集散地，有云、贵、川“三省通衢”之誉，盐商迅速发展，经济繁荣。盐商筹集资金，建春秋祠、忠烈宫、寿福寺、川祖庙、嫘祖庙、万寿宫、文庙、玉皇阁、财神庙、观音阁等十大建筑。

1992年，全乡总人口2.98万人。粮食总产量4595吨，农业总产值1117.09万元，财政收入49.4万元，农民人均纯收入320.41元。

2015年，全乡总人口4.25万人。粮食产量1.23万吨，农业总产值7670万元，财政收入1485.07万元，农民人均可支配收入6643元。

二十六、长石镇

长石镇位于县城北面，距县城65千米，西抵七星关区阿市乡，北邻七星关区普宜镇和龙场营镇。境内最高海拔2120米，最低海拔720米，是全县海拔最低点。全镇总面积116.43平方千米。

有307省道通达。

1991年12月撤区并乡建镇，由原长石镇、石坪乡、张大乡和山坝乡的山坝、长青、和平、仲麦4个村及隆里乡的木坪村合建。辖街群、湾子、水塘、红山、杨柳、东方、巨石、锅圈、漆树湾、水塘、坪水、永坪、巨山、新建、新阳、青香、山坝、长青、和平、仲麦、木坪21个村和长石街道，169个村民小组，2个居民小组。2003年，将巨石村和永坪村合并为巨石村，巨山村和锅圈村合并为巨山村，山坝村和漆树湾村合并为山坝村，坪水村和长山村合并为坪水村，青香村和永坪村合并为青香村。辖街群、湾子、水塘、红山、杨柳、东方、巨石、坪水、巨山、新建、新阳、青香、山坝、长青、和平、仲麦16个村和长石街道，170个村民小组5个居民小组。长石街道改为街群社区。镇政府驻街群社区。

境内年平均气温18℃，年降水量1110毫米，无霜期271天。耕地面积3.77万亩，其中水田5234亩。粮食作物主要有玉米、大豆、芸豆、水稻、毛稗、红稗、小米、秋荞、大麦、小麦、燕麦、豌豆、胡豆等。经济作物有烤烟、土烟、向日葵、辣椒、花生、油菜等。长石面条、猪脚、李子是远近闻名的特产。

1992年，全镇总人口3.33万人。粮食总产量5519吨，农业总产值995.14万元，财政收入42.88万元，农民人均纯收入277.41元。

2015年，全镇总人口4.88万人。粮食总产量8770吨，农业总产值1.35亿元，财政收入1282.36万元，农民人均可支配收入6550元。

二十七、果瓦乡

果瓦乡位于县城北面，距县城80千米。东与金沙县太平乡接壤，北与金沙县马路乡毗邻。境内最高海拔1650米，最低海拔880米。全乡总面积94.66平方千米。公路有614县道连接干道。

1991年12月撤区并乡建镇，由原果瓦乡、茶园乡和隆里乡的隆里、光明2个村及大山乡的庆阳村合建。辖上寨、五星、果瓦、蓑衣、茶元、鹅塘、大寨、光明、庆阳、新林、隆里11个村，83个村民小组。2003年，撤并村未作变动，村民组由83个调整为77个。乡政府驻上寨村。

境内年平均气温14.2℃，年降水量952毫米，无霜期268天。耕地面积1.42万亩，其中水田1159亩。主要农作物有玉米、水稻、小麦、大豆、马铃薯、高粱、红薯、大麦、油菜等。经果林有核桃、板栗、桃、李、梅、梨、柿、油桐、油茶等。

境内有古银杏、古铁杉、古驿道、古彝文碑。乡政府驻地曾是元代慕德八层衙遗址。

1992年，全乡总人口1.34万人。粮食总产量1768吨，农业总产值419.35万元，财政收入23.39万元，农民人均纯收入259.3元。

2015年，全乡总人口1.85万人。粮食总产量6086吨，农业总产值1.07亿元，财政收入1159.14万元，农民人均可支配收入6527元。

二十八、大山苗族彝族乡

大山苗族彝族乡位于县城东北面，距县城68千米，东与金沙县太平乡、箐门乡接壤。境内最高海拔1820米，最低海拔900米。全乡总面积85.27平方千米。公路有212省道贯穿乡境。

1991年12月撤区并乡建镇，由原大山彝族苗族乡的高峰、朝阳、解放、新坎4个村，松鹤彝族苗族乡的沙土、松明、松鹤、白沙4个村，柿树乡的柿树、河坝2个村，隆里乡的棉山、光华2个村合建。辖高峰、朝阳、解放、新坝、沙土、松明、松鹤、柏杉、柿树、河坝、棉山、光华12个村，79个村民小组。2003年，将高峰村和朝阳村合并为高峰村，辖11个村，79个村民小组。境内居住有汉、苗、彝、蒙古、仡佬、布依、白等民族。乡政府驻高峰村。

境内年平均气温10.7℃，年降水量914毫米，无霜期245天。耕地面积3.57万亩。农作物主要有玉米、大豆、芸豆、马铃薯等。矿产资源主要有煤、铁矿、硫铁矿、高岭土、铝等。

1992年，全乡总人口1.35万人，其中少数民族4063人，占总人口的29.9%。粮食总产量2577吨，农业总产值596.55万元，财政收入29.19万元，农民人均纯收入362.47元。

2015年，全乡总人口1.93万人，其中少数民族5968人，占总人口30.99%。粮食总产量7172吨，农业总产值9240万元，财政收入1517.59万元，农民人均可支配收入6704元。

二十九、雨冲乡

雨冲乡位于县城东北面，距县城55千米，东与金沙县大田乡接壤，北与金沙县箐门乡毗邻。境内最高海拔1810米，最低海拔1100米。全乡总面积123.28平方千米。杭瑞高速公路遵毕段在金门村设互通式立交，326国道过境。

1991年12月撤区并乡建镇，由原雨冲乡、雨革乡及和平乡的油杉、曾家寨2个村，草坪乡的堰坪村，竹戛乡的鹏银村合建，辖金门、红旗、小河、金星、青山、瓦厂、草坝、鸣放、油杉、曾家寨、堰坪、鹏银12个村，56个村民小组。2003年，将金门村和鹏银村部分合并为金门村，鹏银村部分和堰坪村合并为鹏银村，油杉村、曾家寨村和瓦厂村部分合并为油杉河村，金星村、青山村和瓦厂村部分合并为金星村，鸣放村和草坝村合并为鸣放村，红旗村和小河村合并为红旗村。辖金门、红旗、金星、鸣放、油杉河、鹏银6个村，58个村民小组。乡政府驻红旗村。

境内年平均气温13.6℃，年降水量1180毫米，无霜期300天。耕地面积2.68万亩。农作物主要有玉米、大豆、芸豆、马铃薯等。经济作物主要有烤烟。森林覆盖率80%。矿产资源主要有煤、铁、云母片、大理石、花岗石、黏土和观音土等。

地处雨冲乡和沙厂乡交界处的金门陶瓷工业园区初具规模。

境内有省级森林公园油杉河大峡谷风景名胜区，有油杉河大峡谷、千年古银杏群、望夫岩、夫妻岩、仙宇屯、一线天、南天门、北寒沟等景点。

1992年，全乡总人口1.11万人。粮食总产量2223吨，农业总产值454.13万元。财政收入22.93万元，农民人均纯收入303.56元。

2015年，全乡总人口1.39万人。粮食总产量5139吨，农业总产值1.08亿元。财政收入187.16万元，农民人均可支配收入7488元。

三十、黄泥彝族苗族满族乡

黄泥彝族苗族满族乡位于县城东面，距县城71千米，东与金沙县安洛乡隔河相望，南靠黔西县仁和乡。境内最高海拔1600米，最低海拔1180米。全乡总面积85.74平方千米。公路有211省道过境。

1991年12月撤区并乡建镇，由原黄泥彝族苗族满族乡、戛木彝族乡和天桥彝族苗族乡的大堰村合建，辖大堰、桃园、小坡、坝子、槽门、戛木、龙塘、石丫8个村，60个村民小组。2003年，撤并村时未作变动，村民组由60个调整为59个。2007年12月，大方县将大堰、戛木2个村委托百里杜鹃管理区管理。全乡辖桃园、小坡、坝子、槽门、龙塘、石丫6个村，45个村民小组。桃园村改为桃园社区。总面积65.3平方千米。居住有汉、彝、苗、满、仡佬、布依、白、傣等9个民族。乡政府驻桃园社区。

境内年平均气温17℃，年降水量1100毫米，无霜期263天。耕地面积1.68万亩，其中水田

1521亩。粮食作物有玉米、水稻、大豆、芸豆、小麦等。经济作物有烤烟、辣椒等。矿产资源主要有煤、高岭土、石灰石、铁矿等。

1992年，全乡总人口1.32万人，其中少数民族5398人，占总人口的40.95%。粮食总产量2687吨，农业总产值676.01万元，财政收入65.78万元，农民人均纯收入116.96元。

2015年，全乡总人口1.24万人，其中少数民族人口5148人，占总人口的41.65%。粮食总产量3115吨，农业总产值8893万元，财政收入794.98万元，农民人均可支配收入6324元。

三十一、沙厂彝族乡

沙厂彝族乡位于县城东面，距县城61千米。北与金沙县安洛、大田乡交界。全乡总面积97.19平方千米。境内最高海拔1750米，最低海拔1250米。公路有S308省道连接杭瑞高速公路遵毕段。

1991年12月撤区并乡建镇，由原沙厂镇和竹戛乡的营华、营竹、骂陇、兴隆4个村合建。辖仓上、白果、中山、拉车、营华、营竹、骂陇、兴隆8个村和沙厂社区，54个村民小组，2个居民小组。乡境居住汉、彝、苗、满、仡佬、布依、白等民族。乡政府驻沙厂社区。

境内年平均气温18℃，年降水量1080毫米，无霜期255天。耕地面积1.4万亩，其中水田30亩。粮食作物有玉米、马铃薯等。经济作物主要是烤烟。全乡林地8.7万亩，森林覆盖率66.5%。

1992年，全乡总人口1.11万人，其中少数民族2889人，占总人口的26%。粮食总产量2944吨，农业总产值649.61万元，财政收入67.33万元，农民人均纯收入443.87元。

2015年，全乡总人口1.6万人，其中少数民族4262人，占总人口的27%。粮食总产量2684吨，农业总产值9749万元，财政收入523.67万元，农民人均可支配收入4038元。

三十二、大水彝族苗族布依族乡

大水彝族苗族布依族乡位于县城东面，距县城70千米，南接黔西县仁和乡、金坡乡。境内最高海拔1850米，最低海拔1320米。全乡总面积85.74平方千米。公路有211省道过境。

1991年12月撤区并乡建镇，由原大水彝族乡、坪寨彝族乡和天桥彝族苗族乡的凉井村合建，辖炉山、鞍山、大田、箐山、高潮、营山、大石、后坝、凉井9个村，61个村民小组。2003年，撤并村时未作变动，村民组调整为54个。2007年12月，黄泥乡的大堰、戛木2个村并入大水乡，大方县将大水乡委托百里杜鹃管理区管理。全乡总面积120.08平方千米，辖11个村，75个村民小组。境内居住汉、彝、苗、布依等民族。乡政府驻大田村。

境内年平均气温11.9℃，降水量为1180毫米，无霜期263天。主要粮食作物有玉米、大豆、芸豆、马铃薯等。经济作物有烤烟、辣椒等。矿产资源主要有煤、硫铁矿等。旅游景点有米底河、五里洞等。

1992年，全乡总人口1.11万人，其中少数民族7724人，占总人口的69.49%。粮食总产量3095吨，农业总产值660.95万元，财政收入37.49万元，农民人均纯收入377.4元。

2015年，全乡总人口1.33万人，其中少数民族9085人，占总人口的68.09%。粮食总产量9395吨，农业总产值1.24亿元，财政收入1100万元，农民人均可支配收入6652元。

三十三、普底彝族苗族白族乡

普底彝族苗族白族乡位于县城东面，距县城45千米，南抵黔西县红林乡。境内最高海拔1900米，最低海拔1400米。全乡总面积161.31平方千米。有512县道连接杭瑞高速公路遵毕段。

1991年12月撤区并乡建镇，由原普底彝族苗族乡和鹏程彝族苗族乡合建，辖东风、新丰、永兴、永丰、跑马、红丰、迎丰、庆丰、联丰、大水、大荒、桥头、小桥、启化、石牛角、庙脚、元岩17个村，84个村民小组。2007年，大方县将普底乡委托百里杜鹃管理区管理。2008年，大方县将黄泥塘镇在拱、箐门2个村和百纳乡龙坪、龙峰、龙竹3个村划归普底乡，委托百里杜鹃管理区管理。5个村并入普底乡后，全乡辖22个村，146个村民小组，总面积161.31平方千米。境内居住有汉、彝、苗、白、仡佬、布依等民族。乡政府驻跑马村。

境内年平均气温11.8℃，年降水量1150.4毫米，无霜期262天。耕地面积1.7万亩，其中水田1204亩。农作物主要是玉米、水稻、大豆、芸豆、马铃薯。森林覆盖率58.95%。矿产资源主要有煤、硫铁矿、硅、铝、铁等。

境内百里杜鹃花区是国家AAAAA级旅游风景区，被誉为“世界天然大花园”“地球彩带、杜鹃王国、养生福地、清凉世界”，是春看花、夏避暑、秋休闲、冬赏雪的生态旅游胜地。有总面积6万亩连片的索玛大草原，呈环状和梯状分布。索玛大草原植物多以高山矮化杜鹃及原生灌木丛为主，受高海拔气候和风力影响，植被奇特，形成独具特色的天然盆景园。索玛大草原周边奇峰异石突起，危岩耸立，为南部喀斯特地貌的神奇景观。普底有1936年红军长征红二、红六军团黄家坝阻击战纪念地，有黄氏彝族“普底播勒乙祠”等景点。

1992年总人口1.59万人，其中少数民族1.12万人，占总人口的70.73%。全乡粮食总产量4565吨，农业总产值823.64万元，财政收入36万元，农民人均纯收入397.82元。

2015年，全乡总人口4.43万人，其中少数民族3.14万人，占总人口的71%。粮食总产量7300吨，农业总产值4867万元，财政收入2215.18万元，农民人均可支配收入7130元。

三十四、百纳彝族乡

百纳彝族乡位于县城东北面，距县城39千米。境内最高海拔2128.4米，最低海拔1550米。全乡总面积98.05平方千米。杭瑞高速公路遵毕段在新华村设互通式立交，326国道贯穿全境。

1991年12月撤区并乡建镇，由原百纳镇、化育彝族乡和草坪乡的龙坪村、白鹤乡的新仓村合建，辖大元、寨明、百纳、龙峰、鸭院、茶林、新华、龙竹、龙坪、新仓10个村和百纳街道，74个村民小组，2个居民小组。2003年，将百纳街道、百纳村、大元村合并为百纳社区，新华村、茶林村、新仓村合并为新华村，龙竹村和寨明村合并为龙竹村。辖龙峰、鸭院、新华、龙竹、龙坪5个村和百纳社区，74个村民小组。2008年，大方县将龙坪、龙峰、龙竹3个村委托百里杜鹃管理区管理。全乡辖鸭院、新华2个村和百纳社区，36个村民小组，总面积58.85平方千米。境内居住有汉、彝、苗、白、蒙古、仡佬、布依等民族。乡政府驻百纳社区。

境内年平均气温11.1℃，年降水量1180毫米，无霜期254天。耕地面积7206亩。农作物有玉米、大豆、芸豆、马铃薯等。特色农林产品有天麻、前胡、党参、龙胆草、和尚头、冬荪等。矿产资源主要有煤、硫铁矿、高岭土等。

境内九龙山是凹水河、母都河、蚂蚁河、油杉河、后河的发源地。待开发的旅游景点有九龙山、马蹄岩、牛蹄洞、高原水库、憋勒寨峡谷瀑布、观音洞、雄洞等。

1992年，全乡总人口1.54万人，其中少数民族5701人，占总人口的37.01%。粮食总产量5069吨，农业总产值1219.54万元，财政收入55.51万元，农民人均纯收入553.54元。

2015年，全乡总人口1.16万人，其中少数民族4100人，占总人口的42.16%。粮食总产量3174吨，农业总产值7849万元，财政收入816万元，农民人均可支配收入7056元。

三十五、三元彝族苗族白族乡

三元彝族苗族白族乡位于县城东北面，距大方县城37千米。境内最高海拔1901米，最低海拔

870 米。全乡总面积 93.68 平方千米。公路有 308 省道通达。

1991 年 12 月撤区并乡建镇，由原三元苗族彝族乡、撮坝彝族乡、民乐彝族乡和柿树乡的青竹村合建。辖胜兴、胜发、胜丰、胜龙、群兴、群益、群丰、花井、双元、河头、川箐、新库、青竹 13 个村，76 个村民小组。2003 年，将胜龙村、胜丰村合并为胜丰村，群丰村和群益村合并为群丰村，双元村、花井村、新库村合并为双元村，河头村和川箐村合并为河头村。全乡辖胜兴、胜发、胜丰、群兴、群丰、双元、河头、青竹 8 个村，76 个村民小组。境内居住有汉、彝、苗、白、蒙古、仡佬、布依、水、壮等民族。乡政府驻胜丰村。

境内年平均气温 18℃，年降水量 1280 毫米，无霜期 265 天。耕地面积 4.46 万亩。主要粮食作物有玉米、大豆、芸豆、小麦、马铃薯等。经济作物有烤烟、辣椒等。森林覆盖率 46%。有待开发的花底河温泉。

1992 年，全乡总人口 1.53 万人，其中少数民族 7930 人，占总人口的 52%。粮食总产量 4009 吨，农业总产值 942.21 万元，财政收入 50.62 万元，农民人均纯收入 407.42 元。

2015 年，全乡总人口 2 万人，其中少数民族 1.27 万人，占总人口 63.2%。粮食总产量 8113 吨，农业总产值 1.73 亿元，财政收入 861 万元，农民人均可支配收入 6670 元。

三十六、星宿苗族彝族仡佬族乡

星宿苗族彝族仡佬族乡位于县城东北面，距县城 45 千米，北与金沙县箐门乡毗邻。境内最高海拔 2079.2 米，最低海拔 1000 米。全乡总面积 127.48 平方千米。公路有 212 省道通达。

1991 年 12 月撤区并乡建镇，由原星宿苗族彝族乡、施梨苗族仡佬族乡和松鹤乡的松树村、和平乡的漆树村合建，辖龙山、云峰、棕树、梯子、峻岭、麻岭、重山、河山、松树、漆树 10 个村，55 个村民小组。龙山村改为龙山社区，松树村改为松树社区。境内居住有汉、彝、苗、仡佬、白、布依等民族。乡政府驻龙山社区。

境内年平均气温 12℃，年降水量 1200 毫米，无霜期 250 天。耕地面积 1.73 万亩。主要农作物有玉米、大豆、马铃薯等。矿产资源主要有煤炭。

油杉河风景区覆盖星宿乡龙山、河山、峻岭、麻岭、漆树 5 个村，涉及面积 41 平方千米。境内森林覆盖率达 80% 以上。

1992 年，全乡总人口 1.05 万人，其中少数民族 3351 人，占总人口的 32%。粮食总产量 2210 吨，农业总产值 450.23 万元，财政收入 20.93 万元，农民人均纯收入 357.68 元。

2015 年，全乡总人口 1.32 万人，其中少数民族人口 3941 人，占总人口的 30.1%。粮食总产量 5469 吨，农业总产值 1.3 亿元，财政收入 1748.55 万元，农民人均可支配收入 6680 元。

第四节　新建的街道和镇

一、红旗街道

2013 年 11 月，撤销原大方镇，以原大方镇的路塘、庆云、蔬菜、石关 4 个村，城中、城南、城北、东郊、西南、西北 6 个社区，51 个村民小组，24 个居民小组为行政区域，设置红旗街道。总面积 22.6 平方千米。红旗街道办事处驻城中社区。

境内年平均气温 12.1℃，年降水量 1085.4 毫米，无霜期 257 天。耕地面积 1200 亩，其中水田

255 亩。主要农作物有玉米、大豆、芸豆、马铃薯等。

2015 年，辖区总人口 4.16 万人。粮食总产量 589 吨，农业总产值 2050 万元，财政收入 1286.53 万元，农民人均可支配收入 2.21 万元。

二、慕俄格古城街道

2013 年 11 月，以原大方镇的陡坡、关井、凉井、云龙、红星、九层衙 6 个村，南郊、北郊 2 个社区，36 个村民小组，12 个居民小组为行政区域，设置慕俄格古城街道，总面积 30.54 平方千米。慕俄格古城街道办事处驻云龙社区。

境内年平均气温 11.8℃，年降水量 1180.8 毫米，无霜期 257 天。耕地面积 6784.94 亩。农作物有玉米、大豆、小麦、杂豆、红薯、马铃薯、辣椒、萝卜、白菜等。

2015 年，辖区总人口 1.59 万人。粮食总产量 2714 吨，农业总产值 7338 万元。财政收入 887.85 万元，农民人均可支配收入 1.89 万元。

三、顺德街道

2013 年 11 月，以原大方镇的新庄、龙昌、金鱼、小路、大屯、白石、余石、新铺，东关乡岩下村，小屯乡石墙村，共 10 个村，90 个村民小组为行政区域，设置顺德街道，总面积 44 平方千米。顺德街道办事处驻新庄村。

境内年平均气温 15.7℃，年降水量 974 毫米，无霜期 257 天。耕地面积 1.68 万亩，其中水田 1011 亩。主要农作物有水稻、烤烟、小麦、玉米、大豆、杂豆、辣椒、萝卜、白菜等。

2015 年，辖区总人口 3.18 万人。粮食总产量 1492 吨，农业总产值 6503 万元。财政收入 1210 万元，农民人均可支配收入 5984 元。

四、对江镇

2013 年 11 月，以原高店乡的营兴、安兴、石桅、大山、龙场、白龙、堰塘 7 个村，原大方镇的金星、湾子、对江、箐木、法书、龙井、元宝、杉林、花果 9 个村，共 16 个村，144 个村民小组为行政区域，设置对江镇。全镇总面积 117.71 平方千米。镇政府驻堰塘村。

境内年平均气温 12.5℃，年降水量 1250 毫米，无霜期 300 天。森林覆盖率 45.6%。耕地面积 54375 亩。主要农作物有玉米、水稻、大豆、黄豆、红薯、马铃薯、花生、辣椒、萝卜、草莓、糯米。中药材有天麻、白术、五倍子、金银花、杜仲、竹荪等。干果有板栗、核桃等。特色大棚无公害蔬菜远近闻名。

2015 年，全镇总人口 5.02 万人。粮食总产量 7096 吨，农业总产值 2.24 亿元。财政收入 1578.03 万元，农民人均可支配收入 6874 元。

五、黄泥塘镇

2013 年 11 月，以原鸡场乡和黄泥塘镇行政区域为新设黄泥塘镇行政区域，总面积 253.6 平方千米。辖罗庄、兴林、化理、背座、营新、天堂、大坝、魁书、松林、西河、黄泥、安坪、甘棠、眉井、化联 15 个村，黄泥塘、鸡场 2 个社区，178 个村民小组，6 个居民小组。镇政府驻黄泥塘社区。

境内年平均气温 11.8℃，年降水量 1414 毫米，无霜期 292 天。耕地面积 4.38 万亩，其中水田 7239 亩。粮食作物主要有水稻、玉米、小麦、大豆、芸豆。经济作物有烤烟、辣椒、油菜籽等。

2015 年，全镇总人口 6.5 万人。粮食总产量 1 万吨，农业总产值 2.61 亿元。财政收入 1200 万元，农民人均可支配收入 7647.15 元。

2015 年大方县行政区划一览表

表一1-4-4-1　　　　单位：平方千米、米、个

乡镇（街道）	总面积	乡（镇、街道）政府（办事处）驻地海拔高度	村民委员会名称	社区名称	村民小组	居民小组
红旗街道	22.60	1700	路塘、庆云、蔬菜、石关4个村	城中　城南 城北　东郊 西南　西北	51	24
慕俄格古城街道	30.54	1750	陡坡、关井、凉井、云龙、红星、九层衙6个村	南郊、北郊	36	12
顺德街道	44.00	1520	新铺、小路、大屯、金鱼、新庄、龙昌、余石、白石、石墙、岩下10个村		90	
东关乡	48.10	1620	罗寨、金坪、朝中、合中、龙泉、半冲、马鞍、大寨、田坪、七家田10个村	同心	95	
竹园彝族苗族乡	51.19	1400	显母、海马宫、沙坝、歹鸡、革新、老街、竹园、羊场、尖山9个村		89	
响水白族彝族仡佬族乡	111.54	1350	以拉、前进、古打、官寨、吊兰、飞雄、凉水、新基、粮丰、青山、岔河、沙湾、拉鲁、火山14个村	响水	172	
双山镇	93.20	1400	双山、高坪、幺塘、平原、松峰、归化、香田、中路、杨柳、沙子、普六、木格、小坝、法书、红星15个村	双山	131	
文阁乡	78.55	1400	文阁、安庆、海坝、中寨、常丰、太河、瓦厂、三元8个村		107	1
绿塘乡	75.19	1740	五星、高潮、高峰、牛场、营盘、丰产一、丰产二7个村		101	
鼎新彝族苗族乡	110.25	1610	水塘、风景、长丰、新发、大井、中心、兴启、和平、五一、黑泥、新场、同心12个村	鼎新	166	2
猫场镇	103.98	1480	新民、水淹塘、永久、兴合、箐口、碧脚、长征、联合、长沙、五丫、永乐11个村	猫场	121	3
马场镇	132.17	1500	水落洞、一棵树、沙田、金龙、新迎、新丰、双群、马场、白泥、桥上、民丰11个村		180	3
牛场苗族彝族乡	105.87	1400	乐公、方井、坭龙、九龙、大营、新庄、立新、以朵、黑仲、德克10个村		117	

续上表

乡镇（街道）	总面积	乡（镇、街道）政府（办事处）驻地海拔高度	村民委员会名称	社区名称	村民小组	居民小组
对江镇	117.71	1500	大山、堰塘、龙场、白龙、安兴、营兴、石桅、法书、花果、龙井、箐木、杉林、元宝、对江、湾子、金星16个村		144	
小屯乡	51.36	1400	市院、滑石、大田、珠场、法启、石墙6个村		90	
羊场镇	89.06	1450	陇公、穿岩、新田、石板、龙井、平坝、朱仲河、桶井、坪寨、羊场10个村	羊场	109	
理化苗族彝族乡	131.07	1350	长春、法乐、石牛、大塘、理化、营盘、金鸡、偏坡、果木、新发10个村		142	
黄泥塘镇	253.60	1335	兴林、罗庄、营新、松林、魁书、背座、天堂、大坝、化理、西河、黄泥、安坪、甘棠、眉井、化联15个村	鸡场、黄泥塘2个社区	178	6
六龙镇	78.77	1560	新丰、营盘、顺河、纸厂、方井、青林、下坝、大梁子、和平、坝子、头塘10个村		110	
凤山彝族蒙古族乡	84.12	1740	凤山、谢都、羊岩、石坪、店子、杉坪、银川、联兴、白鸡9个村	栖凤	67	
安乐彝族仡佬族乡	67.85	1640	尚寨、安乐、偏坡、营脚、青松、白宫、岩脚、坪坝8个村		63	
核桃彝族白族乡	88.04	1560	文坪、石艳、营光、双龙、民生、核桃、伐木、中坝、木寨9个村		119	
达溪镇	116.87	1640	新寨、冷底、坝子、大湾、达溪、新店、果这、椒子山、雨卷、聚河10个村	达溪	132	8
八堡彝族苗族乡	107.14	1540	中箐、海龙、复兴、荆竹、八一、水洞、天宝7个村	长兴、新开2个社区	139	
兴隆苗族乡	103.47	1560	大沟、兴隆、果木、上坝、狮子、石板、青杠、菱角8个村		96	
瓢井镇	128.72	1750	瓢井、连坪、坪兴、平塘、三合、中洞、小洞、中寨、油沙、新街10个村		168	

续上表

乡镇（街道）	总面积	乡（镇、街道）政府（办事处）驻地海拔高度	村民委员会名称	社区名称	村民小组	居民小组
长石镇	116.43	1050	街群、湾子、水塘、红山、杨柳、东方、巨石、坪水、巨山、新建、新阳、青香、山坝、长青、和平、仲麦16个村	街群	170	5
果瓦乡	94.66	1145	果瓦、大寨、蓑衣、五星、上寨、新林、茶元、鹅塘、隆里、光明、庆阳11个村		77	
大山苗族彝族乡	85.27	1805	高峰、新坝、光华、棉山、柏杉、柿树、河坝、沙土、松鹤、松明、解放11个村		79	
雨冲乡	123.28	1300	鹏银、油杉河、红旗、金门、鸣放、金星6个村		58	
黄泥彝族苗族满族乡	65.30	1380	桃园、小坡、坝子、槽门、龙塘、石丫6个村		45	
沙厂彝族乡	97.19	1515	白果、中山、仓上、兴隆、营竹、拉车、营华、骂陇8个村	沙厂	54	
大水彝族苗族布依族乡	85.74	1500	炉山、鞍山、大田、箐山、坪寨、营山、大石、后坝、凉井、大堰、戛木11个村		75	
普底彝族苗族仡佬族乡	161.31	1500	东风、新丰、永兴、跑马、红丰、迎丰、庆丰、联丰、沙沟、大水、大荒、桥头、小桥、启化、石牛角、庙脚、元岩、龙坪、龙竹、龙峰、在拱、箐门22个村		146	
百纳彝族乡	98.05	1770	鸭院、新华2个村	百纳	36	
三元彝族苗族白族乡	93.68	1485	胜兴、青竹、胜发、群丰、胜丰、双元、河头、群兴8个村		76	
星宿苗族彝族仡佬乡	127.48	1765	重山、麻岭、河山、漆树、棕树、梯子、云峰、峻岭8村	龙山、松树2个社区	55	

第二篇
人口　少数民族

第一章 人 口

第一节 人口变化与分布

一、人口变化

1990 年，全国第四次人口普查，大方县户籍总人口 83.08 万人。1995 年发展到 87.24 万人，比 1990 年增加 4.16 万人，5 年间人口平均增长 9.82‰。2000 年，全国第五次人口普查时，户籍总人口 94.74 万人，比 1995 年增加 7.5 万人，5 年间人口平均增长 16.63‰，比 1990 年增加 11.66 万人，10 年间人口平均增长 13.22‰。2005 年，户籍人口 97.79 万人，比 2000 年增加 3.05 万人，5 年间人口平均增长 6.35‰。2010 年，全国第六次人口普查时，大方县户籍总人口 108.59 万人，比 2005 年增加 10.8 万人，5 年间年平均增长 21.17‰，在 2000 年第五次人口普查的基础上增加 13.85 万人，10 年间人口平均增长 13.74‰，10 年中，后 5 年人口平均增长速度比前 5 年平均上升 6.81 个百分点。2015 年，户籍人口 118.94 万人，在 2010 年第六次人口普查的基础上增加 10.35 万人，5 年间人口平均增长 18.3‰。

1990 年，人口自然增长率为 7.75‰，1991 年为 5.88‰，1995 年为 5.75‰，2000 年为 13.8‰，2005 年为 7.91‰，2010 年为 6.8‰，2011 年为 6.55‰，2012 年为 6.3‰，2013 年为 6.16‰，2014 年为 5.98‰，2015 年为 6.25‰。1990—2015 年，人口自然增长率均控制在 14‰以下。

1991—2015 年大方县人口变化一览表

表—2－1－1－1　　　　单位：万户、万人

年份	年末总户数	年末总人口	总人口				
			男	女	农业人口	占总人口数(%)	年平均人口
1991	20.03	83.82	43.02	40.80	80.12	95.57	83.45
1992	20.06	85.08	43.68	41.40	81.46	95.65	84.45
1993	20.49	85.44	43.78	41.66	81.78	95.72	85.26
1994	20.64	86.31	44.47	41.84	82.55	95.64	85.88
1995	21.14	87.24	45.09	42.15	83.46	95.67	86.78
1996	21.65	88.20	45.57	42.63	84.27	95.54	87.72
1997	22.14	89.09	45.97	43.12	85.09	95.51	88.65
1998	22.48	90.08	46.39	43.69	86.01	95.48	89.59
1999	22.83	91.24	47.09	44.15	87.12	95.48	90.66
2000	23.36	94.74	48.72	46.02	90.64	95.67	92.99

续上表

年份	年末总户数	年末总人口	总人口				
			男	女	农业人口	占总人口数(%)	年平均人口
2001	23.60	94.93	48.98	45.95	90.74	95.59	94.84
2002	24.00	95.16	48.91	46.25	90.95	95.58	95.05
2003	34.67	95.70	69.66	26.04	91.24	95.34	95.43
2004	25.12	96.24	50.19	46.05	91.59	95.17	95.97
2005	24.83	97.79	50.90	46.89	93.11	95.21	97.02
2006	25.11	99.18	51.84	47.34	94.33	95.11	98.49
2007	25.79	101.29	52.99	48.30	96.25	95.02	100.24
2008	28.77	103.23	53.99	49.24	98.05	94.98	102.26
2009	26.92	104.87	54.97	49.90	99.53	94.91	104.05
2010	28.99	108.59	56.57	52.02	102.48	94.84	106.46
2011	30.57	109.84	57.58	52.26	104.09	94.77	108.95
2012	31.54	110.43	58.21	52.22	104.58	94.7	110.14
2013	32.66	112.03	59.08	52.95	106.04	94.65	111.23
2014	33.65	113.98	60.16	53.82	107.97	94.73	113.01
2015	34.99	118.94	62.40	56.54	90.58	76.43	116.25

二、人口分布

大方县地处中山和半中山地带，一般中山地带的人口密度较小，半中山地带和低洼河谷地带人口密度较大，交通发达的地方和乡镇政府所在地人口密度也较大，偏远地方人口密度较小。

1991 年，大方县将吉星乡面积 43.95 平方千米划归黔西县，全县面积为 3505.21 平方千米，人口密度为每平方千米 239 人，高于贵州省同期平均人口密度 43 人。2000 年，全县人口密度为每平方千米 265 人。2010 年，全县人口密度为每平方千米 311 人。到 2015 年，全县人口密度为每平方千米 340 人。

1991 年，城镇人口为 17.36 万人，占总人口的 20.71%。2015 年，城镇人口为 26.27 万人，占总人口的 27%，为 1991 年的 1.5 倍。

大方县第五、六次人口普查及 2015 年各乡镇人口密度一览表

表—2-1-1-2　　　　单位：人/平方千米

乡（镇、街道）	2000 年人口密度	2010 年人口密度	2015 年人口密度
大方镇	801	916	
东关乡	408	516	600
竹园乡	387	460	499
响水乡	283	327	343
双山镇	406	481	528
文阁乡	325	422	437

续上表

乡（镇、街道）	2000 年人口密度	2010 年人口密度	2015 年人口密度
绿塘乡	178	233	239
鼎新乡	337	401	409
猫场镇	301	351	403
马场镇	289	369	399
牛场乡	295	396	466
高店乡	335	424	
小屯乡	449	523	641
羊场镇	260	306	325
理化乡	311	370	392
鸡场乡	292	309	
黄泥塘镇	218	250	
六龙镇	328	380	393
凤山乡	193	229	239
安乐乡	195	224	240
核桃乡	331	378	434
达溪镇	229	274	298
八堡乡	286	351	358
兴隆乡	227	266	304
瓢井镇	245	303	330
长石镇	317	394	429
果瓦乡	148	176	184
大山乡	163	211	226
雨冲乡	83	104	113
黄泥乡	453	183	187
大水乡	132	157	194
沙厂乡	130	157	164
普底乡	160	206	213
百纳乡	169	212	216
三元乡	169	196	236
星宿乡	77	100	109
红旗街道			4045
顺德街道			623
慕俄格街道			746
对江镇			488
黄泥塘镇			310

第二节 人口结构

一、性别结构

1990年，全国第四次人口普查时，男性人口比例为51.6%，女性人口比例为48.4%，性别比为106.61。1995年，男性人口比例为51.69%，女性人口比例为48.31%，性别比为107。2000年，全国第五次人口普查时，男性人口比例为52.8%，女性人口比例为47.2%，性别比为111.85。2005年，男性人口比例为52.1%，女性人口比例为47.9%，性别比为108.8。2010年，全国第六次人口普查时，男性人口比例为52.02%，女性人口比例为47.98%，性别比为108.43。2011年，男性人口比例为52.92%，女性人口比例为47.08%，性别比为112。2012年，男性人口比例为52.7%，女性人口比例为47.3%，性别比为111.51。2013年，男性人口比例为52.8%，女性人口比例为47.2%，性别比为112.06。2014年，男性人口比例为52.8%，女性人口比例为47.2%，性别比为112.06。2015年，男性人口比例为52.71%，女性人口比例为47.29%，性别比为114.57。

二、年龄结构

1990年，全国第四次人口普查，常住人口82.1万人，其中少年儿童组（0岁~14岁）31.61万人，占总人口的38.5%；劳动年龄组（15岁~64岁）46.42万人，占总人口的56.55%；老年组（65岁以上）4.06万人，占总人口的4.95%，老少比为12.86%。2000年，全国第五次人口普查，普查登记常住人口85.17万人，其中少年儿童组（0岁~14岁）占总人口的33.25%；劳动年龄组（15岁~64岁）占总人口的58.86%；老年组（65岁以上）占总人口的7.89%，老少比为23.73%。2010年，全国第六次人口普查，常住人口77.63万人，其中，少年儿童组（0岁~14岁）占总人口的28.49%；劳动年龄组（15岁~64岁）占总人口的63.16%；老年组（65岁以上）占总人口的8.34%，老少比为29.27%。与第五次人口普查相比，少年儿童组减少4.76个百分点，劳

大方县第五、六次人口普查各年龄组人口及性别比一览表

表—2-1-2-1　（性别比：女=100）　单位：人

项目			少年儿童组（0岁~14岁）	劳动年龄组（15岁~64岁）	老年组（65岁以上）	全县合计
第五次人口普查	人口数		283184	501339	67206	851729
	占总人口的%		33.25	58.86	7.89	100
	其中	男	150449	265860	33385	449694
		女	132735	235479	33821	402035
	性别比		113.35	112.9	98.71	111.85
第六次人口普查	人口数		221188	490355	64781	776324
	占总人口数的%		28.49	63.16	8.34	100
	其中	男	119472	253294	31097	403863
		女	101716	237061	33584	372461
	性别比		117.46	106.85	92.32	108.43

动年龄组增加4.3个百分点，老年组增加0.45个百分点。从第四次至第六次人口普查中显现出全县人口类型从年轻型逐渐向壮年型和老年型转化。

三、民族结构

大方县是多民族杂居县。1990年，全国第四次人口普查时，有23个少数民族和穿青人、蔡家人、民家人3个未识别民族，总人口82.1万人，其中，汉族57.08万人，少数民族25.02万人，少数民族人口占总人口的30.47%。2000年，全国第五次人口普查时，仍有23个少数民族和穿青人、蔡家人、民家人3个未识别民族。常住人口85.17万人，其中，汉族57.05万人，少数民族28.12万人，少数民族人口占总人口的33.02%。2010年，全国第六次人口普查时，全县有31个少数民族和穿青人、蔡家人、民家人3个未识别民族，常住人口77.63万人，其中，汉族54.85万人，少数民族22.78万人。少数民族人口占总人口的29.35%。

第五次人口普查时，彝族占少数民族总人口的32.82%，苗族占18.68%，白族占16.09%，蒙古族占5.38%。人口超过1000不到10000的少数民族分别是仡佬族、布依族、水族和满族；未识别民族6.04万人。第六次人口普查时，彝族占少数民族总人口的36.21%，苗族占21.29%，白族占15.37%，蒙古族占5.53%，未识别民族占15.96%。少数民族人数最多的是彝族，其次是苗族，第三是白族，第四是蒙古族，其余少数民族所占比例较小。

大方县第五、六次人口普查各民族人口一览表

表—2-1-2-2　　单位：人

人口普查次数		第五次	男	女	第六次	男	女	备注
常住人口		851729	449694	402035	776324	403863	372461	第六次人口普查时常住人口比第五次普查时减少，原因是外出半年以上的人口比第五次人口普查时多
汉族人口		570475	302033	268442	548471	285711	262760	
少数民族人口		281254	147661	133593	227853	118152	109701	
少数民族人口占常住人口（%）		33.02	32.84	22.19	29.35	29.26	29.45	
少数民族人口	彝族	92295	47830	44465	82503	42497	40006	
	苗族	52547	27102	25445	48511	24316	24195	
	白族	45252	24145	21107	35010	18639	16371	
	蒙古族	15125	8378	6747	12598	7000	5598	
	仡佬族	6589	3601	2988	5690	2996	2694	
	布依族	5294	2893	2401	3595	1889	1706	
	满族	1336	711	625	1021	545	476	
	水族	1126	603	523	697	378	319	
	壮族	717	362	355	906	455	451	
	土家族	236	129	107	212	99	113	
	回族	144	79	65	174	96	78	
	侗族	76	36	40	167	76	91	
	傣族	48	12	36	20	9	11	
	藏族	31	16	15	27	15	12	
	瑶族	19	10	9	110	77	33	

续上表

人口普查次数		第五次	男	女	第六次	男	女	备注
少数民族人口	土族	18	10	8	18	10	8	第六次人口普查时常住人口比第五次普查时减少，原因是外出半年以上的人口比第五次人口普查时多
	仫佬族	11	5	6	44	18	26	
	高山族	7	5	2	14	7	7	
	畲族	6	4	2	7	4	3	
	哈尼族	4	1	3	23	6	17	
	黎族	3		3	25	11	114	
	纳西族	2	1	1	1		1	
	羌族	2		2	2	2		
	朝鲜族				2	2		
	傈僳族				1		1	
	佤族				4	2	2	
	拉祜族				5	1	4	
	景颇族				5	4	1	
	毛南族				8	8		
	京族				106	42	64	
	维吾尔族				3	1	2	
	普米族				1	1		
	穿青人（未识别民族）	60366	31728	28638	36361	18956	17405	

四、文化结构

1990 年，全国第四次人口普查时，小学以上文化程度有 47. 12 万人，占 6 岁及以上常住人口的 67. 87%，其中，大学（含大专）1122 人，高中（含中专）1. 94 万人，初中 9. 34 万人，小学 35. 72 万人，12 岁以上文盲、半文盲 18. 89 万人，占 12 岁以上总人口的 33. 09%。

2000 年，全国第五次人口普查时，小学以上文化程度有 58. 59 万人，占 6 岁及以上常住人口的 77. 79%，其中，研究生 12 人，大学（含大专）4435 人，高中（含中专）2. 78 万人，初中 15. 79 万人，小学 39. 58 万人，15 岁以上文盲、半文盲 16. 17 万人，占 15 岁以上常住人口的 19. 65%。与 1990 年比较，小学以上文化程度的增加 11. 48 万人，在 6 岁及以上人口中所占的比例增加 9. 92 个百分点，研究生增加 12 人，大学生增加 3313 人，高中生增加 8438 人，初中生增加 6. 45 万人，小学生增加 3. 85 万人，文盲、半文盲率降低 13. 44 个百分点。

2010 年，全国第六次人口普查时，小学以上文化程度有 61. 74 万人，占 6 岁及以上常住人口的 87. 9%，其中，研究生 54 人，大学（含大专）1. 75 万人，高中（含中专）4. 06 万人，初中 22. 73 万人，小学 33. 19 万人，15 岁以上文盲、半文盲 8. 5 万人，占 15 岁以上常住人口的 11. 57%。与 2000 年比较，小学以上文化程度的增加 3. 15 万人，在 6 岁及以上常住人口中所占的比例增加 10. 11 个百分点，研究生增加 42 人，大学生增加 1. 31 万人，高中生增加 1. 28 万人，初中生增加 6. 95 万人，小学生减少 6. 39 万人，文盲、半文盲率降低 8. 08 个百分点。

第三节　人口普查

1991—2015 年，全国进行过 2 次人口普查，时间分别为 2000 年和 2010 年。

一、2000 年全国第五次人口普查

2000 年第五次人口普查与 1990 年第四次人口普查的登记方式不一样，第五次人口普查采用长、短表相结合的技术，即由 90% 的户数填报项目相对较少的短表，10% 的户数填报项目相对较多的长表。普查标准时间为 2000 年 11 月 1 日零时。普查对象是具有中华人民共和国国籍并在中华人民共和国境内常住的人口。每个人都在常住地登记，外出半年以上的人口不统计在常住人口中。普查内容是城乡人口分布、少数民族、年龄、文化程度、行业、职业、婚姻、家庭、妇女生育状况及出生、死亡和住房情况等。

普查时全县户籍总人口为 94.74 万人，其中，男 48.72 万人，女 46.02 万人。常住户 21.74 万户，其中，家庭户 21.71 万户，集体户 244 户。常住人口为 85.17 万人，其中，男 44.97 万人，女 40.2 万人，性别比 111.85。在常住人口中，城镇人口 7.91 万人，乡村人口 77.26 万人；农业人口 79.04 万人，非农业人口 3.97 万人，户口待定人口 2.16 万人。外出半年以上人口 6.95 万人；在国外工作和学习人口 7 人。

在普查登记常住人口 85.17 万人中，汉族 57.05 万人，少数民族 28.12 万人，少数民族占总人口的 33.02%。

2000 年大方县第五次人口普查少数民族结构一览表

表—2－1－3－1　　　　单位：人

族别	人数	占全县常住人口（%）	占少数民族人口（%）
彝族	92295	10.84	32.82
苗族	52547	6.17	18.68
白族	45252	5.31	16.09
蒙古族	15125	1.78	5.38
仡佬族	6589	0.77	2.34
布依族	5294	0.62	1.88
满族	1336	0.16	0.48
水族	1126	0.13	0.40
壮族	717	0.08	0.25
土家族	236	0.03	0.08
回族	144	0.02	0.05
侗族	76	0.01	0.03
傣族	48	0.01	0.02
藏族	31		0.01
瑶族	19		0.01
土族	18		0.01

续上表

族 别	人 数	占全县常住人口（%）	占少数民族人口（%）
仫佬族	11		
高山族	7		
畲族	6		
哈尼族	4		
黎族	3		
纳西族	2		
羌族	2		
穿青人（未识别民族）	60366	7.09	21.46

在普查登记常住人口85.17万人中，0岁～4岁8万人，5岁～9岁9.02万人，10岁～14岁11.3万人，15岁～19岁8.08万人，20岁～24岁7.28万人，25岁～29岁7.7万人，30岁～34岁7.33万人，35岁～39岁5.17万人，40岁～44岁3.45万人，45岁～49岁4.52万人，50岁～54岁3.16万人，55岁～59岁2.56万人，60岁～64岁2.64万人，65岁～69岁1.81万人，70岁～74岁1.49万人，75岁～79岁8334人，80岁～84岁5441人，85岁～89岁2222人，90岁～94岁540人，95岁～99岁103人，100岁及以上5人。

6岁及以上常住人口75.33万人，其中，研究生12人，大学本科638人，大学专科3797人，中专8422人，高中1.94万人，初中15.79万人，小学39.58万人，扫盲班5640人，未上过学16.17万人。

普查时全县户均住房2.17间，人均住房面积12.64平方米。

二、2010年全国第六次人口普查

2010年第六次人口普查采用的登记方式与第五次人口普查相同。普查标准时间为2010年11月1日零时。普查对象是普查标准时间点在中华人民共和国境内（不包括香港、澳门和台湾地区）的自然人，以及在中华人民共和国境外但未定居的中国公民，不包括在中华人民共和国境内短期停留的境外人员。人口普查采用按现住地登记的原则，每个人必须在现住地进行登记；普查对象不在户口登记地居住的，户口登记地要登记相应的信息。同时以户为单位进行登记，户分为家庭户和集体户。普查内容为姓名、性别、年龄、少数民族、受教育程度、行业、职业、迁移流动、社会保障、婚姻、生育、死亡和住房情况等。

中国人民解放军现役军人及军队管理的离退休人员，由军队领导机关统一进行普查、汇总。中国人民武装警察部队，由武警机关负责普查登记，普查表移交当地人民政府指定的人口普查机构。驻外外交机构人员、驻港澳机构人员、其他各驻外机构人员以及派往境外的专家、职工、劳务人员、留学生、实习生、进修人员等，由其出国前居住的家庭或集体户口申报登记。依法被判处徒刑、劳动教养的人员，由当地公安机关和监狱、劳教机关进行普查，普查表移交县、市人口普查办公室。

普查时全县家庭户为24.16万户，户籍总人口为108.59万人，常住人口为77.63万人，其中，男40.39万人，女37.24万人；性别比108.43；平均每户家庭人口为3.18人；在常住人口中，家庭户人口76.26万人，集体户人口1.37万人。外出半年以上的36.58万人，男19.02万人，女17.56万人。

普查登记常住人口77.63万人中，汉族54.85万人，少数民族22.78万人，少数民族占总人口的29.35%。

2010年大方县第六次人口普查少数民族结构一览表

表—2-1-3-2　　单位：人

名　称	人数	占全县常住人口（%）	占少数民族人数（%）
彝族	82503	10.63	36.21
苗族	48511	6.25	21.29
白族	35010	4.51	15.37
蒙古族	12598	1.62	5.53
仡佬族	5690	0.73	2.50
布依族	3595	0.46	1.58
满族	1021	0.13	0.45
壮族	906	0.12	0.40
水族	697	0.09	0.31
土家族	212	0.03	0.09
回族	174	0.02	0.08
侗族	167	0.02	0.07
瑶族	110	0.01	0.05
京族	106	0.01	0.05
仫佬族	44	0.01	0.02
藏族	27		0.01
黎族	25		0.01
哈尼族	23		0.01
傣族	20		0.01
高山族	14		0.01
毛南族	8		
畲族	7		
拉祜族	5		
景颇族	5		
佤族	4		
维吾尔族	3		
羌族	2		
朝鲜族	2		
纳西族	1		
傈僳族	1		
普米族	1		
穿青人（未识别民族）	36361	4.68	15.96

在普查登记常住人口77.63万人中，0岁~4岁6.24万人，5岁~9岁6.78万人，10岁~14岁9.1万人，15岁~19岁6.74万人，20岁~24岁6.31万人，25岁~29岁4.52万人，30岁~34岁5.26万人，35岁~39岁6.26万人，40岁~44岁6.34万人，45岁~49岁3.58万人，50岁~54岁3.19万人，55岁~59岁4.07万人，60岁~64岁2.76万人，65岁~69岁2.2万人，70岁~74岁2.01万人，75岁~79岁1.21万人，80岁~84岁7134人，85岁~89岁2588人，90岁~94岁742人，95岁~99岁180人，100岁及以上4人。

6岁及以上常住人口70.24万人，其中，研究生学历54人，男37人，女17人；大学本科4297人，男2759人，女1538人；大学专科1.32万人，男8086人，女5130人；高中（含中专）4.06万人，男2.42万人，女1.64万人；初中22.73万人，男13.03万人，女9.7万人；小学33.19万人，男17.02万人，女16.17万人；未上过学8.5万人，男2.71万人，女5.8万人。

第二章　计划生育

第一节　政策措施

一、优惠奖励扶助

1990年至1998年7月，大方县计划生育工作中的优惠奖励政策措施按《贵州省计划生育试行条例》的有关条款和地、县有关文件执行。1998年7月24日《贵州省计划生育试行条例》终止，全县计划生育工作中的优惠奖励政策措施按1998年7月24日贵州省第九届人大常委会第三次会议通过的《贵州省人口与计划生育条例》有关规定和地、县相关文件执行。相关规定为：国家机关工作人员和企事业单位职工晚婚的，在国家规定的婚假外增加婚假10天；晚育的，在国家规定的产假外增加产假30天，男方享受护理假7天。在产假期办理独生子女证的增加产假90天；接受节育手术的，按规定休假，在此期间，工资、福利、考勤、考核、晋级、晋职、提薪等不受影响；农民晚婚的，免除夫妻双方一年的农村义务工，晚育的免除产妇一年的农村义务工。

对独生子女户和二女绝育户逐步推行养老保险制度及其他社会保障。领取独生子女证的独生子女父母可获得100元~500元的一次性奖金，从领证当月起，每月领取5元以上独生子女保健费，至子女满14周岁为止；减免独生子女入托费、入学费、医疗费等；独生子女升学、就业、农村安排宅基地，优先照顾。

2002年9月29日实施修订过的《贵州省人口与计划生育条例》，增加国家机关工作人员、企事业单位的独生子女户和二女绝育户（简称“两户”）职工，按照规定退休的，加发5%的退休金，“两户”的考生参加高考时给予加10分的照顾等条款，大方县遵照执行。

2009年9月25日《贵州省人口与计划生育条例修正案》增加“各级政府应当建立健全计划生育利益导向机制，扶持帮助计划生育家庭全面发展”和“县级政府在实施新型合作医疗中应当为独生子女户和二女绝育户的父母及未成年子女缴纳需由个人缴纳的合作医疗费”等条款。

《贵州省人口与计划生育条例》中的奖励扶助政策措施一直持续执行到2015年。大方县根据省、地文件精神，结合县的实际出台一系列奖励扶助政策，并一直执行到2015年。2002年出台《关于对农村独生子女户和二女绝育户实行优先优惠政策的暂行规定》，2003年出台《关于建立人口和计划生育利益导向机制的决定》，2006年出台《关于对全县执行政策的农村二女绝育户发放节育奖的决定》，2011年出台《大方县关于统筹解决人口问题改革试验试点工作方案》。

大方县2011年出台的文件中对“两户”的利益导向政策措施为：

（一）农村独生子女家庭可以享受的奖励、保障、救助、优惠事项

1. 奖励

获得独生子女父母光荣证的家庭，发给独生子女父母一次性奖励费1000元，并从当月起每月领取10元的独生子女保健费，至子女满14周岁止。2012年2月1日以后生育、办理独生子女父母光荣证、放弃政策内二孩生育的一次性奖励10000元。农村已办理独生子女父母光荣证的独生子女家庭，从落实长效避孕节育措施的次年起，夫妻双方每人每年领取不低于400元的节育奖励金，直至年满60周岁与农村部分计划生育家庭奖励扶助制度对接为止。

2. 保障

夫妻双方年满60周岁，每人每年领取农村部分计划生育家庭奖励扶助金不低于1200元。夫妻年满60周岁后，优先入住老年公寓或敬老院，并给予每人每年不低于4000元的补贴。免交参加新型农村医疗保险个人应缴部分金额，符合报销的检查治疗项目100%报销。参加新型农村社会养老保险每年给予不低于100元的缴费补贴，年满60周岁后基础养老金月补贴不低于150元。低保家庭成员在享受基本保障金的基础上，每月按照不低于当地农村低保保障标准25%的比例增发补助。在城镇工作一定年限且有稳定收入的，可申请租赁或购买工作地保障性住房并给予优先照顾。

3. 救助

独生子女伤残或者死亡的家庭夫妻双方每人每年领取特别扶助金不低于2500元。妻子满49周岁，独生子女死亡的，一次性发放抚慰金4万元；独生子女伤残等级3级以上的，一次性发放抚慰金3万元；独生子女伤残等级4级以下的，一次性发放抚慰金1.5万元。农村计生“两户”家庭夫妇双方或一方2012年2月1日以后死亡的，每人给予3000元抚恤救助金。

4. 优惠

凡农村独生子女家庭子女学前教育入学优先、减免费用，免除子女从小学到高中教育（含职业高中）的应缴书学费，实行“十二年制”义务教育（含职业高中）。对家庭困难的，每学年再补助基本生活费500元，子女在普通高中、职业高中就读期间可享受高中助学金补助1500元。子女参加高考被国家全日制本科院校或专科院校计划内录取的，分别补助6000元和4000元，考取研究生一次性给予1万元补助。凡农村户口独生子女家庭子女考生在参加全国普通高考报考省内院校给予加10分照顾，县内就业考试给予加20分照顾。危房改造优先优惠，饮水安全工程免入户材料费和安装费，扶贫开发提供的资金和物资在帮扶标准基础上提高不低于30%。种粮、农机、牲畜繁育、家电下乡等在基本直接补贴标准上提高不低于30%。划拨宅基地、征地拆迁补偿、分配集体资产和福利时增加1人份额优惠。“农转非”后可继续承包原有土地，5年之内仍然享受农村计划生育奖励优惠政策。凭独生子女父母光荣证在全县范围内的服务窗口享受特殊优先待遇。

（二）农村计划生育二女绝育家庭可以享受的奖励、保障、救助、优惠事项

1. 奖励

及时落实绝育措施的农村计划生育二女家庭，一次性奖励5000元；女儿1岁~7岁期间，每人每月享受20元的保健补贴。农村二女绝育户家庭，从落实措施次年起，夫妻每人每年领取400元节育奖励金，直至年满60周岁与农村部分计划生育家庭奖励扶助制度对接为止。

2. 保障

夫妻双方年满60周岁，每人每年领取农村部分计划生育家庭奖励扶助金不低于1200元。夫妻年满60周岁后，优先入住老年公寓或敬老院，并给予每人年平均不低于4000元的补贴。免交参加新型农村合作医疗保险个人应缴部分金额，符合报销的检查治疗项目100%报销。参加新型农村社会养老保险每年给予不低于100元的缴费补贴，年满60周岁后，基础养老金月补贴不低于150元。低保家庭成员，在享受基本保障金的基础上，每年按照不低于当地农村低保保障标准的25%的比例增发补助。在城镇工作一定年限且有稳定收入的，可申请租赁或者购买工作地保障性住房，并给予优先照顾。

3. 救助

农村计划生育二女绝育户家庭夫妇双方或一方2012年2月1日以后死亡的，每人给予3000元抚恤救助金。因施行计划生育绝育措施产生并发症鉴定为三等以上的节育并发症对象，并发症对象本人按每年不低于2500元发给救助金，直到亡故为止。

4. 优惠

凡农村计划生育二女绝育户家庭，女孩学前教育入学优先、减免费用，免除女孩从学前教育到高中教育（含职业高中）的应缴书学费，实行“十二年制”义务教育（含职业高中），对家庭困难的每学年再补助基本生活费500元和住宿费600元；女孩在普通高中、职业高中就读期间可享受高中助学金补助1500元。女孩考生在参加全国普通高考报考省内院校，给予加10分照顾，参加全省中考时给予加10分照顾，参加高考被国家全日制本科院校和专科院校录取的，分别一次性补助6000元和4000元；考取研究生的，一次性补助10000元。凡农村户口计划生育二女绝育家庭女儿在县内就业考试给予加20分照顾。其他优惠和独生子女享受待遇相同。

（三）城镇居民中非国家机关、企事业单位工作员的独生子女家庭可以享受的奖励、保障、救助、优惠事项

获得独生子女父母光荣证的家庭，发给独生子女父母一次性奖励费500元~1000元，并从领证当月起每月领取10元的独生子女保健费，至子女满14周岁为止。城镇独生子女家庭，纳入最低生活保障的，夫妻双方男方年满55周岁，女方年满50周岁，每人每年领取不低于1500元的城镇奖励扶助金；符合所在地租赁或者购买保障性住房条件的，给予优先照顾。城镇居民独生子女家庭和计划生育二女绝育家庭子女，父母无正式工作的，县内就业考试加10分照顾。凭独生子女父母光荣证在全县范围内的服务窗口享受特殊优先待遇。

2002—2015 年大方县计划生育利益导向政策落实一览表

表—2-2-1-1　　　　单位：人、万元

年份	保障						优惠				救助	
	奖励扶助		代缴1500元养老保险		基础养老金补贴		办理优惠证	育才工程人数（就读省医护校或毕节工校）	考取高校一次性奖励		独生子女伤残、死亡、手术并发症对象	
	确认对象	落实奖励扶助金	人数	金额	对象	经费			人数	经费	人数	经费
2002			442	66.30			442					
2003			295	44.25			295					
2004			347	52.05			347					
2005	173	10.30	201	30.15			201					
2006	192	11.50	119	17.85			119					
2007	245	14.70	98	14.70			98		8	3.60	38	3.64
2008	280	16.80	40	6.00			40		11	5.00	70	7.18
2009	282	20.00	99	14.85			99		12	5.50	88	8.95
2010	292	21.00	22	3.30			22	6	15	6.70	111	12.12
2011	299	35.90	75	11.25	322	36.70	78	11	18	8.20	126	25.20
2012	322	38.64			322	34.13	4	6	43	21.70	171	42.75
2013	269	32.28			269	28.51	378	8	42	22.20	195	48.75
2014	301	67.00			301	31.91	114	9	49	25.40	204	53.00
2015	321	38.52			359	38.20		16	50	28.00	215	69.69

1990—2015 年大方县计划生育利益导向政策落实一览表

表—2-2-1-2　　　　单位：户、人、万元

年份	奖励							
	农村独生子女户		农村二女绝育户		少生快富		节育奖励	
	新增办证	落实奖励经费	新增办证	落实奖励经费	新增户数	落实经费	人数	经费
1990—2000	3	0.15	245					
2001	9	0.45	63					
2002	46	2.30	74					
2003	48	2.40	59					
2004	8	5.40	75	15.00				
2005	157	7.85	62	6.20	5	1.20		
2006	102	50.10	73	14.40	14	3.80	938	28.10
2007	151	7.55	85	17.00	76	22.40	1018	30.50

续上表

年份	奖励							
	农村独生子女户		农村二女绝育户		少生快富		节育奖励	
	新增办证	落实奖励经费	新增办证	落实奖励经费	新增户数	落实经费	人数	经费
2008	142	7.10	101	20.20	96	29.80	1076	32.30
2009	143	7.15	178	35.60	65	18.20	1116	33.50
2010	218	21.80	326	130.40	73	31.80	1216	36.50
2011	542	54.20	331	132.40	51	21.30	1316	39.50
2012	524	52.40	232	116.00	427	240.90	5621	224.84
2013	249	24.90	167	83.50	282	179.60	6493	240.20
2014	207	20.70	71	36.00	104	66.88	7188	266.00
2015	102	10.20	38	19.00	90	66.00	7413	296.52

二、法律责任

1990年至1998年7月24日，执行《贵州省计划生育试行条例》。1998年7月24日后执行《贵州省人口与计划生育条例》相关规定为：国家机关、企事业单位职工计划外生育的，予以开除公职，并征收计划外生育费；农民计划外生育，按上一年全县农民纯收入的2倍~5倍征收计划外生育费；城镇居民计划外生育的，按上一年当地城镇居民人均生活费的2倍~5倍征收计划外生育费；个体工商户、私营企业主以及从事其他各类经营活动人员计划外生育的，按所在地农民人均纯收入或城镇居民的人均生活费的4倍~10倍征收计划外生育费。

2002年9月29日，《贵州省人口与计划生育条例修正案》增加“违反本条例生育规定怀孕后不听劝告、不终止妊娠的国家机关工作人员、企事业单位职工，由所在单位按月预征夫妻标准工资各30%的社会抚养费；其他各类人员分别按照其社会抚养费应征收金额的50%预征”的条款。修改后的《贵州省人口与计划生育条例》中的法律责任政策措施执行到2015年。2015年，将条款中的“人均生活费”修改为“人均可支配收入”。

《贵州省人口与计划生育条例》在2014年和2015年均进行了修订，其中的奖励扶助和法律责任政策措施不变，但是加大了力度，大方县出台的文件也加大了这方面工作的力度。

计划生育政策的实施，使全县人口得到有效控制。1991年，人口出生率从1982年的27.74‰下降到11.06‰，人口自然增长率从1982年的21.13‰降到5.88‰（以下简称为“两率”）。1992年，人口出生率为10.44‰，人口自然增长率为5.18‰。1993—2000年，“两率”有所上升。1993年，人口出生率为12.18‰，人口自然增长率为7.26‰。1994年，人口出生率为11.5‰，人口自然增长率为6.9‰。1998年，人口出生率为12.2‰，人口自然增长率为7.74‰。2000年，“两率”达到1991年以后的最大值，人口出生率为19.4‰，人口自然增长率为13.8‰。2001—2015年，“两率”呈起伏下降。2001年，人口出生率为13.3‰，人口自然增长率为8.76‰。2006年，人口出生率为10‰，人口自然增长率为6.49‰。2010年，人口出生率为13.9‰，人口自然增长率为6.8‰。2011年，人口出生率为11.08‰，人口自然增长率为6.55‰。2012年，全县人口出生率为12.68‰，人口自然增长率为6.3‰。2013年，人口出生率为8.73‰，人口自然增长率6.16‰。2014年，人口出生率 12.18‰，人口自然增长率 5.98‰。2015 年，人口出生率 12.32‰，人口自然增长率6.25‰。

第二节 技术服务与优生优育

一、技术服务

1990 年前，大方县计划生育技术服务工作由县级医院和县计划生育技术指导站共同承担。1990 年，各乡镇招聘人员共 86 人，经培训后，86 人都能承担已婚育龄妇女孕情检查（简称“妇检”）工作。1991 年，撤区并乡建镇后，各乡镇相继建立计划生育技术服务站，计划生育技术服务部门不断调入骨干医生和医学院校大、中专毕业生，招聘计划生育妇检员，计划生育队伍不断壮大，到年底，有计划生育专职干部（不含妇检员）136 人，从事计划生育技术服务人员 120 人，从此，计划生育技术服务任务基本由计划生育技术服务部门承担。

2004 年，大方县计划生育指导站和县妇幼保健站合并为县计划生育妇幼保健服务中心，各乡镇计划生育服务站与乡镇妇幼保健站合并为乡镇计划生育妇幼保健站。县和乡计划生育、卫生服务机构中具有执业资格的注册医生可同时在卫生、计划生育两家服务机构执业。将计划生育妇幼保健服务中心和符合条件的乡镇计划生育妇幼保健站纳入新型农村合作医疗、城镇职工居民基本医疗保险定点医疗机构。

2006—2009 年，挑选 90 名业务骨干和管理人员到计划生育技术服务部门，从卫生系统选聘具有执业资格的专业技术人员 54 人到乡镇计划生育服务站执业。2009 年，招考 33 名具有执业助理医生资格、10 名具有执业护士资格的人员充实到乡镇计划生育服务站，全县实有技术人员 256 名，占总人员的 81%，具执业资格人员 169 人，占技术人员的 66%。

对乡镇计划生育服务站进行新建、改建、扩建。按照医学标准，对手术室及相关科室进行规范设置；配齐各种分析、诊断、治疗设备。为已婚育龄妇女进行妇科病免费义诊、普查普治，免费发放避孕药具，进行政策法规宣传和生理健康咨询等。到 2015 年，全县妇科病普查率达 92.4%，普治率达 91.7%，男性参与率达 21.7%，已婚育龄妇女生殖健康档案建卡率达 100%，实施出生缺陷技术干预 5122 人，为病残儿鉴定 45 人，手术并发症鉴定 212 人。

二、优生优育

在 20 世纪相当长一段时间内，人们对计划生育概念的普遍理解仅是降低人口出生率，对优生优育问题未引起应有重视。

从 2000 年起，根据《贵州省人口与计划生育条例》有关精神，县实施出生缺陷干预工作。每年接受出生缺陷宣传教育 1 万余人，接受孕前出生缺陷高危因素筛查及风险评估 8000 多人，补充 0.4 毫克叶酸及复合营养素 9000 人左右，技术干预 7000 人以上，孕 12 周 B 超监测 1500 人以上。

2012 年，大方县出台优生优育相关文件，实施国家免费孕前优生健康检查工作。

2015 年，国家开展免费孕前优生健康检查，全县检查 2759 对夫妇，其中，农村目标人群 2616 对，城镇目标人群 143 对。

第三节　计划生育管理与计划生育协会

一、计划生育管理

（一）常住人口计划生育管理

1991—1998年，对常住人口育龄夫妇计划生育的管理主要是“突击管理型”，主要任务是抓绝育、节育措施落实，降低计划外人口出生率。县委、县人民政府从县直机关抽调近百名干部，由县直各部、办、委、局负责人带队下到乡镇，配合各乡镇干部组成计划生育小分队开展计划生育工作。1991年，从县直机关抽调136人组建13支计划生育工作队，乡镇抽调346人组建31支计划生育工作队，对计划生育工作落后乡镇进行突击。1994年，抽调干部职工2150人组成计生工作队进行突击。1996—1998年组织过2次规模较小的突击。总体上看，突击管理成果较为突出，多胎率从突击前的34.9%下降到突击后的2.78%。

1999年后，计划生育工作从“突击管理型”转变成“集团承包目标管理型”。县委、县人民政府为发包方，乡镇党委、政府主要领导和分管领导，县直有关单位负责人为承包方，在计划生育承包责任书里明确职责，规定奖惩，双方签订合同后，遵照执行。

到乡镇一级，乡镇政府为发包方，村居委会为承包方，实行村居委会向乡镇政府承包。从县到乡镇、从乡镇到村居层层签订承包责任书。同时规定各乡镇必须抽出15名以上干部组建承包集团，专抓计划生育工作。承包期为一年，承包期满后又重新签订合同。各乡镇政府计生股与乡计生委签订计划生育系统业务工作承包合同，县计生委为发包方，各乡镇政府计生股为承包方，每年签一次合同。

2003年，推广以“村（居）管理为主的计划生育合同管理”，由村居委会和监管对象签订合同，用合同约束、规范管理对象的计划生育行为。签合同的对象为已生育一孩应落实节育措施的、夫妻一方落实绝育措施不满一年和已生育一孩二孩及多孩未落实避孕节育措施的夫妇。

2011年，全县施行人口计划生育“双诚信双承诺”管理制度，把计划生育管理纳入社会诚信体系建设，按照部门职责的权利义务实行部门向各级党委、政府和村委承诺，正确履行落实部门职责。在各级党委、政府的领导下，村居委会向群众承诺，公开、公平、公正兑现法律法规及各级利益导向的奖励、救助、保障、优惠政策。免费提供政策咨询；免费办理符合政策生育方面的有关证明、证件；免费为已婚育龄群众提供计划生育技术服务，查病、查孕服务和孕前优生健康检查；免费开展农村致富技术培训。对不诚信计划生育家庭按有关法规和村规民约给予制裁。群众向村居委会承诺，生育对象不违反政策生育，避孕对象主动落实长效避孕节育措施；已婚育龄妇女按时参加妇检；外出人口主动与村居委会签订协议。乡镇职能部门向村居委会承诺，优先为诚信计划生育家庭提供优质服务，对不诚信计划生育家庭严格执行暂缓、暂停相关服务。“双向承诺书”明确了双方的权利、义务及违约责任，相互监督，一月一评议，兑现奖惩。

计划生育人口管理同时施行的另一种方式是将计划生育工作与发展经济、帮助群众脱贫致富奔小康、建设文明幸福家庭结合起来（简称“三结合”）。2011年，县人口计划生育领导小组下发《抓好计生“三结合”实施方案》，以建立和完善计划生育家庭的“普惠”+“特惠”政策为目标，按“落实到村、帮扶到户、受益到人”的要求，建立和完善政府主导、社会补充的政策体系。是年，县财政投入50万元，用于计划生育“三结合”项目。同时施行其他计划生育人口管理办法，准生指标落实到户、发证到人、张榜公布、持证生育、妇检、避孕节育、“村为主”等等。

1991—2015 年，计划生育管理实现从粗放型向精细化管理的转变，工作模式由突击模式—集团承包—村居民自治—纳入社会诚信管理的模式转变。

（二）流动人口计划生育管理

1990 年前，流动人口计划生育管理工作先按县人民政府相关规定执行，后按毕节地区行署《关于流动人口和计划生育管理的规定》执行。

1991 年后，大方县执行国家计划生育委员会（简称“国家计生委”）的《流动人口计划生育管理办法》。根据国家计生委的管理办法，借鉴外地经验，结合大方县实际，采取一系列措施对流动人口的计划生育进行管理。

2003 年 4 月，建立大方县流动人口计划生育管理办公室，为县人口和计划生育局下属财政全额拨款正股级事业单位。2011 年 9 月，设立大方县流动人口计划生育管理事务局，为县人口和计划生育局所属副科级全额拨款事业单位，明确 1 名领导和工作人员具体抓厂矿和企业流动人口计划生育工作，并构建管理服务网络，做好计划生育服务工作。对县直相关单位、乡镇、村居委会，实行目标管理责任制，层层签订流动人口计划生育目标管理责任书。按责任书中的具体条款每月向所在地计划生育部门通报，然后统一上报县计划生育部门，形成层层衔接、环环相扣的目标管理体系。加强属地管理和“两地”双向流动人口计划生育协议管理、服务机制，建立信息交换平台，加强计划生育信息管理，实现流动人口计划生育信息共享。从 2009 年起，对已婚流动育龄妇女妇检情况由流入地通过信息交换平台反馈流出地，流出地对相关信息定期采集、录入、更新，用信息化对流动人口进行日常服务管理。

开展每季度和长假期间流动人口计划生育清理、服务管理工作。每季度和国庆、元旦、春节长假期间，以县城为中心，全县联动，清查流动人员。2009 年，流出 24.68 万人，流入 6131 人；2010 年，流出 26.54 万人，流入 9078 人；2011 年，流出 29.49 万人，流入 4603 人；2012 年，流出 27.97 万人，流入 5168 人；2013 年，流出 29.12 万人，流入 6742 人；2014 年，流出 30.52 万人，流入 8583 人；2015 年，流出 28.73 万人，流入 1.01 万人。2009—2015 年，每年春节期间，在县城 3 个客车站设置流动人口计划生育服务站，对已婚育龄妇女进行登记，采集婚育、生育、节育信息，免费办理流动人口婚育证明，签订计划生育诚信协议，免费发放避孕节育药具，提供政策咨询，发放宣传资料；对履行计划生育义务的返乡农民工提供县城至其所在乡镇的车费；在此期间接受绝育措施的返乡农民工夫妇报销其打工往返全部车费。

为保障流动人口计划生育服务管理工作开展，实行“五个到位”工作机制，即：领导重视到位、责任落实到位、经费投入到位、人员配

大方县 2015 年度人口计生工作形势分析会（2015 年 4 月摄）

备到位、部门协作到位。

二、计划生育协会

1990 年 8 月 25 日，县计划生育协会选举产生第一届理事、常务理事、会长、副会长，聘任秘书长。次年，撤区并乡建镇，全县建立计划生育协会 460 个。

l995 年，县计划生育协会将省、地匹配的 16 万元资金投放到 6 个乡（百纳、三元、星宿、凤山、大山、安乐），由协会贷给群众，发展黑山羊养殖业。

2000 年 6 月，县编委会出台文件，明确县计划生育协会为县人口和计划生育局下属股级事业单位。

2009 年机构改革，将县计划生育协会原社团组织性质变为群团序列，为县委领导下的群团组织。同年，县计划生育协会与上海市计划生育协会合作，引进“幸福工程——救助贫困母亲”行动项目资金，投放 30 万元到 49 户计划生育贫困母亲家庭，发展养殖业等致富项目。

2011 年，开展“青春健康进校园”“生殖健康进企业进社会”“四生家园”、知识竞赛、文艺汇演等活动，并举行晚婚晚育万人签名活动。

2012—2015 年，县计划生育协会、县人口计划生育局利用每年母亲节，在县城和谐广场开展“蔚然·五月之风”人口计划生育主题宣传系列活动，内容包括晚婚晚育、“生殖健康、母亲幸福”“生育文明、勤劳致富”“少生成才、茁壮成长”，并举办文艺汇演，宣传晚婚晚育、少生优生等婚育新风。

2015 年，投入资金 62. 4 万元，在小路村建计划生育协会产业发展基地，种植玛瑙红樱桃 20 公顷，惠及小路村计划生育户 23 户 77 人；投入 4 万元，分别在红旗村、穿岩村建计划生育协会家庭服务中心；建立县级人口福利关怀基金和 31 个村级人口福利生育关怀基金，募集到基金 264. 12 万元。开展“支部加协会、建设新农村”活动，全县 13 个示范村、31 个乡级计划生育协会和 311 个村级计划生育协会参与美丽乡村建设；新建 13 个会员之家和 13 支文艺宣传队，自编节目 187 个，演出 68 场次。对全县计划生育家庭唇腭裂儿童进行摸底登记，将 14 周岁以下唇腭裂儿童 54 人分别送毕节接受专家组医生治疗。

至 2015 年，全县有计划生育协会会员 9. 88 万人，会员小组 4939 个。

第三章　少数民族

大方县是多民族杂居县，人口最多的是汉族。1990 年，少数民族人口占总人口的 30. 47%。2000 年，少数民族人口占总人口的 33. 02%。2010 年，少数民族人口占总人口的 29. 35%。人口较多的少数民族有彝族、苗族、白族、蒙古族、仡佬族、布依族、满族。

第一节 已识别民族

一、彝族

大方县彝族以土著为主，融合部分氐羌等基地部落发展而成。据彝族史书记载，彝族发展经历了哎哺、尼能、实勺、慕靡、举偶、六祖6个发展过程，由原始人群演化为氏族社会。希姆遮被历代彝族尊崇为父系一世祖。至三十一世笃慕迁至泸阳之山，即今滇东北的会泽、东川一带。笃慕娶3妻，生6子，分立武、乍、糯、恒、布、默6部。县内彝族主要为默部后裔，其次是恒、布两部后裔。据彝族古籍和相关资料记载，默部慕齐齐部族，世居云南东川。汉建武年间（25—55），慕齐齐第二十世孙勿阿纳一支向东扩展踞今黔西北及安顺、兴义一带，史称卢鹿部。后卢鹿部进入县境，建立水西地区的地方政权。蜀汉建兴三年（225），诸葛亮南征，默部二十五世孙妥阿哲（济火）献粮通道有功，封罗甸王，命世长其地。妥阿哲由陇更（今七星关区境内）迁至白乍戈（今大方县境内）建慕俄格于竹乍呗，以慕俄格为中心的彝族政权一直延续到清代“改土归流”。元末明初，恒部后裔扯勒家支由柏雅妥洪（今四川古蔺）移入县境北和东北。明中期后布部后裔播勒家支由白勒大革（今安顺）移入县境东。此外，由于婚姻和军事方面原因，乌蒙、乌撒、古苦格、洛举家支也陆续进入县境。

彝族在秦汉时期称为“昆明”“叟”等，唐宋时期为“爨蛮”“乌蛮”。彝族自古母系崇拜龙、父系崇拜虎，口语称“陇噜濮”（义为“龙虎之邦”），书面称“鹿卢”“卢鹿”或“罗罗”。中华人民共和国成立后统一命名为彝族。

彝族是全县人口最多的少数民族，全县18个少数民族乡中，有沙厂彝族乡、百纳彝族乡、竹园彝族苗族乡、鼎新彝族苗族乡、凤山彝族蒙古族乡、安乐彝族仡佬族乡、核桃彝族白族乡、八堡彝族苗族乡、黄泥彝族苗族满族乡、大水彝族苗族布依族乡、普底彝族苗族白族乡、三元彝族苗族白族乡、响水白族彝族仡佬族乡、牛场苗族彝族乡、理化苗族彝族乡、大山苗族彝族乡、星宿苗族彝族仡佬族乡等17个少数民族乡有彝族冠名。彝族人口在乡镇的分布情况为：8000人以上的有大方镇、安乐乡；6000人以上的乡镇有普底、大水、八堡；5000人以上的乡镇有三元、凤山、理化；4000人以上的乡镇有竹园、黄泥、六龙；3000人以上的乡镇有百纳、核桃、鼎新、响水、长石、马场、猫场、东关；2000人以上的乡镇有牛场、雨冲、沙厂；1000人以上的乡镇有大山、鸡场、瓢井、达溪、黄泥塘、羊场、小屯、双山。

2000年，全国第五次人口普查，全县彝族人口9.23万人，占少数民族人口的32.82%，占常住人口的10.84%。2010年，全国第六次人口普查，全县彝族人口8.25万人，占少数民族人口的36.21%，占常住人口的10.63%。

二、苗族

苗族源于远古九黎部族。苗族人民一直流传和公认以蚩尤为首领的九黎部族是本民族的祖先。四五千年前，九黎部族居住在江淮一带，黄帝、炎帝与蚩尤之战，蚩尤失利，九黎部族迁徙到长江中下游一带，形成新的部落联盟，史称“三苗”，居住在今湖南岳阳、湖北武昌、江西九江一带。尧舜禹时，又经历频繁战争，“三苗”部族一部分融于华夏，或隐蔽到江南偏僻山区，一部分迁到沙州敦煌一带，进入深山密林。商周时期，留住长江流域的三苗后裔，发展成为楚国的主体居民，被称为南蛮；由敦煌一带移居川、滇、黔的苗民发展成为髳国部族，与周武王一起伐纣。后南蛮和髳国部族一同发展成为苗族。县境苗族多数属于髳国部族后裔。

蜀汉时期，四川一部分苗族陆续由叙永一带渡赤水河迁入县境内，繁衍为县境内苗族的主体部分。明代，朱元璋调北征南，屯守县境及其附近的苗族军士留居境内，繁衍为境内苗族的又一部分。清代康熙初年，吴三桂从四川南部和广西征兵攻伐水西，战后，从四川进入的苗族军人留居八堡和兴隆的阿龚、青山、铧匠、仄垮、中寨、新开田等六寨；从广西征兵进入的苗族军人留居黔西，其后一部分迁入响水。

苗族是全县人口较多的少数民族之一，全县18个少数民族乡中，有兴隆苗族乡、牛场苗族彝族乡、理化苗族彝族乡、大山苗族彝族乡、星宿苗族彝族仡佬族乡、竹园彝族苗族乡、鼎新彝族苗族乡、八堡彝族苗族乡、黄泥彝族苗族满族乡、大水彝族苗族布依族乡、普底彝族苗族白族乡、三元彝族苗族白族乡等12个少数民族乡有苗族冠名。县内苗族居住特点是大杂居、小聚居。各乡镇都有苗族分布，人口较多的乡镇有兴隆、八堡、鼎新、理化、牛场、竹园、瓢井、果瓦、马场等。

2000年，全国第五次人口普查，全县苗族常住人口5.25万人，占少数民族人口的18.68%，占常住人口的6.17%。2010年，全国第六次人口普查，全县苗族常住人口4.85万人，占少数民族人口的21.29%，占常住人口的6.25%。

三、白族

白族源于氐羌说、土著说、汉族移民后裔说、异源合流说等，异源合流说为多数专家认可。县内白族是由返本归源为白族的段姓和龙家人、南京人认同为白族的两部分人组合成的少数民族共同体。段姓《家乘载略》载："先世居云南大理府……六世祖忠全，派征来黔，职授遵义协都督府，寄居龙坪场……九世祖段玉环，委授大定协守备，因居定邑。"《段氏族该》载："传至九世祖玉环祖公……于清嘉庆二年（1797）大定右营副府加封守备之职后，于大定城南门桥择地修建住宅居。"段姓在大定境内生息繁衍下来。龙家人是贵州境内古老少数民族群体之一。《元史·地理志》载："至元二十七年（1290）请创罗甸宣慰司。至是，言招罗甸国札哇并龙家、宋家、仡佬、苗人诸种蛮夷四万六千六百户。"是龙家人见于正史的记录。明洪武十四年（1381），调北征南部分明军将士屯守县内；明建文四年（1402）朱棣夺惠帝位，惠帝的部分臣民纷纷遁出南京辗转入黔，后"改言异服"。明永乐五年（1407），从南京入境的这两部分人与龙家人结盟合姓，延及数世同称为龙家人。清康熙初年，吴三桂征水西，株连本地各少数民族，龙家人大部分改称南京人。1984年，经安顺会议协商为南龙人。1987年，经贵州省人民政府审批，认定南龙人与云南白族为同一少数民族，南龙人从此称为白族，同时，批准段姓家族返本归源为白族。

县境白族人口有较多分布，全县18个少数民族乡中，有响水白族彝族仡佬族乡、核桃彝族白族乡、普底彝族苗族白族乡、三元彝族苗族白族乡等4个少数民族乡有白族冠名。白族主要分布在响水、核桃、三元、普底，其次在理化、牛场、兴隆、八堡、小屯、对江、长石、果瓦、鼎新、百纳、黄泥塘等乡镇，也有聚居和散居。

2000年，全国第五次人口普查，全县白族常住人口4.53万人，占少数民族人口的16.09%，占常住人口的5.31%。2010年，全国第六次人口普查，全县白族常住人口3.5万人，占少数民族人口的15.37%，占常住人口的4.51%。

四、蒙古族

蒙古族是蒙古人铁木真及其部族的后裔。元至元八年（1271）忽必烈改蒙古汗国号为元，十六年（1279）灭南宋，统一全国。元朝靠设立行省来管辖各地，大量蒙古官员和士兵因此散居云、贵、川各地，三省蒙古族系落籍在当地的蒙古人后裔。县内蒙古族主要姓余，明朝末年，社会动乱，先世被迫避居四川，隐蔽族名，改姓余。后由四川先后进入县境。《余氏族谱》载："我余氏主姓奇渥温，胡人也。入华夏而起朔漠，初号蒙古。"1985 年 7 月，大方县人民政府根据大方县少数民族识别办公室调查报告批复："大方县余氏申请返本归源为蒙古族是有依据的，确认县内余姓为蒙古族。"

全县 18 个少数民族乡中，唯一以蒙古族冠名的为凤山彝族蒙古族乡。蒙古族主要分布在凤山、六龙、理化、达溪、瓢井、八堡、兴隆、响水、牛场、核桃、三元等乡镇，其他乡镇也有零星分布，呈小聚居大分散特点。

2000 年，全国第五次人口普查，全县蒙古族常住人口 1.51 万人，占少数民族人口的 5.38%，占常住人口的 1.78%。2010 年，全国第六次人口普查，全县蒙古族常住人口 1.26 万人，占少数民族人口的 5.53%，占常住人口的 1.62%。

五、仡佬族

仡佬族源于濮人。史书记载，早在殷周时期，濮人已活动在西南到中南地域，商周时参加武王伐纣的庸、蜀、羌、髳、微、卢、彭、濮称"八国之师"，其中濮人即仡佬族先民，春秋时期，西南即今黔、滇、川毗邻地区出现势力强大的牂牁郡，居民包括濮人及其若干部族。战国时期，牂牁亡、夜郎国兴起，夜郎主体少数民族是濮人。秦统一中国，夜郎国灭亡，之后各邦国归附汉朝。魏晋之后，历经隋、唐、宋，"濮"改为"僚"到"革僚"再到"仡佬"。仡佬族有自称"濮"的，以响水白族彝族仡佬族乡拉鲁村为代表；有称"布尔"的，以普底彝族苗族白族乡红丰村为代表。1953 年，国家认定仡佬族为单一少数民族。

县内少数民族乡中，以仡佬族冠名的有响水白族彝族仡佬族乡、安乐彝族仡佬族乡、星宿苗族彝族仡佬族乡。仡佬族人口分布较多的乡镇有双山、普底、大水、响水、猫场、羊场、达溪、高店、长石等。聚居的有响水拉鲁和普底红丰。

2000 年，全国第五次人口普查，全县仡佬族常住人口 6589 人，占少数民族人口的 2.34%，占常住人口的 0.77%。2010 年，全国第六次人口普查，全县仡佬族常住人口 5690 人，占少数民族人口的 2.5%，占常住人口的 0.73%。

六、布依族

布依族源于古代濮越人，《华阳国志·南中志》载："南中昔盖夷越之地"，夷越又称夷濮。《后汉书·西南夷列传》则称之为夷僚。夷越实为骆越的一支，名称由来一是因活动地区"洛""雒""骆"即牂牁江流域，牂牁江，俗称郁状江，即骆越水亦名温水，古骆越地也。二是因垦食"骆田"，"骆田"即山谷里的田。古代"骆越地"即今南盘江、北盘江、红水河流域。"濮越""濮夷"汉字记音写作"布夷""布依"。元朝布依族被称为仲家。史书记载："大定府……安氏自济火以来世长其他……苗有黑、白、倮倮、仲家……各属俱有"。中华人民共和国成立后，经国务院批准，其族称定为布依族。

县内少数民族乡中，以布依族冠名的有大水彝族苗族布依族乡。布依族人口主要分布在大水、鸡场、鼎新、猫场、百纳、凤山、三元、星宿等乡镇。

2000 年，全国第五次人口普查，全县布依族常住人口 5294 人，占少数民族人口的 1.88%，占常住人口的 0.62%。2010 年，全国第六次人口普查，全县布依族常住人口 3595 人，占少数民族人口的1.58%，占常住人口的0.46%。

七、满族

境内满族于清康熙年间先后两次入境。吴三桂诬陷水西土司安坤谋反，领清军伐安坤，事后部分清军留居境内。吴三桂叛清称帝，清廷派绿营兵、八旗兵平息叛乱，部分满族官兵及家属进入县境定居，称“禄额子”，又称“原人”“禄人”。1983年3月，县少数民族识别办公室根据有关史料、谱书、碑碣记载进行调查，报请县人民政府认定“禄人”为满族。县人民政府批准傅、高、安、宋、黄、游、刘、杨、周、熊、李、姜、赵13个姓氏返本归源为满族。

县内18个少数民族乡中，以满族冠名的有黄泥彝族苗族满族乡。满族人口主要分布在黄泥彝族苗族满族乡朝门村、桃源村，小屯、达溪、六龙、沙厂、黄泥塘等乡镇也有零星分布。

2000年，全国第五次人口普查，全县满族常住人口1336人，占少数民族人口的0.48%，占常住人口的0.16%。2010年，全国第六次人口普查，全县满族常住人口1021人，占少数民族人口的0.45%，占常住人口的0.13%。

八、水族

水族族源系古代南方百越族群中骆越一支发展而成单一少数民族。水族祖先在广东、广西，明朝部分迁徙到贵州。县内水族多分布在黄泥塘镇。

2000年，全国第五次人口普查，全县水族常住人口1126人，占少数民族人口的0.4%，占常住人口的0.13%。2010年，全国第六次人口普查，全县水族常住人口697人，占少数民族人口的0.31%，占常住人口的0.09%。

九、其他少数民族

2000年，全国第五次人口普查，县境有壮族717人、土家族236人、回族144人、侗族76人、傣族48人、藏族31人、瑶族19人、土族18人、仫佬族11人、高山族7人、畲族6人、哈尼族4人、黎族3人、纳西族2人、羌族2人。

2010年，全国第六次人口普查，县境有壮族906人、土家族212人、回族174人、侗族167人、瑶族110人、京族106人、仫佬族44人、藏族27人、黎族25人、哈尼族23人、傣族20人、高山族14人、毛南族8人、畲族7人、景颇族5人、拉祜族5人、佤族4人、维吾尔族3人、羌族2人、朝鲜族2人、纳西族1人、傈僳族1人、普米族1人。

第二节　未识别民族

一、穿青人

穿青人的先民系贵州省土著少数民族“土人”。明万历郭子章《黔记》载：“土人在新添司者，土司与卫人间通婚姻，岁时礼节渐染风华；在施秉者，多思、播流裔。以九月祀五显神，远近邻人咸集，吹匏笙，联袂宛转，以足顿地为乐。”清康熙《黔书》载：“土人所在多，在广顺、新贵、新添者，与军民通婚，岁时礼节皆同，男子娴贸易，妇人力耕作，种植时田歌相答，哀怨殊不可听，岁首则迎山魈，逐村屯以为傩，男子装饰如社夥，击鼓以唱歌，所致之家皆饮食之”。《贵州通志·苗蛮志序》载：“贵州为西南，荒裔错处……约而计之，有罗罗、有仲家、有仡佬、有木老、有龙家、有宋家、有蔡家、有八番、有土人、有佯僙……通谓之苗蛮。”《贵州通志》把土人与各土著少数民族并列，说明“土人”已成为一个少数民族实体。“土人”早期居地在黔东南，稍后在黔中，明初大批军队进入贵阳一带“修举屯田”，穿青人先人被迫迁入水西。土人在《大定府志》称为“里子民”“羡民”的都是穿青人不同时期不同称呼。

20 世纪 80 年代，贵州省少数民族识别工作队穿青人识别组对穿青人少数民族成分进行调查，历时 3 年。结论为“穿青人是一个单独的少数民族，不是汉族。”调查报告送国家民委后，按中央“不再增加新的少数民族单位，可与周边相似、相近的少数民族认同”的意见，1986 年，贵州省委办公会议纪要明确：“先维持现状，即已经按少数民族对待的仍按少数民族对待。”

2000 年，全国第五次人口普查，全县穿青人常住人口 6.04 万人，占常住人口的 7.09%。

2010 年，全国第六次人口普查，全县穿青人常住人口 3.64 万人，占常住人口的 4.68%。

穿青人主要分布在鼎新、猫场、马场、绿塘、牛场等乡镇，其次在县城和达溪、羊场、双山等乡镇有零星分布。

二、蔡家人

蔡家人源于战国时期的蔡国人。蔡国被楚灭国，“俘其民，放之南徼，流而为苗者，知中原礼仪”（清陈鼎《黔游记》）。《黔南职方纪略》载：“蔡侯公为楚所灭，遂迁其公族于牂牁，于是苗中有蔡家子也。”“南徼”指西南边塞地区，即今云、贵、川一带。一部分进入贵州的威宁、大定、平远等地。蔡家人自称“门你”，彝族人称之为“写果”或“阿乌哪”，白族人称之为“蔡家”。1983 年 9 月，根据蔡家人的意愿，毕节地区少数民族识别办公室调查结果，认为应定为“蔡族”。但按照国家“不再增加少数民族单位”的意见，“从有利于少数民族团结和少数民族自身发展出发，对于相互近似的少数民族集团，即其语言基本相同，少数民族特点相近，地域相连，而且形成密切经济联系的，尽可能相互合为一体，认定为同一少数民族。”2008 年起，蔡家人开始办理认同彝族的手续。到 2015 年年底，办理 6352 人，保留蔡家人民族身份的还有 463 人。

三、民家人

民家人属清代少数民族之一。明清时称为“民家”。民家人分布在县城和八堡乡中箐村，其中，中箐村 123 户 556 人，城关 3 户 15 人，为刘、何、申、张、梅、陈、胡、彭 8 个姓氏。民家人与汉族杂居，没有本民族语言，通汉语。

2007 年，八堡乡中箐村民家人向大方县民宗局申请认定为白族，但是，由于毕节地区的民族格局是民家人只能认定为汉、彝、苗 3 种民族，故未能认定为白族。2015 年，县境内有民家人 126 户 571 人。

第四章　少数民族地区建设

第一节　经费投入

国家对少数民族地区的建设一直给予大力支持，逐年划拨经费，扶持少数民族地区发展。1992—1995 年，中央、省、地、县投入大方县的少数民族经费共 288.47 万元，其中，投入少数民族地区基础设施建设、农业投入、企业发展及扶贫救济方面86.35万元，占少数民族经费总额的29.93%；投入文化和教育卫生事业建设130.64万元，占经费总额的45.29%；投入少数民族宗教事务工作经费等71.48万元，占经费总额的24.78%。

1996—2000年，各级划拨大方县的少数民族经费共425.02万元，比1992—1995年增长47.34%，其中，投入少数民族地区基础设施建设、农业投入、企业发展及扶贫救济方面188.66万元，占经费总额的44.39%；投入少数民族文化和教育卫生事业建设113.7万元，占经费总额的26.75%；投入少数民族宗教事务工作经费122.66万元，占经费总额的28.86%。

2001—2005年，各级划拨大方县的少数民族经费共543.05万元，比1996—2000年增长27.77%，其中，投入少数民族地区基础设施建设、农业投入、企业发展及扶贫救济方面261.61万元，占经费总额的48.17%；投入少数民族文化和教育卫生事业建设169.96万元，占经费总额的31.3%；投入少数民族宗教事务工作经费111.48万元，占经济总额的20.53%。

2006—2010年，各级划拨大方县少数民族经费1672.72万元，比2001—2005年增长208.02%，其中，投入少数民族地区基础设施建设583.5万元，占经费总额的34.88%；投入少数民族文化和教育卫生617.28万元，占经费总额的36.9%；投入少数民族宗教事务工作经费471.94万元，占经费总额的28.22%。

2011—2015年，各级划拨大方县少数民族经费2414.89万元，比2006—2010年增长44.37%，其中，投入少数民族地区基础设施建设1037.2万元，占经费总额的42.95%；投入少数民族文化和教育卫生事业建设999.09万元，占经费总额的41.37%；投入少数民族宗教事务工作经费378.6万元，占经费总额的15.68%。

1992—2015年大方县少数民族地区建设经费投入一览表

表—2-4-1-1　　单位：万元

年份	合计	其中					
		基础设施建设	农业投入	企业发展及扶贫救济	少数民族文化	教育卫生	少数民族宗教事务工作经费
1992	65.10	16.00	7.85	7.15	2.00	17.75	14.35
1993	58.80	1.80	0.60	7.00	10.50	32.40	6.50
1994	82.66	26.55	3.07		5.80	28.24	19.00
1995	81.91	12.50	3.83		10.25	23.70	31.63
1996	67.54	12.00	2.00	1.00	13.34	10.30	28.90
1997	76.73	25.35	3.16		11.22	21.15	15.85
1998	83.05	25.40	16.90	0.45	1.90	10.00	28.40
1999	115.45	54.50	4.40		7.45	20.84	28.26
2000	82.25	43.50			5.50	12.00	21.25
2001	77.40	43.90			4.40	21.40	7.70
2002	141.45	89.15	0.80	2.00	16.00	18.50	15.00
2003	105.90	43.00	10.00		11.00	19.70	22.20
2004	91.91	25.96	8.50		9.74	26.63	21.08

续上表

年份	合计	其中					
		基础设施建设	农业投入	企业发展及扶贫救济	少数民族文化	教育卫生	少数民族宗教事务工作经费
2005	126.39	30.80	7.50		18.59	24.00	45.50
2006	145.82	66.00	12.40	0.80	14.90	29.78	21.94
2007	270.70	103.70	4.00		51.60	56.00	55.40
2008	318.00	105.00	4.00	0.50	106.00	33.00	69.50
2009	386.00	114.90	25.00		156.20	36.80	53.10
2010	552.20	117.20	30.00		61.00	72.00	272.00
2011	418.00	159.60	52.00	8.90	92.00	81.00	24.50
2012	354.50	13.50	90.00	15.00	174.00	11.00	51.00
2013	551.50	149.20	78.00	20.50	134.00	29.00	140.80
2014	732.89	121.50	78.00	65.00	322.09	41.00	105.30
2015	358.00	131.00	45.00	10.00	107.00	8.00	50.00

第二节　经济建设

一、基础设施建设

（一）通村公路建设

1992—2000年，投入少数民族经费81.3万元用于通乡通村公路建设。1995—1998年，新修安乐彝族仡佬族乡至东关乡公路20千米；修建安乐乡双井至营脚公路4.5千米；维修理化、安乐、竹园等乡镇通乡公路20千米；维修马场、安乐、黄泥塘、羊场等乡镇通村公路30千米；新修双山镇至法书公路2.5千米。1999年，补助新修，维修兴隆、响水、长石、黄泥、普底和双山法书、马场阿支孔等地乡村公路18.5千米；修建大山乡格里河大桥。2000年，修建长石镇石坪、水官寨，鼎新乡和平、箐脚，普底乡大水至小桥等公路。

2001—2014年，对少数民族乡和少数民族村寨公路建设投入经费共计427.49万元。新修和维修公路16条（段）35千米，涉及猫场、理化、响水、核桃、安乐等13个少数民族乡20多个村。2005年，修建公路4条（段）8千米。2006年，新修维修公路12条（段）45千米，修建人行桥1座，惠及8个少数民族乡15个村。2007—2009年，新修、维修公路13条（段）32.5千米，修建人行桥2座，惠及13个少数民族乡15个村。2010—2013年，新修、维修公路22条（段）30千米，修桥2座，受益群众5万多人。2014—2015年，投入少数民族经费27.5万元，新修、维修鼎新乡风景村、对江镇大山村、大山乡解放村、理化乡白泥村等6条公路共20千米，受益群众3万人。

（二）输电线路建设

1992—2000年，投入107.09万元，用于输电线路建设，解决少数民族村寨照明和电器用电。1992—1996年，投资补助牛场乡中坝、响水乡吊兰、安乐乡平坝、理化乡法乐、马场镇金龙、鼎新乡黑泥、猫场镇永久以及大山乡、星宿乡等共修建8条输电线路设。购买2台发电机，帮助解决大山乡、星宿乡偏远村寨的村民用电。1996—2000年，投资补助马场镇民丰、凤山乡羊岩、响水乡青杠、理化乡大塘、安乐乡原泉、黄泥乡石丫口、三元乡河头、普底乡红丰以及双山镇等共修建15条输电线路，共计32千米，14个村群众受益。

2001—2005年，投入电力建设资金4.18万元，补助竹园乡、理化乡输电线路建设。2005年后，全县进行农网改造，绝大多数村寨用上了电，少数民族经费投入2万元，用于维护输电线路。

（三）饮水安全工程

1992—1996年，投资29.81万元补助竹园乡显母、歹鸡，兴隆乡营脚、良田，瓢井镇小洞，猫场镇碧脚，理化乡果木、偏坡、大塘、长春，高店乡高榜，八堡乡中箐以及黄泥乡共修建13处农村饮水工程，铺设管道36.4千米，解决2670户1.2万人和近3000头牲畜的饮水困难。

1997—2000年，投资补助响水乡前进、六龙镇马厂和理化乡大水井等共修建13处农村饮水工程，解决4151户1.3万人和近1万头牲畜的饮水困难。

2001—2008年，投资225.82万元，补助大水乡箐山，理化乡石牛，响水乡大塘、岔河，三元乡河头苗寨，竹园乡熊二苗寨，兴隆乡凉风、菱角，鼎新乡姚家寨，果瓦乡农果，八堡乡青杠等共修建21处农村饮水工程，铺设管道58.8千米，解决1.7万人和3500头牲畜饮水困难。

2009—2014年，补助八堡乡水洞，牛场乡垅龙、以朵，大山乡光华，瓢井镇连坪，长石镇半坡、环路，响水乡岔河、大河，达溪后山塘、新店，安乐和平，理化新寨，三元乡群丰，竹园乡歹鸡，八堡乡天宝，兴隆乡房子、安乐乡尚寨移民点等24处农村饮水工程，铺设管道67.2千米，修水池5个，解决4944户、1.98万人、3955头牲畜饮水困难。

（四）住房建设

1991—2008年，累计投入104.65万元，资助少数民族群众新建住房576幢，建筑面积2.57万平方米，其中，1992年建房4388平方米，解决74户少数民族住房。1995—2000年，建房6350平方米，解决149户住房困难。2001—2008年，建房14961平方米，解决353户住房困难。2009—2014年，投入建房和新农村建设的少数民族经费543.3万元，其中直接用于少数民族群众建房资金50.5万元，解决172户住房困难。2015年，投入120万元，支持2个少数民族特色村寨建设，用于民居改造靓化、产业发展；支持少数民族乡“美丽乡村·四在农家”基础设施建设。

二、扶持种植养殖业

1991年，在响水乡建苗圃基地，培植桑苗110万株，分发给10个少数民族乡种植，种植面积1000亩。1993年，用少数民族经费购化肥14吨和小麦种1500公斤支持黄泥塘镇少数民族村寨的“三秋”生产。1995年，为凤山乡羊岩村购买300亩地膜烟的地膜、400亩杂交玉米的种子。1996年，投入1.12万元购20吨磷肥支持理化乡大塘村种烤烟500亩，投8000元补助40户群众修烤烟烘烤房，投入3000元给大山乡购买花生种。1994—1999年，投入29.8万元，建设县民宗局养殖基地，补助大山乡养羊贷款贴息，补助理化乡、文阁乡瓦厂村饲养小尾寒羊，扶持马场镇一棵树村饲养黑山羊。

2004—2006年，在核桃乡扶持种植经果林，在三元乡扶持种植生态林120亩。2011—2014年，在兴隆乡、大山乡扶持种植果树300亩；在大方镇、羊场镇、沙厂乡、百纳乡等地扶持种植中药材，共计950亩；在兴隆乡、八堡乡、核桃乡、安乐乡扶持种植太子参800亩，在凤山乡扶持种植苎麻200亩，在凤山乡水西神山农业合作社种植果树200亩。

2005—2010年，援建核桃乡文坪养殖基地、安禾养猪场，牛场乡九龙养猪场，小屯乡法启养猪场，响水乡岔河养猪场，高店乡大山养殖场，双山镇七一养殖场，长石镇前进养猪场，三元乡群丰仿野生人工大鲵养殖场，大山乡光华村养殖场，三元乡养殖场，达溪镇群联少数民族养殖场。

2010—2015年，援建星宿乡漆树村野猪养殖场、牛场乡乐公村养殖场、鼎新乡则鸡养殖场、八堡乡九股水养殖场、凤山乡店子牛羊品改点、竹园乡海马芦花鸡养殖场和养猪场、八堡乡新开养殖场、兴隆乡富民养殖场、鼎新乡养殖场、八堡乡中箐南街养猪场。

2001—2015年，扶持养殖业共投入资金128.6万元。购买农用物资、培训农业技术人才、建沼气池、抗旱救灾等，共计投入25万元。

三、扶持企业发展

1992—2000年，投入34.8万元，补助建设竹园乡海马苗圃场、桑苗苗圃场，羊场镇少数民族化工厂，六龙镇矿产品加工厂，核桃乡制砖场。

2001—2014年，投入民贸企业、少数民族特需品生产企业经费88万元。2010年，根据《国家民委“十二五”规划期间进一步落实扶持少数民族贸易和少数民族特需品定点生产企业优惠政策的通知》，大方县先后报省民委审批86个少数民族贸易、少数民族特需品生产企业。2011年，扶持竹园乡海马玉茗茶业公司，种植茶树450亩，带动当地农户2698人增收。

2012年，投资扶持大方彝族漆器工艺品有限公司漆器髹饰技术传承保护项目和八堡乡水花酒厂。2013年，投资扶持贵宝漆器厂、八堡乡黔西北少数民族文化旅游工艺品有限公司、大方漆器髹饰技术传承保护项目。

2014—2015年，投资扶持大方县同心生物科技有限公司食用菌栽培加工、八堡水花酒厂、贵州华方生物科技有限公司太子参种植、彝山红旅游开发有限责任公司漆器延伸产品加工。彝山红公司达到年产漆器200件、小工艺品1000件生产能力。扶持承轩红木家具有限公司用于漆木家具和原木家具漆器工艺创新开发项目；扶持大方贵宝漆器工艺品有限公司，公司生产能力达到年产漆器工艺品2万件，实现销售收入390万元，利润达58.5万元，上缴税金27.3万元；扶持海美斯科技有限公司，用于陶瓷传统工艺手工艺品厂房建设、仿古喷砖凝丰文化工艺品研制；扶持百里花食品有限公司，用于贷款贴息补助和皱椒收购。

第三节　文化　教育

一、文化

（一）经费投入

1991—1994年，投入2.03万元，整理少数民族古籍出版；投资12万元，补助修建奢香博物馆，并征集文物300件。1995—2000年，投入32.8万元，组织彝文、苗文翻译组收集、整理、翻译少数民族专著10余部，收集文物10余件，编纂《六寨苗》一书出版。

2001—2005年，投入42.3万元，用于彝文、苗文古籍翻译、整理、出版。补助开展少数民族节庆活动，组织排练羊皮四胡演奏曲目参加贵州民间艺术节和全省少数民族体育运动会，完成白族史料汇编。

2006年和2007年，分别投入14.9万元和37.6万元，开展少数民族语言培训、文娱体育活动，补助奢香博物馆维修及古籍收集整理翻译，建设鸡场大坝苗族村文化广场，支持《杜鹃花开》电视剧拍摄，举办少数民族原生态舞蹈大赛和奢香文化座谈会。

2008—2010年，投入132万元，开展少数民族节庆活动、原生态歌唱大赛，开展支嘎阿鲁湖首游仪式，修建鸡场乡大坝少数民族文化活动中心，补助竹园乡文化服务站和八堡乡复兴等5所学校开展少数民族文化进校园活动。补助奢香博物馆购置设施、鸡场乡大坝民居改造和八堡乡少数民族文化表演场建设。开展少数民族民间文化交流“苗家才子佳人大搜寻”活动。投入20万元，支持彝族、苗族、白族3个少数民族学会开展活动。

2011年，投入51万元，培训慕俄格古城管理人员，补助八堡乡、核桃乡表演场地建设，举办少数民族节庆活动，进行文化交流，编写《水西简史》《苗族医学》等书籍。

2012年，投入101万元，支持电视连续剧《奢香夫人》参评中国电视“金鹰奖”，对沙厂乡古银杏树进行定期保护，支持竹园乡彝族风情街寨门建设，八堡乡新寨少数民族文化品牌打造和果瓦乡慕德八层衙前期打造，补助县内各少数民族节庆活动，对少数民族文物古籍进行搜集整理出版，对少数民族非物质文化遗产进行抢救保护。

2013年，投入106.5万元，支持鸡场、安乐、猫场、黄泥塘等乡镇少数民族文化活动中心、少数民族文化墙、少数民族文化广场建设，支持斗姥阁基础建设，打造核桃乡木寨白族村寨。

2014年，投入76万元，继续进行少数民族文化古籍收集整理和文化交流，开展斗姥阁游园系列活动。资助少数民族节庆活动。组织大型歌剧《古彝香魂》参加毕节市第二届文化艺术大赛。

2015年，投入120万元，补助白族团圆节庆典活动、首届苗族跳花节暨乡村旅游首游仪式，资助中国彝族摄影系列活动、彝族百对新人婚礼、彝族千人舞大型文艺汇演活动、首届水族文化节、彝族年活动等。

（二）古籍整理

2006年，设立少数民族古籍整理所，为县民族宗教事务局所属副科级事业单位，重新收集整理彝族苗族经典古籍。收集整理翻译的彝族经典古籍有：《西南彝志》，原属大方县三元乡陈朝光家百年藏书，共26卷。20世纪50年代，县民委发现此书，后存于北京少数民族文化宫。《西南彝志》记述彝族先民对宇宙和人类起源的认识，描述彝族各部族的古代社会面貌，反映其政治、经济、文化状况，具体记述西南地区彝族对自然现象的探索和理解。地、县彝文翻译组重新收集整理第一、二卷，彝汉对照本于1988年12月出版。《玄通大书》是一部描写水西历史掌故、风土人情、建筑设计、自然风物、宗教活动的历史文献，全用彝文书写，约10万字。《凯讴数》原属大方县余子清家藏书，经地、县收集整理成集。《凯讴数》叙述耿奢哲鄂莫额撰写诗文，辨析阴阳，十二属相，阿妥定星象，勃苏纳治禾稼，耻那辨日月，阿妥那叠炼铜，实勺鄂莫分辨阴阳二气与万物生长的关系。记录天、地、人的产生；记录人类狩猎、用火、穿着、耕牧、使用度量衡，识五行八卦、二十八星等。《宇宙人文论》原为安乐乡罗国义家藏书，由地、县彝文翻译组收集整理。《宇宙人文论》阐述彝族先民对宇宙起源、人类起源及万物发展变化的认识，论述阴阳五行、天干地支、解说彝族八卦、河图洛书，讲述人体经络。较多篇幅讲解天文历算知识。

2008年后，收集整理《慕靡确》《实勺确数》《拖哎哺数》《指路书》《迤陡觉摩》《努讴》《天地产生》《笃慕纪略》《易三十陀数》《密纪显车数》《阿哲世系》等彝文古籍。编写《彝汉简明词典》。2015年，收集整理彝文古籍共录378册，收录民间艺人147人档案资料，登记少数民族古籍人才名录，将彝文古籍文献拍照、抄写、注音、翻译成篇。编写《彝文书法作品鉴赏集》《彝语母语培训教材》各1部。

彝文翻译组编写了《水西彝族历史简介》《姆道美喜署》《安品与满奏》《彝族水西制度》《彝族婚丧风俗习惯》《水西彝文金石图录》《文献文物分布概况》《大方县各少数民族历史资料》《大方彝族年介绍》《水西彝族历史世系》《彝族歌曲故事》《彝族民间故事》等。《彝文金石图录》（第一辑）获毕节地区首届社会科学优秀成果一等奖。

苗族古籍无文字记载，仅凭口头流传于民间。苗文翻译组走访36个乡镇的苗族聚居村寨，采访歌师900人次，收集记录苗族6个土语古籍文化资料，有关友情、婚姻、丧葬、祭祀、故事、古歌、战争与迁徙、芦笙辞等方面资料217本564万字，出版《祭祀辞》。

调查收集少数民族碑刻246块、拓片203块，修复翻译36幅，历史久远的有《济火记功碑》《大渡河桥碑》《明成化钟彝文铭文》。调查摄录高店乡白布白族谢氏石棺墓群、小屯乡法启村白果白族赵（萧）石棺墓。

（三）少数民族学研究

2007年，先后成立大方县彝学研究会、苗学研究会、白学研究会。3个研究会是由有志于少数民族学研究的专家、学者和少数民族工作者自愿组成的群众性学术团体，为全县少数民族文化发展、推进少数民族团结进步、从事少数民族学研究、开展少数民族文化活动做了大量探索和实践。

1. 大方县彝学研究会

2007年3月31日，大方县彝学研究会成立，会长为康朝敏。2008年，彝学研究会在凤山骂嘎底火把节期间，组织开展“奢香故里·古彝圣地”彝族文化论坛，就彝族的起源、分布、各地方言差异、火把节和彝族年的由来等进行研讨与交流。编辑出版《大方彝族》会刊5期。搜集整理原生态彝歌18首，撰写调研报告12篇，印发《支嘎阿鲁王》小册子2000册。2009年，举办奢香文化发展论坛，省内外彝学专家、国际友人和各界人士46人参加论坛。2009—2010年，县彝学研究会先后两次组团到四川凉山、云南大关学习考察，分别参加四川凉山州雷波“三省一区彝族文化研讨会”、云南大关彝族十月年联谊会。应云南巍山县彝学会邀请，组团参加中华彝族祭祖节。接待四川凉山州、云南大关彝学考察组，云南彝良县彝族考察团，相互进行少数民族文化交流。2011年，举办贵州省旅游发展大会之“中国·大方彝族文化论坛”，省内外彝学专家60多人参加。整理、编辑、出版《彝汉对照常用工具书》，发表论文《提高少数民族文化创新意识科学打造彝族文化产业》《浅谈彝族布摩与摩史的关系》《浅谈彝族文字规范统一问题》《少数民族地区县域经济发展模式研究》等。2015年3月，举办彝家祭水节。8月，举办2015贵州大方彝族火把节暨第三届凤山乡乡村旅游文化节，10多万人参加活动。

2. 大方县苗学研究会

2007年12月16日，大方县苗学研究会成立，会长为杨官文。苗学研究会收集、整理、撰写《大方苗族百年实录》《六寨苗》《六寨苗族口碑文化》《大方苗族族源与分布》《族源与迁徙》《苗族民间医药与药方》《苗族古歌》等书籍。出版《大方苗族》会刊4期，发表苗学研究文章《大方苗族风俗习惯》《苗族地区及群体可持续发展战略思考》《大方六寨苗端午跳花节的来历》《大方花果苗族新年习俗》《黔西北苗族非物质文化遗产的保护与利用》《大方苗族生态文明家园建设情况的调查与思考》《六寨苗族服饰及旅游研究》《与王震将军合影的前前后后》《大方苗族芦笙制作工艺》《大方苗族情歌》等。开展对苗族文化传承人、民间艺人、歌师、芦笙演奏等人才进行普查，召开苗族文化传承保护座谈会，举办苗族语言文字、芦笙演奏培训班。2011年7月，开展“婚育新风进苗家”活动。2012年，参加在纳雍县举行的苗学年会，大方县《传统节日的内容变化凸显黔西北苗族传统文化的生存危机及其保护对策》一文获奖。2013年，参加在金沙县举行的苗学年会，大方县《浅谈新一轮扶贫攻坚苗族经济文化发展之我见》一文获奖。2014 年，参加在赫章县举行的苗学年会，大方县《浅谈八堡乡新开村苗寨新农村建设的现状及思考》一文获奖。两次组团赴省内外学习考察，两次组团参加四川古蔺县“川滇黔渝四省八县苗族情人节”系列活动。邀请山东阳谷蚩尤文化研究社、云南文山苗学会、昭通苗学会到大方县考察。2015 年，收集整理关于苗族历史、语言、服饰和扶贫、旅游开发的理论文章 20 余篇。其中，杨儒翰的《六寨苗对红军的贡献研究》入选贵州苗学会期刊，《浅谈八堡乡新开村苗寨新农村建设的现状及思考》在川、滇、黔三省苗学会上交流。

3. 大方县白学研究会

2007 年 10 月 12 日，大方县白学研究会成立，会长为谢志全。白族文化研究有影响的著作有《贵州白族史略》（赵卫锋著）、《贵州白族文学史略》（赵卫锋、赵玉娇著）。至 2014 年，白学研究会编辑出版会刊《大方白族通讯》7 期，发表研究文章《黔西北白族丧葬习俗》《大方白族锣钹曲》《双语教育少不得》等。以少数民族节日为载体，指导响水、普底、三元、核桃等乡镇举办三月三白族团圆节活动。协助做好响水乡大井白族村寨、核桃乡木寨村马白寨、理化乡果木村田坝等白族特色少数民族文化村寨建设。2007 年、2012 年、2013 年 3 次组队到云南大理考察学习，参加大理白族火把节，了解大理白族的历史演变、文化教育、民俗风情、白族歌舞、白族古村寨建筑特色等。邀请云南大理州“中国白族百村百人”写真拍摄组到大方白族村寨拍摄，邀请云南省社科院白族教授董建中、贵州省民研所所长李平凡、贵州省民族大学教授李相兴到大方考察白族文化。举办白族语言培训班，聘请中央民族学院、云南省社科院教授到大方讲课。

2007—2015 年，每年均举办三月三白族团圆节，发扬和传承白族文化，增进白族同胞民族感情，加强白族与各民族的团结互助，助力地方经济发展。

二、教育

（一）经费投入

1992—2000 年，各级投入民族教育经费共 176.03 万元，其中，省级 10 万元、地区级 22 万元、县级 144.03 万元，用于补助大方一中民族班，百纳民族中学，普底民族小学，菱角民族小学，海马小学、复兴小学苗族女子班，花果小学、法书小学、猫场永久小学少数民族学生，投资修建理化乡冲头民校、牛场乡中坝小学、八堡乡白果小学等学校校舍共 565 平方米。

2001—2014 年，各级投入民族教育经费共 545.81 万元，用于解决凤山乡白鸡、理化乡冲头、对江镇法书等 5 所民校的续建，资助大方一中等 3 所中学及菱角、贾垮少数民族女子班等 10 多个校点的修建。补助达溪镇冷底教学楼修建、沙厂乡营竹小学维修、大山乡松鹤小学危房改造，支持大山乡大山小学双语班，支持少数民族科技人才培训和少数民族文化师生培训，补助奖励大方一中民族班和考取清华北大的贫困学生，添置 10 多个民族乡小学教学设备。在竹园乡箐脚小学、瓢井镇中心小学、安乐乡安乐小学、兴隆乡菱角小学等 16 个学校开展少数民族文化进校园活动，资助顺德民族学校工作经费，对全县录取的优秀少数民族大学生进行奖励，对双语教学点进行补贴。

2015 年，获得中央民族教育专项基金 77.6 万元，实施项目 8 个；市级民族教育专项资金 14 万元，实施项目 5 个；自主统筹资金 50 万元，实施项目 5 个。

（二）民族学校　民族班

20 世纪 80 年代，县委、县人民政府批准建立百纳民族中学和菱角、普底、大水 3 所民族小学。1981 年，在大方一中开办大方县第一个民族高中班，至 2010 年止。1986 年，在大方一中、大方二中初中开办民族文化补习班。1991 年，在竹园乡箐脚、海马，八堡乡创办 3 个苗族女子班。苗族女子班的创办，得到国家民委肯定，省委统战部、省民委将大方县创办民族女子班的措施，作为先进经验在全省推广。至2015 年，全县有百纳民族中学、菱角民族小学、顺德民族学校 3 所民族学校。

（三）双语教学

县内一些少数民族聚居地区，特别是苗族、彝族聚居的村寨，儿童不通汉语的现象较普遍，迫切需要少数民族语言配合教学。20 世纪 80 年代，大方县开始进行双语教学，在中箐小学、凤山小学、安乐小学增设彝语课，在坡脚、瓢井、八堡等乡镇开设双语教学点，增设彝语或苗语课。全县有 24 个教学点，双语教师 28 人。八堡乡复兴村民办小学教师向兴荣，编写大方县首册《苗文教学》教材，1985 年由贵州民族出版社出版发行。

1990 年，全县开设苗文班 9 个，学生 261 人；彝文班 13 个，学生 447 人。为满足双语教学需要，县民委、县教育局组织双语师资培训。1994 年，大方县输送彝族苗族学生各 4 人到毕节师范彝语班、苗语班学习。之后先后输送 50 名学生（彝语 30 人、苗语 20 人）到毕节师范学校学习。1996 年，全县有双语教学学校 11 所 21 个班 908 名学生，有双语教师 15 人，分布在竹园、响水、猫场、凤山、兴隆、八堡、安乐、三元等乡镇。1999 年，有双语教学学校 12 所，25 个班，1130 名学生，双语教师 21 人。2000 年，组织少数民族教师 50 余人到贵州民族大学培训。2011 年，有双语教学点 13 个，其中，苗汉双语教学点 7 个，彝汉双语教学点 6 个，双语教师 17 人，学生 2614 人。2013 年，抽选 50 名双语教师集中到县城参加培训，邀请省内彝文专家担任培训教师。2014 年，抽选 41 名双语教师集中到县城参加培训，邀请中央民族大学苗语专家担任培训教师。同年，白族学会邀请国家民委、大理白学会专家举办 1 期白语培训班，参加培训 35 人。2013—2014 年，有双语教学点 12 个，双语教师 14 人，学生 1600 人。2015 年，全县有彝汉双语教学点 5 个，苗汉双语教学点 7 个，双语教师 14 人，接受双语教学的少数民族学生 2132 人。

第四节　干部培养

中共十一届三中全会后，县委、县人民政府更加重视少数民族干部队伍建设，把培养选拔少数民族干部作为落实少数民族政策、加快少数民族地区经济社会发展的重要工作。1978 年，全县行政干部 4705 人，其中少数民族干部 954 人，占干部总数的 20.28%。1991 年，选送少数民族干部 16 人到省民族学院培训。1992 年，全县行政干部 9216 人，其中少数民族干部 2341 人，占总数的 25.40%。1994 年，县民委与县委党校配合，举办 2 期少数民族干部培训班，每期 50 人。1996 年，毕节地委党校举办少数民族大专专修班，大方选派 36 名少数民族干部参加培训。

进入 21 世纪，少数民族干部在干部中的比例上升，特别是在乡科级干部中的比例增大。2005 年，县民委投入 2.61 万元培训少数民族干部。2007 年，在县级党政领导班子中，少数民族领导干部 9 人，占县级领导干部总数的 52.9%；县直部门领导班子成员中，少数民族干部 74 人，占县直部门领导干部总数的 24.34%；乡镇领导班子成员中，少数民族干部 210 人，占乡镇领导干部总数的 47.84%；乡镇政府工作部门中，少数民族干部 173 人，占乡镇政府工作部门干部总数的 35.45%。2008 年，县举办少数民族干部培训班，培训各乡镇副科级少数民族干部，培训内容有少数民族理论、少数民族政策、宪法、村民委员会组织法、少数民族工作条例等。

2010年后，大方县培训少数民族干部工作形成机制，干部培养和培训常态化，每年都培训大批少数民族干部。按照“四化”条件选拔任用干部，并进行上岗前培训、岗位培训、提升学历培训，少数民族干部结构发生较大变化，文化结构提高，年龄结构降低。2010年，全县县级干部40名，其中少数民族干部20人，占50%；乡科级干部575人，其中少数民族干部237人，占41.22%。2014年，县级干部43名，其中少数民族干部17人，占39.53%；乡科级干部1294人，其中少数民族干部497人，占38.41%。2015年，县级干部41人，其中少数民族干部17人，占41.46%；乡科级干部1264人，其中少数民族干部519人，占41.06%。

第五节　特色村寨建设

大方县在社会主义新农村建设中，把少数民族聚居的村寨作为建设重点。2011年7月，省民委把500个特色少数民族文化村寨建设作为少数民族事业发展十大推进计划之一，其中，大方县有8个村寨。

一、海马宫村

海马宫村属竹园彝族苗族乡，辖11个村民小组，总人口3640人，其中，苗族1211人，彝族751人，白族109人，少数民族人口占总人口的61%。全村均为山地，三面环山，一面由东向西呈阶梯状通向河谷。山峦叠翠，云雾缭绕，溪水潺潺。

海马宫苗族芦笙舞独具特色，享誉县内外。箐脚组人李登高吹奏的芦笙曲《园门曲》《邀请曲》《思乡曲》，2001年获省少数民族运动会芦笙表演二等奖。2005年1月，在香港国际音乐研讨会上，李登高表演的芦笙曲受到与会民乐演奏家、音乐家和上万观众的青睐。2011年，在省第二届器乐比赛中，七管芦笙《赶月曲》获省文化厅一等奖。

海马宫种茶历史悠久。明代奢香夫人曾将海马宫茶作为贡品进贡朝廷，故名“彝家女”贡茶。1990年，县投入资金在海马宫开辟3000多亩茶园。2007年7月，贵州海马宫茶业有限责任公司成立，从四川雅安引进750万株茶苗种植，以“公司+专业合作社+村委+农户”模式创办示范基地，进行机械化加工，精致包装，海马宫茶入选“乌蒙山宝·毕节珍好”名优特产名录。2010年12月，贵州大定府茶业开发有限公司成立，注册商标“彝家女”贡茶、“慕俄格”古茶。2011年6月，公司茶叶加工厂落户海马宫，在海马宫建立大方玉茗茶叶专业合作社，带动茶农进行规模化种植。

2012年，海马宫作为“五园新村精品示范村”接受毕节市生态文明家园建设调度会代表参观。是年，引进总投资500万元的海箐生态养殖场落户海马宫茶园一组，流转土地建绿色果园、无公害蔬菜基地和家畜家禽养殖场。第一期投入100余万元，流转土地300亩。

2014年，海马宫茶园达7000余亩。是年9月，海马宫村获“全省第三批少数民族团结进步创建活动示范村寨”称号。

2015年，全村农民人均可支配收入达6520元。

二、果木村

果木村属理化苗族彝族乡，辖15个村民小组，988户3146人，其中白族1781人，占总人口的56.61%。

果木村白族原系南京人，明初入黔，明永乐五年（1407）与当地龙家人在西望山（今息烽县境）结盟，三十六姓合为赵、谢二姓。明天启二年（1622），结盟合姓的龙家人、南京人避战乱逃到水西，赵仪先后裔“庚、寅、辛”家支与谢法孔后裔“成琳”家支先散居于羊场坝朱仲河坝子。清顺治二年（1645），族人发现果木有水源，土地肥沃，便迁徙到果木坝子，世代繁衍。

2013年，整合农村危房改造、生态文明家园建设、“五园新村”建设及各类扶贫资金900万元，其中深圳帮扶100万元，建设果木村白族村寨——果木田坝。果木田坝四周群山环绕，树木繁茂，中心地带有形似莲花瓣的小岛。东有豺狗坡，种植梧桐、滇杨、柏树；南有俄松村民组，家家房前屋后广植桃树、李树、梧桐，而竹林居多；西南有半坡村民组，每家每户种植竹林、桃、李、梨、核桃；北有双井组湾子寨，竹林、果树多，全村森林覆盖率达80%；东北面建有娱乐广场和游泳池，游泳池四周是茂林修竹掩映的白族民居，有基督教教堂1所，教堂周边种植葡萄、竹林，广场东面有梨园、养殖场。果木田坝中心部位是新建和改造成黔西北民居的白族村民住宅。村民委员会办公楼按白族传统房屋式样建造，题词、作壁画于墙，办公楼前有篮球场，设有多项健身器材，楼内有图书室、棋牌室。

中华人民共和国成立前，清末秀才赵宝山在果木村办有私塾，中华人民共和国成立后开办果木小学，培养人才。至2014年，从果木小学毕业出去深造的研究生、本科生有20多人，大专生30多人，市厅级干部2人，县处级干部3人，乡科级干部20多人。

2015年，全村农民人均可支配收入达7140元。

三、大坝村

大坝村属黄泥塘镇，辖4个村民小组，529户1986人，少数民族人口1489人，居住有苗族、布依族、彝族、水族等少数民族，占总人口的74.98%。

2004年前，大坝村交通不便，信息闭塞，经济发展滞后。2000年，人均年收入仅600元左右。2004年，深圳市、张家口市对口帮扶大方县，投资50万元，修建大坝村连接黄织（黄泥塘—织金）公路4.7千米，结束了大坝村不通公路的历史。

2006年，农工民主党中央开始帮扶大坝村，捐资2万元，补助100户贫困户。县财政投入扶贫资金20万元，实施20户茅草房改造工程。2007年，农工民主党中央将大坝村作为新农村建设的联系点，大方县制定《大坝少数民族团结示范村建设规划方案》，按照方案，农工民主党中央投入9万元，改造22户茅草房；投入13万元，修建200平方米卫生室，捐赠价值19万元的药品和医疗器材。县人民政府投资22万元，实施100米通组路硬化，硬化连户路4000米，修通2条长为1.5千米的通寨路，建成大坝村少数民族文化广场。

2008年，县投资8.5万元，修建麻窝组至岩头组公路1.75千米。投资180多万元，实施黄织公路连接大坝村6.7千米通村油路改造。投资5.5万元，在岩头组实施855平方米院坝硬化、1331米连户路建设。投资6万元，建成岩头组通组公路1.2千米，实现组组通公路；投入34万元（其中农工民主党中央捐资10.5万元），改造茅草房2户、无房户建房4户，恢复重建受灾损坏房屋20户，亮化房屋5000平方米。是年，大坝村被评为“贵州省首批少数民族团结进步示范村”。

2009年，投资40万元，建设黔西北民居34户；投资10万元，建成5户农家乐；投资8.9万元，新建少数民族团结村标志性寨门、象征柱、虎图腾雕塑；投资10万元，对村委会办公楼进行少数民族特色改造。

2010年，投资80万元，对84户民居进行改造和新建；投资55万元，修建小型提灌站和架设自来水管；投资45万元，建人畜饮水池1座；协调资金300多万元，修建占地面积7819平方米、建筑面积3180平方米的少数民族文化活动中心；投资15万元，新建生态公园、同心步道；投资25万元，对少数民族文化广场进行绿化、美化，安装路灯和健身器材。

2011年，投资365万元，水泥硬化进村道路6.1千米，新修库区码头1个。建成大坝村农家书屋，图书3000册。全村村民参加农村合作医疗，参合率达97.6%。开展“阳光工程”培训，先后4批次输送17岁~35岁农民100多人到沿海发达地区学习、就业。

调整农业产业结构，推进大坝村经济发展。2012年后，农工民主党中央协调大方绿色产品开发公司投资40万元，采用“公司+农户”模式，与20户农户签订合同，种植半夏100亩、栀子200亩。协调贵州同济堂制药公司投资80万元，种植刺梨1010亩，大坝村民在刺梨基地务工，年收入20多万元。协调爱德华基金会赞助20万元，县财政匹配15万元，建养牛示范基地1个；县匹配9万元，建牛圈20间700平方米，补助20户5000元作购牛经费；投资4万元建成6000平方米蔬菜大棚5个。共种核桃1561亩、杨梅200亩、中药材和山毛桃5000亩，杭白菊100亩，牡丹200亩。在村容环境整治方面，财政投资10万元建沼气池100口。投资137万元，其中，农工民主党中央协调环保部专项资金97万元，建成人工湿地污水处理设施12座，铺设生活污水收集管网8700米，配套建成农户室内简易洗澡间与洗碗池109户，建成生活垃圾收集池20座，购买垃圾清运车1辆。

洪家渡水电站建成后，大坝村被支嘎阿鲁湖环绕，常有游客到大坝村旅游观光。到2014年，农民人均年收入达5636元。少数民族文化中心和少数民族文化广场成为大方县彝族祭水节和当地苗族跳花节的举办地。

2015年，全村农民人均可支配收入达7540元。

四、店子村

店子村属凤山彝族蒙古族乡，辖8个村民小组，居住着汉、彝、蒙古、白等民族。2014年，全村957户2885人，少数民族856人，占总人口的29.67%，其中彝族602人，主要是水西安氏及其部族后裔。

店子村有水西大草原、水西神山和金马山等自然风光，有水西古彝寨、古驿道、古城墙遗址。

“十二五”规划期间，店子村纳入全省500个特色少数民族文化村寨建设。县、乡政府依托杭瑞高速公路凤山互通、神山大道、草原大道，在保护传承少数民族文化的前提下，把店子村建设成为集彝族民俗文化、生态农业、观光旅游为一体的水西彝寨。村寨民居按黔西北民居风格进行提升改造，硬化所有农户院坝和连户路、通组公路。全村小康路、小康房、小康水、小康电全部配套。建成水西彝寨寨门、图腾柱、碉楼、戏台、特色文化广场。进入寨门，迎面可见传统游戏设施磨磨秋、八轮秋和广场边上的射箭场。水西大草原安装有彝族风格高杆照明灯，迎宾大道、安乐至水西彝寨段公路两侧和广场安装100多盏彝族风格绿色环保太阳能路灯。新建7个蒙古包，建成草原蒙古风情园。开设10余个乡村旅馆（又称“彝家部落”）。用彝家风味独特的坛子肉、八块鸡、自家酿造的美酒款待旅客。

店子村高原组村民安正举是当地彝族文化传承人，曾在央视节目上唱过彝歌，无偿拿出自己承包地修建文化娱乐场，农闲时组织村民学习彝族语言，教唱《彝家敬酒歌》等歌曲，在水西彝寨创办少数民族服装公司。央视国际频道文艺栏目组专程到凤山乡采访歌曲《水西谣》发源地，安正举接受专访，并应邀到北京宣传大方水西彝族文化。店子村村民自发组织50多人的高原歌舞队，节庆时节，为游人表演《乌蒙欢歌》《彝家敬酒歌》等。

店子村建成中草药规模化种植基地和食草畜牧基地，推动农业产业结构调整，促进农民增收。

2013 年，为期 3 天的“贵州 · 大方 2013 彝族火把节暨凤山乡旅游节”在店子村水西大草原举行，来自云南、四川、重庆、内蒙古、上海、贵阳、遵义、毕节和大方县周边地区来宾、游客近 10 万人参与。

2015 年，全村农民人均可支配收入达 7520 元。

五、木寨村

木寨村属核桃彝族白族乡，辖 10 个村民小组，833 户 2743 人，为汉族、白族、彝族、苗族、蒙古族、穿青人杂居地，其中白族占全村总人口的 56%。2002 年实施退耕还林后，植被得以恢复，森林覆盖率达 63%，山林中有野鸡、野兔、刺猬等野生动物。

核桃乡木寨村马白寨白族民居（2015 年 6 月摄）

2011 年，木寨村纳入全省 500 个特色少数民族文化村寨建设。木寨特色文化村寨建设划分为 4 个少数民族生态旅游区、2 个中药材种植区和 1 个以生猪为主的养殖区。通过招商引资、引导农民工返乡创业，先后创办农家乐 10 家、游泳馆 1 家、模板加工厂 1 家、铝合金艺术门窗加工厂 1 家；创办桃、李、梨等经果林基地 1000 多亩，金银花、桔梗、苦参等中药材基地 200 多亩，花卉果木苗圃 2 个 200 多亩，100 头以上生猪养殖场 3 个。整合各项帮扶项目资金 1500 多万元，群众投工上万个，修建通组公路 12 千米，连户路 8 千米；在木寨河上建桥 2 座，改造河堤 1600 米；改造建设黔西北民居 291 户，其中白族民居 230 户。

木寨村马白寨有马白河从中穿过，河堤两岸杨柳依依，依山傍水的白族民居青瓦翘檐粉白墙，有的民居按“三坊一照壁”式样新颖美观。入寨口建有独具白族特色的寨门。

马白寨前建有文化广场，面积 3600 平方米。沐之春水上乐园面积 2800 平方米。休息长廊长 28 米、宽 3.6 米，两边设有座椅。少数民族活动中心为“三坊一照壁”楼房 1 栋，建筑面积 526 平方米，配套修建健身体育场 1 个和篝火晚会会场 1 处。沿马白河岸边建有景观大道、开心采摘农场、养生野菜、生态露营、浪漫花语岛、熏衣草婚纱摄影等休闲农业景观园和特色民俗自助烧烤店，还有河边观音洞、水帘洞瀑布、三生石、许愿池、垂钓荷花塘等景点。寨子后是观音山休闲公园，一条新修水泥路直达主峰，主峰上建有观音庙，设有石观音和木观音像，石观音侧面岩壁有一股清泉流出，四季不断，当地人称为圣泉，观音像前有长形凉亭，亭柱上有两联“依山实在心志净，凭栏空阔觉悟高”“银台圣水沾法雨，紫竹神风拥慈云”。观音山半坡有一小憩长亭，亭柱上书有两联“已历千寻欲小憩，更上百尺览大观”“满目山河书锦绣，半亭风雨爽精神”。

2013 年 1 月，国家民委、省民委授予木寨村“特色少数民族村寨”称号。2014 年 4 月 2 日，大方县三月三白族团圆节暨核桃乡木寨村第一届乡村旅游节在马白寨举行，当日接待各地游客万余人次。

2014年9月26日，省委宣传部、省委统战部、省少数民族事务委员会授予木寨村“第三批少数民族团结进步创建活动示范村”称号。

2015年，全村农民人均可支配收入达7010元。

六、新开村

八堡乡新开苗寨门（2015年9月摄）

新开村属八堡彝族苗族乡，辖12个村民小组，1102户4160人，居住着苗、彝等少数民族，少数民族人口1705人，占全村总人口的40.99%。新开村新寨为苗族聚居寨子，属“六寨苗”中最大的苗寨，全寨4个村民小组，共346户1406人，全部为苗族。新寨苗族服装与代表幸福吉庆的喜鹊相似，两肩一团雪白并间以黑色镶边，男装长褂有两后摆，形如喜鹊尾巴，女下装为百褶裙，裙由三个部分缝制而成，第一部分为蓝色，代表蓝天和大海，第二部分面积较大，上面印制许多蜡染图案，代表居住的田地、河流，第三部分为宽4寸许的精美刺绣裙边，隐喻苗族故土的城池、高山，一路迁徙经过的河流道路等。因服饰形同喜鹊，新寨苗族又称“喜鹊苗”。

新寨苗族有光荣的革命传统。1935年4月，中国工农红军第九军团在军团长罗炳辉、政委何长工、参谋长郭天明、政治部主任黄火青率领下，由金沙进入大定县境，智取瓢儿井，开仓分盐。六寨苗青年吹着芦笙欢迎红军，到八堡街上参加群众大会，成立“苗民自救会”和“苗民自卫军”。新寨苗族同胞杨以沙带领20多名苗族青年参加红军。1936年2月，中国工农红军二军团、六军团转战贵州进驻毕节后，八堡苗族人民派王义佳、李义竹、李德洪等9名代表到毕节百花山与红军联系，受到红六军团政委王震亲切接见，并一起合影留念，授予“八堡六寨苗族独立团”旗帜，指派红六军团政治部巡视员谢光中任苗族独立团政委，开展武装斗争。同月26日，将军山战役之后，红军把战斗中负伤的47名红军战士转移到新开苗寨养伤，红军伤员得到当地苗族同胞的悉心照料，但有3名红军战士因伤势过重而牺牲，苗族同胞把这3名红军战士安葬在新开寨山上，当地群众称为“红军坟”。

2011年，农工民主党中央把新开村新寨作为同心工程建设示范点，毕节市将新寨列为试验区打造的9个同心新村之一，大方县将新寨作为少数民族团结进步示范村和“五园新村”建设试点。9月，新开村获“贵州省30个最具魅力少数民族村寨”称号。11月1日，毕节市9个同心新村建设动员大会在新开村召开。

2012年6月，新寨同心新村建成竣工。建设投资1430.5万元，建成项目24个，内容包含黔西北民居建设和改造、水电路等基础设施建设、农村环境综合整治和产业结构调整。新开村共完成

227户黔西北民居改造，149户黔西北民居提升，149户旧房美化亮化，安装路灯62盏，建成3500平方米同心少数民族文化广场，广场上有苗族图腾柱、苗族图腾雕像、红军与苗族同胞雕像，建休息长廊1个，1200平方米健身广场1个。改建红军坟作为爱国主义教育基地。建成双语教学基地1个。实施人畜饮水工程，建成沼气池82口。实施村庄绿化，油化6米宽2条进寨路1100米，打造苗族风情街。硬化庭院7578平方米，连户路6.04千米，改厕改圈1796平方米，新建厕所4个，安装垃圾箱55个。

实施同心工程后，新开村处处可见小青瓦、坡屋面、雕花窗、转角楼、三合院、粉白墙民居。公路旁的寨门高大气派，体现苗族文化特色，寨门楹联为“一坛咂酒岁月悠悠窖藏古今事，六寨民风笙歌阵阵挥洒天地情。”新开村调整产业结构，建成核桃示范基地、核桃观光基地、苗木种苗基地各1000亩，建成野猪特种养殖示范小区、蔬菜种植区和苗族水花酒厂。

2015年，全村农民人均可支配收入达6930元。

七、天宝村

天宝村属八堡彝族苗族乡，辖20个村民小组，1178户3891人，其中少数民族1651人，占总人口的42.31%。少数民族中彝族人口最多，分布在山脚、沙家、龙洞、新山、新寨、桃丰、岩脚、箐口、桃中等9个村民小组的彝族1509人，占全村人口的38.6%。

天宝村四周群山环绕，梅家大山、红旗大山、华竹箐大山将村庄环抱，中间有盆地状千亩坝子，3条小溪由北向南流淌，注入人工修建的5个蓄水塘，浇灌天宝田坝。境内属喀斯特地貌，有腰岩大溶洞，洞口有钟乳石，洞内钟乳石奇形怪状，姿态万千。洞中有洞，洞内有伏流，洞中生长有竹子，砍下拿出洞外见光即爆开，人称“阴竹”。

天宝村有许多彝文古籍，现存《置吼署》《以斗署》《祭龙经》等10余册；彝文碑刻20多块，主要集中在杨氏宗族坟山，碑刻时间多为清乾隆、道光年间，内容叙述家族来源、家支变化及崇拜对象等。传说方面有神话史诗《洪水泛滥》《天地祖先歌》《支嘎阿鲁》，民间故事《奢香牧马》《朵尼桥》《哪哩》《撮泰姆》等。

2011年7月，天宝村纳入全省500个特色少数民族文化村寨建设，全村基础设施建设步伐加快，完成20个组组通公路建设项目。至2014年年末，实施危房改造86户，硬化院坝5628平方米，修筑连户路15.6千米，建成沼气池136口。建杂交玉米制种基地500亩、核桃基地100亩、辣椒示范基地130亩，种植银杏、桃100亩。有打砂厂1个、养殖专业户4家、养鱼基地2个。

村内有文化活动中心、图书室、远程教育播放室、农民健身队、文艺宣传队。有彝族文化、文字、传统习俗传承人14人，传统手工制作艺人4人。2013年，天宝村“羊皮四胡”“月琴”制作艺人杨永书在毕节市第一届少数民族工艺大师评比中获“少数民族工艺大师”称号。有彝族传统音乐舞蹈传承人6人，舞蹈《打亲敬酒》《撒麻舞》《撒荞舞》《跳龙门》《四门斗底》，传统歌曲《啊买恳》《姆恳》《吊唁歌》成为珍贵的非物质文化遗产。

天宝村历来重视教育，中华人民共和国成立初期，杨姓彝族村民用家族祠堂办学，聘师从教。20世纪70年代，天宝村开展彝汉双语教学，对培养彝家子弟走出大山起到积极推动作用，考取师范学校双语班15人。至2015年，全村在国家机关事业单位工作的干部职工达186人，其中，彝族110人；地厅级干部2人，县处级3人，乡科级20多人。

2015年，全村农民人均可支配收入达6830元。

八、菱角村

菱角村属兴隆苗族乡，辖9个村民小组，790户2930人，其中苗族1510人，占总人口的 51.54%。

菱角村是苗族聚居的自然村寨，302 户 1269 人，苗族占全村人口的 43.31%，为大方县“六寨苗”之一。有 6 个山塘分布境内，因生长菱角而得名。菱角村四周青山环抱，青龙山蜿蜒起伏，由西南向东北延伸，最高峰海马箐海拔 2150 米。

相传清咸丰五年（1855），翼王石达开领太平天国军入黔，赋《咂酒诗》：“千颗明珠一瓮收，君王到此也低头。五岳抱定擎天柱，吸尽黄河水倒流。”即吟自菱角塘。1916 年，蔡锷的讨袁护国军经威宁攻取四川泸州时，菱角塘苗民百余人参加了蔡锷的讨袁护国军。

2012 年起，兴隆乡政府投资 600 万元，新建菱角文化广场、篮球场，每个组修通公路，菱角塘环寨路和连户路全部修通，家家户户庭院硬化，新建和改造的黔西北苗族民居与青瓦木结构住房交相辉映。2014 年年初，兴隆至菱角、八堡至菱角 2 条水泥路修通。

菱角少数民族小学坚持进行汉语、苗语双语教学。2011 年 5 月，贵州省语言文字办公室授予菱角少数民族小学“贵州省学前双语教育示范学校”称号，2012 年，菱角少数民族小学获毕节市民政局“苗族双语和谐环境建设市级示范点”称号，2014 年 9 月，菱角少数民族小学获“全省少数民族团结进步创建活动示范学校”称号。

2007 年起，每年端午节在菱角塘畔举办兴隆苗族乡原生态苗族文化节，到 2015 年共举办 9 届。节庆期间，苗族青年们身着苗族服装，带上苗绣，从四面八方云集菱角塘畔，吹芦笙，跳花坡。

2014 年 9 月，菱角村获评全省“第三批少数民族团结进步示范村”。

2015 年，全村农民人均可支配收入达 6760 元。

第三篇
党派群团

第一章　中国共产党大方县地方组织

第一节　中共大方县第六至十二次代表大会

一、第六次代表大会

中国共产党大方县第六次代表大会于1990年3月25日在县城召开。应到会代表245名，代表全县17529名党员，实到会代表241名。会议听取和审议县委工作报告和县纪委工作报告。张志侠代表第五届委员会向大会作题为《坚持党的基本路线 为振兴大方而努力奋斗》的报告。

大会选举第六届县委委员32名，县委候补委员3名；选举县纪委委员15名。

二、第七次代表大会

中国共产党大方县第七次代表大会于1993年3月16—18日在县城召开。应到会代表249名，代表全县17991名党员，实到会代表247名，特邀列席人员24名。会议听取和审议县委工作报告和县纪委工作报告。吕开邦代表第六届委员会向大会作题为《加快改革开放步伐 为振兴大方经济而努力奋斗》的报告。

大会选举第七届县委委员32名，县委候补委员3名；选举县纪委委员15名。

三、第八次代表大会

中国共产党大方县第八次代表大会于1998年1月24—26日在县城召开。应到会代表250名，代表全县20958名党员，实到会代表241名。会议听取和审议县委工作报告和县纪委工作报告。杨兴举代表第七届委员会向大会作题为《全面贯彻落实党的十五大精神 努力开创我县改革与发展的新局面》工作报告。

大会选举第八届县委委员32名，县委候补委员3名；选举县纪委委员15名。

2001年3月14日，中共大方县委在县城召开党员代表会议。第八届县委委员、候补委员、纪委委员，各乡镇党委书记、县直各部门党员主要负责人，教育、卫生、农业、经贸系统各推荐1名党员代表，县离退休干部局推荐1名离退休党员代表出席会议。会议选举莫时仁（下选）、吕开邦、李绍武、黄仲祥、杨发琼、谢德芬为出席中共贵州省第九次代表大会代表。

四、第九次代表大会

中国共产党大方县第九次代表大会于2003年1月7日在县城召开。应到会代表249名，代表全县22152名党员，实到会代表249名。会议听取和审议县委工作报告和县纪委工作报告。李绍武代表第八届委员会向大会作题为《夯实小康基础 争取跨越发展》的报告。

大会选举第九届县委委员31名，县委候补委员4名；选举县纪委委员15名。

五、第十次代表大会

中国共产党大方县第十次代表大会第一次会议于2006年10月20日在县城召开。应到会代表

269 名，代表全县 22866 名党员，实到会 266 名。会议听取和审议县委工作报告和县纪委工作报告。沈晓春代表第九届委员会向大会作题为《全面贯彻落实科学发展观 为建设和谐发展的新大方而努力奋斗》的报告。

大会选举第十届县委委员 39 名，县委候补委员 6 名；选举县纪委委员 21 名。

第二次会议于 2010 年 4 月 9 日在县城召开。会议听取和审议县委工作报告和县纪委工作报告。卢林向大会作县委工作报告。

第三次会议于 2011 年 3 月 25—26 日在县城召开。会议听取和审议县委工作报告和县纪委工作报告。县委书记卢林向大会作题为《站在新起点 谋划新跨越 奋力推进全县经济社会又好又快更好更快发展》的报告。

六、第十一次代表大会

中国共产党大方县第十一次代表大会第一次会议于 2011 年 10 月 26—28 日在县城召开。应到会代表 279 名，代表全县 22869 名党员，实到会 277 名。会议听取和审议县委工作报告和县纪委工作报告。卢林代表第十届委员会向大会作题为《加速发展 加快转型 推进跨越 努力开创全面建设小康社会新局面》的报告。

大会选举第十一届县委委员 39 名，县委候补委员 7 名；选举县纪委委员 23 名。

第二次会议于 2011 年 12 月 5 日在县城召开，应到会代表 279 名，实到会代表 269 名。会议选举出席中国共产党毕节市第一次代表大会代表 43 名，其中，领导干部 27 名，生产工作第一线代表 16 名；妇女代表 10 名，少数民族代表 16 名。

第三次会议于 2013 年 3 月 17—18 日在县城召开。会议听取和审议县委工作报告和县纪委工作报告。县委书记卢林向大会作县委工作报告。

第四次会议于 2014 年 3 月 1 日在县城召开，应到会代表 249 名，实到会代表 243 名。会议听取和审议县委工作报告和县纪委工作报告。县委书记向大会作题为《深入贯彻落实党的十八届三中全会精神 为打造大方经济社会发展升级版而努力奋斗》的报告。

七、第十二次代表大会

中国共产党大方县第十二次代表大会第一次会议于 2016 年 10 月 20—22 日在县城召开。应到会代表 278 名，代表全县 20935 名党员，实到会代表 278 名。会议听取和审议县委工作报告和县纪委工作报告。县委书记代表第十一届委员会向大会作题为《深化改革锐意创新埋头苦干同心攻坚 为守底线走新路扬主题建高地脱贫困奔小康而努力奋斗》的工作报告。

大会选举第十二届县委委员 38 名，县委候补委员 8 名；选举县纪委委员 23 名。

第二节 六届至十二届县委全委会

一、六届县委全委会（1990. 3—1993. 3）

中共大方县第六届委员会第一次全体会议于 1990 年 3 月 27 日召开。六届县委委员、候补委员出席，县纪委委员列席。张志侠主持会议。会议选举张志侠为县委常委、书记，黄家培、陈朝彬、武孟伟、胡高云为县委常委、副书记，杨松、谢声华、黄仲祥、杨光明为县委常委。

六届二次全委（扩大）会议于 1991 年 2 月 21 日召开。县委委员、候补委员出席，县五大班子领导，区委书记、区长列席会议。县委书记张志侠主持会议。全会讨论《大方县国民经济和社会发展第八个五年计划及1991—2000年规划纲要（草案）》。全会认为，“八五”计划和“十年规划”，作为一个大型计划，时间长、跨度大，一定要以大方的实际现状为基础，根据社会经济发展的一般规律，制定发展目标，使规划有可行性，可操作性。

六届三次全委会议于1992年2月13日召开。县委委员、候补委员出席会议，五大班子领导列席会议。县委书记吕开邦主持会议。会议传达省委六届六次全委会精神，通报全县1992年的工作部署。会议要求，要抓住粮食、计生、工业不放；党建和思想政治工作、社会治安工作要齐头并进，决不偏废；民族工作、群团工作要做出成效。

六届四次全委会议于1992年2月25日召开。县委委员、候补委员出席会议，县纪委委员列席会议。县委书记吕开邦主持会议。会议选举全国劳动模范、全国“三八”红旗手、全国绿化奖章获得者李淑彬为出席中国共产党第十四次全国代表大会代表预选人。

六届五次全委（扩大）会议于1992年11月26—28日召开。县委委员、候补委员出席会议，县纪委委员、非县委委员的县几大班子领导、全县各乡镇党委书记和乡镇长、县直各单位党员负责人列席会议。县委书记吕开邦主持会议。会议传达贯彻中共十四大和省委六届八次全委会精神。会议指出，省委六届八次全委会以中共十四大精神为指导，对贵州的各项工作作全面部署，要以党的十四大精神作为行动指南，按照省委、地委的部署，扎实抓好大方的各项工作。

中共大方县第六届委员会领导一览表

表—3-1-2-1

姓名	职务	性别	族别	文化程度	籍贯	任职时间	备注
张志侠	书记	男	汉族	本科	贵州黔西	1990.3—1991.8	
吕开邦		男	汉族	大专	贵州毕节	1991.9—1993.3	
黄家培	副书记	男	彝族	大专	贵州大方	1990.3—1993.3	
陈朝彬		男	彝族	初中	贵州大方	1990.3—1991.8	
武孟伟		男	汉族	大专	贵州大方	1990.3—1991.8	
胡高云		男	汉族	中专	贵州黔西	1990.3—1990.12	
罗祥斌		男	汉族	本科		1990.3—1992.3	挂职
杨兴举		男	苗族	本科	贵州织金	1992.11—1993.3	
谭亚林		男	汉族	本科	贵州织金	1992.11—1993.3	
杨　松	常委	男	汉族	本科	贵州大方	1990.3—1990.12	
杨光明		男	苗族	大专	贵州大方	1990.3—1993.6	
谢声华		女	汉族	本科	贵州大方	1990.3—1993.3	
黄仲祥		男	彝族	高中	贵州大方	1990.3—1993.3	
王炳文		男	汉族	大专	贵州毕节	1991.8—1993.3	
谢志全		男	白族	大专	贵州大方	1990.12—1993.3	
颜登明		男	汉族	中专	贵州大方	1990.12—1993.3	
王　军		男	汉族	本科	贵州毕节	1991.6—1993.3	

说明：表中所列书记、副书记，在常委栏不再重列，以下各届相同

六届六次全委会议于 1993 年 3 月 15 日召开。县委委员、候补委员出席会议，县纪委委员列席会议。县委书记吕开邦主持会议。会议讨论六届县委、县纪委将向中共大方县第七次代表大会所作的县委工作报告和县纪委工作报告，并研究召开第七次党代会有关事宜。

二、七届县委全委会（1993. 3—1998. 1）

中共大方县第七届委员会第一次全体会议于 1993 年 3 月 18 日召开。县委委员、候补委员出席会议。吕开邦主持会议。会议选举吕开邦为县委常委、书记，杨兴举、武孟伟、谢声华、谭亚林为县委常委、副书记，周绍明、王炳文、王福尧、黄仲祥、王军为县委常委。

七届二次全委会议于 1994 年 12 月 6—7 日召开。县委委员、候补委员出席会议，县纪委委员、县人大常委会党员副主任、县人民政府党员副县长、县政协党员副主席，乡镇党委书记、乡镇长，县直各部、办、委、局的党委（党组）书记或党员主要领导干部，担任过县委副书记以上职务的老干部列席会议。县委副书记武孟伟、杨兴举分别主持会议。会议传达学习中共十四届四中全会精神和省委七届三次会议精神，通过《中共大方县委工作规划》。

七届三次全委会议于 1995 年 12 月 17 日召开。县委委员、候补委员出席会议。县纪委委员、县人大常委会、县人民政府、县政协党员领导干部，各乡镇党委书记、县直各工作部门党委（党组）书记、主要党员负责人列席会议。县委书记吕开邦主持会议并作题为《以党的十四届五中全会精神为指针 为实现跨世纪宏伟目标而努力奋斗》的报告。会议讨论并通过《中共大方县委关于制定大方县国民经济和社会发展“九五”计划和 2010 年远景目标的建议》。会议认为，县委的《建议》以建设中国特色社会主义理论和党的基本路线为指导，符合大方县的实际，是大方县“九五”计划期间和 1995 年至 2010 年国民经济和社会发展的指导纲领。

七届四次全委会议于 1996 年 12 月 2 日召开。县委委员 31 人，候补委员 3 人出席会议，县纪委委员、部分担任过副县级领导的党员老干部、乡镇党委书记、县直单位党员领导干部列席会议。县委书记吕开邦主持会议。会议传达学习党的十四届六中全会精神和省委七届五次全会精神。吕开邦作题为《落实中共六中全会决议 加强精神文明建设 大力推进经济社会全面发展》的报告。会议讨论制定《大方县精神文明建设五年规划》，审议通过《中共大方县委关于贯彻落实六中全会精神 加强社会主义精神文明建设的决议》。

七届五次全委会议于 1997 年 10 月 21—22 日召开。县委委员、候补委员出席会议，县纪委委员、县四大班子党员领导干部、乡镇党委书记、县直各单位党员领导干部列席会议。县委副书记武孟伟主持会议。会议传达中国共产党第十五次全国代表大会精神。县委书记杨兴举作题为《贯彻落实党的十五大精神 加快我县改革开放和经济发展步伐》的报告。

七届六次全委会议于 1998 年 1 月 23 日召开。县委委员、候补委员出席会议，县纪委委员列席会议。县委书记杨兴举主持会议。会议审议七届县委、县纪委将向中共大方县第八次代表大会所作的县委工作报告和县纪委工作报告，并研究召开第八次县党代会的相关事宜。

中共大方县第七届委员会领导一览表

表—3－1－2－2

姓名	职务	性别	族别	文化程度	籍贯	任职时间	备注
吕开邦	书记	男	汉族	大专	贵州毕节	1993. 3—1997. 1	
杨兴举		男	苗族	本科	贵州织金	1997. 7—1998. 1	

续上表

姓名	职务	性别	族别	文化程度	籍贯	任职时间	备注
杨兴举	副书记	男	苗族	本科	贵州织金	1993.3—1996.12	
武孟伟		男	汉族	大专	贵州大方	1993.3—1998.1	
谢声华	副书记	女	汉族	本科	贵州大方	1993.3—1998.1	
谭亚林		男	汉族	本科	贵州织金	1993.3—1996.9	
杨锡昌		男	汉族	本科	贵州镇远	1993.3—1994.3	挂职
文连甫		男	彝族	大专	贵州大方	1995.2—1996.2	挂职
陈　华		男	汉族	大专	贵州贵阳	1995.4—1996.4	挂职
吴太成		男	汉族	大专	贵州毕节	1995.11—1996.10	
李　森		男				1996.3—1997.3	挂职
卢培仁		男				1996.3—1997.3	挂职
陈万桥		男	汉族	本科	贵州毕节	1996.12—1997.12	
刘祖平		男	汉族	本科	贵州大方	1997.4—1998.1	挂职
张廷熹		男				1997.4—1998.1	挂职
李绍武		男	汉族	本科	贵州大方	1997.12—1998.1	
杨亚林		男	汉族	大专	山东金乡	1997.12—1998.1	
周绍明	常委	男	汉族	大专	贵州大方	1993.3—1998.1	
王炳文		男	汉族	大专	贵州毕节	1993.3—1994.11	
王福尧		男	彝族	大专	贵州大方	1993.3—1996.12	
黄仲祥		男	彝族	高中	贵州大方	1990.3—1998.1	
王　军		男	汉族	本科	贵州毕节	1993.3—1996.12	
胡显谋		男	汉族	本科	贵州大方	1994.2—1997.12	
徐　平		女				1995.4—1998.1	挂职
王光发		男	汉族	本科	贵州黔西	1996.4—1998.1	
张　智		男	汉族	大专	贵州黔西	1997.12—1998.1	
倪小兵		男	彝族	本科	贵州贵阳	1997.12—1998.1	
叶真文		男	汉族	中专	四川资中	1997.12—1998.1	

三、八届县委全委会（1998.1—2002.12）

中共大方县第八届委员会第一次全体会议于1998年1月26日召开。县委委员32人，候补委员3人出席会议，县纪委委员列席会议。杨兴举主持会议。会议选举杨兴举为县委常委、书记，李绍武、周绍明、杨亚林、黄仲祥为县委常委、副书记，王光发、叶真文、杜培忠、李建华、张智、倪小兵为县委常委。

八届二次全委会议于1998年7月2日召开。县委委员、候补委员出席会议。县纪委委员，县人大、县人民政府、县政协党员领导干部，各乡镇党委书记和乡镇长、县直单位党员领导干部列席会议。县委书记杨兴举主持会议。会议传达地委召开的干部会议精神，讨论研究大方县企业下岗职工生活保障和再就业问题，推荐出席省八次党代会代表候选人。会议指出，要用改革的观点、发展的观点和建立社会主义市场经济的观点来看待当前的改革问题，统一思想认识，正确引导舆论。

八届三次全委会议于1998年12月4日召开。县委委员28人、候补委员2人出席会议。县委书记李绍武作题为《全面贯彻落实党的十五届三中全会精神 努力开创我县农业农村工作新局面》的报告。报告指出，大方县是农业大县，要加大调整农村经济结构的力度，形成多元化发展格局，稳定农村政策，实施科技兴方战略，保护农业生态环境，实现农村经济可持续发展。会议作出《中共大方县委关于深入贯彻落实党的十五届三中全会精神 进一步加强农业和农村工作的决定》。

八届四次全委会议于1999年2月25日召开。县委委员28人、候补委员2人出席会议。县纪委委员、各乡镇党委书记和县直各单位党员领导干部列席会议。县委书记李绍武主持会议并作题为《认清形势，开拓前进，把充满希望的大方全面推向新世纪》的报告。会议要求，要解放思想，坚定信心，增强责任感和紧迫感，进一步加强党的思想建设、组织建设和党风廉政建设，确保今年各项目标实现，把充满希望的大方全面推向新世纪。会议通过《中共大方县委1999年工作要点》。

八届五次全委会议于1999年11月24—25日召开。县委委员31人，候补委员3人出席会议，县纪委委员、县直各单位党员领导干部、各乡镇党委书记列席会议。县委副书记杨亚林主持会议。县委书记李绍武作报告。会议通过《中共大方县委关于加强财源建设的决定》。

八届六次全委会议于2000年1月26日召开。县委委员30人、候补委员2人出席会议。县纪委委员、县人大、县人民政府、县政协、县人武部党员领导干部，各乡镇党委书记和乡镇长、县直各部门党组书记等240人列席会议。县委副书记倪小兵主持会议。县委书记李绍武在会上作报告。会议讨论通过《中共大方县委2000年工作要点》和李绍武在全县三级干部会议上的报告。

八届七次全委会议于2000年12月26日召开。县委委员33人、候补委员2人出席会议。县纪委委员，县人大、县人民政府、县政协党员领导干部，各乡镇党委书记和乡镇长、县直部门党员负责人列席会议。县委副书记杨亚林、黄仲祥分别主持会议。县委书记李绍武作题为《抢抓机遇 加快发展 再创辉煌》的报告，县委副书记倪小兵作《关于制定大方县国民经济和社会发展第十个五年计划建议的说明》，会议通过《中共大方县委关于制定大方县国民经济和社会发展第十个五年计划的建议》。

八届八次全委（扩大）会议于2002年2月1日召开。县委委员、候补委员出席会议。县纪委委员，县人大、县人民政府、县政协、县人武部党员领导干部、乡镇党委书记和乡镇长、县直各部门党委（党组）书记等列席会议。县委副书记倪小兵主持会议。县委书记李绍武传达地委工作会议精神并讲话。会议指出，要按照省委、地委的安排部署，发扬艰苦创业的精神，为“十五”计划开好头、起好步，促进大方经济快速发展。会议讨论通过《中共大方县委关于2002年各项工作任务的决定》。

八届九次全委会议于2002年2月21日召开。县委委员22人、候补委员2人出席会议。县委书记李绍武主持会议并讲话。会议推选李绍武、杨亚林、黄仲祥、杨发琼、谢德芬、尚国晏为出席中共贵州省第九次党代会代表候选人。

八届十次全委会议于2002年12月30日召开。县委委员31人、候补委员2人出席会议。县纪委委员，县人大、县人民政府、县政协党组成员，县直单位和各乡镇党政主要领导干部列席会议。县委书记李绍武主持会议。会议传达学习党的十六大精神，决定2003年1月7—9日召开中共大方县第九次代表大会，审议通过八届县委、县纪委将向中共大方县第九次代表大会所作的报告。

中共大方县第八届委员会领导一览表

表—3－1－2－3

姓 名	职务	性别	族别	文化程度	籍贯	任职时间	备注
杨兴举	书记	男	苗族	本科	贵州织金	1998. 1—1999. 1	
李绍武		男	汉族	本科	贵州大方	1999. 2—2002. 12	
李绍武	副书记	男	汉族	本科	贵州大方	1998. 1—1999. 1	
杨亚林		男	汉族	大专	山东金乡	1998. 1—2002. 9	
黄仲祥		男	彝族	高中	贵州大方	1998. 1—2002. 12	
周绍明		男	汉族	大专	贵州大方	1998. 1—2002. 12	
刘祖平		男	汉族	本科	贵州大方	1998. 1—1999. 4	挂职
张廷熹		男				1998. 1—1999. 4	挂职
王 海		男				1998. 2—1999. 2	挂职
陈永新		男				1998. 3—1999. 3	挂职
倪小兵		男	彝族	本科	贵州贵阳	1999. 2—2002. 12	
孙晓田		男				1999. 2—2000. 3	挂职
罗应权		男	汉族	大专	贵州贵阳	1999. 5—2000. 6	挂职
张 吉		男				2001. 3—2002. 3	挂职
杨云芬		女				2001. 3—2002. 3	挂职
陈海峰		男				2001. 4—2002. 12	挂职
高兴全		男	彝族	大专	贵州纳雍	2002. 5—2002. 12	
向义禹		男	汉族	本科	贵州威宁	2002. 12—2002. 12	
张 智	常委	男	汉族	大专	贵州黔西	1998. 1—2002. 12	
倪小兵		男	彝族	本科	贵州贵阳	1998. 1—2002. 12	
王光发		男	汉族	本科	贵州黔西	1998. 1—2002. 12	
叶真文		男	汉族	中专	四川资中	1998. 1—2002. 12	
杜培忠		男	汉族	大专	贵州大方	1998. 1—2002. 11	
李建华		女	汉族	大专	四川安岳	1998. 1—2002. 12	
徐 平		女	汉族			1998. 2—1999. 1	挂职
邹天才		男				1999. 5—2001. 11	挂职
罗来耘		男	汉族	本科	贵州黔西	1999. 5—2001. 11	
黄家耀		男	彝族	本科	贵州大方	1998. 1—2000. 10	
张坤忠		男	汉族	本科	贵州毕节	2001. 12—2002. 12	
张瀚时		男	穿青人	研究生	贵州织金	2002. 12—2002. 12	

四、九届县委全委会（2003. 1—2006. 9）

中共大方县第九届委员会第一次全体会议于2003年1月9日召开。县委委员31人、候补委员4人出席会议，县纪委委员15人列席会议。李绍武主持会议。会议选举李绍武为县委常委、书记，周绍明、向义禹、高兴全为县委常委、副书记，张智、李建华、张坤忠、李泽贵、张瀚时、袁家艺、潘智为县委常委。

九届二次全委会议于2003年2月19日召开。县委委员31人、候补委员4人出席会议，县纪委委员15人列席会议。县委书记李绍武主持会议。会议指出，2003年是“十五”计划的关键年，县委从指导思想、预期目标、工作内容和主要措施等方面制定了工作要点，具有指导性和可行性。会议讨论通过《中共大方县委2003年工作要点》。

九届三次全委会议于2003年7月31日召开。县委委员、候补委员出席会议，县纪委委员列席会议。县委副书记周绍明、向义禹分别主持会议。县委书记李绍武和县委副书记高兴全分别作干部警示教育讲话。

九届四次全委会议于2004年2月7日召开。县委委员、候补委员出席会议。县人大、县人民政府、县政协、人武部党员领导干部，党群部门负责人、政府各部门党员负责人、各乡镇党委书记和乡镇长列席会议。县委副书记高兴全主持会议。县委书记李绍武传达地区会议精神。与会人员围绕大方农业、煤炭开发、安全生产、火电厂建设、城镇建设、计划生育、社会治安等问题，提出建议和意见。会议讨论通过《2004年县委工作的决议》。

九届五次全委会议于2004年8月2日召开。县委委员、候补委员出席会议。县纪委委员、县人大、县人民政府、县政协、县人武部党员领导干部，副县级以上离退休党员老干部、县直副科级以上单位党员主要负责人、各乡镇党委书记和乡镇长列席会议。县委副书记向义禹主持会议，县委副书记高兴全传达省委九届五次全委（扩大）会议精神，县委副书记郭凯传达地委九届五次全委（扩大）会议精神，县委书记李绍武作报告，总结2004年上半年工作及部署下半年工作。

九届六次全委（扩大）会议于2005年8月4日召开。县委委员30人、候补委员4人出席会议。县纪委委员、县人大、县人民政府、县政协、县人武部党员领导干部，各乡镇党委书记和乡镇长、县直部门党员主要负责人列席会议。县委副书记黄光江主持会议。县委书记沈晓春作2005年上半年工作总结及下半年工作安排部署的报告，县委副书记李玉平作会议总结。

九届七次全委会议于2006年2月13日召开。县委委员、候补委员出席会议。县纪委委员，县人大常委会、县政协主要领导列席会议。县委书记沈晓春主持会议。会议讨论《大方县国民经济和社会发展第十一个五年规划纲要（草案）》，学习讨论《中国共产党地方委员会工作条例（试行）》。

九届八次全委会议于2006年9月22日召开。县委委员、候补委员出席会议，县纪委委员列席会议。县委书记沈晓春主持会议。会议确定2006年10月20日召开中共大方县第十次代表大会，讨论通过《中共大方县第十届委员会和纪律检查委员会组成原则》。

中共大方县第九届委员会领导一览表

表—3-1-2-4

姓名	职务	性别	族别	文化程度	籍贯	任职时间	备注
李绍武	书记	男	汉族	本科	贵州大方	2003.1—2004.8	
沈晓春		男	汉族	本科	贵州毕节	2004.9—2006.9	
倪小兵	副书记	男	彝族	本科	贵州贵阳	2003.1—2004.10	
周绍明		男	汉族	大专	贵州大方	2003.1—2004.6	
向义禹		男	汉族	本科	贵州威宁	2003.1—2005.6	
高兴全		男	彝族	大专	贵州纳雍	2003.1—2006.8	
李玉平		男	彝族	研究生	贵州威宁	2004.10—2006.9	
黄光江		男	汉族	本科	贵州金沙	2005.4—2006.9	

续上表

姓名	职务	性别	族别	文化程度	籍贯	任职时间	备注
郭荣洲	副书记	男	汉族		贵州贵阳	2003. 4—2004. 4	挂职
阚 跃		男	汉族	大专	贵州大方	2003. 5—2004. 5	挂职
侯长英		男				2003. 5—2004. 5	挂职
李一民		女				2003. 5—2004. 5	挂职
郭 凯		男				2004. 2—2005. 2	挂职
林昌虎		男				2004. 3—2005. 3	挂职
谢道江		男				2005. 2—2006. 2	挂职
徐国骏		男				2005. 6—2006. 5	挂职
张瀚时		男	穿青人	研究生	贵州织金	2005. 11—2006. 9	
朱 均		男				2006. 5—2006. 9	挂职
邓 健		男				2006. 6—2006. 9	挂职
李泽贵	常委	男	苗族	大专	贵州大方	2003. 1—2006. 9	
李建华		女	汉族	大专	四川安岳	2003. 1—2006. 9	
张 智		男	汉族	大专	贵州黔西	2003. 1—2006. 9	
张坤忠		男	汉族	本科	贵州毕节	2003. 1—2006. 6	
张瀚时		男	穿青人	研究生	贵州织金	2003. 1—2006. 9	
袁家艺		男	汉族	本科	天津宝坻	2003. 1—2006. 8	
潘 智		男	汉族	本科	贵州贵阳	2003. 1—2006. 8	
罗太瑜		男	彝族	本科	贵州金沙	2006. 3—2006. 9	
葛传彦		男	汉族	本科	贵州毕节	2006. 8—2006. 9	
王世雄		男	汉族	本科	贵州金沙	2006. 8—2006. 9	
童代平		男	汉族	本科	贵州松桃	2006. 7—2006. 9	

五、十届县委全委会（2006. 10—2011. 10）

中共大方县第十届委员会第一次全体会议于2006年10月22日召开。县委委员39人，候补委员6人出席会议，县纪委委员列席会议。沈晓春主持会议。会议选举沈晓春为县委常委、书记，李玉平、黄光江为县委常委、副书记，张瀚时、葛传彦、罗太瑜、童代平、王世雄、司晋、陈祖军、沈义勇为县委常委。

十届二次全委（扩大）会议于2008年12月29日召开。县委委员、候补委员出席会议。县人大、县人民政府、县政协党员领导干部，各乡镇党委书记和乡镇长、县直部门党员主要负责人列席会议。县委副书记卢林主持会议，县委书记沈晓春作报告。会议讨论通过《县委常委会工作报告》《中共大方县委关于全面推进农村改革发展的实施意见》《中共大方县委 大方县人民政府关于开展生态文明建设的实施意见》《中共大方县委关于贯彻落实中央、省委、地委建立健全惩治和预防腐败体系2008—2012〈工作规则〉〈实施意见〉和〈实施办法〉的工作意见》和《中共大方县委关于进一步健全和完善县、乡（镇）领导班子配备改革后工作机制的意见》。

十届三次全委会议于2009年6月12日召开。县委委员28人、候补委员4人出席会议。县委副书记卢林主持会议。县委书记沈晓春报告2008年干部选拔任用工作情况。会议对2008年大方县干部选拔任用工作进行民主评议，对县委新提拔的党政主要领导进行民主测评。

十届四次全委会议于2010年4月7日召开。县委委员、候补委员出席会议。县纪委委员列席会议，县委副书记卢林主持会议。会议决定2010年4月9日在县城召开中共大方县第十次代表大会第二次会议。讨论将向第二次会议所作的县委工作报告和县纪委工作报告。

十届五次全委会议于2011年10月24日召开。县委委员、候补委员出席会议。县纪委委员列席会议，县委书记卢林主持会议。会议听取中共大方县第十一次代表大会筹备工作情况的汇报；讨论中共大方县第十一次代表大会议程（草案）和有关列席人员建议名单；听取《中共大方县第十一次代表大会代表资格审查委员会关于代表资格的审查报告》；听取县委组织部《关于全县党费收缴使用和管理情况的报告》；听取县委、县纪委向中共大方县第十一次代表大会所作的《中共大方县第十届委员会工作报告》和《中共大方县纪律检查委员会工作报告》起草情况的汇报。

中共大方县第十届委员会领导一览表

表—3-1-2-5

姓名	职务	性别	族别	文化程度	籍贯	任职时间	备注
沈晓春	书记	男	汉族	本科	贵州毕节	2006.10—2010.8	
卢　林		男	彝族	本科	贵州威宁	2010.8—2011.10	
李玉平	副书记	男	彝族	研究生	贵州威宁	2006.10—2007.5	
黄光江		男	汉族	本科	贵州金沙	2006.10—2007.7	
卢　林		男	彝族	本科	贵州威宁	2007.6—2010.7	
谭文忠		男				2007.1—2008.1	挂职
王开俊		男	汉族	研究生	贵州织金	2007.8—2010.10	
蒋成文		男				2007.9—2008.8	挂职
孔　锦		男	汉族	本科	山东齐河	2009.3—2010.3	挂职
王桂生		男				2010.4—2011.4	挂职
吴雁俊		男	汉族	研究生	贵州毕节	2010.11—2011.10	
赵永富		男				2011.6—2011.10	挂职
何燕凌		男	汉族	本科	江西	2011.8—2011.10	挂职
张瀚时	常委	男	穿青人	研究生	贵州织金	2006.10—2011.10	
罗太瑜		男	彝族	本科	贵州金沙	2006.10—2011.10	
葛传彦		男	汉族	本科	贵州毕节	2006.10—2011.10	
童代平		男	汉族	本科	贵州松桃	2006.10—2009.2	
王世雄		男	汉族	本科	贵州金沙	2006.10—2011.1	
司　晋		男	汉族	本科	山西晋城	2006.10—2011.6	
陈祖军		男	彝族	大专	贵州黔西	2006.10—2011.10	
沈义勇		男	汉族	本科	贵州大方	2006.10—2011.10	
林小川		男	汉族	本科	江西上饶	2007.8—2009.8	挂职
刘齐鸣		男	汉族	本科	山东济宁	2007.8—2009.8	挂职
刘川勤		男	汉族	本科	贵州湄潭	2008.3—2010.3	挂职
林　松		男	汉族	本科	贵州织金	2009.3—2010.3	挂职

续上表

姓名	职务	性别	族别	文化程度	籍贯	任职时间	备注
刘　祥	常委	男	汉族	本科	贵州毕节	2009. 4—2011. 3	挂职
郑　旭		男	汉族	本科	山东成武	2009. 6—2010. 9	挂职
白俊岭		男	汉族	本科	河北徐水	2009. 6—2011. 10	
曹琴香		女	汉族	本科	贵州毕节	2010. 4—2011. 4	挂职
胡廷夺		男	苗族	本科	贵州剑河	2010. 4—2011. 10	挂职
钟廷雄		男	壮族	研究生	广西天等	2010. 5—2011. 10	挂职
喻祖常		男	汉族	大专	贵州金沙	2011. 2—2011. 8	
黄成林		男	汉族	本科	贵州毕节	2011. 3—2011. 10	挂职
管庆良		男	苗族	研究生	贵州威宁	2011. 3—2011. 10	挂职
余庆国		男	布依族				挂职
李　华		男					挂职
陈章全		男					挂职
许晓鹏		男	汉族	本科	贵州大方	2011. 8—2011. 10	
李龙舟		男	汉族	本科	贵州毕节	2011. 9—2011. 10	
徐霞辉		男	汉族	研究生	贵州织金	2011. 9—2011. 10	
何　旭		男	汉族	研究生	贵州金沙	2011. 9—2011. 10	

六、十一届县委全委会（2011. 11—2016. 10）

中共大方县十一届委员会第一次全体会议于2011年11月28日召开。县委委员39人、候补委员7名出席会议，县纪委委员23人列席会议。卢林主持会议。会议选举卢林为县委常委、书记，张瀚时、吴雁俊为县委常委、副书记，许晓鹏、李龙舟、何旭、陈祖军、罗太瑜、徐萍、徐霞辉为县委常委。

十一届二次全委会议于2011年12月3日召开。县委委员、候补委员出席会议。县委书记卢林主持会议。会议决定2011年12月5日召开中共大方县第十一次代表大会第二次会议，选举代表出席中共毕节市第一次代表大会。

十一届三次全委会议于2011年12月5日召开。县委委员、候补委员出席会议。县委书记卢林主持会议。会议以无记名投票方式选举卢林、罗太瑜、黄晓咏为出席中共贵州省第十一次代表大会代表候选人预备人选。

十一届四次全委（扩大）会议于2012年12月24日召开。县委委员、候补委员出席会议。县纪委委员、法院院长、检察院检察长、各园区管委会（处）党员负责人、各乡镇党委书记和乡镇长、县直副科级以上单位党组织负责人列席会议。会议传达国家主席胡锦涛、国务院总理温家宝视察毕节市时的讲话精神，传达省委、市委全会精神。县委书记卢林作报告。

十一届五次全委会议于2013年3月17日召开。县委委员和候补委员出席会议，县纪委委员列席会议。会议听取出席中共大方县十一次代表大会第三次会议代表资格审查报告，讨论县委、县纪委将向十一次代表大会第三次会议所作的工作报告。县委书记卢林作报告。

十一届六次全委会议于2014年3月1—2日召开。229名代表出席会议。县几大班子领导干部、副县级以上离退休干部代表、县纪委委员及相关部门负责人列席会议。大会的主题是：高举中国特色社会主义伟大旗帜，以邓小平理论和“三个代表”重要思想为指导，深入贯彻落实科学发展观，认真贯彻落实中共十八届三中全会、省委十一届四次全会、市委一届五次全会精神，坚持稳中求进、改革创新、提速转型、又好又快、富民强县，为打造大方经济社会发展升级版而努力奋斗，为确保2020年与全国全省全市同步建成全面小康社会奠定坚实基础。

十一届七次全委会议于2015年2月8—9日召开。215名代表出席会议。县几大班子领导干部、副县级以上离退休干部代表、县纪委委员及相关部门负责人列席会议。大会的主题是：高举中国特色社会主义伟大旗帜，以邓小平理论和“三个代表”重要思想为指导，深入贯彻落实科学发展观，认真贯彻落实中共十八届三中、四中全会和省委十一届五次全会、市委一届六次全会精神，为全面建设小康社会、全面深化改革、全面从严治党提供坚强有力的法治保障，为建设富裕和谐美丽新大方营造良好的法治环境。

十一届八次全委（扩大）会议于2015年8月14日召开。会议的主要任务是：认真学习贯彻习近平视察贵州重要讲话精神和省委工作会议、市委一届七次全会精神，动员全县上下进一步深化改革，锐意创新，埋头苦干，同心攻坚，决战贫困，提速赶超，努力实现人口、经济与资源环境协调发展，为与全国、全省、全市同步小康而努力奋斗。县委书记向全会作题为《认真贯彻落实习近平总书记系列重要讲话精神 为“决战贫困、提速赶超、同步小康”而努力奋斗》的报告。县人大常委会主任陈祖军，县委常委、纪委书记李龙舟，县人大常委会副主任尚崇高、刘丰俊、单衍丽、李义军、杨章贤、万兴智，副县长黄洪江，县政协副主席龙天明、张琳、陈亚林出席会议。

十一届九次全委会议于2016年1月13日召开。县委委员、候补委员出席会议。县纪委委员、县几大班子领导成员、县直副科级以上单位负责人，各乡（镇、街道）党政主要领导列席会议。县委书记作工作报告。全会认真学习贯彻中共十八届五中全会、省委十一届六次全会和市委一届八次全会精神，讨论工作报告，审议通过《中共大方县委关于制定大方县国民经济和社会发展第十三个五年规划的建议》。县委副书记、县长顾掌权对《建议》作说明。

中共大方县第十一届委员会领导一览表

表—3-1-2-6

姓名	职务	性别	族别	文化程度	籍贯	任职时间	备注
卢　林	书记	男	彝族	本科	贵州威宁	2011.11—2013.4	
张瀚时		男	穿青人	研究生	贵州织金	2013.4—2016.10	
吴雁俊	副书记	男	汉族	研究生	贵州毕节	2011.11—2013.4	
张瀚时		男	穿青人	研究生	贵州织金	2011.11—2013.3	
赵永富		男				2011.11—2014.12	挂职
李同策		男	汉族	研究生	山东滕州	2012.3—2013.2	挂职
徐佑刚		男				2013.4—2014.3	挂职
张　东		男	汉族	本科	贵州毕节	2013.4—2014.12	
许晓鹏		男	汉族	本科	贵州大方	2013.5—2014.12	
顾掌权		男	彝族	本科	贵州威宁	2013.5—2014.12	
张建强		男	汉族	本科	浙江海宁	2014.4—2014.12	挂职
陈　萍		女	彝族	本科	贵州黔西	2016.10—2016.10	

续上表

姓名	职务	性别	族别	文化程度	籍贯	任职时间	备注
罗太瑜	常委	男	彝族	本科	贵州金沙	2011.11—2011.11	
陈祖军		男	彝族	大专	贵州黔西	2011.11—2014.12	
白俊岭		男	汉族	本科	河北徐水	2011.11—2016.10	
李龙舟		男	汉族	本科	贵州毕节	2011.11—2014.12	
徐霞辉		男	汉族	研究生	贵州织金	2011.11—2014.12	
何　旭		男	汉族	研究生	贵州金沙	2011.11—2012.9	
许晓鹏		男	汉族	本科	贵州大方	2011.11—2013.5	
徐　萍		女	汉族	本科	贵州大方	2011.11—2016.10	
管庆良		男	苗族	研究生	贵州威宁	2011.12—2014.12	
阳　培		女				2012.3—2013.3	挂职
陈洪刚		男	布依族	本科	贵州开阳	2012.4—2014.4	挂职
罗高峰		男	汉族	大专	贵州大方	2013.1—2014.12	
杨丽萍		女				2013.3—2014.3	挂职
寇　炯		男	汉族	本科	四川渠县	2013.9—2014.12	
江　涛		男	汉族	本科	贵州黔西	2014.4—2014.7	
李天智		男	汉族	本科	贵州大方	2014.7—2016.10	
夏锦慧		女	汉族	硕士	贵州瓮安	2014.8—2014.12	挂职
韩燕名		男	汉族	本科	河南	2014.9—2014.12	挂职
朱国胜		男	汉族	博士	安徽泾县	2014.10—2014.12	挂职
陈文忠		男	汉族	研究生	贵州金沙	2014.10—2014.12	挂职
陈德奉		男	汉族	本科	贵州大方	2014.11—2014.12	
赵德文		男	汉族	本科	贵州威宁	2015.10—2016.10	
黄海鸣		男	汉族	本科	贵州织金	2016.2—2016.10	
刘　海		男	汉族	研究生	贵州金沙	2016.5—2016.10	
樊　博		男	汉族	博士	陕西西安	2016.5—2016.10	
章　育		女	汉族	研究生	贵州大方	2016.6—2016.10	

七、十二届县委全委会（2016.10—　）

中共大方县十二届委员会第一次全体会议于2016年10月22日召开。县委委员38人、候补委员8人出席会议。县纪委委员22人列席会议。会议选举张瀚时为县委常委、书记，陈萍、张东为县委常委、副书记，徐萍、赵德文、黄海鸣、刘海、章育、樊博、李天智为县委常委。

中共大方县十二届县委领导一览表

表—3－1－2－7

姓名	职务	性别	族别	文化程度	籍贯	任职时间
张瀚时	书记	男	穿青人	研究生	贵州织金	2016.10—2018.5

续上表

姓名	职务	性别	族别	文化程度	籍贯	任职时间
陈　萍	副书记	女	彝族	本科	贵州黔西	2016. 10—
张　东		男	汉族	本科	贵州毕节	2016. 10—
徐　萍	常委	女	汉族	本科	贵州大方	2016. 10—
赵德文		男	汉族	本科	贵州威宁	2016. 10—
黄海鸣		男	汉族	本科	贵州织金	2016. 10—
刘　海		男	汉族	研究生	贵州金沙	2016. 10—
章　育		女	汉族	研究生	贵州大方	2016. 10—
樊　博		男	汉族	博士	陕西西安	2016. 10—
李天智		男	汉族	本科	贵州大方	2016. 10—

第三节　施政方略

一、六届县委

1990 年 3 月至 1993 年 3 月，六届县委共召开常委会议 19 次，其中，包括研究批准县人民检察院《关于深入开展反贪污贿赂斗争的意见》、讨论《关于深化农村改革建立双层经营体制的意见》、研究对在计划生育工作中弄虚作假的党员干部和职工党政处分的暂行规定等。共召开常委办公会议 98 次，其中，1990 年 23 次、1991 年 32 次、1992 年 32 次、1993 年 11 次。内容涉及计划生育、政法、财政、纪检监察、宣传、干部管理、民政、人事、政协、党史研究、农业、统战、保密、机构改革、征兵、林业、城市建设、农村改革、综治、公路建设、烤烟生产、民族宗教等。

二、七届县委

1993 年 3 月至 1998 年 1 月，七届县委共召开常委会议 50 次，其中，包括讨论如何在新形势下加强统战工作，发挥统战部门的职能作用，讨论《中共大方县委工作规则》；研究招商引资优惠政策；讨论《关于进一步加强农村组织建设的意见》，审定《中共大方县委关于制定大方县国民经济和社会发展“九五”计划和 2010 年远景目标的建议》，讨论中共大方县委 1996 年组织工作意见等。共召开常委办公会议 143 次，其中 1993 年 40 次、1994 年 39 次、1995 年 36 次、1996 年 28 次。内容涉及抗灾救灾、粮烟生产、乡镇企业、计划生育、减轻农民负担、财政税收、工业生产、社会治安、机构改革、政法司法、扶贫开发、工资改革、畜牧业发展、教育改革、民族宗教、基层组织建设、农业税征收等。

三、八届县委

1998 年 1 月至 2002 年 12 月，八届县委共召开常委会议 39 次，其中，包括讨论县纪委《关于进一步落实领导干部廉洁自律的有关规定》、讨论县委如何进一步加强和改善领导抓大事议大事、讨论《中共大方县委领导班子“三讲”教育整改方案》、讨论《大方县机构改革实施方案》等。共召开常委办公会议 123 次，其中，1998 年 23 次、1999 年 25 次、2000 年 28 次、2001 年 23 次、2002 年 24 次。内容涉及集团承包、春耕生产、计划生育、机关单位发展非公有制经济、烤烟收购、城市综合治理、财政税收、人大政协工作、煤炭产业、政法司法、财源建设、招商引资、开发扶贫、水库移民、交通建设、文化广播电视、信访维稳、素质教育、火电厂建设、劳务输出、农业农村工作、旅游发展、“两基”攻坚、农村税费改革、蔬菜基地建设、退耕还林等。共召开常委专题会议52次。其中，由县委书记主持召开的26次，内容涉及煤炭产业发展、烤烟收购、计划生育、供销合作、火电厂建设、水库移民、城市建设、生猪屠宰、疫情防治、农村极贫户住房问题、专题调研等；由县委副书记主持召开的24次，内容涉及清收欠款、计划生育、退耕还林、治理“脏乱差”、打击“黄赌毒”、秋种工作、农村极贫无房户安居工程、绿肥种植等；由县委常委主持召开的2次，内容涉及火灾善后、乡村公路建设等。

四、九届县委

2003年1月至2006年9月，九届县委共召开常委会议42次，其中，包括研究常委分工和干部人事工作、讨论《中共大方县委关于加强自身执政能力建设的措施》、听取县委组织部关于新一届乡镇领导班子副职组成人选的建议方案、听取县委组织部关于召开中共大方县第十次代表大会的方案等。共召开常委办公会议92次，其中，2003年30次、2004年25次、2005年20次、2006年17次。内容涉及城市低保、救济扶贫、优抚措施、计划生育、农业农村工作、煤炭生产、防治非典、编制、禁毒、安置、教育、交通建设、粮企改革、烤烟收购、烟水工程、火电厂建设、安全生产、民族宗教事务、财政税收、定点扶贫、县城总规编修、退耕还林、村居两委换届、煤矿建设、财政体制改革、新农村建设、整脏治乱、“两基”复查和“普实”验收、文化体制改革等。共召开常委专题会议30次，其中，由县委书记主持召开的14次，内容涉及乡村区域调整、火电厂建设、扶贫整村推进、水库移民、农产品展销会、煤矿安全生产、财政收支、抗灾救灾、信访维稳等；由县委副书记主持召开的16次，内容涉及异地移民、春耕生产、安全生产、救灾抗灾、生态建设、党风廉政建设、卫生与秩序、水库移民、希望工程等。

五、十届县委

2006年10月至2011年10月，十届县委共召开常委会议75次，其中，包括讨论全县重大项目建设督促检查抓落实的措施、建立县几大班子领导成员联系重大项目建设抓落实的工作机制、决定成立中共大方县委佛山陶瓷工业园区工作委员会和大方县人民政府佛山陶瓷工业园区管理委员会、讨论《中共大方县委深入学习实践科学发展观整改落实方案》等。共召开常委办公会议81次，其中，2006年2次、2007年19次、2008年20次、2009年23次、2010年17次。内容涉及信访维稳、水库移民、安全生产、财政管理及收支预算、禁毒、计划生育、招商引资、教育科技、烤烟收购、整脏治乱、抗灾救灾、目标考核、生态文明家园建设、农村危房改造、石漠化治理、地氟病防治、交通建设、甲型流感防控、地灾防治等方面。共召开常委专题会议55次，其中，由县委书记主持召开的32次，内容涉及煤矿整合、招商引资、地灾防控、公安工作、突发事件、信访维稳、保密、农业农村工作、重点项目建设、石漠化治理、退耕还林、烟水配套工程、安全生产、民营经济、社会管理等；由县委副书记主持召开的14次，内容涉及烟水配套工程、煤炭安全生产、水库建设、生态文明家园建设、特色产业发展、维稳、旅游发展等；由县委常委主持召开的9次，内容涉及秋防秋种、突发事件、抗旱救灾、基本农田水利规划、地灾防治、干部招聘等。

六、十一届县委

2011年11月至2016年10月，十一届县委共召开常委会议79次，其中，包括讨论《大方县2012年公开引进全日制硕士及以上学历研究生到乡镇任职的方案》、讨论《大方县“多彩贵州文明行动"责任追究办法》、干部人事任免事项等。共召开常委办公会 56 次，其中，2012 年 16 次，2013 年 17 次，2014 年 18 次，2015 年 1 次。内容涉及组织、宣传、统战、农村工作、扶贫工作、经济工作、纪检监察、户籍改革、卫生、政法、安全生产、政协工作、武装武警消防、民族宗教事务、项目观摩、道德教育、城市建设、水利、信访维稳、村干部待遇、作风建设、抗旱救灾、通村油路建设、群众路线教育、退耕还林、旅游开发等方面。共召开常委专题会议 88 次，其中，由县委书记主持召开的 41 次，内容涉及信访维稳、招商引资、扶贫开发、同心助医工程、产业园区建设、小城镇建设、矿群纠纷、猕猴桃产业发展、撤并乡镇建街道、高速公路征地拆迁安置补偿、干部失职渎职、城市供水、垃圾焚烧发电、同城化建设、土地开发、烟水配套工程、审计工作等；由县委副书记主持召开的 47 次，内容涉及拆违工作、旅游发展、涉农资金检查、舆情及信访维稳、人大代表建议意见办理、农民工创业园、政协委员提案办理、"四在农家·美丽乡村"建设、产业园区建设、扶贫开发、水利建设、农业产业化、"两代表一委员"建议意见办理、企业协调服务、农村危房改造等。

第四节　中共大方县纪律检查委员会

一、历届纪律检查委员会全委会

1990 年 3 月，中共大方县第六次代表大会选举产生中共大方县纪律检查委员会。3 月 27 日，中共大方县第六届纪律检查委员会第一次全体会议召开，会议选举胡高云为纪委常委、书记；选举纪委常委、副书记 2 名，纪委常委 3 名。1991 年 1 月，颜登明继任书记。

1993 年 3 月，中共大方县第七次代表大会选举产生中共大方县纪律检查委员会。3 月 18 日，中共大方县第七届纪律检查委员会第一次全体会议召开，会议选举周绍明为纪委常委、书记；选举纪委常委、副书记 3 名，纪委常委 5 名。

1998 年 1 月，中共大方县第八次代表大会选举产生中共大方县纪律检查委员会。1 月 26 日，中共大方县第八届纪律检查委员会第一次全体会议召开，会议选举杜培忠为纪委常委、书记；选举纪委常委、副书记 5 名，纪委常委 8 名。

2003 年 1 月，中共大方县第九次代表大会选举产生中共大方县纪律检查委员会。1 月 9 日，中共大方县第九届纪律检查委员会第一次全体会议召开，会议选举高兴全为纪委常委、书记；选举纪委常委、副书记 3 名，纪委常委 4 名。

2006 年 10 月，中共大方县第十次代表大会选举产生中共大方县纪律检查委员会。10 月 22 日，中共大方县第十届纪律检查委员会第一次全体会议召开，会议选举葛传彦为纪委常委、书记；选举纪委常委、副书记 2 名，纪委常委 4 名。

2011 年 11 月，中共大方县第十一次代表大会选举产生中共大方县纪律检查委员会。11 月 15 日，中共大方县第十一届纪律检查委员会第一次全体会议召开，会议选举李龙舟为纪委常委、书记；选举纪委常委、副书记 2 名，纪委常委 5 名。

2012 年 6 月，县纪委设立第一至第六纪律检查工作委员会（监察分局），为县纪委（监察局）所属正科级派出机构，6 个纪律检查工作委员会（监察分局）分别下设办公室、督查和预防室。

2016 年 10 月，中共大方县第十二次代表大会选举产生中共大方县纪律检查委员会。10 月 22 日，中共大方县第十一届纪律检查委员会第一次全体会议召开，会议选举赵德文为纪委常委、书记；选举纪委常委、副书记2名，纪委常委5名。

二、党风廉政建设

（一）党风党纪教育

1991年起，不定期通过各种形式对党员和干部进行经常性系统性教育。

1991—1993年，培训党员5.65万人次；培训基层支部书记4789人次；培训非党干部2614人次；培训入党积极分子6156人。播放《阅尽人间》《党规党纪》《百万元经济大法网》等电教片234场次，参加观看的党员2.26万人次。组织全县各级党组织和全体党员开展《党内法规选编》学习，发放《党内法规选编》1900册；到乡镇和单位作党风党纪、廉政建设教育报告8次，听众达1800人次。

1994—1998年，全县征订《反腐倡廉教育讲话》543册、《反腐倡廉教育领导干部读本》153册、《反腐倡廉教育演讲词集》60册。培训党员、干部职工以及入党积极分子共591期7.14万人次；编写培训辅导教材429篇；进行专题辅导630次。播放党风党纪廉政建设电教录像带524场次，观众达10.84万人次；播放录音87场次，听众达2.72万人次。1995年，县乡均成立党风、党纪、勤政、廉政教育领导小组，并建立中心学习组。

1999—2003年，共上党课265场，培训党员2.35万人次；以会代训近100次，共培训党员1.92万人次。组织编写教材10篇，征订警示教育材料480本，专题电教片光盘30盘，按片区分发各乡镇和县直单位分阶段组织学习和观看。

2004—2008年，对全县副科级以上领导干部和纪检工作人员1054人进行两个《条例》“百题测试”。组织全县在职党员、入党积极分子和离退休党员参加省、地纪委组织的两个《条例》知识竞赛。在大方电视台和《大方报》开设党风廉政建设专栏，在全县乡镇和县直部门、驻县部门开展警示教育活动，组织观看卢万里等严重违纪违法案件警示教育片。长期播放《廉政中国》电教片，组织县级和科局级干部到地区预防职务犯罪教育基地接受警示教育。创作廉政歌曲32首，小品2个，编印少数民族语言《新创廉政歌曲选》200本，制作少数民族双语廉政歌曲演唱碟70套分发到全县乡镇和中小学校以及部分单位传唱。同时将新创少数民族双语廉政歌曲和廉政小品编排成精美节目，到全县18个少数民族乡镇和部分少数民族聚居村寨巡回演出。元旦、春节期间，通过移动公司和联通公司向全县2.4万手机用户发送廉洁短信，向全县1876名副科级以上领导干部发送廉政短信和廉政贺卡。

2009—2015年，每年召开1次县、乡、村三级干部参加的警示教育大会，制作预防职务犯罪警示教育片《贪无归路》光盘6000个，组织编写《大方县反腐败典型案例警示教育读本》3辑10.6万册下发各级各部门。在全县开展预防职务犯罪警示教育活动，到县法院、公安局、国税局、地税局、工商局等单位上专题廉政党课。在全县34个乡镇、79个部门列出922个机构1.7万个点，制定点对点防控措施2300多个。

（二）领导干部廉洁自律

1991—1993年，县直30个单位及36个乡（镇）健全廉政建设制度，制订实施方案239个，为群众兴办实事4396件，清理财物收回资金154.2万元，拒腐413人次，拒腐金额2.33万元。36个乡（镇）和县直50个党政群机关的廉政建设全面铺开。对全县40个党委、29个党组进行检查。

1994—1998年，县几大班子率先召开以廉洁自律为主要内容的民主生活会，所有乡镇、县直部门每年均召开以廉洁自律为主要内容的民主生活会。到1996年，全县参加民主生活会人员共1188

人，参加率达到95.6%。对处级以上干部购房、住房、乘车、廉洁自律等进行自查登记，制定领导干部《廉洁自律规定》《个人重大情况报告制度》《干部人事回避制度》等规章制度。在全县建立完善领导干部廉政档案625个。

1999—2003年，副科级以上领导干部廉政档案全部建齐。严肃查处领导干部驾驶公车，对2名副乡长驾驶公车案件进行严肃处理；对1名乡镇党委书记和1名县直部门副局长驾驶公车肇事造成严重后果的案件，分别给予党内严重警告处分和行政记大过处分。对全县各乡镇副科级以上领导干部接受和赠送礼金、有价证券支付凭证进行全面清理。设立领导干部廉政行为监督岗，聘请监督员对领导干部的廉政行为进行监督。

2004—2008年，落实领导干部个人重大事项报告、收入申报、礼品登记三项制度。全县39名副县级以上领导干部均按规定对个人收入进行申报，1名副县级以上领导干部报告子女就业安置情况，2名副县级以上领导干部报告建私房情况。清理国家公职人员投资入股办煤矿问题，执行副科级以上领导干部出国申报审核制度。对领导干部驾驶公车和干部用“小灵通”电话捆绑单位办公电话进行全面清理。

2009—2015年，继续落实领导干部报告个人有关事项、述职述廉和县纪委领导班子成员同下级党政主要负责人谈话、诫勉谈话、函询等党内监督制度。制定《大方县党政机关事业单位公务用车配备使用管理办法》，对全县公务用车进行全面清理，清理出超标、超编车辆50辆，查处领导干部违规驾驶公车1件。严格执行《关于规范领导干部利用婚丧喜庆等借机敛财的暂行规定》，对2名干部违规办酒席进行查处，没收礼金4670元。对违反工作纪律、工作规定的79名干部，违规办酒席的6名干部和违反公车管理规定的7名干部作出严肃处理。2014年，组织全县村支书、主任共621人开展廉政专题讲座；邀请省纪委监察厅干部向各级党员领导干部831人作廉政专题讲座。

三、案件查处

1993年3月，中共大方县纪律检查委员会和大方县监察局合署办公，实行“一个机构两块牌子”的体制，在工作中分别行使纪律检查和行政监察职能。

1991—1993年，立案查处违反党纪政纪案件297件，结案298件（含积案1件）。挽回经济损失49.3万元。

1994—1998年，立案查处违反党纪政纪案件679件799人，结案679件799人。挽回经济损失48.9万元。

1999—2003年，共查处违反党纪政纪案件886件898人，挽回经济损失160.67万元。2000年，在“三讲”中对干部监察立案185件，查处185件186人；查处违反计划生育政策314人。

2004—2008年，案件办理以退耕还林、房屋拆迁、征地建房、农村扶贫救济、党员干部利用职务之便贪污受贿、干部职工违纪超生和其他违反计划生育政策法规为重点，共受理各类违反党纪政纪案件693件，审结693件，挽回经济损失202.13万元。县纪委常委参加受处分人员的回访教育工作，对2003年至2007年受处分的168名乡科级干部全部进行回访教育。2006年，受理举报244件，立案131件，办结131件。其中大案要案33件36人，收缴违规资金38.51万元，为国家挽回经济损失41.87万元。

2009—2015年，建立健全重点上访人员档案，完善矛盾纠纷排查机制、纪检监察网络视频接访视频听证机制，完善县、乡、村信访信息员网络建设，形成县、乡、村三级合力化解信访问题长效机制。共受理各类违反党纪政纪案件483件684人，审结479件558人，收缴违纪资金466万元，挽回经济损失59.23万元。跟踪检查112名受处分党员干部处分决定的执行情况。解除表现良好的15名干部职工的行政处分，回访教育受党政纪处分人员107人。

第五节 县委工作机构

1991年，县委工作机构有县委办公室、组织部、宣传部、统战部、政法委、党校、机关党委、老干部局、机要室、党史研究室、信访办、保密局、县编制委员会办公室、县委政策研究室。

1996年机构改革时，撤销政策研究室，其职能并入县委办公室；将县委老干局更名为县委离退休干部工作局，归口县委组织部管理；将编制委员会办公室更名为县机构编制委员会办公室，为县委、县人民政府的机构，列入县委机构序列，挂靠县人事劳动局；撤销县委台湾工作办公室和县人民政府台湾事务办公室，其职能并入县委统战部。

2001年机构改革时，机要局、保密委员会办公室（保密局）、信访办公室设在县委办公室内，分别为副科级机构；县机构编制委员会办公室不再挂靠人事部门，单独设置，列入县委工作部门。

2004年，信访办公室从县委办分出建立信访局，为县委办公室所属正科级行政单位，信访局局长兼任县委办公室副主任。2008年，设置中共大方县委政策研究室，为挂靠在县委办公室的正科级机构。2009年，在信访局增挂县委群众工作部牌子，实行一个机构、两块牌子、一套人员的管理体制。

2010年，县委办公室设立机关事务管理局（正科级），政策研究室升为正科级，设立督办督查局（正科级）、生态建设办公室（正科级）、小康办（正股级）。将县地方志编纂委员会办公室与县委党史研究室合并，为县委直属事业单位，由县委和县人民政府共同管理，实行两块牌子、一套人员的管理机制。机关党委更名为中国共产党大方县直属机关工作委员会。

2011年，设立大方县生态文明家园建设办公室，挂大方县新农村建设办公室和大方县农村危房改造办公室牌子，为县委办公室所属正科级事业单位；将县委督查室、政府督查室合并，组建大方县督办督察局，为县委办公室管理的正科级机构；将大方县接待办公室更名为大方县县直机关事务管理局，为县委办公室所属正科级事业单位。2014年，在信访局加挂矛盾调解中心、三级联动视频接访大厅牌子，四块牌子，一套人员。

2015年，将大方县生态文明家园办公室（大方县新农村建设办公室、大方县农村危房改造办公室、大方县扶贫生态移民工程实施办公室）更名为大方县全面小康建设办公室，为大方县委政策研究室所属正科级事业单位。

第二章 中国共产党党务

第一节 组 织

一、组织建设

（一）党员发展及管理

1993年起，坚持积极分子入党前培训制度，普遍开展“推优”工作。1996年，实行党员联系入党积极分子和收到入党申请送达通知书制度，成立“三推优”领导小组，以农村无党员村民组、企业无党员车间班组为重点，每村每企发展2名党员。1997年，以3年以上未发展过党员的党支部和无党员村民组为重点，加强对发展党员的监督指导，加大对入党积极分子的培养力度，进一步完善流动党员的管理办法，对不适宜发放流动党员活动证的外出务工、经商党员，要求定期向党组织汇报思想、工作、学习、生活情况，按期缴纳党费。1998年，进一步完善流动党员管理办法，颁发流动党员活动证112个，加强对流动党员的管理。

1999年，建立发展党员预审制度，对各基层支部发展对象进行预审。对各基层党组织当年在发展党员中执行《党章》《准则》的情况进行检查，对检查中发现的问题通过“预审制”等措施进行整改。2000年，全县各乡镇实施流动党员活动证制度，全县外出流动党员264名，发放流动党员活动证50个。举办入党积极分子培训班162期，发展党员705名。2001年，推行发展党员预审制、双责制、失察追究责任制和公示制等措施，进一步规范发展党员工作。

2003—2006年，针对党员队伍年龄、文化结构等方面存在的问题，重点在35岁以下的青年和妇女中发展党员。突出解决在全县非公有制经济组织中发展党员难等问题，引导优秀青年向党组织靠拢。2008年，全县907个基层组织统一制定党员情况登记簿、党性分析记录簿、党员学习记录簿、党员意见记录簿、流动党员管理簿，全面推行“161”党员台账管理模式，强化对党员队伍的教育管理。2009年，在全县建立党员服务中心36个，为1101名流出党员办理流动党员活动证，

大方县2014年组织人才、宣传思想、统战工作会议（2014年3月2日摄）

加强对流动党员的管理。2011 年，全县有基层党组织 864 个，其中，党委 53 个，党总支 3 个，党支部 808 个。有党员 2.02 万名。

2013 年，全县共有基层党组织 851 个，其中，党委 55 个，党总支 13 个，党支部 776 个，党工委 7 个。全县有党员 2.14 万名，其中预备党员 486 名。

2015 年，开设“廉政讲坛”3 期，开展警示教育 33 次，4800 余名党员接受警示教育，查找出修身不严、律己不严、用权不严问题 412 个，提出具体整改措施 1133 条。全县共有 844 个基层党组织，有党员 2.25 万名。

（二）党员培训教育

1991 年，除县委党校外，各区兴办业余党校 14 所，乡镇业余党校 56 所，建党员培训室 52 个。1994 年，举办 2 期学习《邓小平文选》第三卷为主要内容的理论骨干培训班，培训党员 196 名，各乡镇利用业余党校完成对村支书的培训。结合“解放思想大讨论”，完成农村党员培训任务。1995—1996 年，县委组织部、县委宣传部联合制定党员“双学”活动的三年规划和年度计划，将“双学”活动统一规划部署，全县基层党组织和 95% 以上党员参加活动。

1997—1998 年，筹集资金 52.8 万元新修党员活动室 44 个；下拨 18 万元作为党员教育培训经费。1999 年，投资 83.89 万元新修党员活动室 41 个，下拨 18 万元作为培训费，举办“双学”培训班。2000 年，以乡镇业余党校为龙头，以党员活动室为载体，把党员培训引入制度化、规范化轨道，以邓小平理论、“三个代表”重要思想、党的路线方针政策、市场经济知识为学习内容，举办各种培训班，培训基层党员。2001 年起，由县财政每年划拨 15 万元作为培训经费，加强实用技术培训。从党政机关、党校、农技部门抽调 200 多名干部组成宣讲团，购置《农村实用技术精选》《邓小平理论通俗读本》《党章》《法律法规选编》《市场经济知识》等培训书籍 4800 多册、自编讲义 36 篇 32 万字，培训农村党员干部 9485 人次。

2006 年，完成 300 多名“双培双带”能手的培训任务。全县建立相关制度 4991 个，编写《大方县保持共产党员先进性“党员长期受教育，永葆先进性”长效机制汇编》一书，共培训村支书、村主任 1258 人次，农民党员 2.6 万人次。2008—2010 年，制定《2008—2010 年党员教育培训规划》，全县 858 个基层党组织统一制定“党员六簿”，全部实行“161”党员台账管理模式，强化对党员的教育管理。着重开展廉政教育，组织召开县乡村三级千人领导干部警示教育大会；制作《贪无归路》警示教育片光碟 1000 多张，编印《大方县反腐败典型案例警示教育读本》3600 册；组织党员干部参加廉政准则知识测试活动。

1991—2015 年，每年开展 1 次民主评议党员工作，通过民主评议，确定为优秀、合格、基本合格、不合格 4 个等次。

（三）农村党员远程教育

1991 年，县委把党员电化教育工作纳入党委工作日程。全县共投入电教经费约 12 万余元。全县有 14 个区级电教室，67 个乡级播放点，25 台照相机，41 台电视机，16 名专兼职电教员。除拍好党员电教片外，还购买或翻录电教片，解决“片荒”问题。全县共播放电教片 381 场次，收看党员 1.59 万人次，占全县党员数的 90%。组织讨论 104 场，8731 名党员参加讨论。

1992—1993 年，全县共投资 4 万元配备 11 个乡镇电教设备。共建立电教播放点 140 个。在有电教设备的乡镇配 1 名兼职电教员。共播放时事政策教育和科技兴农等教育片 480 场次，观看党员 6.93 万人次，72.03% 的支部开展电教活动。农村党员收视率达到 70%，机关党员收视率达到 85%。

1994—1995 年，为 9 个通电乡镇和县直机关党委、县委党校配备电教设备。新建党员电教播放点 11 个，完善《大方党建》和《党建园地》电视、广播节目。复制《中国特色之路》《来自亿元村的报告》等录像带 70 盒、翻录磁带 11 盘下发各乡镇进行播放。共播放电教片 709 场次，收看党员 6.3 万人次，收视率达 90.1%，《党建园地》广播节目收听党员 12.5 万人次。

1996 年，进一步完善播放制度，全县 74 个固定电教播放点每月播放电教片平均 3 次，全年共播放 2200 多场，收看党员、干部 5.5 万人次。

1997—1998 年，建成固定电教播放点 96 个，筹集电教资料片 180 部（集）。播放以农业实用技术等为主要内容的教学片 811 场，党员电教片 170 部。摄制《熠熠生辉的党旗》等专题片 5 部。

1999 年，建立固定电教播放点 25 个，发给固定电教点设施 12 台，补充电教教材 6 部（集），制作专栏 4 期，播放电教片 10 部（集）。在各乡镇开展"科技电教示范"活动，共播放电教片 108 部 72 场，有 1.58 万名党员、3.64 万名群众直接参加。2003 年 4 月，大方县把实施"双带致富"工程与远程教育工作相结合，因地制宜，办好示范基地、示范点，促进增产增收。

2006 年，加大站点建设和管理力度。继续开展远程教育业务骨干活动，全县共参加各种技术练兵活动的"三支队伍"人员达 3800 多人。2007 年，组织全县 430 多个接收站、2600 多户中心播放户共 5 万多人同时收看中共十七大开幕式。分发学习十七大专题讲座光盘 8145 张。

2008 年，新增分播点 442 个，在雪凝灾害期间，开展抗灾救灾活动，组织全县远程教育骨干 1.1 万余人次对 463 个终端站点进行维护，及时收集和发布抗灾救灾、天气预报、市场供求等信息。组织培训 1820 场次 6.9 万人次，提供自主学习 3680 人次，提供个性化学习辅导 1435 人次、信息咨询和技术指导 1674 人次。

2009 年，继续开展"党建远程教育科技示范工程""一站一块试验地"和"一户一技能"培训工程，建成县级实训基地 2 个，种植养殖"学用转化示范带"14 个，乡镇"学用转化示范点"145 个，村"学用示范试验园"1515 个。2010 年，实施百千万示范带动工程，在全县创建"远程教育学用转化示范村"10 个，评选"远程教育成绩突出站点管理员"34 名，培育"远程教育党员创业带富能手"200 名。共建成县级远程教育示范基地 10 个，乡级示范基地 106 个，村级示范点 600 多个。新增党建综合服务站 126 个。全县远程教育播放户发展到 1.23 万户。结合党员、干部和群众的需求，刻录下发适合本地的实用技术课件 11.6 万余个。

2011 年，组织培训 4600 多期次，培训 28 万多人次。制作"远程教育心连心传递袋"6 万多个，传递光盘、信息 12 万余次，发送种养信息 3 万余条。集中培训 3000 多期，培训党员群众 4 万多人，邀请专家培训 30 多场次。建设乡镇网页 34 个、村（社区）网页 357 个，累计上传信息 1.03 万条。2012 年，检查全县 411 个站点运行情况，对 45 个问题站点更新维护，选派 141 人分别赴江苏、贵阳、金沙等地考察学习。利用远程教育平台组织 3 万余名党员干部学习党的十八大精神，刻录光盘 1 万多张。

2014 年，抓住大方县作为全市省级"党建信息化"建设唯一试点县机遇，加强"大方党建视窗"建设，制作远程教育课件《奢香》。登记非公有制远程教育企业 351 家，单独建立党组织 24 个，挂靠建立党组织 146 个。2015 年，搭建大方党建微信平台，每天在微信平台发布 1 期党建信息，全年发布 226 期，引导撰写网评文章 1000 多篇，收集上报舆情信息 8000 余条，网宣及舆情监测工作在全市名列前茅。

二、干部队伍建设

（一）领导班子建设

1994 年，全县乡科级以上一类班子从 1993 年的 45 个上升到 54 个，三类后进班子从 13 个降到 2 个。是年，在全县领导干部中开展以“解放思想、振奋精神、真抓实干、加快发展”为内容的讨论活动，要求领导班子集体每年为群众办 3 件 ~5 件实事，班子成员每年为群众办 1 件 ~2 件实事。

1996 年，建立试行党委（党组）民主生活会议题建议制度，根据平时对班子的考察情况，对民主生活会议议题发函提出建议。1997 年，对 14 个乡镇和 2 个县直单位党委（党组）的民主生活会议题提出 24 条建议。组织部门派员参加 4 个乡镇和 1 个县直单位党委的民主生活会，进行现场指导，解决突出问题。1996—1999 年，通过民主集中制讨论活动，召开民主集中制交流会，全县 130 个乡科级领导班子，一类班子从 57 个上升到 69 个，三类班子 14 个全部上升为一、二类。

1998—2000 年，开展“下评上”活动，召开民主生活会通报大会，要求各级领导班子对本身的党性党风方面存在的问题进行剖析，促进批评帮助。通过召开民主生活会和思想解放讨论活动，增强实行民主集中制的自觉性，提高领导干部的政治理论素养和工作能力。1999—2002 年，以“三讲”“三个代表”重要思想教育为重点，县委成立“三讲”办公室，经常对乡科级领导班子“三讲”学习情况进行检查，避免学习教育流于形式。

2000—2005 年，每年召开 2 次县委全委扩大会，每月 2 次常委会，讨论全县重大问题以及党建、干部人事等问题，完善工作规则、议事程序。2006—2010 年，规范领导班子的行政行为，探索出党委集体领导与个人分工相结合的工作机制，健全县、乡领导班子内部议事决策机制、责任机制、协调机制和监督机制。

2010—2011 年，在各级领导班子中开展“忠实履行宗旨、勤政廉政为民”“创优争先” “三个建设年”和“四帮四促”活动，进一步提高领导班子科学执政、民主执政和依法执政的水平。2014 年，在各级党组织和党员中开展“党的群众路线”教育活动。2015 年，重点在县级领导干部中开展“三严三实”教育活动。

党的群众路线教育实践活动知识竞赛（2014 年 5 月 6 日摄）

（二）干部培养选拔

选优配强县直部门和乡镇领导班子，坚持把对年轻干部、妇女干部、少数民族干部和非中共党员干部的培养选拔作为经常性的重要工作来抓。破除论资排辈、求全责备的旧观念，贯彻执行《干部选拔任用条例》，坚持德才兼备原则，看主流，看发展，及时选拔，大胆任用，充实各级领导班子和后备干部库，为优秀人才脱颖而出创造条件。

2008 年，公开选派 30 岁以下年轻干部到 21 个乡镇、9 个县直机关挂职锻炼，提拔 8 名 30 岁以下年轻干部充实乡镇领导班子。2011 年，提拔科级干部 224 人，其中 35 岁以下干部 61 人，少数民族干部96人，非中共党员干部20人，妇女干部35人。2012年，提拔科级干部261人，其中35岁以下干部70人，少数民族干部111人，非中共党员干部64人，妇女干部63人。2013年，提拔科级干部160人，其中35岁以下干部44人，少数民族干部59人，非中共党员干部35人，妇女干部31人。2014年，提拔科级干部107人，其中35岁以下干部49人，少数民族干部44人，非中共党员干部22人，妇女干部12人。2015年，提拔科级干部78人，其中35岁以下干部25人，少数民族干部30人，非中共党员干部17人，妇女干部16人。

三、干部培训教育

1991年，建立干部培训中心，建立健全干部培训档案，进行干部提升学历培训。当年办理58名干部成人高考报考手续，其中，41名录取党校系统大专和本科班，13名录取党校中专班。1991—1993年，举办9期领导干部进修班，举办居委会干部培训班、民族民政干部培训班、妇女干部培训班各1期，共培训干部963名。

1994年，有25名干部录取中央党校函授学院毕节直属学区本科班，18名干部录取中函大专班，15名干部录取省委党校函授大专班，127名干部录取省电大。组织30名副县级干部、5名正局级局长、7名乡镇书记乡镇长、5名民族干部、5名企业干部、7名中青年干部到地委党校培训。1996年，选派99名干部到省委党校轮训，80名分管农业乡科级干部到省农学院培训。全县举办各种培训班20期，培训干部4566人次。

1997—1998年，录取省委党校研究生班1名、本科班18名、函授大专班64名。1998年，抽调96名领导干部参加各类培训，办培训班6期，培训各级干部458人次。1999年，录取中央党校函授本科31名，省委党校函授本科27名、大专213名，县委党校录取村级后备干部50名。2000年，培训副乡科级干部80名、少数民族干部40名、贫困乡镇领导干部72名，经营管理、财政金融、企业管理干部200名、国家公务员科技知识培训115名。各乡镇业余党校举办培训班培训干部800名。2001—2002年，录取中函本科班20名、省函本科班98名、省函大专班384名、省函研究生班6名，2001年录取清华大学研究生班6名、研究生进修班4名。此期间，共调训干部111名。2008—2010年，共举办各类培训班70期，培训各级干部职工12.4万人次。完成上级调训乡科级以上领导干部935人次，其中县处级50人次、乡科级849人次、其他干部36人次。

2011年，举办各类培训班15期，培训干部1374人，其中乡科级干部182人，一般干部1192人。2012年，培训党员领导干部37396人次，其中组织部牵头培训9796人次，部门牵头培训1.62万人次，各乡镇牵头培训1.14万人次。2013年，投入培训专项经费39.55万元，举办各类培训班20余期，共培训干部5000余人次。2014年，举办培训班32次，培训干部3988人次；县外培训班4期，培训干部229人，调训干部58期252人。

2015年，建立各类实训基地5个，举办培训班8期，参训人员5280人次，举办培训评估考试2期。选派61名干部参与“圆梦小康专家行动计划”，开展培训252场，累计培训1.4万人次。

第二节　宣　传

一、思想政治工作

1992年10月，中共十四大召开，组织全县干部群众收看直播新闻，举办各级干部培训班，学习中共十四大《加快改革开放和现代化建设步伐 夺取有中国特色社会主义事业的更大胜利》报告，学习《十四大文件宣传提纲》，宣传中共十四大提出建设社会主义市场经济体制的发展目标。县委派出干部分别到城关、百纳、瓢井、马场4个片区进行宣讲，各乡镇召开村组群众会传达中共十四大精神。

1997年9月，中共十五大召开，县委召开七届五次全委会，安排部署学习贯彻中共十五大精神，具体安排为：召开乡科级干部会议，传达学习中共十五大精神；举办读书班，集中学习中共十五大报告《高举邓小平理论伟大旗帜 把建设有中国特色社会主义事业推向二十一世纪》；开展百名干部驻村帮扶，千名干部调研扶贫，万名干部结对帮扶活动；宣传扶贫攻坚的成绩和先进典型，把非公有制经济作为新的增长点，作为经济发展的战略重点。在报纸、广播、电视开辟“迎接十五大，展示新成就”和“十五大精神与实践”专栏；举办“大方辉煌五年成就”图片展；各乡镇通过召开群众大会、办专栏、张贴标语等方式进行广泛宣传。

1999年，召开全县政治思想理论研究及经验交流会，针对社会关注的难点、热点问题开展讨论。2000年3月，县委建立思想政治工作联席制度，明确联席会议召集人和会议成员，联席会议为分析、研究、协调思想政治工作的议事机构，负责定期分析思想政治工作趋势，把握舆论导向，督促落实思想政治工作，重大问题及时向县委汇报。同年，县委出台《加强和改进全县思想政治工作的意见》，明确思想政治工作方针、原则、目标、任务、方法、领导责任。当年开展“崇尚科学、反对迷信”教育活动。

2002年，在机关开展“做人民满意公仆”活动，在农村开展“学政策法规、科技知识奔小康”活动，在学校开展“教书育人、为人师表”活动。培育机关学校先进典型、乡镇思想工作先进典型。帮扶农村和贫困农户的干部达2240人，帮扶农户达2586户。中共十六大召开后，组织干部学习中共十六大报告《全面建设小康社会 开创中国特色社会主义事业新局面》。举办宣传骨干培训班，组织干部听取地委讲师团的辅导讲座，组织宣讲组分赴乡镇巡回宣讲十六大精神。中共十六届五中全会召开后，组织学习全会制定的《中共中央关于制定国民经济和社会发展第十一个五年计划建议》；中共十六届六中全会召开后，组织学习《关于构建社会主义和谐社会若干重大问题的决定》。

2004年，召开全县思想工作经验交流会，组织调查组深入乡镇调查，写调研报告。2007年，开展学习贵州省第十次党代会报告提出的“努力让想干事的人有机会，能干事的人有平台，干成事的人有地位”的精神，加强干部职工的思想政治工作。县委发出文件，要求各级党组织和党员学习胡锦涛在中共十七大作的《高举中国特色社会主义旗帜，为争取全面建设小康社会新胜利而奋斗》的报告。组织宣讲组分赴各乡镇、县直部门宣讲中共十七大精神。团县委组织乡镇团委、中学团委、团支部书记听取团省委讲师团宣讲；县委统战部组织非公有制经济人士、知识分子代表、宗教人士宣讲中共十七大精神。全县共组织报告会42场，听讲的党员、干部、群众有3.42万人。

2008年11月，选派千名干部培训后，深入农村，宣讲中共十七届三中全会精神，贯彻中共中央《关于推进农村改革发展若干重大问题的决定》，对农村低保、危房改造、新农合工作进行检查督促。2009年10月，全区宣传思想工作座谈会在大方召开，县委宣传部在会上介绍大方县宣传思想工作经验。同年，组织宣讲团深入基层宣讲中共十七届五中全会精神。

2010年，全县开展“百村、百企、百校”思想政治工作调研，发放问卷1.31万份，6200多名工作人员参与调研活动，收到调研文章54篇。2012年，以宣传中共十七届六中全会、十八大和省委十一届一次全会和二次全会为重点，举办报告会980多场，学习座谈会120次。

2013 年，组织宣讲团深入社区、企业宣讲中共十八大精神，举办“中国梦·贵州中国梦·我的梦”宣讲报告会25 场次。2014 年，组织新闻信息中心、广播电视台、大方信息港、各级政务微博、微信，大力宣传和深入解读中共十八届四中全会精神。

2015 年，组织学习贯彻党的十八届五中全会和省委十一届六次全会精神，举办宣讲报告会1230 多场，覆盖群众10 万余人次。

二、对外宣传

1992—1993 年，编辑外宣丛书《大方》；拍摄电视专题片《神秘的油杉河》。1997 年，制作杜鹃花节活动专题片，印发各种专题资料，《大方报》出专题彩印版，赠送在外地的大方籍人士。1998 年，通过杜鹃花节活动，宣传介绍大方独具特色的自然资源。1999 年，《大方报》出版杜鹃花节彩版特刊，宣传部出版《杜鹃王国——大方》画册；邀请中央电视台“神州采风”栏目组等新闻单位记者到大方采访报道，全方位宣传大方的旅游资源和其他资源优势。为《历史性的跨越》和《毕节开发扶贫与生态建设试验区》画册和电视专题片提供资料。

2000 年，邀请15 个新闻单位和50 名记者对大方生态建设、煤炭等资源优势、革命老区建设等进行报道，并利用杜鹃花节开展商贸洽谈活动，广泛宣传大方。2001 年，制作《调整农村产业结构加快经济发展》《石旮旯里种金银》《大方一中的崛起》《大方县加强示范服务基地建设》《村级活动阵地建设》等对外宣传品。

2002 年，杜鹃花节期间召开新闻发布会邀请省内外新闻媒体参加。邀请艺术界、文学界、出版界、围棋界知名人士开展采风活动，开展大方名优产品展销活动，通过20 多家媒体的采访、采风活动，向外宣传大方的旅游资源、物产资源。

2003 年，配合外地媒体对大方的采访报道，县内新闻工作者向省地投稿210 篇。2004 年，投入3 万元在新华网上设大方网页向外宣传大方。2007 年 3 月 14 日，地委、行署在贵州饭店召开“2007 中国·贵州百里杜鹃花节”新闻发布会，大方参会领导向新闻媒体记者介绍大方20 年来经济发展，以及大方特有的历史文化、人文景观、自然环境。同年 5 月，编辑出版融摄影、诗词楹联、书法篆刻为一体的《奢香故里杜鹃王国——大方》画册。

2008 年，结合毕节试验区成立20 周年活动的开展，大方县集中宣传资源开发、生态建设、人口控制、安全生产、城镇建设、扶贫攻坚、党的建设、新农村建设等方面所取得的成就，举办试验区成立20 周年文艺演出，编辑宣传画册，出版试验区成立20 周年大方文集《有一种精神让我们感动》，拍摄电视专题片《奢香故里铸辉煌》，举办支嘎阿鲁湖首游式，制作支嘎阿鲁湖风光专题片宣传大方。

2009 年，组织“百里杜鹃花节”系列活动，其中包括举办农民画艺术节，促成与中国关工委合作拍摄电影《杜鹃花开》和电视连续剧《奢香夫人》开拍，编辑出版摄影画册《镜头里的大方》，拍摄电视片《魅力大方·富饶四乡》，出版《美丽的大方》歌曲集，出版反映大方县经济社会发展的《现在告诉未来》，加强对外宣传报道。

2010 年，县内新闻通讯员在《毕节日报》发稿746 条、毕节电视台发稿664 条、贵州电视台发稿36 条、中央电视台发稿22 条次、《人民日报》发稿2 条、《光明日报》发稿2 条，各媒体发表和转载宣传大方的新闻200 多条。2011 年，全年共接待省内外媒体记者1000 余人次，对全县开展的“四帮四促”“三个建设年”“创先争优”等进行专题报道，外宣工作连续4 年位列全区第一。

2012 年，大方在毕节媒体发稿1230 多条、《贵州日报》发稿60 多条、贵州电视台发稿28 条、中央主流媒体报道 20 条、《新闻联播》头条 1 条、《人民日报》专题报道 2 篇、中央电视台发稿 5 条。2013 年，中央电视台、人民网、新华网、《上海东方早报》《贵州日报》等县外媒体赴大方采访报道 168 场次。央视新闻频道播出有关大方县新闻报道 7 条。协助完成央视《百山百川行》、贵州卫视《真相》等专栏节目在大方的拍摄。《当代贵州》刊登大方理论文章、新闻稿件 26 篇，大方在《贵州日报》发稿 52 条、贵州电视台发稿 32 条，在《毕节日报》发稿 350 多条。中央及省内外各网络媒体刊载有关大方县各类稿件 1000 多条次。

2014 年，《人民日报》《贵州日报》等各家媒体记者 100 多人次赴大方采访报道，《人民日报》发稿 7 条、中央电视台《焦点访谈》发稿 2 条、新华网等网站刊载有关大方县稿件 3100 多条次。

2015 年，中央电视台、中央人民广播电台、人民网、新华网等媒体赴大方开展采访报道 290 场次，在中央和省级主流媒体刊载大篇幅报道 20 余篇，《人民日报》、中央电视台刊播 18 条新闻稿件。《新华社每日电讯》采用 1 条新闻稿件；《贵州日报》刊载 50 条，《贵州新闻联播》采用 5 条；《毕节日报》采用 54 条，《毕节新闻联播》采用 14 条。《当代贵州》报道大方的篇幅达 8 个页码。

三、理论学习教育

1991—1995 年，对党员干部的理论教育，重点学习邓小平建设有中国特色社会主义理论，使全县党员干部明确中国经济体制改革的目标是建立社会主义市场经济体制。根据县委安排，各单位建立中心学习组，集中专题学习讨论，学习主要内容有《邓小平文选》第三卷，江泽民在中共十四大上所作的工作报告及中央各次全会精神，省党代会及历次全会精神。党员干部撰写学习心得，并结合大方城乡经济体制改革工作，撰写理论文章。5 年间，县委中心学习组集中学习讨论 46 次，各级干部撰写学习心得和理论文章 1200 余篇，向上级选送优秀文章 80 多篇，组织各级干部理论学习考试 1.89 万人次，对 718 名在职干部进行理论培训，发送理论学习书籍 1890 多册。

1996—2000 年，对党员干部重点进行邓小平理论教育，让全县党员干部明确邓小平理论是当代中国的马克思主义。县委中心学习组带头学习，县委书记吕开邦撰写《只有解放思想实事求是才能深化改革促进发展》心得，县长杨兴举撰写《用超常的思维寻求超常的发展》心得。结合学习中共十五大文件，县委中心学习组提出讨论两个问题（发展非公有制经济和农业产业化）；落实 5 个学习内容（市场经济、金融知识、法律、现代行政管理、历史知识）；认真思考“西部大开发，大方怎么办”，党员干部按县委的理论提示，学习、思考、分析、撰文。5 年间，县委中心学习组集中学习研讨 53 次，培训县乡宣传委员、政法委员、干部 6500 多人次，举办理论教育骨干培训班 5 个班次。组织各级干部理论学习考试 2.4 万人次，由省、地讲师团出题并统一阅卷评分。各级干部撰写理论文章和学习心得 1800 多篇，轮训在职干部 845 人次。发送理论学习书籍 1788 册。

2001—2005 年，对党员干部重点进行“三个代表”重要思想培训教育，让全县党员干部熟知“三个代表”重要思想是党必须长期坚持的指导思想，并对党员干部开展“三讲”教育，结合学习中共十六大文件，学习中国加入世贸组织相关知识，学习《公民道德建设实施纲要》。县委中心学习组提出的学习主题有：邓小平理论与实践、“西部大开发，大方怎么办”、跨世纪谋发展、公民道德建设、“四大区”建设、大方县改革和发展等。各级干部围绕大方政治、经济、文化、交通、城建、水电、环境、医疗、卫生、税改、教育等问题，调研分析，撰写理论文章。5 年间，县委中心学习组集中学习研讨 42 次，培训县乡宣传委员、政法委员、干部 4300 多人次，举办理论教育骨干培训班 4 次，组织各级干部理论学习考试 4.42 万人次，各级干部撰写学习心得和理论文章 1900 余篇，轮训在职干部 733 人次，发送理论学习书籍 2080 册。

2006—2010 年，对党员干部的理论教育，重点学习科学发展观、保持共产党员先进性、构建社会主义和谐社会、发展社会主义先进文化，结合学习中共十七大及各次中央全会精神，学习《江泽民文选》和省第十次党代会精神。2009 年县委出台对理论学习和考试的要求及考核奖惩办法，要求每个干部 1 年至少读 1 本好书，学习中作读书笔记 2 万字以上。县委宣传部组织“建设毕节试验区，促进大方快发展”“深化试验区主题，推进新一轮发展”“农村改革发展暨生态文明家园建设”理论研讨会，开展“深化三大主题推动科学发展”解放思想大讨论活动。5 年间，县委中心学习组集中学习研讨 41 次，培训县乡宣传委员、政法委员、干部 3900 多人次，举办理论教育骨干培训班 5 次，组织各级干部理论学习考试 13.6 万人次，各级干部撰写学习心得和理论文章 2100 多篇，轮训在职干部 977 人次，发送理论学习书籍 2100 多册。

2011—2015 年，对党员干部重点进行邓小平理论、“三个代表”重要思想、科学发展观、实现中国梦和树立社会主义核心价值观理论教育，学习中共十八大精神和历次中央全会精神，学习省十一次党代会和历次全会精神。在全县开展“领导干部工作讲坛”“做毕节试验区人，为试验区添光彩”“奢香大讲坛”等理论宣讲活动；举办“打造毕节经济社会发展升级版”理论研讨会；召开“中国梦·贵州中国梦·我的梦”宣讲报告会；组织“如何当好一名乡镇党委书记、乡镇长、人大主席”讨论，学习贯彻中共十八届五中全会、省委十一届六次全会精神，研讨征文活动。在全县党员和党组织中开展“学党章，学习近平总书记系列讲话，做合格共产党员”活动，要求党员干部手抄党章，做好读书笔记，交流学习心得，在理论上坚定“全面深化改革，全面依法治国，全面实现小康，全面从严治党”的信心，不断增强干部群众“道路自信、理论自信、制度自信、文化自信”。5 年间，县委中心学习组集中学习研讨 66 次，培训县乡宣传委员、政法委员等各类干部 4100 多人次，举办理论教育骨干培训班 5 次，组织各级干部理论学习考试 5.64 万人次，各级干部撰写学习心得和理论文章 2400 多篇，轮训在职干部 985 人次，发送理论学习书籍 2000 多册。组成县乡两级农民讲师团 36 个，举办宣讲报告会 980 多场次，学习座谈会 120 多场次，申报授课课题 112 个，收集题库题目 3400 道。

四、精神文明建设

1992 年 4 月 16 日，大方县举办首届“杜鹃花节”，全县组织 3200 多人的大型歌舞《乌蒙欢歌》文艺表演，形成既是旅游推介、又是群众性文艺活动的文化品牌。同年，省、地、县投资 31 万元，在黄泥塘镇建成毕节地区第一个农村精神文明活动中心，之后，六龙镇、文阁乡相继建成精神文明活动中心。在中小学生中开展“爱我中华，爱我家乡”为主题的读书活动。全县 2.8 万名学生参加读书活动和全国竞赛，获全国一等奖 1 名、贵州省一等奖 1 名、毕节地区三等奖 1 名，获奖者分别参加北京、省、地夏令营活动。在全国新建“万村书库”工程中，选择六龙镇中街村、黄泥塘镇乌溪村建村书库（村图书馆）。举办元旦、春节、“三八”“五一”“五四”“七一”“十一”等节日庆祝活动 35 次，举行灯谜竞猜活动 18 场次。1993 年 12 月 26 日，举办“中华英烈”图片展和“红太阳颂”文艺晚会，召开纪念毛泽东一百周年诞辰报告会，当年出版《纪念毛泽东一百周年诞辰诗集》。1995 年，举办“纪念抗日战争暨世界反法西斯战争胜利 50 周年”活动，进行“为了祖国与和平”演讲比赛，慰问抗日老战士，出版诗词专刊。

1991—1995 年，组织文化稽查队、工商、公安等相关部门开展“扫黄打非”工作，加强对文化市场的管理。不定期组织检查录像放映室、台球经营点、舞厅、游戏室、网吧等文化娱乐场所 72 次，对违法违规者进行处罚，取缔黑网吧 3 家，关闭违规歌舞厅 5 处，受处罚 44 人次。

1996—2000年，开展纪念奢香夫人逝世600周年活动，拍摄《奢香故里行》电视专题片，宣传奢香的爱国主义和民族团结精神。召开彝族文化研讨会，编辑出版《纪念奢香夫人逝世600周年》论文集。1997年，开展香港回归祖国庆祝活动，组织干部职工1.5万人、中小学生15万人参加“全国迎接香港回归祖国”读书竞赛，大方获全国特等奖1名，省一等奖3名、二等奖3名、三等奖11名。举办“香港回归”知识竞赛、书画展。6月28日，在县城举行大型集会，万人着盛装、手持花束花环，编成100个方队环城游行。出版发行《迎接香港回归诗词楹联专集》。1999年，庆祝建国50周年，召开庆祝大会，举办国庆歌咏比赛，组织4.33万名干部职工、中小学生参加“光辉五十年”爱国主义教育读书活动。开展大型文艺汇演，36个乡镇42个县直单位参演，观众达20万人。开展警民、军民共建文明小区活动，县人武部、宣传部、获省军区授予“贵州省军民共建精神文明先进集体”称号。六龙镇举办首届农民文化艺术节，举办歌咏比赛、知识竞赛、卡拉OK赛、书画摄影展、花卉盆景展、龙灯游艺和篮球赛。2000年，在各所学校开展“远离网吧，倡导文明”活动，对县城18家网吧进行整顿。5年间，在牛场、竹园、东关举办苗族跳花节20场次，在响水举办白族团圆节5场次，在凤山、百纳、普底举办彝族火把节15场次。

2001—2005年，县委出台《开展公民道德建设试点工作实施意见》，全县开展社会公德、职业道德、家庭美德、婚育新风进万家教育活动，要求全县乡镇以贯彻《公民道德建设实施纲要》为动力，推进公民道德建设。全县创建公民道德建设试点28个，其中，地级20个，县级8个，分别在20个县直单位和8个乡镇实施。建设“贵毕公路文化长廊”，以贵毕路56.5千米的大方路段为中心，沿公路9个乡镇32个村304个组联创示范区，改造通村公路，亮化人居环境，改善卫生条件。投资125万元改善沿途6所中学教学环境，3个乡镇建文化中心，4个乡镇建文化站，黄泥塘、双山、归化3个点制作农民壁画110幅。投资10万元在贵毕路大方段开展创建“平安大道”活动，在归化、西溪两路段建永久性“平安大道”标志，并在危险路段安装警示标志牌。县城西大街安装“严管街”标志牌8块。交警、民警严格执行法律法规，对沿线群众开展交通法规和社会公德教育。至2002年，全县建成397个村活动室、400个村图书室，购置“万村书库”书籍430套4.3万册。实施广播电视“村村通”工程，建电视接收站2个，电视覆盖率90%以上，8个乡实现调频广播覆盖。开展“聚心兴业立村、科技致富强村、民主依法治村、文明进户美村”的“弘扬民族精神，全面建设小康”活动。创建大方镇小路村、高店乡堰塘村、牛场乡乐公村、牛场乡大树脚村和黄泥塘镇甘棠村5个小康村寨示范点，大方镇南片区居委会建成2个文明社区。开展“学在农家、美在农家、富在农家、乐在农家”活动，在大方镇对江村、小路村，黄泥塘镇黄泥村、甘棠村、黄泥塘居委会，牛场乡乐公村进行示范创建工作，做好“五通三改三建”（通水、电、路、电话、电视，改灶、改厕、改圈，建图书室、文体活动场所、宣传栏）工作，以抓好“八个一”（一条致富路、一幢好房子、一套好家具、一份好报刊、一种好习惯、一项健康文体爱好、一套家用电器、一部家用电话）为突破口，推进新农村建设。在示范创建工作中，帮扶单位为示范村新修公路20多千米，建沼气池360口，解决示范村用电，并解决水泥150吨、现金2万多元，物资折款18万元，协调贷款54.5万元。几个示范村建大棚1万平方米，养畜1600头、禽1.07万羽，年人均增收700多元。签订文明公约694份，制作流动红旗20面、文明标牌400张、绿化卫生标牌15块。2004年，成立精神文明建设指导委员会，县委、县人民政府出台《关于进一步加强和改进未成年人思想道德建设的实施意见》，在大方一中举行万名学生参加的“未成年人思想道德建设工程”启动仪式。2005年，宣传学习“感动中国”人物徐本禹。5年间，评选文明单位32个、文明村寨31个、文明户87户、文明市场3个、文明窗口8个、文明学校6所、文明小区2个、文明街道1条。评选第一届、第二届十佳青年。

2006—2010年，举办大方“2006中国贵州百里杜鹃花节暨首届奢香文化节”，以“访奢香故里，游花海洞天，交四海宾朋，传美丽大方”为主题，进行文艺演出、摄影比赛、灯谜竞猜、美食大赛等活动。以“四在农家”为工作要求，按照“政府引导、部门参与、群众主体”原则和“生产发展、生活宽裕、乡风文明、管理民主”的目标，建成对江、冷底、新铺、桶井、黄泥5个文明和谐村。经省文明委批准，建设对江、新华、光华、冷底4个村“农民文化家园项目”。全县建成双山、普底、大山、安乐、凤山、雨冲、绿塘、星宿等乡镇精神文明活动中心。《杜鹃王国——大方》一文选入小学生德育教材。六龙镇、六龙中学、文明办、大方三中分别作为“诗词之乡”“诗词走进校园”“诗词走进学校示范”获地区命名表彰。开展创建学习、和谐、为民、务实、清廉、创新的“六型机关”活动，解决“门难进、脸难看、话难听、事难办”问题。开展营运道路、公共场所、农贸市场、公路沿线、饮食摊点、街巷院落、建筑工地等场点的重点治理，推进整脏治乱工作。按照县委提出的提升市民素质、提升城市品位，创建地级卫生城市、创建地级文明城市的“双提双创”目标，建设六型机关67个，清理公路脏乱113处，整理公共场所、市场78处，检查规范饮食摊点240多处。整洁街巷院落470条（处），整治建筑工地30多处，营造“人人都是大方窗口，处处代表大方形象”的良好社会氛围。2009年，举行新中国成立60周年和大方解放60周年庆祝活动，召开党的创新理论报告会，宣讲团赴各乡镇宣讲134场次，参学干部职工5万多人次，举办运动会、歌咏比赛、摄影书画展，表彰劳模和先进工作者。

我们的节日——端午（2013年5月24日摄）

2011—2015年，电视连续剧《奢香夫人》在央视一套黄金时间首播，大方观看者达78万人次。拍摄纪录片《奢香》、电影《乌蒙春晓》。开展“三下乡、四进社区、五进家园、廉政文化进农村”活动。在大方电视台《大方新闻》中开辟“整脏治乱在行动”“整脏治乱曝光台”“文明行动你我他”等栏目，收拍客作品268条，处理不满意问题60余条次。加大对“多彩贵州文明行动”的宣传，向群众宣传创建文明、卫生城市，发放宣传手册1.3万余册、手机短信数万条。开展“多彩贵州”“我们的节日”主题活动和群众文化系列活动，实施志愿服务工程，招募志愿者100余人，开展活动21次。推送中央文明网信息71篇、贵州文明网信息895篇、毕节文明网信息402篇。

2011年，开展“多彩贵州歌唱大赛”大方县选拔赛，全县参赛人数500余人，大方县获多彩贵州歌唱大赛第七名。全县各乡镇、各单位开设道德讲堂208个，进行“仁义诚敬孝”五礼教育，举办活动793场，参与人数6万多人次。评选出道德模范44名、第三届十佳青年19名。

2015年，举办全省“宣传部长上讲堂”活动现场观摩会、第七届奢香文化节暨第四届彝族文化节、2015 年白族团圆节暨木寨村第二届乡村旅游节、苗族跳花节、彝族火把节。推送中央文明网信息 125 篇、贵州文明网信息 448 篇、毕节文明网信息 1058 篇。打造“彝族风”街头正能量主题街道 4 条、主题公园 3 个、主题广场 3 个、主题小区 5 个；设置灯杆道旗 1300 面、护栏广告 412 幅、建筑围栏 1200 米、高杆广告牌 8 块、公交站台广告 46 块。

第三节 统 战

一、选拔非中共党员干部

通过制订和实施制度等方式，团结非中共党员干部和知识分子，配合组织人事部门做好党外干部和知识分子的培养选拔和工作安排。

1991 年，全县有副科级以上非中共党员干部 47 人，至 2004 年，增加到 60 人，其中，助理调研员 1 人、主任科员 10 人、副主任科员 17 人，担任实职的 32 人。2006 年，全县有少数民族、宗教、非公经济、无党派人士等代表人物 267 名，副科级以上党外干部 74 人，其中副县级领导干部 4 人。2007 年，全县有党外副县级干部 5 名、正科级干部 4 名、副科级干部 45 名。2010 年，在政府 24 个工作部门中，8 个部门配备党外领导干部，并配备 6 名正科级党外干部，选送 3 批 8 名党外领导干部分别到省、地党校培训。2011 年，向地委统战部推荐 5 名正科级非党后备干部。2012 年，8 名副科级党外干部晋升为正科级，有党外后备干部 100 多人。2013 年，有 5 名党外干部成为业务部门“一把手”。2014 年，9 名党外干部成为业务部门“一把手”，14 名党外干部晋升为正科级。2015 年，建立 500 多名党外代表人士人才库，纳入人才库管理使用的 297 人，其中，副科级以上的 121 人、副高以上职称的 176 人，选拔配备非中共党员副科级干部 110 名，正科级干部 10 名，副科级提拔为正科级 1 名，配备党外副县级领导 1 名。

按规定比例选举和协商非中共人大代表和政协委员。在人大代表中，非中共代表占代表总数的 35%；政协委员中，非中共委员占委员总数的 60%。县十一届人大代表 366 名，其中非中共代表 135 名，占 36.89%；县十二届人大代表 376 名，其中非中共代表 144 名，占 38.3%；县十三届人大代表 309 名，其中非中共代表 109 名，占 35.28%；县十四届人大代表 309 名，其中非中共代表 107 名，占 34.63%；县十五届人大代表 309 名，其中非中共代表 105 名，占 33.98%；县十六届人大代表 309 名，其中非中共代表 99 名，占 32.04%。第五届县政协委员 228 名，其中非中共委员 138 名，占 60.53%；第六届县政协委员 228 名，其中非中共委员 137 名，占 60.09%；第七届县政协委员 230 名，其中非中共委员 138 名，占 60%；第八届县政协委员 242 名，其中非中共委员 146 名，占 60.33%；第九届县政协委员 255 名，其中非中共委员 154 名，占 60.39%。在县人大常委会班子中，一般配备 1 名非中共党员副主任；在县人民政府班子中，一般配备 1 名非中共党员副县长；在县政协领导班子中，一般配备 3 名非中共党员副主席。

建立 9 项统战工作制度：座谈会制度、传达文件制度、党外人士参加学习会议制度、党外干部培训制度、同党外人士交友联谊制度、统战工作交流评比制度、党外人士参加民主管理和民主监督制度、人大代表政协委员接待日制度、节日慰问制度。通过实施这些制度，各类党外人士通过不同的工作或活动载体，获得更多学习培训和工作锻炼的机会，发挥党外人士参政议政、合作共事的作用。

二、智力支边

1991—2000年，先后举办9期1300多人参加的实用技术培训班，主要培训竹荪、天麻、地膜玉米、桑树、香菇等种植技术和牛、羊、猪、禽等畜禽养殖技术。农工民主党中央先后在大方举办经果林管理技术、茶叶栽培加工、耕牛改良、畜牧兽医、大棚蔬菜栽培、旱地作物栽培及农业综合实用技术培训41期，受训农技人员、农民4039人次，引进芦荟、银杏、香根草、巴西陆稻、高产玉米进行示范种植。

2001—2005年，农工民主党中央捐资10万元修建星宿乡峻岭前进小学，资助竹园乡沪黔前进苗族初中班和星宿乡京黔前进民族助学班257名学生书学费。农工民主党江苏省委捐资6600元开办苏黔常青前进助学班，并为100名贫困学生解决初中3年书学费。农工民主党中央联系引进香港陈延骅基金会援建响水乡希望小学1所，引进台胞蔡如青和李志仁分别捐款兴建和扩建希望小学各1所。争取到中央统战部、国家民委、各民主党派中央捐资20万元，加上地区匹配20万元，在羊场镇修建毕节地区实验学校1所。县委统战部引进香港慈恩基金会投资145.5万元修建县内贫困山区希望小学19所。农工民主党中央联系全国美术家协会捐资30万元修建安乐乡白岩希望小学；农工民主党贵州省委协调省交通厅解决油杉河项目资金150多万元，引资1300多万元，在凤山乡老屋基煤矿开办企业；农工民主党贵州省委对大方“非典”防治中心捐赠价值10万元的药品和医疗器械。农工民主党投资购电脑、卫星接收天线在大方建立扶贫经济信息中心，每周定期向县四大班子领导、各单位发送有关农业、畜牧业、实用技术等科技信息，为相关领导提供决策依据。

2006—2010年，协调落实深圳对口帮扶项目6个，投入资金350万元。2006年11月，落实南京爱德基金会《贵州省大方县大山乡综合开发项目建议书》的编制上报，项目总投资1633.35万元，其中，申请南京爱德基金会援助949万元，政府配套456.5万元，自筹227.85万元。联系捐资15万元修建响水乡岔河小学教学楼。全县非公有制经济人士捐资162.58万元，投入“扶贫济困送温暖，乐善好施献爱心”、新农村建设等活动。组织统战人士为“5.12”汶川特大地震灾区捐款48万元，送新鲜蔬菜10万公斤。联系香港慈恩基金会捐资10.56万元，帮扶15名贫困大学生和264名贫困高中生。农工民主党中央扶持指导种植半夏1500亩，覆盖鸡场、东关、竹园等9个乡镇。组织蓝雁集团、金维宝、信邦药业、新荷花药业、云龙天麻公司、九丰园药业等20多家企业入驻大方。

2011年，促成广西梧州中恒集团向大方“同心助医工程”捐赠3000万元款物，引进哈尔滨圣泰集团投资500万元与东关中学合作联办毕节农工同心中等职业技术学校。2012年4月，在贵阳成功举办“同心同行”乌蒙山区大方县招商引资项目推介会，23家贵州省异地商会、375个投资行业商会负责人和135位省内外民营企业家出席会议并推荐项目，成立中药材协会、奇石根艺协会和建材家居行业协会，发展企业会员70余个，个体会员50余个，为发展非公有制经济注入活力。

2013年，促成10个企业与大方签订12个项目合作协议，猕猴桃种植、贵州同威生物科技有限公司医药研发生产、大方国际轻纺皮革商贸城3个项目正式落地，到位资金3亿元。招商引资签约项目10个，争取帮扶项目8个，帮扶资金1000万元。与浙江省委统战部联系，争取到12个村“一企一村”帮扶资金72万元，当年到位资金12万元。

2014年，省委统战部为理化乡协调各类项目资金4000多万元。农工民主党中央主席陈竺及夫人陈赛娟用自己的院士津贴与科技奖金捐赠设立“同心全科医生特岗人才基金”，并在大方县实施“同心全科医生特岗人才计划”，筹集资金2430万元，为大方培训医务人员700名，为县人民医院捐赠110万元的医疗设备和药品。

2015年，争取江阴市委统战部门捐赠12万元，帮助理化乡果木村实施新农村建设；争取各界人士捐赠12万元，解决助学、困难群众住房等问题。建成全自动猕猴桃专用架材生产厂1个，已投产，流转土地1033亩，带动农户217户，建立对土地流转农户的帮扶机制，每亩土地收入5000元以上，是传统农业的2倍~3倍。与北京自贡商会签约的大方皮革轻纺商贸城项目，完成工程投资2500万元。配合争取大方火电厂二期燃煤机组工程“五通一平”项目正式开工建设。争取东部十省市农工民主党组织参与大方经济社会建设，农工民主党河北省委、北京市委与大方县签订帮扶协议。

三、少数民族工作

1991—2006年，全县18个民族乡全部通公路，在18个民族乡安排水利项目102个，解决民族乡3.5万人、2.6万头（匹）牲畜饮水问题。200多个民族村全部通电。18个民族乡共建234座“村村通”广播电视工程，解决15万少数民族群众收看电视问题。全县7周岁~12周岁少数民族适龄儿童入学率达97.94%，13周岁~15周岁少数民族少年入学率达95.1%。投资662万元，在星宿、大山、大水、安乐、竹园、兴隆、普底等民族乡建设寄宿制学校，发放少数民族“两免一补”津贴1420.5万元。投资118.5万元，修建少数民族乡村级卫生室3所、乡级卫生院10所，总建筑面积2258平方米。在民族乡培训推广先进实用技术18项，建立科技示范点10个，示范区累计增收653.8万元。全县少数民族人才2148人，副科级以上干部313人，占14.23%，大专以上学历1072人，占49.19%，中专（高中）学历1112人，占50.9%。

2007年，指导成立县彝族学会、白族学会、苗族学会，申报少数民族发展项目13个，预算投资95.11万元。2008年，举办彝族火把节、白族团圆节、苗族跳花节，收集整理彝汉文字典。2009年，争取民族工作经费280万元，解决18个民族乡每乡每年5万元民族节日活动经费。2010年，举办“奢香文化发展论坛”。2011年，投入960万元扩建装修奢香博物馆，打造八堡乡新开村苗族村寨，做好鸡场乡大坝村“民族团结进步示范村”整村推进工作。2012年，为民族乡引进各类项目资金200多万元，投入民族团结示范基地和民族示范村建设。2013年，投入189万元，完成7个民族乡少数民族发展项目。办理50名蔡家人认同彝族手续，办理66人次民族成分更改更正手续。2014年，申报少数民族发展项目资金625万元，录入34个乡镇、9个民族特色村寨的统计监测数据，认定200人的民族。制定《2014年少数民族古籍普查实施方案》《民族节日和民族博物馆扶持工作计划》，翻印《中国少数民族大词典系列·彝族卷》，组织编撰《彝文书法作品鉴赏集》《彝语母语培训教材》。

2015年，投入70多万元重点打造核桃乡木寨村白族特色村寨、凤山乡店子村蒙古族特色村寨、兴隆乡菱角村苗族特色村寨。彝、白、苗3个学会对彝族、白族、苗族一本考生，苗族一、二本考生分别给予每人500元奖励，共160名考生获奖。举办中国彝族摄影大方县系列活动、凤山彝族祭山神活动、彝族百对新人婚礼活动、千人彝族舞活动、彝族祭水活动、苗族跳花节、白族团圆节。举办国家民委牵头的“中华民族一家亲”大型歌舞义演活动。争取民族民生项目资金359.6万元，建设民族乡卫生院和村卫生室。办理310人的民族更改更正手续，蔡家人认同为彝族9户28人，办理民族认同户籍证明50人次。

四、对台工作

1991—2000年，对台办联系协调相关部门，为27名大方旅居台湾人员办理回籍探亲相关事宜，并责成各乡镇接待安排，帮助回籍探亲人员联系亲属、办理所需手续、解决交通困难。

2001—2006 年，清理核实县内台胞居住情况，便于加强联系，促进对台工作。2006 年，全县共有台胞 523 人，居住县内的台湾籍同胞 22 人，台属 1658 户 7473 人，有涉台婚姻 31 对，大方居台人员在台湾的第二、三代子女 121 人。第七届政协委员中，推选有台胞 1 人，台属 2 人。5 年中，办理居台死亡人员遗产继承 13 户，资金 100 多万元；办理涉台案件 78 件。

2007—2011 年，向干部、群众、学生 5000 多人开展涉台宣传教育，发放宣传资料 1.2 万份，在台资企业青草湖公司召开现场办公会议 1 次。5 年中，走访台胞、台属、台商 34 次 112 人，慰问台胞、台属、台商 23 次 39 人，与台商座谈 9 次，走访台资企业 13 次。

2012—2015 年，组织 16 名干部赴台考察，完成台湾中南部少数民族代表人士赴大方交流考察接待工作，承办台湾松成企业转托协助寻找大方籍台湾同胞家族工作。对大方籍在台任职人员和在台知名人士进行清查、考证、登记。开展对台招商引资工作。

第四节　政　法

一、政法管理

县委、县人民政府每年年初召开政法工作会议，安排部署全县政法工作。采取层层签订目标责任书的办法，将工作任务落实到基层，做到层层有人抓，强化管理措施。

1991—2000 年，召开全县政法工作会议 10 次，召开普法工作会议 3 次，召开打击“黄、赌、毒、邪”工作会议 20 余次，召开严厉打击犯罪（简称“严打”）专项整治工作会议 23 次，召开维稳工作会议 19 次。

2001—2010 年，召开全县政法工作会议 14 次，召开普法、法制宣传教育工作会议 16 次，召开打击“黄、赌、毒、邪”工作会议 44 次，召开“严打”专项整治工作会议 58 次，召开维稳工作会议 112 次。

2011—2015 年，召开全县政法工作会议 7 次，召开普法、法制宣传教育工作会议 7 次，召开打击“黄、赌、毒、邪”工作会议 31 次，召开“严打”专项整治工作会议 19 次，召开维稳工作会议 64 次。

二、严厉打击犯罪

1991—1992 年，组织“严打”4 次，侦破刑事案件 3345 件，抓获犯罪嫌疑人 1597 名，摧毁盗窃团伙 72 个 281 人，解救妇女 31 人、儿童 5 人。

1993—1997 年，组织“严打”7 次，侦破刑事案件 4122 件，抓获犯罪嫌疑人 5727 人，解救妇女 47 名、儿童 25 名，摧毁车匪路霸团伙 5 个。1998—2002 年，严打破获刑事案件 2894 件，抓获犯罪嫌疑人 809 人，抓“三逃”人员 539 人。

2003—2006 年，组织“严打”4 次，破获刑事案件 2909 件，抓获“三逃”人员 460 名。

2007—2011 年，组织“严打”8 次，破获刑事案件 4519 件，抓获犯罪嫌疑人 1063 人，刑事拘留 1248 人，批捕 1116 人，缴获赃款 200 多万元。其中打击马场镇梅姓宗族团伙，抓获黑恶势力团伙人员 19 人。

2012—2015 年，组织“严打”5 次，破获刑事案件 2955 件，抓获犯罪嫌疑人 531 人，抓获网上逃犯 496 人，刑事拘留 1094 人，批捕 477 人，打掉犯罪团伙 22 个 130 人。追回被盗摩托车 23

辆、笔记本电脑 17 台、手机 40 部、牛马 23 头（匹）、面包车 3 辆、柴油 1000 升、现金 5 万余元，追回被盗抢财物折款 800 余万元。

三、打击毒品犯罪

1993—1997 年，侦破涉毒案 969 件，铲除罂粟 2.67 万株，缴获鸦片 540 克。1998—2002 年，侦破毒品案 280 件，缴获海洛因 3742.85 克，鸦片 30 克，麻醉药 1.85 万粒和注射毒品针剂 182 支，强制戒毒 115 人次，送劳教 28 人。查贩毒集团 8 个 19 人，抓吸毒团伙 7 个 46 人，缴毒资 1.6 万元，报捕嫌疑人 29 人，登记在册吸毒人员 109 人。2003—2006 年，侦破毒品案 233 件，缴获海洛因 1640.69 克，另 34 个零包。2006—2010 年，侦破获毒品案件 343 起，其中特大案件 63 起，重大案件 36 起，缴获海洛因共 1.24 万克，收戒吸毒人员 2094 人，报送劳教 343 人，抓获毒品犯罪嫌疑人 325 人。5 年间，召开 40 多次会议专题研究禁毒工作，召开禁毒大会 13 次；财政投入资金 500 万元，兑现禁毒工作奖金 38 万元。制作禁毒展板 320 余块，组建 6000 余名禁毒工作青年志愿者队伍，组织禁毒宣传教育活动 38 次，播放禁毒警示教育片 1000 余场次，向群众发放宣传资料 280 余万份，群众禁毒法规知识普及率和对禁毒工作的满意率均达 90%。

2011—2015 年，侦破毒品刑事案件 626 起，缴获各类毒品 36.23 公斤；打击外来贩毒人员 610 人，与外省公安机关协作抓获涉毒人员 384 人。强制戒毒 1456 人，社区戒毒 1206 人。县委常委办公会研究禁毒工作 32 次，出台指导措施 15 个，投入禁毒经费 3753.7 万元；从事禁毒工作在编人员 80 人，社区专职禁毒人员 72 人；建成占地面积 2000 平方米的毒品检查站、800 平方米的毒品预防教育基地；举办大型禁毒宣传教育活动 500 余次，巡回禁毒文艺演出 50 余场，禁毒演讲比赛 120 余场，开展禁毒讲座 2000 余次，召开禁毒主题班会 2 万余次，制作永久性宣传牌 200 多块，张贴宣传标语 1 万多幅，发放宣传教育读本、宣传资料 300 多万份。村级组织对外出务工人员的禁绝毒品告诫书签订率达 80%。在全县开展“无毒单位”创建活动，创建率达 96%，“无毒害乡镇”“无毒害村（居）”“无毒害社区”均在 85% 以上，无毒害创建巩固率达 97%；成功探索出农村治理毒品工作“54321”工作法，并获全市推广。

四、社会治安综合治理

1992—2015 年，县委、县人民政府与各乡镇、单位签订责任书 130 多份；各乡（镇、办事处）与各村签订责任书 670 多份；各村委会、居委会与各村民小组、居民小组年初签订责任书 6800 多份；各村民小组、居民小组与各乡村住户、街道住户签订责任书 23.2 万份。

（一）治安队伍建设

1993 年，下发《关于组建基层治安防范组织加强巡逻队伍领导和管理的通知》，各乡镇、各村先后建立巡逻队，全县有巡逻队员 3.17 万人，其中，着装整齐统一、佩戴工作标志的骨干巡逻队员有 2628 人。在当年综合治理工作中，巡逻队员为公安机关提供破案线索 643 条，抓获人犯 217 人，追回被盗牛马 138 头（匹），扑灭山林火灾 18 次，消除治安隐患 67 次，解救妇女儿童 28 人。同年，建立乡镇综合治理委员会 36 个 324 人，建立政法领导小组 36 个 172 人，建立法制宣传教育小组 36 个 252 人。全县建综合治理办公室 36 个 70 人，村级治保组织 552 个 3603 人，调解组织 574 个 3430 人。2003 年，全县组建城乡治安联防巡逻组织 813 个 18644 人。

2009 年，全县建立义务治安巡防队 295 支 2489 人，建立专职治安巡防队 35 支 366 人，将专职治安巡防队每月每人 400 元工资增加到每月 800 元。在农村明确治安中心户长、综治专职干部，在社区组建和发展专职社工队伍、治安工作志愿者，构筑基层群防群治网络。在大方镇对江村建立全省第一支农村摩托车义务消防队，配备20套专业消防服和三轮消防车。2015年，农村群防群治中专职联防队有30支302人，义务联防队有160支800人，治安联防户18.98万户40.82万人；城市群防群治专职联防队有19支240人，义务联防队有68支204人。

（二）法制宣传教育

1991年后，全县通过各种形式开展法制宣传教育。2006—2011年，正值“五五”普法期间，全县共出法制专刊1605期，宣传法律法规1028场次，向群众解答法律咨询1.32万人次，培训乡镇、街道普法骨干307期5万人次，撰写信息简报905期，向群众发放宣传法制资料160万余份。举办乡镇普法骨干、法制宣传员培训班269期，培训3.35万人次。县财政投入普法工作经费148.3万元，年人均超过0.3元；明确乡村级专兼职法制宣传员391人。举办学校法制报告会782场次，接受教育师生26万人次。开展送法进乡村活动603场次，发放宣传资料10万余份，开展法制文艺演出200多场次，观看群众24万人。

2011—2015年，开展送法下乡活动80余次，向群众发放宣传资料170万余份，开展警示教育300余次，培训工作人员3500多人次。在省市级刊物及网络平台发表稿件1745篇，平安大方网站刊登宣传稿件300余篇，平安大方手机报发布信息160万条。开展党员干部防邪教和处理邪教培训600余场次，组织中小学师生法制课2500余场次，中小学出办反邪教专刊2500余版。向群众发放法制宣传资料20余万份，发放宣传物品3.5万件。

五、维护社会稳定

将办理群众信访、化解社会矛盾作为维护全县社会稳定的重要工作来抓。及时召开会议，组织协调办理，化解纠纷，解决诉求，促进稳定。1992—1997年，办理群众来信来访2863件。1998—2003年，办理群众来信来访4133件。

2004—2007年，办理群众来信来访2320件。2005年，排查重点信访事项65件，化解38件，息诉27件。2006年化解60件重大矛盾纠纷。2007年，发生洪家渡移民40多人到京上访，县委、县人民政府相继召开维稳工作会议6次，采取疏导、劝返、稳控化解措施，接回上访者，排查重点矛盾纠纷13件，化解矛盾纠纷13件。

2008年，排查全县重点矛盾纠纷207件，化解161件，息访88件。2009年，办结积案406件，息诉息访312件。2010年，排查突出信访44件，副县级以上领导包案督办化解。2008—2010年办理群众来信来访1417件。2006—2010年，培训人民调解员6000多人次，划拨维稳工作经费64万元。全县共排查民间矛盾纠纷5583件，组织调解5560件，调解成功5335件，依法妥善解决群体性苗头事件65件。清理网上有害信息321条，行政处罚网站3家，开展网上舆情引导工作，上报案件线索13条，利用有效案件线索3条。登记流动人口20.43万人，房屋出租户5402户，建立流动人口管理服务组织341个，落实管理人员101名。对青少年违法犯罪人员建档管理，落实帮教措施30条，建立未成年法制教育基地10个，开展青少年法制教育180余场次，出动法律法规宣传车500余辆次。

2011年，化解重点矛盾纠纷42件。2012年，化解积案101件，息诉48件。2013年，化解讨薪纠纷22件，涉及金额2000余万元。2014年，开展“百日攻坚”活动，共排查出重点信访919件，到2015年初，积案全部化解，其中矛盾纠纷602件，信访案件286件，信访积案16件，涉法涉诉15件。2011—2015年，办理群众来信来访1504件，排查民间纠纷9000余件，调处各类纠纷8700余件，投入社会治理集成创新资金1972.23万元。建立健全全县各级人民调解组织406个，有调解人员2853人，协调处理突发性事件197起。

六、平安创建

自1992年起，县内开展平安创建活动。2004年，县委、县人民政府下发文件，开展创建治安模范县活动。1992—2004年，每年组织检查2次；2004年后，每年组织检查4次，年终对被检查对象考核定等次。

2007年，以大方镇为重点示范，抓警防网、民防网、技防网、调节网、保安网“五网工程”建设，扎实创建平安和谐矿区、工区、林区、库区，和谐平安校园、和谐街道村寨。2006—2011年，处置因采矿引发的地质灾害11起，投入资金2819.19万元，搬迁安置受灾群众448户1571人；低价供应群众生产生活用煤42万吨，让利群众2亿元，无偿提供“五保”户、二女绝育户、独生子女户及其他困难群众生产生活用煤16万吨，金额达8000多万元；解决当地群众就业1.23万人，为当地农民创收3.7亿元；企业资助矿区修建连户路、茅草房改造、扶持贫困农民家庭子女读书等共计250万元；带动矿区运输业、餐饮业、种植养殖业发展，增加农民收入4000多万元；建立驻矿（工）区警务室53个、和谐矿区建设促进会63个，配齐206名协勤人员；化解和处置矛盾纠纷20起。

2012年，大方县推行“以房管人”和“以信息化管人”工作模式。全县共清理出流动人口16.62万人，其中，流出人口15.83万人，流入暂住人口7909人，清理出租房屋2573家，签订治安责任书2573户，将流动人口纳入乡镇村居干部的管理范围。各村寨、街道依靠党支部、村居民委员会、团支部、妇委会、民兵连、治保调解组织，发挥“五好家庭”“文明户”“双文明户”“党员示范户”“党员之家”“治安模范户”“勤劳致富能手”“巾帼英雄”等优秀人物和家庭的模范效应，化解各种矛盾纠纷；实施“十户联防制”“中心户长制”，户盯户，人盯人，遵守规章制度，共建平安大方。2013年年初，县委、县人民政府制定《关于建设“平安大方”的实施意见》，把“平安大方”建设纳入“十二五”规划期间全县经济社会发展总体规划的重要内容。“平安大方”创建工作由县政法委牵头，做好规划，设定创建目标，责任落实到各乡镇、单位、部门，签订责任书之后，进行监督检查。

2006—2015年，全县法人单位化解纠纷6612起，其中，学校纠纷1127起，医疗纠纷1467起，园区纠纷777起，厂矿纠纷517起，大小企业纠纷324起，其他纠纷414起，转为刑事案件128起，涉案597人。投入资金100万元建设全县各乡（镇、街道）的“三委一组一中心”和312个村（社区）的“两站两会”及3195个村民小组“一组一室”、5135个民意诉求直报点。此期间，全县侦破刑事案件7324件，刑事拘留4520人。检察机关批捕案件3085件5061人，逮捕2808件3929人，受理提请审查起诉案件3293件4777人，向人民法院提起公诉2904件3790人；审判机关受理各类起诉案件2.81万件，经审理结案2.67万件；司法部门通过案件办理，为国家挽回经济损失3200多万元。经省综治工作测评，大方群众安全感比率2012年为90.74%，在全省占第76位；2013年为88.73%，在全省占第88位；2014年为96.89%，在全省占第43位；2015年为97.61%，在全省占第40位。全县平安工程呈逐渐向好的局面。

1992—2015年，县财政投入平安工程经费4.3亿多元。

第五节 其他党务

一、编制管理

（一）行政事业机构编制管理

1985年3月，设立大方县编制委员会办公室，挂靠县劳动人事局。1987年1月，县编委办与县劳动人事局分开办公。编制管理中，行政编制由中央编办核定，逐级下达到省、市（区）、县，地方各级党委、政府及编制部门均无权核定行政编制。

2001年，全县机构编制工作严格执行机构改革确定的编制额，采取措施分流富余人员。空编单位进人，优先从机关分流人员中选调；满编和超编单位不得新录用和调进人员。县、乡机关和事业单位因工作需要确需进人的，必须报县编办审核，办理增员审批手续。从严加强机构编制管理，县编办每年年末对各单位机构编制管理证进行审核，掌握各机关、事业单位机构名称、机构性质、机构规格、内设机构、人员编制、实有人数等情况。超编或满编的单位坚持先出后进，空编的单位先向县编办申报使用所空编制的数量、新增人员类型，经县编办审核后，再按有关规定办理进人手续。控制事业单位职工逆向调动，即自收自支事业单位职工调入差额或全额拨款事业单位从严，差额拨款事业单位职工调入全额拨款事业单位从严。

2007年5月前，股级事业单位的设立由县编委审批，事业编制由县编委核定，副科级以上事业单位的设立报毕节地区编委审批。2007年6月至2011年12月，设立股级及副科级以上事业单位，均需报毕节地区编委审批。2011年，开展党政群机关和事业单位的“政务”和“公益”专用中文域名注册工作，明确注册范围、注册时间、注册方法，全县有1001个单位进行网上域名注册。2012年1月至2013年8月，毕节市编委将股级及副科级事业单位的设立、撤销、名称变更、领导职数核定等审批权限下放给县编委。2012年，分两期对全县县直单位和乡镇业务人员进行机构编制实名制管理培训，并组织力量将全县1000多个机关事业单位的机构编制和人员信息录入贵州省机构编制实名制网络管理信息系统。2013年8月15日，毕节市编委收回下放到各县区编委的副科级事业单位审批权限，股级事业单位的设立由县编委遵循“撤一建一”的原则审批。

2013年，采取走访、召开座谈会等形式征求县委办等10个部门对县级党政机关领导职数管理中存在的问题及意见建议，经过系统整理和综合分析，形成调研报告报省编办。2014年，中央编委明确，各事业单位编制实行总量控制，县开展机构人员编制核查，实现机构清、编制清、领导职数清、实有人员清。同年，根据中央编委精神，县制定《大方县控编减编工作方案》，核减了826名事业编制。2013—2015年，通过行政机关人员向有空编的参照公务员法管理事业单位流动、行政机关中的专业技术人员调整到有空编的公益服务性事业单位任职、行政和工资关系在机关又在下属事业单位担任领导或兼职的干部退出行政编制、鼓励符合退休条件的机关干部提前退休等方式，消化党政机关超编人员35人。2015年，审核规范全县已注册的1122个党政群机关、事业单位网上名称，并进行续费。

大方县部分年份编制一览表

表—3-2-5-1　　单位：人

年份	县直						乡镇				
	行政	工勤	事业				行政	工勤	事业		
			合计	全额拨款	差额拨款	自收自支			合计	全额拨款	差额拨款
1992	1148		1794				1248		4479		
1996	1203		2145				1170		4575		
2006	1021	75	9706	9010	579	117	999		2497	2015	482
2010	1269	103	10588	10042	428	118	992		3358	2011	1347
2012	1479	125	14559	13250	1178	131	991	101	4063	2724	1339
2014	1477	131	15997	13726	2187	84	991	101	2401	2401	
2015	1479	131	16712	15601	1026	85	991	103	1672	1672	

注：行政和工勤编制含政法部门

（二）乡镇机构设置

1991年12月，省政府批准撤销大方县13个区、1个区级镇，将108个乡镇撤并为36个乡镇。乡镇设党委办公室、武装部、团委、妇联、人大主席团和纪律检查委员会；设政府办公室、经济科技办公室、计划生育股、民政民族事务股、文教卫生股、社会治安综合治理办公室。乡镇党政群机关编制按乡镇面积、人口、社会总产值等情况定编，编制最多的大方镇为40名，编制最少的东关等乡镇为34名。乡镇所属事业单位均设置财政所、土地管理所、村镇建设管理所、文化广播电视站、教育辅导站、计划生育技术服务站、农业技术经营管理综合服务站、畜牧兽医站、林业站、水利站、农机站、卫生院（大方镇不设）；竹园乡、高店乡、小屯乡、三元乡、大水乡、雨冲乡、核桃乡、兴隆乡、果瓦乡、大山乡、星宿乡11个乡镇不设乡镇企业管理站，只配备1名股级或副股级专职人员负责此项工作，其余25个乡镇分别设置乡镇企业管理站；在响水乡、马场镇、羊场镇、黄泥塘镇、六龙镇、百纳乡、瓢井镇分别设置交通运输管理站。

1996年12月，撤销乡镇党委办公室、政府办公室，合并组建乡镇党政办公室；政法委员会与社会治安综合治理办公室合署办公；将文教卫生股更名为教科文卫办公室；将民政民族事务股更名为民政办公室；将计划生育股更名为计划生育办公室；大方镇增设街道管理办公室；撤销经济科技办公室，其职能分别并入党政办公室和教科文卫办公室。乡镇所属事业单位原则上维持撤并建时机构设置，在竹园乡、高店乡、小屯乡、三元乡、大水乡、雨冲乡、核桃乡、兴隆乡、果瓦乡、大山乡、星宿乡等11个乡镇增设乡镇企业管理站；在大方镇等26个产煤乡镇增设煤炭管理站。

2001年11月，在乡镇机构改革中，将民政办公室更名为社会事务办公室；将街道管理办公室更名为城镇管理办公室；新设立经济发展办公室；不再保留教科文卫办公室，其行政职能交由社会事务办公室承担；保留计划生育办公室。乡镇所属事业单位保留国土所、村镇建设站、教育辅导站、林业站、乡镇企业管理站、财政所、计划生育服务站、卫生院；撤销煤炭工业管理站，煤炭管理任务重的乡镇可在乡镇企业管理站增挂煤炭管理站牌子；将农业技术推广站、农业经营管理站、畜牧兽医站、水利站、水产站和农机站合并设置为农业服务中心；将文化广播电视站更名为文化服务中心；撤销响水乡、马场镇、羊场镇、黄泥塘镇、六龙镇、百纳乡、瓢井镇原设置的交通运输管理站，其职能由县交通运输管理所承担；在鸡场乡、黄泥塘镇、理化乡、高店乡、马场镇、牛场乡、小屯乡、鼎新乡分别设置水库移民工作站。

2010年12月，在乡镇机构改革中，将乡镇机关机构设置调整为：党政办公室、社会事务办公室、经济发展办公室、人口和计划生育办公室、社会治安综合治理办公室（加挂维护稳定办公室、群众工作办公室牌子）、党的建设办公室。其中，党的建设办公室只在大方镇设置，其余乡镇只在党政办公室加挂党的建设办公室牌子，并在党政办调剂1名~2名人员专门从事党建工作，党建办主任由1名副科级党委委员兼任。人大主席团、纪委（监察）、政法委、人民武装部、工会、共青团、妇联等组织机构按有关法律、章程和规定设置，其办事机构可采取加挂牌子的形式设置。乡镇所属事业单位调整设置为：农业服务中心（农业技术综合服务中心、畜牧兽医站）、人力资源和社会保障服务中心、科技宣教文化信息服务中心（加挂农村党员干部现代远程教育管理站牌子）、村镇规划建设站、人口和计划生育妇幼保健服务站（加挂流动人口计划生育管理办公室牌子）、水利站（在大方镇、鼎新乡、马场镇、牛场乡、高店乡、小屯乡、理化乡、鸡场乡、黄泥塘镇等9个乡镇水利站分别加挂移民工作站牌子）、林业环保站、财政所、安全生产监督管理站（产煤乡镇加挂煤矿安全生产监督管理站牌子）。

2014年10月，各乡镇计划生育服务站与卫生院整合，组建乡镇卫生计生服务中心，设主任1名，副主任2名~3名。

（三）事业单位法人登记管理

1999年起，开展事业单位法人登记与年检工作，办理初始登记事业单位13个。2000年，开展事业单位登记管理工作，国家事业单位登记管理局颁发单机版的登记程序，县登记机关通过此程序对全县事业单位进行法人设立、变更、注销登记和年度检验，向上级登记管理机关进行信息报送。同年，办理初始登记事业单位86个。2007年，毕节地区实施事业单位网上登记管理工作，大方县事业单位登记管理工作实现网上办公和实时汇总数据。对全县已登记的350个事业单位进行年检，年检合格的事业单位161个。2008—2009年，办理初始事业单位登记7个，变更登记事业单位39个，对161个事业单位进行年检，年检合格率100%。

2010年，全面实施事业单位网上登记管理工作，事业单位网上提交申报材料，登记管理机关网上审核后，通知事业单位提交纸质材料，打印证书等。同年，办理初始登记事业单位6个，变更登记事业单位10个，对161个事业单位进行年检，年检合格的事业单位为106个。2011年8月，县事业单位登记管理局对全县已登记且事业单位法人证书有效的161个事业单位相关业务人员进行网上登记培训后，事业单位网上登记工作全面启动。网上登记工作实施后，上级登记机关实时准确掌握事业单位法人登记数据，实现数据资源共享。每年按相关规定进行设立登记、变更登记、注销登记、法人年检。2011—2013年，共办理初始登记事业单位21个，变更登记事业单位65个，事业单位年检合格率分别为93.17%、86.34%、98.76%。

2013年11月，组织起草《大方县事业单位分类参考目录》，将全县1023个事业单位分为行政类事业单位7个，公益一类事业单位893个，公益二类事业单位44个，生产经营类事业单位8个，暂未明确类别的事业单位71个。

2014年7月，在县人民医院、县中医医院开展事业单位法人治理结构建设试点工作，参与试点的2家公立医院初步建立以理事会为决策层、理事会领导下的管理层为执行层的事业单位法人治理构架。

2014—2015 年，办理初始登记事业单位 34 个，变更登记事业单位 63 个，事业单位法人年度报告公示率均为 100% 。

二、离退休干部工作

1987 年 11 月，修建老干部活动中心。1988 年开始筹建，选址在莲花塘西侧老干部宿舍旁边，占地 3.47 亩，建筑面积 1266 平方米，1991 年 8 月竣工。1988 年 5 月，大方县老年大学成立。从 2007 年起，县财政每年给县老年大学拨款 2 万元。2009 年起，每年拨款增加到 5 万元。是年，修建奢香公园，老干部活动中心被拆除。1988—1989 年，县老年大学有学员 66 人，其中离休干部 60 人，退休干部 6 人。1990—1991 年，学员 60 人，其中离休干部 4 人。2005—2012 年，瓢井、百纳、大方镇等 11 个乡镇建立老年学校。

从 1991 年起，县离退休干部工作局定期或不定期举办学习班，落实离退休干部的政治待遇。1994—1996 年，先后举办 3 期学习班，印发学习资料 250 份。1996 年，恢复县团级老干部文件传达学习制度。1998—2001 年，组织政治理论学习时，及时传达中央、省地县有关文件，县委、县人民政府领导轮流参加，听取意见、建议，解决实际困难。

1998 年 5 月，成立老年体育协会，活跃离退休干部的文化生活。2002 年起，在文化馆老年大学每年组织一次学习，县委、县人民政府领导分别轮流参加，并通报全县政治、经济工作情况。2003—2007 年，学习制度不变。2009 年 8 月，组织“夕阳红”合唱团，配备团长、副团长，聘请 2 名教师，团员达 80 余人。

2012 年，组织离休老干部与副县级以上退休干部学习时，增加答题活动。元旦、春节、“三八”妇女节、“五一”劳动节、“七一”建党节、重阳节、国庆节等重大节日活动期间，举行歌咏比赛，进行党建知识、老干部工作政策知识测试，开展象棋、围棋、跳棋、麻将、扑克、丢石击物、乒乓球、台球、篮球、门球、灯谜竞猜、气功表演、书画展、图片展、健身操表演等活动。

根据中央和省级文件，对离休干部，按级别划定享受县级、副县级干部待遇。1983 年起，根据离休干部的自愿，实行离休后的易地安置。1983—1996 年，共易地安置离休干部 32 人，按规定办理手续，保证工资福利和其他经费的落实，并协调落实医药费。县离退休干部工作局分别与河南、山东、四川等地联系 10 余次，及时寄去管理费、医药费、工资福利等。1996 年，县委拨款 5000 元，慰问易地安置离休干部。从 1998 年起，对易地安置的离休干部，每年寄贺年卡、慰问品，每月寄送《大方报》。县委、县人民政府领导根据不同情况，不定期看望易地安置离休干部。

1995—2015 年，组织离退休干部考察参观学习 28 次，参加学习考察的离休干部与副县级以上退休干部 613 人次。

三、党史研究和地方志编纂

1982 年 5 月，成立大方县县志编纂委员会，下设办公室，为临时机构。1985 年 3 月，明确大方县县志编纂委员会办公室为常设正科级单位。2005 年 12 月，县志编纂委员会和县志编纂委员会办公室分别更名为地方志编纂委员会和地方志编纂委员会办公室。2010 年 11 月，将县委党史研究室与县地方志编纂委员会办公室合并，简称“史志办”，为县委直属单位，由县委和县人民政府共同管理，实行两块牌子、一套人员的管理体制。

（一）党史研究

县委党史研究室负责大方境内中国共产党历史的研究。主要研究内容有：1935 年、1936 年中国工农红军长征中两次经过大方，在大方传播革命火种、组织地方武装与国民党地方恶势力作斗争、阻击国民党中央军和地方武装对红军的追剿、建立地方工农政权的情况；1935 年至 1949 年 11 月底中共地下党组织在大方的活动情况；1949 年至 1978 年 30 年间，中共党组织领导大方人民推翻国民党统治、建立人民政府、开展剿匪斗争、巩固人民政权、进行土地改革和对资本主义工商业的社会主义改造情况；历经 1958 年“大跃进”及国民经济三年困难时期、国民经济调整恢复时期、“文化大革命”时期党的工作受到挫折的情况；1978 年 12 月中共十一届三中全会至 2015 年中共大方县委领导大方各族人民投入改革开放，坚持以经济建设为中心，战胜各种自然灾害，克服重重困难，推进大方经济社会不断发展、社会生产力不断壮大、人民生活水平不断提高的历史与现状；大方县各级党组织建设发展状况；党纪、党风建设情况；党员发展、教育、管理情况。

1987 年 11 月，出版《大方解放初期的斗争》。1991 年 7 月，出版《中国共产党大方县历次代表大会资料选编》《中国共产党大方县历史大事记》（上册）。1993 年 12 月，出版《中国共产党大方县历史大事记》（下册）。2011 年，修订、考证、征集 1986 年 2 月出版的党史资料《红军在大方》，增加红军在大方活动的相关内容，重新出版《红军在大方》。2010 年 6 月至 2011 年 12 月，到全县各乡镇开展革命遗址普查工作，对红九军团在大定，中国工农红军川滇黔边区游击纵队经过长岩，红二、红六军团创建黔大毕根据地，贵州游击支队转战大定，中共大定地下党活动遗址，中共羊场坝特别支部活动遗址，解放初期的斗争遗址及其他遗址进行拍照。2011 年，出版革命遗址图片集《红色大方》，收录革命遗址照片 221 张。2011 年 11 月，编辑出版《中国共产党大方县委员会重要文件选编（1988—1997）》上、下册。2015 年，出版《中国共产党大方县委员会重要文件选编（1998—2007）》上、下册。

（二）地方志编纂

1982 年 5 月启动第一部《大方县志》编纂工作，1987 年正式进入实质性编纂。同时，部门相继编纂出版部门专志：1989 年出版《大方县教育志》《大方县工会志》《大方县轻工志》，1992 年出版《大方县粮食志》，1993 年出版《大方县林业志》，1994 年出版《大方县金融志》，1995 年出版《大方县烟草志》。1996 年 9 月，历经 14 年时间编纂的第一部《大方县志》正式出版发行。1997 年，第一部《大方县志》获全国优秀志书二等奖。同年，组织编写完成《大方县志简本》丛书稿。1998 年，毕节地区行署、毕节地区地方志编纂委员会决定点校出版《大定府志》，地区地方志办委托大方县志办承担点校工作，历时 2 年多，于 2000 年 6 月由中华书局出版发行。2002 年出版《大方县卫生志》。

2005 年 12 月，县委、县人民政府召开全县二轮地方志编修启动工作会议，安排部署启动二轮地方志编修工作，同时印发《大方县第二届地方志编修工作方案》，县地方志办编印《地方志基础知识》用于指导全县修志工作的开展，全县二轮修志工作正式启动。因诸多因素制约，至 2015 年，只按照初定篇目完成 2010 年前部分资料的收集和部分章节内容的初稿编写。县史志办在抓好县志续修工作的同时，指导部门和乡镇修志工作，2007 年出版《大方县军事志》，2010 年出版《大方县乡镇企业志》《大方县工商行政管理志》，2011 年出版《大方县瓢井镇志》，2012 年出版《大方县响水乡志》，2013 年出版《大方县档案志》《大方县农牧志》，2015 年出版《大方县人民代表大会志》《大方县水利志》。

（三）年鉴编纂

2008 年 10 月，根据国务院《地方志工作条例》规定，为系统记述县行政区域自然、政治、经济、文化、社会等年度情况，县委、县人民政府研究决定从 2008 年起启动《大方县年鉴》编纂工作，出台《〈大方县年鉴〉编纂工作方案》，明确年鉴编纂坚持把握年鉴时限性，重点突出大方的地方特色，全面、客观、公正、准确地记载县域各乡镇和县直各部门，以及驻县垂直单位贯彻落实党的方针政策，实现国民经济持续、快速、健康发展，促进各项社会事业全面进步的业绩。《大方县年鉴》分设特辑、专文、文件选编、大事记、县情概况、领导名录、政治、军事、法制、经济管理与监督、财政税务、金融、农业、工业、建设环保、交通邮电、贸易、教育、科技科协、文化艺术、广播电视新闻、卫生体育、社会生活、乡镇概况、获奖名录、统计资料、附录等类目。2009 年 6 月，首卷《大方县年鉴（2008）》由贵州人民出版社出版，获全国地方志系统第二届年鉴评奖二等奖，是贵州省唯一的二等奖。2013 年 9 月，《大方县年鉴（2009）》由贵州大学出版社出版。2012 年 9 月，《大方县年鉴（2010）》《大方县年鉴（2011）》由中州古籍出版社出版。2014 年起，因撤销大方镇建制，《大方县年鉴》更名为《大方年鉴》。每年编纂一卷《大方年鉴》，至 2015 年，共出版 8 卷。

四、机要保密

（一）机要

县委机要局承担县委、人大、政府、政协及其他副局级以上工作部门的密码通信工作。已与机要系统建立普通密码通信关系的各部门的绝密电报，送县委机要局译发。党政领导机关之间相互往来的秘密事项和紧急重要内部信息，按规定采用密码加密译发。

2008 年，收明传电报 1312 份，发 11 份；收密码电报 432 份，发 51 份。2011 年，收发明传电报 1375 份 1.07 万页，收发密码电报 507 份 3205 页。2012 年，收发明传电报 1079 份 8643 页，收发密码电报 755 份 4865 页。2013 年，收发明传电报 974 份 7856 页，收发密码电报 633 份 2003 页。2014 年，收发明传电报 652 份 3630 页，收发密码电报 616 份 4688 页。2015 年，收发明传电报 652 份 3630 页，收发密码电报 616 份 4688 页。

（二）保密

1991 年，下发《关于明确县机关保密要害部门、要害部位的通知》，确定县直 33 个单位为要害部门，建立保密领导小组，建立严格的保密制度。1992 年，撤区并乡建镇后，新建乡镇均建立保密领导小组，县直 67 个部门调整充实领导小组。

1993 年，组织 4 个组抽查县直 8 个单位，到 35 个单位开展保密教育。根据《印刷、复印等行业复制国家秘密载体暂行管理办法》，对 6 家集体和私营打字、复印行业进行注册登记。1995 年，重点抽查县委统战部、计委、财政局、水电局等部门的保密工作。全年编写保密简报 5 期，进行保密检查 10 次、专项检查 20 次，在县直机关开展保密法普及宣传教育竞赛活动。

1996 年，下发通知，提出“在机构改革后，要重新确定保密要害部门（部位），落实保密工作责任制。”行文明确 29 个部门为要害部门，有关单位的办公室、传真室、收发室为要害部位。1998 年，召开有关部门会议，研究安排查缴泄密光盘，共检查 19 个单位，未发现有泄密数据光盘。1999 年，组成 2 个组，查缴泄密非法出版物，对县城 9 个书刊销售点进行 2 次检查。

2000 年，组织县直保密要害部门及有关单位涉密人员 530 人参加考试，有 387 人获得保密培训合格证。2001 年，对城区打字复印行业进行注册备案工作；对废弃物品交易场所进行多次检查，强化保密管理。2005 年，对“四五”普法期间保密法制宣传教育工作进行自查，制定《“四五”普法期间保密法制教育规划》，下发各乡镇和县直各部门。“四五”普法期间，全县未发生任何泄密事件。

2006 年 4 月，对县直机关各单位进行计算机保密检查，组织县级以上领导干部、县直涉密单位主要领导、重点涉密人员观看保密形势资料片，并组织讨论。2007 年，开展集中清理涉密文件资料工作，对各涉密载体印制单位，废纸收购站点开展专项检查，加强对国家秘密载体销毁管理工作。2011 年，对全县党政机关重点涉密单位进行抽查，共抽查重点涉密单位 7 个，检查涉密计算机 5 台，非涉密计算机 60 台，涉密移动存储介质 3 个。

2012 年，开展保密法进社区、进学校宣传活动，举办保密知识培训班，为县检察院干警讲解保密工作。2014 年，召开县保密委员会扩大会议，组织四大班子领导成员、保密委成员单位干部职工观看《全国窃密泄密案例警示教育展》和《涉密经济数据泄露警示录》，共计 40 多个单位 1000 多人观看警示片。2015 年，组成 2 个检查组，检查政府要害部门，清理涉密文件的使用管理情况；检查打字复印行业、废弃物品交易场所，未发现泄密事例。

五、党校教育培训

1989 年，县委党校首次开办两年制经济管理中专班，1991 年毕业学员 140 人。1995 年，举办省电大托办行政管理专业证书班 1 期，学制 1 年，结业学员 120 人。1996 年，承办中央党校党政管理函授大专班 1 期，学制 3 年，毕业学员 63 人。1996 年起，在农工民主党中央的帮扶下，举办 5 届学制为两年的经济管理专业村级后备干部中专班，毕业学员 294 人。1997 年，设立省委党校函授学院大方教学站，从事大专学历教育，开设行政文秘、经济管理、法律 3 个专业，至 2008 年，共毕业学员 1572 人。2001 年，设立省委党校函授学院毕节学区大方教学点，从事本科学历教育，主要开设法律专业，至 2008 年，毕业学员 410 人。2008 年后，中央党校、省委党校函授学院在县委党校设立的函授站取消，函授工作结束。

1990—2014 年，以组建宣讲团或参加县委宣讲团的方式，组织骨干教师向基层干部和群众宣讲中共十四大、十五大、十六大、十七大、十八大会议精神和毕节试验区建设发展成就达 300 多场次，听众达 3 万余人次。

1990—2015 年，举办主体班次 116 期，培训各级各类干部 1.8 万人次。主体班有副科级领导干部、中青年干部、妇女干部、后备干部、少数民族干部、村（居）委会干部培训班等，教学时间 1 周至 3 个月。课程以马克思主义哲学、政治经济学、科学社会主义、中共党史、党的建设为主，同时根据党中央、省委、市（地）委、县委的安排部署，适时开设时事政治和中国近代史、行政管理、法律知识、经济管理、国防教育、现代科技、人口管理、环境保护与生态建设等课程。

1990—2015 年，举办各类为期 1 周以内的短期培训班 228 期，培训各级各类干部 3.46 万人次。2012 年，短期培训班主要有城市管理行政执法人员培训班、乡村干部及创业带富党员培训班共计培训 1000 人次。2013 年，举办畜类繁育员培训班，举办新进事业单位人员培训班等，培训 1100 人次。2014 年，举办残联干部、基层残疾人工作者培训班，举办关工委系统干部培训班等，培训 1000 人次。

1990—2015 年，组织教职工开展各种调研活动，撰写调研报告、论文，参加省、市（地）、县党校、组织、宣传部门组织的理论研讨。党校教师共撰写论文 100 余篇、科研报告 77 篇，其中在省级以上刊物发表 50 余篇，获地级以上表彰 13 篇。

2015 年，举办离退休干部政治理论学习培训班、老年大学学员政治理论学习培训班等，培训学员 300 余人。举办全县干部大学习、大培训培训班 7 期，培训干部 4920 人次。

六、信访工作

1986 年 8 月，县委办信访科更名为中共大方县委信访办公室，为副科级机构。2004 年，升格为县委办公室所属正科级单位，更名为大方县信访局。

（一）群众来信来访

1992—1997年，办理群众来信来访2863件，接待上访群众2263人次，其中集体上访48批802人次。1998—2003年，办理群众来信来访4133件，接待上访群众2802人次，其中集体上访79批1374人次。做好常规接访，注重矛盾纠纷排查，做好重大活动期间的维稳工作，处理群体性上访。2008—2010年，接待群众来访1152批2769人次，受理群众来信264件，按规定转交办1417件。2011—2015年，接待群众来访2096批6311人次，受理群众来信192件，全部转交办4478件。

（二）三级联动视频接访

2008年，县财政拨付专款30余万元安装县信访局和34个乡镇的电视电话并与地区联通，实现每周三上午，地、县、乡三级党政领导通过视频同时接待上访群众，交办信访事项。9月，县内开始进行三级联动视频接访。同年，开展"县委书记大接访"活动，来访中个访86批133人次，群体访1批50人次。至2009年，共接访66次，接待上访群众256批542人次，其中，县委书记、县长接访45批77人次，其他副县级以上领导接访211批465人次。2010—2011年，三级联动视频接访659次，接待来访374批800人次，其中，县委书记、县长接访34批56人次，其他副县级以上领导接访340批744人次。来访中个访364批675人次，群体访10批125人次。2012年，三级联动视频接访135次，接待来访群众323批615人次。通过视频接访，县领导下访252批次，走访群众859人次。2013—2015年，三级联动视频接访285人次，接待来访群众403批866人次。

（三）信访案件办理

2004—2007年，办理群众来信来访2320件，接待上访群众2873人次，集体上访144批1374人次。其中，省立案17件，办结17件；地区立案39件，办理36件；县立案330件，办结314件。做好77名被辞退的税务助征员的思想疏导工作。解决48名企业军转干部被拖欠的工资、医药费。排查出9件涉法涉诉案件，全部办结。梳理排查重点信访事项45件，化解38件，息诉27件。化解60件重点矛盾纠纷。2007年1月，洪家渡库区移民40多人到北京上访，县委相继召开信访维稳工作紧急会议，采取措施进行疏导、劝返。同年2月，排查出矛盾纠纷13件，全部化解。2008—2009年，查办信访案件618件，办结533件。2010—2011年，排查出矛盾纠纷207件，化解61件，息访88件。县联席会议排查出积案409件，办结406件，息诉息访312件。县信访局自行排查积案23件，结案22件，息访5件。突出信访问题44件，县委交由四大班子副县级以上党政领导包案督办。调解拖欠农民工工资、土地纠纷、城建、三农、民政、涉法涉诉矛盾纠纷53件，息诉息访42件，办理上级交办积案18件。2012—2013年，排查矛盾纠纷138件，化解127件。受理转交办信访案件234件，办结233件。排查信访积案107件，化解101件，息诉48件，落实稳控59件。办理省委和市委督办案件12件，息诉9件。梳理疏导上京信访事项18件。化解集体访1件，个访7件。化解讨薪纠纷22件。2014年，排查出重点信访事项919件，其中，矛盾纠纷602件，信访案件286件，信访积案16件，涉法涉诉15件，全部化解处理。2015年，排查矛盾纠纷416件，化解406件，其中信访案件354件，办结350件，4件年底未到时限。

（四）承办上级交办案件

根据中央、省、地党政机关领导和县委、县人民政府领导的批示，按《信访条例》规定，办理上级领导转交办的信访案件。2006—2007年，办结上级交办案件460件，其中，中央联席会议办公室交办6件，国家信访局交办8件，省级交办62件，地区交办76件，全部办结。县立案或交办323件，办结301件。2008—2009年，办理上级交办信访案件618件，办结583件。其中，国家信访局交办8件，省级交办52件，全部办结，地级交办195件，办结189件，县级交办363件，办结

284件。2010—2012年，办理上级交办信访案件939件，办结830件。其中，国家信访专网、国家级、省级交办246件，办结244件；地级交办194件，办结194件；县级交办499件，办结461件。2011年，建立矛盾纠纷调解中心。2013—2014年，办理上级交办信访案件2279件，办结2033件。其中，国家信访专网转交办582件，办结370件；国家级、省级、市级交办信访案103件，办结95件。“书记、省长、群众直通交流台”交办56件，办结45件。省联席会议办公室和省信访局交办115件，办结114件；市联席会议办公室和市信访局交办280件，办结270件；县联席会议交办1143件，办结1139件。2015年，上级交办信访事项651件，办结588件，63件未到时限。其中国家信访专网交办69件，省交办422件，市交办160件。

七、督办督查

1997年，县委、县人民政府分别设立督查室，为副科级单位。主要负责对中央、省、地和县的重大决策及重要工作部署贯彻落实情况进行督查；对县委、县人民政府制定的目标任务，县委常委会议、县委常委办公会议议定事项，政府工作会议、县长办公会议、政府专题会议议定事项等的落实情况进行督查；对省、地、县督办件和领导批示件督办督查；负责决策落实信息反馈和进行决策落实调研等。

2011年5月，设立县督办督查局，由县委督查室、政府督查室合并组建，为县委办管理的正科级机构。2011年8月，县督办督查局设立网络舆情督办督查中心。2012年3月，大方县督办督查局设立督办督查大队，为督办督查工作提供服务。

2011—2015年，对县人代会和全县经济工作会议安排部署事项进行分解并跟踪督办督查，对县委常委、县人民政府常务办公会议纪要等重要会议议定事项进行分解督办，将议定事项分解落实到责任单位和具体责任人，采取明察暗访、实地督查等方式，对工作进展完成情况进行督查，共办理领导批示、交办件300余件。对全县安全生产、信访维稳、非法采煤采矿、抗旱救灾、森林防火、春耕生产、地质灾害防治、计生工作、民生项目等工作开展情况进行督查，督促有关责任单位对存在问题进行整改。共发出《督查通报》170期、《督查情况》152期，上报《督查专报》209期。《走出去招财引智　请进来落地生根——大方县“六力”抓招商引资工作侧记》《“违建”和“强拆”的博弈》《大方县“五统一五公开”编织民生项目信访监督“防护网”》《大方县狠刹违规办酒风》等专报得到省委督查室、市督办督查局采用。

第三章　民主党派

第一节　中国农工民主党大方县工委

2013年4月15日，中国农工民主党（以下简称“农工党”）大方县第一次党员大会召开，出席会议党员9名，宣布成立农工党大方县支部。大会选举产生农工党大方县支部第一届领导班子，主任委员1名，委员2名。2014年1月，增补专职副主委1名。2015年5月20日，建立农工党大方县工委，主委张琳，副主委胡卫国、周登印、王玥。工委下建4个支部：教育支部，有党员9名；医卫一支部，有党员13名；医卫二支部，有党员12名；综合支部，有党员19名。

农工党大方县工委加强政治思想建设，组织党员学习中国共产党的路线方针政策，提高政治素养，积极参与调查研究、社会服务、参政议政。加强组织建设，培养和发展新党员。农工党大方县党员数从2013年的9名发展到2015年的57名。

农工党大方县工委紧紧围绕大方县扶贫工作，重点做好农工党中央和农工党县外各地各级组织到大方县调研联络联系服务。工委联合县科技、医卫、教育等部门开展“中国环境与健康宣传周”活动和“国际科学和平周”活动，工委成员配合下乡义诊10余次，参加农工党毕节市委下乡义诊、调研、帮扶等活动10余次，受益群众1万余人次。农工党员筹资帮助大方一中高二年级21名少数民族贫困女学生完成学业。做好农工党党员企业及农工党搭桥引进到大方投资企业的跟踪、服务、协调工作。加强参政议政，积极建言献策，至2015年，共提出政协提案10余件。

第二节　中国致公党大方县支部

2015年2月，中国致公党（以下简称“致公党”）大方县支部开始筹建。12月11日，致公党大方县支部召开第一次会议，宣布成立致公党大方县支部，选举产生致公党大方县第一届支部委员会。第一届支部委员会由7人组成，支部主委李富美，副主委张茜维、谢晶晶、高皓，委员郑鑫、吕东岩、彭冰墨。2015年有党员16名。

致公党大方县支部围绕“致力为公”这一宗旨，将守底线、走新路、奔小康贯穿于致公党党员履职过程中。2015年支部建立后，开展学习实践活动10多次，向党员发放相关学习资料50余份，先后输送10多名青年骨干党员参加致公党贵州省委中国特色社会主义理论学习主题培训班、全省民主党派基层骨干传统文化研讨班、毕节市新任民主党派干部专题培训班、2016年致公党贵州省委新党员培训班学习。支部以纪念致公党成立91周年为契机，对党员开展政党制度教育和党章党史教育。举办主委会和全委会培训班、新党员学习班及专题讲座，教育党员致力于中国特色社会主义事业，坚持中国共产党的领导，坚持同中国共产党亲密合作的基本政治立场。

致公党大方县支部组织党员通过到基层社区、乡镇、企业调研走访，视察大方火车南站、火车北站、雪榕企业生产基地、恒大奢香古镇等，撰写社情民意调研资料10份。在政协大方县十届一次会议上提出提案10余件。

第三节　中国民主同盟大方县支部

2015年12月17日，中国民主同盟（以下简称“民盟”）在大方县第一次盟员会议召开，成立民盟大方县支部。会议选举产生民盟大方支部主委成员7名，支部主委陈倩，副主委李丹青、卢雪、蒋德津，支部委员徐永发、陈兴、段义。2015年12月，民盟大方支部共有盟员14名。民盟大方县支部在民盟中央网站、民盟省委网站、贵州网、大方党建、大方信息港等媒体发表信息简报20余篇，发动盟员提出社情简报40余条。

第四章　群众团体

第一节　工　会

1991年，全县建立基层工会138个，会员3280人，其中乡镇、县直基层工会96个。1993年10月24日，召开大方县工会第六次代表大会，选举第六届工会委员会委员35名，其中主席1名，副主席2名。全县新建工会工作委员会36个。

1995年，全县基层工会132个，会员8991人，全县职工1.13万人。1996年，全县基层工会113个。

1998年，开展困难职工帮扶工作，建立贫困职工档案。当年建档100户，慰问197户，送慰问金4.6万元。1998年11月2日，召开大方县工会第七次代表大会，选举第七届工会委员会委员45名，其中主席1名，副主席2名。1999年，全县基层工会163个，其中企业工会59个。2001年，新增4个企业工会，全县36个乡镇全部建立工会。2000—2011年，慰问特困职工1230户，送慰问金22.5万元。2003年，全县基层工会136个。是年11月4日，召开大方县工会第八次代表大会，选举第八届工会委员会委员55名，其中主席1名，副主席2名。

2004年，新建和完善企业工会25个，新增会员1120余人。2005年，全县70家有证乡镇煤矿全部建立工会，其中新增企业工会32个，新增会员1270余人。2007年，新建工会25个，吸收会员2058人，建立村级工会357个。2008年，县工会参与10多起各类安全生产事故调查，维护职工合法权益。是年，全县基层工会450个，其中村级工会357个，会员达2.9万人，有36个煤矿企业建立工会。是年11月4日，召开县工会第九次代表大会，选举第九届工会委员会委员63名，其中主席1名，副主席2名。

2009年，县工会培训下岗职工再就业人员90人次，举办2期安全生产培训班，115人参训，投入相关乡镇农民技术培训资金1.3万元。全年共培训下岗职工和农民工1480人，投入资金140万元。是年，全县基层工会510个，其中村级工会340个，非公有制企业工会170个，会员5780人，新建企业工会36个，吸收会员1320人。2010年，举办88人参加的基层工会主席培训班。投入资金160多万元，举办营销、电工、家政、种草等各种培训班10多个，1680名下岗职工和农民工参训，通过2个多月的培训，全部获上岗资格证书。是年，全县基层工会534个，其中村级工会357个，非公有制企业工会177个，会员5800人，新建企业工会41个，吸收会员1580人。

2011年，参与调解劳动争议案58起1512人，接待职工、农民工来信来访168人次。全县基层工会647个，会员4.53万人。2012年11月7日，召开县工会第十次代表大会，选举第十届工会委员会委员23名，其中主席1名，副主席3名。

2013年，参与调解劳动争议案98起1500人。全县基层工会620个，会员4.53万人。2015年，为260名农民工清理兑现工资689万元。全县基层工会611个，会员12.9万人。2011—2015年，培训下岗再就业职工和农民技术人员 4.12 万人。

第二节 共产主义青年团

一、组织建设和发展

1993 年，选送 4 名团干部到省团校学习，12 名到地区学习，25 名到县委党校学习，培训村团支部书记 499 人，全年发展团员 4163 名，颁发团证 3749 个。1994 年，团县委对 36 个乡镇团干部采取以会代训方式进行培训。全年发展团员 5218 名，颁证 4104 个。1995 年，团县委对 14 个城镇团支部、47 个农村团支部进行整顿建设。全年培训团支书 264 人，发展团员 5200 名。

1996—1998 年，培训团干部 2769 人次。全县整建团支部 365 个，其中，农村团支部 293 个，街道团支部 19 个，县直和中学团支部 32 个，厂矿和事业单位团支部 21 个。全县共发展团员 1.43 万名。1999 年年初，全县村团支部通过换届选举，整建村团支部 406 个。

2001 年，开展创建“五四红旗团委”“五四红旗团支部”活动。发展团员 5812 名。2002 年，建有团组织办公阵地和活动阵地 201 个，发展团员 5903 名。大方县育德中学团委、瓢井镇团委被评为“贵州省五四红旗团委创建单位”。2004 年，大方一中团委被评为“全省先进团组织”，团县委书记徐书云被评为全省优秀共青团干部，果瓦乡团委、文惠实验学校团委、六龙镇团委被评为“全区五四红旗团委”，达溪镇坝子村团支部、文阁乡以麦小学团支部、黄泥塘中学团支部、小屯中学团支部被评为“全区红旗团支部”。发展团员 5047 名。

2005 年，鸡场乡团委、小屯乡团委、响水中学团委被评为“全区五四红旗团委”。全年发展团员 5047 名。2006 年，开展“五四红旗团委、团支部”创建活动，大方县被团省委表彰为 2006 年度“全省团建先进县”。全年发展团员 5050 名。2007—2008 年，培训基层团干部 220 名。至 2008 年年底，全县有基层团委 53 个。

2009 年，全县有基层团委 53 个，其中，乡镇团委 34 个，学校团委 17 个，企业团委 2 个；团支部 648 个，其中，企业团支部 36 个；全县有共青团员 4.24 万人。2010 年，全县有团组织 756 个，其中基层团委 56 个，辖 700 个团支部；有专兼职团干部 760 名，其中专职团干部 4 名，全县有团员 4.52 万人。2011 年 6 月，完成县乡两级选配兼职团干部工作，共选配 106 名团干部。12 月底，全县有团组织 756 个，专兼职团干部 760 名，团员 3.7 万人。2012 年，全县新建直属团组织 710 个，全县有团支部 1539 个，团员 3.63 万人，兼职团干部 685 人。2015 年，全县有共青团员 4.06 万人，占青年总数的 15.7%。

二、青年志愿者活动

1993 年起，共青团实施“青年文明工程”。清明节期间，组织大方一中、大方二中团员学生在大海坝烈士墓前集体宣誓，接受革命传统教育。各级团组织带领团员青年学雷锋做好事，开展便民利民活动。

1994—1996 年，组织有关单位在城区举办“只生一个好”联欢会和“九四迎春”舞蹈比赛。

1997—1998 年，各级团组织开展读书、演讲、歌咏比赛、征文比赛、中学生实践等活动。全县建青少年革命传统教育基地 1 个，业余团校 6 个，学雷锋小组 136 个。

1999—2003 年，组织县直单位、团县委青年志愿者到陡坡、东关等地植树造林。组织县医院、中医院、农业局、防疫站等单位青年志愿者参加义诊、义务咨询，开展便民利民活动。

2004 年 3 月 5 日为“中国青年志愿者活动日”，在全县各中学开展争做注册志愿者活动。

2005 年，组织 3 次青年志愿者行动。3 月，在各校广泛宣传青年志愿者徐本禹的事迹和大方县残疾青年李松外出海口打工为抢救落水工友献出生命的事迹。组织青年志愿者到安乐乡和六龙镇植树造林。

2006 年 4 月，开展“消防青年志愿者在行动”活动，消防官兵对消防青年志愿者进行消防知识讲解，并进行实际操作体验。9 月，县青年志愿者协会成立，同时启动“讲文明、树新风、整脏治乱”青年志愿者在行动工作，每个周末，整脏治乱青年志愿者轮流到街上卫生宣传岗位和监督岗位值班，向市民宣传革除陋习，养成文明习惯。

2007 年，开展青年志愿者、红领巾志愿者“整脏治乱”行动；开展青年志愿者消防宣传教育活动和围绕新农村建设开展消防安全村创建活动。开展百里杜鹃花节期间志愿者服务。在“6. 26”国际禁毒纪念日，禁毒青年志愿者义务发放禁毒宣传资料。

2008 年，组织 500 多名青年志愿者开展“灾后重建、绿化荒山”大型植树造林活动，在 100 余亩荒山上种植 6000 株柳杉树苗，打造“共青林”。3 月 3 日，组织 50 名青年志愿者参与响水乡白族团圆节。4 月 18 日，组织 70 名青年志愿者服务队参加支嘎阿鲁湖首游式，为观众做好迎宾、礼仪、引导、整脏治乱等服务。6 月 1 日，组织 45 名青年志愿者方阵参与全县宣传《中华人民共和国禁毒法》，参与禁毒集会和游行。6 月 5 日，组织 12 名青年志愿者前往县戒毒所慰问隔离戒毒的 38 名青年。7 月，组织青年志愿者参加“多彩贵州”选拔赛，为选手做好各项后勤服务。

2009 年，“整脏治乱在行动”活动启动，组织青年志愿者在周末清扫背街小巷，清运垃圾，进行卫生监督，在县城区集中地带人民路一线清理野广告。植树节期间组织青年志愿者到黄泥塘镇高速公路出入口处种植香樟树，到竹园乡种植柳杉。

2010 年，实施青年志愿者“双创双提”在行动工作。组织 10 所学校、1 万余人次青年志愿者在周末清扫背街小巷 24 条（次），清运各类生活垃圾近 10 吨。组织 10 名志愿者到马场镇、黄泥塘镇开展“三下乡”活动，为二女绝育户、留守儿童家庭发放 2000 余元的生活学习用品。组织志愿者参与抗旱救灾，2 万余人次团员青年志愿者为 5000 多户鳏寡孤独家庭、留守儿童家庭送水 500 余吨。在“五四”“六一”“一二·九”和“国际志愿者日”等节日期间，与县移动公司、贵州淘酒网、豆豆龙娱乐城等单位共同组织青年志愿者对进城务工人员子女、留守儿童、空巢老人和残疾人开展“绿丝带”志愿服务活动。

2011 年，新增注册志愿者 125 人，组织青年志愿者 2000 余人次参加“6. 26”禁毒宣传、县“整脏治乱”暨“双创双提”青年志愿者在行动、“绿丝带三关爱”、计生知识宣传和科普宣传等活动，发放宣传资料 1 万余份。为办好全区第五次旅游发展大会，组织 54 名志愿者参与培训、接待事宜。

2012 年，组织青年志愿者 1000 余人次参加禁毒宣传、法制宣传、县“整脏治乱”暨“双创双提”青年志愿者在行动、“绿丝带三关爱”、计生知识宣传、环保宣传、科普宣传、学雷锋志愿服务等活动。组织 100 名志愿者参加“中国·大方首届（国际）彝族文化节暨第四届奢香文化艺术节”开幕仪式、省彝学年会、“大美之地，方圆之秀”油杉河景区首游仪式和中国第一航空发动机制造厂旧址景点开游的各项志愿服务工作。

2013 年，组织青年志愿者参加禁毒反邪教宣传、法制宣传、县“整脏治乱”暨“双创双提”青年志愿者在行动、“绿丝带三关爱”、计生知识宣传、环保宣传、科普宣传、学雷锋志愿服务等活动2000余人次。植树节期间，组织150多名志愿者植树2500余株。组织181名志愿者参加“学雷锋、争当文明标兵”义务献血活动，共献血5.56万毫升。5月，组织开展青少年文化艺术节大方赛区预赛，推荐4名优秀书画选手、3名乐器选手、1队辩论选手参加市级决赛，其中1名绘画选手以大方县农民画获得绘画比赛少年组金奖。

2014年，筹备组建“大爱大方”志愿者协会，组织开展学习贯彻习近平总书记给华中农业大学“本禹志愿服务队”回信精神系列活动、文明交通引领及“‘3·5’学雷锋，寻找最美志愿者”系列活动、奢香大讲堂、第二届大方端午节民族民间中医药文化交易会等志愿者服务活动20余场，参与志愿者达400余人次，惠及孤寡老人11人、留守儿童108人、特殊学生42名，捐赠爱心图书100多册、植树2500余株、向青少年及群众发放“两法一条例”宣传单400多份。组织100名大方火电厂“郭明义爱心团队”志愿者义务献血活动，共献血2.14万毫升。

2015年，注册志愿者1万名，组织开展科技文化卫生“三下乡”、文明交通引领、春运之情暖农民工、“学雷锋志愿服务月”系列活动、“志愿者进社区服务”活动、服务奢香大讲堂、“助力高考·爱满大方”爱心服务、“六一”关爱留守儿童爱心活动、第三届大方端午节民族民间中医药文化交易会活动等志愿者活动20余场，参与志愿者达400余人次。团县委举办“春晖行动我与家乡共发展”系列活动，2000多名返乡农民工、大学生参加座谈。引资166万元，兴建兴隆乡、小屯乡、核桃乡3个幼儿园。

三、希望工程

1993—2015年，引入希望工程奖金1921.78万元，港币1070万元。援建希望小学99所，幼儿园8所，教学楼2幢，学生食堂7个。捐献物资折价124.06万元。资助高中以下贫困学生6057人，大学生709人。修建爱心小水窖444口，路桥1座。资助患病儿童2名。

1993—1996年，引进可口可乐公司捐资20万元援建东关乡大寨村可口可乐希望小学，香港善启慈善基金会捐资港币42万元援建理化乡长春村慧能希望小学、响水乡劭家关村福和希望小学、黄泥塘镇箐门村文珠希望小学、大水乡高潮村大慈希望小学。

1996年6月，引进香港善启慈善基金会捐资港币8万元援建黄泥乡石丫村谢家亮希望小学。

1997年12月，引进香港善启慈善基金会捐资港币6万元援建八堡乡上寨村道德希望小学。

1999年，引进香港善启慈善基金会捐资港币30万元援建沙厂乡营竹村善启希望小学、凤山乡石坪村吴婉儿希望小学、羊场镇陇公村许敏希望小学、瓢井镇官寨村保诚鹄志希望小学。

2000年，引进香港善启慈善基金会捐资港币97万元援建鸡场乡天堂村菩提希望小学、鼎新乡新发村毅松希望小学、果瓦乡庆阳村萧旺希望小学、核桃乡路海村善启第一希望小学、鼎新乡大井村善启第二希望小学、三元乡胜龙村美国友谊希望小学、三元乡群星村钟正明希望小学、鼎新乡同心村安达希望小学、马场镇以扒村赵惠珍希望小学、鼎新乡同心村爱心医院、鼎新乡长丰村林梅枝希望小学、大方镇大屯村黎惠英希望小学、文阁乡安庆村佐丹奴第五希望小学、绿塘乡牛场村佐丹奴第六希望小学、达溪镇渣聋村佐丹奴第七希望小学、羊场镇桶井村显明希望小学。

2001年，引进香港善启慈善基金会捐资港币79万元援建瓢井镇乐丰村丘超荣希望小学、双山镇香田村超南希望小学、兴隆乡杉树村祇桓讲堂希望小学、普底乡红丰村文明希望小学、三元乡胜发村释智定希望小学、达溪镇果这村释瑞性希望小学、马场镇金龙村汉华希望小学、长石镇新阳村球杞希望小学、兴隆乡营寨村永明希望小学、马场镇老塘村拿格思亲纪念希望小学、双山镇法书村邓北泉希望小学。

2002 年，引进香港善启慈善基金会捐资港币 96 万元援建果瓦乡光明村佐丹奴第八希望小学、达溪镇红星村马嘉谦希望小学、八堡乡八一村善启第七希望小学、八堡乡堰塘村惠华希望小学、长石镇清香村厉素芳希望小学、百纳乡新华村有为希望小学。

2003 年，引进香港善启慈善基金会捐资港币 75 万元援建大水乡营山村叶嘉灼纪念希望小学、黄泥乡龙塘村自强希望小学、竹园乡沙坝村善启第十三希望小学、六龙镇纸厂村麦楚卿纪念希望小学、瓢井镇官寨村林植尧第四纪念希望小学、瓢井镇三合村西港城宝第五希望小学。

2004 年，引进香港善启慈善基金会捐资港币 171 万元援建星宿乡漆树村善启第十七希望小学、雨冲乡油杉村善启第十六希望小学、大水乡凉井村善启第十八希望小学、长石乡红山村余骁桓第三纪念希望小学、百纳乡龙峰村靖德希望小学、大山乡松明村善启第十九希望小学、八堡乡荆竹村善启第二十希望小学、达溪镇大弯村善启第二十一希望小学、兴隆乡大沟村普光积善希望小学、马场镇大石村朱道生第一希望小学、大方镇元宝村佐丹奴第十二希望小学、核桃乡文坪村何汉良志贞希望小学、普底乡庆丰村佐丹奴第十一希望小学、沙厂乡营竹村吴婉君希望小学、鼎新乡新发村善启第二十三希望小学。

2005 年，引进香港善启慈善基金会捐资港币 39 万元、深圳地产公司捐资 20 万元、中国美术家协会捐资 30 万元、聊城市东昌府区政府捐资 25 万元、厦门伟业公司捐资 54 万元，援建瓢井镇坪兴村朱冯来仪纪念希望小学、六龙镇坝子村周陈惠珍纪念希望小学、凤山乡银川村余基权纪念希望小学、响水乡古打村深圳地产希望小学、安乐乡白岩村美术家协会希望小学、大水乡箐山村本禹希望小学、沙厂乡竹戛村沙厂乡竹戛小学实验楼、兴隆乡菱角村兴隆乡菱角小学。

2006 年，引进香港善其慈善基金会捐资港币 90 万元、贵州省青少年发展基金会捐资 40 万元、张家港市金厦房地产公司捐资 50 万元、深圳募师支教团捐资 20 万元援建大山乡解放村康德希望小学、鼎新乡五一村完美希望小学、达溪镇雨卷村朱道生第二希望小学、高店乡营兴村周陈瑞珍希望小学、大方镇云龙村佐丹奴第十五希望小学、百纳乡鸭院村张家港市金厦希望小学、八堡乡新开村张家港市华建希望小学、大水乡鞍山村许凌峰募师支教希望小学、长石镇巨山村黄洪佳希望小学、理化乡营盘村善启第三十希望小学、羊场镇坪寨村怡天国际希望小学、长石镇水塘村周惠濂第三纪念希望小学。

2007 年，引进无偿希望工程资金 212.44 万元援建希望小学 15 所；通过明德奖学金、康德奖学金、省青基会救助资金、福彩资助金、习酒集团资助金、圆梦大学行动捐赠贫困学生资助金 20.66 万元资助 422 名贫困学生，筹资 5.2 万元帮助 13 名应届高中毕业生圆了大学梦；引进价值 6.64 万元的书包、本子、橡皮等学习用品捐赠给 10 所学校的贫困学生。希望工程引资总计 240 万元。

2008 年，引进希望工程资金 88 万元和港币 51 万元援建 7 所希望小学，引进价值 10 万余元的 3 万余册图书和书包、铅笔、作业本等学习用品以及足球、篮球等体育用品捐赠给凤山乡吴婉儿希望小学，引进价值 6000 元的体育器材捐赠给大山乡解放村康德希望小学。引进价值 1.3 万余元的童话书捐赠给各希望小学。引进资金 7.08 万元资助 12 名贫困大学新生入学；引进资金 1.98 万元资助 48 名贫困中小学生读书。

2009 年，引进香港善启慈善基金会捐资港币 20 万元、贵州中烟工业公司捐资 55 万元援建马场镇石丫村李惠英纪念希望小学、雨冲乡苏黔金叶希望小学；贵州青少年发展基金会、贵州习酒集团、红杜鹃爱心社捐资 6.94 万元资助困难儿童、贫困学生 39 人，共捐献物资折价达 2.78 万元。

2010 年，引进无偿资金 55 万元扩建雨冲乡中心小学，16.4 万元资助贫困大学生 54 人。

2011 年，引进希望工程资金 82 万元，再修希望小学 3 所；资助贫困大学生 16 名。在凤山乡凤山煤矿、绿塘乡佳宏煤矿、竹园乡迎峰煤矿等的大力支持下，引进捐资助学资金约40万元，资助88位品学兼优、家庭困难的大学新生。由在大方县支教助学多年的志愿者孙影发起倡议，深圳关爱办和深圳晚报主办的“爱心小书桌”活动向响水乡16所学校捐赠1000套“爱心小书桌”。

2012年，引进“山区希望工程”资金310.9万元。引进香港善启慈善基金会捐资41万元修建雨冲乡青木小学、捐资41万元修建马场镇感恩希望幼儿园，深圳关爱办和深圳晚报主办的“爱心小书桌”活动向核桃乡、沙厂乡、响水乡、六龙镇等乡镇27所小学捐赠“爱心小书桌”近4000套；响水中学35名初高中学生获得春澜基金贫困助学金2.18万元，共引进“同心·光彩”“习酒·我的大学”、荣新爱心助学、茅台助学、香港善启慈善基金会、深圳关爱助学、文明贵州助学等助学资金87.9万元，全县180名优秀贫困大学生获得资助。

2013年，引进希望工程资金373万元，修建幼儿园2所、教学楼2个，修建改善爱心食堂7个，共筹集106万元助学金资助198名贫困大学生；引进香港主力教育基金会出资2.5万元资助大方一中25名学生完成学业，每人每年获得1000元资助。

2014年，引进希望工程资金215.56万元，帮助竹园乡、三元乡修建幼儿园各1所。资助84名贫困大学生圆大学梦，资助金额55万元，其中，香港善启慈善基金会续助往届大学生35人，资助金额21.9万元；同心助学续助往届大学生29名，资助金额2.9万元；引进大连市青少年发展基金会资助对江镇11名中小学生，资助金额7400元；资助大方一中25名学生完成学业，资助金额2.5万元。

2015年，引进香港善启慈善基金会捐资港币186万元在兴隆乡、小屯乡、核桃乡、长石镇各修建幼儿园1所；捐资1.52万元给特殊教育学校76名学生作为交通补贴。发放大米、文具、书籍等爱心物资价值约20万元人民币。筹资168.46万元，资助376名学生。联系孙影向捷顺基金会引资20万元为小屯乡、绿塘乡小学生捐赠“爱心小书桌”2000套。

四、春晖行动

2007—2009年，共聘“春晖使者”117名，完善70余个待建“春晖”项目。大方县行知书社无偿捐赠500册图书给沙厂乡白果小学，并命名为“春晖图书室”，捐赠价值2500元的足球、篮球和羽毛球等体育用品。贵州煜峰投资有限公司向兴隆乡2户极贫户捐赠400元现金，向母校捐赠1000元现金。黄泥塘镇安坪村青年企业家万勇无偿捐资20万元修建的坝子小学竣工。在沙厂乡“春晖行动——让他们过一个温暖的冬天”大型公益活动中，北大青鸟集团贵州分公司现场捐赠价值8万元的衣物，上海公司捐赠300件夹克衫。

2010年，在春节期间组织开展“我与家乡共话发展”主题座谈会，为家乡发展建言献策。座谈人数2000余人次，收到建言1000余条，新增礼聘春晖使者99人，收集新增项目20个，向春晖行动中心报送“春晖家园”计划项目3个，建立春晖项目示范基地2个。

2011年，开展“携手春晖行动，共话家乡发展”系列活动，参与活动的外出务工人员2000余名，申报省级“春晖家园”项目4个，得到省春晖中心批复2个，春晖使者向学校提供近9万元资助，沙厂小学及八堡乡菱角小学得到资助。

2012年，申报省级“春晖家园”项目3个，共青团贵州省委春晖行动发展中心捐助3万元工程建设资金，海尔集团贵州省分公司向大方县马场镇中心小学捐赠26寸电视机22台，贵州广电网络公司大方分公司捐赠25台数字电视机顶盒，春晖使者向学校提供近2.1万元资助；爱心团队向理化乡大塘希望小学捐赠书包、文具、作业本、学习用品和体育器材等，为学校修建围墙等硬件设施和硬化操场，为学校捐赠价值24万元的160套餐具、160张塑料凳、2台电脑、66张课桌，同时筹集爱心捐款9420元。

2013年，共申报省级“春晖家园”项目5个、市级“春晖家园”项目2个。2000余名返乡人员参与“携手春晖行动，共话家乡发展”系列活动，修建春晖爱心小水窖588口。

2014年，贵州师范大学春晖发展社30多名“春晖使者”到黄泥塘镇、三元乡开展“寸草报春晖，反哺故乡情”寒假实践活动；实施春晖健步行动，全县有24名贫困骨科患者获得免费手术机会。贵州省第一个“春晖黔归人才创业示范园”在凤山乡马干山芳香产业基地挂牌。广州军区总医院、爱佑华夏慈善基金会、中国星火基金会赴毕节对大方县上年免费做手术的贫困家庭先天性心脏病患儿进行复诊，对30名患儿进行首次义诊，安排9名患儿到广州做手术。

2015年，在果瓦乡实施“春晖家园”项目1个，项目资金10万元。实施“春晖梁才助学计划”，全县14名学生得到资助免费到毕节梁才学校就读。实施“春晖行动·微笑列车”唇腭裂修复项目，县内2名唇腭裂患儿在四川宜宾口腔医院得到免费修复手术治疗。在各乡（镇、街道）建立“同心小康·春晖大方”春晖行动服务工作站，建立“黔归人才”示范基地，有“春晖使者”223名。

第三节 妇女联合会

一、巾帼建功活动

从1989年起，大方县开展巾帼建功活动。1992年，选择女职工占50%的几个单位作巾帼建功活动试点。建设银行妇委会组织女职工学理论、学技术、学管理，比服务、比效益，开展便民利民活动。1994年，以点带面，在医院、学校、厂矿企业开展岗位成长、岗位奉献、岗位建功活动。1996年，在商业、供销、邮电系统开展女职工“岗位创一流，组织创先进，企业创效益”活动，在教育、卫生系统开展女职工“岗位服务创一流”活动。

1997年，组织学校开展“教学比成绩”和“敬业爱生”活动，金融部门开展“会计、记账”技能比赛，卫生系统开展妇幼保健知识宣传活动。机关、事业单位妇委会与农村贫困妇女结成“手拉手”帮扶贫困妇女130对。1999年，35个机关妇委会与农村妇代会建成联系点，结成对子扶贫。农业局妇委会为扶贫点沙厂乡骂陇村送去地膜1000公斤、玉米良种500公斤，为骂陇村办农技培训班5期。法院妇委会协助大水乡营山村贷款35万元。

2000年，在机关妇委会开展“巾帼创新业”“十创十评”和“星级文明户创建”活动，对10个“巾帼文明示范岗”进行跟踪指导。2001年，机关、企事业妇委会继续开展“巾帼创新业”“巾帼社区服务”和“家庭文明工程”活动。2002年，对机关企事业单位妇委会主任35人进行理论、法律和业务培训。开展“巾帼扶贫”工作，机关妇委会与农村贫困妇女结成对子，对787户进行帮扶，建立扶贫联系点37个，帮扶贫困家庭1850户。

2003年，组织部分机关妇委会建立“妇女禁毒禁赌帮教小组”，参与社会治安综合治理。2004年，举办妇幼卫生知识培训班，130名妇女受训。2006年，对部分企业下岗女工46人进行培训，实现再就业13人。2007年，与31个机关企事业单位妇委会签订妇女工作目标责任书。开展全民健身与奥运同行活动，组建2个代表队参加毕节地区百万妇女健身展示大赛，获健身操、太极拳2个奖项。2008年，开展“巾帼文明岗”活动，县农业局妇委会帮扶冷底村，指导500户农户规范化种植，建沼气池500口。

2011年，发放贷款8797.3万元，支持2452户妇女实现创业梦想。建立妇女种植示范基地3个，种植面积600亩，其中，羊场镇穿岩村中药材基地200亩；竹园乡歹鸡村核桃基地200亩，安乐乡平坝村烤烟基地200亩，2013年，开展“巾帼示范村”“巾帼示范基地”创建活动。全县表彰“双学双比”女能手19名，创建“巾帼文明示范岗”3个，评选表彰“巾帼建功女标兵”20名、“五好文明家庭”10个、“三八红旗手”8名。2015年，全县共有“巾帼建功”女能手178名，“巾帼建功示范基地”53个。表彰“三八红旗手”30名，农村女能手26名，孝老爱亲模范10名，“巾帼建功”标兵10名，“五好文明家庭”30户。

二、妇女儿童权益保护

1992年，成立县妇女权益保障法宣传领导小组，县人大、政法、妇联等14个单位，联合开展《中华人民共和国妇女权益保障法》宣传月活动。1993年，县、乡妇联接待来信750件、来访1672人次。查获拐卖妇女儿童案件175件，被拐卖176人，查清拐卖嫌疑犯290人，报批捕19件，逮捕17人，解救被拐妇女43人。

1994年3月，成立县妇女儿童工作委员会，成员单位22个。1995年，在响水乡、六龙镇开展宣传咨询活动，举办2期法律讲座。召开贯彻《妇女权益保障法》座谈会。1996年，采取多种形式宣传《妇女权益保障法》《未成年人保护法》《妇女发展纲要》《儿童发展纲要》《母婴保健法》。严打拐卖妇女、卖淫嫖娼。1998—1999年，实施《中国妇女发展纲要》《中国儿童发展纲要》，制订《大方县妇女儿童发展规划》。2000年4月，举办“母亲安全”培训班，培训妇女76人，宣传维护妇女儿童权益的法律法规。在六龙镇实施“改善生育卫生服务”项目，对180多名妇女进行生殖健康、安全分娩、母婴保健内容的培训。

2001年，开展有关妇女儿童的法律法规宣传咨询活动832次，发放宣传资料1.38万份，提高妇女法律意识和用法律维护自身合法权益意识。2002年，县、乡开展法律法规宣传咨询活动96次，发放宣传资料2.38万份。3月，开展妇女维权周活动。妇联维权窗口接待来信来访234件。2003年，开展《中华人民共和国婚姻法》《中华人民共和国妇女权益保障法》等法律宣传咨询活动86次，发放宣传资料1万份，为89名妇女免费妇检。

2004年，开展法律咨询104次，发放宣传资料2万份，举办“性别与卫生公平”培训班2期，参训妇女258人。聘请省级专家举办妇女保健知识讲座29场，妇女1168人参加。2005年，开展“尊重生命，尊重爱，婚前医学检查知识宣传周”活动，发放宣传资料近万份，发放避孕药具5000盒，接受宣传5000多人。2006年，利用媒体、专刊、标语宣传《妇女权益保障法》。结合“降低孕产妇死亡率和消除新生婴儿破伤风”项目的实施，对乡镇妇联主席、防疫组长、卫生院长110人进行业务知识培训。

2007年，结合“五五”普法，将妇女儿童权益保障法作为对妇女普法的重点内容，开展维权周宣传活动，接受咨询68人，受益2000人，发放宣传资料5000份。2008年“三八”维权周，开展“千万妇女学法律，平安和谐进万家”宣传活动，发放宣传资料1万多份，接受咨询2万人，受益2万人。2011年，抓住《贵州省实施〈妇女权益保障法〉实施办法》和“六五”普法有利时机，推进妇女学法维权工作。参与法院对3名未成年女犯罪嫌疑人案件开庭审理，处理信访28件次，其中，人身权益保障类3件次，婚姻家庭类23件次，劳动保障类2件次。2013年，接待来信来访18件次，其中，婚姻家庭类15件次，人身权益类1件次，劳动保障类2件次。开展“三八”维权周活动，悬挂宣传横幅32条，发放《妇女权益保障法》宣传小册子1000多册，开展维护妇女儿童法律知识讲座2场次。2015年，接待来信来访26人次，其中，涉及婚姻家庭16人次，人生权益保障咨询5人次，妇女儿童疾病救助2人次，恋爱同居纠纷3人次。

第四节　科学技术协会

一、基层组织建设

1991年，建乡级科协36个，村级科普组织11个。

1992年，县直学会发展到14个，即农学会、林学会、水电学会、畜牧学会、农机学会、中医学会、教育学会、电子学会、烟草学会、统计学会、财政学会、环保学会、建筑学会、医学会。建立35个农村专业技术研究会，建厂矿科协2个，街道科协3个。

2013年10月，成立大方县农村专业技术协会联合会。

2015年底，全县31个乡镇全部建立乡级科协及乡级科普惠农服务站、科普图书室、科普宣传栏；80%的村建有科普活动室（图书室）；成立农村专业技术协会10个。

二、农村、社区科普工作

1991—2000年，中国科协与联合国儿童基金会社区非正规教育合作项目在大方县组织实施，共为农村妇女儿童进行非正规教育培训150期，受训人数5万余人次。举办竹荪栽培训练班53期，竹荪栽培农户5750户，种植面积5.83万平方米，销售产值250多万元，靠竹荪脱贫致富2010户1.02万人。

2001—2009年，组织农业、畜牧、卫生等20余个单位开展“三下乡”“四进社区”“科技活动周”等活动80多次，接受科技咨询20万余人次。举办“新型农民科技培训”20期，参训人数3000多人次。从2004年起，在县城先后建立“科普宣传橱窗”“科普宣传专栏”3个，每月出科普专刊1期，到2015年出专刊500期。2005年9月起，与中国科协声像中心、大方电视台联合开办《电视科普大篷车》栏目，每周1期。从2008年4月起，在《大方报》开辟“科普之窗”栏目进行科普宣传，每周2期，到2015年共刊登600余期。

2010年，组织开展“四送一训”（即送资料、送科技、送新项目、送新成果和开展农业实用技术培训）科普惠农活动，涉及乡镇16个，共培训1.04万人次，建立科技示范户440户。组织开展“节约能源资源、保护生态环境、保障安全健康”主题宣传活动3次，接受群众咨询1000多人次。与县人民广播电台联合开办《科技大篷车》栏目，每周播放5期。

2011年，在14个乡（镇）15个村开展“百村万户科普行”活动，举办养殖、种植科技培训共4期，受训400多人。

2012年，大方县获中国科协赠送科普大篷车1辆。组织“科普大篷车”宣传活动60多次，受益人数3.8万人次；开展农村实用技术巡回培训，在东关乡、大方镇、小屯乡、凤山乡、鼎新乡、雨冲乡6个乡镇举办农村实用技术培训。组建县农业科普专家服务团，开展“百名专家帮百村，携手建设新农村”活动，23名专家每人联系1个村，培养科技示范户100户。

2013年，中国科协与贵州省政府联合主办“第十五届中国科协年会”，县开展各类主题宣传2场、讲座11场、实用技术培训3场、科普大篷车万里行4次，10多个县直单位300多名科普志愿者参与，活动范围涉及大方、黔西、金沙、百管委4个县（区），直接受益1万多人。是年，在大方镇城南社区开展创建全省科普示范社区活动，大方镇城南社区被贵州省科协命名为贵州省科普示范社区。组织开展“万名专家讲科普”“农村科普大讲堂”活动16场，涉及14个乡镇15个村，直接受益群众4000多人。联合开展“百名专家服务基层”活动，在9个乡镇23个行政村开展技术培训42次，指导各类育苗种植5300余亩。2013—2014年，在雨冲、东关、理化、兴隆、黄泥等乡镇开展“送科技下乡”活动6次。

县农业科普专家到田间地头服务群众（2012年4月摄）

2015年，与市科协联合开展“市县科协大篷车联合进农村巡展活动”，接受咨询群众500人次。开展“三八”妇女节科普知识宣传活动。开展“节能宣传周”“全国食品安全宣传周”活动，接受咨询800余人次。在机关、学校、社区、乡村建立免费上网阅读示范站9个。全县“百万公众网络学习工程”参与网络学习测试人数8.52万人，测试次数14.84万人次，居全市之首。

三、青少年科技教育

1993年，组织大方一中学生陈颖作品“竹荪室内砂锅人工栽培”参加“第二届贵州青少年生物百项活动”，获省级一等奖、全国二等奖。2001年，举办消除碘缺乏病知识培训1期，参训人数180人；百项生物活动1期，参加人数98人；生命知识教育2期，参加人数132人次；建立非正规教育示范点的村，60%以上儿童和妇女接受1项~2项实用技术培训。2003年，在县气象局创建气象科普教育基地。2004年，组织大方一中、大方一小等学校教师10人参加毕节地区科技辅导员培训。选派大方一中等中学科技辅导员到贵州省科协参加培训8期，培训科技辅导员、教师50余人次。

2005年，在大方一中、二中、三中开展“大手拉小手——青少年科技传播行动”，参加活动师生2000人次。2005—2015年，组织大方一中、六龙中学等学校1829名学生参加全国中学生生物联赛（初赛），获省级一等奖1名、二等奖20名、三等奖27名。

2006年，在大方二中、理化中学及大方四小校园内开展禁毒宣传活动，参加活动师生3000多人。2007年，与大方一中联合开展以“发明与革新”为主题的物理科普知识讲座，300多名师生参加；与大方三中联合举办“大手拉小手”生物讲座，参加学生80人。2009年，在大方一中举办环保知识科普讲座，参加师生1000多人次。

2010年，在大方二中开展“全国科普日”活动暨“科普大篷车全国科普日”联合行动，参加活动师生1000多人次。2010—2015年，组织青少年、科技辅导员作品310件参加第二十五至三十届贵州省青少年科技创新大赛，获全国三等奖2件，省级一等奖9件、二等奖25件、三等奖

103 件。

2011 年，邀请著名天体化学与地球化学家、中国科学院院士、省科协主席欧阳自远在大方一中举行的“嫦娥工程——中国人的探月梦想”专题科普报告，近千名师生聆听。大方四中被指定为“2011 年全国青少年科学调查体验活动毕节地区试点单位”。

2012 年，中国流动科技馆大方巡展活动启动仪式暨大方县青少年活动中心挂牌仪式在县城奢香公园举行。巡展活动为期两个月，参观人数 2 万余人次。组织 4 件作品参加第三届全国青少年科学影像节活动，其中，1 件获优秀科技教师科学 DV 作品三等奖，1 件获优秀科技教师科普动漫作品三等奖。

2013 年，选派 2 名优秀辅导员分别参加全国青少年科学影像节活动骨干教师培训、全国青少年科学调查体验活动骨干教师培训。组织作品 2 件参加第三届全国科学影像节活动，1 件获科学 DV 三等奖，1 件获动漫制作三等奖。组织作品 133 件参加“全国太空画创新大赛暨全国第五届太空画展”，获优秀奖 6 件。2013—2015 年，组织青少年、科技辅导员作品 361 件参加第一至三届毕节市青少年科技创新大赛，共获奖 167 件，其中，一等奖 31 件、二等奖 58 件、三等奖 78 件。

2014 年，在县实验高级中学开展“防邪知识进校园”暨“科普大篷车”巡展活动，600 名师生参加活动。大方四中被省科协命名为“第六批贵州省青少年科技教育特色学校”。在“创新在我身边——2014 年全国青少年科学调查体验活动”中，大方四中被评为“全国优秀活动示范单位”。

2015 年，大方县青少年科学调查体验活动在大方四中启动，活动中，获全国二等奖 2 项、三等奖 7 项，大方四中被评为“全国优秀活动示范单位”。大方三中、大方县实验高级中学、小屯中学、大方一小被命名为“大方县青少年科技教育特色学校”。大方县中药材种植科技教育基地、大方县蔬菜种植科技教育基地被命名为“大方县青少年科技教育基地”。到 2015 年建有县级科普教育基地 2 个、青少年科技教育基地 2 个、青少年科技教育特色学校 7 所。

四、科普示范创建

2010 年，大方县被列为“2011—2015 年度省级科普示范县”“2011—2015 年度全国科普示范县”创建单位。2011 年，大方县被省科协命名为“贵州省科普示范县”，被中国科协命名为“全国科普示范县”。2015 年，大方县被列为“2016—2020 年度全国科普示范县”创建单位（毕节市唯一的县）。全县共建县级科普示范乡镇 10 个、科普示范村 56 个、科普示范基地 31 个。

五、科普惠农兴村计划

“科普惠农兴村计划”由中国科协、财政部联合实施，通过“以奖代补、奖补结合”的资金投入方式，表彰、奖补农村专业技术协会、农村科普示范基地、少数民族科普工作队和农村科普带头人。2009—2015 年，小屯乡大田村养猪协会、大方镇对江村蔬菜协会、大方县智华生态农业科普示范基地、大方县迎庆桃科普示范基地先后被中国科协、财政部表彰为“全国科普惠农兴村先进单位”，获奖补资金各 20 万元；小屯乡大田村彭德远、鼎新乡长丰村陈合秀、雨冲乡红旗村肖生华先后被中国科协、财政部表彰为“全国科普惠农兴村科普带头人”，获奖补资金各 5 万元。

六、全民科学素质工作

2005 年，随机抽取大方镇龙昌村和西北社区、鼎新乡风景村和同心村、达溪镇新寨村和坝子村、八堡乡新开村和水洞村共 4 个乡镇 8 个村的 40 户农户进行入户调查，完成公民科学素质抽样调查任务。2006 年 2 月，国务院颁布实施《全民科学素质行动计划纲要（2006—2010—2020）》（以下简称《全民科学素质纲要》）。2007 年，大方县成立全民科学素质工作领导小组组织实施。

2012 年，农业部、中国科协主办的“农民科学素质行动进毕节”活动在大方举行。2013 年，完成鼎新、雨冲、双山 3 个乡镇 12 个村 120 户公民科学素质调查任务。2014 年，开展“贵州省公民科学素质先进县”创建工作。

2007—2015 年，大方县“十一五”规划时期和“十二五”规划时期《全民科学素质纲要》实施工作通过市级、省级检查验收。2015 年，“贵州省公民科学素质先进县”创建工作先后通过市级、省级验收。

七、论文与学术交流

2003—2005 年，组织论文 11 篇参加第六至八届中国西部科技进步与经济社会发展专家论坛，其中 2 篇入选论坛文集。2006—2010 年，组织论文 7 篇参加中国科协学术年会。2010 年，组织论文 6 篇参加毕节地区青少年科技辅导员学术论文交流会，其中，获一等奖 1 篇、二等奖 3 篇、三等奖 2 篇。2011—2015 年，组织论文 96 篇参加第十八至二十三届全国、贵州省青少年科技辅导员论文征集活动，其中，获国家级一等奖 1 篇、二等奖 10 篇、三等奖 1 篇，省级一等奖 14 篇、二等奖 10 篇、三等奖 29 篇。

第五节　文学艺术界联合会

1991 年 5 月 11 日，召开大方县第一届文学艺术界代表大会，选举产生县第一届文学艺术界联合会（以下简称“文联”）。县文联对各团体会员、文艺工作者和文艺组织、文艺群体履行团结引导、联络协调、服务管理、自律维权基本职能，发挥在行业建设中的主导作用。通过组织学习、深入生活、文艺创作、文艺评奖、成果展示、志愿服务、文艺理论和评论、学术讨论、调查研究、人才培养、对外交流和权益保护等项工作，发挥对文艺工作者的组织、引导、服务、维权作用。县文联成立后，逐步完善原有协会、学会的组织建设，创办刊物，开展活动，组织作品参展参赛，发展壮大会员队伍。

1992 年，支持诗词楹联学会创办《扶风》诗刊。组织大方业余合唱团作为唯一的县级合唱团参加贵州省首届合唱艺术节，获二等奖。1996 年，组织美术家协会参加北京全国优秀农民画展。2000 年，组织美术家协会参加在浙江嘉兴举办的全国农民画联展，在上海宝山举办的全国现代民间绘画艺术交流展。组织舞蹈家协会编导舞蹈《牛背摇篮》参加毕节地区教师节舞蹈比赛获第一名，参加贵州省教师节舞蹈大赛获第二名。

2002 年，“杜鹃花节”期间举办大方农民画展，画展期间，中央电视台《中国风》栏目专访大方农民画，并于 7 月 8 日在央视播出。

2003 年，组织舞蹈家协会会员编导舞蹈《母亲》参加贵州省示范性普通高中评估文化调演，获第一名。

2004 年，组织参加户县全国农民画展暨中国农民画发展战略研讨会，论文获 1 个三等奖和 1 个优秀奖。组织摄影家协会会员参加第十四届中国新闻奖摄影作品复评暨“2003 全国新闻摄影作品年赛”，获 1 个银奖。

2005 年，组织美术家协会会员参加贵州省农民画画展，获银奖 2 幅、铜奖 1 幅。组织音乐家协会创作 30 多首歌曲参加“全国廉政歌曲创作演唱大赛”，获贵州省廉政歌曲创作三等奖 1 个。组织音乐家协会会员参加“世界艺术锦标赛中国赛区总决赛歌唱大赛”，获美声唱法三等奖，参加全省首届大中小学生合唱节歌咏比赛，获中专组一等奖。

2006 年，组织音乐家协会会员参加贵州省“激情乌江”歌手大赛，获民族唱法三等奖。2009 年，创办文艺双月刊《大方》（后更名为《大方文艺》），为文艺界人士和文艺爱好者提供创作平台，发表小说、诗歌、散文、书法、美术、灯谜、摄影等作品。

2010 年，组织创作话剧小品参加“多彩贵州”小品大赛，获毕节赛区一等奖，被推荐参加全省“多彩贵州”小品大赛。组织舞蹈家协会选送学员参加全省国际标准舞暨全国城市邀请赛，获金奖。

2012 年，组织各协会参加各种赛事活动。小品《都市即景——背篼》在全省“我是大明星”演员选拔大赛中，获小品类一等奖、最具本土特色节目奖。第十七届香港—亚洲钢琴公开比赛，大方选手获贵州赛区“李斯特练习曲组”一等奖、“德彪西组”一等奖。

2013 年，出版《大方灯谜集》，在大方论坛开辟灯谜网络版块。组织摄影家协会全体会员到油杉河景区进行集体采风创作活动。在国庆节期间，组织 100 幅摄影作品参加“大方人的中国梦·我的梦”摄影展，在大方论坛摄影版区举办“走进支嘎阿鲁湖”摄影赛。大方一中获“贵州省诗词校园”称号，大方三中获“贵州省诗教先进单位”称号。

2014 年，组织参加贵州省第二届农民画大赛，大方县 18 幅作品分获一、二、三等奖。组织摄影家协会参加毕节市首届“乌蒙文艺奖”“中国·西南六省区市”摄影联展、贵州影友擂台赛等赛事活动，分获 1 个二等奖、4 个三等奖。小说集《最后一块田》获毕节市首届乌蒙文艺一等奖，摄影作品《遏制土地石漠化》《晨韵》《韭菜坪之巅》分获毕节市首届乌蒙文化节二等奖、三等奖，摄影作品《杜鹃花海》《惊雷》获中国摄影报贵州影友擂台赛三等奖，摄影作品《夜战》获首届贵州水利杯一等奖，摄影作品《韭菜坪万峰林日出》在贵州省摄影家协会 2014 年摄影大篷车下基层暨双月赛评选活动中获一等奖。同年，举办大方县一枝花合唱团“三八”妇女节专场演唱会。组织书画作品参加贵州省人大常委会举办的“庆祝全国人民代表大会成立 60 周年书画摄影展”，获一等奖。组织大方县灯谜协会会员代表贵州省参加在重庆市九龙坡区举行的“云贵川皖渝五虎将灯谜（谜语故事）邀请赛”获“铜虎奖”。

2015 年，组织开展“美在大方”系列大型采风活动 4 次，开展“美丽大方·快捷交通”征文活动，征集作品 50 余篇，出版反映大方交通建设《大路朝阳》专辑。对兴隆、凤山等乡镇苗族、彝族民间文化进行挖掘整理。组织各艺术家协会参加各种赛事活动。获贵州第一届国际民族民间工艺品博览会书法绘画大赛一等奖、全国第二届雅马哈钢琴比赛贵州赛区大学生专业组第二名、贵州省县县通高速歌曲创作大赛优秀奖，贵州省国际标准舞锦标赛暨全国邀请赛儿童五人组金奖。诗集《寂然一响》出版，摄影作品《苗家汉子》在第八届中国·西南六省区市摄影联展中获优秀奖。

截至 2015 年年底，全县共有作家协会、诗词楹联学会、音乐家协会、书法家协会、摄影家协会、戏剧曲艺家协会、美术家协会、灯谜协会、舞蹈家协会 9 个文学艺术组织。

第六节　工商联（商会）

1991 年，召开县工商联第六届第三次执委（扩大）会议。1992 年，组建县工商联党组。1993 年，召开县工商联第七届会员代表大会，选举产生第七届执行委员会。召开第七届第一次执委会。

1994 年，召开第七届第二次执委会及商会挂牌成立大会。成立双山、黄泥塘（老）、大方镇商会。1995 年，成立文阁乡分会和双山镇分会。同年，组织 16 名会员参加毕节地区商会第一次会员代表大会，5 人当选为理事，2 人当选为常务理事。1996 年，成立县工商联（商会）瓢井分会。1997 年，召开第八届会员代表大会，选举产生第八届执委会。县工商联筹资开办商会茶社，作为会员联谊活动中心。是年，成立大方县金铭电器公司。1998 年 ，县工商联副会长叶万全创办的大方县万全肉联厂投产。副会长李宗俊当选为省人大代表。1999 年，组织大方宏发漆器厂和漆器雕刻工艺厂的漆器产品参加昆明世博会。推荐杨泽芬为省民营女企业家协会会员，推荐邓盛铭参加省民营五金商会。

2001 年，召开工商联第九次会员代表大会，选举产生第九届执委会。是年，大方县九龙天麻开发有限公司成立。2002 年，组建小商品同业分会。“大方漆器工艺制品厂”通过国际质量管理体系认证，获国际质量管理体系认证资格证书。2003 年，成立县工商联（商会）百纳分会。组建大方磷肥厂。县城好优多超市开业。

2004 年，在成都国际会展中心，大方“八大碗宴”分获团体和个人金奖。成立运输同业分会和烹饪协会。县商会副会长李恩源获“中国优秀民营企业家”称号。星盛家私城开业。副会长董克光兴建的“大方县特种经济植物示范园”成立。

2005 年，成立大方县湖南商会。大方南天大酒店参加贵州省“詹王杯”烹饪技术大赛，参赛的“仔鸡豆腐火锅”获“贵州名火锅”称号。组织琼芳食品厂、雕刻工艺厂参加毕节地区第二届农副产品展销会。副会长李恩源被表彰为“全国小康建设十大杰出人士”。

2007 年，百纳乡分会召开第三届换届选举会议，选举产生新一届领导班子。

2008 年，中国工艺美术协会授予大方县“中国漆器之乡”称号。大方县漆器行业协会成立。省工商联授予大方县非公经济人士缪兴余“全省抗凝冻、抗震救灾先进个人”荣誉称号。

2009 年，县长卢林率县政企参展考察团到扬州参加第 44 届全国工艺品、旅游纪念品暨家居用品交易会，大方漆器雕刻工艺厂黄承平创作的“仿古罗汉瓶”获“漆花杯”铜奖。大方彝族漆器工艺品发展有限公司被命名为国家级非物质文化遗产保护名录大方彝族漆器髹饰技艺示范基地。召开县漆器协会第二届会员代表大会，选举产生第二届漆器协会领导班子。组织漆器企业代表到杭州参加第 10 届中国工艺美术大师作品暨国际艺术精品博览会，参展作品“彝族舞蹈”获铜奖。

2010 年，大方漆器地理标志产品保护省级初审会在大方召开。组织县内多家漆器企业到扬州参加第 45 届全国工艺品、旅游纪念品暨家居用品交易会，夏明浪创作的“漆器镜盘”获铜奖，陈贵祥创作的“牛角盒”获优秀奖。组织非公经济企业和个人捐款捐物共计 70 万余元，用于扶贫济困、抗旱救灾、教育事业等。组织县内漆器企业在北京接受“大方漆器”地理标志产品保护国家级专家审查。县工商联常委孙一夏带领 9 名学生到北京参加“第六届 2010 年全国少儿书画现场大赛”，9 名学生均获银奖。组织县内多家漆器企业到杭州参加第 11 届中国工艺美术大师作品暨国际艺术精品博览会，夏明浪创作的“皮胚首饰盒”、鲁玉平创作的“鸵鸟蛋形瓶”、陈会军创作的“蛋壳瓶”均获优秀奖。

2011 年，组织县内多家漆器企业到扬州参加 2011 年中国漆器艺术精品展，参展产品获银奖、铜奖和优秀奖各 1 个。组织非公经济人士捐款捐物共计 26 万余元，用于扶危济困、抗旱救灾、资助学生等。

2012 年，成立县建材家居协会。组织引进省内外企业入驻县食品药品园区和循环经济园区，落地资金 14 亿余元。

2013 年，成立县小微企业协会、大方县湖北商会。筹措培训经费，组织培训 200 名非公经济人士代表暨创业小老板，提升其综合素质。组织上报 12 名高、中级职称拟评对象全部通过任职资格终审，获评率 100%。邀请县电视台为全县 7 名漆器老艺人录制《漆器髹饰与传承》专题片。

2014 年，成立县司法局驻县工商联（商会）法律服务站，每月邀请县内法律人员为民营企业开展法律咨询等服务。省质监局标准化院组织专业人员到大方就大方漆器工艺品生产加工程序、使用原材料各项指标（参数）进行调研，撰写《贵州大方漆器地方标准》，组织召开专家评审会，与会专家组一致通过《贵州大方漆器地方标准》。

2015 年，成立大山乡商会、大方县女企业家商会、猫场商会、东关商会、红旗商会、黄泥塘商会。全县所有乡镇、街道均成立商会，成立湖南商会、湖北商会 2 个异地商会。同年，九龙天麻公司投资 10 万余元，在达溪镇果这村建成占地 30 多亩的仿野生天麻培植基地。琼芳食品有限公司投资 150 万元，在六龙镇青林村建成占地 2000 多亩辣椒、大豆种植示范园。阳光林业开发有限公司捐赠核桃苗 2300 株，在六龙镇方井村建成占地 100 多亩核桃种植基地。组织、引导民营企业家投身到全县脱贫攻坚工作中，306 名非公经济人士担任 299 个村名誉村主任，145 个企业主动帮扶 160 个村或村民组，49 名返乡人士回乡创办企业或组建农民专业合作社。国家质量监督检验检疫总局发布《关于核准河北省蔚县金穗谷物种植专业合作社等 109 家企业使用地理标志保护产品专用标志的公告》，大方县贵宝漆器工艺品有限责任公司等 11 家漆器企业榜上有名。

第七节　残疾人联合会

1991 年 4 月 15 日，成立县残疾人联合会。1996 年 8 月，成立残疾人劳动就业所。2004 年 8 月，成立县残疾人康复服务中心。

2007 年，大方县康复医院挂牌成立。共完成白内障复明手术 266 例，其中“光明行动”项目免费复明 163 例。培训 12 名聋儿和 12 名聋儿家长，通过对 12 名聋儿的听力检测，选送 3 名有残余听力的聋儿到地区聋儿语训中心进行为期 1 年的培训。对全县 15 周岁以下在校学生进行低视力调查。在“助残日”期间，免费为 30 名低视力学生配备助视器，供应残疾人辅助器具 337 件。开展“全国爱耳日活动”“助残日活动”“爱眼日活动”，宣传各种康复知识、残疾预防知识，建立康复档案。建立残疾人特殊艺术人才库。成立大方县残疾人法律援助工作站，由 36 个乡镇司法助理员承担辖区内残疾人法律援助工作。

2008 年，县人民政府第十五届三次常务会议决定：同意征收残疾人就业保障金。自 2008 年 1 月 1 日起，由财政代扣、地税代征，完成代征残保金 77 万元。完成招生 33 名，其中 9 名就读于地区财校财会电算化专业，17 名就读于农校计算机、农业园艺专业，7 名就读于卫校医士专业。选送 3 名残疾人到地区参加脱毒马铃薯栽培技术培训。

2009 年，县征收残疾人保障金 175 万元。投入各类康复经费 28 万元，为 265 名患者实施白内障复明手术，为 100 名低视力儿童装配助视器，资助盲人定向行走训练 5 人。年内为 50 名贫困听力残疾人每人配置价值 6000 元～8000 元的助听器，10 名聋儿和 12 名聋儿家长接受康复知识训练，12 名聋儿得到彩票公益金资助进入地区聋儿语训中心接受康复训练，县残联共补助训练费用 6.5 万元，为 2 名肢体残疾儿童和 9 名肢体残疾人开展康复训练。

2010 年，通过“台湾联翔大陆阳光光明行”活动，为 629 例白内障患者施行复明手术，植入人工晶体629例。投入经费130万元，其中，残联投入康复经费40万元、新农合报销90万元。安装普及型假肢12例，装配矫形器4例，免费发放辅助器具75件，辅助器具供应344件。财政预算康复经费50.5万元。征收残疾人就业保障金300余万元。

2011年，组织全县34个乡镇残联理事长、专职委员，44个试点村（社区）残协主席、专职委员共200名基层残疾人工作者参加培训。

2012年，县残疾人工作者100多名配合全县358个村（社区）残协主席、专职委员700多名，组成“助残脱贫先锋”工作组，到基层残疾人家庭，开展访民情、结帮扶、办实事、谋发展、促和谐工作，听取残疾群众的建议和意见，帮助残疾群众。在全县开展白内障筛查2000余人，适宜手术的520例，做复明手术291例。实施“阳光家园”托养服务项目，为107名智力、精神和重度残疾人提供居家安养补贴。

2013年，共为10户残疾人家庭实施无障碍设施改造、护栏轮椅跑道改造、连户路加装等项目。投入资金6万余元，开展农村实用技术培训170人。

2014年，帮助残疾人就业257名，其中，按比例安排35名，集中就业32名，个体就业32名，基地就业108名，扶持残疾人创业50名。

2015年，全县通过注册、授旗，共组建以武警、消防、工商、乡镇、学校、企业为主的43支480人的助残志愿者队伍，农村共有以村（社区）残协主席、残协专职委员为主的社会助残志愿者646人。

第八节　红十字会

1991年5月，成立县红十字会，设在县卫生局。是年，配置专职人员1名，日常事务工作由县卫生局业务股办理，全县城乡有团体会员单位20个，会员600余人。

1993—1999年，县红十字会员单位从20个发展到542个。其中，县直团体会员单位8个，乡（镇）团体会员单位35个，村级团体会员单位499个，有会员1500余人。2005年12月，县红十字会增加事业编制2名。2008年5月，根据《中国红十字会章程》《中华人民共和国红十字会法》《贵州省红十字会条例》等文件精神，县红十字会从县卫生局分离单设，列入群团组织机构序列，为正科级事业单位，事业编制5名，设会长1名，专业副会长1名。2011年9月增设秘书长1名，内设办公室。1993—2015年，县红十字会按照《中华人民共和国红十字会法》规定，围绕“三救、三献、一行动”的工作思路，弘扬“人道、博爱、奉献”精神，把救灾、抗灾工作放在首位，组织人力、物力、财力投入全县各种灾害救助工作。

一、健康宣传

1991—1999年，每年5月8日红十字会日，利用广播、电视、报纸等新闻媒体和宣传工具开展宣传活动。各会员单位配合县相关部门参与10次突发事件应急抢救工作，抢救治疗病员100余人次。

2000—2015年，每年红十字会日组织开展无偿献血宣传活动、艾滋病宣传与关爱活动。每年“6.14”献血日、“12.1”艾滋病防治日等节日，采用电视、报刊、发放宣传资料等多种形式，开展艾滋病防治宣传活动、红十字传播行动。筹办“5.8”博爱周系列活动，以彰显“人道、博爱、奉献”的红十字精神，凝聚更多社会力量关心和支持红十字事业，营造红十字会“全方位、多层次、主体化”的氛围，不断扩大红十字会的社会影响力。根据中央、省、市关于开展“5.8”博爱周活动的要求，突出宣传红十字会的法律、条例以及相关知识；宣传无偿献血、无偿捐献造血细胞、无偿捐献遗体器官等“三献”知识；宣传红十字会应急救护、防灾减灾知识及避灾自救技能等。开展现场咨询、解答、举办防灾减灾图片展览，提高群众风险防范意识、知识水平和避险自救能力。在“12.4”全国法制宣传日，组织宣传红十字会相关法律法规及政策。每年3月，开展“学雷锋”志愿者义务献血活动。

二、医疗援助

1991—2000年，先后组织医疗队20个，深入灾区开展义诊，投入2万元药品，无偿为山区群众防病治病，发放大米20余吨，价值4万余元。2001—2005年，组织无偿献血529人次，共采集血液13.3万毫升。

2008年汶川地震期间，大方县红十字会募集资金8.62万元，直接资助灾区。为患慢性白血病的大方县雨冲乡油杉河小学教师赵鹏筹集资金20余万元；对县域三鹿奶粉事件，责成相关单位赔款75万元，涉及320人。在抗旱救灾工作中，向省红十字会申请争取价值9.3万元救灾物资（大米、抽水机、矿泉水）。争取农工民主党资助大方县农村卫生人员培训项目，项目总投资74万元，培训农村卫生人员378人。

2006—2010年，组织无偿献血6527人次，共采集血液173.95万毫升。2013年四川雅安地震期间，募集资金180余万元，全部捐到灾区。协调县境内企业为大方同心职校捐赠40万元购置办公设备。向上级争取和向社会募集物资折价100多万元投入红十字救护培训，为灾区无偿防病治病。配合县相关部门参加314起突发事件的应急抢救工作，抢救伤病员134人次。向省、市红十字会争取价值2万余元的棉被、棉衣、大米、食用油等生活必需品，慰问贫困群众126户495人；组织实施“康恩贝健康之旅——老年病防治博爱行动”项目，向2622名老年病患者免费发放价值52.2万元的前列康药品。开展“爱育爱扶贫计划”活动，向贫困儿童、贫困老人发放价值19.66万元的澳优奶粉、贝因美奶粉704罐，560多名贫困儿童和老人得到救助。

2014年，做好重病家庭“爱爱专项基金”“小天使基金”“天使阳光基金”申报工作，申报28户、救助28户28人，发放“爱爱专项基金”14.65万元；为3名患者申报“小天使基金”和“天使阳光基金”。协调乌江水电开发有限公司向黄泥塘镇捐款30万元，用于兴林、化理两村基础设施建设。开展助残、助学、助困活动6次，救助325户791人。

2015年，向2622户困难家庭、2622名老年病患者免费发放价值52.2万元药品。实施“以爱育爱·扶贫计划”，发放价值19.67万元的奶粉和药品，560名贫困幼儿和老人得到救助。

2011—2015年，组织志愿者义务献血9259人次，共采集血液924.9万毫升。开展造血干细胞志愿者捐献采集登记工作，大方县的赵鹏得到成功移植（省外捐赠）。大方县陈磊、魏远2名志愿者为省外白血病患者捐献造血干细胞，其中，志愿者陈磊为第二次捐献淋巴细胞。

第四篇 政权 政协

第一章 大方县人民代表大会

1990—2015年，大方县人民代表大会历经第十一届到第十六届，其中第十一届人民代表大会任期3年，第十四届任期4年，其余每届任期5年。

第一节 历届人民代表大会

一、第十一届人民代表大会（1990.5—1993.4）

大方县第十一届人民代表大会任期3年，任届期间共召开4次大会。

第一次会议于1990年5月19—24日召开，应到会代表366名，实到会代表348名。会议审议并批准县人民政府工作报告、国民经济和社会发展计划执行情况报告、财政工作报告、县人大常委会工作报告、县人民法院工作报告和县人民检察院工作报告。黄家培向大会作政府工作报告，李相尧向大会作人大常委会工作报告。大会指出，必须集中精力把国民经济搞上去，加快脱贫致富步伐，改善产业结构，力争粮食、油料尽快恢复到历史最高水平，烤烟和其他主要农副产品的生产稳步增长，能源、原材料供应紧张和运力不足的矛盾有所缓解。进一步稳定、深化和完善各项改革措施，逐步建立符合计划经济与市场调节相结合，以及综合运用经济、行政、法律手段的宏观调控体系。

大会选举产生大方县人大常委会组成人员17人；选举陈朝彬为县人大常委会主任，王秀峰、王德永、叶顺枝、董桂珍为副主任；选举黄家培为县人民政府县长，王福尧、孔庆明、刘功永、吴安玉、李志远、谢志全为副县长；选举胡显谋为县人民法院院长，阚育昌为县人民检察院检察长。

第二次会议于1991年3月4—8日召开，应到会代表363名，实到会代表283名。会议审议并批准县人民政府工作报告、国民经济和社会发展“七五”计划执行情况和“八五”计划及十年规划的报告、1990年国民经济和社会发展计划执行情况和1991年计划报告、财政预决算报告；审议并批准县人大常委会工作报告、县人民法院工作报告、县人民检察院工作报告。县长黄家培向大会作政府工作报告，县人大常委会主任陈朝彬向大会作人大常委会工作报告。大会指出，从1991年到1995年，经济年均递增速度要达到9%，无论十年规划或五年计划的实现，都看第一年。第一年要有一个好的起步、好的开端、好的局面，为以后的发展打下良好基础。要坚持一切从实际出发，坚决贯彻执行试验区的各项方针政策，实现经济持续、稳定、协调发展和开发扶贫、生态建设的进一步展开。

第三次会议于1992年3月18—21日召开，应到会代表359名，实到会代表241名。会议审议并批准县人民政府工作报告及国民经济和社会发展计划执行情况报告、财政预决算报告；审议并批准县人大常委会工作报告、县人民法院工作报告、县人民检察院工作报告。县长黄家培向大会作政府工作报告，受县人大常委会主任陈朝彬委托，县人大常委会副主任叶顺枝向大会作人大常委会工作报告。大会指出，要更加解放思想，迈开步子，大胆进行改革，进一步解放生产力和发展生产力，使农业上一个新台阶，工业促增产出效益，开发扶贫和生态建设取得新的成就。

第四次会议于1992年10月11日召开，应出席会议代表357名，实际出席会议代表324名。大会选举刘永年（下选）、周邦华（下选）、禄智明（下选）、王秀峰、余万章、张成芬、李淑彬、武孟伟、周绍益、黄家培、谢志全、熊灿学为大方县出席贵州省第八届人民代表大会代表。

二、第十二届人民代表大会（1993.4—1998.3）

根据第八届全国人民代表大会第一次会议通过的《中华人民共和国宪法》规定，大方县人民代表大会从第十二届起，每届任期5年。大方县第十二届人民代表大会任期5年，任届期间共召开6次大会。

第一次会议于1993年4月24—28日召开，应到会代表376人，实到会代表370人。会议审议并批准县人民政府工作报告及国民经济发展计划执行情况报告、财政预决算报告；审议并批准县人大常委会工作报告、县人民法院工作报告和县人民检察院工作报告。杨兴举向大会作政府工作报告，王秀峰向大会作人大常委会工作报告。大会提出，加快经济发展，必须进一步解放思想换脑筋，以“三个有利于”作为判断一切是非和检验工作成败的根本标准。改革现有的经济体制，是实现经济加速发展的根本出路，改革要大胆试验，积极推进。振兴经济必须首先振兴科技，全社会要进一步增强科技意识，多渠道增加科技投入，努力提高科技含量。今后五年，全县经济工作要在提高质量、优化结构、增进效益的基础上，使人民生活由稳定解决温饱逐步走向小康。

大会选举产生大方县人大常委会组成人员21人；选举武孟伟为县人大常委会主任，王秀峰、王成龙、李志远、董桂珍为副主任；选举杨兴举为县人民政府县长，王福尧、刘功永、陈世方、赵大军为副县长；选举郑六俊为县人民法院院长，黄宇为县人民检察院检察长。

第二次会议于1994年3月26—29日召开，应到会代表374名，实到会代表310人。会议审议并批准县人民政府工作报告及国民经济和社会发展计划执行情况报告、财政预决算报告；审议并批准县人大常委会工作报告、县人民法院工作报告和县人民检察院工作报告。县长杨兴举向大会作政府工作报告，县人大常委会主任武孟伟向大会作人大常委会工作报告。大会指出，进一步坚持和稳定各项农村政策，坚持以市场为导向，以科技为依托，逐步调整农业产品结构，加快农村经济市场化进程。要立足资源优势，以大开放、大开发促进大发展，下大力气发展乡镇企业，大力培植后续产业。积极扶持，合理引导，规范管理，优化服务，促进全县个体私营经济的快速健康发展。加快基础设施建设，为优化投资环境、增强招商引资吸引力奠定一个较好的基础。

第三次会议于1995年3月15—18日召开，应到会代表372人，实到会代表333人。会议审议并批准县人民政府工作报告及国民经济和社会发展计划执行情况报告、财政预决算报告；审议并批准县人大常委会工作报告、县人民法院工作报告和县人民检察院工作报告。县长杨兴举向大会作政府工作报告，县人大常委会主任武孟伟向大会作人大常委会工作报告。大会指出，1995年的工作，要以经济建设为中心，以改革为动力，以资源为依托，以市场为导向，以富县富民为目标，强化农业这一基础，突出抓好烤烟、矿产两棵支柱，推进工业、乡镇企业、第三产业、非国有经济和基础设施建设五个发展，实现国民生产总值、工农业总产值、乡镇企业总产值、粮食总产量、财政税收和计划生育六大突破。

第四次会议于1996年3月12—15日召开，应到会代表367名，实到会代表281人。会议审议并批准县人民政府工作报告及国民经济和社会发展计划执行情况报告、财政预决算报告；审议并批准县人大常委会工作报告、县人民法院工作报告和县人民检察院工作报告。受县人民政府县长杨兴举委托，常务副县长王福尧向大会作政府工作报告，受县人大常委会主任武孟伟委托，县人大常委会副主任王秀峰向大会作人大常委会工作报告。大会指出，要把加快发展作为全部工作的出发点和落脚点，真正做到强化农业一个基础，实施科技兴方、综合开发两个战略，突出烤烟、乡镇企业、畜牧业三棵支柱，做好水利电力、交通、通信、集贸市场四项建设，发挥区位、矿产、名特产品、劳动力、旅游五大优势，促进富民兴方。

第五次会议于1997年3月18—22日召开，应到会代表362名，实到会代表312名。会议审议并批准县人民政府工作报告及国民经济和社会发展计划执行情况报告、财政预决算报告；审议并批准县人大常委会工作报告、县人民法院工作报告和县人民检察院工作报告。代理县长陈万桥向大会作政府工作报告，县人大常委会主任武孟伟向大会作人大常委会工作报告。大会提出，要继续把强化农业基础作为关系全县大局的头等大事来抓，努力促进农业产业化发展。要围绕两个根本性转变，着力于提高经济增长的质量和效益，巩固壮大支柱财源，着力发展后续财源，在巩固壮大烤烟、乡镇企业等支柱财源的同时，着力抓好采矿业、建筑建材业、畜牧业和以魔芋为重点的种植业等后续财源的建设。大力培育市场体系，充分发挥城镇、集镇的中心作用，加快市场网络建设，努力搞活商品流通。

会议选举陈万桥为县人民政府县长。

第六次会议于1997年11月23—24日召开，应到会代表361名，实到会代表288名。大会选举王绪才（下选）、刘永年（下选）、禄智明（下选）、李宗俊、余自君、张成芬、陈万桥、武孟伟、罗显艳、秦丽为大方县出席贵州省第九届人民代表大会代表。

三、第十三届人民代表大会（1998.3—2003.3）

大方县第十三届人民代表大会任期5年，任届期间共召开6次大会。

第一次会议于1998年3月12—18日召开，应到会代表309名，实到会代表307名。会议审议并批准县人民政府工作报告及国民经济和社会发展计划执行情况报告、财政预决算报告；审议并批准县人大常委会工作报告、县人民法院工作报告和县人民检察院工作报告。代理县长李绍武向大会作政府工作报告，县人大常委会主任武孟伟向大会作人大常委会工作报告。大会指出，1998—2003年工作打算：前三年打好基础，农业和以交通为重点的基础设施建设要得到明显改善，扶贫攻坚和国有企业改革攻坚要取得明显成效，培植支柱产业和调整经济结构要有明显进展；后两年实现全县经济加速发展，经济增长质量和效益以及综合经济实力明显提高，为2010年远景目标的实现创造条件。

大会选举产生大方县人大常委会组成人员23人；选举武孟伟为人大常委会主任，杨官文、李恩相、邱建华、陈世方、陶平、康朝敏为副主任；选举李绍武为县人民政府县长，肖远福、张基沛、陈汇、赵大军、宫晓农、倪小兵为副县长；选举张红为县人民法院院长，郑六俊为县人民检察院检察长。

第二次会议于1999年3月22—27日召开，应到会代表305名，实到会代表290名。会议审议并批准县人民政府工作报告及国民经济和社会发展计划执行情况报告、财政预决算报告；审议并批准县人大常委会工作报告、县人民法院工作报告和县人民检察院工作报告。代理县长倪小兵向大会作政府工作报告，县人大常委会主任武孟伟向大会作人大常委会工作报告。大会指出，1999年的工作，要继续强化农业和交通为重点的基础设施建设，加大财源建设力度，打好国有企业改革攻坚战，巩固扶贫攻坚成果，大力发展乡镇企业和非公有制经济，加快小城镇建设步伐，努力开拓城乡市场，积极培育新的经济增长点，实施开放带动、科教兴方和可持续发展三大战略，发展壮大县域经济，保持国民经济持续、快速、健康发展。

会议选举倪小兵为县人民政府县长。

第三次会议于2000年3月7—10日召开，应到会代表303名，实到会代表285名。会议审议并批准县人民政府工作报告及国民经济与社会发展计划执行情况报告、财政预决算报告；审议并批准县人大常委会工作报告、县人民法院工作报告和县人民检察院工作报告。县长倪小兵向大会作政府工作报告，县人大常委会主任武孟伟向大会作人大常委会工作报告。大会提出，要大力推进农业和农村经济结构战略性调整，全面提高农业和农村经济的素质和效益，走优质高效的农业发展路子，把增加农民收入作为农业和农村工作的出发点和落脚点。加大财源建设力度，增强财政发展后劲，在巩固粮、烟、煤等现有支柱财源稳定增收的基础上，下大力气培植新兴财源，扩大主体财源，形成有特色、有后劲、结构合理的财源建设体系。

第四次会议于2001年3月20—24日召开，应到会代表301名，实到会代表254名。会议审议并批准县人民政府工作报告及国民经济和社会发展计划执行情况报告、财政预决算报告；审议并批准县人大常委会工作报告、县人民法院工作报告和县人民检察院工作报告。县长倪小兵向大会作政府工作报告，县人大常委会主任武孟伟向大会作人大常委会工作报告。大会指出，“十五”计划期间，要抢抓国家实施西部大开发战略的历史机遇，以经济建设为中心，以促进发展为主题，以结构调整为主线，以改革开放和科技进步为动力，以扶贫攻坚和国企脱困为重点，以提高人民生活水平为根本出发点，正确处理改革、发展、稳定的关系，大力发展优势产业和特色经济，积极培育新的经济支柱，大力培植新财源，加快以农业和交通为重点的基础设施建设，加强生态保护和建设，为逐步建成能源大县、畜牧大县、绿色大县、旅游大县奠定良好的基础，促进经济加快发展和社会全面进步。

第五次会议于2002年3月11—15日召开，应到会代表298名，实到会代表272名。会议审议并批准县人民政府工作报告及国民经济和社会发展计划执行情况报告、财政预决算报告；审议并批准县人大常委会工作报告、县人民法院工作报告和县人民检察院工作报告。县长倪小兵向大会作政府工作报告，县人大常委会主任武孟伟向大会作人大常委会工作报告。大会指出，要进一步调整农业和农村经济结构，大力发展质量效益型农业。农业生产要实现由产供销到贸工农的转变，把推进农业产业化经营同发展乡镇企业、农产品加工业结合起来，加快培育产业化龙头企业。要在抓好连片贫困地区扶贫开发的同时，重点抓好深山区、石山区、偏远少数民族村寨、移民区的扶贫开发，确保扶贫开发到村到户。切实抓好已初步解决温饱的农村贫困人口的稳定增收工作，巩固扶贫成果，防止出现返贫。

第六次会议于2002年11月28—29日召开，应到会298名，实到会代表260名。会议选举李言（下选）、张光奇（下选）、武孟伟、倪小兵、王祖英、蒯燕、吕秋成、李恩源、杨兴慧为大方县出席贵州省第十届人民代表大会代表。

四、第十四届人民代表大会（2003.3—2007.1）

为与乡镇换届同步，大方县第十四届人民代表大会任期4年，任届期间共召开4次代表大会。

第一次会议于2003年3月9—14日召开，应到会代表309名，实到会代表307名。会议审议并批准县人民政府工作报告及国民经济和社会发展计划执行情况报告、财政预决算报告；审议并批准县人大常委会工作报告、县人民法院工作报告和县人民检察院工作报告。县长倪小兵向大会作政府工作报告，县人大常委会主任武孟伟向大会作人大常委会工作报告。大会指出，要解放思想，实事求是，与时俱进，开拓创新。2003年，要抢抓西部大开发、新阶段扶贫开发的机遇，大力实施科教兴方、开放带动和可持续发展战略，努力在优势产业和基础设施建设等方面取得新的突破。要加大项目争取和招商引资力度，加快小城镇建设和旅游业发展，努力在重大项目建设上取得突破。

会议选举产生县人大常委会组成人员29人；选举武孟伟为县人大常委会主任，杨官文、邱建华、陈世方、钟惠民、陶平、康朝敏为副主任；选举倪小兵为县人民政府县长，司晋、李曦、吴学祥、张智、尚崇高、胡元航、唐兴亚为副县长；选举张红为县人民法院院长，陈明江为县人民检察院检察长。

第二次会议于2004年3月15—18日召开，应到会代表308名，实到会代表255名。会议审议并批准县人民政府工作报告及国民经济和社会发展计划执行情况报告、财政预决算报告；审议并批准县人大常委会工作报告、县人民法院工作报告和县人民检察院工作报告。县长倪小兵向大会作政府工作报告，县人大常委会主任武孟伟向大会作人大常委会工作报告。大会提出，2004年的工作，要紧紧围绕脱贫致富奔小康目标，以发展为主题，以财政增收、计划生育、安全生产和农民增收为重点，以市场为导向，以资源为依托，以项目为载体，以改革开放为动力，以维护社会稳定为保障，力争在重点项目特别是在煤电开发上再次取得新突破，在交通、水利、小城镇、公共卫生建设等方面取得重大进展。

第三次会议于2005年3月16—20日召开，应到会代表307名，实到会代表295名。会议审议并批准县人民政府工作报告及国民经济和社会发展计划执行情况报告、财政预决算报告；审议并批准县人大常委会工作报告、县人民法院工作报告和县人民检察院工作报告。代理县长李玉平向大会作政府工作报告，县人大常委会主任武孟伟向大会作人大常委会工作报告。大会指出，实施“重点项目拉动、招商引资带动、城镇经济推动”的发展战略，以农民增收、财政增长、人口控制和安全生产为重点，以提高执政能力、维护社会稳定为保障，积极推进改革，扩大开放，完善体制，创新机制，加快经济结构调整，转变经济增长方式，确保实现2005年经济社会发展的各项预期目标。

会议选举李玉平为县人民政府县长。

第四次会议于2006年3月14—17日召开。应到会代表302名，实到会代表295名。会议审议并批准县人民政府工作报告及国民经济和社会发展计划执行情况报告、财政预决算报告；审议并批准县人大常委会工作报告、县人民法院工作报告和县人民检察院工作报告。县长李玉平向大会作政府工作报告，县人大常委会主任武孟伟向大会作人大常委会工作报告。大会指出，“十一五”规划期间，以公路为重点的交通基础设施建设、以农田水利为重点的农业基础设施建设和以改善人居环境为重点的城镇基础设施建设取得新成效。实施工业强县战略，加快工业化进程，煤电支柱产业基本形成，煤、硫化工等产业进入起步阶段，建材、农特产品加工等产业初具规模。农业的优势产品实现产业化，烤烟优质得到巩固，优质辣椒、天麻等优势产业得到重点发展，漆器、豆制品等传统产业进一步提升。教育、科技、文化、卫生等社会事业有较大发展，物质文明、政治文明、精神文明和民主法制建设取得新进步。

五、第十五届人民代表大会（2007.1—2011.12）

大方县第十五届人民代表大会任期5年，任届期间共召开6次大会。

第一次会议于2007年1月7—12日召开，应到会代表309名，实到会代表309名。会议审议并批准县人民政府工作报告及国民经济和社会发展计划执行情况报告、财政预决算报告；审议并批准县人大常委会工作报告、县人民法院工作报告和县人民检察院工作报告。县长李玉平向大会作政府工作报告，县人大常委会主任武孟伟向大会作人大常委会工作报告。大会指出，今后五年，全县工作要紧紧围绕毕节试验区“三大主题”，按照“重大项目拉动，招商引资带动，城镇经济推动”的战略思路，加强城乡统筹，扎实抓好新农村建设，加快发展特色农业，努力推动工业强县，以煤电开发为主的新型工业体系初步形成，第三产业得到较快发展，人民生活总体上实现由温饱向小康的历史性跨越，加强城市基础设施建设，逐步形成特色鲜明的历史文化名城，大力弘扬先进文化，促进行全县经济社会又好又快发展。

大会选举产生大方县人大常委会组成人员 27 人；选举高兴全为县人大常委会主任，刘丰俊、邱建华、陈世方、单衍丽、钟惠民、陶平为副主任；选举李玉平为县人民政府县长，司晋、许晓鹏、李泽贵、张瀚时、陈仕才、尚崇高为副县长；选举张红为县人民法院院长，吴建忠为县人民检察院检察长。

第二次会议于 2007 年 12 月 4—5 日召开，应到会代表 308 人，实到会代表 301 人。会议选举姜延虎（下选）、蒋云泉（下选）、张学立（下选）、高兴全、卢林、杨志英、杨艳芳、杨继凯、李发香、赵连俊为大方县出席贵州省第十一届人民代表大会代表。

会议选举卢林为县人民政府县长。

第三次会议于 2008 年 3 月 17—20 日召开，应到会代表 304 名，实到会代表 234 名。会议审议并批准县人民政府工作报告及国民经济和社会发展计划执行情况报告、财政预决算报告；审议并批准县人大常委会工作报告、县人民法院工作报告和县人民检察院工作报告。县长卢林向大会作政府工作报告，县人大常委会主任高兴全向大会作人大常委会工作报告。大会提出，坚持以交通、水利为重点，在基础设施建设上取得新进展；加快工业经济发展，在优势产业培育上取得新进展；大力发展农村经济，在“三农”工作上取得新进展；坚持旅游与文化相结合，在发展第三产业上取得新进展；坚持可持续发展战略，在转变经济发展方式上取得新进展；努力增强发展后劲，在项目建设和招商引资上取得新进展；加大开发和管理力度，在提高城镇化水平上取得新进展；加强体制机制创新，在深化各项改革上取得新进展；坚持以人为本，在和谐社会建设上取得新进展；加强政府自身建设，在提高政府公信力和执行力上取得新进展。

第四次会议于 2009 年 3 月 16—19 日召开，应到会代表 305 名，实到会代表 283 名。会议审议并批准县人民政府工作报告及国民经济和社会发展计划执行情况报告、财政预决算报告；审议并批准县人大常委会工作报告、县人民法院工作报告和县人民检察院工作报告。县长卢林向大会作政府工作报告，县人大常委会主任高兴全向大会作人大常委会工作报告。大会提出，纵观 2009 年的经济形势，机遇与挑战并存，机遇大于挑战。面对新形势、新任务、新要求，要牢牢把握国家实施扩大内需政策的机遇，紧紧围绕试验区“三大主题”，以抓好机遇、扩内需、打基础、保增长作为首要任务，以保障民生和促进社会和谐为根本目的，以推进农村改革发展为主线，以转变发展方式和结构调整为主攻方向，以继续深化改革和扩大开放为强大动力，以基础设施建设、工业化和城镇化的加力提速，加快发展旅游产业、强化招商引资、大力改善民生为工作重点，大力推进经济社会又好又快发展。

会议选举齐正海为县人民法院院长，江耀波为县人民检察院检察长。

第五次会议于 2010 年 4 月 11—15 日召开，应到会代表 299 名，实到会代表 273 名。会议审议并批准县人民政府工作报告及国民经济和社会发展计划执行情况报告、财政预决算报告；审议并批准县人大常委会工作报告、县人民法院工作报告和县人民检察院工作报告。县长卢林向大会作政府工作报告，县人大常委会主任高兴全向大会作人大常委会工作报告。大会提出，要推进重大项目建设，增加固定资产投资规模；加强以交通水利为主的基础设施建设，增强经济发展后劲；抓好规划、建设管理，推进城镇建设；加快以煤电为主的能源产业发展，提升新型工业化水平；推进农业产业化，解决“三农”问题；加大旅游和文化资源开发力度，提高服务业发展水平；加强生态建设和资源环境保护，转变经济发展方式；进行体制机制创新和改善发展环境，深化改革、扩大招商引资；保障和改善民生，统筹发展各项社会事业；加强社会管理，促进社会和谐进步。

会议选举杨洋为县人大常委会副主任。

第六次会议于2011年3月28日至4月1日召开，应到会代表293名，实到会代表287名。会议审议并批准县人民政府工作报告、国民经济和社会发展第十二个五年规划纲要及国民经济和社会发展执行情况报告、财政预决算报告；审议并批准县人大常委会工作报告、县人民法院工作报告和县人民检察院工作报告。代理县长向大会作政府工作报告，县人大常委会主任高兴全向大会作人大常委会工作报告。大会指出，“十二五”规划时期既是可以大有作为的战略机遇期，又是实现经济社会发展历史性跨越、全面建设小康社会的加速期，更是调整经济结构、转变发展方式的攻坚期。主要任务是要加速发展，集中力量把“慢”这个问题解决好，同时又要加快“转型”，实现科学发展。全县上下要以“等不起”的紧迫感，“慢不得”的危机感，“坐不住”的责任感，用心想事，激情干事，千方百计抢抓千载难逢的宝贵机遇。

会议选举张瀚时为县人民政府县长。

六、第十六届人民代表大会（2011. 12—2016. 12）

大方县第十六届人民代表大会任期5年，任届期间共召开7次大会。

第一次会议于2011年12月17—22日召开，应到会代表309名，实到会代表309名。会议审议并批准县人民政府工作报告及国民经济和社会发展计划执行情况报告、财政预决算工作报告；审议并批准县人大常委会工作报告、县人民法院工作报告和县人民检察院工作报告。县长向大会作政府工作报告，县人大常委会主任高兴全向大会作县人大常委会工作报告。大会指出，今后五年，围绕工作目标，要加强基础设施建设，着力打造活力大方；实施工业强县战略，着力打造实力大方；实施城镇化带动战略，着力打造宜居宜业大方；促进农业增效、农民增收，着力打造惠民大方；加强生态环境保护和节能减排，着力打造生态大方；实施科教人才兴县、文化旅游强县战略，着力打造魅力大方；抓好社会管理创新，着力打造平安大方、和谐大方；推动各项社会事业全面发展，着力打造幸福大方。

会议选举产生县人大常委会组成人员27人；选举高兴全为县人大常委会主任，钟惠民、刘丰俊、尚崇高、单衍丽、李泽贵、李义军、杨章贤为副主任；选举张瀚时为县人民政府县长，许晓鹏、章育、陈德奉、陈祖军、管庆良、李军为副县长；选举齐正海为县人民法院院长，陈红为县人民检察院检察长。

第二次会议于2013年3月23—26日召开，应到会代表307名，实到会代表300名。会议审议并批准县人民政府工作报告及国民经济和社会发展计划执行情况报告、财政预决算报告；审议并批准县人大常委会工作报告、县人民法院工作报告和县人民检察院工作报告。县长向大会作政府工作报告，县人大常委会主任高兴全向大会作人大常委会工作报告。大会提出，在看到成绩的同时，必须清醒地看到存在的困难和问题，一是经济总量不够大，与各县市区相比，无论是经济总量还是增长速度，差距还很大；二是产业结构不够优，基本保持以煤、电、烟为主的传统产业格局，后续支柱产业尚在培育发展之中；三是基础设施不够好，交通、水利等瓶颈制约还没有从根本上得到解决；四是城乡统筹不够快，城镇化水平低，城镇经济实力不强，聚集辐射能力较弱。需要努力探索一条追赶型、调整型、跨越型，可持续发展的后发赶超之路，为与全国同步全面建成小康社会奠定坚实基础。

第三次会议于2013年6月8日召开，应到会代表299名，实到会代表286名。会议选举顾掌权为县人民政府县长。

第四次会议于2014年3月3—5日召开，应到会代表299名，实到会代表276名。会议审议并批准县人民政府工作报告及国民经济和社会发展计划执行情况报告、财政预决算报告；审议并批准县人大常委会工作报告、县人民法院工作报告和县人民检察院工作报告。县长顾掌权向大会作政府工作报告，县人大常委会主任高兴全向大会作人大常委会工作报告。大会指出，新的一年，挑战与机遇并存，压力和动力同在。全面深化改革、加快转型发展的新任务，改革红利、内需潜力和创新活力将叠加释放，随着乌蒙山片区区域发展与扶贫攻坚规划全面实施，为大方提供了良好的发展机遇，特别是近年来坚持打基础、管长远，大力推进项目建设，不断优化经济结构，新的发展潜能将逐步凸显。面对复杂多变的宏观形势和加快发展的良好机遇，必须坚定不移地增进民生福祉，必须坚定不移地优化发展环境，必须坚定不移地推进项目建设。

会议选举万兴智为县人大常委会副主任；选举张敏为县人民法院院长，陈恩志为县人民检察院检察长。

第五次会议于2015年2月11—14日召开，应到会代表299人，实到席会代表271人。会议审议并批准县人民政府工作报告及国民经济和社会发展计划执行情况报告、财政预决算报告；审议并批准县人大常委会工作报告、县人民法院工作报告和县人民检察院工作报告。县长顾掌权向大会作政府工作报告，县人大常委会主任高兴全向大会作人大常委会工作报告。大会指出，新常态下，尽管经济增速有所放缓，但实际增量仍然可观，增长动力更为多元，发展的前景更加稳定。要以提高经济发展质量和效益为核心，推进新型工业化、信息化、城镇化、农业现代化“四化同步”，更加注重转方式调结构，更加注重深化改革开放，更加注重生态环境保护，更加注重防控债务风险，更加注重保障和改善民生，努力实现经济持续发展、转型发展、协调发展、和谐发展。

第六次会议于2015年7月28日召开，应到会代表302名，实到会代表274名。会议选举陈祖军为县人大常委会主任。

第七次会议于2016年3月13—17日召开，应到会代表298名，实到会代表284名。会议审议并批准县人民政府工作报告、国民经济和社会发展第十三个五年规划纲要及国民经济和社会发展计划执行情况报告、财政预决算报告；审议并批准县人大常委会工作报告、县人民法院工作报告和县人民检察院工作报告。县长顾掌权向大会作政府工作报告，县人大常委会主任陈祖军向大会作人大常委会工作报告。大会提出，2016年的工作，要以“大扶贫战略”为统揽，加快推进同步小康进程；以“大数据战略”为引领，加快推进工业化和信息化发展；以“大健康战略”为切入点，加快推进中医药产业发展；以“大旅游战略”为带动，加快推进现代服务业发展；以“大农业工程”为支撑，加快推进农业产业结构调整；以“大城镇工程”为驱动，加快推进统筹城乡一体化协调发展；以“大生态工程”为统领，加快推进生态文明建设；以“大民生工程”为统筹，加快推进各项社会事业协调发展。

七、第十七届人民代表大会（2016.12—）

大方县第十七届人民代表大会第一次会议于2016年12月16—22日召开，应到会代表309人，实到会代表309名。会议审议并批准县人民政府工作报告及国民经济和社会发展计划执行情况报告、财政预决算报告；审议并批准县人大常委会工作报告、县人民法院工作报告和县人民检察院工作报告。代理县长陈萍向大会作政府工作报告，县人大常委会主任陈祖军向大会作人大常委会工作报告。大会指出，新的五年，是大方决战贫困、同步小康的重要时期，是把大方打造成为川滇黔结合部区域性中心城市创新发展核心区、毕节副中心城市的关键时期。要与时俱进打造大方经济社会改革发展升级版，全力把大方建设成为精准扶贫、精准脱贫的示范高地，生态保护、绿色发展的示范高地，对口帮扶、多党合作的示范高地，实干作风、奋斗精神的示范高地。

会议选举产生县人大常委会组成人员45人；选举陈祖军为县人大常委会主任，刘丰俊、李义军、唐婧、万兴智、穆峰、刘玉华为副主任；选举陈萍为县人民政府县长，徐萍、杨忠强、黄洪江、周登印、何逆、秦勇为副县长；选举张敏为县人民法院院长，张大中为县人民检察院检察长。会议还选举出出席毕节市第二届人民代表大会代表70名。

大方县第十一届至第十七届人大代表构成一览表

表—4－1－1－1　　单位：人

届别	选区数	代表数	其中		
			中共党员	妇女	少数民族
第十一届	197	366	231	89	206
第十二届	196	376	232	101	193
第十三届	140	309	194	93	151
第十四届	138	309	202	83	126
第十五届	140	309	204	91	130
第十六届	140	309	210	85	155
第十七届	140	309	182	109	169

第二节　人民代表大会常务委员会

一、第十一届人民代表大会常务委员会

第十一届县人民代表大会常务委员会任期从1990年5月至1993年4月，共召开20次人大常委会会议。先后听取和审议“一府两院”关于国民经济和社会发展计划执行情况、财政预算执行情况和预算变更、水土保持规划、撤区并乡建镇方案、教育、民族工作、房改、新建乡镇选举换届、社会治安综合治理、农业生产、有关法律法规实施情况、议案办理、交通建设规划等报告18个、汇报12个。分别作出18个决议和12个审议意见。

1991年10月，审议批准《大方县交通建设五年规划（1991—1996）》和《大方县水土保持五年规划》，并作出决议。11月，讨论通过县人民政府关于撤销13个区、1个区级镇和所有乡镇建置，全县建为36个乡镇的报告，全县开展撤区并乡建镇工作。1992年4月，决定每年4月16日为大方县百里杜鹃花节。

二、第十二届人民代表大会常务委员会

第十二届县人民代表大会常务委员会任期从1993年4月至1998年3月，共召开37次人大常委会会议。先后听取和审议“一府两院”关于国民经济社会发展计划执行情况，财政预算变更，农、林、牧、乡镇企业发展情况；关于民族、文化、教育、卫生、社会治安、机构改革、硫磺生产等方面的报告、汇报；关于刑事、民事、经济、行政审判等工作报告、汇报。通过审议，形成相关决定、决议。

1993 年 9 月，决定把硫磺、无烟煤和坡缕石开发确定为大方县第二经济支柱。1995 年 9 月，审议通过县人民政府《大方县国民经济和社会发展“九五”计划及 2010 年远景规划报告》，作出相关决议。

1995 年 10 月，审议同意县人民政府关于修建洪家渡水库、建设洪家渡水库电站的意见。1997 年 11 月，讨论决定同意《大方县城总体规划修编（1997—2015）》。

三、第十三届人民代表大会常务委员会

第十三届县人民代表大会常务委员会任期从 1998 年 3 月至 2003 年 3 月，共召开 41 次人大常委会会议。先后听取和审议“一府两院”关于经济、文化、教育、民族、林业、水利、电力、交通、宗教、司法等各项工作的汇报和报告。

2000 年 3 月，审议批准《关于大方县乡镇供水 2010 年发展规划报告》《大方县灌溉面积“十五”发展计划及 2015 年发展规划报告》《大方县节水灌溉“十五”发展及 2015 年发展规划报告》。2001 年，作出《关于批准大方县 2001 到 2005 年公路建设的决定》。

四、第十四届人民代表大会常务委员会

第十四届县人民代表大会提前一年换届，任期 4 年，从 2003 年 3 月至 2007 年 1 月，共召开 28 次人大常委会会议。先后听取和审议县人民政府关于财政、经济、煤炭生产、交通工作、宗教工作、计划生育工作、人饮水源污染治理以及重大建设项目的报告、汇报，并作出相关审议意见。

2003 年 3 月，通过审议，作出同意大方县火电厂项目建设的决定。2005 年，审议同意启动大方县城垃圾填埋场、污水处理厂、城区供水几大工程。

五、第十五届人民代表大会常务委员会

第十五届县人民代表大会常务委员会任期从 2007 年 1 月至 2011 年 12 月，共召开 40 次人大常委会会议。先后听取和审议“一府两院”关于财政预算执行情况，财政预决算审计、财政预算部分变更，实施《贵州省民族民间文化保护条例》情况；新型农村合作医疗工作情况，各次会议代表建议、意见办理情况，依法行政、环境保护、西大街路面改造、交通建设、非公有制经济、“两基”迎国检、公安、法院、检察院、畜牧业发展等工作情况，三期农网改造工程完成情况，执行《中华人民共和国执业医师法》工作情况，2009 年十项民生项目实施情况，2009 年城乡最低生活保障落实情况，农村饮水安全工程和林业工作等方面的汇报、报告，并作出相关的审议意见。审议通过和批准《大方县人大常委会关于加强公、检、法机关监督工作意见》《大方县环境保护“十一五”规划》《大方县中药材现代科技产业发展规划》《大方县旅游发展规划》《大方县乡村旅游发展规划》《贵州省大方县中药产业发展规划（2010—2020）》《贵州省大方县地质灾害防治规划（修编）（2010—2019）》《大方县第二轮矿产资源规划（2008—2020）》。

2007 年，审议同意修建贵州宣慰府、彝族风情街和改造西大街三项工程。2008 年，审议通过并作出决定：同意县人民政府关于配合做好毕节飞雄机场、杭瑞高速公路、成贵高速铁路等项目建设的汇报。

2009 年 7 月，审议通过《大方县城总体规划（2009—2030）》。2010 年，审议通过并作出决议，同意县人民政府《大方县城新城区控制性详细计划》《大方县国民经济和社会发展第十二个五年规划纪要》；同意启动金龙新区、循环工业园区、食品药品产业园区、雨冲陶瓷工业园区等项目建设。

六、第十六届人民代表大会常务委员会

第十六届县人民代表大会常务委员会任期从 2011 年 12 月至 2016 年 12 月，共召开 42 次人大常委会会议。先后听取和审议县人民政府关于国民经济和社会发展计划执行情况、财政预算执行情况及变更情况、财政审计情况、招商引资、重大项目建设、文化产业发展、扶贫开发、代表议案办理、“六五”普法、医疗卫生、工业园区建设、美丽乡村建设、“6+2”行动计划实施、县法院和检察院工作情况等方面的报告和汇报，并作出相关的审议意见或决议。通过《大方县十六届人大常委会议事规则》。

2011年12月，审议通过并作出决议：批准大方县殡葬改革管理办法；批准大方一中扩招项目贷款还款资金纳入财政预算议案；批准大方县区划调整方案；批准大方县撤县设区方案。2013年，审议作出关于《县人民政府关于城市和工业园区建设情况汇报》的决议。2014年，审议作出关于撤县设区、调整部分乡镇行政区划、基础设施建设贷款及融资租赁等事关发展全局的决议、决定。2015年，审议同意《大方县国民经济和社会发展第十三个五年规划纲要》。

大方县第十一届至第十七届人大常委会领导一览表

表一4－1－2－1

届次	姓名	职务	族别	性别	文化程度	籍贯	任职时间
第十一届	陈朝彬	主　任	彝族	男	初中	贵州大方	1990.5—1993.4
	王秀峰	副主任	彝族	男	本科	贵州大方	1990.5—1993.4
	王德永	副主任	苗族	男	大专	贵州大方	1990.5—1993.4
	叶顺枝	副主任	汉族	男	初中	贵州大方	1990.5—1993.4
	董桂珍	副主任	汉族	女	本科	河北定县	1990.5—1993.4
第十二届	武孟伟	主　任	汉族	男	本科	贵州大方	1993.4—1998.3
	王秀峰	副主任	彝族	男	本科	贵州大方	1993.4—1998.3
	李志远	副主任	苗族	男	高中	贵州大方	1993.4—1998.3
	董桂珍	副主任	汉族	女	本科	河北定县	1993.4—1998.3
	王成龙	副主任	彝族	男	初中	贵州大方	1993.4—1998.3
第十三届	武孟伟	主　任	汉族	男	本科	贵州大方	1998.3—2003.3
	杨官文	副主任	苗族	男	大专	贵州大方	1998.3—2003.3
	李恩相	副主任	汉族	男	高中	贵州大方	1998.3—2003.3
	邱建华	副主任	汉族	男	高中	广西陆川	1998.3—2003.3
	陈世方	副主任	彝族	男	大专	贵州大方	1998.3—2003.3
	陶　平	副主任	苗族	男	大专	贵州大方	1998.3—2003.3
	康朝敏	副主任	彝族	男	大专	贵州大方	1998.3—2003.3
第十四届	武孟伟	主　任	汉族	男	本科	贵州大方	2003.3—2007.1
	杨官文	副主任	苗族	男	大专	贵州大方	2003.3—2007.1
	邱建华	副主任	汉族	男	高中	广西陆川	2003.3—2007.1
	陈世方	副主任	彝族	男	大专	贵州大方	2003.3—2007.1
	钟惠民	副主任	白族	男	本科	贵州大方	2003.3—2007.1
	陶　平	副主任	苗族	男	大专	贵州大方	2003.3—2007.1
	康朝敏	副主任	彝族	男	大专	贵州大方	2003.3—2007.1

续上表

届次	姓名	职务	族别	性别	文化程度	籍贯	任职时间
第十五届	高兴全	主　任	彝族	男	大专	贵州纳雍	2007. 1—2011. 12
	刘丰俊	副主任	汉族	男	本科	贵州大方	2007. 1—2011. 12
	陈世方	副主任	彝族	男	大专	贵州大方	2007. 1—2010. 4
	单衍丽	副主任	汉族	女	大专	山东单县	2007. 1—2011. 12
	钟惠民	副主任	白族	男	大专	贵州大方	2007. 1—2011. 12
	陶　平	副主任	苗族	男	大专	贵州大方	2007. 1—2011. 12
	邱建华	副主任	汉族	男	高中	广西陆川	2007. 1—2011. 12
	杨　洋	副主任	彝族	女	研究生	贵州大方	2010. 4—2011. 12
第十六届	高兴全	主　任	彝族	男	大专	贵州纳雍	2011. 12—2015. 7
	陈祖军	主　任	彝族	男	大专	贵州黔西	2015. 7—2016. 12
	钟惠民	副主任	白族	男	本科	贵州大方	2011. 12—2016. 12
	刘丰俊	副主任	汉族	男	本科	贵州大方	2011. 12—2016. 12
	尚崇高	副主任	彝族	男	大专	贵州大方	2011. 12—2016. 12
	单衍丽	副主任	汉族	女	大专	山东单县	2011. 12—2016. 12
	李泽贵	副主任	苗族	男	大专	贵州大方	2011. 12—2016. 12
	李义军	副主任	苗族	男	本科	贵州织金	2011. 12—2016. 12
	杨章贤	副主任	汉族	男	本科	贵州大方	2011. 12—2016. 12
	万兴智	副主任	汉族	女	本科	贵州大方	2014. 3—2016. 12
第十七届	陈祖军	主　任	彝族	男	大专	贵州黔西	2016. 12—
	刘丰俊	副主任	汉族	男	本科	贵州大方	2016. 12—
	李义军	副主任	苗族	男	本科	贵州织金	2016. 12—
	唐　婧	副主任	汉族	女	本科	贵州大方	2016. 12—
	万兴智	副主任	汉族	女	本科	贵州大方	2016. 12—
	穆　峰	副主任	汉族	男	本科	贵州大方	2016. 12—
	刘玉华	副主任	汉族	男	本科	贵州大方	2016. 12—

第三节　办理建议意见

县十一届人民代表大会一至二次会议期间，共收到议案转为建议意见486件，其中，农业、畜牧、烤烟生产20件；水利、电力、人饮工程160件；公交、邮电63件；商业、粮食、供销、财政、金融14件；乡镇企业4件；市政建设14件；文教卫生75件；广播电视7件；政法治安18件；人事问题16件；干部作风17件；民族民政宗教16件；乡政府修建32件；行政区划4件；计划生育2件；土地管理2件；其他22件。全部交由县人民政府组织有关部门研究办理，人大办公室督办，限期半年内办完并答复相关代表，办理情况书面报告县人大常委会。第三次会议期间，收到议案34件，经议案审查委员会审查不属议案范围，移作建议意见处理，加上建议意见共81件，其中，农、林、牧、乡镇企业6件；水利、人畜饮水20件；公路交通14件；文教卫生13件；财政金融6件；治安问题3件；计划生育3件；城乡建设4件；修建办公房8件；其他4件。全部办复。

县十二届人民代表大会一至五次会议期间，办理建议、意见664件（包括议案转建议意见的135件），其中，水利、电力、人畜饮水182件；农、林、牧、乡镇企业74件；公路交通建设102件；办公用房5件；广播电视5件；文教卫生102件；财政、金融、税收39件；商业、供销11件；社会治安38件；城镇建设9件；民族民政5件；环境保护5件；开发扶贫2件；邮电通信6件；人事问题10件；土地管理3件；其他66件。全部督办结束。

县十三届人民代表大会一至五次会议期间，收到与会代表个人和联名提出议案78件，经议案审查委员会审查，均不属议案范围，移作建议意见处理，加上建议意见共728件，转党群部门办理的4件，由“一府两院”办理的724件，其中，水利、电力70件；农网改造4件；公路建设及交通142件；文教卫生106件；农林牧及乡镇企业61件；民族民政21件；邮电通讯16件；财政金融49件；集镇建设8件；生态环保35件；政法公安司法34件；城建、城管、环卫11件；人畜饮水53件；煤炭火电9件；集市贸易9件；旅游、移民4件；其他92件。全部督办结束。

县十四届人民代表大会一至四次会议期间，收到代表团和代表联名提出的议案73件，经议案审查委员会审查，均不属议案范围，移作建议意见处理，加上建议意见共686件，其中，农、林、牧、水、工业和乡镇企业125件；基础设施建设303件；财税金融和市场管理5件；教科文卫96件；医疗卫生8件；科技6件；人事劳动20件；计划生育1件；民族民政13件；移民6件；环境保护18件；政法治安17件；其他68件。全部办复。

县十五届人民代表大会一至六次会议期间，收到代表批评建议意见623件，其中，农、林、牧、水、乡镇企业189件；基础设施建设48件；劳动人事47件；财税金融84件；文教卫生计划生育108件；国土环保45件；政法治安62件；城镇建设12件；交通管理19件；其他9件。全部办复。

县十六届人民代表大会一至五次会议期间，收到代表或代表联名的建议意见629件，其中，农、林、牧、水116件；文教卫生92件；工业和乡镇企业31件；环境保护38件；城镇建设22件；交通建设45件；征地拆迁8件；资源开发利用与保护44件；旅游产业发展11件；扶贫开发28件；移民搬迁19件；劳动人事35件；社会保障22件；新农村建设17件；国土管理13件；公共管理6件；财政金融15件；城建规划9件；民族民政25件；政法治安17件；其他16件。全部办复。

第四节 视察活动 执法检查

一、视察活动

1991年10月3—4日，县十一届人大常委会5人参与省人大代表视察大纳公路大方境内路段建设情况，对施工人数及工程建设未达到计划要求向省人大常委会汇报，通过省人大依法向承建方问责，问题得到及时解决。

1996年9月，省人大代表大方组和县十二届人大常委会16人组成联合视察组，深入普底、长石、响水、马场、鸡场5个乡镇对各项工作进行视察，重点视察四荒拍卖和硫磺开发工作。

1998年11月，县十三届人大常委会组织驻县的省人大代表对1998年国民经济和社会发展计划及财政预算执行、主要经济指标的完成、煤炭生产、扶贫攻坚、基础设施建设及项目投资等情况进行视察，到黄泥塘、普底等乡镇召开座谈会，了解农民收入、煤炭生产销售情况，听取乡镇政府的汇报。

1999 年 11 月，县十三届人大常委会组织省人大代表和部分县人大代表，对国民经济计划执行情况、农民增收减负、国有企业改革政策落实、粮食工作等情况进行视察。听取县人民政府汇报，到云龙水泥集团公司座谈企业改革，到大方镇、黄泥塘镇召开座谈会。

2001 年 4 月，县十三届人大常委会组织有关部门负责人对县城饮用水源和毛栗水库进行视察，针对存在的问题向县人民政府提出整改措施。11 月，地区人大工委组织驻地区全国人大代表、省人大代表参与大方驻县的省人大代表，对大方县农业生产、烤烟生产和大方县火电厂项目建设前期准备工作进行视察。

2002 年，大方县“两会”召开期间，县十三届人大常委会组织与会代表视察贵毕高速公路建设情况。9 月 5 日，地区人大工委副主任乔增南一行 5 人到大方县，组织驻县省人大代表李绍武、武孟伟、李宗俊、余自君、罗显艳、张成芬、秦丽等对全县烤烟收购和方沙路建设改造进行视察。

2003 年 7 月 7—9 日，县十四届人大常委会 12 人与相关部门负责人，到大方镇白石村、六龙镇坝子村和雨冲乡视察方沙路改建情况，到百里杜鹃黄坪中心花区视察公路建设，到百纳乡、凤山乡视察煤炭生产、税费征收和安全生产，到黄泥塘镇、鸡场乡视察黄织路改建，到小屯乡、对江片区视察山东兖矿集团煤矿钻探点和方纳路建设情况。8 月 19—26 日，县十四届人大常委会组织人大代表及政府办、烟草、农业、经贸、煤炭等部门负责人对秋粮长势、烤烟收购准备、财政税收、工矿企业、煤炭生产、城镇基础设施及市政建设开展视察。到鸡场、黄泥塘、理化、羊场、东关、竹园、响水、双山、文阁等乡镇以及腾龙水泥厂、县水泥一厂、县水泥二厂、小箐沟水库、县城建局等地方和单位，采取听、看、访、谈等方法进行视察。26 日下午向县人民政府反馈视察情况。

2004 年 9 月中旬，地区人大工委到响水、竹园、双山、文阁、理化、羊场、黄泥塘 7 个乡镇视察烤烟收购情况。11 月 9—10 日，驻县省人大代表视察理化、六龙、凤山等乡镇的中小学建设和羊场、百纳等乡镇的退耕还林，视察大方火电厂的建设情况。

2006 年 3 月，县十四届人大常委会组织部分县人大代表到宋家沟水库视察，对库区卫生、水源污染、集雨范围环境整治提出意见。

2007 年 7 月 2—9 日，县十五届人大常委会组织部分县乡代表，对奢香墓、中华苏维埃川滇黔省革命委员会旧址、济火记功碑、明成化钟、大渡河桥、慕俄格城堡遗址、斗姥阁、航发厂旧址、大方三塔、九十九口井、九层衙遗址等进行视察。

2009 年 8—10 月，县十五届人大常委会组织县乡部分人大代表对全县生态畜牧业建设、黔西北民居建设、危房改造、乡村公路建设、连户路改造、以工代赈项目、农村“一事一议”工程以及开发扶贫等工程进行视察。

2010 年 8 月，县十五届人大常委会组织县乡人大代表对农村公路建设进行视察。

2012 年 8 月 13—21 日，县十六届人大常委会组织部分代表对“一事一议”财政奖补项目和全县各乡镇武装部建设情况进行视察。

2013 年 6 月 7 日，县十六届人大三次会议期间，县人大常委会组织参会代表 200 余人视察大方县循环工业园区、蓝雁集团、森焱家具、亿豪电器、盈田标准厂房、石中玉石材厂、食品药品工业园区、琼芳豆制品厂等企业。

2014 年，县十六届人大常委会组织县人大代表对全县“绿色小镇”和“美丽乡村”建设情况进行视察。

2015年，县十六届人大常委组织驻县市人大代表、县人大代表，对全县小城镇建设、精准扶贫、恒大投资项目等工程进行视察。

上述视察活动，视察代表们均向相关部门提出视察意见和建议。

二、执法检查

1991—2001年，执法检查主要以县人大常委会组织开展。2002年县人大常委会将执法检查纳入常委会活动内容，2002年4月9—10日，县十三届人大常委会组织教科委、政府办、卫生局、药监局、工商局、质监局、文广局、大方报社共25人，分4个组，对全县贯彻执行《中华人民共和国药品管理法》《中华人民共和国食品卫生法》的贯彻实施情况开展执法检查。2003年5月下旬至6月初，常委会牵头组织，对全县36个乡镇贯彻实施《中华人民共和国计划生育法》开展执法检查。

2003年9月3—5日，省人大常委会副主任杨序顺率执法检查组到大方，在县人大常委会主任武孟伟陪同下，深入大方一中、大方二中、安乐小学等10余所中小学，对《中华人民共和国义务教育法》《贵州省实施〈中华人民共和国义务教育法〉条例》进行执法检查。

2004年2月20日至24日，根据省人大常委会、地区人大工委安排，县十四届人大常委会分3个检查组，到响水、双山等6个乡镇，对《中华人民共和国传染病防治法》贯彻实施情况开展执法检查。10月底至11月初，常委会组织开展对《中华人民共和国民办教育促进法》贯彻实施情况进行执法检查。12月，常委会组织开展对《中华人民共和国科学技术普及法》《贵州省科学技术普及条例》和《贵州省科学技术资金投入管理条例》贯彻落实情况开展执法检查。

2005年8月，县十四届人大常委会组织开展对《中华人民共和国职业病防治法》贯彻实施情况开展执法检查。同年9月，对《中华人民共和国职业教育法》贯彻落实情况进行执法检查。

2007年起，县人大常委会把执法检查列为监督工作的重要形式之一，把执法检查工作列为县、乡人大代表的履职内容。3月，县十四届人大常委会组织开展对经过修订后实施的《中华人民共和国义务教育法》贯彻实施情况进行执法检查。9月，开展对《贵州省民族民间文化保护条例》贯彻落实情况进行执法检查。

2009年，县十五届人大常委会组织开展对《中华人民共和国劳动合同法》《中华人民共和国执业医师法》在全县实施情况进行执法检查。2010年，县十五届人大常委会组织开展对《中华人民共和国劳动法》《贵州省城市市容和环境卫生管理条例》贯彻实施情况的执法检查。2011年4月27日，省、市人大常委会对大方县贯彻实施《中华人民共和国食品安全法》的实施情况开展执法检查。

2012年3月，毕节市人大常委会执法检查组到大方，对公安、检察院、法院3家单位和全县煤炭安全生产、水土保持工作进行执法检查。8月，县十六届人大常委会组织开展对《中华人民共和国残疾人保障法》实施情况进行执法检查。

2013年7月，县十六届人大常委会组织对《中华人民共和国水污染防治法》实施情况进行执法检查。

2015年，县十六届人大常委会组织对公安、法院和检察院对反贪污贿赂、反渎职侵权及其依法行政、公正司法等情况开展执法检查。在执法检查活动中，检查组采取一看、二听、三查、四走访、五座谈的方式进行。

第二章 大方县人民政府

第一节 第十一届至第十六届人民政府

一、第十一届县人民政府（1990.5—1993.4）

1990年5月24日，选举产生大方县第十一届人民政府。第十一届县人民政府任期3年，至1993年4月28日，任期结束。

第十一届县人民政府任职时间为“七五”计划时期最后一年和“八五”计划时期前三年。在任期内，贯彻执行“决不放松粮食生产，积极发展多种经营”的方针，增加农业科技资金投入，实施农业综合开发，大搞农田基本建设，实行山、水、林、田、路综合治理。大力发展林业、畜牧业、乡镇企业，贯彻毕节试验区“开发扶贫、生态建设、人口控制”各项政策措施，“八五”计划期间力争越过贫困线，向小康奋进。保持工业稳定增长，积极调整产品、产业结构，对现有企业的生产要素进行优化配置，整顿、巩固、提高使之形成新的生产能力。对亏损企业实行关、停、并、转。对生产水平低下、技术落后、严重污染的企业，采取关停或限期转产措施，促进企业挖潜改造，走内涵与外延相结合扩大再生产的路子。开辟财源，增强财政实力。建一批桑蚕基地、茶叶基地、水果基地、漆树基地、中药材基地，开发硫铁矿、无烟煤等各类矿产资源，形成各类商品优势，拓宽生财门路。严格控制投资规模，整顿建筑领域秩序，整顿基建队伍，推行招标制度，优化投资结构。多渠道引进资金、技术和人才。控制人口增长，提高人口素质。加强社会主义精神文明建设，努力发展教育、宣传、广播、电视、医疗卫生、体育等各项社会事业。

二、第十二届县人民政府（1993.4—1998.3）

1993年4月28日，选举产生大方县第十二届人民政府。第十二届县人民政府任期5年，至1998年3月18日，任期结束。

第十二届县人民政府任职时间为“八五”计划时期后三年和“九五”计划时期前两年。在任期内，推进经济增长方式的转变和国民经济整体素质的提高。经济增长方式由粗放型向集约型转变，以经济效益为中心，注重集约经营，建立有利节约、降耗和增效的企业经营机制、技术进步机制。部分企业实行战略性改组，推行“一厂多制”“一厂一策”“嫁接”改造、划小核算单位和分块搞活等办法，使企业走出低谷。采取股份合作、联合、兼并、租赁、承包经营、出售、破产等多种方式，加快国有企业改革步伐。加快非国有经济发展，培养农村市场体系，完善家庭联产承包责任制和统分结合的双层经营体制，推行“公司加农户”“市场连基地”等生产经营模式，发展一批“贸工农、产供销一体化”的经营组织。采取与大专院校和科研单位联合的方式，培养一批适用人才在科技进步中发挥作用，引进新技术，推广新成果。培养人才，多出人才，注重偏远山区、少数民族地区的人才教育培养。落实扶贫攻坚计划，抓好扶贫政策执行，加强扶贫资金管理，提高扶贫资金综合使用效益。扶贫工作与农村“五个好目标”和“四个一工程”结合，发展村级主导产业，带动千家万户脱贫。认真贯彻执行“计划生育、环境保护、土地管理”三项基本国策，坚持“人口、粮食、生态”全面规划，实行党政一把手负总责和“一票否决制”。计划生育工作坚持“三为主”，推行“三结合”。坚持“经济建设、城乡建设与环境建设同步规划、同步实施、同步发展”的方针，加强对城乡重点污染区的综合治理。建立农田保护区，切实保护耕地。

三、第十三届县人民政府（1998.3—2003.3）

1998年3月18日，选举产生大方县第十三届人民政府。第十三届县人民政府任期5年，至2003年3月14日，任期结束。

第十三届县人民政府任职时间为“九五”计划时期后三年和“十五”计划时期前两年。在任期内，加快农村经济结构调整，增加农民收入，提高粮食生产能力，实现粮食稳定增长。争取将大方县建成全国优质烟基地和出口烟基地，巩固发展烤烟支柱产业地位。巩固第一产业，推进第二产业，加快第三产业发展。“十五”计划期间立项、开工建设4×300兆瓦火电厂，做好洪家渡电站大方县境淹没区移民工作，加快隆黄铁路大方境段和毕节机场前期工作进度，加快退耕还林还草和天然林保护为重点的生态建设。抓好以水利为重点的农田基本建设，以小城镇建设为重点的城镇化战略。发展煤炭、建材工业，巩固传统漆器生产，发展生态旅游。争取国家贫困地区第二批“义务教育工程”立项实施和“普九”专项补助，确保2002年基本实现普及九年制义务教育。制定实施人才开发战略，努力营造用好人才、吸引人才的良好环境。严格控制人口增长，坚持一把手亲自抓、负总责，兑现“一票否决制”。坚持医疗卫生事业以农村为重，中西并重。开展丰富多样的群众性体育活动。实施平安工程，依法取缔邪教，打击毒品、投毒、经济、爆炸、流氓等刑事犯罪。

四、第十四届县人民政府（2003.3—2007.1）

2003年3月14日，选举产生大方县第十四届人民政府。第十四届县人民政府任期4年，至2007年1月11日，任期结束。

第十四届县人民政府任职时间为“十五”计划时期后三年和“十一五”规划时期前一年。在任期内，把新阶段扶贫开发作为“三农”工作重点，依托农工民主党中央对大方实行定点扶贫和深圳对口帮扶的良好机遇，争取国家财政扶贫、以工代赈等资金和社会力量投入大方扶贫开发。提高农业综合生产能力，加快农业产业化进程，扩大养殖等劳动密集型产品和绿色产品生产，开拓农产品市场，拓宽农民增收渠道。发展资源优势产业，抓好煤、电两大支柱，发展建材、建筑、化工、农产品加工四大产业。提高第三产业在国民经济中的比重。找准定位发展文化产业，理清思路，搞好规划，整合资源，打造品牌，挖掘大方深厚的文化底蕴和内涵，把文化资源优势转化为经济优势。加快以公路为重点的交通建设，做好杭瑞高速公路、隆黄铁路、威吉铁路、水纳铁路大方段或支线和毕节机场等重大项目的协调服务及前期准备工作。抓好城镇基础设施建设、县城滑坡治理，供水、污水处理，垃圾填埋等工程，启动新城区开发和旧城改造。抓好退耕还林、石漠化治理、天然林保护、“长治”工程、农建工程、农业综合开发等工程建设。巩固“两基”成果，实施素质教育。实施科教兴方战略，发挥科技人才积极性、主动性和创造性，推动人才强县战略，形成重才、爱才、聚才、育才、用才的良好氛围。深化政府管理体制改革，改革行政管理方式，发展电子政务，完善议事决策程序，健全预警应急机制。实施积极的就业政策，完善社会保障体系，建立城镇职工基本养老、基本医疗、失业、工伤、生育保险制度。控制人口增长，建立农村计划生育家庭奖扶和养老保险制度。加强公安、国家安全、司法行政工作，建立一支政治坚定、业务精通、作风优良、执法公正的司法队伍，抓好禁毒、严打、扫黄、惩邪工作，创建和谐平安大方。

五、第十五届县人民政府（2007.1—2011.12）

2007年1月11日，选举产生大方县第十五届人民政府。第十五届县人民政府任期5年，至2011年12月22日，任期结束。

第十五届县人民政府任职时间为“十一五”规划时期后四年和“十二五”规划时期前一年。在任期内，推动公路、高速公路、铁路、高速铁路、机场为重点的交通设施建设。优化城镇化发展布局，突出以大方县城区为中心的经济区域建设，加强城镇基础设施、信息化基础设施建设，增强城镇社会服务功能。加快煤炭、电力、建材、化学、医药、食品等工业的发展，增强循环经济可持续发展能力，加大招商引资力度，加快软环境工程建设。推进旅游业发展，大力发展生产性服务业和面向民生的生活性服务业。加强农业和农村基础设施建设，提高农业综合生产能力和农村公共服务水平。调整农业结构，深化农村改革，抓实扶贫开发。抓好节能降耗和绿色经济发展，加强环境保护和污染治理，推进生态建设工程。坚持教育优先发展战略，转化科技成果，增强科技创新能力。推动卫生事业、人口和计划生育事业、文化事业的发展。

六、第十六届县人民政府（2011.12—2016.12）

2011年12月22日，选举产生大方县第十六届人民政府。第十六届县人民政府任期5年，至2016年12月16日，任期结束。

第十六届县人民政府任职时间为“十二五”规划时期后四年和“十三五”规划时期头一年。在任期内，以“投资拉动、项目带动、招商推动”为总抓手，使投资总量变成经济增量，投资结构变成产业结构，投资质量变成经济竞争力。实施“产业兴县、工业强县”战略，打造煤炭开采、煤机制造、煤电产业三大集群，以“一区五园”为载体，推进园区建设。构筑公共设施配套、服务功能完善的新型工业化平台，筑巢引凤，既注重引进大企业，以大项目、大产业带动，又积极扶持和培育中小型企业。实施“城镇化带动”战略，创造就业机会，带动消费和投资需求，配合“双百”城市规划战略，建设一批交通枢纽型、旅游景点型、绿色产业型、工矿园区型、商贸集散型、移民安置型等各具特色小城镇。抓好农村“美丽乡村”建设和改厨、改厕、改圈，硬化院坝、硬化连户路、硬化房屋周围的“三改”“三硬化”工程。以“三化”（工业化、城镇化、产业化）、兴“三农”（农业、农村、农民），促进产业向园区集中、人口向城镇集中、土地向农民专业合作组织集中，构建工业反哺农业、城市支持农村，以工促农、以城带乡、工农互惠、城乡一体的新型工农关系。深化行政体制改革，建设服务型政府；深化行政审批和招投标改革，政企、政资分开，政府与中介组织分开；深化事业单位分类改革，政事、事企分开和管办分离；深化财政管理体制和预算改革，提高财政资金使用效益；深化矿产资源配置改革，优化资源整合结构；深化国企改革，处理历史遗留问题；深化县域经济改革，推进撤乡建镇、撤镇建办工作。加大自然生态和环境保护力度，防治地质灾害，营林造林，治理石漠化，提高森林覆盖率。

七、第十七届县人民政府（2016.12—　）

2016年12月16日，选举产生大方县第十七届人民政府。第十七届县人民政府任期5年。

大方县第十一届至第十七届人民政府领导一览表

表—4-2-1-1

届次	姓名	职务	族别	性别	文化程度	籍贯	任职时间	备注
第十一届	黄家培	县　长	彝族	男	大专	贵州大方	1990.5—1992.12	
	王福尧	副县长	彝族	男	初中	贵州大方	1990.5—1993.4	
	孔庆明	副县长	汉族	男	本科	广西柳城	1990.5—1992.12	
	刘功永	副县长	汉族	男	中专	贵州大方	1990.5—1993.4	
	吴安玉	副县长	汉族	男	高中	贵州大方	1990.5—1993.4	
	李志远	副县长	苗族	男	大专	贵州大方	1990.5—1993.4	
	谢志全	副县长	白族	男	中专	贵州大方	1990.5—1993.4	
	罗祥斌	副县长	汉族	男	本科	贵州黔西	1990.5—1992.1	挂职
	杨家春	副县长	汉族	男	本科	广西贵县	1991.8—1992.12	挂职
	王守权	副县长	汉族	男	本科		1992.6—1993.4	挂职
	赵大军	副县长	白族	男	中师	贵州大方	1992.12—1993.4	
	杨兴举	副县长	苗族	男	本科	贵州织金	1993.1—1993.4	代理县长
第十二届	杨兴举	县　长	苗族	男	本科	贵州织金	1993.4—1997.1	
	陈万桥	县　长	汉族	男	本科	贵州毕节	1997.3—1997.12	
	王福尧	副县长	彝族	男	初中	贵州大方	1993.4—1997.1	
	刘功永	副县长	汉族	男	中专	贵州大方	1993.4—1998.3	
	吴安玉	副县长	汉族	男	高中	贵州大方	1993.4—1997.12	
	陈世方	副县长	彝族	男	大专	贵州大方	1993.4—1998.3	
	赵大军	副县长	白族	男	中师	贵州大方	1993.4—1998.3	
	王守权	副县长	汉族	男	本科		1993.4—1994.8	挂职
	徐　平	副县长	汉族	女	本科	江苏涟水	1995.5—1998.1	挂职
	罗运刚	副县长	汉族	男	本科		1996.4—1997.5	挂职
	顾　明	副县长	汉族	男	本科		1996.6—1997.8	挂职
	陈万桥	副县长	汉族	男	本科	贵州毕节	1997.1—1997.3	代理县长
	安永成	副县长	彝族	男	本科		1997.5—1998.3	挂职
	李绍武	副县长	汉族	男	本科	贵州大方	1997.12—1998.3	代理县长
	倪小兵	副县长	彝族	男	本科	贵州贵阳	1998.1—1998.3	
	宫晓农	副县长	汉族	男	大专	贵州大方	1998.1—1998.3	
第十三届	李绍武	县　长	汉族	男	本科	贵州大方	1998.3—1999.2	
	倪小兵	县　长	彝族	男	本科	贵州贵阳	1999.3—2003.3	
	倪小兵	副县长	彝族	男	本科	贵州贵阳	1999.2—1999.3	代理县长
	倪小兵	副县长	彝族	男	本科	贵州贵阳	1998.3—1999.2	
	肖远福	副县长	白族	男	大专	贵州大方	1998.3—2002.6	
	张基沛	副县长	汉族	男	大专	贵州大方	1998.3—2001.9	
	陈　汇	副县长	汉族	女	中师	贵州大方	1998.3—2002.11	

续上表

届次	姓名	职务	族别	性别	文化程度	籍贯	任职时间	备注
第十三届	赵大军	副县长	白族	男	中师	贵州大方	1998. 3—2002. 6	
	宫晓农	副县长	汉族	男	大专	贵州大方	1998. 3—2001. 8	
	邹天才	副县长	汉族	男	本科		1998. 3—2001. 2	挂职
	张　智	副县长	汉族	男	大专	贵州织金	1999. 2—2003. 3	
	李泽贵	副县长	苗族	男	大专	贵州大方	1999. 2—2003. 3	
	陈海峰	副县长	汉族	男	本科		2001. 5—2003. 3	挂职
	吴学祥	副县长	汉族	男	大专	贵州大方	2001. 8—2003. 3	
	唐兴亚	副县长	汉族	男	本科	贵州毕节	2001. 8—2003. 3	
	胡元航	副县长	汉族	男	大专	贵州大方	2002. 6—2003. 3	
	李　曦	副县长	汉族	女	大专	山东金乡	2002. 11—2003. 3	
	姚卓彦	副县长	汉族	男	本科	贵州毕节	2002. 11—2003. 3	挂职
第十四届	倪小兵	县　长	彝族	男	本科	贵州贵阳	2003. 3—2004. 10	
	李玉平	县　长	彝族	男	研究生	贵州威宁	2005. 3—2007. 1	
	司　晋	副县长	汉族	男	本科	山东金乡	2003. 3—2007. 1	
	李　曦	副县长	汉族	女	大专	山东金乡	2003. 3—2006. 12	
	吴学祥	副县长	汉族	男	大专	贵州大方	2003. 3—2007. 1	
	张　智	副县长	汉族	男	大专	贵州织金	2003. 3—2006. 8	
	尚崇高	副县长	彝族	男	大专	贵州大方	2003. 3—2007. 1	
	胡元航	副县长	汉族	男	大专	贵州大方	2003. 3—2006. 10	
	唐兴亚	副县长	汉族	男	本科	贵州毕节	2003. 3—2005. 11	
	陈仕才	副县长	汉族	男	大专	贵州赫章	2003. 12—2007. 1	
	李玉平	副县长	彝族	男	研究生	贵州威宁	2004. 10—2005. 3	代理县长
	余庆国	副县长	蒙古族	男	本科		2006. 5—2007. 1	挂职
	张瀚时	副县长	穿青人	男	研究生	贵州织金	2006. 8—2007. 1	
第十五届	李玉平	县　长	彝族	男	研究生	贵州威宁	2007. 1—2007. 6	
	卢　林	县　长	彝族	男	本科	贵州威宁	2007. 12—2011. 3	
	张瀚时	县　长	穿青人	男	研究生	贵州织金	2011. 4—2011. 12	
	司　晋	副县长	汉族	男	本科	山东金乡	2007. 1—2010. 7	
	许晓鹏	副县长	汉族	男	本科	贵州大方	2007. 1—2011. 12	
	李泽贵	副县长	苗族	男	大专	贵州大方	2007. 1—2011. 12	
	张瀚时	副县长	穿青人	男	研究生	贵州织金	2007. 1—2011. 3	
	陈仕才	副县长	汉族	男	大专	贵州赫章	2007. 1—2011. 11	
	尚崇高	副县长	彝族	男	大专	贵州大方	2007. 1—2011. 12	
	李　华	副县长	汉族	男	大专	贵州大方	2007. 4—2008. 5	挂职
	卢　林	副县长	彝族	男	本科	贵州威宁	2007. 6—2007. 12	代理县长
	林小川	副县长	汉族	男	本科	江西上饶	2007. 8—2009. 8	挂职

续上表

届次	姓名	职务	族别	性别	文化程度	籍贯	任职时间	备注
第十五届	刘齐鸣	副县长	汉族	男	本科	山东济宁	2007. 8—2009. 8	挂职
	陈章全	副县长	汉族	男	本科		2007. 10—2008. 11	挂职
	李　卫	副县长	汉族	女	本科	山西	2007. 10—2010. 11	挂职
	刘川勤	副县长	汉族	男	本科	贵州湄潭	2008. 3—2010. 3	挂职
	徐霞辉	副县长	汉族	男	研究生	贵州毕节	2008. 5—2010. 7	挂职
	林　松	副县长	汉族	男	本科	贵州织金	2009. 3—2010. 3	挂职
	何国忠	副县长	汉族	男	本科	云南临沧	2009. 5—2011. 5	挂职
	郑　旭	副县长	汉族	男	本科	山东成武	2009. 9—2010. 9	挂职
	刘　祥	副县长	汉族	男	本科	贵州毕节	2010. 4—2011. 7	
	胡廷夺	副县长	汉族	男	本科	贵州剑河	2010. 5—2011. 12	挂职
	钟廷雄	副县长	汉族	男	硕士	广西	2010. 5—2011. 12	挂职
	曹琴香	副县长	汉族	女	本科	贵州毕节	2010. 5—2011. 4	挂职
	王鑫帅	副县长	汉族	男	本科	山西陵川	2010. 9—2011. 9	挂职
	陈　勇	副县长	汉族	男	本科	四川三台	2010. 11—2011. 11	挂职
	管庆良	副县长	苗族	男	研究生	贵州威宁	2011. 3—2011. 12	挂职
	黄成林	副县长	彝族	男	本科	贵州毕节	2011. 3—2011. 12	挂职
	张瀚时	副县长	穿青人	男	研究生	贵州织金	2011. 3—2011. 4	代理县长
	徐霞辉	副县长	汉族	男	研究生	贵州毕节	2011. 7—2011. 11	
	邢项门	副县长	汉族	男	本科	河南泌阳	2011. 9—2011. 12	挂职
	陈祖军	副县长	彝族	男	大专	贵州大方	2011. 10—2011. 12	
	苏　勤	副县长	汉族	女	本科	贵州安顺	2010. 11—2011. 12	挂职
第十六届	张瀚时	县　长	穿青人	男	研究生	贵州织金	2011. 12—2013. 5	
	顾掌权	县　长	彝族	男	本科	贵州毕节	2013. 6—2016. 10	
	许晓鹏	副县长	汉族	男	本科	贵州大方	2011. 12—2013. 4	
	章　育	副县长	汉族	女	大专	贵州大方	2011. 12—2016. 6	
	陈德奉	副县长	汉族	男	本科	贵州大方	2011. 12—2016. 6	
	陈祖军	副县长	彝族	男	大专	贵州大方	2011. 12—2015. 7	
	管庆良	副县长	苗族	男	研究生	贵州威宁	2011. 12—2013. 3	
	李　军	副县长	汉族	男	大专	贵州大方	2011. 12—2014. 2	
	阳　培	副县长	汉族	女	本科	贵州毕节	2012. 3—2013. 3	挂职
	陈洪刚	副县长	汉族	男	本科	贵州开阳	2012. 5—2014. 4	挂职
	王洪超	副县长	汉族	男	本科		2012. 10—2013. 10	挂职
	杨丽萍	副县长	汉族	女	本科		2013. 3—2014. 3	挂职
	张　东	副县长	汉族	男	本科	贵州毕节	2013. 4—2016. 6	
	顾掌权	副县长	彝族	男	本科	贵州毕节	2013. 5—2013. 6	代理县长
	黄洪江	副县长	彝族	男	本科	贵州大方	2014. 1—2016. 12	

续上表

届次	姓名	职务	族别	性别	文化程度	籍贯	任职时间	备注
第十六届	靳景玉	副县长	汉族	男	本科	山东金乡	2014.1—2015.1	挂职
	黄海鸣	副县长	汉族	男	本科	贵州织金	2014.1—2016.3	
	夏锦慧	副县长	汉族	女	硕士	贵州瓮安	2014.8—2015.8	挂职
	韩燕名	副县长	汉族	男	本科	河南	2014.10—2015.10	挂职
	陈文忠	副县长	汉族	男	研究生	贵州金沙	2014.10—2015.10	挂职
	朱国胜	副县长	汉族	男	博士	安徽泾县	2014.10—2016.10	挂职
	谭　丽	副县长	汉族	女	本科	广东梅县	2014.10—2015.11	挂职
	毛长松	副县长	汉族	男	研究生	河南	2014.10—2015.10	挂职
	周登印	副县长	苗族	男	研究生	贵州大方	2015.6—2016.12	
	杨忠强	副县长	汉族	男	研究生	贵州遵义	2016.5—2016.12	
	何　逆	副县长	彝族	男	本科	贵州黔西	2016.5—2016.12	
	秦　勇	副县长	白族	男	本科	贵州大方	2016.5—2016.12	
	刘小平	副县长	汉族	男	本科	福建武平	2016.5—2016.12	挂职
	宋兴华	副县长	汉族	男	本科	山东平县	2016.5—2016.12	挂职
	徐　萍	副县长	汉族	女	研究生	贵州大方	2016.6—2016.12	
	黄　培	副县长	汉族	男	本科	重庆合川	2016.6—2016.12	挂职
	陈　萍	副县长	彝族	女	本科	贵州黔西	2016.10—2016.12	代理县长
第十七届	陈　萍	县长	彝族	女	本科	贵州黔西	2016.12—	
	徐　萍	副县长	汉族	女	研究生	贵州大方	2016.12—	
	杨忠强	副县长	汉族	男	研究生	贵州遵义	2016.12—	
	黄洪江	副县长	彝族	男	本科	贵州大方	2016.12—	
	周登印	副县长	苗族	男	研究生	贵州大方	2016.12—	
	何　逆	副县长	彝族	男	本科	贵州黔西	2016.12—	
	秦　勇	副县长	白族	男	本科	贵州大方	2016.12—	
	刘小平	副县长	汉族	男	本科	福建武平	2016.12—	挂职
	宋兴华	副县长	汉族	男	本科	山东平县	2016.12—	挂职
	黄　培	副县长	汉族	男	本科	重庆合川	2016.12—	挂职

第二节　施政方式

大方县人民政府是依照《中华人民共和国宪法》《中华人民共和国地方各级人民代表大会和地方各级人民政府组织法》等法律法规，由大方县人民代表大会选举组成的行政机关，坚持集体领导原则，实行严格的施政会议制度，传达文件，布置任务，研究解决存在的问题，作出施政决策。有决策会议和实施会议两种施政制度。

决策会议有政府常务会、政府成员会、县长办公会。政府常务会由县长、副县长、人武部长、办公室主任出席，有关部门负责人列席。内容是贯彻县委和政府党组工作安排意见，对全县政治、经济、文化、教育、国民经济与社会发展规划、干部任免、招工招干、重要工程建设、救灾救济等作出决策部署。重大规划、决策均先提请县政协讨论，广泛吸收意见，然后报请县人大常委会审议批准后实施。政府成员会由县长、副县长、人武部长和政府各部门正职负责人出席，邀请县委、人大、政协领导参加，由县长或常务副县长主持，会议传达上级及县委的指示和决定，通报政府工作，安排政府下一步工作，讨论修改政府工作报告、财政预决算报告和国民经济与社会发展规划。县长办公会由分管部门工作的副县长、办公室主任及有关部门负责人参加。主要研究解决乡镇、部门请示的重大问题和安排部门工作，会前由分管各口的副县长将急需集体议决的问题提交办公室，由办公室综合后，提请县长办公会议决。

实施会议有综合性会议、专业性会议。综合性会议部署总结阶段或全年经济工作、国民经济与社会发展规划执行情况和其他任务，讨论完成下阶段任务的目标、措施，乡镇及各工作部门负责人参加。专业性会议是贯彻上级对某项工作的法规、指示和政府的安排意见、完成任务的措施。农业区划、国企改革、科技兴农、人口普查、烤烟生产、夏秋粮食种植、林业工作、计划生育、税制改革、招生、征兵、基础设施建设、交通安全等，常以会代训，培训骨干，组织实施。

县人民政府坚持“集体领导，分工负责”的原则，实行县长负责制下的分工负责制。县长主持全面工作，县人民政府各部门和代管单位，按计划、农林、建设、工交、财贸、文教、政法等系统由副县长分工分口管理。部门向县人民政府请示问题，凡有原则规定的，由管口副县长负责答复处理；涉及其他副县长分管的，管口副县长会同有关副县长协商处理；涉及重大问题必须集体议决的，提交县长办公会集体研究决定。重大决策实施前，县人民政府领导或委托有关部门负责组成工作组深入基层调查研究取得第一手资料，反复论证后实施。对人大议案、政协提案，县长办公会研究落实措施，转各单位承办，呈报办理结果。县人民政府适时采取调研或蹲点、召开现场会、参观先进典型、考察学习外地经验等形式，及时解决问题，指导工作。

第三节　政府工作机构

1996年，实施政府机构改革，涉及政府工作部门29个。机构的调整变动：撤销经济体制改革委员会（开发扶贫试验区办公室）的独立建制，工作职能并入政府办公室。撤销计划委员会、经济委员会的独立建制，组建计划与经济贸易局。撤销对外经济协作办公室，其职能并入计划与经济贸易局。将科学技术委员会更名为科学技术局。撤销民族事务委员会、宗教事业局，组建民族与宗教事务局。将劳动人事局更名为人事劳动局。撤销城乡建设环境保护局，组建建设局、环境保护局。将水电局更名为水利电力局。撤销商业局，组建商务局，外贸公司归口商务局。撤销文化局、广播电视局建制，组建文化广播电视局。将计划生育委员会更名为计划生育局。撤销工商行政管理局、技术监督局、物价局，组建工商行政管理局，另挂技术监督局、物价局牌子，实行三块牌子一套人员。将土地管理局更名为国土局。撤销乡镇企业管理局，组建乡镇企业局、煤炭工业局。撤销农村经济委员会，组建农业办公室。撤销经济开发办公室，职能并入农业办公室。将矿产资源管理办公室更名为地质矿产局。将旅游局改建为旅游事业局，为县人民政府直属正科级事业单位。将体育运动委员会改建为体育事业局，为县人民政府直属正科级事业单位。将农业机械管理局改建为农业机械事业局，为县人民政府直属正科级事业单位。将轻纺工业局改建为轻纺工业总会，为县人民政府直属正科级事业单位。档案局和档案馆一个机构两块牌子，为县人民政府直属正科级事业单位。将畜牧局改建为畜牧事业局，为县人民政府直属正科级事业单位。将烟草办公室改建为事业单位。将物资局改建为物资总公司，建制转为经济实体。

改革调整后的政府机构31个：政府办公室（保留信访办公室的机构名称）、计划与经济贸易局、教育局、科学技术局、民族与宗教事务局、公安局、监察局（与纪律检查委员会合署办公，一个机构，两块牌子）、民政局、司法局、财政局、人事劳动局、建设局、交通局、农业局、林业局、水利电力局、商务局、文化广播电视局、卫生局、计划生育局、审计局、统计局、工商行政管理局（另挂技术监督局、物价局牌子）、国土局、地方税务局、乡镇企业局、农业办公室（另挂扶贫开发办公室、农业综合开发办公室牌子，同时为县委农村工作领导小组办事机构）、地质矿产局、环境保护局、煤炭工业局、粮食局。

改为事业单位的机构7个：档案局（档案馆）、农业机械事业局、体育事业局、轻纺工业总会、畜牧事业局、旅游事业局、移民办公室。

改为企业的机构1个：物资总公司。

2004年将水利电力局更名为水利局。将计划与经济贸易局分设为发展计划局与经济贸易局。撤销县商务局、县轻纺工业总会，其行政职能并入县经济贸易局。撤销农业机械事业局，其行政职能并入农业局。将文化广播电视局更名为文体广播电视局，组建体育事业服务中心，为文体广播电视局下属财政全额拨款副科级事业单位。撤销农业区划委员会办公室，其行政职能划归农业局，组建农业区划管理站，为农业局下属财政全额拨款正股级事业单位。地质矿产局、国土局合并组建国土资源局。将人事劳动局更名为人事劳动和社会保障局。撤销房产事业管理局，其行政职能划入建设局。将老龄委员会更名为老龄工作委员会，老龄工作委员会办公室设在民政局，为正科级建制。将世行办的职能划入财政局，为正科级建制。新建大方县会计核算中心，为财政局直属副科级单位。将农业办公室（农业综合开发办公室、扶贫开发办公室）改为县人民政府议事协调机构的常设办事机构，不占政府机构限额。物价局与物价检查所合署办公，一个机构，两块牌子，不占政府机构限额。下列机构受县人民政府委托行使部分行政管理职能：档案局（馆）、畜牧事业局、水库移民局、供销合作社联社、旅游事业局。

2010年机构改革后，政府工作部门25个：政府办公室、发展和改革局、教育局、工业经济贸易和能源局、民族宗教事务局、公安局、监察局（与纪委合署办公，列入政府工作序列，不计个数）、民政局、司法局、财政局、人力资源和社会保障局、国土资源局、环境保护局、住房和城乡建设局、交通运输局、农牧局、水利局、文化体育广播电视旅游局、卫生和食品药品监督管理局、人口和计划生育局、扶贫开发办公室、审计局、林业局、安全生产监督管理局、统计局。

政府部门管理机构12个：法制办公室、国防教育委员会办公室、突发公共事件应急委员会办公室、科技办公室、政务服务中心、招商引资办公室，以上6个单位属县人民政府办公室管理。房产事业局、城市规划局，以上2个单位属县住房和城乡建设局管理。烟草办公室、农业机械服务中心，以上2个单位属县农牧局管理。地方海事处，属县交通运输局管理。会计核算中心，属县财政局管理。

县人民政府直属事业单位2个：档案局（档案馆）、水利水电工程移民局。县人民政府其他机构2个：供销合作社、城市综合执法大队。

2014年机构改革，县人民政府设置工作部门24个，设置县人民政府直属事业单位2个，其他机构1个。

保留的政府工作部门21个（其中监察局不计个数）：政府办、发改局、教育局、公安局、司法局、监察局、民宗局、民政局、财政局、人社局、国土资源局、交运局、住建局、环保局、农牧局、水利局、安监局、扶贫办、林业局、审计局、统计局。县人民政府直属事业单位2个：档案局（档案馆）、水利水电工程移民局。县人民政府其他机构1个：县供销合作社联社。

调整的机构2个：组建卫生和计划生育局，不再保留卫生和食品药品监督管理局、人口和计划生育局，部分职能划归相关部门承担。组建市场监督管理局，将县食品安全委员会办公室的职责、县工商行政管理局的职责、县质量技术监督局的职责、县卫生和食品药品监督管理局的食品药品监督管理职责、县商务管理办公室的酒类流通监督管理职责整合，组建县市场监督管理局，为县人民政府工作部门，挂县工商行政管理局、县质量技术监督局、县食品药品监督管理局牌子。并设立顺德、红旗、慕俄格、理化、马场、百纳、瓢井、雨冲8个分局。

将县工业经济和能源局的职责与商务管理办公室的商务管理职责整合，重新组建县工业经济和能源局，挂县商务局牌子，为县人民政府工作部门。不再保留县商务管理办公室。将县文化体育广播电视旅游局更名为县文体广电旅游局，挂县新闻出版局、县版权局牌子。将县城市管理局更名为县城市综合执法大队（挂县城市管理办公室牌子），为县人民政府直属综合执法队伍，属正科级事业单位。

改革后的工作部门和直属事业单位及其他机构29个：政府办公室、发展和改革局、教育局、工业经济和能源局（商务局）、民族和宗教事务局、公安局、监察局（与纪委合署办公，列入政府序列，不计政府机构个数）、民政局、司法局、财政局、人力资源和社会保障局、国土资源局、环境保护局、住房和城乡建设局、交通运输局、农牧局、水利局、文体广电旅游局、卫生和计划生育局、审计局、林业局、安全生产监督管理局、统计局、市场监督管理局、扶贫开发办公室、档案局（档案馆）、水利水电工程移民局、城市综合执法大队（城市管理办公室）、县供销合作社联社。

第四节 综合政务

一、外事侨务办

2002年，成立县外事侨务办公室，为县人民政府所属副科级单位，负责接待到大方县访问的人员，配合协调县委、人大、政府、政协领导人出访和外事接待活动以及其他外事侨务工作。

2008—2015年，协助办理5名县级领导干部、7名科局级干部、4个考察团出国学习考察相关手续，并作好外出、返回各个环节相关事项的审核记录。协调引进港澳同胞在县内投资建校。港澳同胞在全县乡镇投资兴建学校84所，投资方式有以个人名义、组织名义、单位名义投资等。协助相关乡镇、单位处理项目落实、工程建设、资金使用监督、学校命名等。

二、法制办

2002年，成立县人民政府法制办公室，为县人民政府所属正科级单位，协助政府领导协调政府法制方面的工作、处理法制方面的事务。

2011—2015年，代县人民政府拟定和出台《网上阳光行政处罚制度》《重点领域重大违法案件群众举报或新闻媒体曝光违法案件查处工作制度》《行政执法全过程记录实施办法》《行政执法与刑事司法衔接工作制度》《行政处罚裁量基准办法》《大方县领导班子学法用法制度》等。定期举办法制讲座，聘请法学专家、教授向县人民政府领导班子成员、各部门及各乡镇主要领导讲解法律知识。组织对干部任职前的法律知识考试。出台《大方县人民政府法律顾问工作制度》。5年间，为县人民政府拟定法律建议1000多份，审查合同300多份。完成县级政府及工作部门、各乡镇政府的权力清单和责任清单编制工作，明确时间表、路线图，把除涉密不宜公开的行政职权均纳入行政权力清理范围。5年间，为符合条件人员办理执法证847人（件）。为所涉70多家企业履行招商引资协议义务，以及招商引资优惠政策兑现进行全面清理。按照《中华人民共和国行政复议法》《中华人民共和国行政诉讼法》的规定，制定实施县人民政府行政复议委员会实施工作方案，提高行政复议的公信力和行政复议对行政争议的化解作用，并支持司法机关独立行使司法权。5年间，受理行政复议案件132件，审结132件，出庭支持行政应诉案件130件。

三、督查室

1997年，县人民政府设立督查室，为副科级单位，负责对中央、省、地（市）县的重大决策部署贯彻落实情况进行督查、督办落实；对县人民政府制定的目标任务，政府常务会议、县长办公会议、政府专题会议议定事项进行督查督办；对省、地（市）督办件和领导批示抓好督查督办；对县委、县人民政府安排的各阶段中心任务跟踪督查督办。2011年5月，撤销县人民政府督查室，与县委督查室一起合并设立大方县督办督查局，为县委管理的正科级单位。

四、金融办

2012年10月，成立县人民政府金融办公室，为县人民政府所属副科级事业单位，主要职责为：研究分析宏观金融形势、全县金融运行情况，为政府提供金融工作决策依据；协调处理全县金融风险防范和化解工作；提供涉及金融工作的其他服务。制定发展规划、计划，对金融机构和金融中介机构实施行业管理服务，配合协调国家金融管理机构对县内银行、保险、证券等金融机构的监管；协助做好全县金融风险的防范化解，解决应由地方解决的矛盾和问题，维护县内金融秩序；参与策划、指导、规范县内重大项目建设、重大资产整合的融资工作；组织培育县内资本市场。

五、电子政务办

2005年，建立大方县人民政府门户网站，设政府网管理站。2006年7月，改建为电子政务办公室，为县人民政府办公室所属正股级单位，负责全县电子政务管理及服务工作。2010年，开通纵向的中央、省、地、县、乡电子政务外网建设。2011年1月1日，纵向的县级接入点正式启用，9月，横向首批接入的40家县直单位接入工作完成，同时，政府主站上线。至2011年12月，34个乡镇和县直40个部门子站建设完工，实现全县各乡镇、各部门资源共享。2012年，电子政务办公室升格为县人民政府所属副科级事业单位。至2015年，大方县电子政务工作达到“十二五”规划对政府信息化建设的新要求。

六、城市建设投资公司

2011年，成立县城市建设投资集团有限公司，为县人民政府下设的融资投资管理协调机构。2013年，办理融资项目4个，借款金额74.9万元，年平均利息9.04%。2014年，办理融资项目15个，借款金额113.53万元，年平均利息8.4%，到账资金72.5万元。2015年，办理融资项目23个，借款金额20.81亿元，年平均利息8.39%，到账资金17.21亿元。

2015年，公司现金流30亿元，财务结构正常合理，资金运营良好。至2015年12月31日，公司资产总额54亿元，其中净资产43亿元，负债额11亿元，负债率20.37%。

七、政务服务中心

2006 年 10 月 30 日，成立县人民政府政务服务中心，为县人民政府所属正科级事业单位。2014 年进驻单位 35 个。

2012—2013 年，办理政府采购 564 件，总预算资金 4.45 亿元，实际采购资金 3.77 亿元，节约 6832.07 万元，节约率 15.36%。2014 年，行政审批及服务事项 294 项，受理行政审批及服务事项 3.74 万件，办结 3.74 万件，办结率 100%。共计受理政府采购任务 91 件，总预算资金 11891.53 万元，实际采购资金 9863.06 万元，节约 2028.47 万元，节约率 17.06%。2015 年，受理行政审批事项 294 项，共受理行政审批事项和服务事项 4.52 万件，办结 4.52 万件，办理政府采购 112 件，总预算资金 8933.15 万元，实际采购资金为 7494.09 万元，节约资金 1439.06 万元，节约率 16.11%。

八、档案局

1985 年，县档案局为县人民政府直属局，档案馆为事业机构，归档案局管理。1996 年，县档案局（馆）实行一个机构、两块牌子、一套人员，为县人民政府直属正科级事业单位。

1992 年，接受原区、乡镇档案 1.73 万余卷，之后，各乡镇、县直各单位又先后移送部分档案。2006—2008 年，整理民国档案 2400 余卷，归并为 1200 多卷，拟写文件标题，制作民国档案《全引目录》。2008 年后，将档案卷装改为盒装。2015 年，档案馆馆藏档案有 193 个全宗，4.1 万卷，8.82 万多盒，其中，清代档案 1 卷，民国档案 1200 多卷，彝文档案 78 卷，人事档案 2844 卷，实物档案 606 件。另有资料、书籍 1.68 万册。1992—2015 年，年均接待公民、法人利用档案资料 200 余人次。

九、应急办

2007 年 3 月，成立县人民政府应急管理办公室，为县人民政府所属正科级建制机构，承担全县突发公共事件应急管理日常工作，根据《中华人民共和国突发事件应对法》的规定和领导指示，履行值守应急、信息汇总和综合协调职能，发挥运转枢纽作用。

第三章　政协大方县委员会

1991—2016 年，中国人民政治协商会议贵州省大方县委员会历经第四届至第十届，其中，第四届委员会任期 3 年，第七届委员会任期 4 年，其他各届每届任期 5 年。

第一节　第四届至第十届政协全委会

一、政协大方县第四届全委会（1990.5—1993.4）

政协大方县第四届委员会任期 3 年，任届期间共召开 3 次大会。

第一次全委会于1990年5月17—23日召开，应到会委员218人，实到会委员191人。会议听取和审议政协三届常委会工作报告和提案工作报告。受常委会委托，李进修向大会作常委会工作报告。大会要求，要保持和发展安定团结的政治局面，发扬自我教育的光荣传统，积极履行人民政协的基本职能，促进协商、监督的经常化和制度化。发挥政协“综合人才库”的优势，为全县经济建设服务，把智力支边与开发扶贫结合起来、与科技兴农结合起来。进一步开展社会联谊活动，加强政协自身建设。与会委员列席县人大十一届一次会议，参与讨论政府工作报告和其他报告。

大会选举李昌德为政协大方县第四届委员会主席，冯宣武、刘娜娜、杨和林、李进修、张世益、张镇坤为副主席；选举秘书长1名及常委33名。

第二次全委会于1991年3月4—8日召开。会议听取和审议政协常委会工作报告和提案工作报告，受常委会委托，县政协副主席杨和林向大会作常委会工作报告。大会要求，要发扬自我教育的光荣传统，继续组织和推动委员学习，提高参政议政能力，围绕县委和县人民政府的中心工作，认真履行“政治协商、民主监督”的基本职能。从实际出发，以支农为重点，以脱贫致富为目标，开展智力支边。与会委员列席县人大十一届二次会议，参与讨论政府工作报告和其他报告。

第三次全委会于1992年3月17—21日召开。应到会委员217名，实到会委员205名。会议听取和审议政协常委会工作报告和提案工作报告。受常委会委托，县政协副主席冯宣武向大会作常委会工作报告。大会要求，要加强学习，增强共识，努力维护安定团结的政治局面。继续完善协商监督制度，提高协商监督质量。讲实效，办实事，为全县经济建设服务。加强自身建设，强化政协整体功能。与会委员列席县人大十一届三次会议，参与讨论政府工作报告和其他报告。

二、政协大方县第五届全委会（1993.4—1998.3）

政协大方县第五届委员会任期5年，任届期间共召开5次大会。

第一次全委会于1993年4月23—28日召开，应到会委员228名，实到会委员199名。会议听取和审议政协四届常委会工作报告和提案工作报告。四届政协共收到提案363件，立案审查342件，转为信访处理21件。受常委会委托，县政协副主席杨和林向大会作常委会工作报告。大会指出，今后五年，是全县各族人民解放思想换脑筋，抓住机遇迈大步，加快改革开放和经济发展的关键时期，也是人民政协工作大有作为的重要时期。政治协商、民主监督要紧紧围绕经济建设这个中心抓大事、议大事、重实效。发挥自身优势，积极投身经济建设主战场，为振兴大方经济作出贡献。与会委员列席县人大十二届一次会议，参与讨论政府工作报告和其他报告。

大会选举谢志全为政协大方县第五届委员会主席，王德永、冯宣武、刘娜娜、杨和林、邱建华、陈绍发为副主席；选举秘书长1名及常委38名。

第二次全委会于1994年3月25—29日召开，应到会委员228名，实到会委员189名，会议听取和审议政协常委会工作报告和提案工作报告，通过有关决议。县政协主席谢志全向大会作常委会工作报告。大会要求，政协工作要以经济建设为中心，围绕经济发展、社会稳定，坚持转变观念，适应形势，继承传统，开拓创新的工作思路，广泛团结全县政协委员和各族各界人士，调动一切积极因素，充分发挥人民政协的职能作用，为促进全县两个文明建设，维护社会政治稳定，作出新的贡献。与会委员列席县人大十二届二次会议，参与讨论政府工作报告和其他报告。

大会选举颜登明为政协大方县第五届委员会副主席。

第三次全委会于1995年3月14—18日召开，应到会委员228人，实到会委员187名。会议听取和审议政协常委会工作报告和提案工作报告，受常委会委托，县政协副主席陈绍发向大会作常委会工作报告。大会要求，要以经济建设为中心，进一步提高参政议政质量，拓宽参政议政领域，切实履行政协的基本职能，更好地为两个文明建设献计出力，把政协工作提高到一个新的水平。到会委员列席县人大十二届三次会议，参与讨论政府工作报告和其他报告。

第四次全委会于1996年3月12—15日召开，应到会委员229人，实到会委员191名。会前，对县委《关于制定大方县国民经济和社会发展“九五”计划和2010年远景规划的建议》进行协商讨论，对县人民政府《关于大方县国民经济和社会发展“九五”计划和2010年远景目标纲要的报告》和其他报告进行协商讨论，提出修改意见和建议。会议听取和审议政协常委会工作报告和提案工作报告。受常委会委托，县政协副主席刘娜娜向大会作常委会工作报告。大会要求，要继续按照“转变观念，适应形势，继承传统，开拓创新”的工作思路，广泛团结政协委员和各族各界人士，不断推进政治协商、民主监督和参政议政的规范化、制度化，参大政，议大事，办实事，讲实效。与会委员列席县人大十二届四次会议，参与讨论政府工作报告和其他报告。

第五次全委会于1997年3月17—21日召开，应到会委员227名，实到会委员193名。会议就《中共大方县委关于贯彻六中全会精神加强社会主义精神文明建设的决议》和《大方县社会主义精神文明建设“九五”规划》进行专题讨论。会议听取和审议政协常委会工作报告和提案工作报告。受常委会委托，县政协副主席颜登明向大会作常委会工作报告。大会要求，要围绕党委和政府的中心工作，认真履行政协职能，以全县基本解决温饱为重点，参大政，议大事。加大协商监督力度，做好跟踪落实工作。加强对智力支边和定点扶贫工作的领导，抓住中央实施“八七”扶贫攻坚计划，对中西部地区经济发展实施政策倾斜以及农工民主党动员全党对大方开展定点扶贫的极好机遇，转变思想，更新观念，积极协助政府配合农工民主党中央、农工民主党贵州省委和有关部门在全县开展扶贫工作。与会委员列席县人大十二届五次会议，参与讨论政府工作报告和其他报告。

三、政协大方县第六届全委会（1998.3—2003.3）

政协大方县第六届委员会任期5年，任届期间共召开6次大会。

第一次全委会于1998年3月11—15日召开，应到会委员228名，实到会委员218名，会议听取和审议政协五届常委会工作报告和提案工作报告。第五届政协在全县开展20多次视察和30多次调查，提出提案363件，立案342件，转作信访处理21件。受常委会委托，县政协副主席颜登明向大会作常委会工作报告。大会指出，政治协商、民主监督、参政议政要从实际出发，充分发挥政协人才荟萃的优势，调动各界人士的积极性，办一些力所能及能取得实效的实事，扩大政协的影响，提高政协的威信，打开政协工作局面。办实事既服务于改革、发展、稳定大局，又对党委、政府的工作有所帮助；既是群众普遍关心的事，又是政协职能范围，一抓到底，干出成效。与会委员列席县人大十三届一次会议，参与讨论政府工作报告和其他报告。

大会选举谢志全为政协大方县第六届委员会主席，颜登明、李志远、王中华、刘娜娜、毛道安、陈绍发为副主席；选举秘书长1名及常委34名。

第二次全委会于1999年3月21—25日召开，应到会委员227名，实到会委员218名。会议听取和审议政协常委会工作报告和提案工作报告，并通过有关决议。县政协主席谢志全向大会作常委会工作报告。大会要求，要全面落实年前县委作出的《关于加强政协工作的几点意见》，政协党组坚持每季度向县委作一次工作汇报，各委室要定期或不定期与县委、政府有关职能部门进行对口协商，要广泛团结全体政协委员和社会各界力量，适时为县委、政府宏观决策提供有价值的意见和建议，对群众所关心的热点、难点问题要一抓到底，为县委、政府排忧解难。与会委员列席县人大十三届二次会议，参与讨论政府工作报告和其他报告。

第三次全委会于 2000 年 3 月 6—9 日召开，应到会委员 225 名，实到会委员 201 名。会议听取和审议政协常委会工作报告和提案工作报告。受常委会委托，县政协副主席陈绍发向大会作常委会工作报告。大会要求，履行政协职能，要不断提高例会质量和提案质量，为大方的改革开放和两个文明建设服务，为促进西部大开发、大方大发展献计出力，多提建设性的意见和建议。要发挥政协的政治优势，探索加大民主监督力度的途径，进一步推进履行职能的规范化、制度化。要加强同社会各界的联系，认真听取群众的呼声、群众的愿望、群众的诉求，做好反映社情民意和维护社会稳定的工作。与会委员列席县人大十三届三次会议，参与讨论政府工作报告和其他报告。

第四次全委会于 2001 年 3 月 19—23 日召开，应到会委员 223 人，实到会委员 217 人。会议听取和审议政协常委会工作报告和三次会议以来提案工作报告。受常委会委托，县政协副主席陈绍发向大会作常委会工作报告。大会要求，要选择实施西部大开发和“十五”计划的重大课题，深入调查研究，有组织、有计划地进行协商讨论。要充分发挥政协联系面广、人才荟萃的优势，在发展非公有制经济、加快教育事业发展、退耕还林还草、烤烟生产等方面，积极组织调查研究和视察活动，充分调查论证，提供有决策参考价值的提案和建议案。与会委员列席县人大十三届四次会议，参与讨论政府工作报告和其他报告。

第五次全委会于 2002 年 3 月 10—14 日召开，应到会委员 224 人，实到会委员 198 人。会议听取和审议政协常委会工作报告和提案工作报告。受常委会委托，县政协副主席李志远向大会作常委会工作报告。大会指出，发展是硬道理，是解决一切问题的关键。把经济搞上去，是全县一切工作的中心任务。加快富民兴方步伐，是各方面工作必须服从和服务的大局。广大政协委员要进一步增强大局意识、机遇意识、发展意识、责任意识，始终坚持“围绕中心，服务大局”的原则，发挥优势，突出重点，讲求实效，促进大方县深化改革、加快发展、维护稳定的各项工作。与会委员列席县十三届人大五次会议，参与讨论政府工作报告和其他报告。

第六次全委会于 2002 年 7 月 10 日召开，应到会委员 225 人，实到会委员 198 人。大会选举赵大军为政协大方县第六届委员会副主席。

四、政协大方县第七届全委会（2003. 3—2007. 1）

政协大方县第七届委员会任期 4 年，任届期间共召开 5 次大会。

第一次全委会于 2003 年 3 月 7—13 日召开，应到会委员 230 名，实到会委员 219 名。会议听取审议六届政协常委会工作报告和提案工作报告。5 年间，县政协在全县开展视察 10 多次和调查 20 多次，形成提案 434 件，立案 432 件，转作信访办理 2 件，全部办理完毕。受常委会委托，县政协副主席赵大军向大会作常委会工作报告。大会提出，要牢牢把握团结和民主两大主题，紧紧围绕县委、县人民政府的工作大局，把促进发展作为政协参政为民的第一要务，广泛发扬民主，努力增进团结，充分发挥优势，凝聚各方力量，按照县委抢抓机遇、加快发展，全面建设小康社会的总体部署，积极建言献策，为改革开放和现代化建设服务，为维护安定团结的政治局面服务。与会委员列席县人大十四届一次会议，参与讨论政府工作报告和其他报告。

大会选举黄仲祥为政协大方县第七届委员会主席，赵大军、颜登明、毛道安、杨洋、文斌、姜继彬为副主席；选举秘书长 1 名及常委 33 名。

第二次全委会于 2004 年 3 月 13—18 日召开，应到会委员 228 名，实到会委员 208 名。会议听取和审议政协常委会工作报告和提案工作报告，通过政协工作的有关决议。受常委会委托，县政协副主席杨洋向大会作常委会工作报告。大会要求，要坚持把促进发展作为履行职能的第一要务，围绕中心，服务大局，在各项工作中，切实做到与党委思想同心，目标同向，工作同步，共谋发展未来，共商发展大计。要把民主监督寓于政治协商和参政议政之中，做到经常性监督与重大问题的监督相结合，不断探索民主监督的新方法和新途径。要深入开展调查研究，选择全县经济社会发展带有全局性、战略性、前瞻性的一些重大问题，充分论证，为县委、县人民政府提供科学决策参考。与会委员列席县人大十四届二次会议，参与讨论政府工作报告和其他报告。

第三次全委会于2005年3月15—18日召开，应到会委员229名，实到会委员201名。会议听取和审议常委会工作报告和提案工作报告。县政协主席黄仲祥向大会作常委会工作报告。大会要求，要结合实际抓学习，在学以致用上有新提高；增强大局意识，在服务大局、促进发展上有新作为；改善协商方式，在促进党政决策民主化、科学化上有新起色；提高监督水平，在促进各项社会事业发展上有新贡献；做好凝聚人心、协调关系的工作，在构建和谐社会上有新成效；加强自身建设，履行职能的制度化、规范化、程序化上有新突破。与会委员列席县人大十四届三次会议，参与讨论政府工作报告和其他报告。

第四次全委会于2005年12月13日召开，应到会委员223人，实到会委员162人。大会选举陈绍文为政协大方县第七届委员会副主席。

第五次全委会于2006年3月13—16日召开，应到会委员223人，实到会委员194人。会议听取和审议常委会工作报告和提案工作报告。县政协主席黄仲祥向大会作常委会工作报告。大会要求，要充分发挥政协人才荟萃、智力密集的特点和优势，围绕制定好“十一五”规划纲要，认真建言献策，使其更符合县情、体现民意。要围绕实施规划纲要，在做好“三农”工作，加快推进新阶段扶贫开发，建设社会主义新农村，优化产业结构，转变经济增长方式，大力发展循环经济，推进节约发展、清洁发展、安全发展和可持续发展等方面，开展专题调研，切实有效地履行职能，为实施好规划纲要贡献智慧和力量。与会委员列席县人大十四届四次会议，参与讨论政府工作报告和其他报告。

五、政协大方县第八届全委会（2007.1—2011.12）

政协大方县第八届委员会任期5年，任届期间共召开5次大会。

第一次全委会于2007年1月6—10日召开，应到会委员241名，实到会委员230名，会议听取和审议通过政协七届常委会工作报告和提案工作报告。七届政协通过多次视察调研，形成提案184件，撰写和参与署名委员589人次，立案181件，3件转作信访办理答复。县政协主席黄仲祥向大会作常委会工作报告。大会指出，今后五年，是不断深化改革、实现科学发展、加快小康社会建设、构建和谐社会、实现经济社会历史性跨越的关键时期。我们面临的是一个更加开放，更具竞争，更有前途的战略机遇期和激烈挑战期。新形势、新任务既为政协工作带来前所未有的机遇，同时也对政协工作提出新的更高的要求。政协要把加强团结和发扬民主贯穿于工作的各个方面，推进政治协商、民主监督、参政议政的制度化、规范化和程序化，与时俱进，开拓创新，为建设和谐发展的新大方作出新的贡献。与会委员列席县人大十五届一次会议，参与讨论政府工作报告和其他报告。

大会选举张智为政协大方县第八届委员会主席，李建华、杨洋、龙天明、姜继彬、李富军、张琳为副主席；选举秘书长1名及常委35名。

第二次全委会于2008年3月16—19日召开，应到会委员232人，实到会委员205人，会议听取和审议常委会工作报告和提案工作报告。县政协主席张智向大会作常委会工作报告。大会指出，促进发展，是政协工作的第一要务，政协一切工作的出发点和立足点都要放在促进全县经济社会又好又快发展上。一要突出重点，认真开展协商议政；二要立足县情，精心组织视察调研；三要服务大局，扩大民主监督面。与会委员列席县人大十五届三次会议，参与讨论政府工作报告和其他报告。

第三次全委会于2009年3月15—18日召开，应到会委员239人，实到会委员193人。会议听取和审议常委会工作报告和提案工作报告。八届二次会议以后，征集委员提案121件，立案121件，按规定全部移交政府责成相关部门办理，办复率达100%。县政协主席张智向大会作常委会工作报告。大会要求，着眼于政协工作新的实践，不断研究新情况，寻找新思路，探索新方法，使政协工作真正体现时代性，把握规律性，富于创造性。新的一年，政治协商有新高度，民主监督有新力度，参政议政有新深度，参与中心有新举措，关注民生有新作为，团结各界有新思维，内外交往有新进展，主体作用有新发挥，界别活动有新突破，制度建设有新推进，机关建设有新风貌。与会委员列席县人大十五届四次会议，参与讨论政府工作报告和其他报告。

大会选举李永明为政协大方县第八届委员会副主席。

第四次全委会于2010年4月11—14日召开，应到会委员235人，实到会委员173人。会议听取和审议常委会工作报告和提案工作报告并通过相关决议。县政协主席张智向大会作常委会工作报告。大会要求，要把提案作为政协履行职能的重要手段，坚持会议提案和平时提案两手抓、两手硬。加大提案征集力度，不断提高提案质量。建立政协领导领衔督办重点提案制度，大力推行现场办案、会商办案、带案视察等督办方式，不断提高提案办理质量。要把调研视察作为政协履行职能的重要途径，深入开展专题调研和协商议政活动，集思广益，提出富有前瞻性的意见建议供决策参考。与会委员列席县人大十五届五次会议，参与讨论政府工作报告和其他报告。

大会选举胡卫国为政协大方县第八届委员会副主席。

第五次全委会于2011年3月27—30日召开，应到会委员234人，实到会委员185人。会议听取和审议常委会工作报告和提案工作报告。县政协主席张智向大会作常委会工作报告。大会要求，新的一年，政协工作要紧扣跨越发展主题，在履职献策上更加有力；要高度关注民情民生，在民主监督上更加有力；要积极推进和谐社会建设，在凝心聚力上更加有力；要强化政协队伍建设，在创先争优上更加有力。与会委员列席县人大十五届六次会议，参加讨论政府工作报告和其他报告。

六、政协大方县第九届全委会（2011.12—2016.12）

政协大方县第九届委员会任期5年，任届期间共召开5次大会。

第一次全委会于2011年12月16—19日召开。应到会委员255名，实到会委员240名。会议听取和审议政协八届常委会工作报告和提案工作报告。县政协主席张智向大会作常委会工作报告。大会指出，政协作用的大小、水平的高低，最终要体现在促进发展的效果上。新一届政协，一要营造发展氛围，充分发挥政协委员代表性强、代表面宽、影响力大的优势，利用各种渠道，抓住各种机会，广泛宣传、凝聚人心，在全县形成知大势、成共识、谋发展的积极氛围。二要善谋发展良策，充分发挥人才荟萃、智力密集的优势，积极开展专题调研、协商议政，为全县经济社会发展提出有分量、有层次、有价值的意见和建议。三要多做发展实事，充分发挥联系广泛、善于协调的优势，积极为项目引进牵线搭桥，扩大全县招商引资成果。与会委员列席县人大十六届一次会议，参加讨论政府工作报告和其他报告。

大会选举葛传彦为政协大方县第九届委员会主席，李建华、龙天明、李富军、张琳、胡卫国、唐婧、陈亚林为副主席；选举秘书长1名及常委38名。

第二次全委会于2013年3月22—25日召开。应到会委员252名，实到会委员236名。会议听取和审议常委会工作报告和提案工作报告。县政协主席葛传彦向大会作常委会工作报告。大会要求，要切实把政协工作的着眼点放在对经济社会发展趋势的科学把握上，对改革发展稳定深层次问题的准确分析上，放在对党政关注、群众关心热点问题的深入研究上，围绕县委政府确立的目标任务，紧扣经济建设、政治建设、文化建设、社会建设和生态文明建设的重大问题，多在推进思路上谏诤言，多在操作层面上献良策，多在发展实践上尽实力。与会委员列席县人大十六届二次会议，参与讨论政府工作报告和其他报告。

第三次全委会于2014年3月2—4日召开，应到会委员252名，实到会委员215名。会议听取和审议常委会工作报告和提案工作报告。受常委会委托，县政协副主席龙天明向大会作常委会工作报告。大会要求，要把促进发展作为政协履行职能的第一要务，作为参政议政、建言献策的主要着力点，牢牢把握科学发展这个主题，紧紧扭住经济建设这个中心，更加自觉地把政协工作重放在全县大局中去思考、去把握、去谋划，想发展大局，谋发展大事，议发展大计；多建睿智之言，多献务实之策，多尽推动之力。与会委员列席县人大十六届四次会议，参与讨论政府工作报告和其他报告。

大会选举姜涛为政协大方县第九届委员会副主席。

第四次全委会于2015年2月10—12日召开，应到会委员255名，实到会委员214名。会议听取和审议常委会工作报告和提案工作报告。受常委会委托，县政协副主席龙天明向大会作常委会工作报告。大会要求，要努力实现协商主体的广泛性、协商内容的多样性、协商机制的健全性，形成强化协商民主理念的树立、强化协商民主价值的认同、强化协商民主习惯的养成，进一步营造浓厚的协商民主氛围。着力搭建协商平台，创新协商载体，增强协商密度，不断提高人民政协协商民主制度化、规范化、程序化水平。开展监督性较强的协商议政活动，把民主监督寓于提案建议跟踪落实、视察及检查等活动之中。与会委员列席县人大十六届五次会议，参与讨论政府工作报告和其他报告。

大会补选秘书长1名及政协常委3名。

第五次全委会于2016年3月11—14日召开。应到会委员250名，实到会委员231名。会议听取和审议常委会工作报告和提案工作报告。受常委会委托，县政协副主席龙天明向大会作常委会工作报告。大会要求，新的一年，政协工作要自觉地把工作重点放在全县工作大局中谋划，找准发挥政协优势与服务改革发展的结合点，做到党政工作推进到哪里，政协工作就跟进到哪里；社会热点集中在哪里，政协工作就聚焦到哪里。把创新转型、开发开放、城乡统筹、民生保障、精准扶贫、生态治理等工作，作为政协履职的重点内容，充分发挥政协作为党政智库的独特作用。与会委员列席县人大十六届七次会议，参与讨论政府工作报告和其他报告。

七、政协大方县第十届全委会（2016. 12—　）

第一次全委会于2016年12月14—18日召开。应到会委员248名，实到会247名。会议听取和审议政协九届常委会工作报告和提案工作报告。受常委会委托，县政协副主席姜涛向大会作常委会工作报告。大会指出，今后五年，是全面实现小康社会的最后冲刺阶段，是全面深化改革、实现转型升级及“十三五”规划实施的关键期，政协工作要主动围绕中心工作，服务改革发展大局；积极推进协商民主，发挥重要渠道作用；突出开展提案工作，发挥特殊重要作用；广泛开展团结联谊，凝聚社会各界力量；有效开展民主监督，保障决策部署实施；全面关注民生福祉，提高人民生活质量；注重自身建设，提高政协工作水平。与会委员列席县人大十七届一次会议，参与讨论政府工作报告和其他报告。

大会选举葛传彦为政协大方县第十届委员会主席，陈亚林、张琳、姜涛、杨章贤、陈倩、李启英为副主席；选举秘书长1名及政协常委39名。

政协大方县第四届至第十届委员构成一览表

表一4－3－1－1　　单位：人

届别		四届	五届	六届	七届	八届	九届	十届
委员总数		218	228	228	230	241	255	248
其中	中共党员	23	21	18	18	23	50	50
	农工民主党						2	
	共青团	5	9	5	5	5	5	6
	工会	7	5	4	4	3	3	2
	妇联	11	10	8	8	8	10	10
	工商联	10	10	22	22	24	30	30
	科协		10					
	文学艺术	6	8	9	10	9	8	8
	科技	13	13	19	19	18	17	17
	社科	10	11	8	8	11	10	
	经济	20	20	23	23	29	28	30
	新闻出版				3	3	3	
	农林	24	21	29	29	28	27	24
	教育	28	25	21	21	17	17	22
	体育	1	2	2	2	2	2	
	医疗卫生	19	14	13	13	9	10	12
	少数民族	23	23	22	22	19	19	19
	宗教	2	4	5	5	3	4	4
	特邀人士	16	22	20	18	30	10	14

第二节　政协常务委员会

一、政协大方县第四届常委会

1990年5月23日，县政协四届一次全委会选举产生常委会组成人员41人。政协大方县第四届常委会任期3年，共召开常委会议15次。1990年，召开常委会议3次，学习上级有关文件，讨论换届后政协工作的起步问题和机构设置及人事安排。1991年，召开常委会议6次，协商讨论《政府工作报告》等县人代会工作报告，听取和讨论县人民政府关于撤、并、建行政区划方案的情况，听取县人民政府通报经济工作情况及政协委员提案办理情况。1992年，召开常委会议3次，协商讨论政府工作报告及其他报告，讨论县人民政府《关于加快全县改革开放步伐，加速经济发展的决定》。1993年，召开常委会议3次，协商讨论中共大方县第七次代表大会的报告，审议政协第四届委员会常委会工作报告和提案工作报告，审议政协大方县第五届委员会委员名单。

二、政协大方县第五届常委会

1993年4月28日，县政协五届一次全委会选举产生常委会组成人员45人。政协大方县第五届常委会任期 5 年，共召开常委会议 24 次。1993 年，召开常委会议 3 次。讨论政协主席分工、机构设置、机构改革、通报政府工作、规划新一届政协工作。1994 年，召开常委会议 4 次，协商讨论县人民政府、县法院、县检察院及计划、财政部门向十二届人大二次会议准备的工作报告，通报政府工作，通过政协人事任免。1995 年，召开常委会议 3 次。协商“一府两院”工作报告，通报提案办理情况，协商增补 2 名政协委员。1996 年，召开常委会议 4 次。通过智力支边扶贫工作情况，通过号召政协委员向孔繁森学习的决定，专题讨论《中共大方县委贯彻六中全会精神加强社会主义精神文明的决议》和《大方县社会主义精神文明建设“九五”规划》。1997 年，召开常委会议 6 次。听取县人民政府通报 1996 年经济工作，协商讨论人大会议几个工作报告。1998 年，召开常委会议 4 次。讨论协商中共大方县第八次代表大会报告，讨论决定第五届政协换届文件整理、人事变动等事项。

三、政协大方县第六届常委会

1998 年 3 月 15 日，县政协六届一次全委会议选举产生常委会组成人员 41 人。政协大方县第六届常委会任期 5 年，共召开常委会议 25 次。1998 年，召开常委会议 4 次。通过《政协常委会议事规则》。通报政府工作，对政府春耕生产、社会治安、计划生育等提出建议，听取县人民政府对相关工作的情况汇报。1999 年，召开常委会议 5 次。讨论政协工作报告，讨论政协提案工作报告，通过政协人事任免。传达民政部、公安部《关于取缔法轮大法研究会的决定》《中共中央关于共产党员不准修炼法轮大法的通知》等文件，对邪教“法轮功”进行批判，听取县人民政府通报 1999 年财政税收、农业生产、经济工作情况。2000 年，召开常委会议 5 次。讨论县“两会”期间准备的工作报告，听取县政协“三讲”教育情况和整改方案，听取县人民政府关于财政税收、烤烟收购、煤炭税费征收、提案办理等工作的通报。2001 年，召开常委会议 5 次。通过纪念政协大方县委员会成立 20 周年的决定，通过政协人事任免。2002 年，召开常委会议 3 次。讨论政府工作报告，审议政协工作报告，县人民政府通报 2002 年经济工作，通过政协有关人事任免。2003 年，召开常委会议 3 次。协商讨论为七届一次会议准备的政协工作报告，讨论县人民政府为县人大十四届一次会议准备的工作报告。

四、政协大方县第七届常委会

2003 年 3 月 13 日，县政协七届一次全委会议选举产生常委会组成人员 41 人。政协大方县第七届常委会任期 4 年，共召开常委会议 15 次。2003 年，召开常委会议 3 次。听取县人民政府通报 2003 年上半年经济工作和非典防治工作，听取县民政局抗灾救灾情况通报；研究新一届政协工作规划，通过人事任免事项；听取县人民政府提案办理情况通报、1—9 月全县国民经济发展情况和落实“大煤保大电，大电促大煤”战略目标落实情况及大方火电厂建设实施情况通报；研究加强政协队伍建设各项工作。2004 年，召开常委会议 4 次，讨论政府工作报告，讨论政协常委会工作报告和提案工作报告；通过政协委员任免事项。2005 年，召开常委会议 4 次。讨论政府、政协相关工作报告。2006 年，召开常委会议 4 次。讨论县人民政府《关于制定大方县国民经济和社会发展第十一个五年规划（草案）说明》《大方县城市房屋拆迁管理办法的说明》。讨论召开政协大方县八届一次会议事宜。

五、政协大方县第八届常委会

2007 年 1 月 10 日，县政协八届一次全委会选举产生常委会组成人员 43 人。政协大方县第八届常委会任期 5 年，共召开常委会议 21 次。2007 年，召开常委会议 4 次。学习《中共大方县委关于贯彻〈中共毕节地委关于加强政协工作的意见〉的通知》，通报主席、副主席工作分工情况，讨论各项工作制度和通过人事任免事项。听取县人民政府关于 2007 年社会经济发展工作和西大街道路改造工程通报。2008 年，召开常委会议 5 次。协商讨论“一府两院”及政协工作报告，通过政协人事任免。第七次常委会议组织视察双山烟草生产基地及烤烟收购情况。第八次常委会议对重点民主监督单位县人事劳动和社会保障局、环保局、城管局进行评议。2009 年，召开常委会议 4 次。协商讨论政府工作报告等报告，听取县人民政府关于“两基”迎国检工作、公路建设及西大街改造情况通报。听取县公安局、县法院、县检察院 2009 年工作情况通报，对 2009 年重点监督单位水利局、林业局、畜牧局进行评议。2010 年，召开常委会议 4 次。通过政协相关决议、报告，通过政协人事任免。听取县人民政府通报 2010 年交通建设、重点项目建设、医疗保险工作。决定组织视察杭瑞高速公路大方段，讨论生态文明家园建设及小城镇建设工作，听取县扶贫办、县卫生和食品药品监督管理局、县民宗局领导班子述职并进行评议。审议通过县政协 2010 年工作总结和《政协大方县委员会关于拥护撤销毕节地区设立地级毕节市的决定》。2011 年，召开常委会议 4 次。通过县政协 2011 年工作要点，决定组织视察县循环经济产业园区、食品药品产业园区。听取公安、法院、检察院通报 2011 年 1—8 月工作情况，听取县交通运输局、县安全生产监管局、县移民局领导班子述职并进行评议。审议通过八届常委工作报告、提案工作报告、政协九届委员会名单。

六、政协大方县第九届常委会

2011 年 12 月 16 日，政协九届一次全委会议选举产生常委会组成人员 47 人。政协大方县第九届常委会任期 5 年，至 2015 年 12 月，共召开常委会议 14 次。2012 年，召开常委会议 3 次，通过政协主席、副主席分工，通过政协人事任免。审议通过《政协大方县委员会辞职制度》《政协大方县委员会约谈制度》《政协大方县委员会民主监督规划》。听取县人民政府通报提案办理情况，听取县烟草局通报烤烟收购情况。2013 年，召开常委会议 3 次。听取县供电局、县烟草专卖局、农村信用社县联社、县公路管理段领导班子述职并进行评议。听取住建局和规划局工作情况汇报，审议政协相关工作报告。2014 年，召开常委会议 3 次。通过增补专委会委员，通过政协人事任免。听取国土局、人力资源和社会保障局、教育局领导班子述职报告，并进行评议。2015 年，召开常委会议 5 次。审议通过政协相关报告，听取县财政局、县发改局、县交通运输局汇报工作情况。听取县人民政府提案办理情况通报。听取县房产局、县供电局、县民政局领导班子述职并进行民主测评。

七、政协大方县第十届常委会

2016 年 12 月 18 日，县政协十届一次全委会议选举产生常委会组成人员 47 人。

政协大方县第四届至第十届委员会领导一览表

表一4－3－2－1

届次	姓　名	职　务	族别	性别	文化程度	籍　贯	党　派	任职时间
第四届	李昌德	主　席	汉族	男	初中	四川安岳	中共党员	1990. 5—1993. 4
	冯宣武	副主席	汉族	男	大专	上海市		1990. 5—1993. 4
	刘娜娜	副主席	汉族	女	中专	贵州大方		1990. 5—1993. 4
	杨和林	副主席	彝族	男	中专	贵州大方		1990. 5—1993. 4
	李进修	副主席	彝族	男	初中	贵州大方	中共党员	1990. 5—1993. 4
	张世益	副主席	彝族	男	初中	贵州大方	中共党员	1990. 5—1993. 4
	张镇坤	副主席	汉族	男	高中	贵州威宁		1990. 5—1993. 4
第五届	谢志全	主　席	白族	男	高中	贵州大方	中共党员	1993. 4—1998. 3
	王德永	副主席	苗族	男	大专	贵州大方	中共党员	1993. 4—1998. 3

续上表

届次	姓 名	职 务	族别	性别	文化程度	籍 贯	党 派	任职时间
第五届	冯宣武	副主席	汉族	男	大专	上海市		1993. 4—1998. 3
	刘娜娜	副主席	汉族	女	中专	贵州大方		1993. 4—1998. 3
	杨和林	副主席	彝族	男	中专	贵州大方		1993. 4—1998. 3
	邱建华	副主席	汉族	男	初中	贵州大方	中共党员	1993. 4—1998. 3
	陈绍发	副主席	汉族	男	本科	贵州大方		1993. 4—1998. 3
	颜登明	副主席	汉族	男	中专	贵州大方	中共党员	1994. 4—1998. 3
第六届	谢志全	主 席	白族	男	高中	贵州大方	中共党员	1998. 3—2003. 3
	颜登明	副主席	汉族	男	中专	贵州大方	中共党员	1998. 3—2003. 3
	李志远	副主席	苗族	男	高中	贵州大方	中共党员	1998. 3—2003. 3
	王中华	副主席	彝族	男	初中	贵州大方	中共党员	1998. 3—2001. 9
	刘娜娜	副主席	汉族	女	中专	贵州大方		1998. 3—2003. 3
	毛道安	副主席	汉族	男	初中	贵州大方		1998. 3—2003. 3
	陈绍发	副主席	汉族	男	本科	贵州大方		1998. 3—2003. 3
	赵大军	副主席	白族	男	中师	贵州大方	中共党员	2002. 7—2003. 3
第七届	黄仲祥	主 席	彝族	男	高中	贵州大方	中共党员	2003. 3—2007. 1
	赵大军	副主席	白族	男	中师	贵州大方	中共党员	2003. 3—2005. 6
	颜登明	副主席	汉族	男	中专	贵州大方	中共党员	2003. 3—2007. 1
	毛道安	副主席	汉族	男	初中	贵州大方		2003. 3—2007. 1
	杨 洋	副主席	彝族	女	研究生	贵州大方	中共党员	2003. 3—2007. 1
	文 斌	副主席	汉族	男	大专	贵州大方		2003. 3—2007. 1
	姜继彬	副主席	汉族	男	大专	贵州大方		2003. 3—2007. 1
	陈绍文	副主席	彝族	男	大专	贵州大方	中共党员	2005. 12—2007. 1
第八届	张 智	主 席	汉族	男	本科	贵州黔西	中共党员	2007. 1—2011. 12
	李建华	副主席	汉族	女	研究生	四川安岳	中共党员	2007. 1—2011. 12
	杨洋	副主席	彝族	女	研究生	贵州大方	中共党员	2007. 1—2010. 4
	龙天明	副主席	彝族	男	本科	贵州大方	中共党员	2007. 1—2011. 12
	姜继彬	副主席	汉族	男	大专	贵州大方		2007. 1—2008. 2
	李富军	副主席	汉族	男	大专	贵州大方		2007. 1—2011. 12
	张 琳	副主席	彝族	男	大专	贵州大方	农工党党员	2007. 1—2011. 12
	李永明	副主席	汉族	男	大专	贵州大方	中共党员	2009. 3—2011. 12
	胡卫国	副主席	汉族	男	研究生	贵州大方		2010. 4—2011. 12
第九届	葛传彦	主 席	汉族	男	本科	贵州毕节	中共党员	2011. 12—2016. 12
	李建华	副主席	汉族	女	研究生	四川安岳	中共党员	2011. 12—2014. 2
	龙天明	副主席	彝族	男	本科	贵州大方	中共党员	2011. 12—2016. 12
	李富军	副主席	汉族	男	大专	贵州大方		2011. 12—2016. 12
	张 琳	副主席	彝族	男	大专	贵州大方	农工党党员	2011. 12—2016. 12

续上表

届次	姓　名	职　务	族别	性别	文化程度	籍　贯	党　派	任职时间
第九届	胡卫国	副主席	汉族	男	研究生	贵州大方	农工党党员	2011. 12—2015. 10
	唐　婧	副主席	汉族	女	本科	贵州大方	中共党员	2011. 12—2016. 12
	陈亚林	副主席	布依族	男	本科	贵州大方	中共党员	2011. 12—2016. 12
	姜　涛	副主席	汉族	男	本科	河南睢县	中共党员	2014. 3—2016. 12
第十届	葛传彦	主　席	汉族	男	本科	贵州毕节	中共党员	2016. 12—2017. 9
	陈亚林	副主席	布依族	男	本科	贵州大方	中共党员	2016. 12—
	张　琳	副主席	彝族	男	大专	贵州大方	农工党党员	2016. 12—
	姜　涛	副主席	汉族	男	本科	河南睢县	中共党员	2016. 12—
	杨章贤	副主席	汉族	男	本科	贵州大方	中共党员	2016. 12—
	陈　倩	副主席	彝族	女	本科	贵州大方	民盟盟员	2016. 12—
	李启英	副主席	汉族	女	大专	贵州大方	农工党党员	2016. 12—

第三节　履职活动

一、协商监督

政协大方县委员会立足于参大政、议大事，做好政治协商、民主监督工作，推动大方跨越发展。对事关全县政治、经济、文化和社会生活中的重要问题，收集归纳全县各族各界各社会阶层的正确主张和合理建议，利用召开政协全委会、政协常委会、列席县委常委会、列席县人民政府常务会、邀请有关部门通报情况等形式，进行决策前的协商。县人民政府制定的“八五”计划、“九五”计划、“十五”计划、“十一五”规划、“十二五”规划，均先征求县政协的建议意见，形成稿件后，才在县人民代表大会上审议通过。1991—2015 年，每年每次县人民代表大会召开之前，县政协对政府工作报告进行协商讨论，提出建议意见。

县委制定重大政策之前，县政协领导应邀参加讨论会，参政议政，出谋划策，认真协商。形成文件初稿后，送政协常委会再协商讨论。县委、县人民政府常规工作中处理和办理涉及全县的重大政务、重要活动，都有县政协领导参与，充分发挥政协的政治协商功能，促进全县各项工作依法按章推进。在“三农”工作、大方火电厂建设、煤炭安全生产及群众生产生活用煤、非公有制经济发展、维护稳定工作、禁毒工作、青少年思想道德建设、计划生育等备受全县人民关注的工作中，县政协在深入调查研究的基础上，通过召开专题座谈会和协商会，提出中肯建议，并向县委、县人民政府写出调研报告和建议方案，为县委、县人民政府和有关部门科学决策参考意见。县政协注重把政治协商寓于自觉接受县委领导和支持政府工作之中，与县委、县人民政府保持政治上同向，思想上同心，工作上同步，大事上同抓。

1991—2015 年，县政协开展民主监督工作，在知情环节和沟通环节上，建立主席和专门委员会联系委员制度、接待制度、约谈制度。对县委、县人民政府的重大决策、重要部署、重点工作在决策前提出建议，在实施中积极参与，并适时有针对性地深入乡镇、部门检查、督促、调研，既总结经验，又进行有效的监督和指导，变“闭门造车”为现场出谋，变批评性监督为建议性指导，增强监督的实效性。扩大对热点工作监督参与面，对事关群众切身利益和全县经济社会发展热点、难点和焦点问题，采取组织委员参与、邀请有关人员参加、听取部门专题汇报、走访群众、实地察看、召开专题座谈会等方式，找准政协监督的切入点，使问题看得更准，建议提得更实，监督更加有据有理有力。对各个时期的重要工作，在不断拓展委员提案、视察、检查和参加行风评议等监督方式的基础上，利用召开政协常委会听取有关部门情况通报的形式，对部门工作实施监督。请县人民政府通报全县经济社会发展情况、委员提案办理情况、火电厂建设情况、煤炭安全生产情况、城市化建设情况、工业园区建设情况、旅游业发展情况、恒大扶贫项目建设情况、基础设施建设情况、农村产业结构调整情况；请县综合治理办公室通报开展“创建治安模范县”活动、禁毒工作情况和维护稳定工作情况；请县委、县人民政府通报做好社会主义新农村建设试点工作情况、“整脏治乱”专题行动工作情况；请合作医疗办公室通报农村合作医疗情况等。通过多种方式对全县各项工作发挥民主监督作用。组织实施教育、卫生部门的行风评议工作，探索政协参与部门行风评议的方法和措施，使行风评议成为政协工作中民主监督的一种有效措施。

二、视察调研

1991 年后，历届政协委员会围绕县委、县人民政府在各个时期的工作部署，有针对性地开展视察和调研工作，了解政府施政方略的落实情况和施政效果，发现全县工作中存在的问题，提出建议和意见，推进各项工作的开展。县政协在全委会期间组织视察，全体与会委员参加；在全委会闭会期间组织视察，由视察区域的政协委员配合。

五届政协委员视察烤烟生产和收购、春播秋种、科技兴农、农业基础设施建设。六届政协委员视察长防长治、天然林保护、退耕还林还草、硫磺生产、煤炭生产、大纳路硬化、贵毕公路建设。七届政协委员视察石漠化治理、退耕还林、火电厂建设、洪家渡水电站建设、小箐沟水库和宋家沟水库建设。八届政协委员视察陶瓷工业园区建设、小城镇建设、大方新城区建设、循环工业园区建设、整脏治乱。九届政协委员视察食品药品工业园区建设、杭瑞高速公路大方段、黔大高速公路、恒大扶贫项目、飞雄机场安置点、隆黄铁路。

1991—2015 年，政协委员参与进行的调研课题涉及全县经济、政治、社会、文化。如烤烟生产、粮食生产、“三农”问题；工业发展、乡镇企业发展、产业结构、财政税收、商业贸易、城乡人民生活、环境保护、整脏治乱、集镇管理、计划生育、人口管理、矿产开采、安全生产、文化市场、教育、医疗卫生、体育、文化遗产、城乡规划、城市化进程、交通建设、水利建设、城乡供水、旅游发展、新农村建设、维稳信访、社会治安、宗教管理、打击邪教、禁毒、招商引资、抗灾救灾、精准扶贫等。

历届政协委员在任届期间，承接调研课题，立足本职，深入基层，深入群众，深入工作领域，为参政议政寻资料，集素材，发现问题，分析问题。形成《关于进一步推进大方县中药产业发展的建议案》《继续加大退耕还林工作力度的建议》《关于在大方建设中药材交易市场的建议》《关于发展大方异地商会的建议》《关于大方县房地产开发的调研报告》等调研文章。

三、提案办理

第五届委员会任届期间，共收到委员提案 363 件，通过审查，立案 342 件，占 94.21%，作信访处理 21 件，占 5.79%。提案涉及政治、经济、城建、环保等内容 114 件，占立案数的 33.33%；科技、文化、教育、卫生、体育方面的 94 件，占立案数的 27.49%；劳动人事、政法、统战、宗教、政协工作及其他方面的 134 件；占立案数的 39.18%。转县人民政府安排办复，通过督办，在规定时限内办复率 100%。

第六届委员会任届期间，共收到委员提案 434 件，通过审查，立案 432 件，占 99.54%，转作信访处理 2 件，占 0.46%。提案中关于经济建设的 272 件，占立案数的 62.96%；科技、文化、教育、卫生、体育方面的 89 件，占立案数的 20.6%；劳动人事、政法、统战、宗教、政协工作及其他方面的 71 件，占立案总数的 16.44%。转县人民政府安排办复，通过督办，在规定时限内办复率 100%。

第七届委员会任届期间，共收到委员提案 479 件，经审查立案 464 件，占 96.87%，转作信访问题办理的 15 件，占 3.13%。立案办理的提案中，属于经济建设方面的 253 件，占 54.53%；属于教育、科技、文化、体育方面的 109 件，占 23.49%；属于政法、劳动人事、统战、政协工作及其他社会事业方面的 102 件，占 21.98%。在县人民政府的重视和督促下，所有立案件在规定时限内全部得到答复，其中，落实提案 143 件，占立案数的 30.82%；列入规划向上级争取逐步解决的 165 件，占立案数的 35.56%；因条件限制留作参考或给予解释说明的提案 156 件，占立案数的 33.62%。

第八届委员会任届期间，共收到委员提案 185 件，经审查立案 182 件，占 98.38%，3 件转作信访件处理，占 1.62%。立案办理的 182 件提案中，涉及全县经济建设的 35 件，占立案件的 19.23%；涉及交通方面的 17 件，占立案件的 9.34%；涉及城建方面的 29 件，占立案件的 15.93%；涉及农业方面的 10 件，占立案件的 5.5%；涉及教育方面的 19 件，占立案件的 10.44%；涉及文卫方面的 19 件，占立案件的 10.44%；涉及劳动人事、政法、宗教、政协工作及其他方面的 53 件，占立案件的 29.12%。在县人民政府的安排和督办下，各承办单位在规定时限内全部办复完毕。

第九届委员会任届期间，共收到委员提案 762 件，立案 743 件，占 97.51%，19 件转作信访件处理，占 2.49%。所立提案中，涉及全县政治、经济、文化、交通、医疗卫生、劳动人事、“三农”工作、城镇建设等各个领域。在县人民政府的安排下，各承办单位在规定时限内全部办复完毕。办复率 100%，满意率 98.5%。

四、联谊活动

县政协以增强联谊为纽带，以团结合作为基础，通过“走出去，迎进来”的方式，加强与外县（市）、外省（区）政协同行或其他各界的联系。通过联谊活动，六届、七届政协期间，引进山东兖矿集团到大方投资开发，佳鑫、新城、久桓、望龙郡 20 余家房地产开发公司相继入驻大方，七届政协期间，参加贵阳市政协、小河区政协、息烽县政协举办的政协工作联谊会。2005 年，邀请省农科院专家到竹园乡进行石榴果树栽培管理培训，参加培训达 140 多人。同年，农工民主党中央和农工民主党贵州省委为大方引进资金（含物资折款）160 多万元；引进项目 17 个；向县卫生局、竹园乡、星宿乡、羊场镇捐赠价值 36 万多元的医疗器械和药品。

2010 年，接待省政协副主席左定超率领的“漆器工艺产品规模化、礼品化开发情况”调研组；接待省、地政协“依法行政工作”“中药材产业发展情况”“职业技术教育情况”等调研组；接待印江、习水两县政协考察组。组织政协委员和相关人员，赴北京、苏州、云南等地考察学习，参加川滇黔部分县（市）政协工作协作会。政协领导参加全省政协工作经验交流会和全省政协提案工作座谈会，在会上作《做好政协民主监督工作的实践与思考》《做好政协委员提案工作的体会》的经验交流发言。

2011 年，通过农工民主党联系，与贵州大学、江西九江职业大学等院校建立“校地合作共建”机制，发挥高校教学人才优势和地方资源优势，培养漆器设计、制作和中药材种植人才。

2011 年 11 月至 2015 年 12 月，先后接待全国政协、浙江政协、安徽政协、新疆政协、广西政协等 100 多个中央、省（区）、地（市）、县（市）政协单位到大方访问考察、传经送宝。同时，县政协组织部分委员到广东、湖南、福建、内蒙古、江西、四川等地进行考察学习和招商引资。

第四节　智力支边　文史资料征集

一、智力支边

县智力支边领导小组办公室与相关部门配合，开展智力支边活动和科技咨询服务。采取办培训班、组织宣传、组织报告会、邀请专家讲课等形式，传授科技知识，为抓好大方扶贫工作，促进兴方富民作出贡献。

（一）科技和医疗扶贫

1992 年，举办牲畜疫病防治、稻田养鱼、玉米地膜覆盖种植、夏季农作物栽培、葡萄种植等实用技术培训班 23 期，培训 1900 余人。推广“87－1”小麦良种，引进“巨峰”等优良葡萄苗 7000 株、四川花椒 3000 株，在 6 个贫困乡种植。举办粮食、烤烟、绿肥、竹荪栽培技术培训班 13 期。

1993 年，引进小尾寒羊饲养，培训五倍子、竹荪、桔梗、天麻、党参栽培技术。全县养殖场发展到 164 个，其中养羊场 117 个。

1996 年起，大方县被确定为中国农工民主党支边定点扶贫联系点。农工民主党中央提出：“大方不脱贫，农工民主党不脱钩；大方脱了贫，农工民主党不断线。”

1998—1999 年，通过农工民主党贵州省委引进巴西旱稻在百纳乡、竹园乡试种获得成功，2000 年在全县推广。同时，争取到农工党贵州省委支持信息接收系统 1 套。

1999 年，全国人大常委会副委员长、农工民主党中央主席蒋正华协调农业部，为大方县争取到 100 万元的畜牧业秸秆氨化养殖项目，通过大方县支边扶贫办与星宿乡联系，在星宿乡首期启动 10 户。2002 年 10 月，争取到农工民主党贵州省委价值 3 万元的医疗设备、卫生用品扶持大方县中医医院。2004 年，将农工民主党中央和农工民主党贵州省委向竹园乡捐赠中国保健基金会价值 20 余万元的药品和医疗器械送达竹园乡。

2007 年，农工民主党中央筹资 10 万元，县政协牵头，县畜牧局和县扶贫办参与，共投入 20 万元，采取集中养殖、分户饲养、示范带动方式，发展养牛、养羊等养殖业。2013—2015 年，县政协、县委统战部联合邀请农工民主党贵州省委相关专家学者和科技人员 250 多人次，到大方开展智力支边和科技咨询，引进项目 32 个，培训专业技术人员和农村乡土人才 2000 多人次，引进扶贫资金 200 多万元，为群众办好事实事 150 多件，为国家创税 800 多万元。

（二）教育扶贫

1992—2015 年，通过农工民主党引资、捐资帮助大方教育事业发展。农工民主党根据县政协及县智力支边办公室申报，联系台湾李志仁出资 2.5 万元，建海马小学教学楼。1995 年，联系台湾蔡如清出资 6 万元建竹园中学。1996 年，联系北京希望工程出资 20 万元修建响水邵家村希望小学。

1998—1999 年，农工民主党中央向竹园海马小学捐赠彩电 1 台，图书 1800 多册，向羊场镇理化完全中学捐赠多媒体电脑和打印机各 1 台。2001 年，农工民主党贵州省委联系农工民主党北京市委向星宿乡峻岭村捐赠衣被700余件，学生书籍、文具100余件，物资全部由县支边办从贵阳运至星宿乡直接发放到贫困农户和贫困学生手中。

2001年8月，邀请农工民主党贵州省委副主委万龙君等赴星宿乡峻岭村，举行京黔前进助学民族班开班典礼，同时，农工民主党贵州省委与学生家长签订协议书，帮助54名学生完成一至六年级学业，捐赠第一年书杂费5400元。同年，农工民主党贵州省委投入资金2万多元，资助竹园乡海马小学32名贫困苗族女学生，每年每生资助书杂费300元帮助完成初中学业，并捐资第一学年书杂费960元。2002年6月，智力支边办负责人陪同农工民主党中央副秘书长、咨询部部长游宏炳、农工民主党贵州省委副主委万龙君一行5人到大方县开展扶贫调研活动，到星宿乡峻岭村施梨小学和京黔前进助学民族班察看，农工民主党中央和农工民主党贵州省委决定将资助的54名学生增加到95人，每人每年资助100元直到2006年，同时每年出资奖励2名优秀教师和7名优秀学生。

2002年12月，农工民主党中央根据智力支边办争取，捐资10万元，修建星宿乡峻岭希望小学。全国人大常委会副委员长、农工民主党中央主席蒋正华亲自为该校题写校名。同年，农工民主党中央应县支边办申请，为星宿乡峻岭、麻岭、重山、河山4个村的280名适龄儿童解决入学难问题。2003年5月，农工民主党中央副主席王宁生一行到星宿乡峻岭小学向教师和贫困学生捐资2700元。同年，县支边办通过农工民主党贵州省委协调贵阳医学院为竹园学校捐赠价值3万多元的课桌凳100多套、会议桌1套、写字台10张、办公桌20张、办公椅200张、床91张、书柜20多个。

二、文史资料征集

1991—2000年，承担《贵州旅游文史系列丛书·大方卷》征集整理工作。1997年，征集编纂《奢香故里》一书，由贵州人民出版社出版。2007—2015年，完成“上山下乡在毕节”“仡佬族文史资料”“毕节试验区建设”“西部大开发”“抗日战争”等课题的文史资料征集工作。配合或组织有关部门完成《苗族百年实录》《仡佬族百年实录》《布依族百年实录》《名人故居实录》《政协委员风采录》《大方文化遗产》等书籍的征编工作。

第五篇
军　事

第一章 军事机构 驻军

第一节 军事机构

一、人民武装委员会

1979 年 2 月，根据中共中央指示和中共贵州省委关于恢复各级地方党委人民武装委员会的意见，中共大方县委发文恢复大方县人民武装委员会，由县委、县人民政府、县人民武装部以及县委宣传部、县财办、县纪委、县农办、县公安局、县民政局、县工会、县体委、县妇联、团县委等单位的党员领导干部组成。设主任，由县委书记兼任，副主任由县人民武装部部长、政委兼任，下设办公室在县人民武装部组训科，编配兼职正副主任。1993 年 8 月至 2015 年，根据人员变动需要，陆续调整充实中共大方县人民武装委员会组成人员，仍由县委书记兼任主任，其他组成人员也随着换届和人事变动而充实调整。

根据上级武装委员会对人民武装工作总体建设的指示和任务安排，县人民武装委员会结合大方县实际，审查同级军事机关和各有关部门就民兵工作建设拟制的计划；协调县直有关部门支持配合民兵工作；研究制定辖区征兵、安置、优抚、民兵教育和训练等方面的措施；研究改进民兵工作方法；负责审查年度征兵、复退安置和战时兵员动员方案，教育强化辖区公民的国防意识。

二、人民武装部

大方县人民武装部（以下简称“县人武部”）在上级军事部门和地方党委的统一领导下，负责组织本地的人民武装工作，负责民兵组织建设和武器装备管理；负责民兵预备役人员的军事训练和政治教育；组织民兵参加“两个文明建设”；负责民兵、预备役人员的登记、统计工作；协同教育部门对学生进行军事训练；负责征兵工作；拟制本区域内战时动员计划；会同有关部门在平时做好战时动员的各项准备工作；协同预备役部队搞好基层建设；负责对专职人武干部的管理；协同有关部门做好退出现役军人的安置和烈军属的优抚工作；战时组织实施兵员动员和带领民兵参军参战、支援前线、保卫后方等任务。

1986 年 5 月，中国人民解放军大方县人民武装部更名为贵州省大方县人民武装部，纳入地方编制，为副县级单位，实行地方和军队双重领导。规定地方党委书记兼任同级人民武装部的党委书记。

1990 年 1 月，县人武部制定《大方县人民武装部工作制度》，规范各级各类人民武装工作人员职责共 26 条。

1991 年 12 月撤区并乡建镇后，乡镇人武部机构单设，为副科级单位，编配部长、干事。乡镇人武部在县人武部和乡镇党委领导下开展工作，负责征兵、民兵工作以及各类抢险、救灾等，由县人武部安排和调遣，平时参加所在乡镇其他工作。

从1996年4月1日起，县人武部收归军队建制，贵州省大方县人民武装部改称中国人民解放军贵州省大方县人民武装部，为正团级单位，编配部长、政委、副部长或副政委，设军事科、政工科、后勤科。是年4月，根据组织法规定，经县人武部第一次党员大会选举，时任县委书记吕开邦任第一届县人武部党委第一书记。此后，各届人武部党委第一书记均由县委书记担任。1996年4月起，县人武部政委进入县委常委，县人武部部长列席县人民政府常务会议。

1996年，县人武部收归军队建制后，以“政治合格、军事过硬、作风优良、纪律严明、保障有力”的建军方针抓各方面建设，取得显著成效，其做法和经验被贵州省军区司令部和政治部向全省各级人武部推广。按照上级军事部门的指示，对原规定的各项制度进行修改补充，修订工作学习制度、警卫值班制度、请销假制度、财务管理制度、武器弹药管理制度、车辆管理制度，新制定廉政征兵制度、营区管理制度、机关食堂管理制度、机关党支部“三会一课”制度、部党委议事规则。

1997—1999年，按照总参谋部《训练大纲》规定，开展科技兴训活动。从“四个着眼、四个讲清”入手，即着眼形势任务的发展变化，讲清学习高科技的重要性；着眼未来战争的需要，讲清学习高科技的紧迫性；着眼县人武部长远建设，讲清学习高科技的现实性；着眼各级干部转业到地方的变化过程，讲清学习高科技知识的长期性。立足现有条件，采取从书本中学、走出去学的办法，把科技知识的学习纳入干部军事训练内容被毕节军分区司令部以《学习大方县人武部科技兴训经验》为题，向全地区推广。

2000—2005年，按照“建设信息化军队、打赢信息化战争”的要求，着重训练指挥协调配合，落实省军区《关于进行武器装备“三化”管理普查的通知》，按照科学化、制度化、经常化的要求加强武器装备管理。

2006—2007年，狠抓机关智能、技能、体能的“三能”基础训练，完成军事理论、共同条令、轻武器射击、计算机网络应用技能、机关业务技能、队列和体能等科目训练。

2008年，开展“坚定中国社会主义信念，有效履行我军历史使命”主题教育和“讲党性、重品行、作表率”专题教育，落实《军队基层理论学习若干规定》。在全县大面积长时间凝冻灾害中，县人武部响应县委、县人民政府号召，组织干部职工和民兵预备役人员参加抗凝救灾，捐款5.4万元，棉衣棉被120余件（套）。在全区军事演练比武活动中，县人武部获“军事三项”比武竞赛团体第三名和射击个人单项第二、第三名，2人受到省军区表彰。

2009—2010年，贯彻新的《训练条令》和《训练指导法》，从党委议训、登记统计、训练保障、训练奖惩等方面规范人武部首长、机关各类人员战能技能训练秩序，做好机关各类人员战能技能训练和民兵军事训练。2009年，完成民兵防雹、森林防火、地质灾害救援、维稳处突训练4期，军训学生2200人。县人武部被省军区表彰为军事训练先进单位。

2011年，牢固树立“训为用、练为战”的思想，采取个人自学、岗位练兵和参加上级组织的各类学习培训等方式，突出抓好机关干部军事理论学习和军事业务技能训练。完成兵员征兵任务。争取到县财政投入40余万元对人武部图书室、档案室、通信网络等进行改造维修，人武部正规化建设得到提升。2012年，按照毕节军分区军事训练工作指示要求，以可能担负的各项使命任务为目标狠抓训练质量落实。开展1期民兵高炮分队训练、1期专武干部技能培训、1期抗震救灾民兵应急分队实兵演习训练、2期民兵通信分队训练。协调县财政拨款160万元对各乡镇武装部进行规范化建设，协调县财政解决县人武部新营区建设资金1500万元，推进新营区置换搬迁工作。全年出动车辆80余台次，组织现役干部、专武干部、民兵预备役人员，扑灭森林火灾10余起，挽回经济损失200余万元。组织参加文阁乡毛栗水库抢险。

2013—2015年，贯彻中共十八大精神，围绕“听党指挥、能打胜仗、作风优良”的强军目标，突出抓好军事理论学习和军事业务技能训练。开展“坚定信念、筑牢军魂”“学习践行强军目标，做新一代革命军人”主题教育活动和“学习贯彻党章、弘扬优良作风”专题教育活动，开展“强军梦官兵梦”“学习成才标兵”“优秀参谋干事”和“优秀专武干部”教育活动。采取个人自学、岗位练兵和参加上级组织的各类学习培训等方式，抓好机关干部军事理论学习和业务技能训练。以人、车、枪、弹和信息系统管理为重点，加强对武器仓库、保密室、财务室、值班室等重要目标的管理，抓好参与急难险重任务，组织实枪实弹和远距离兵员输送的安全管理。

2014年，突出抓好军事训练，完成1期民兵高炮分队训练，1期民兵应急分队训练，1期专武干部训练，并根据省军区国防动员训练计划，从全县抽调民兵组成集训队，做好联考联评迎考准备工作。是年，通过县委议军会议，争取到955万元“五室三场”建设资金，在县人武部建设规范的多媒体教室、专业教室、备课室、训练器材室、信息化资料室，并配齐各类物资器材；在城北民兵训练基地修建轻武器射击场、单兵综合战术训练场、共同科目综合训练场。争取到100余万元，对食堂、公寓楼、民兵应急分队宿舍、篮球场等进行改造。协调争取县财政投入资金210余万元，对办公楼、办公设施、营区军营文化建设进行改造装修，改善办公环境，增添军营文化色彩。是年，首次实行预征青年网上实名制报名，提升兵员高学历比例要求（高中以上学历兵员占85%，其中，大学生须占25%），县人武部采取突出抓好高学历预征对象的思想发动和教育管理，开展点对点的联系服务，为高学历预征对象开设体检绿色通道，采取大学生奖励费发放和保留学籍等措施，突出抓好征兵工作。

2015年，深入开展“学习践行强军目标、做新一代革命军人”主题教育、党委中心组“三严三实”专题教育。严格按照上级军区工作要求和部署，突出抓军事理论学习和业务技能训练，组织完成防空分队训练，民兵骨干训练，民兵储备队伍训练，民兵情报侦察、医疗救护、通信保障、防范救援训练，民兵工程抢修分队训练，军事训练，专武干部集训等各1期。抓好人员管理、枪弹管理、营院安全管理、计算机涉密载体管理和车辆使用管理，及时分析掌握辖区安全稳定形势，配合协助地方做好安全稳定工作。到各乡镇对适龄预征青年进行征兵摸底，了解应届高中毕业生、中职生、在校大学生的数量和质量，到大方一中、二中、三中、百纳中学、瓢井中学、理化中学等学校开展国防教育和征兵工作，完成征兵任务。是年，协调资金23万元，对人武部周转房和办公楼进行维修，投入20余万元改造作战值班室，协调县财政拨付工程进度款422.82万元，基本完成“五室三场”建设。

第二节 驻 军

一、武警中队

（一）武警大方县中队

1983年1月，中国人民武装警察部队大方县中队（以下简称“武警大方县中队”）正式成立，隶属于武警毕节地区支队，受大方县公安局领导。以《军队基层建设纲要》为准绳，聚焦强军目标，坚持依法治军，从严治军，弘扬“听党指挥、服务人民、英勇善战”的优良传统，按照“能打仗、打胜仗”的要求，抓好正规化和现代化建设，加强军事训练，出色完成以执勤处突为中心的各项工作任务。主要担负大方县看守所的看守任务，并参与地方抗洪抢险、扑灭火灾、处置各类突发事件和配合公安机关执行逮捕、追捕、押解、押运、巡逻、处决等任务。

1990—2006年，派出警力完成押解罪犯、追捕逃犯和处决罪犯等各种警务，看守目标安全率达100%。1995年3月，根据国务院、中央军委《关于调整中国人民武装警察部队领导管理体制的决定》，在执行公安任务方面，武警大方县中队受县公安局领导，与人民解放军同等待遇，经费供给、物资保障体制不变。武警大方县中队参照人民解放军的条令、条例和有关规章制度，结合自身特点，加强建设。1997年，武警大方县中队获武警贵州省总队授予集体二等功1次。

2007年，完成元旦、春节、“五一”、国庆期间城市武装巡逻和县“两会”期间的安保任务。全年进行142天588小时军事训练。看守在押人员550人，安全率100%。县人民政府与省武警总队、毕节武警支队共同投资50万元，修建武警大方县中队室内训练场、接待室共236平方米，修建围墙241米。

2008年，元旦、春节期间，出动人员配合做好城市武装巡逻，抓获1名持刀行凶人员和2名盗窃人员，追回赃物摩托车4辆，制止打架斗殴4起。完成全国、全省“两会”期间的安全保卫、公捕公判大会现场警戒、奥运会期间安全保卫、新兵体检警卫、抗雪凝灾害及救援等任务。完成通信设施建设，重新划定活动区。

2009年，处置2起妨碍执勤目标安全事件，2名执勤哨兵分别荣立三等功1次。抓好元旦、春节、“两会”、国庆期间的巡逻、警卫任务。协助公安部门执行公捕大会和审判现场的警卫勤务。

2010年，完成杜鹃花节、奢香文化节、电视连续剧《奢香夫人》开机仪式的现场警卫任务和元旦、春节等重大节日的城市武装巡逻勤务。4月，配合公安机关抓获强奸、抢劫犯罪嫌疑人吴某华，缴获管制刀具10把，追缴赃款300元，手机1部。

2011年，参加各类抢险救灾、城市武装巡逻、长途押解、汽车山地越野赛现场安保及处置黔西县“8.11”群体性聚集突发事件。全年有3人立三等功、1个班立集体三等功、26人获优秀士兵称号，中队获嘉奖1次。在毕节武警支队组织的应急分队比武中，武警大方县中队取得全支队第二名的好成绩。

2012年，突出抓专勤专训、哨兵反袭击、警用防暴器材使用和应急小分队训练。参加大方县奢香文化节等安保以及大方文阁乡毛栗水库抢险和威宁抗震救灾等。

2013—2015年，连续三年获武警贵州省总队评为基层建设先进单位、“三共”活动先进单位和正规化执勤一级单位，共有3人荣立三等功，1个战斗班荣立集体三等功，19人获优秀士兵及嘉奖。

2013年，突出抓处突反恐特战突击等训练，开展多种形式的会操、竞赛等活动。完成奢香文化节警戒和一级警卫机动备勤任务，完成3次长途武装押解任务。5月，在毕节武警支队组织的应急分队比武中获第二名，名列各县区武警中队之首。年底被贵州省武警总队评为基层建设先进单位。

2014年，突出抓新兵岗前培训、特种战术、防暴恐、应急班对抗演练等重点科目训练。在武警毕节市支队组织的3期勤训轮换军事考核中获得全支队总评第一名。县武警中队被省武警总队表彰为先进单位和正规化执勤优秀单位。

2015年，完成3次长途武装押解以及大方县高考、安全满意度考评期间的巡逻防控等任务。中队选送战士参加省武警总队组织的反恐特战队员集训、排爆手集训、特种车辆驾驶集训和狙击手集训，参与2次跨区实地对抗军事演练。参加“卫士－15”演习和省武警总队北面片区跨区实地对抗演练等大项军事活动。是年4月，县武警中队在武警毕节支队组织的勤训轮换集训军事考核中，获全支队第一名。5月，在武警毕节支队组织的应急分队比武中，大方县武警中队获全区部队第二名，名列各县中队之首。

（二）武警大方猫场硫磺矿中队

1983年1月，武警毕节地区支队成立，下辖若干个直属中队、若干个县中队，大方猫场硫磺矿劳改队由支队的1个直属中队驻防，负责看守、看押任务，并参与地方抢险救灾和处置各类突发事件等。

2002年，大方猫场硫磺矿劳改队撤销，驻守的武警中队随即撤出。

二、公安消防大队

1983年，大方县公安局消防科纳入中国人民武装警察部队序列，按照中共中央关于全国公安消防队伍纳入武警民警制的规定，干警转为现役武装警察，行政上隶属于武警毕节地区支队消防科，业务上仍属县公安局，实行双重领导。

1997年，武警大方县消防科更名为大方县公安消防大队，升格为正营级三类大队，单位全称为中国人民武装警察部队贵州省大方县消防大队和贵州省大方县公安消防大队（以下简称“消防大队”），是军事化管理的现役部队，是县公安机关依法实施消防监督的职能部门，大队编制6名。

1994—1998年，县消防大队坚持开展“11.9”消防日宣传活动，共发放宣传资料4556份，办专栏15期，张贴标语2000条，组装宣传车开展消防宣传7辆次，受教育群众达14万人次。

2002—2006年，每年对县内确定的175个单位（其中重点单位57个）进行3次~5次安全检查。共查出隐患174处，其中，重大隐患3处，当场整改40处，限期改正131处，下发火险通知书3份，其中3家被处罚。2004年8月，奉上级命令在县消防大队建立县消防中队，建制为正连级，编制为现役消防干警7名，战士19名，下辖2个班。消防大队设4名防火干警，负责全县消防监督检查、消防宣传、火灾查处等消防工作；消防中队主要负责火灾扑救和事故抢险救援工作。

2006—2008年，共计投入资金493万元加强消防基础设施建设，购置1台16米高喷水罐车。2007年，对全县党政机关、易燃易爆化学物品生产、储存、运输、销售单位，公共娱乐场所，大型商贸市场和物资仓库、宾馆、饭店、重大工程施工现场，电信、电力、医院、学校、重要厂矿等单位进行消防安全大检查，全年检查676个单位，发现火灾隐患181处，责令当场整改120处，由县公安消防大队下发责令限期整改通知书63份，复查意见书62份，督导36个乡镇派出所根据《贵州省公安派出所消防监督检查的规定》，认真开展消防监督工作。完成36个乡镇学校消防兼职教师的消防知识培训。2008年，雪凝灾害期间，出动车辆38台次，疏通道路100余千米，为群众送水150

消防知识培训（2015年12月14日摄）

吨。2009 年，创建警民共建单位 1 个，开展警民共建活动 11 次，为群众义务送水 30 吨。2008—2010 年，共检查单位 952 家，发现火灾隐患 203 处，责令整改 96 起。

2009 年，联合多部门共开展各种消防检查 5 次，检查单位场所 186 个次，排查火灾隐患 147 处、督促整改火灾隐患 133 处，下发责令整改通知书 14 份，复查意见书 11 份。联合多部门开展专项整治检查，共排查县城歌舞厅 4 家、网吧 16 家、幼儿园 3 家、医院（含卫生院）44 家、学校 6 家。在元旦、春节、清明、“五一”、国庆等节假日期间，组织综合安全小组深入全县 50 户以上村寨以及乡镇学校、医院、网吧等人员密集场所进行防火安全检查。

2010 年，县组建综合性救援大队，开展新预案的制定和灭火演练，制定 100 家重点单位预案，开展重点单位灭火演练 24 次，其中夜间演练 8 次。在县城奢香大道和环东路改造中增加消防栓，在黄泥塘镇和响水乡安装室外消火栓，全县新增市政消火栓 50 个。投入 40 万元购置无线遥控移动水炮、组合式液压破拆具、手持式钢筋速断器等 10 余种攻坚组器材；投入 27 万元翻修大队围墙作为警营文化园及消防安全宣传长廊；投入 28 万元修建综合训练塔和训练跑道。4 月，县消防大队官兵与到大方县支援抗旱救灾的解放军某部，到小屯乡龙洞村寻找水源，消防官兵深入洞穴勘查，下到 150 多米深的洞内，找到一条水深约 2 米、宽 1.5 米的暗河，可为饮用水源。同月，调集消防中队 7 名官兵和 1 辆特勤消防车以及防护装备器材，帮助大方镇余石村在一个洞深约 200 米处找到水源。

2011 年，共出警 149 次，其中，火警 38 次，抢险救援 65 次，社会救助 27 次，抢救被困人员 25 人，挽回经济损失 300 多万元。全年共检查消防安全 1116 家，发现火灾隐患 664 处，整改隐患 652 处。

2012 年，共接警 66 次，出动消防车辆 75 台次，出动官兵 452 人次，抢救被困人员 75 人，疏散被困人员 1242 人。

2013 年，开展辖区消防安全重点单位情况调查 97 次，石油化工行业消防安全状况摸底 37 次，修订完善灭火预案 97 份，开展战术研讨 22 次，灭火演练 58 次。出动兵力 528 人次，消防车辆 89 辆次，参加救援和扑灭火灾 75 次，救助被困人员 59 人，疏散被困人员 2509 人。共检查单位 1433 家，督促整改火灾隐患 1340 处。开展“三月学生消防安全教育月”“六月安全生产月”等专题教育活动，培训中小学校长、专兼职消防民警、重点单位负责人等各类人员 1200 余人。

2014 年，共排查单位和场所 1013 家，督促整改火灾隐患 923 处。开展各类防火安全教育培训 30 次，培训 1 万余人，发放宣传资料 5 万余份。全年共接警 95 起，出动消防车 115 辆次，出动消防兵力 841 人次，救助被困人员 690 人，疏散被困人员 2418 人。县消防大队把全县乡镇和街道作为大网格，364

夜查娱乐场所消防安全（2014 年 12 月 17 日摄）

个行政村和社区作为中网格，在中网格内依据责任片区、村民小组、楼群院落、住宅小区等，合理划分出3625个责任片区作为小网格，构建覆盖全县的消防“三级网格”，督促全县各级各部门推行消防安全网格化管理工作。

2015年，参加抢险救援、灭火战斗138次，出动车辆163台次，出动兵力989人次，救助被困人员88人，疏散被困人员294人，抢救财产价值112.1万元。检查单位6391家（次），发现火灾隐患和消防违法行为3620处，均督促进行整改。组织开展“5.12”防灾减灾日、“6月安全生产月”“11.9”消防安全日等系列宣传活动。共举办大型宣传活动8场，开放消防站30次，组织消防安全培训30次，深入到全县308个社区村寨开展消防电影下乡宣传活动，播放3000余场次，受教育人员达60余万人。是年，消防大队有干部6人，消防中队有干部3人，官兵21人，执勤民兵11人；有执勤车辆8台，其中，消防水罐车3台、泡沫消防车1台、抢险救援车2台、高喷消防车1台、登高平台消防车1台；有消防艇3艘；有A类泡沫0.4吨，氧蛋白泡沫1.8吨，F500高效灭火剂0.2吨；有个人防护装备1705件，灭火器材463件，抢险救援器材210件。

第二章 兵 役

第一节 兵役登记

1985年，国务院、中央军委颁发《征兵工作条例》。根据条例规定，每年9月30日前对当年12月31日以前年满18周岁的男性公民进行兵役登记，兵役登记和兵源培养工作逐步走向法制化、规范化、制度化。民兵组织在精简数量、提高质量、打好基础的工作中得到加强，兵役登记和兵源培养工作也在贯彻新的《中华人民共和国民兵工作条例》《中华人民共和国兵役法》《中华人民共和国国防法》和《中华人民共和国国防教育法》中走向成熟、正规，民兵组织和民兵实行一类预备役和二类预备役登记，退伍、复员士兵、士官与转业军官进行普通预备役登记，其中，基干民兵与退伍士兵作为备员培养骨干，服一类预备役，是国家平时兵员动员的基本来源。

2001年，国家对《征兵工作条例》进行修改补充。根据条例和修改补充意见，2002年以后的兵役工作，根据形势发展需要和兵员征集中出现的新情况，每年民兵军事训练，均对已进行兵役登记的适龄青年进行军政、科技等训练教育，使兵役登记人员在入队前就具备一定军事基础技能和科技知识。

第二节 征 兵

《中华人民共和国兵役法》规定：年满18周岁的男性公民都有服兵役的义务，由国家定期征集，一般每年征集1次，由县征兵办公室承办。征兵程序为逐级动员、自愿报名、体格检查、政治审查、决定兵员等步骤。本着国家、家庭、个人三满意的原则，坚持政治、身体、年龄、文化程度4个条件，严格把关。县征兵领导小组审查确定应征对象后，由征兵办公室下达应征公民入伍通知书。

实行义务兵役制以后，每年征兵经历6个阶段。预备阶段：完成县、乡两级各项准备工作，成立征兵工作机构，召开各级征兵工作会议。宣传教育阶段：在全县采取各种形式展开征兵宣传教育。政审体检阶段：应征青年的政治审查，按中华人民共和国公安部、中国人民解放军总参谋部、总政治部历次颁发的征兵政治审查规定进行；体格检查按国防部、卫生部历次颁发的《应征公民体格检查标准》进行，并作好病史调查工作。定兵阶段：乡镇做好新兵预定，县征兵领导小组做好定兵工作，进行张榜公布，发放应征青年入伍通知书，落实军属优待，做好新兵起运前的各项准备工作。新兵集结起运阶段：各乡镇将已定新兵送县人武部集结，县征兵办公室向接兵部队交接兵，配合接兵部队起运新兵，确保准时、安全。总结阶段：做好善后工作，归结整理资料，总结上报。

1996年4月，根据中共中央、国务院、中央军委关于反腐倡廉的一系列指示，大方县制定《加强廉政征兵制度》，要求强化廉政征兵，坚决执行征兵命令；领导干部率先垂范，自觉维护征兵纪律；健全完善监督机制，坚决抵制不正之风。建立征兵政策公开、征集对象公开、双合格人员公开、预定新兵公开和预征对象张榜、上站体检人员张榜、政审体检双合格人员张榜、预定新兵张榜的“四公开”“四张榜”制度。2006年冬季征兵，开始增加心理检测项目，对全县预征青年进行心理检测，在电子计算机检测的基础上，对机检不合格的预征人员进行纸笔智力测验，对部分人员进行结构式心理访谈，提高征集兵员质量。

2007—2012年，围绕“不退换一个兵”的工作目标，按照“严而又严、细而又细、实而又实”的要求，认真抓好预征、宣传、体检、政审等各个环节工作，完成上级安排的征兵任务。

2013年，成立县乡两级征兵工作领导小组，召开征兵工作部署会2次，召开领导小组会4次，召开协调会、调度会，安排宣传、体检、政审等工作。严格政审、体检，实行村、乡、县三级政审和跨区域交叉联审，设立举报信箱，印发廉洁征兵监督卡，增强征兵工作透明度。

2014年夏季征兵，第一次实行应征青年网上实名报名制，要求高中以上兵员占85%，其中大学生必须占25%。县征兵办公室对适龄人员进行建档管理，进行点对点的精确统计，对在网上报名的高中生实行同步管理，对应届大学生和在校大学生宣传优惠政策，动员参军，为高学历预征对象开设绿色通道，对从外地赶回大方县应征的高学历青年尽力提供方便。

2015年，利用民兵编组、整组、驻村下乡等机会，对各乡镇适龄青年进行摸底，了解应届高中毕业生、中职生、在校大学生的情况。2013—2015年，大方县均按时完成上级安排的征兵任务。

第三章 民 兵

第一节 民兵组织

1990年，县人武部根据毕节军分区关于民兵整组、兵役登记、退伍军人预备役登记核对三项工作的安排意见，对全县民兵组织全面整顿，基干民兵数量较过去有所减少，质量却有明显提高，分布及布局更趋合理。

1991年撤区并乡建镇后，乡镇、厂矿建基干民兵连和普通民兵营。基干民兵连连长由乡镇人武部部长、厂矿人武部部长或厂长兼任，指导员由乡镇党委书记、厂矿党支部书记兼任。普通民兵营营长由乡镇人武部部长兼任，教导员由乡镇党委书记兼任。全县先后组建民兵专业技术分队和民兵应急分队，专业技术分队和应急分队的队长，由县人武部军事科科长或参谋兼任，副队长由相关单位的1名副职领导干部兼任。县人武部每年组织民兵干部到县民兵训练基地学习政治、军事、技术、文化知识和生产技术，落实和强化民兵的性质、任务和传统教育，革命理想、人生观、价值观和幸福观的教育，形势政策、遵纪守法教育，爱国主义和革命英雄主义教育。

1995年，县人武部对全县民兵组织进行整顿，按照军民兼顾、平战结合、减少数量、提高质量、优化结构、合理布局、突出重点和分类组建的原则，调整改革全县民兵组织。在主要交通公路沿线的双山、东关、六龙、羊场、黄泥塘组建民兵专业技术分队。

2002年，根据上级军事部门的指示，基干民兵编组实现“五个转移”，即：向经济效益好的企事业单位、行政系统转移；向适龄青年多、经济效益好的乡镇企业、新兴企业转移；向科技含量高的单位转移；向交通干线和重点目标转移；向经济基础好的大乡镇转移。编有应急分队的乡镇各准备10%左右的预备队员，以便补缺。在县水电局、大方镇编组民兵消防应急分队，将年龄在35岁以下，政治思想好、专业技术精、作风扎实的退伍军人编入民兵消防应急分队；按中国人民解放军总参谋部关于加强民兵对口专业分队建设的精神，在县邮政局、电信局、水泥厂、交通局、县人民医院等单位，编组邮电通信、防化救援、汽车运输、医疗救护等分队。

2002年后，逐步在县城的通信企业、医院、水利、电力、自来水、公路、城管、林业、汽车站、石油公司等部门和大方、东关、鸡场、黄泥塘、六龙、凤山、瓢井、核桃、双山、牛场、猫场、小屯、高店、羊场等乡镇，系统全面地组建对空观察情报收集、伪装防护、医疗救护、担架护卫、卫生防疫、道路交通保障、地面油料保障、电力设施抢险、供水设施抢修、通讯设施抢修、森林防火等专业技术性强的基干民兵专业技术分队。

2007年，县人武部与县委、县人民政府联合下发《关于2007年民兵组织整顿的意见》。整顿分4个阶段进行，历时2个月，完成普通民兵、现役部队预编人员、民兵作战队伍、勤务保障队伍、应急队伍等分队和人员的调整编队。2010年，组建以退伍军人和双合格预征青年为主体的民兵应急分队。

2011—2013 年，对照《军队基层建设纲要》《贵州省民兵预备役部队基层建设准则》和《贵州省预备役部队民兵基层建设达标检查方案》，按照规模适当、布局合理、组织健全、结构优化、装备完善的原则，抓民兵转型建设，规范民兵队伍的编组、训练、保障和管理。依托县电信公司、移动公司、自来水公司组建专业救援分队；依托县安监局组建机动救援大队；依托县卫生局、疾控中心组建防化救援分队；依托县卫生局、县人民医院、中医医院组建医疗救护分队；依托县电信公司、移动公司组建通信指挥装备维护分队。从炮兵、装甲兵、工兵、通信兵、电抗雷达兵、汽车驾驶兵、步兵的退伍军人中挑选人员组建储备队伍。

2015 年，根据 2020 年前军队改革总体要求和贵州省民兵工作会议精神，以《中华人民共和国兵役法》等相关法规为依据，改进编组方法，整合民兵力量，全县民兵组织得到进一步完善。

1991—2015 年，对民兵的政治教育最初在训练时进行，以连、排、班为组织上政治课，但是，由于民兵居住分散，农活较忙，不易集中，县人武部针对实际情况，组织民兵参加节日庆祝活动，接受革命传统和爱国主义教育，并充分利用报纸刊物、广播影视等宣传工具，利用集会和赶场天等各种机会和场合进行宣讲教育。

第二节　军事训练

从 1985 年起，县调整民兵训练的任务和实施方法，减少训练任务和人数，精简训练内容，改革训练方法，提高训练质量，将所有基干民兵由原来的分散训练改为集中到县训练基地训练。

1991—2000 年，每年训练基干民兵分 2 次进行，每期 15 天～25 天，重点训练民兵专业技术分队和民兵应急分队。县人武部对共同科目和专业科目如重机枪、工兵、防化兵、通信兵（报务和话务）、四零火箭筒、军械等训练内容进行细化分工。县人武部设立训练队，由部长任队长，教员从县人武部和乡镇人武部挑选技术过硬、业务精通的人员担任，坚持“严格、正规、扎实、过硬”的训练方针，按总参谋部制定的《民兵军事训练纲要》和贵州省军区制定的《民兵规范化训练若干规定》施训。组织全县 36 个乡镇 4 个厂矿的专武干部集训，时间为半个月，训练中进行 3 次夜间紧急集合、2 次 5 千米越野、1 次山岳丛林地进攻与防御、2 次实弹射击科目训练。

2001—2005 年，县人武部重新调整部署全县民兵军事训练工作。2001 年，先后组织 3 期训练，其中，专业技术分队培训 1 期。2002 年 6 月，按照“组建好、训练好、管理好、保障好、使用好”的原则，组建消防应急分队，以新颁布的《民兵军事训练大纲》为依据，参照武警《消防训练大纲》和其他消防教材进行训练，第 1 期训练 20 天，之后训练与其他民兵兵种的训练同时进行。

2006 年，训练全县民兵应急分队、专业技术分队。3 月，在大海坝林场组织民兵消防应急分队参加森林防火火灾扑救综合演练。9 月，组织大方镇民兵应急分队在县的训练基地进行为期 5 天的反恐维稳训练，内容为擒拿格斗、盾棍术、轻武器射击。对专业技术分队的训练，采取岗位练兵与集中训练相结合的办法。

2007 年，训练民兵 6 期，其中，民兵专武干部、连排长、高炮分队、高机分队训练各 1 期。

2008—2011 年，按照《军队基层建设纲要》《贵州省民兵预备役部队基层建设准则》和《贵州省预备役部队民兵基层建设达标检查方案》的规定组织民兵军训。其中，2009 年训练民兵防雹、森林防火、地震灾害救援、维稳处突 4 期。

2012—2015 年，以《中华人民共和国兵役法》等相关法规为依据，开展民兵军事训练。2013

年，分别开展民兵高炮分队训练、民兵应急分队训练、民兵侦察分队和交通运输分队训练，承担毕节军分区组织的民兵通信分队集训任务，分别组织人员参加毕节军分区民兵勤务分队、矿难救援分队、森林防火分队训练。其间，组织参加毕节军分区“重走红军长征路”战备拉练训练。开展情报侦察、医疗救护、通信保障、防化救援训练等工作。2014 年 6 月，组织民兵参加全省军地联考联评，获单项第 5 名。

2015 年，在黄泥塘镇组织全省“四新”建设现场观摩会。组织 1 期为期 25 天的防空分队训练，1 期为期 10 天的民兵骨干分队训练，1 期为期 10 天的民兵储备队伍训练，1 期民兵情报侦察、医疗救护、通信保障、防化救援训练，改进编组方法，整合民兵力量。

第三节 民兵活动

1990 年和 1992 年，组织长石片区 3 乡 1 镇民兵、专武干部参与“长征 2 号”和“长征 3 号”大型捆绑式运载火箭助推器残骸回收工作。1994 年和 1995 年，在长石镇、果瓦乡各组建 1 支应急分队，参与“长征 6 号”“长征 8 号”大型捆绑式运载火箭残骸的回收工作。

1991 年，组织全县民兵参加抗洪救灾 45 次，救助灾民 1592 人，抢救各类物资 1859 件，抢救小型水电站 3 个。

1993 年，三元乡遭受洪灾，出动全乡民兵投入抢险救灾。1996 年，全县组织民兵参加抗洪救灾，复烤厂民兵连表现突出获省军区表彰。1997 年，设立大方县民兵团公路建设指挥部，组织民兵参加贵阳至毕节高等级公路双山幺塘段工程施工，提前保质保量完成任务。同年 7 月，大山乡河坝村长河村民组因连续暴雨造成山体滑坡，山下 14 户人家 73 人生命财产受到严重威胁，附近民兵迅速投入抢险，抢救出耕牛 21 头、马 16 匹、猪 23 头、家禽 165 只、粮食 15 吨、被子衣物 283 件，人员得到安全转移。

1997—1998 年，全县民兵参加农田基本建设，植树造林 3.7 万亩，坡改梯 2.6 万亩，治理水沟河道 133.5 千米，修建小水窖 1866 个，新修和维修乡村公路 140.14 千米，建立农业综合开发点 17 个。1998 年 11 月，大海坝林场发生森林火灾，县人武部接报后 15 分钟内组织民兵赶赴现场参加扑救。

1999 年 6 月 2 日，县水泥厂生产车间 3 个圆形水泥库发生崩塌事故，民兵应急分队迅速赶赴现场参加抢险，抢运出成品水泥 500 吨，散装水泥 200 吨。是年 11 月 21 日，县百货大楼发生特大火灾，县人武部迅速组织民兵应急分队赶赴现场参加灭火，抢救出各类物资 2300 多件，价值 10 万余元。是年，全县民兵参加军警民联防，参与战备执勤；协助公安部门侦破各类案件 47 起，抓获不法分子 39 人，收缴凶器 278 件，收缴赃物折款 32 万元。

2000—2001 年，组织民兵参加“313”国防光缆通信工程和“618”国防动员信息网工程施工。2002—2006 年，组织民兵参与扑灭县内森林火灾 120 多起。

2007—2015 年，组织民兵参与维护稳定、抢险救灾、经济建设等工作。组织民兵参加大方县历届奢香文化节安全维稳执勤和治安巡逻。全县专武干部和民兵预备役人员投入 2008 年抗凝冻救灾，与到大方支援救灾的某部炮兵 18 团官兵，搬运电杆 580 棵，运送电力物资 180 吨，抢修输电线路 200 千米，清除凝冻道路 20 千米，修复危房 80 间。机关干部职工和民兵预备役人员参加大方火电厂、县城引水工程、国防通信光缆、国防动员信息网工程建设，参加民兵武器仓库看守管理。与县维稳、公安、民政等部门建立联系制度，参与城区节假日巡逻。组织全县民兵参加安保工作4次。组织民兵应急分队赴云南省彝良县参加抗震救灾，组织民兵预备役人员，为群众寻找水源100余处。组织民兵参加11次火箭助推器残骸落区的宣传，疏散群众、重要目标设施防护、主要地段安全巡查、对空观察、防护救治准备和“神舟九号”飞船应急着陆搜救演练等工作。组织民兵队伍参加植树造林，累计造林6.5万亩，植树265万株。组织民兵扑灭森林火灾59处。至2015年，基本建成成片“国防林”示范点，全县所有乡镇均建立各自的民兵队伍和“民兵林”示范点。

第四章　国防教育　国防动员

第一节　国防教育

1993年8月，县成立全民国防教育领导小组，由县委书记兼任组长，县委副书记兼任副组长，成员由县委宣传部、政府办、公安局、教育局、人事劳动局、财政局、卫生局、文化局、广播电视局、民政局、国教办、体委、总工会、妇联、团县委以及县人武部军事科、政工科、后勤科等单位领导组成。

1994年11月，县出台《全民国防教育第二个三年规划》，县国教办先后行文8次，下发通报5次，强调抓国防教育工作的安排意见。出专刊78期，开展广播电视宣传1211次。从1995年开始，在县委党校和乡镇业余党校增设国防教育课程，在各乡镇和县直部门贯彻《爱国主义教育实施纲要》，开展“牢记抗战历史、弘扬民族精神”主题活动。是年，县人武部为大方一中高中一年级5个班280名学生进行综合性训练，学习国防知识、军事知识等。大方二中等学校采用电视、录音录像、幻灯片、微机等现代化教学手段进行国防知识教育，学生撰写心得体会和小论文100余篇。1996年，大方县城各中学举行纪念红军长征胜利60周年报告会，县人武部领导分别到大方一中、大方二中、大方职中作国防知识报告。

1996年，根据上级指示，县全民国防教育领导小组更名为县全民国防教育委员会，设主任1人，由县委书记兼任，副主任7人，由县长等有关领导兼任，成员由县委宣传部、政府办等24个单位领导组成，办公室设在县人武部。各乡镇和县直单位相继建立全民国防教育领导小组。各乡镇、厂矿组织国防教育影片专场180场，开展广播宣传1200次，办专栏、墙报364期，采取文体活动形式进行国防教育50次，接受教育群众10万余人次。

1997—1998年，开展《中华人民共和国国防法》《贵州省国防教育条例》等教育活动，组织全县干部和民兵参加测试。1999年，结合庆祝中华人民共和国成立50周年，开展以“赞颂辉煌成就，迎接新的世纪”为主题的教育活动，组织各乡镇领导、专武干部和民兵进行国防教育知识测试。

1997—2006年，大方一中、大方二中、大方三中等学校先后组建国防教育领导小组，坚持新生入学后即请县人武部、武警大方县中队官兵进行为期1周的国防教育与军训，采用办讲座、作报告、放电影等形式进行国防教育。

1998—2006 年，在宣传《中华人民共和国国防法》和《贵州省国防教育条例》活动中，利用赶场天开展广播宣传、张贴标语、办专栏、出墙报等形式开展全民国防教育，召开会议 80 余次，广播宣传 1000 余次，办专栏 38 期，出墙报 17 期，黑板报 10 期，张贴标语 2000 余幅。2000—2006 年，国防教育在干部教育中主要突出对新知识、新装备、新技能、新战法的学习教育，重点掌握与信息、电子战、联合战役相关的高科技知识。

2007—2011 年，国防教育以贯彻中共中央、国务院、中央军委《关于加强新形势下国防教育工作的意见》为主线，强化宗旨使命，进行战斗精神、光荣传统、“八荣八耻”、长征精神、形势战备及爱国主义和革命英雄主义教育。

2012—2015 年，每年年初拟订全县国防教育工作要点，对全县国防教育工作进行安排部署。在纪念《中华人民共和国国防教育法》颁布纪念日、全民国防教育日期间，精心组织，多形式、多渠道开展宣传教育活动。2012 年 7 月，大方县组织参加毕节市国防文化年首届军旅歌曲演唱大赛，推选青年歌手到毕节市参加比赛。2014 年 8 月，组织开展中国人民抗日战争胜利纪念日、国家公祭日为重点内容的国防教育活动，举行公祭日活动，数万名群众受到教育。2015 年，举行中国人民抗日战争暨世界反法西斯战争胜利 70 周年纪念活动，广泛开展国防教育活动。

第二节　国防动员

1982—1996 年，县国防动员工作机构又称战备领导小组。1996 年 4 月，根据中央国防动员委员会通知精神，成立大方县国防动员委员会，负责组织全县国防动员工作，协调国防动员工作中经济与军事、军队与政府、人力与物力之间的关系，增强国防实力，提高平战转换能力。第一主任由县委书记兼任，主任由县长兼任，常务副主任由县人武部部长兼任，副主任由有关部门领导兼任，成员由纪委、经委、财政局、民政局、交通局、公安局、城建局、粮食局、商业局、供销社、物资局、广播电视局、养护段，人武部军事科、政工科、后勤科等单位领导组成。1999 年，县国防动员委员会进行调整充实，下设人民武装动员、经济动员、人民防空动员、交通战备动员 4 个办公室，成员单位增加政府办、电信局、烟草局、卫生局等。2002—2015 年，县人民政府设立国防教育办公室，负责国防教育和国防动员工作的具体实施。

第六篇 法　治

第一章 公 安

第一节 侦 查

一、刑事侦查

1991年，开展破案会战、攻坚战和反盗窃专项斗争。组织211名干警投入破案，围绕“破大案、打团伙、反盗窃、抓流窜、追逃犯”目标，破案1211起。连续开展侦破重特大案件攻坚战及“两所”政治攻势，依法打击各类刑事犯罪活动，破获刑事案件2031起，其中，年前隐积案1066起，重大案件321起，特大案件10起。

1992—1993年，连续开展“追逃打流”，破获各类刑事案件3736起，其中，重大案件461起，特大案件5起，抓获各类犯罪嫌疑人2007人；摧毁犯罪团伙271个，成员1113人。缴获赃款和赃物折款43.1万元，火管枪56支，子弹15发，刀、匕首等29件，炸药52.9公斤，雷管154发。

1994—1996年，以“破大案、打团伙、抓逃犯”为目标，开展破案会战。共立案各类刑事案1125件，破获各类刑事案件1632件，抓获各类犯罪嫌疑人2104人。摧毁各类犯罪团伙180个677人。缴获赃款赃物折款51万元、机动车1辆、摩托车5辆、牛马98头（匹），收缴火管枪5支、子弹6发、凶器24件、雷管14发、鸦片5.51公斤、海洛因6包。逮捕997人，移送起诉782人。破获震惊大方的1993年“5.29”特大爆炸案、1994年大方镇“5.29”重大杀人案、1994年鼎新乡“6.13”白骨案等大案要案。1996年，把“严打”同追逃打流、缉毒、打击盗窃机动车辆、打击偷牛盗马等一系列专项斗争结合起来，共立案各类刑事案件530起，破案462起，同期破年前积案9起、年前隐案449起。刑事拘留81人，逮捕588人，移送起诉541人。摧毁犯罪团伙86个503人。破获大方镇张某、陈某入室强奸特大案件。

1997—1998年，投入“春季严打”“夏季重点治理”“秋季严打”“冬季严打”行动和打击盗抢机动车辆等一系列专项斗争。两年共立案各类刑事案件859起，破案669起，破年前隐积案244起，协外破案29起。摧毁犯罪团伙101个374人，拘捕犯罪嫌疑人298人；为群众追回被盗高档物品8件、牛马44头（匹），现金及物资折款30余万元。侦破1998年“3·18”特大爆炸案、“6.7”重大杀人案、“7.15”特大车匪路霸案和“10.14”特大抢劫案等一批性质恶劣、影响极大的案件。

1999—2001年，开展“春季严打”“冬季严打”“90天扫毒行动”“追逃专项斗争”“打击盗窃机动车辆”“治暴缉枪”“城区重点整治”和“创平安大道”等一系列专项斗争。3年共立案各类刑事案件2210起，破案1613起，破隐案372起，抓捕各类犯罪嫌疑人1382人，缴获吉普车1辆，赃款赃物折款12.64万元。1999年，破获1997年11月发生在鸡场乡松林村、1998年1月发生在黄泥塘镇移山村2起特大抢劫杀人案，大方镇“2.10”枪杀案，响水乡“3.19”特大杀人案。2000年，破获马干山煤矿被盗案、大方方兴公司经理被绑架案。2001年，破获大方县城南门“3.14”特大爆炸案。

2002—2005年，继续开展严打斗争。2002年，立案刑事案件979起，破案544起，破年前积案146起，抓捕犯罪嫌疑人764人，抓捕逃犯296人。破获2002年文阁乡投毒案、凤山乡雷管被盗特大案等大案要案。2003年，立案刑事案件1339起，破案671起，破上年积案184起，协外破案20起，抓获“三逃犯”460人。破获瓢井镇小洞村系列强奸杀人案、高店乡供销社杀人案等重特大案件。2004年，立案刑事案件993起，破案426起，破年前积案150起，摧毁犯罪团伙35个，抓获犯罪嫌疑人396名，缴获赃款赃物折款98万元。2005年，立案刑事案件971起，破案538起，抓获犯罪嫌疑人420人，缴获赃款赃物折款55.51万元。

2006—2007年，共立案刑事案件1786件，破案1026件。摧毁各类犯罪团伙5个，抓获各类犯罪嫌疑人881人，缴获赃款赃物折款616万元。2008年，开展“夏季严打”专项斗争，全年立案各类刑事案件929起，破案531起；补立年前案件88起，破案218起。“严打”专项斗争破获各类刑事案件539起，抓获涉案犯罪嫌疑人292人。破获外省区市案件37件，全年破案数共786件。

2009年，以破“两抢一盗”案件为重点，开展“夏季严打”专项整治行动。全年立案各类刑事案件1725起，破案684起。抓获各类刑事案件犯罪嫌疑人561人，打掉恶势力团伙2个，涉黑团伙1个，侵财团伙54个，其他团伙4个。缴获赃款赃物折款200万元。

2010年，全年立案各类刑事案件1973起，破案1037起，刑事拘留477人，逮捕471人，移送起诉419件506人。在全国统一部署的“社会治安冬季行动”中，破获各类刑事案件225起，打掉犯罪团伙36个，抓获网上逃犯38名，刑事拘留涉案人员132人，逮捕156人，移送起诉143名，缴获赃款16.65万元，收缴枪支2支、炸药18.55公斤、管制刀具7把，追回被盗摩托车9辆、被盗牛马5头（匹）。破获2009年安乐乡新民小学学生被绑架杀害案、2005年2月23日鼎新乡杀人案等省公安厅督办的6起命案积案，抓获命案积案逃犯7人。破获毒品案件80起，缴获海洛因3232.57克。破获经济案件14起，抓获涉案人员17人，挽回经济损失50万元。

2011年，相继开展“冬季严打整治”和“春季攻势”专项行动。全年立案各类刑事案件2095起，破案1156起，抓获犯罪嫌疑人448人，刑事拘留447人，逮捕301人，移送起诉451人。摧毁恶势力团伙4个。破获历年命案10起，抓获历年命案逃犯10人。破获毒品案件99起，缴获毒品海洛因2556.98克，收戒吸毒人员538人。

2012年，根据省公安厅“雷霆行动”工作方案、毕节市公安局“除黑恶、摧团伙、破大案、扫黄毒”行动工作方案，制定大方县“雷霆行动”工作方案，严厉打击“两抢一盗”等多发性侵财犯罪活动。全年抓获侵财类犯罪涉案人员384名，破获侵财类案件980起，打掉“飞车抢夺”团体，破获迪信通信手机店96部手机价值12.73万元的特大盗窃案，打掉入室盗窃团伙21个。全年

“雷霆行动”集中指认现场（2012年9月摄）

立案刑事案件2401起，破案916起。刑事拘留672人，逮捕517人。发生命案25起，破获24起，抓获现行命案犯罪嫌疑人27人。破历年命案积案6起，抓获历年命案逃犯6人。破毒品刑事案件108起，缴获毒品海洛因3276.5克，抓获毒品犯罪嫌疑人128人，收戒吸毒人员600人。

2013年，以“雷霆行动”为契机，开展“严打”专项行动。破获各类案件920起，打掉11个抢劫团伙、13个盗窃团伙。追回被盗汽车3辆、摩托车41辆、耕牛21头、马6匹。全年立案各类刑事案件2603起，破案1386起。破获历年命案隐积案5起，抓获历年命案逃犯5人。

“雷霆行动”查获盗窃耕牛的犯罪分子（2013年11月摄）

2014年，继续开展“雷霆行动”。在“雷霆行动”第一、二战役中，破获现行案件147起，打击97人，破获外省案件38起，打掉5个团伙。破获八类现行案件12起。在打击多发性侵财犯罪案件中，破获抢劫49起、抢夺16起、盗窃666起、诈骗3起。全年立案各类刑事案件2539起，破案1405起。刑事拘留590人、批捕477人，打掉各类犯罪团伙22个，涉案人员130人。追回被盗摩托车23辆、笔记本电脑17台、手机40部、被盗牛马23头（匹）、面包车3辆、柴油1000升、现金5万元，追回被盗财物折款800万元。破获黄泥乡“4.15”绑架人质案、“4.13”特大入室盗窃保险柜案等影响大的案件143起。

2015年，立案各类刑事案件2124起，破案726起，刑事拘留390人，报捕419人，移送起诉450人，抓获网上逃犯84人。打掉各类犯罪团伙9个。追回被盗摩托车26辆、耕牛16头、面包车9辆、手机4部、黄金首饰400余克、电脑3台。追回被盗财物折款500余万元。破获城关“2.27”入室盗窃案、百纳“3·26”故意杀人案、城关系列持刀抢劫单身女子案、“4.20”大方镇黔宝金店被盗案等一批影响大的案件72起。

二、经济犯罪侦查

1992年，侦破经济案件12件，涉案人员15人。2002年，侦破虚开增值税发票案件1起，挽回经济损失4万余元；查处涉税案件金额180余万元，追缴入库税款50余万元，侦破挪用集体资金20余万元案件1起。2003年，初查经济案件12起，立案7件，侦破7件，抓获嫌疑人3人，涉税金额190余万元，追缴入库资金100多万元。2006—2007年，立案经济案件15起破案12起。查获黑煤10吨，为国家追缴税收250万元；查扣假蓝驰牌香烟12件600条、假烟丝3500公斤、非法经营烟叶6500公斤、假肥料367吨。

2010年，破获经济犯罪案件14件，抓获犯罪嫌疑人17人，挽回经济损失50万余元。2011年，开展打击经济犯罪行动，破获假烟案26件，案值6万余元；破获假茅台酒案1件19瓶，案值4万元；破获假习酒案3个品牌124瓶，案值2万元；破获金沙回沙商标专权案2个品牌假酒154瓶，案值1万元；查获中华、云烟、福贵等品牌假香烟25条零7包。全年立案经侦案16件，破案13

件，处理嫌疑人11人，挽回经济损失1800多万元。2012年，立案经侦案42件，破案35件，抓获涉案人19名，为国家挽回经济损失120余万元。2013年，立案经济领域犯罪案件24件，破案16件，刑事拘留16人，挽回经济损失600余万元。2014年，开展打假、打击非法营运专项行动，收效显著。全年立案经济领域犯罪案件139起，破案120起，挽回经济损失1800余万元。2015年，立案经侦案件80起，破获78起，刑事拘留13人，逮捕8人，挽回经济损失3000余万元。

第二节　治安管理

一、户政管理

1992年，大方县户政管理仍沿袭撤区并乡建镇前的方式，即分为农业户口和非农业户口。

随着改革开放深入发展和社会主义市场经济体制逐步建立，农村剩余劳动力向城镇和第三产业转移，农业人口大量进入城镇，绝大多数成为事实上的常住户，给城镇的社会治安、人口管理、计划生育、城市卫生、水电、粮油供应、居住条件及道路交通等带来极大压力。同时，转移进城的农村人员也受户口管理政策限制，生活中存在子女入学、就业、应征入伍等诸多困难。

1992年后，部分人口不执行计划生育政策，外出躲生、超生现象比较严重，许多出生的婴儿未及时登记户口，造成公安在册人口与实际人口出入较大。根据《贵州省流动人口管理办法》，公安机关配合计生、卫生部门，做好流动人口管理。凡外地进入县内暂住3个月以上的人口必须在居住地派出所办理暂住手续，领取暂住证。公安机关配合建设、房产、粮食等部门，抓好迁入人口的落户工作。将城镇户籍管理纳入公安户政管理的重要内容，定期查验，定期核对，发现问题及时纠正。

1994年，停止使用城镇居民购粮证，公安机关简化户籍登记手续，逐步消除农业户口和非农业户口的差异。1996年11月，县委常委办公会议形成纪要，同意大方县公安局《关于农业人口到城镇落非农户口适当收取城镇建设增容费的工作建议》，全县户籍管理进入改革程序。全县户口政策改革领导小组出台《大方县城镇户口改革的工作意见》规定：凡在大方县城镇有固定住所、固定合法生活来源、固定合法职业条件的公民；长期投靠城镇亲友共同生活，有生活保障的公民；城乡通婚长期居住在城镇的公民；原在大方县办理蓝印户口的公民；其他合乎办理农转非的人员，凡是合乎以上5个条件交纳城镇增容费的农业人口皆可申请转为非农业户口（简称“农转非”）。由于时间限制过短，农转非手续程序较多，又因农业人口大多不愿意交出承包土地，至1996年12月31日，实际办理农转非户仅113户。

1988—1990年，县办理第一代居民身份证46.93万人，占全县应办证人口的97.69%。2001年后，户政管理与改革处于不断探索过程中。按照《中华人民共和国户口登记条例》，户政管理着重做好出生、死亡、迁入、迁出4项登记。公安部门通过4项登记，对辖区内户籍人口的变化情况随时掌握。2005年，全县开始办理第二代居民身份证，当年办理2.16万人。至2015年年底，共办理第二代身份证81.11万人。

2010年，原非农业人口享受的招工、招干、入学、参军等优惠条件全部取消，不再区分农业和非农业人口，按国家户政管理政策，在居住地获得户口登记，接受户籍管理。

2015年，《贵州省人民政府关于进一步推进户籍制度改革意见》明确：统一城乡户口登记制度，进一步放宽户口迁移政策，全面实施居住证制度。大方县实施城乡统一的户口登记制度，调整放宽户口迁移政策，健全完善居住证制度，简化户口迁移办理程序，健全人口信息管理制度，积极推进行政区划调整。

二、出入境管理

对全县副科级以上领导干部因公出国出境办理手续严格审查，出国出境归来者要接受审查，如实陈述在国外境外情况。对一般群众因私事或旅游出国出境，按规定审查办理出入境登记手续。1991—2015 年，办理出国出境登记 1.67 万人，入境登记 577 人。

三、监所管理

对管理对象定期进行法律法规教育，使其转变思想；对监所安全定期进行检查，严防疏漏，严防逃离、越监、失控事件；对管理对象经常排查，避免出现超时羁押、刑满未释、错记刑期等现象；注重监管对象中的重点人物，严防寻衅滋事、聚众生非，必要时采取相应措施；对监管工作人员加强法制教育，严格依法行使监管职责，明确带班、值班、管教、后勤、内勤等岗位工作职责，合理配置各岗位警力，交替巡视、监控，从整体上形成各勤务岗位之间协调配合，全方位、全天候对在押在戒人员实施管理和监控。1991—2015 年，监所管理未出现异常现象。2015 年，戒毒所收戒吸毒人员 512 人，拘留所收拘留人员 1423 人。

四、特种行业管理

对特种行业场所进行监管，公安、工商、文化等部门相互配合，贯彻特种行业管理法律法规，定期不定期进行检查，并与主办单位负责人签订责任书，将安全、消防、环境卫生、文明经营等内容纳入责任书，作出规定，如有违法违规行为，依法处理。

2015 年，特种行业有旅店 118 家，娱乐场所（歌舞厅、游乐场）17 家，洗浴室 40 家，废旧物品收购场店 38 家，印刷厂 6 家，二手车交易场所 54 家，机动车修理店 77 家，汽车租赁 7 家，复印、打印店 32 家，印章刻字店 17 家，拍卖、典当行业虽有，但经营不正常。1991—2015 年，按特种行业规定的有关政策及法规进行检查监督，没有违法违规行为。

五、爆炸物品管理

2007 年，为涉爆单位押运炸药 141.94 吨，雷管 29.6 万枚，导火绳 2.08 万米，确保运输和使用安全。对违法违规存放和使用爆炸物品的单位和个人，依法予以没收处理。2008 年，缴获炸药 35.1 公斤、导火绳 10 米、雷管 690 枚、火药枪 14 支、刑事拘留 2 人。2010 年，收缴枪支 7 支、雷管 5869 枚、炸药 517 公斤、烟花爆竹 704 件。2011 年，收缴炸药 674.1 公斤、报废雷管 1.36 万枚。2013 年，收缴步枪子弹 16 发、自制枪支 5 支、雷管 3.36 万枚、炸药 9951.9 公斤、烟花爆竹 816 件、引线 2 件。2015 年，收缴过期炸药 1.19 万公斤、雷管 2.76 万枚、导火绳 800 米、烟花爆竹 1.02 万件。

第三节 保 卫

一、政治保卫

1991—2005 年，县内发生反动标语案 7 起，反动挂号信 4 起。通过侦察全部破获并迅速查处犯罪嫌疑人。1991—1999 年，收集情报信息 1034 条，其中敌情 111 条，政情 231 条，社情 647 条，预警性信息 20 条，高层次信息 1 条，内幕性信息 19 条，不安定因素 6 条。2005—2010 年，收集上报情报信息733条，排查出不安定因素626条，发生群体性事件21起，聚众堵塞交通4起，聚众哄抢1起，罢工1起，聚众上访2起，阻工事件3起，内容涉及非法邪教活动、重点工程、煤炭开采、烤烟收购、村民用电、征地拆迁、出租车运营、计划生育、学生就业分配等问题均得到稳妥处理。

2005年，依法处置群体性事件8起。2008—2010年，依法妥善处置群体性事件1起，阻工堵路事件11起。化解各类矛盾纠纷2269起。2011—2015年，化解各类矛盾纠纷1.19万起，排查出不安定因素1244条，全部处理在萌芽状态。

2013—2015年，行政处理涉网违法13起13人。上报联网信息2325条，报送情报信息208条，处罚制造、传播谣言网民43次43人。

二、内部保卫

1993年2月，组建县保安服务公司，10个单位聘用保安26名。1998年3月，根据公安部《关于清理整顿保安服务行业的决定》和贵州省清理整顿保安服务行业工作会议精神，对保安服务公司开展清理整顿工作。2003年10月，经县人民政府批准，组建县保安服务公司，有保安人员60名。2014年10月，大方县保安服务公司更名为大方县方平保安服务有限公司。2015年，有保安人员243名，均被聘用到县城各单位。公安机关按照《中华人民共和国保安服务管理条例》对保安公司进行监管，由治安警察大队保安中队监管。

（一）警卫和保卫

1983—2005年，完成各项警卫、保卫任务115次。2006—2008年，出动警力5986人次，车辆112台次，完成安全保卫、警卫136次，临时保卫100次。2009—2010年，出动警力2000多人次，车辆232台次，完成安全保卫104次，其中，大型保卫12次，临时性保卫92次。2011—2015年，出动警力1.13万人次，车辆1720台次，完成安全保卫、警卫任务276次，其中，一级加强警卫任务8次，二级警卫任务3次，大型保卫警卫12次，临时性保卫21次，其他安全保卫232次。

（二）内部安全

1991—2015年，将县委、县人民政府、邮电、电厂（站）、武器、炸药、烟花爆竹、重要物资仓库、银行列为重要保卫单位，将供水、运输、广播电视、石化以及新建厂矿、企业列为重点保护单位。全县内部保卫系统单位157个，其中重点要害单位28个，划定要害部门80处。建立保卫科组32个，专职保卫干部134人；建立经济民警队11个176人，成立护厂队、护校队8个90人。每年开展安全检查10余次，以防火、防特、防治安灾害事故为主要内容开展安全教育和检查。重要节假日均组织安全检查，发现不安全因素、隐患，立即整改和限期整改。县直单位保安，由县公安局下属的保安公司管理，各单位需用保安人员，与县保安公司联系。使用保安人数、开支标准、责任规定等事项，由用人单位与保安公司协调，然后用人单位按时将保安人员的开支经费（工资、保险、着装费）交保安公司，保安公司按相关规定与被聘用保安人员签订合同，安排到用人单位使用。乡镇单位保安（不含县城区域），由用人单位直接与聘用人员协商，签订合同，双方协商同意便可使用，也可与县保安公司联系办理聘用保安人员的相关手续。

（三）惩治犯罪活动

1992年，组织12名干警参加破案会战，全年破获发生在内部单位的刑事案件11起，破获发生在社会上的案件69起，摧毁犯罪团伙9个，成员38人。1993—1997年，破获发生在内部单位的刑事案件27起，查处内部治安案件13起。2003年，查出企业偷漏税款190万元，追缴入库100万元。2004年，查出挪用现金案3起，涉案资金26.3万元；查出建筑行业偷漏税款企业11家，追缴税款15万元；查出诈骗贷款案1起，涉案金额49万元；查出集资诈骗案，涉案金额100万元。2005年，查获核桃乡“地下钱庄”1个，涉及贷款1000余户，查处非法吸收公众存款上千万元。2006—2010年，先后开展打击传销犯罪专项行动、网络犯罪专项行动、制售假发票和非法代开发票专项整治行动、煤矿转让偷税、涉煤偷逃税经济犯罪、假币犯罪90行动、整治发票犯罪和传销犯罪百日联合执法行动、假币违法犯罪专项行动、银行卡犯罪专项行动等，立案经济案件98起，破案69起，处理犯罪嫌疑人18人，抓获涉案人员17人、犯罪嫌疑人16人，逮捕8人，移送起诉8人，挽回经济损失1035万元。2011年，查获长石供销社和响水供销社挪用现金案2起，追回挪用现金5.49万元。2011—2015年，先后开展“亮剑”、经侦破案会战、打击传销、打击假发票和制售假农资犯罪、打击银行卡犯罪、打击非法营运等专项行动，立经侦案件301起，破获162起。其中2015年“4.07”非法经营案是大方县查获烟叶最多的案件，打击处理犯罪嫌疑人76人，挽回经济损失5720万元。

（三）文化保卫

将县内文物古迹，包括古墓葬、古碑记、古建筑、古器皿及其他古文物列入保护内容，对贩卖文物的非法行为，依法予以打击。县文化馆和奢香博物馆收藏的古彝文碑，公安机关制定严格的保护措施。奢香博物馆收藏县境流传下来的古书籍、古字画、古装饰物、古兵器、古祭祀物品、古织造器械等各类古文物数百件，公安机关配合建立相关保卫制度，落实安全措施，加强保卫工作。

第四节　交通警务　消防

一、交通警务

1993年，摧毁车匪路霸团伙5个，查办车匪20人，击毙车匪1人。2001年春运中，查违章车辆7600余辆，全年发生交通事故36起，死去35人，扣证337个，扣车76辆，治安处罚6人，追究刑事责任9人。2002年，发生交通事故63起，死去66人，重伤106人，损失66.62万元。2007年，出动警力2万人次，警车6000辆次，查验客运车辆10万余辆次，查验校车2000余辆次，解体已达报废年限机动车52辆，查处超载20%以上车辆45起，卸客转运84人，抄告45起，查处超速50%以上72起，查获无牌、无证摩托车368辆，无证驾驶128人被行政拘留。查处超载、超限、违法停车、逆向行驶等违法行为3661起。全年发生死亡3人~5人特大交通事故2起，死亡9人，经济损失2.5万元，发生死亡1人~2人交通事故5起，死亡5人，伤5人，经济损失1.17万元。2008年，查验车辆8723辆，查处各种交通违法违规行为4082起。

2011年，查处交通违法行为2400人次，其中拘留348人次，报废机动车辆58台。扣留无牌无照机动车164台。全年发生交通事故320起，其中简易处理220起，直接经济损失80.43万元，一般程序处理100起，其中，统计事故3起，死亡3人，受伤3人，经济损失1.07万元，非统计事故97起，死亡36人，伤143人，直接经济损失22.22万元，追究刑事责任5人。

2013年，办理机动车注册登记1.37万起，转移登记943起，变更登记124起，抵押登记329起，注销登记943起，转入业务666件；办理驾照业务7860人次，检查警用车辆920台。查处车辆涉牌涉证违法案件70起，查处非法营运22起，行政拘留无证驾驶62人，刑事拘留醉驾1人。2014年，共发生一般程序处理交通事故174起，伤242人，经济损失31.31万元。其中，死亡事故39起，死亡42人，简易程序处理事故766起。全年办理机动车注册登记6120起，转移登记485起，变更登记79起，抵押登记184起，注销登记4起，转入业务361起，办理驾照业务1570人次。查处交通违法1.68万起，开展交通安全宣传教育112次，发放交通安全宣传资料70多万份。

交通警察整治酒驾（2015年2月28日摄）

2015年，接受咨询4.74万人次，指导办理车管业务4.74万人次。机动车登记1.87万起，转移登记1711起，变更登记223起，补办合格3111起，电子档案补录6112万个。查处疲劳驾驶2685起、违法停车1.02万起、涉醉涉酒2296起、无证驾驶251起、酒驾13人。查处三轮摩托车违法6446起，拘留215人次。查处交通肇事逃逸6起，刑事追责6人。

二、消防

1983年3月，县消防队改为消防科，3名非现役干警转为部队现役，列入中国人民武装警察部队序列，隶属毕节地区武警消防支队，由大方县公安局代管。1997年12月，大方县消防科改为中国人民武装警察毕节地区大方县消防支队，正营级编制，又称大方县公安消防大队。2002年，在大方镇贵西大道征地4000多平方米，修建营房1500余平方米。2004年8月，在大方建立消防中队，建制为正连级，编制为现役消防干警7名，战士19名，编为2个班。大方县消防大队实行正规军事化管理，属现役部队，是大方县公安机关依法实施消防监督的职能部门，担负全县消防安全任务。消防大队4名防火干警，负责全县消防监督检查、消防宣传、火灾事故抢险救援工作。除县消防队外，各乡镇也组织民兵消防队伍，遇有火灾事故立即奔赴现场救援。

2008年，全县有34个义务消防队。全年发生火灾3起，损失18.7万元。2011年，签订各类消防责任书1500余份，与村民签订责任书10多万份，检查重点单位1116家，发现火灾隐患652处，下发责令整改通知书492份，办理行政处罚30起，罚款19.61万元，临时查封6家单位场点。2013年，开展消防安全大检查，检查单位1433家，督促整改火灾隐患1340处，下发责令整改通知书1038份，处罚单位51家，罚款23.5万元，责令“三停”3家，临时查封7家场点，拘留7人，全县未发生火灾事故。

2014年，公安机关与32个乡镇、21家行业单位签订消防安全责任书，检查573家单位，督促整改火灾隐患417处，下发责令整改通知书342份，处罚单位27家，罚款10.78万元，责令“三停”2家，拘留1人。

2015年，消防检查6391宗次，发现消防隐患3620处，整改3620处。抢险救援、灭火战斗138次，出动兵力989人次。抢救被困人员88人，疏散294人，抢救物资、财产价值112.1万元。

第五节 警务管理

1991年，大方县坚持“稳定压倒一切”的指导思想，贯彻落实《中共毕节地委行署关于进一步加强全区公安工作的意见》，一手抓队伍建设，一手抓目标管理责任制。组织民警到地区培训4期47人，县组织培训乡警3期60人。1990—1992年，抽调50名民警参加毕节地区公安处举办的干警业务培训班，大方县举办政治业务培训班2期，培训民警125人。1991—1993年，取消探监费、收审人员生活费等6个自立项目，拆除13台车不符合规定安装的警灯、警报器装置，查处违纪干警3人，调离5名不适宜公安工作的民警。

1993—1994年，围绕把公安队伍建设成为一支“忠实可靠、训练有素、纪律严明、秉公执法，为经济建设保驾护航”队伍的目标，在公安机关针对纪律涣散、特权思想严重、法制观念淡薄、警容风纪不整等问题开展教育整顿。选送59名干警参加地区培训班；县举办2期政治业务培训，培训基层派出所领导及业务骨干225人；以会代训1期94人；内勤培训班1期50人。

1995—2000年，贯彻实施《中华人民共和国人民警察法》，依法规范警察行为。1997年，组织警察学习贯彻《中华人民共和国国家赔偿法》《中华人民共和国人民警察法》和新《中华人民共和国刑事诉讼法》等法律法规，学习全国人民警察先进典型，培养民警爱岗敬业的奉献精神和良好的道德情操。1998年，坚持“抓班子、带队伍、促工作、保平安”工作思路，加强民警“为人民服务，树公安新风”教育活动，从纪检、信访、街道离退休干部中聘请10名执法执纪监督员。1995—1999年，选送78名干警参加地区举办的政治、刑侦、治安、法制、预审培训班。县举办《中华人民共和国刑法》《中华人民共和国刑事诉讼法》《中华人民共和国国家赔偿法》《中华人民共和国人民警察法》培训班3期，培训民警350人。1996—1999年，拆除不符合规定安装的警报警灯14套，收缴警车专用号牌25对，查证违纪线索42条，查证属实18件19人，给予党政纪处理。1999年，选派68名干警参加省地举办的业务培训班。2000年，选派缉毒干警到省参加尿液检验专业技术培训。

2001年，开展“全心全意为人民服务的宗旨教育”“实事求是的思想教育和严格、公正、文明的法制教育”活动，通过正反典型教育，以案说法，警钟长鸣。落实公安部队伍建设12项措施，建立完善队伍建设管理、枪支弹药管理等28项规章制度。同年，选派97名民警参加地区公安业务培训和公务员培训。县举办乡镇派出所所长、内勤民警培训班1期，培训72人。

2002—2003年，开展“立警为公、执法为民”教育活动，贯彻落实公安部“五条禁令”，端正执法思想，转变执法观念。

2003—2005年，民警滥用枪支警械、滥用强制措施、刑讯逼供时有发生，公安机关进行“三项治理”，警务督察大队以民警贯彻落实“五条禁令”“十二条措施”“三项治理”为督察内容，出动警力50人次，开展督察24人次，查访科、队所42个，涉及民警120人次，查纠违规民警14人次。2004年，贯彻上级公安机关“加强教育培训全面提高民警素质”要求，制定《民警培训岗位练兵措施》，分5期组织377名民警进行封闭式训练。2004—2005年，组织实施毕节地区公安局下发的《公安队伍建设综合评价体系》，层层签订责任书，实行“末位挂牌”管理制度。

2006年，对36个派出所205名民警进行《中华人民共和国治安管理处罚法》等考试，举办6期社会主义法治理念培训班，培训民警406人。2006年，在全警树立正确对待监督、自觉接受监督的观念，约谈民警84人次，诫勉谈话10人次，清除积案13件，出动警力650人次，开展督察265次，督察单位500个次、民警1650人次，查纠违规民警69人，执行禁闭措施6人。

2007年，开展大练兵活动，组织新录用的52名民警参加省公安厅为期半年的新录警统一培训，31人参加地区公务员初任培训，2人参加省公安厅警衔晋升培训，全警信息化培训6期600人。同年，出动警力1118人次，开展警务督察352次，督察单位2038个次，涉及民警5940人次，查纠违规民警81人次。2007—2009年，开展纪律作风整顿教育，制定《公安队伍管理若干规定》《中层领导干部管理办法》《民警行为礼仪规定》等40个制度。重申公安部“五条禁令”，贯彻省公安厅“十条警规”和地区公安队伍建设“七条高压线”，现场对基层民警进行考试，对考试不合格民警实行待岗培训。2008年，出动警力1533人次，开展警务督察352次，督察单位1500个次，涉及民警3560人次，查纠违规民警136人次，检查警用车辆230台次，检查仓库51个次，检查民警借用枪支62支。

2008—2009年，落实“战训合一、轮值轮训”。建成每期可容纳60人的集中培训教育训练基地，组织8期471名民警参加15天轮值轮训。2009年，开展专项督察和明察暗访500次，其中，现场督察350次，专项督察100次，暗访50次，涉及民警800人次。

2010年，开展“忠实践行宗旨、勤政廉政为民”教育活动，制定完善组织建设规范、教育培训规范、内务管理规范、执法执勤规范、警务保障规范等7个方面50个制度性文件。以提高民警岗位核心能力、促进公安队伍正规化建设为目标，按照“做什么、学什么，缺什么、补什么”思路，分层级、分警种对474名干警开展12期轮训。开展现场督察、专项督察551次，查纠违规民警30人，其中，行政警告5人，通报批评1人。

2011年，公安队伍教育整顿围绕“解放思想、与时俱进、抢抓机遇、跨越发展”和“政治安定、社会安稳、经济安全、企业安心、群众安居”要求，公安队伍中存在的“群众观念淡薄，服务意识不强；执法办案中不作为、乱作为、作为不到位；执法具有随意性；民警责任心不强、纪律作风涣散，令不行禁不止”等问题进行整顿。按照岗位需要，开展内勤民警培训班、所长培训班、刑侦民警培训班，以公安基础工作和执法质量为核心内容，提高民警工作能力。开展现场督察、专项督察597次，查处民警违法违纪案件8件，涉及民警18人，其中，移交检察机关处理1人，辞退1人，撤销职务处分1人，行政记大过处分2人，行政记过处分4人，通报批评1人。

2012年，开展警务督察活动720次，其中，现场督察485次，专项督察180次，暗访55次，查纠违规民警47人，检查警用车辆820台，提出整改建议128条，培训472人次。落实从优待警，落实民警年休假和节假日轮休制度，落实加班工资，落实民警健康检查及相关福利。分期组织培训《刑事诉讼法修正案》《刑法（总则）及配套规定新释新解》《刑法（分则）及配套规定新释新解》，共培训472人次。

2013年，吸取金沙“2.19”、赫章“2.27”、金沙“3.16”等事件教训，抓实纪律作风教育。开展警务督察活动592次，其中明察534次，暗访58次，查纠违规民警14人，检查警用车辆920台，提出整改建议128条。举办9期“轮训轮值、战训合一”培训班，培训民警438人，培训率达92.6%。同年，实行训考分离、不合格复训制度，举办9期“战训合一、轮值轮训”培训班，培训民警438人，培训率达92.6%。

2014年，开展警务督察活动523次，查纠违规民警45人次。对涉嫌违法犯罪的1名教导员移送检察机关处理，对违纪的1名派出所所长、1名副所长给予免职处理。

2014—2015年，建立分级分类民警训练标准体系，组织4期轮训，重点培训民警反恐处突、执法办案、服务群众及信息化运用等方面的能力。2015年，继续开展公安队伍纪律作风教育整顿工作，开展警务督察活动156次，禁闭处理89人次，通报批评11人次，停止执行职务2人次，开除公职1人。是年，全县有公安干警438人，比1992年增加201人，增长84.81%。其中，县公安局271人，乡镇及各开发区派出所167人。全县公安干警大学本科以上文化7人，大专文化216人，高中、中专及以下文化215人，共产党员308人。

第二章 检 察

第一节 刑事检察 经济检察

一、刑事检察

1990—1992年，受理公安机关提请批准逮捕的各类刑事案犯1908人，经审查决定批准逮捕1778人，不予批准逮捕57人，退回公安补充侦查73人。受理自侦部门提请批准逮捕的117人，经审查决定批准逮捕105人，不予批捕3人，退回补充侦查9人。受理公安机关移送审查起诉或免起诉案件978件1635人，经审查决定公诉734件1157人，免诉69件134人，不起诉4件5人，移送地区分院作一审案件起诉70件159人，退回公安补充侦查87件157人，待审查14件23人。受理自侦部门移送审查起诉或免诉案件168件194人，经审查起诉63件77人，决定免予起诉81件91人，移送地区分院免诉1件1人，退回补充侦查18件18人，撤案2件4人，不起诉1件1人，积存待审查2件2人。

1993—1997年，受理公安机关、监狱提请批准逮捕犯罪嫌疑人2803人，经审查批准，决定逮捕2406人；受理移送审查起诉2723人，经审查，决定向人民法院提起公诉2434人。

1998—2002年，受理公安机关和自侦部门提请批捕各类刑事犯罪嫌疑人2262人，其中1998年批捕379人；1999年批捕401人，2000年批捕526人，2001年批捕429人，2002年批捕527人。5年共提起公诉1780人。在开展严打斗争中，共批捕刑事犯罪嫌疑人1811人，提起公诉892人。

2003—2006年，把维护社会稳定作为检察工作的首要任务，加强与公安、法院的密切配合，加大从快审查批捕、起诉力度，保持严厉打击严重刑事犯罪的高压态势。4年共受理审查逮捕案件1238件2056人，依法批准逮捕1678人；受理审查起诉案件1392件1976人，依法提起公诉1061件1487人，移送上级检察机关审查起诉90件156人，批捕杀人、伤害、强奸、爆炸犯罪嫌疑人333人，提起公诉335人；批捕抢劫、抢夺、盗窃及毒品犯罪嫌疑人801人，提起公诉795人；

2007—2011年，受理提请逮捕案件1596件2684人，依法批准逮捕1258件2072人；受理审查起诉案件1576件2329人，依法提起公诉1344件1886人，移送上级检察机关审查起诉118件183人。其中，批捕涉黑涉恶犯罪案件7件84人，起诉14件94人；批捕故意杀人、抢劫等严重暴力性犯罪案件370件599人，起诉390件530人；批捕毒品犯罪案件130件195人，起诉101件121人；批捕“两抢一盗”犯罪案件520件888人，起诉542件819人。审结2件42人黑社会性质犯罪案。

5年中，对无逮捕必要的123件172人决定不予起诉。

2012—2015年，受理公安机关提请批准逮捕2009件3287人，审查批准逮捕1656件2495人；受理移送审查起诉案件2270件3268人，提起公诉1825件2526人，作出不起诉决定97件112人，移送市检察院审查起诉180件305人。2012年，受理公安机关提起审查批捕388件687人，批捕309件506人；审查起诉474件732人，提起诉讼391件606人。对轻微犯罪、未成年人犯罪不适用逮捕措施74人，作相对不起诉17人；轻微刑事案件促成当事人达成刑事和解，对14人作出相对不起诉。2013年，共批准逮捕各类犯罪嫌疑人352人，提起公诉396人。落实宽严相济刑事政策，作出不批准逮捕37人，双方当事人达成轻微刑事案件和解17件17人。2014年，批准逮捕各类刑事犯罪嫌疑人503人，提起公诉462人；移送市检察院审查起诉74人；批捕“两抢一盗”犯罪嫌疑人184人，提起公诉164人，落实宽严相济刑事政策，依法对43人作无逮捕必要处理；对10人达成当事人和解作不起诉决定。

2015年，受理公安机关提请审查逮捕案件396件525人，批准逮捕320件415人，不批准逮捕76件110人，受理公安机关和自侦部门移送审查案件389件532人，提起公诉333件452人，移送市检察院审查起诉26件48人，依法不起诉23件25人。

二、经济检察

1990—1992年，受理贪污贿赂等经济案件204件，决定立案侦查110件125人，侦查终结96件110人。其中，移送起诉35件38人，移送免诉40件44人，撤销21件28人。追缴赃款赃物折合人民币70万余元，协助收回各种失控资金280万元。

1993—1997年，受理国家工作人员贪污贿赂、渎职侵权案件384件，初查347件，立案215件237人，挽回经济损失170余万元。经济案件中，1万元以下的65件；1万元以上不满5万元的38件；5万元以上的5件。

1998—2002年，查处贪污贿赂案件57件，涉案金额20余万元。其他经济案件56件，挽回经济损失129万元。

2003—2006年，批捕偷税骗税、制假售假、非法吸收公众存款、非法经营等经济犯罪嫌疑人12人，提起公诉8人。立案查办贪污贿赂、渎职侵权犯罪案件60件72人，为国家、集体挽回经济损失400多万元，所立案件中，大案要案16件24人。

2007—2011年，立案查办贪污受贿经济犯罪案件63件71人，为国家挽回经济损失1440多万元。5年中，查办副科级以上领导干部职务犯罪案件26件26人，查办煤炭综合执法大队相关工作人员受贿案，为国家挽回直接税务损失1亿多元，其中，涉及正县级干部1人，副县级干部1人，副科级以上干部14人。

2012—2015年，查处贪污受贿案件52件58人，挽回经济损失1080万元。其中，副县级干部2人，乡科级干部9人。2012年，查处贪污受贿案件涉案金额5万元以上10万元以下8件9人，涉案金额10万元以上100万元以下3件4人，涉案金额100万元以上2件2人，挽回经济损失380多万元。2013年，查办贪污贿赂案件11件14人，涉案金额5万元以上10万元以下5件6人，涉案金额10万元以上50万元以下6件8人，挽回经济损失200多万元。2014年，查办贪污贿赂案件14件14人，涉案金额5万元以上10万元以下4件4人，涉案金额10万元以上50万元以下9件9人，涉案金额100万元以上1件1人。副县级干部1人，乡科级干部3人，挽回经济损失300多万元。

2015年，查处征地补偿、医疗卫生领域贪污贿赂案件14件14人。其中，副县级干部1人，乡科级干部6人，挽回经济损失200多万元。

第二节　法纪检察　监所检察

一、法纪检察

1991—1992年，受理法纪案件118件，决定立案侦查64件80人。侦查终结移送起诉64件80人，免诉25件28人，积存待办9件13人，办结历年积存未结案9件20人。审结历年积存案件4件5人，其中，移送起诉3件4人，移送免诉1件1人。

1993—1997年，受理法纪案件线索151件，立案99件，其中，大要案8件，非法拘禁案8件13人，非法侵宅案19件23人，侦查终结96件124人。查处群众控告公安干警刑讯逼供违法违纪案件13件。5年中，查处司法人员执法犯法构成犯罪10人，其中，徇私舞弊2人，贪污挪用2人，私放罪犯4人，刑讯逼供案1人，非法拘禁案1人。

1998—2002年，侦查职务犯罪案63件，其中渎职侵权案6件，所立案件属“三机关一部门”（公检法机关、执纪部门）案件16件16人。

2003—2006年，查办党政机关干部职务犯罪人员26人，查办国有公司内职务犯罪人员18人，查办建设、国土、矿管行业内职务犯罪案件2件3人，涉及经济犯罪金额58.2万元。

2007—2011年，立案查办渎职侵权案16件18人，查办副科级以上领导干部职务犯罪案件26件26人；参与矿难事故调查28起，发现事故背后的职务犯罪案件线索，查办玩忽职守案3件3人；查办涉农职务犯罪案件14件25人。

2012—2015年，查办渎职案件91件110人。查办职务犯罪案件17件19人。监督公安机关立案侦查5件5人，监督撤案4件4人，追诉犯罪嫌疑人3人，纠正漏罪2起和遗漏犯罪事实1桩，涉及副县级干部1人，乡科级干部6人。

二、监所检察

1991年，对监舍定期检查9次，对在押人犯个别谈话教育190次，配合办案人员审讯人犯440人次，催办超期羁押案件90次。1992年，对在押人犯361人所住监舍定期检查8次，不定期检查30次，对在押人犯个别谈话教育180人次，陪同办案人员审讯人犯300人次。1993—1997年，定期进行监所检查220次，不定期检查270次，配合相关部门审讯人犯750次，对人犯教育谈话880人次，提出法律监督建议320条次。

1998年，办理犯人重新犯罪案件29件30人，决定起诉25件26人，不起诉1件1人。1999年，开展监所检察，提出书面纠正意见4次7条，口头纠正意见或建议21次，纠正超期羁押39人，审查起诉在押人犯重新犯罪案件16人，批准逮捕1件1人。自行检查和配合主管机关对监狱劳改场所的执法活动监督检查84次。2000年，开展监所检查45次，提出口头纠正意见43次，提出书面建议12次16条。2001年，检查监所28次，提出口头建议42次，对人犯教育谈话250人次，纠正超期羁押21人。2002年，开展监所检查40次，纠正超期羁押34人，提出书面建议纠正工作过错3次8条。1998—2002年，纠正超期羁押107人，纠正监管活动中各类违法问题18件次。

2003—2006年，开展监所检查172次，清理纠正有关执法部门在办案环节超期羁押嫌疑人100人，发出羁押期限届满提示函365次。在每年定期或不定期开展的监所检查中，针对存在问题，提出口头建议59次。

2007—2011年，开展监所检查242次，与服刑人员谈话进行思想开导教育860人次，对监所的安全、卫生、作息时间、人犯活动以及对人犯遵守监规等进行了解，对执法人员提出书面建议4次12条。

2012年，审查收押、释放、投劳等法律文书6000余份，纠正计算刑期错误5件；督促看守所发羁押期限届满提示函1165人次；对看守所混管混押、收押释放、一人提讯等违法情况，提出检察建议23条；对监外执行罪犯和社区矫正对象脱管、漏管等问题跟踪监督，提出书面纠正建议25条。

2013年，监所检察针对社区矫正和监管场所执法存在的问题，提出书面检查建议42份；督促看守所提示羁押期限即将届满1130人。

2014年，在刑罚执行监督中，提出检察建议65份，对不符合暂予监外执行条件的2名罪犯监督收监执行；督促看守所向法院、公安局等相关办案单位进行案件期限即将届满提示累计1068人次，审查各类法律文书4730份，向在押人员发放权利义务告知书583份。

2015年，针对看守所监所存在安全隐患等情况，提出检察建议10件；针对监处执行脱管、漏管等问题，提出检察建议23份；开展减刑、假释、暂予监外执行专项检察活动，对不符合暂予监外执行条件的4名罪犯，监督收监执行；督促看守所向法院、公安局等办案单位进行案件限期即将届满提示累计1946人次，审查各类法律文书2620份，向在押人员发放权利义务告知书507份。

第三节　控告申诉检察　民事行政检察

一、控告申诉检察

1991—1992年，受理群众来信来访1429件，经审查登记，转公安851件，转法院85件，转其他单位136件，转本院有关科室357件。查处控申案19件，其中立案侦查18件，作其他处理1件。1993—1997年，受理群众来信1118件，来访1137人次。受理民事申诉案件38件，涉及科局干部6人。立案查处控申案件39件。办理各类技术鉴定案件327件。

1998—2002年，受理刑事申诉案件60件，受理民事申诉案件33件，均依法办结。接待来访群众1716人次，按相关规定将上访事项进行处理。2003—2006年，受理群众举报职务犯罪110件次；受理群众来信来访519件；清理涉检信访案5件，办结息诉；检察长接待日处理群众来访152人次；受理刑事申诉案件26件，全部复审；受理刑事赔偿申诉案3件，全部依法进行处理。

2007—2011年，受理群众来信、来访、控告、申诉、举报案件631件900人，其中举报线索259件348人，均按首办责任制和归口办理原则及时分流办理，处理率100%；受理民事行政申诉案件58件，立案审查25件。

2012—2015年，接待来访咨询116件128人次，受理来信、来访、控告、申诉、举报90件111人，处理率达100%。涉检信访6件6人全办结息诉，其余110件122人分别移送相关职能部门处理。

二、民事行政检察

1990—1992年，检察监督民事案件2921件，解决争诉标的12.4万元；检察监督行政案件38

件，结案率99.8%。

1993—1997年，检察监督民事案件5766件，其中经济纠纷案234件，标的45.64万元；检察监督行政案件91件。

1998—2002年，检察监督民商事案件1.92万件；检察监督行政案件140件。

2003—2006年，检察监督各类民商事案件1.37万件，其中“三农”案件86件，矿山损害赔偿、转让、承包纠纷案件27件，商事类案件1万余件；检察监督各类行政案件104件。民事行政审判监督中，立案审查23件，提请抗诉7件，提出再审检察建议1件。

2007—2011年，检察监督各类民商事案件1.02万件；检察监督行政案件154件；受理民事行政申诉案件58件，立案复查25件，向毕节检察分院提起抗诉5件，办理刑事附带民事14件。办理支持起诉105件，督促起诉11件。

2012—2015年，检察监督民商事案件5124件，检察监督行政案件103件，受理民事行政申诉案件18件，支持相关部门起诉16件，办理刑事附带民事诉讼案件4件。督促国资管理企业提起诉讼155件，为国家挽回经济损失513万元。在民事行政检察监督中，开辟民事行政案件申诉绿色通道，在全县32个乡镇司法所设立民事行政检察宣传联络点，收集反馈群众合理诉求。制作发放宣传手册5000余册。

第三章 审 判

第一节 刑事审判 民事审判

一、刑事审判

1990—1992年，受理刑事案件1050件1615人，案件全部审结。在一审判决的1327名罪犯中，判处5年以上20年以下有期徒刑的408人；在“十一类”严重刑事犯罪和经济犯罪的692人，判处5年以上20年以下有期徒刑的319名，判处拘役的13人，缓刑的82人，免于刑事处分10人，宣告无罪2人。先后在城关、坡脚、马场、理化、六龙、百纳等地召开宣判大会26次。

1993—1997年，审结各类刑事案件1724件，其中，判处5年以上有期徒刑的261人，判处5年以下有期徒刑、拘役、缓刑的1307人，免予刑事处分11人，宣告无罪4人。1998—2002年，受理各类刑事案件1488件，审结1465件，召开公判大会20余次，对400多名刑事犯罪嫌疑人公开审判，配合上级法院对数十名严重犯罪人员依法执行死刑。

2003—2006年，受理各类刑事案件1128件1556人，审结1127件1555人，年均结案率为99.5%，其中杀人、强奸、抢劫犯罪案255件334人，毒品犯罪案52件60人，贪污、贿赂、渎职犯罪案41件41人。

2007—2011年，受理各类刑事案件1430件2111人，审结1458件2044人，结案率99.86%，其中，杀人、抢劫、抢夺、强奸、绑架等严重暴力犯罪案件465案644人，毒品案件110件134人，黑恶势力案件5件81人，贪污、贿赂、渎职犯罪案件81件101人，非法采矿犯罪案件12件13人；未成年人犯罪案件161件204人。

2012—2015年，受理刑事案件1398件2042人，审结1380件2007人，其中，判处5年以上20年以下有期徒刑的283人；判处缓刑、管制、单处罚金、免予刑事处罚361件454人，判处3年以上10年以下有期徒刑66件74人；判处10年以上有期徒刑8件14人；判处15年以上有期徒刑1件1人，妥善处理未成年人犯罪16件22人。刑事案件中，伤害、侵权73件92人，"两抢一盗"、诈骗106件157人，职务犯罪17件19人，毒品犯罪71件79人，危害公共安全、失火、交通事故犯罪42件69人。

二、民事审判

1990—1992年，受理民事案件2921件，审结2918件，解决争议诉讼标的124.21万元。1993—1997年，受理一审民事案件5766件，审结5673件。1998—2002年，受理各类民商事案件1.92万件，审结1.9万件。2003—2006年，受理各类民商事案件1.38万件，审结1.38万件，年均审结率98.7%。民商事案件中"三农"案件86件，矿山损害赔偿、转让、承包纠纷案件27件，商事案件1万件。2007—2011年，受理各类民商事案件1.02万件，审结1.01万件，结案率99.7%。其中，"三农"案件1631件；劳务合同纠纷、劳动争议案件219件；交通、电力、环保案件1256件；婚姻、相邻纠纷案件3830件。审理中以调解、撤诉方式结案7130件，调撤率70.27%。2012—2015年，受理民商事案件7948件，结案7690件，其中，超过100万元标的的案件10件，涉案总标的4495万元；通过调撤方式结案共2917件，民商事案件调撤率75.14%。

第二节　经济审判　行政审判

一、经济审判

1990年，审理经济犯罪案件14件18人。受理经济合同纠纷案件147件，审结146件，解决争议标的24.5万元，其中，判决5件，调解138件，其他方式处理3件。

1991年，审理经济犯罪案件33件44人。受理经济合同纠纷案件144件，全部审结，解决争议标的56.94万元，其中，判决12件，调解120件，撤诉12件。审判属严重刑事犯罪和严重经济犯罪的案犯，判处5年以上有期徒刑112名，属"十一类"严重刑事犯罪和严重经济犯罪的217名，判处5年以上20年以下有期徒刑153名。

1990—1992年，判决属"十一类"严重刑事和经济犯罪的692名，其中，判处5年以上20年以下有期徒刑的319名，追回赃款和赃物折款20余万元。

1993—1997年，受理经济纠纷案件3985件，审结3977件，解决争诉标的376.63万元。

1998—2002年，受理各类经济纠纷案件7612件，审结7601件，审结争议标的2164.51万元。受理审结贪污贿赂案件49件52人，挽回经济损失120余万元。

2003—2006年，受理民商经济案件中，解决争议标的7094.4万元。审理贪污挪用公款等职务犯罪中，挽回经济损失230余万元。

2007—2011年，审结贪污、贿赂、渎职等职务犯罪案件81件101人，涉案资金160余万元。审结劳务合同、劳动争议纠纷案件219件，涉案金额300余万元。

2012—2015年，审结贪污、贿赂等职务犯罪案件35件43人，涉案金额380余万元。审结破坏市场经济秩序案件170件260人，涉案金额1100余万元。审结民商事案件1743件，其中审结经济案件267件，涉案金额930万元。

二、行政审判

1991—1992年，受理行政案件42件，审结42件，结案方式为维持33件，撤销3件，其他方式处理6件。1993—1997年，受理行政案件91件，全部审结。1998—2002年，受理各类行政案件140件，全部审结。2003—2006年，受理各类行政案件104件，审结104件。申请再审2件，审结1件。2007—2011年，受理行政案件154件，审结154件。其中，判决维持具体行政行为4件，判决驳回诉讼请求4件，裁定驳回起诉2件，判决部分撤销具体行政行为2件，判决行政赔偿1件，协调化解行政争议19件。2012—2015年，受理行政案件359件，结案343件，结案率95.54%，其中，驳回诉讼请求105件，判决维持行政机关具体行政行为196件，判决撤销、改变具体行政行为16件，通过协调方式化解结案14件，其他方式结案12件。受理审查非诉行政案件141件，裁定准予执行140件。

第三节　判决执行　审判监督

一、判决执行

1990—1992年，县人民法院执行已产生法律效力的法律文书1966件，执结率100%。1993—1997年，受理申请执行各类案件985件，执行943件，执行标的160多万元。1998—2002年，受理各类执行案件2981件，执结2833件，执行标的3000多万元。

2003—2006年，受理各类执行案件1279件，执结1262件，年均执结率为95.83%，执行标的2063万多元。2007—2011年，新收2121件执行案件，执结2072件，清理执行积案496件，执结474件，涉及执行标的1939.9万元，执行到位标的519.36万元。执结率97.69%。2012—2015年，受理执行案件1677件，执结1554件。受理执行标的1.01亿元，执行到位标的4310.96万元。清理历年执行积案788件，执结787件。

二、审判监督

1991—1992年，受理刑事申诉复查案件197件197人，全部审结，其中，维持原判176件176人，改判21件21人。1993—1997年，受理申诉复查再审案件234件186人，全部审结，维持原判38件38人，改判14件14人，驳回申诉4件4人，其他方式处理180件130人。1998—2002年，维持原判131件，改判4件，撤诉6件，驳回申诉6件，调解1件，其他方式处理7件。2003—2006年，受理申诉复查再审案件50件，审结50件；受理发回重审案件25件，审结25件。

2007—2011年，受理申请复查再审案件26件，审结25件，审结率96.15%。开展巡回审查案件工作，全年巡回审查案件1180件，调查了解对案件审理的满意程度，联系当事人并到固定地点接待当事人1210人次，了解当事人对案件审理的态度，对当事人进行法律疏导。

2012—2015年，受理申诉复查和再审案件223件，审结223件，维持原判144件。评查各类案件518件，评查各类裁判文书786份。办理人大代表关注、交办案件10件，办理人大代表和政协委员意见、建议11条，邀请人大代表、政协委员视察法院工作92人次，旁听案件67件130人次，人民陪审员参与案件审理225件261人次。邀请人大代表、政协委员参加座谈15人次，旁听案件98件156人次；向人大代表和政协委员征求意见分别为73人次和24人次；人民陪审员参与案件审理467件547人次。通过公开审理（除按法律规定不应公开的外）、听证、建立法院官方网站和官方微博等方式，接受广大群众的监督。

第四章　司法行政

第一节　普法　公证

一、普法

1985年1月，中共中央、国务院作出决定，用5年时间向全体公民普及基本法律常识，普法对象为全体公民，主要为9岁~60岁的公民，重点是干部，特别是领导干部和青少年。大方县从1986年起，以5年作为一个普法周期，1986—1990年为第一个5年普法时期，简称“一五”普法，依次类推。

“一五”普法内容有《中华人民共和国宪法》《中华人民共和国刑法》《中华人民共和国刑事诉讼法》《中华人民共和国民事诉讼法》《中华人民共和国婚姻法》《中华人民共和国民法通则》《中华人民共和国继承法》《中华人民共和国经济合同法》《中华人民共和国森林法》《中华人民共和国兵役法》《中华人民共和国民族区域自治法》《中华人民共和国治安管理处罚条例》，称为“十一法一条例”。“二五”普法增加《中华人民共和国教师法》《中华人民共和国行政诉讼法》《中华人民共和国地方各级人民代表大会和地方各级人民政府组织法》《中华人民共和国全国人民代表大会和地方各级人民代表大会代表法》《中华人民共和国全国人民代表大会和地方各级人民代表大会选举法》《中华人民共和国城市居民委员会组织法》《中华人民共和国村民委员会组织法》《中华人民共和国农村土地承包法》。“三五”普法除原确定的内容外，增加《中华人民共和国义务教育法》《中华人民共和国国旗法》《全国人大常委会关于禁毒的决定》《社会主义民主法制建设若干问题讲话》《农民法律知识读本》。“四五”普法除原学习内容外，增加学习《社会主义民主与法制建设基本知识》《中华人民共和国国家赔偿法》《中华人民共和国土地管理法》《中华人民共和国未成年人保护法》《中华人民共和国行政处罚法》《中华人民共和国行政复议法》《中华人民共和国国家公务员暂行条例》《中华人民共和国人口与计划生育法》。

2002年，组织全县副科级以上领导干部参加中国加入世贸组织WTO知识学习，组织干部职工订购“四五”普法书籍《世贸组织基本知识问答》《法律法规选编》《公务员依法行政读本》《干部法律知识读本》。“五五”普法期间，增加学习《中华人民共和国公务员法》《中华人民共和国行政监察法》《中华人民共和国妇女儿童权益保护法》《中华人民共和国城乡规划法》。“六五”普法期间，增加学习《中华人民共和国城市房地产管理法》《中华人民共和国环境保护法》，新修订的《中华人民共和国刑法》《中华人民共和国宪法》《中华人民共和国婚姻法》等。在普法学习活动中，除学习国家法律法规外，配套学习省人大常委会制定的关于国家法律在实践中的具体实施办法和其他地方性法规。

大方县机关干部每月集中学习 4 天 ~5 天，领导干部带头学习，研读法律原文，按规定进行系统学习。自普法工作开展以后，每年安排两次普法学法考试。考试一般采取开卷考试的方式，考试内容为各个普法时段所学法律的内容。考试成绩记入个人档案，并与年终考核、晋级晋职、评先选优等挂钩，每年平均有 1.86 万名干部职工参加普法考试。

对全县群众的普法学习教育，主要采取会议形式，对群众开展普法教育，选取相关法律法规，在召开群众会时向群众宣讲；以社区、村组办法制专栏、专刊，组织群众观看阅览；选取典型案例向群众讲解案情及处理结果；在集市向群众发放法制宣传资料，在街道设立法律咨询点、台，解答群众咨询的法律问题。全县平均每年有 47 万名群众接受普法教育。在普法活动中，采取办普法培训班、法制宣传专刊、宣讲法律法规、发放法制宣传资料等方式进行普法宣传。1991—2015 年，办普法培训班 789 期；办法制宣传专刊 2703 期；组织各种会议宣讲法律法规 2694 场次；发放法制资料 27.94 万份。

至 2015 年，大方县完成“六五”普法任务。

二、公证

1992—1996 年，办理公证 3101 件。1996—2000 年，办理公证 4.19 万件。2001—2005 年，办理公证 6324 件。2006 年《中华人民共和国公证法》实施后，加强对《中华人民共和国公证法》的宣传，公证工作者以此为公证办理法律依据，严格依法办理公证。2007 年，开展《中华人民共和国公证法》实施一周年宣传活动，发放宣传资料 1000 余份。组织公证员深入洪家渡移民区办理移民搬迁补偿公证 50 余件，由 15 人组成公证工作组对县城红旗小区开发拆迁进行现场公证。2007 年，共办理各类公证 260 件，涉及金额 250 万元，调解公证纠纷 5 件。2006—2010 年，办理公证 3823 件。2011—2015 年，办理公证 2770 件。

第二节 律师事务 法律援助

一、律师事务

律师事务包括刑事案件辩护、民事案件代理、行政案件代理、非诉讼法律事务代理、承担法律顾问、代写法律文书、解答法律咨询等。律师事务突出刑事辩护、标的大和案情复杂的民事代理及行政应诉，介入涉及全县热点、难点、焦点问题和群体性事件处理工作。律师对刑事和民事问题的辩护和代理工作，一般为有偿服务，涉及经济案件的律师费用，根据诉讼金额按比例分段累计收取。承担法律顾问由聘用方付给报酬；代写法律文书按份收取费用；解答法律咨询一般为免费服务。

1991—1992 年，代理刑事辩护 25 件，民事代理 28 件，非诉代理 5 件，承担法律顾问 9 家，代写法律文书 227 份，提供法律咨询 670 人次。1993—1997 年，代理刑事辩护 127 件，民事代理 82 件，非诉代理 12 件，承担法律顾问 21 家，代写法律文书 567 份，提供法律咨询 1640 人次。1998—2002 年，代理刑事辩护 102 件，民事代理 94 件，非诉代理 7 件，承担法律顾问 23 家，代写法律文书 640 份，提供法律咨询 1133 人次。2003—2006 年，代理刑事辩护 92 件，民事代理 71 件，非诉代理6件，承担法律顾问18家，代写法律文书417份，提供法律咨询822人次。2007—2011年，代理刑事辩护116件，民事代理117件，非诉代理11件，承担法律顾问64家，代写法律文书717份，提供法律咨询1166人次。2012—2015年，代理刑事辩护104件，民事代理81件，非诉代理7件，承担法律顾问39家，代写法律文书496份，提供法律咨询1897人次。

二、法律援助

在司法活动中，司法机关根据当事人的具体情况，为一些有特殊困难的当事人提供法律援助，减、缓、免诉讼费用和法律服务费用。

（一）审判机关的法律援助

1998—2002年，接待群众来访1万多人次，处理群众来信5000多件，在接待中调处简易纠纷200余件，共为1500多名案件当事人减免诉讼费用30余万元。其中，2000年，对经济确有困难的当事人减交诉讼费用的案件达782件，免交诉讼费用的案件95件，缓交诉讼费用的案件57件，减免诉讼费用7.41万元，缓交诉讼费用5.84万元。

2003—2006年，为案件当事人减免和缓交案件受理费和其他诉讼费130余万元。其中，2003年，为1092件案件当事人减免和缓交案件受理费和其他诉讼费36.5万元；2004年，为800多件案件当事人减免诉讼费35万元；2005年，为75名案件当事人减交诉讼费11.83万元，为82名案件当事人免交诉讼费10万余元，为90名案件当事人缓交诉讼费13.87万元。

2007—2010年，巡回审理案件1258件，各个乡定点接待469次，巡回办案838件，为当事人节约诉讼成本，使众多纠纷消化在村寨地头。完善司法救助办法，对经济确有困难的当事人减免和缓交诉讼费58.75万元；为经济困难案件当事人解决司法救助金55.31万元；接待群众来信来访4549人次；提供法律咨询2643人次；办理涉法涉诉案件115件，息访息诉35件。

2013—2015年，通过巡回方式审结民商事案件1040件，同时加强司法救助工作，为确有困难的当事人减免诉讼费49万余元，解决司法救助金13.5万元。

（二）司法行政机关的法律援助

司法行政机关的法律援助，主要指代理刑事辩护、民事案件代理、代写法律文书、提供法律咨询等事项。

1991—1992年，提供刑事辩护代理21件，民事案件代理29件，代写法律文书207份，提供法律咨询1193人次。1993—1997年，提供刑事辩护代理79件，民事案件代理209件，代写法律文书1556份，提供法律咨询4899人次。

1998—2002年，提供刑事辩护代理250件，民事案件代理408件，代写法律文书1970份，提供法律咨询3436人次，免收诉讼代理费5万余元。

2003年，提供刑事辩护代理56件，民事案件代理140件，代写法律文书399份，提供法律咨询1689人次。

2007年，提供刑事辩护代理555件，民事案件代理629件，代理行政案件诉讼4件，办理常规法律援助案件325件，代写法律文书681份，提供法律咨询6446人次。为大山9户村民提供法律援助，维护合法利益；为东关乡宏富德煤矿与群众纠纷一案调解，群众获得搬迁补偿款86万元。

2012—2015年，提供刑事辩护698件，民事案件代理778件，代写法律文书512份，提供法律咨询8526人次，行政诉讼案件代理4件。

第三节 人民调解 帮教矫正

一、人民调解

1991—1992年，全县有各级调解组织687个，各类调解人员3300余名。共调解民间纠纷827件，调解成功814件。1992年，调解成功306件，防止民事转化刑事案件4件9人。1993—1997年，全县常年有各级调解组织663个，各类调解人员3600余名。5年间共调解民间纠纷4872件，调解成功4861件，防止民事转化刑事案件23件65人。

1998—2002年，全县有各级调解组织742个，各类调解人员2870余人，5年间共调解各类民间纠纷5400余件，防止民事转化刑事案件67件78人。其中，2001年，调解民间纠纷480件，调解成功467件；2002年，调解民间纠纷2201件，调解成功2134件。2003—2006年，全县有各级调解委员会392个，各类调解人员3193人。4年间共调解各类民间纠纷6542件，调解成功6280件，排查重点民间纠纷457件，调解452件，防止集体上访14件，防止矛盾激化77件，防止民事转化刑事46件273人。

安乐乡司法所参与调解征地纠纷（2015年2月12日摄）

2007—2011年，全县有乡镇、村两级调解委员会394个，专职人民调解员2701人。5年间，共培训人民调解员6000余人次，划拨维稳经费64万元，共排查民间矛盾纠纷9026件，组织调解8991件，调解成功8557件，妥善解决群体性苗头事件65件，防止民事转化刑事47件122人。2012—2015年，全县有乡镇、村两级调解委员会406个，有专职人民调解员2853人。3年间共调处矛盾纠纷5298件，调解成功5115件，防止民事转化刑事148件305人，化解群体性事件27件。

二、安置帮教与社区矫正

对受过法律处理的刑满释放人员、管制人员、判缓刑人员、假释人员、剥夺政治权利人员、暂予监外执行人员、保外就医人员、社区矫正人员进行监管、教育和帮助，使其遵法守法，悔过自新。将安置帮教对象纳入管理帮教范围，定期见面谈话，准确掌握管理帮教人员的各种信息；定期向管理帮教对象进行法律法规、政策原则、人生理想等方面的知识教育；对生活、就业困难的管理帮教对象协助解决生活困难，落实帮扶措施，帮助解决就业问题；与管理帮教对象的家长或亲属沟通联系，相互配合，共同做好安置帮教工作。

1991—1992年，全县有安置帮教对象163人，其中，刑满释放人员71人，监外执行人员9人，解除劳教25人，缓刑7人，其他51人。1993—1997年，接收安置帮教对象532人，其中，刑满释放放人员 189 人，缓刑人员 63 人，监外执行人员 98 人，取保 7 人，假释 37 人，社区矫正人员 72 人，其他 66 人。1998—2002 年，接收安置帮教对象 630 人，其中，假释 12 人，社区矫正人员 211 人，刑满释放 179 人，缓刑 67 人，监外执行 134 人，其他 27 人。

2003—2006 年，接收安置帮教人员 2035 人，其中，刑满释放人员 355 人，解除劳教 67 人，假释 2 人，重点对象 10 人，政府纳入低保 59 人。2007—2011 年，全县接收刑释解教人员 2075 人，其中安置 1908 人。全县共有矫正对象 423 人，接收刑满释放人员 1905 人，其中，帮教 2010 人，解除监教 229 人。

2010 年，大方县社区矫正工作全面启动，重新犯罪明显减少。监外执行罪犯管理取得明显成效。对刑释解教人员实行一人一档，全县成立 34 个安置帮教接待站，工作措施日益完善。大方县帮教工作得到省、地高度肯定，并在全省召开的监外执行工作大会上作经验交流发言。是年，全县有社区矫正对象 423 人，刑满人员 72 人，出现脱管人员 7 人，接受矫正人员 155 人，其中，管制 1 人，缓刑 96 人，假释 38 人，剥夺政治权利 45 人，暂予监外执行 16 名。

2000—2015 年，共接收刑释解教人员 7253 人，其中，重点帮教对象 520 人，接回重点人员 248 人，一般对象 6733 人；帮教刑释人员 7075 人，帮教率达 97.55%。至 2015 年，接收社区矫正人员 1135 名，期满解除矫正 881 人，在册 254 人，缓刑 146 人，假释 74 人，监外执行 17 人，管制 8 人。2015 年，全县建立 2 个过渡性安置帮教基地。

第七篇 开发扶贫

第一章 概 况

大方县是全国592个、贵州省48个国家级贫困县之一。由于受喀斯特地貌和山区自然条件制约，农业基础设施建设和农业生产条件起点低、基础差、底子薄，以及社会发育迟缓、思想观念陈旧、文化科技落后等多种因素叠加的影响，到1985年年末，经省政府核定，大方有贫困乡镇88个，占全县乡镇总数的80.7%；贫困村406个，占总村数的80.2%；贫困人口55.85万人，占总人口的74.02%。经过近30年开发扶贫，至2014年，全县建档立卡贫困人口6.5万户24.51万人，贫困发生率达20.85%；37个乡（镇、街道）、389个村（居）中，有贫困乡镇30个、贫困村224个（其中深度贫困村69个）。2014—2018年，大方县按照习近平新时代中国特色社会主义思想指引，坚持以脱贫攻坚统揽经济社会发展全局，带领全县百万各族人民决战贫困。

5年脱贫攻坚，大方县做了大量扎实有效的工作：

坚决扛起政治责任。贵州是全国脱贫攻坚主战场，毕节是贵州脱贫攻坚主阵地。总书记习近平心系贫困群众，对贵州人民恩重如山，对毕节试验区格外关注，先后两次对毕节工作作出重要批示指示。特别是2018年毕节试验区成立30周年时，习近平专门作出重要指示，要求“尽锐出战、务求精准，确保毕节试验区按时打赢脱贫攻坚战”。大方县迅速组织学习习近平发表的重要讲话，贯彻落实中央、省、市的安排部署，结合实际制定贯彻落实意见，集中精力、人力、财力，合力攻坚。举办各类脱贫攻坚培训班，印发《脱贫攻坚政策汇编》《驻村干部工作手册》等10万余份，加强应知应会知识培训，采取闭卷考试、电话抽查等形式，强化各级干部对政策的学习和把握；开展“打赢攻坚战，建设示范区，大方怎么干？”大讨论活动，掀起学习《习近平扶贫论述摘编》、习近平重要批示指示精神的热潮，增强按时打赢脱贫攻坚战的使命感、责任感和紧迫感，切实提高打赢打好脱贫攻坚战的能力和本领。

2014年建档立卡贫困人口对比示意图

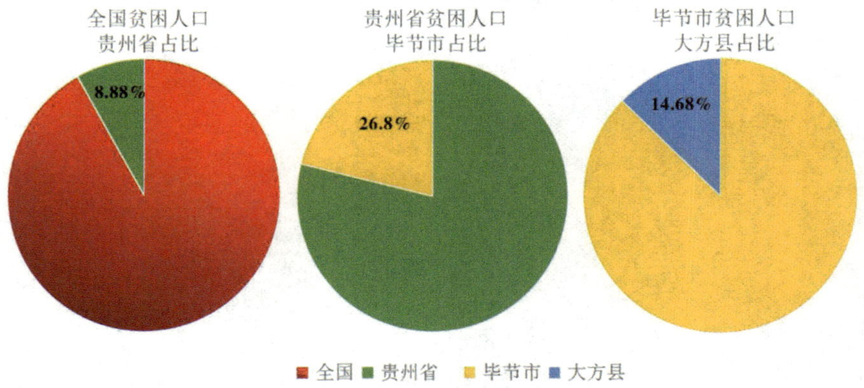

类 别	2014年度人数（万人）
全 国	7017
贵州省	623
毕节市	166.97
大方县	24.51

强化统一指挥，构建攻坚体系。成立脱贫攻坚指挥部，由县委书记、县长担任双指挥长，落实好人力调配、进度安排、项目落地、资金使用、推进实施等工作。累计召开县委常委会、政府常务会、指挥部专题会等98次，及时研究解决遇到的困难和问题。成立乡级脱贫攻坚指挥部37个，由四大班子成员下沉一线，担任乡级指挥长，明确每周至少3天工作在乡镇。组建村级脱贫攻坚突击队389个，由乡镇分管扶贫工作干部担任突击队队长。设立由县分管领导任组长的交通、住房、医疗、教育、水务、产业6个攻坚专班，集中力量攻克脱贫短板。完善政策设计。制定出台《大方县坚决打赢脱贫攻坚战三年行动实施意见》《大方县脱贫摘帽“百日攻坚战”方案》等系列文件，对攻坚方向、目标任务、方法举措等进行明确。建立联动调度机制。明确攻坚令全部由指挥部发出，攻坚令每月下达一次，对当月的目标任务、方法路径、完成时限、评比方式等进行清晰界定，指挥部一周一汇总、一周一研判、一周一调度，确保政令畅通、调度有力、推进有序，累计下发攻坚令、提示单276期次。持续发起攻坚战役。进入2018年攻坚决战期，县委根据各个时段重点目标任务，持续发起“春风行动”“夏秋攻势”“百日攻坚”“冲刺行动”“任务清零”等专项战役，攻克一道道难关，补齐一块块短板，破解一个个瓶颈，为按时打赢攻坚战奠定了坚实基础。2018年9月18日，大方县发起“百日攻坚”战，短短100天，“组组通”完成779.1千米，占目标任务的55%；危房改造竣工6191户，占目标任务的69.1%。

贯彻精准方略。贯彻习近平“扶贫开发贵在精准、重在精准、成败之举在于精准”的要求，严格执行贫困户识别、退出的各项程序，确保扶贫对象精准。进行精准识别，采取“一比对、两公示、一公告”工作制度，按照“四看法”（一看房，二看粮，三看劳动力强不强，四看家中有没有读书郎）要求，对符合贫困标准的人口及时进行精准识别，重点把握对象申请、群众评议、乡镇审查、县级复核等关键环节，实事求是开展“动态识别回头看”。5年间，组织县乡村组4级干部先后开展9次大规模走访摸排，对107.98万农村人口进行动态识别，对贫困户信息进行反复核查，补录自然新增3435人，自然减少7772人，清退4268户10948人。进行精准施策，建立脱贫攻坚信息管理平台，运用大数据方式对贫困人口进行全方位、多维度汇总分析，根据贫困人口文化程度、劳动力现状、家庭结构等，找准致贫原因，因村因户施策，做到靶向治疗、精准滴灌。出台基础设施、产业发展、教育资助、危房改造等专项方案，综合采取“五个一批”脱贫措施确保真脱贫。实

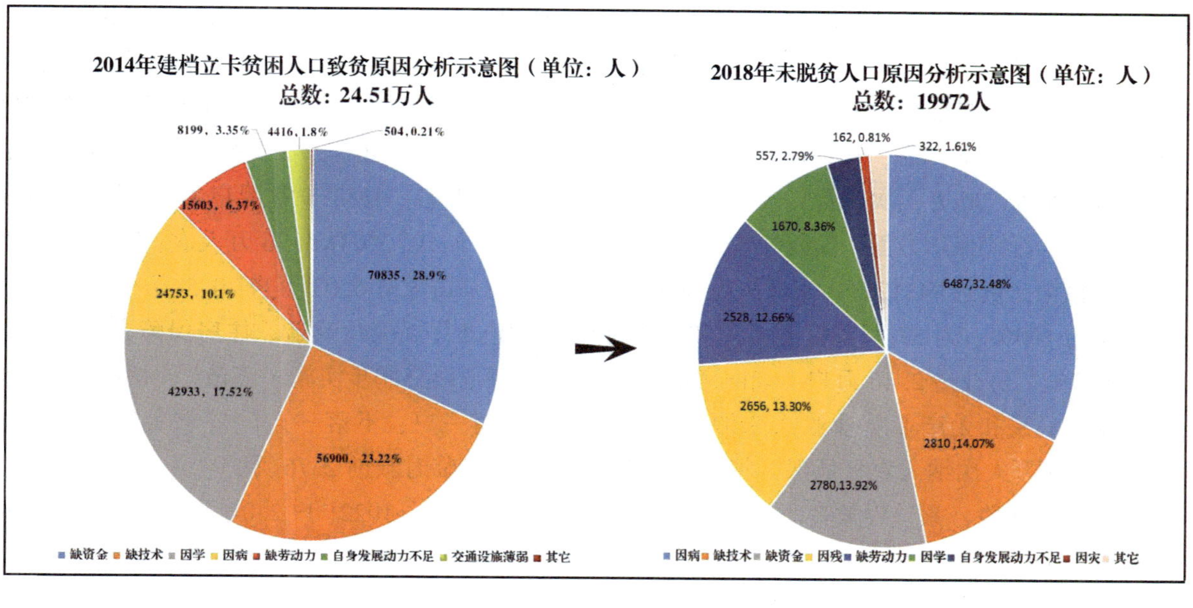

行精准退出，严格执行脱贫退出“六大程序”，探索建立“动态管理+巩固成效”退出机制，对脱贫对象开展年人均纯收入、安全饮水、义务教育、基本医疗、住房安全等动态跟踪监测管理，专门设定观察期和巩固期，确保不反弹。

攻克民生短板。围绕“两不愁三保障”标准，打好“组组通”公路、产业扶贫、易地扶贫搬迁和教育医疗住房三保障“四场硬仗”，统筹人、财、物资源竭力攻克民生短板。

打好“组组通”等基础设施硬仗。改造国道192.39千米，建成县乡公路1576.29千米、通村公路1102.36千米、“组组通”公路2091.83千米，389个村（居）1760个村民组公路全部贯通。建设大中型水库4座，库容2222万立方米；实施安全饮水巩固提升工程105个，竣工通水86个，惠及群众81.4万人。建成小水窖4911个，惠及边远、分散居住群众2.81万人，安全饮水实现全覆盖。投资10.3亿元实施农村电网改造，安装变压器2278台、架设线路6676公里，破解了电压不稳瓶颈。投资3.1亿元升级改造通讯设施，建成4G基站1410个，新增多彩贵州“广电云”用户10.5万户，实现“村村通宽带、户户通电视”。打好易地扶贫搬迁硬仗。大方县在易地搬迁安置点选址时，探索出“四结合四靠近”选址原则（即易地移民搬迁与工业化结合，与农业产业化结合，与新型城镇化结合，与旅游发展结合；靠近城区或乡镇中心区、靠近工业园区、靠近旅游景区、靠近交通干道），建成41个乡镇安置点、1个县城集中安置点——奢香古镇。5502户贫困户2.4万人通过易地搬迁脱贫。围绕“搬得出、稳得住、快融入、能致富”目标，根据“五大体系”建设要求，在易地移民搬迁后续管理中探索了“五共五聚”加强安置区党建工作模式（即组织共建，聚焦堡垒强统筹；服务共抓，聚焦民生促入住；产业共谋，聚焦收入防反弹；就业共享，聚焦未来奔小康；治理共商，聚焦和谐保稳定），有效夯实党组织的基层基础，加强易地移民搬迁后续管理，在全省易地扶贫搬迁安置地党的建设工作座谈会上作交流发言。打好产业扶贫硬仗。按照“八要素”要求，大力推动农村产业革命，每年稳定种植商品蔬菜10万亩、中药材12万亩、辣椒25万亩、烤烟14万亩、食用菌2.52亿棒；2018年，牛存栏12.5万头，出栏商品牛3.6万头、商品猪42万头；建成天麻（冬荪）基地6万亩、猕猴桃基地4万亩、蔬菜大棚9993栋。深入推进“三变改革”，推广土地入股、劳动力入股、财政资金转股等利益联结方式，增加群众产业收入，24562户9.85万人通过发展产业脱贫。依托“新时代农民讲习所”，培训农民4.66万人次，吸纳贫困群众就业1.8万人；开发护路员、保洁员、护寨员等公益性岗位2万个，11231户5.15万人通过就业脱贫。退耕还林37.41万亩，建成经果林基地12.83万亩，对207.04万亩公益林实施生态补偿，聘请3322人贫困群众担任护林员，2627户1.13万人通过生态补偿脱贫。打好教育医疗住房三保障硬仗。教育保障方面，新建、改扩建学校171所，提质升级山村幼儿园160所，改造薄弱学校135所；完善贫困户子女全阶段免、奖、助、贷、补政策体系，教育资助政策实现全覆盖，发放各类资助金13.17亿元，受益学生65.96万人次；营养改善计划受益学生16.53万名。4183户贫困户1.94万人通过发展教育脱贫。医疗保障方面，实行“先诊疗后付费”和“一站式”结算5.76万人次；7.27万贫困人口医疗报销比例达94.12%；家庭医生签约服务覆盖常住贫困家庭6.03万户20.5万人，签约率、服务率均为100%；对37所乡镇卫生院和389所村卫生室进行规范化改造。住房保障方面，投资5.5亿元实施危房改造2.46万户、老旧房整治9758户，对危改户同步实施“三改”“两硬化”。同时，对老弱病残和无产业就业收入来源的农户，按“不漏一户、不落一人”要求实现“应保尽保”，347.35万人次纳入农村低保，特困供养7.78万人次，临时救助2.76万户，为4.6万人贫困人口代缴养老保险，累计发放各类社会保障扶贫资金7.76亿元，10221户2.04万人通过社会兜底保障脱贫。

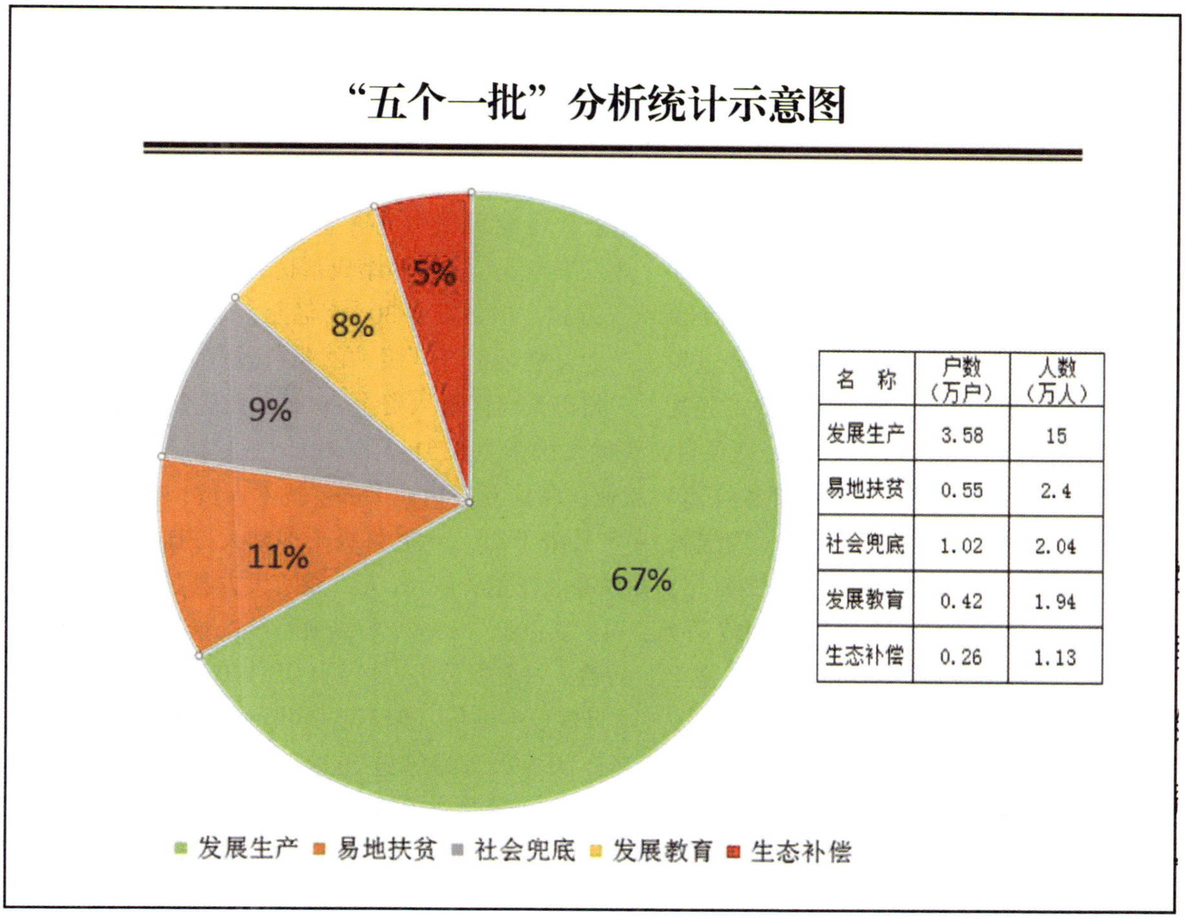

名称	户数（万户）	人数（万人）
发展生产	3.58	15
易地扶贫	0.55	2.4
社会兜底	1.02	2.04
发展教育	0.42	1.94
生态补偿	0.26	1.13

突出要素保障。突出资金保障。2014—2018 年，投入扶贫资金 322.57 亿元，其中，中央、省、市财政投入 134.3 亿元；县级财政投入 28.74 亿元；通过银行贷款、整合项目资金、土地收益、国有公司融资等方式，到位资金 107.89 亿元；产业扶贫子基金获批 9.96 亿元，落实“特惠贷”7.9 亿元；农工民主党、广州市天河区、恒大集团直接投入 32.53 亿元。突出组织保障。全面落实“一把手”责任，按照“五级书记抓扶贫”的要求，压实各级党组织领导责任，实行县乡村三级书记一起抓，构建县级干部包乡、科级干部包村、普通干部包户的责任体系；坚持尽锐出战驻村帮扶，组建 224 个驻村工作队，选派 69 名科级干部担任深度贫困村“第一书记”，选派 1671 名优秀干部深入脱贫攻坚一线；建立“54321”结对帮扶机制，22596 名各级干部与 6.5 万户贫困家庭“结亲戚”，开展结对帮扶；突出基层党组织战斗堡垒作用，全面实施基层党建“七大工程”，把党建优势转化为扶贫优势。新建村级党总支、党支部 274 个，发展农村党员 1200 名。2018 年，整顿 40 个后进基层党组织，将村干部人均综合报酬提高到每月 3313 元。深入践行“塘约经验”，探索推广“党支部 + 合作社 + 农户”发展模式，成立“村社一体”合作社 389 个，村集体经济积累达 1.38 亿元。突出作风保障。督查考核并重，建立“一调度、二督查、三考核、四问责”机制，定期开展村级自查、乡镇班子成员包村查、乡镇间交叉查、县级领导包乡查“四类督查”，将脱贫攻坚推进情况作为领导干部和单位实绩考核的重要内容。累计下发督办整改通知 146 次，通报批评 5 个县直部门，约谈问责干部 1473 人；对工作滞后乡镇，采取选派县级干部履行党委第一书记职责、派驻工作组等方式强力推进。严管厚爱结合。构建县委巡察监督、纪委专职监督、民主党派民主监督、广大群众民生监督等多种方式为一体的监督体系，特别是充分发挥覆盖所有村（居）的民生监督委员会和

民生监督特派员作用，深入开展扶贫领域监督执纪问责，2014—2018年，共立案767件，党政纪处分857人，问责科级干部155人，移送司法机关18人，以“四种形态”推动扶贫领域正风肃纪。实行乡镇干部工资高于县直同职级干部20%、年度考核优秀等次比例上浮20%制度；2016年乡镇换届以后，提拔科级干部487名，其中，脱贫攻坚一线干部205名。

汇集社会力量。充分发挥制度优势，调动全社会力量，形成万众一心、全民攻坚的感人场面。“三大资源”倾力支持。农工民主党中央投入资金1.19亿元，引进资金2.55亿元，通过实施深度贫困村“同心圆博爱家园”项目、引进龙头企业发展产业、与乡镇结成帮扶对子、实施“同心助医工程”等方式助力大方脱贫。恒大集团创新帮扶方式，捐赠资金30.45亿元，组建扶贫管理公司，选派661名优秀员工驻扎扶贫一线，通过发展产业、易地搬迁、吸纳就业、教育资助、生活保障、创业扶持等一揽子措施，助力大方稳定脱贫。广州市天河区投入资金8900万元建成4个美丽乡村示范点、1个产业基地和1个污水处理项目，资助贫困学生5151人次，为8315个公益性岗位提供工资补助；帮助59名贫困户在东部省（市）就业，聘请专家培训干部、技术人员、贫困户等1763人。各级各界协力支持。上级有关部门选派19名县级干部、39名科级干部到大方挂职；市直有关部门抽派46名工作人员驻扎大方开展督导，抽派专业技术骨干18人，充实大方县技术力量。县内企业主动承担社会责任，无偿捐款2057万元；219家企业与156个村结对帮扶，指导创办125个专业合作社。县政协发起“政协委员爱心之家”活动，每名委员每天捐资1元钱用于脱贫攻坚。广大群众自发支持。小屯乡发动群众支持，在公益项目建设中推行“四不赔”机制，工程快速推进；雨冲乡群众投工投劳4000余人次实施饮水保障工程，开挖及埋设管道20余万米；对江镇元宝村群众自发捐资51万元，修通元宝村至法书村海拔高差达520米的“天路”。

激发内生动力。深入推进“优环境、扶精神、促变化、感党恩”“志智双扶”活动，从思想上消除“贫困意识”，激发内生动力。强化宣传引导。村村寨寨“大喇叭响起来”，每天早、中、晚三个时段进行广播，宣传脱贫攻坚有关政策法规；创新开设“云龙山广播电台”，以大方方言、彝语、苗语宣传党的方针政策、脱贫攻坚相关知识；将各级惠民政策、脱贫政策等编排成通俗易懂、群众喜闻乐见的快板、小品等文艺节目，开展文艺下乡；举办“农民夜校”，召开“板凳会”“院坝会”，评选“道德模范”“美德少年”“孝老爱亲”等形式，引导群众破除陈规陋习、争当先进。强化机制约束。以“村规民约”为核心，探索设置“乡村治理督导员”公益岗位，充分发挥乡贤、寨老等群体在移风易俗、社会治安、矛盾纠纷化解、环境卫生等方面的积极作用；开展“千名政法干警下基层”活动，教育引导群众提升法律意识，公检法司四部门联合下发《关于依法打击扶贫领域违法犯罪行为的通告》，依法打击恶意争当贫困户、不赡养老人等影响和破坏脱贫攻坚工作的不法行为，共训诫156人、罚款8人、拘留217人。强化环境卫生整治。探索推行卫生评比、积分兑换、“三个1元”等卫生管理模式，营造“我参与、我管理、我受益”的良好氛围，提升群众卫生意识，改变农村“脏乱差”形象。

通过5年脱贫攻坚，截至2018年末，30个贫困乡镇全部摘帽，224个贫困村出列189个（其中深度贫困村41个），5.83万户22.51万人脱贫，贫困发生率从2014年的20.85%下降到2018年的1.82%。2019年3月16日至20日，大方县接受贵州省2018年贫困县退出专项评估检查，“三率一度”均符合国家贫困县退出要求。4月24日，贵州省人民政府正式批准大方县退出贫困县序列，成功撕掉贫穷落后标签。

第一节 开发扶贫成效

1986年，国家开始实施“有组织、有计划、大规模开发扶贫”工程，大方县制定开发扶贫规划，落实一系列组织管理措施，开展以农业“温饱工程”、乡村资源开发、农业基础设施建设为重点，以开发扶贫项目计划申报和立项建设为主要方式，广泛实施增加农民钱、粮收入为目标的开发扶贫。

1986—1993年，全县累计投入扶贫开发资金9568.59万元，其中，以发展种养业为主的扶贫项目投入1994.11万元；以农村生产生活设施建设为主的基础设施建设项目投入4692.17万元；以农村资源开发为主的乡镇第二、三产业项目投入2768.8万元。扶贫开发资金中，扶贫信贷资金累计投放4290.8万元，其中，投放乡镇第二、三产业项目资金2518.8万元，投放农业开发性项目1772万元。农业开发项目中，种植业项目投资1216.66万元，其中，累计完成玉米“温饱工程”30万亩，烤烟种植24万亩；养殖业项目投资555.37万元，新增大牲畜养殖2000头，新增猪、羊养殖1.3万头（只）。以工代赈项目累计投放4692.17万元。完成坡改梯基本农田建设等重点农业基础设施建设工程12.45万亩；架设输电线14条64千米；修复水电站4座，水库防渗6座，渠道防渗46.5千米，新增灌溉面积1.42万亩；解决人畜饮水12.54万人6.08万头（匹）；新建和改造乡村公路234.7千米。财政扶贫资金累计投放585.62万元，重点投放农村“温饱工程”222.11万元，完成11.1万亩。农产品项目投资250万元。

经过8年开发扶贫，1993年与1986年相比，全县农业人口从71.05万人增加81.77万人；全县国内生产总值从1.75亿元增加到4.91亿元；农业总产值从1573万元增加到3.61亿元；粮食总产量由13.21万吨增加到18.41万吨；农民人均纯收入由301元增加到453元；贫困人口由53.99万人下降到42万人，贫困人口占农业总人口的比例从75.99%下降到51.36%。

1994—2000年，围绕国家《八七扶贫攻坚计划》，县人民政府制定《大方县扶贫攻坚计划》，以解决贫困人口温饱问题为中心，以改善贫困人口生产生活条件和促进贫困人口增粮增钱为重点，以偏远贫困乡村为主战场，全力投入扶贫攻坚大决战。全县共投入扶贫专项资金3.6亿元，其中，信贷专项扶贫资金1.21亿元，实施项目426个，即：种植业项目113个，投放资金2760万元；养殖业项目235个，投放资金5659万元；加工项目28个，投放资金1520万元；公益项目29个，投放资金1314万元；水电、通信等基础设施建设项目3个，投放资金800万元；以工代赈资金（包括配套和自筹资金）1.08亿元，实施项目160个，即：人畜饮水项目54个，投入资金1346万元；交通项目48个，投入资金3034万元；其他项目58个，投入资金4378.92万元；财政扶贫资金6149万元，实施项目165个，即：人畜饮水项目16个，投入资金1592万元；教育项目18个，投入资金60万元；卫生项目18个，投入资金65万元；种植养殖业项目71个，投入资金300万元；其他项目42个，投入资金4132万元；外资扶贫资金5811万元，社会扶贫资金1253万元，均投入农村社会事业项目、农村基础设施项目、农业种养业项目和第二、三产业项目。

2000年与1994年相比，贫困人口从42万人减少到11.35万人（包括返贫人口和新增贫困人口）。农民人均纯收入从453元增加到1220元；粮食总产量从18.41万吨增加到31.03万吨，人均占有粮食从225公斤增加到352公斤；饮水困难人口从18.35万人减少到10万人；通公路的乡镇从32个增加到36个，实现乡乡通公路的目标；通电乡镇从30个增加到36个，通电行政村从64个增加到393个；所有乡镇开通程控电话。

2001年，国家在完成“八七”扶贫攻坚计划之后，制定《中国农村发展纲要（2001—2010）》，贫困程度的测算有新的标准和方法，开发扶贫进入新的历史阶段。按照新的标准和方法，大方县36个乡镇中尚有贫困乡镇31个，其中，一类贫困乡镇4个，二类贫困乡镇20个，三类贫困乡镇7个。全县499个行政村中有开发扶贫重点村329个，其中，一类贫困村145个，二类贫困村171个，三类贫困村13个。农民人均纯收入620元以下人口32.65万人，620元~800元人口10.87万人，800元~1000元人口18.06万人，1000元~1100元人口14.72万人，其中，低收入人口43.52万人。

2001—2005年，国家下拨4154.8万元用于公路建设及维护、新建桥梁、人畜饮水工程、农田基本建设、长治工程、输电线路建设等以工代赈项目137个。易地扶贫移民搬迁1695户6505人，总投资2473.48万元。

2006—2010年，国家下拨以工代赈项目62个，划拨资金3432万元用于通村公路建设、人畜饮水、农田灌溉等工程。投资1060万元实施烟水配套工程3.94万亩。2009年，贫困人口界定标准变动为人均纯收入1196元以下。2010年，大方县被省政府确定为全省扶贫开发与农村低保“两项制度”有效衔接扩大试点县，当年全县有纯收入1196元贫困线以下人口16.39万人。

2011年，大方县被列入贵州省乌蒙山连片地区开发扶贫重点县。全县有贫困人口9.85万户26.27万人（农民人均纯收入1500元以下）。编制完成县、乡“十二五”扶贫规划，规划分为基础设施项目、社会事业项目、产业发展项目、生态建设及环境治理项目、其他项目五大部分，投资总量9.21亿元以上。2012年，投入财政扶贫资金5418.5万元，实施扶贫项目167个。实现瓢井镇、星宿乡2个乡镇减贫“摘帽”，减贫8.06万人。全县纯收入2300元以下贫困人口33.71万人。

2013年，投入财政扶贫资金9875.4万元，实施扶贫项目235个，实施项目包括核桃、中药材、草地生态畜牧业产业化、连片开发奖励和绩效考评、劳动力转移培训、脱毒马铃薯种植、连片特困试点项目及其他项目。

2014年，全县完成184个贫困村8.55万户25.3万贫困人口识别工作。是年，大方被列为全省10个扶贫攻坚示范县之一，得到上级财政扶贫资金8000万元的支持。当年投入资金8703.98万元，实施项目为12大类394个子项目，涉及养殖、种植、基础设施建设、小康寨、小康水等内容。全县组建小康驻村工作队215个、队员1090名和组织149个帮扶单位7639名帮扶干部与贫困户结对进行帮扶。是年，减少贫困人口8万人。

2015年，各级投入财政扶贫资金8371.72万元，发展中药材种植、能繁母牛养殖、食用菌种植、特色经果林、村庄整治、生猪养殖、林下养蜂、林下养禽、劳动力转移培训和技能培训等项目149个。减少贫困人口3.79万人。

2011—2015年，全县累计投入财政扶贫资金3.51亿元，其中，实施培训项目23个，投入资金1846.7万元；实施小额信贷运作项目14个，投入资金1081.01万元；实施草地生态畜牧业项目132个，投入资金2915.1万元；实施公益项目19个，投入资金208.9万元；实施种植项目411个，投入资金1.88亿元；实施其他养殖项目17个，投入资金246.08万元；实施基础设施项目86个，投入资金9481.34万元；实施其他项目12个，投入资金532.6万元。实现省级减贫“摘帽”乡镇13个。至2015年，全县实现地方生产总值157.2亿元，城镇居民人均可支配收入2.23万元，农民人均可支配收入7036元，全县贫困人口从1985年的55.85万人下降到18.16万人。

2015—2018年，大方县累计投入扶贫资金322.57亿元，实现5.83万户22.51万人脱贫，189

个贫困村出列，贫困发生率从2014年的20.85%下降到2018年的1.82%。2019年4月24日，贵州省人民政府正式批准大方县退出贫困县序列。

第二节　机制与措施

一、机　制

（一）减贫摘帽激励机制

2011年，根据毕节地委、地区行署《关于对扶贫开发工作重点县乡加快脱贫攻坚步伐进行奖励的意见》，大方县对贫困重点乡镇和重点村减贫摘帽任务作出明确规划，与百纳等13个乡镇签订减贫摘帽责任书，鼓励基础好、农民收入相对较高、贫困发生率较低的乡镇和村，率先摘帽。县乡两级以贫困户、贫困人口为工作对象，以产业发展为增收的主要途径，结合贫困农户实际，依据产业发展布局，立足资源优势，瞄准市场需求，制定贫困农户脱贫计划，细化脱贫措施，将推进减贫摘帽与美丽乡村建设和同步小康建设等相结合，下派干部驻乡驻村，强化帮扶力量。对计划减贫摘帽的乡镇，整合各类项目和资金，增加投入力度，加快民生建设，促进综合发展，帮助如期实现减贫摘帽。对贫困乡村实行摘帽不摘政策，形成“早脱帽子早有好处，不脱帽子还有约束”的导向。

通过减贫摘帽激励机制，2011年，百纳乡率先实现减贫目标，2012年，双山镇、理化乡达到减贫摘帽标准，2013年，马场、羊场、星宿3个乡镇达到减贫摘帽标准，2014年，雨冲、文阁、竹园3个乡达到减贫摘帽标准，2015年，牛场、凤山、安乐、核桃、瓢井、鼎新、小屯、猫场等乡镇达到减贫摘帽标准。

（二）结对帮扶机制

2007年，县直机关开展“4321”结对帮扶，即1名县级干部结对帮扶4户贫困户，1名科级干部结对帮扶3户贫困户，1名股级干部结对帮扶2户贫困户，一般干部结对帮扶1户贫困户，并纳入单位目标考核。2011年8月，按照“两项制度衔接”要求，大方县全面铺开“规划到户、责任到人”工作。创新县几大班子主要领导及县委常委挂任一类贫困村党组织“第一书记”和选派优秀干部到贫困村担任村书记的工作机制。全县175个贫困村配备“第一书记”，按照“一村一法、一户一策”的要求，分类把脉、量身定制帮扶方案，做给农民看、领着农民干、帮助农民赚。是年，全县34个乡镇完成贫困人口录入工作，共录入9.85万户26.27万人，挂牌帮扶7.98万户。

2013年，全县派驻乡村干部722人，驻点32个乡镇208个村。2014年，为实现“贫困村一村一扶贫工作队、一村一帮扶责任单位、一户一帮扶责任人”的目标要求，结合集团帮扶、同步小康驻村平台，实行“54321”结对帮扶机制，即1名正县级干部结对帮扶5户贫困户，1名副县级领导结对帮扶4户贫困户，1名实职正科级领导结对帮扶3户贫困户，1名副科级领导结对帮扶2户贫困户，一般干部结对帮扶1户贫困户。全县303个行政村的扶贫对象全部得到结对帮扶。

2015年，全县遴选177人到村挂任“第一书记”，149个帮扶单位7639名帮扶干部与扶贫对象结成对子，对贫困农户实行精细化管理，对扶贫资源实行精确化配置，使扶贫项目经济效益得到提升，贫困农户实现稳定增收。是年，有157户非公企业（专业合作社）按照结对到村、链接到组、精准到户的帮扶工作模式主动对接160余个村或村民组实施结对帮扶。

（三）城乡最低生活保障机制

1999年，大方县启动城市最低生活保障机制，当年享受低保138户504人次，发放低保金

12.25 万元。2006 年，城市低保户增至 1616 户，享受低保 3.78 万人次，发放低保金 308.89 万元。2007 年，启动农村低保机制，农村 4.22 万户 21.88 万人次享受低保，发放低保金 2011.21 万元；城市 2019 户 4.48 万人次享受低保，发放低保金 417.37 万元。2011 年起，大方县启动最低生活保障与物价上涨挂钩联动机制，实现各项社会救助和保障标准提高幅度与经济发展速度、居民收入增长水平基本同步的目标，对城乡特别困难的贫困群体，定时发放最低生活保障金。

2015 年，对农村低保对象 2.87 万户 77.85 万人次发放低保金 9478.87 万元，包含提高标准后补发当年 1—6 月保障金 723.62 万元；对城市低保对象 1742 户 4.58 万人次发放低保金 952.54 万元，包含提高标准后补发当年 1—6 月保障金 43.86 万元，实现应保尽保。

1999—2015 年，全县共对 534.53 万人次农村低保对象发放低保金 8.83 亿元，对 66.62 万人次城市低保对象发放低保金 8118.01 万元。

（四）新型城乡养老保险机制

2009 年，大方县开始在农村建立社会养老保险制度（简称新农保）。60 岁以上老人每人每月领取 60 元养老金，80 岁以上的高龄老人按年龄等次领取高龄补贴。将新农保列为县委、县人民政府"民生工程"重点考核，开展制度建设、干部培训、政策宣传、推动县乡平台建设、构建全县统一的信息系统等工作。到 2012 年，县、乡、村实现三级联网服务，全县新农保覆盖率 90.7%，新农保参保人数 26.32 万人，综合参保率 90.4%。2015 年，全县参加城乡居民养老保险 33.88 万人。

（五）农村医疗保险机制

2006 年 1 月，全县新型农村合作医疗正式启动，当年全县参合农民 61.19 万人，参合率 72.7%，筹资 2753.64 万元，补偿新农合基金 697.8 万元，有 9.33 万人次参合农民受益，资金使用率 25.34%。2007 年起，报销比例逐年提高，参保人数和参保率也逐年上升，2014 年和 2015 年，参合率均达 100%。

（六）集中供养机制

大方县为满足"五保"（无劳动能力、无生活来源、无法定赡养扶养义务人或虽有法定赡养扶养义务人但无赡养扶养能力的老年人、残疾人和未成年人，保吃、保穿、保医、保住、保葬）人员的基本生活和精神需要，从 2009 年起，全县各乡镇陆续兴建敬老院或福利院，开始对"五保"老人进行集中供养。是年，投资 2165 万元，建敬老院 14 个，拥有床位 540 张。2010 年，投资 2568 万元，建敬老院 14 个，床位 540 张。2011 年，投资 1460 万元，建敬老院 6 个，床位 220 张。2014 年，投资 400 万元，建敬老院 1 个，拥有床位 40 张。到 2015 年，全县共有"五保"户 2540 户 2828 人，有敬老院 35 所，福利院 1 所，床位数 1340 个，乡乡有敬老院或福利院。敬老院、福利院入住集中供养人数 1140 人，农村"五保"老人集中供养率达 40.31%，全年发放"五保"供养金 571.38 万元。

（七）粮食救助机制

2011 年起，针对一些农村低保对象特别是老弱病残和缺少耕地的农户仍不同程度存在季节性缺粮问题，县人民政府下发《关于建立农村低保季节性缺粮户粮食救助制度的通知》，建立农村低保季节性缺粮户粮食救助机制，对农村低保季节性缺粮户粮食救助工作进行安排，对农村低保户进行重新认定。是年，认定 1.56 万户 2.88 万人享受农村低保季节性救助，发放国标中等大米 86.11 万公斤。2012 年，通过低保年度核查，认定 1.52 万户 2.73 万人低保对象为农村低保季节性缺粮户，发放救助粮 82.43 万公斤。2013 年，通过低保年度核查，认定 1.45 万户 2.39 万人低保对象为农村低保季节性缺粮户，发放救助粮 69.58 万公斤。2014 年，农村低保缺粮户 9719 户 1.56 万人，发放救助粮96.02万公斤。2015年，对农村低保季节性缺粮低保户1.21万户1.61万人发放救助粮104.5万公斤。

2011—2015年，全县共对6.71万户次11.17万人次农村低保季节性缺粮农户进行救助，共发放救助粮438.64万公斤。

二、措 施

（一）财政资金扶贫

2006年，投入财政扶贫资金1980.33万元，建设项目212个，其中，基础设施建设项目93个，资金722.7万元；社会公益类项目38个，资金499.5万元；种养业项目68个，资金412万元；培训项目6个，资金144.38万元；其他项目7个，资金201.75万元。此外，整村推进项目81个，资金760万元。优质蔬菜科技项目6020亩，扶贫资金90万元；脱毒马铃薯推广1.17万亩，资金113.5万元。

2007年，投入财政扶贫资金1866.5万元，实施项目188个，其中，新增通村公路141千米，解决29个村交通闭塞问题；新建基本农田配套水池710口2.13万立方米；安装自来水管道36千米，解决11个村人畜饮水困难；新建学校4所，建筑面积910平方米；实施“三改一建”项目12个，茅草房改造438户。投资172万元推广脱毒马铃薯种植1.33万亩，增收596多万元；投资100万元实施科技扶贫反季节蔬菜项目6000亩，亩增收2500元以上；新建黄牛品改点12个，种植牧草4.7万亩，养能繁杂交母牛85头，养羊5225只，养二元杂交猪766头。

2008年，投入财政扶贫资金2478.2万元，实施扶贫项目224个，项目分布在27个乡镇81个行政村539个村民小组。

2009年，投入财政扶贫资金5121.6万元，实施项目206个，涉及种植业、养殖业等，分别在大方镇、猫场、鸡场、长石、瓢井等20个乡镇77个村实施。

2010年，投入财政扶贫资金5692.6万元，实施项目123个，其中，基础设施项目1个，资金38万元；经果林项目14个，资金413万元；种植业项目37个，资金1896万元；养殖业项目51个，资金2961万元；其他项目20个，资金384.6万元。项目覆盖25个乡镇87个行政村，其中，一类贫困乡镇4个，二类贫困乡镇13个，三类贫困乡镇5个，非贫困乡镇3个；一类贫困村9个，二类贫困村73个，三类贫困村4个，非贫困村1个。受益村民组547个，农户1.83万户，受益人口7.28万人，其中，贫困人口1.55万人，占受益人口的21.29%。

2011年，投入财政扶贫资金1854.8万元，实施项目16个，其中，优质蔬菜产业化扶贫项目1个，规模5000亩，投资500万元；草地生态畜牧业项目1个，投资500万元；仿野生天麻种植项目1个，规模2083亩，投资500万元；培训项目2个，投资127万元；黄豆种植项目1个，投资50万元；小额贴息贷款项目1个，投资60万元；互助资金项目7个，投资105万元；秸秆加工氨化项目1个，投资8.8万元；小额贴息及运作经费项目1个，投资4万元。

2012年，投入财政扶贫资金5418.5万元，实施项目167个，其中，草地生态畜牧业项目11个，投入资金500万元；中药材产业化项目14个，资金780万元；核桃产业化项目70个14万亩，资金1989.5万元；乡村旅游产业项目15个，资金144万元；特色养殖项目18个，资金281.58万元；培训项目5个，培训4651人，资金513万元；其他项目34个，资金626.42万元；绩效考评及减贫摘帽资金584万元。当年脱贫8.06万人，减贫摘帽2个乡镇。

2013年，投入财政扶贫资金9875.4万元，其中，核桃产业项目投入资金1806.2万元；草地生态畜牧业项目投入资金400万元；中药材种植项目投入资金250万元；培训转移项目投入资金290万元；连片开发奖励项目种植丹参4000亩，资金200万元；绩效考评项目种植辣椒250亩、党参扩建150亩、丹参种植150亩，投入资金150万元；脱毒马铃薯种植项目3030亩，投入资金109万元；连片特困试点项目种植核桃8680亩、天麻1749亩、养鹅2.66万羽，投入资金800万元；小额贴息及运作项目资金108万元；减贫摘帽项目能繁母牛养殖50头，投入资金1020万元；彩票公益金项目投入资金1250万元；烟草扶贫新村项目投入资金1200万元；杭瑞高速公路产业带示范基础设施资金422.2万元；生产自救资金70万元；生态移民资金1800万元。

2014年，大方县被列入全省10个扶贫攻坚示范县之一，获得上级财政扶贫资金8000万元。投入财政扶贫资金8703.98万元，实施项目394个，其中，投入草地生态畜牧业项目资金200万元，在八堡、小屯等乡镇实施；客观因素法分解资金463万元（根据贫困人口的客观状况分解财政扶贫资金），在绿塘等9个乡镇实施能繁母牛养殖、石榴种植、通组公路、村庄整治等12个项目；小康寨建设项目资金150万元，在雨冲乡油杉河村实施；小康水机井项目资金117万元，在达溪等3个乡镇实施；省领导集团帮扶资金1000万元，在理化、果瓦两乡实施种植猕猴桃、茶叶、养牛等8个项目；农牧业产业化扶持资金400万元；中央示范县补差项目资金4684.19万元，在兴隆等23个乡镇实施；绩效考评资金1099.8万元，在核桃、绿塘等乡镇实施；培训及其他项目资金488.99万元，实施培训3.98万人；减贫摘帽奖励143万元。4个乡镇减贫摘帽，8万贫困人口脱贫。

2015年，各级投入大方县扶贫资金8371.72万元，建设项目149个，其中，中央专项扶贫资金5199.72万元，建设项目76个，分别在绿塘、猫场、凤山等乡镇实施；省级扶贫资金1994万元，建设项目58个，分别在核桃、长石等乡镇实施；深圳帮扶资金578万元，建设项目12个，分别在达溪、对江、三元等乡镇实施；烟草扶贫新村资金600万元，建设项目3个，在沙厂乡实施。

（二）技术培训扶贫

1985年，大方县开始培植中药材种植示范点，推广林下仿野生天麻种植技术、中药材规范种植技术。1986年，邀请遵义地区农技人员到大方培训农民种植高产蔬菜，并邀请贵州省著名蔬菜专家李桂莲到大方传授蔬菜栽培技术，引进蔬菜新品种和建立淡季蔬菜生产基地。1989年，全县实施粮食“温饱工程”，推广杂交水稻、杂交玉米“两杂”良种和玉米地膜覆盖定向移栽、脱毒马铃薯基地化种植。1990年起，引进“半细毛羊”“黄牛冻配”技术、无害畜禽饲料饲养技术、春秋防疫技术。1985—1994年，县财政每年投入农业技术培训推广经费100万元以上。

1994年后，农业技术培训推广得到扶贫项目的支撑，投入逐年增加。2007年，投入财政扶贫资金37万元，开展农民技术培训303期60.02万人次，培训干部15期1203人次，培训绿证9期816人。投入财政资金103.4万元，开展农村劳动力转移培训20期2015人，其中，引导性培训11期1307人，技能培训9期708人，实现转移就业1662人，转移就业农民净收入1396.08万元，户均增收8700元。

2009年，实施农村劳动力转移培训2258人次，普通农民技术培训6万人次，技能培训514人次，引导性培训111人次，绿证培训535人，农技培训1871人次。2010年，技能培训8期1477人，初级技工培训100人，干部培训6期800人。

2011年，投入资金15万元，实施干部培训项目。投入资金112万元，实施“雨露计划”劳动力转移培训2300人，其中，农业产业化技能培训2000人，三位一体（企业招工、培训、就业）培训200人，初级技工培训100人。投入资金80万元，完成“圆梦行动”培训80人，“黔深雨露计划直通车”培训120人。2012年，投入资金431.6万元，实施培训项目5个4651人。2013年，投入资金290万元，实施干部培训、“圆梦行动”、农业产业化技能培训1000人，三位一体转移培训290人。2014年，投入资金304万元，实施培训项目3个，其中，实施农业劳动力转移培训3.72万人，“雨露计划”培训2560人，培训助学工程1500人，“三位一体”培训项目224人。

2015年，投入农业技术培训项目资金510.2万元，实施劳动力转移培训和技能培训等人口控量提质项目培训4459人，全县农村劳动力平均每人培训经费20元以上，农村家庭至少掌握1门～2门农业实用技术。同年，通过科技项目扶持，在大方镇、达溪镇、三元乡建立科技蔬菜基地示范点，推动全县建立种植商品蔬菜基地12.22万亩。在绿塘乡牛场村、绿塘乡营盘村、星宿乡龙山村、大山乡高峰村、瓢井镇干河村建立脱毒马铃薯种植基地，带动全县马铃薯种植25.8万亩。在大方镇、羊场镇、文阁乡、绿塘乡、星宿乡、雨冲乡、核桃乡、长石镇实施以仿野生天麻为主的中药材种植示范基地建设，带动全县建成20.03万亩中药材基地。在安乐乡、凤山乡、星宿乡、大山乡开展草地生态畜牧业建设，带动全县建成草地生态畜牧业5.22万亩。在双山镇、响水乡、羊场镇、鸡场乡、理化乡建成辣椒科技示范种植基地。

（三）产业扶贫

2006年，经贵州省农科院专家李桂莲引入推广的秋淡季蔬菜生产技术，帮助农民建成万亩商品蔬菜基地，生产的蔬菜远销贵阳、昆明、重庆、成都、长沙等城市。2008年，邀请重庆中药材研究院教授张明、中科院药用植物研究所教授李爱莲等到大方，帮助设计中药材发展规划，培训农民中药材种植技术，指导建立种植示范基地，推动大方县中药材产业发展。全县中药材生产、加工、销售企业应运而生，九龙天麻公司、云龙天麻公司、高原天麻种植园、青草湖公司、绿色产业公司、金维宝公司逐步发展壮大，“公司/合作社/村集体+农技人员+农户（土地流转户）+贫困户”的模式逐步成型。

2009年，投入财政扶贫资金4721.5万元，实施扶贫项目184个，其中，实施草地生态畜牧业项目，建圈舍2.1万平方米，购进种公羊350只，基础母羊1.4万只；完成种草1.4万亩，建示范户700户，培训农户1000人次。实施脱毒马铃薯种植20万亩，实施黄牛养殖490头、生猪养殖1080头，种植天麻31亩、半夏种植986亩。

大方县林下种植冬荪（2015年10月摄）

2010年，投入草地生态畜牧业产业化科技扶贫资金1200万元，分别在百纳乡、三元乡、星宿乡实施草地生态畜牧产业化科技扶贫项目。实施石漠化试点良种繁殖场1个，种草1.74万亩，建圈舍2.64万平方米，购种公羊692只、基础母羊1.43万只。是年，帮助草地生态畜牧业项目区300多户1200万元贷款贴息60万元。

2011年，投资500万元，实施草地生态畜牧业产业化科技扶贫项目，发展示范户378户，建圈舍1.27万平方米，购能繁母牛1274头、鹅1.67万只。投资271.88万元建良种繁育场1个，种草2437亩。投资500万元建设优质蔬菜产业化项目1个，规模5000亩。投资500万元，实施仿野生天麻种植项目5个，规模2083亩。

2012年，投入财政资金800万元，种植天麻1.24万亩，其中，新建项目7300亩，星宿、羊场续建项目5133亩。投入财政资金3683.5万元，实施核桃产业化项目13个，普选优树905株，育实生砧木苗600亩340万株，实施杭瑞高速公路产业示范带打坑3000亩近7万个。投入资金500万元，实施草地生态畜牧产业化项目11个，建圈舍1.06万平方米，养羊4449只。投入资金144万元，完成乡村旅游项目15个。是年，通过定点帮扶单位引项目、引企业、引科技，全县建成70多个中药材专业生产合作社或协会并建立试验、示范基地，中药材产量达5200吨，销售收入突破9亿元。

2013年，投入财政扶贫资金1384万元，在鼎新、百纳、沙厂、雨冲等12个乡镇实施核桃种植3.1万亩。投入资金400万元，在安乐、六龙等乡镇实施核桃基础设施项目5个。投入资金400万元，在羊场等14个乡镇25个村实施草地生态畜牧业项目，种草1170亩，建圈舍5850平方米，建青贮池975立方米，购加工机械195台，购羊4095只。投入资金250万元，实施中药材种植项目，建天麻种繁基地大棚1个600平方米，新建伴生菌厂房及附属设施1800平方米。

2014年，投入产业项目资金600万元，围绕草地生态畜牧业、中药材、核桃、猕猴桃、烤烟、辣椒、乡村旅游等为主的产业化扶贫项目，完成草地生态畜牧业建圈舍3000平方米，采购加工机械15台，购羊900只。种植辣椒20万亩，种植中药材11万亩，种植核桃17万亩，种植蔬菜16.5万亩，种植茶叶1.8万亩，种植特色经果林8.2万亩，种植烤烟10.13万亩。

至2015年年末，全县共流转土地面积32.46万亩，参与流转土地的专业合作社128家，参与流转土地农户1.23万户。全县工商登记的农业专业合作社487家，成员1.37万人，带动农民2.4万户。全县以猕猴桃、刺梨、核桃、樱桃等为主的经果林达25.49亩，其中，水果4.46万亩，干果21.03万亩（其中，核桃19.53万亩）。特色优势产业种植脱毒马铃薯25万亩，商品蔬菜12.42万亩，中药材20.03万亩，高山生态茶5万亩，建山地畜牧场5.2万亩。

（四）劳务输出扶贫

1991年起，大方县将农村富余劳动力推向劳务市场，引导和发展劳务经济，开展劳动力转移培训。自2013年秋季学期开始，实施“9+3”计划（对贫困户子女实行9年义务教育加3年免费职业技术教育），提高劳动力就业技能和综合素质。1991—2015年，累计培训劳动力8.18万人次，组织富余劳动力出县出省出国务工就业，全县外出务工就业人数年均18.7万人次。25年间，累计向外输出劳务467.47万人次，累计劳务收入642.82亿元。

（五）集团帮扶

2013—2015年，大方县实施集团帮扶，以一类贫困乡镇为重点，省、市、县、乡联动，定点联系与驻点帮扶相结合。

2013年，省扶贫办等省市机关投入帮扶资金500万元，在理化乡实施集团帮扶项目12个，实施产业为猕猴桃、党参、辣椒种植。其中，猕猴桃种植覆盖果木村，党参种植覆盖大塘村，辣椒种植覆盖全乡10个村。项目实施使全乡3502户1.32万人直接受益，覆盖贫困户933户3575人，户均种植1.7亩，产值5000元，纯收入3000元。“烟草扶贫新村建设”项目投入烟草扶贫资金1200万元，在核桃乡核桃村、理化乡石牛村、牛场乡九龙村、雨冲乡红旗村、沙厂乡白果村、马场镇白泥村6个村每村投入200万元，建设项目46个。同年，市集团投入帮扶项目资金250万元，建设内容主要围绕美丽乡村建设，实施改善生产生活条件的院坝、房屋、广场、连户路等，项目覆盖大山、雨冲、绿塘、星宿4个一类乡。

2014年，省扶贫办等省市机关投入帮扶资金500万元，在理化乡实施集团帮扶项目3个，种植猕猴桃2941亩，覆盖理化、大塘、营盘3个村，直接受益农户1294户5430人，户均种植2.2亩，产值3万元，纯收入2万元。省扶贫办在果瓦乡实施集团帮扶项目8个，投入资金500万元，覆盖蓑衣、新林、茶园、光明、大寨、隆里、果瓦7个村，其中养牛项目在蓑衣、新林、茶园、光明4个村实施，养牛698头，配套种草2090亩，建牛圈5235平方米；在隆里、果瓦2个村种植樱桃300亩，在大寨、新林2个村种植茶叶1000亩。三项产业扶持农户742户2796人，其中，贫困户645户2561人。是年，毕节市集团帮扶项目在兴隆、八堡、绿塘、果瓦4个乡实施，投入资金250万元，涉及养殖圈舍建设、通组公路建设、蔬菜大棚建设等7个项目。烟草扶贫示范新村工程建设项目31个，项目资金1200万元，项目覆盖沙厂乡兴隆村、雨冲乡鸣放村、核桃乡核桃村、三元乡群丰村，每村投入300万元，受益农户3153户1.15万人，其中，贫困户738户2690人。

2015年，省扶贫办等省市机关投入帮扶资金500万元，在果瓦乡实施集团帮扶项目8个，覆盖庆阳、鹅塘、隆里、大寨、光明、五星6个村，养牛480头，配套建牛圈4800平方米；在茶园村种植茶叶1000亩；在五星、隆里村养禽1.5万羽，配套围栏2400平方米；在五星、隆里村修建通组公路3.13千米。项目覆盖农户849户3226人。

至2015年，全县共有集团帮扶单位183个，其中，省直单位有省委统战部、中航力源液压股份有限公司、贵州乌江水电开发有限公司、省公路局、省煤田地质局分别帮扶理化乡、羊场镇、黄泥塘镇、凤山乡。市委办、市直机关工委等20个市直单位帮扶绿塘乡、果瓦乡、兴隆乡、八堡乡等4个一类贫困乡。县交通局、农牧局等149个县直单位帮扶31个乡（镇、街道）。

（六）生态移民扶贫

自2002年起，大方县分年度分阶段实施生态移民即易地搬迁扶贫。全县需要易地搬迁移民安置人口4.61万人。

2002—2003年，投入资金418.65万元，新建移民住宅1.25万平方米，其中，集中安置1.12万平方米，分散安置住宅1300平方米。搬迁250户1031人，大方镇云龙安置点、羊场镇红河安置点、长石镇漆树安置点3个点集中安置208户907人，分散安置42户124人。

2003—2004年，投入资金632万元，新建居民住宅2.17万平方米，其中，集中安置9700平方米，分散安置1.2万平方米。修建公共综合用房305.22平方米。搬迁531户1616人，其中，马场镇后槽安置点、小屯乡财神庙安置点、兴隆乡上坪安置点、六龙镇电厂安置点集中安置131户535人，分散安置400户1081人。

2005—2006年，投入资金615万元，新建移民住宅1.72万平方米，其中，集中安置1.12万平方米，分散安置0.6万平方米。移民搬迁安置388户1566人，其中，凤山乡凤山村安置点，大水乡大田安置点、雨冲乡红旗安置点、理化乡理化安置点、高店乡农场安置点集中安置188户762人，分散安置搬迁200户804人。

2010年，分别在安乐乡尚寨村、马场镇一棵树村和猫场镇建立集中安置点各1个，共计投入资金742万元，建集中安置房199套1.3万平方米，安置农户199户497人。2011年，在安乐乡尚寨村、六龙镇、雨冲乡红旗村、东关乡罗寨村建集中安置点各1个，投入资金707万元，建集中安置房2.04万平方米，安置农户275户1335人。2012年，在长石镇湾子村、凤山乡羊岩村建集中安置点2个，投入资金805.2万元，建集中安置房1.18万平方米，集中安置农户147户671人。

2013年，在凤山乡凤山村、长石镇街群村、东关乡朝中村建集中安置点各1个，投入资金

4258.58 万元，建集中安置房 507 套 4.78 万平方米，集中安置农户 507 户 2276 人。2014 年，在羊场镇羊场村、绿塘乡牛场村建安置点 2 个，投入资金 6157.46 万元，建集中安置房 413 套 4.03 万平方米，集中安置农户 413 户 1442 人。2015 年，在凤山乡店子村、凤山村，星宿乡龙山村建集中安置点各 1 个，投入资金 1.25 亿元，建集中安置房 583 套 7.2 万平方米，安置农户 583 户 2400 人。

（七）整村推进扶贫

2002 年起，大方县以整合各类投入为突破口，以强化农村产业化发展和科技运用为主导，以改善群众基本生产生活条件为中心，以提高农民基本素质为重点，以基础设施项目为载体，对 329 个贫困重点村实施“整村推进”发展规划。

2007 年，投入“整村推进”资金 219 万元，实施无房户建房 578 户，茅草房改造 781 户。2008 年，投入资金 1152.5 万元，在 42 个村实施“整村推进”项目 139 个，其中，基础设施类项目 15 个，投资 115.5 万元；社会公益类项目 39 个，投资 393 万元；种植业类项目 62 个，投资 372 万元；养殖业类项目 23 个，投资 272 万元。2009 年，投入资金 3550 万元，在 73 个村实施“整村推进”项目，其中，种植业项目 66 个，资金 1452 万元；基础设施项目 23 个，资金 574 万元；养殖业项目 35 个，资金 1350 万元；其他项目 6 个，资金 174 万元。

2002—2011 年，全县共建“整村推进”一、二类重点村 271 个，实施项目 767 个，投入扶贫资金 1.5 亿元，其中，基础设施项目 241 个，投资 4359.7 万元；社会公益类项目 96 个，投资 1700.7 万元；种植业、养殖业项目 316 个，投资 8566.7 万元；其他项目 114 个，投资 435.2 万元。271 个推进村启动种养“特色产业”建设，实现水通、电通、路通“三通”，建成村文化活动室。

2011—2015 年，全县累计投入“整村推进”扶贫资金 3.51 亿元，实施项目 714 个，其中，基础设施项目 86 个，投资 9481.34 万元；社会公益类项目 19 个，投资 227.9 万元；种植业、养殖业项目 560 个，投资 2.19 亿元；其他项目 49 个，投资 3460.31 万元。

（八）精准帮扶

2013 年 12 月，中办、国办印发《关于创新机制扎实推进农村扶贫开发工作的意见》，明确提出建立精准扶贫工作机制和健全干部驻村帮扶机制的工作要求。2014 年 5 月，全县开始精准识别建档立卡工作。12 月，完成 184 个贫困村 8.55 万户 25.3 万人贫困人口识别工作。

全国首个“扶贫日”大方县募捐活动动员大会（2014 年 10 月 17 日摄）

2014—2016 年，根据精准扶贫工作机制和要求，下发《大方县进一步精准识别农村贫困户工作方案的通知》《大方县关于进一步精准识别农村贫困户的通知》《大方县关于对进一步精准识别农村贫困户工作进行督查指导的通知》，严格按照宣传发动—农户申请—入户调查—评议公示—划线审定—对象公示—审定公告—录入备案—分账管理 9 个步骤，以“一看粮、二看房、三看有没有读书郎、四看劳动力强不强”的“四看法”打分为主导，辅以核算综评、民主评议及县乡复审等方式进行贫困人口识别。2016年，全县建档立卡贫困人口“回头看”共识别贫困人口4.77万户13.81万人，其中，“五保”低保户4.06万人，低保贫困户1.97万人，一般贫困户7.78万人。致贫原因分别为：因灾返贫2253人，因学致贫2.24万人，因残、因病致贫2.6万人，丧失劳动力致贫1.56万人，缺资金致贫5.62万人，缺技术致贫1.56万人。

2016年，全县整合各类资金3.8亿元，规划实施47个出列村硬化通村路28.5千米，通组路493.13千米、连户路670.14千米，建设村客运招呼站31个，创建美丽乡村点30个，建设达标村卫生室4个，建设村文化活动室10个，壮大村级集体经济21个。整合各类资金1亿元，解决贫困户安全饮水601户、安全住房210户、安全用电200户、易地扶贫搬迁692人，就业技能培训4052人；硬化入户路262.04千米，硬化院坝5.9万平方米；产业扶持增收5072户。同年，中央和省共下达财政扶贫资金1.02亿元，根据省扶贫办、财政厅、监察厅、审计厅《关于改革创新财政专项扶贫发展资金管理的指导意见》，大方县严格按照3∶3∶1∶1∶2的比例投入，即以资金总额的30%，共3047.46万元用于发展地方特色产业；以资金总额的30%，共3047.46万元用于扶持集体经济组织或专业合作社；以资金总额的10%，共1015.82万元用于支持“5万元以下、3年期以内、免除担保抵押、扶贫贴息支持、县级风险补偿”的专项小额扶贫到户贷款贴息；以资金总额的10%，共1015.82万元用于扶贫培训；以资金总额的20%，共2031.64万元支持村级以下的小微公益基础设施建设。是年，成立种植、养殖等特色产业专业合作社963个，规划省级农业示范园区8个、市级农业示范园区3个、县级农业园区2个、乡镇级产业园26个，围绕辣椒、食用菌、生猪、猕猴桃、中药材、休闲观光等特色产业为主导的现代农业示范园区40个。园区核心区3.48万亩，辐射带动20.84万亩以上。支持建档贫困户专项小额扶贫到户贷款贴息，5677户获贴息补助，发放贷款2.24亿元。财政投入5亿元，实施恒大援建的10个幸福新村和奢香古镇征地拆迁“三通一平”。对深山区石山区500户2000人实施易地扶贫搬迁脱贫。石漠化综合治理工程总投资935万元，治理果宝河小流域岩溶面积42.5平方千米，治理石漠化面积17.01平方千米。开展教育精准扶贫学生第一批资助工作，受助学生2796人，发放资金818.6万元；第二批资助学生3579人，发放资金931万元。兑现中职免学费697人，发放资金139.4万元；发放中职助学金365人，发放资金36.5万元；免学费456人，资金45.6万元；发放“恒大大方教育奖励基金”奖励补助金150万元；发放高考奖扶资金249万元；投入高（职）中贫困学生“两助三免”、高校“两助一免”资助金204万元，受益贫困学生510名。发放农村低保金9425.3万元，城市低保金748.6万元；发放“五保”供养金415.11万元，临时救助金156.72万元，医疗救助金935.07万元，救助粮53.71万公斤。发放孤儿生活保障补助资金326.1万元，发放困境儿童生活补助资金672.28万元。支付精神病人住院治疗、护理、生活费69.76万元。县财政代建档立卡贫困人口4.16万人缴纳医保资金223.16万元。

第二章 同心工程

第一节 农工民主党帮扶历程

1990年4月，全国人大常委会副委员长、农工民主党中央主席、中国科学院院士卢嘉锡率领考察组到大方县考察后，提出“扶贫先扶智，致富先育人”的战略主张，并作出《关于加强对毕节开发扶贫、生态建设试验区领导和重点扶持的建议》，得到中共中央和国务院的重视。从此，拉开了农工民主党（以下简称“农工党”）联系帮扶大方县的序幕。

1993年，农工党中央组织一行8人的专家考察组到大方县，对大方工业、医卫、文教等方面进行全面、深入、细致的考察，提出许多意见、建议，并得到中共大方县委、县人民政府的重视和采纳。5月，根据农工党中央的安排，农工党贵州省委决定把大方县列为智力支边扶贫重点县。1994年，经国务院开发扶贫领导小组办公室正式批准，把大方县确定为农工党中央的定点扶贫县。4月，农工党中央和农工党贵州省委到大方县竹园乡等地考察时提出：组织专家对大方县制定的《1995—2000年发展规划（草案）》进行论证；筹办大方县前进职业技术学校；选择竹园乡作为农工党的科技扶贫示范点；发展种植业、养殖业、加工业，加快脱贫致富进程；建设大方县县、乡、村三级医疗卫生服务网络。1995年5月，农工党贵州省委与大方县建立对口联系，开展智力支边活动，实施扶贫项目。

1996年年初，农工党贵州省委通过组织程序选派副秘书长罗运刚到大方县挂任副县长，具体负责定点扶贫工作。同年9月，农工党中央在大方县召开定点扶贫专题会议，中央智力支边协调小组也在贵阳召开贵州省第二次智力支边工作表彰会议。农工党中央主席卢嘉锡出席两个会议并作大会发言，为大方县作“抓住机遇，发挥优势，共谋发展，振兴大方”的题词。

1997年3月，农工党中央选派咨询服务部支边扶贫办公室副主任安永成挂任大方县人民政府副县长。5月，全国政协副主席、毕节试验区专家顾问组组长钱伟长和中央统战部、国家民委、各民主党派中央、全国工商联等有关部门领导到羊场镇考察，决定捐资20万元在理化中学校址内修建毕节试验区学校，资助3万元在大方县委党校举办村级后备干部中专班，为大方培训村级后备干部。同年，农工党中央出资10万元在大方建成600亩银杏基地。协调中国初级保健基金会资助9万元资金和医疗器械给百纳、达溪、鸡场3个乡镇开展农村合作医疗试点。1998年，农工党中央分别在凤山、马场、竹园等乡镇举办农业实用技术培训班，进行种植业、养殖业专业技术培训。是年，由毕节试验区专家顾问组8个民主党派捐资20万元，毕节地区行署、大方县共拨60万元，共计80万元在理化中学内建成1514平方米教学楼（加挂毕节试验区中学牌子）。

1999年，全国人大常委会副委员长、农工党中央主席蒋正华到林业部为大方县争取到100万元的畜牧秸秆氨化项目，并先后两次率队到大方县考察，听取大方县委、县人民政府关于大方经济发展和扶贫工作情况汇报，对全县经济社会发展和开发扶贫提出建议和意见，并视察竹园中学、县委党校。2000年，农工党贵州省委引种的巴西旱稻项目在全县各乡镇推广实施，引进高秆菠菜和高产玉米在瓢井镇和竹园乡试种。

2001年，由农工党中央引进的畜牧秸秆氨化养殖项目通过农业部验收。2002年12月，农工党中央捐资10万元，大方县匹配16万元，修建星宿乡峻岭村希望小学。2003年5月，农工党贵州省委向大方捐赠价值10万元的医疗用品抗击“非典”。7月，农工党中央筹措扶贫资金20万元，分3期在星宿乡峻岭村实施规模养牛项目。是年，农工党中央和农工党贵州省委再次把大方县作为农工党新阶段开发扶贫、智力支边的重点县，引进爱德基金会帮扶大方爱德养牛创收项目分阶段在星宿乡峻岭村、河山村、麻岭村、重山村实施。

2004年，农工党中央引进的第一期爱德基金会养牛专项资金10万元专款拨付到位并实施，100户农户购买牛款13.3万元，爱德基金会资助9万元，农户自筹3.62万元，财政补贴6792元。农工党中央捐资建品改站1个，种草550亩。

2005年6月，爱德基金养牛创收项目第二期实施结束。第二期项目农户购牛款12.02万元，爱德基金会补助9万元，农户自筹3.02万元，星宿乡峻岭村、麻岭村、重山村、河山村共100户受益。是年，农工党中央联系全国美术家协会捐资30万元修建安乐乡白岩希望小学，引资1300多万元在凤山乡建设老屋基煤矿。

2006年，爱德基金养牛创收项目第三期实施结束，实施农户100户。同年，农工党中央投资在安乐乡建立小尾寒羊生态养殖示范基地。

2007年1月，农工党中央、农工党贵州省委把鸡场乡大坝村作为农工党新农村建设联系点，先后向大坝村捐赠医疗用品，筹集养牛资金，组织劳动力转移培训。是年，农工党中央共投入资金及物资折款32万元在鸡场乡大坝村实施社会服务示范建设。

2008年1月，全国人大常委会副委员长、农工党中央主席桑国卫，全国政协常委、农工党中央副主席汪纪戎率调查组到大方县，调研新型农村合作医疗、村级卫生室建设、农村安全饮水、生态建设等工作。桑国卫亲自协调引进贵州同济堂制药有限公司在鸡场乡大坝村实施“贵农5号”刺梨种植项目启动，项目规模1000亩，其中，示范基地200亩，荒山草坡种植800亩。同年4月，桑国卫、汪纪戎再次到大方，实地考察烟水配套工程、农村医疗卫生室、农村饮水安全、农工党中央科技扶贫项目实施情况。引进中华环保基金会价值100万元的美国“阿科蔓生态基金”在大方县螺蛳塘水库开展水质恢复工程。同月，由农工党贵州省委出资40万元、大方县人民政府配套40万元的半夏示范种植项目种植完成，项目覆盖大方镇、东关乡、羊场镇、理化乡、黄泥塘镇、鸡场乡。农工党中央“爱德基金会大坝村社区发展项目”在大坝村启动。5月，桑国卫第三次赴大方考察，到鸡场乡大坝村等地调研。8月，农工党贵州省委申请到国家中医药管理局半夏项目资金74万元划拨给大方，扩大半夏种植面积。农工党中央联系中国初级保健基金会出资，由农工党贵州省委组织实施为期一个月的大方县“千名医生”培训班开班。

2009年2月，农工党中央邀请中国农业大学经济管理学院教授李志民为鸡场乡大坝村、竹园乡沙坝村、羊场镇桶井村制定整村推进发展规划。3月，引进爱德基金会无偿援助大山乡农村社区综合发展项目，项目资金1260万元，其中，爱德基金会捐资480万元，县财政配套575万元，群众投工投劳自筹205万元，项目包括农民培训，修建小学、沼气池、小水窖、村卫生室，开展生态林建设及科技种植等16个子项目。同时将竹园乡沙坝村、东关乡半冲村纳入帮扶联系点。5月，由农工党贵州省委联系的上海市委党校第六期青年企业经营管理班捐资30万元新建鸡场乡营新小学。同年，农工党中央下发关于《进一步加强参与毕节试验区建设的通知》，并成立以桑国卫为组长的农工党中央参与毕节试验区建设工作领导小组，对农工党支持参与建设试验区工作进行全面部署。

2010 年 5 月，农工党中央协调中国医药卫生事业发展基金会、中国红十字会、中恒集团，共投入资金 4000 万元，开展“贵州毕节贫困山区同心助医工程”项目。10 月，由农工党贵州省委联系，省政府主持召开会议，《关于规划毕节试验区食品药品工业园区建议案》通过评审。11 月，由农工党中央协调环保部引进农村环境综合整治项目在鸡场乡大坝村开工建设，项目总投资 177 万元，其中，环保部资金 97 万元，县人民政府配套 80 万元。12 月，农工党中央参与毕节试验区建设和帮扶大方县的示范项目及产业扶贫示范基地——毕节试验区大方同心食品药品产业园区挂牌成立。是年，农工党协调 1492 万元项目资金用于大方县中药产业发展。农工党中央、农工党贵州省委提出新建职业学校的建议，将东关中学改建为职业学校，命名为“毕节同心农工中等职业技术学校”（简称“同心职校”）。全国人大常委会副委员长、农工党中央主席桑国卫协调农工党黑龙江省委，哈尔滨圣泰药业服务有限公司，共捐赠 500 万元给同心职校，用于购买图书、高标准建设实训教室、实训基地、足球场等教学设施。

2011 年 1 月，农工党中央投入资金 226 万元，大方县匹配 146 万元的贫困山区“助医工程”试点在双山镇、六龙镇、鸡场乡 3 个乡镇卫生院及 9 个村卫生室启动实施。2 月，农工党贵州省委联系香港乐施会向凤山乡、星宿乡、百纳乡、三元乡 4 个养殖重点乡镇捐赠 52.12 万元，支持 10 个村 746 户养羊农户灾后重建。农工党浙江省委组织的浙江百草中药饮片有限公司在大方种植半夏 20 亩，浙江天蚕丝绸有限公司决定在大方县试点 1000 亩种桑养蚕项目。5 月，全国人大常委会副委员长、农工党中央主席桑国卫到大方县视察并专程到竣工投入使用的同心职校调研。农工党中央、中国医药卫生事业发展基金会向大方县捐赠 16 辆价值近 300 万元的医疗流动服务车，帮助大方县建立“120”紧急救援中心，协调中恒集团向“同心助医工程”捐赠 3000 万元资金和药品。

2012 年 1 月，农工党贵州省委主委、副省长谢庆生率农工党贵州省委、贵州科学院等单位负责人到大方县，对工业园区建设进行考察调研。6 月，天津市第一中心医院按照农工党中央、天津市委统战部的要求与大方县人民医院签订为期 3 年的帮扶合作协议。7 月，农工党中央出资 67.37 万元维修和扩建兴隆乡卫生院。10 月，农工党上海市委捐资 16 万元援建的达溪镇冷底村卫生室、小屯乡珠场村卫生室竣工。是年，农工党联系的爱德基金会援助大山乡社区综合发展项目 8 个，援助资金 120 万元。

2013 年 4 月，全国人大常委会副委员长、农工党中央主席陈竺等到大方县调研开发扶贫、医疗卫生、小城镇建设。5 月，经农工党中央协调联系，中科院专家组到大方调研中药材产业发展和经果林建设。6 月，陈竺联系国家发改委，帮助协调大方火电厂二期扩建工程项目审批立项。同时，陈竺向全国政协主席俞正声致信汇报毕节同心农工中等职业技术学校实训基地建设相关工作。同月，农工党中央协调北京中成康复科技有限公司等 8 家企业与大方县签订 97.4 亿元的 8 个意向性投资项目。农工党中央、中国初级卫生保健基金会、北京中成康复科技有限公司向大方县捐赠价值 1425 万元的医疗设备，捐赠宫颈癌 DNA 筛查实验室、美国 GE 四维彩超、乳腺钼钯 X 射线机、HPV 检测仪、电子宫腔镜、妇科检查床等整套妇科设备帮助大方县建立首个妇科诊疗中心。捐赠 10 台全自动生化分析仪分别配备到 10 所乡镇卫生院。9 月，农工党中央、国家中医药管理局到大方捐赠《中医药适宜技术》丛书及光碟 200 套。10 月，农工党江苏省委协调南京路美医学科技公司为大方县人民医院捐赠价值 105 万元的医疗设备。

2014 年 3 月 13 日，全国人大常委会副委员长、农工党中央主席陈竺在北京会见大方县党政汇报团一行，就如何对口帮扶大方县工作进行座谈。同月，农工党上海市委联系上海市教育局、民盟上海市委、上海市医院等，为大方县15名中小学校长和14名医生护士在上海分别举办为期15天和6个月的培训。8月，陈竺到大方县理化乡猕猴桃基地、理化乡卫生院考察，并出席农工党帮扶大方县签约仪式。大方县分别与天津市第一中心医院、天津市眼科医院、天津市肿瘤医院、北京市平谷医院、遵义医学院附属医院、贵州省中医院、贵州省疾病预防控制中心、贵州省妇幼保健院、贵州省卫生监督局等9家医疗卫生单位签署对口帮扶协议。10月11日，“同心全科医生特岗人才基金”成立，陈竺和中科院院士曾益新共同为“同心全科医生特岗人才基金”揭牌。11月，农工党中央社会服务部与大方县人民政府磋商拟定《同心全科医生特岗人才计划（草案)》。

2015年3月，农工党贵州省委召开毕节试验区同心食品药品产业园建设发展项目推进会。8月，农工党贵州省委七届十二次常委（扩大）会暨项目推进会在大方县召开，现场为推进毕节试验区食品药品产业园建设出谋划策。

第二节 帮扶模式

一、建言献策

农工党发挥智力密集、联系面广、人才济济的智力优势和高层协调优势以及政治影响优势，从历届主席、副主席到专家学者，不间断对大方县给予智力、信息、技术管理经验等方面的帮扶。

1991—2015年，农工党充分发挥自身优势，结合大方县经济社会发展实际，帮助大方县制定“以发展农村经济为重点，寓生态建设于经济开发中，搞好资源综合利用，把教育和开发有机结合起来，有效控制人口，提高人口素质，实现粮食、生态、人口协调发展”的发展战略，多次组织专家赴大方县，围绕农业发展方向、矿产资源开发、卫生事业、教育事业发展等课题深入调研，在充分论证的基础上，先后提出《大方县关于“九五”计划和2010年规划基本框架的建议》《大方县国民经济和社会发展“九五”计划和2010年计划草案的建议》《大方县农业发展规划有关问题的建议》《关于发展农村基层卫生工作的建议》《大方县旅游发展思路的建议》《大方县竹园乡脱贫经济发展规划及对策建议》等10多份意见和建议，得到县委、县人民政府的重视和采纳。农工党在全国“两会”，贵州省“两会”上用议案、提案的形式支持大方重点项目建设。农工党针对大方县旅游资源和畜牧业存在的问题，促成“畜牧秸秆养牛”和“羊场镇航发厂旅游开发”2个项目上报国家有关部门。农工党中央把发展畜牧业、中草药种植业、旅游业等生态经济定位为县域经济发展的主导产业，推动大方县进行经济结构调整。农工党中央和农工党贵州省委在竹园乡帮助实施海马宫贡茶产业，在星宿乡开展爱德基金会“1 + 1”养牛增收项目，在鸡场乡推动中药材种植产业。在农工党中央的指导和支持下，农工党贵州省委组织编制《大方县中药产业发展规划（2010—2020)》《大方县皱椒产业发展规划（2011—2020)》《毕节试验区同心食品药品产业园主导产业及产品研究报告》，组织科技专家开展园区项目库建设，先后编制完成“年产1500吨中药饮片GMP生产线项目”“西南药材大市场项目”“辣椒红色素与高纯度辣椒碱生产项目”“保鲜天麻加工项目”等24个项目可行性研究报告。

农工党中央和农工党贵州省委先后提交《毕节试验区药品食品工业园区规划建议》《毕节药品食品工业园区5个项目建议书》《大方县旅游发展思路》《大方县竹园乡脱贫与经济发展规划及对策》等各种发展规划、建议报告数十个。2007年，农工党中央协调国家林业局为大方、黔西两县拨款240万元（含贵州省配套资金80万元)，开展石漠化治理项目，主要用于贵毕公路沿线绿化。

2008年8月，农工党中央开展《毕节试验区生态建设和环境保护研究》课题调研，大方县获得国家开展污染水治理为核心的环境综合治理项目支持。11月，经农工党中央协调，贵州省政府投资1690万元的朱仲河地下水工程建成，4万多人的安全饮水问题得到解决。2011年8月，经农工党帮助协调立项的岔河水库开工建设，工程受益范围涉及大方镇、高店乡、小屯乡3个乡镇11个村2万亩耕地，解决灌溉范围内1.29万人1.13万头牲畜的饮水问题，工程于2015年竣工。

二、智力帮扶

1990—2015年，农工党中央帮助大方县发展教育、文化、卫生等事业，引进资金320多万元，捐建竹园中学、竹园乡海马小学、理化乡理化小学、响水乡邵家村希望小学、六龙镇方井希望小学、星宿乡施梨小学、星宿乡峻岭小学、安乐乡白岩希望小学、鸡场乡营新小学、大山乡新坝小学、大山乡柏杉小学、大山乡沙土小学共12所学校，为援建学校捐赠价值120余万元的办公设备和学生用品等物资，捐赠奖学金、助学金6万多元，资助1000多名学生完成小学到初中阶段教育。由农工党党员捐资创办的竹园乡前进苗族女子班，使48名苗族失学女童完成义务教育后，全部完成初中学业。由农工党党员捐资设立的"前进奖学金"和"前进助学金"，先后资助500多名中小学生和奖励10名优秀教师。

1990—2015年，农工党中央协调河南交通学院资助200多万元，免费接收大方县及毕节地区100名贫困学生上大学，直至完成学业并协调安排就业。农工党黑龙江省委捐赠500万元，与大方县联办毕节同心农工中等职业技术学校，招收中职学生2000多名，学生毕业后基本实现就业。农工党浙江省委联系企业家向大方县鸡场乡营新小学、羊场镇陇公小学、星宿乡松树小学、大山乡松鹤小学捐赠100万元，使500多名学生享受到免费午餐。农工党江西省委协调九江职业大学，免费为大方培养30名大学生，提供学费、住宿费和生活补助近90万元。农工党中央邀请贵州农学院有关专家、教授在贵阳为大方举办2期乡镇干部培训班，共培训乡镇及县直部门副科级以上干部125人。农工党中央出资12万元，与大方县联合开办村级后备干部中专班，为大方县培养村级后备干部89名。组织大方县领导到浙江省临安市、安吉县、湖州市等地考察学习。聘请畜牧专家任技术顾问，在鸡场、安乐等14个乡镇指导实施畜牧业秸秆氨化养殖项目并通过农业部验收，使大方畜牧业占农业比重达28.1%。为鸡场乡申报科技部农业科技示范乡，累计获得科技资金207万元，科技养牛、半夏栽培等项目直接经济效益300万元以上。农工党与大方县联合创办前进技术职业培训学校，先后14次在鸡场乡、安乐乡等14个乡镇举办经果

由农工民主党中央教育工作委员会副主任、北京潮星集团董事局主席张汉龙捐资500万元、大方县配套520万元兴建的羊场镇陇公同心小学（2015年6月摄）

林管理技术、茶叶栽培加工、黄牛品种改良、畜牧兽医、大棚蔬菜栽培、旱地作物栽培及农业综合实用技术等培训班49期，培训农业技术人员和农民5000余人次。

三、牵线搭桥

1990—2015年，农工党中央策划并参与一系列推介宣传大方的活动。策划筹备全国政协第十届三次会议大型记者集体采访活动，向境内外记者宣传推介大方县。协调帮助大方县成功申报“中国天麻之乡”“中国漆器之乡”“中国皱椒之乡”“中国豆制品之乡”。2012年，协调相关媒体宣传推介大方，中央电视台7频道为大方县制作播出《红红火火的大方辣椒》《靠特色赚钱的大方豆制品》《身价高的大方天麻》3个专题片；《光明日报》《团结报》《人民政协报》《科技日报》《农民日报》等报刊刊发关于统一战线参与大方县开发扶贫、实施“同心助医工程”等方面的文章20余篇。农工党中央投资470万元，在大方县拍摄反映毕节试验区发展故事的影片《情系喀斯特》，在中美电影节中获得“金天使”国际大奖提名。

1990—2015年，农工党帮助协调引进资金达20多亿元。主要项目有引进国际CBM组织实施2852例免费白内障复明手术项目；引进爱德基金会1000多万元在大山乡、星宿乡、鸡场乡开展综合扶贫项目；出资370多万元资助百名干部到清华大学培训项目和百名贫困大学生读书项目；协调农业部将大方县列为全国秸秆养牛示范县，为大方县争取到100万元的畜牧秸秆氨化养殖项目；协调550多万元资金，引进适合喀斯特山区改善生态的中草药刺梨、半夏，建成1700多亩示范种植基地。农工党中央协调国家有关部门，促成大方火电厂项目的立项建设；推动成贵高速铁路大方站、杭瑞高速公路凤山匝道等重大项目立项建设。经农工党中央、农工党贵州省委等牵线搭桥，广西梧州中恒集团、重庆九方源、贵州信邦制药、四川新荷花药业等中药材种植龙头企业相继落户大方。农工党帮助促进招商引资工作，推动建立毕节试验区第一个“同心”产业园区——毕节试验区食品药品产业园区。园区引进企业13个，共引资27.55亿元，其中，农工党直接帮助引进企业7个，引进资金约10亿元。

四、定点帮扶

1995年6月，农工党贵州省委将大方县竹园乡、东关乡作为农工党定点帮扶乡镇，在大方开办“前进学校”大方科技兴农班，在竹园、东关两乡实施农田水利开发等。

从1995年起，农工党中央及农工党贵州省委先后在竹园乡举办农业实用技术培训等培训班9期，参培人数1.15万人次；为竹园乡编制经济发展规划；引资建成竹园民族学校。1996年，通过技术推广，1600多亩茶园采摘茶青5.5万公斤，初加工干茶1.1万公斤，创产值23.5万元，茶农人均增加收入150元。1997年，农工党贵州省委特邀贵州农学院茶叶专家到竹园乡海马宫村现场培训海马宫茶加工技术，培训农民技术人员30多人，为竹园乡建成2000多亩优质良种基地。

2003年11月，农工党中央把大方作为新阶段开发扶贫、智力支边重点县。2007年，在鸡场乡大坝村投入资金及物资折款32万元建社会主义新农村服务示范点，实施定点帮扶整村推进。帮助制定新农村建设发展规划，采取“参与式扶贫”方式，帮助农民增产增收，脱贫致富。到2015年，大坝村人均可支配收入达6974元，摘掉一类贫困村“帽子”。同时，在大坝村探索建立农村基层卫生新机制，进行“乡村一体化”试验，建立村卫生室，取消村医药费提成，降低药价，村卫生室药物全部实行零利润销售，为663名村民建立健康档案，解决群众看病难、看病远、看病贵问题。

五、滚动帮扶

2002年，农工党中央和农工党贵州省委引进爱德基金会支助在星宿乡实施贫困户“1 + 1”滚动养牛项目试点，即给贫困户购买 1 头母牛，产下小牛后，将母牛转给另一户贫困户养殖、产崽，不断循环滚动发展。爱德养牛创收项目分别于 2004 年 8 月、2005 年 6 月、2006 年 11 月分三期实施完毕，经过 3 年推广，受惠农户达 560 户，其中，特困户 425 户，受益贫困人口 1998 人。

六、产业化帮扶

（一）畜牧产业帮扶

1998 年，农工党中央从农业部为大方县争取到 100 万元资金，用于畜牧秸秆氨化养殖，聘请畜牧专家任技术顾问，在鸡场、安乐、星宿、大山等 14 个乡镇进行技术培训，推广畜牧秸秆氨化养殖技术，使全县畜牧养殖业得到发展，畜牧业产值占农业比重逐年提升。

（二）中药材产业帮扶

2009 年，农工党中央联系中华环保基金会捐赠 30 万元，中央统战部光彩事业指导中心“星火计划”大方县鸡场乡半夏科技示范基地建设项目资金 20 万元，国家中医药管理局中药现代化项目资金 74 万元，贵州省科技厅半夏产业化生产规范化种植项目经费 20 万元，在鸡场乡大坝村、羊场镇桶井村、东关乡半冲村、竹园乡沙坝村 4 个贫困村扶持农户 242 户，种植半夏 766 亩，总产值 2432 万元，242 户全部脱贫。同年，农工党中央帮助大方县编制完成《贵州省大方县中药产业发展规划（2010—2020）》《大方县天麻、半夏、刺梨种植规划（2010—2020）》。

2010 年 6 月，农工党贵州省委协调 1492 万元项目资金支持大方县中药产业发展。贵州信邦制药在大方建半夏 GAP 研究示范基地，重庆九方源药业在大方建设中药材基地 1000 亩，贵州天赐农业综合开发公司在竹园乡、文阁乡建立丹参、熏衣草基地。2013 年，在农工党中央的关心下，大方县中药材产业进入全省 100 个现代高效农业示范园区建设范围。

（三）猕猴桃产业帮扶

2013 年，农工党中央引进北京华麟果业公司投资 1700 多万元，在理化乡建立猕猴桃产业扶贫示范基地，采用“公司 + 合作社 + 农户 + 基地”模式，按照“统一规划、统一管理、分步实施、分户经营”原则进行管理，通过市场化运作，华麟果业有限公司通过向项目区群众流转土地，出资建设产业园区，失地农民组建劳务输出合作社到园区务工、参加管理，公司与农户建立利益联结机制，项目投产后，公司按每年纯收入的 10% 分红给农户，每亩每年分红 3000 元左右，惠及 10 万人增收。通过理化猕猴桃产业园带动，2015 年，全县发展猕猴桃种植 7350 亩。

七、同心重点工程

（一）毕节试验区食品药品产业园区

毕节试验区食品药品产业园区是统一战线和农工党参与毕节试验区建设和帮扶大方县的示范项目及产业扶贫示范基地。园区于 2010 年 12 月 28 日在东关乡挂牌成立，占地 970 亩，建筑面积 53 万平方米，总投资规模 300 亿元。至 2015 年年底，园区累计完成投资 92.19 亿元，入驻企业 39 家，解决 3125 人就业。

（二）同心助医工程

2010 年 5 月，农工党中央发挥自身医药卫生资源和人才优势，协调中国医药卫生事业发展基金会、中国红十字会、中恒集团在大方县实施贵州毕节贫困山区同心助医工程项目。至 2015 年，农工党中央累计组织投入款物 8000 多万元，培训乡村卫生人员 4000 余人次，为大方县配备 4844 件医疗设备设施，流动医疗车 24 辆，“流动医院” 2 个，中恒集团向全县乡村医疗机构捐赠价值 1200 万元的常用药品。全县 33 个卫生院、300 个村卫生室得到标准化、规范化改造。工程实施后，全县所有乡镇卫生院全部开设中医科，80%的村卫生室能开展中医适宜技术服务。通过培训人员和增添设备，乡镇卫生院、村卫生室的医疗服务能力得到提升。大方县利用农工党中央援助的流动医疗服务车，建成中国西部地区、贵州省第一个全覆盖的山区县紧急医疗救援体系，初步形成县“120”统一指挥的县内急诊急救网络。项目实施后，农村群众看病难、看病贵问题基本解决。

2015年，在建档立卡贫困户中，因病致贫的有1.17万户1.96万人，占13.9%，低于全国平均水平。在同心助医工程的支撑下，大方县“十二五”（2011—2015）规划期间各级财政投入4.96亿元，实施县人民医院二期工程、县中医医院一期工程、县卫生监督所、县急救中心、乡镇卫生院达标建设、卫生室新建和改扩建，对全县33所卫生院和300所村卫生室实施标准化规模化建设。在农工党中央的支持下，国家卫计委、贵州省卫生厅、遵义医学院指导大方县制定《大方县2013—2015年卫生事业发展规划》。

（三）毕节同心农工中等职业技术学校

1986年，大方县筹建综合职业技术学校，1987年开始招生。2010年，农工党中央、农工党贵州省委提出新建职业学校的建议，建议将东关中学改建为职业学校，并命名为“毕节同心农工中等职业技术学校”（简称“同心职校”）。2013年5月，在农工党中央的指导下，中共大方县委、县人民政府组织有关专家对同心职校经过充分调研和论证后，按照“一年整合、三年提升、五年跨越”战略，将原综合职业技术学校整体搬迁至东关并入同心职校，把同心职校作为“毕节试验区职业教育改革发展的试验田”进行建设。农工党贵州省委帮助制定《毕节同心农工中等职业技术学校发展规划（2013—2018）》。

至2015年年底，毕节同心职校建设形成规模，学校占地44.44平方米，建校舍4.39万平方米、运动场9500平方米，有专业实训室12个、专用教室25间、普通教室70间，有教师100人、在校学生1136人，毕业学生396人全部就业。

第三章　对口帮扶

第一节　深圳市帮扶

1996年，按照中共中央、国务院的部署，深圳市开始对口帮扶大方县。深圳市对大方县的对口帮扶分为1996—2012年的市直机关对口帮扶和2013年后的一区对一县对口帮扶两个阶段。

1996—2012年，深圳市向大方县无偿投入帮扶资金3144.8万元，实施项目帮助18万贫困人口改善生产生活条件，帮助2万多名适龄儿童入学。其中，投资295万元解决双山、鸡场、羊场等乡镇人畜饮水困难及农户“三改一建”工程，受益人口8万多人；投资10万元为兴隆乡架设10千伏输电线路5千米，解决杉树、大坪两村用电及通讯问题，受益农户350多户1500多人；投资50万元在果瓦、绿塘等5个乡镇修建卫生院，购置医疗器械；投资73.8万元实施农业开发项目6项；投资891万元，建学校36所，建筑面积2.54万平方米；投资20万元，改善东关乡教学设施；投资

50万元在马场镇、凤山乡分别实施教学楼建设；投资155万元购置教学设备分发到百纳、鸡场、东关、羊场、牛场、核桃等乡镇小学；投资30万元建设星宿乡棕树村学校；投资190万元在核桃乡文坪村和达溪镇红星村进行社会主义新农村建设，1254户5153人受益；投资200万元在羊场镇桶井村实施新农村建设项目；投入200多万元在双山镇木格村实施“双改”项目；投资680万元，实施整村推进“生态家园”建设项目，分别为黄泥塘镇2个村共180万元，理化乡大塘村50万元，羊场镇坪寨村150万元，竹园乡小阁村50万元，绿塘乡五星村50万元，马场镇桥上村50万元，星宿乡麻岭村30万元，响水乡响水村50万元，大山乡松鹤村50万元，核桃乡中坝村10万元，牛场乡整村推进项目10万元；投资200万元实施农房改造项目，分别为大山乡高峰村50万元改建农房63户，星宿乡松树村80万元改建农房200户，星宿乡棕树村70万元改造农房70户；投入公路维修、硬化资金100万元，其中，牛场乡黑仲村20万元维修公路4.2千米，雨冲乡鹏银村25万元硬化通组路0.6千米，雨冲乡红旗村25万元硬化通组路0.6千米，高店乡堰塘村30万元建设通组公路。

同时，深圳市还向大方县捐赠价值80万元医疗设备150套、价值30万元救护车1辆；投入资金200万元设立教育奖励基金，奖励优秀教师及品学兼优考取大学的应届学生，有458名优秀教师和51名大学生获奖。深圳市还为大方县举办培训班8期，培训领导干部200多人次和农技人员5000多人次。协调帮扶贷款660万元建设协作项目，其中，投放大方金地种子工程项目200万元、大方磷肥厂硫精砂生产项目100万元、云龙天麻开发有限责任公司100万元、九龙天麻有限责任公司60万元、辣椒生产项目200万元。

2013年5月7日，国家新一轮对口帮扶贵州省工作启动会议在贵阳召开，会议明确深圳市继续对口帮扶毕节市。按照深圳市与毕节市“一区帮扶一县”协议，深圳市龙岗区对口帮扶大方县。是年，龙岗区在大方投入资金350万元，建设项目8个，项目覆盖8个乡镇8个村，分别为：理化乡果木村美丽乡村建设项目180万元，猫场镇碧脚村小水窖、饮水管道安装、垃圾池建设、通组路硬化项目30万元，三元乡群丰村通组路建设20万元，核桃乡核桃村入户便道及院坝硬化、修建水池及管道改造项目20万元，马场镇民丰村通组公路桥梁1座、公路硬化项目50万元，沙厂乡营华村通组路建设项目20万元，雨冲乡油杉河村通组路维修项目10万元，对江镇堰塘村通组路硬化项目20万元。

2014年，龙岗区投入资金360万元，建设项目4个，覆盖3个乡镇5个村，分别为：兴隆乡狮子村村庄治理示范点建设180万元，兴隆乡果木村、大沟村美丽乡村建设项目40万元，绿塘乡通组路硬化4.8千米120万元，果瓦乡庆阳村通组路建设项目20万元。同年，另投入资金100万元用于贫困户发展生产及大病救助。

2015年，龙岗区投入资金575万元，建设项目9个，覆盖8个乡镇9个村，分别为：达溪镇冷底村示范点建设项目150万元，对江镇元宝村通组路硬化1千米50万元，对江镇箐木村小水窖建设87个50万元，核桃乡石艳村通组路硬化1.25千米50万元，果瓦乡通组路建设4.1千米80万元，八堡乡通组路建设2.4千米50万元，绿塘乡村庄整治项目75万元，兴隆乡村庄整治项目50万元，雨冲乡通组路建设20万元。同年，另投入资金110万元用于贫困村寨基础设施建设及贫困农户发展生产。

2016年，龙岗区投入资金340万元，项目覆盖5个乡镇5个村，分别为：东关乡马鞍村通组路建设1.2千米50万元，果瓦乡大寨村人畜饮水项目20万元，绿塘乡营盘村0.58千米通组路建设20万元，雨冲乡鸣放村通组路建设100万元，兴隆乡菱角村“四在农家·美丽乡村”建设项目150

万元。另外，投入200万元用于通组路建设、留守儿童及理化乡偏坡村受灾群众心理辅导培训、乡村旅游及特殊困难贫困户发展生产等。

第二节 重庆市九龙坡区帮扶

2011年11月24日，重庆市九龙坡区与大方县签订《重庆市九龙坡区与大方县结对帮扶合作协议书》，并成立九龙坡区帮扶大方县领导小组，组建由32家区级相关单位、18家集团企事业单位为成员的帮扶集团对大方县进行结对帮扶。

2011—2015年，九龙坡区政协主席成建国，区委副书记郑和平，区委常委、副区长秦大春，副区长李瑞涛、周进等多次率团到大方县考察并提供资金及技术扶持。期间，九龙坡区划拨援助资金300万元用于天星龙潭应急供水工程，划拨500万元用于敞口龙潭应急供水二期工程，划拨500万元支持大方县基础设施建设，划拨200万元在贵毕路、黄普路沿线种植经果林和杭白菊、金银花、前胡等中药材6630亩。农工党九龙坡区委为毕节同心农工中等职业技术学校捐赠一批价值10万余元的护理专业实训室教学设备。至2015年，重庆市九龙坡区累计在大方县投入帮扶资金1500万元。

重庆市九龙坡区在定点帮扶大方县期间，协助大方县成立大方驻重庆招商分局，帮助推介、引进有一定规模的企业落户大方县，培育优势互补产业链，加强对大方县商贸、农业产业化企业指导，支持发展劳动密集型、资源开发型产业。推介8家企业同大方县达成投资意向协议，推介4家旅行社同大方县签订开发旅游线路协议，推介3家企业同大方县签订8000万元投资协议。引进重庆久桓地产集团在大方县兴建城市综合体项目。至2015年，累计投资8.22亿元。重庆市九龙坡区还与大方县签订人力资源框架协议书，开展劳动力转移培训，推动劳动力转移就业，到2015年，共举办工业经济、小城镇建设、农业现代化专业培训班3期，帮助大方县培训干部232人。

第三节 广州市天河区帮扶

2016年年初，广州市天河区根据《广州市人民政府、毕节市人民政府东西部扶贫协作和对口帮扶合作框架协议（2016—2020）》《广州市对口支援办公室关于调整毕节市东西部扶贫协作工作区县结对关系的函》，广州市天河区与大方县结成对口帮扶关系。同年9月，广东省委常委、广州市委书记任学峰到大方县考察调研，双方制定完成《天河区“一对一”帮扶大方县工作方案》，天河区每年投入1000万元打造1个~2个美丽乡村和旅游产业示范园区，增加地方经济收入。天河区劳动就业服务中心与大方县签订劳动转移框架协议、职业技能培训框架协议。广州市华闻教育科技有限公司向大方县捐赠价值10万元图书，捐赠项目扶持资金20万元用于黄泥塘镇大坝村美丽乡村示范点建设。

第四章 企业精准扶贫

第一节 恒大集团扶贫概况

2015年11月，恒大集团按照中共中央、国务院扶贫工作会议精神，响应党中央号召，在全国政协的推动下，决定将大方县作为结对帮扶对象。29日，恒大集团副总裁柯鹏一行到大方县就开展帮扶工作进行前期考察并与毕节市、大方县领导就对口帮扶进行座谈，围绕新型城镇化建设、产业发展、智力扶贫、金融及保险保障扶贫、大病资金救助等方面制定帮扶方案。

恒大集团结对帮扶大方县精准扶贫精准脱贫方案的主要内容为：恒大集团三年内投入扶贫资金30亿元，通过产业扶贫、易地搬迁扶贫、吸纳就业扶贫、发展教育扶贫和特困群体生活保障扶贫等综合措施，帮助大方县到2018年底实现贫困人口全部稳定脱贫。产业扶贫方面，恒大投入12亿元，三年扶持1000个扶贫互助合作社，建立1000处特色农牧业基地，并引进、培育龙头企业，形成产业化经营，帮助5万户13万人口稳定脱贫。易地搬迁扶贫方面，恒大投入10亿元，建设50处有产业依托的安置区，易地搬迁2万名贫困群众。吸纳就业扶贫方面，组织职业技能培训，三年吸纳3万人到恒大物业、园林、酒店等下属企业和战略合作企业就业。教育扶贫方面，恒大投入5亿元，新建11所小学、13所幼儿园、1所完全中学、1所现代职业技术学院。设立恒大大方教育奖励基金，用于奖励优秀教师和贫困家庭优秀学生。特困群体生活保障扶贫方面，恒大投入3亿元，新建1所慈善医院、1所敬老院、1所儿童福利院。为特困群体每人购买1份商业保险。组织恒大集团8600名员工对大方县留守儿童、困境儿童和孤儿“一助一”结对帮扶。恒大集团通过出资金、出人才、出技术、出管理、出思路，分年度划片区对大方175个贫困村实施整村推进，2016年帮扶60个村，2017年帮扶80个村，2018年帮扶35个村。

2015年12月19日，恒大集团与大方县人民政府签订30亿元5项措施3年脱贫协议。同日，3000万元“恒大大方教育奖励基金”正式设立。12月30日，恒大奢香古镇一期重点工程项目征地拆迁工作启动。

2016年1月8日，恒大10亿元扶贫资金到位，编制187人的恒大集团扶贫办公室在大方县成立，恒大集团副总裁姚东任办公室主任，恒大3000多名扶贫人员同时进驻大方。1月10日，首批援建的移民安置区（奢香古镇及10个幸福新村）、11所小学、13所幼儿园、1所完全中学、1所现代职业技术学院、1所慈善医院、1所敬老院和1所儿童福利医院等40项重点工程总体规划方案及单体方案完成。1月11日，恒大集团为大方县农村特殊困难群众1.41万人购买恒大人寿万能险，担保总额10亿元的“产业扶贫专项贷款担保基金”设立到位，首批扶持的200个特色农牧产品基地建设方案确定。1月17日，应恒大集团董事局主席许家印邀请，农产品全产业链龙头企业地利集团进入大方县参与扶贫。2月27日，恒大集团结对帮扶大方县首批援建40项重点工程和200个农牧业产业化基地项目同时开工，同月，经过集中培训的大方县3000多名贫困家庭务工人员抵达海南、江苏、上海、深圳、湖北、重庆、四川、广东、广西、福建、湖南、江西、安徽等地恒大集团项目工地并正式上岗。3月28日，“恒大大方贫困家庭创业基金”正式设立。5月，“恒大大方慈善基金”正式设立，首批5000只加拿大进口纯种安格斯牛冻精调入大方。6月，首批500头澳大利亚纯种安格斯种牛调入大方，恒大集团引进地利集团在大方建设的现代高效农业示范基地建成并投入使用，恒大联合国内知名农机品牌厂家为大方量身定做的小型微耕机调入大方，恒大集团援建的畜禽种子基因控制中心投入使用。7月，恒大首批援建大方产业扶贫重点工程包括育苗中心、基因控制中心、养牛场等正式移交投入使用。8月，恒大帮扶大方首批从草原牧区调入基础母牛抵达大方。9月18日，首批易地搬迁安置区幸福二村交付使用。9月24日，首批易地搬迁贫困户迁入新居。11月23日，恒大集团结对帮扶大方县第二批63个重点项目集中开工，包括新农村建设项目40个，肉牛养殖，蔬菜、中药材、经果林种植，乡村旅游等重大产业扶贫项目23个。

至2016年年底，恒大集团在大方县各级各部门的密切配合下，精准扶贫工作有序推进，大方县近8万人初步实现脱贫。

产业扶贫方面，恒大集团投入产业扶贫资金2.97亿元，开工建设蔬菜、肉牛、中药材、经果林产业化基地224个，投入使用103个；设立1亿元的恒大产业扶贫贷款担保基金，为181个蔬菜、肉牛等专业合作社发放贷款2.6亿元；引进27家上下游龙头企业，其中，蔬菜基地开工52个，建成29个，建成蔬菜产业化大田基地6万亩，蔬菜大棚6075栋。蔬菜基地帮扶的贫困户，户均种植蔬菜2.5亩，年人均纯收入超过4100元。肉牛基地开工146个，建成64个。引进中禾恒瑞等2家畜牧上下游龙头企业，建立母牛供应、技能培训、饲养、收购、加工、销售等产业化体系。调入优质基础母牛1760头，引进纯种安格斯种牛500头，引进世界领先安格斯、西门塔尔种牛冻精9万支，改良土牛1.2万头。肉牛基地帮扶的贫困户，户均饲养肉牛3头，年人均纯收入超过4000元。中药材及经果林基地开工26个，建成10个。引进一力制药、香港恒畅等9家中药材、经果林上下游龙头企业，建立种子供应、技能培训、种植、收购、加工、销售等产业化体系。建成3.2万亩丹参、天麻等中药材基地，2万亩油用牡丹和猕猴桃等经果林基地。中药材及经果林基地帮扶的贫困户，连同土地流转收入、务工收入、分红收入合计，年人均纯收入超过5500元。

易地搬迁扶贫方面，恒大集团投入资金3.17亿元，首批开工建设10个幸福新村、1个奢香古镇，其中2个幸福新村建成搬迁入住。

教育扶贫方面，投入资金3.3亿元，开工建设的11所小学、8所幼儿园，于2016年12月30日竣工交付。与清华大学合作，培训教师及干部340名。“恒大大方教育奖励基金”对200名偏远地区优秀教师给予奖励、300名贫困家庭优秀学生给予资助。

吸纳就业扶贫方面，投入500万元培训9500人，吸纳7726人就业，就业人员年人均工资4.2万元，直接实现近2万人脱贫。

创业扶贫方面，“恒大大方贫困家庭创业基金”2016年扶持创业户4211户。

特困群体生活保障扶贫方面，投入资金1.9亿元，开工建设1所慈善医院、1所养老院、1所儿童福利院。恒大为1.41万名特困人群每人购买1份固定收益商业保险，受保农户年人均收入3028元。恒大集团8600多名员工“一对一”帮扶大方县4993名农村留守儿童、困境儿童和孤儿。

第二节 恒大集团援建项目

一、易地扶贫搬迁项目

2016年，奢香古镇开工建设，位于顺德街道白石村，占地1522亩，分2期建设，易地安置贫困农户1000户4000人。古镇整体建筑风格融入古彝文化元素，以彝韵民俗风情街串联爱心阁、奢香园、古彝山庄、云海梯田、撷香园、鹤栖山庄等10个观景点。古镇项目以旅游、商业为依托，确保搬迁农户能够搬得出、稳得住、能发展、能致富。

是年，开工建设恒大幸福新村，第一批建设10个新村，分别位于安乐乡白宫村、凤山乡店子村、百纳乡鸭院村、三元乡双元村、三元乡胜丰村、星宿乡龙山村、星宿乡峻岭村、雨冲乡油杉河村、雨冲乡金门村、沙厂乡营华村，总占地面积16.95万平方米，总建筑面积4.34万平方米，总移民规模452户1477人。配套产业有肉牛养殖、蔬菜种植、乡村旅游、中药材种植、经果林种植等。第二批建设40个新村，分别位于牛场乡乐公村、马场镇马场村、鼎新乡大井村、鼎新乡中心村、猫场镇碧脚村、绿塘乡高潮村、对江镇石桅村、小屯乡市院村、理化乡理化村、黄泥塘镇黄泥村、黄泥塘镇眉井村、羊场镇桶井村、六龙镇头塘村、东关乡龙泉村、安乐乡岩脚村、核桃乡营光村、凤山乡店子村、达溪镇达溪村、八堡乡长兴村、兴隆乡兴隆村、瓢井镇坪兴村、长石镇杨柳村、果瓦乡茶园村、大山乡沙土村，占地总面积77.7万平方米，建筑总面积14.74万平方米，总移民规模1687户6426人。配套产业有蔬菜种植、肉牛养殖、中药材种植、经果林种植、魔芋种植等。

2017年，50个恒大新村建成交付，可安置2500户1万人；县城扶贫安置区奢香古镇一期竣工交付，可安置1000户4000人。幸福新村和奢香古镇累计搬迁入住2558户10647人。为每户贫困户配备了家具家电等基本生活用品和配建2栋蔬菜大棚、肉牛养殖、乡村旅游等作为“第二产业”，确保贫困户“能脱贫、稳得住”。

2018年，全面建成县城移民搬迁社区奢香古镇和50个幸福新村，把住在深山老林、基本丧失生产生活条件的5290户2.09万贫困群众全部搬出大山。同时，就近配建适宜贫困户务工的产业，配套教育、商业等设施，确保贫困群众“搬得出、稳得住、能脱贫、能致富”。奢香古镇的搬迁群众通过就地就业，年人均增收6020元；50个幸福新村的搬迁群众每户配备2个产业项目，通过务工、分红等，年人均增收3721元。

凤山乡恒大幸福二村（2017年5月摄）

二、教育扶贫项目

2016 年，开工建设幼儿园，包括奢香古镇第一幼儿园和其他幼儿园共 10 所，分别位于顺德街道白石村、顺德街道龙昌村、慕俄格古城街道关井村、红旗街道石关村、东关乡朝中村、顺德街道新铺村、羊场镇羊场村、鼎新乡中心村、长石镇杨柳村、达溪镇达溪村。占地总面积 4.14 万平方米，平均占地 4684 平方米，建筑面积统一为每园 1452 平方米，每园可容纳幼儿 6 个班 180 人。

是年，开工建设小学，包括恒大民族小学和恒大小学共 11 所，分别位于东关乡大寨村、顺德街道龙昌村、顺德街道白石村、慕俄格古城街道关井村、红旗街道路塘村、东关乡朝中村、大山乡高峰村、百纳乡百纳村、对江镇堰塘村、马场镇白泥村、绿塘乡牛场村。占地总面积 45.54 万平方米，平均占地 4.14 万平方米，建筑面积统一为每校 3348 平方米，每校可容纳学生 12 个班 540 人。

恒大援建大方县 10 所学校集中开学典礼（2017 年 3 月 1 日摄）

是年，开工建设恒大民族中学，位于顺德街道白石村与东关乡大寨村交界，杜鹃大道、同心大道、顺德大道交汇处。学校占地面积 3.75 万平方米，建筑面积 1.75 万平方米，容积率 0.47，绿化率 35.1%。办学规模为 36 个班，每班 50 人，容纳学生 1800 人，其中，高中 1200 人，初中 600 人。学校生源辐射奢香古镇安置区及周边区域。

是年，开工建设恒大职业技术学院，位于顺德街道白石村，占地面积 1000.98 万平方米，建筑面积 4.33 万平方米。有教师 170 人，学生 2000 人。设置学前教育、服装制作、生产管理、数控技术运用、电子商务、汽车运用与维修、物流管理、园林技术等专业，生源辐射全市乃至全省。

2017 年，发展教育扶贫建成 11 所小学、13 所幼儿园、1 所完全中学和 1 所职业技术学院，全部投入使用。与清华大学合作引进优质教育资源，远程教学平台投入使用，培训 550 名教师及管理干部。设立的恒大大方教育奖励基金，奖励资助 400 名偏远山区优秀教师、600 名贫困家庭优秀学生。

到 2018 年，累计投入 4.2 亿元，建成 11 所小学、13 所幼儿园、1 所完全中学和 1 所职业学院并投入使用，解决 13080 名学生的“上学难”问题，一次性补齐大方县教育短板。同时，与清华大学合作，引进远程教学平台等优质教育资源；设立 3000 万元教育奖励基金，奖励 600 名优秀教师、900 名优秀贫困生。

三、生活保障项目

（一）恒大慈善医院

2016年开工建设，位于顺德街道白石村，占地面积4.61万平方米，建筑面积4.07万平方米，规模为500张床位。医院设置内科、外科、妇产科、儿科、中医科、医学检验科、医学影像科、消化内镜科、病理科、药剂科、输血科、高压氧科、预防保健科、眼科、耳鼻咽喉科、口腔科、皮肤科、精神科、传染科、肿瘤科、急诊医学科、康复医学科、麻醉科、重症医学科、血液净化中心、疼痛科、临床营养科、手术室等28个科室。配备医务人员800名，其中，专业人员680名，行政后勤人员120名。2017年竣工交付使用。

（二）恒大敬老院

2016年开工建设，位于顺德街道白石村，占地面积2.78万平方米，建筑面积1.58万平方米，规模为400张床位。是一所集生活、办公、服务、康复医疗、游艺于一体的多功能养老服务机构。按《老年养护院建设标准（建标144—2011）》建设，建设内容包括医疗保健用房、行政办公用房、公共活动用房、附属用房等。建成后主要解决大方县辖区内居住的生活、医疗等条件较差的低保和“五保”对象的集中养老问题。2017年竣工交付使用。

（三）恒大儿童福利院

2016年开工建设，位于顺德街道白石村，占地面积2.39万平方米，建筑面积1.23万平方米。规模为300张床位。是一所集弃婴、孤儿、流浪儿童的收养教育和救助管理为一体的多功能社会福利机构。按《儿童福利院建设标准（建标145—2010）》建设，建设内容包括医疗及康复用房、行政办公用房、教育培训用房、附属用房、宿舍等。建成后填补了县内儿童福利事业基础设施的空白，改善辖区内弃婴、孤儿、流浪儿童的生活、医疗、教育条件。2017年竣工交付使用。

四、产业扶贫项目

东关乡恒大蔬菜育苗中心（2017年11月摄）

蔬菜种植。2016年起，在三元乡胜丰村、安乐乡岩脚村、兴隆乡石板村、兴隆乡兴隆村、八堡乡荆竹村、八堡乡中箐村、核桃乡民生村、六龙镇大梁子村、六龙镇坝子村、小屯乡珠场村、鼎新乡新场村、牛场乡德克村、牛场乡乐公村、瓢井镇连坪村、瓢井镇坪兴村、安乐乡白宫村、小屯乡市院村、对江镇对江村、鼎新乡长丰村建设蔬菜育苗基地。恒大与地利集团合作在食品药品产业园区建设蔬菜育苗中心，规模覆盖30万亩蔬菜基地。由恒大集团出资建设现代化育苗中心，并引进国家蔬菜产业化龙头企业地利集团，由地利集团统一选种、育苗、管理、供苗。恒大与地利集团合作，在凤山乡店子村、凤山乡马干山和马场镇建设大型高效蔬菜种植示范基地、培训基地，占地2000亩。采用“龙头企业+合作社+贫困户”模式，地利集团流转土地，恒大集团和大方县人民政府为每户贫困户建设1栋蔬菜大棚及附属设施，确权给贫困户，组建扶贫互助合作社。地利集团租赁蔬菜大棚进行生产经营，并按总投资额的5%支付租赁费，租赁费用按贫困户进行分红。以东北方向为第一核心区，建设2500栋蔬菜大棚，以西北方向为第二批核心区，建设4000栋蔬菜大棚，占地5000亩，规模为1万栋单体蔬菜大棚。合作社带领贫困户统一组织生产，贫困户与合作社按7∶3比例分红。地利集团负责统一育苗，统一供应生产资料，统一生产指导，统一收购产品。建设3万亩蔬菜大田节水灌溉工程，兴隆乡、八堡乡、长石镇发展辣椒产业，总面积1万亩，在理化乡、牛场乡、马场镇发展马铃薯产业，总面积2万亩。在食品药品产业园区、长石镇、牛场乡建设3个大型果蔬交易市场，服务县内及周边县市果蔬种植区域，承担全县果蔬的冷藏、交易、储存和配送功能，为果蔬批发零售、流通提供专业平台。由地利集团负责运营，通过规模化管理，将交易市场打造成果蔬集散中心、信息交流中心、物流配送中心，推进大方县果蔬产业标准化、产业化、高效化，促进产业化发展。

肉牛养殖。2016年起，在凤山乡凤山村、凤山乡银川村、安乐乡青松村、雨冲乡金星村、安乐乡白宫村、安乐乡岩脚村建设6个纯种安格斯牛育种场，规模为6000头。在凤山乡杉坪村、安乐乡青松村、六龙镇下坝村、安乐乡白宫村建设4个扶贫牛超市，规模为2000头，占地150亩。在全县各乡镇建设50个大型肉牛养殖场，规模为6000头，占地750亩。采用“专业合作社+贫困户”模式，恒大集团和大方县人民政府出资建设养殖场并确权给贫困户，贫困户组建养牛专业合作社，每户贷款购买2头育成母牛和1头育成肥牛，由合作社负责统一养殖和日常管理，贫困户按户均3亩种植高效牧草出售给合作社。购牛贷款由恒大集团和大方县人民政府担保并全额贴息3年。所购基础母牛在2017年、2018年每繁殖成活1头牛犊，恒大集团通过创业基金奖励1000元。建设5000座散养牛舍，由恒大集团和大方县人民政府为有意愿贷款养殖优质肉牛的贫困户改善散养牛条件提供补助。在食品药品产业园区建设畜禽种子基因控制中心，占地8亩；建设畜禽疫病防控中心，占地10亩；建设畜牧产业研发中心，占地10亩；建设饲料加工厂，占地10亩，年产8万吨。在全县各乡镇建设50处乡村配种防疫服务站，负责当地土种牛的品种改良、调入的优质育成母牛进行后续配种以及覆盖区域内的牲畜防疫工作。

中药材种植。2016年起，建设瓢井镇魔芋良种培育基地，鼎新一力集团中药材种植示范基地，星宿乡龙山村冬荪层架式大棚种植示范基地，牛场乡丹参种植示范基地。在鼎新乡风景村建设中药材初加工厂，占地50亩，辐射带动周边的规模化种植。育苗基地、种植基地和中药材加工厂均采用“龙头企业+合作社+贫困户”的模式，龙头企业流转土地，恒大集团援建基地基础设施，确权给贫困户，贫困户组建扶贫互助合作社，龙头企业租赁基地基础设施进行生产经营，按投资总额的5%支付租赁费，租赁费用按贫困户进行分红。

食用菌栽培。2016年起，在果瓦乡茶园村建设天麻产业基地和冬荪产业基地，在凤山乡店子村建设冬荪菌种基地，在食用菌种植乡镇建设10处食用菌初加工基地，均采用“龙头企业+合作社+贫困户”的模式。龙头企业流转土地，恒大集团援建基地基础设施，确权给贫困户，贫困户组建扶贫互助合作社。龙头企业租赁基础设施进行生产经营，按投资总额的5%支付租赁费，租赁费用按贫困户进行分红。

经果林种植。2016年起，建设雨冲乡油用牡丹种苗育种基地、六龙镇猕猴桃种苗育种基地、达溪镇刺梨种苗育苗基地。建设雨冲乡油用牡丹种植示范及培训基地、理化乡猕猴桃种植示范及培训基地、雨冲乡刺梨种植示范及培训基地、达溪镇皂角种植示范及培训基地、果瓦乡白茶种植示范及培训基地。示范带动所辐射区域合作社、贫困户大力发展经果林种植产业，通过示范推广种植技术，提高周边群众科技素质。

乡村旅游。2016 年起，恒大集团援建大方县农业观光园、凤山乡店子村马干山蒙古部落、雨冲乡牡丹园，引进专业公司进行运营和日常管理，专业公司直接吸纳附近贫困户到景区就业和务工。

2017 年，产业扶贫建成蔬菜、肉牛、中药材、经果林产业化基地 476 个；设立 1 亿元的恒大产业扶贫贷款担保基金，担保总额 10 亿元，为 334 个蔬菜、肉牛等专业合作社发放贷款 4.4 亿元；引进 43 家上下游龙头企业。

2018 年，投入 15.7 亿元，帮助大方县发展蔬菜、肉牛、中药材和经果林等产业。蔬菜产业，建成 10223 栋蔬菜大棚、13 万亩大田基地、22 个育苗中心，引进地利集团等 21 家蔬菜上下游龙头企业，带动 12855 户、47992 名贫困群众通过务工、分红和土地流转等，年人均增收 3026 元。肉牛产业，建成 335 个肉牛基地，引调并繁育安格斯和西门塔尔优质母牛 43006 头，引进加拿大优质种牛冻精 22 万支，改良当地土牛 3.3 万头，引进中禾恒瑞等 12 家畜牧产业上下游龙头企业，带动 19514 户、65608 名贫困群众通过务工、粮改饲、分红等，年人均增收 2425 元。中药材和经果林产业，建成 5.6 万亩中药材基地和 4.4 万亩经果林基地，引进一力制药等 10 家中药材、经果林上下游龙头企业，带动 1836 户、6577 名贫困群众通过务工、分红和土地流转等，年人均增收 2153 元。

恒大集团采取“龙头企业 + 合作社 + 贫困户 + 基地”的市场化运作模式，实现“供产销”一体化经营，解决了贫困户“生产什么、怎么生产、生产多少、卖给谁”的根本性问题。通过产业帮扶，帮助大方县 12.02 万贫困群众实现脱贫。

第五章　世行贷款　以工代赈

第一节　世界银行贷款项目

一、世行贷款教育发展项目

1991—1996 年，世界银行贷款教育发展项目在大方县实施，总计完成投资 2655 万元，其中，世行贷款 1147 万元，国内配套投资 1508 万元。累计实施各类土建项目 210 个，12.76 万平方米；实施重建项目 37 个，1.81 万平方米；填平补齐项目 120 个，5.7 万平方米；大修项目 22 个，1.15 万平方米；中小修项目 31 个，4.1 万平方米；购置课桌凳 2.33 万套、图书 3.52 万册、各类仪器 129 套；培训各类师资 6941 人次。

经过 5 年的项目实施，全县小学在校生从项目实施前的 12.58 万人上升到 15.38 万人；校舍中危房比例从项目实施前的 8.5% 下降到 2%；校舍中坏损房屋的比例从 12% 下降到 6%；教学仪器设备达到国家标准率从 27.1% 上升到 100%；课桌凳配齐率从 94% 上升到 100%；生均拥有图书从 1.6 册上升到 7 册；完全小学占小学数的比例从 41.8% 上升到 70%。师生比从 1∶28 下降到 1∶25；教师学历合格或专业考核合格比例从 73.2% 上升到 87.7%；一年级学生留级率从 5.2% 下降到 0；一至六年级学生平均留级率从 5.2% 下降到 0；适龄儿童入学率从 94.5% 上升到 98.8%；女童入学率从90.5%上升到98%；少数民族儿童入学率从87.8%上升到97%；15周岁人口初等教育完成率从80%上升到87.5%；小学毕业生升学率从57.5%上升到76%；民办教师年均工资补贴数从440元上升到960元；退休民办教师享受津贴人数所占比例从2%上升到12%；考取普通高校本科、专科，中专、中师1905人，是1991年273人的401%。

二、西南扶贫世行贷款项目

1994年，中国西南扶贫世界银行贷款项目在大方县进行前期准备，1995年3月通过评估，7月进入正式实施，1998年进行中期评估和调整，2002年6月完成。

项目选择1993年农业人口人均收入320元以下的东关、竹园等15个乡镇为项目乡，在项目乡镇选择比较贫困的89个村作为项目村，项目覆盖农户1.35万户6万人，项目执行单位涉及大方县教育、卫生等8个部门。

在项目实施中，世行投资累计2864.41万元，其中，教育项目投资373.67万元，卫生项目投资243.85万元，劳务输出项目投资244.02万元，基础设施项目投资312.84万元，土地与农户开发项目投资1528.79万元，乡镇第二、三产业项目投资66.69万元，项目与贫困监测分项目投资76.55万元。国内有偿配套投资共完成1598.57万元，其中，劳务输出项目348.57万元，基础设施项目224万元，土地与农户开发项目871万元，乡镇第二、三产业项目155万元；无偿配套投资共完成2374.92万元，其中农户投入591.22万元。无偿配套分项目投资完成教育项目178.37万元；基础设施项目1053.41万元，其中农户自筹97.17万元；土地与农户开发项目811.44万元，其中农户自筹406.44万；乡镇第二、三产业项目完成17.21万元，项目与贫困监测分项目完成71.02万元。

2002年，项目村农业人均纯收入894元，比1995年的488元增加406元，其中400元以下贫困人口占项目区人口的6.25%；农业人均基本农田0.31亩，人均经济林木0.2亩；项目农民占项目区劳动力17%；项目区小学入学率97.6%，小学完学率94.2%，教师合格率90.2%；项目区婴幼儿死亡率2.49‰，孕产妇死亡率2‰；劳动力外出务工比例12.51%；所有乡镇通电通路，项目区通简易公路的村达85.39%，通电的村达93.26%，获得安全饮用水的人口达88%。

三、世行信贷扶贫项目

1994年，世行信贷扶贫项目世行五期在大方县进行前期准备工作，1995年7月启动实施，2002年6月建成竣工。项目仍选择1993年农业人口人均收入320元以下的东关、竹园、兴隆、核桃、高店、小屯、长石、达溪、鸡场、响水、牛场、果瓦、瓢井、绿塘、雨冲15个乡镇89个村实施，覆盖农户1.35万户6万人。项目包括教育、卫生、劳务输出、基础设施、土地与农户开发、乡镇第二三产业、项目监测等7个分项目28个子项目。项目总投资6676.06万元，其中，教育分项目投资552.04万元，教学点建设9450平方米，新增教师工资人均50元，新增课桌凳5377套，设备41套，图书2.71万册；卫生分项目投资454.98万元，卫生网点建设4590平方米，新增卫生设备97套，医疗补助6.05万人；劳务输出分项目投资702.08万元，培训点建设500平方米，培训安置农村劳动力5680人；基础设施分项目投资1698.4万元，建设输电线路2条、乡村公路6条，解决乡村安全饮水2.91万人；土地与农户开发分项目投资2968.76万元，粮食作物开发2.24万亩，经济作物开发5520亩，经果林开发2.04万亩，畜禽养殖9.55万头（只）；第二、三产业分项目投资150.7万元，建设400吨魔芋精粉生产及集贸市场；项目监测分项目投资149.1万元。

世界银行贷款项目世行六期于2011年年底申报，2016年启动实施，实施期限为5年，计划2021年实施结束。共申报中药材、皱椒、马铃薯3个产业和相关配套设施。项目区覆盖文阁、羊场、理化、马场、牛场、猫场、绿塘、红旗、慕俄格、顺德10个乡（镇、街道）的19个村。项目总投资1.03亿元，其中，世行贷款5151.5万元，国内配套5151.5万元。具体建设内容为：利用项目资金1379万元，种植天麻1.1万亩、航天丹参2500亩、皱椒2.89万亩、一级马铃薯7000亩；利用项目资金211.2万元，扶持天麻种植合作社3个、丹参种植合作社1个、辣椒合作社5个、马铃薯种植合作社2个；利用项目资金350万元，修建丹参育苗大棚3个、辣椒育苗大棚11个；利用项目资金480万元，建设产品收储点及贮藏室3000平方米，采购马铃薯冷藏设备1套；利用项目资金180万元，建设农产品初加工厂1500平方米；利用项目资金1767万元，采购安装农产品初加工设备（烤干、冷藏）12套；利用项目资金3370万元，建设产业发展配套道路57.6千米，生产便道61千米；利用项目资金344万元，建设排引水渠43千米；利用项目资金360万元，建设输电线路24千米；投入质量标准、商标、认证、品牌、产品追溯、物流、食品安全171万元；投入管理、产业及对合作社、农户培训276.35万元；投入产业运行风险防范99万元；投入公共服务和设备、食品安全检测、公共推广与培训290.2万元；投入产业扶贫机制研究与发展40万元；投入项目管理、监测及评价291.3万元；预留不可预见费694万元。

四、世行卫生扶贫项目

世界银行贷款项目在大方县实施的世行卫生扶贫项目有世界银行贷款“卫七”项目（疾病预防）、“卫八”项目（农村卫生基本服务建设）、“卫十”项目（世界银行贷款/英国赠款中国结核控制）。

（一）世界银行贷款“卫七”项目

世界银行贷款“卫七”项目，即中国政府利用世界银行第七期贷款用于中国疾病预防项目计划免疫子项目。大方项目于1996年启动，向世界银行贷款8.88万个特别提款权，折合人民币99.78万元，县配套64万元，主要用于加强农村卫生院冷链系统建设、改进计划免疫管理、培训计划免疫人员。

（二）世界银行贷款“卫八”项目

世界银行贷款“卫八”项目，即中国政府利用世界银行第八期贷款解决中国农村贫困地区卫生问题的综合项目。大方项目于1999年启动，共用世界银行贷款77.76万个特别提款权，折合人民币861.25万元，县配套300万元，项目实施的目的是改善农村贫困地区卫生服务能力和农民对卫生服务的需求，提高项目区农民群众的健康水平。1999—2007年，项目在全县除大方镇外的35个乡镇实施，新建、扩建或改建35个卫生院。

（三）世界银行贷款“卫十”项目

世界银行贷款“卫十”项目，即世界银行贷款/英国赠款结核病控制项目。大方项目于2002年启动，执行期8年，终止时间为2009年12月31日，项目区覆盖全县36个乡镇。项目向世界银行贷款7.08万美元，折合人民币54.59万元。

五、水土保持世界银行贷款/欧盟赠款项目

2006年，国家发改委批复《云贵鄂渝四省市水土保持生态建设世界银行贷款项目可行性研究报告》，大方县水土保持世行贷款/欧盟赠款项目正式启动实施。项目总投资6337.13万元，其中，世行贷款2593.2万元，欧盟赠款430.54万元，国内配套3313.39万元。项目区覆盖法书、洗线沟、九洞天、新开、大阁5条小流域，涉及双山、小屯、三元、猫场4个乡镇20个村。项目区土地总面积140.71平方千米，水土流失面积90平方千米，涉及农户9215户4.25万人。

2006—2015 年，项目种植经果林苗木 67.09 万株，水保林苗木 344.46 万株，茶种 3.74 万公斤。累计水土流失综合治理面积 11.21 万亩，其中，石坎坡改梯 2599.8 亩，经果林 1.26 万亩，水土保持林 1.01 万亩，封禁治理 4.24 万亩，保土耕作 4.45 万亩。实施蓄水池 5980 立方米、机耕道 4000 米、田间道路 41.6 千米、田渠道 23.27 千米。饲养杂交牛农户 1697 户，扶持贫困户 1191 户，示范户培训与技术推广 80 户。

项目区农业人均基本农田从 1.04 亩增加到 1.07 亩，人均增地 0.03 亩；农业人均产粮从 367.76 公斤增加到 397.49 公斤，人均增粮 29.73 公斤；农业人均纯收入从 2136 元增加到 3035 元，人均增收 899 元。

六、中德财政合作项目

2005 年 6 月，中国和德国两国政府商定，德国政府赠款 450 万欧元，用于支持中德合作贵州林业项目（森林可持续经营）。大方项目于 2008 年 11 月正式启动。

2009 年，在羊场、凤山、雨冲、果瓦、绿塘、小屯、竹园、文阁、大方等 12 个乡镇 24 个村组开展中德项目宣传活动，培训项目村村民 4688 人次，培训项目管理及实施人员 182 人次，培训采伐操作人员 158 人次，成立 22 个森林经营单位，编制森林经营方案 21 个。至 2015 年，项目区 21 个森林经营单位开展森林经营管理，实施面积 7.69 万亩，其中，一般性保护 1.85 万亩，幼林抚育 2.3 万亩，自然恢复 2.08 万亩，间伐 1.23 万亩，人工促进 2547 亩，造林 963 亩，修建林区木材运输道路 36 千米。采出林木蓄积 8783 立方米，生产原木 2348 立方米。项目总投入 718.47 万元，其中，德国赠款 280 万元，国内配套 438.47 万元。通过项目实施，项目区林农增收 229.8 万元，项目区劳务人员获项目补助费 563.47 万元。

第二节　以工代赈扶贫项目

以工代赈扶贫项目建设内容为县乡村公路、农田水利、人畜饮水、基本农田、草场建设、小流域治理，以及根据国家要求安排的其他工程。

1991—2015 年，国家下达大方县以工代赈扶贫项目 446 项，以工代赈资金 1.8 亿元。

1991—1995 年，下达大方县项目 55 项，资金 2240 万元，其中，坡改梯 1499 万元，以粮代补 53 万公斤，实施坡改梯 16.67 万亩；水库维护和除险加固 82 万元，提高水库蓄水量达到 520 万立方米，新增灌溉面积 18.67 万亩；公路建设和维护 295.5 万元，新建公路 102 千米；片区开发和基地建设 220 万元，粮食 114 万公斤，连片开发和基地建设 1100 亩；人畜饮水工程 143.5 万元，解决 1250 人 1.17 万头（匹）大牲畜的饮水问题。

1996—2000 年，下达大方县项目 152 项，下拨资金 3047 万元，其中，人饮工程 595 万元，解决 13.65 万人、2.48 万头（匹）大牲畜的饮水问题；投资 320 万元用于 9 座水库维护和除险加固，维修河道 16 千米，生态建设“长治”专项工程 28 平方千米；投资 1247 万元用于公路建设和维护新建公路 570.7 千米，新修桥梁 3 座；投资 451 万元用于连片开发和基地建设 1442.8 亩，养牛 167 户 167 头，新建养猪场 2 个；投资 187 万元用于修建水窖 225 个 4500 立方米，解决 5400 人、850 头（匹）大牲畜的饮水问题；投资 124 万元用于输电线路建设；投资 30 万元实施小城镇建设工程。

2001—2005 年，下达大方县项目 137 项，下拨资金 4154.8 万元，其中，投资 2434.8 万元，用于公路建设和维护，新建公路434.8千米；投资140万元，新建桥梁5座；投资410万元，用于解决人畜饮水工程，新建水池377个1.84万立方米，安装输水管道60.55千米，解决2.41万人、5151头（匹）大牲畜的饮水问题；投资79万元，修建小水窖480个8350立方米，解决2050人的饮水问题；投资399万元，用于6座水库维护和除险加固，安装输水管道4.5千米，建排洪沟2千米；投资360万元，用于农田基本建设，新增灌溉面积384亩；投资236万元，用于水利建设，安装输水管道2.88千米，建渠道0.4千米，生态、长治专项工程治理面积4.4平方千米，灌溉面积1.65万亩；投资36万元，用于输电线路建设；投资10万元，修建程控电话线路9千米，安装电话544门；其他项目管理费10万元。

2006—2010年，下达大方县项目62项，下拨资金3432万元，其中，投资1982万元，用于通村公路建设和维修新建公路309千米，新建桥梁2座，覆盖63个村；投资180万元，用于人畜饮水工程，新建水池349个8453立方米，安装管道66.47千米，解决1.7万人4953头（匹）大牲畜的饮水问题；投资180万元，用于水库、提灌工程，安装管道3.08千米，修筑排洪沟2千米，保灌1000亩，新增灌溉面积950亩；投资1060万元，实施烟水配套工程3.94万亩。

2011—2015年，下达大方县项目40个，开工项目39个，竣工验收27个，总投资5113万元，其中，中央以工代赈资金4761万元，省交通配套资金30万元，地方配套322万元。39个项目中，投资3079万元，改扩建公路136.94千米；投资563万元，实施公路硬化21.6千米；投资10万元，改造灌渠400米；投资12万元，建水池3个305立方米、输水管道7千米；投资1585万元，实施片区综合治理项目：新建农村公路42.5千米、新建60立方米水池5个、沟渠1千米；新建提水管道28.67千米，水处理厂1座，水泵站1座，调节水池22座，变压器2台，输配电路0.8千米，改扩建道路1.2千米；硬化通村公路11.5千米。

大方县以工代赈工程通过坡改梯、水利、水保、水库等项目工程的实施，增加粮食产量416.75万公斤，解决33.34万人的吃饭问题。通过公路、人畜饮水、输电线路、通信、片区开发、供销、粮储仓库、"三小"（小水塘、小水窖、小水池）、"长防"和"长治"、流域治理项目的实施，全县实现"乡乡通油路，村村通水泥路（油路）"目标，77.23万农村人口饮水安全问题得到解决，7.89万户农村危房得到改造，农村用电户达14.97万户，电力全覆盖，所有自然村通移动电话，村级文化活动室达303个。

第八篇
生态建设　环境保护

第一章 生态建设

第一节 天然林保护工程

一、工程概况

1999年，大方县争取到国家天然林保护工程（以下简称“天保工程”）。是年，全县天然林资源总面积158.2万亩，占林地面积的76.48%。通过两期天保工程的实施，全县森林资源的生物多样性得到有效保护，森林资源持续稳定增长，管护设施及行业基础不断夯实，森工企业、国有林场职工参与天然林保护，企业和职工的实际困难得到改善，森林覆盖率逐年上升，林业生态建设的效果逐步显现。

2000年，根据《贵州省长江流域天然林资源保护工程实施方案》，县人民政府组织编制《贵州省大方县天然林资源保护工程实施方案》。第一期天保工程规划面积954.98万亩，其中，重点保护区125.55万亩，一般保护区610.3万亩，商品林经营区219.13万亩。总投资为1.5亿元，其中，中央投资8932.82万元，地方配套6039.4万元。建设范围为全县辖区，建设年限为1999—2010年。天保工程公益林建设补助标准为封山育林70元/亩，人工补植封山育林120元/亩，人工造林300元/亩。

2001年，下达封山育林建设任务1.4万亩，总投资98万元，主要用于苗木、种植、碑牌、瞭望塔、防火线、抚育及聘请管护人员等。其中，中央投资78.4万元，省配套6.53万元，地县配套13.07万元。工程安排在雨冲乡、沙厂乡、百纳乡和九龙山工队。完成植苗造林103.6万株，平均每亩植苗74株。树种主要有华山松、杉木、柳杉等。

2002年，下达封山育林建设任务1.1万亩，以植代播0.5万亩，总投资102.85万元，其中，中央投资81.6万元，地县配套21.25万元。以植代播分布在百纳乡、大山乡、瓢井镇、兴隆乡。封山育林分布在长石镇、绿塘乡、凤山乡、兴隆乡、瓢井镇、百纳乡、大山乡。植苗树种主要有华山松、柳杉、楸树、梓木、灯台树、刺槐等。

2003年，下达封山育林建设任务1.4万亩，以植代播3000亩，总投资113万元，其中，中央投资90.4万元、地县配套22.6万元。以植代播分布在羊场镇、星宿乡，共植苗33万株。植苗树种主要有华山松、柳杉、楸树、梓木。封山育林分布在兴隆乡、八堡乡、六龙镇、绿塘乡、鸡场乡、安乐乡、星宿乡。

2004年，下达封山育林建设任务2.7万亩，以植代播1.3万亩，总投资254万元，其中，中央投资203万元，地县配套51万元。以植代播分布在雨冲乡、星宿乡、普底乡，共植苗143万株，树种主要有华山松、柳杉、楸树、梓木等。完成封山育林2.7万亩，分布在东关乡、响水乡、鸡场乡、马场镇、大山乡、凤山乡、安乐乡、瓢井镇、八堡乡、长石镇、雨冲乡、沙厂乡、大水乡、星宿乡。

2005 年，下达天保工程森林管护任务 158.24 万亩，总投资 198 万元，其中，中央资金 164 万元，省级配套资金 9 万元，历年结余资金 25 万元。主要用于聘请护林员、管护设施修缮、规划设计、病虫害防治、效益监测、检查验收、培训、设备购置等。全县 36 个乡镇和大海坝国有林场共聘请 303 名常年性护林员，管护费每月 238 元，支付管护费共 72.11 万元；全县聘用 400 名临时性护林员，管护费每人每年 600 元，支付管护费共 24 万元。下达封山育林建设任务 1.5 万亩，总投资 105 万元，其中，中央投资 84 万元、地县配套 21 万元。工程分布在响水乡、大方镇、文阁乡、猫场镇、羊场镇、理化乡、核桃乡、达溪镇、长石镇、百纳乡、黄泥乡、雨冲乡、大山乡、东关乡，共植苗 90 万株。树种主要有华山松、柳杉、楸树、梓木等。

2006 年，下达天保工程森林管护任务 158.24 万亩，共投资 220 万元，其中，中央资金 188 万元，省级配套 19 万元，县级配套 13 万元。全县各乡镇和大海坝国有林场共聘请 300 名常年性护林员、400 名临时性护林员。下达封山育林建设任务 1 万亩，总投资 70 万元，其中，中央投资 56 万元、地县配套 14 万元。工程分布在大方镇、响水乡、猫场镇、羊场镇、瓢井镇、果瓦乡、雨冲乡，共植苗 60 万株。树种主要有柳杉、四季杨等。

2007 年，下达天保工程森林管护任务 158.24 万亩，共投资 190 万元，其中，中央资金 181 万元，省级配套 9 万元。全县各乡镇和大海坝国有林场共聘请 295 个常年性护林员、150 个临时性护林员。下达封山育林建设任务 2.01 万亩，总投资 141 万元，其中，中央投资 112.8 万元，地县配套 28.2 万元。工程分布于文阁乡、高店乡、鸡场乡、达溪镇、安乐乡、大山乡、雨冲乡、星宿乡，共植苗木 120.6 万株。树种主要有华山松、柳杉、刺槐等。

2008 年，下达天保工程森林管护任务 142.38 万亩，总投资 196 万元，其中，中央资金 185 万元，省级配套 11 万元。全县各乡镇和大海坝国有林场共聘请 263 个常年性护林员、150 个临时性护林员。下达封山育林建设任务 2.5 万亩，总投资 175 万元，其中中央投资 140 万元，地县配套 35 万元。工程分布于黄泥塘镇、文阁乡、绿塘乡、猫场镇、达溪镇、马场镇、竹园乡、三元乡、星宿乡、大山乡、雨冲乡、百纳乡，共植苗 125 万株。树种主要有柳杉、华山松、杉木等。

2009 年，下达天保工程森林管护任务 142.38 万亩，总投资 197 万元，其中，中央资金 185 万元，省级配套 12 万元。全县各乡镇和大海坝国有林场共聘请 281 个常年性护林员，150 个临时性护林员。下达封山育林建设任务 2.1 万亩，总投资 105 万元，其中，中央投资 84 万元，地县配套 21 万元。具体分布在高店乡、达溪镇、沙厂乡、兴隆乡、六龙镇、八堡乡、长石镇、果瓦乡，共植苗 105 万株。树种为柳杉、华山松、杉木。

2010 年，下达天保工程森林管护任务 194.96 万亩，总投资 217.15 万元，其中，中央和省投资 184.35 万元，2007 年、2008 年末到位匹配资金 27.8 万元，其余年度结余 5 万元。全县各乡镇和大海坝国有林场共聘请 190 个常年性护林员、150 个临时性护林员。下达封山育林建设任务 2 万亩，总投资 105 万元，其中，中央投资 84 万元，地县配套 21 万元。具体分布于达溪镇、星宿乡、雨冲乡，共植苗 100 万株。树种主要有柳杉、华山松、杉木等。

2011 年，实施第二期天保工程。规划管护 171.52 万亩，工程总投资 1.75 亿元，其中，森林管护与中央补偿基金 1.05 亿元，林场职工社会保险补助 418.4 万元，政策性支出补助 156 万元，森林抚育补助 120 万元，公益林建设补助 2070 万元，公益林森林生态效益补偿基金 4186.09 万元。是年，下达天保工程森林管护任务 194.96 万亩，总投资 202.6 万元，其中，中央和省投资 184.35 万元，县级配套 13.9 万元，2010 年结余 4.35 万元。全县各乡镇和大海坝国有林场共聘请 190 个常年性护林员、150 个临时性护林员。常年性护林员管护费调整为每月 600 元，临时性护林员管护费调整为每年800元。

2012年，下达天保工程森林管护任务183.85万亩，总投资291.72万元，为中央和省投资。全县各乡镇和大海坝国有林场聘请203个常年性护林员、121个临时性护林员。下达封山育林建设任务5000亩、人工造林7000亩，总投资281.2万元，其中，中央投资245万元，地县配套36.2万元。具体分布于大山乡、沙厂乡，树种主要有核桃、华山松、柳杉等。

小屯乡龙洞退耕还林示范区（2012年7月摄）

2013年，下达天保工程森林管护任务178.72万亩，总投资347.75万元，其中，中央和省投资297.25万元，2012年结余50.5万元。全县各乡镇和大海坝国有林场聘请238个常年性护林员、150个临时性护林员。下达封山育林建设任务5000亩、人工造林5000亩，总投资210万元，其中，中央投资185万元、地县配套25万元。工程分布于小屯乡、黄泥乡、百纳乡、八堡乡。树种主要有核桃、华山松、柳杉等。

2014年，下达天保工程森林管护任务178.72万亩，总投资290.57万元，全部为中央投资。全县各乡镇和大海坝国有林场聘请243个常年性护林员、91个临时性护林员。下达封山育林建设任务1万亩，总投资70万元，全部为中央投资。实施地点在绿塘乡，树种为杉木和柳杉。是年，大方县将2001—2007年天保工程结余资金98.08万元上报省林业厅，省林业厅批复将结余资金实施人工造林项目2764亩，植苗30.4万株，实施地点在黄泥塘镇，树种为藏柏和麻栎。

2015年，下达天保工程森林管护任务178.72万亩，总投资290.57万元，全部为中央投资。全县各乡镇和大海坝国有林场聘请243个常年性护林员、96个临时性护林员。未下达公益林建设任务。

二、工程管护

（一）建立管护队伍

天保工程实施后，各乡镇、国有林场分别建立管护站，聘请常年性管护人员和季节性管护人员。2000年，核实各乡镇森林资源状况，根据天然林资源分布情况物色管护人员，建立管护组织。2002年，从大海坝林场抽调19名专业管护队员到百里杜鹃普底景区进行专业管护。到2007年，全县共建天保工程管护队37个，其中专业队1个。聘用管护人员500人，其中森工企业、国有林场困难职工113人。同时，建立村级管护组织389个，签订管护合同426份。第二期天保工程实施时，将全县天然林划分为35个管护责任区，管护人员在一期工程500人的基础上增加90人，落实管护面积171.5万亩。

确定管护人员的具体管护区域和责任目标，要求对管护范围内的林区进行经常性巡逻、检查，制止野外用火、偷砍盗运木材、侵占林地、非法猎捕野生动物和采挖野生植物等破坏森林资源的违法犯罪行为；做好森林防火和病虫害调查，摸清线索，了解情况；查处各类林业行政、森林刑事案件。规定管护人员巡山防火期为每月 25 天以上，非防火期每月 20 天以上。开展管护人员业务培训，从工程开始实施到 2015 年，全县年均培训天保管护人员 800 人次以上。

（二）森林防火

1999 年 4 月，成立县森林防火专业扑火队，负责全县重大森林火灾扑救。1999—2015 年，天保工程实施期间，森林防火工作全面落实宣传教育百分之百覆盖、包保责任百分之百落实、火灾隐患百分之百排除、严防死守百分之百到位、应急值守百分之百完善、科学扑救百分之百安全、责任追究百分之百兑现。印制发放防火通告、防火公告和禁火令近 6 万份，入户告知书 45 万份，防火宣传手册 10 万份，印制森林防火横幅 2040 条，修建永久性宣传碑牌 20 块，印制森林防火宣传牌 3500 块，永久性宣传标语 2500 条。印制森林火灾典型案例 30 万份发至各乡镇（街道），进行张贴宣传，到各中、小学上森林防火法制课 120 场次，受教育师生 23 万人次。

在防火关键节点紧要期间，根据火险等级实时发布预警信息，每年组装防火宣传车 3 台 ~5 台深入重点林区、重点部位和路段进行宣传。防火关键期聘用临时护林员 1000 余名、协调民兵预备役人员 500 余人次对林区路口进行把守、上山巡查，严防火源进入林区。抓好防火设施建设和物资储备，修建消防池 1 个、瞭望塔 4 座、防火检查站 2 个、防火物资仓库 1 个，购置防火弹 8000 枚、风力灭火机 20 台、灭火水枪 20 支、灭火拖把 8 万把、油锯 15 台。防火专业队员在防火关键期集中食宿，统一管理，严阵以待，一旦发生森林火灾，立即出击。

（三）病虫害防治

1988—2005 年，全县发生森林病虫害面积 11.9 万亩，防治面积 9.4 万亩。1994 年，发生泡桐丛枝病、杨树蛀干虫及针叶苗木立倒病，通过治理得到控制。1999—2015 年，全县共防治森林病虫害 63.15 万亩，无公害防治率达 90% 以上，测报准确率达 90% 以上，苗木产地检疫率达 100%，林业有害生物成灾率小于 2‰，未发生大面积森林病虫害重度危害。2006—2015 年，全县有害生物危害监测普查率 100%，防治率 100%。2014 年，开展松材线虫病春秋季普查 17.1 万亩，有害生物发生面积 2.23 万亩。防治松褐天牛危害面积 9000 亩、柳杉云毛虫 300 亩、杨树蛀干害虫 500 亩、鼠兔害 1000 亩。2015 年，普查发现有害生物发生面积 1.9 万亩，其中，轻度危害 1.7 万亩，中度危害 2000 亩。2014—2015 年，查出不明原因枯死松树 69 株，松墨天牛虫害致死 12 株，松褐天牛虫害致死 9 株。

第二节　长江中上游防护林体系建设工程

1989 年，大方县争取到林业部长江中上游防护林体系建设工程（以下简称“长防工程”）。县人民政府组织制定《大方县长江中上游防护林体系建设工程总体规划》。按照规划，大方县长防工程以落脚河流域治理为第一期长防工程试点，营造防护林采取兼顾生态效益、社会效益和经济效益相结合的模式，选择漆树、黄柏、杨树、泡桐、松、杉、果木等树种。

根据总体规划，全县防护林工程总体规模 117.77 万亩，其中，造林设计 107.82 万亩，林分经营 9.95 万亩。以林种划分，防护林 50.59 万亩，用材林 48.25 万亩，经济林 18.93 万亩，配套工程设计防火线 50 千米，林区道路 17 千米，瞭望塔 13 座，总投资概算 6888.53 万元。森林覆盖率由 10.36% 提高到 30.61%。全县严格落实“谁造林、谁拥有、允许继承、允许转让、长期不变”的林业政策，全面规划，分期实施，以点带面，因害设防，林种布局以防护林为主，多林种结合，对全县森林资源以保护为主。充实并培训技术队伍，建立技术服务网和长防工作队，每1000亩造林面积聘请1名带工员，为承包造林大户提供种子、苗木或苗木补助及工具补助费每亩3元。根据林地条件和造林树种特性，造林方法包括植苗造林、播种造林、分植造林和插条造林。对符合封育条件的山林，严格按照有规划设计、有管护组织、有管护措施、有封育标志、有专人巡护、有检查验收的要求，实施封山育林，同时开展幼林抚育，促进林木快速生长。

大方县干部群众集中植树现场（2013年3月11日摄）

省下达大方县第一期长防工程营造林任务54.2万亩，实际完成56.41万亩，完成率104.07%，其中，植苗造林29.54万亩，封山育林23.99万亩，幼林抚育1.86万亩，低产林改造1.02万亩，累计投入资金366.51万元。

1989年，省林业勘察设计院全面完成长江防护林——落脚河流域综合治理工程的规划设计，规划面积17.47万亩，涉及城关、响水、双山3个区13个乡。中央投资22万元，省级财政匹配2万元，实际完成投资8.45万元。

1990年，完成防护林建设2.01万亩，其中，植苗造林1.31万亩，成活率为85%，保存率90%以上；直播造林520亩，封山育林6500亩。中央投资22万元，县财政匹配2万元，实际完成投资16.11万元。

1991年，长防工程进入全面实施阶段，上级下达大方县长防工程造林任务4万亩，其中，林业部投资25万元，省匹配3万元，地、县配套各4.5万元。经林业部、西南林勘院、省、地全面检查验收，完成长防工程植苗造林和封山育林4.05万亩，其中，工程植苗造林2.02万亩，为任务2万亩的101%；工程封山育林面积2.03万亩，为任务2万亩的101.5%。按造林林种分：漆树4386亩，杨类5200亩，黄柏1777亩，刺槐788亩，泡桐590亩，华山松352亩，香椿160亩，混交林4516亩。实际完成投资24.64万元。

1992年，共组织群众投工投劳47.69万个，完成106个图斑的造林作业3.76万亩，封山育林1.09万亩，完成率104.3%。中央投资21万元，地区配套2万元，实际完成投资32.59万元。

1993年，林业部停拨长防工程资金，由县人民政府向农建、水保两部门借款20万元。全县长防工程规划造林2万亩，实际完成2.05万亩，重点封育2万亩。投入苗木542万株，组织群众投工投劳22.5万个。按造林类型分：用材林5400亩、防护林1.08万亩、经济林3900亩。分布在兴隆、瓢井、理化、马场、牛场、东关、黄泥塘、高店、羊场、大方镇、大海坝林场11个点。实际完成投资29.11万元。

1994年，长防工程造林重点安排在竹园、八堡、兴隆、核桃、羊场、牛场、百纳7个乡镇的工程点。上级下达长防工程造林任务2万亩，实际完成造林2.07万亩。完成防护林9500亩，其中，用材林9100亩，经济林2135亩，工程造林投入苗木850万株，组织群众投工投劳32.5万个。完成封山育林2万亩，在大方、羊场、八堡、瓢井、黄泥塘、绿塘等6个乡镇实施。

1995年，省、地下达造林任务2万亩，实际完成2.07万亩，其中防护林1.08万亩，用材林6720亩，经济林3195亩，具体分布在八堡、核桃、东关、兴隆、鼎新、羊场、理化和大海坝8个工程点，完成封山育林2.5万亩。1994—1995年，长防工程共投资69.51万元。

羊场镇穿岩村苗圃（2001年6月摄）

1996年，省、地下达造林任务2.7万亩，实际完成2.7万亩，其中，防护林1.5万亩，用材林1.13万亩，经济林736亩，分布在八堡、核桃、东关、达溪、兴隆、果瓦、沙厂、雨冲、大水、文阁、马场、羊场、安乐、六龙和大海坝林场，完成封山育林3.41万亩。

1997年，省、地下达造林任务6.5万亩，其中，重点工程造林2万亩，一般工程造林1万亩，封山育林1万亩。实际完成重点工程植苗造林2.18万亩，重点封山育林2.2万亩，幼林抚育面积8548亩，一般工程造林1.24万亩，一般工程封山育林1.24万亩。累计投入苗木926.37万株，组织群众投工投劳58万个。1996—1997年，长防工程共投资102.1万元。

1998年，省、地下达造林任务7.5万亩，实际完成7.6万亩，其中，重点工程植苗造林2.1万亩，重点工程封山育林2.58万亩；低产林改造5000亩，幼林抚育5000亩。

1999年，省、地下达造林任务2.8万亩，完成2.88万亩，其中，完成低产林改造5190亩，幼林抚育5000亩。

2000—2001年，全县实际完成建设2.1万亩，为计划的100%。

长防工程的实施，对防治水土流失、培育森林资源、增加林草植被、改善生态环境起到积极作用。

第三节　长江中上游水土保持重点防治工程

1988年7月，大方县争取到国家长江中上游水土保持重点防治工程（以下简称“长治工程”）。大方县成立水土保持委员会，下设水土保持办公室，具体负责长治工程的实施。采取以小流域为单元进行水土保持综合治理，预防为主和开发性治理相结合的方式，治理效果明显，控制水土流失，解决群众温饱，增加群众收入。

1989—1992年，大方县开始实施长治工程第一期和第二期。第一期长治工程小流域涉及凉水河、新基河、滥坝河、坝子河、毛栗河、八堡河、白布河、岔河、木柏河、瓜仲河、凹水河、榛子沟共12条，主要在响水区、理化区、双山区、坡脚区、城关区、马场区、达溪区、瓢井区实施。第二期长治工程有夹沟、朱仲河、石排沟3条小流域，主要安排在理化区、马场区实施。治理面积531.18平方千米，投资497.47万元，其中，中央资金420.45万元，省匹配40.29万元，地区匹配21.1万元，县匹配15.63万元。

1993年，开始实施长治第三期工程，任务包括21条小流域，具体为夹沟、九股水、乌溪河、倒锌冲、大塘、罩子沟、龙洞沟、陇井河、大渡桥、天生桥、中坝、堰沟、水淹塘、鼎新、小基仲、长冲、冷饭沟、落水洞、乌须河、顺河、山坝小流域，主要安排在鼎新、猫场、牛场、理化、羊场、鸡场、小屯、理化、六龙、普底、长石11个乡镇实施。

1993—1994年，长治第三期工程分别在夹沟、石排沟、九股水、倒锌冲等小流域实施。治理面积203平方千米，投资319.69万元，其中，中央资金278.62万元，省匹配20.47万元，地区匹配15万元，县匹配5.6万元，

1994年5月，长江上游水土保持重点防治区第六次工作会议在毕节召开，参会人员参观大方县治理点海马宫茶场、双山木格坡改梯工程，对大方县长治工程给予高度评价。1995年4月，大方县第一期、第二期长治工程顺利通过国家验收。

1995—1996年，长治第三期工程主要在大渡桥、天生桥等小流域实施。治理面积218.4平方千米，投资487.27万元，其中，中央资金365.3万元，省匹配79.82万元，地区匹配33.15万元，县匹配9万元。1996年6月，大方县被推荐为长治工程样板县，列入长江上游20个先进样板县之列。

1997—1998年，长治第三期工程分别在长冲、乌溪河、顺河、山坝等小流域实施。治理面积140.41平方千米，投资455.7万元，其中，中央资金334.2万元，省匹配24.6万元，地区匹配74.9万元，县匹配12万元。1998年，上级下达治理任务31平方千米，计划投资329.19万元，实际完成治理面积28.61平方千米，投资215.19万元，其中，中央资金150.19万元，地区匹配53万元，县匹配12万元。

1999年，长治第三期治理工程通过国家验收，其中，顺河、九股水等小流域因治理程度、综合治理措施、保存率高等特点，被水利部和财政部命名为“全国水土保持生态环境建设‘十百千’示范工程”达标小流域，大方县被长江上游水土保持委员会授予“长江上游水土保持重点防治区样板县”称号。同年，开始实施长治第五期工程（未在大方县安排第四期工程），工程包括15条小流域，其中，水土保持项目11条，国债项目2条，生态修复工程2条。水土保持11条小流域的治理任务分别安排在羊场、大山、瓢井、达溪、理化、百纳、三元、黄泥塘、核桃等乡镇。国债项目小流域2条，分别安排在竹园乡和理化乡。生态修复工程小流域2条，安排在百纳乡和雨冲乡。

1999—2003 年，长治第五期工程分别在蚂蚁河、格里河小流域，乌溪小流域，达溪小流域，新桥、火石坝小流域，桶井小流域等地实施。治理面积 156.09 平方千米，投资 1195.27 万元，其中，中央资金 913.75 万元，省匹配 245.52 万元，地区匹配 36 万元。

2001 年，开始实施国债项目治理。治理面积 30.16 平方千米，投资 268.75 万元，其中，中央资金 100 万元，省匹配 40 万元，主要在沙子坡小流域组织实施。

2003 年，分别在干沟小流域，龙洞沟小流域等地实施国债治理项目。治理面积 56.97 平方千米，投资 415 万元。

2004 年 5 月，长治第五期工程通过国家验收，开始实施长治第七期工程（未在大方县安排第六期工程）。工程任务分别安排在双山、文阁、竹园、响水 4 个乡镇实施。2004—2005 年，分别在沙子、常丰小流域和飞雄小流域等地实施，治理面积 50.2 平方千米，投资 436 万元。

2006 年，长治第七期工程沙子小流域土建工程实施招投标，中标单位为毕节地区新禹水利有限责任公司；第一次进行项目监理制，监理单位为贵州华水建设项目有限公司。同年，开始启动水土保持世行贷款——欧盟赠款项目（以下简称“世行项目”）。项目总投资 6511 万元，其中，世行贷款 2907 万元，欧盟赠款 554 万元，国内配套 3050 万元。配套资金中，中央资金 882 万元，省配套 250 万元，地县配套 813 万元，群众投劳折款 1105 万元。项目经过多次调整，最后确定实施治理双山镇、猫场镇、三元乡和小屯乡 4 个乡镇的法书、九洞天、新开、洗线沟和大阁 5 条小流域，规划治理面积为 74.75 平方千米。

2006—2009 年，长治第七期工程分别在贵毕路大示范区的沙子、飞雄、海坝小流域，沙坝、响水小流域和营盘小流域等地实施。治理面积 56.51 平方千米，投资 1245.5 万元。2007—2009 年，世行项目完成综合治理水土流失面积 50.27 平方千米，主要在洗线沟、九洞天小流域实施，投资 747 万元。

2010 年，水土保持世行项目新启动新开、大阁 2 条小流域的治理，继续对洗线沟、九洞天小流域进行治理。治理流失面积 35.2 平方千米，总投资 535 万元，其中，中央投资 251 万元，省匹配 65 万元，地区匹配 54 万元，县匹配 165 万元。

2011 年，水土保持世行项目对新开、大阁 2 条小流域继续实施治理，并对已经实施的法书、九洞天、洗线沟 3 条小流域进行补充完善。大方县世行项目累计治理水土流失面积 74.76 平方千米，其中，石坎坡改梯 1.73 平方千米、沉沙凼 276 立方米、排洪沟 394 米、水土保持林 6.73 平方千米、封禁治理 28.28 平方千米、田间道路 41.6 千米、机耕道 4000 米、蓄水池 5980 立方米、渠道 23.3 千米、保土耕作 29.64 平方千米、经果林 8.38 平方千米，饲养杂交牛 1697 户，扶持贫困户 1191 户，示范户培训与示范户技术推广 80 户。总投资 6337.13 万元，其中，世行贷款 2593.2 万元，欧盟赠款 430.54 万元，国内配套 3313.39 万元。

2012 年 4 月，大方县世行项目水土流失通过省级验收。是年，完成以工代赈水土保持项目洗线沟小流域治理水土流失面积 4.4 平方千米，完成中央投资 60 万元。

2013 年，大方县开始实施革命老区水土保持项目工程，在法乐小流域实施。综合治理水土流失面积 16 平方千米，治理程度达 88.2%。新建坡改梯 0.6 平方千米，水保林 0.85 平方千米，经果林 3.65 平方千米，封禁治理 1.06 平方千米，保土耕作 9.84 平方千米，蓄水池 501 口，沟渠 37 千米，沉沙池 501 口，生产便道 59.8 千米。工程总投资 661.5 万元，建设期为 5 年，从 2013 年开始实施，2017 年实施结束。

2014 年，实施的水土保持工程有国家水土保持重点建设工程——乌溪项目区大塘小流域和水土流失重点治理工程黑仲小流域。大塘小流域治理水土流失面积22.44平方千米，总投资942.5万元，其中，中央资金658.5万元，省级配套284万元。黑仲小流域完成治理水土流失面积6.54平方千米，总投资为262万元，其中，中央投资210万元，省级配套26万元，市级配套26万元。

2015年，实施的水土保持工程为国家水土保持重点建设工程——大方县乌溪项目区果木小流域，治理水土流失面积22.44平方千米，主要治理项目为：坡改梯0.7平方千米，经果林6.7平方千米，水保林0.74平方千米，封禁治理4.72平方千米，保土耕作9.58平方千米，蓄水池39口，沉沙池39口，截水沟3.26千米，机耕道2.68千米，田间便道5.99千米，工程总投资1119万元，其中，中央资金783万元，省级配套336万元。

经过多年的生态环境建设，大方县水土流失得到遏制，侵蚀模数、侵蚀总量大幅下降。1988年，全县水土流失面积2123.4平方千米，占土地总面积的60.63%，年均侵蚀模数5865吨/平方千米，年侵蚀总量1245.35万吨。1999年，全县水土流失面积2208.99平方千米，占土地总面积的63.07%，水土流失面积略有增加；年均侵蚀模数3760吨/平方千米，年侵蚀总量830.58万吨，分别比1988年减少35.89%和33.31%。2013年，全县水土流失面积1572.59平方千米，占土地总面积的44.86%，比1999年减少29.81%；年均侵蚀模数1343.35吨/平方千米，比1999年减少64.27%。

1999—2015年，境内治理区域各项措施拦截泥沙457.4万吨，拦蓄径流3668.34万立方米，减蚀率达67.4%。植树造林的拦沙率达90%以上，造林新增产值每亩69元以上。坡耕地改造为梯土，拦沙率80%以上，平均亩产增加50公斤以上。横坡垅作、植物防冲埂带、条带轮作等农耕措施，拦沙率为20%~30%，亩产增加20公斤~30公斤。

1989—2015年大方县长治工程实施情况一览表

表—8-1-3-1　　单位：平方千米、万元

年份	治理面积	实施项目面积						投入资金
		坡改梯	水保林	经果林	以林代草	封禁治理	保土耕作	
1989	118.20	10.50	29.71	15.48	4.56	29.75	28.20	120.00
1990	149.67	9.08	29.76	19.35	15.00	37.34	39.14	134.60
1991	138.13	9.70	24.34	16.20	10.40	35.19	42.30	136.27
1992	125.18	7.20	29.46	14.00	9.00	35.19	30.33	106.60
1993	75.00	6.04	18.91	4.11	8.95	20.88	16.11	124.69
1994	128.00	8.41	28.77	20.00	8.07	36.01	26.74	195.00
1995	104.13	6.13	28.80	19.63	7.93	25.82	15.82	210.25
1996	114.27	7.40	33.60	11.67		32.13	29.47	277.02
1997	111.80	10.28	33.60	6.25		32.20	29.47	240.51
1998	28.61	0.27	9.33	4.00	2.34	10.87	1.80	215.19
1999	28.10	3.90	7.09	3.90	10.33	1.08	1.80	209.00
2000	13.00	1.20	4.47	1.87	0.60	4.13	0.73	98.52
2001	30.16	1.93	8.21	4.52	0.60	9.22	5.68	268.75
2002	27.86	3.13	8.80	4.33	1.00	9.07	1.53	204.00

续上表

年份	治理面积	实施项目面积						投入资金
		坡改梯	水保林	经果林	以林代草	封禁治理	保土耕作	
2003	56.97	3.48	24.22	5.34		23.67	0.26	415.00
2004	34.06	1.12	3.09	0.79		10.42	18.64	302.00
2005	16.14	0.33	0.87	0.41	0.30	6.60	7.63	134.00
2006	16.43	0.53	2.27	1.07		2.20	10.36	244.00
2007	15.53	0.56	0.21	1.20		8.63	4.93	96.40
2008	41.13	1.23	2.13	2.38	6.48	15.01	13.90	733.40
2009	33.80	1.00	2.63	3.07		11.08	16.02	918.70
2010	35.20	0.91	4.69	4.34		16.30	8.96	535.00
2011	74.76	1.73	6.73	8.38		28.28	29.64	6337.13
2012	4.40		0.60			1.19	2.61	60.00
2013	16.00	0.60	0.85	3.65		1.06	9.84	661.50
2014	28.98							1204.50
2015	22.44	0.70	0.74	6.70		4.72	9.58	1119.00

说明：1. 2001 年、2003 年、2004 年包括国债项目

2. 2007—2009 年包括世行项目

第四节　退耕还林

一、实施概况

2000 年，大方县被列为退耕还林工程试点县。2001 年正式列为退耕还林工程县，其中羊场镇穿岩村为全省退耕还林示范点。2000—2010 年实施的退耕还林工程为第一轮退耕还林工程。

2000—2006 年，全县累计实施退耕还林造林 17.38 万亩，退耕地周边荒山造林 20.5 万亩，封山育林 10.5 万亩，涉及农户 3.46 万户。累计投资 7013.45 万元，其中，粮食投资 3507.6 万元，种苗费投资 2190 万元，现金补助 1198 万元，工作经费 117.85 万元。2007—2010 年，大方县又争取到实施 49 万亩。其间，由于国家退耕还林政策调整，坡耕地退耕还林指标大幅度削减，退耕还林工程仅完成 10.5 万亩，其中，荒山造林 3.9 万亩，封山育林 4.5 万亩，补植补造 0.6 万亩。2000—2010 年，全县共实施退耕还林 18.88 万亩，荒山造林 24.4 万亩，封山育林 15 万亩，补植补造共 0.6 万亩。补助资金 5.36 亿元。

2012 年，实施生态建设项目 9 个，总投资 7577.2 万元，其中退耕还林投资为：巩固退耕还林成果项目 1821 万元；市级退耕还林任务 2.5 万亩，投资 1500 万元；中央财政新增巩固退耕还林成果任务 1.45 万亩，投资 500 万元；中央财政中幼林抚育项目任务 2 万亩，投资 200 万元；中央财政造林补贴试点项目 0.5 万亩，投资 105 万元。

2013 年，实施的生态项目涉及退耕还林项目有发展林下种植中药材、林下生态养鸡等 6 个，概算总投资 867.14 万元。申报 2013 年度林业贷款贴息项目 3 个，申请中央贴息补助 1.5 万元，新增

专业合作社6个。全县共有涉林专业合作社35个，其中，开展林业生产经营服务的合作社有18个，经营林地面积2.71万亩，林业产值达8340万元，惠及农户2326户。

2014年，中央重新启动实施退耕还林工程，称为新一轮退耕还林工程，建设期为5年，实行先建后补。

2014—2015年，大方县新一轮退耕还林工程任务共3.2万亩，总投资4800万元，补助标准为1500元/亩，包括种苗补助费和现金补助费。完成2.5万亩退耕还林工程任务，其中，对江镇3731.9亩，核桃乡2686.3亩，黄泥塘镇5533亩，理化乡7987亩，六龙镇1890.2亩，小屯乡3171.6亩，全部为退耕地造林，总投资3750万元。种植品种主要有核桃、石榴、梨、刺梨、板栗和李子等。

2015年，实施退耕还林工程0.7万亩，其中，百纳乡430亩，对江镇2095亩，小屯乡1199亩，兴隆乡338亩，羊场镇1926亩，雨冲乡1012亩，全部为退耕地造林，总投资1050万元。种植品种主要有柳杉、樱桃、核桃、石榴、刺梨和李子等。

2000—2010年大方县退耕还林实施情况一览表

表—8－1－4－1　　单位：万亩

年份	实施面积	其中			实施乡镇
		退耕还林	荒山造林	封山育林	
2000	2.00	1.50	0.50		小屯、兴隆、羊场、竹园、高店、大方、东关、八堡、核桃、黄泥
2001	2.50	1.00	1.50		普底、安乐、瓢井、达溪、黄泥塘、六龙、猫场、双山、百纳、凤山、雨冲、长石、星宿　、
2002	11.00	6.00	5.00		黄泥、三元、鸡场、理化、绿塘、响水、大水、鼎新、马场、果瓦、文阁
2003	11.50	6.50	2.50	2.50	安乐、沙厂、大山、牛场
2004	6.80	0.80	3.00	3.00	小屯、兴隆、羊场、高店、黄泥、瓢井、大方、八堡、黄泥塘、猫场、理化、绿塘、鼎新、双山、马场、大山
2005	10.00		5.00	5.00	兴隆、百纳、竹园、高店、安乐、黄泥、瓢井、达溪、大方、三元、东关、凤山、六龙、雨冲、鸡场、核桃、理化、绿塘、长石、响水、鼎新、星宿、马场、沙厂、果瓦、文阁
2006	4.58	1.58	3.00		猫场、羊场、黄泥塘、八堡、双山、大山、大水，减少兴隆、竹园、高店、三元、东关、鸡场、核桃、理化、长石
2007	4.00		2.00	2.00	小屯、安乐、长石、响水、沙厂、果瓦、大山、达溪、高店、三元、沙厂
2008	3.10		1.00	1.50	鸡场、黄泥塘、达溪、三元、瓢井、果瓦、安乐、猫场、竹园、牛场、星宿、六龙、八堡
2009	1.40		0.40	1.00	达溪、大山、六龙、黄泥
2010	2.00	1.50	0.50		小屯、兴隆、羊场、竹园、高店、大方、东关、八堡、核桃、黄泥

注：2008年实施面积包含0.6万亩的补植补造

二、补助标准

退耕还林的国家补助包括种苗补助、粮食补助或折现、现金补助和粮食调运补助。除种苗补助外，荒山造林均不享受粮食补助或粮食折现补助、现金补助、粮食调运补助。

种苗补助：退耕还林工程种苗补助费标准为50元/亩，为中央财政资金。粮食补助或粮食折现补助：退耕地造林按照生态林补助16年、经济林补助10年的补助年限。前8年，2000—2002年，每亩退耕地每年补助原粮150公斤（玉米75公斤，稻谷75公斤）；2003年起按210元/亩的粮食折现补助；后8年，粮食折现标准减半，按105元/亩进行补助。资金来源为中央财政专项资金。现金补助：退耕地造林按生态林补助16年、经济林补助10年的补助年限，按20元/亩的标准进行补助。资金来源为中央财政专项资金。粮食调运补助：2003年以后，省财政下拨专项资金，按12元/亩的标准拨付粮食调运补助费，与中央下拨的粮食折现补助费一起兑现。新一轮退耕还林种苗补助标准为300元/亩，资金来源为国家发改委专项资金，于退耕还林当年下达，补助给承担还林者。现金补助标准为1200元/亩，资金来源为国家财政专项资金，分3次兑现补助费给退耕农户，第一年兑现500元，第三年兑现300元，第五年兑现400元。

三、组织实施及效果

在退耕还林周围25度以下的耕地上，结合安排农田基本建设，提高土壤保水保肥能力。推广杂交玉米营养坨定向育苗移栽新技术，合理扩大复种指数，大幅度提高粮食产量。

结合实际情况组织劳务输出。2000—2003年输出退耕还林区劳动力5000人次，劳动力输出人员共赚回资金1000余万元。

造林结合种草，养殖牲畜。在退耕还林比较集中的羊场片区建立生态畜牧业示范场，筹资20万元，共办3个养牛示范场，帮助农户建圈舍3000平方米，购买耕牛120头，解决63户退耕还林农户剩余劳动力的出路。毕节地区畜牧局在羊场片区穿岩村投资建立仔猪示范场，带动退耕还林农

羊场镇穿岩村沙坝生态家园（2012年7月摄）

户饲养母猪，养猪户年增加收入3000余元。在其他退耕还林区，县人民政府发放小额扶贫贷款，帮助农户因地制宜发展饲养业，宜牧则牧，宜渔则渔。

结合农户特长发展其他产业如豆制品加工等。对退耕还林后没有外出打工的农户，组织培训豆制品加工技术，并给予资金帮助，有80余户农户进行以家庭经营为主的豆制品加工，户均年收入增加3000余元。

在新一轮退耕还林工程实施中，大方县做好树种规划，注重长短兼顾，以短养长的同时，统筹安排各项工程配套措施，多渠道解决农户退耕后生活和经济发展出路。在退耕地周围25度以下的耕地上，加强农田基本建设，提高土壤保水保肥能力，推广杂交玉米营养坨定向育苗移栽新技术，扩大复种指数，巩固和提高粮食产量。

通过实施退耕还林工程，全县新增森林27万亩，森林覆盖率提高0.38个百分点，水源涵养能力增强，退耕地内的土壤侵蚀模数从退耕前的每年3840吨/平方千米下降到2260吨/平方千米，退耕地周围农田得到保护。退耕农户得到国家的粮食补助，解决温饱问题，腾出更多劳动力从事其他产业。农村产业结构得到合理调整，由退耕前单一生产粮食转变为退耕后的多种经营，外出务工人员增加，农民纯收入增加，农民观念得到更新，耕作和经营方式明显改善。

第五节　石漠化治理

2008年，国家启动石漠化治理工程，大方县被列为全国100个试点县之一。

2008—2010年为试点阶段。全县石漠化治理工程总投资1779.97万元，其中，中央预算内资金1618.4万元，地方配套资金161.57万元。治理面积30.23平方千米，其中，封山育林11.84平方千米，防护林3.27平方千米，经果林10.29平方千米，中药材种植2.39平方千米，人工种草0.81平方千米，坡改梯1.63平方千米，机耕道1.5千米，田间生产便道8.31千米，引水渠1.39千米，排水沟渠1.38千米，输水管道26.55千米，蓄水池119口，沉沙池10口，青贮池640立方米。项

羊场镇石漠化治理成效（2012年7月摄）

目涉及羊场、理化、鸡场、黄泥塘4个乡镇的朱仲河、木柏河、陇井河、西溪河4条小流域。

羊场镇穿岩村种植中药材防治石漠化（2012年7月摄）

2008年，实施朱仲河小流域石漠化治理面积10.01平方千米，实施项目有封山育林、人工造林、中药材种植、人工种草、坡改梯，修建畜圈、青贮池、田间生产便道、拦山沟、输配水管道、蓄水池。2009年，实施陇井河和木柏河小流域石漠化治理面积14.6平方千米，实施项目有人工造林、封山育林、中药材种植、坡改梯，修建田间生产便道、引水渠、排涝渠、输配水管道、蓄水池、沉沙池。在2009年的旱灾中，通过输水管道和蓄水池建设，有效解决桶井、羊场、陇公、化联村1800多人的饮水困难。2010年，实施西溪河小流域石漠化治理面积5.62平方千米，实施项目有人工造林、中药材种植、坡改梯，修建田间便道、引水渠、蓄水池、沉沙池、输配水管道。项目区涉及黄泥塘镇的甘棠村、安坪村和西河村。

2011—2014年，国家全面启动实施石漠化治理工程，大方县被纳入国家石漠化综合治理工程重点县。全县石漠化综合治理工程总投资3630万元，其中，中央预算内投资3300万元，地方配套资金330万元。治理石漠化面积69.16平方千米，其中，封山育林42.12平方千米，防护林3.81平方千米，经果林12.11平方千米，中药材种植10.47平方千米，人工种草0.2平方千米，坡改梯0.45平方千米，机耕道2.27千米，田间生产便道21.87千米，引水渠0.2千米，排水沟渠9.11千米，输水管道9.77千米，蓄水池128口，沉沙池54口。

2011年，治理格里河、龙山、三岔河小流域石漠化面积20.35平方千米。实施项目有封山育林、人工造林、中药材种植、坡改梯，修建田间生产便道、机耕道、引水渠、输配水管道、蓄水池。项目涉及星宿乡的龙山、松树、云峰、梯子和棕树5个村，三元乡的青竹村，长石镇的杨柳、东方、红山和街群共5个。

2012年，治理岔河小流域石漠化面积13.58平方千米。实施项目有封山育林、人工造林、中药材种植，修建田间生产便道、排水沟渠、蓄水池、沉沙池。项目涉及高店乡的大山村，大方镇的元宝村，绿塘乡的丰产一村、丰产二村、牛场村和营盘村。是年10月，全国岩溶地区石漠化防治工作现场会观摩大方县羊场镇穿岩村、桶井村的石漠化治理。同年，大方县分别获省发改委、毕节市政府评为2008—2010年度全省石漠化综合治理工程先进集体、全市石漠化综合治理试点工程建设先进集体。

2013年，治理瓜仲河小流域石漠化面积14.54平方千米。实施项目有封山育林、人工造林、中药材种植，修建田间生产便道、排水沟、蓄水池、沉沙池。项目涉及鼎新乡大井村、新发村、长丰村、五一村、黑泥村、同心村和理化乡大塘村。同年，毕节市发改委对大方县石漠化综合治理工程进行中期评估，大方县“以林克石、以药治石”和“乔灌草（藤）复层混交”的成功模式得到肯定。

2014年，治理格里河小流域石漠化面积20.69平方千米。实施项目有封山育林、人工造林、中药材种植、林下种草，修建田间生产便道、排水沟、机耕道、蓄水池、沉沙池、圈舍改扩建。项目涉及长石镇新阳村，瓢井镇连坪村、坪塘村、三合村、中寨村、小洞村和新街村，三元乡青竹村。

2008—2010年，2011—2014年，两期工程总投资5409.97万元，其中，中央预算内资金4918.4万元，地方配套491.57万元，治理石漠化面积共94.49平方千米。

2015年，开展《大方县2015—2017年石漠化综合治理工程实施方案》编制工作。全县2015—2017年石漠化综合治理工程计划总投资3300万元，其中，中央资金3000万元，地方配套资金300万元，治理石漠化面积60平方千米。

经过几年的探索和总结，大方县走出一条国家项目资金同民间资本相结合的道路，把石漠化综合治理与农业产业结构调整、区域经济发展、群众脱贫致富有机结合起来。林药结合，以短养长，将特色优势产业发展与石漠化综合治理有机结合，解决石漠化治理项目长远效益与农民群众当前利益的矛盾问题。组织农民专业队伍承包造林工程，实行合同制管理，既保证工程建设的规范性和工程建设质量，增加当地群众的劳务收入，又避免苗木浪费和流失等问题。把石漠化治理同农民增产增收有机结合起来，通过植被保护、建设和产业结构调整，改善生态，促进农民增收，稳定解决农民群众温饱问题。

2008—2014年大方县石漠化治理实施主要项目一览表

表—8－1－5－1　　单位：平方千米、万元

年份	治理面积	投入资金	主要实施项目面积					
			封山育林	防护林	经果林	中药材	坡改梯	人工种草
2008	10.01	440.00	4.82		3.59	0.36	0.43	0.81
2009	14.60	880.00	6.22	2.49	3.74	1.40	0.75	
2010	5.62	459.97	0.80	0.78	2.96	0.63	0.45	
2011	20.35	1100.00	11.87	1.27	2.40	4.36	0.45	
2012	13.58	660.00	8.40	0.67	2.18	2.33		
2013	14.54	770.00	9.58	0.38	2.68	1.90		
2014	20.69	1100.00	12.27	1.49	4.85	1.88		0.20

第二章　环境保护

第一节　环境及污染状况

大方县属长江上游的赤水河水系和乌江水系，以九龙山、公鸡山、海马箐等连续山脉为分水岭，北属赤水河水系，南属乌江水系，全境共有河流20余条。赤水河水系主要有二道河（马洛

河)、油杉河、母都河、蚂蚁河、果瓦河等6条，总长100.6千米，流域面积为741平方千米，占全县土地面积的20.9%。乌江水系主要有六冲河、上坝河、冷底河、哥搓罗河、八堡河、凉水河、新基河、落脚河（白布河）、木弄河等14条，总长394.6千米，流域面积为2759.75平方千米，占全县土地面积的79.1%。全县境内地下水总蓄量5.07亿立方米，分为碳酸盐岩溶水和基岩裂隙水两大类。境内河流主要受到生活污水和工业废水影响，致使部分流域水体污染物超标。据有关监测部门监测数据显示，落脚河的对江桥、珠场、东风电站等三个断面氨氮和挥发酚的浓度值均超过《地表水质量标准》（GB3838—2002）Ⅲ类水体标准限值。三个断面BOD5值均超标；珠场、对江断面的总磷超标；其他监测（PH、COD、石油类、氟化物、氰化的、CY6+、AS、总汞）均达到标准所规定的限值。

县内大气质量总体较好。根据《贵州省大方电厂（4×300兆瓦）新建工程环境影响报告书》资料显示：二氧化硫、三氧化氮的小时浓度和日平均浓度、总悬浮颗粒物日平均浓度未超过《环境空气质量标准》（GB3093—1996）二级标准。经监测，县城燃煤锅炉林格曼黑度平均值为0.5，达到国家规定标准。但随着工业发展和机动车数量逐年增加，加上采矿和农业秸秆焚烧等的扬尘和烟雾影响，县城空气质量有所下降。

县内土壤污染主要为炼硫、煤炭开采、硫酸生产和其他矿石开采等造成。污染源主要是水泥行业、煤炭采选、硫精砂洗选、硫磺冶炼和炼铁等。2005年环境统计年报数据显示：全年工业废水排放量75.25万吨，化学需氧量（CDO）排放量7.02吨，氨氮排放量3.8吨，工业废气排放量569.68万标立方米，二氧化硫排放量2095.32吨，烟尘排放量726.62吨，工业粉尘排放量838.07吨，工业固体废物产生量24.14万吨，综合利用率79.37%。2008年，工业废水排放量260.67万吨，工业废气排放量229.18万标立方米，固体废物排放量209.53万吨，化学需氧量排放量3098.07吨，二氧化硫排放量6250.07吨，燃煤量401.01万吨，工业粉尘排放量2699.99吨，烟尘排放量765.3吨。

第二节　污染减排

1988年，大方县开始实施环境污染减排。至2005年，大方县行文限制治理企业76个，其中，大方水泥厂、大方腾龙水泥厂、长石山坝水泥厂等62家企业达标验收。水泥行业采用静电除尘设施治理水泥生产过程中产生的粉尘污染，效果良好。县城9台燃煤锅炉均安装消烟除尘装置。

2007年，县人民政府与各乡镇和各部门签订《2007年主要污染物总量减排目标责任书》，全县二氧化硫允许排放量限制在6494吨以内，实际排放6235.87吨（不含大方电厂），减排258.13吨。采取措施：关闭取缔小炼硫厂4个、石灰窑18个、小炼铁厂4个，建成使用沼气池1200口。全县化学需氧量允许排放量指标2552吨，实际排放量3049.65吨，超标497.65吨。

2008年，毕节地区行署与大方县人民政府签订减排目标：二氧化硫排放量为6778.98吨，化学需氧量排放量3105.81吨。治理结果：二氧化硫实际排放量为6250.07吨，减排528.91吨；化学需氧量实际排放量3098.07吨，减排7.74吨。采取措施：关停炼硫矿企业群，二氧化硫减排44.02吨；关停石灰企业群，二氧化硫减排484.89吨。整合煤矿，关闭小煤窑，化学需氧量减排0.72吨；林丰煤矿限期治理验收，化学需氧量减排7.02吨。

2009 年，毕节地区行署与大方县人民政府签订《主要污染物总量削减目标责任书》，化学需氧量控制量为 3177.59 吨，实际排放量为 3162.75 吨；非火电排放量控制目标为 7295.95 吨，实际排放量为 6971.8 吨，两项指标都控制在责任目标以内，实现减排。

2011 年，4 项污染物控制量为：化学需氧量 5116 吨，氨氮 545 吨，二氧化硫 5.63 万吨，氮氧化物 3.57 万吨。经测算，实际排放化学需氧量 5050.62 吨，其中，工业污染 556.54 吨，生活污染 3659.08 吨，农业污染 835 吨；实际排放氨氮 539.2 吨，其中，工业污染 1 吨，生活污染 462.2 吨，农业污染 76 吨；二氧化硫 5.56 万吨，其中，工业污染 1744.84 吨，电力污染 3.27 万吨，生活污染 123.94 吨，机动车污染 768 吨，其他污染 2.02 万吨，均控制在指标范围内。

2012 年，4 项污染物控制量为：化学需氧量 5290.89 吨，氨氮 584.48 吨，二氧化硫 4.37 万吨，氮氧化物 3.63 万吨。经测算，实际排放化学需氧量 5132.43 吨，其中，工业污染 671 吨，生活污染 3750.54 吨，农业污染 710.89 吨；氨氮 572.36 吨，其中，工业污染 7.36 吨，生活污染 487.84 吨，农业污染 77.16 吨；二氧化硫 3.21 万吨，其中，工业污染 423.26 吨，电力污染 2.98 万吨，生活污染 1800 吨；氮氧化物 3.2 万吨，其中，工业污染 1149.92 吨，电力污染 2.97 万吨，机动车污染 953.99 吨，其他污染 193.36 吨。4 项指标排放比 2011 年分别减少 2.9%、2%、26%、11.7%。

2013 年，4 项污染物排放量为化学需氧量 5489.93 吨，同比上升 5.65%；氨氮 587.17 吨，同比上升 4.02%；二氧化硫 3.4 万吨，同比下降 2.72%；氮氧化物 2.75 万吨，同比下降 11.84%。

2014 年，化学需氧量排放量 5642.6 吨，同比下降 0.86%；氨氮排放量 617.94 吨，同比下降 1.93%；二氧化硫排放量 1.93 万吨，同比下降 44.44%；氮氧化物排放量 1.63 万吨，同比下降 43.2%。

2015 年，完成主要污染物总量减排。大方发电有限公司累计投入 4.5 亿元完成烟气脱硫、脱硫脱硝增容改造和取消旁路工程建设通过省环保厅验收。大方永贵建材有限责任公司投入 600.44 万元完成脱硝设施改造并验收。县城污水处理厂一、二期工程，总设计规模为 1.4 万吨/天的项目，建成通水试运行，黄泥塘镇、六龙镇污水处理厂主体工程和管网建设基本完成，马场镇污水处理厂和羊场镇污水处理厂土建工程完成，大方县城污水处理三期主体工程设备安装完工。

第三节　污染防治

一、水污染防治

1993 年，划分水功能区，确定大方县水环境保护的重点水域和保护目标。2004 年，划分县城集中饮用水源保护范围，对县城集中式饮用水源地宋家沟水库、小箐沟水库和岔河水库划界保护。宋家沟水库和小箐沟水库积雨区范围全部划为保护区。2005 年，全面展开对水库造成污染的库区移民搬迁安置工作。

2009 年，建成日处理规模为 7000 吨的县城污水处理厂一期工程。2011 年，完成安益煤矿、新发煤矿、富利煤矿污水治理验收。2012 年，完成渣坪煤矿、黑桃煤矿环保设施验收。2013 年，完成金岩煤矿环保设施验收。建成日处理规模为 7000 吨的县城污水处理厂二期工程。投资 1560 万元新建 60 吨地埋式压缩垃圾转运站 1 座，新建 50 吨地埋式压缩垃圾转运站 1 座，新建 15 吨地埋式非压缩式垃圾转运站 1 座。

2014 年起，开始在乌江、赤水河流域落实县长、乡镇长“河长制”管理。2014—2015 年连续两年制定出台《大方县水污染防治行动计划工作方案》和《大方县水污染防治工作联席会议制度》。2014—2015年，完成敞口龙潭、岔河水库、高原水库一级水源保护区界碑、界桩、围栏的建设任务。2015年，全面完成乡镇1000人以上集中饮用水源地保护区划工作并获省政府批复通过。县城污水处理厂三期主体工程设备安装完毕。

在全县推广生物发酵、生态养殖技术，使畜禽养殖场污染物得到优化处理。2011—2015年，累计投资800万元，提升县级环境监测站61项水质监测能力。2012—2015年，全县29个集中式饮用水源地水质达标率均为100%。

二、大气污染防治

2000年12月，县划定环境空气质量功能区：位于普底乡境内面积为12平方千米的百里杜鹃花区为一类区；百里杜鹃其他花区，即黄泥、沙厂、大水、百纳花区为缓冲带。油杉河自然保护区为一类区，面积40平方千米，两岸风景区界线以外300米为缓冲带。位于猫场镇的大方县硫磺厂厂址东南、西北各1.5千米，东北、西南方向各1千米，面积6平方千米为三类区。其余各乡镇地域为二类区。三类区边界到以外300米宽度为缓冲带。

2005年，县城划定烟尘控制区：东起东门外拘留所（戒毒所），西至杉林路，南起路塘村南门塔山脚，北至北郊路，东北至斗姥阁，西北至交警二中队，东南至育德中学，西南至公安消防大队，所有建成区面积3.6平方千米，覆盖8个社区、12所中小学、7家医院和大部分县直机关单位。烟控区内居民6.4万人，占县城人口数的91%。

2013年，关停取缔吉运水泥厂、水泥一厂东关立窑生产线、九洞天资源开发有限责任公司水泥厂生产线、山坝水泥厂、云龙水泥厂、县城老屠宰场和21家页岩砖生产企业，督促辖区内重点污染企业加大环保设施投入。

2011—2015年，县内大型重点企业累计投入10亿元，用于大气污染防治设施建设。贵州大方发电有限公司2号、4号机组烟气脱硫增容改造工程和1号、3号机组脱硝设施建设完成并通过省环保厅竣工验收，完成1号机组旁路封堵。2014年，大方永贵建材有限公司投资5000万元用于除尘、脱硝等在线监控设备的安装与技改；先后投资600万元建成2座空气自动站，实现空气自动站6项（PM10、SO2、NO2、PM2.5、CO、O3）监测与省的传输。2015年，县城环境空气质量优良率在全省名列前茅，在毕节市排名第一。

三、噪声污染防治

1998年9月，对县城进行环境噪声区域划分。零类区：县城内医院周围100米及特别需要安静的地方，白昼50分贝，夜间40分贝；一类区：从南门转盘起，经环东路、老车站至新路口，白昼55分贝，夜间45分贝；二类区：从南门街口起，经大十字至北门街口，白昼60分贝，夜间55分贝；三类区：北门街口至东关、南门街口至穿岩，白昼65分贝，夜间55分贝；四类区：从南门转盘起，西大街沿线至新路口30米范围内，白昼70分贝，夜间65分贝。

2012年，制定《大方县噪声功能区划（2013—2020）》，将总面积98.91平方千米区域，包含老城区、金龙新区、慕俄格古城（含古彝文化产业园）、顺德新区、循环经济产业园区、药品食品产业园区划入噪声功能区。开展娱乐场、建筑工地、交通干线及临街商铺噪声污染防治工作。每年中考、高考期间及事业单位招考期间，加强巡查，制止各种噪声污染，确保辖域内环境质量。

四、土壤污染防治

大方县主要土壤污染源为炼硫、煤炭开采、硫酸生产和其他矿石开采。

20 世纪 90 年代初，大方县把发展硫磺业作为县级财政的第二经济支柱，盲目开采造成县内大面积土壤污染。1993 年引进 GKLH 冶炼技术。1997 年，县人民政府发布《关于加强炼硫企业管理制止污染环境的通告》，对污染进行控制和治理。2006 年，建成凤山硫磺矿渣场。2015 年，建成仁达硫铁矿洗选厂、贵州众一金彩黔有限公司凤山乡大营煤矿、联兴硫铁矿厂、安乐乡大树桩硫磺厂标准化渣场，编制上报县炼硫区植被恢复方案。

五、辐射污染防治

从 2008 年起，对涉及辐射源及医疗诊断用 X 射线装置辐射进行环境安全检查，加强辐射源管理，严防污染。

第四节　执法监督

县内环境违法案件集中在未办理环境影响评价手续、擅自开工建设、未经许可擅自闲置污染防治设施、不按期完成污染治理任务、不执行“三同时”制度和拒不缴纳排污费等方面。从 1993 年起，开始对排污企业征收排污费。1993—2000 年，征收排污费 110.1 万元，累计查处环境违法案件 174 件。

2003 年，开展整顿不法排污企业保障群众健康环保专项行动，出动人员 480 人次，排查企业 450 家，关闭违法排污企业 64 家，其中小铁厂 45 个，对 8 个重污染源实行挂牌督办。2005 年，接待群众环境信访 70 件，受理并调查处理污染纠纷案件 59 起，答复人大、政协议案提案 32 件。对全县新建项目进行环境评价，贵州大方电厂由国家环保总局审批，省、地审批 111 个，县级审批 82 个。2001—2005 年，共征收排污费 297.17 万元。

2007 年，处罚违法违规企业 66 家，其中，煤矿 21 家，砖厂 10 家，砂厂 33 家，硫铁矿采选厂 2 家。采取措施对文阁乡土法炼锌炉强制取缔。对所有新建、改建、扩建项目执行环境评估，全年完成项目核准审批 86 个，其中砂厂 54 个；报上级环保部门进行环评审批项目 23 个，其中煤矿 20 个。2008 年，对环境违法行为实施行政处罚 26 件，其中，打砂厂 1 家，水泥砖厂 25 家。完成项目环评审批 67 个，其中打砂厂 27 个；上报审批环评项目 19 个。

2009 年，对涉砷企业进行现场检查，发现云龙水泥集团、腾龙水泥集团等水泥厂未正常使用污染防治设施，执法人员依法对其进行查处。涉砷的大方县仁达、鸿发、金凤等 10 家硫精砂厂，由于市场不景气全部倒闭。加强饮用水源管理检查，宋家沟、小箐沟 2 个饮用水源保护区水质达标率均为 100%。查处环境污染纠纷共 14 起。2010 年，开展“环境监督执法年”活动，查处各类环境违法违纪案件。围绕重点区域、重点流域、减排重点企业和群众关注的热点等问题进行环境监察，加强对排污企业的现场监督检查，从建设项目履行“环评”手续、执行“三同时”制度、防污染设施运行、污染源限期治理、排污费的缴纳等方面进行现场监督检查。2006—2010 年，共征收排污费 5042.48 万元。

2011 年，对环境违法行为实施行政处罚 2 件。2012 年，对环境违法行为实施行政处罚 3 件，立案查处环境违法企业 3 家，共处罚金 29 万元，全部结案。2013 年，检查企业 236 家次，调查处理环境污染信访投诉案件 15 起，立案查处环境违法企业 3 家，罚款金额 9.98 万元，加强对电厂、水泥厂等大型企业驻厂监督员工作。2011—2013 年，完成 272 个项目环评审批。

2014—2015 年，开展“六个一律”环保利剑执法专项行动，围绕重点流域、重点区域、重点行业，以水、大气、土壤环境污染为重点，深入排查整治环境风险和隐患，加大对重点流域、重点区域、重点行业的环境监管执法力度，从建设项目环评和环保“三同时”制度执行、环保设施运行、排污口规范化设置、污染物排放、排污费申报缴纳、环境违法行为和环境污染犯罪案件查处等方面开展全方位环境执法检查。建设项目未经环评审批以及未按环评要求落实污染防治设施的，一律停建、停产；对环保设施不正常运行、污染物超标排放、私设暗管等环境违法行为，一律依法从重处罚；对直接向环境排放污染物的单位，一律依法足额征收排污费；排污单位严重违法导致较大以上突发环境事件和造成严重后果且社会影响恶劣，负有监管职责的国家公职人员存在失职、渎职行为的，一律追究行政责任；涉及国有企业的，同时追究国有企业相关人员的责任；对污染饮用水水源，非法排放、倾倒、处置危险废物，非法排放含重金属、持久性有机污染物等严重危害环境、损害人体健康，私设暗管排放、倾倒、处置有放射性的废物、含传染病病原体的废物、有毒物质等严重污染环境违法行为，构成犯罪的，一律移交司法机关追究刑事责任；对排污企业环境违法行为，一律向社会公开，接受社会监督，并进入企业环保信用黑名单，对其进行失信惩戒。2014 年，出动环境监察人员 1189 人次，检查企业 466 家，其中，责令改正的违法企业 69 家，立案查处 1 家，配合上级环保部门查处 1 家。共接查群众投诉案件 18 件次。2015 年，出动环境监察人员 1312 人次，检查企业 389 家，其中联合执法 10 次，责令改正违法企业 36 家，立案查处环境违法企业 4 家，罚款 13. 5 万元。配合上级部门查处违法企业 1 家，罚款 7 万元。全年共受理环境污染信访投诉案件 10 起。2011—2015 年，征收排污费 6922. 47 万元。2014—2015 年，完成 229 个项目环评审批。

第九篇
综合经济管理

第一章 经济综述

第一节 经济发展

“八五”计划时期（1991—1995年），全县加强农业基础建设，优化经济结构，推动科技进步，提高经济效益，完善宏观调控机制。逐步健全计划经济和市场调节相结合的经济体制和运行机制，随着各项改革不断深入，改革推动经济发展，经济发展带动改革向纵深拓展。农村改革在稳定和完善家庭联产承包责任制和双层经营体制的同时，非耕地使用权拍卖开始起步，乡镇企业股份合作制得到发展。财税、金融、外贸、投资、价格和流通体制改革逐步推行，实现了新旧体制的平稳过渡。国有企业改革，从政企分开、简政放权入手，逐步扩大企业自主权，使企业向自主经营、自负盈亏、自我积累、自我发展转变。结合商业“四开放”，粮油价格调整，价格管理体制开始步入市场经济轨道。非公有经济发展的环境更为宽松，初步形成集体、个体等经济成分并存、相互竞争、共同发展的格局。

1995年，全县地方生产总值8.32亿元，比1990年的3.16亿元增长54.75%，年均递增9.13%。财政总收入6068万元，比1990年增长88.16%，年均递增13.84%；财政总支出8934.2万元，比1990年增长84.94%，年均递增12.98%。金融机构存款余额2.04亿元，比1990年增长159.56%，年均递增21.05%；贷款余额2.79亿元，比1990年增长101.43%，年均递增15.03%；存贷比1∶1.36。社会消费品零售总额1.7亿元，比1990年增长75.3%，年均递增11.88%。“八五”计划期末，三次产业的比例为56∶22∶22，第一产业比重下降5个百分点，第二产业比重提高9个百分点，第三产业比重提高4个百分点。粮食总产量22.76万吨，比1990年增长67.18%，年均递增10.82%。烤烟产量2.59万吨，比1990年增长18.14%，年均递增3.4%。肉类总产量1.83万吨，比1990年增长17.07%。原煤产量197万吨，比1990年增长118.89%，年均递增16.96%。

“九五”计划时期（1996—2000年），全县经济围绕强化农业一个基础，实施科技兴方、综合开发两个战略，突出烤烟、乡镇企业、畜牧业三棵支柱，抓好水利电力、交通、通讯、城乡集贸市场四项建设，发挥区位、矿产、名特产品、劳动力、旅游业五大优势的总体构想，开发大方、东关、文阁—绿塘、凤山—安乐、羊场5个工业小区，实施以工代赈坡改梯、“长防”“长治”、农业综合开发、世界银行贷款西南扶贫项目五大工程，建立茶叶、蚕桑、中药材、水果、生漆、辣椒、商品猪、商品牛、黑山羊、蔬菜十大基地，形成硫磺、煤炭、大豆精粉、魔芋精粉、油辣椒、名贵中药材、刺梨汁、低度酒和保健酒、丝织品、茶叶精品十大系列产品。狠抓以科技为先导的烤烟生产，以辣椒和油菜为拳头的经济作物生产，以“四园三场”，即科技示范园、农业产业园、畜牧业标准化示范园、生态养殖园，辣椒标准化示范场、种植养殖大户示范场、农村经营主体示范场为重点的多种经营，以秸秆氨化养牛和黑山羊基地建设为主的畜牧业发展，以水泥、建材、漆器、涂层织物和农副产品加工为骨干的工业布局，以煤炭、硫磺为龙头的矿产品开发，以城乡集镇为基础的非国有经济发展，以旅游、流通和服务设施为载体的第三产业，以电力、交通、通讯、城乡集贸市场和农业发展支撑体系为主的基础设施建设。在国家总体布局和产业政策的宏观指导下，强化农业基础，以全县丰富资源为依托，以市场为导向，以矿产品开发为龙头，培植新的经济支柱，加大投入力度，优选新上项目，调整和优化产业结构，推动科技进步，加强企业技术改造，逐步实现存量和增量的最佳组合，正确处理好经济发展与人口、资源和生态的关系，以提高经济效益和整体经济素质为着力点，拓展和完善县域经济布局，促进县域经济持续、快速、健康发展。

全县经济建设取得明显成效，社会生产力获得较大发展，经济总量不断增长。2000 年，全县地方生产总值 12.22 亿元，比 1995 年增长 46.95%，年均递增 9.73%，比“八五”计划期间提高 0.6 个百分点。财政总收入 1.25 亿元，比 1995 年增长 105.47%，年均递增 15.49%；财政总支出 1.69 亿元，比 1995 年增长 91.5%，年均增长 13.56%。金融机构存款余额 5.16 亿元，比 1995 年增长 152.94%，年均递增 20.39%；贷款余额 6.15 亿元，比 1995 年增长 120.43%，年均递增 17.13%；存贷比 1∶1.19。社会消费品零售总额 2.22 亿元，比 1995 年增长 30.59%，年均递增 5.48%。“九五”计划期末，三次产业的比重调整为 48∶28∶24，第一产业比重下降 8 个百分点，第二产业比重提高 6 个百分点，第三产业比重提高 2 个百分点。非公有制经济在地方生产总值中的比重达到 22.5%。

农业基础设施逐年改善，科技兴农力度逐步加强，生态环境改善效果明显，农业产出大幅度提高。2000 年，全县粮食总产量达 31.03 万吨，比 1995 年增长 36.34%，年均递增 6.4%；烤烟产量 1.75 万吨，比 1995 年下降 32.3%，年均递减 7.5%。肉类总产量 2.57 万吨，比 1995 年增长 40.43%，年均递增 7.03%。“九五”计划期间，全县工业生产在市场变幻中经历挫折和困难，实现恢复性增长，县属 53 个国有工业企业中，有 22 个进行改革和改制。由于毕节地区煤矿停产，全县原煤产量仅为 90.8 万吨，比 1995 年下降 45.50%，年均递减 11.43%；发电量 4900 万千瓦时。水泥产量 11 万吨。

“十五”计划时期（2001—2005 年），全县经济社会发展抢抓西部大开发战略的历史机遇，以扶贫攻坚和国企脱困为重点，以提高人民生活水平为根本出发点，大力发展优势产业和特色经济，积极培育新的经济支柱，大力培植新财源。加快以农业和交通为重点的基础设施建设，加强生态保护和建设，为逐步建成能源大县、畜牧大县、绿色大县、旅游大县奠定良好基础。这一时期，全县经济结构趋于合理，经济增长质量和效益明显提高，经济增长速度达到全省平均水平。

2005 年，全县地方生产总值 23.35 亿元，比 2000 年增长 107.43%，年均递增 10.82%，比“九五”计划期间提高 1.09 个百分点。财政总收入 2.42 亿元，比 2000 年增长 93.6%，年均递增 14.13%；财政总支出 5.03 亿元，比 2000 年增长 197.6%，年均递增 24.43%。金融机构存款余额 19.18 亿元，比 2000 年增长 271.71%，年均递增 30.03%；贷款余额 15.6 亿元，比 2000 年增长 153.66%，年均递增 20.46%；存贷比 1∶0.81。社会消费品零售总额 5.72 亿元，比 2000 年增长 157.66%，年均递增 20.84%。“十五”计划期末，三次产业的比重调整为 39∶30∶31，第一产业比重下降 9 个百分点，第二产业比重提高 2 个百分点，第三产业比重提高 7 个百分点。非公有制经济在地方生产总值中的比重提高到 31.2%。

农业生产稳步发展。2005 年，全县粮食总产量 31.82 万吨，比 2000 年增长 2.55%，年均递增 0.5%。烤烟产量 2.41 万吨，比 2000 年增长 37.46%，年均递增 6.57%。肉类总产量 3.55 万吨，比 2000 年增长 38.13%，年均递增 6.67%。“十五”计划期间，“工业强县”战略获得突出发展，电力、煤炭、建材等产业异军突起。装机容量 4×30 万千瓦的大方火电厂于 2004 年开工建设，煤炭工业实现崛起，成为新的经济支柱。全县煤炭产量 253.55 万吨，比 2000 年增长 179.24%，年均递增22.8%。发电量6184万千瓦时，比2000年增长508.36%，年均递增43.49%。房地产业成为新的经济增长点，全县房地产业提供税费4000万元。水泥产量达21.21万吨，比2000年增长92.82%，年均递增14.03%。

“十一五”规划时期（2006—2010年），全县正值经济转轨变型、实现跨越发展的良好机遇。国家确定西部地区作为全国重要的能源、矿产主要接替区，大方丰富的煤、硫等矿产资源转化为经济优势提供政策依托，“西电东送”战略的启动实施，大方火电厂开工建设并投产，带动全县丰富的煤炭资源的大规模开发，电力和煤炭两棵支柱，对大方经济的发展起到举足轻重的作用。在此期间，全县经济工作抢抓西部大开发和新阶段扶贫开发的机遇，加强城乡基础设施建设，开发优势资源，壮大支柱产业，培育特色经济，加快工业化、农业产业化和城镇化进程，调整和优化经济结构，转变经济增长方式。以公路为重点的交通基础设施建设、以农田水利为重点的农业基础设施建设以及城镇公共服务设建设施取得突出成效；煤电支柱产业基本形成；建材、房地产和农特产品加工等产业初具规模；农业综合生产能力进一步提高，农业优势产品烤烟、辣椒等实现产业化。

2010年，全县地方生产总值67.84亿元，比2005年增长111.35%，年均递增16.15%，比“十五”计划期间提高5.33个百分点。财政总收入11.8亿元，比2005年增长387.6%，年均递增37.28%；财政总支出25.32亿元，比2005年增长403.38%，年均递增38.16%。金融机构存款余额55.98亿元，比2005年增长191.87%，年均递增23.89%；贷款余额36.86亿元，比2005年增长136.28%，年均递增18.76%；存贷比1∶0.66。社会消费品零售总额11.8亿元，比2005年增长106.29%，年均递增15.58%。“十一五”规划期末，三次产业的比重调整为21∶40∶39，第一产业比重大幅下降18个百分点，第二产业比重提高10个百分点，第三产业比重提高8个百分点。非公有经济在地方生产总值中的占比提高到52.1%。农村经济形势较好，农业产业化迈出新的步伐，蔬菜、辣椒等特色农业方兴未艾。2010年，全县粮食总产量30.22万吨，比2005年下降5%，年均递减1%；烤烟产量2.13万吨，比2005年下降11.5%，年均递减2.4%；肉类总产量3.35万吨，比2005年增长11.3%，年均增长2.16%。“十一五”规划期间，实施重点项目达46个，总投资达165.42亿元，开工建设五凤煤矿、五凤二矿、绿塘煤矿、小屯煤矿、龙泉煤矿、白布煤矿、永贵建材水泥厂、润丰化工硫酸厂、华屹锦城等一大批重点项目，涵盖工业、农业、交通、水利、城市建设、房地产等方面。全县煤炭产量400万吨，比2005年增长60%，年均递增6.86%。大方火电厂在2007年全部建成投产，全县电力生产突飞猛进，2010年发电量81.38亿千瓦时，比2005年增长1212.58%，年均递增320.36%。水泥产量25.4万吨，比2005年增长19.75%，年均递增3.67%。

“十二五”规划时期（2011—2015年），面对错综复杂的经济发展环境，县委、县人民政府坚持主基调、主战略不动摇，主动适应经济发展新常态，保持经济高速增长；加快推进产业结构转型升级，经济增长方式逐步由粗放型向集约型转变；全面夯实基础设施建设，发展条件取得明显改善；统筹推进城乡协调发展，城乡面貌焕然一新。供给侧结构性改革顺利推进，适应需求变化的能力逐步增强，围绕去产能、去库存、去杠杆和降成本、补短板的任务，进一步加大金融监管和风险防控力度，全面落实营改增政策，经济总量不断增大，并保持高位增长。消费、投资稳定增长，内需动力不断增强。

2015年，全县地方生产总值151.99亿元，比2010年增长125.05%，比“十一五”规划期间提高0.4个百分点。财政总收入25.83亿元，比2010年增长118.9%，年均递增16.96%；财政总支出51.65亿元，比2010年增长103.99%，年均递增15.32%。金融机构存款余额118.95亿元，比2010年增长102.45%，年均递增15.15%；贷款余额74.28亿元，比2010年增长101.52%，年均递增15.04%；存贷比1∶0.62。社会消费品零售总额24.18亿元，比2010年增长104.92%，年均递增15.43%。“十二五”规划期末，三次产业结构调整为19∶40∶41，经济结构实现从“一三二”到“三二一”的转变。

加快转变农业发展增长方式，农业农村经济快速发展。加快构建现代农业体系，着力加强农业基础设施建设，围绕马铃薯、蔬菜、生态畜牧业、经果林、中药材、生态有机茶“六大农业板块经济”，加快农业产业结构调整，马铃薯、蔬菜、中药材等特色农产品种植大幅提升。2015年，粮食总产量21.64万吨，比2010年下降28.39%，年均递减6.46%。烤烟产量1.14万吨，比2010年下降46.5%，年均递减11.76%。肉类总产量3.52万吨，比2010年增长5.07%，年均递增0.99%。

加快推进工业企业转型升级，工业经济总体平稳运行。加快工业集聚发展，大方县经济开发区建成标准化厂房109.77万平方米，引进企业108家，建成投产65家。积极培育新兴产业，贵州方元药业有限公司、贵州达灵药业有限公司、贵州同威生物科技有限公司等药品生产企业通过GMP认证，海美斯耐火集材等项目投产。2015年，全县原煤产量628万吨，比2010年增长57%，年均递增9.44%。因国家调整产业结构，全县发电量为50.4亿千瓦时，比2010年下降38.51%，年均递减9.27%。永贵水泥厂建成投产，全县水泥产量达到96.67万吨，比2010年增长280.44%，年均递增30.63%。

1990—2015年大方县地方生产总值（现价）一览表

表—9-1-1-1　　单位：万元、%

年份	地方生产总值	其中						人均地方生产总值
		第一产业	占比	第二产业	占比	第三产业	占比	
1990	31616	19251	60.89	4139	13.09	8226	26.02	384
1991	37551	22594	60.17	5899	15.71	9058	24.12	450
1992	38462	21827	56.75	6460	16.80	10175	26.45	455
1993	52379	30577	58.38	10777	20.57	11025	21.05	626
1994	65630	37182	56.65	14050	21.41	14398	21.94	766
1995	83162	46841	56.33	18385	22.11	17936	21.56	958
1996	104973	59606	56.78	23785	22.66	21582	20.56	1196
1997	122404	66002	53.92	32942	26.91	23460	19.17	1341
1998	133041	62983	47.34	40980	30.80	29078	21.86	1437
1999	142624	65685	46.05	46162	32.37	30777	21.58	1520
2000	122209	58489	47.86	34560	28.28	29160	23.86	1456
2001	145385	68377	47.03	40534	27.88	36474	25.09	1523
2002	158304	73092	46.17	43000	27.16	42212	26.67	1634
2003	162103	71248	43.95	42967	26.51	47888	29.54	1667
2004	200999	86048	42.81	58220	28.97	56731	28.22	2055
2005	233495	90292	38.67	71496	30.62	71707	30.71	2382
2006	282031	95228	33.77	99655	35.33	87148	30.90	2834
2007	362190	120992	33.41	138158	38.14	103040	28.45	3613

续上表

年份	地方生产总值	其中						人均地方生产总值
		第一产业	占比	第二产业	占比	第三产业	占比	
2008	450087	150520	33.44	179315	39.84	120252	26.72	4579
2009	567900	129600	22.82	210100	37.00	228200	40.18	6220
2010	678372	146411	21.58	270200	39.83	261761	38.59	9217
2011	841481	147753	17.56	371382	44.13	322346	38.31	11165
2012	1012881	170401	16.82	460622	45.48	381858	37.70	14030
2013	1203738	210908	17.52	538503	44.74	454327	37.74	16206
2014	1345499	244072	18.14	550245	40.90	551182	40.96	20825
2015	1519861	292548	19.25	603670	39.72	623643	41.03	23482

1990—2015 年大方县工农业产值一览表

表—9－1－1－2　　单位：万元

年份	农业总产值	其中					工业总产值
		种植业	林业	牧业	渔业	服务业	
1990	30825	1779	1245	8945	54	278	9843
1991	34143	20681	1936	8945	54	527	11128
1992	32209	20731	1990	8945	54	489	16527
1993	46190	31208	1354	13528	100		16945
1994	55900	39866	1313	14636	85		21504
1995	73353	52639	1374	19171	169		31335
1996	90017	69207	1403	19310	97		51130
1997	100020	75450	1786	22679	105		101824
1998	97548	71594	1721	24117	116		51363
1999	100697	73866	1915	24764	152		55808
2000	101423	72879	1817	26524	203		55740
2001	101941	71592	1550	28619	180		50511
2002	109247	78115	1822	29113	197		56479
2003	104439	55549	1977	28780	233	17900	48333
2004	141472	78978	1456	42800	241	17997	78864
2005	138685	87686	1236	47735	240	1788	87226
2006	145162	89711	1370	51813	301	1967	102725
2007	185748	103609	1688	77439	1388	2164	190697
2008	197713	119419	2779	72076	1033	2406	316504
2009	209855	131068	4875	69360	1130	3421	417215
2010	225715	143580	2583	74300	1345	3907	564175
2011	237886	142822	8447	81094	1222	4301	722933

续上表

年份	农业总产值	其中					工业总产值
		种植业	林业	牧业	渔业	服务业	
2012	258260	154749	3502	94041	1485	4483	871569
2013	292575	186801	3989	95705	1585	4495	820242
2014	362378	246478	6219	102421	1955	5305	1060242
2015	478820	308229	15242	133130	2617	19602	1362478

第二节　建设投资

“八五”计划时期，全县固定资产投资累计完成 2.21 亿元，比“七五”计划期间增长 60.79%，平均增速为 8.13%，其中，农业基本建设投资 6067.92 万元（其中以工代赈投资 3987.92 万元），工业基本建设投资 4400.63 万元，电力基本建设投资 1410 万元，邮电通讯基本建设投资 627 万元，民用建筑投资 9287.45 万元，旅游景点建设投资 43 万元，其他投资 285 万元。

“九五”计划时期，全县基本建设投资大幅增长。累计完成固定资产投资 5.22 亿元，比“八五”计划期间增长 136.2%。继续实施以工代赈、世行扶贫项目，实现乡乡通公路的目标。完成东关至安乐、居乐至二铺、猫场至化作、五星桥至果瓦、烂木杆至雨冲 5 条通乡公路的建设；完成贵毕公路第三期归化至落脚河段路基工程；协助完成大纳公路大方境的路面改造工程；改造县城至木空河、凤山至化育等路段的公路；修建乡村公路 21 条 85 千米。农网改造完成 110 千伏变电站 1 座，建成 6 个无电乡的通电工程；开始实施农村电网改造工程，完成投资 1000 多万元。水利工程新增灌溉面积 2.65 万亩，解决 11.67 万人和 5.7 万头牲畜的饮用水困难。建成东郊水库和斗姥阁水厂。通讯网络建设中，市话主干线路达 1.2 万门，农话 5000 门，27 个乡镇开通程控电话，建成 6 个乡镇移动电话网络，新建一批无线接收基站。全县共建农村卫星广播电视收转站 457 个，实现“村村通”的村达 410 个，广播和电视覆盖率分别达到 82.05% 和 86.2%。新建希望学校 31 所，面积 2.25 万平方米，投资 1832 万元。新建农村卫生室 474 个。小城镇建设以县城为重点，辐射公路沿线，安居工程有 120 套住房竣工交付使用。

“十五”计划期间，全县抢抓西部大开发机遇，加大建设项目争取力度，基础设施建设投入之大、项目之多、效果之明显前所未有。这一时期累计完成固定资产投资 32.69 亿元，比“九五”计划期间增长 526.08%。公路建设累计投入 1.15 亿元，兴建公路 571.6 千米，其中完成县际油路改造 124 千米。实施 2 期“农网改造”工程，完成投资 9362.15 万元，96% 的村实现通电。水利建设投资 1320 万元，建成小箐沟水库，缓解县城供水紧张状况；完成响水、普底、东关等乡镇的供水设施建设，解决 18.23 万人饮用水困难，新增有效灌溉面积 2 万亩。城镇建设有了突破性进展，投入 502 万元改造县城供水管网，投入 320 万元改造人民路；三善街、利民路、杨家大沟等小区开发建设总投资 8000 万元，建筑面积 12 万平方米；贵毕路、大纳路、方沙路、方纳路沿线乡镇的小城镇建设逐步开展。通讯业发展迅速，五年中建成开通程控电话 3.9 万门，建设移动通信基站 72 个，固定电话用户达到 2.8 万户，80% 的行政村开通固定电话，移动通信和宽带用户逐步增长。

“十一五”规划期间，全县基础设施建设力度进一步加大，发展条件得到极大改善。累计完成固定资产投资136.42亿元，比“十五”计划期间增长317.27%，平均增速为33.73%。重大交通基础设施建设取得突破性进展，杭瑞高速公路大方境段、小瓦高速公路、机场高速公路和飞雄机场实质性开工建设，黔大高速公路、成贵高铁、织毕铁路等项目前期工作有序推进。全县累计建成通乡油路624.77千米、通村油路47.68千米、通村公路1599.2千米，提前两年实现乡乡通油路、村村通公路的目标。水利基础设施建设成果扎实，累计投资2.26亿元实施农村饮水安全项目，解决35.6万人的饮水安全问题；岔河水库开工建设，双龙洞应急提水工程、敞口龙潭提水工程建成供水，完成牛集水库、移山水库等6个水库的除险加固工程，投资2292万元完成朱仲河地下水开发利用工程。全县投入各类城镇基础设施建设资金22.4亿元，改造奢香大道、丰登大道等城市道路近20千米，改造集镇街道约40千米；建成雨冲、黄泥塘、理化、羊场、竹园、鼎新等特色小城镇；新建廉租房22.7万平方米，建成经济适用房8000平方米，实施农村危房改造3.68万户；累计完成房地产投资14.7亿元，新增住房面积82万平方米。累计投入3.5亿元对全县城乡电网进行改造建设，10千伏主干线覆盖34个乡镇，建设110千伏变电站4座、35千伏变电站7座。多渠道筹措资金2.1亿元，建设中小学校舍21.28万平方米；完成贵州宣慰府、青少年活动中心、28个综合文化站等文化基础设施建设；利用国债资金1746.73万元，建成32个乡镇卫生院；投资1500万元建成272个村卫生室；多方筹措资金，投资2900多万元，完成县人民医院整体搬迁一期工程；争取国家投资2850万元，地方配套2700万元，实施县人民医院二期工程。

“十二五”规划期间，累计完成固定资产投资750.7亿元，比“十一五”规划期间增长450.29%，平均增速为40.54%。飞雄机场建成通航，织毕铁路建成通车，建成杭瑞大方境段、黔大、小瓦和机场4条高速公路，成贵高铁路基工程完成95%；完成国省干道提级改造300.89千米、县乡道改造272.6千米，新建和改扩建通村油路980.25千米。岔河水库下闸蓄水，长征水库、野螺沟水库开工建设，夹岩水库枢纽大方输配水管道建设高效推进；新增农村饮水安全项目解决25.43万人的饮水问题，县城供水工程使日供水能力从1.7万吨增加到3万吨。建成500千伏变电站1座、220千伏变电站1座、110千伏变电站3座，完成10千伏及以下农村电网升级改造1967千米、配变501台。新建通讯光缆1139千米，建成移动基站2144座、无线基站251座，实现所有自然村移动通信全覆盖。

1990—2015年大方县固定资产投资完成情况一览表

表—9-1-2-1　　单位：万元

年份	全社会固定资产投资	其中		
		基本建设投资	更新改造	房地产投资
1990	2781	506	262	
1991	3732	1185	40	
1992	3256	802	48	
1993	3747	1373		
1994	4998	1059	52	
1995	6390	1330		80
1996	6009	710	79	75

续上表

年份	全社会固定资产投资	其中		
		基本建设投资	更新改造	房地产投资
1997	12456	1638		139
1998	11451	2080	1090	85
1999	10695	1508	111	760
2000	11609	2016	200	1025
2001	12879	1426	570	1026
2002	15245	5080	550	1320
2003	58540	17483		1310
2004	72545	52975	1000	950
2005	167729	144086	308	459
2006	238895	193316	1049	560
2007	255719	196258	378	3464
2008	189000	100478	1102	9156
2009	279722	96625	44481	17540
2010	400868	167193	64562	48043
2011	834046	504629	115558	71237
2012	1175600	905184	127940	111322
2013	1608365	714106	336340	205632
2014	1789000	1054655	344880	208658
2015	2100000	935703	219960	155462

第三节　招商引资

1988 年，国务院批准大方县为对外开放县，县招商引资工作起步。2006 年，成立县招商引资局，全县招商引资工作进入实质性运作阶段。

2008 年，出台《大方县投资软环境考核测评工作的通知》《关于建立招商引资签约项目推进工作机制的通知》《关于实行绿色通道证管理的通知》《关于对县内重点企业实行挂牌保护的通知》等一系列促进招商引资工作的指导性文件和管理办法，为企业安心在大方投资兴业创造一个宽松舒适的环境，逐步形成尊商、亲商、富商、安商的社会环境。对已签约项目实行“项目保姆”工作机制，项目保姆即责任人，负责项目的跟踪落实，全程服务，定期召开“项目保姆”调度会，努力提高服务效率。

2009 年，充分发挥工业园区的主体作用，作为招商引资的主载体和承接产业转移的主阵地。建立陶瓷基地、中药材基地、科技园区等产业园区，鼓励符合产业规划的企业和项目落户，发挥园区的集聚效应。

2010年，根据项目实施需要，由分管副县长牵头，督促发改、国土、林业、建设、规划、水利、水保、环保、安监等部门，按照项目实施所需的审批事项，限时办理相关手续，不因审批拖沓影响项目的实施。分期分批组织由县领导带队、相关部门负责人参加的招商引资小分队外出招商，推介大方丰富的旅游、矿产、土特产品及深加工项目。

2007—2010年，与外地企业签约项目62个，签约资金249.16亿元，除去2007年项目到位资金72.03亿元，2008—2010年的项目资金到位率为49.97%，其中，2008年和2010年，项目资金到位情况分别为毕节地区下达任务的164.16%和113.66%。这一时期的招商引资项目以煤化工、硫化工、煤矿整合为主，包括建设雨冲陶瓷工业基地、年产135万吨的新型干法水泥生产线。

2011年，依托资源区位等优势，多方位、多角度开展招商引资，主办兰博会、第三届奢香文化节、毕节市第五届旅游产业发展大会等招商活动，参加省、市主办或组织的赴香港、广州、上海、贵阳等地的招商引资项目推介。制订《大方县领导干部带头招商引资工作考核暂行办法》《大方县招商引资工作实绩考核办法（试行）》，明确领导干部招商引资的责任和任务。制订激励机制，设立600万元奖励基金，对成绩突出者给予奖励。制定目标考核责任制，作为干部选拔任用的一项重要指标。组建东北、西北、华东、华南、华中、华北、西南等招商分局，做到流动招商与设点招商结合。

2012年，推行招商引资项目精细化管理，按照一企一档，使项目从签约到建成投产，形成一整套资料档案，以便跟踪服务。按照“成熟一个，签约一个，开工一个，建成一个”的原则，确保项目引得进来、落得下去、建设得快、及时投产，切实提高项目合同履约率、资金到位率、项目开工率、投产达产率。市级以上集中签约项目37个，开工22个，开工率59.46%；到位资金25.33亿元，资金到位率11.3%。全年参加省级招商活动2次，市级招商活动4次，县委、县人民政府主要领导带队到港、粤、沪、苏、京、鲁、津、闽、渝、蜀等省市开展招商引资推介会44场，考察企业120多家，对接企业70多家；到大方考察的企业450多家，接待客商2200多人次。

2011—2014年，全县实现招商引资签约项目301个，签约资金1849.98亿元，资金到位率为28.7%，均超额完成毕节市下达的资金到位任务数；最低的2012年，完成市下达任务指标的102.41%；最高的2011年，为市下达任务指标的120.5%。从2011年起，实行县党政主要领导带头招商引资考核制度，县委书记、县长每年分别承担带头招商引资项目3个。2011年，县主要领导带头招商引资完成签约投资15.1亿元，到位资金11.7亿元；2012年，签约投资85.5亿元，到位资金33.71亿元；2013年，签约26亿元，到位资金23.89亿元；2014年，签约资金19亿元，到位资金14.26亿元。2014年，招商引资签约项目76个中，正式协议73个，框架协议3个，其中县级签约34个，签约资金172.55亿元；乡镇、园区签约42个，签约资金60.07亿元。项目涉及房地产、服务业、工业、教育、金融、旅游、农业、商贸、物流等。

2015年，市下达的招商引资任务为完成3000万元以上项目到位资金110亿元。大方县产生到位资金新建、续建项目共计130个，完成到位资金135.88亿元，为目标任务的123.53%，在全省考核中获非经济强县第一名。新增项目59个，新增项目投资总额104.5亿元，新增项目开工率74.75%，新增项目到位资金51.61亿元，资金到位率49.38%。在需推进投产达产的22个重点推进项目中，有21个项目顺利投产。组织参加省级重大招商活动4次，分别为第五届中国（贵州）国际酒类博览会、贵州省大健康新医药产业推介会、贵州省工商联招商引资推介暨项目签约活动、中国（贵州）第一届民族民间工艺品文化产品博览会，签约纳入省级调度项目9个，总投资49亿元。参加市级重大招商活动5次，分别为海峡两岸（毕节试验区）生态农业发展交流会、毕节试验区生态产业发展峰会、毕节市赴广州招商引资暨旅游推介会、贵州（毕节）走进上海以商招商推介会、毕节市赴厦门招商引资推介会。自主开展招商引资推介会2次，外出招商引资21次，接待客商580人次。

第四节　人民生活

一、农民生活

“八五”计划开始的1991年，全县农民人均可支配收入347元，到“九五”计划末的2000年，增加到1169元，扣除物价因素，实际年均增长8.56%。农民的消费结构逐渐优化，用于食品支出的比重不断下降。2010年，农民家庭的恩格尔系数为51.2%，比1991年下降19.94个百分点。

“十一五”规划末的2010年，农民人均可支配收入达到3338元，扣除物价因素，实际年均增长7.88%。

“十二五”规划末的2015年，农民人均可支配收入增加到6974元，扣除物价因素，实际年均增长12.34%。

2015年，农民人均可支配收入6974元，比1991年的347元增长1910%，年均增长13.32%，扣除物价因素，实际增长7.68%。农民人均消费性支出5706元，比1991年的350.4元增长1527.56%，年均增长12.32%，扣除物价因素，实际增长7.1%。农民家庭的恩格尔系数为39.1%，比2010年又下降12.1个百分点。年末，农民每百户拥有电冰箱28台，比2010年增加23台；摩托车18辆，增加14辆；移动电话209部，增加143部；洗衣机92台，增加42台。农民居住条件明显改善。人均住房面积36.9平方米，比2010年增加14.43平方米。50%的农户使用上卫生厕所，有15%的农户使用上液化气，有85%的农户入户路为水泥路或柏油路。移动电话除婴幼儿外基本达到人均1部，汽车等大宗高端商品逐步普及到普通家庭。

二、城镇居民生活

“九五”计划末的2000年，城镇居民人均可支配收入为3908元，比1990年增长478.95%，年均增长19.19%，扣除物价因素，实际年均增长9.4%。

“十一五”规划末的2010年，城镇居民人均可支配收入达到1.41万元，比2000年增长261.69%，年均增长14.24%，扣除物价因素，实际年均增长11.14%。

“十二五”规划末的2015年，城镇居民人均可支配收入增加到2.23万元，比2010年增长57.91%，年均增长9.61%，扣除物价因素，实际增长5.99%。

2015年，大方县城镇居民人均消费性支出1.23万元，比1990年的691元增长1683.4%，年均增长12.2%，扣除物价因素，实际增长7.54%。城镇居民家庭的恩格尔系数为36.53%，比2010年下降13.84个百分点。城镇居民每百户拥有电冰箱64台，比2010年增加48.8台；摩托车40辆，增加19辆；洗衣机102台，增加46.5台；移动电话172部，增加98.7部；彩色电视机108台，增加22.5台。城镇居民人均住房面积36.9平方米，比2010年增加14.43平方米；城镇居民的居住条件有了较大的改善，住房有水冲式厕所的占46%，使用液化气或电力为生活燃料的占52%。移动电话除婴幼儿外基本达到人均1部，汽车等大宗高端商品普及到普通家庭。

1990—2015 年大方县人民生活相关指标一览表

表—9－1－4－1

年份	粮食总产量（吨）	肉类产量（吨）	居民储蓄存款（万元）	社会消费品零售总额（万元）	城镇居民人均可支配收入（元）	职工年平均工资（元）	农民人均可支配收入（元）
1990	136115	15613	4626	9679	675	2716	
1991	164492	16280	5969	10028	887	1528	347
1992	155517	16636	6918	10152	977	1714	353
1993	184076	17371	7638	16909	1215	2080	475
1994	218316	18025	9798	11237	1900	3306	591
1995	227560	18278	10318	16963	1620	3439	888
1996	245093	19041	13256	20304	2139	3981	1047
1997	277538	21443	16007	20478	3211	4333	1100
1998	291014	22458	24006	20523	2857	4754	1097
1999	305155	24419	28635	21259	3305	5090	
2000	310328	25732	36971	22216	3908	5514	1169
2001	287137	27478	46827	23944	4205	7206	1076
2002	283084	29054	55728	26174	4515	8160	1261
2003	249980	29957	63840	29190	5037	8091	1308
2004	307001	32325	89866	33324	5416	10648	1503
2005	318243	35546	117209	57162	6142	13403	1605
2006	327949	38610	145398	65733	7111	15226	1833
2007	345166	23705	171228	75375	9317	20963	2127
2008	322702	23453	214015	87459	10247	22093	2531
2009	331100	31628	259693	106631	12694	28044	2822
2010	302200	33454	326586	117999	14135	29012	3338
2011	225030	33419	413870	141200	16350	33259	4288
2012	233424	35545	516443	154865	19296	42628	4962
2013	200262	33377	642549	175591	18859	43321	5501
2014	211945	36036	731757	189645	20496	44967	6260
2015	216422	35194	825889	241838	22320	56515	6974

第二章　经济管理

第一节　宏观经济管理

1978年，国家实行改革开放政策，原有的计划体制已不适应经济形势发展的需要，根据“大的方面管住管好，小的方面放开放活”的政策，改革计划体制，缩小指令性计划的范围，扩大指导性计划和市场调节，强化综合平衡，推动经济社会全面协调发展。

从1990年起，宏观经济管理工作中的计划管理职能发生转变，加强对国民经济和社会发展中长期规划和重大方针政策的研究，加强对国民经济运行动态的预测、监测、分析和经济信息的发布，加强对产业政策、生产力布局以及全县经济发展规划的研究、制订，并监督实施和协调，简化生产、建设、流通、分配和社会事业各领域、各类型的计划指标控制，培育市场，放开产品的计划控制管理，扩大企业和乡镇自筹投资项目的自主权。

1996年8月，将县计委与县经委合并，建立县计划与经济贸易局，按照建立社会主义市场经济体制的要求，强化宏观调控职能。组织编制全县国民经济和社会发展的中长期规划和年度计划，参与全县社会总需求和总供给以及全社会资金等重要经济总量的综合平衡和重大比例关系的协调，参与协调、监督实施和引导产业结构趋于合理，综合运用各种经济的、法律的和行政的手段，保证结构调整的实现。组织制订全县国土开发、整治、保护的总体规划，县域经济发展规划，资源节约和综合利用规划，贫困地区经济开发计划，重点区域性的批发市场、期货市场、重点要素市场的发展规划及总体布局的调控政策。确保全县固定资产投资规模及资金投向，审批县管的基本建设项目，审查转报和下达国家和省、地审批的基本建设项目，按权限范围审批基本建设项目的项目建议书、可行性研究报告、设计和概算等。搞好宏观经济的预测、监测和分析研究，综合协调运用各种经济杠杆，确保国家产业政策的实施。研究制订本县重点建设项目计划，建立重点项目库，监督检查重点项目实施情况。组织、协调全县以工代赈的规划和实施。贯彻企业改革政策，制订和实施全县工业企业、流通企业改革方案。依据国家产业政策，搞好国有企业的发展规划和企业组织结构调整，实现资源优化配置和企业优势互补，对非国有企业进行宏观指导。归口管理本县企业技术进步工作，组织实施技术改造、技术引进及消化吸收新技术、新产品开发推广，负责向省、地申报限额以上的重大技术改造项目，审批限额以下的县重点技术改造项目。

2000年后，规范对建设项目的审批程序，推动建设项目决策民主化、科学化、程序化；对重点建设项目的行政性监管改为行政监管和质量监管相结合；对工程招投标、工程进度、工程质量、资金使用及概算执行情况进行监督检查。

2001年，撤销县计划与经济贸易局，组建县发展计划局，县招商引资局与之合署。宏观经济管理工作重点包含根据国家、省、地的国民经济和社会发展战略，研究提出全县国民经济和社会发展战略、中长期规划、年度发展计划，以及基础产业、支柱产业、高新技术产业和重要产品的专项发展规划。引导和促进全县经济结构合理化和区域经济协调发展。提出全县固定资产总量、规模及资金投向的政策措施建议，按职能和管理权限负责全县基本建设项目审查立项，上报和下达国家、省、地审批的基本建设项目。研究拟定全县社会发展战略，做好科技、教育、文化、卫生等社会事业与整个国民经济的衔接平衡，协调各项社会发展同经济发展的相互关系。参与培育和发展全县市场体系规划，编制全县重点建设项目计划，建好重点项目库。提出全县利用国外和区外资金的发展战略、总规模和投向，监测和分析利用国外、区外资金的状况。研究拟定招商引资和经济协作的优惠政策、中长期规划和年度目标，参与统筹协调全县招商引资和经济协作工作。做好国家、省、地在大方县建设的能源、交通等重大项目的前期准备工作和建设中的协调工作。

2004 年后，把投资宏观管理的重点转到优化投资结构和产业结构、做好重大项目布局、防止重复建设、提高投资效益上来，减少审批环节，规范审批程序，提高审批效益和透明度；完善工程项目咨询论证制度，建立政府投资项目的后评价和监督制度；强化宏观调控中的总体指导和综合协调，切实减少对经济活动的直接干预，加强研究拟定发展战略规划和宏观政策。6 月，将县发展计划局更名为县发展和改革局，县招商引资局继续与之合署。宏观经济管理工作除研究拟定全县国民经济和社会发展的中长期规划、年度计划外，重点做好社会总需求和总供给等重要经济总量的平衡和重大比例关系的协调。汇总和分析全县国民经济和社会发展情况，进行宏观经济的预测、预警，组织拟定综合性经济体制改革方案。提出全县全社会固定资产投资总规模和资金投向及相关措施建议，衔接平衡各种资金来源，向国家政策性银行和商业银行推荐申贷项目，指导政策性贷款的使用方向，拟定全县投资体制改革实施方案，负责全县基本建设项目立项、可行性研究报告审批、备案及审查上报、转报。研究制订全县社会发展中长期规划，做好人口与计划生育、科学技术、教育、文化、卫生等社会事业与整个国民经济发展的衔接平衡。研究提出促进就业和再就业、调整收入分配、完善社会保障与经济协调发展的政策建议。推进产业结构战略调整和升级，提出国民经济重要产业的发展战略和规划。提出区域经济发展和实施西部大开发战略的规划和政策措施，负责全县经济协作的统筹协调。研究和分析全社会资金平衡，提出直接融资的发展战略和政策建议，编制上报县内企业债券发行计划，监督发债资金的使用，按程序申报利用外资、境外投资和县外投资项目。拟定招商引资和经济协作的优惠政策措施，做好招商引资项目库的建立、维护管理，组织参加重大招商引资活动，开展经济协作、对口帮扶项目洽谈。协调高速公路、铁路、机场等国家重点项目在县内的建设施工工作。

2006 年 5 月，县招商引资局从县发展和改革局分离出去。县招商引资局承担招商引资和对外经济协作管理职能，其余宏观经济管理工作仍由县发展和改革局承担。2011 年 3 月，经过机构改革，县发展和改革局进一步加强对经济和社会发展的总体指导和综合协调，抓好区域经济调节。拟定并组织实施国民经济和社会发展战略、中长期规划、年度计划。加强投资管理，调控全社会投资总规模。加强宏观经济和社会发展的预测预警和信息引导，促进区域经济协调发展。减少微观管理和具体审批，取消已由县人民政府公布取消的行政审批事项。将原县物价局承担的价格调控和管理职能划入县发展和改革局，将原由县发展和改革局承担的能源行政管理职能、信息化管理职能、盐业行政管理职能划入县工业经济和能源局。

2012 年，按照“重大项目拉动、招商引资带动、城镇经济推动”战略思路，梳理涉及县域经济社会发展的项目，共谋划项目 624 个，总投资 2789. 84 亿元。争取中央预算投资项目 62 个，总投资 9 亿元。是年，完成《乌蒙山区大方县扶贫规划》《赤水河流域生态环境保护规划》中长期规划和《大方县 2012 年重点项目建设计划》，编制《大方县 2012 年国民经济和社会发展计划执行情况报告》《大方县2012年十大民生工程和十二件民生实事情况报告》，完成基本项目报批235个，总投资241.51亿元。

2013年，编制完成《〈大方县国民经济和社会发展第十二个五年规划纲要〉实施情况中期评估报告》《大方县全面建成小康社会规划（2013—2020）》，获省发改委评审通过并印发执行。大方县12个项目进入市级备选项目，2个项目被纳入省、市《四个一体化规划》。开展宏观经济运行监测分析，对全县经济运行情况和发展趋势进行监测，指出经济发展中存在的主要问题，提出全县经济发展措施。制定《大方县实施〈深入推进毕节试验区改革发展规划（2013—2020）〉任务分工议案》，建立健全实施规划的工作推进机制和督促检查、动态评估体系。与国家、省、市及各民主党派等部门对接300次，落实事项62项，落实项目46个，解决资金73.1亿元，解决贷款11亿元。

2014年，编制完成《大方县“绿色小镇”创建工程产业发展规划（2014—2016）》，完成《大方县国民经济和社会发展第十二个五年规划纲要》中期评估审查，开展《大方县国民经济和社会发展第十三个五年规划纲要》编制动员准备工作，制定规划编制工作方案、基本思路和发展战略，确定需编制的“十三五”专项规划。是年，争取2014年预算内投资项目213个，总投资3.9亿元。申报2015年中央预算内投资项目123个，总投资1.84亿元。大方县纳入调度的省、市重大工程和重点项目65个，总投资699.54亿元。

2015年，组织开展“十二五”规划执行情况评估工作，编制《大方县“十二五”规划执行情况总结评估报告》。全面启动《大方县国民经济和社会发展第十三个五年规划纲要》编制工作。组织开展29个重点专项规划和乡镇“十三五”规划编制工作。是年，争取上级补助资金项目65个，总投资3.93亿元。提出《拟纳入大方县“十三五”规划的重大项目谋划清单（征求意见稿）》，提交全县领导干部大会征求意见并修订上报市发改委。围绕工业化发展、现代山地高效农业发展、现代服务业发展、城镇化建设、基础设施建设、公共服务体系建设、生态建设与环境保护、政务服务建设八个方向，谋划重大项目515个，总投资3101.8亿元。提出24个县级“十三五”重点专项规划。谋划三年计划专项建设基金项目113个，总投资698.2亿元。谋划PPP项目15个，总投资95.59亿元。

第二节　统计管理

一、国情国力普查

从1990年起，在第三次全国人口普查的基础上，统计部门会同公安、计生等部门建立每年1次人口变动情况抽样调查制度。以每年1月1日零时为标准时间，调查对象为抽中的村居民委员会全部户籍人口，查清出生、死亡人口，计算出生率、死亡率及人口自然增长率。

1993年10月，根据《国务院关于开展全国第三产业普查工作的通知》，大方县开展第三产业普查工作。通过普查，规范第三产业统计，为国民经济核算体系的进一步完善和向新国民经济核算体系过渡奠定基础，为国家及各级政府第三产业规划和产业结构调整提供翔实的基础数据。这次普查，以1991年、1992年两个年份作取样时间，普查项目有第三产业单位个数、第三产业从业人数，其中分企业和行政事业、国有经济和集体经济；第三产业个体户从业人数，其中分交通、商业和饮食服务、修理和其他；第三产业增加值，其中分企业、行政事业和个体户；第三产业国有资产，其中分国有、集体和个体。

1995年，根据国务院通知精神，县开展第三次工业普查。通过普查，查清全县国情国力指标的规模和现状，查清工业的所有制结构、行业结构、产品结构、技术经济结构，为实施中长期工业发展规划、调整结构、提高效益提供决策依据。此次普查，历时近一年。

1996年10月，根据国务院通知精神，县开展第一次基本单位普查。查清全县各行业的单位底数，为分析全县基本单位的地域、行业、经济类型分布与发展变化情况提供基础的统计信息。

1997年1月，开展第一次全国农业普查，全县普查36个乡级行政单位、490个村级组织、19.13万户农村住户。普查内容有：农业基本情况，包括农村住户户数、农技服务机构个数、农技人员人数和耕地面积，耕地面积包括旱地、水田、茶园、桑园、果园、苗圃、林地、牧地和渔业水域；主要农业机械和农业技术推广，农业科技应用包括机耕面积、机灌面积、施化肥面积、施农药面积、地膜覆盖面积、温室面积、大棚面积；农村基础设施，主要包括通公路村数、通车里程，通电村数、小发电站数，通电话村数、安装电话数，通邮村数、乡镇邮电所数等；农村社会服务，包括中小学、幼儿园、托儿所、体育健身场所、图书室、文化站以及供水、污水处理、垃圾处理等；农村劳动力资源与就业，包括农村住户从业人员的性别、年龄、文化程度、从事产业。

2000年，开展第五次全国人口普查。普查项目有：全县户数，户数分家庭户和集体户；常住人口，包括性别构成、城镇和乡村构成，农业人口和非农业人口构成；常住人口的民族构成、年龄构成和文化构成。2000年后，按照国家、省、地布置的进行临时性调查和抽样调查，完成城镇劳动力抽样调查、工业品价格调查、规模以下工业抽样调查、群众社会安全感抽样调查、妇女儿童发展状况监测调查、党风廉政建设民意问卷调查、小型商业抽样调查、旅游和旅馆业调查、劳动力抽样调查等。

2002年，开展第二次全国基本单位普查，以2001年为普查时间，普查工作历时4个月。与第一次普查相比，除摸清各类单位的底数、行业分布、地域分布等情况外，这次普查，还掌握了基本单位的组织形式、经济构成、规模结构和生产要素配置，逐步建立和完善覆盖全国部门间相互衔接、互为补充、信息共享且能动态更新的全国基本单位名录库系统，为规范市场秩序、加强社会监管、调整经济结构、优化产业政策、规划城乡建设等提供基础信息，并为行业普查和各种抽样调查奠定基础。

2004年，开展第一次全国经济普查。对全县所有第二产业、第三产业法人单位、产业活动单位和个体经营户的基本属性、就业人员、财务状况、生产经营状况、生产能力、原材料和能源消耗、科技活动等进行普查。

2006年，开展第二次全国农业普查。除第一次农业普查所包含的农业基本情况、农业机械、农业基础设施、农村社会服务、农村劳动力资源与就业外，增加农村居民生活条件1个大项，内容包括住宅、饮用水、炊事能源、厕所及家用电器和交通工具等。

2008年，开展第二次全国经济普查。普查对象仍为第二产业、第三产业法人单位、产业活动单位和个体经营户。按企业性质分有国有企业、集体企业、股份合作企业、有限责任公司、股份有限公司、私人企业等；按行业分有工业企业、建筑业企业、服务业企业。工业企业的子项目有工业总产值、工业销售产值、流动资产合计、流动资产年平均余额、固定资产原值、固定资产净值、资产总计、流动负债、长期负债、所有者权益、实收资本、主营业务收入、主营业务成本、主营业务税金、利润总额、本年应付工资总额、本年应付福利费总额、从业人员年平均人数；建筑业企业的子项目有资产总计、流动资产、固定资产、负债合计、所有者权益合计、实收资本、利润总额、应付工资总额、应付福利总额；服务业企业的子项目有固定资产原值、本年折旧、所有者权益合计、实收资本、营业收入、营业成本、营业税及附加、营业利润、职工工资和福利费、从业人员平均人数。

2010年，开展第六次全国人口普查。普查项目和2000年第五次普查基本相同。

二、城乡社会经济调查

1984年，成立县农村抽样调查队，承担农村住户调查、农业产量抽样调查、农村住户固定资产调查。以省为抽样总体，实行省抽县、县抽村、村抽户的三级抽样制度，调查的村和户，每5年轮换一次。1998年，农村抽样调查队更名为大方县农村社会调查队，2007年，改建为国家统计局大方调查队。调查任务由3个扩展到15个，调查网点由28个扩展到229个，其中，农村住户调查点7个、贫困监测调查点112个、农户固定资产投资调查点7个、农业产量调查点16个、播种面积调查点16个、退耕还林调查点10个、畜牧业调查点12个、规模养殖户调查点58个、农民工调查点7个、规模以下工业调查点19个、服务业调查点3个、价格调查点10个、中间消耗调查点7个。此外，进行能源统计调查、政府采购调查、临时性卷烟市场调查、社会治安综合治理调查、整脏治乱调查、组织工作满意度调查、投资环境调查等。完成国家统计局和省调查总队布置的各项统计调查任务，工作面对调查户，直接从基层获取第一手资料，录入上报。

2009年，启动农民工调查，调查规模为9个点90户农户。2011年，启动贫困乡镇调查，调查规模为34个乡镇112个点1120户。2012年，启动城乡一体化住户调查，调查规模为12个点120户。2014年，分别开展产粮大县调查20个点、规模以下服务业调查35个企业、规模以下工业企业调查16个企业，此外，以临时抽选的方式，开展小微企业调查。2015年，启动劳动力调查，调查规模为农村点9个36户、城市点1个10户。到2015年，调查规模调整为30个乡镇90个点900户。

三、统计服务与管理

1992年，针对乡镇统计调查存在的问题，统计管理工作提出“强化基础，确保‘机构、经费、业务’三落实，严格执行《中华人民共和国统计法》，维护数据的权威性、严肃性”，按照乡镇范围的大小，1.5万人以下的乡镇设1名专兼职统计员，1.5万人以上的乡镇设2名专兼职统计员。2003年后，乡镇统计工作从由副乡镇长分管调整为由乡镇长分管，县统计局每年开展对36个乡镇的农村统计数据质量大检查。

1992年后，逐年编印《农村社会经济统计年报》。2008年后，改版编印《大方县统计年鉴》，两种统计资料为科学决策、科学管理提供服务。印发《大方经济要情》月度快报，对当月经济运行状况及时进行研究分析。1992—2015年间，编印《大方经济要情》290多期。截至2015年，统计专业人员撰写统计调查800余篇、统计信息3000余条。

2007年，在全县范围内开展基层工作调查研究，全县47家规模以上工业企业、14家符合资质要求的房地产及建筑企业、350家企业事业单位配备专兼职统计人员，参加从业资格考试，取得统计资格证书。2008—2015年，全县参加统计从业资格考试394人，取得统计从业资格证书314人。

第三节 审计监督

1984年2月，成立县审计局，受上级审计部门和县委、县人民政府的双重领导，负责向毕节地区审计局和县委、县人民政府报告工作。从2006年开始，根据新修改的《中华人民共和国审计法》，大方县审计局的审计职能包括县级财政预算执行情况和其他财务收支审计；县直行政机关、事业单位及下属单位的财务收支审计和乡镇财政预算执行和决算审计；县级地方金融机构的资产、负债和损益情况审计；依据上级机关授权，审计监督国家金融机构设在县内分支机构的财务收支及资产、负债和损益情况；县直各部门管理的社会团体和受政府委托管理的社会保障金，社会捐赠金及其他基金、资金的财务收支审计；借用的国外资产、国际援助项目的财务收支审计；国有企业、国有资产占控股或主导的企业资产、负债和损益情况的审计；国家基本建设项目的预算执行情况和竣工决算审计；上级审计机关授权和委托及法律法规规定的其他审计事项。县级审计部门按照审计准备、审计实施、审计报告、审计处理与处置、审计终结的规程开展工作。2007年7月，县审计局增设国家建设项目投资审计中心，加大对国家建设项目的审计监督力度，规范政府投资行为，遏制投资腐败，提高投资质量。

一、财政预算执行审计

县级财政审计包括对乡镇财政决算和预算执行情况的审计，对同级财政预算情况及其他财政收支的审计。

1993—2008年，县审计局分别对县级财政和7个乡镇财政进行财政决算和其他财政财务收支进行审计。审计资金12.89亿元，审计出违纪资金3956.55万元，占审计资金的3.07%；违规资金4.12亿元，占审计资金的31.97%；管理不规范资金1.18亿元，占审计资金的9.14%。审计出的问题主要表现为收入未及时入库、农业税未及时兑现、挤占专用资金、行政事业费支出过大、预算外资金管理失控、票据管理不规范，以及违反财政会计核算原则，影响财政收支真实性，部分资金失去监管游离账外，截留或坐收坐支应当上缴的收入，未经国资部门批准出售固定资产等。财政预算审计按照“揭露问题、规范管理、提高效益”的工作要求，围绕预算执行的真实性、合法性和效益性，开展预算执行审计，延伸审计国家金库大方支库预算资金收纳、划分、留解、拨付情况。2009—2015年，县审计局分别对县级财政和8个县直部门进行财政决算和其他财政财务收支进行审计。查出违纪资金2.89亿元，违规资金34.34亿元，管理不规范资金61.48亿元。审计发现的问题主要有：收入未及时入库，挤占挪用专用资金，行政事业费支出过大，预算外资金管理失控，支出单据手续不齐备，截留和坐收坐支应当上缴的收入，购置固定资产未入账等。

二、固定资产投资审计

2006年，第十届全国人民代表大会常务委员会第二十次会议《关于修改〈中华人民共和国审计法〉的决定》明确县级审计机关工作职责，将国家基本建设项目的预算执行情况和竣工决算审计纳入工作范围，以维护财经纪律，控制固定资产投资规模和消费基金增长。完成建设审计项目30个，报审金额2988.75万元，经审计审定金额为2752.98万元，审减投资金额235.77万元。问题表现在施工方高套定额、多计工程量、高报材料价格等。

2007—2012年，共审计投资项目402个，送审金额11.8亿元，审定金额为10.83亿元，审减金额9736.85万元，审减率为8.25%。审查出的问题有：施工方超计划、超预算投资，多计工程量，高套定额，高报材料价格，工程决算不规范等。

2013年，根据全县固定资产投资的实际情况，整合审计资源，从投资决策、投资管理、投资运用和投资效益等方面入手，加大投资审计工作力度。2013—2015年，共审计投资项目447个，共计送审金额15.52亿元，审定金额为13.87亿元，审减金额1.65亿元，审减率为8.94%。主要问题有：项目管理不规范，多计工程量，高套定额，高报材料价格等。

三、领导干部经济责任审计

1997 年，县开始实施经济责任审计，要求对县级以下党政领导干部、国有控股企业领导人实行任期经济责任审计，对企业代表人实行离任经济责任审计。2002 年 7 月，县委、县人民政府决定建立经济责任审计领导小组，县审计局增设经济责任审计股，开展经济责任审计工作。

2002—2015 年，共对全县 67 个部门 102 名领导干部开展经济责任审计，发现问题主要表现有：滞留专项资金，截留或坐支应缴预算收入，往来款长期挂账，发票报销不符合规定，违反规定购置固定资产，擅自处置固定资产，超额支付现金，挪用专项资金，项目未按基本建设程序实施等。

四、专项资金审计

自 2007 年起，开展专项资金审计，对农牧、水利、林业、土地矿产资源、环保资金、扶贫资金及其他涉农专项资金的筹集、管理、使用、效益等情况开展相关专项审计。审计资金总额 3.89 亿元，查出违规金额 4938.35 万元，占资金总额的 12.7%。主要问题有：挤占挪用专项资金，转移资金用途，乱列费用虚增工程成本，开支手续不完备，未足额按标准兑现补助款，挤占挪用扶贫资金，擅自改变项目计划，个别项目实施不及时、进展缓慢等。

第四节　国土资源管理

一、土地管理

（一）土地规划管理

20 世纪 80 年代以前，大方县土地利用缺乏有效的宏观调控和相互协调的规划，土地利用盲目，利用率低下。根据 1986 年颁布的《中华人民共和国土地管理法》，从 1996 年起，大方县着手第一轮土地利用总体规划的编制准备工作，起草《大方县土地利用总体规划工作编制实施方案》，规划以 1996 年为基期年、2010 年为目标年、2030 年为展望年。编制工作以国土局为主，抽调有关技术人员组成专业队伍，于 1997 年 3 月 15 日正式开展县级土地利用总体规划编制。编制工作以 1996 年土地详查和变更调查作为规划基期年的土地利用数据，根据为《大方县国民经济和社会发展第九个五年计划及 2010 年规划》和有关统计资料、调查资料，1997 年 12 月完成《大方县土地利用总体规划文本》及有关专题的编制。《规划》明确，到 2010 年，各地类指标保有量为：耕地面积 13.4 万公顷，园地面积 1535.06 公顷，林地面积 12.79 万公顷，牧草地面积 1.02 万公顷，居民点及工矿用地面积 1.03 万公顷，交通用地面积 2086.93 公顷，水域用地面积 3030.29 公顷，未利用土地面积 6.16 万公顷。

第一轮土地利用总体规划实施以后，大方县用地结构发生较大变化。2005 年，农用地和未利用地比 1997 年分别减少 420.96 公顷和 24.87 公顷，建设用地增加 445.83 公顷。农用地中，耕地面积减少 2855.87 公顷，园地面积增加 206.42 公顷，林地面积增加 4331.7 公顷，牧草地面积增加 170.63 公顷，其他农用地面积减少 2273.84 公顷。第一轮土地利用总体规划期的 1997—2010 年，毕节地区下达给大方县的建设用地占用耕地指标为 466.67 公顷，从 1997—2005 年，大方县建设用地占用耕地实际为 1026.12 公顷。

第一轮规划对土地利用结构变化与经济增长的数量关系把握不够充分，对经济快速发展预测不足，直接导致经济增长对土地利用结构的改变超出规划预期。在建设用地控制指标设计上缺乏弹性，不同地区、不同规模城镇的扩展均超出预计水平，由于规划项目的不可预见性较大，规划实施时，规划预留位置与实际项目选址不符较为普遍，调整规划时有发生。2006 年 5 月，组织第二轮土地利用总体规划编制，规划时段为 2006—2020 年。编制规划分准备阶段、调查与收集整理资料阶段、专题研究阶段、规划大纲编制阶段、规划文本编写阶段、数据转换阶段和审查报批阶段。在编制中，注重与国民经济和社会发展规划、城市总体规划、交通规划、水利规划、生态环境规划等的衔接。2011 年 5 月，大方县第二轮土地利用总体规划获省人民政府批复。

实施第二轮土地利用总体规划时期，县坚持保护耕地、节约集约利用土地、严格控制增量、全力盘活存量、集约高效利用的原则，统筹安排各类用地。在用地审批中严格进行土地规划、计划审查，充分发挥规划、计划对建设用地的引导和调控作用。从供给数量、供给方式等方面严格把握，引导产业合理布局和协调发展。

2014 年，全县耕地面积 12.32 万公顷，比规划目标高出 3033.65 公顷；基本农田保护面积 11.12 万公顷，比规划基本农田高出 6814.65 公顷；耕地保护指标执行情况较好。城乡建设用地规模未超出规划控制指标。截至 2014 年的变更调查，全县城乡建设用地 1.04 万公顷，剩余规划指标 935.95 公顷。2015 年，全县耕地面积 12.2 万公顷，基本农田保护面积 10.44 万公顷。

（二）耕地保护

1991 年以后，大方县严格控制非农建设占用耕地，控制耕地减少和流失。在建设发展中，挖掘存量土地潜力，非农业建设可以利用荒地的不得占用耕地，可以利用劣地的不得占用好地，尽量不占或少占耕地。在实施中，开展耕地质量更新评价，保护全县耕地质量数据的真实性，真实准确地掌握耕地等级数据，为重点保护优质耕地奠定基础，把千亩坝区耕地列入保护的重点。充分挖掘土地利用空间，用好用活国土资源部给予毕节试验区的差别化政策，开展城乡建设用地增减挂钩、低丘缓坡开发利用、工矿废弃地复垦、土地开发整治、高标准基本农田建设等，有效增加建设用地空间和提高耕地质量。按照“占一补一”“占优补优”的要求，严格落实耕地补充制度，非农业建设经批准占用耕地的，按照“先补后占”的原则，在占用耕地前，先补充与占用耕地数量和质量相当的耕地。建立土地整理复垦开发专项基金，确保补充耕地的质量和数量。

在土地管理和利用过程中，充分发挥土地利用总体规划的管控作用，将项目建设用地纳入土地利用总体规划。严格执行基本农田保护制度，在保质保量完成基本农田保护面积的基础上，按照土地利用总体规划确定的保护目标，参照农用地分等定级成果，在规定期限内调整划定基本农田，调整划定后的基本农田必须等于或高于原有质量等别。建立基本农田建设集中投入制度，加大公共财政对基本农田保护区建设的扶持力度，推进基本农田保护示范区建设和高标准基本农田建设。

1991—2015 年，全县投入土地整理复垦开发资金 2.4 亿元，开发补充耕地 3114.7 公顷。

（三）用地管理

1. 建设用地管理

建设用地管理包括国有建设用地供应管理和农村集体建设用地管理。国有建设用地的供应方式分为划拨供地和有偿使用两大类，划拨供地的范围为：国家机关用地和军事用地，城市基础设施用地和公益设施用地，国家重点扶持的能源、交通、水利等基础设施用地。不符合划拨供应的建设用地，以有偿出让方式供地，出让方式包含招标、拍卖、挂牌及协议等。农村集体建设用地包括农业建设用地和农村非农用地两大部分，但事实上的农村集体建设用地多指农村非农建设用地，包括兴办乡镇企业、乡村公共设施和公益事业建设、农村村民建筑住宅使用集体所有的土地。

2011 年，实施增减挂钩试点以后，全县共实施土地复垦 4729.42 亩。按照“因地制宜、节约用地、生态优先、保建并重”的原则和“布局集中、项目集聚、用地集约、产业集群”的发展思路，在用地上坚持选择占耕少、占林少、拆迁少和无基本农田的区域，完成产城互动规划。建设的毕节试验区大方食品药品产业园区，选择丘陵、石山、沟壑等未利用土地的超过 50%。通过规划调整，将拟建的工业园区布局调整到低丘缓坡土地综合开发试点区域，调整面积 4950 亩，调整后未利用地利用率 70% 以上，减少占用耕地 2500 多亩。

2012 年 7 月以后，在建设用地管理中，为保障被征地农民“近期生活水平不降低，长远生计有保障”，建立健全被征地农户“贫困有补助、失地有保障、就业有渠道、生病有医保、上学有奖补、养老有保险、创业有门道”的七有体系，做好被征地农民的就业和社会保障工作，统筹推进城乡经济社会健康和谐发展。

1991—2015 年，县国土资源管理部门向上打捆争取城镇批次、工业批次、单独选址项目、农村村民用地、救灾项目等用地指标，分门别类组织用地报件上报，共获批准土地 9.56 万亩。划拨供地 760 宗，面积 6.45 万亩；招拍挂出让供地 661 宗，面积 1.34 万亩，出让金额 95.4 亿元。

2. 整顿土地市场秩序

1992 年起，开始对土地隐形市场进行清理整顿，通过对大方镇城北办事处第八居委会 100 户居民的调查，理清土地私下交易形式，收集各种交易价格，测算出隐形地价，开展清理整顿土地隐形市场形成常态化管理。2003 年，县人民政府发布《关于治理整顿土地市场秩序的公告》，在公告时限内登记申办、补办用地手续 643 宗，面积 8.62 公顷，其中，单位用地 45 宗，面积 4.27 公顷，个人用地 598 宗，面积 4.35 公顷。清理出个人非法买卖集体土地建设住宅 650 宗，面积 5.71 公顷，对责任人进行了处罚，并要求补交土地出让金和补办建设用地手续。居二（居乐至二铺）路等 9 条公路改造项目占地 163.11 公顷，义教工程中 194 所学校改扩建工程占地 91.71 公顷，属于未批先用，对此依法作出处理并上报审批。

（四）地籍管理

1. 土地调查

1984 年，大方县开展全国土壤普查，其中包含土地资源专项调查，但调查成果较为粗略。1991 年，开展全国土地资源详查。这次调查，技术手段和成果精度高于土壤普查。土地详查表明，是年全县土地总面积 35.05 万公顷，其中，耕地 13.44 万公顷，占土地总面积的 38.35%；园地 427.84 公顷，占土地总面积的 0.12%；林地 12.71 万公顷，占土地总面积的 36.26%；牧草地 6927.19 公顷，占土地总面积的 1.98%；居民点及工矿用地 9810.19 公顷，占土地总面积的 0.51%；水域用地 2350.2 公顷，占土地总面积的 0.67%；未利用土地 6.77 万公顷，占土地总面积的 19.31%。

2007 年 7 月 1 日起，开展第二次全国土地调查，于 2010 年 12 月完成。调查分为农村土地调查和城镇土地调查两个部分，全面查清全县土地利用状况，掌握真实的土地基础数据，并对调查成果实行信息化、网络化管理，建立和完善土地调查、统计制度和登记制度，实现土地资源信息的社会化服务。第二次土地调查结果，因县辖区域变更，全县土地总面积 35 万公顷。

第二次土地调查中的城镇土地调查为城镇地籍调查，范围为县人民政府所在地规划区约 6 平方千米内，调查于 2009 年 5 月启动，2011 年 9 月完成。为保证调查数据的准确性、全面性和科学性，土籍调查工作由贵州省地矿测绘院承担，以道路为中心线，按照主次街道的布局，将城区划分为 40 个街坊。完成县城规划区内约 6 平方千米、9283 宗宗地的调查。在已有 C 级 GPS 控制网点和一级 GPS 控制成果的基础上，建立覆盖县城的 D 级、一级 GPS 平面控制网及三、四级水准网，平面控制网采用 GPS 技术完成，水准网采用水准测量方法测定。

2. 土地登记

根据《土地登记办法》，土地登记除少数特殊情况外，均由当事人申请启动登记。

1992 年，大方县在小屯乡石墙村开展农村宅基地有偿使用试点，石墙村共有 532 户，除 2 户农转非和 1 户有权属争议外，其余全部登记并核发集体土地建设用地使用证。2010 年，根据省国土资源管理厅《关于认真做好全省 2010 年度地籍管理进度汇总统计工作的通知》，完成数据汇总。应发国有土地使用权证 2.11 万宗，实发 1.37 万宗；应发集体土地使用权证 368 宗，实发 170 宗；应发集体建设用地使用权证 1800 宗，实发 1721 宗；应发农村宅基地使用权证 23.05 万宗，实发 10.15 万宗；调解土地权属争议 32 宗，土地公开查询 202 次。2012 年，按照国土资源部、财政部、农业部《关于加快推进农村集体土地确权登记发证工作的通知》，大方县开展农村集体土地确权登记发证工作，完成农村集体土地所有权登记发证 368 宗，面积 33.99 万公顷，完成率 100%；宅基地登记发证 19.75 万宗，完成率 85.68%；集体建设用地登记发证 1721 宗，完成率 95.6%。按照土地登记规范化的要求，逐宗建立土地登记卡和归户卡，将地籍档案归档管理，建立数据库，规范地籍档案管理。2015 年，办理国有土地使用权初始、变更、查封、抵押等登记 585 宗，面积 422.89 公顷，其中，国有土地登记 156 宗，面积 161.23 公顷，集体土地登记 381 宗，面积 3.74 公顷，抵押登记 48 宗，面积 257.93 公顷，抵押贷款 22.94 亿元。

大方县土地利用情况一览表

表—9-2-4-1　　单位：公顷

地类年度数据	1991 年	2005 年	2008 年	2010 年第二次土地利用	2015 年
耕地	134400.00	131534.83	130797.67	123770.81	122991.80
园地	427.84	651.04	650.29	579.07	571.78
林地	127100.00	131415.33	131148.51	158418.41	157496.01
草地	6927.19	15662.65	15479.04	15925.86	14678.76
城镇村及工矿用地	9810.19	10099.95	10294.63	9391.27	10932.52
交通运输用地	1806.01	2024.29	2029.06	3230.17	4834.79
水域及水利设施用地	2350.20	2360.44	3652.76	3291.86	3339.96
其他土地	67700.00	56772.90	56469.47	35403.57	35184.09
合计	350521.43	350521.43	350521.43	350011.02	350029.71

二、矿产资源管理

（一）矿产资源规划

县级矿产资源规划，是县人民政府国土资源管理部门依法对矿产资源勘查、开发利用与保护以及对矿山生态环境进行监督管理的重要依据。为实现矿产资源的科学开发、合理利用和有效保护，2002 年，启动编制《大方县矿产资源总体规划》，本轮规划的适用期为 2002—2010 年，其中 2002—2005 年为近期目标期，2006—2010 年为中远目标期，基准年为 2002 年，资料利用时间截止 2002 年。

2008 年，为细划贵州省矿产资源总体规划，促进全县矿产资源开发利用的根本改变，提高矿产资源对大方县国民经济建设和社会发展的保障能力，编制第二轮《大方县矿产资源总体规划》。本轮规划的基期年为2007年，规划期为2008—2015年，近期为2010年，远期为2015年，展望到2020年。所采用资料多数截至2007年年底，部分采用到2008年9月。

（二）矿产资源监管

2005年11月，全县开展矿产资源开发秩序整顿和规范，对矿产资源开发中的各种违法行为进行全面清理，对各种矿权的勘查开采情况进行全面检查并造册登记。针对实际情况，集中力量对非法采煤窝点实施打击，及时消除事故隐患。开展煤炭资源整合，以解决全县煤炭供应总量不足、分布不合理、农民生产生活用煤困难等问题。经过两年的整顿和规范，无证开采、滥挖乱采、无证勘查、以采代探、圈而不探、破坏浪费资源、严重污染环境等现象得到有效遏制；越界开采、非法转让矿权等得到全面清理；矿山安全事故和破坏生态环境现象明显减少，矿山布局不合理现象得到明显改善，矿产资源开发利用规模化、集约化程度明显提高。这次整顿规范，下达整改指令书142份，责令限期整改矿井32个，停产整顿矿井2个，停止整改及生产活动矿井9个，查处非法转让矿权22个。注销、吊销采矿许可证63个，其中，煤矿26个、硫铁矿2个、石灰石矿山23个、页岩矿山8个、粘土矿山3个、绿豆岩矿山1个。查处超层越界采煤5宗，矿山企业违法用地53宗。

从2006年起，开展矿产资源整合工作，以整合矿山矿井规模达到提高资源利用率目的。

2006—2009年，全县有合法煤矿75个，整合后保留40个，新设矿井19个。2007年，有硫铁矿山15个，通过整合，减少为12个；砂石矿由整合前的233个减少为181个。2009年，结合矿山企业在开采中存在“采富弃贫、采厚弃薄”和超层越界、不按顺序开采等现象，及资源利用总体水平不高的问题，对生产中的煤矿、硫铁矿开展储量动态监测。矿山企业在采矿权许可范围内，依据占用矿产资源储量和矿山开发利用方案、矿山设计生产能力等，确定开采块段、开采量及开采回采率等。参与地测机构到矿井和矿山实测，通过开展储量动态监测，达到矿产资源“在开发中保护，在保护中开发”的目的，及时制止矿山越层越界开采等违法行为。

2013—2015年，矿产企业进一步整合，煤矿由61个整合为43个，砂石矿由120个整合为60个，有效改变矿山企业“多、小、散、乱”，矿点布局和矿权设置不合理、生产集中化程度低、资源浪费严重等状况。

（三）资源环境管理

2008年，出台《大方县矿山环境治理恢复保证金实施方案》，依法对各矿山企业收取矿山环境治理恢复保证金，用于对开采矿产资源中被破坏的生态环境进行恢复和治理，对村民房屋造成破坏的进行赔偿和补偿，对地质灾害的责任进行鉴定等。

2013年，按照省国土资源厅的安排，大方县五凤煤矿列入矿山复绿行动，按要求督促该矿编制矿山复绿方案，指导抓好矿山复绿工作。2015年，省国土资源厅下达给大方县的矿山复绿企业有3个，通过调查核实，确定新果煤矿、六龙镇长坡石灰石矿山、雨冲乡红旗砂石厂为矿山复绿企业，编制复绿方案并督促实施。

截至2015年，共收取环境治理恢复保证金2.26亿元，用于矿山地质灾害治理和赔付，已拨付使用6460.43万元。

三、测绘管理

1991年后，全县测绘事业快速发展，基础测绘成果广泛应用于全县经济建设和社会信息化建设的各个领域，为城市规划与建设、国土资源开发利用与保护、区域经济规划以及交通、建设、水利、电力等行业提供基础保障。1998 年，成立大方县测绘管理办公室，2003 年，更名为大方县测绘地理信息局。“十二五”规划时期，城镇建设、工业、旅游、交通的发展使政府和公众对基础空间信息的需求愈发强烈，提高基础测绘对经济社会发展的保障服务能力日益迫切。2007 年，县国土资源管理部门开展测量标志调查复核，全县辖区内有 24 个测量标志点，与保管人签订《测量标志委托保管书》，颁发测量标志委托保管证，每年拨付测量标志保护经费，对测量标志进行经常性巡查，及时制止对测量标志的损毁。

2011 年，大方县委托具备测绘甲级资质的贵州省第二测绘院编制《贵州省大方县“十二五”基础测绘规划》。2015 年，根据《国务院关于开展第一次全国地理国情普查的通知》精神，开展地理国情普查。在省普办普查成果的基础上，针对大方县的普查资料，统计 35 块资料，核对涉及的所 16 个单位，对涉及的矿业、公路、水利水电、旅游景区、学校、医院等行业进行核对，科学反映全县资源、生态、环境、人口、经济、社会等要素在地理空间上相互作用、相互影响的关系。

四、执法监察

（一）土地执法监察

1998 年，为彻底制止乱占土地、滥用耕地的违法行为，由县国土局牵头，组建清查队伍，对大方县 1997 年以前非农业建设用地违法行为进行清理查处。全县共清理出非农业建设用地 63 宗，面积 1.14 公顷，其中耕地 0.63 公顷；拆除非法构建筑物并恢复耕地 2 宗，面积 1.15 公顷；收缴各种税费和罚款 13.93 万元；清理土地隐形市场 110 户，收缴地租 4800 元。

1999 年，在全县开展以“无违法批地、无违法管地、无违法用地”为目标的“三无”乡镇创建活动，推进国土管理方式和利用方式的转变，以六龙镇为中心，以黄泥塘、羊场、双山、马场、东关、瓢井等 10 个乡镇为重点，由点到面，逐步铺开。活动期间加大土地违法行为的查处力度，查处土地违法案件 294 宗。

2001 年，在创建“三无”乡镇的基础上，开展“土地执法模范县”创建工作，经过两年努力，2003 年 12 月通过省政府验收。在“创模”工作中，建立健全土地执法监察网络，制订动态巡查制度，划分巡查区域，明确区域巡查责任人和巡查责任，一级区域的巡查每月不少于 4 次，二级区域的巡查每月不少于 2 次。通过动态巡查，加大对建设用地的跟踪管理，将土地违法行为消灭在萌芽状态。

2007 年，开展土地执法百日行动，对以租代征、违反经营性用地和工业用地供地规定、擅自将以建设经济适用房为名批准的土地用于商品房建设、违反土地利用总体规划扩大工业用地规模及未批先用等各类土地违法行为进行清理。共清理出土地违法案件 38 宗，占地 114 亩，全部予以查处和整改。

除土地执法专项活动外，每年结合土地卫星拍片执法检查，进行土地违法行为的查处。1991—2015 年，共查处各类土地违法案件 3119 宗。

（二）矿山执法监察

矿山执法监察的重点是打击非法采矿，保持打击非法采矿的高压态势，不断创新监管手段，实现常态化管理。通过落实责任、强化制度建设、建立包保责任制、定期召开专题会议、开展动态巡查、加大宣传力度、加强与司法机关联动等措施，打击非法采矿常抓不懈，进入常态化管理。2008 年和 2009 年，毕节地区行署连续 2 年在大方县召开全区打击非法采煤采矿工作现场会，学习和推广大方的“打非”工作经验。1991—2015 年，查处矿山违法案件 372 宗，炸封、填埋、取缔非法采煤窑点1.5万处（次）。

第五节　工商行政管理

1963年5月，成立县工商行政管理局。1992年1月，县委同意县工商局建立党组。1996年6月，县委、县人民政府决定，撤销工商行政管理局、技术监督局、物价局的建制，组建县工商行政管理局，另挂（技术监督、物价局）牌子。2000年3月，县工商局垂直由省直管。2014年11月，县工商局、质量技术监督局、食品药品监管局“三局合并”，组建成立县市场监督管理局，负责全县范围内市场监管、质量技术监督、食品药品监管、知识产权管理、注册登记、组织机构代码工作。

一、市场管理

1991年7月，县工商局投入1.5万元，将羊场镇马路市场的全部摊位搬迁到原金江厂内（军工501厂），同年，投资1. 75万元，为六龙区的新街、凤山乡等农贸市场铺设水泥街面。1992年4月29日，县人民政府决定成立县市场规划建设领导小组，同月，马场镇综合农贸市场动工建设，市场占地面积6538平方米，总投资94万元。同年5月，大方城关南街综合市场动工建设，市场占地面积3405平方米，有40个铺面，110个固定摊位，为全封闭式钢架结构，总投资95万元，其中县工商局担保银行贷款12.5万元。1993年8月，县人民政府批准划拨南门小桥沟建设蔬菜市场，明确县工商局负责对全县开办市场进行审批登记。1994年3月底，全县共发放“开办市场许可证”40个。1995年，大方城关南街综合市场竣工投入使用。1997年，县城黄土坡、新民路2个蔬菜市场因影响城市规划相继被撤除。1998年6月，根据省人民政府文件精神，县人民政府将全县42个市场与县工商局彻底脱钩，县工商局不再承担投资开办市场建设任务，职能调整为对市场进行“划行规市”，规范管理。

1998年，县工商局成立市场巡查大队，对各类市场主体进行日常监管，处理交易纠纷，查处违法违章行为。对农资市场实行化肥经营许可证、化肥有偿转让证、营业执照、检验报告和化肥货运单的“四证一单”管理制度，办理化肥有偿转让证36个，化肥经营许可证123个，查扣涉嫌有问题化肥290吨。1999年，制订《市场巡查制度实施方案》，使市场管理更加规范化、系统化。市场巡查外查生产经营者是否存在违法违章行为，查找整顿市场隐患；内查执法人员是否秉公执法，有无不廉洁行为。1999年，城关、双山、马场、理化、鸡场、百纳、瓢井7个片区工商所人员组成巡查中队，中队之下设巡查小队进行巡查。2000年，将单一的相互独立的条线管理转向以市场为主体的全方位监督管理。要求市场巡查人员承担维护市场秩序，依法查处市场违法违章行为，检查经营户亮照、亮证、明码标价等经营状况和商品质量的职责，受理咨询和投诉。

2001年，市场监管实行辖区管理责任制，包括实行经济户口监管制和片区巡查制，建立经济户口和入场登记簿，按照“依法定权、依法定责、依责定标、依标考核、依绩奖惩”原则，制订工商所对市场主体实行管理责任制。

2002年，市场巡查实行地、县、所三级联动。对市场巡查中发现的问题，基层工商所及时与县局联系，由执法监督股统一协调指挥及时处理。“12315”联动融入市场巡查，规范“12315”投诉举报程序，全系统建立“12315”投诉值班、受理、出动、巡查、调解、办案制度。利用路牌广告、电视公益广告等方式，告知消费者对市场违法违章行为的投诉举报方式。受理消费者投诉举报案件36件，其中立案查处6件、消费者协会调解21件。查办各类违法违章案件324件，简易程序案件398件。2004年，市场监管实行定区域、定人员、定任务、定奖惩的“四定”巡查制。此后，将市场巡查和市场专项整顿结合，使市场巡查制度在规范市场秩序中不断完善。

2008年冬天，雪凝持续时间较长，县工商局增强市场监管力度，维护市场稳定，对市场粮油库存进行调查。调进150吨粮食平价供应市场。2009年，在整顿煤炭市场的经营秩序中，收缴无照经营煤炭79吨。在规范家电市场检查中，检查家电经营户152户次，对2户作虚假宣传的家电经销商立案查处。

2013年，查处无照无证经营“黑网吧”案件12件，查扣电脑92台（套），没收电脑36台（套）。2014年，县工商局牵头协同文化、公安、教育等部门查处取缔无照无证“黑网吧”23户，查扣主机496台、显示器505台。2015年，查处取缔无照经营“黑网吧”4户，收缴电脑107台（套），立案并结案3件。

取缔黑网吧（2015年10月摄）

二、专项执法

（一）农资市场

1994年，开展为期3个月的农资市场专项整治，共立案21件，查扣违章经营的化肥250吨。1995年春，检查36个乡镇供销社化肥销售门市和2个化肥厂家的直销点。发现部分门市和个别厂家将统配化肥擅自抬价销售，造成有的农户使用高价化肥，在整治中，立案查处15件，查扣化肥90吨。1996年，开展农资市场打“三假”专项治理。检查整治农资市场170多次，没收销毁假化肥333吨、假农药74公斤、劣质绿肥种2.6吨、假种子35公斤，总值25万元。取缔非法经营单位和个人62户，收缴转入农资部门各种化肥320吨，查处非法经营化肥价值65万元，取缔生产劣质磷肥窝点2个。

1997年，对春耕期间农资市场进行整治，报验农药80批次，价值18万元；化肥17批次1.81万吨，价值3200万元；种子2批次，2个品种380吨，价值200万元。收缴过期失效农药5批次，价值0.6万元；查处取缔无照经营农资户144户，立案查处非法倒卖化肥560吨，捣毁销售伪劣农资窝点5个，查扣伪劣化肥4个品牌共170吨，价值12万元。1998年，抽查化肥11批次共计5000吨，种子6批次380吨。对全县供销社和农业“三站”营销的农药进行检查，没收2万元的过期失效农药。对5家化肥生产企业进行抽样送检，检查农药经营户300户，没收销毁不合格农药50公斤。销毁不合格菜种50公斤。1999年，全县取缔无照经营户10户，查处劣质磷肥100吨。2000年，开展“打假保春耕”专项整顿，检查供销社50个化肥销售网点，检查经营化肥个体户116户，取缔无照经营化肥13户，年检《化肥经营许可证》150户，补办化肥经营许可证40户，取缔非法经营户50户。立案查处10户，查扣化肥60多吨。2001年，对全县烤烟用肥进行检查，封存化肥60余吨。检查农资经营户151户，查处无证照经营8户，取缔2户。

2002年，检查从事农药、化肥、种子经营的个体工商户293户，取缔无证照经营户38户，没收假种子4公斤，查处案件25件。2005年，开展“红盾护农”行动，县委、县人民政府授予县工商局“红盾护农”红旗。全年出动执法人员238人次、车辆60台次，检查农资经营户200多户、生产企业2户，清理非法经营户11户，查扣劣质化肥300余吨，过期农药167瓶，劣质种子110包，查处案件16起。2006年，在开展农资市场专项整治中，检查农资经营户486户、集贸市场76个次，查扣质量有问题磷肥127吨、尿素28.4吨，立案7件。2008年，在农资市场专项整治中，对6户台账不规范和未报检销售化肥的经营户下达警示通知书，对8个品牌的化肥产品抽样检验18个样品，其中5个不合格，没收磷肥13.75吨，立案查处5起。2009年，在农资市场的整治中，对13个品牌的化肥进行抽样送检，检验为不合格的化肥427.5吨，立案查处23件，罚款18.5万元。

2010—2014年，在开展“红盾护农”市场执法检查中，重点查扣检验不合格化肥，其中，2011年检查农资经营户430户次，对10多个品牌的化肥抽样送检36个，查处不合格的18个样品；2012年全面落实农资备案贴标和农资产品质量保证金先行赔付制度，检查农资经营户295户次，抽样送检48个样品；2013年共抽检各类化肥30个批次，不合格19个批次，包括水分超标7个、袋装标志不合格6个、含量不合格6个；2014年检查农资经营户196户，抽检化肥样品65个批次。4年中农资市场执法立案50件，查扣和没收不合格化肥127.95吨，罚款16.79万元。

2015年，农资专项执法监督管理部门与农资生产、经营户签订承诺书120份，与农产品生产者签订承诺书226份。完成省、市级检测机构定量检测送样161个，其中，饲料20个、兽药20个、畜产品20个、水产品6个、农产品67个（省级29个，市级38个）、茶叶11个、辣椒6个、芸豆11个，马铃薯40个，合格率均在98%以上。出动执法人员362人次，检查市场89个次，检查经营户296户次，查处案件34件，没收违法种子196公斤，罚款150元，没收假劣兽药8公斤，罚款5750元。

（二）粮食市场

1994年，县人民政府发出关于稳定粮食市场价格的通知，规定粮食定购任务未完成前，关闭全县粮食市场，在市场管理中，着重打击粮食经营中变相涨价的违法行为，做好夏秋两季粮食收购的市场管理工作，除粮食部门外，严禁任何单位和个人到农村收购贩运粮食。收购任务完成后，用粮单位经当地批准，可在当地收购自用粮食，不准转手倒卖。对不具备经营资格或无证照经营扰乱粮食流通秩序的，坚决予以取缔。

1999年，按照国务院《关于进一步深化粮食流通体制改革的通知》，对粮食批发企业的主体资格重新进行审查，重新审核登记注册粮食零售企业和个体户。核准国有粮食收购企业14户、粮油经营公司13户，变更经营方式或经营范围40户，取缔无证照经营120户。检查49个市场和20多户粮食企业、400多户个体户。查处参与非法贩运粮食的国有粮油经营公司2户、非法收购贩运粮食案33件；没收玉米184.5吨、大米28吨、小麦12吨。

2001年，按照省工商局关于立即对粮食市场监管执法行为进行专项整顿的紧急通知要求，组织一线市场监管人员学习、掌握政策。在全县范围办理粮油收购资格证，坚持粮食外销须具外销凭证，建立完善粮食经营企业和个体工商户粮食经营加工台账。

2003—2004年，在粮食市场监管中，建立粮食市场统计报告制度，督促粮食经营户建立进、销货台账。各工商所将辖区内粮食市场数、经营户数、粮食销售及库存量造册登记，进入“红盾经济”户口管理。从2004年起，从事粮食收购经营的，须报县级以上粮食行政管理部门批准，工商部门登记注册。

2008年，县工商局在城关地区开展雪凝天气粮油市场专项整治，检查粮油个体批发、零售经营户 23 户，查进货、销货台账。2009—2010 年，强化流通环节食品安全监管，全面落实“易票通”，建立食品经营户动态电子监控平台，实现对粮油市场准入、销售、退市的全程监管。

2011—2015 年，检查食品经营户 200 户次，检查粮食和食品 12 类 100 多个品种。

（三）烟草酒类市场

20 世纪 90 年代，随着社会经济的发展和人民生活水平的提高，卷烟、酒类市场制假售假案件的查获日益增多。

1992 年，县开展酒类打假专项行动，查获假冒“鸭溪窖”“湄窖”“董酒”共 299 瓶。1994—1996 年，查获假冒“习酒”“湄窖”共 1461 瓶，捣毁假酒生产窝点 2 个，收缴假酒盒、合格证、激光防伪标识等制假材料。

1994 年 12 月 17 日，县工商管理部门在大方至纳溪公路 3 千米处，依法对四川成都锦江联运公司货车进行检查，查获违法贩运香烟 3600 条，价值 20 余万元。1995 年 2 月至 9 月，先后在县城城郊崔家湾、庆云村等处查获 3 起假冒香烟生产案件，查获生产假烟机器 3 台、烟丝烘烤箱 1 个、假“草海”牌香烟 80 条、烟丝 700 多公斤及其他制假原料和工具。在县城大十字集中销毁假冒伪劣商品中，“红塔山”“红山茶”“遵义”等品牌假冒香烟达 3650 条。1999 年 2 月，查获假冒顶级“驰”牌、“红塔山”牌和走私“三五”牌等香烟 8500 条。2000 年，检查全县 36 个乡镇 48 个市场、816 户香烟经营户，查处违法经营 205 户，查扣假冒香烟 6000 多条。

2000 年后，假冒香烟的制假售假趋向于高端品牌，总量逐渐下降。2002—2008 年，销毁假冒“中华”“万宝路”“云烟”“遵义”等品牌香烟 1. 6 万余条，价值 20 余万元。

2004—2007 年，加大对农村和城乡结合部各类批发市场、集贸市场和食品商店的监督检查。查获假冒“茅台酒”“五粮液酒”“习酒”10 余件、“茅台内供酒”332 瓶。2008 年，按照省地工商局酒类生产流通专项整治工作部署，对酒类生产及经营户逐户登记，检查酒类生产经营户 576 户，取缔非法经营 42 户，处罚 6 户。2009—2015 年，继续加强酒类市场监管，规范县内白酒销售市场，建立健全酒类生产经营户台账 456 户。

（四）食品饮料市场

1992 年，开展食品饮料市场专项整治，查获伪劣饮料 1800 多瓶，变质食品 20 多种。1993—2001 年，食品饮料市场的专项整治常抓不懈，查获的问题商品有过期饮料、霉变食品、假冒味精、过期罐头、假冒蜂王精、假冒雪碧饮料等。1997 年，对 16 个重点集市检查 26 次，检查门市、摊点 1500 个，查获 50 多个品种的伪劣饮料、伪劣食品，查处违法经营户 116 户。

查获月饼地下生产窝点（2008 年 10 月摄）

2002 年 1—2 月，开展“确保消费者安全过冬、安全过节”打假专项执法行动，对豆类制品、饮料、糕点、糖果等食品进行重点检查，检查餐饮业496户，检查米面、酱油、醋、副食品生产和经营户136户，查获大量变质食品、过期饮料和“三无”食品。2004—2005年，实施食品、药品放心工程，对粮食、粮食制品、酒类、调料、肉类、蔬菜、水果、奶制品、水产品、饮料等食品进行检查。检查食品经营户1298户，责令下柜食品725公斤、饮料400瓶、罐头243盒，捣毁1个饮料制假窝点。2006—2008年，在食品饮料市场专项整治行动中，没收和销毁过期变质食品5292份。

2009年，开展打击违法添加非食用物质和滥用食品添加剂专项整治，出动执法人员426人次，检查食品经营户1581户，其中，批发市场13个，超市26家，食品加工点39个，食杂店1305个。在开展校园周边市场的专项整治中，检查食品经营户656户次，取缔无照经营26户和摊点19个，查扣过期及“三无”食品234包、饮料294瓶。2011年，根据食品快速检测工作的实际，快速检测录入平台691件，并组织对豆制品、鱼、辣椒、淀粉及淀粉制品、冷冻饮料、速冻食品、月饼抽样70个送检。

2012年，探索建立食品行业行规行约，建立县食品安全协会和片区分会，成立食品行业互助小组23个，农村“十户联巡联管”小组197个和食品安全示范点31个。快速检测食品1625个批次，食品定向抽检94个批次。2013—2014年，食品市场的监管以节假日、校园周边为重点，共快速检测食品2837个批次，食品抽样送检201个批次。

2015年，全县有食品经营户3226户，其中，食品批发户35户、零售2903户、批发兼零售181户、超市107户、食品生产企业46户、食品生产加工小作坊182户、餐饮店1060户、学校食堂342户。检查食品生产企业38户、食品加工小作坊102户、食品经营户1068户、各类餐饮店408户、学校食堂256户。快速检测食品1000个批次，对瓶装白酒、植物油、月饼等食品定向抽样检测129个批次。查获涉嫌非法袋装的无碘工业盐2720公斤，查办各类食品案件37件，结案30件。

（五）牲畜交易及生猪屠宰市场

1978年，大方县开放大牲畜市场，坡脚区建成牛集黑沙地大牲畜市场起，工商部门即开始派员参与管理大牲畜市场。20世纪80年代，先后有马场区中坝、后槽、木空河、安家寨，以及黄泥塘、则鸡、理化、长春、安家垭口等地的大牲畜市场形成经营活动。20世纪90年代，又有东关、烂泥沟、羊场、双山、归化、六圭河、金鸡、牛集等大牲畜市场开场。每逢场天，大牲畜市场由当地工商所和派出所派员管理，对成交的大牲畜按百分之一收取管理费。为防止盗卖或购买赃物，由工商所监管人员对成交的牲畜造册登记，有的乡镇对大牲畜实行挂牌交易，以遏制偷牛盗马的犯罪活动。

1996年，按照上市生猪实行“定点屠宰、集中检疫、统一纳税、分散经营”的规定，在全县开展肉食屠宰市场专项整治。检查肉类摊点500多个，强制检疫的活猪208头，查处带病猪肉16起、违法违章经营户104户。

2000年5月，大方县决定在城关地区建立屠宰场，规定城关地区的生猪必须进入屠宰场屠宰。为保证城关地区的肉食供应，县屠宰办在县城南门、大十字、北门小十字设6个肉品供应点。10月，要求城关地区生猪屠宰户于12月1日前拆除自行设置的屠宰灶火，至12月底，定点屠宰场屠宰生猪3368头，拆除私宰灶火34处，没收销毁带病猪肉394.5公斤，使城关地区市民吃上放心肉。2001年，县工商局组成驻定点屠宰场执法队，到6月底，进场屠宰生猪达4200头，销毁处理带病猪肉1600公斤。是年，推行“场厂挂钩”，即定点屠宰场在肉食品市场固定摊位建立稳定的供货渠道，打击“肉霸”，取缔私宰场所14处，非法经营户10户。

2002年，全县私宰生猪现象得到遏制，定点屠宰工作开始走上正轨。2003—2008年，定点屠宰工作由县经贸局负责，工商行政管理部门在肉食品市场监管中，继续执行食品安全管理。2009 年后，定点屠宰工作走上规范化正轨，县加强屠宰检疫工作。2015 年，累计检疫猪 9.55 万头、牛 1.7 万头、羊 5100 只、禽 7.09 万羽；屠宰检疫完成猪 4.6 万头、牛 970 头。

三、企业注册登记

大方县从 1983 年开始执行企业年检登记制度，重新核定企业注册资金和经营范围等事项。1984—1987 年，全县企业年检工作处于摸底试点阶段。1988 年 2 月，全县填报企业年检报告书和公司登记注册书的企业共 169 户。1990 年 2 月，对工商企业进行 1989 年度登记事项年检，应年检企业 328 户，实际年检企业 238 户，年检率为 72.5%。1992 年，应年检 267 户，实际年检 245 户，年检率为 91.7%。

1992 年，全县企业登记注册 288 户，注册资金 1.16 亿元，从业人员 1.54 万人，当年新增登记企业 32 户。1993—1996 年，新增登记企业 183 户，注册资金 5239.7 万元，从业人员 5339 人。1996 年，加强企业年检，规范企业经营活动，年检企业 386 户，对新注册登记企业进行回访调查，对原有企业进行监督检查，查处违章违法企业 3 户，规范公司经营活动企业 2 户。

1999 年，全县应年检企业 676 户，其中法人企业 419 户，经营单位 288 户；实际年检 563 户，其中法人企业 340 户，经营单位 223 户。年检注销企业 4 户，发布公告吊销未年检企业 113 户，吊销“三无企业”1 户。全县登记注册资金 2.67 亿元，实有注册登记资金 2.57 亿元。2000 年，新增登记企业 61 户，注册资金 160 万元。2002 年，全县实有企业 637 户，注册资金 2.76 亿元，其中有限责任公司 82 户，注册资金 7276 万元。应年检企业 639 户，实际年检 590 户，年检率 92.33%。

2005 年，全县注册登记企业 665 户，注册资金 4.9 亿元。新注册登记企业 100 户，注册资金 1 亿元。继续落实好下岗失业人员再就业和大中专毕业生、移民安置、复退军人、残疾人从事个体经营各项优惠减免政策，开辟绿色通道。全年办理下岗失业人员持再就业优惠证申办个体注册登记 30 户，大学毕业生持毕业证书申办个体执照从事经营的 3 户，并免收注册登记费和工商规费。2007 年，继续降低市场准入门槛，简化手续，为农民进入市场开辟绿色通道，在偏远村寨设立流动注册厅的基础上，进一步扩大上门服务范围，简化农民办照手续，当年新注册个体工商户 409 户。

2006—2008 年，全县新增注册登记企业 141 户，注册资金 2.8 亿元。2008 年，全县登记注册各类企业 460 户，注册资金 7.26 亿元，从业人员 1.76 万人，其中，内资企业 222 户，注册资金 2.61 亿元；私营企业 199 户，注册资金 4.65 亿元。应检县内各类企业 374 户，除 41 户经核实后作吊销外，年检率达 100%。年检中，不断改进服务方式，先后对贵州大方发电有限公司、贵州大方小屯煤业有限公司、永贵五凤煤业有限公司、大方绿塘煤矿有限公司等企业实行上门年检。

2009 年，围绕落实保增长扩内需调结构的政策，县工商局更新观念，创新体制机制，提高监管水平。当年全县登记注册的各类企业 534 户，注册资金累计 6.6 亿元。新注册各类企业 113 户，注册资金 1.94 亿元，其中，内资企业 10 户，注册资金 1.23 亿元；私营企业 103 户，注册资金 7128 万元。新注册登记农民专业合作社 25 户，登记社员注册资金 659.21 万元，社员股东 420 人。

2010 年，工商行政部门摒弃“限制为主”的把关思想，树立“非禁即允”的准入理念，按照省、地、县加快经济发展特别是加快非公经济发展的要求，对重大招商引资项目实行“保姆式”服务，做到事前介入提供咨询、事中全程跟踪服务、事后帮助企业排忧解难，当年为新引进的星级宾馆——奢香酒店管理有限公司及时办理注册登记，使项目顺利动工建设；为河南煤业化工集团兼并重组大方县腾龙水泥有限公司，新成立全毕节地区最大的水泥生产企业——大方县永贵建材有限公司及时提供咨询服务及减免注册登记费。授权基层工商所审查、核准、办理个人独资企业、合伙企业、农民专业合作社营业执照，要求注册窗口做到“咨询服务一口清、发放材料一手清、受理审查一次清”。全年新登记注册的私营企业、个体工商户、农民专业合作社大幅度上升，新登记注册企业100户，办理个体工商户开业登记2392户，登记注册农民专业合作社51户。

2011年，大力发展各类市场主体，新登记注册个体工商户2273户，从业人员3416人，注册资金5719万元；登记注册农民专业合作社54户，注册资金2561万元，社员股东332人；登记注册私营企业99户，注册资金4.91亿元；登记注册内资企业11户，注册资金1.14亿元。

2012年，县工商局与相关单位组成微型企业工作评审委员会，全年进行9次微型企业评审，发展微型企业312户，带动就业1716人，注册资金3909.36万元。免费培训微型企业创业人员4期240人，兑现财政补助资金153户765万元。

2013年，累计扶持发展企业437户，带动就业2350人。当年办理微型企业营业执照197户，注册资金2424万元。是年9月止，全县共有各类企业1704户，注册资金25.68亿元，其中，内资企业288户，注册资金6.6亿元；私营企业1156户，注册资金17.74亿元；农民专业合作社260户，成员出资总额1.34亿元；个体工商户1.7万户，资金总额5.15亿元。

2014年6月，贯彻落实市委、市政府《关于工商登记实行先照后证改革意见》，实行登记注册制度改革，执行公司注册资本认缴制。是年，全县累计实有市场主体2.78万户，注册资本62.7亿元。其中，外资企业1户，内资企业320户，私营企业1715户，个体工商户2.53万户，农民专业合作社417户。10月，上海雪榕生物科技股份有限公司与大方县签署协议，投资20亿元，在大方县建设规模为日产500吨食用菌的产业园，公司到大方县工商局办理营业执照等注册登记许可手续，不到1个小时，公司的营业执照全部审批手续办结。

2015年，县鼓励大众创业、万众创新，实施工商登记先照后证和“三证合一”改革，最大限度降低准入门槛，激发市场主体活力。全县登记注册各类市场主体3.09万户，注册资金141.97亿元，其中，外资企业分支机构1户；内资企业329户，注册资金44.8亿元；私营企业2332户，注册资金75.08亿元；个体工商户2.76万户，注册资金14.2亿元；农民专业合作社661户，注册资金7.89亿元。

四、个体私营经济管理

1988年，私营企业合法经营地位得到确认，当年登记注册私营企业45户，注册资金384万元，从业人员1060人。1994年，新发展私营企业14户，注册资金148.1万元。

1995年，对全县个体工商户开展2次抽查共查782户。查处无照经营97户，补办营业执照23户，取缔74户。12月，一个体粉砂采石场违反安全生产规定，导致采石场岩石垮塌并造成伤亡，县工商局发出通报，并按规定吊销营业执照。1997年，清理整顿全县个体工商户经营秩序62次，查出无照经营169户，补办执照148户。对外来个体工商户持照经营进行专项检查，查出转借营业执照3户，转卖执照1户，涂改执照7户。

2001年1月，根据国家建筑材料工业局、国家工商总局《关于注销吊销列入取缔关闭企业名单的小水泥厂、小玻璃厂营业执照的通知》，取缔大方县长岩水泥厂、长石水泥厂、吉运水泥厂、理化水泥厂，关闭猫场水泥厂。同年，清理私营企业档案117户，对不符合注册登记条件的企业依法吊销其营业执照。对采矿业进行清理，吊销煤炭开采企业营业执照2户。是年，在个体工商户注册监管中，按市场准入条件和程序，做到严格执行登记管理权限，禁止越权登记；严格执行登记管理的条件和程序，禁止随意降低法定条件减少登记程序；严格执行法律法规规定的专项审批，禁止随意增加不必要的审批。2002 年，规范个体工商户市场主体准入行为，重点审查网吧、加油站、食品、药品、小煤窑、烟花爆竹等涉及人民生命财产安全的行业，没有前置审批条件的一律不予核准。对偏远山区交通不便、小规模、临时性、季节性经营不需要前置审批条件的，由工商所审核后发给临时营业执照。2003 年，全县登记注册个体工商户 5925 户，注销 882 户，应验照贴花 4550 户，实际验照贴花 4450 户。

2007 年，个体工商户应验照贴花 8354 户，实际验照贴花 7016 户，验照率 83.9%。2008 年，全县有私营企业 199 户，注册资金 4.6 亿元。应检县内企业 374 户，除 41 户待核实后作吊销外，年检率达到 100%。2009 年，通过巡查监管、验照核实，检查无下落停歇业等各类个体工商户办理注销并进行数据清理外理 1667 户。

2010—2011 年，以企业网上年检的开展为契机，推进企业行政指导。2011 年通过网上年检各类企业 350 户，发放行政指导意见书 210 份。在实行信用分类监管中，加强市场主体退出的后续监管。公告吊销未年检各类企业 99 户、未验照个体工商户 1450 户。2012 年，查处违反企业年度检验办法案件 6 件。2013—2014 年，查处违反企业登记注册案件 107 件。

2015 年，按照国务院《企业信息公示暂行条例》要求，做好市场主体年报申报指导。县市场监管局将 2013 年至 2014 年未报年度报告的 2328 户个体工商户进行异常状态标注。

五、商标管理

1988—1991 年，核转申报的有“大方”“方”“索玛花”“石坪”“长久”5 个注册商标。1992 年，核转申报注册商标 2 个，选送“方漆”商标参加贵州省著名商标评选。

1992 年，在开展打假专项行动中，查封大方县国营酒厂仿冒大方县窖酒厂“方酒”商标标识 2.55 万张，责成国营酒厂在各销售点进行清理，销毁现存混淆的商标标识。1993 年，办理注册商品届满延长有效期 1 户，上报《商标续展注册申请书》待核转商标 2 个，对 11 户已注册商标的企业进行验证，对 7 户核准注册商标的企业进行登记备案。

1994 年开始，贵州省商标注册实行代理制，由省和贵阳市商标事务所代理，县工商局不再核转商标。1995 年，代办商标注册 3 个，对申办商标注册的 11 户企业和未注册商标的 6 户企业的商标使用情况进行年度验证和检查。

1996 年，对 11 户企业的注册商标标识的印刷和使用进行验证，对 9 户企业使用未注册商标标识的印刷情况进行检查，查处假冒商标标识 3680 套。1999 年，对侵犯茅台酒商标专用权的茅台特制酒、赖茅酒、茅台贡酒等 18 种白酒和假冒五粮液系列白酒和其他著名商标白酒进行清理整治，查获一批假冒五粮液系列白酒和涉嫌侵犯茅台酒商标专用权的白酒。1997—2002 年，帮助企业申报“南塔”等注册商标 41 个。

2002 年，对 2001 年 12 月以前企业注册商标进行验证，建立生产加工和流通领域注册商标和未注册商标档案，建立注册商标保护联系卡。全县有注册商标 32 个，使用注册商标的企业 17 户，使用未注册商标的企业 3 户，已过续展期限未续展仍沿用其注册商标的 1 户，使用过期商标的企业 14 户。

2003 年，引导“琼芳”牌商标生产豆棒系列产品，“石老祖公”牌豆制品系列产品注册商标，2 家豆棒系列产品销售全国。2005—2006 年，全县获国家商标局核准商标注册 7 个。2007 年，引导帮助企业申报商标注册 30 个，其中涉农商标经国家商标局核准注册商标 8 个。

2008年，推荐大方云龙天麻有限责任公司申报贵州省著名商标，指导县天麻协会申办“大方天麻”地理标志商标，引导“肖小月”骟鸡点豆腐、“关井村”白酒、“奢香文化节”工艺品等地方品牌商品申请注册商标。大方县获国家商标局核准商标注册8个，全县商标注册历年累计55个。2004—2008年，查处违法商标案件30件。

2009年，建立《商标注册建议书》《商标策略提示书》《商标保护提示书》《商标违法违规警示书》工作制度，营造有利于商标广告发展的市场环境、政策环境和法治环境。实施农产品商标战略，将商标品牌战略向农村延伸，大力培育和发展注册农产品商标和地理标志商标。当年发展县内农产品注册商标15个。2011年，指导具有地方特色的产品八堡彝族苗族乡“六寨水花”、东关乡“拉鲁古液”酒类商标和六龙镇“母鸡山”豆干商标的申请注册，推荐县内天椒食品发展有限公司已注册的“天椒”商标为贵州省著名商标。

2012年，在实施商标发展战略中，围绕“注册一个商标，带动一个产业，发展一方经济”的品牌发展理念，做到“一分局一标，一县一牌”，指导商标注册43件，全县共有商标注册145件。2013年，将“一分局一标，一县一牌”提升为“一乡镇一标，一分局一牌”，指导申请商标注册96件，全县共有注册商标321件。2014年，落实108件保护性注册的本土品牌文化资源商标申请，同时进入申请注册“大方漆器”“大方天麻”“大方皱椒”“大方豆制品”地理标志商标和争创“奢香夫人”驰名商标的实质性流程。2014—2015年，指导申请注册商标399件。全县累计注册商标543件。

六、广告管理

1990年起，开展《广告管理条例》宣传。1990—1992年，清除虚假广告514张，核准张贴广告166份，与县药检所查处虚假广告案1件。1992年，举办2期《广告管理条例》学习班，参加培训人员76人次。1993年，健全广告审查登记制度，核准户外广告67份，清除虚假广告168张，对广告经营单位进行年检换证，实行审查登记统一文本。

1995年，下发《关于开展打击违法广告行为工作的实施意见》，以多次违反广告法规的广告主、广告经营者、广告发布者为对象，检查以报纸、广播、电视、期刊和户外广告媒体为主，检查类别按广告法规经审批才能发布的特殊商品广告，即药品、医疗器械、行医、农药、兽医、招生、文艺演出及养殖、种植、保健品等广告。当年查处虚假广告2起，销毁348份。1996年，打击利用广告采取虚假降价、优惠销售等手段，误导、坑害消费者的行为。全年核准广告8件，查处销毁虚假广告349份。

1997年，对城关地区户外广告进行专项检查，查处违法违章广告9件，销毁虚假广告523份，责令消除医疗广告4561份、药品广告630份、食品广告12份、招工招生广告47份。1998—2000年，对广告经营单位进行资格年检，清理无照从事广告经营活动有8户。广告监管的重点仍为医疗、药品、招工招生等，查处违章广告案20件，销毁虚假广告2700多份。

2001年，开展“反误导、打虚假”广告专项整治行动，重点整治药品、医疗、保健食品、房地产等广告和致富信息。2002年，对乱张贴“性病医治”“保健药品”进行专项整治，拆除和销毁违法广告牌40多块，收缴违法印刷品广告5000多份。对房地产广告进行专项治理，检查房地产开发公司3家，立案查处价格有误导的房地产广告案1件。

2003年5月，针对一些企业和个人将假冒伪劣商品和低质服务通过广告推向市场牟取暴利的不法行为，开展广告经营主体的资格检查。2004—2007年，查处违法广告案件30件。

2008年，全县有广告制作经营户18户，营业额达204.5万元。县工商局广告协会选送37件广告作品参加毕节地区第三届广告作品创意大赛，获银奖1名、铜奖1名、优秀奖4名。

2010年，严厉打击广告违法行为，查办医疗广告案件4件。2012—2015年，查处广告违法案件18件。

七、经济合同管理

1987年，根据《国务院经济合同仲裁条例》和国家工商总局《经济合同组织规则（试行）》规定，县工商局成立经济合同仲裁委员会，组织对各工商所经济合同管理人员和企业相关人员进行培训，标志着全县经济合同管理工作走上正规化、规范化轨道。1988年，在企业中建立经济合同联络员制度，并在城关、坡脚、马场、鸡场、理化、六龙、百纳等区配备经济合同仲裁员。

1992年，与大方县矿产日杂经营部签订煤炭购销合同的开阳县上流钙镁磷肥厂，以转产为由拒付已验货入库的货款2.17万元。大方县两次派员赴开阳县调查并调解，此案经开阳县工商局协助办结，需方向供方付清2.1万元货款。5月，县工商局、城建局、建设银行联席会议决定，凡在县境内从事房屋建筑施工、设备安装、机械化施工、市政工程、装饰工程等施工企业和勘察设计单位与建设单位签订合同，必须先经城建部门进行审查，列入基建计划，经建设银行审查后向工商行政管理机关申请签证。工商部门对合同的合法性、真实性、可行性进行审查，对手续完备、内容合法符合签证条件的承包合同给予签证。是年，签证经济合同88份，金额572.7万元。其中，工矿产品购销合同1份、建设工程承包合同37份、企业承包合同7份、借贷合同43份。同年，为县内3家企业调解仲裁挽回经济损失12万元。

1994年，以马场镇为试点，指导农民与镇政府签订1.42万亩小麦种植合同、与烟草站签订900亩烤烟种植合同。抽查集体企业和私营企业经济合同720份，签约金额2018.8万元。全部履行合同632份，占87.7%；部分履行合同53份，占7.4%；违约合同35份，占4.9%。

1995年，指导19户私营企业和个体工商户签订和履行经济合同111份，金额3854万元，合同履约率100%。把7家私营企业和38户个体工商户列为“挂钩服务”单位，对签约金额较大的经济合同，由县工商局派员指导签订。在推行农商经济合同中，双山片区有2350户农户签订种植烤烟9537亩的合同，因遭受自然灾害，交售烤烟数量不足，与签约数相差较大，工商部门配合乡镇政府、烟草站进行调解，及时修订合同，将烟农损失降到最低点。按省、地工商局通知，各县工商局经济仲裁委员会不再受理新的经济合同仲裁案件。8月31日，各县工商系统经济合同仲裁委员会统一摘牌，全县经济合同仲裁工作终止。

1996年8月，部署打击合同欺诈专项执法行动，重点打击利用购销、建筑承包、信贷、加工承揽等合同进行欺诈的行为。全年指导签订农商合同250份，到233户企业检查签订合同的履约情况。1997年，县工商局与魔芋精粉厂、吉运水泥厂、猫场水泥厂、残疾人新兴制鞋厂等企业实行挂钩服务，帮助魔芋精粉厂办理动产抵押登记，解决贷款问题。1998年，加强对建筑工程承包合同及动产抵押登记监督管理，全年办理企业动产抵押物登记7件，抵押金额1.6亿元，贷款1.18亿元。1999—2001年，办理企业动产抵押物登记11件，登记金额3725.45万元，获得贷款1437万元。

2006年3月，在服务“三农”中实施订单农业帮扶工程。走访农产品加工企业3户，调查21个种植烤烟乡镇，登记已签订合同，对错误合同进行修改，规范签订的农业订单合同1000余份。2007年，为将县内农产品推向市场，工商行政部门举办120人的经纪人培训班，规范由经纪人牵线搭桥签订的农产品合同，提高农民涉农企业合同的法律意识和合同管理水平。

2009 年，加强合同示范文本的推广和格式条款备案工作。加大对拍卖活动的监管力度，维护重要生产资料、农副产品购销、加工承揽、旅游、中介服务等领域的经营秩序。2000—2012 年，县工商局集中对移动、电信、联通、供电、供水等公用企业合同格式条款使用单位开展全面检查。共检查合同格式条款 43 份，查出未依法备案以及存在违法内容合同 32 份，立案查办违法合同案件 11 件。

2012 年，工商部门创建诚信载体，用新举措强化格式合同备案，以商品房买卖合同备案为重点，全面推进合同监管。2015 年，强化合同监管工作，指导 51 户企业完成“守合同重信用单位”申报复核工作。

第六节　物价管理

一、价格管理

（一）产品价格管理

1. 农产品价格管理

1985—1988 年，根据国务院关于价格改革的部署，放开除国家定购品种以外的农副产品的购销价格，对猪肉、牛肉、家禽、鲜蛋和水产品实行政府指导价。1989—1991 年，对农副产品价格管理进一步放开，实行市场调节价格机制。1992 年以后，对关系人民基本生活的农副产品价格进行市场调查和监测。

2. 农资价格管理

1991—1994 年，化肥等农用物资实行供销社专营，政府定价。1995 年以后，化肥等农用物资市场全面放开，实行市场调节。

3. 电力价格管理

电力价格管理权属省、地物价主管部门，县级物价部门履行监管义务。1992 年 10 月—1994 年 3 月，大方县执行电价标准为居民生活用电和非居民生活用电每千瓦时 0. 26 元；商业用电每千瓦时 0. 29 元，普通工业用电每千瓦时 0. 21 元，排灌用电每千瓦时 0. 09 元。1994 年 4 月—2003 年 3 月，电价标准调整为居民生活用电每千瓦时 0. 31 元，非居民生活用电每千瓦时 0. 37 元，商业用电每千瓦时 0. 34 元，普通工业用电每千瓦时 0. 31 元，大工业用电每千瓦时 0. 3 元，排灌用电每千瓦时 0. 09 元。2003 年 4 月—2007 年 10 月，电价标准调整为居民生活用电每千瓦时 0. 4 元，非居民生活用电每千瓦时 0. 57 元，商业用电每千瓦时 0. 81 元，普通工业用电每千瓦时 0. 47 元，大工业用电每千瓦时 0. 34 元，农业生产用电每千瓦时 0. 35 元，排灌用电每千瓦时 0. 2 元。2007 年 11 月—2009 年 10 月，电价标准再次调整为居民生活用电每千瓦时 0. 46 元，非居民生活用电每千瓦时 0. 71 元，商业用电每千瓦时 0. 92 元，普通工业用电每千瓦时 0. 57 元，大工业用电每千瓦时 0. 43 元，农业用电每千瓦时 0. 38 元，排灌用电每千瓦时 0. 23 元。2009—2015 年，电价标准调整为居民生活用电维持不变，非居民生活用电每千瓦时 0. 78 元，商业用电每千瓦时 0. 91 元，普通工业用电每千瓦时 0. 65 元，大工业用电每千瓦时 0. 48 元，农业用电每千瓦时 0. 41 元，排灌用电每千瓦时 0. 26 元。

4. 成品油和民爆器材价格管理

成品油价格定价权属省物价局，县物价局定期或不定期对成品油销售供应站点进行检查监控，对价格违规的进行处罚，稳定成品油市场价格，保证成品油正常供应。民爆器材属于高危产品，县物价部门配合公安、工商等部门加强检查和监督，并根据国家政策监管价格，同时监管安全销售。

（二）行政事业收费价格管理

1993 年 2 月，根据省物价局、省财政厅通知精神，县物价局按照规定的程序和办法，办理收费许可证，并开展收费许可证年审，年审合格率 80% 以上。对存在问题提出整改意见和跟踪检查，有效遏制乱收费行为。

从 1995 年 1 月 1 日起，《贵州省行政事业性收费管理条例》正式施行，大方县物价局开展各行业、各部门的行政、事业性、经营性收费的管理工作。

2002 年，按照省政府安排，县物价、财政、农业、农办、监察 5 个部门对涉农收费项目进行清理，取消不符合规定、不合理的收费 28 项，保留收费项目 82 项。对符合规定的收费项目严格审批，并办理收费许可证进行管理。

2006 年 5 月，省教育厅、纠风办、监察厅、物价局、财政厅、审计厅、新闻出版局联合行文对教育收费进行治理。对农村义务教育阶段实行“一费制”，取消学杂费，只代收课本费、作业本费和寄宿生住宿费。对公办高中招收择校生严格限分数、限人数、限钱数，不允许在择校生以外以非计划生、自费生、旁听生等其他名义招收学生。2009 年，义务教育阶段实行全免费，大方县严查中小学收费，收回原义务教育阶段的收费许可证。

2010 年，财政部、国家发改委公布取消 100 项行政事业性收费，贵州省同时取消省级设立的行政事业性收费项目 49 项，大方县物价局根据取消的收费项目情况要求相关单位换领收费许可证，并对取消的收费情况进行检查。2011 年，为优化投资环境，规范收费行为，按照毕节地区物价局的通知精神，取消收费项目 117 项，实行收费优惠 13 项，停止征收 5 项，降低收费 6 项，行政事业性收费转为经营性收费 6 项。至此，全县行政事业性收费项目涉及 21 个部门共 70 个收费项目。

2012 年，取消行政事业性收费 15 项，免征行政事业性收费 15 项。2013 年，取消行政事业性收费 36 项，降低收费项目 12 项。2014 年，取消行政事业性收费 6 项，免征行政事业性收费 13 项，转为经营性收费 1 项。

2015 年，取消行政事业性收费 31 项，免征 11 项，对小微企业免征行政事业性收费 28 项，降低收费项目 3 项，转为经营服务性收费 10 项。全县统一停止收费许可证年度审验。从 2016 年起，全县统一取消收费许可制度。

（三）价格听证

2004 年 10 月，对县自来水公司水价组织听证，结果为居民生活用水、行政事业用水、工业用水、经营服务用水和特种行业用水分类定价。2005 年，对大方一中作为示范性高中招收择校生收取择校费进行听证，确定收费标准为每生三年 6400 元。2007 年 8 月，对竹园乡自来水供水价格进行听证，确定分类定价并相比县城略低。2008 年 5 月，县物价部门主持大方县城生活垃圾处理费新增收费项目收费标准听证会，收费标准分类较细，除市民垃圾处理费外，还涉及机关企事业单位、学校、医院等不同的收费，特别是对铺面等经营性场所分类更细。2009 年，对大方县城生活垃圾处理费收费项目和标准有关事项进行公开听证，是年 4 月，县人民政府行文批准执行。2011 年 6 月和 11 月，分别对出租车运营价格和贵州宣慰府景点价格组织听证。

二、价格检查和监督

从 1990 年起，根据《关于商品和服务实行明码标价的规定》，要求全县城乡商店、门市执行明码标价的规定。定期或不定期对经营单位进行检查，重点检查与人民群众生产生活密切相关的农资产品、粮油、服装、鞋类等商品的明码标价，杜绝不正当的价格欺诈行为，规范市场秩序。

从1998年5月1日起，《中华人民共和国价格法》施行，县物价局组织实施政府和上级物价部门下达的定价、调价任务，抓好经常性的市场物价检查及专项检查，定期督查各行政事业单位及涉农收费执行情况，查处群众举报的价格违法案件。

2002年，开展涉农收费检查，清退价格违法资金17.15万元，行政处罚1万元。同年，开展工商集贸市场收费专项检查和下岗职工再就业收费检查。2003年，开展元旦、春节期间市场价格检查工作，查处价格违法案件3件。对农业生产性费用进行专项检查，对违反规定的单位行政处罚2514元。在全县教育收费专项检查中，查处价格违法案件44件，清退违法资金13.16万元，行政处罚6.55万元。在成品油价格检查和农民建房收费检查中，分别查处价格违法案件4件和2件，并对收到的53件价格举报案件进行调查和查处。

2004年元旦、春节期间，开展市场价格监督检查，检查车站3个、车辆300多辆，个体工商户200多家，发放标价签3万多张。根据抗击“非典”和禽流感防治的需要，加强市场价格监督检查，维护市场物价稳定，对全县粮油及生活必需品从价格进行监测，并对因“非典”影响的行业减免行政事业性收费，经查共减免10.4万元。是年，开展农业生产资料价格、电力价格、成品油价格检查和涉农收费、中小学收费、医疗服务收费和药品价格检查，其中，清退中小学违法收费3.01万元，查处医疗服务违法收费15.74万元。2005—2006年，价格检查的重点仍然是节日期间的市场价格欺诈、农资价格和涉农收费、教育收费和医疗服务收费等。

2007年，开展煤炭价格和涉煤收费专项检查，其中，查出国有地区煤矿4口煤井对外销售的9500多吨块煤未缴纳煤炭价格调节基金，县物价局责令补缴流失的煤调基金47.91万元。全年共受理价格举报案件17件（含咨询4件），其中，客运车辆营运票价7件，农民建房2件，电力价格2件，医疗服务价格2件，学校收费1件，成品油价格3件。

2008年雪凝灾害期间，采取临时价格干预措施，对重点商品实行调价备案制，加强价格监督检查，严厉查处各种扰乱粮油市场价格秩序的行为，加大对生猪生产、屠宰、销售环节的监管，对取消和降低收费标准的严格执行，并实行收费公示制度，亮证收费。在中秋、国庆期间，开展“两节”市场价格检查，检查零售商户958家、月饼生产批发和零售商户52家、农副产品和粮油肉副食品商户182家，对其中21家明码标价不规范、未明码标价的商户作了处理。2009—2010年，价格监督围绕农资市场、电力价格、明码标价和涉农收费等开展，在涉企收费检查中，重点检查擅自设立收费项目、制定收费标准、提高收费标准、扩大收费范围、超越收费时限或增加收费频次、继续延用明令取消的收费项目、重复收费或分解收费项目多收费等，规范县内涉及收费的行为，创造良好的投资环境。

2011年，根据省物价局、省消费者协会关于推进明码实价工作的通知，对城区各条街道超市、商场、零售商户、宾馆、酒店、餐饮业进行明码实价宣传活动，倡导明码实价的推行。共受理价格举报案件22件，包括客运票价、食盐价格、成品油价格、农网改造收费等。2012年，深入推进商品明码标价，规范市场秩序。共受理价格举报案件18件，涉及客运票价、医药收费、食盐价格、教育系统收费等，其中医疗收费占比较高。2013年，全面清理整顿县内药品销售行业和医疗卫生行业，进一步规范医药卫生市场。受理价格举报案件21件，涉及食盐、天然气、医疗等领域，其中食盐价格举报占比较高。

2014—2015年，开展涉农、涉企收费清理工作。受理价格举报案件31件，主要涉及医药、食盐和停车场收费。

2015年，进一步规范收费行为，核实各单位收费项目的范围、标准及监督管理。受理认证128件，认证金额252.2万元。开展节日期间市场监管和检查工作，维护全县节日期间市场价格稳定。定期开展重要商品的价格监测，规范房地产市场明码标价工作。开展医疗服务、教育收费等专项检查。组织完成成本监审工作，开展农产品成品调查。

三、煤炭价格调节基金管理

2004年12月，根据《贵州省煤炭价格调节基金征集使用管理办法》，成立县煤炭价格调节基金委员会，下设办公室在县物价局，负责全县煤炭价格调节基金日常管理工作，煤炭价格调节基金专用票据的发放审核，各类数据的收集上报，煤炭价格调节基金的使用、立项及监督管理等。煤炭价格调节基金征收标准为：原煤（含洗混煤）每吨30元，洗精煤（含无烟块煤）每吨50元。是年12月，征收煤炭价格调节基金14.85万元。

2005年，征收煤炭价格调节基金978.74万元。是年6月，代征手续费调整为5%。同年，从煤炭价格调节基金中划拨200万元，加上地区补助60万元，用于解决部分困难群众生产生活用煤问题。2006年4月起，县物价局开始进行煤炭价格监测，每月定期上报煤炭价格监测情况和监测分析。2007年7月1日起，全省煤炭价格全面放开，电煤不再执行政府指导价格。2006—2007年，共征收煤炭价格调节基金6263.92万元。

为防止煤炭价格调节基金的漏征和流失，杜绝假借电煤之名外销煤炭，确保电煤供应，县煤炭价格调节基金管理委员会决定，从2008年6月1日起，对大方电厂发电用煤统一征收煤炭价格调节基金，并实行先征后返。根据毕节地区煤炭价格调节基金管理委员会文件精神，从2008年8月1日起，明确煤炭价格调节基金征收标准按品种确定，在征收煤炭税费时一并收取，原煤（含选混煤）、洗精煤（含无烟块煤）、焦炭均为每吨50元。从2008年12月1日起，大方县煤炭价格调节基金征收标准由每吨50元暂调为每吨30元。2009年6月15日—9月30日，根据地区通知，大方县暂缓征收煤炭价格调节基金，实际从9月1日起恢复征收，仍按每吨30元计征。2008—2009年，共征收煤炭价格调节基金2998.67万元。

2010年1月1日起，根据省的通知，煤炭价格调节基金恢复原粉煤30元、块煤50元的计征标准。25日起，调整为粉煤、块煤均为50元的计征标准。11月底，县工能局行文，将大方县煤炭价格调节基金征收标准调整为每吨100元，与之后毕节地区煤调委从2011年2月1日起执行的新标准相一致。全年征收煤炭价格调节基金6260.89万元。2011年9月，按省人民政府办公厅的通知，煤炭价格调节基金管理委员会办公室建制从物价部门调整到相应的经济和信息化部门，煤炭价格调节基金征收由原来的从量计征改为从价计征，按省地县三级6∶1∶3的比例解缴。

2012—2014年，征收煤炭价格调节基金分别为503.07万元、513.7万元和609.93万元。

2015年，征收煤炭价格调节基金480.69万元。

第七节　质量技术监督

一、计量管理

计量管理通过统一计量制度，开展量值传递检定测试，保证量值一致。1992年，县计量检测所建立四等大砝码标准装置。1996年后，在“3.15”活动、“质量月”活动、“世界标准化日”等活动中，宣传计量法、产品质量法、标准化法、特种设备安全监察条例等法律法规，培训企业和小作坊从业人员，深入到乡镇、企业、个体户开展计量管理监督检查和强制周期检定。同年，燃油加油机从质量计量演变为体积计量，县质量技术监督管理部门对改制进行监管。2002 年，对全县计量器具进行普查，普查统计数据为 3.01 万台（件）。2005 年，对计量器具实施动态管理，共登记计量器具 402 台，建立计量标准技术档案。1996—2013 年，开展对工业、贸易、医疗卫生等器具的管理、检测和监督。1996 年，强制检定加油机 20 台、衡器 24 台、台秤 79 台。2002 年，检定的加油机增加到 60 台、衡器 55 台、台秤 198 台。2007 年，检定加油机 250 台、衡器 290 台、台秤 28 台、压力表 42 只。2000—2013 年，在烟叶收购期间，检查烟叶收购点，对损害烟农利益的计量违法行为进行查处。2014—2015 年，开展“计量惠民生”专项行动计量检定，共检定压力表 510 块次、加油机 769 把次、衡器 583 台次。

二、质量监督与质量管理

1992 年 7 月，县标准计量局更名为县技术监督局，职能从计量管理、标准化管理扩大到质量监督与管理。2005 年，对辖区内 132 家食品生产加工企业进行调查摸底，并签订食品安全责任书或食品安全承诺书，检查糕点加工店 18 家，完成产品质量抽查样品 90 个，配套省地质量技术监督局完成定检样品 83 个，对 2 个产品质量不合格企业进行处理。

2006 年，利用 2005 年建立的食品质量安全监管网络，监督检查 31 家食品生产企业，抽取 7 个品种计 61 个样品送检，合格 56 个，合格率 91.8%。2007 年，辖区内 6 家食品生产企业均取得食品生产许可证，并在产品上加贴 QS 标志。在全县 205 家食品生产小作坊中，要求符合条件的 5 家签订质量承诺书，对无证无照的 199 家和禁止产品目录内的 1 家共 200 家小作坊予以取缔，对其他 2 家无生产许可证的酱油、食醋生产作坊进行查处，没收销毁酱油、食醋 450 公斤，责令停业生产。

2008 年，对县内烟水配套工程、城区西大街改造工程使用建材质量进行监督，共抽取 27 个规格的镀锌管和 PE 塑料管监督样品 70 个，涉及产品货值 1268 万元。按照食品生产许可证获证企业的监管要求，检查生产企业 15 家、销售企业 157 家，查出 20 家销售有质量问题的奶粉 937.4 公斤，价值 10.28 万元。

2009 年，开展产品质量定期监督抽查，抽取工业产品及食品样品 124 个批次，确定检样 43 个批次，合格 40 个批次，不合格 3 个批次，检样合格率 93.02%，按照产品定检不合格后的处理程序要求，对 3 家企业进行处理。监督检验样品 81 个，其中，水泥检样 9 个批次，建筑用砖检样 48 个批次，食品检样 23 个批次，磷肥检样 1 个批次，合格 79 个批次，合格率 97.53%。2010 年，对 13 家食品生产企业抽取 10 个品种 76 批次进行送检，合格 73 批次，合格率 96.05%。2011 年，组织抽检工业产品 48 批次，合格 46 批次，合格率 95.83%。

2012 年，抽取辖区生产水泥 21 批次、化肥 2 批次、液化石油气 4 批次、建筑用砖 65 批次，共 92 批次工业产品送法定检验机构进行检验，合格 90 批次，合格率 97.82%。2013 年，对建材产品进行专项抽检，抽取样品 208 批次，其中，建筑用砖合格率 94.17%，水泥合格率 90%，钢筋合格率 100%，建筑用砂合格率 94.44%。2014 年，抽取水泥、水泥包装袋、化肥、钢材、建筑用砖、蒸压加气混凝土砌块、建筑用砂等共 136 批次的工业产品送检，合格率 98.5%。2015 年，抽取化肥、混凝土普通砖、塑料管材、纸巾纸、钢筋等产品送检，合格率 100%。

三、标准化管理

1996—1999 年，县内标准化管理工作重点对化肥、饲料等产品标准执行情况进行监督检查。

1996年起，对企业产品标准进行登记备案，当年审核企业产品标准34户41个产品。对种子、化肥、农药、农膜等4种产品实施售前报验。2000年，在原来无标准登记备案台账的情况下，分类整理出产品标准台账，清理出企业产品执行标准38个。

2001—2004年，对照国家标准、行业标准、地方标准最新目录，对执行国家标准的30个产品进行时效性检索，确认执行原标准的产品25个，调整执行新标准的产品5个。截至2005年，共登记标准67个，备案标准19个，确认标准23个。从2003年开始，在全县开展农业标准化宣传，探索农业标准化的制定，推广无公害农产品标准。

2006年，围绕县内重要农产品，为标准化示范工作的开展创造条件，推进农业标准化工作。2006—2007年，开展县内生产企业产品执行标准清理复审工作。对19家企业的25个产品标准进行时效性确认，确保企业执行标准有效。2008年，对县内20家生产企业、4家小作坊产品执行标准进行清理复审。全年新登记执行标准10个，备案食品标签23个，3家企业开展商品条码续展工作。

2010年，对《贵州省大方县优质综合标准体系》《大方县天麻质量标准》地理标志保护产品标准进行修改完善。2011年，办理标准登记5个，产品标准覆盖率在备案生产企业中达到100%。2012年，申报"大方皱椒农业标准化示范区""大方天麻地理标志产品"建设项目。2013年，推进县天麻种植标准化示范区建设，指导县百里花食品有限公司开展产品标准化建设。完成县内5家企业的6个标准登记工作。2014年，建立和完善大方天麻种植技术标准体系框架图，指导6家企业将8个产品执行标准上传至企业产品标准信息公共服务平台。2015年，组织专家对《大方天麻种植技术标准体系》进行修订，进一步完善以技术标准、管理标准、工作标准为主要内容的大方天麻标准体系。

四、特种设备安全监察

1999年前，大方县特种设备安全监察机构设在县经济贸易局下属的安全监察站，承担锅炉、压力容器、电梯、防爆电器等特种设备的管理职能。之后，其职能、机构等统一划归质量技术监督局，负责特种设备安全监察的日常工作，包括检查相关单位和人员的持证情况、办理使用登记手续的情况，按期主动申报检验并建立健全安全生产责任制。

2004年，组织实施6次安全大检查，下达安全监察指令书9份，排除安全隐患9起。普查液化石油气钢瓶2258只、永久性钢瓶584只。全县6家石油液化气经营单位、3家氧气经营单位全部完成产权转移或托管工作。2005年，完成县内压力管道检验治理1.6千米。2006年，指导帮助4家重大危险源单位制定应急救援预案，并组织实施重特大事故应急救援演练。

2007年，对12家特种设备使用单位下达安全监察指令书16份，发展兼职安全监察员36人、信息员48人。2008年，检查企业200余家次，检查特种设备793台，液化气瓶5000余只，重大隐患查处率100%。

2009年，开展特种设备安全"执法行动、治理行动、宣传行动"工作，特种设备安全"进学校、进企业、进社区"活动，结合"质量安全年""安全生产月"等活动的开展，增强全社会特种设备安全的法制意识、防护知识和社会监管的责任意识，营造全社会关心特种设备安全的氛围。全年检查企业120家，检查特种设备323台，液化气瓶1761只。2010年，对139家企业，以及城乡结合部的企业进行重点排查，检查各种设备257台次，加强对重点工程建设工地特种设备的安装、使用情况进行监督，完成施工现场28台压力容器、6台起重设备的告知、检验、注册登记。

2011年，将特种设备安全目标进行细化分解，落实目标责任制。对城区住宅小区在用电梯和商用电梯进行安全大检查，重点检查电梯定期检验情况、安全管理情况、维护保养情况。开展液化石油气钢瓶专项整治，对充装站采取驻站监督，对发现的超使用年限钢瓶，安全状况不明以及瓶体腐蚀明显的钢瓶，采取措施报废。2013 年，检查企业 151 家次，下达特种设备安全监察指令书 32 份。检查锅炉 20 台、气体充装厂 3 家、起重机械 25 台、压力容器 18 台、电梯 38 台，责令存在安全隐患的 5 家限期整改。对县内重点工程工地、气瓶充装站、检验站等重点单位进行专项检查，检查特种设备生产、使用单位 63 家次，各类设备 105 台次。配合技术机构对县内锅炉、压力容器、电梯、起重机的检验，确保特种设备安全运行。2014—2015 年，共检查特种设备生产、使用单位 441 家次，检查各类设备 813 台次，督促企业整改，消除隐患 84 个。

第八节　安全生产监督管理

一、煤矿安全生产监督管理

县境内煤炭资源丰富，低灰、低硫、高发热量的优质无烟煤总储量为 102 亿吨，其中上表储量为 53.02 亿吨，大方县具有“江南煤田”之誉，是全国 200 个重点产煤县之一。截至 2015 年，全县共有煤矿 49 个。因境内地质结构复杂，煤矿的开采均为井下开采方式，煤矿多为高瓦斯矿井，瓦斯事故、冒顶、地质灾害等煤矿安全隐患较为突出，煤矿安全生产监管责任繁重。大方县煤矿安全监管工作由县安全监管局下设二级局——县煤矿安全生产监督管理局，根据县域煤矿分布情况实行划片区监管，由 1 个督查分局、1 个国有煤矿监管分局和 3 个片区煤矿安全监管分局开展监管工作。

2006 年，针对各领域和行业安全监管存在的突出问题，相关职能部门联合集中开展以煤矿安全为重点的安全生产专项整治行动。2007 年，启动安全生产隐患排查治理和煤矿整顿关闭工作，按照“责任、措施、资金、期限、预案”五落实的要求督促煤矿企业认真整改，建立隐患排查治理长效机制。

2008 年，县委、县人民政府制定《大方县 2008—2010 年煤矿安全生产攻坚行动意见》，并实行由县直单位包保、副科级以上领导干部驻矿和县安监局分片区监管包保责任制。

2009 年，县人民政府进一步完善煤矿隐患排查治理体系，对煤矿行业的安全生产隐患督促检查、隐患跟踪治理、销号、重大事故隐患整改挂牌督办、重大安全事故隐患公示等予以明确，组织研究审定《大方县安全生产隐患排查记录簿》《大方县安全生产重大事故隐患治理措施登记簿》《大方县煤矿前探记录登记簿》《大方县煤矿安全检查表》等一套系统完整的检查流程表，推行检查、整改、复查、存档、考核管理，做到事事有标准、处处有规范，从源头上消除不安全行为。建立县煤矿法人离岗备案管理制度、矿级领导入井带班制度和煤矿企业工程师“黑名单”制度。

2010 年，组织开展煤矿安全生产“强基”活动，放大、辐射大矿的先进管理理念和安全文化，以大矿之长，补小矿之短。统一组织全县小矿法人代表、乡镇分管领导、县煤矿安全监管人员到五凤煤矿、绿塘煤矿进行为期 7 天的跟班学习，全程参与大矿的安全生产例会、班前会、分析会，每天跟班下井学习现场管理、隐患排查、顶板管理、水害防治等。6 月，制定大方县煤矿企业出入井人员检身登记册等表册，规范统一煤矿企业表册的使用，全面推行煤矿精细化管理。其中，《大方县煤矿企业出入井人员检身登记册》《大方县煤矿企业矿灯发放登记册》《大方县煤矿企业班前会议记录册》《大方县煤矿企业负责人及管理人员轮流带班下井记录》《大方县煤矿前探钻杆现场清点登记册》《大方县煤矿前探记录登记簿》《大方县煤矿瓦斯超限处理记录登记册》，从 1 日起正式启用，达到全县煤矿行业表卡册统一的要求。

2011 年，建立煤矿专家会诊制度。整合全县煤矿和监管部门技术力量，聘请“采、掘、机、运、通”方面的专业技术人员组成专家组，对全县 26 个煤矿企业进行全方位的“会诊把脉”，对煤矿企业矿井生产系统（包括采煤、掘进、机电、提升运输、一通三防、供电、排水、监测监控、技改工程等）进行全面现场排查“会诊”，帮助煤矿企业找准问题和不足，制定切实可行的安全隐患排除治理建议和措施，提高煤矿安全生产水平和现场管理水平。

2012 年，大方县建立煤矿安全程度动态登记评估管理制度，将国有煤矿和乡镇煤矿分开评比，每两月评估 1 次。根据评估周期内国家、省、市、县各级各有关部门对煤矿企业进行安全检查时下达的全部执法指令进行评分，评比内容包含煤矿安全管理、采煤、掘进、机电、运输、通风、防治瓦斯、防治水及防灭火、职业危害、调度指挥及应急救援等 10 个专项，根据动态等级评估结果，实行相应的奖惩。

2013 年，对煤矿等重点行业领域开展质量标准化建设，严格标准化管理，以点带面规范煤矿安全监管基础工作。督促指导建成煤矿一级质量标准化矿井 4 个，二级质量标准化矿井 4 个，三级质量标准化矿井 19 个，建设矿井按建设进度达标。2014 年，督促指导建成煤矿一级质量标准化矿井 4 个，二级质量标准化矿井 5 个，三级质量标准化矿井 21 个，建设矿井按建设进度达标。2015 年，生产矿井安全质量标准化 100% 达到三级及以上标准。

2015 年，开展煤矿安全生产“自证合法”工作，出台《大方县安全生产委员会关于贯彻落实〈毕节市安委会关于加强煤矿安全生产关键环节管控的通知〉的实施意见》等一系列相关文件和实施细则，对全县煤矿实施煤矿安全生产关键环节管控“自证合法”进行逐矿考评，并对煤矿进行挂牌管理，凡达不到要求的，对煤矿矿长或工程师等矿级管理人员安全资格证进行扣分，扣完 12 分的，列入黑名单进行管理，对煤矿一律停产整顿，直至整改合格为止。

二、煤矿安全事故检查

2008—2015 年，出动执法人员约 4.85 万余人次，共检查矿井 9600 余矿（次），查出隐患 12.1 万余条，整改率为 100%。

2008 年，全县发生煤矿生产安全事故 7 起，死亡 10 人，生产煤炭 250 万吨，煤矿百万吨死亡率为 5%。2009 年，发生煤矿生产安全事故 8 起，死亡 9 人，生产煤炭 352 万吨，煤矿百万吨死亡率为 2.5%，较大事故得到有效遏制。2010 年，发生事故 2 起，死亡 2 人，生产煤炭 392 万吨，煤矿百万吨死亡率为 0.51%。2011 年，发生煤矿生产安全事故 1 起，死亡 1 人，煤炭产量 540 万吨，百万吨死亡率 0.18%。2012—2015 年，连续 4 年零事故、零死亡。

2008—2011 年大方县煤矿安全事故一览表

表—9－2－8－1　　单位：万吨、起、人、%

年份	原煤产量	事故起数	死亡人数	百万吨死亡率
2008	250	7	10	5.00
2009	352	8	9	2.50
2010	392	2	2	0.51
2011	540	1	1	0.18

三、非煤矿山安全监督管理

县内非煤矿山主要以石灰石、大理石、硫铁矿等矿山为主。县境内喀斯特地貌发育，地表蕴含丰富的石灰石、大理石、硫铁矿等矿产，大多以独立的小山丘形式存在于地面，表面覆盖土层较薄，较容易开采。石灰石建材矿山等非煤矿山多为露天开采，少部分硫铁矿和硫精砂矿采用井下开采。

2005—2009 年，全县累计发生非煤矿山事故 13 起，占事故控制指标的 86.67%；累计死亡 15 人，与死亡控制指标持平；累计造成直接经济损失 380 万元。

2012 年前，85% 的非煤矿山达到三级以上安全生产标准化水平。2012 年，大中型非煤矿山企业达到二级以上安全生产标准化水平，全面推进地下矿山安全避险六大系统建设，创建示范矿井，推动地下矿山企业按要求、按时限时完成建设任务。地下矿山企业安全避险六大系统建设完成率达到 90% 以上。露天采石厂推进中深孔爆破，机械铲装和液压二次破碎技术，矿山开采严格按自上而下的台阶式分层开采。地下矿山重点推广尾砂充填技术、地压和采空区监测监控技术，露天矿山重点推广高陡边坡监测监控技术。严格安全许可，对低于属地最小开采规模的最低服务年限标准的非煤矿山企业，不予延期换发安全生产许可证，对新建项目不予审批发证。组织开展地下矿山防中毒、露天矿山采场和排土场边坡专项整治，对通风系统、局部通风机使用情况进行全面检查，严防事故发生。

2008—2012 年，非煤矿山监管依据《中华人民共和国安全生产法》《中华人民共和国矿山安全法》，严格复工、复产程序，对不按照开采设计方案进行施工的企业依法给予查处，对井下开采的非煤矿山企业，加强顶板、瓦斯、防水、通风等方面的管理。2013—2015 年，非煤矿山安全监管工作结合不同时段、时令特点，采取包保组分片包保，以明察、暗访、交叉检查、日常监管等方式开展执法检查。2010—2015 年，共出动执法人员 1460 人次，检查企业 486 家次，查出并督促整改隐患 1763 条，整改率 100%。2015 年，全县有非煤矿山企业 129 家。是年，非煤矿山安全监管实现零事故、零死亡和零经济损失。

四、危险化学品及烟花爆竹安全管理

县内危险化学品及烟花爆竹行业涉及的企业多、范围广、分布散，监管难度较大。全县涉及危险化学品及烟花爆竹生产经营单位 355 家，其中，以中石油和中石化加油站为主的生产经营单位 41 家，烟花爆竹批发企业 2 家、零售户 312 家。县安监部门按照“标本兼治，重在治本”的要求，严格依照危险化学品及烟花爆竹安全生产的相关法律法规和行业标准进行监管。

2008—2012 年，累计检查企业 8100 余家次，查出隐患 9500 余条，全部进行整改。2013—2015 年，累计开展危险化学品及烟花爆竹安全生产执法检查 526 次，排查隐患 2801 条。对不符合安全生产条件的烟花爆竹零售许可、乙类危险化学品经营许可，不予换证并要求停产整顿。2008—2015 年，累计审查换证化学品经营许可证 83 家，累计延期办理烟花爆竹安全生产许可证 1200 余家。全县 41 家危险化学品经营企业按照标准化建设要求开展安全生产标准化建设，均通过安全生产标准化三级评审。全县危化品和烟花爆竹生产经营单位没有发生任何生产安全事故。

五、职业卫生安全管理

全县存在职业病危害企业 135 家，其中，联营企业 1 家、事业单位 2 家、有限责任公司 18 家、国有企业 31 家、个人独资企业 19 家、股份有限公司 3 家、股份合作企业 2 家、私营企业 59 家。接触职业病危害的行业主要有房地产业、居民服务和其他服务业、卫生、社会保障和社会福利业、电

力、燃气及水的生产和供应、交通运输、仓储和邮政业、批发和零售业、采矿业和制造业。接触职业病危害因素人数2529人，其中，接触粉尘1620人，化学性物质342人，物理因素1001人，放射性因素40人，其他37人。

县卫生、安监、工会、劳动和社会保障、发改、工能等部门，确定以非煤矿山、水泥厂、化工、砂石厂、家具厂等5个行业作为申报工作的重点，从2008年起，督促企业组织从业人员进行职业健康体检。到2015年，进一步宣传贯彻《职业病防治法》，建立有效应对机制，共检查企业92家，查出146条隐患并全部督促整改，整改率100%。完成职业危害项目申报登记的企业有135家，有100余家组织完成从业人员体检工作，有100家企业与2000余名从业人员正式签订劳动用工合同，并按相关规定对从业人员进行职业危害告知，为从业人员购买工伤保险，有100家生产经营单位成立职业健康安全管理机构并进行备案。

第十篇

财政　税务　金融

第一章 财 政

第一节 财政收支

“八五”计划时期（1991—1995年），财政收支贯彻执行“治理经济环境、整顿经济秩序、全面深化改革”方针，开展“双增双节”运动。推广科学技术、支援农业生产、增强企业活力，重点发展粮、烟、畜、林、果、药、茶、桑及乡镇企业，巩固发展烤烟生产、矿产开发和发展畜牧业三棵支柱。加强资金管理、控制不合理支出以节约开支。实行适度从紧的财政政策，抑制通货膨胀，深化“分税制”财税改革，财政收入保持持续、协调、稳定增长。

1991年，财政收入3574.3万元，为批准预算数的103.93%，为调整预算数的105.5%，为1990年收入决算数的125.2%，加上上划企业返还收入424.4万元，定额补助收入1089.4万元，1990年结余63.3万元，财政总财力为5151.4万元。财政总支出5120.6万元，同比增长1.74%，收支相抵，滚存结余30.8万元。1992年，国家出台一些政策性减收增支措施，年初，羊场坝复烤厂撤销，财政减收320万元；基层供销社年利润基本达不到1.5%的利润，免收营业税，财政减收120万元。县级财政收入3625.7万元，为批准预算数的90.64%，为调整预算数的124.06%，同比增长1.44%，加上上划企业收入返还424.4万元，上级专款补助306.5万元，财政总财力为4356.6万元。财政总支出5568.3万元（含上级补助专款和上年结余），同比增长8.62%，为支出预算数的135.16%，为变更预算数的190.53%，减收增支因素给财政带来1211.7万元的缺口。1993年，因遭受自然灾害，造成烤烟减产、财政减收，财政总收入3851.1万元，为变更预算数的116.41%，比1992年增收225.5万元，增长6.22%，加上上级各项专款补助2300.8万元，财政总财力为6151.9万元。财政支出6272.9万元，同比增长12.65%。1994年，财政总收入3453.2万元，为变更预算收入数的112%，同比增长19.47%，加上财政收入、上级各项补助2987.1万元，财政总财力为6440.3万元。财政总支出7761.8万元，同比增长23.74%，收支相抵赤字1321.6万元，赤字原因主要是执行套改公务员工资增加财政支出1816.1万元。

1995年，财政总收入6068万元，占年度预算收入的128.8%，变更预算收入的101.98%，同比增长32.33%。其中县级财政收入4512.8万元，是1990年的1.39倍，年均增长6.81%。加上上级各项补助3076.3万元，县级财政总财力为7589.1万元，是1990年的1.46倍，年均增长7.9%。县级财政总支出8934.2万元，是1990年的1.84倍，年均增长12.98%。1995年收支相抵，赤字1345.1万元。

“九五”计划时期（1996—2000年），财政收支总的要求是保稳定、抓管理、促发展。围绕财源建设、税收征管、财政管理和严肃财经纪律四项工作，想方设法上建设、上速度、上效益、保后劲。实行适度从紧的财政政策，从严控制财政支出，保证重点急需开支，壮大乡镇财力，逐步消化历年滚存赤字。

1996 年，财政总收入 7888 万元，为预算数的 117.75%，为变更预算数的 106.76%，比 1995 年决算数增收 1938.8 万元，同比增长 31.95%，实现“九五”计划期间开门红。其中县级财政收入 6036.4 万元，为预算数的 116.04%，为变更预算数的 110.17%，同比增长 33.76%，加上上级各项补助 3750.8 万元，县级财政总财力为 9787.2 万元，同比增长 28.96%。县级财政总支出为 9586.9 万元，同比增长 7.31%，收支相抵，结余 200.3 万元，消化了 1995 年之前的部分赤字。1997 年，财政收入 1 亿元，为预算数的 113.74%，为变更预算数的 108.79%，比 1996 年决算数增收 2201.2 万元，增长 26.91%。其中县级财政收入 7781.6 万元，为预算数的 115.79%、变更预算数的 111.32%，比 1996 年决算数增收 1745.2 万元，增长 28.91%，加上上级各项补助专款 4772.4 万元，县级财政总财力为 1.26 亿元，同比增长 28.27%。财政总支出 1.24 亿元，同比增长 28.86%。收支相抵，净结余 200.1 万元，消化了 1996 年之前的部分滚存赤字。1998 年，财政总收入 1.17 亿元，为预算数的 106.72%，比 1997 年决算数增收 1659.2 万元，增长 16.58%。其中县级财政收入 8902 万元，为预算数的 106.47%，比 1997 年决算数增收 1120.4 万元，增长 14.4%，加上上级各项补助 6071 万元，县级财政总财力约为 1.5 亿元，同比增长 19.27%。财政总支出 1.47 亿元，同比增长 18.87%，收支相抵，净结余 257 万元，继续消化部分历年滚存赤字。1999 年，财政总收入 1.19 亿元，为预算数的 101.71%，比 1997 年决算数增收 200 万元，增长 1.71%。其中县级财政收入 8950 万元，为预算数的 101.07%，比 1998 年决算数增收 48 万元，增长 0.54%，加上上级各项补助 7061 万元，县级财政总财力超过 1.6 亿元，同比增长 6.93%。财政总支出 1.6 亿元，同比增长 8.98%，收支相抵，净结余 7 万元，用于消化历年滚存赤字。

2000 年，财政总收入 1.25 亿元，为预算数的 105.06%，比 1999 年决算数增收 600 万元，增长 5.06%，是 1995 年的 2.06 倍，年均增长 15.49%。其中县级财政收入 9487 万元，占预算数的 107%，比 1999 年决算数增收 537 万元，增长 6%，是 1995 年的 2.1 倍，年均增长 16.02%。加上上级各项补助 7899 万元，县级财政总财力为 1.74 亿元，是 1995 年的 2.29 倍，年均增长 18.03%。财政总支出 1.69 亿元，同比增长 5.42%，是 1995 年的 1.89 倍，年均增长 13.56%。2000 年收支相抵，结余 514 万元，继续消化部分历年滚存赤字，“九五”计划期末滚存赤字 838 万元。

“十五”计划时期（2001—2005 年），财税工作抢抓中央实施积极的财政政策和西部大开发战略的有利时机，加快经济发展。坚持“一要吃饭，二要建设”的原则，优化支出结构。发挥财政税收职能作用，正确处理改革、发展和稳定的关系，通过抓改革促发展、抓管理增效益、调结构保重点、强征管增税收、抓节支保平衡，深化完善县乡财政体制改革，调动乡镇增收节支积极性，财政收入稳定增长。中央逐年加大对人员工资、税费改革、民生保障、惠农补贴等转移支付力度，保证人员工资发放、机构运转和重点建设项目支出，推动经济发展和社会进步。

2001 年，财政总收入 14188 万元，为预算数的 107.76%，比 2000 年决算数增收 1220 万元，增长 9.79%。其中县级财政收入 1.05 亿元，为预算数的 111.23%，比 2000 年决算数增收 1014 万元，增长 10.69%，加上上级各项补助 1.27 亿元，县级财政总财力为 2.32 亿元，同比增长 33.39%。财政总支出约 2.32 亿元，同比增长 33.27%。2002 年，财政总收入 1.5 亿元，为预算变更数的 100.05%，比 2001 年决算数增收 1320 万元，增长 9.64%。其中县级财政收入 1.12 亿元，为变更预算数的 106.62%，比 2001 年决算数增收 747 万元，增长 7.11%，加上上级各项补助 1.86 亿元，县级财政总财力为 2.99 亿元，同比增长 28.74%。财政总支出超过 2.98 亿元，同比增长 28.69%，收支相抵，结余 38 万元。2003 年，财政总收入 1.5 亿元，为预算变更数的 100%，比 2002 年决算数增收 10 万元，增长 0.07%。其中县级财政收入 1.09 亿元，为变更预算数的 100.49%，比 2002

年决算数减收195万元，下降1.75%，加上上级各项补助1.92亿元，县级财政总财力为3.02亿元，同比增长1.06%。财政总支出约3.02亿元，同比增长1.12%。2004年，财政总收入1.74亿元，为变更预算数的103.21%，比2003年决算数增收2350万元，增长15.65%。其中县级财政收入1.24亿元，为变更预算数的99.48%，比2003年决算数增收1423万元，增长13.02%，加上上级各项补助2.28亿元，县级财政总财力为3.51亿元，同比增长16.6%。财政总支出约3.51亿元，同比增长16.57%，收支相抵，结余32万元。

2005年，财政总收入2.42亿元，为变更预算数的100.7%，比2004年决算数增收6800万元，增长39.15%，是2000年的1.94倍，年均增长14.15%。其中县级财政收入1.58亿元，为变更预算数的100.69%，比2004年决算数增收3429万元，增长27.75%，是2000年的1.66倍，年均增长10.72%，加上上级各项补助专款3.46亿元，县级财政总财力为5.04亿元，同比增长43.23%，是2000年的2.9倍，年均增长23.72%。财政总支出5.03亿元，同比增长16.57%，是2000年的2.98倍，年均增长24.43%，2005年收支相抵，结余59万元。“十五”计划期间，在保障各项支出的情况下，年年略有结余，累计消化历年赤字170万元。“十五”计划期末滚存赤字735万元。

“十一五”规划时期（2006—2010年），国家提出全面建设小康社会目标。大方县抢抓国家实施积极的财政政策和扩大投资、拉动内需的历史机遇，按照“重大项目拉动、招商引资带动、城镇经济推动”的战略思路，克服国际金融危机影响，全力发展开放型的县域经济。重点项目建设步伐加快，固定资产投资迅猛增长，以交通和水利为重点的基础设施得到改善，新型工业开始起步，第三产业迅速发展。煤炭、烤烟支柱巩固发展，大方火电厂等一批重大项目初见成效。财政不断发展，财政税收增长较快，中央转移支付力度不断加大，财政形势进入新的发展时期。稳步推进财政改革，初步建立与社会主义市场经济体制相适应的部门预算、政府采购等预算管理制度，提高资金使用效益。不断优化支出结构，加大对经济社会发展中薄弱环节的投入，压缩一般性财政支出，在保工资、保稳定、保法定支出的同时，集中财力支持重点项目建设。期间，中央“三农”等民生投入加大，扩大内需等转移支付增多，县级财政状况好转，财政收入和支出呈现较快增长。全县财政总收入从2005年的2.42亿元增加到2010年的11.8亿元，增长4.88倍，年均增长37.32%；全县财政支出从2005年的5.03亿元增加到2010年的25.32亿元，增长5.03倍，年均增长38.15%，比“十五”计划时期增速提高13.72个百分点。收支增长速度相适应，加大对“三农”、教育、卫生、社保、环保、科技等公共服务支出，落实民生和各项支农惠农政策；贵州宣慰府恢复重建、国有企业改革、交通水利建设、小土地开发、保障性住房、社会主义新农村建设和农村危房改造等重点建设项目支出得到保障。

2006年，财政总收入约3.3亿元，为人大变更预算数的100.28%，比2005年决算数多收8812万元，增长36.46%。其中县级财政收入2.1亿元，占变更预算数的100.1%，比2005年决算数多收5244万元，增长33.22%，加上上级各项补助专款4.04亿元、增消两税及所得税基数返还2841万元，县级财政收入总财力为6.43亿元。财政总支出6.41亿元，同比增长27.36%，收支相抵，净结余200万元。消化赤字200万元，加上2005年决算批复赤字535万元，财政历年赤字全部消化。2007年，财政总收入5.19亿元，为人大批准年初预算数的124.44%，为变更预算数的106.72%，比2006年决算数多收1.89亿元，增长57.27%。其中县级财政收入2.98亿元，为变更预算数的105.97%，比2006年决算数多收8815万元，增长41.29%，加上上级各项补助专款5.92亿元、增消两税及所得税基数返还3537万元和上年结余87万元，县级财政收入总财力为9.27亿元。财政总支出9.27亿元，同比增长44.31%，实现收支决算平衡。

2008年，财政总收入6.17亿元，剔除代收百里杜鹃管理区国税2718万元，实际收入约5.9亿元，占年初预算数的105.3%，比2007年决算数多收7104万元，增长13.7%。其中县级财政收入3.54亿元，剔除代收百里杜鹃风景管理区国税408万元，实际收入3.5亿元，占预算数的116.2%，比2007年决算数多收5197万元，增长17.41%，加上上级各项补助专款9.01亿元、增消两税及所得税基数返还3382万元，县级财政收入总财力为12.87亿元。财政总支出12.87亿元，同比增长39.51%，实现收支决算平衡。

2008年开始，支出科目发生重大变化，由之前的企业挖潜改造资金支出、科技三项费用支出、支援农村生产支出、行政事业费支出、其他支出等变为一般预算支出、支农专项支出、各项建设支出、专项支出、行政事业费支出。

2009年，财政总收入7.72亿元，为人大批准年初预算数的112.55%，比2007年决算数多收1.55亿元，增长25.12%。其中县级财政收入4.85亿元，为预算数的120.07%，比2008年决算数多收1.3亿元，增长36.78%，加上上级各项补助专款11.9亿元、增消两税及所得税基数返还3549万元、上年结算批复结余3508万元，县级财政收入总财力为17.46亿元。财政总支出17.46亿元，同比增长39.51%，实现收支决算平衡。

2010年，财政总收入突破10亿元大关，达11.8亿元，为年初预算数的132.6%，为变更预算数的112.81%，比2009年决算数多收4.08亿元，增长52.88%。其中县级财政收入8.46亿元，为预算数的151.64%，为变更预算数的116.66%，比2009年决算数多收3.62亿元，增长74.55%，加上上级各项补助专款16.47亿元、增消两税、所得税及燃油税返还3856万元，县级财政收入总财力为25.36亿元。财政总支出25.32亿元，同比增长45.07%，结余333万元。

“十二五”规划时期（2011—2015年），国家提出全面建成小康社会目标。大方县克服全球金融危机和自然灾害的影响，抢抓中央实施积极财政政策和西部大开发良机，实施“工业强县”战略，推进工业化、城镇化、农业产业化“三化”同步建设。通过直接贷款、BT项目融资、土地出让、争取各项专款及转移支付等筹措财政资金，财政收入大幅增长。推进财政体制改革和管理，强化税费征管，防止税费流失，在保工资、保运转、保稳定的基础上，强力推进工业园区和交通、市政等基础设施建设，“三农”、教育、科技、医疗卫生、社会民生保障、生态环境和农村基础设施建设等各项事业均衡发展，城乡面貌明显改善，人民生存环境和生活质量得到提高。

2011年，财政总收入19.6亿元，为年初预算数14.3亿元的137.06%，比2010年决算数多收7.8亿元，增长66.1%。其中县级财政收入15.02亿元，为年初人大批准预算数8.46亿元的146.27%，比2010年决算数多收6.55亿元，增长77.44%，加上上级各项补助专款15.83亿元和2010年决算批复结余1502万元，县级财政收入总财力为31亿元。财政总支出31亿元，同比增长22.42%，财政收支平衡。2012年，财政总收入30.7亿元，为调整预算数31.36亿元的97.89%，比2011年决算数多收11.1亿元，增长56.62%。其中县级财政收入25.37亿元，为调整预算数26.36亿元的96.27%，比2011年决算数多收10.31亿元，增长68.39%，加上上级各项补助专款26.73亿元，减去2011年决算批复赤字17万元，县级财政收入总财力为52.1亿元。财政总支出约52.1亿元，同比增长68.05%，收支相抵结余11万元。2013年，财政总收入38.8亿元，为人大批准预算数36.99亿元的102.89%，比2012年决算数多收8.11亿元，增长26.43%。其中县级财政收入32.11亿元，比2012年决算数多收1.42亿元，增长4.62%，加上上级各项补助专款24.81亿元，县级财政收入总财力为56.92亿元。财政总支出56.92亿元，同比增长9.26%，收支平衡。非税收入占比大，税收收入占比小，收入结构不合理。非税收入占财政总收入、地方财政收入和公共财政收入的比例分别为71.89%、85.22%、62.88%，其中土地出让收入占非税收入的69.18%；税收收入占财政总收入、地方财政收入和公共财政收入的比例分别为28.11%、33.32%、37.32%。税收受政策、市场和自然因素影响，同比下降8.72%。2014年，财政总收入35.36亿元，为人大批准预算数49.21亿元的71.84%，为调整预算数34.71亿元的101.86%，比2013年决算数减收3.11亿元，下降8.17%。其中县级财政收入28.1亿元，为人大批准预算数42.06亿元的66.8%，为调整预算数27.83亿元的100.97%，比2013年决算数减收4.01亿元，下降12.48%，加上上级各项补助专款26.46亿元、转贷财政部代地方政府债券收入2306万元，减去2013年决算批复赤字1276万元，县级财政收入总财力为54.67亿元。财政总支出54.48亿元，同比下降4.29%，收支相抵结余1866万元。面对国内经济下行、财源基础薄弱、收支矛盾突出、资金调度困难、还债压力加大等困难，虽然财政总收入有所减少，但是收入结构得到改善，质量得到提高，税收收入占公共财政收入的37.92%，同比增长0.6个百分点。支出结构得到优化，公共财政支出39.09亿元，按常住人口计算，人均5311元。

2015年，县级财政总收入25.83亿元，比2014年决算数减收2.27亿元，下降8.09%。加上上级各项补助专款27.15亿元、新增地方政府一般债券收入13.07亿元、调入资金273万元，县级财政总财力为46.08亿元，同比下降15.71%。财政总支出51.65亿元，同比下降5.2%，收支相抵，赤字5.57亿元，加上滚存结余1691万元、地方政府一般债券收入结余－82万元，赤字5.4亿元。财政收入虽然减少，但收入质量显著提高，税收收入占79.23%，非税收入占20.77%；严格支出管理，提高使用效益，落实厉行节约各项政策，“三公”经费同比下降26%，提高结余资金使用效益，全年收回部门预算存量资金3.74亿元，盘活财政存量资金，清理干部职工借款余额3.54亿元，收回2839万元；优化支出结构，民生保障能力加强，文化教育事业公用经费投入9311万元，营养餐补助资金8178万元，惠及12万名学生；社会保障水平得到提高，全年拨付社会资金5.87亿元；落实支农惠农政策，城乡统筹发展取得实效，投入一事一议财政奖补资金4039万元，整合部门资金2824万元、融资7071万元，专项用于“四在农家·美丽乡村”基础设施建设。财政总收入25.83亿元，是“十一五”规划期末2010年的1.32倍，年均增长5.67%；是“七五”计划期末1990年的79.54倍，年均增长19.13%。财政总财力46.08亿元，是“七五”计划期末1990年的88.81倍，年均增长19.66%。财政总支出51.65亿元，是“七五”计划期末1990年的106.42倍，年均增长20.53%。

1991—2015年大方县财政总财力收入结构一览表

表—10－1－1－1　　　　单位：万元

年份	县级财政总财力	其中					
		县级财政收入	上级专款	税收返还	定额补助	地方政府债券收入	上年结余
1991	5151.40	3214.3		424.40	1089.40		63.30
1992	4356.60	3625.70	306.50	424.40			
1993	6151.90	3851.10	2300.80				
1994	6440.30	6337.80	1511.70	956.00	529.40		
1995	7589.10	4512.80	1632.90	959.00	484.40		
1996	9787.20	6036.40	2224.40	1042.00	484.40		

续上表

年份	县级财政总财力	其中					
		县级财政收入	上级专款	税收返还	定额补助	地方政府债券收入	上年结余
1997	12554.00	7781.60	3129.90	1218.10	424.40		
1998	14973.00	8902.00	4461.00	1186.00	424.00		
1999	16011.00	8950.00	5431.00	1206.00	424.00		
2000	17386.00	9487.00	6261.00	1214.00	424.00		
2001	23191.00	10501.00	11032.00	1234.00	424.00		
2002	29856.00	11248.00	16076.00	2208.00	324.00		
2003	30173.00	10933.00	16405.00	2411.00	424.00		
2004	35181.00	12356.00	19921.00	2480.00	424.00		
2005	50388.00	15785.00	31338.00	2841.00	424.00		
2006	64300.00	21029.00	40006.00	2841.00	424.00		
2007	92696.00	29844.00	58804.00	3537.00	424.00		87.00
2008	128668.00	35449.00	90080.00	3382.00	413.00		-656.00
2009	174560.00	48490.00	118600.00	3549.00	413.00		3508.00
2010	253565.00	84641.00	164655.00	3856.00	413.00		
2011	310008.00	150190.00	154016.00	3876.00	424.00		1502.00
2012	520974.00	253734.00	262697.00	4136.00	424.00		-17.00
2013	569195.00	321078.00	243439.00	4254.00	424.00		
2014	546689.00	280994.00	264665.00			2306.00	-1276.00
2015	460767.00	58594.00	271451.00			130722.00	

1991—2007 年大方县财政支出结构一览表

表—10-1-1-2　　单位：万元

年份	财政总支出	其中						
		上解支出	基金支出	一般预算支出	其中			
					支农专项支出	各项建设支出	专项支出	行政事业费支出
1991	5120.60	275		4846.60	683.60	778	33	3351
1992	5568.30			5568.30	557.30	958	36	4012
1993	6272.90	129		6143.90	494.90	1121	117	4411
1994	7761.80	68		7693.80	530.80	808	98	6256
1995	8934.20	126		8808.20	516.20	1007		7285
1996	9586.90	203		9383.90	711.90	1380		7293
1997	12353.90	3	73	12277.90	2127.90	1461	3	8687
1998	14716.00	35		14681.00	2059.00	2236	375	9921

续上表

年份	财政总支出	其中						
		上解支出	基金支出	一般预算支出	其中			
					支农专项支出	各项建设支出	专项支出	行政事业费支出
1999	16004.00	4		16000.00	2271.00	2151	590	10988
2000	16872.00	5	971	15896.00	2507.00	1637	90	11662
2001	23170.00	47	981	22142.00	2320.00	2276	338	17208
2002	29818.00	215	60	29543.00	2911.00	2961	1119	22552
2003	30153.00	175	114	29864.00	2596.00	3560	155	23553
2004	35149.00	253	442	34454.00	3964.00	4037	197	26256
2005	50329.00	165	421	49743.00	4719.00	5382	522	39120
2006	64100.00	173	585	63342.00	6499.00	14129	946	41768
2007	92696.00	2556	2927	87213.00	13701.00	14187		48392

2008—2015 年大方县财政支出结构一览表

表—10-1-1-3　　　　单位：万元

年　份	2008	2009	2010	2011	2012	2013	2014	2015
财政总支出	128668	174560	253232	310008	520963	569195	544793	516469
其中：1. 上解支出	2418	2403	2242	2596	3615	8028	1660	2515
2. 基金支出	4789	6876	21089	72437	144331	204133	149900	
3. 一般预算支出	121461	165281	229901	234975	373017	357034	390927	383014
其中：（1）一般公共服务	20934	23867	23961	23151	34298		36321	
（2）国防	117	161	157	294	1003		514	
（3）公共安全	6622	9428	10169	9788	13565		20709	
（4）教育	38367	42974	50464	54637	92754		93391	
（5）科学技术	221	226	278	423	272		313	
（6）文化与传媒	1130	1649	1501	2750	2598		4338	
（7）社会保险与就业	10002	19812	16883	16378	24885		27684	
（8）医疗卫生	10738	17425	29805	23927	40142		58274	
（9）环境保护	4793	6382	7596	10861	8110		14817	
（10）城乡社区事务	2751	5059	8157	7101	15549		12191	
（11）农林水事务	18117	22210	40519	31583	61905		56959	
（12）交通运输	591	806	2839	3801	9746		4168	
（13）工商金融等事务	2683		2239	2638	2377		943	
（14）资源勘探采掘电力信息等事务		1310	2631	3345	6940		6352	

续上表

年 份	2008	2009	2010	2011	2012	2013	2014	2015
（15）粮油物资储备管理等事务		2198	285	262	567		528	
（16）国土资源气象等事务			8355	10087	5798		2295	
（17）住房保障支出			21613	26810	45947		48826	
（18）其他	4395	11774	2449	7139	5561		2034	130640

第二节　财源建设

“八五”计划时期（1991—1995 年），县财政经济底子薄，人多地少，交通条件差，财源结构单一。县委、县人民政府立足实际，主要发展优势农产品——烤烟，烤烟特产税一度占大方县财政收入的50%以上。同时，扶持国有企业，奠定中小企业发展基础。加强“两税”和“农业四税”征管，防止“跑、冒、滴、漏”，促进财政收入不断增长。

“九五”计划时期（1996—2000 年），因政策因素，烤烟面积和烤烟特产税率逐步下调，大方县在继续加强烤烟种植管理、巩固烤烟特产税收入的同时，依托资源优势，发展以煤炭为重点的矿产资源采掘业，扶持能够更快增加财政收入的产品、产业和企业的发展。

“十五”计划时期（2001—2005 年），大方县一方面稳定烤烟种植和收购管理，加强矿产监管，整合资源，打击和关闭非法小煤窑，引进一批大型煤矿企业，采取措施巩固现有财源。另一方面依靠资源优势，引进华电集团、兖矿集团发展大方县火电业，发展后续财源。2005 年起免征农业税，财政收入面临新的困难，因此加强零星税源管理，巩固和保证大方县财政收入不下滑。

“十一五”规划时期（2006—2010 年），大方县一方面巩固煤炭、烤烟支柱财源，另一方面推进大方火电厂建成投产。2007 年 11 月，大方火电厂（4×300 兆瓦）建成投入运行，火电税收成为大方县又一支柱财源，形成火电、煤炭、烤烟三足鼎立的财源模式。

“十二五”规划时期（2011—2015 年），受国际金融危机持续影响，县火电滞销、煤炭产业不景气、烤烟种植面积缩减，财政收入受到影响。县实施“工业强县战略”，加快工业化、城镇化、农业产业化“三化同步”建设。贵州大方经济开发区（大方县循环经济产业园区、毕节试验区食品药品产业园区）基本建成，陶瓷工业园区初具规模，一批工业企业、农产品和药材加工企业入驻开发区（园区），特色农产品和中药材资源优势逐步凸显，为大方县经济发展和财源建设奠定基础。加快城市基础设施建设、交通水利基础设施建设、城市综合体（房地产业）建设。整合资源，淘汰和关闭落后企业。大方火电二期、华润电力等一批重大项目落地，后续财源增强。

第三节　财政体制

1991 年，省财政厅批准大方县可提前使用 1992—1994 年三年的补助款，全县各乡镇补助款得以保障。1993 年，县把对乡镇的补贴改为奖励，制定乡镇财政收入上台阶的目标和奖励办法，达到目标的，收入归乡镇所有，县还另给奖励。1997 年 1 月，县进行财政管理体制改革，制定 1997 年分税制财政管理体制改革方案，按照“量入为出、量力而行、尽力而为、有保有压、自求平衡”的原则，合理确定财政收入指标。该分税制体制坚持一定三年不变，对乡镇和县直机关开支实行包干的办法。2000 年 4 月，在总结前三年财政管理体制运行的基础上，结合全县实际，决定从 2000 年起，更进一步完善分税制财政管理体制。对各乡镇实行“划分税种、核定收支、超收分成、歉收自补和定额补助逐年递减，定额上解逐年递增”的财政管理体制；对县直各单位实行“零基”预算的管理办法。

2002 年，根据《中共中央　国务院关于进一步做好农村税费改革试点工作的通知》，中共贵州省委、省政府《关于认真做好 2002 年全省扩大农村税费改革试点工作的意见》《贵州省 2002 年扩大农村税费改革试点实施方案》及其有关配套文件精神，县开展农村税费改革。农村税费改革的内容是“四取消、三调整、一改革”。“四取消”即取消乡、村统筹费，取消农村教育集资，取消屠宰税，取消劳动积累和义务工。“三调整”即调整农业税政策，调整农业特产税政策，调整农业税计税常年产量（大方县执行 7% 的农业税率，20% 农业税附加比例）。“一改革”即改革提留征收及使用办法。村干部报酬、“五保”户供养、村办公经费等，除原由集体经营收入开支的仍继续保留外，由农民交缴村提留开支的部分，改用新的农业税附加和农业特产税附加方式收取，并保持长期稳定。按照“减轻、规范、稳定”的原则，规范农村税费制度，减轻农民负担，从根本上治理对农民的各种乱收费。对乡镇农户的计税耕地面积进行核实，核减面积 6499.42 亩，涉及 36 个乡镇、496 个村、3898 个村民小组、20.66 万户农民，核减农业税及附加 355.26 万元，“户户减负”政策得到落实。

2003 年 5 月，进一步完善县、乡财政管理体制，调动乡镇增收节支的积极性，切实保证机关事业单位工作人员工资及时足额发放和基层政权正常运转，逐步缩小乡镇间财力差距，促进国民经济及各项事业持续快速健康发展。2004 年，核实农村粮食补贴面积 70.44 万亩，直补资金 82.12 万元。2005 年 6 月，实行“划分税种、核定收入、超收分成、短收扣减（扣减公用经费）、自求平衡、自我发展”的财政管理体制，取消“歉收自补”。同年起，免征农业税及附加费 1423.48 万元，每年向种粮农户下拨粮食直补资金 191.62 万元。

2007 年，实行“乡财县管乡用”改革，县对新一轮财政管理体制改革坚持“统一政策、分级管理、合理划分、统筹兼顾、缩小差距、适度倾斜”的原则，确保全县农村社会稳定和经济持续健康发展。2009 年，县探索出一套对乡镇财政收支的核定、分成办法、补助办法的财政管理体制，加强乡镇财政和农村基层组织建设。乡镇运转经费核定分为：一类乡镇分成在 60 万元以上（含 60 万元）的乡镇，补助 15 万元；二类乡镇分成在 60 万元以下 30 万元以上（含 30 万元）的乡镇，补助 25 万元；三类乡镇分成在 30 万元以下的乡镇，补助 35 万元。缓解乡镇财政困难转移支付补助：每个民族乡补助 5 万元；一类贫困乡镇补助 10 万元；二类贫困乡镇补助 5 万元。重点建设和旅游乡镇视工作任务情况补助 5 万元 ~10 万元。对有煤炭资源但无合法煤井、安全生产任务重的乡镇，补助 10 万元。

2011 年，县进一步深化财政管理体制改革，创新财政管理，继续完善“乡财县管乡用”制度，科学编制乡镇综合财政预算，规范银行账户，加强财政资金监管，建立健全固定资产购建、处置和政府采购等审批制度，稳步开展“村财乡代管村用”改革试点工作，提高财政资金使用效益和乡镇财政管理水平。2012 年 6 月，坚持“保运转、强基层、抓重点、促发展”的原则，探索更加利于全县经济发展的财政管理体制。坚持激励与约束相结合，将乡镇收入任务纳入目标管理考核，收入分成与任务完成挂钩，真正体现乡镇对财政税收的贡献越大、分成越多。同时，对贫困乡镇和民族乡给予适度倾斜，保证乡镇、村工作正常运转。

2014—2015 年，在资金紧张的情况下，县在财政管理体制中明确资金的调拨，确保乡镇公务基本运转和建设项目实施进度，使财政资金发挥最大效益。

第四节　财政管理

一、预算管理

1991—2015 年，县级财政预算坚持“量力而行，量入为出”“当年平衡，略有节余”的原则，执行《中华人民共和国预算法》，确保收支平衡，严格财政收支管理。财政收支每年由县财政局以上级下达的收支指标为依据，结合上年度预算执行完成数、当年国民经济和社会发展计划主要指标、各部门提出的预算建议以及影响本年度预算收支的有利和不利因素，全面分析，编制当年县财政总预算草案，报经县人民代表大会审议批准后，下达各单位各部门执行。预算收入由财政部门负责组织，并分别由财政、税务部门和其他主管部门负责管理征收。预算支出由财政部门负责组织与监督，由各支出预算单位具体负责执行。部门预算由政府各部门编制，财政部门审核后报人大审批通过，反映部门所有收入和支出预算，实行“一个部门一本预算”。从 2004 年起，编制部门预算，包括一般预算和基金预算，分为收入预算、基本支出预算、项目支出预算和政府采购预算四部分。

2006 年，县财政改变传统的财政内部各个业务股室根据预算科目来管理财政资金的预算管理模式，调整财政内部股室分工，改为一个单位的经费全部由财政部门内的一个股室进行管理。2007 年，部门预算改革不断深入，启用公用经费定员定额标准，按照“人员经费按标准，公用经费按定额、专项经费视财力”的原则编制。从 2008 年起，全县部门预算走上正轨，进一步规范预算编制程序、方法和内容，增强预算编制的科学性，提高预算分配的透明度。

从 2011 年上半年开始，实施国库集中支付制度，将所有县直单位纳入试行，推行到乡镇。2015 年，全县所有预算单位全部实行国库集中支付制度。财政部门实现由记账核算为主向库款“管家”转变，建立预算执行动态监控系统，强化对资金使用的全面监控。形成由国库存款账户、财政零余额账户、预算单位零余额账户和财政特设专户等组成国库单一账户体系，将政府性资金全部纳入国库单一账户体系核算、反映和管理。加强财政专户管理，将财政专户全部归口国库统一管理，执行财政专户开立核准程序。对行政事业单位开立、变更、撤销银行结算账户，实行财政审批、备案制度。是年起，县开始推进预决算公开工作。

二、非税收入管理

非税收入主要是政府性基金收入、专项收入、行政事业性收费收入、罚没收入、国有资源（资产）有偿使用收入、其他收入等。1991 年，非税收入 335.4 万元，其中，国有企业收入 183.3 万元，专款收入 34.8 万元，预算调节基金收入 26.2 万元，其他收入 91.1 万元。1992 年，非税收入 198 万元，其中，国有企业收入 0.5 万元，专项收入 37.8 万元，预算调节基金收入 18.9 万元，其他收入 140.8 万元。1993 年，非税收入 136 万元，其中，国有企业收入 25.9 万元，专款收入 42.1 万元，预算调节基金收入 22.7 万元，其他收入 45.3 万元。1994 年，非税收入 630.1 万元，其中，国有企业收入30.8万元，预算调节基金收入12.3万元，专项收入54.6万元（排污费收入16.4万元，教育费附加收入38.2万元），其他收入532.4万元。1995年，非税收入745万元，其中，国有企业收入39.9万元，专款收入302万元（排污费收入2万元，教育费附加收入300万元），预算调节基金收入12万元，其他收入391.1万元。

1996年，非税收入809.3万元，其中，国有企业收入81.8万元，专款收入235.1万元（教育费附加收入399.4万元未列入预算收入），预算调节基金收入8.4万元，其他收入484万元。1997年，非税收入2335万元，其中，国有企业收入33.8万元，专款收入63万元（实际完成718.7万元，根据上级安排，655.7万元未纳入预算内决算），预算调节基金收入6万元，行政事业收入561.8万元，罚没收入120.7万元，其他收入1549.7万元。1998年，非税收入2612万元，其中，国有企业收入17万元，专款收入123万元，行政性收费收入634万元，罚没收入171万元，土地有偿使用10万元，其他收入1657万元。1999年，非税收入3727万元，其中，专款收入107万元，行政性收费收入673万元，罚没收入225万元，其他收入2722万元。2000年，非税收入4698万元，其中专款收入101万元，行政性收费收入737万元，罚没收入268万元，基金性收入971万元，其他收入2621万元。

2001年，非税收入3554万元，其中，专款收入87万元，行政性收费收入991万元，罚没收入369万元，基金性收入971万元，其他收入1136万元。2002年，非税收入3335万元，其中专款收入117万元，行政性收费收入1041万元，罚没收入350万元，基金性收入60万元（因农村税费改革取消农村教育费附加征收，比上年少收911万元），其他收入1767万元。2003年，非税收入4412万元，其中，专款收入141万元，行政性收费收入1177万元，罚没收入377万元，基金性收入101万元，其他收入2616万元。2004年，非税收入2414万元，其中，专款收入194万元，行政性收费收入584万元，罚没收入581万元，基金性收入422万元，其他收入633万元。2005年，非税收入2971万元，其中，专款收入401万元，行政性收费收入606万元，罚没收入1230万元，基金性收入376万元，其他收入358万元。

2006年，非税收入4024万元，其中，专款收入745万元，行政性收费收入368万元，罚没收入1946万元，基金性收入419万元，其他收入546万元。2007年，非税收入8747万元，其中，专款收入2325万元，行政性收费收入392万元，罚没收入1926万元，国有资源有偿使用284万元，基金性收入1888万元，其他收入1932万元。2008年，非税收入1.25亿元，其中，专款收入4123万元，行政性收费收入1278万元，罚没收入1311万元，国有资本经营收入964万元，国有资源有偿使用1150万元，基金性收入2920万元，其他收入729万元。2009年，非税收入2.34亿元，其中，专款收入1.11亿元，行政性收费收入2508万元，罚没收入1857万元，国有资源有偿使用809万元，基金性收入6209万元，其他收入912万元。2010年，非税收入5.51亿元，其中，专款收入1.34亿元，行政性收费收入1865万元，罚没收入3051万元，国有资源有偿使用收入1.24亿元，基金性收入1.97亿元，其他收入4691万元。

2011年6月底，大方县启动非税收入收缴管理改革，有87家单位的多个项目纳入非税收缴管理系统。同年，完成非税收入11.26亿元，其中，专项收入2.3亿元，行政事业性收费收入8600万元，罚没收入1430万元，国有资源（资产）有偿使用收入3030万元，政府性基金收入7.02亿元，其他收入6349万元。2012年，完成非税收入18.77亿元，其中，专项收入1.31亿元，行政事业性收费收入2768万元，罚没收入2469万元，国有资源（资产）有偿使用收入1.93亿元，政府性基金13.77亿元，其他收入1.25亿元。2013年，完成非税收入27.36亿元，其中，专项收入1.9亿元，行政事业性收费收入 8753 万元，罚没收入 2285 万元，国有资源（资产）有偿使用收入 4.22 亿元，政府性基金 19.32 亿元，其他收入 8132 万元。2014 年，完成非税收入 22.99 亿元，其中，专项收入 3198 万元，行政事业性收费收入 2676 万元，罚没收入 1831 万元，国有资源（资产）有偿使用收入 7.41 亿元，政府性基金收入 14.63 亿元，其他收入 1812 万元。2015 年，完成非税收入 14.93 亿元，其中，专项收入 3344 万元，行政事业性收费收入 2654 万元，罚没收入 1428 万元，国有资源（资产）有偿使用收入 4475 万元，政府性基金收入 13.72 亿元，其他收入 214 万元。

三、预算外资金管理

2011 年 6 月，对全县教育经费管理实行县财政专户管理。资金额度分配到学校，由学校掌握使用，教育局核算办统一核算。2012—2015 年，缴入财政教育专户资金 6911 万元，拨出教育经费 6869 万元。

2012 年，缴入财政专户的教育经费 1279 万元，其中，高中教育经费 1088 万元，学前教育经费 183 万元，考务费 8 万元。拨出教育经费 558 万元，其中，高中教育经费 387 万元、学前教育经费 163 万元、考务费 8 万元。2013 年，上年结转 721 万元，缴入财政专户的教育经费 1512 万元，其中，高中教育经费 1130 万元、学前教育经费 168 万元、考务费 214 万元。拨出教育经费 2122 万元，其中，高中教育经费 1776 万元，学前教育经费 148 万元，考务费 198 万元。2014 年，上年结转 111 万元，缴入财政专户的教育经费 1920 万元，其中，高中教育经费 1413 万元，学前教育经费 269 万元，考务费 238 万元。拨出教育经费 1289 万元，其中，高中教育经费 875 万元、学前教育经费 161 万元，考务费 253 万元。2015 年，上年结转 742 万元，缴入财政专户的教育经费 2200 万元，其中，高中教育经费 1614 万元，学前教育经费 353 万元，考务费 233 万元。拨出教育经费 2900 万元，其中，高中教育经费 2205 万元、学前教育经费 462 万元、考务费 233 万元。

四、国有资产管理

1991—1998 年，随着财政业务工作不断细化，在县财政局成立国有资产管理股，对全县范围内的国有资产进行管理。管理范围为全县行政事业单位、国有企业、集体企业。对县商业局的百货、民贸、五交化、糖烟酒、食品、饮食服务、外贸、石油 8 家公司及 13 个乡镇食品站、羊场坝金江综合商店、豆腐厂（后改为饮料厂）等 23 个企业，县供销社系统的土产、农贸、农产、日杂、联营 5 家公司及 13 个区供销社，县粮食局系统企业的粮食贸易公司、粮食加工厂、饲料厂、粮食局直属车队及 13 个区粮食管理所，县轻工局系统的县酒厂、建材厂、水泥厂、制鬃厂、漆器厂、豆棒厂等企业的国有资产进行管理。对企业进行清产核资、摸清家底、明确产权、建卡造册进行登记。

1999 年 8 月，成立县国有企业“三改”领导小组。对全县国有企业进行首次改制，县节能化工厂和县木材公司解体，县制鬃厂破产，县漆器厂、县水泥厂和县建材厂改制。解体企业由县审计局按程序进行审计，产权清理收回财政（后由国有资产管理公司管理）。

2004 年，组建县粮食直属库，由城关粮食购销集团公司和县粮油购销集团公司划出部分资产作注册资本。2005 年，将 13 个片区粮油购销公司的资产、账务划归县粮油购销集团公司管理。

2006 年 5 月，对全县范围内所有行政事业单位资产进行清查。第一次对行政事业单位资产作出明确规定：凡单位价值 500 元以上，使用年限 1 年以上的资产均列为固定资产，纳入国有资产管理系统管理。

2007 年，对全县 82 家行政单位、146 家事业单位固定资产进行清查，摸清全县底数，规范固定资产管理办法，并委托毕节亚太联合会计师事务所对清查的各项资产价值进行评估认证。全县行政事业单位总资产为10.75亿元，其中，行政单位总资产为4.05亿元，事业单位资产总额6.7亿元，比2006年的固定资产账面价值增加近10亿元。

2008年，对各单位的资产损益进行审核，委托县国土部门、建设部门对县直单位土地、房屋进行测算和办证，全县国有资产清查核实工作全部完成。5月，县人民政府组建由县财政、国土、建设、投资公司、经贸等部门组成的联合工作组，对县直单位管理使用的117宗土地、218栋房屋进行实地丈量、核实登记，并委托毕节亚太中汇会计师事务所有限公司进行评估，评估价值共计2.9亿元，划拨给大方县建设投资公司作为注册资本金。

2009年1月，成立县企业国有资产管理公司，除县水泥厂、县建材厂外，所有企业的资产全部移交企业国资公司管理。8月，开展粮食系统改革，组建13个片区的粮油购销公司，组建大方县粮食系统国有资产管理有限公司，专门对粮食系统改制后的资产进行管理。同年，全县所有学校财务从乡镇移交到县教育局核算办公室管理，完成各学校资产重新清理核实和审核监交工作。

2010年，对行政事业单位资产作出修改和补充：凡单位价值1000元以上（图书、档案、家具用具类总价1000元以上），使用年限1年以上的资产均统一纳入国有资产管理系统管理。将国有资产一律收归国有资产管理公司统一管理并及时将资产注入建设投资公司，对需租赁的门面、房屋、场地等，一律按照市场价格统一招租，租金收归财政列为非税收入管理。

2014年，行政事业单位国有资产管理系统进一步升级和完善，培训资产管理人员250人次。

2015年，县国有资产管理部门负责全县行政事业单位国有资产管理和监督检查。县教育局负责教育系统国有资产管理工作，县卫计局负责各卫生院及社区卫生服务中心国有资产管理工作。各单位制定本单位内部国有资产管理办法，配备国有资产管理人员，负责本单位国有资产管理。

五、粮食风险基金管理

1991—2015年，根据《国务院办公厅转发财政部　中国农业发展银行关于完善粮食风险基金管理办法的通知》的规定，于2000年在县农业发展银行开设粮食风险基金专户，粮食部门开设基本存款账户，加强对粮食风险基金补贴资金的管理，专项用于：支付省级储备粮油的利息、费用补贴；粮食企业执行敞开收购农民余粮的政策，致使经营周转粮库存增加，流转费用提高，而又不能通过顺价出售予以弥补的超正常库存粮食的利息、费用补贴。中央财政和省级财政根据国务院的规定按季度拨付粮食风险基金到位，财政根据拨付粮食风险基金补贴资金文件规定的金额，将专户资金汇付到粮食部门在农业发展银行开设的基本存款账户。如发现补贴资金不符合规定的用途或与拨付补贴资金文件的规定不一致，暂缓划拨资金，并自接到汇付凭单的次日通知开户单位，开户单位必须在2日内查明原因并重新办理汇付手续。1991—1999年，上级专项补助粮食风险基金666.79万元，2000—2015年，上级专项补助粮食风险基金230.78万元，用于县库存粮食正常储备。

六、会计核算

2001年12月31日，县人民政府批准成立县会计核算中心，负责全县各预算单位会计集中核算工作。2002年4月，会计核算中心正式启动运行。会计核算中心贯彻财经法规，执行会计操作规范程序，防范资金运行风险，确保国家资金安全，做好核算服务，帮助各单位做好财务分析，向单位提供会计报表并帮助单位编制年度预算和年终决算报表，及时审核办理支付和报账，保障财政支出及时到位。2003年，全县纳入核算单位84个，纳入核算资金1.81亿元，支付1.65亿元。

2005年6月，县建立国库支付中心，与县会计核算中心实行两块牌子、一套人员的管理体制。

2011年1月，国库支付中心正式启动运行。会计集中核算与国库集中收付紧密结合，加大财政资金监管力度。在坚持纳入集中核算单位资金使用权、财务审批权和会计责任主体不变的前提下，将纳入统一核算单位的内部会计监督与财政部门外部监督有机结合，严把报账关。采取国库集中支付与会计集中核算双轨运行，确保财政资金运行安全。会计核算中心及国库收付中心使用的财务印鉴及支票等凭证由结算股、国库支付股、稽核股分别指定专人专管，杜绝重要空白凭证及支票签发由一人经办的现象，确保业务处理合法、规范，保证资金支付安全。到2015年，全县纳入核算单位82个（不含乡镇单位），纳入核算资金10.28亿元，支付10.11亿元。

第五节　财政监督

1991—2008年，大方县没有专门的财政监督机构，财政监督工作根据省、地财政主管部门安排和有关法律法规的规定，在县财政局抽人组成监督检查组，每年对全县机关事业单位进行常规监督检查。检查内容包括会计核算是否真实合法，信息披露是否真实完整，会计基础工作是否规范，是否存在会计造假行为等。2009年，在县财政局设立财政监督检查股，对县级预算、编审、执行、决算进行监督，检查各项财政收入的征管和财政资金的分配、使用及效益情况；履行会计监督职责，做好对各类违反财经纪律、财税政策和财务会计制度案件的检查处理及违纪款项的收缴入库。

2009—2011年，由县财政局牵头，联合县纪委、监察局、审计局开展为期三年的“小金库”专项治理工作，重点对2007年以后各项“小金库”资金的收支数额，以及2006年年底“小金库”资金滚存余款和形成的资产进行清理整治。2009年5—11月，进行第一阶段清理，列入重点检查的乡镇和县直部门单位45个，占纳入治理范围单位总数127个的35.4%。教育、卫生、交通、公安、安监等执收执罚权相对集中的部门和单位列入重点检查范围，以前检查发现存在“小金库”的部门和单位，自查自纠措施不力、工作走过场、不积极配合检查组、态度生硬、回避检查的部门和单位也列入重点检查对象。第一阶段发现设立违规“小金库”账户1个，涉及资金2.17万元，对“小金库”予以撤销，2.17万元收缴财政处理。2010年，进行第二阶段“小金库”全面检查。对全县127个行政机关和事业单位“小金库”专项治理工作进行回头看，重点选择65个执收执罚权比较集中的机关事业单位进行重点检查，对92个“零问题”的机关事业单位进行摸底排查，未发现虚报和设立“小金库”问题。2011年，建立防止“小金库”反弹长效机制。各乡镇和县直各单位在做好自查自纠的基础上，制定防止“小金库”反弹制度，单位主要领导签订承诺书，对本单位财政资金安全负责，强化单位责任人的内控意识，从重点业务流程和过程着手，实行交叉控制，试行“一把手”不直接分管财务制度，实行单位重大财务公开，管钱、管物与管账人员分离，相互制约，保证资产安全、完整。

2012年，对财政系统进行内部检查，内容包括乡镇财政资金监督检查、中央公共投资预算执行情况检查、非税收入管理及预算执行情况检查、民生项目资金及配套资金落实情况检查、财政预算执行情况检查。完善财政内部和工作职能部门管理和制度建设，形成财政内部检查日常监督机制。2013年，按照《中华人民共和国会计法》和《财政部门实施会计监督办法》有关规定，每年对全县机关、企事业单位进行会计信息质量检查。检查内容主要包括单位会计核算是否真实合法、信息披露是否真实完整、会计基础工作是否规范、是否存在会计造假行为等。对有收费项目的单位，重点检查单位财务报表是否真实完整地反映财政财务收支情况和资产情况；收费是否按照规定的标准进行，有无自立项目、超范围、超标准、重复收费等问题；收费票据是否合法，有无使用自制票据或不合法票据收取费用问题；专项资金管理和使用是否符合规定；是否按规定执行政府采购等有关政策。按照财政部关于对社会中介机构监管的有关规定，对会计事务所的执业质量进行监督检查，抽查其所出具审计报告、验资报告的合法性、公允性。对检查发现的会计资料不规范、会计账务处理不规范问题，责令进行整改落实。

根据《中华人民共和国预算法》和《贵州省政府非税收入管理办法》规定，在全县范围内开展非税收入检查工作。检查内容包括行政事业性收费、专项收入、政府性资金、罚没收入、国有资源（资产）有偿使用费、其他收入、彩票公益金、以政府名义接受的捐赠收入和各类资金产生的利息收入等。对照省财政厅公布的《贵州省行政事业性收费目录清单》《贵州省政府性收费目录清单》，大方县非税收入项目涉及12个部门，26个项目，其中，国土资源部门9个项目：土地复垦费，耕地开垦费，不动产登记费（对小型微型企业免征），土地出让价款，补缴土地出让价款，新增建设用地有偿使用费，探矿权，采矿权价款收入，采矿权使用费收入；水利部门3个项目：水资源费，水土保持设施补偿费，污水处理费；林业部门1个项目：森林植被恢复费；卫计部门2个项目：社会抚养费，预防接种服务费；广电部门1个项目：广告收入；建设部门3个项目：基础设施配套费，城镇垃圾处理费，城市道路占用挖掘费；交通部门1个项目：出租汽车经营权转让费；人事部门1个项目：初级职务任职资格评审费；农业部门1个项目：渔业船舶和船用产品检验费；环境保护部门1个项目：排污费收入；人防办1个项目：防空地下室易地建设费；残联1个项目：残疾人保证金（税务代征）；教育部门2个项目：地方教育费附加，教育费附加（税务部门代征）。各执收单位没有擅自调整标准、扩大范围收费、改变征收方式，对已取消的项目没有再收费，未发现乱收费、乱罚款、乱摊派问题。

2014年5—6月，对101个机关事业单位及有关协会进行检查，主要检查是否及时将非税收入全额上缴财政，是否存在坐收坐支和私设“小金库”行为。7—8月，对128户单位执行中央八项规定严肃财经纪律和“小金库”专项治理进行检查。其中，党政机关83户，事业单位42户，社会团体3户，未发现违反法律及其他有关规定，应列入而未列入规定账户、账簿的各项资金（含有价证券）及其形成的资产等问题，未发现贪污、私分、行贿、受贿，以及套取会议费、培训费和出国（境）费用等设立“小金库”问题。

2015年，开展清理干部职工拖欠公款专项检查，共检查县直82个单位和31个乡镇，涉及借款干部职工人数1937人，其中，县直部门742人，占总数的38%；乡镇1195人，占总数的62%。至2015年8月31日，全县机关事业单位借款余额3.54亿元，其中，县直部门1.53亿元，占总数的43%；乡镇2.02亿元，占总数的57%。在借款用途上，因私借款36.59万元，占总数的0.1%；因公借款3.54亿元，其中，工程借款占68.63%，专项任务借款占19.86%，其他借款占6.83%，备用金借款占4.58%。逾期借款3.08亿元，占总借款数的87%。同年，收回借款2839.15万元，其中，收回因私借款12.9万元，占应收借款的35.26%；收回和清算因公借款2826.24万元，占总借款的8.01%。

第二章 税 务

第一节 税制改革

1994 年，进行分税制改革，实行增值税、营业税、消费税和企业所得税为主的中央、地方分享，以及中央与地方共享的税收管理体制。税务部门分设国税、地税。大方县国税局负责中央税、中央与地方共享税、县内增值税、消费税、企业所得税和个人储蓄存款利息所得税的征收管理，其中，个人储蓄存款利息所得税由银行业金融机构代扣代缴，个人所得税、企业所得税由国税、地税共同征收管理。县地税局负责营业税、城镇土地使用税、房产税、土地增值税、企业所得税、印花税、车船税、城市维护建设税、资源税、教育费附加、地方教育费附加、屠宰税（2002 年停止征收）、固定资产投资方向调节税（2000 年 1 月 1 日起停止征收）、筵席税（2006 年停止征收）、地方税的滞补罚收入的征收管理。

2001 年 1 月 1 日，根据《中华人民共和国车辆购置税暂行条例》规定，开始征收车辆购置税，车辆购置税成为大方县国税局征收的第五大税种。

从 2004 年 1 月 1 日起，出口退税业务在县级国税局仅涉及出口退税函询回复，县国税局根据上级出口退税工作方案要求，以专题会议纪要形式明确由法规部门专门负责出口退税函询回复工作。

2008 年 1 月 1 日起，增值税由生产型改为消费型，将用于生产的固定资产纳入抵扣范围。新修订的《中华人民共和国企业所得税法》于 2008 年 1 月 1 日正式施行，内外资企业税率统一调整为 25%。同年，原由财政部门负责征收管理的耕地占用税、契税、烟叶税划归地税机关征收，扩大地税机关的征收管理范围。

至 2011 年，《中华人民共和国个人所得税法》经过 4 次修改，工资、薪金所得减除费用从 800 元/月、1600 元/月、2000 元/月提高到 3500 元/月，综合考虑纳税人负担因素，给予相应的费用扣除。

根据财政部、国家税务总局《营业税改征增值税试点方案》精神，2013 年 4 月，大方县开始推行营业税改征增值税（以下简称“营改增”）试点工作，县内交通运输业与部分现代服务业首先纳入营改增试点范围，由征收营业税改征增值税。2014 年，大方县扩大营改增试点范围，县内邮政业和电信业纳入营改增试点范围。2015 年，全面推开营改增，县内铁路运输业、建筑、房地产开发、金融、生活服务五大行业全部纳入营改增试点。2015 年，全县完成营改增全覆盖。

第二节　税收征管

一、划片区和行业征管

根据不同历史时期的环境和工作实际，交替采用划片区和行业征管两种方式。

1991—1994年，采用按人划片区管理。县国税局征管机构由9个内设股室和13个税务所构成，税务所负责所在片区税收管理。2001年6月，县国税局将13个税务所归并为6个征收管理分局，相关管辖片区归并到对应分局。2009年9月，县国税局将6个征收管理分局归并为4个税务分局，分别负责全县东片区、西南片区、北片区和城关片区纳税人的管理。1994—2010年，大方县国税局沿用按人划片区管理。

2011年，根据《贵州省国家税务局开展税源专业化管理试点工作的实施意见》精神，制定《大方县国家税务局税源专业化管理工作实施方案》，在全县国税系统推行税源专业化改革，将猫场、六龙、百纳、瓢井4个乡镇税务分局集中到县城办公，根据税源结构、行业、规模等特点将全县税源划分为煤炭行业税收、建材行业税收、一般税源税收、个体户税收，分别由4个税务分局管理，其中，百纳税务分局管辖煤炭行业税收；瓢井税务分局管辖建材行业税收；猫场税务分局管辖一般税源税收；六龙税务分局管辖个体户税收。税务分局分别设立数据采集岗、日常纳税评估岗，主要承担户籍管理、信息采集、宣传辅导、催报催缴、发票管理、定额管理、欠税管理、调查核实、日常纳税评估、任务执行等职责。此后，税收管理员不再管片管户，只负责自身岗位职责，专业化改革未能从根本上解决片区管理的问题。2015年，根据《毕节市国家税务局关于明确各县（区）局机构职责调整有关问题的通知》精神，县国税征管方式重新回归按人划片区管理。

二、优化征管模式

1994年至2005年3—月，实行“一员进户，各税统管，征、管、查集于一身”的保姆式管理模式，税收管理员权力集中，对纳税人只讲管理不讲服务，不利于保障纳税人合法权益。2005年，县地税局形成“以申报纳税和优质服务为基础，以计算机网络为依托，集中征收、重点稽查、强化管理”的征管改革模式。从2005年4月开始，县国税局实行“遵循管户与管事相结合、管理与服务相结合、属地管理与分类管理相结合的原则”的税收管理员制度，在加强税源管理的同时，优化纳税服务，解决“淡化责任，疏于管理”问题，推进依法治税，进一步提高税收征管的质量和效率，加强对税源的科学化、精细化管理。2014年起，县地税局构建以明晰征纳双方权利和义务为前提，以风险管理为导向，以专业化管理为基础，以重点税源管理为着力点，以信息化为支撑的现代化税收征管体系。

对纳税人的税款征收方式主要有查账征收、查定征收、查验征收和定期定额征收，其中查账征收和定期定额征收较为普遍。县地税局对符合条件的企业和个体工商户实行查账征收，对无力建账的特定企业和一般个体户实行查定、查验征收、定期定额征收。

1991—2015 年大方县国税税收一览表

表—10-2-2-1

单位：万元

年度	税收收入	年度	税收收入	年度	税收收入	年度	税收收入
1991	3014.70	1998	3504.38	2005	8675.53	2012	54262.03
1992	3192.10	1999	3806.13	2006	12093.85	2013	54560.82
1993	3206.90	2000	4092.71	2007	24320.81	2014	60143.18
1994	1787.49	2001	4934.41	2008	29915.29	2015	49378.89
1995	1979.33	2002	4600.96	2009	30723.93		
1996	2358.45	2003	3640.56	2010	35588.24		
1997	3380.82	2004	5635.67	2011	46190.23		

1994—2015 年大方县地税税收一览表

表—10-2-2-2

单位：万元

年度	税收收入	其中											
		营业税	资源税	土地使用税	土地增值税	企业所得税	个人所得税	印花税	固定资产投资税	城市维护建设税	房产税	车船税	教育附加费
1994	566	178	37	11		93	74	4	16	75	14	7	
1995	571	266	25	15		4	92	5	27	92		8	
1996	882	301	37	32		178	124	12	22	75		4	45
1997	1032	397	22	48		89	195	20		85		29	69
1998	1111	444	21	20		45	200	9	62	137	18	4	113
1999	2008	857	31			18	479		267	85	33	11	97
2000	2099	623	44	48		19	642	18	294	145	84	12	97
2001	3390	760	43	64		84	1995	23		172	103	11	82
2002	3840	1246	72	35		33	1996	10		263	49	7	110
2003	3763	1182	120	22		7	2073	21		180	34	13	110
2004	4967	1507	119	134		76	2641	66		196	108	3	119
2005	8721	4404	375	105		106	2843	105		407	97	2	277
2006	11321	8365	578	101		319	3080	133		720	59	0.7	405
2007	20148	9059	733	160		259	3812	220		1389	156	3	
2008	22513	6952	609	323	119	303	3561	204		1854	105	17	1113
2009	26195	7816	829	299	320	1197	4430	368		2313	123	84	1388
2010	29907	10177	1168	256	145	1379	6154	254		2578	138	128	1534
2011	44842	12486	1427	470	220	1347	13495	283		2673	139	179	1409
2012	74731	16645	1908	363	360	3018	15281	438		2920	184	265	505
2013	68261	17252	2044	504	1037	3991	16692	375		3330	216	442	512
2014	75965	21769	3139	1832	2272	2324	20101	873		3408	927	508	667
2015	71172	20473	5983	7592	1802	5807	9328	1336		2500	805	651	642

第三节　税务管理

一、税源管理

县内国税税源构成基本上分为重点税源和零星税源两大类。按照“抓大不放小”的原则，重点税源重点管理，零星税源片区管理，确保税收应收尽收，不收过头税。零星税源基本不变，主要是个体税收和临时税收等，重点税源不断发展变化。重点税源范围按不同时期纳税人的年纳税额度划分，1994—2000 年，主要以水泥行业和烟草行业税收为主，2001—2006 年，主要以煤炭行业、烟草行业和水泥行业税收为主，2007—2015 年，主要以煤炭行业、电力行业、烟草行业和水泥行业税收为主。

地税征收税源为城市维护建设税、企业所得税、个人所得税、资源税、城镇土地使用税、耕地占用税、土地增值税、车船使用税、印花税及其地方附加税的法人单位纳税人和个体纳税人。税源管理包括制定科学严密的税收管理制度，对纳税人银行账户和生产经营活动的监管，建立科学的税源预测分析体系，全面掌握和监控税源的变化，强化纳税评估工作，实施微观管理与宏观监控的有机结合，对纳税户的检查常态化。

二、纳税评估

2002 年 3 月，根据《国家税务总局关于加强商贸企业增值税纳税评估工作的通知》精神，印发《大方县国家税务局商贸企业增值税纳税评估办法实施方案》，首次在全县开展纳税评估工作。2008 年 6 月，印发《大方县国家税务局专业化评估和日常评估工作职责实施方案》，明确税源管理科、税务分局及税收管理员负责日常纳税评估工作，征收管理科纳税评估岗负责专业化纳税评估工作。2011 年，设置风险监控中心，专门负责纳税评估工作。2013 年，设置纳税评估分局，专门负责纳税评估工作。2015 年，纳税评估工作由税源管理科专门负责。纳税评估根据纳税人的纳税申报情况，筛选出申报异常、存在疑点信息的纳税人，进行约谈，了解生产经营情况，查看会计账簿，核实申报数据的真实性。通过核实确实存在少申报税款的，责令纳税人纠正，并辅导改正存在问题，由纳税人自行补充申报补缴少交的税款和滞纳金。

2002—2016 年，县国税局开展纳税评估 300 余户次，评估入库税款 700 余万元、滞纳金 40 余万元。2014 年 5 月 1 日起，县地税局二分局管理范围从煤炭税源管理过渡为纳税评估，负责全县年纳税额 200 万以上工业企业和年纳税额 100 万元以上其他企业的风险评估工作。纳税评估以不断提高税法遵从度和纳税人满意度，降低税收流失率和征纳成本的税收征管改革为目标，做好纳税评估风险应对。2014 年，评估 44 户，确认评估各项税费 1524. 39 万元，其中，企业所得税 65. 63 万元，营业税 60. 85 万元，个人所得税 17. 34 万元，城市建设维护税 2. 08 万元，地方教育费附加 1. 15 万元，教育费附加税 1. 82 万元，其他政府性基金收入 1. 69 万元，土地使用税 55. 55 万元，耕地占用税 248. 35 万元，房产税 1. 25 万元，资源税 233. 03 万元，印花税 33 万元，土地增值税 6. 85 万元，契税 772. 91 万元，工会经费 21. 45 万元，残疾人就业保障金 1. 46 万元；入库评估各项税费 684. 27 万元，加收滞纳金 16. 41 万元，罚款 6. 92 万元。

三、税务稽查

1991—1994 年，税务稽查由县税务局稽查队专门负责。1994 年，分税制改革后，县国税局成立稽查局，专门负责税务稽查工作，县地税局成立稽查大队，负责全县地税税收稽核和税务违章案件的查处。2002 年 10 月，县地税局稽查大队更名为稽查局，1994—2003 年，查处 375 家涉税企业、个体工商户，追缴税款 843. 21 万元。2004—2015 年，县国税局查处 489 家涉税企业、个体工商户，追缴税款 6953. 85 万元。

2011 年后，毕节市国税局上收选案权，由县稽查局根据企业税负、申报情况、发票开具情况等信息筛选出异常纳税人上报毕节市国税局，由毕节市国税局确定最终稽查对象，交由县稽查局组织人员对纳税人进行检查，查清案情，搜集证据，然后进行案件审理。一般案件由稽查局自行审理，大案要案由县国税局审理委员会审理，审结后，向纳税人下达处理决定书，责令纳税人补缴税款、滞纳金，并处罚款，涉嫌犯罪的移送司法机关，处理决定由纳税人自行履行或采取强制措施执行，执行完毕即结案。

2012 年，地税系统撤销县级稽查局，偷税、逃避追缴欠税、骗税、抗税案件的查处由市稽查局专门负责。

四、票据管理

1994—2000 年，国税税收票证管理执行国家税务总局印发的《税收票证管理办法》和省国税局印发的《贵州省国家税务局税收票证管理实施办法》规定。全县国税系统使用的各种税收票证共有 11 种，即税收通用缴款书、税收汇总专用缴款书、税收通用完税证、税收转账完税证、代扣代收税款凭证、税收罚款收据、税收收入退还书、税收定额完税证、当场处罚罚款收据、小额退税税款凭证、出口货物税收专用缴款书。列入税收票证管理的凭证及章戳有税票调换证、征收专用章。视同现金管理的税收票证有出口货物税收专用缴款书和完税分割单、税收通用完税证、税收定额完税证、税收罚款收据、当场处罚罚款收据、代扣代收税款凭证、税票调换证、小额税款退税凭证、纳税保证金收据和退库专用章。以上税收票证均由票证管理岗位专人负责管理，设置专门的税收票证库房，配备防盗设施、监控设施、消防设施、防虫设施等，在票证管理岗设置管理台账，严格税收票证领用管理。

1994—2002 年，地税税收票证管理继续执行国家税务总局印发的《税收票证管理办法》和省地税局印发的《贵州省地方税务局税收票证管理实施办法》的规定。全县地税系统使用的各种税收票证共有 11 种，即税收完税证、税收汇总专用缴款书、税收缴款书、印花税票销售凭证、印花税票（伍元、贰元、壹元、伍角、贰角、壹角）、代扣代收税款凭证、资源税管理甲种证明、资源税管理乙种证明、税收定额完税证（拾元、陆元、伍元、叁元、贰元）、屠宰税定额完税证（伍拾元、拾元）、收入退还书。

2014 年后，使用票证有启用税收缴款书（银行经收专用）、税收缴款书（税务收现专用）、税收缴款书（代扣代收专用）、税收收入退还书、税收完税证（表格式）、税收完税证（文书式）。银行使用或与银行共用的有 16 种，即税收缴款书（银行经收专用）、税收缴款书（税务收现专用）、税收缴款书（代扣代收专用）、税收收入退还书、税收完税证（表格式）、税收完税证（文书式）、基金通用收据、基金专用缴款书、印花税票销售凭证、印花税票（伍元、贰元、壹元、伍角、贰角、壹角）、资源税管理甲种证明、资源税管理乙种证明、文化事业费专用收据、税收完税证（伍元）、税收定额完税证（拾元、陆元、伍元、叁元、贰元）、税收收入退还书。县地税局使用的税收票证视为有价证券，由专人专查保管、领发。改建专门库房，配备防盗、防火、防虫设施，建立进出管理台账，严格税收票证领用管理。

五、税务执法

1991—1994 年，为打击偷税、抗税违法行为，维护税法尊严，保障税务机关公正、严肃执法，维护稳定正常的纳税秩序，保护纳税人的合法权益，县人民检察院、县人民法院、县公安局与县税务局联合设立税务检查室、公安税务执勤室、法院执行室，为税务执法保驾护航。1994 年，分税制改革后，县国税局成立税务行政委员会及复议办公室，建立税收执法资格证管理机制。开始实行"一员进户，各税统管"专管员制度时，赋予税务人员个人执法权限过大，缺少有效监督。1996 年，开始实行征收、管理、稽查三分离的征管模式，由"管户"转向"管事"，对税收执法行为具有一定监督效果。2005 年，县国税局建立税收执法责任制度，完善税收执法制度体系，对执法过错行为实行经济责任追究，对违反廉政纪律的行为按照相关规定进行问责，对纳税人按照相关程序和规定开展执法。税务行政审批按照前台受理、后台审批、窗口出件等程序办理。2013 年起，地税系统税务开展行政审批制度改革，陆续取消和下放部分税收行政审批事项，实行清单管理，推进依法行政，税收执法由执法型向服务型转变。至 2015 年，涉税审批事项为 40 项，下放审批 10 项，共减少 137 项。

第三章 金 融

第一节 银行业

一、经营机构

1992 年，县内商业银行经营机构有中国工商银行大方县支行、中国农业银行大方县支行、中国建设银行大方县支行。是年 8 月，中国农业银行大方县支行管理的农村信用社由全县 13 个区中心社、110 个乡镇信用社撤并为 36 个乡镇信用社和 74 个服务网点。1993 年 9 月，建立大方县农村信用合作联社，辖 36 个乡镇信用社。1996 年 12 月，大方县农村信用社与农行大方县支行脱离行政隶属关系，成为独立法人机构。1997 年 2 月，建立中国农业发展银行大方县支行。2004 年，中国建设银行大方县支行改制为中国建设银行股份有限公司大方支行。2005 年，中国工商银行大方县支行改制为中国工商银行股份有限公司大方支行。2008 年 6 月，建立中国邮政储蓄银行大方县支行。2009 年，中国农业银行大方县支行改制为中国农业银行股份有限公司大方支行。2012 年 10 月，建立大方富民村镇银行股份有限公司。2015 年 12 月，大方县农村信用合作联社改制成贵州大方农村商业银行股份有限公司。县内银行业金融机构有中国工商银行股份有限公司大方支行、中国农业银行股份有限公司大方支行、中国农业发展银行大方支行、中国建设银行股份有限公司大方支行、中国邮政储蓄银行股份有限公司大方支行、大方农村商业银行股份有限公司和大方富民村镇银行。

二、存贷业务

"八五"计划期间，全县政策性银行、商业银行各项存款从 1991 年的 1. 15 亿元上升到 1995 年的2.04亿元，增长77.39%，年均增长12.15%；各项贷款从1991年的1.24亿元上升到1995年的2.79亿元，增长125%，年均增长17.61%。1995年，全县银行业存贷比为1∶1.37。

1995年，全县政策性银行、商业银行存款份额分别为：工商银行32.6%、农业银行28.37%、建设银行19.12%、信用联社15.07%、农发银行4.84%；贷款份额分别为：农业银行48.21%、农发银行20.89%、工商银行16.47%、信用联社11.24%、建设银行3.18%；存贷比分别为：农发银行1∶5.92、农业银行1∶2.33、信用联社1∶1.02、工商银行1∶0.69、建设银行1∶0.23。

“九五”计划期间，全县政策性银行、商业银行各项存款从1995年的2.04亿元上升到2000年的5.16亿元，增长152.94%，年均增长20.39%；各项贷款从1995年的2.79亿元上升到2000年的6.15亿元，增长120.43%，年均增长17.13%。2000年，全县银行业存贷比为1∶1.19。

2000年，全县政策性银行、商业银行存款份额分别为：农业银行28.71%、工商银行24.15%、信用联社19.92%、建设银行19.54%、邮储银行6.97%、农发银行0.71%；贷款份额分别为：农业银行69.56%、农发银行12.36%、信用联社10.69%、工商银行3.89%、建设银行3.51%；存贷比分别为：农发银行1∶20.77、农业银行1∶2.89、信用联社1∶0.64、建设银行1∶0.21、工商银行1∶0.19。

“十五”计划期间，全县政策性银行、商业银行各项存款从2000年的5.16亿元上升到2005年的19.18亿元，增长271.71%，年均增长30.03%；各项贷款从2000年的6.15亿元上升到2005年的15.6亿元，增长153.66，年均增长20.46%。2005年，全县银行业存贷比为1∶0.8。

2005年，全县政策性银行、商业银行存款份额分别为：信用联社29.04%、农业银行22.28%、建设银行20.76%、工商银行20.51%、邮储银行6.91%、农发银行0.5%；贷款份额分别为：信用联社30.81%、工商银行30.15%、建设银行19.39%、农业银行14.98%、农发银行4.67%；存贷比分别为：农发银行1∶7.65、工商银行1∶1.2、信用联社1∶0.86、建设银行1∶0.76、农业银行1∶1.2。

“十一五”规划期间，全县政策性银行、商业银行各项存款从2005年的19.18亿元上升到2010年55.98亿元上升增长191.87%，年均增长23.89%；各项贷款从2005年的15.6亿元上升到2010年的36.86亿元，增长136.28%，年均增长18.76%。2010年，全县银行业存贷比为1∶0.66。

2010年，全县政策性银行、商业银行存款份额分别为：信用联社42.37%、农业银行17.13%、工商银行16.27%、建设银行13.31%、邮储银行6.87%、农发银行4.05%；贷款份额分别为：信用联社40.46%、工商银行29.71%、建设银行17.23%、农发银行6.07%、农业银行5.66%、邮储银行0.87%；存贷比分别：为工商银行1∶1.2、农发银行1∶0.99、建设银行1∶0.85、信用联社1∶0.63、农业银行1∶0.22、邮储银行1∶0.08。

“十二五”规划期间，全县政策性银行、商业银行各项存款从2010年的55.98亿元上升到2015年113.33亿元，增长102.45%，年均增长15.15%；各项贷款从2010年的36.86亿元上升到2015年的74.28亿元，增长101.52%，年均增长15.04%。2015年，全县银行业存贷比为1∶0.66。

2015年，全县政策性银行、商业银行存款份额分别为：农商银行51.92%、工商银行12.89%、农业银行12.21%、邮储银行10.89%、建设银行8.15%、农发银行2.68%、富民村镇银行1.26%；贷款份额分别为：农商银行52.18%、工商银行13.75%、农业银行12.66%、农发银行9.44%、建设银行6.42%、富民村镇银行4.17%、邮储银行1.39%；存贷比分别为：农发银行1∶2.31、富民村镇银行1∶2.16、工商银行1∶0.7、农业银行1∶0.68、农商银行1∶0.66、建设银行1∶0.52、邮储银行1∶0.08。

1992—2015 年大方县银行业存款一览表

表—10－3－1－1　　单位：万元

年份	存款总额	农业银行	工商银行	建设银行	农业发展银行	信用联社（农商行）	邮储银行	富民村镇银行
1992	13709	5928	3886	2499		1396		
1993	15773	5763	4293	4000		1717		
1994	16284	4566	5354	3596	564	2204		
1995	20355	5775	6636	3892	984	3068		
1996	25075	8815	6776	4577	950	3957		
1997	28307	9681	7620	5421	714	4871		
1998	32604	9681	9198	6658	522	6545		
1999	42772	12354	11802	9060	642	8914		
2000	51632	14822	12467	10090	366	10287	3600	
2001	66418	17576	13051	14433	488	15814	5056	
2002	83062	21425	15456	17748	351	22617	5465	
2003	97252	22059	18643	21783	638	27098	7031	
2004	138140	30659	28425	29920	1060	38513	9563	
2005	191767	42721	39339	39814	952	55683	13258	
2006	241105	52438	41226	45633	966	83792	17050	
2007	277903	49340	48417	51667	2807	106088	19584	
2008	353142	54388	59770	57500	12879	143820	24785	
2009	455044	61982	75084	63592	45882	178848	29656	
2010	559785	95907	91059	74529	22649	237157	38484	
2011	658595	98272	102908	72837	31545	288868	64165	
2012	780782	113031	135818	74482	27459	351911	77076	1005
2013	885044	137048	107691	82541	27484	432035	94115	4130
2014	948746	132567	120995	76647	25498	486529	100808	5702
2015	1133264	138327	146085	92345	30335	588446	123406	14320

1992—2015 年大方县银行业贷款一览表

表—10－3－1－2　　单位：万元

年份	贷款总额	农业银行	工商银行	建设银行	农业发展银行	信用联社（农商行）	邮储银行	富民村镇银行
1992	17308	11342	3107	352		2507		
1993	19560	12932	3392	568		2668		
1994	27579	13456	3647	2928	4724	2824		
1995	27898	13451	4595	888	5829	3135		
1996	34552	19747	4073	417	6498	3817		

续上表

年份	贷款总额	农业银行	工商银行	建设银行	农业发展银行	信用联社（农商行）	邮储银行	富民村镇银行
1997	49224	30039	4169	984	9904	4128		
1998	62605	43423	4214	1326	9164	4478		
1999	65172	43309	4982	2596	8755	5530		
2000	61502	42781	2391	2156	7601	6573		
2001	56077	35834	2103	1770	6866	9504		
2002	58983	28990	2085	3072	7021	17815		
2003	37521	646	2263	6275	6275	22062		
2004	96411	1149	33705	26243	3000	32314		
2005	155961	23367	47022	30236	7279	48057		
2006	230371	32195	81474	45941	8865	61896		
2007	265509	27670	89150	60399	16967	71323		
2008	282236	16428	94230	62995	25602	82981		
2009	390306	19387	108083	63758	73131	124136	1811	
2010	368582	20850	109519	63519	22361	149125	3208	
2011	425673	28291	130922	64902	25783	172233	3542	
2012	430683	42096	75619	66462	27885	209742	3681	5198
2013	514544	39860	103059	51197	30930	270041	3779	15678
2014	585833	48408	77117	47618	48578	336783	4755	22574
2015	742785	94007	102118	47693	70092	387588	10307	30980

第二节　保险业

1984 年 6 月，保险业从人民银行分离，成立中国人民保险公司大方支公司，主要经营财产保险、人寿保险业务。1996 年 7 月，中国人民保险公司大方支公司改组为中国人民财产保险公司大方支公司、中国人寿保险有限公司大方支公司，实行财产险、人寿险分业经营，分别承办财产保险、人寿保险业务。

一、财产保险

1991—1996 年，中国人民保险公司大方支公司年均保费收入 177 万元，年均赔付支出 93.4 万元，占年均保费收入的 52.76%。1997 年，中国人民财产保险公司大方支公司率先推出财产保险“社会服务承诺”新举措，次年启动“机动车辆保险创名优级工程”。1996—2000 年，年均保费收入 308 万元，年均赔付支出 182.4 万元，占年均保费收入的 59.22%。

从 2002 年起，中国人民财产保险公司大方支公司自上而下推出 95518 服务专线。2005 年，推出“金牌服务工程”和“理赔无忧—车险快捷”服务。2000—2005 年，年均保费收入 502.2 万元，年均赔付支出251.8万元，占年均保费收入的50.14%。2007年，开办政策性能繁母猪保险。2010年，推出电话投保销售模式。2006—2010年，年均保费收入1393.4万元，年均赔付支出781.4万元，占年均保费收入的56.08%。2011年，新办理煤矿意外险、煤矿安全生产责任险。2012年，推出网络销售模式，形成为客户提供保险咨询、保险报案、保险索赔、购买保险等方便快捷、全天候、多方位的保险服务体系。开通能繁母猪保险投保、理赔通道，贯彻支农惠农政策。2013年，保费收入4086万，理赔支出3380万元，理赔支出占保费收入的82.72%。2014年，拓展保险业务，探索非车非农险业务发展方向，促进非车非农险业务保费增长。2015年，在全县28个乡镇3个街道设销售网点，方便群众就近投保。2011—2015年，年均保费收入4170.8万元，年均赔付支出3339万元，占保费收入的80.06%。

2014年5月，中国人寿财产保险股份有限公司大方支公司成立。是年，保费收入358万元，其中车险保费326万元，非车险保费32万元。赔付支出163.28万元，赔付率56.9%。2015年，开展农业保险，首次突破农业种植（烤烟）保费收入281万元，为6938户烟农办理6240万元财产保险。险种有车辆保险、财产损失保险、责任保险、意外伤害保险、农业种植保险等。保费收入808万元，比2013年增长126.06%，其中，车险保费491万元，非车险保费36万元。赔付支出615.8万元，赔付率为76.21%。

至2015年，大方支公司经营险种为：家财两金险、职工购房险、金锁家庭财产综合保险、个人抵押贷款房屋保险、承运人责任险、雇主责任保险、公众责任险、财产保险综合险、财产一切险、机动车辆损失保险、家庭自用汽车损失保险、非营业用汽车损失保险、营业用汽车损失保险、机动车辆第三责任保险、摩托车保险、特种车辆保险、拖拉机保险和附加险、车身划痕损失险、火灾爆炸自燃损失险、救助特约无过失责任险等、公路货物运输保险、工程保险、人身意外伤害保险等、政策性农业保险、人身意外健康险、其他险及各种附加险等。

二、人寿保险

1997年3月，中国人寿保险从中国人民保险公司分离出来，成立中国人寿保险公司大方办事处。1997年6月，中国人寿保险公司大方办事处开办营销产品并推广代理制销售，主要营销产品为99鸿福两全保险、88鸿利两全保险、鸿寿养寿保险等。1999年，中国人寿保险公司大方办事处更名为中国人寿保险公司大方支公司。2002年，推出银行代理业务鸿丰两全保险。2005年，保险业务收入1010万元，其中新单保费570万元。

2008年12月，新华人寿保险公司大方支公司成立，开办主要险种有福如东海A款、吉星高照A款、附加提前给付C款、吉庆有余两全保险A款（分红型）、富贵人生两全保险A款、吉利相伴A款、附加提前给付A款等。

2009年10月，泰康人寿保险有限公司大方支公司成立，开办险种有金类保险、医疗保险、银行保险、团体保险。

2010年，中国人寿保险公司大方支公司保费收入2354.08万元，其中，新单保费1595.16万元，期缴保费246.5万元。新华人寿保险公司大方支公司保费收入1220.33万元，理赔支出175.24万元。泰康人寿保险公司大方支公司保费收入37万元，理赔支出0.67万元。

2013年，中国人寿保险公司大方支公司为新农合承保大病保险，当年保费突破3000万元大关，新单保费2100万元，期缴保费209.6万元。

2015年，中国人寿保险公司大方支公司保费收入4000万元，新单保费3300万元，期缴保费

885.65 万元，主要险种有团体人寿保险、团体人身意外伤害保险、学生平安保险、大学教育金保险、子女婚嫁保险、简易人身保险，另有代付 99 鸿福两全保险、88 鸿利两全保险、鸿寿养寿保险、鸿丰两全保险、新农合大病保险等。新华人寿保险公司大方支公司保费收入 951 万元，理赔支出 149.84 万元。泰康人寿保险公司大方支公司保费收入 120 万元，理赔支出 11.44 万元。

第三节　金融监管

1992—2015 年，中国人民银行大方县支行、中国银监会毕节监管分局大方办事处履行金融监管职责，对全县银行业金融机构进行有效监管，化解金融风险，保障大方金融安全。2003 年 12 月，中国银监会大方办事处成立，人民银行大方县支行对金融机构的部分监管职能由大方银监办事处履行。中国保监会成立后，人民银行对保险业的监管划归中国保监会。

一、政策性银行和商业银行监管

1992 年，中国人民银行大方县支行（以下简称“人行大方支行”）对中国农业银行大方县支行（以下简称“农行大方支行”）业务经营和财务活动进行常规稽核监管，对中国工商银行大方县支行（以下简称“工行大方支行”）信贷政策执行进行抽查监管，并委托农行大方支行对农村信用社进行常规稽核。1993 年，在抓好辖区内金融机构年检和其他常规工作的同时，对全县专业银行的固定资产贷款、利率政策、资金拆借，办理委托业务和房地产业务进行监管。1995 年下半年，人行大方支行对县城区内所有多头开户进行清理撤并，清理账户 407 户，经清理审核规范后在中国农业发展银行大方县支行（以下简称“农发行大方支行”）开立基本账户单位 13 个，在工行大方支行开立基本账户单位 194 个，在农行大方支行开立基本账户单位 48 个，在建行大方支行开立基本账户单位 156 个。

1997 年，建立贷款主办行制度，主办行需为借款人提供更完善的信贷、结算等多方面的金融服务，借款人保证不拖欠、不挪用贷款，按期偿还贷款本息并接受主办行全面信贷监督。明确县食品加工厂、县粮食加工厂等 8 个单位的贷款主办行为农发行大方支行；县五金公司、县纺织品公司等 30 个单位的主办行为工行大方支行；县烟草公司、县烟叶复烤厂等 6 个单位的主办行为农行大方支行；县水泥厂、县建筑二公司等 3 个单位的主办行为建行大方支行。1998 年 3 月，人民银行大方支行对农行大方支行借款人资信情况、贷款管理情况、私营和异地企业贷款情况、贷款风险 4 个方面进行检查，提出整改意见和建议，同时对县内保险市场进行清理整顿。

1999 年，人行大方支行围绕建立金融风险管理预警系统，促使国有商业银行不良贷款明显下降、实现金融秩序明显好转、维护金融安全目标，加大非现场监管力度，加强政策性银行和国有商业银行的风险防范和监测工作，开展各项金融业务检查和专项检查。审查 13 个金融机构负责人的任职资格条件，报批 2 个机构的迁址，报批撤销 2 个基层营业所，对国有独资商业银行主要负责人任职资格进行重新认定。申报撤销工行大方支行人民北路储蓄所，农行大方支行响水、瓢井、百纳、长石 4 个营业所。

2000 年，人行大方支行完善监管手段，提高监管水平，印发《2000 年金融监管与责任网络图》，加强现金、利率监管，做好非现场监管工作，突出监管重点，防范和化解中小金融机构风险，向县辖农发行、各商业银行、农村信用社及邮政储蓄银行印发《中国人民银行大方县支行关于建立金融安全区的意见（试行）》，要求政策性银行、各国有商业银行结合自身实际，认真贯彻落实。以防范和化解金融风险为重点，组织实施对农发行大方支行的全面稽核，对全辖金融机构进行年检，对各国有商业银行和农村信用社进行检查。报批工行大方支行降格并更名为工商银行毕节分行大方分理处，审批农行大方支行龙昌营业所搬迁到大方镇南街。

2002 年，人行大方支行对辖内商业银行进行统计检查，重点检查统计制度执行情况、统计数据的真实性、统计指标归属等内容。加强银行业金融机构和高级管理人员管理工作，报批撤销农行大方支行双山营业所、理化营业所，初审报批农发行大方支行行长的任职资格，审批农发行大方支行副行长、建行大方支行副行长、工行大方分理处正副主任、农行大方支行鸡场营业所副主任的任职资格，审批工行大方分理处城关储蓄所的机构撤迁。

2003 年，加大对国有商业银行现场监管工作力度，完成对辖内商业银行、政策性银行的年检工作，报批撤销农行大方支行鸡场营业所和六龙营业所，报批工行城关储蓄所升格为分理处，报批农行大方支行行长任职资格，审批建行大方支行 2 个分理处主任的任职资格，审批农发行大方支行的机构搬迁。

2004—2012 年，大方县金融机构发展迅猛，人行大方支行和毕节银监分局大方办事处各自履行监督管理职责，通过现场检查和非现场监管等方式，保证金融机构健康良性发展，维护辖区金融稳定，未发生重大金融风险。2012 年 10 月，毕节银监分局审批同意大方富民村镇银行股份有限公司成立并加入银行业金融机构服务体系。

2015 年，大方银监办事处提升监管方式的科学性和有效性，指导辖区内银行业金融机构优化信贷结构，提高信贷质量，加强风险管理，维护辖区银行业安全稳健运行和经济平稳发展。

二、农村信用社和邮政储蓄监管

1992 年，针对大方县乡镇级行政机构进行撤区并乡建镇的实际，根据“总量控制、结构调整、讲求实效、布局合理、地区内平衡”的原则，做好全县农村信用社的撤、并、建工作。对检查邮政储蓄存在的问题，向邮政部门提出相关建议。

1998 年 3 月，人行大方支行对文阁信用社等 9 个基层农村信用社的借款人资信情况、贷款管理情况、私营和异地企业贷款情况、贷款风险 4 个方面进行检查，发现存在 5 个方面问题，提出整改意见和建议。审查认定双山、牛场等部分农村信用社法定代表人业务任职资格，审查批准双山信用社、响水信用社等 16 个信用社理事长、副理事长的任职。1999 年，通过开展对邮政储蓄的清理整顿工作，纠正邮政储蓄利息差错和业务操作不规范等问题。

2000 年，人行大方支行审批同意达溪邮政储蓄所搬迁至县城西大街，并更名为西大街邮政储蓄所。报批马场信用社、六龙信用社、理化信用社 3 个信用社的迁址。报批撤销县联社原主任的任职资格。

2002 年，人行大方支行对农村信用社进行统计检查，重点检查统计制度执行情况、统计数据的真实性、统计指标的归属等内容，加强对农村信用社的监管，组织对农村信用社支农贷款的检查和调查工作，完成对农村信用社内控制度执行情况的检查，纠正业务经营活动中存在的违规行为。指导农村信用社改革经营机制，确立农村信用社立足支农、化解风险、实现跨越式发展的工作思路，完善法人治理结构，试行联社主任与理事长分设，审批新任理事长、主任、副主任、监事长的任职资格，完成对农村信用社的机构年检工作，年检 20 个法人机构和 25 个非法人机构。监测监控辖区内邮政储蓄业务经营情况，对邮政储蓄的违规揽储情况进行检查，查出部分邮政支局汇转储的违规问题，涉及违规金额 1216.87 万元。

2003 年，人行大方支行开展对农村信用社支农再贷款管理，重点检查支农再贷款管理是否规范，资金用途是否合规，利率使用是否正确。完成对县信用联社 19 个乡镇法人社主要负责人的年度考核工作，审批 2 个信用社主任任职资格，审批 1 个信用社的撤迁、1 个邮政储蓄机构搬迁。

2004 年，审批以县为单位统一法人的大方县农村信用合作联社。改革后的大方县农村信用合作联社辖 38 个分支机构，其中，营业部 1 个，信用社 24 个，分社 13 个。

2005 年 3 月，大方县农村信用合作联社顺利开通电子汇兑系统和人民银行大额支付系统，信用社汇兑渠道不畅、汇兑资金不能适时到账等问题得到解决。

2012—2015 年，人行大方支行按季度对农村信用社存款准备金缴存情况进行检查，确保农村信用社按时足额缴纳存款准备金，避免发生支付风险。2015 年，在人行大方支行、大方银监办的指导下，大方县农村信用合作联社完成改制，12 月，获得贵州银监局批复，正式改制为贵州大方农村商业银行股份有限公司。

第十一篇
农　业

第一章 种植业

唐宋时代，大方县农牧业生产有一定基础，特别是种植业和畜牧业，《平阳国志》载：“平夷产茶、蜜……禾谷有糯谷、岩尖糯、羊毛粘、白粘、晚谷等8种，秋禾有包谷、粟米、大麦、小麦、早稻、红稗等10余种。”元代，水西成为全国十四个大牧场之一。至明代，畜牧业在水西占举足轻重的地位，奢香引进中原先进农耕技术，开辟龙场九驿，通贵州至乌撒道，农牧业进一步发展，农家广为饲养猪、牛、马、羊、狗、禽，因马为当时重要役畜，明朝时期多次贡马，养马业发展较快。明清时期，县境引进水稻、玉米、马铃薯等良种良法，但是农业生产耕作粗放，普遍刀耕火种，种植单一。至中华人民共和国成立前，县内农业发展缓慢，农民生活十分贫困。中华人民共和国成立后，尤其是中共十一届三中全会后，大方县农牧林业向现代化迈出新的步伐。1978—1998年，农民种粮积极性提高，全县粮食保持快速增长势头，粮食生产能力显著提高，人均占有粮食大幅增长，畜牧业科技服务加强，全县加快以生猪生产为突破口的畜牧业产业化进程，推行“科教兴牧、科技促牧、牧兴民富、财政创收”的工作思路，发展区域性畜牧业商品生产，推动畜牧业向产业化、专业化方向发展。1989年，大方县争取到国家长江中上游防护林体系建设工程，在县境内原有生物种类多样、树木种类繁多的基础上，采取生态效益、社会效益和经济效益相结合的模式，实施防护林建设工程。1999—2010年，由于粮食产量猛增，受市场供求变化规律影响，粮食价格持续下跌，粮食增产不增收，粮食效益降低，为提高农民种植收益，各级政府提出结构调整的战略方针，经济作物种植面积迅速增加，粮食种植面积开始缩减。由于粮食单产水平提高，各级政府高度重视“三农”工作，实行购置和更新农机具补贴、良种补贴等一系列“多予、少取、放活”等惠农政策，农民从优惠政策中得到实惠，加之农产品价格稳中有升，农民种粮积极性空前高涨，粮食作物种植面积不断增长。1999年，大方县争取到国家天然林保护工程，通过工程实施，全县森立资源的多样性得到有效保护，森林资源持续稳定增长，森林覆盖率逐年上升。至2015年，大方县不断增加对农牧林业的投入，改善农牧业生产条件，大兴水利，加大农牧业机械化投入，培养大批农牧林科技专业人才，大力调整农业产业结构，推广农技服务，发挥科技示范作用，推进农业园区建设，发展农业板块经济，发展中药材产业，注重品牌创建，加强农机管理，持续植树造林，加强森林管护，加强水利工程建设，实行严格的水资源管理制度。农业产业结构得到大调整，农业发展方式得到大转型，农民收入得到大提高，干部思想得到大转变，逐步实现从传统农业向现代山地高效特色农业的转变，农业在全市、全省的地位不断提升。

第一节 耕地 基础设施建设

一、耕地及土壤改良

1991年，全县常用农用土地81.3万亩。随着国家西部大开发战略的实施，改革开放的进一步深入，毕节试验区建设步伐的加快，一批重点项目入境占用耕地，如2000—2006年间退耕还林17.38万亩；2006—2010年40余万亩；2014—2015年新一轮退耕还林3200亩；洪家渡电站淹没2.15万亩；飞雄机场占用1629.88亩；杭瑞高速公路占用2754.96亩；循环经济工业园区、食品药品产业园区占用7.47万亩。因此，县内耕地面积逐年减少，即使1991—2014年复垦增地4.67万亩，耕地总量仍是减少。全县农业人口人均耕地面积从1991年1.01亩减少为0.7亩，20年间人均耕地减少31%。

根据肥力、质地、障碍层次、水利条件、农作物熟制、产量等评价因素，县水田参评面积17.51万亩，其中一级1.26万亩，二级7.06万亩，三级7.5万亩，四级1.69万亩；旱地根据坡度、侵蚀状况、肥力、质地、抗灾能力、熟制等因素评级，参评207.01万亩，其中二级42.32万亩，三级83.37万亩，四级49.96万亩，五级20.38万亩，六级10.98万亩。

耕地质量的障碍因素主要是养分缺乏，耕层浅薄，酸性土壤面积与石漠化比例大，易涝易旱，坡度大等，导致抵御灾害能力弱，农作物产量低而不稳。20世纪普遍大量使用无机化学肥料，导致土壤板结，质地变劣。为此全县进行土壤改良，有的地方沿用青叶、秸秆入田增加土壤有机质，秋后耕地提高土壤熟化程度，增施有机肥和热性肥改善土壤理化性质。1991年开始实施农业综合开发、水土保持项目，其中包含土壤改良和土地整理。采取坡土改梯土，石灰改良酸性土壤，种植绿肥，测土配方施肥，套种大豆及芸豆等综合措施来改良土壤，增加土壤耕层及质地。从2004年起，县将部分土地出让金用于农业田土开发，到2009年，全县实施小规模土地开发整理项目587个，新增耕地3.64万亩。至2014年，全县实施马铃薯、玉米测土配方施肥46.3万亩，项目覆盖290个村，涉及农户14.2万户；建土壤肥力监测站1个并完成采样数据库、样品测试数据库、田间试验数据库资料录入，处理数据1.2万多个。1991—2015年，每年种植绿肥以改良土壤质地，增加土壤肥力，其中2005年种植面积，达35万亩。到2015年，全县常用耕地总面积151.37万亩。

1991—2015年大方县常用耕地面积一览表

表—11-1-1-1　　单位：万亩

年份	总面积	水田	旱地
1991	81.30	10.59	70.71
1992	80.85	9.71	71.14
1993	80.70	9.41	71.29
1994	80.85	9.18	71.67
1995	81.00	9.18	71.82
1996	80.78	8.91	71.88
1997	80.71	8.76	71.99
1998	80.49	8.60	71.89

续上表

年 份	总面积	水 田	旱 地
1999	80.39	8.60	71.79
2000	79.56	8.55	71.01
2001	78.68	8.54	70.14
2002	75.65	8.57	67.08
2003	71.84	8.40	63.44
2004	73.13	7.73	65.40
2005	75.15	7.32	67.83
2006	111.87	10.98	100.89
2007	111.96	10.92	101.04
2008	106.10	10.58	95.52
2009	104.18	10.26	93.92
2010	105.58	10.26	95.32
2011	103.81	10.26	93.55
2012	103.15	10.26	92.89
2013	158.58	9.93	148.65
2014	154.39	10.67	143.72
2015	151.37	10.67	140.70

注：1996—2005 年耕地总面积按习惯亩统计，2006—2015 年耕地总面积按统计口径统计。

二、基础设施建设

（一）农田基本建设

县境内山高坡陡，土地破碎，坡耕地占耕地面积 59% 以上。坡耕地耕作层浅薄，土壤肥力低，产量低，抗御自然灾害能力低。从 20 世纪 70 年代起，大方县开展以改土治水为中心、山水林田路综合治理的农田基本建设。1991 年，国务院确定在贫困地区开展以工代赈工程。大方县成立基本农田建设指挥部，有组织、有计划、大规模地实施以坡改梯为主要内容的以工代赈基本农田建设。1991—2002 年，全县共实施以工代赈坡改梯面积 30.9 万亩，其中，坡土改梯土 25.65 万亩，荒

理化乡金鸡村水土保持流域坡改梯工程（2015 年 11 月摄）

坡改梯土0.34万亩，坡土改梯田0.07万亩，治理水毁田土2.95万亩，其他类型坡改梯1.89万亩。累计安砌石埂11万条，完成石方453.42万立方米，完成土方1132.61万立方米，投工1524.51万个。坡改梯配套工程完成：水池水窖390个2.67万立方米，引水渠36条27.1千米，拦山排洪沟574条213.9千米，治理河堤75条116.02千米，谷坊83座3110.6立方米，新修乡村断头公路207条451.25千米，建成桥涵10座，建田间便道798条3655千米，营造林地41.1万亩。累计投资4997.3万元，项目覆盖全县34个乡镇345个村，2287个组，13.4万户，60.4万人，全县农民人均基本农田从1988年的0.13亩增加到2002年的0.34亩。在黄泥塘镇、鸡场乡、羊场镇、理化乡基本连片的坡改梯超过4万亩；在竹园乡、响水乡、双山镇基本连片的超过3万亩；1万亩~2万亩连片的坡改梯8片；千亩以上连片的68片。在治理区域内，原来的坡耕地、零碎耕地、石旮旯变成水平梯土，加上乡村公路、田间便道、排洪沟、治理河堤、引水渠、生物措施等一大批配套工程，初步形成“山水林田路”综合治理格局。

1989—2007年，县“长治工程”建设治理项目安排在有河流的32个乡镇实施。治理小流域52条，完成坡改梯14.69万亩，营造水保林44.77万亩，经果林20.63万亩，种草13.71万亩，保土耕作43.52万亩。配套修建谷坊135座、沉沙池凼48口、蓄水池357口，排灌沟213.95千米，田间便道9.81千米，沼气池60口。累计投工2253.28万个，完成土石方2242.21立方米。工程总投资1.16亿元，其中中央投资2824.28万元。2006—2010年完成坡改梯5566.2亩。

2007年，省级土地出让金用于基本农田建设项目在大方县实施，建成旱涝保收高产稳产、有效灌溉的高标准基本农田515亩，其中，安砌石埂58条，建机耕道596米，建田间便道6条2196米，修排洪沟438米，田间小水池（窖）19个825立方米，安装输水管道2108米。在22个乡镇33个村建小水池898个2.75万立方米。2008年，在12个乡镇18个贫困村修水池（窖）640口2.24万立方米，在牛场乡实施中低产田土改造工程，新增耕地1345亩，完成坡改梯870亩。

（二）农业综合开发

1988年，国务院建立农业发展基金，成立国家农业综合开发领导小组，在11个大片区立项开发。1990年，贵州省纳入立项开发区。1994年，大方县纳入贵州省农业综合开发县立项开发。1994—2014年，农业综合开发陆续在不同乡镇实施。

1994年，在双山镇实施土地治理工程，项目投资310万元。实施水浇地建设4500亩，坡改梯4000亩，建良种繁殖基地800亩，购置农机具17台，营造经济林3500亩，封山育林5000亩，秸秆氨化养牛1200头，建养猪场1个。

1995年，在双山镇、文阁乡实施土地治理工程，项目投资433万元，实施水浇地建设8000亩，坡改梯3400亩，购置农机具32台（套），营造经果林4500亩，封山育林1万亩，秸秆氨化养牛300头，养殖商品猪2000头、黑山羊1550只，种植魔芋500亩，建农产品加工厂1个。

1996年，在响水乡实施土地治理工程，投资233万元。坡改梯2077亩，改良土壤1万亩，营造水土保持林5935亩（种苹果1.33万株、核桃5500株、柑橘300株、银杏1000株）。

1997年，开发项目在响水乡、竹园乡、大方镇实施，投资303万元。建水浇地5000亩，农田基本建设1万亩，营造水土保持林4710亩，在大方镇对江村建生姜基地1049亩。

1998年，在响水乡、竹园乡、大方镇、文阁乡投资208万元。完成坡改梯358亩，种绿肥7246亩、种地埂树1198亩，建机耕道12.2千米，营造水土保持林5465亩。

1999—2001年，在响水乡、小屯乡、鸡场乡、黄泥塘镇、安乐乡、长石镇投资1550万元。实施坡改梯3643亩，建机耕道4条8千米，田间便道12千米，田间供水池20个8000立方米。种绿肥2.1万亩，石灰改土1.05万亩、种地埂树35万株，配方施肥及秸秆还田1000亩，购置农机具20台（套），造防护林2.1万亩，建水浇地1.29万亩，埋设输水管道100千米，建成豆制品生产线260条的加工厂，养殖牛羊1300头（只）。

2002年，在达溪镇冷底村、黄泥塘镇、安乐乡投资927万元。冷底河道改建9.97千米，建引水渠5.94千米、拦河坝2座、桥4座、机耕道2.56千米、鱼池31个8000平方米，田土坎硬化10.19千米，修拦山排洪沟5千米，造水土保持林4500亩。建成达溪冷底反季节蔬菜生产基地，种植一年三熟悉的莲花白、大白菜，亩产值2000元，农民仅蔬菜一项每年收入增加1000元以上。冷底被省农业厅列为无公害蔬菜生产基地，产品远销贵阳、成都、重庆等地。实施黄泥塘镇坡改梯1100亩，配套机耕道4条916米，田间便道21条2287米，田间水池3个394立方米，田坎硬化42条307立方米，拦水坝1座，拦山排洪沟25条1783米，造水土保持林4100亩，种花椒15万株、梨10万株、板栗5万株、杨梅2万株，建苗圃场1个110亩。实施安乐乡草场改良4500亩，建围栏4千米，小水窖50个。

2003年，在达溪镇冷底村和新寨村投资451万元。新建冷底河翻板坝2座，实施新寨沟渠4.5千米，建机耕桥1座、拦沙坝1座，干经果林500亩，水土保持林1000亩。

2004年，实施大方镇对江片区节水农业示范项目，投资442万元。实施向阳渠道防渗改造12千米，建成DC150毫米倒虹管2.67千米，DC100毫米倒虹管0.46千米，建进水池8口30立方米，高水位水池15口1275立方米，田间水池208口8220立方米，安装输水管道43千米，建田间步道8条7.15千米，排洪沟540米，改造机耕道1条1.2千米。

2005年，实施文阁乡中低产田项目，投资588万元。实施拦河坝2座，开挖疏浚渠道1千米，补砌渠道13千米，埋设输水管道15千米，建贮水池89口、机耕道5.1千米。

2006年，实施八堡乡田间灌溉工程，投资389万元。新建拦河坝26座，新建防护堤1.57千米，新建灌溉渠28条24.04千米，新建排渍渠1千米，修机耕道0.56千米、田间步道5560米，机耕桥2座。技术培训720人次，示范推广700亩。实施2000年遗留的长石官田、新源节水工程：实施长石中学——东风渠道173米（修砼底、墙、板的渠道523米）；分水槽——东风明渠、暗渠清淤（C15砼底、墙1512米，M7.5水泥砂浆砌块石1196米）；实施中干渠石场——顺沟清淤1200米（C15砼底、面、M7.5砼浆砌块石1083米，C15砼路面1200米）；实施新源干渠清淤3300米（C15砼底、墙），锅圈洞内渠防渗200米。

2007年，实施牛场乡中低产田改造工程，投资561万元。实施主排水渠2485米，新建排洪支渠3条1764米，杜家寨排灌渠450米，左灌溉引水渠1830米，田间渠系1600米，消水洞6个，渠系建筑物8座（公路涵洞2座、人行桥6座），新建排渍渠5条1.2千米；实施旱地浇灌工程，安装输水管道1.27万米，新建调节池4座800立方米，田间水池90个2.7万立方米，修机耕道2条2.12千米，田间步道4200米，恢复整修水毁河堤334米，修复水毁排洪沟443米，硬化田埂145米，修复鱼池27个，修复危桥1座，开展技术培训834人次，示范推广2000亩（推广杂交玉米良种1500亩，杂交水稻良种500亩）。项目实施区域新增排涝面积1400亩，改善水涝面积900亩；新增节水灌溉面积3800亩，年节水27.4万立方米。新增机耕面积1200亩，新增产粮能力59万公斤，新增产干草能力15万公斤。受益农户2906户1.2万人。项目区农民人均年收入增加134元。

2008年，实施黄泥乡中低产田土改造项目，投资473万元。整修挡水坝1座，新修溢洪道1条，安装输水主管道17.18千米；新建高位水池13个2700立方米，安装田间配水管46.28千米，渠道防渗4.77千米，技术培训1000人，示范推广2000亩。工程建成后，解决旱地灌溉面积4200

亩、水田灌溉1100亩。

2009年，实施安乐乡土地治理工程，投资506万元。新建水源点2处，安装输水管道3.25万米，建调节池18座1350立方米，新建汇流沟2500米，蓄水池20个1200立方米，排渍沟2000米，建机耕道5条1350米，田间步道5条5.46万米，技术培训1000人，种黑麦草400亩、鸭草300亩。

2010年，实施马场镇白泥村土地治理项目，投资474万元。新建排洪堤2500米，建引渡渠5条730米，建排洪支渠7条1300米，引水渠2条2300米，安装输水管道1200米，建蓄水池4口350立方米，建排灌站1座，建渠系建筑物18处（水源整治1处、人行桥10座、机耕桥2座、消水洞1处、机耕道4条2200米），修生产步道7条4900米，硬化田埂2270米，技术培训800人次，高标准种植葡萄100亩。

2011年，实施瓢井镇坪兴村土地治理项目，投资477万元。新建联坪排洪堤1360米、坪兴排洪堤2020米，建排洪支渠4条1320米，安装输水管道1.12万米，建蓄水池8个900立方米，建机耕桥4座、人行桥10座，处理消水洞2处，建取水设施1处，修机耕道3条3222米、生产便道3条3000米，技术培训800人次，示范种植反季节无公害蔬菜100亩。

2012年，在绿塘乡牛场村实施土地治理项目，投资477万元。新建排洪渠2条2036米、拦河坝1座45米、防洪堤8条1233米，安装输水管道1.05万米，建蓄水池17个4100立方米，修人行便桥13座，修机耕道1条1640米、生产便道5条1480米，技术培训800人，示范种植特色蔬菜50亩。

2013年3月，县辣椒示范园由省政府批准为市级现代高效农业示范区，规划面积22.96平方千米，其中核心区1.28万亩，总投资1.96亿元。项目包含研发孵化、示范带动、集聚扩散、休闲旅游四大功能。2013年计划投资8000万元，完成8100万元，建成辣椒加工厂房二栋，育苗大棚1.2万平方米，安装太阳能杀虫灯4台，标准化辣椒种植基地2500亩，流转土地1000亩。

2014年，巩固退耕还林基本粮田建设，总投资796万元，治理面积1.59万亩，涉及11个乡镇34个村。

2015年，县农业综合开发总投资1077.2万元，其中，土地治理投入392万元，产业化经营投入638.8万元，自然灾害毁损工程修复项目投入20万元，县级配套事业费26.4万元。

1994—2015年大方县农业综合开发概况一览表

表—11－1－1－2　　单位：万元

年份	项目名称	实施地点	投入资金	工程主要内容
1994	土地治理	双山镇	310.00	建水浇地、坡改梯、良种繁殖场
1995	土地治理	双山镇、文阁乡	433.00	建水浇地、坡改梯、购置农机具、经果林、封山育林、种养殖
1996	土地治理	响水乡	233.00	改良土壤、坡改梯、水保
1997	农业开发	大方镇、响水乡、竹园乡	303.00	建水浇地、水保林、生姜基地
1998	农业开发	大方镇、响水乡、竹园乡、文阁乡	208.00	绿肥、坡改梯、种树、水保林、机耕道
1999—2001	农业开发	响水乡、小屯乡、鸡场乡、黄泥塘镇、安乐乡、长石镇	1550.00	坡改梯、机耕道、田间水池、绿肥、石灰改土、地埂树、配方施肥、秸梗还田、购农机、造防护林、水浇地、水管、高位水池

续上表

年份	项目名称	实施地点	投入资金	工程主要内容
2002	农业开发	达溪镇冷底村、黄泥塘镇、安乐乡	927.00	改河道、引水渠、坝、桥、田土坎硬化、拦山排洪沟、水保林、坡改梯、机耕道
2003	农业开发	达溪镇冷底村、新寨村	451.00	水坝、沟渠、机耕桥、拦沙坝
2004	节水示范	大方镇对江片区	442.00	渠防渗改造、倒虹管、水池、输水管、排洪沟、田间步道
2005	中低产田改造	文阁乡	588.00	拦河坝、疏砌渠、水管、水池、机耕道
2006	灌溉	八堡乡、长石镇	389.00	河坝、护堤、机耕道（桥）、步道、官田、新源节水工程，锅圈洞内渠防渗
2007	中低产田改造	牛场乡	561.00	水渠、消水洞、渠系建筑、水池、修复桥池、培训、推广杂稻、改造涝田、节水灌溉、赠机耕面积
2008	中低产田改造	黄泥乡	473.00	水坝、溢洪道、水管、水池、渠防渗、技术培训、旱地灌溉、水田灌溉
2009	土地治理	安乐乡	506.00	新建水源、水管、水池、流沟、排渍沟、机耕道、田间步道、技术培训
2010	土地治理	马场镇白泥村	474.00	排洪堤、引渡渠、水管、水池、排灌站、机耕道（桥）、消水洞、步道、硬化田埂
2011	土地治理	瓢井镇坪兴村	477.00	排洪渠、水管、水池、机耕桥、人行桥、消水洞、机耕道、生产便道
2012	土地治理	绿塘乡牛场村	477.00	排洪渠、拦河坝、水管、水池、人行桥、机耕道、便道、特色蔬菜、技术培训
2013	土地治理	县辣椒示范园	19600.00	辣椒加工房、育苗大棚、杀虫灯、标准种植基地、流转土地
2014	巩固退耕还林基本粮田建设	11个乡镇34个村	796.00	治理改造中低产田土、完善排涝灌溉设施
2015	农业园区建设	全县各乡镇	1077.20	园区内主干道、机耕道、大棚、输水沟渠管道、农机具

三、沼气池建设

大方县建设沼气池始于20世纪70年代。长石、果瓦、绿塘等部分乡镇群众按照四川模式修建，池型较简单、使用寿命短。20世纪90年代后期，在羊场等部分乡镇建试验性沼气池，由于技术落后，使用效果不好，大多废弃。2001年，在大方镇、双山、羊场、黄泥塘等乡镇进行试点，采用江西强回流沼气池型，全混凝土结构，修建700口，使用效果好。是年，成立县农村能源环保办公室，主抓沼气池建设。农村沼气池建设可分为2个阶段：2001—2003年为第一阶段。全县共建沼气池2800口。2001年建700口，中央财政转移支付500元/口，地区匹配50元/口。2002年，建成1400口，中央财政转移支付500元/口。2003年建成700口，中央财政转移支付1000/口。第二阶段为2004—2015年，配套实施改厨、改厕、改圈沼气建设工程，并沼气、沼液、沼渣综合利用试验、示范和推广工作。2014年，建成农村沼气网点24个，建成500立方米中温大型沼气池1座。2015年，建成户用沼气池185个，沼气后续服务点15个，后续服务车15台，农村清洁工程1个。

至2015年，建沼气池3.42万口。总投资8184.6万元，其中，中央投资5434.18万元，省投资1991.81万元，地（市）投资515.6万元，县投资240.01万元。

（一）技术培训

2002年，在双山高坪村培训技术骨干25人。2003年，在大方镇对江村实施沼气工程中组织第一次全县沼气生产培训，培训技工87名。后通过阳光工程和绿色证书等多种形式进行培训，到2011年共培训技工240人，其中，通过农业部职业资格认证的高级技工1人，持有中级沼气生产工资格证的42人，有初级沼气生产工资格证书的148人。获得“阳光培训”证书的技工2400人，获得就业转移培训合格证书的2400人。

（二）后续服务体系和“三沼”综合利用

2003年6月，成立县沼气后续服务中心，并在建池比较集中的达溪、双山等乡镇设立村级服务点。到2007年，全县设立48个村级服务点。2009年8月，全县沼气池达到2.16万口。是年，成立县沼气协会。截至2011年年底，全县34个乡镇成立沼气协会，各项目村设立分会，并按一个场地、一批配件、一台沼气液运输车、一套维修工具、一个发酵池、一套检测设备的标准设立81个乡村沼气后续服务部和11个乡镇沼气后续服务站。

2001—2015年大方县农村能源项目建设情况一览表

表—11-1-1-3　　　　单位：万元、口、户

项目名称	实施年份	建设内容				投资来源				
		户用沼气池	后续网点	联户及养殖场小区大中型沼气	省柴节煤灶	合计	中央	省	地	县
农村沼气项目	2001	700				38.50	35.00		3.50	
农村沼气项目	2002	1400				70.00	70.00			
农村沼气项目	2003	700				70.00	70.00			
农村沼气项目	2004	1500				150.00	150.00			
农村沼气项目	2005	3000				300.00	150.00	150.00		
农村沼气项目	2006	3050				413.50	135.00	261.50		17.00
农村沼气项目	2007	3700				518.00	220.00	261.00	24.00	13.00
农村沼气项目	2008	1800				310.50	180.00	90.00	13.50	27.00
2008国债沼气项目	2009	3000	7	1		706.10	313.30	257.80	54.00	81.00
2008新增1000亿元沼气项目	2009	2067	12	4		522.83	344.80	83.01	37.21	57.81
2009新增1300亿元沼气项目	2009	1000	13	6		357.80	246.20	56.00	18.00	37.60
2010年第一批沼气项目	2010	3000				675.00	450.00	135.00	90.00	

续上表

项目名称	实施年份	建设内容				投资来源				
		户用沼气池	后续网点	联户及养殖场小区大中型沼气	省柴节煤灶	合计	中央	省	地	县
2010巩固退耕还林成果农村能源项目	2011				1961	100.00	100.00			
秸秆气化试验项目	2008—2011				969	167.00	167.00			
2011年中央预算内投资农村沼气项目	2001—2012	6000	49	1		1890.00	1398.00	312.00	180.00	
2011巩固退耕还林成果农村能源项目	2011				4050	243.00	243.00			
2011常温200立方沼气池	2012			1		22.10		20.00		2.10
2011中温500立方沼气池	2012			1		130.00		130.00		
2013沼气池及省柴节煤炉	2013	2000	3	4	4800	853.00	701.50	91.50	60.00	
2014中温500沼气池	2014	1115	24	2	2000	358.50	260.00	70.00	21.00	2.50
2015农村沼气池项目	2015	185	15	2	2433	294.27	200.38	74.00	17.89	2.00
合　计		34217	96	22	16203	8184.60	5434.18	1991.81	515.6	240.01

备注：2001—2006年间，在委托百里杜鹃管委会管理的乡镇建池891户，至2013年，县内各乡镇建3.13万户3.42万口

四、烟水配套工程

2005年，投资390万元实施烟水配套工程，新修水窖348个9840立方米，水渠1万米，铺设管道线7.5万米，覆盖耕地6000亩。2006年，实施双山文阁片区管引工程，鸡场、黄泥塘片区提灌配套工程，羊场、理化片区提灌配套工程，总投资7339.21万元，受益农户2.23万户。实施羊场镇桶井、坪寨、穿岩村烟水配套工程，投资272.33万元，灌溉面积3062亩。实施三元乡烟水配套工程，总投资434万元，灌溉面积3500亩。2007年，总投资7339.21万元，涉及36个乡（镇）41个村322个村民小组2.23万户8.5万人，受益烟地9.72万亩，建高位蓄水调节池157个，提灌站4座，输水管道1013.55千米，安装田间放水点1.29万处，同时解决6.27万人及大牲畜饮水问题。发展节水灌溉面积10.22万亩（含烟水配套工程），水浇地5.69万亩。建成对江、鸡场、牛场水浇地工程和冷底坝子防洪工程。2008年，烟水配套工程在响水、竹园、马场、牛场、鼎新、六

龙、安乐、达溪、核桃9个乡镇实施，总投资6671.53万元，受益面积5.9万亩。

至2012年，共建成水利工程328处，农田有效灌溉面积35.38万亩，其中，蓄水工程104处，有效灌溉面积23.26万亩；引入工程167处，有效灌溉面积5.52万亩；提水工程12处，有效灌溉面积0.09万亩；水浇地工程（含烟水配套工程）45处，有效灌溉面积，有效灌溉面积6.51万亩。

理化乡大塘村烟水配套工程（2015年7月5日摄）

2013年，实施烟水配套工程和小型农田水利重点县建设，新增有效灌溉面积3.88万亩。对全县已建烟水配套工程进行全面系统普查，共需维修资金1008万元，其中，向市级申报维修项目10个，涉及资金174.2万元。

2008—2015年，对全县烟水配套工程进行维修管护，共投入资金1.08亿元，受益面积10.11万亩。

大方县部分年份烟水配套工程实施情况一览表

表—11-1-1-4　　单位：万元、亩

年份	工程实施地点	投资	受益面积
2008	马场以扒、落水洞、龙家沟，牛场中坝、白岩、小黑塘，六龙马家田、大岩洞，核桃路海，鼎新片区，安乐白岩，达溪片区，响水片区，竹园片区	6671.53	59016
2011	达溪新寨、冷底，鼎新黑泥，黄泥塘西河	3555.58	35048
2012	牛场泥龙	201.46	2300
2013	鼎新黑泥、同心，牛场德克	363.21	4500
2015	理化大塘，黄泥塘，羊场，核桃，安乐	19.36	210

第二节　农作物种植

一、粮食作物

全县粮食作物有玉米、稻谷、小麦、杂粮、豆、薯6大类20余种，有玉米、水稻、小麦、高粱、马铃薯、红薯、大豆、芸豆等品种。以秋粮为主，夏粮较少。

（一）玉米

1991年之前的品种有贞丰黄、金皇后、北京马牙、黔西西山、桐梓五穗白、五金、贞金、小英雄、英粒子、毕节大白玉、罗马尼亚杂交玉米、黔单4号、73号单交、兴玉1号、莫七单交、双交、三交、顶交、本地二道早、大白、马牙、小黄、大黄、青秆、73号莫七单交、411×449、6-5×232莫A、莫七、毕玉、方玉、黔西1号等。上述老品种平均亩产291.6公斤，杂交种亩产500多公斤。1991—2015年，部分农户仍种植青秆、二道早等，主要为自家食用，亩产200公斤以下。种植面积大的是杂交玉米，主要品种有毕玉1号、毕单3号、方玉、方单、黔西4号、荷玉8号、黔西3号、兴玉、遵玉8号、靖羊8号等。由于采用营养坨育苗、单株定向移栽、农家肥化肥兼用等措施，最高亩产805公斤，一般亩产600公斤左右。杂交玉米主要用作饲料。

（二）小麦

2010年前种过的品种有毛毛、红花、白花、黄蜡、光头、矮粒多、南大2419、山农205、五一、小黑等。2010—2015年主要种毕麦10号、11号、16号、黔麦15号、内麦8号、山农18号、绵阳41号、35号、29号等。亩产100公斤左右。

（三）水稻

1991年前品种有岩间、羊毛粘、白粘、麻粘、晚谷、连子谷、红粘、糯谷、黑糯、红糯、红壳等12个粳稻品种12个糯谷品种。1991—2015年间，逐渐以杂交水稻、优质水稻取代上述老品种。新品种有威优77号、内香优9号、刚优、毕粳37号、39号、中优838、孟优607、内五优93、滇杂35、民优93、香早优等。在籼稻区全面实施湿润育秧方式，在粳稻区全面实施地膜育秧方式，推广“两段育秧”“纯掌化育秧”“宽窄行移栽”“平衡配套施肥”“旱育稀植”等技术。平均亩产为276.63公斤。

（四）豆类

种植豆类品种主要有大豆、芸豆、杂豆。

1. 大豆

大豆品种有52个：早白豆、双山早白豆、马场早白豆、小白豆、黄早豆、农场六月黄、细细豆、早豆、六月早、双山六月黄、七月早、七月黄、鸡场豆、封顶豆、悄悄黄、白毛豆、六月黄、大毛豆、高沙豆、灰黄豆、黄壳大豆、白豆、大白水豆、双山大白豆、白水豆、猫儿灰、花泥豆、水泥豆、双泥豆、坡泥豆、褐大豆、百纳白豆、沙厂毛豆、双色豆、褐豆、细黄豆、绿豆、青豆、青小豆、冷沙豆、泥巴豆、大黑豆、高脚豆、马乔豆、马泥豆、黄豆（1）、黄豆（2）、绿花早豆、细早豆、细晚豆、小黄豆；2011年引进黔豆2号、6号；2012年引进黔豆3号、4号、5号、7号。引进品种品质较本地老品种好，产量也较高。

2. 芸豆

芸豆品种共16个，即红四季豆、金豆、乌豆、白洋豆、鸡油豆、筷子豆、木疏豆、晚黑羊豆、雀蛋豆（1）、雀蛋豆（2）、玉兰豆、蓝底白花豆、红花四季豆、大花四季豆、红底白花豆。2012年，全县种植面积12.08万亩，亩产101.28公斤，总产量1.22万吨。

3. 杂豆

杂豆有豌豆、蚕豆、绿豆、红小豆等。豌豆品种有大方小麻豌（1）、（2），大方肉豌（1）（2），大方白花肉豌，大方红豌。蚕豆，本地称胡豆，品种有青皮蚕豆、白皮蚕豆。绿豆又名青小豆，在大方栽培历史已近百年。红小豆又名赤小豆，种于较瘠薄的山地、田坎、地边角，在大方栽培历史已近百年。

（五）其他

县境种植有马铃薯、红苕、芋头和杂粮。

马铃薯在大方俗称洋芋，清初传入县内。主要品种有米拉洋芋、坨坨洋芋、威宁河坝洋芋、乌洋芋、白花洋芋、蒿芝洋芋、四斤黄等。1997年后，推广种植脱毒洋芋，高寒地区推广地膜覆盖技术，平均单产增产30%～50%。红苕在全县各地均宜栽种。2010年全县种植9740亩，总产量2346吨。芋头在县境仅零星种植。县境杂粮种类有红稗、荞麦、小米、燕麦、毛稗、高粱。

二、经济作物

（一）烤烟

1991—1994年，烟叶收入成为大方县经济支柱。大方县是贵州省13个烤烟基地县之一，在全国41个基地县之列。

1995年，烟叶价格调高，奖励扶持增加，全县大力发展烤烟生产，是年种植面积18万亩。1996年增至20.6万亩，收购烟叶57万担，烟农收入2.5亿元，实现农特税4100万元，各项经济指标创历史最高水平。1997年种植23.2万亩，收购57万担。在连续三年超收的同时，时值全国烟草市场严重饱和，销路殆滞，资金占压，全县烟草企业亏损严重。大方县决定对不宜种烟的乡（镇）不安排种植计划，1998年，全县种植面积减至12.28万亩。2001—2006年，全县先后撤销6个烟叶种植条件较差乡（镇）的烟草站，保留条件较好乡（镇）的7个站。2007年种植13.09万亩，收购中上等烟叶37.45万担。2008年起，每年种植面积在2007年基础上略有增减。直到2015年，大方烟叶生产逐步趋于平稳、健康、协调发展。

1. 生产布局

1991—1994年，全县各乡镇普遍种植烤烟。1995—1997年，巩固老烟区，发展新烟区，发展连片种植。1998年，因市场饱和，烟叶积压，而减少14万亩种植面积，涉及8个乡140个村。1999年削减2个。2000年又减少3个村7个村民小组865户。2001—2006年削减条件较差乡镇的生产计划，将13个烟草站减为7个（辖14个乡镇），种植面积9.31万亩，占全县种植面积的74%。2006年，全县有22个乡镇171个村1051个村民小组种植烤烟，连片种植规模达97.8%。2006—2015年间，种烟乡镇、村、组数据略有增减，连片种植规模变化不大。

2. 种子

1991年，从山东、云南等地引进K326、NC82、红花大金元优良品种，淘汰杂劣品种。1992年，在城关龙昌坝建不同海拔气候梯次基地良种繁殖种。1994年，兴办县复合肥厂并开通包衣种子生产线，实行烟叶种子专卖生产。1995年，全县统一供种，杜绝自留种。1997年年底，国家烟草局批准建立大方良种繁殖基地，成为全国28个国家烤烟良种繁殖基地之一。1998年，从美国引进K326、NC89在良种繁殖基地繁殖栽培。1999年，国家对大方县良种繁殖基地进行验收后挂牌。2000年起，大面积推广良种种植，全县良种化种植率100%。大方生产的良种大量销往省内外，主要流向省内30个县市。2006年起，全面推行包衣良种，引进云烟系列杂交种，田间表现良好。至2015年，上述良种在大方均有种植。

3. 育苗

1991—1992年，全县推广连片育苗，分户管理。1993—1996年，全县推广“三养”假植。1996年，开始广泛使用包衣种育苗壮苗。1997—2015年，广泛使用大棚漂浮育苗技术。

4. 移栽

1991年以后，全县普遍推行营养袋假植移栽技术。从1993年起，普遍拉绳开厢、单厢起垄，坚持窝行距标准移栽、“三养”假植移栽。从1997年起，普遍推广地膜烤烟栽培。从2000年起，推行平均施肥移栽。2001—2015年间，均使用上述移栽技术。

5. 大田管理

1991年以后，要求“打顶抹杈”消灭“满园花”。1995年后，杜绝田间缺窝断行。1998年以后，普遍推广麦烟套种技术，在每年5月底前完成施肥、起垄、上高厢，6月上旬完成第二道上高厢，6月底前第三次培土上高厢。2005年后，大抓秸秆还田。2006年后，落实“一控三增”（控氮、增钾、增密、增叶）。至2015年，均使用上述技术。

6. 采摘烘烤

1991年以后，严禁采生采青。全县普遍使用低温慢变黄烘烤和“三表一针”方法。1998年，通过英美公司多次培训，全县烟草技术员对不同部位烟叶成熟度特征有了新认识。从1999年起，普遍推行“准采制”制度和“三段式”烘烤技术。2005年，为推广应用新技术，引进改造智能化热风循环烧烤200多栋。至2015年，均使用上述技术。

7. 生产扶持

1991年，大方县烟草公司投入化肥补贴资金267万元；1992年，全县投入生产扶持资金500多万元；1993年，扶持复合肥5621吨、钾肥8448吨；1995年，县烟草公司投入化肥补贴700万元；1996年，县烟草公司扶持复合肥8000吨及400万元；1997年，全县投入生产扶持资金2000多万元；1998年，县烟草公司产前投入1076万元；2002年，县烟草公司投入生产扶持资金1200万元，地、县、乡、烟草企业共同投入420万元；2003年，全县投入生产扶持资金1199.31万元；2005年，全县投入生产扶持资金1020万元；2007年全县投入生产扶持资金178.13万元；2008年，购进复合肥7226吨、硫酸钾1517吨、菜籽饼1.59万吨、有机无机混合肥302.25吨、硝酸钾30吨、地膜280吨、农药20吨扶持烤烟生产；2009年，投入生产扶持资金1.07亿元；2010—2015年，投入生产扶持资金7.31亿元，其中：2010年9094.6万元，2011年1.58亿元，2012年1.45亿元，2013年1.55亿元，2014年1.02亿元，2015年7960.9万元。

8. 收购

1991—2015年，为完成烟叶收购调运任务，县烟草公司每年召开烟叶收购调运工作会议，明确资金协调组、质量仲裁组、生产检查组、政策宣传组，对各站点明确开仓标准、收购纪律、等级标准等，开展收购。

（二）中药材

21世纪后，随着国内外市场对中药材需求量的增加，国家退耕还林、退耕还草政策的实施，大方县中药材种植面积不断扩大，主要种植天麻、龙胆草、桔梗、党参、金银花、淫羊藿、首乌、黄柏、杜仲等。有一定规模的中药材种植基地5个，即云龙天麻开发有限责任公司，2002年被毕节地区科技局批准为毕节地区中药材种植科技示范园；香港青草湖药业有限责任公司；九龙天麻公司，常年仿野生种植天麻550亩，公司+农户种植天麻1200亩，开发出礼品盒天麻、天麻胶囊、天麻粉、天麻酒、天麻茶、食得乐颗粒等系列产品；绿色产业开发公司；大方县高原天麻种植场。还有云贵天麻种植场、羊场镇药场等，种植药材均在几十亩以上。九龙天麻公司与上海中医药大学合作研究“大方天麻有效成分分析及质量标准制定”，与贵阳中医学院、毕节地区药检所合作进行“仿野生条件下天麻高产栽培技术和病虫害综合防治技术研究及应用”项目研究，取得成果。2000—2012年，大方县中药材生产企业与贵州益佰制药有限公司、益康制药有限公司、九九中药饮片厂、同济堂、香港养生堂、上海亘石生物发展有限公司和湖南邵东诚明物资贸易有限公司等建立供销关系，打开中药材销售市场。在各乡镇示范基地辐射带动下，2011年全县种植中药材7.71万亩，

2012年种植10.11万亩。34个乡镇均有药材种植示范基地，形成“一乡一品”“一乡一示范”的药材生产格局。

2013年，主要围绕中药种植基地建设、中药加工生产、中药信息服务等方面完善中药产业链工作。全县种植中药10.88万亩，其中天麻4.23万亩、金银花7617亩、前胡8082亩、黄柏1274亩、杜仲1763亩、桔梗2960亩、参类1.24万亩、白术5417亩，云木香、柴胡、枸杞、续断、板蓝根等其他中药材2.7万亩，总产值7.7亿元。

2014年，主要从中药材种植、中药项目申报和实施、技术培训、对外宣传和招商方面开展中药产业工作。全县种植中药材10.95万亩，其中天麻3.45万亩，丹参2.4万亩、刺梨8251.95亩、前胡6076.95亩、党参5414.55亩、太子参4098亩、金银花3526.5亩、黄柏2341.05亩、枸杞2050.05亩、白术3526.5亩、桔梗919.95亩，其他中药材1.95万亩。获批“国家基本药物所需中药材种子种苗繁育基地（贵州大方）建设”项目资金500万元，“国家基本药物所需中药原料资源调查和监测（第四次中药资源普查）”项目资金25万元，“贵州省天麻产业发展创新战略联盟”项目资金20万元，并组织实施上述3个项目。实施完成准备验收2014年前获批的3个项目，即国家科技支撑计划“天麻仿野生栽培发展规划与技术推广”项目、贵州省科技厅“大方县天麻规划化生产科技示范推广基地培育建设”项目和“毕节大方中药现代化科技创新产业化示范园区培育建设”项目。

2015年，种植中药材11.55万亩，其中，天麻3.45万亩、刺梨2.25万亩、丹参1.8万亩，其他中药材4.05万亩。建设羊场镇穿岩村、小屯乡大田村、凤山乡联兴村、长石镇山坝村4个1000亩天麻县级样板点和凤山乡马干山1个1000亩丹参县级样板点。主要采取“公司+基地+合作社+农户”的模式，全县31个乡（镇、街道）都建设有中药材种植基地。实施完成准备验收2015年前获批的项目，即国家科技支撑计划“天麻仿野生栽培发展规划与技术推广”项目、贵州省科技厅“大方县天麻规划化生产科技示范推广基地培育建设”项目、“毕节大方中药现代化科技创新产业化示范园区培育建设”项目。实施“国家基本药物所需中药材种子种苗繁育基地（贵州大方）建设”项目，完成培训平台、检测平台建设，天麻种繁中心设施设备及安装、天麻伴生菌车间建设，天麻伴生菌生产库房及材料、天麻有性繁殖育种生产库房及材料、钢架温室大棚等建设。国家基本药物中药原料资源动态监测与信息服务站选址食品药品园区53号楼。实施“国家基本药物所需中药原料资源调查和监测（第四次中药资源普查）”项目，完成36个样地的180个样方套1080个小样方的药材调查套统计，记录野外药材信息2万余份700多个品种；制作药材标本3000余份；完成6个乡镇50个药材品种市场调查；完成17味传统中医药调查；完成40个品种栽培药材的调查。实施“贵州省天麻产业发展创新战略联盟”项目，建设天麻产业发展研究中心，收集保存贵州及周边地区各类天麻变型及优良品种，密环菌和萌发菌优良株系，形成贵州首个天麻产业化发展技术研究中心，培养出一支应用推广人才队伍。

（三）油料作物

大方油料作物主要有油菜、花生及向日葵、油桐、乌桕、油茶籽、芝麻、酥麻、火麻、蓖麻等。油菜品种主要有3种，其中，甘蓝型油菜占种植面积的43%，白菜型油菜占48%，芥菜型油菜占9%。到1993—2015年，主要推广的品种有油研1号、5号、6号，蜀朵1号，宁油7号（常规杂交油菜）、8911、8944。全县有一套较成熟的甘蓝型油菜高产栽培技术。花生品种主要有大花生天府3号、小花生、伏花生等。

（四）蔬菜

县内种植的蔬菜品种主要有：菠菜、韭菜、小白菜、瓢儿白、芹菜、小葱、莴苣、莴笋（茎用莴苣）、西红柿、皱椒、大辣椒、线椒、小米椒、菜豆、豇豆、蚕豆、豌豆、嫩玉米、茄子、小瓜、花椰菜、莲花白、黄瓜、南瓜、冬瓜、苦瓜、丝瓜、捧瓜、大蒜、藠头、大白菜、胡萝卜、白萝卜、生姜、折耳根、苦蒜、青菜等。在省内外比较知名的地方特色蔬菜有大方生姜、红萝卜、地萝卜、红皮白萝卜、清明白、皱椒、线椒、鸡爪辣、鸡冠青菜、青菜等。

20世纪90年代初，蔬菜栽培技术逐步提高，采用地膜覆盖、塑料小拱棚、中棚、大棚栽培，普遍推广应用生长调节剂促进或抑制蔬菜作物生长发育和成熟期，促进蔬菜常年生产。1990年，进一步巩固发展城郊专业型蔬菜地，各乡镇建立蔬菜基地，初步形成具有地方特色的蔬菜基地生产体系。大方镇在对江村、小路村建立早熟及常规蔬菜生产基地1800亩，大棚蔬菜300亩；在关井村种反季节蔬菜500亩；在大屯村、石关村建蔬菜基地800亩，建成大棚育苗中心2.6万平方米。1994年，大方县与贵阳市蔬菜公司签订协议，在核桃乡大寨村建立高山蔬菜基地，秋淡季供应贵阳市，种植秋花菜、西红柿、莲花白、白菜210亩。1995年全县种植蔬菜13.55万亩，总产量10.75万吨。

进入21世纪，大棚蔬菜快速发展，增添品种、花样，实现高产稳产，解决各季县城新鲜辣椒、西红柿、黄瓜等蔬菜供应难题，菜农收入增加。对江村研究出大棚西红柿留芽两季栽培法，亩产西红柿5000多公斤；小路村农民曾云华研究的地龙火管技术提高了大棚温度和育苗技术，使早糯玉米提前成熟，实现一年两熟。菜农还探索出冬季温度特低时在大棚内设小棚，保证蔬菜正常生长。2000年，全县种植蔬菜14.43万亩，总产量8.78万吨。2001年，毕节地委、行署把蔬菜产业列入全区七大产业之一，拨专款120万元，支持发展大棚蔬菜。省农业厅每年投资70万元在大方县建立示范基地。2002年，开始在大方镇关井村、金鱼村，达溪镇冷底村等地实施无公害蔬菜栽培，主要栽培白菜、白萝卜、胡萝卜、西红柿、莲花白等，面积8500亩，平均亩产3216公斤。2003年，大方县开始申报无公害蔬菜的产地和产品认证。2004年后，在达溪镇冷底村建反季节无公害蔬菜基地2000亩，塑钢结构大棚1500平方米；羊场镇在桶井村、六龙镇在青林村建早熟蔬菜和晚秋蔬菜基地。全县季节性蔬菜栽培发展较快，农村秋后种白菜、莲花白、青菜、白萝卜、蚕豆、豌豆、胡萝卜等，保证城镇蔬菜供给。2004—2008年，响水乡前进村、飞雄村，大方镇关井村，竹园乡老街村，六龙镇青林村，双山镇青田村、归化村，三元乡双元村，达溪镇冷底村等获准通过无公害蔬菜生产的产地和产品认证，产地认证6万亩，产品为白菜、白萝卜、胡萝卜、辣椒、西红柿、莲花白。2010年，大方镇、双山镇、响水乡、竹园乡的莲花白、萝卜、白菜、辣椒获得“无公害蔬菜产品产地”认证，认证面积1.5万亩。2011年，县财政投资1200万元发展蔬菜生产，蔬菜种植面积增至20.67万亩，总产量16.86万吨，总产值1.94亿元。2013年，建立大方县辣椒产业示范园区，园区是省政府2013年3月批准的高级现代高效农业示范区，规划面积22.96平方千米，其中核心区1.28万亩，总投资1.96亿元。是年，全县种植蔬菜19.94万亩。2014年，全县扶贫开发项目新建伴生菌厂房及附属设施1800平方米，新增辣椒种植面积250亩；是年，精准扶贫项目实施辣椒种植20万亩、蔬菜19.74万亩、茶叶2.5万亩、特色林果8.2万亩、精品水果1.6万亩。

2015年，发挥“中国皱椒之乡”品牌优势，依托公司、专业合作社、龙头企业带动，种蔬菜20.07万亩、辣椒20万亩。是年，全县以发展山地高效特色农业为方向，推进农业结构调整和农业产业化经营，构建“六大农业经济板块”，逐步实现从传统农业向现代山地特色高效农业转变，农业在全市、全省的地位不断提高。3月11日，全市春耕生产暨山地特色农业发展现场观摩会在大方县召开。5 月 17 日，全省“辣椒间套春白菜”高效种植模式测产现场会在大方县召开。25 日，全市蔬菜现场培训会在大方县召开。6 月 29 日，全市现代高效农业示范园区建设观摩会在大方县召开。

（五）其他作物

县境种植瓜类有西瓜、木瓜、西葫芦、倭瓜、金瓜、节瓜、小瓜、葫芦瓜、佛手瓜。香料类有苦蒜、蜘蛛香、茴香、野八角、茉莉、桂花、玫瑰、山苍子、木姜子、薄荷、花椒、芫荽。还有麻类（燕麻、火麻）、席草、棉花、糖料（甜菜、甘蔗）等。

1991—2015 年大方县粮食作物播种面积与产量一览表

表一 11 - 1 - 2 - 1　　　　单位：亩、吨

年份	农作物总播种面积	粮食作物播种面积	粮食总产量	夏收粮食农作物		秋收粮食作物	
				播种面积	产量	播种面积	产量
1991	1445310	1036910	164492	457250	45671	579660	118821
1992	1483320	1057260	155517	476060	52722	581200	102795
1993	1592400	1131980	184076	547430	52764	584550	131312
1994	1674600	1189920	218316	605670	30958	584250	187358
1995	1855230	1268570	227560	427300	73678	841270	153882
1996	1882760	1236780	245093	668780	80218	568000	164875
1997	1936610	1278060	277538	692730	85247	585330	192291
1998	1934250	1371830	291014	700220	86580	671610	204434
1999	1957970	1363460	305155	597100	95811	766360	209344
2000	2009540	1367480	310328	708000	94973	659480	215355
2001	1970340	1335290	287137	687710	86766	647580	200371
2002	1971600	1339340	283084	697850	95467	641490	187617
2003	1930130	1309170	249980	688410	52819	620760	197161
2004	1827290	1306620	307001	687950	102294	618670	204707
2005	1852380	1322990	318243	687560	107568	635430	210675
2006	1692950	1163480	307915	580950	98446	582530	209469
2007	1719020	1173390	322438	589730	103658	583660	218780
2008	1861070	1252940	344938	609260	103830	643680	226200
2009	1786630	1493900	331083	889580	100195	604330	230888
2010	1814760	1529500	302200	910850	71344	618660	230856
2011	1846280	1525280	225030	915050	79564	610230	145466
2012	1843870	1135950	233242	568990	83275	566970	149967
2013	1769960	1365480	200236	857930	83167	507550	117069
2014	1656990	1323190	211945	813440	73575	509750	138370
2015	2306041	1732060	216422	581670	94423	1150390	121999

1991—2015 年大方县主要粮食作物播种面积与产量一览表

表一11-1-2-2　　单位：亩、吨

年份	小麦		稻谷		玉米		大豆		薯类	
	面积	产量	面积	产量	面积	产量	面积	产量	面积	产量
1991	181380	17785	77120	10916	301320	86592	110550	9064	216460	25278
1992	197240	20626	96590	16026	291510	70412	106400	6913	223470	28990
1993	237290	21031	90900	16760	293430	93490	111300	9382	250160	29891
1994	257910	12684	92520	22344	293610	109200	111800	11301	278480	35906
1995	273620	28414	91830	23031	284220	107679	108710	8832	302700	42773
1996	296570	33214	89840	24762	287790	117558	106740	10280	288200	41676
1997	303090	39468	90450	27623	253260	125514	109830	12788	317280	51878
1998	303680	33821	86360	17534	318410	147687	121010	13596	328620	48939
1999	305720	39522	86850	27204	319910	152588	116430	13431	323120	52854
2000	305600	38471	85650	26822	314550	15638	117300	14370	330150	52999
2001	295220	31420	85230	26077	308670	145910	115350	13556	328110	52286
2002	296120	34063	85250	21517	306680	139871	112680	12062	332760	57962
2003	292490	11208	73380	22852	297050	142172	109560	15528	335160	39976
2004	296350	38213	76460	20798	300060	154062	109530	13104	342530	62265
2005	285890	37737	72970	22693	311700	158155	112890	13033	359300	67905
2006	171120	23303	58640	20500	322590	164280	108120	12949	354460	72011
2007	170780	23593	66690	21301	321440	171236	108120	13968	358260	76182
2008	176450	24075	69720	22456	319350	184826	115400	13108	375720	77702
2009	192800	26010	67570	22580	500910	174794	434620	15071	334400	73348
2010	192870	9807	67830	22959	506600	170551	445580	15227	343510	62225
2011	195190	19675	54750	11348	508640	109309	439380	10160	341000	58491
2012	197560	22490	60340	17522	466400	106512	401790	12451	334180	59043
2013	170030	20117	54580	12533	411810	81433	355090	10204	381920	61215
2014	153580	19216	55000	20219	421360	82577	352980	11705	368480	66319
2015	98595	12870	57075	21759	385000	85165	344340	6414	420800	72145

1991—2015 年大方县主要经济作物播种面积与产量一览表

表一11-1-2-3　　单位：亩、吨

年份	油料				烟叶				蔬菜	
	种植面积	产量	其中：油菜		种植面积	产量	其中：烤烟		种植面积	产量
			面积	产量			种植面积	产量		
1991	51000	2956	38400	2549	179030	25458	168900	24612	117600	78037
1992	53400	2685	40950	2207	187770	22838	177300	22050	112350	93927

续上表

年份	油料				烟叶				蔬菜	
	种植面积	产量	其中：油菜		种植面积	产量	其中：烤烟		种植面积	产量
			面积	产量			种植面积	产量		
1993	44250	2532	36450	1915	181190	25925	172050	25025	117900	98106
1994	53700	2808	43200	2202	164450	24394	155850	23375	124200	99873
1995	71850	4787	52850	4085	190640	26815	181800	25881	135450	107539
1996	90750	5249	78900	4547	206730	32497	199350	31589	133800	113026
1997	74000	6503	72150	5308	232140	34726	222750	33580	126600	104973
1998	74000	6560	76200	5934	122750	16697	114600	15780	131250	102908
1999	92100	7477	82950	6622	128910	18195	120300	17326	126450	80243
2000	101550	8697	81200	7964	129690	18592	120450	17526	144300	87759
2001	94800	7512	85800	6891	135380	17723	128100	16864	140100	77054
2002	96300	7918	87900	7299	135930	20542	129450	19806	145050	106231
2003	85250	3937	84900	3054	128820	18848	121650	18139	149850	112733
2004	90750	8422	76500	7347	134710	21411	129300	20698	146700	114072
2005	93000	8663	81000	7932	140310	24837	135300	24092	165300	109549
2006	90750	6643	79350	6430	121680	24320	115350	23516	169350	101423
2007	90750	6785	77700	6596	130890	25817	124950	25031	173400	111571
2008	83670	6702	70190	5819	137660	28150	133310	27479	184400	126588
2009	93710	7712	77100	6938	141860	25357	136020	24605	187610	130120
2010	104640	3419	87140	2659	123830	22065	118380	21317	190070	103045
2011	101830	7671	85130	7026	131670	17645	126170	17026	206660	168649
2012	91030	7118	78860	7118	153780	21988	147960	21274	204120	170247
2013	78490	7303	65490	6451	154080	15641	149760	15169	199440	174837
2014	74040	7377	61660	6447	118980	10787	114480	10218	197390	187492
2015	68727	6921	56420	5998	103290	12265	100360	11407	200680	201854

第三节　农作物保护

一、植保机构

1992 年，乡（镇）、村植保医院解体，农民植保员解散。为防病虫害，县农业局在各乡镇农技站明确 1 名农技人员为兼职植保员，负责辖区内农作物病虫害监测及信息反馈。2004 年，病虫预测预报进入网络建设阶段，配专职测报员 4 人，加强基层植保机动防治队建设。2007 年，建立县、乡、村基层专业机动防治队 24 个。2008 年，县植保站举办机防队员培训班，培训机防员 100 人，统一发证上岗。基层植保专业机防队按照“政府资助、部门支持、农民自主、市场运作”和“民办、民管、民受益”原则，为农民提供植物病虫害代防代治、统防统治、应急防治的有偿服务。

2007年，县植保站成立县植保协会。2008—2009年，小屯乡石墙村、达溪镇冷底村先后成立植保专业合作社，形成新的植保机构。

二、病虫害普查及预测预报

1997年4—8月，县植保站分别在百纳、鸡场、牛场、瓢井等12个乡镇开展玉米、水稻、小麦、油菜、烤烟、马铃薯、茶叶等农作物病虫害调查。2004年3—6月，县植保站对全县24个乡镇中药材病虫害进行调查。通过汇总，水稻病虫害主要有稻瘟病、稻飞虱、稻纵卷叶螟、稻苞虫等，玉米病虫害主要有大小斑病、丝黑穗病、大螟、地下害虫等，小麦病虫害主要有条锈病、白粉病等，马铃薯病虫害主要有早疫病、晚疫病等，油菜病虫害主要有霜霉病、蚜虫等，天麻病虫害有山蚂蚁、黄蚂蚁等，半夏病虫害有炭疽病，金银花病虫害有蚜虫、黑斑、大实蝇等。对农作物病虫害对症下药，指导当地农民采取相应的措施防治。2001—2005年开展农业植物病虫普查，面积达36.52万亩，代表面积78.56万亩，普查有害生物172种。查到柑橘大实蝇疫情，及时在发生地举办防治技术培训，启动植保机动队加以防控。

2004年，新建植保体系形成，县和各乡镇农业服务中心专职测报员加强农作物病虫害预测预报。2008年，使用可视化电视预报和手机报传送病虫信息。按时向省、地植保业务部门传递日报、周报、月报、季报、年报等规范化资料。每年对农作物生长各阶段进行细致调查，结合灯器诱测及观测、圃室内饲养，参考农作物品种布局、气象等综合因素作出发生期、发生量、发生危害程度的预测，提出防治时期和防治方法建议。以《病虫情报》《病虫警报》和《病虫防治简报》的形式传递到全县各乡镇及农业服务中心指导防治，同时向省、地植保业务部门报告。2000—2015年，年均发布长、中、短期病虫情报25期，重大病虫警报2期，年均指导主要农作物水稻、玉米、小麦、油菜重大病虫防治50万亩。

三、综合防治

（一）植物检疫

2000年秋，县植保站在作物虫害常规调查中发现大方镇对江村种植的莴苣上有南美斑潜蝇疫情，及时封锁和紧急防治，次年夏，疫情解除。2005年，大方镇对江村、黄泥塘镇西河村、长石镇杨柳村等10个村发生柑橘大实蝇疫情，立即组织防控、严密监测，至2007年疫情未再扩散蔓延，危害明显降低。2006—2010年，实施产地常规检疫，检疫玉米杂交种0.31万亩、水稻7.23万亩、玉米18.93万亩、蔬菜2.17万亩、辣椒6.47万亩、马铃薯36.24万亩、水果1.62万亩、茶叶2.24万亩、中药材0.16万

防治核桃树病虫害（2013年5月摄）

亩。2007—2015 年，开展检疫性有害生物普查和专项调查，以各种农作物苗圃基地、育苗基地、种子繁殖基地为工作重点。对调运的辣椒、马铃薯、中药材进行检疫，有效防止有害生物传播。

（二）物理防治

主要措施有人工捕捉、摘除虫卵、剔除病株病叶、灯光诱杀、糖醋枝把诱蛾、果树套袋避害等。2003 年，县植保站在小屯乡石墙村稻田安装 5 台佳多频振式杀虫灯诱杀黏虫、稻飞虱、稻纵卷叶螟等，收到良好效果。2004—2009 年，分别在 16 个乡镇 53 个村的稻田、玉米地、药材基地、果园安装佳多频振式杀虫灯 450 台，防控面积 2 万多亩。

（三）化学防治

从 2000 年起，主要推广使用甲霜灵锰辛、阿维、高氯等高效、低毒、低残留类农药，采取喷雾、喷粉法、撒施法防治病虫。2000—2015 年，年均施用农药 60 万吨，每亩平均使用农药 50 克。

1990—2010 年，水稻病虫害累计发生面积 557.96 万亩次，最低在 1998 年，为 18 万亩次，最高在 2010 年，45.7 万亩次。开展综合防治累计 461.8 万亩次，年均综合防治 21.99 万亩次。玉米病虫害累计发生面积 526.42 万亩次，最低在 1997 年，为 16.7 万亩次，最高在 1991 年，51.12 万亩次，年平均发生面积 25.07 万亩次。开展综合防治 296.61 万亩次，年平均综合防治 14.12 万亩次，挽回损失 8128.95 万公斤，年平均挽回损失 193.55 万公斤，亩平均挽回 13.71 公斤。小麦病虫害发生面积累计 386.08 万亩次，最低在 2010 年，为 6.88 万亩次，最高在 1991 年，29.3 万亩次，平均发生面积 18.38 万亩次。开展综合防治 147.78 万亩次，年均 7.04 万亩次，挽回损失 1580.48 万公斤，年均挽回 37.63 万公斤，亩均挽回 6.36 公斤。至 2015 年，农药逐渐采用高效、低毒药剂，取得一定经济、生态效益。

第四节　种植业行政管理

一、种子管理

1991—1999 年，县内作物种子主要由县种子公司和各乡（镇）农技站经营，偶尔有私人经营。引种、调剂、销售按规定由县种子公司统一经营管理，取缔其他部门及个人经营。农户自产的常规种子，经工商部门批准允许上市。杂交玉米、杂交水稻按合同计划生产的种子，根据生产需求的品种、数量调剂推广销售。违规上市销售的，予以罚款或没收，造成损失由违规者赔偿，并对情节严重者追究法律责任。

1999 年，成立县农资质量监察站，负责全县农资（包括种子）市场监管。2000 年，全县种子经营实行许可制度，种子市场全面放开，凡在农业部门登记备案均可经营种子销售，接受农业部门监管，如有违法经营，农业行政执法部门、工商行政管理部门依法处罚，没收违法所得。

2006—2015 年，根据国家、省、地出台的《关于推进种子管理体制改革加强市场监管的意见》精神，大方县坚持以质量监管为重点，规范市场准入，打击制售假劣种子违法行为。进一步明确农业行政主管部门种子管理机构职能，实施农作物新品种的引进、试验、示范推广，核发农作物种子生产、经营许可证，监督管理农作物种子生产经营活动，查处种子经营活动中的违法行为。

二、农药管理

1991 年农药市场放开，由原来农资、植保、农技等部门为主渠道经营转为社会化经营为主，市场较混乱。农药市场由农业部门牵头，工商、质监等部门联合管理。1998 年，成立大方县农药监督管理站，农药市场由联合专项检查转入日常监管。2000—2015 年，主要开展农药进货备案登记、农药经营台账、农药标签抽查、经营许可证审核发放、农药市场执法检查、高毒剧毒高残留农药市场监管、鼠药经营市场监管等日常管理工作。

三、行政执法

1991—2012 年，全县种植业行政执法由县农业局负责。2003 年，成立县农业综合执法大队。2004 年，执法大队与县农业局法制股合署办公，对全县 36 个乡镇 57 个农资市场 347 家农资经营户进行排查、摸底、清理、整顿。每年一次全面核查清理，实施农资销售备案，要求经营户建立销售台账、经营档案。组织专项打假，对重点区域、集市进行反复核查、正常巡查和突击检查，查处无证生产、无证经营、未审先推、制假售假行为。

2013 年，农业综合执法集中执法 73 场次、办案 4 件。查处农资违法经营 16 起，农资打假检查市场 248 个次，巡查种子、化肥、农药经营户 312 户次；案件查处简易程序 48 件，一般程序 16 件，没收违法所得 378.5 元，罚款 1.45 万元。

2014 年，开展农业综合执法 205 场次，办案 9 件。禁用农业投入品和不合格投入品依法处理率 100%；生产不合格农产品依法处理率 100%，全年无农产品质量安全事故。1991—2015 年，累计出动执法人员及科技人员 2648 人次，集中执法 511 次，依法检查各类农资经营企业和销售网点 3000 多户次，对全县使用的 60 万公斤杂交玉米种子、70 多吨农药、35 万吨化肥、400 万元的兽药、3000 吨饲料、90 吨饲料添加剂进行抽查和质量检验。接受农民投诉 60 多起，受理农资纠纷案 40 起，立案查处假冒伪劣农资经营违法案件 100 件，没收、退回假冒伪劣农资 1.5 吨，为农民挽回经济损失 500 余万元。

四、农产品质量安全检测检查

1991—1997 年，农产品质量安全主要由工商、质量技术监督部门管理，对农产品质量安全负责。1998 年，县植保站开展农产品（主要是蔬菜、水果）农药残留量检测工作。2010 年，增设县农牧局农产品质量安全股。2010—2015 年，开展农产品、畜产品、水产品检测工作，并向市级检测机构定量检测送样。

第五节　中药产业

2012 年 2 月，设立县中药产业局（全国第一家在县级成立的中药产业局），为县科技办公室所属副科级全额拨款事业单位。

一、品牌建设

2008 年 8 月，中国食品工业协会授予大方县“中国天麻之乡”称号。10 月，大方天麻通过国家质量监督检验检疫总局“中华人民共和国地理标志保护产品”认证。

2012 年 7 月，大方圆珠半夏通过国家质量监督检验检疫总局“中华人民共和国地理标志保护产品”认证。9 月，省科技厅授予大方县“贵州省天麻规范化生产科技示范推广基地县”称号。11 月，中国菌物学会授予大方县“全国天麻生产先进县”称号。

2013 年 10 月，开展全国第四次中药资源普查试点——大方县中药普查，并通过验收，普查发现县内药用植物为1736种，比第三次普查时多153种。

从2013年起，大方县每年举办端午节民族民间中医药文化交易活动。

2014年8月，省政府出台《贵州省关于加快推进新医药产业发展的指导意见》《贵州省新医药产业发展规划（2014—2017）》，文件规定大方中药材重点品种为天麻、半夏、刺梨、白术、苦参等。全省38个中药材重点县有18个中药材重点品种，大方县是唯一一个被省政府确定为有5个中药材重点品种的县。9月，省科技厅批准"贵州天麻产业技术创新战略联盟"落户大方，大方县九龙天麻开发有限公司为理事长单位。大方县建成国家基本药物所需中药材种子种苗繁育基地（天麻、半夏），在羊场镇建成国家中药种苗基地中药种质资源圃，保存中药种苗216种。11月，毕节市中药产业发展推进大会暨大方县天麻产业发展推进会在大方召开。

2015年11月，大方天麻由国家质量监督检验检疫总局认证为"中华人民共和国生态原产地保护产品"。

二、种植与加工

2010—2015年，全县种植中药材61.1万亩，其中，2010年，种植天麻、半夏等2万亩；2011年，种植天麻、半夏、刺梨等8万亩；2012年，种植天麻、半夏、刺梨、前胡等11.1万亩；2013年，种植天麻、桔梗、白术、前胡、金银花等10.8万亩；2014年，种植天麻、丹参、刺梨、前胡、党参、太子参等11万亩；2015年，种植天麻、刺梨、前胡等11.5万亩。

在毕节大方药品食品园区建成并投产的药品生产规范（GMP）企业4家：大方县九龙天麻开发有限公司、贵州同威生物科技有限公司、贵州省达灵药业有限公司、贵州省中药材大方药业有限公司。其中，大方县九龙天麻开发有限公司于2013年5月27日获贵州省科技厅、财政厅、地税局授予"贵州省高新技术企业"称号。

2015年，在羊场镇、星宿乡、鼎新乡、黄泥塘镇、红旗街道、慕俄格古城街道、果瓦乡、绿塘乡等乡镇建中药材初加工基地10个，在红旗街道、慕俄格街道、星宿乡、六龙镇、绿塘乡、羊场镇等乡镇建冬荪菌种、天麻"两菌"制种基地6个，在瓢井镇油沙村建魔芋深加工基地1个。

第六节　名特优农产品选介

一、大方冬荪

大方冬荪，中国国家地理标志产品。因大方县境内特有而得名，学名白鬼笔，又称竹下菌、竹菌、无裙荪，是一种珍稀食用菌，有重要的药食两用价值。食用味道鲜美，口感松脆，有着极高的营养价值。据检测，其水分含量≤15%，粗纤维含量≤14%，粗多糖含量≥38%。大方县的气候、土壤、环境条件，十分适宜冬荪生长。大方冬荪因其特殊品质在邻近各省、市久享盛名，是大方县重要特产，20世纪80年代，有收山货的商贩收购野生大方冬荪销往四川、江浙一带。21世纪初，许多农户开始进行人工种植冬荪。截至2015年，全县冬荪种植面积约2000亩。农户利用得天独厚的自然资源，采取林下仿野生种植模式，利用天麻废弃菌材进行冬荪人工种植的栽培方法，实现天麻产业和冬荪产业的连接，产品供不应求。

二、大方生漆

大方县栽培漆树已有1000多年历史。由于境内气候、土壤等自然条件适宜漆树生长，大方生漆质量甚佳，漆酚含量70%以上，具有燥性强、漆膜光洁、耐磨、耐温、耐腐等特点。大方生漆20世纪闻名全国，有“方漆清如油，照见美人头，搅起虎斑色，提起钓鱼钩”之说，大方漆器与茅台酒、玉屏箫笛并称“贵州三宝”，在国内久负盛名。大方漆器产品供应国内市场，远销日本、东南亚、北美和西欧等国家和地区。

漆树在县内各地均有分布，尤以海拔1500米～1800米地段所产生漆质量最佳，百纳、长石、沙厂、瓢井等乡镇为主要产区。品种有肤姻皮、白杨皮、青冈皮、粉皮大木、灯台大木、黄豆漆、椒叶漆、厚梨叶、柿花叶等。1939年，大方生漆产量25吨。1987年产量达到80多吨，在全国生漆主产县中列第六位，居列贵州省首位。

2008年，中国工艺美术协会授予大方县“中国漆器之乡”称号。2013年11月，通过续评，中国工艺美术协会继续授予大方县“中国漆器之乡”称号。

三、大方猕猴桃

大方野生猕猴桃资源在明朝初年被发现，民间一直流传“云龙山中有怪物、全身绒毛像猕猴。奢香寻得当珍宝，换得龙悦赐太平”的传说。大方猕猴桃以其独特的风味闻名于邻近各省、市，产品远销北京、上海，平均商品率89.6%。据检测，大方猕猴桃富含多种维生素、氨基酸，还含有果胶、猕猴桃矾、蛋白水鲜酶、单宁和钙、镁、钾、铁等元素。据1985年调查，野生猕猴桃在全县各乡镇均有分布，尤以长石、雨冲、星宿、对江、绿塘等乡镇为最，全县野生猕猴桃面积5.05万亩，常年产量约489.2吨，最高年产612.3吨，最低年产331.8吨。2013年，县委、县人民政府作出在全县大力发展猕猴桃产业的决定，邀请中科院武汉植物园、华南植物园博士黄宏文、博士钟彩虹等十几位全国首席猕猴桃专家到大方实地调研，综合土壤、海拔、气候、交通、野生资源、经济效益、生态效益等指标因素充分论证后，得出“大方县完全可以实现猕猴桃种植10万亩以上的发展目标，创造年总产值50亿元以上”的结论。在专家指导下，由中国农业科学院规划研究所为大方县编制《贵州省大方县猕猴桃产业发展规划》，规划种植目标为10万亩。

四、大方红皮白萝卜

大方红皮白萝卜，为大方县特有的蔬菜品种，本地称白萝卜，是独具特色的地方时令蔬菜，主产于城关的关井、陡坡、云龙及蔬菜等村，尤以关井村所产最佳。红皮白萝卜具有个大皮薄、肉质生脆、汁多微甜等特点，可像水果一样生吃，在县内及邻近各县、市久享盛名。红皮白萝卜有“生消熟补”之说，即生吃可助消化，熟食可补养身体，因而有生吃、凉拌、腌泡、炖肉等多种食用方法。红皮白萝卜每年农历九、十月间上市，销往大方县城、全县各乡镇及邻近县、贵阳市、安顺市等地。

五、大方皱椒

大方是贵州的辣椒主产区之一。大方辣椒因体长多皱，又称大方皱椒，常年种植12万亩左右，年产量2.4万吨。1956年打入国际市场后，年出口量500吨左右。2008年，中国食品工业协会授予大方县“中国皱椒之乡”称号。大方县选育的大方皱椒种，经省审定通过获证，证书号“黔省椒2008005－4”。

大方皱椒又称贡椒，是县内传统特产，维生素含量高，色泽鲜艳，肉质厚实，具有香味浓、辣度适中的特点。县内皱椒主要产于鸡场、理化、双山等乡镇，种植面积较大的生产基地在双山、响水、理化、羊场、大方镇、马场、黄泥塘、鸡场，年产量1500吨左右。较大的经营企业有大方天椒公司及各专业合作社，较大的加工企业有大方琼芳食品开发有限公司。

六、大方天麻

大方因得天独厚的自然条件，所产天麻的天麻素含量高。大方野生天麻主要产于九龙山脉的深山丛林中，明代是进贡珍品，远销日本、东南亚各国，素以“滋补之王”称号驰名。由于过度采掘，野生天麻渐渐稀少，从20世纪80年代逐步转为人工栽培，全县20多个乡镇均有家种天麻。无论野生或家种的天麻，天麻素含量均较高。大方天麻含有10多种人体必需的钾、钠、硫、磷、硼、锰、钴、铷等微量元素，天麻素含量均在0.5%～1.8%，平均值0.89%。大方天麻与一般天麻相比较，质地较坚实、沉重，环纹较少，顶芽较小，断面较明亮，气味较浓郁，有“中国天麻数贵州，贵州天麻数大方”之说。县内天麻年产量5000吨，产值2亿元。大方天麻深加工后产品销售额可达3亿元。

2008年，中国食品工业协会授予大方县“中国天麻之乡”称号。10月31日，大方天麻获国家地理标志产品保护认证。

2015年，经营天麻的有8家企业，30余家合作社。较知名的天麻企业有九龙天麻有限公司、乌蒙腾天麻有限公司等。

七、大方茶叶

大方种植茶叶历史悠久。较有名的有海马宫茶叶、九洞天仙茗、果瓦茶叶。海马宫茶叶以茶水清澈透亮、香气浓郁、回味悠长著称，清代时为贡品，曾被《中国茶经》收录，1988年列入《中国食品大全·贵州卷》。海马宫茶制作技艺被列入县级非物质文化遗产保护名录。海马宫茶产于大方县竹园乡老鹰岩脚下的海马宫茶园，茶园三面临山，海拔1500米，年平均温度13℃，月平均相对湿度80%以上，为贵州较寒冷的高湿茶区。海马宫茶谷雨前后采摘，加工工艺按先后为杀青、初揉、渥堆、复揉、再炒、再揉、烘干、捡剔等，历时30多小时。海马宫茶属黄茶类名茶，条索紧结卷曲，茸毛显露，香高味醇，回味甘甜，汤色黄绿明亮，叶底嫩黄匀整。九洞天仙茗绿茶与海马宫茶叶于2009年中国上海国际茶叶博览会上分别获金奖、银奖。果瓦茶叶亦颇具盛名。

九洞天茶原产于大方县猫场硫磺厂在猫场镇碧脚村种植的茶场。九洞天资源开发有限责任公司于2005年向硫磺厂租赁茶场发展种植及加工，至2008年，茶场达4000多亩，初步形成生产、加工、销售一条龙。2009年中国（上海）国际茶叶博览会上，经国际茶叶质量检验中心专家委员会评审，九洞天仙茗毛尖茶获金奖，仙茗翠芽茶获银奖。

大方茶叶年种植面积近3万亩，产量80余吨，各乡镇均有种植，主产于竹园、猫场、果瓦、长石等12个乡镇。加工或经营企业主要有九洞天资源开发有限责任公司茶叶分公司、贵州省海马宫茶叶有限公司、贵州大定府茶业有限公司及3个制茶厂、1个保鲜库和4个专业合作社。

八、大方刺梨

大方野生刺梨面广量大，据《大定府志》记载，大方县用刺梨酿酒，已有千年历史。历史上利用刺梨酿制刺梨酒最早见于清道光十三年（1833年）吴嵩梁《还任黔西》的诗句：“新酿刺梨邀一醉，饱与香稻愧三年”。贝青乔的《苗俗记》载：“刺梨一名送香归……味甘微酸，酿酒极香。”

大方野生刺梨，果实大、肉质厚，可食部分占80%，果香浓郁，酸甜适口，口味悠长，各种营养成分高于全省平均数，品质在省内名列前茅。经江苏省无锡轻工业学院食品工程系生化室、贵州省食品研究所等单位测定，其可食部分营养成分、维生素C含量均为全省最高，约为全省平均值的1.42倍，总糖、还原糖、总酸等都比其他刺梨产区所产刺梨占有优势。

大方县是贵州省重要的刺梨种植基地。刺梨产量在省内名列榜首，约占全省总产量的9.8%。

县内各地均有生长，分布在海拔1000米～1600米地段。1987年，全县野生刺梨折合面积4947亩，常年产量762吨，最高年产量1126吨，最低产量554.3吨。2006年，贵州同济堂在鸡场乡建刺梨基地500亩。2007年，贵州金维宝刺梨开发有限责任公司在黄泥塘建刺梨育苗基地200亩，在小屯乡珠场村建刺梨育苗基地150亩。2008年，大方县中药产业发展办公室与贵州大学农学院实施校地联合项目，引种“贵农2号”“贵农5号”“贵农7号”刺梨种植于黄泥塘镇甘棠村。2009年，县编制《贵州省大方县中药产业刺梨专项发展规划》。2009—2011年，“国家重点生态功能区转移支付资金”项目在小屯乡、羊场镇、东关乡、竹园乡、文阁乡、鼎新乡、双山镇、理化乡等乡镇建刺梨种植基地1.73万亩。

九、大方豆棒

豆棒因其形如棒而得名。大方豆棒以大方所产的优质大豆为原料，经浸泡、磨浆、过滤、煮沸，豆浆表面结皮后，揭皮卷成棒状烘干而成。大方豆棒色泽鲜艳、明亮嫩黄、口感好。含粗蛋白46%，植物脂肪17%，水分13%～14%，糖3%～4%。

1935年，四川内江石光友等到大定阁雅生产豆棒，当地农民陆续学习生产，几年后豆棒加工户发展到100余户。后阁雅陈文光等迁往大方县城杨柳井生产，附近居民亦仿照加工。

中华人民共和国成立前夕，县城豆棒加工户有20多户。大定解放初期，县供销社实行加工订货，城关从业者增加到30余户60多人。1956年3月，从业人员发展到119人，全部纳入县手工豆棒生产合作社，1957年产豆棒130吨，1959年，豆棒厂职工增至210人，创最高年产记录，达284.4吨。此后，贵州省将大方豆棒列为传统名特食品，属省管产品，原料指标由省粮食厅下达，销售由省食品公司统一分配，价格由省物价部门核定。1960年因缺原料而停产。1961年后获部分原料供应，至1964年年均产量45.37吨，1965年上升为124吨。1966年扩建厂房832平方米，用电磨磨浆。1968—1972年年产稳定在150吨左右。1973—1976年，受原料供应限制，年产70吨～90吨。1977—1979年年产量回升到100吨以上。1980年和1981年因缺原料，产量分别下降为8吨和27吨。1982年，原料供应情况略有好转，进行技术改造。1984年，豆棒厂新增厂房1160平方米和2吨锅炉、电动磨浆真空滤浆机、操作台、电风扇等设备，职工不再“冬扇扇子夏烤火，一天生产两头黑”，劳动条件大为改善。产品无粗渣、无锅巴、无苦味，出品率在原基础上提高4%，年产量90吨。1985年起，城关附近部分农民加工豆棒出售，豆棒厂原料供应改为以议价为主，继而取消平价供应，成本高、亏损大，由职工自行在市场上购买大豆生产，随行就市出售。

1991—2015年，随着生产条件的逐步改善，特别是大方县石老祖公豆制品公司、琼芳食品公司等生产企业采用先进生产工艺、先进设备，组织科学化、专业化、规模化和工厂化生产，产品的数量质量明显提高，相继获毕节地区、贵州省“优质农产品”称号。2015年，大方豆棒年产量上千吨，销往省内外。

十、大方方竹笋

方竹笋因根部为方形而得名，生长环境要求苛刻，主要生长在海拔1400米～2500米的高原无污染山区。由于采摘时间为白露前后，大方民间有“白露三天，笋子插竿”的谚语。方竹笋方而厚，性硬、脆。据检测，方竹笋中富含蛋白质、脂肪、粗纤维，还含有丰富的氨基酸、钙、铁、硒、锌等多种微量元素和维生素B1、B2、C等。质嫩肉厚，色美味鲜，口感极好。

方竹笋是大方县著名的三鲜（冬荪、竹笋、天麻）之一，闻名于邻近各市、县。在瓢井镇、兴隆乡、长石镇、大山乡、星宿乡、雨冲乡生长着3万余亩天然的方竹林，年产7500吨，许多省外商人涌入生产区域大量采购。2000年，大方方竹笋产业开始发展，2012年，大方县编制10万亩方竹发展规划，方竹笋开始人工仿野生培植。2013—2014年，大方县巩固退耕还林工程种植方竹2万亩。至2015年，大方野生方竹笋和仿野生种植面积达5万余亩。

十一、大方圆珠半夏

圆珠半夏是中药材，可燥湿化痰，和胃止呕。大方圆珠半夏质优效佳，曾获“贵州十大名药”“贵州地道药材”等盛誉，在主要出口国日本享有“免检”待遇。2012年10月，获得“国家地理标志保护产品”称号。

十二、大方八堡五里香米

五里香米又名冬谷、赤壳、菱粒。产于大方县八堡乡白泥村，且只生长于白泥村的马血泥和白胶泥田，全村仅400多亩。明清两朝，五里香米（冬谷）作为地方名特产品上贡朝廷。每用做饭，清香远溢。1971年，全国生漆会议在大方县召开，会议指定用五里香米饭作会议餐主食。五里香米稻秆高约1.4米，谷壳赤色，米粒细小呈蜡黄色，生米有清香，煮熟后香味更浓更持久，口感润滑。五里香水稻抗病力强但单产低，每亩产量仅100多公斤。

第二章　林　业

第一节　林业资源

一、树木种类

清朝中期后，县域内森林资源日益匮乏。但因地形结构和气候的复杂多变，生物种类呈多样，树木种类较多，有林木种群基因资源50余科110余种。进入21世纪，由于退耕还林、长江上游水土保持工程等项目实施见效和农村劳动力外出形成的自然弃耕，许多植物逐步恢复发展。

（一）主要树种

1. 杉木

全县各地均有分布，较集中分布于长石、果瓦、大山、星宿、兴隆、高店、沙厂、雨冲、大水、黄泥、普底等乡镇。

2. 华山松

是县内引进的优良树种，全县各地均有分布。

3. 云南松

主要分布在鸡场、响水、八堡、猫场等乡镇。

4. 马尾松

主要分布于果瓦乡，但较分散。

5. 柏木

主要分布在长石、果瓦、大山等乡镇河谷地带。

6. 白花泡桐

是县内优质速生树种之一，1988 年从黔西南州引种成功。全县海拔 1500 米以上、土壤深厚、水肥条件好的地方均有分布。

7. 响叶杨

从民国时期起，是县内主要用材树种，生长快，全县各地均有分布。

8. 柳杉

属引进树种，长势良好，广泛用于庭院绿化、道路绿化、工程造林。

9. 麻栎

全县各地均有分布。

10. 香椿

是县内优良乡土树种，生长迅速，材质优良。主要是“四旁”树（“四旁”是指村旁、路旁、水旁和宅旁），全县各地零星分布。

11. 梓木

是县内优质用材树种，零星分布于理化、羊场、小屯、大方、东关、竹园和响水等乡镇。

12. 白栎

常与毛栗混生，分布于全县各地贫瘠地带。

13. 槲栎

材质坚实而开裂，本地百姓多用于烧木炭。沙厂、黄泥、大水、雨冲、长石、果瓦和大山等乡镇分布较多，与其他阔叶树混生。

14. 光皮桦

常生于海拔 1500 米以上的山地，县内各地均有分布。

15. 板栗

常混生于其他阔叶树中。主要分布于鸡场、长石、果瓦、大山、星宿、三元、百纳、沙厂、雨冲、大水、黄泥和普底等乡镇。

16. 核桃

是县内主要经济林木之一，散生于全县各地。

17. 漆树

是县内主要经济林木，栽培历史悠久，2010 年，进入初割期的漆树 214.7 万株，多属人工栽培。全县各地呈散生状分布。所产生漆是一种优质涂料，多年来，在全县农副产品收入中占有很大比例。

18. 三年桐

是县域内主要油料树种之一，散生于河谷侧坡地带。20 世纪 70 年代以后，随着小型硫磺厂的兴起，加上化肥、农药对土壤的污染，油桐资源日益减少。

19. 油茶

是县内引进的油料树种之一，零星分布于全县各地。

20. 杜仲

是县境主要经济林木之一，贵重中药材，数量不多，零星分散于全县各地。

21. 栓皮栎

是县内重要经济林木之一，零星分布于全县各地。

22. 乌桕

在县内数量很少，散生于河谷地带。

23. 方竹

在星宿、大山、长石、瓢井、兴隆和绿塘等乡镇均有成片分布。属用材杂竹，县内主要有苦竹、水竹、慈竹、斑竹，全县各地均有分布。

（二）其他树种

1. 乔木类

有福建柏、圆柏、银杏、铁尖杉、水杉、厚朴、紫玉兰、白玉兰、樟树、山苍子、野樱桃、基桃、擦木、云南紫荆、山槐、刺槐、合欢、枫香、滇杨、垂柳、朴树、旱冬瓜、丝栗、西南山茶、花椒树、黄柏、苦楝、盐肤木、青榨槭、泡桐、梧桐、女贞、桂花、梅花、喜树、刺楸、石榴、拐枣、桑树、紫薇。果木有桃、李、柑、桔、柿、梨、苹果、枇杷等。

2. 灌木类

有刺梨、沙棠果、金樱子、悬钩子、甜茶、山海棠、云实、川榛、茶树、山茶、救军粮、杜鹃、木姜子、肤烟、红刺莓、白蜡树、山杨柳、酒药花、十大功劳、三颗针、土荆芥、毛栗、杨梅、胡桃、月季花、青刺尖、樱桃、朱萸、水皂角、野花椒、五倍子、野漆树、见血飞、黄杨木、刺老包、八角枫、桂花、苦楝子、山茶花、闹羊花、大黄杨、小叶黄杨、野花椒、金丝桃、马桑、葱木、炒米柴、老虎刺等。

3. 藤草类

有野葡萄、鸡血藤、八月瓜、三角枫、葛藤、猕猴桃、血藤、申筋草、贯众、铁芒萁、茅草、芒、蕨类植物及其他禾本科植物。

二、林地

1995 年，全县林业用地 11.95 万公顷，占总面积的 34.1%，其中林地 3.83 万公顷，灌木林地 2.16 万公顷，未成林造林地 5789.2 公顷，无林地 2164.6 公顷，苗圃 8.2 公顷。2007 年，全县林地 15.99 万公顷，其中森林 10.11 万公顷，占林地的 63.18%。2015 年，全县林地 15.42 万公顷。

全县林地分为用材林、经济林、防护林、竹林、灌木林等。1995 年，全县活立木蓄积量 73.1 万立方米。2007 年，全县活立木蓄积量 163.05 万立方米。2015 年，全县活立木蓄积量 287.08 万立方米。

三、古大珍稀树种

（一）红豆杉

属国家一级保护植物。县境内大部分乡镇均有分布，其中，鼎新、凤山、黄泥、雨冲、高店、绿塘和马场等乡镇生长数量较多。鼎新乡新启村有 1 株名叫“马落岩祠堂”的红豆杉，生长在一农户家院坝里，高约 20 米，腰粗 1.8 米；黄泥乡坝子村穿山组水井麻窝生长有 2 株，树高 28 米~30 米，胸径 86 厘米~92 厘米；大山乡棉山村有 1 株胸径 75 厘米。这几株红豆杉树龄均为 200 年左右。

（二）珙桐

属国家一级保护植物。绿塘、鼎新和高店等乡镇及大海坝国有林场均有分布。大海坝国有林场箐梁子工区内生长有一片，树高 10 米左右，数量有百余株。绿塘乡龙昌坪林场内有上百株，多为老树桩上发出的新枝。

（三）银杏

属国家一级保护植物。银杏古称“白果”，宋初入贡改称“银杏”。大方银杏相传是奢香被召入京时，明太祖朱元璋所赐树种，奢香回乡后又赐给地方“土目”种植。斗姥阁（原县酒厂）生长有银杏2株，胸径2.96米，树高20米；莲花塘生长有3株，树高20米，胸径54厘米~61厘米；果瓦乡上寨村有1株，胸径2.2米，树高24米，冠幅25×30米；沙厂乡白果村有14株，树高15米~35米，胸径21厘米~278厘米；雨冲乡红旗村白果组有一片面积2亩左右的银杏林，计18丛，52株，最大的1株胸径为1.8米，高35米，胸径1米以上的有9株。羊场镇政府食堂门前有1株，树高25米，胸径73厘米；八堡乡水洞村白果组有1株，树高18米，胸径2.45米。

（四）红豆树

属国家二级保护植物。县境内红豆树数量极其稀少，星宿乡漆树村后河组生长有1株，树高28米，胸径115厘米，2010年被雷击死；雨冲乡油杉河村大田组有1株，树高25米，胸径97厘米，2010年被大风吹折。树龄均为300年左右。

（五）紫花木莲

属国家三级保护植物。县境内分布极其稀少，高店乡龙场村箐梁子林场生长有1株，树高17米，胸径44厘米。

（六）黄杨

俗称“白日红”，又名“千年矮”，生长慢，10年生长直径1厘米左右。星宿乡后河村生长有1株，地径48厘米，树高4米，枝下高1米，冠幅4×4米，树龄330余年；雨冲乡油杉河村油杉组李少宫坟头生长有1株，树高5米，胸径38厘米，树龄在100年以上。

（七）古巨桑

黄泥乡小箐有1株千年古桑，胸径3.12米，树高31米，冠幅2.2米×1.5米，至2015年仍枝繁叶茂。

（八）福建柏

属国家二级保护植物。县境东北部的星宿乡、雨冲乡、黄泥乡有小片中幼林，约6000亩，每亩有40株~250株。

（九）榉树

属国家二级保护植物。星宿乡云峰村有成片的榉树林，面积1000平方米左右，胸径最大者达99厘米；在雨冲乡红旗村也有分布，树高15米~26米，胸径50厘米~150厘米。

（十）香樟

国家二级保护植物。古称“彭侯”和“樟公”。在大山乡、果瓦乡、鼎新乡、三元乡、双山镇、文阁乡、雨冲乡和竹园乡均有分布。瓢井镇三合村生长有1

大山乡棉山村香樟树（2010年6月摄）

株，胸径2.45米，树高20米，冠幅直径30米，树龄360多年，长势旺盛；双山镇陈家寨生长有1株，胸径2.26米，高25米，树龄300多年；大山乡棉山村大树组有1株，胸径2.55米，树高30米，树龄600年。

（十一）楠木

属国家二级保护植物。雨冲乡油杉河景区有1株润楠，树龄百年以上，胸径90厘米。

（十二）高山栲

雨冲乡油杉河村响水组生长有1株，胸径1.34米，树高26米，树龄150年。

（十三）朴树

羊场镇羊场村、双山镇普六村和法书村、黄泥塘镇甘棠村、凤山乡谢都村、黄泥乡朝门村、鼎新乡黑泥村、大山乡松明村、长石镇巨石村都有较粗植株分布，胸径64米~2.64米，树高13米~35米。黄泥乡朝门村凉井组生长有1株，胸径为2.64米。树龄均为400年左右。

（十四）山茶

凤山乡谢都村谢都组生长有1株复瓣山茶，树高11米，胸径92厘米，树龄为160年。

（十五）青冈栎

星宿乡云峰村包包寨组生长有7株，树高16米~22米，胸径61厘米~178厘米，有1株树龄200年，6株树龄350年。

（十六）水青冈

长石镇山坝村新建组生长有1株，树高24米，胸径2.1米，树龄500年以上。

（十七）铁杉

果瓦乡上寨村中寨组生长有2株，树高18米~20米，胸径80厘米~83厘米，树龄300年。

（十八）秃杉

20世纪80年代引入品种，部分在大海坝林场试种，箐梁子工区和大海坝工区内生长有50余株。

（十九）香果树

属国家二级保护植物。沙厂乡营竹村生长有15株，树高11米~15米，胸径15厘米~80厘米；雨冲乡移民街有1株，树高15米，胸径80厘米；猫场镇新合村生长有1株，树高10米，胸径15厘米；绿塘乡丰产二村有19株。

（二十）栲树

雨冲乡油杉河村油杉组乌坡地生长有1株，树高15米，胸径1.02米，树龄100年左右。

（二十一）香椿

雨冲乡鸣放村鸣放组箐头坡生长有1株，树高25米，胸径70厘米，树龄110年左右。

（二十二）榆树

马场镇一棵树村一棵树组生长有1株，树高13米，胸径38厘米，树龄300年以上。

（二十三）玉兰

绿塘乡发现2株，其中1株生长在高峰村高平组（牛集水库沟边），树高18米，胸径1.4米；另1株生长在高潮村方竹坝组，树高12米，胸径82厘米。凤山乡石坪村杉林组生长有1株，树高20米，胸径96厘米，树龄150年以上。

（二十四）椴树

长石镇坪水村寨上组生长有1株，树高17米，胸径2米，树龄300年左右。

（二十五）鹅掌楸

属国家二级保护植物。在羊场镇羊场村（政府食堂后院）生长有2株，树高6米~8米，胸径23厘米~25厘米，为20世纪80年代引种。

（二十六）枫树

黄泥乡坝子村穿山组生长有1株，树高27米，胸径115厘米。

（二十七）枫杨

大山乡棉山村大树组生长有1株，树高15米，胸径1.21米；雨冲乡油杉河村油杉组树子包包上生长有1株，树高12米，胸径89厘米，树龄100年以上。

（二十八）大叶女贞

大方镇、黄泥塘镇发现树龄100年以上的大叶女贞7株，分布在大方镇城中社区3株、元宝村1株，黄泥塘镇甘棠村3株，树高5米~15米，胸径38厘米~80厘米，树龄100年~200年。

（二十九）刺槐

县城奢香公园内有1株，树龄100年以上。

（三十）亮叶水青冈

主要分布在雨冲乡红旗村青木组、金星村大土组和五星组，树高10米~25米，胸径61厘米~128厘米，树龄100年~500年。

（三十一）蒙子树

分布在黄泥塘镇甘棠村，树高10米~25米，胸径51厘米~83厘米，树龄100年以上。

（三十二）杨柳

大方镇城中社区生长有6株，树高为19米~22米，胸径为31厘米~73厘米，树龄100年左右。

（三十三）杉木

县内自古盛产杉木，树径1米以上的随处可见。雨冲乡金门村桂花组有1株“杉树王”，胸径89厘米，高35米，冠幅20×15米。

（三十四）皂荚

俗称皂角树，大方县境内低海拔乡镇均有分布。瓢井镇新街村三组有2株根部紧密相连的皂荚树，胸径都在2米以上，树高约15米，有一粗枝，两端分别长在两树干的中部，将两树连在一起，当地群众称为“夫妻树”。大方镇庆云村庆云二组生长有1株，树高25米，胸径82厘米，树龄200年以上，树下有一井，称为皂角井。

（三十五）杜鹃

县境杜鹃林带分布于普底、百纳、大水、沙厂、黄泥、凤山、黄泥塘等乡镇，面积8889.4公顷，品种繁多，有5个亚属全部种类，与黔西县杜鹃林带相连，称“百里杜鹃”，被誉为“世界上最大的天然花园”。1984年，大方县人民政府将普底景区定为自然保护区，并将杜鹃花定为“县花”。1992年4月1日，大方县十一届人大常委会第四次会议决定，将每年4月16日定为“大方百里杜鹃花节”。1993年，百里杜鹃被国家林业局评为“国家级森林公园”。2001年11月，成立大方县百里杜鹃国家级森林公园管理站、大方县百里杜鹃国家特色植物保护站，对百里杜鹃进行合理保护、开发、利用。2007年6月，成立贵州省百里杜鹃自然保护区党的工作委员会（管理委员会）。

第二节　森林保护

一、森林防火

1991—1998 年，县森林保护由县护林指挥部和森林派出所负责。1999 年 4 月增设专业扑火队，负责全县重大森林火灾的扑救工作。2000 年，为 36 个乡镇聘请天然林保护工程管护员，在防火季节负责天然林的巡查保护。2002 年，从大海坝林场抽调 19 名专业管护员，专门管护百里杜鹃景区。至 2005 年，全县有护林员 490 人，管护全县 158 万亩森林资源。1992—2005 年，森林火灾火警 164 起，过火面积 252. 7 公顷，损失面积 77. 6 公顷，受害率在 0. 7‰之内。2006—2012 年，发生森林火灾火警 81 起，过火面积 52. 58 公顷，受害率在 0. 7‰之内。

2013—2015 年，全县树立“森林防火 99. 99% 都等于零”的理念，落实“七个百分之百”，即宣传教育百分之百覆盖、包保责任百分之百落实、火灾隐患百分之百消除、严防死守百分之百到位、应急值守百分之百完善、科学扑救百分之百安全、责任追究百分之百兑现，严防森林火灾。2013 年，制发森林防火宣传光盘 280 张，印发《森林防火手册》3000 册、森林防火主题日历 4. 6 万份、政府通告 3500 份、禁令 3500 份。在重点林区重点路段、公路沿线、风景区设置和刷新森林防火警示牌 3000 块，悬挂森林防火宣传标语 180 幅，组装森林防火宣传车 43 辆；组建 40 人的专业森林火灾扑火队伍，全面落实包保责任制、领导带班制度、火灾调度制度、火情报告制度；成立 4 个森林防火巡查组。全县发生火灾 3 起，过火面积 4. 24 公顷，均为荒山草坡。2014 年，成立 4 个森林防火巡查组，到重点林区、重点路口巡查。制发防火宣传光盘 280 张，印发《森林防火手册》2 万册，森林防火主题日历 6 万份，《致全县人民公开信》10 万份，下发到重点林区农户手中，制发 6 万张入户通知书，森林防火案例 6 万份，政府通告 3500 份，禁令 3500 份，设防火警示牌 3000 块，悬挂防火宣传标语 300 幅，组装森林防火宣传车 60 台，组建专业扑火队伍 1 个 35 人。发生火灾 3 起，过火面积为 3. 1 公顷，均为荒山草坡。2013—2015 年，全县森林火灾发生率持续下降，受害率均在 0. 01‰以下，森林防火工作连续 3 年受到中共毕节市委、毕节市政府表彰。

挂放引诱器防治松褐天牛（2015 年 5 月摄）

二、森林病虫害防治

县境内森林病害主要有：华山松落叶病、煤污病、枝枯病、杉木赤枯病、云南松赤枯病、落叶病、叶锈病、柏木白粉病、黑斑病、叶斑病、滇杨叶斑病、桦木枯枝病、漆树枯枝病、褐斑病、核桃枯枝病、沙棠梨叶粉病。虫害主要有：华松白蚁、松褐天牛、象鼻虫、叩头虫、蚜虫、双条杉天牛、杉X小虫、白蚁、云南松毛虫上、楸梢螟、金龟子、云斑天牛、漆树金花虫、天牛、核桃胡桃金花虫、蜷象、栎黄枯叶蛾、森林鼠兔害等。

1994年，发生泡桐丛树病、杨树蛀干及针叶苗木立倒病，治理后得以控制。2002年后，开展对森林病虫害越冬调查防治，森林病虫害得到有效控制。2004年9月，县成立森林病虫检病防治站，专门负责全县森林病虫害预测预报和防治。2005年，金沙县发现大面积松材线虫病，大方县加强调查和预防，未蔓延到大方县。2013年，实施产地检疫面积138.36公顷，产地检疫率100%。全县林业有害生物发生面积2.44万亩，防治面积2万亩，林业有害生物成灾率3‰以下，无公害防治率85%以上，测报准确率85%以上，全年检疫签证木材40车次，收取检疫费5682元，查获违规调运木材11起，处以罚款1.8万元。经防治后当年林业有害生物成灾率为零。2014年，全县林业有害生物发生2.23万亩，开展松材线虫春秋季普查17.1万亩，不明原因枯死松树47株，松墨天牛虫害致死12株，未检出松材线虫和拟松材线虫，采取枯死木清理的方法进行松褐天牛防治9000亩。全县无公害防治1.98万亩。

“十一五”“十二五”规划期间，大方县有害生物监测普查率为100%，防治率为100%，全县未发生重大森林病虫灾害。

第三节　林业执法及林政管理

一、林业执法

1991年至2013年6月，县林业派出所负责林业执法。2003年6月，林业派出所升格为副科级单位。2013年6月，县森林派出所更名为县森林公安局，加挂县公安局森林警察大队牌子，职责是保护大方森林资源安全，查处破坏森林资源刑事案件及行政案件等。1991—2015年，查处各类森林案件1608件，其中，森林公安派出所查处各类森林案件1258件，判刑66人，劳动教养8人，治安行政拘留96人，治安警告107人，治安行政罚款120人，挽回经济损失91万元。2009—2015年，办理行政案件285件，其中，查处违法占用林地65件，处罚款45.58万元；对无证经营、加工、运输木材220件处罚款18.85万元；没收木材394立方米，变价0.85万元。2015年，县森林公安局立刑事案件96件，办结58件；办行政案件595件，罚款185.41万元。

二、林政管理

根据《中华人民共和国森林法》《中华人民共和国森林法实施条例》和《贵州省林地管理条例》等法律法规，对全县林地进行管理，管理事项主要有：使用林地的审核审批管理、林地变更管理、林权管理、打击非法使用林地行为和护林人员管理。

1991—2007年，林权管理沿袭林业“三定”的自留山造册登记、合同及所发的山林所有证、自留山证、集体林木管理证，明确房屋前后谁种归谁，可以继承转让。宜林荒山实行承包。清理登记国有林，落实承包管护权。2007年12月开展林权制度改革，完成集体林权制度主体改革。确权发证的林地147.89万亩。纳入改革的林地涉及全县34个乡镇329个行政村17.2万户农户。完成2.75万宗146.75万亩林地的外业勘界及一、二、三榜公示，签订完善合同5.1万份。林改中林权纠纷228起8.34万亩，调处157起7.2万亩。全县发林权证1.75万份146.75万亩。

1991—2015年，县对林地管理工作逐步加强，对建设项目使用林地进行审核审批上报，经上级林业部门审核审批后使用。1999年，贵毕公路项目征用林地8.44公顷；2000年，通信和加油站项目征用林地0.54公顷；2002年，洪家渡水电站项目征用林地226.47公顷；2004年，通信基站征用林地0.25公顷；2005年，通信基站征用林地0.11公顷；2006年，落脚河水电站、方纳路改造、五凤煤矿、小屯煤矿等项目征用林地66.14公顷；2008年，移动通信基站项目征用林地1.42公顷；2010年，杭瑞高速公路、白布煤矿、垃圾填埋场等项目征用林地211.15公顷；2011年，毕节飞雄机场、飞雄机场高速公路、岔河水库、永贵水泥厂等项目征用林地38.18公顷；2012年，黔大高速公路、毕织铁路项目征用林地82.14公顷；2013年，溪洛渡右岸电站送电广东双回500千伏直流输电工程、宝源洗煤厂、大方源达混凝土、页岩砖厂、砂石厂等项目征用林地5.97公顷；2014年，成贵高铁项目征用林地26.38公顷；2015年，野螺沟水库工程、页岩砖厂、砂石厂等项目征用林地19.37公顷。

第四节 林 场

一、国有林场

县国有林场主要有大海坝林场，由大海坝场部、箐梁子工区、九龙山工区、长坡工区、海子坝工区、沙子坡工区组成，总面积3.75万亩，有林地1.54万亩。1991年，大海坝林场育苗225亩，采种2500公斤，造林1640亩，间伐抚育1620亩，抚育回收木材615立方米。2002年，省林业厅将大海坝林场列为全省十个重点扶贫试点单位之一。2003年1月，毕节地区林业局批准建立大方县大海坝森林公园。2008年1月，九龙山工区划归百里杜鹃管委会。2009年1月起，林场管理机构由企业单位管理变为财政预算事业单位管理。2014年12月，根据《大方县人民政府关于同意大海坝国有林场生态林划定报告的批复》文件，划定大海坝国有林场生态林面积1.99万亩，全部为地方公益林。2015年年底，开展森林二类调查，活立木蓄积11.28万立方米。

二、乡村林场

1991—2015年，县境内有乡办、村办林场8个，林业专业户2个、重点户31个、联户林场74个。全县乡村林场有固定劳动力7378个，经营林业用地21.37万亩，其中，有林地8.67万亩，林木蓄积3.84万立方米。1991年，造林3.86万亩，育苗3318亩；1992年，经营面积37万亩。经营户以多种经营发展林业生产，其中，成效明显的有六龙镇李淑彬户办林场、安乐乡新民林场、对江镇鞍山林场、果瓦乡政府林场、兴隆乡龙兴林场。

（一）对江镇鞍山林场

对江镇鞍山林场距镇政府所在地14千米，全场面积558.6亩，森林覆盖率95%，林地所有权属大山村委，承包期50年，公证时间为1985年6月21日，主要树种为本地杉木。1991—2015年，发展林业后续产业，培育林区新的经济增长点，不断探索适合林场实际的经营管理模式，林下种植天麻100亩，通过雪压木的清理、中德林业合作项目的间伐、实行公益林建设与保护后，实现林区资源的再生与发展。在落实好国家相关政策的同时，充分利用林业资源，制定符合林场发展的总体规划，走林场产业化发展道路，把林场生态资源分配好，优化各种产业链，做好科学管理、技术管理等工作。

（二）果瓦乡政府林场

果瓦乡政府林场建场时间为1986年，林场权属属果瓦乡政府所有，位于果瓦乡上寨村沙地组，距乡政府所在地1.5千米，全场林地面积600余亩，森林覆盖率达98%，主要树种为马尾松和杉树。1986—2015年，林场由村民承包经营管护，承包期30年。果瓦乡政府林场自成立后，大搞植树造林，经过几十年的努力，林业经济快速增长，带动和促进当地绿化建设、经济建设和生态建设。国家启动天保工程后，果瓦乡政府按照“严管林、慎用钱、质为先”的林业建设方针，突出抓好天然林资源保护，加快公益林建设步伐，积极发展林业后续产业，培育林区新的经济增长点，通过封山育林、实行重点公益林建设与保护，实现林区资源再生与发展。

（三）兴隆乡龙兴林场

兴隆乡龙兴林场位于兴隆乡政府驻地北面狮子村龙兴组七里沟，距乡政府所在地3千米，主要树种为杉木，占地面积1000余亩，属于龙兴组集体林场。1988年，龙兴林场由村民项德祥担任场长。项德祥几十年如一日坚持带领发动狮子村龙兴组群众，求生存、斗荒山、战贫困，用5年时间，让近千亩荒山披上绿装，在18个山头种树1000多亩。项德祥因此获“毕节地区优秀农民”“优秀共产党员”和“省级劳动模范”等称号，狮子村五龙寨被评为“全国植树造林千佳村”。

1991—2015年大方县乡村林场一览表

表—11-2-4-1　　单位：亩

序号	乡镇	林场名称	经营面积	建场或公证时间	经营模式	备注
1	凤山乡	凤山林场	1165.00	1965年	集体	
2	对江镇	鞍山林场	558.60	1985年	集体	
3		青杠坡林场	670.00	1986年	集体	宜林荒山荒地
4	鼎新乡	大营盘	750.00	2012年	集体	
5		大井村林场	4000.00	2008年	集体	
6		大河坝林场	500.00	1988年	集体	
7		包包寨林场	100.00	1988年	集体	乡办集体
8		岩脚寨林场	150.00	1988年	集体	
9		私人林场	200.00	1988年	个人	
10		包包寨林场	400.00	2003年	集体	村办集体
11		大煤洞林场	667.00	1989年	集体	
12		大龙井林场	95.80		个人	
13	兴隆乡	张家冲林场	128.00	1990年	个人	
14		龙兴林场	1000.00	1988年	集体	
15	果瓦乡	果瓦乡政府林场	600.00	1986年	集体	
16	瓢井镇	大丫口林场	157.6.00	2008年	集体	宜林荒山荒地
17	马场镇	大平塘林场	300.00		集体	
18		水草坝林场	400.00		集体	
19		沙田林场	300.00		集体	

第三章 畜牧业

第一节 畜禽品种及养殖

一、牛

20世纪90年代前，养牛主要用于耕作和积肥，也是种植业之外的经济来源之一，此后逐步发展为肉役兼用。大方县养牛以千家万户为主体，具有灵活性和市场承受能力强等特点。21世纪逐渐由分散型向集约型、传统型向科技型、数量型向质量型、役用型向肉役兼用型转变。至2015年，牛在农业生产中仍起着重要的役力作用，还是农家肥的主要来源。

（一）黄牛

主要有本地黄牛、安化黄牛、荷兰牛。本地黄牛属华南牛中的黔西北黄牛类型，肉役兼用，耐粗饲、抗病力强、适应性强。主要分布于县内沙厂、鼎新、星宿、绿塘、普底、鸡场等乡，其次是凤山、百纳、小屯、三元等乡。黄毛占46%，黑毛占20%，红毛占10%，其他毛色占16.5%。安化黄牛是大方优良的地方黄牛品种。主要分布于鸡场乡大坝、新场、鸡场等村，肉役兼用。黄毛占77.6%，草白占5.4%，红毛占5.4%，黑毛占4.4%，褐毛者3.6%，虎斑占3.6%。荷兰牛原产于荷兰，因其毛色为黑白花片，故通称黑白花，其风土驯化能力强，经长期风土驯化和系统的繁育，与本地牛杂交，育成较适应大方环境的品种，体形高大匀称，皮薄，皮下脂肪少，毛细短。荷兰牛又分奶用和奶肉兼用两种类型。1991—2015年，县内主要饲养本地黄牛。同时用荷兰牛冻精杂交改良。还有从国外引进的西门塔尔等肉牛品种。

（二）水牛

挽力强，行步稳重，适宜水田耕作。主要分布在海拔较低、气候温和的田坝、河谷、洼地，中心产区是鸡场乡新场村、松林村及凤山、八堡、响水、六龙、长石、果瓦、猫场等乡镇。大方县水牛又分本地水牛、么拉水牛、尼里—拉菲水牛几种。本地水牛耐粗饲，适应能力及抗病力强，皮厚毛粗，芦花毛占50%，铁青毛占47.5%，其他毛占2.5%。么拉水牛原产于印度，体格大，四肢粗壮，体形呈楔形，尻扁科，皮毛黝黑，少数为棕色或褐灰色，适宜在水源多处饲养，耐粗饲，抗病力强，繁殖率高，遗传稳定。尼里—拉菲水牛原产于巴勒斯坦，体格粗壮，腹垂较大，是世界上最优秀的乳用水牛品种之一；繁殖率和育成率高，生长发育快，抗病力强，耐热耐粗饲，易肥。1991—2015年，县内主要饲养本地水牛。

二、马

大方马属西南山地型，是优秀的山地小型品种，矮小精悍，体质结实行动敏捷，性情温驯，适应性广泛。主要分布在双山、马场、文阁、牛场、理化、小屯、黄泥塘、三元、沙厂、东关、安乐、星宿、瓢井、长石、大山、黄泥等乡镇。

引进品种有卡巴金马、古粗马、伊犁马，均为1949年后下放到地方的军马。卡巴金马原产于苏联高加索山区，属乘驮兼用品种。毛色以骝色、黑色为主，对高寒地区适应性强，利用年限长，作马术用马或山地役使。古粗马原产于苏联，抗病，耐粗饲，被毛栗色、骝色，适应性强，体形大，挽力大而持久，生长发育快。伊犁马是著名的培育品种之一，力速兼备，挽乘皆宜，适应高寒粗放的山区群牧条件，善走山路，会刨雪觅食，主要是新疆哈萨克马与苏联顿河马、奥尔洛夫马杂交而成。上述三种引进的品种与大方本地马杂交育成良种马，兼具本地马耐粗饲、耐劳、善走山路的优点和引进马体格高大、性格温驯、挽拉力大的特点。

三、猪

1991—2015年，县内养殖的猪以杂交品种为主，也有少数农户养本地品种。本地品种有百纳猪，属乌金猪品种，中等体型，肉脂兼用，成熟早，脂肪多，耐粗饲，适宜放养，适应力及抗病力强，多为黑毛，少数为黑花毛、棕色毛，成年母猪平均46公斤。

国内品种与县内品种杂交的有新淮猪、内江猪、关岭猪、淮阴猪等。新淮猪是用江苏淮猪与约克夏猪杂交成的品种，肉脂兼用，适应性强，生长快，产仔多，耐粗饲，黑毛，成年母猪180公斤~190公斤，成年公猪230公斤~250公斤；内江猪属西南型猪种，黑毛，12个月单猪体重125公斤，出栏前育肥1年半至2年后单个150公斤~200公斤；关岭猪全身黑色为主，额心、腹部、四肢下端、尾尖白色者居多，全黑、黑白花、棕红毛者较少；江苏淮阴猪全身多黑毛，仅嘴、四肢、尾有少许白毛，育肥173日可达90公斤，生长速度快，适应性强，瘦肉率高，肉质好，肉味香。

引进国外品种有苏联白猪、长白猪、杜洛克猪、汉普夏猪、巴克夏猪等。苏联白猪原产于苏联，全身白色，属大型肉脂兼用型，成年公猪258公斤，成年母猪194公斤，瘦肉率50%，1991—2015年，大方养殖的猪均为肉用型。约克夏猪原产于英国，属腌肉型代表品种，生长迅速，瘦肉多，繁殖力强，全身白毛，成年公猪300公斤~500公斤，成年母猪200公斤~350公斤；杜洛克猪原产于美国，属瘦肉型肉用品种，毛色棕红，生长快，饲料转化率高，抗逆性强，成年公猪340公斤~450公斤，成年母猪300公斤~390公斤；汉普夏猪原产于美国，黑猪白腰带，瘦肉率高，后腿丰满，产仔少，180日龄约100公斤；巴克夏猪属肉脂兼用型，系国内育成的杂交品种，具有“六白”（四肢下端、鼻端、尾帚白色）特征，适应力强，生长快，早熟，繁殖力低。

1991—1992年，县内部分养猪户实行规模化养殖，自制混合饲料，但管理技术差，防疫差，生猪死亡率高，经济效益不高。农村散养户有的使用添加微量元素和传统方法饲养。随着生产经营体制改革推进，生猪生产加快发展，猪肉产量从1990年的1.41万吨增到1997年的1.88万吨。2006年，肥猪出栏28.39万头，比1996年增加67.12%。2007年，大方县生猪生产和猪肉价格剧烈波动，生产下滑，供应较紧张，4个月内肉价由13元/公斤上涨至22.32元/公斤，上涨率71.6%。

1991—2015年大方县主要畜产品产量一览表

表—11-3-1-1　　单位：头、匹、只、吨

年份	牛		马		猪		羊		肉类（猪、牛、马、羊、禽肉等）
	存栏	出栏	存栏	出栏	存栏	出栏	存栏	出栏	
1991	102524	7626	46581	3978	252681	151446	10644	1911	16820.00
1992	110787	7872	45668	3830	263699	153285	10239	2527	6636.00
1993	116809	8819	44072	3683	285609	155285	12081	1984	17373.00

续上表

年份	牛		马		猪		羊		肉类（猪、牛、马、羊、禽肉等）
	存栏	出栏	存栏	出栏	存栏	出栏	存栏	出栏	
1994	114542	8387	42269	3963	294524	162212	12928	1586	18025.00
1995	117368	9234	44625	3348	314751	164164	18140	2085	18278.00
1996	120181	8959	44136	3443	323800	169856	20811	4019	19041.00
1997	124097	10863	41560	3538	343020	188642	24211	7803	21443.00
1998	130182	10105	38525	3465	349383	199650	26189	7441	22458.00
1999	131710	10043	37134	3704	349414	215851	26138	10496	24419.00
2000	134286	12015	37829	3703	362277	226291	26208	10724	25732.00
2001	136608	14044	38934	4096	377574	240681	26277	14250	27478.00
2002	137490	15269	39040	3969	377254	254870	26767	14576	29054.00
2003	140411	15704	38308	3952	384799	252516	27276	15045	29957.00
2004	146020	16280	39832	4625	400200	278440	28360	12650	32325.00
2005	159346	18575	39212	5299	450422	309980	32989	17634	35546.00
2006	95161	9662	38923	4855	292636	283857	11481	7922	32120.00
2007	98016	10052	36810	4303	290149	256124	11688	7495	28463.00
2008	100553	13604	33520	2697	296871	272593	12583	10994	30846.00
2009	99941	14315	27229	1735	300817	276158	44815	10037	30015.80
2010	94017	16985	22382	1842	294862	278654	45938	22107	33454.30
2011	77581	15330	20356	1898	253863	291855	23410	17034	33422.00
2012	79247	15226	19337	2447	271333	297443	26226	17732	34319.00
2013	74278	16188	17987	1897	239533	286405	27772	19152	33361.00
2014	79082	15719	14735	2363	239118	323801	31801	22241	36036.00
2015	83837	16077	14299	2803	277814	325874	33608	22974	35193.96

四、水产及其他养殖

（一）鱼类

大方县鱼类人工养殖历史较短，对鱼类资源的收集整理从 1981 年开始，种类记载不齐全。经农业细线条区划调查，全县有鱼类 40 多种，其中，经济鱼类 22 种，杂鱼 6 种，隶属 5 目 8 科（其中鲤科 21 种，占 75%）。

鱼类资源中，引进养殖的鱼类有鲤鱼（高坡鲤、丰鲤、长江鲤、荷包鲤、镜鲤）、草鱼、鲢鱼、鳙鱼、团头鲂、鲫鱼（南海鲫鱼、日本鲫鱼）、革胡子鲶等。自然鱼类中，经济鱼类有鲤鱼（红鲤、岩原鲤）、鲫鱼、小口白甲鱼、细鳞鱼、白甲鱼、泉水鱼、大嘴花鱼、大河鲶、墨头鱼、福建纹胸鮡、中华纹胸鮡、泥鳅、黄鳝、中华倒刺鲃及甲鱼（苦鱼子、片唇鉤、麦穗鱼、薄刀鱼、青鲚、白条鱼）等。

从鱼类资源分布、数量、产量来看，以养殖鱼类为主，自然鱼类为辅。养殖鱼类主要是从外地引进的品种，新场、安化、大屯等村的稻田养鱼，采集六冲河、对江河中的天然鲤、鲫鱼卵人工孵

渔政人员指导水产养殖（2014 年 5 月摄）

化养殖而成。县内鱼类养殖遍及全县76%的山塘、水库和人工小池塘，养殖的鱼类品种少，搭配不合理，甚至存在单一放养的情况。引进鱼种适宜于塘库养殖，在已捕捞的个体中鳙鱼最大个体重 30 公斤、鲢鱼 25 公斤、草鱼 20 公斤。

自然鱼类中分布广、数量多的是鲤鱼、鲫鱼，几乎全县各养殖水域都有分布，数量约占自然鱼类的 50%。白甲鱼、大嘴花鱼、小口白甲鱼、大河鲶、细鳞鱼也较常见，主要分布在白布河，在白布、小屯、对江、花果的河段较多，也分布在木柏河化联、长春河段，凹水河新场河段，二道河隆里，长石河段，六冲河等，数量较多。其他鱼类在全县各条河流中均有分布，但数量不多。泥鳅、黄鳝主要分布在稻田、塘库浅水岸边、沼泽地，数量大，经济价值高。自然鱼类群体优势最大的是鲫鱼；群体、个体都显优势的是鲤鱼。鲤鱼、鲢鱼成熟早、繁殖快，个体体重不大，数量多，在大方县渔业经济中占有很大比重，容易养殖，病害少，遍及县境各水域。

（二）两栖、爬行动物及其他

主要有大鲵（娃娃鱼），是国家二类保护水生野生动物；鳖（甲鱼）、牛蛙、河蟹（毛蟹）、棘胸蛙（石蚌）、田螺、河蚌、蚬、水獭等。

（三）渔业生产

县渔业生产包括捕捞野生鱼类及人工养鱼。人工养鱼主要有水库养鱼、池塘养鱼、稻田养鱼、网箱养鱼、拦河养鱼、流水养鱼等方式。

（四）其他养殖

主要有牛蛙养殖、大鲵养殖、蜜蜂养殖、观赏鸽与鸟养殖、海狸鼠养殖、荷兰猪养殖等。较成规模的是蜜蜂养殖，按品种分中蜂养殖和意大利蜂养殖，按养殖方法分新式养蜂和传统养蜂。大方养鸽历史悠久，按用途分食用鸽、玩赏鸽、竞翔鸽，常年养殖肉鸽 1 万只左右，养殖竞翔鸽百只以上的有百户左右。观赏鸟主要是画眉鸟，全县较大的画眉集市约有 20 个，分布在县城以及鸡场、瓢井、八堡、响水、百纳、沙厂、双山、鼎新、猫场、马场、牛场等乡镇的集市，每场上市少则 20 只，多则百只以上。黄腾鸟又名黄豆雀、黄豆儿，既是斗鸟又可观赏，全县皆有分布。

1991—2015 年大方县鱼类养殖一览表

表—11－3－1－2　　单位：亩、吨

年份	水库养鱼面积	池塘养鱼面积	河沟养殖	稻田养鱼面积	其他养殖	产量
1991	4211.50	536.50		988.00		
1992	4180.00	462.50		850.00		

续上表

年份	水库养鱼面积	池塘养鱼面积	河沟养殖	稻田养鱼面积	其他养殖	产量
1993	4300.00	540.00		105.00		
1994	3540.00	538.50		64.50		
1995	3510.00	528.00		120.00		
1996	5059.50	1800.00		160.50		
1997	4850.00	890.00				
1998	4850.00	670.00		150.00		
1999	4510.00	756.00		360.00		
2000	4530.00	765.00				
2001		543.00				
2002		645.00				
2003	4580.00	475.00				
2004	4650.00	451.00		450.00		
2005	3059.00	763.00				
2006	1468.00	1371.00		30.00		
2007	2124.00	933.00		10.00		
2008	1021.00	904.00	68.00		45.00	137.50
2009	158.00	887.00	68.00			196.00
2010	751.00	897.00	66.00		1.00	96.00
2011	68.00	197.00	16.00		23.00	61.00
2012	114.00	73.00	10.00		10.00	98.70
2013	74.00	218.00	12.00			55.00
2014						128.20
2015	2040.00	675.00				224.00

第二节　畜禽改良

一、大牲畜改良

大方县是贵州省率先开展牛改工作的县之一。20世纪50年代中期开始在重点地区设立配种站，指导农民开展耕牛、马匹的选种工作。主要用黑白花奶牛杂交改良本地牛，用乳肉兼用牛改良本地黄牛，用肉牛辛地红牛改良本地黄牛，用摩拉、尼里水牛改良本地水牛，引进巴卡金马、伊利马、古粗马改良本地马，用新疆细毛羊、前苏联美丽奴羊、考力代羊、新西兰和澳大利亚罗姆尼半细毛羊、贵州半细毛羊改良本地毛羊。1991年，引进良种公猪15头，其中，约克2头，苏白3头，长白10头。1995年，从德国引进波尔山羊，从山东引进小尾寒羊90只。1998年，引进良种公猪32头，其中，苏白25头，长白5头，杜洛克2头。1999年引进良种猪76头。2003年，建立波尔山羊人工冻配改良点，引进马头羊60只、南江黄羊190只。2004年引进良种猪26头。2007年，大方县天宇科技牧业有限公司从北京福顺祥三河羊业基地引进122只小尾寒羊和杜泊羊在安乐乡养殖。2008年引进良种猪38头。

2010年，全县发展牛羊综合品改点100个，大面积开展牛杂交改良，推广冻胚移植，实行冻配、鲜配与选育本地优良品种进行本交相结合的方法，提高受胎率和产犊率。推广良种猪、羊、牛，大力推广生猪三元杂交改良技术，三元杂交瘦肉型商品猪占出栏猪的35%。普及羊的冻配改良技术，发展3000户养羊专业户。2015年，牛冻精配种改良1.62万头，产杂交牛1.21万头。生猪改良配种2.08万头。

1991—2015大方县耕牛（水牛、黄牛）冻精配种改良一览表

表—11-3-2-1　　单位：头

年份	配种数	产杂交牛数
1991	915	352
1992	615	303
1993	1300	204
1994	1230	476
1995	1500	407
1996	1463	627
1997	1902	801
1998	1987	875
1999	6024	657
2000	7156	3916
2001	5700	4651
2002	11234	3705
2003	12387	6515
2004	14070	7284
2005	15246	7716
2006	16427	7928
2007	16812	9932
2008	17642	10424
2009	18054	11460
2010	15025	12340
2011	15323	10309
2012	17678	11384
2013	17876	10076
2014	18952	12871
2015	16171	12157

2004—2010 年大方县马匹配种改良一览表

表—11-3-2-2 单位：匹

年份	2004	2005	2006	2007	2008	2009	2010
优良公马选种	25	27	26	35	20	20	37
淘汰劣种公马	824	829	769	827		832	813

1991—2015 年大方县生猪改良一览表

表—11-3-2-3 单位：头

年 份	配种数	人工授精
1991	17210	1225
1992		
1993		
1994	18675	1967
1995	13781	1321
1996	6215	1489
1997	21163	2485
1998	13224	3360
1999	13556	6024
2000		
2001		
2002		
2003	25742	10817
2004	25717	11214
2005	29783	12747
2006	30838	12762
2007	29643	13368
2008	17678	8176
2009	10834	10834
2010	21746	11724
2011	10564	10564
2013	22418	11062
2014	19785	12262
2015	20791	12756

二、家禽改良

中华人民共和国成立后，县内开始少量引进纯种鸡，开展杂交改良。1992 年 3 月，引进罗曼鸡 1020 只。1993 年，引进贵阳肉鸡 2000 只、贵阳蛋鸡 1050 只。1994 年，引进贵阳蛋鸡 5000 只。1995 年，引进罗曼鸡 1500 只、鸭 500 只。1996 年，引进贵阳蛋鸡 3000 只。1998 年，引进贵阳蛋鸡2万只、鸭1.5万只、鹅5000只。1999年，引进鸡1.5万只、鸭1.5万只、鹅1万只。2004年，引进良种鸡23万只、白鹅5.1万只。2009年，引进良种鸡15万只、白鹅6万只。2010年，引进鸡16.3万只、白鹅6万只。2011年，引进各类家禽31万只。2012年后，未再大规模引进。

由于引进数量少，改良覆盖面小，加上老百姓对肉鸡口味的抵触，本地鸡仍然保留，并以本地品种选育为主。20世纪90年代，群众选育的方法是在一窝鸡群中选择1只~2只具有代表性的公鸡作种公鸡，以保持本地鸡的特征，其余公鸡阉割育肥。进入21世纪后，不再阉割公鸡，任其自然生长。县内多采用康贝尔鸭、麻鸭、北京鸭为父本进行杂交生产，以麻鸭为主。鹅主要引进白鹅、狮头鹅等品种，至2015年，县内鹅基本上是白鹅、狮头鹅的杂交后代。

第三节　饲草饲料

1984年，全县草场面积179.84万亩，占总土地面积的33%，其中成片草场约100万亩。成片草场中草丛草场40.34万亩。草丛草场中天然草场35.33万亩，未利用草场2.84万亩，改良草场382亩，人工草场1.94万亩。1991—2015年，天然草地平均利用面积10.44万亩。

县境草场内较常见的牧草有42科162种。禾本科牧草有白茅、细柄草、野古草、荩草、扭黄草、刺芝、画眉草、四脉金茅、旱茅、海子草、黄背草、羊茅、羊草、知风草、短柄草、狗尾草、鸭茅、毛花雀稗、芝、硬杆子草、杆子草、芦苇等。豆科牧草有葛藤、胡枝子、野豌豆、印度草木犀、白三叶、鸡眼草、天蓝苜蓿、山合欢、云实、含羞草、决明子、白脉根等。菊科牧草有香青、蒲公英、白蒿、牡蒿、苦买菜、蓟、千里光、紫莞、野菊、欧洲狗舌草、无名精、牛蒡、毛莲菜、鼠麯等。莎草科有苔草、十字苔草、莎草、三棱草等。

除上述牧草外，还有农副产品类饲料，主要是秸秆和粮食脱壳副产品；林副产品饲料有杨、柳、刺槐、刺梨、桑、杏、梨、枣、榆等的嫩枝叶，松、桑、槐、柳、桃、杏、梨、苹果、榆、杨等可作饲料的树种；各类蔬菜多汁饲料；工副产品饲料有谷物糠麸、油料饼粕，糖、酒、粉的渣，屠宰场的下脚料等。大方矿物性饲料资源丰富，有石灰石、磷矿石、石膏等，但尚未加工为饲料。

一、人工种草

1990—1997年，动员群众自筹资金买草种种植。由于资金不足，规模小而零星。1998—2015年，实施生态畜牧业建设项目，有财政资金扶持，人工草地建设速度加快，每年种草万亩以上，但管护不到位，项目验收后，一部分人工草场逐渐荒芜。

二、饲料生产

传统的饲料生产主要有农副产品饲料、林副产品饲料、青绿多汁饲料、谷场饲料、工副产品饲料加工。农副产品饲料主要有农作物秸秆和糠壳，有玉米秆、稻草、麦秸、黄豆荚、玉米芯、麦麸、米糠、豆渣等；林副产品饲料主要有杨、柳、槐、梨、杏、榆、桑、苹果等的青枝嫩叶；马铃薯、红薯、胡萝卜、白菜、瓜、甘蓝等蔬菜80%的产量用作青绿饲料；谷物饲料主要是杂交玉米、豆类、大麦、小麦、荞为原料；工副产品饲料主要有谷物菜籽糠麸等，有油枯、粉渣、酒糟、蚕蛹、猪肺、猪血等。动物性蛋白有鱼粉等，主要从县外购入。

三、饲料生产新技术推广运用

大方县主要生产青贮饲料，1993—2015年，平均每年生产3.97万吨。1991—1996年，办培训班10期培训3966人次推广氨化饲料技术，1992—2015年，建氨化池1.86万个，生产氨化饲料30.16万吨。1995年开始推广微贮饲料，1996—2015年，年平均生产6874吨。

第四节 疫病防治

一、疫病种类

县境畜禽疫病主要分为畜禽传染病、畜禽寄生虫病、畜禽中毒病、畜禽内科病、畜禽产科病和畜禽外科病6大类。

（一）畜禽传染病

确诊的畜禽传染病有猪瘟、猪肺疫、猪丹毒、仔猪副伤寒、仔猪白痢、猪喘气病、猪流行性感冒、猪传染性胃肠炎、牛出败、牛气肿疽、牛炭疽病、牛流行性感冒、坏死杆菌病、牛传染性胃肠炎、马腺疫、马鼻疽、马炭疽病、羊痘、羊口疮、羔羊痢疾、鸡痘、鸡霍乱、鸡白痢、鸡瘟、鸭霍乱、鸭瘟。1986年新发现狂犬病，1996年新发现口蹄疫。

（二）畜禽寄生虫病

确诊的畜禽寄生虫病有猪囊尾蚴病、猪细颈囊尾蚴病、猪蛔虫病、猪旋毛虫病、猪肺丝虫病、猪钩头虫病、猪癞、猪虱、猪结节虫病、牛羊肝蛭病、牛羊前后盘吸虫病、牛羊胰吸虫病、脑包虫病、牛蛔虫病、牛羊鞭虫病、牛羊捻转胃虫病、牛羊钩虫病、牛羊结节虫病、牛羊肺丝虫病、牛羊疥螨、牛羊虱、羊鼻蝇蚴病、马副蛔虫病、马圆形线虫病、马蛲虫病、马浑睛虫病、禽前殖吸虫病、鸡绦虫病、鸡球虫病、鸡蛔虫病、鸡毛细线虫病、鸡盲肠线虫病、禽虱、兔球虫病、兔疥螨。

（三）畜禽中毒病

食盐中毒、黑斑病甘薯中毒、青杠叶中毒、亚硝酸盐中毒、酒糟中毒、霉玉米中毒、马铃薯中毒、大白杜鹃中毒、医学药物中毒、有机磷农药中毒、黄曲霉毒素中毒、醋糟中毒。

（四）畜禽内科病

口腔炎、食道阻塞、消化不良、疝痛、急性胃扩张、肠痉挛、肠变位、瘤胃鼓气、胃肠炎、腹水、支气管炎、贫血、肾炎、癫痫、日射（热）病、佝偻病、湿疹、荨麻疹、微量元素缺乏症、维生素缺乏症、过劳症、感冒、胸膜炎、腹膜炎。

（五）畜禽产科病

流产、难产、胎衣不下、乳房炎、产后瘫痪、子宫脱落、阴道脱垂、子宫捻转、骨盆狭窄、卵巢囊肿、产褥热、卵巢炎。

（六）畜禽外科病

腹疝、跛行、风湿、关节炎、直肠脱出、结膜炎、蜂窝织炎、夜盲、关节脱臼、蹄叶炎、创伤、破伤风。

二、主要疫病防治

（一）牛疫病防治

1991—2015年，县境未发生大的疫病。牛瘟防治：主要采取封锁疫区，注射牛瘟兔化弱毒疫苗等措施预防；炭疽病防治：1991—2015年，全县仅零星发生，主要采取炭疽疫苗预防注射、扑杀焚烧患畜、疫区彻底消毒等措施；口蹄疫（五号病）防治：县成立牲畜五号病防治指挥部。1999年5

月，羊场、理化、鸡场、大方、文阁等乡镇发生疫情，由于采取严格果断的防治措施，11 月控制住疫情。从 1999 年下半年起至 2015 年，全县坚持每年对牛、羊、猪进行口蹄疫苗预防注射。牛气肿疽防治：主要以注射疫苗预防。

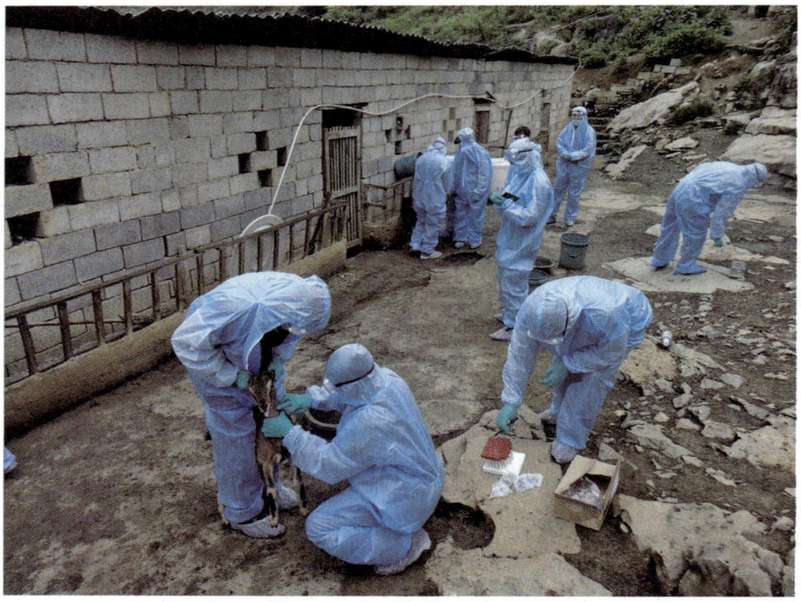

动物疫情处置现场（2014 年 5 月 25 日摄）

（二）马疫病防治

马鼻疽防治：加强新生幼驹检疫，全县基本消灭；马腺疫防治：占县境马传染病发病数的 85.5%，主要采取扑杀焚烧患畜，彻底消杀疫区措施。

（三）猪疫病防治

猪瘟（俗称烂肠瘟）防治：主要采取实行圈养猪、及时上报疫情、病猪圈严格消毒、深埋病猪、给健康猪打预防针等措施防治，1991—2015 年，大方县基本控制了疫病。猪肺疫防治：每年春秋注射疫苗预防，对病猪隔离观察 1 个月后，病愈再合群，定期消毒猪圈，及时隔离病猪并用抗生素及磺胺类药物治疗。猪丹毒防治：每年春秋注射疫苗预防，彻底消灭疫源，疫区彻底消毒，焚烧病猪及其圈内污物如垫草、粪便等，对病猪及时用抗生素治疗。仔猪副伤寒防治：坚持每年春秋注射疫苗预防，实行隔离治疗，淘汰僵猪，避免传播。猪蓝耳病防治：采取病畜圈舍消毒，疫苗接种措施并对症治疗。猪传染性胸膜炎防治：卫生消毒，出栏 1 次消毒 1 次，空栏 1 周后启用，引进种猪时防止带菌猪，饲料中添加适量磺胺类药物或抗生素，搞好免疫接种。猪链球病菌防治：做好疫情检测，对病畜消毒，焚烧或深埋，对疫区及染菌物彻底消毒，严禁销售食用病猪。

（四）羊疫病防治

主要是羊瘟防治，全县零星发生。主要采取羊圈干燥清洁、抓好秋膘、不从疫区引进羊只、有疫情及时隔离消毒、定期注射疫苗、深埋死羊等预防措施。

（五）鸡新城疫（鸡瘟）、禽霍乱防治

1991—2015 年，由于每年注射疫苗预防，仅在少数农村有零星发生。小鹅瘟防治：因引进小鹅，该疫病呈上升趋势，无特效药物，以预防为主，母鹅产蛋前及时接种疫苗，提倡自繁自养，应用抗血清紧急接种治疗，搞好鹅场卫生，发病即深埋病鹅，全场彻底消毒，把好引种关，防止引回疫病，对新引进鹅隔离饲养观察。鸭病毒性肝炎防治：县境内零星发病，主要采取隔离饲养雏鸭、严禁饮用野禽栖息的露天水面的水、饲具定期清洗消毒、流行初期或孵坊污染的雏鸭立即注射高免血清或卵黄或康复鸭的血清、搞好预防接种等防治措施。鸭瘟防治：县境时有疫情发生，防治措施：从疫区引进鸭时严格控疫，先隔离饲养证明健康后才合群。禽场、饲具及饲养人员衣帽定期消毒，饮用水用碘氯类消毒剂消毒，做好疫苗注射：一旦发病立即隔离和消毒，紧急接种预防，上报疫情，划定疫区，采取封锁，隔离等综合措施，群发病时隔离或扑杀。

（六）狂犬病防治

1991—2015 年，县内各地时有发生，防治措施主要是接种疫苗。

（七）寄生虫病防治

一年两次预防性投药，一年一次杀螨药浴，一年三次环境杀螨，清理并发酵圈内粪便，在圈舍喷洒药液杀灭残存虫体。1991—2015 年，每年均开展驱虫灭螨。

三、动物检疫

1991—2015 年，县每年坚持产地检疫、屠宰检疫。凡检出病害畜禽均高温处理、销毁，以检疫促防疫。建立检疫申报制度，全县设 34 个动物检疫申报点。2010 年起，贯彻落实《中华人民共和国动物防疫法》和《动物检疫管理办法》，建立动物检疫长效机制，推进动物检疫常态化、规范化，严防动物疫病传染。通过运输检疫和屠宰检疫，若发现有问题，对病畜按规定高温处理或销毁，对运输工具进行消毒。

第四章 水 利

第一节 农田水利

一、新建农田水利工程

（一）大垭口水库

位于小屯乡大田村，1992 年冬修建，1994—1995 年续建，1995 年冬建成，总库容 10.1 万立方米，有效灌溉面积 800 亩。

（二）支嘎阿鲁湖水库

又称洪家渡水电站水库，位于黄泥塘镇、牛场乡、理化乡境内，2000 年开工建设，2004 年并网发电，工程总投资 49.27 亿元。总库容 44.97 亿立方米，调节库容 33.61 亿立方米，湖面面积 80.5 平方千米，干流水面长度 84.89 千米。

（三）落脚河电站水库

位于双山镇马颈根河段，2004 年动工兴建，2006 年建成投产，工程总投资 1.33 亿元。库区以上流域面积 1728 平方千米，正常水位库容 4050 万立方米，调洪库容 680 万立方米，调节库容 2250 万立方米，死库容 1800 万立方米，电站装机 2 万千瓦。

（四）岔河水库

位于对江镇大山村境内，2012 年开工建设，2015 年建成，总投资 2.29 亿元。大坝高 67.1 米，总库容 1124 万立方米。受益范围涉及大方镇、对江镇、小屯乡的 11 个村 2 万亩地的灌溉，解决灌区 1.29 万人 1.13 万头（匹）牲畜的饮水问题，人畜饮水日供水量 60 万吨；对县城日供水量 686 万吨，解决县城居民用水和工业用水。

（五）长征水库

位于鼎新乡新发村境内，2015 年开工建设，是继岔河水库竣工后大方境内建设的第二个贵州省骨干水源工程。设计总库容201.1万立方米，兴利库容为185.76万立方米，最大坝高59.5米，工程规模为小（1）型水库，工程概算总投资1.41亿元。建成后可解决1.16万亩耕地灌溉，满足水库下游1.25万人及牲畜饮水。

二、新建人畜饮水工程

（一）渴望工程

1997年，大方县作为国家级贫困县得到“总理基金”重点扶持，被列为“渴望工程”重点实施县，从而加快解决农村人畜饮水问题的步伐。截至2013年年底，“渴望工程”在大方县累计完成投资1233.01万元。建成理化乡法乐村，安乐乡长坝、营脚村，文阁乡文阁、长丰村人饮工程84处，解决9.42万人的饮水困难。

（二）解困工程

2001—2005年，与“渴望工程”同步投入国债资金，是加快解决西部农村饮水困难的民心工程。大方县第一、二期解困工程投入2552.23万元，建设工程86处，解决11.58万人、5.79万头（匹）牲畜的饮水困难。

（三）小水窖

20世纪80年代，大方县开始在偏远无水源山区资助居住分散的农户修建小水窖以解决缺水困难。1997年“渴望工程”在大方县实施后，全县掀起建小水窖的热潮，解决偏远农村居住分散农户人畜饮水困难。

县城供水工程　20世纪90年代，县城供水因城市规模和人口变化渐趋紧张。为此，先后实施供水工程以增加对县城的供水量。2001—2003年，投资1315.12万元，建成小箐沟水库，总库容123.05万立方米，日供水4000吨；2010年4—5月，投资450万元，完成双龙洞提水工程；2010年7月—2011年7月，投资2086.36万元，完成敞口龙潭提水工程，向县城日供水8000吨；2011—2012年，投资1208.73万元，完成天星龙潭提水工程，向县城日供水3000吨；2012年9月—2013年7月，投资6206.84万元，修建大方县城及周边地区抗旱应急供水工程，工程提水点位于核桃乡折溪河段，以三级电力提水方式解决大方县城及核桃乡、东关乡部分村组8.76万人7095头牲畜饮水困难及贵州大方经济开发区供水问题，2013年7月8日，工程完工实现正常供水。2013—2014年，投资3000万元，完成敞口龙潭二期提水工程，县城日供水量增加3万吨。

2012年7月26日夜，文阁乡毛栗水库抢险现场

二、病险水库除险加固工程

1991年，投资2.5万元进行倒华冲水库5千米渠道防渗维修，实际维修3.8千米；1997年，投资7万元对倒华冲水库实施溢洪道改造、

新建管理房、更换放水闸等工程。1997年，连续暴雨，大岩洞水库水位上涨，从右后侧垭口溢出淹没农田，县水电局和理化乡紧急抢险，在垭口上筑子堤、开挖溢洪道，水库水位下降，抢险成功。2008年4月，投资400万元，实施牛集水库大坝加固、防渗处理、溢洪道改建，更换放水设施等工程。2008年11月—2009年8月，投资384.97万元，实施新源水库坝体加固防渗、溢洪道拓宽加固、更换放水设施、新建管理库房等工程。2009年2月—2010年7月，投资394.95万元，实施毛栗水库大坝加固、防渗、溢洪道改建，新建左坝肩放水涵洞及右干渠放水涵洞消力井，更换两放水涵洞启闭设施等工程。2010年1月，投资355万元，实施石板河水库坝体防渗、溢洪道改造、放水和冲沙设施改造工程。2011年12月—2013年8月，投资223万元，实施沙田水库大坝加固、溢洪道改造、重修启闭机房及闸阀室、新建大坝监测设备和500平方米管理房等工程。2012年2—3月，投资166.5万元，实施螺蛳塘水库主坝清除上游坝坡干砌护坡块面、重新整平坝面、清除坝面杂质、铺设土工膜及保护层，最后铺设C15预制混泥土块护坡、坝体上洲坝面复合土工膜防渗、周边用截流墙防渗、溢洪道加宽处理、设置穿坝涵洞、溢洪道尾端新建阶梯消能、主坝放水设施、拆除并新建C20钢筋砼消力井、原涵洞中穿DN300钢管代替涵洞放水、涵洞进口C15砼封堵、更换直径300双向转动闸门和白蚁防治等工程。2012年4—12月，投资167万元，实施凉井水库大坝加固防渗、放水设施改造、新建应力井、更换闸门、重新修建启闭机房、新建大坝监测设备、新建管理机房等工程。2015年，投资10.6万元实施大海坝水库、小海坝水库除险加固工程。

三、中小河流治理及重点山洪沟整治工程

2012年1月17日，开工建设白布河写母河段河道治理工程，12月17日竣工。治理范围为高店乡白布河及响水乡境内的写母河段，工程总投资456万元，保护面积0.2平方千米，保护农田350亩，保护人口4000人。治理白布河、响水河上游1040米至响水桥下游560米处河段，河道综合治理长度1600米，清淤长度560米。

2012年1月18日，开工建设木柏河乌溪河段防洪工程，12月5日竣工。总投资477万元，保护农田3100亩，保护人口800人。治理木柏河乌溪河段六龙镇营盘村龙潭至下游2000米河段，清淤长度1290米。

2013年9月6日，开工建设木柏河干鸡河段防洪工程，2014年4月25日竣工。总投资468万元，保护农田400亩，保护人口5000人。工程治理河段1580米，清淤长度979米。

第二节　防汛抗旱

一、洪灾

大方县山高坡陡，地形复杂，20世纪80年代至21世纪初，县境森林面积小，地面植被覆盖差，夏季暴雨历时短但强度大，山溪洪水陡涨陡落，总量不大但峰值很高，这是造成洪水灾害的主要原因。县境洪水灾害冲刷坡土，夹带泥沙形成泥石流，对谷地水打沙壅，甚至对村寨、人畜造成毁灭性灾害。1994年6月，羊场镇羊场村麻窝组遭受连日暴雨，消水洞阻塞，50多户房屋、300多亩耕地被淹没，10多户土坯房屋被淹垮，受灾200多人。县内洪水灾害多发生在5—8月多雨季节。1997年6—7月，县内多次受冰雹、洪水袭击，毁堤1.8千米及沟渠8千米，毁房屋446间，死亡4人，直接经济损失920万元；2007年5月7日18时至19时45分，小屯乡滑石村降雨59毫米，红

旗组、岔河组发生特大泥石流，冲毁民房27幢64间，毁田土1600多亩，死亡16人，失踪2人，重伤18人。县内有众多的岩溶洼地、麻窝地、大小海子、山间盆地等，排水通道主要靠溶洞，全县溶洞排水通道多达数百个，一遇暴雨，洪水挟带泥沙阻塞溶洞排水通道，积涝成灾。2005年统计，1962—2005年43年间，特大洪水灾害23次，其中严重的7次，平均2年1次洪灾，6年左右1次严重洪涝灾害，小灾几乎年年有。21世纪后，随着天保工程、长防长治工程、退耕还林及石漠化治理工程等一系列生态建设工程的实施，全县生态环境不断改善，森林覆盖率逐年上升，洪涝灾害逐渐减少。

二、旱灾

春夏两季常出现全县性的旱灾。干旱特别是大旱期间，河溪断流，井泉无水，人畜饮水困难。老百姓常说："水拉拉一线，干旱旱一片"。县内春旱多在3—5月，一般20天~40天不下雨为小旱，30天~50天不下雨为大旱，50天~80天不下雨为严重干旱，严重影响春播，造成人畜饮水困难。夏旱多在6—8月，7天~10天不下雨为小旱，10天~20天不下雨为中旱，20天以上不下雨为大旱。其频率及受灾面积虽不如春旱，但对水稻、玉米等大秋作物危害大。2013年统计，1950—2013年63年间，27年有旱灾记载，其中大旱11次，平均5年~6年1次，大旱年份是1951年、1960年、1963年、1979年、2001年、2002年、2003年、2004年、2009年、2011年、2013年，其中，2009年5月—2010年3月，大方县遭遇百年不遇大旱，县内53条小河断流，4.5万口水井干枯，49座山塘、水库干涸，363处人畜饮水工程水源枯竭，34个乡镇集镇供水受影响，18个乡镇集镇饮水困难，53.5万人11.22万头（匹）大牲畜饮水困难。牧草受灾7.2万亩，25座小水电站停机，工农业因旱灾损失2.28亿元。

三、防灾抗灾

（一）建立指挥机构

1997年，县人民政府成立防汛抗旱指挥部，指挥部办公室设在县水利局，为常设事业性质专业机构。指挥长由县长担任，副指挥长由分管农业的副县长、人武部部长、公安局局长、水利局局长担任。各乡镇成立防汛抗旱指挥部，乡镇镇长任指挥长，副乡镇长任副指挥长，由乡镇农技站承担防汛抗旱指挥部日常工作事务。县级防汛办主要职责是贯彻执行国家防汛抗旱方针政策和法律法规，制定防汛抗旱工作应急预案或实施方案并监督、组织实施，制定防汛抗旱物资储备计划并管理使用好防汛抗旱物资，掌握汛期雨情、水情和长短期气象分析预报并及时向各乡镇发布防御通知，负责县内水库、电站蓄水调度，组织汛前汛中汛后检查，负责水毁工程修复、统计上报水旱

2013年5月23日11时20分，爆破拆除险库黄泥塘镇西河大坝

灾害等。2007 年，加挂抗旱排涝服务队牌子，履行全县抗旱排涝服务工作。

（二）防治山洪灾害非工程措施

从 2009 年起，逐年实施县级山洪灾害非工程措施项目。县级山洪非工程措施由贵州师范大学统一规划设计，省水利厅、省防汛办统一招标，以非工程措施方式解决山洪灾害预报问题。项目总投资 467 万元，分两期实施。第一期投资 240 万元，建简易雨量观测站 60 个，自动雨量观测站 5 个、简易水位站 5 个、乡级无线广播台 5 个、村级无线广播台 6 个、信息监测平台 1 套，配套 30 千瓦柴油发电机组 1 台、手摇报警器及锣、高音口哨、宣传用品、警示牌、短信预警、系统软件开发等；第二期投资 227 万元，建雨量报警站 132 个，简易水位站 10 个、自动雨量站 10 个、县级 6 要素自动气象站 2 个，乡村无线广播台 23 个，配套手摇报警器 44 个，以及锣、高音口哨、宣传用品、光盘、警示牌、短信预警、系统软件开发等。

（三）度汛措施与应急响应

从 1997 年起，逐步建立防汛制度完善度汛措施，建设预案体系。按照“安全第一，常备不懈，以防为主，全力抢险”的方针，落实责任，抓好全县水库、电站安全度汛工作。县水利局汛期按制度 24 小时值班。应急响应包括：值班者与气象部门联系，收集降雨情况和持续降雨预测，根据气象预报，紧急通知乡镇做好防汛抗灾准备；防汛办同时收集水库蓄水量和运行情况，搞好调度。县水利局接到水库险情后，立即组织防汛办和水利局有关技术人员第一时间赴现场调查、核实灾情，防汛办根据险情制定初步抢险方案、调度方案，存在较大安全隐患的，立即上报县防汛指挥长，启动防汛应急预案，带领有关人员全力抢险。根据《中华人民共和国防洪法》及《贵州省防汛条例》规定，县各行各业有防汛职责分工，根据职责分工履行抗洪抢险职责。

2013 年，防汛抗旱以水库、水电站安全为重点，汛前对全县小（2）型以上水库及重要山塘、100 千瓦以上电站、在建水利水电工程、重要河道进行全面检查，落实行政首长责任人，签订安全责任书，督促各乡镇和水电站组建抗洪抢险队伍。从 5 月 1 日至 9 月 30 日，每天 24 小时值班，抓好汛情发布和汛期调度，确保安全度汛。

2014—2015 年，县乡村成立防汛抗旱领导小组，汛期由领导带班 24 小时值班。抓好水库、山塘、河流安全管理和汛前安全大检查，完善防汛预案，做好预测预报和上传下达，备足防汛物资，组建防汛应急队伍，落实措施，确保汛期内不垮坝，超标洪水有对策。以岔河、朱仲河、茶亭河为重点实施防治工程，总投资 3080 万元。

1991—2015 年，全县水利工程无重大垮坝事故发生。

第三节 水 电

县境内河长 10 千米以上的主要河流有 17 条，水能资源理论蕴藏量 24.48 万千瓦，2013 年年底，共有水电站 26 座，装机 52 台，容量 3.51 万千瓦。1991 年以后，建成电站有鱼跳塘水电站、落水岩电站、平河电站、大山电站、车田电站、东方电站、桃源电站、落脚河电站和晶晶电站。

鱼跳塘水电站位于长石镇二道河，于 1994 年建成投产，装机容量 380 千瓦，个体经营。落水岩电站位于大水乡米底河，于 1996 年建成投产，装机 4 台共 700 千瓦，个体经营。平河电站位于大水乡乌泥河，于 1996 年建成投产，装机容量 820 千瓦，个体经营。大山电站位于大山乡母都河，于 1997 年建成投产，装机容量 75 千瓦，县水利局管理。车田电站位于长石镇东方村二道河，于

1998年建成投产，装机容量50千瓦，个体经营。东方电站位于长石镇东方村二道河，于2000年建成投产，装机容量50千瓦，个体经营。桃源电站位于黄泥乡各大村，于2005年建成投产，装机容量320千瓦，个体经营。落脚河电站位于乌江上游一级支流白布河上，工程坝址在双山镇落脚河段。2004年动工兴建，2006年建成投产，装机2×1万千瓦。主管单位是贵州金元集团黔中水力发电总厂，属国有企业。2015年，有正式员工19人。晶晶电站位于羊场镇木柏河，于2008年建成投产，装机容量640千瓦，个体经营。

第四节　水利工程移民

大方县水利工程移民主要是洪家渡电站工程移民及岔河水库工程移民。1993年，成立县移民安置办公室，2001年更名为县水库移民局，2010年更名为县水利水电工程移民局，2015年更名为县水库和生态移民局。主要职能是贯彻执行移民工作的方针政策；对淹没实物指导调查、分解、核实；对各集中安置点进行规划；组织移民搬迁，安排好移民的生产生活；负责库区专业项目迁建的实施；管好用好移民资金；扶持移民经济开发、发展生产，检查验收各项工程；接待移民来信来访等。

一、洪家渡电站工程移民

（一）大方境淹没区

位于主河道六冲河北岸。县境湖岸总长148.74千米，淹没土地面积29.78平方千米，涉及猫场、鼎新、牛场、马场、理化、对江、小屯、黄泥塘、顺德9个乡（镇、街道）辖区48个村153个村民小组。移民总人口1.52万人。淹没流域面积29.78平方千米，其中，耕地2.17万亩，林地1475.44亩，草地1575.7亩，鱼塘14亩，荒地6333.6亩，其他用地711.99亩，利用困难土地5168.92亩、水域4635亩，淹没私房22.83万平方米、公房1417.59平方米、零星树木79.15万株及围墙、堡坎等附属建筑和小纸厂、水碾等农副业生产设施。

洪家渡法启码头（2014年5月摄）

（二）移民补偿补助

以调查的淹没实物为依据，按照有关政策法规及相关规定计算。洪家渡电站大方县库区水库淹没处理及移民搬迁安置投资包干经费为3.19亿元，大方包干使用的基本预备款为1737.88万元，补偿补助按实物指标制定明细单价标准。

（三）移民安置

2001年全县完成5395人的移民搬迁，2002年搬迁移民4985人，2003年搬迁移民4106人。县内安置点选择在交通、气候条件较好的大方镇、东关乡等8个乡镇。县委、县人民政府高度重视移民安置，由移民办牵头、相关部门参与安置，规划后对库区移民宣传讲解移民政策法律法规，打消顾虑，顺利搬迁。移民安置坚持的原则是：确保农村移民有满足生活自足的耕地；村民组内能安置的村民在组内安置，村民组内不能安置的村内安置，村内不能安置的乡镇内安置，乡镇内不能安置的县内安置；尊重照顾少数民族风俗习惯，确保少数民族合法权益；安置点留有发展余地，坚持生态环境、社会环境、经济环境协调发展；结合全县的社会经济发展规划，尽可能使移民安置后生产生活水平有所提高。安置方式有集中安置、分散插村民组安置、组内调地安置等。无论何种安置，都兑现补偿补助费和优惠政策。补偿补助有明细的规定及标准。

（四）移民后期扶持及遗留问题处理

2005年，县编制移民后期扶持规划，建立移民家庭档案，完成安置基础，设施建设，人畜饮水，交通设施，第二、三产业及养殖业项目等规划。完成后期扶持人口核定登记，在黄泥塘镇、鸡场乡分别启动果树栽培后期扶持示范点建设。至2006年共搬迁人口1.54万人。2006年，县在黄泥塘镇投资6.93万元，建立3个后期扶持经果林示范点。后期扶持资金采取直补个人和项目相结合的方式，解决移民生产生活中的突出问题。是年11月《乌江洪家渡水电站大方水库移民后期扶持规划报告（2006—2014）》上报行署审批。2013年，抓好洪家渡移民遗留问题处理，兑现移民个人补偿金1.07亿元，直补项目投资125.3万元。2014年，兑现移民个人补偿4.16亿元，完成实物指标调查前1307人承包经营权益补偿兑现。2015年，后期扶持直补到个人资金374.31万元，整村推进项目5个，投资861.89万元；劳动力转移培训220人，库区和移民安置区基础设施建设投入200.72万元。

二、岔河水库工程移民

2013年，岔河水库工程移民直迁269人。2014年，全面完成岔河水库1445米水位线下90户299人的移民搬迁工作，兑付补偿金5581.91万元，完成780人扩迁移民人口处理工作，水库区管线部分征地工作有序开展。2015年，完成岔河水库415人扩迁移民人口审查认定。

第五章　农业机械

第一节　农机总动力

1992 年，县农业机械服务中心下属 5 个分支机构，分别为双山、马场、黄泥塘、百纳、瓢井农业机械服务部。全县农机总动力 5.34 万千瓦，有大型拖拉机 195 台 5867 千瓦、农用汽车 100 辆 7264 千瓦、小型拖拉机 668 台 5867 千瓦、耕整机 12 台 60 千瓦、农副产品加工机械 3283 台 2.41 万千瓦；机耕面积 1.15 万亩，机器脱粒 5000 吨、机灌 1.33 万亩、农副产品加工 1.03 万吨。

1993 年，农业机械总动力 12.06 万千瓦，其中柴油机 4.51 万千瓦；机耕 2.55 万亩、机灌 2.8 万亩、机脱粒 14 万亩。

1994 年，有农业机械 8641 台，其中，大中型拖拉机 160 台，小型拖拉机 1134 台、农用运输汽车 189 辆，其他排灌、脱粒、加工等农业机械 7158 套。农机总动力 8.14 万千瓦，其中，柴油机动力 5.03 万千瓦，汽油机动力 1.3 万千瓦，电动机动力 1.81 万千瓦。

1995 年，有农业机械 1.03 万台，其中，大中型拖拉机 130 台、小型拖拉机 126 台、农用汽车 200 辆，其他农业机械 8658 台套。农机总动力 8.55 万千瓦，其中，柴油机 5.3 万千瓦、汽油机 1.3 万千瓦、电动机 1.96 万千瓦。

1996 年，有农机 1.22 万台，其中，大中型拖拉机 66 台、小型拖拉机 1465 台、农用运输车 246 辆、农用汽车 87 辆、其他农机 9540 台。农机总动力 9.67 万千瓦，其中，柴油机 5.99 万千瓦、汽油机 9673 千瓦、电动机 2.71 万千瓦。

1997 年，有拖拉机、农用车 2025 台，农机总动力 10.63 万千瓦。

1998 年，有农机 1.82 万台，农用运输车 500 辆，其他农机 1.12 万台套，农业机械总动力 11.28 万千瓦。

1999 年，有排灌机具 600 台套，脱粒机械 3000 台套，加工机械 1.6 万台套，耕作机具 60 台套，农用运输车 500 辆，农机总动力 12.8 万千瓦。

2000 年，有大中型拖拉机 729 台，小型拖拉机 1380 台，农用车 229 辆，脱粒机 565 台，提灌机械 3400 台套，农机总动力 13.5 万千瓦。

2001 年，有各型拖拉机、农用车 3363 台，其中，小型拖拉机 1286 台、大中型拖拉机 1365 台，农用车 771 辆，提灌机械 3986 台套，农机总动力 15 万千瓦。

2002 年，有大中型拖拉机 780 台，小型拖拉机 262 台，提灌机械 300 台套，脱粒机 790 台，农机总动力 15 万千瓦。

2003 年，有小型拖拉机 859 台，农用运输车 686 辆，脱粒机 725 台及其他农业机具，农机总动力 16.9 万千瓦。

2004 年，有大中型拖拉机 2237 台，小型拖拉机 1198 台，农用车 1812 辆，提灌机械 300 台套，脱粒机795台，秸秆粉碎机306台套，农副产品加工机械8816台套，秸秆揉搓机32台套以及其他农机，农机总动力17.4万千瓦。

2005年，有拖拉机3398台，整耕机164台，排灌机械3436台套以及其他农机，农机总动力18.5万千瓦。

2006年，农机总动力18.45万千瓦，其中，农用车、拖拉机为14.63万千瓦，排灌机械2.25万千瓦，农副产品加工机械1.39万千瓦。

2007年，有拖拉机3742台，农机总动力20.3万千瓦。2007年以后，国家实施农业机械补贴政策。

2008年，有拖拉机3816台，农机总动力22.33万千瓦。

2009年，有农业机械总动力27.14万千瓦。

2010年，有拖拉机2956台以及其他各类各型农业机械，农业机械总动力28.9万千瓦。

2011年，有拖拉机2760台以及其他各类型农机，农机总动力29.79万千瓦。

2012年，有拖拉机2993台，微耕机4593台以及其他各类型农机，农机总动力31万千瓦。

2013年，农机总动力37.13万千瓦，其中，大型拖拉机1561台4.59万千瓦，小型拖拉机1607台1.91万千。整耕机6167台3.63万千瓦，排灌机械4958台套2.3万千瓦，农副产品加工机械1.5万台套2.87万千瓦。另有其他各类型农业机械。

2014年，有农机2643台以及其他各类型农机，总动力38.04万千瓦。

2015年，全县农机拥有量8.72万台（套），其中，拖拉机及配套机具4310台（套）、种植业机械2.65万台（套）、农产品初加工机械4.5万台（套）、畜牧养殖机械6659台（套）、林果业机械48台（套）、运输机械4511台（套）、农田基本建设机械212台（套），设施农业设备49.8万平方米。农机总动力40.88万千瓦，单位耕地面积拥有农机总动力0.27千瓦。

2007—2015年大方县农业机械用户补贴一览表

表—11-5-1-1　　单位：万元

年份	国家补贴	省补贴	县补贴
2007			25
2008			15
2009	150	40	100
2010	180	48	100
2011	230	49	150
2012	300	80	150
2013	210		150
2014	130		130
2015	250		

第二节　农机销售及服务

1992 年，县农机局创办经济实体。1993 年，形成以农机公司为主，其他个体户为辅的销售格局。

进入 21 世纪，随着经济发展，农户购买拖拉机及农用汽车、家用农业机械和大型农副产品加工机械渐多。2007 年农机公司改制，农机经营市场化。2007 年后，国家、省、县财政对农机产品实施补贴，农业机械销售大幅度增加。2010 年，农机销售额 3024 万元，其中，财政补贴 333.5 万元，农民购买农机产品金额 2690.5 万元；2014 年，农机销售额 5954 万元，其中，中央财政投入 130 万元，地方财政 96 万元，剩余 34 万元。2015 年，申请中央补贴资金 250 万元，购机补贴使用资金 61.23 万元，补贴机具 196 台（套），受益农户 171 户，未使用完资金转移到下一年度继续实施。

农机服务主要是农机作业、人员培训、农机修理和农机技术咨询等。

1991 年，机耕 5460 亩；机械烘干烟叶 5000 公斤；先后举办拖拉机驾驶员培训班 2 期；受训驾驶员 250 人次，经上级农机监理部门考核证照 218 人次；开办农副产品加工机械操作员培训班，受训人员 70 人次，组织区农机管理人员综合培训班 2 期，受训 80 人次。

1992 年，机耕 1.15 万亩；培训拖拉机驾驶员 137 人次，培训内燃机手 200 人次。

1993 年，推广烟叶烘干机 10 台套、小型拖拉机、柴油机及节能监测 60 台套。培训农机管理人员及干部 280 人次；培训农机操作手及修理人员 384 人次；培训拖拉机驾驶员 345 人次，与公安部门联合培训汽车驾驶员 30 人次；考核修理工 5 人次；修理农机具 8439 台次。以后各年都有上百人次的拖拉机驾驶员培训，上千人次的农机人员培训，上千次农机修理工培训。

1997 年，机械化肥深施，实施面积 2.5 万亩；培训农机人员 1600 人次。

2010 年，建立农机服务组织 26 个，其中有 2 个农机合作社。培训农机管理人员 100 人、技术人员 700 人次，农机操作手 4.7 万人次，拖拉机驾驶员 723 人次；维修拖拉机 8609 台次，维修运输农用车 7475 台次，维修其他农机具 1675 台次，机耕 12 万亩。

2013 年，获得中央财政农机补贴资金 210.34 万元，地方财政补贴资金 236.28 万元，引导农户购置微耕机 1628 台、玉米收获机 2 台、油菜移栽机 2 台、地膜覆盖机 13 台、割晒机 83 台、机动喷雾机 20 台。

2014 年，机耕 30 万亩，培训农机人员 5000 人次。

2015 年，机耕 36.15 万亩，机械覆膜 1905 亩，机械播种 4000 亩，机械浇灌 4.35 万亩，机械收割牧草 2503 吨，农机运输 2.75 万吨/千米，机械化秸秆还田 3345 亩，机械脱粒 53.63 万吨，机械初加工农产品 7.53 万吨，机械化饲草加工 32.6 万吨。培训农机操作人员和修理人员 5725 人次。

1991—2015 年大方县农机销售额一览表

表—11－5－2－1　　　　单位：万元

年　份	销售额
1991	130
1992	130

续上表

年　份	销售额
1993	150
1994	180
1995	300
1996	310
1997	340
1998	360
1999	370
2000	400
2001	430
2002	490
2003	540
2004	605
2005	1302
2006	1840
2007	2160
2008	2390
2009	2756
2010	3024
2011	3647
2012	4358
2013	5108
2014	5954
2015	8011

第三节　农机管理及监理

1991—2001 年，县农机管理站（后更名为农机局）负责农机管理及监理。2002 年，机构改革改成立县农业机械服务中心，2011 年又恢复为县农业机械局。机构虽屡变，但农机管理从未间断。管理内容为检测农用车、拖拉机，审验各种证照及办理农机入户手续，审检农用车驾驶员。1996 年《贵州省农业机械管理条例》出台，加大道路检查力度，对无牌照的农用车辆和拖拉机强制入户，对无证驾驶人员强制办理驾驶证。负责年审驾驶员、换发号牌、农用车入户、推广化肥深施机具等。

1991 年，检测农用拖拉机 478 台，其他农机 912 台次；办理审验证照及入户手续 2100 人次，路检路查 2850 台次，全县全年无重大农机伤亡事故。

1993 年，检测农机 2697 台次，纠正违章 318 次，强制执行报废机车 13 台次，查验无牌无证车辆35台次，查验无证驾驶农机43人次，消除事故隐患8次；在各乡镇放映《全国特大交通事故》《交通安全常识》《农机操作规程》等录像30多场次，受教育群众达10万人，全年无重大农机伤亡事故。

1994—1996年，每年开展农机检测，办理、审验证明，进行路检路查，无重大农机伤亡事故。

1996年，年检拖拉机823台，年审驾驶员800人，换发号牌1105副，新训拖拉机驾驶员245人，入户拖拉机310台，路检路查780人次，查机车135台次，全县全年无重大农机伤亡事故。

1997年，全年发生一般事故4起，1人受伤，直接经济损失0.6万元。

1998年，全年无农机重大伤亡事故。

1999年，发生一起农机特大交通事故，致12人死亡、9人受伤。全省农机安全工作现场会在大方县召开，县人民政府出台文件明确农机安全生产中的责任并实行责任追究制，自此，农机安全生产分东西片区责任制，定岗定员。对乡镇农机工作加强检查、督促、指导。

2000年，路检路查农用车辆196台次，处理违章驾驶员16人，全年无重大农机伤亡事故。

2001年，路检路查车辆213次，检查各种机车3716台次，纠正各类违章405人次，全县全年未发生农机安全事故。

2002年，共查处无牌无证车200台次；举办农机行政执法培训班，培训监理人员170余人，经考试合格核发农机行政执法证；全县各乡镇都建立农机安全联络组，每组配备2名专职农机监理员，全年无重大农机伤亡事故。

2003年，农机安全生产宣传中张贴标语数千条，办墙报20余期，宣传队下乡宣传60多次。查处无牌无证“黑车”120台，全年无重大农机伤亡事故。

2004年，开展全县33个乡镇乡村道路普查，计116条641.5千米，其中危险点段92处，设置标志标牌。查处无证照车辆78台。全年无重大农机伤亡事故。

2005年，全年发生农机一般交通事故3起，造成3人死亡，直接经济损失4.5万元。

2006年，无重大农机伤亡事故。

2007年，是大方县安全生产落实年、攻坚年。发放宣传资料1.3万余册，张贴标语400余份，悬挂大幅横标2幅。全年无农机安全事故。

2008年，纠正违章3652次；发放宣传资料1万余册，张贴标语800余份，悬挂大横标12幅；强制机车入户26辆；举办农机培训班12次，受训2709人，举办违章驾驶员学习班6次，受训45人；查出隐患84起并整改。全年无农机安全事故。

2009年，全年无农机安全事故。

2010年，纠正违章3000余次，发放宣传资料2.8万余册，张贴标语500份，悬挂大横标24幅，强制入户机车36辆，举办违章驾驶员学习班6次，受训60人，查出隐患108起，全部整改合格。全年无重大农机安全事故。

2011年，全年无重大农机安全事故。

2012年，纠正违章360次，发放宣传资料1万余册，张贴标语120余条，制作宣传栏1个，办违章培训班1次，受训5人。全年无重大农机安全事故。

2013年，年末农机管理机构37个153人，其中科技人员128人。32个乡镇配备农机安全监理员64人。纠正违章26次，发放宣传资料2000份，张贴标语230条，悬挂横标18幅，报废拖拉机663台，检验拖拉机1116台。全年无重大事故。全年培训3600人次，农机行政支出58万元。

2014年，督促检查反馈安全建议书98份，纠正违章16次，发放宣传资料1.8万余册，张贴标语120余条，悬挂大横标16幅，制作宣传栏1个。在31个乡镇开展安全大检查、大排查、大整治5次。围绕“农业增效、农民增收”目标，利用国家农机补贴、强农惠农政策和省农委加大农机服务组织建设的机遇，积极申请农机项目实施，引进推广适合大方县农业发展的新型农机具和技术。改善农机装备结构，增强农机在农业生产中的贡献率。强化“三农”（农业、农村、农民）意识，提高农机人员服务“三农”能力和农机使用效率。以农机安全隐患排查和农机百日整治活动为动力，重点抓源头防范管理，加强对各乡镇的督查和公路、乡村便道等的检查，全年无重大事故。

2015年，检修农机具1.37万台次。培训机手、修理人员0.57万人次。组织协调送科技下乡4次，组织召开农机使用现场会2次，开展农机安全大检查4次。全年未发生农机安全事故。

第六章　气　象

第一节　观测　预报

一、地面气象观测

大方县气象站为国家级地面气象观测站，主要承担地面气象观测，气象预测、预报，人工影响天气等业务。

建站以后，按贵州省标准设置的地面气象站，所获观测资料主要用于当地气象服务，1991—2015年，一直采用人工观测方法进行气象要素的观测。

二、自动站观测

从2006年12月31日20时开始，按照国家气象观测二级站、自动气象站根据全国气候分析和天气预报的需要，实施地面气象观测，其数据资料参与区域或国家气象信息交换。采用北京时制，进行自动气象仪器观测为主（24小时自动仪器实时监测，每小时上传1次气象资料）、人工观测为辅的观测方式，进行每日8次观测。承担天气报、补充天气报、重要天气报、雨量报等报文的拍发。适时将气候要素显示在计算机屏幕上，并按规定的格式存储在计算机硬盘上。在定时观测时刻，将气象要素值存入规定格式的定时数据文件中，根据业务需要实现各种气象报的编发，形成各种气象记录报表和气象数据文件，并通过省、地、县光纤专用气象通道发送。

三、观测项目

观测项目包括云状、云量、能见度、天气现象、气压（含自动记录）、气温（含自动记录）、湿度（含自动记录）、风向、风速、降水量（含自动记录）、雪深、蒸发量、最高气温、最低气温、地面温度、最高地面气温、最低地面气温、浅层低温、深层低温、草面温、日照、电线积冰等。

四、观测仪器

人工站设备有：动槽式（又名福丁式）水银气压表、气压计、干球温度表、湿球温度表、最高温度表、最低温度表、温度计、湿度计、EL 型电接风向方速仪、雨量器、虹吸式雨量计、量雪尺、小蒸发器、暗筒式日照计、地面湿度表（又称 0 厘米湿度表）、曲管地温表、电线积冰架等。自动站设备：采用的是 DZZ4 型地面监测自动气象站系统，含气压风向风速、气温、湿度、降水量、地面温度、浅层地温、深层地温、草面温度、能见度、天气现象、日照、大型蒸发等监测仪。

五、天气预报

大方气象站初建时，开展天气预报，以适应当时国防建设之急需。随着国家经济建设发展需要，有及时准确的短期天气预报，还有预报时效更长、适用面更广的各类天气预报。天气预报有各种类型，就时效长短而言，有短时、短期、中期和长期。根据世界气象组织规定：0 小时 ~12 小时为短时天气预报，其中 0 小时 ~3 小时称临近预报；12 天 ~3 天为短期天气预报；4 天 ~10 天为中期天气预报；11 天 ~1 年为长期天气预报。县气象部门按规定和要求完成天气预报任务。

第二节　降雨　气温

一、降雨

1956—2008 年，县内年平均降雨量为 1136.6 毫米，最多为 1964 年 1518 毫米，最少为 1990 年 843.4 毫米；最大一次降雨量出现在 2000 年 7 月 4 日，为 118.3 毫米。年降雨变率 0.04% ~1.2% 范围内，年平均雨日为 220.5 天；降雨量集中在每年 6—8 月，6 月最多。

受地形、海拔、气象诸多因素的影响，县内降雨分布不均匀，以大方镇的新庄，羊场镇的妈米、陇公，六龙镇的五凤为多雨中心，年降雨以五凤的 1185 毫米为最高值。长石镇石坪也是多雨中心，为 1180 毫米。县内年降雨量 1100 毫米保证率 80% 以上的是长石镇石坪、山坝，达溪镇雨沙，三元乡撮坝，马场镇螺丝，牛场乡中坝及猫场镇周边。年降雨 900 毫米以下的有大山乡的松鹤及双山镇归化、木革、素合，响水乡、文阁乡、对江等地。

降雨量在季节分配上不均匀，以县城四季雨量分配为代表：年总降 1180.8 毫米，3—5 月 260.7 毫米；6—8 月 562.6 毫米；9—11 月 277.4 毫米；12 月至次年 2 月 78.1 毫米。

雨季开始期历年平均为 5 月 7 日，结束期为 10 月 13 日。

1991—2015 年大方县降雨量一览表

表—11 -6 -2 -1　　单位：毫米

年　份	降雨量
1991	899.40
1992	1078.90
1993	969.90
1994	927.30
1995	1209.60
1996	1254.20
1997	1062.60
1998	1130.40

续上表

年　份	降雨量
1999	1016.70
2000	1376.20
2001	1440.20
2002	980.20
2003	935.40
2004	1173.50
2005	903.30
2006	938.60
2007	1173.40
2008	1236.70
2009	982.30
2010	797.10
2011	806.90
2012	1116.80
2013	884.20
2014	1164.60
2015	1061.90

二、气温

1956—2008 年，县境年平均气温 11.97℃，1 月平均气温 1.6℃，极端最低气温 -9.3℃（1975 年 12 月 4 日）；7 月平均气温 20.7℃，极端最高气温 32.6℃（2006 年）。县境年平均气温变化幅度不大，最高值为 1963 年 12.8℃，最低为 1976 年 10.9℃。1 月为最冷月，28 年平均气温为 1.6℃；7 月为最热月，历年平均气温为 20.7℃。

1984—1992 年，县境年平均气温 11.7℃，平均最高气温 11.5℃，平均最低气温 8.9℃，最热月为 8 月，平均气温 21℃，最冷月为 1 月，平均气温 1.3℃。

2001—2010 年，县境年平均气温 12.6℃（2007 年年平均温度 11.8℃），最高气温 32.7℃，最低气温 -9.3℃，最冷月是 1 月，平均气温 1.6℃，最热月 7 月，平均气温 20.7℃。

县境不同区域温度区分：海拔 1400 米以下为高温区，极端高温 34℃ ~37.9℃；海拔 1700 米以上为低温区，极端气温 -13.6℃ ~ -9℃。

2014 年，县内先遭受后低温凝冻、暴雨、干旱、风雹、雷击；主汛期暴雨较严重，有 2 次较大范围暴雨天气，5 个乡镇有大暴雨，12 个乡镇有暴雨。县气象台发布各类预警信号 124 次；制作重要气象专报 17 期、气象信息报告 80 期，防雷装置监测服务 63 项。气象基础业务：国家级自动站传输率 99.9%；国家级自动站设备可用率 100%；区域自动站资料传输率 99.7%；自动土壤水分观测数据传输率 99.85%；新一代天气雷达业务可用率 99.86%。

2015 年，平均气温为 13.1℃，最高气温为 30.5℃，最低气温为 -3.6℃。

1991—2015 年大方县气温一览表

表—11-6-2-2　　　　单位:℃

年　份	平均气温	最高气温	最低气温
1991	11.80	31.40	-8.20
1992	11.60	29.50	-4.90
1993	11.80	28.20	-6.20
1994	12.10	30.60	-5.60
1995	11.40	31.00	-4.10
1996	11.30	29.60	-5.60
1997	11.70	28.80	-3.30
1998	12.80	32.20	-5.60
1999	12.30	29.30	-7.30
2000	11.80	28.30	-7.10
2001	12.40	30.40	-4.10
2002	12.80	29.70	-6.50
2003	12.80	29.80	-4.50
2004	12.40	29.70	-5.40
2005	12.10	31.70	-5.60
2006	12.80	32.60	-4.20
2007	12.70	30.00	-2.60
2008	12.10	31.00	-6.50
2009	12.90	29.60	-4.40
2010	12.60	31.10	-5.10
2011	11.80	32.10	-5.60
2012	11.30	30.40	-7.20
2013	12.90	29.80	-5.40
2014	12.50	29.90	-4.80
2015	13.10	30.50	-3.60

第三节　增雨防雹作业

县境开展人工影响天气主要为人工增雨和人工防雹。

历届县人民政府把所需人工影响天气工作经费纳入财政预算，提前足额拨付到位。在达溪、响水、双山、文阁、黄泥塘、理化、马场、牛场、羊场、竹园、鸡场等12个乡镇成立专门的民兵炮班，从业人员60余人。以人工增雨防雹为重点，开展防灾减灾工作，有效防御和减轻冰雹、干旱灾害带来的影响，在多雹季节实施人工增雨防雹作业。

2005年5月上旬，县内降水量比常年同期少60%，从4月底起连续晴热高温，对烟草等农作物影响严重。25 日，毕节地区气象局多普勒雷达显示在县内有对流云团，强度 35dBZ，符合高炮增雨作业条件，大方、双山、黄泥塘等炮点及时作业，发射炮弹 70 发、火箭弹 6 发实施人工增雨，作业影响区内降中到大雨，影响区外普降小到中雨，大大缓解了旱情。2008 年 8 月 1 日，从雷达图上发现一块强度为 55—60dBZ 的强对流云团发展成雹云，正向炮点移近。经请示空域后，牛场、马场两炮点同时作业，发射 160 发炮弹后，强对流天气明显减弱，因抑制冰雹增长而化为雨滴，避免了一场严重的冰雹和大风灾害。2014 年，全县 12 个炮站全部标准化建设，全年防雹作业 63 次 107 炮次，高炮防雹用弹 1523 发，火箭防雹用弹 20 枚，作业无事故。2015 年，有 4 个炮站划归金海湖新区管理，其余 8 个炮站按更新指标全部完成标准化建设，标准化率为 100%，进行防雹作业 73 次 124 炮次，高炮防雹用弹 1464 发，火箭防雹用弹 20 枚。

至 2015 年，县人工影响天气有 30 余年历史。2011—2015 年，根据防灾减灾需要，人工增雨防雹进入规模发展时期，全县有人工影响天气高炮 12 门、车载火箭发射器 1 部。全部作业人工增雨收益面积 1500 多万亩，人工防雹保护农田 500 余亩。每年暑旱和冰雹季节进行增雨防雹作业上百次。

第十二篇
工　业

第一章 工业行业

1991 年，大方县有工业生产单位 5885 个，其中全民所有制单位 44 个，从业人员 1176 人，全县工业总产值 1.44 亿元。经过 25 年的发展，工业企业转型升级，工业经济总体平稳运行。到 2015 年，全县有内资企业 43 个，地方国有企业 1 个，有限责任公司 10 个，股份公司 2 个，私营企业 29 个，工业总产值 131.58 亿元，在工农业产值中占比达 88%，销售值 85.89 亿元，营业收入 80.19 亿元，税金 1135.6 万元，利润总额 5541.1 万元，从业人员 8600 人。

第一节 煤 炭

大方县煤炭普查资源量为 112 亿吨，上表储量 52.61 亿吨。具有储量大、发热量高、低灰低硫、无烟等特征，是江南地区的稀有煤种，有巨大的开发潜力。

煤炭开采历来是大方县工业经济的重要行业。1991 年前，全县重点产煤区主要是六龙区和百纳区。煤矿生产多为联户和个体办煤厂小煤窑开采，采用人工、巷式采煤，劳动强度高、产量低、事故频发。除民用外，销售市场狭窄，制约开发因素多，发展困难。

1991—1996 年，县内无大中型煤矿，除地区煤矿和外来投资建设的 12 个煤矿规模在 3 万吨/年~9 万吨/年以外，其余均为个体或联营，规模为 3 万吨/年以下。1996 年，全县有各型煤矿 1178 个，为煤炭低级水平开采的巅峰期，产量 245.76 万吨。1997 年清理整顿，1998 年实行关井压产，同年，大方县被定为全国 200 个重点产煤县之一。2000 年后，煤炭价格上升，煤炭企业投资积极性增高，非法开采、非法运销不断抬头，安全生产形势严峻。2005 年，全县对煤矿企业进行淘汰整合，实施安全整治。到 2007 年，全县有各类煤矿 63 个，总设计生产能力 1113 万吨/年。2009 年，全县煤矿全部实现壁式开采、机械化作业，原煤产量 352 万吨。2012 年后，受国际金融危机的持续影响，煤炭价格大幅下跌，煤炭企业面临生产总量高、进口总量高、社会库存总量高的局面。到 2015 年，全县有合法煤矿 41 个，总设计生产能力 1881 万吨/年。

一、煤炭生产

1991 年，六龙、百纳两区原煤产量 38.67 万吨，占全县产量的 36.83%，其余各区均有大小不等煤窑生产原煤。1992 年，县第十一届人大常委会第十七次会议审议批准，“八五”计划期间以开发硫铁矿、煤矿、坡缕石为突破口，大力开发煤炭资源。投入扶贫贷款 56.8 万元，技改、扩建煤矿 16 个，全县煤炭开发开始起步，产原煤 81.09 万吨。1993 年，在煤炭行业实行“五统一”（产、供、销、运、安）管理，安全设施逐步得到改善，初步走出一条依法办矿、科学开采、合理经营、按章交费、健康发展轨道。原煤产量 135 万吨，比 1992 年增加 39.93%。

1994年，建成投产煤矿26个，完成固定资产投资190万元，新增生产能力11万吨，原煤产量149.6万吨，增长10.77%。1995年，煤炭生产管理纳入行业管理轨道，建立煤矿矿长管理负责机制，煤矿企业步入规范化、正规化生产。技改煤矿46个，引资200多万元，建成广木煤矿、湘普煤矿。引资300万元新建林丰1号、2号煤矿。

1996年，林东矿务局投资300万元的林丰1号、2号煤矿建成，全县煤炭企业总数1178个，原煤产量112万吨。

1997年，对无采矿证、煤炭生产许可证的非法煤矿进行清理整顿，全县各类煤矿765个，清理整顿后保留363个，煤炭产量123万吨。

1998—2000年，针对煤矿粗放的开发模式，国家对煤炭生产实行关井压产，全县煤炭产量分别为129万吨、106万吨和84万吨。

2001年，按照“五个一律关闭”（即国有煤矿矿办小井一律关闭，国有煤矿矿区范围内的小煤矿一律关闭，不具备基本安全条件的各类小煤矿一律关闭，采矿许可证、煤炭生产许可证、营业执照、矿长资格证书不全以及生产高灰高硫的小煤矿一律关闭，年产3万吨以下小煤矿一律关闭）的要求，全县保留79个煤矿，经国家安全监察局水城办事处等有关部门检查验收合格56个，生产煤炭90万吨，征收税费2120万元。9月，大方为火电厂项目规划选送的龙泉矿、凤山矿、凤阳矿、林丰矿、湘普矿、广木矿、普华矿、岩脚矿、安乐矿9个供煤煤矿获省级评审通过，加上7月评审通过的大方一矿、对江矿、高店矿、财神庙矿4个煤矿，有13个供煤煤矿通过评审立项。县委托省煤矿设计研究院对供煤煤矿作具体规划，选择大方一矿、五凤矿等16个煤矿为大方火电厂主要供煤煤矿，供煤规模为684万吨，其中距新铺厂址运输距离在25千米以内的煤矿11个，规模为435万吨，超过火电厂供煤350万吨的需求。11月，对江井田煤炭勘探精查正式开钻，勘查表明，1.5米~4米厚的煤层较为丰富。

2002年，全县有56个合格煤矿基本达到机械、通风、矿灯照明、机械提升、矿井内外安全生产基础设施齐全的安全生产条件，过去落后的生产方式被逐步淘汰，同年生产煤炭110万吨。12月，贵州省煤矿设计研究院编制完成《贵州省大方县煤炭开发规划补充报告》，规划县内布置9个大中型煤矿。同年，山东兖州矿业集团派员到大方县考察煤炭资源状况，意在贵州投资建500万吨至1000万吨特大煤矿和煤电一体化合作开发。山东兖矿集团与毕节地区行署签订投资额约66亿元的《合作综合开发毕节地区煤电资源协议》，与大方县人民政府签订《合作开发大方煤电项目协议》。2003年1月，山东衮矿集团下属的贵州能化公司对江大型井田精查钻勘开工。2003—2004年，全县煤炭产业快速发展，煤炭产业经济的份额逐渐增加，煤炭生产量分别为120万吨、200万吨。

2004年，委托贵州省煤矿设计研究院编制完成《贵州省大方县矿区总体规划》。同年9月，中国国际工程咨询公司对大方矿区总体规划进行评估。专家组分别以采矿组、选煤组、总图组、机电组、经济组进行论证。矿区总体规划包括矿区基本条件及建设条件、矿区开发、煤的洗选与加工、地面总布置及防洪排涝、辅助附属企业、矿区地面运输、供电及通信、矿区给排水、环境保护、矿区工程建设顺序、技术经济11个内容。专家组认为，矿区煤炭资源丰富，主采煤层赋存比较稳定，倾角平缓，厚度适中，开采技术条件较好，有条件建成一个大型煤炭供应基地，以满足“黔电送粤”电厂燃煤供应和贵州省国民经济发展对能源的要求，《规划》编制依据矿区内8个勘查控制程度，基本符合国家发改委《关于规范煤炭矿区总体规划审批管理工作的通知》规定要求，《规划》确定的主要原则和内容基本符合要求。

2005年，完成煤炭地质总体规划、矿区总体规划编制，对江矿区（含阁雅，150万吨/年），由兖矿集团贵州能化公司委托102地质队勘探，五凤煤矿（180万吨/年）由省煤田地质局进行普查转精查，河南永煤集团投资开发，龙泉矿区（60万吨/年）省煤田地质局勘探普查，贵州诚诚科技有限责任公司投资开发，绿塘矿区（首期180万吨/年）由省煤田地质局负责进行普查，由山东枣庄矿业集团投资开发，对江南矿（60万吨/年）由102地质队出资勘探，白布矿区（60万吨/年）由北京洲际矿业集团出资委托贵州煤田地质局勘探。是年开工建设小屯煤矿、龙泉煤矿，其他煤矿根据工作进展情况相继开工建设。在保留73个煤矿的基础上，规划上报一批9万吨矿井，获审批立项19个，总规划设计能力171万吨，有13个领取采矿许可证，并开工建设，同时技改3万吨9个，新增产能54万吨。到2006年，大方县煤矿生产能力达到450万吨，可向电厂提供150万吨电煤，解决大矿未达产的电煤保障。

2005—2006年，70个煤矿开始第一轮资源整合，整合过程中为解决农村生产生活用煤，补充新设部分矿权，整合后全县煤矿为63个（不含百里杜鹃花区煤矿）。基本淘汰年产9万吨以下煤矿。全县原煤产量分别为250万吨、300万吨。

2007年，全县应整合煤矿70个，其中，完成整合27个，取得采矿许可证25个，单列技改扩能14个取得一年期采矿许可证，取得长期采矿许可证3个。解决农村生活用煤新布局煤矿19个，其中，取得采矿许可证10个，资源整合的3个新系统开工建设。加强对投产煤矿现场管理，规范煤矿生产流程，全县合法煤矿中有49个作瓦斯等级鉴定，完成井下“三条线”（通信、通风、防尘供水）煤矿22个，在建煤矿19个。大型国有企业开始入驻大方投资煤炭开发，河南永煤集团投资的五凤煤矿（90万吨/年）和五凤二矿（45万吨/年）、山东兖矿集团投资的小屯煤矿（60万吨/年）、山东枣庄集团投资的绿塘煤矿（60万吨/年）开工建设。是年累计生产原煤184万吨，征收煤炭税费1.48亿元。供应电煤95.14万吨，其中供应大方电厂88.3万吨。

2008年，全县煤矿42个整合为16个。技改取得采矿许可证煤矿12个，开采方案设计批复矿井11个，批准开工建设煤矿8个，安全专篇批复煤矿8个。全县在建12个煤矿中，核桃乡银丰煤矿、凤山乡老屋基煤矿、凤山乡河半坡煤矿和大方镇海燕煤矿进入联合试运转。恢复建设48个煤矿，28个煤矿采煤工作面实现单体液压支柱（架），18个煤矿巷道支护实现非木支护，其余煤矿巷道支护为金属、彻碹及木支护，10个煤矿动工建设专用回风井。是年生产原煤210万吨，供应大方电厂用煤152万吨，农民生产生活用煤42.39万吨。

2009年，全县各类煤矿建设项目64个，总设计生产规模1113万吨/年。其中，多井整合煤矿开工建设16个，单列技改煤矿13个，开工建设11个，在建煤矿17个，拟建煤矿1个。生产原煤352万吨，供应大方电厂用煤184万吨，供应群众生产生活用煤62万吨。第一轮煤矿资源整合后的煤矿陆续开工建设，五凤二矿、五凤煤矿等相继建成投产，煤矿的开采技术全部实现壁式开采和综合机械化开采。

2010年，全县煤矿63个，煤炭开发形势良好，煤矿业主生产积极性高涨，建设步伐加快，煤矿建设固定资产投资完成18.08亿元，建成（试运转）煤矿9个，新开工煤矿2个，逐步关闭第一轮煤矿资源整合保留的老系统。累计生产原煤400.2万吨，累计供应群众生产生活用煤56.2万吨。

2011年，全省开展第二轮煤炭企业兼并重组资源整合，全县有23个15万吨/年以下煤矿处于政策性停建状态。建成投产煤矿9个，生产原煤429万吨，累计供应电煤305万吨，供应群众生产生活用煤46.2万吨，供应烤烟用煤4.31万吨。

2012年，恢复建设2011年停建煤矿9个，小屯煤矿、阳箐煤矿、大营煤矿、瑞丰煤矿、宏福德煤矿、迎峰煤矿建成投产，总设计生产能力165万吨/年；龙山煤矿、绿塘煤矿、新果煤矿、金岩煤矿4个联合试运转煤矿建成投产。全年生产原煤477万吨，供应电煤324.6万吨，群众生产生活用煤46.5万吨，重点企业用煤41万吨。完成煤炭税费征收3.83亿元，与上年同期相比增长24.11%。

2013年，全县有煤矿65个，产能1656万吨/年，其中，生产煤矿29个，产能618万吨/年（正常生产煤矿23个）；试运转煤矿4个，产能240万吨/年；建设煤矿32个，产能789万吨/年（含未开工煤矿6个，产能150万吨/年）。关闭煤矿6个。全年生产原煤500.2万吨，供应电煤190万吨，供应群众生产生活用煤38.6万吨，供应重点企业用煤36.65万吨；完成煤炭税费及煤调基金征收4.55亿元。

2014年，全县有合法煤矿62个，产能1470万吨/年，其中，生产煤矿28个，产能540万吨/年；建设煤矿28个，产能590万吨/年；新设未开工煤矿6个，产能135万吨/年。政策停建关闭煤矿11个，产能205万吨/年。按省兼并重组规划评审、批复，全县63个煤矿保留43个。是年，实施煤矿安全质量标准化建设，有4家煤矿企业通过省一级标准验收，有7家煤矿企业通过省二级标准验收，有19家煤矿企业通过省三级标准验收；实现机械化采煤的煤矿有11个。全年生产原煤575万吨，供应电煤301万吨，供应群众生产生活用煤36万吨，供应重点企业生产用煤43万吨。

2015年年初，全县有煤矿49个，产能1359万吨/年。其中，生产煤矿29个（正常生产煤矿24个），产能633万吨/年；建设煤矿20个，产能726万吨/年。政策停建煤矿9个，产能177万吨/年，长期关停煤矿16个。57个采矿权、1个探矿权被25个集团兼并重组，兼并重组后保留41个煤矿，最小规模30万吨/年，最大规模180万吨/年，绝大多数为45万吨/年。完成煤矿机械化改造综采综掘6家，国有大矿全部实现煤矿机械化开采。全年生产原煤628万吨，供应电煤204.5万吨，供应群众生产生活用煤34.3万吨，供应重点企业生产用煤19.8万吨；煤矿企业库存32万吨。

二、行业管理

1996年12月，《中华人民共和国煤炭法》开始实施后，为加强对煤矿企业的生产和建设依法依规开展监督检查，规范煤炭市场、整顿煤炭经营秩序、治理非法煤窑开采及其煤炭产品进入市场提供法律依据，大方县开始试行煤炭准销证制度。1997年，按照省、地关于清理煤炭生产经营秩序相关会议精神和煤炭产、供、销、运、安“五统一”要求，对乡镇煤矿采取“扶持、改造、联合、提高”的方针，对无采矿证的个体煤矿（包括名为集体实为个体的煤矿）一律无条件关闭；非法买卖或租用他人采矿许可证、煤炭生产许可证的煤矿一律关闭；有采矿许可证但无煤炭生产许可证的各类煤矿限期整改；存在重大事故隐患的煤矿停产整顿；没有安全设施的停产整顿；存在其他问题的限期整改，督促煤矿依法生产；对不按规定办理煤炭准销证，擅自销售煤炭的，不准进入市场。1997年全县煤矿765个，清理整顿后保留363个，封停288个（其中包括无采矿许可证的煤矿187个），联合煤矿114个。

1998年，大方被确定为全国200个重点产煤县之一，煤炭行政执法重要性凸显。6月，成立县煤炭执法大队。清理整顿不合法煤矿35个，依法现场处罚企业13个，限期整改完善办矿条件煤矿13个，依法关闭煤矿4个。1999年，以关井压产为中心，针对粗放型的开发模式，对煤矿实行关井压产。取缔关闭非法开采、布局不合理以及乱挖滥采的煤矿239个，自行封闭31个，压产68万吨。2000年，继续关井压产，全县关井40个，压产23万吨，炸毁封闭非法煤矿23个，全县保留煤矿157个，颁发生产许可证58个。1997—2000年，征收煤炭税费4306.32万元。

2001年，全县以开展安全专项整治工作为重点，在乡镇煤矿中实施“五个一律关闭”。在关井压产基础上，开展“查隐患、反违章、压事故”煤矿生产安全专项整治活动。活动中，未取得煤炭生产许可证资格煤矿生产煤炭产品一律不得进入市场；对要求整改煤矿，限期达到整改目标，取得煤炭生产许可证。炸毁关闭不合格煤矿568个（含非法采煤煤矿），吊销煤炭生产许可证78个。2002年，县地矿局与县土管局合并成立县国土资源局。“五个一律关闭”专项整治后，全县检查验收合格的煤矿，全部达到安全生产条件。2003年，对无任何手续小煤窑定性为非法煤窑，要求按照炸封井筒、遣散人员、拆除设施、切断电源、填平场地、恢复植被标准炸封关闭。

2004年，组织安监、乡企、国土、公安等部门，对非法采煤窝点排查摸底，进行动态巡查，采取“打两头、卡中间”等各项措施，打击非法盗采和非法运输煤炭行为，清理非法煤炭转运场点，并对关闭煤矿进行动态巡查，防止关闭煤矿私自违法生产。2005年，下达整改指令书142份，责令限期整改煤矿32个，停产整顿煤矿2个，停业整改及生产活动煤矿9个，查处非法转让矿产权22个，注销吊销采矿许可证63个，其中煤矿26个，查处超层越界采煤5宗。2001—2005年，征收煤炭税费1.58亿元。

2006年，县成立打击非法采煤采矿领导小组办公室（简称县打非办），负责统筹协调全县打击非法采煤采矿工作。2007年，发现非法采煤窝点4022个，废弃井4254个，全部炸封关闭；收缴非法煤炭652吨；排查治理煤矿企业67家，查出安全隐患2450条，整改消除2442条。2008年，查处7家煤矿违法违规行为，处罚金额36.2万元；排查发现隐患和问题2439条，下达行政执法指令文书及现场处理决定书督促煤矿整改落实2017条。2009年，依法责令违法违规生产建设煤矿停产整顿、停止作业30家次；依法对9家违法违规生产的煤矿进行处罚，共处罚金27.5万元；依法查获并没收煤炭产品1000余吨。发现各类煤矿安全生产隐患和问题4251条，督促煤矿整改落实3910条。2010年，现场排查煤矿300次，发现隐患和问题3666条，督促整改3446条。2006—2010年，征收煤炭税费7.22亿元。

2011年，动态巡查25198件次，组织煤矿现场检查243个次。2012年，对违法生产企业行政处罚53家次，责令停业整顿11家次，关闭非法生产企业20家次，暂扣许可证7个次。2013年，组织安全检查煤矿企业569个次，发现隐患和问题5100条。2014年，检查煤矿企业282个次，检查发现隐患和问题2829条，督促煤矿整改落实2827条。对违法生产企业行政处罚37家次，责令停业整顿5家次。2015年，巡查煤矿661家次，查出隐患8648条，督促整改隐患8648条，整改率为100%。2011—2015年，征收煤炭税费20.04亿元。

2015年大方县30万吨以上产能生产煤矿一览表

表一12-1-1-1　　单位：万吨/年、人、万元

序号	煤矿名称	设计规模	职工人数	投　资
1	六龙镇五凤二矿	45	1300	15000
2	六龙镇五凤煤矿	90	320	65000
3	安乐乡安益煤矿	30	265	12000
4	凤山乡凤山煤矿	30	235	1300
5	凤山乡大营煤矿	30	320	12000
6	小屯乡小屯煤矿	120	1200	56000

续上表

序号	煤矿名称	设计规模	职工人数	投　资
7	东关乡宏福德煤矿	30	170	13000
8	凤山乡金岩煤矿	30	260	15000
9	高店乡营兴煤矿	30	20	7800
10	绿塘乡佳宏煤矿	30	140	9000
11	凤山乡马干山煤矿	45	20	12000
12	六龙镇顺河煤矿	30	120	15000
13	绿塘乡绿塘煤矿	240	800	45000
14	高店乡天润白布煤矿	60	600	21001

第二节　电　力

一、水电

1991年前，全县建成东风电站、瓜仲河电站、吊兰电站、露布电站等104座中小型水电站，其中乡镇水电站20座35台，装机容量5590千瓦。1991年8月，东风电站由毕节地区行署委托省电力局代管。

2000年11月，洪家渡电站、乌江渡电站扩建等工程在洪家渡举行开工典礼。洪家渡电站是国家电力公司启动的“六大一小”水电工程之一，总装机容量60万千瓦，水库总库容量49.05亿立方米，电站保证出力17.15万千瓦，多年平均发电量15.94亿千瓦时，水库具有多年调节性能。洪家渡电站不仅可以提供优质电能，而且能增加下游梯级电站保证出力，增强电网调峰调频能力。工程总投资49.27亿元，2001年首台机组发电，2005年完成建设，工程直接受益的有大方、黔西、织金、纳雍，其中大方县涉及范围最大，受益面积最广，涉及主、支流4条，总长110多千米，为开发旅游资源、水产资源奠定基础。洪家渡电站设计坝高179.5米，填筑方量900万立方米，是全国时年在建的最高的面板堆石坝。水电站建成，可提高东风、乌江渡两电站保证出力23.9万千瓦，年新增电量15.96亿千瓦时。

2003年洪家渡电站截流蓄水，到2004年，水库淹没钟家桥电站等小水电站15座，装机容量1603千瓦。2004年10月，落脚河水电站开工建设，设计年均发电量6960万千瓦时。2005年，全县由水电局管理的大小水电站18座，装机34台，装机容量1.09万千瓦。其中集体管理的3座，装机5台1395千瓦，个体私营电站5座装机7台，容量1395千瓦。除东风电站、落脚河电站归毕节供电局管理外，其余由县水利局管理。

东风电站包含东风大站、水牛屯电站、东风三级站3个电站，总装机容量5550千瓦。2007年，完成发电量2553.5万千瓦时，供电2485.92万千瓦时。2008年，由于雨水充足水量大，东风电站发电量达3250万千瓦时，供电量3198万千瓦时。2009年，发电量2070万千瓦时，供电量2037万千瓦时。2010年，发电量1800万千瓦时，供电量1775万千瓦时。

2006年9月29日，落脚河电站首台机组发电运营，2007年完成发电量5650万千瓦时。2008年，完成发电量8600万千瓦时，销售电量8400万千瓦时。2009年，完成发电量3969.56万千瓦时，销售电量3935.99万千瓦时。2010年，完成发电量3750万千瓦时，销售电量3720万千瓦时。2011年，完成发电量2933.92万千瓦时，销售电量2908.92万千瓦时。2012年，完成发电量5962.92万千瓦时，销售电量5908.9万千瓦时。2013年，完成发电量4447.58万千瓦时，销售电量4409.79万千瓦时。

2013年，水利局管理的小水电站17座，装机容量7785千瓦，年发电量2549.16千瓦时。到2015年年底，全县有水电站18座，总装机1.44万千瓦，分别为瓜仲河电站2280千瓦、对江电站3200千瓦、木柏河电站740千瓦，露布电站640千瓦、乌溪电站320千瓦、高枧电站200千瓦、夹山沟电站100千瓦、红岩电站200千瓦、三岔河电站1000千瓦、鱼跳塘电站400千瓦、东风电站3200千瓦、东风二级电站750千瓦、大山电站75千瓦、晶晶电站640千瓦、鱼跳塘二级电站385千瓦、联办电站100千瓦、车田电站100千瓦、长石镇东方电站50千瓦。年发电量5176.8万千瓦时。

二、火电

20世纪80年代末，坐落于六龙镇原属011系统的曙光动力站，在011系统企业撤走后交由地方管理，为毕节地区直属企业，更名为六龙发电厂，是毕节电力公司两个骨干火电厂之一（另一个是毕节发电厂）。1991年3月，贵州省电力公司代管毕节电力公司，更名为毕节供电局，六龙发电厂同时转为隶属省电力公司下的副县级火力发电厂。此后，经过不断的增容技改，装机容量达到8000千瓦，一直到1999年年底关停。

自2000年起，县长倪小兵多次率队赴省进京，争取火电项目落地大方。2000年8月，贵州省电力公司、西南电力设计院、贵阳勘测设计院的专家到大方，就大方火电厂（4×300兆瓦）列入国家西电东送、黔电送粤计划开展初步可行性研究。11月，省委八届六次会议决定，大方火电厂列入贵州省“十五”计划。省委《关于制定贵州省国民经济和社会发展第十个五年计划建议的说明》中明确指出：“西电东送是我省实施西部大开发的标志性工程，要确保‘十五’规划期间开工建盘南电厂、黔西电厂、大方电厂和纳雍电厂二期等项目。”12月，省电力公司对大方电厂初步可行性研究报告进行现场考察审查，在大方镇新铺厂址、响水乡中坝厂址、双山镇坡头上厂址进行现场考察，就3个厂址的建厂地质条件、施工地形条件以及煤炭、供水、公路等综合条件进行分析比较，决定首选新铺厂址，新铺厂址建厂条件好，煤炭运输近，水源条件好，可以作6台机组的初可研报告。

2003年6月，贵州省大方县发电有限公司投资协议签订。协议决定由中国华电集团公司、贵州中水能源发展有限公司、兖矿贵州能化有限公司共同出资设立贵州省大方发电有限公司，进行大方火电厂新建工程的建设和经营管理。大方火电厂意向投资建设为8×300兆瓦，首期建设规模为4台300兆瓦燃煤机组，投资总额估算人民币47.45亿元。8月，大方发电有限公司在大方注册登记，首期注册资金9490万元。11月，贵州大方发电有限公司4×300兆瓦新建工程可行性研究报告预审查通过。经过综合技术经济比较，大方电厂新铺厂址具有进厂道路短捷、补给水管线短、民用房屋拆迁量小、与各煤矿公路运输距离近、场地扩建条件好等优点，意向将大方火电厂（4×300兆瓦）扩建为2400兆瓦，投资近100亿元，第一期工程4×300兆瓦火电厂工程动态投资49.3亿元。同月，大方电厂场平工程开工。

2004年7月，大方火电厂新建工程项目建议书通过中国国际工程咨询公司评估，专家组就综合环保、系统电气、总交、煤源、水工与灰场、技经等分别展开讨论。专家组认为，从煤源、运输、取水、环保、厂址条件看，新铺选址点完全可以建设一个4×300兆瓦的坑口火电厂。11月，贵州大方火电厂4×300兆瓦新建工程环境影响报告书通过国家环保总局专家组的评估。专家组认为，建设4×300兆瓦亚临界燃煤机组同步安装脱硫装置和静电储存器采用低氮燃烧技术，燃煤为带式输送机和汽车运输，属于坑口电厂，发电标煤号310克/千瓦时；建厂地点距县城7千米，不在主导风向的上方向，项目大气污染物二氧化硫、烟尘和二氧化氮能够做到达标排放，项目排放的大气污染物形成的二氧化硫、烟尘和二氧化氮日平均浓度在标准的限值之内，工程具有环境可行性。2005年2月，国家环保总局正式批复大方电厂环境影响报告书。

2008年，大方发电公司遭受年初罕见雪凝灾害、年中电煤市场两次较大波动，以及从9月开始的全球金融危机影响，出现电力市场疲软，供电量持续下滑导致发电量减少等困难。到年底，完成发电量56.79亿千瓦时，供电煤耗343.84克/千瓦时，综合厂用电率完成7.41%，主营收入13.84亿元。2008年以后，发电量逐年上升，2009年，完成发电量78.52亿千瓦时，实现税收2.02亿元。2010年、2011年达到80亿千瓦时以上。2012年起，电力行业受高耗能工业用电市场疲软、黔电送粤下滑、省内外电力市场不旺的影响，发电增长乏力。是年，大方发电公司完成发电量70.04亿千瓦时，同比降低10.26亿千瓦时；完成综合供电煤耗333.86克/千瓦时，同比降低2.21克/千瓦时；完成综合厂用电率6.16%，比计划降低0.44个百分点；设备平均利用小时数5837小时，比贵州统调火电机组平均利用小时数5288小时高549小时，名列省内同型机组第四；全年销售收入21.5亿元，实现利润620万元。

2015年，大方发电公司完成全年发电量50.4亿千瓦时，同比下降3.8亿千瓦时；完成供电煤耗333.26克/千瓦时，较年度预算减少0.74克/千瓦时；完成用电率8.26%；实现机组平均利用小时数4200小时，比贵州统调火电机组平均利用小时数4062小时高138小时；实现利润7651万元，同比增加6600万元；连续安全生产实现531天。大方电厂二期2×660兆瓦项目于2015年10月27日开工建设。

三、电网建设

（一）城市电网改造

2003—2007年，由大方供电局投资149万元，对县城部分电网进行改造，新建10千伏线路5.27千米，400伏线路6.04千米，200伏线路1.61千米，变压器12台，开关8台。

2009年，全县电网建设投资7141.02万元，主要建设项目为220千伏大方变电站、110千伏朝中变电站、35千伏沙厂变电站、双山变电站、羊场变电站、鼎新二号主变电站扩建。新建10千伏线路2.54千米、400伏线路0.81千米、220伏线路34.46千米，安装配电变压器1台，新架设线路37.8千米，解决275户无电户的用电。启动奢香变电站、新铺变电站、六龙变电站3个110千伏变电站的标准化建设。

2011年，110千伏朝中变电站和35千伏沙厂变电站建成投入运营，110千伏百纳输变电工程竣工投入运营，完成60%的县级电网升级改造工程。

2012年，110千伏朝中变电站35千伏朝双线投入运营、完成县城奢云变电站—瓢井线Ⅱ接工程；110千伏百纳变电站35千伏百沙线投入运营，完成35千伏红林煤矿Ⅱ接工程和35千伏果瓦输变电工程。完成10千伏百沙线、朝核线、西环Ⅱ回线、东环Ⅱ回线联络工作，送出朝中变电4条10千伏线路，110千伏奢云变电和新铺变电对城区共同供电的5条线路完成合环试验，实现城区不停电倒闸操作。完成110千伏朝中变电站35千伏朝双线送出、奢井线Ⅱ接工程；完成110千伏百纳变电35千伏百沙线送出、35千伏红林煤矿线Ⅱ接工程；完成35千伏果瓦输变电工程；建设10千伏及以下线路138千米；新增配电变压器6台/810千瓦。完成2011年结余工程10千伏及以下线路124千米、配电变压器10台/990千瓦。完成2013年10千伏及以下升级工程的初步设计工作。

2013年，完成35千伏果瓦输变电工程项目投运工作及35千伏双山变电站2号主变扩建工程项目及投运工作。完成立杆302根，占计划423根的71.39%。

2014年，完成110千伏金龙变可研修编及内审，完成110千伏朝中变2号主变扩建工程可研批复，完成110千伏大方南牵引变相关路径协议办理，完成电网中低压项目9038万元，完成2015年第一批10千伏及以下计划项目上报。实施县级电网工程，重点解决大方城网“卡脖子”问题。完成电网建设投资2521万元。完成东关食品药品园区电力专项规划，完成园区2条10千伏专线建设投运。完成坪子煤矿、雨冲陶瓷园区10千伏专线投运，实施绅达（城市综合体）、佳鑫、久桓等房开双电源专线供电项目。

至2015年，大方电网建成500千伏变电站1座，220千伏变电站1座，110千伏变电站6座，变电容量310兆瓦；35千伏变电站7座，变电容量61.3兆瓦；110千伏线路7条总长184千米，35千伏线路15条总长204千米，10千伏公用线路42条总长2095.3千米，配变3668台，其中公变1949台，容量23.43万千瓦。

（二）农村电网改造

通过农村电网改造（简称“农网改造”）实现全县村村通电，农村供电设施得到根本的改善，农村用电质量显著提高，农户用电价格降低，全县实现同网同价。

2000—2005年，第一期农网改造工程总投资6921万元，新建10千伏线路1101.96千米，400伏线路288.35千米，220伏线路1443.2千米，变台958台，开关14台。2007年，安装农村户表7696户，解决1920户无电户的用电。2008年，完成农网结余资金工程5155.3万元，完成非节余资金工程3066.39万元，解决1920户无电户的用电，雪凝灾受损线路加固工程全面完成。

2009年，投资446.16万元，安装完成107户偏远无电户太阳能发电并投入使用。完成毕节供电局下达的农网大修技改项目9个251.6万元。2010年，完成第七批农网建设工程计划的61.2%，建成10千伏及以下工程项目立电杆4022根，新建10千伏线路37.39千米，新建400伏线路43.77千米，新建220伏线路69.79千米，安装配电变压器6台，为抗旱救灾工程架设10千伏线路10.65千米，建成第二批10千伏及以下工程设计实测工作、110千伏朝中输变电工程35千伏沙厂变电等变电站4座、35千伏瓢井变电、百纳变电主变增容改造等变电站7座，10千伏主干线覆盖34个乡镇。

2006—2010年，第二期农网改造工程总投资1.71亿元，其中，中央投资7052万元，企业自筹1亿元，新建10千伏线路582.04千米，400伏线路327.59千米，220伏线路2708.98千米，变台917台，开关45台。2011年，农网升级改造工程总投资1亿元，建成10千伏线路245.32千米，400伏线路236.6千米，220伏线路759.37千米；新建台区135台，配变容量9470千伏安。

2012年，农网改造工程投资1865.58万元，建成10千伏线路25.9千米，400伏线路44.14千米，220伏线路103.88千米；新建台区21个，配变容量2350千伏安。2013年，完成项目7个，总投资4218万元，其中，完成2.52万只入户电表安装，1.15万余户系统信息录入。

2014年，完成项目5个，投资2413万元，完成生态移民工程建设，解决长石、凤山等4个乡镇新增移民点用电问题。开展农网改造升级工程建设，解决黄泥塘、理化、羊场等7个乡镇电压偏低问题。协调500千伏奢香变220千伏送出工程、220千伏毕大线工程、220千伏大方变110千伏送出工程的施工。全面完成2.5万户同网同价工程安装户表的投运，实现供电区域内（除西河公司供电区域外）户表率100%、同网同价100%的目标。

2015年，农网改造升级工程项目33个，总投资2164万元，完成投资1506万元，实施10千伏及以下农村电网改造1967千米，配变501台。

1991—2015年大方县电力供应一览表

表—12-1-2-1　　单位：万千瓦时、万元

年度	供电量	售电量	销售收入
1991	441.19	387.01	154.18
1992	508.23	446.21	182.23
1993	677.95	488.09	272.54
1994	1076.14	854.08	477.00
1995	1530.75	1205.31	673.04
1996	1583.74	1409.02	786.78
1997	2553.74	2147.80	1220.79
1998	2694.72	2331.07	1324.96
1999	2901.34	2596.28	1475.70
2000	5557.47	3440.12	1955.33
2001	6363.53	4488.86	2551.43
2002	7559.06	4786.27	2720.47
2003	11135.96	7480.74	4251.98
2004	14866.25	10191.62	5792.82
2005	18404.15	14242.04	8095.04
2006	24160.76	19711.59	11203.88
2007	21224.46	18452.25	10488.09
2008	25811.46	23083.87	13351.49
2009	34296.41	30391.56	18002.81
2010	38994.90	33501.36	20621.54
2011	55253.84	48436.08	29672.74
2012	63083.08	56895.67	36265.69
2013	69240.39	62947.22	41243.26
2014	76286.92	69392.75	43718.92
2015	73311.92	67153.98	41646.58

第三节 建材 冶金 化工

一、建材

1991年，全县有建材企业969家，从业人员4382人，主要产品为砖瓦、石灰、水泥、水泥制品、免烧砖等，产值240万元。1991—1998年，全县建材行业处于徘徊状态。1998年后，石灰逐渐被水泥取代，其他新兴企业如建筑陶瓷、石材加工等新型建材逐步发展壮大。在节能环保的大趋势下，依托火电厂产生的脱硫石膏、粉煤灰、炉渣等固体废弃物，变废为宝，使产生的废弃资源得到合理利用，在过去传统建材产品的基础上拓展出新的节能环保水泥、混凝土砌块、轻型墙体材料等新型建材。新型建筑建材行业资源综合利用企业有7家，由于市场滞销，至2015年，仅有永贵建材公司和石中玉集团公司还继续生产。

（一）砖瓦

1990年前，大方县以生产黏土砖瓦为主。从1990年开始，各地引进页岩机制砖生产技术，大方镇、瓢井镇、理化乡、绿塘乡、羊场镇、六龙镇、核桃乡等先后建页岩砖厂，年生产能力3050万块砖、500万块瓦，总投资350万元。进入21世纪后，黏土砖和页岩砖因资源保护和环境污染问题逐步被水泥砖取代。2000年，水泥砖产量1.14亿块，2007年达5.67亿块。2010年，新增水泥砖厂141个，生产水泥砖4.58亿块。2014年，企业300个，新增企业24个，投入资金870万元，新增产能7200万块。2015年，砖瓦企业324个，设计产能10亿块。

（二）大理石

1992年，猫场镇农民自筹资金13万元兴办3个大理石加工厂，初见成效后，县开发办、扶贫办审批扶贫贷款28.1万元扶持3个厂进行技改，扩大生产规模。2000年后，联办企业逐渐解体。2007年，织金县客商陈兴金投资50万元在鼎新乡同心村创建大理石建材厂开采初级大理石，部分产品进入贵阳建材市场。2011年7月，贵州石中玉投资集团成立，注册资金1亿元，属贵州省毕节市重点招商引资项目，公司总部在贵州大方经济开发区，占地面积7.4万平方米，主要经营各种石材资源综合开发利用、生产加工石板材、玉石板型材、石材工艺雕刻、玉石精品雕刻和建筑材料等，下属石中玉建筑材料公司、坝子建材公司、百纳如艺石材加工厂、鼎新同心石材厂4个子公司。2015年，石中玉集团公司生产1.3万立方米加气块砖，实现产值4800万元。

（三）砂石

从2000年起，建筑业发展迅速，对砂石的需求量猛增，为砂石生产提供了契机。2006年，县乡镇企业局审批立项砂石厂47个，总投资1200多万元，年产砂石190万立方米，占全县砂石产量的41%。2008年，砂石产量625万立方米。2009年，产量600万立方米。至2014年12月砂石土矿资源整合前，全县各乡镇分布有130家合法的砂石企业，产量310万立方米。2014年12月起到2015年，全县进行砂石土矿资源整合，130家企业资源整合成64家砂石企业，砂石企业最低规模为8万立方米/年，生产能力512万立方米/年。

（四）水泥

1991年，全县水泥产量3.18万吨。1995年后，全县水泥生产企业多次进行技改或扩建。1997年，县乡镇企业局批准技改或扩建的原猫场水泥厂、吉运水泥厂和山坝（原长石）水泥厂3个水泥厂生产规模由原来的2万多吨扩大到27万吨。2000年12月，马干山牧垦场水泥厂、长岩水泥厂、理化水泥厂因无生产许可证被取缔，是年，全县生产水泥9万吨，比1991年增长183.02%，年均递增12.25%。2005年9月—2007年7月，水泥一厂先后进行两次技改，相关指标达到地区规定控制范围。2008年，水泥一厂、吉运水泥厂、九洞天资源开发公司建材分公司（原猫场水泥厂）、山坝水泥厂共投入1300万元进行灭烟、布袋收尘等环保技改后通过环保验收。大方腾龙水泥公司整合技改项目列入全县“十大开工项目”之一，建设规模为年产水泥120万吨，总投资4.2亿元。是年，完成水资源论证、压覆矿厂评估、安全评价、水保方案等编制，开展征地工作。2010年，全县水泥产量25.4万吨，比2000年增长182.22%，年均递增10.93%。2011年，永贵水泥厂一期建成投产，二期工程完成投资5.35亿元。2012年，全县生产水泥120万吨，同比增长172.7%，其中永贵水泥厂生产10.18万吨。2013年，国家加大环境保护力度，大方淘汰关闭大方水泥一厂、长石山坝水泥厂等企业，减少产能48万吨。是年，生产水泥140万吨，其中永贵水泥厂生产110.11万吨。2014年，全县生产水泥131.26万吨，其中永贵水泥厂生产127.49万吨。2015年，永贵水泥厂生产水泥96.67万吨。

（五）商用混凝土

2012年，安泰建材公司建成投产，大方县开始有商用混凝土搅拌企业。是年，安泰公司生产混凝土13.37亿立方米，实现产值5377万元。2013年，源达混凝土公司建成投产。安泰公司生产混凝土18.3亿立方米，产值6820万元；源达公司生产混凝土4.51亿立方米，产值1690万元。2014年，安泰公司生产混凝土34.44亿立方米，产值1.22亿元；源达公司生产混凝土36.04亿立方米，产值1.33亿元。2015年，因生产销售不正常，两公司均处于停产状态。

（六）陶瓷

陶瓷产业是大方县新兴产业。2012年4月，大方县第一家建筑陶瓷生产企业——大方海美斯陶瓷科技有限公司入驻雨冲陶瓷园区，开始场平工程。2014年4月，海美斯年产喷墨瓷砖800万平方米生产线开工建设，原计划2015年竣工投产，后因市场原因延缓建设。2015年4月，海美斯日产60万片小青瓦生产线开工建设。

二、冶金

县境内铁矿为分布零星的鸡窝矿，品位低，不具备规模开采条件，全县冶金工业以小型炼铁企业为主。1988年曾有炼银、炼钢、炼铜等小型企业，由于开采和冶炼技术原始落后，产量很低，1991年前已基本被淘汰。1993年，核桃乡依托县招商引资政策，引进云南宣威客商投资2000多万元，在核桃乡兴建118立方米炼铁炉和年产6万吨机焦厂。6月，黄泥乡创办黄泥炼铁厂。1994年，隆达铁厂从四川省引进3名技师和技工，攻克白煤炼铁技术难关，使生产技术在白煤炼铁中处于领先水平。1994—2002年，全县审批立项铁厂8家，总投资2500万元。1996年2月，大方县化工产品公司引进资金150万元，在六龙镇利用原大方化肥厂内约3000平方米厂区建硅铁厂，年设计生产能力2500吨，1997年正式投产，生产硅铁210吨。

2007年8月，为淘汰落后设备和产业，县人民政府组织有关部门对长石镇渝黔铁厂、大方镇凉水井铁厂实行强制关闭，责令立即停止生产，拆除设备，平整场地，逐步恢复生态；向核桃乡万达铁厂下达限于2007年12月25日前拆除设备的通知。年末县内小炼铁厂全部关闭，此后，县内无冶金工业。

三、化工

（一）硫磺

县境硫铁矿储量12.86亿吨，是仅次于煤炭储量的矿产资源。1991年前，鉴于土法炼硫污染环境，县内硫磺企业受到限制，仅有2个，产量272吨，产值10.88万元。

1991年6月，农牧渔业部、国家环保局在大方县推广硫磺灭烟技术，大方硫磺生产进入高潮。1992年，县委、县人民政府号召机关、事业单位、企业带头集资兴办硫磺厂，经地区批准立项新建硫磺厂7个，加上省、地原批准的3个，全县共有硫磺厂10个，获扶贫贷款522万元。11月，绿塘乡农民刘辉等3人每人出资1万元创办绿塘乡联合化工厂从事硫磺粉加工，是年，加工硫磺粉500吨，1996年以后因生产量少，销路差而停产。1993年，县委、县人民政府出台《大方县引进资金开发硫铁矿资源优惠办法和奖励办法》，全县兴办硫磺厂积极性更加高涨，兴隆乡、安乐乡、百纳乡等乡镇集资、引资兴办硫磺厂，全县建硫磺厂23个，设计年生产能力3.25万吨，总投资966万元，是年生产硫磺9500吨。1994年，新建硫磺厂29个，投资1114万元，年末全县硫磺厂达64个，年产硫磺1.72万吨。1995年，全县硫磺产量2.29万吨。1996年，生产硫磺3.02万吨。之后，国产硫磺受国外进口低价硫磺的冲击，价格持续走低，产量逐年下降，加之县内硫磺生产工艺和设备落后，环境污染严重，多数硫磺厂关闭停产或转产硫精砂。2004年10月，兴欣硫精砂厂开工建设，2005年建成投产，有固定职工215人，常年吸收30名~40名农民工就业。2005—2008年，生产硫精砂2.95万吨，销售2.92万吨，创产值810万元，销售收入594万元。2008年，销售收入347万元。是年9月以后，受金融危机影响，产品价格急剧下滑，造成企业累计亏损172万元，2009年生产。其他转产硫精砂的硫磺厂也因价格过低相继停产。

（二）硫酸

硫酸生产为县内化工产业，原由县内企业组织生产。1991年，生产硫酸8067吨，之后产量不稳定，最高的2004年生产硫酸4950吨。2005年后全面停产。

2008年7月，贵州省大方润丰化工有限公司注册成立，注册资金6000万元，公司年产48万吨硫精砂制硫酸项目于当月经贵州省发改委备案，被列入2008年贵州省重点项目。项目计划投资2.97亿元，分二期建设3条年产16万吨的硫酸生产线（一期1×16万吨/年，二期2×16万吨/年）。第一期工程于2011年3月建成投产，第二期工程完成投资1.02亿元。

润丰化工有限公司160千吨/年硫精砂制硫装置采用国内先进的制酸工艺——沸腾炉磁性弱氧焙烧，余热锅炉回收炉气的高温余热产生高压蒸汽发电，并配高压静电除尘。炉气净化采用稀酸洗封闭净化，配两级高压静电除雾器，并采用先进的两转两吸工艺，系统产生的废渣、废水、废热被全部利用，废气排空指标达到国家排放标准。设备采用板式换热器、西恩稀酸过滤器、不锈钢转化器等。操作控制采用DCS集散控制系统，装置的自动化水平高，工人劳动强度低。

2013年，全县生产硫酸10万吨。2014年，全县生产硫酸12.6万吨，同比增长16.24%。2015年，全县生产硫酸14.59万吨，同比增长15.79%。

（三）磷肥

1990年，大方县义华实业公司兴办磷肥厂，为县内首家生产磷肥的乡镇企业，是年，生产磷肥6800吨，不变价产值175万元。从1991年正式投产到2015年停产的25年间，年均生产磷肥1.18万吨，平均年产值576.92万元。1996年以后，县内先后建强友、云武、中路、凰山、六龙5个磷肥厂。义华实业公司2003年10月被农业部授予“全国诚信守法乡镇企业”荣誉称号。2004年3月，被国家工商行政管理总局授予“全国守合同重信用单位”称号。2007年，全县磷肥产量达到顶峰，达1.8万吨，之后由于原材料价格和运输成本增高，销售量减少导致产量逐年下降。2015年，生产的磷肥仅为2007年33.33%，年底停工停产，县内不再生产磷肥。

（四）保温涂料

1989 年，大方县云龙硫磺厂更名为大方县节能化工厂，开发生产保温节能涂料。1990 年正式投产生产，产值 16 万元，缴税 2.5 万元，利润 4.2 万元，固定资产 10 万元，流动资金 28 万元。1992 年起生产不正常，产值仅 5 万元，出现严重亏损，年中停产。

第四节 漆 器

一、发展概况

大方县素有“国漆之乡”的美称，栽培漆树有 1000 多年历史。大方县生漆以量多、质优名扬海内外。

1991 年，大方漆器厂被列为“贵州省旅游产品定点生产企业”。1992 年，民营资本进入漆器产品生产加工业，以独资、股份合作等形式，先后成立 7 家私营企业，漆器生产突破原有的僵化、闭塞模式，以新面貌展现于漆器工艺品市场。2008 年，成立县漆器行业协会，成功申报并获“中国漆器之乡”称号。2013 年，“中国漆器之乡”复评成功，大方再次获“中国漆器之乡”荣誉称号。由于漆器工艺多以手工操作为主，技术含量高，阻碍漆器产品机械化和大规模生产，同时，随着老艺人年龄增长，年轻人又不愿意接手学习，导致大方漆器技术力量青黄不接，加上漆器产品物耗大、工序多、周期长、成本高，虽然质高，但价格也高，国际、国内市场竞争力不足，生产发展缓慢。到 2015 年，全县只有 8 家企业生产漆器。

二、生产企业

（一）大方县漆器厂

大方县漆器厂由大定解放初期漆器从业人员纳入手工业合作社继而转为县属国有企业，1958 年 9 月正式建厂。1991 年，大方漆器厂有在职职工 48 人，退休职工 55 人，固定资产 29.4 万元，流动资金 82.8 万元，产量 1.59 万件，产值 37.15 万元，利润 3 万元，税金 1.4 万元。由于企业技术力量不足，产品销路较狭窄，加之企业非生产性负担重，1991 年后，县漆器厂产值一直徘徊在 30 万元左右，工人工资难以为继，有退休职工利用自身手艺，相继办起漆器家庭作坊，结束了长期国营厂独家经营的局面，县漆器厂面临的竞争进一步激烈。到 2009 年，大方县漆器厂生产经营举步维艰，县人民政府对大方漆器厂进行改制，对资产、债权债务、在册职工等依法进行处理和合理安排。

大方漆器制作（2015 年 12 月摄）

（二）高光彝风漆器工艺制品厂

高光彝风漆器工艺制品厂创建于 2013 年 7 月，厂址位于大方县循环经济产业园区，从事大方彝族漆器工艺品设计和生产，在传承大方彝族漆器传统制作技艺的基础上，结合大方民间绘画，根据现代市场需求研发漆器仿古家具、漆画、各类包装盒、旅游工艺品、实用生活用品。法人代表高光友主导设计创作的漆瓶《古彝夜舞》在第十届中国工艺美术大师作品暨国际精品博览会上获得2009年“天工艺苑·百花杯”中国美术精品奖铜奖。2010年8月，贵州省文化厅命名高光友为国家级非物质文化遗产项目大方彝族漆器髹饰技艺省级代表性传承人，高光友制作的5件大方彝族漆器髹饰作品被贵州省非物质文化遗产保护中心收藏。2013年，高光彝风漆器工艺制品厂被大方县文化遗产管理局命名为大方彝族漆器髹饰技艺传习中心，被贵州省文化厅命名为国家级非物质文化遗产保护名录大方彝族漆器髹饰技艺省级生产性示范基地。至2015年，高光彝风漆器工艺制品厂累计投入资金500余万元，库存产品2000余件，净资产总计500万元以上。2015年，有员工100余人，其中技术人员36人，全年销售总额800万元。

（三）贵宝漆器工艺品公司

贵宝漆器工艺品公司成立于2010年7月，属民营企业。公司主要生产经营漆器工艺品。贵宝漆器工艺品公司在传承大方传统漆器工艺技术的基础上，不断采用现代科技，大胆改革创新，开发出具有不同档次、不同风格的漆器工艺品。产品造型别致，装饰美观，质量上乘，价格适中。符合不同层次消费群体的审美需求。有化妆盒、首饰盒、糖盒、包装盒、神仙壶、酒具、茶具、咖啡具、围棋盒、棋盘、小狗盒、鸳鸯盒，各种规格花瓶、屏风、画匾、漆画、中小型漆木家具等。主要销往省内旅游景点、礼品公司、土特产品经营店和成都、深圳、广州等地。2015年，公司有员工19人，其中，漆器工艺技术骨干5人，技工10人，达到年产1万件（套）的生产能力，销售额130万元。

（四）漆器雕刻工艺厂

漆器雕刻工艺厂于1984年创办，员工从最初的五六人增加到30多人。2002年，企业投资50万元，引进镶贝技术和喷漆技术，购进喷漆机、雕刻机，开发出民族用品、殡仪用品、旅游商品、高档家具、首饰盒等几十个新产品，生产的浮雕骨灰盒，市场占有份额达80%，年产值在200万元左右。隐花工艺“五凤朝阳”磨漆画，因制作精美、工艺精湛，被省列为专利保护工艺品；镶贝漆画《梅兰竹菊》《放牛娃》，雕刻漆器八仙桌、楠木花瓶、民族画《月下诉情》《丰收》等新工艺品受到众多收藏爱好者青睐。2008年，在杭州举办的第九届中国工艺美术大师作品暨国际艺术精品博览会上，有36件工艺作品参展，漆器《彝族咂酒壶》获优秀奖。2009年，在扬州《漆器杯》漆器大赛上，《彝族咂酒壶》获铜奖。

（五）永发漆器工艺品公司

永发漆器工艺品公司成立于2006年7月，从小作坊发展成长为小微企业。产品主要有首饰盒、立架盘、神仙壶、酒具、围棋盒、棋盘、花瓶、屏风等，主要销往河北、深圳、浙江、福建等省内外旅游景点、礼品公司，2010年，在“中国·大方第二届奢香文化节·奢香杯”漆器工艺品大赛上获优秀奖，在2012年举办的全国休闲农业创业精品大赛成都赛区荣获优秀奖，同年在南京赛区决赛获优秀奖。

（六）盛丰漆器工艺厂

盛丰漆器工艺厂由2006年成立的万氏漆器工作坊于2013年更名而来，以生产、经营漆器工艺品为主。产品有化妆盒、皮胎首饰盒、糖盒、围棋盒、包装盒、酒具、茶具、棋盘、鸳鸯盒、各种规格皮胎及布胎花瓶、屏风、画匾、漆画、中小型家具等上百余类。主要销往贵州各大旅游景区、礼品公司，并逐渐拓展全国市场。2006年，漆器作品《神仙壶》在“开磷杯”多彩贵州旅游商品能工巧匠选拔大赛中获贵州名匠“最佳制作奖”。2008年，“瓮福杯”多彩贵州两赛一会大赛中获最具特色奖。2009年，“国密董酒杯”大赛中获网络评选“大众喜爱作品奖”。2010年，“国酒茅台杯”设计大赛中“彝族牛角敬酒杯”漆器获小类别设计三等奖。2015年，公司有员工36人，其中，技师10人，固定员工6人，临时工20人。

（七）祥龙漆器厂

祥龙漆器厂创立于2007年，原名陈氏漆器工艺坊，2013年6月，更名为大方县祥龙漆器厂。主要产品有皮胎花瓶、茶盘、各类包装等，年产值300万元。企业产品分获2010年第十一届工艺美术大师作品暨国际精品博览会2010年“天工艺苑·百花杯”中国工艺美术精品优秀奖；“中国·大方第二届奢香文化节·奢香杯”漆器工艺品大赛二等奖。2011年，在扬州举办的中国漆器艺术精品展上获“百花漆花杯”中国漆器艺术精品银奖。2013年，在第九届中国（深圳）国际文化产业博览交易会冬季工艺美术精品展“中国工艺美术百花奖”获银奖和铜奖。

（八）甲寅漆器工艺制品厂

甲寅漆器工艺制品厂成立于2013年，主要加工生产大小漆器花瓶、屏风、茶盘、茅台酒盒、骨灰盒等产品。2013—2015年，企业有固定员工8人，年产值最高时达50万元。

第五节　食　品

20世纪末，大方县农业特色产业逐渐形成，以中药材生产、辣椒制品、豆制品等为主。进入21世纪，农业特色产业、农产品加工企业迅速发展，天麻及天麻制品、食用菌种植、茶叶生产等产业发展迅速，在产业结构调整和转变经济增长方式中，形成一支主力军。至2015年，食品制造及农副食品加工业总产值达4.03亿元，年末从业人员400人。

一、粮食加工

加工原料有稻谷、小麦、玉米、荞子、燕麦、大豆等。1991年前，农村以水力或人力加工，仅在有电力具备加工条件的地方有简单机械加工面条。随着供电条件的改善，以电作动力的加工机械逐步推广，人工加工逐步淘汰，以粉碎机、打浆机、脱粒机、电磨等电力机械加工为主，粮食加工业逐渐转为私营个体企业。加工类型多为综合性加工，具备加工大米、面粉、玉米、面条等制成品的功能，部分企业收购小麦加工成面粉或购进外地面粉加工面条，用大米加工米粉、用豌豆加工粉条。1991—2015年，粉条加工产量最高时达300吨，一般年份在60吨左右。

二、油菜籽加工

1991年，油菜籽加工开始使用榨油机具。1991年后，随着粮油购销政策的放宽，社队办榨油厂逐步转为个体经营，主要从事来料加工和季节性加工，部分企业收购少量油菜籽加工。1991—2009年，乡镇企业生产食用油最高时达529.5吨。2010年后，随着各类调和油、色拉油进入市场，小作坊土法加工菜籽油的市场占有率逐步缩小。

三、豆制品加工

大方县以大豆为原料生产的豆干、豆棒、豆豉颗、豆豉粑等豆制品远近闻名，豆豉颗、豆豉粑则为大方传统食品和调味品，历史悠久。1985年起，城关部分居民小作坊加工豆棒出售持续不断，至1991年产量达90吨。1991年后，白布、小屯、珠场等地有部分农民加工豆棒出售，仅小屯乡就有60余家家庭作坊生产豆棒。2002年6月，大方县石老祖公豆制品公司成立，项目总投资600万元，年加工豆制品1000吨，生产豆干、腐竹、腐皮、豆棒等豆制品系列产品。2003年10月，石老祖公豆制品公司生产的“九股水”牌豆制品获“贵州省名牌农产品和毕节地区优质农产品”称号，在中国（广州）国际食品工业展览会上获金奖。2009年，仅石老祖公1家就生产豆制品300吨，营业收入743万元。始建于1999年的大方琼芳食品厂，2005年更名为大方县琼芳食品开发公司，是生产加工辣椒制品、豆制品、酱泡菜系列产品的农产品加工企业，生产的豆制品有大方豆豉、豆棒等传统风味产品。沙坝豆干、六龙豆干、珠场豆干等仍为家庭作坊生产，未形成名牌优势，豆棒生产也还有不少属于家庭作坊加工生产。

大方豆制品小卖部（2012年4月20日）

四、辣椒制品

皱椒（线椒）是大方县农民经过长期选育的优良品种，在国内外市场享有盛誉。2008年8月，中国食品工业协会授予大方县“中国皱椒之乡”称号。大方县天椒食品公司，是县内生产加工辣椒制品和收购销售辣椒的小型企业，“天椒”牌辣椒系列产品包括油辣椒、鸡辣椒、辣椒油、牛肉椒、鲜肉椒、辣三丁、泡甜椒、辣豆豉等10余类品种。大方县琼芳食品公司生产的“琼芳”牌香字风味油辣椒、干辣椒粉、糟辣椒、豆瓣酱等系列辣椒产品，经贵阳海关备案，取得产品出口经营权。

五、茶叶加工

大方茶叶精加工始于1987年，毕节地区茶科所引进遵义先进茶叶加工技术，派茶叶加工技术员指导大方县理化林农联营公司，以茶园所产茶叶加工毛峰茶，产品使用“遵义毛峰茶”商标，上市后畅销省内外。1995年，鸡场乡建成塘坡茶场，有茶园600多亩，产品使用“塘坡毛尖”商标，为人工生产加工，每年加工茶叶产品不足200公斤。2007年，贵州海马宫茶业公司运用先进的工艺设备，精选海马宫所产茶青，加工制作“海马宫”牌翠芽、珠茶两个系列有机茶产品，2009年9月被评为贵州名优品牌。九洞天资源开发公司茶叶分公司生产的“九洞天”牌仙茗绿茶、仙茗毛尖、仙茗翠片是无公害有机优质茶，2009年5月，九洞天仙茗毛尖获中国（上海）国际茶博会金奖。

六、酿酒

1963年，大方县酒厂生产的“方酒”获省级名酒评比第一名。1993年年底，大方酒厂累计亏损190.7万元，生产经营陷于半停产状态。1994年8月，县人民政府作出批复，原则同意大方县酒厂依法破产，要求按照法律程序办理破产有关手续。1991年后，大方酿酒业以个体作坊为主，遍及全县城乡，多以玉米为原料，多酿造45度白酒。白酒产量在大方自产酒中占80%左右。对江镇石桅村、小屯乡法启村两地农民历来以粳米、糯米酿造米酒和糯米酒，在县内颇有名气。八堡彝族苗族乡、兴隆苗族乡的苗家人世世代代传承下来的独特配制工艺酿成的水花酒，既是苗家人一年四季饮用酒，也是接待亲朋好友佳酿。每年农历九月到十冬腊月，用当地当年收获的优质粳米或糯米浸泡蒸熟后，添加酒麯自然发酵配制而成，酒为金黄色半透明液体，泛嫩绿色，酽稠黏手，酒精度较低，口感宜人，回味绵甜酸辣，清凉爽口，风味独特。1995—1996 年，县内曾酿造大方咂酒（即水花酒）500 毫升瓶装销售，后因保质期短而停产。2004 年，九龙天麻公司开发生产"九龙腾"天麻酒，经省卫生厅批准上市销售。为发掘和弘扬苗家水花酒传统酿造工艺，2010 年 3 月，八堡乡"苗家人水花酒厂"建立，被毕节地区列为"十二五"重点开发项目，投资 260 万元，用传统工艺与现代科技相结合，酿制既保留传统风味又符合现代人的口感、色泽纯正、香味浓郁的水花酒。

七、天麻制品

2000 年前，县内仅有干品天麻上市。由于采用传统的加工炮制方法，天麻的有效成分——天麻素流失 20% ~30%，降低了天麻的独特功效。2000 年后，九龙天麻公司、云龙天麻公司等企业采用先进生产设备和工艺加工天麻产品，保存天麻的有效成分，降低含磺量和重金属含量，符合国家规定的绿色产品要求，获批准生产销售。2006 年 5 月，九龙天麻公司、云龙天麻公司被认定为毕节地区第一批农产品加工龙头企业。九龙公司多年研发成功的"九龙腾"天麻产品有干品天麻、保鲜天麻、天麻胶囊、天麻酒、天麻颗粒、食得乐颗粒等多个品种，经贵州省卫生厅批准销售。"九龙腾"牌天麻被贵州省农业厅认定为"贵州名牌农产品"。云龙公司开发出保鲜天麻、天麻胶囊、天麻露（饮料）等新产品 10 多个品种，获准生产销售，成为大方县天麻产品生产规范化、产业化的生产加工企业。2009 年 12 月，贵州省农业委员会授予"云龙山"牌天麻"贵州省名牌农产品"称号。2009 年，两家公司生产销售天麻系列产品 200 吨，总产值 1200 万元，实现营业收入 1150 万元。

八、锅巴

2014 年，大方天雨食品开发有限公司开发生产出新兴食品——锅巴，产值 60 万元。2015 年，产值增加到 300 万元。天雨锅巴成为新兴食品一大亮点，产品远销广西、四川、河南、云南等地。

九、饮品

2012 年 12 月，贵州奢香野生源食品饮料公司在大方经济开发区成立，2014 年 1 月试产，7 月产品推出市场。公司主要产品有"美菇奢香"品牌野生刺梨汁、雪莲果汁、蓝莓汁、野生沙棘汁、野生葛根汁、桑葚汁、猕猴桃汁等为代表的果蔬汁系列；以核桃乳、花生乳、紫苏等为代表的植物蛋白饮品系列；以玉米、红豆、绿豆、高粱、小米等为代表的五谷杂粮饮品系列。各系列产品销往重庆、湖南长沙、广西柳州、云南昆明、江苏盐城及省内各地州市场。2013 年 5 月，贵州阳光食品公司成立，注册资金 3000 万元，以"公司 + 基地 + 农户"模式建成大方县首个核桃基地 1.26 万亩，主要生产核桃乳和猕猴桃汁。2015 年，阳光食品公司销售额 2300 万元，使用核桃原料 1500 吨。

十、酱菜

2013 年 12 月，吴记老字号食品公司在大方县药品食品产业园区成立，注册资金 10 万元，以生产销售甜面酱、酱腌菜、豆制品、调味剂（豆豉油辣椒）等为主，所产甜面酱及酱腌菜，以大方本地小麦和蔬菜为主要原料，经特殊工艺加工而成，风味独特，口感舒适，获市食品药品监督管理局颁发食品生产许可证、市农业产业化经营领导小组授予"毕节市名优农产品"称号。2015 年，实现营业收入 1366.99 万元。

十一、肉制品和糖品

2014年3月，贵州黔古轩食品开发有限公司在大方经济开发区成立，拥有先进的高温肉制品生产线和红糖生产线各一条，主要产品有醇香味卤汁牛肉、香辣味卤汁牛肉、五香味牯藏牛肉、麻辣味牯藏牛肉、五香味酱香鸭舌、麻辣味酱香鸭舌，产品酱香甜美、肉质香滑耐嚼。公司同时生产有蔓越莓红糖、玫瑰红糖、桂花红糖、奢香红糖、枸杞红糖、贵妃红糖等12个系列产品。

第六节　其他工业

一、印刷

1992年，全县有国营印刷厂1家，非公有制印刷企业7家。随着市场竞争和技术进步的加快，大方县印刷厂因产品单一、生产设备老旧，企业无力对严重破损的生产厂房和老旧设备进行维护和更新，更无力引进电脑胶板设备，只能勉强维持。1999年后，大方县国营印刷厂处于完全停产状态，全县印刷行业基本由非公有制印刷企业及广告公司覆盖。随着私营印刷业不断兴起，电脑打字业、复印业、电脑制版、胶版印刷等新技术、新设备不断增加，取代了手工油印和人工排版工艺，电脑打字复印、电脑制版、胶版印刷、复印、彩印等成为主流。到2015年12月，县内有个体小微印刷企业9家，私营打字复印店149家，印刷、打字复印从业人员582人，产值约900万元。

二、制鬃

大方县制鬃业历史久远，早在1944年就办厂生产。20世纪50年代，县制鬃厂成立。1981年，县制鬃厂生产熟鬃45.75吨，为历史最高。1988年，县制鬃厂生产的熟猪鬃产品获轻工业部颁发“轻工业优秀出口铜质奖”。自1989年起，产量逐年下降。1991年出现亏损。到1998年，累计亏损127万元。1998年12月，大方县制鬃厂申请破产。

三、烟叶复烤

1982年，总投资105万元（其中，县财政拨款72万元，银行贷款33万元）的大方县烟叶复烤厂建成投产。复烤厂占地面积26.73亩，建厂初有职工75人，主要设备有微波复烤机4台。1984年，复烤厂改属县烟草局。从1984年起，投入技改资金182.8万元，购置锅炉、蒸汽复烤机等设备，扩建厂房，新建蒸汽复烤生产线，增加微波复烤机2台，微波、蒸汽两种工艺同时投产，当年产量5517.8吨。1982—1985年，实现利润682.1万元，年均170.53万元。1986年，烟叶复烤厂上划省烟草公司，不再属县财政预算内企业。

四、涂层织物

1991年2月，县涂层织物厂动工建设，一年后竣工。投入资金350万元，其中轻工系统投资251万元，购进安装大型设备——涂层机、远红外轧机、烘干机、脱水机、SGD捲捻机、锅炉等。1992年，生产涂层布14万米，涂层纺绸10万米，销售收入216.3万元，实现利润22.2万元。1993年，生产涂层布42.8万米，涂层纺绸32万米，有职工138人，其中技工122人。从是年起，实施第二期工程，累计投入500万元，1995年初竣工，建成成品库410平方米，购进安装大型设备磨毛机、磨洗机3台，26台附属设施。1994年，全国棉布大幅涨价，导致原材料成本猛增，1995年亏损77万元，到1997年，累计亏损177万元，全面停工停产。

第二章　工业园区建设

2010年11月，报经市政府批准，大方县设立毕节试验区大方食品药品产业园区和大方县循环经济产业园区，拉开工业园区建设的序幕。大方县以园区为载体，制定优惠政策，集中改善投资环境，扩大招商引资，鼓励县内外单位、企业家到工业园区兴办企业，发展工业经济，是大方县贯彻落实中共贵州省委、省政府2010年提出的“加速发展、加快转型、推动跨越”主基调和实施“工业强省、城镇化带动”主战略的重大决策。

第一节　贵州大方经济开发区

一、规划布局

贵州大方经济开发区位于县城北面，规划面积46.86平方千米，横跨小屯乡、大方镇、东关乡、安乐乡、核桃乡，东抵六龙镇坝子村，南接顺德街道石墙村，西至东关乡岩下村，北邻核桃乡营光村。开发区距省会贵阳市200千米，距泸州长江码头280千米，距毕节市区50千米，贵毕路、大纳路穿越其中；毕节环北高速公路、杭瑞高速公路、黔大高速公路交汇于内；成贵高铁在开发区内设客运站，距昭吉铁路双山客运站、隆黄铁路竹园货运站8千米，距毕节飞雄机场12千米。开发区内主要有贵毕高等级公路、G326国道、G321国道、S209省道、S211省道等主要公路，交通便捷，区位优势明显。

（一）产业布局

大方经济开发区发挥地区资源优势和交通优势，承接东部沿海一带产业链上游地区的产能转移，构建以煤电、化工、建材、食品药品、电子信息产品及地方特色产品、现代装备制造相关支撑行业、商务办公等为主导的特色产业集群；完善相关配套产业，如现代物流业、文化创意产业、工业及生活服务产业等。

（二）空间布局

开发区由南到北分别布局循环经济产业园区、食品药品产业园区、高新技术产业园区，分别代表大方经济开发区产业发展的3个阶段。第一阶段以矿产资源加工和城市快速建设所需的建材、化工产品为主要方向，为城市工业起步打下基础。第二阶段利用本地特色农产品、药材发展对环境相对友好的食品、药品产业，拓展主导产业类型，形成城市产业特色，适应城市工业快速发展需要。第三阶段利用城市产业基础和积极迎接区域产业转移，大力发展技术含量高、产品附加值高的高新技术产业和现代服务业，形成地方优势品牌和研发能力，抢占未来城市产业发展的技术创新高地。根据现状产业分布、交通设施建设和自然环境条件，三个产业园区内分为不同的产业组团，各产业组团区分不同的主要产业类型，有所侧重又相互关联。循环经济产业园区由南至北包括新铺工业组团、龙昌工业组团和岩下工业组团，各产业组团既有分工，又根据能源化工及建材业的上下游关系，形成循环经济产业群。食品药品产业园区由同心大道划分为食品工业组团和药品工业组团。高新技术产业园区包括罗寨工业组团和高新研发组团，组团之间由山体绿带分割，通过便捷的道路连接，既便于分期开发，又适应大方地形地貌特点，形成功能有序、环境友好的特色开发区。

二、投资建设

开发区的前身是大方县工业聚集区。工业聚集区的建设是地委、行署为加快全区工业化进程作出的重大举措，是地区重点督办的“十项工作”之一。2007 年 4 月，县完成《大方县生态工业园区规划方案》，初步提出以大方火电厂至小屯乡一带为工业聚集区初选方案，聚集区规划面积 10 平方千米。2008 年 12 月，《大方县工业聚集区控制性详细规划》经地区经贸局组织专家组评审通过，规划面积 16.65 平方千米。2010 年 11 月，县委、县人民政府申报成立大方县循环经济产业园区和毕节试验区大方食品药品产业园区，分别设立大方县循环经济产业园区管理委员会、毕节试验区大方食品药品产业园区管理委员会。

毕节试验区大方食品药品产业园区是中央统战部与省委、省政府共同建立的同心示范产业园，是省委、省政府“十二五”规划的重点项目和产业强省重点建设园区，是毕节试验区唯一的药业及农特产品产业园区。2012 年 8 月，贵州省政府以《省人民政府关于同意设立贵州大方经济开发区的批复》，批准设立贵州大方经济开发区，列为省级开发区。2013 年 4 月，将毕节试验区大方食品药品产业园区和大方县循环经济产业园区合并为贵州大方经济开发区，设立贵州大方经济开发区管理委员会与贵州大方经济开发区党的工作委员会。

循环经济产业园区从 2011 年成立到 2012 年，累计完成投资 38.62 亿元，其中，基础设施 14.41 亿元，产业发展 24.21 亿元，开发面积 5.2 平方千米。长 2.35 千米、宽 20 米的园区骨干道路——方圆大道全面建成投入使用，建成标准化厂房近 30 万平方米，供水基本保障、园区临时供电。累计签约入驻企业 35 家，建成投产企业 14 家。贵州石中玉投资发展有限公司石材工艺厂、大方群策矿山机械贸易有限公司、大方圳太轻质混凝土有限公司蒸汽免烧砖厂、大方皇嘉资源开发有限公司沥青搅拌厂、安泰建材有限公司等一批中小企业建成投产。园区框架初步成型，承载能力增强，产业集聚效应呈现。2012 年，实现工业增加值 12.5 亿元，解决就业 2547 人。2013 年，循环经济产业园区完成产业项目投资 28.2 亿元，基础设施完成 6.5 亿元。新增开发面积 2.02 平方千米，建成标准化厂房 20 万平方米，新增入园开工项目 16 个。招商引资签约资金 35.5 亿元，招商引资到位资金 17.5 亿元。完成工业总产值 40.15 亿元、工业增加值 15.2 亿元。累计入驻企业 44 家，总签约资金 145.6 亿元，建成投产 20 家，在建 24 家。完成 2350 米道路绿化、亮化及给排水工程。实施

入驻大方经济开发区的贵州农牧蓝雁集团（2014 年 7 月摄）

盈田集团厂房范围内道路油化工程及绿化建设。铺设12千米输水管道，实现园区同杜鹃大道供水管网并联。建设蓝领公寓面积10万平方米。实施园区各施工项目供电线路安装工程。中国电信、移动、联通通信网络在园区范围内实现全覆盖。

2012年，食品药品产业园区累计投资8亿元，建设日供水800吨临时供水管道，启动日供水1.25万吨折溪河提水工程及净化水厂建设及日处理7000吨污水处理厂建设。实施园区建设项目用电的安装工作，建设园区主干道同心大道、神农大道一期和标准化厂房1号道路，启动神农大道二期、蓝雁大道建设，完成23万平方米标准化厂房建设，实施第一安置小区137户农户安置房建设和安置区朝中路建设工作。园区累计入驻企业19家，签约7家，招商引资合同金额32.55亿元，企业建设累计完成投资10.08亿元，其中投产企业1家（金凤饲料），试生产企业2家（百里花食品厂、川娃酱鸭食品厂）。征地3974.2亩，涉及农户1000余户，丈量房屋135户，拆迁安置农户106户，搬迁坟墓1057座和移位改线电杆198棵。2013年，药品食品产业园区完成投资40.9亿元，其中基础设施完成投资20.7亿元，产业项目完成投资20.2亿元，园区基本实现“七通一平”。建成园区道路12.6千米，完成投资5.9亿元。园区同心大道、神农大道一期、朝中路、标准化厂房1号和2号道路、污水处理厂进厂道路竣工投入使用。神农大道二期、蓝雁大道完成工程量98%，安置小区1号、2号、3号路以及30万平方米厂房厂区道路建成投入使用。总投资6295万元的110千伏朝中变电站建成投入使用，实施30台变压器及架设55千米供电线路安装工程。总投资550万元日供水2000吨的园区内16千米输水管道安装结束投入使用。总投资9810万元的日提水1.68万立方米折溪河提水供水工程完成建设，日处理3000立方米临时水净化处理工程建成投入使用。投资1.21亿元建设日供气6万立方米的供气站项目，已完成70%，第一期供气项目建成试用。申报项目用地5600亩，平整场地5500亩，削掉30余座山，填平20处凹地。大方县日处理90吨垃圾处理场建成投入使用，企业自建污水处理项目1家。完成投资9.8亿元，标准化厂房主体工程完工37.9万平方米，具备入驻条件的建成29.9万平方米。引进23家中小型企业入驻，建成投产或试生产企业12家，使用厂房面积为22.5万平方米，厂房使用率为75%。投资1亿元以上企业9个，投资3000万元至1亿元企业22个，3000万元以下企业6个，共计引资43.4亿元，到位资金21.5亿元。建成投产或试生产项目15家，园区累计实现工业产值7.5亿元，带动就业3000人。

2014年，经济开发区完成固定资产投资68.17亿元，其中基础设施建设投资16.17亿元。实现工业总产值57.37亿元，工业增加值22.37亿元。园区新增建成面积3平方千米。新开工产业项目28个，引进企业86家。投入2.78亿元，建成3.2千米道路；投入3480万元亮化、绿化道路1.9千米；更换安置区道路井盖38个；投入192万元，架设殷家沟至园区共2.7千米专线；投入300万元，改架输电线路35千米，安装变压器32台；架设容量5000千瓦、总长1.98千米的雪榕10千伏输电线路。食品药品产业园内110千伏朝中变电站建成投入使用，累计架设10千伏输电线路6.5千米，实施项目建设用电安装工程。建成临时供水管道安装工程，日供水量600吨，建成日供水2000吨县城方向应急供水工程，投入8030万元建成日提水1.47万吨折溪河提水供水工程。投入800万元建成日处理1000吨临时污水处理站项目，投入3600万元建成日处理7000吨的污水处理厂工程，投入6940万元建成第一期污水管网7.8千米，建成第二期总长8.19千米污水管网工程6.8千米。循环经济产业园区沙子坡片区供水工程施工，实施垃圾发电厂和企业六点半豆奶供水工程，完成食品药品园区、循环经济产业园区公租房食堂装修工程。日供气6万立方米的供气站一期项目投入使用。

2015年，经济开发区完成工业投资66.18亿元、工业总产值76.5亿元、工业增加值22亿元。新开工产业项目29个，标准化厂房入住率98%。接待客商近600人次，新引进宝寿生物、苗溢堂药业、辰天生物、大方玖荣春晖千年油桐等产业项目13个，项目签约资金总计20.15亿元。入驻企业92户，其中，建成投产企业61户，在建企业31户，解决就业8300人。

大方经济开发区（2015年12月摄）

至2015年12月，贵州大方经济开发区累计完成固定资产投资286.63亿元，其中，基础设施建设完成投资73.92亿元，产业项目建设完成投资212.71亿元，实现工业总产值318.5亿元。建成标准化厂房109.77万平方米，引进入驻企业102家，其中，规模以上企业33家（投资10亿元以上企业2家），建成投产企业62家，在建或安装设备企业40家。建成道路18.6千米，完成供水工程、污水处理厂、污水管网等给排水工程，建成日处理7000吨的污水处理厂1座。建成大方雪榕生物科技有限公司容量5000千伏、总长1984米的10千伏输电线路，建成殷家沟至循环园区输电线路，建成循环园区沙子坡片区供电供水工程，检测验收太平洋集团承建的9号、10号标准化厂房电梯及其附属工程，电子商务产业园建成投入使用。建成10千伏输电线路总长22千米，迁改和安装开发区通讯线路，形成多功能、全方位、全覆盖、快捷方便的通信体系。建成日供气6万立方米的供气站一期项目，绿化面积140多亩，修建公租房1380套。建成标准化厂房91.2万平方米，其中，政府建设45.73万平方米，企业自建45.47万平方米。

第二节 陶瓷工业园区

一、规划布局

大方县陶瓷工业园区始建于2011年9月，位于雨冲乡和沙厂乡交界处，西起雨冲乡金门村罗家寨，东至金门村木旮组，南至沙厂乡仓上村，北抵雨冲河一号桥头，距县城60千米，总规划面积7.77平方千米，建设用地3.33平方千米，其中工业用地1.54平方千米。园区北部组团地形破碎，发展规划向南部推进，规划修编后总面积12.48平方千米。

园区采用“组团式”开发，形成“一区六组团”。按照“产城一体”规划进行建设，与雨冲乡小城镇发展相结合，实现工业化、城镇化、农业现代化同步推进。规划到2025年，园区建成152条陶瓷生产线，拥有40条陶瓷原材料标准化生产线、80条陶瓷砖生产线、12条卫生陶瓷生产线和20条其他陶瓷产品生产线，陶瓷砖产量4亿平方米，卫生陶瓷产量720万件，美术陶瓷、园林陶瓷和日用陶瓷产量8000万件，年产值140亿元以上，陶瓷产业链总体综合产值350亿元，解决就业4万人以上。

二、投资建设

2011年4月9日，内蒙古乌海市海美斯陶瓷科技有限公司与大方县人民政府签订《陶瓷科技产业开发投资协议》，拉开金门陶瓷园区建设帷幕。是年，相关规划编制和评审基本完成，场平及厂房建设、供水供电工程有序推进，园区规划建设有序铺开。同时，初选出36个陶瓷原料矿点，其中15个当年完成普查报告书编制并通过专家评审，开展矿山野外勘探工程作业。7月20日，海美斯进场施工，挖填土石方350多万立方米，场平650亩，打通园区与杭瑞高速公路下穿交叉口通道，路网骨架基本形成。

陶瓷产品制作（2012年11月17日摄）

2012年，园区控制性详规、工业用地勘界、压覆矿产评估、地灾评估及全县陶瓷矿产资源普查全面完成。建成沙厂乡仓上村工业用水输水管道、提水站。园区10千伏电力专线建成待验收。物流园区仓储房场平工程完成土石方开挖42万立方米，完成投资2500万元。海美斯第一条精品陶瓷生产线建成投入试运行，2条耐火集料生产线回转窑等大型设备安装完成，兴建中铝球生产车间、煤气发生炉、精品陶瓷生料库和耐火集料生料库。公司4500平方米办公楼完成选址，进入建筑方案设计，3600平方米宿舍楼建设进入主体第二层施工。建成凤山乡石牛圈矿山公路及临时办公用房，雨冲乡金星矿山公路进行施工，申报办理矿山立项相关手续。贵州大方松马陶瓷科研有限公司于2012年12月入园，总投资3亿元，计划建5条生产线，建设期5年，建成后年产精品陶瓷、日用陶瓷、艺术陶瓷260万件以上，建筑陶瓷150万平方米以上。是年，工商、税务、质监、银行、发改的登记注册和备案办理完成，工程进入场平阶段。境内陶瓷原料矿山初勘工作基本完成，东关多水高岭石（两座），凤山硅矿，六龙白龙坡、四轮山多水高岭石，凤山石牛圈多水高岭石，理化新街膨润土，雨冲金星耐火黏土，毕节海子街白泥坝，放珠卡房黏土，猫场六仲多水高岭石，百纳多水高岭石，金沙岚头三桥钾长石13座矿山的相关地质资料（储量报告和开发利用方案）编制完成并获得市国土资源局批复，其中，百纳多水高岭石矿按政府安排配置给循环经济产业园区；东关（两座）多水高岭石、凤山石牛圈、雨冲金星耐火粘土、猫场六仲5座多水高岭石粘土矿采矿权由海美斯公司依法取得。

2013年，完成固定资产投资2.1亿元，其中，园区市政道路一号路A段、二号路、三号路、三号路延伸段、六号路5条2.7千米建成投入运行，八号路开工建设，四号路设计完成。沙厂乡仓上村工业用水工程建成投入使用，雨冲河提水工程进入施工阶段。10千伏电力专线建成投入使用，110千伏变电站、污水处理、垃圾填埋工程申报立项。建成标准化厂房4200平方米。天然气主配套管网埋设完成，进行门站建设。

2014 年，完成基础设施建设投资 1.73 亿元。八号路完成铺油 2.3 千米，完成总工程量的 80%；四号路完成铺油，完成总工程量的 90%。累计建成标准化厂房 8.4 万平方米。初步建成 10 条生产线，其中，海美斯陶瓷公司 9 条，松马陶瓷公司 1 条。完成园区 7.77 平方千米总规和控规，委托中煤重庆院编制的控规环评报告书通过县环保局评审并批复。完成园区规划修编初稿，修编后园区总规划面积 12.48 平方千米。

2015 年，完成固定资产投资 2.81 亿元，园区基本建成市政道路 7 条 6.7 千米。雨冲河提水工程完成截流坝及防洪墙浇筑。累计建成标准化厂房 12.8 万平方米，建成公租房 1 栋 2 个单元约 2000 平方米主体工程以及另 1 栋基础工程。与福建德化第五陶瓷厂、福建晋江美胜陶瓷公司、四川自贡金海陶瓷公司等 6 家企业达成投资意向。

至 2015 年年底，园区累计完成固定资产投资 11.96 亿元，其中，企业完成产业项目投资 8.1 亿元，政府完成基础设施建设投资 3.86 亿元。引进贵州省海美斯科技有限公司、贵州大方松马陶瓷科研有限公司、中石油大方昆仑天然气有限公司、毕节双城振华房开有限公司、贵州大方奢香陶瓷科技有限责任公司、贵州佳鹏矿业有限公司、毕节市大方县万象新型材料科技有限公司 7 家企业入驻园区，引进投资 34.36 亿元。累计建成标准化厂房 15.87 万平方米，其中政府投资建设 5 万平方米。六号路 450 套公租房建设完成 1 栋主体工程、1 栋 4 层主体工程、1 栋 3 层主体工程，八号路 450 套公租房完成场平施工。园区加油站完成管理房主体工程及部分围墙。累计完成县内 13 座矿山的地质资料编制及批复，配置矿山给海美斯公司 11 座、松马陶瓷公司 1 座、奢香陶瓷公司 1 座；列入市矿业权设置矿山 25 座，挂牌矿山 1 座（毕节金银山）。

2015 年，海美斯公司完成投资 8.6 亿元，用地 1260 亩，建成标准化厂房 15.57 万平方米；建成投产年产工艺陶瓷 30 万件、酒瓶 2000 万支精品陶瓷生产线，实现年产值 2.15 亿元；建成投产 2 条耐火集料连体窑生产线，年产耐火集料熟料 20 万吨，实现年产值 5 亿元，解决就业 2000 余人；年产 50 万吨耐火材料生产线完成场平工程；陶瓷文化广场、餐厅、职工宿舍建成投入使用，销售大楼、研发中心完成主体工程。松马陶瓷公司于 2012 年 12 月入园，用地 300 亩，建 5 条生产线，建设期 5 年；完成 3000 平方米综合楼建设，第一条工艺陶瓷生产线建成试生产。昆仑天然气公司计划投资 0.56 亿元，在园区建供气门站，完成门站至海美斯公司主配套管网埋设及门站征地。双城振华房开公司计划投资 4.6 亿元，开发用地面积 234 亩，总建筑面积 24 万平方米，完成售楼部及七、八号楼 8 个单元约 1 万平方米建筑面积。奢香陶瓷公司计划投资 1.2 亿元，用地 130 亩，建 3 条酒瓶生产线，完成场平工程和钢结构厂房定制，因资金链断裂工程停止。佳鹏矿业公司立足服务园区企业，在全市范围内开展找矿、探矿工作，成功将八堡陶土矿山的相关地质资料转让给万象公司，10 月，因政策原因停止探矿工作。万象公司第一期工程计划投资 2.5 亿元，建成后年产陶瓷砖 1000 万平方米，完成场平 300 亩，生产线主厂房开工建设。

三、原料矿山配置

2013 年，陶瓷工业园区设置原料公司并开始矿山资源配置工作，完成地质资料编制并获市国土局批复，配置给海美斯公司矿山 13 座。原料公司取得开采权矿山 3 座，挂牌出让矿山 1 座（八堡）。完成与 108 地质队联合到七星关、赫章、威宁、黔西、金沙等周边县区开展陶土矿山初勘工作；织金铝矾土矿权出让协调、黔南龙里铝矾土资源协调取得进展。2014 年，为陶瓷园区矿业权设置矿山 25 座并完善相关手续，园区入驻企业取得 13 个陶瓷原料采矿权，资源量 100 多万吨。2015 年，配置陶瓷原料采矿权 14 个。

第十三篇
交通　邮政　通信

第一章　交　通

大方县地形复杂，山高谷深，沟壑纵横。行路难，修路难，交通闭塞长期制约大方县经济社会发展。20世纪90年代，县委、县人民政府采取专项拨款、以工代赈、民办公助等措施修建公路，山区人民投工投劳积极参加公路建设。至1992年，全县公路通车里程1454.39千米，其中，国道2条，即清镇至毕节公路、大方至金沙公路，境内里程140.6千米；省道2条，即黄泥塘至织金公路、大方至四川纳溪公路，境内里程83.69千米；县道9条，境内里程302.9千米；乡道82条，里程585.2千米；村道83条，里程342千米。除大纳路为二级公路外，其余为三、四级公路，多数为等外级公路。进入21世纪，国家实施西部大开发战略，中央和省、地、县加大交通基础设施建设投资，大方县交通建设实现跨越式发展。至2015年，杭瑞高速公路遵毕段和黔大高速公路建成通车，提升改造G321国道贵毕公路、G326国道大方至金沙段，扩建省道8条，县道、乡道、村道路网优化，全县公路通车里程3885.17千米，实现“县域通高速，乡乡通油路，村村通油砼路，寨道全硬化”目标。隆黄铁路大方至织金段建成通车，成贵高铁大方境内路基、桥梁、隧道等主体工程完成。毕节飞雄机场建成通航。大方县交通建设大发展，初步形成立体交通格局。

第一节　公　路

一、概况

1992—2000年，大方县继续采取专项拨款、以工代赈等形式，优先解决通乡公路建设，多方筹资建设镇际公路、景区公路、县级公路。1992年12月26日，建成大方至纳溪公路大方境62千米，打通大方与四川的联系通道。1993年，建成化育至石牛角与普底老街至黔西金坡共8.5千米景区公路及绿化工程，加快百里杜鹃旅游景区开发。1997年4月18日，开工建设贵阳至毕节高等级公路第三期工程归化至落脚河段16.83千米；9月，建成居乐至二铺县际公路大方境24.9千米，四川方向车辆不再绕行大方，直接由此线进入毕节，加快大方北片区和毕节的经济发展。1998年11月，建成猫场至纳雍化作10.88千米县级公路，结束梯子岩人背马驮的历史。2000年6月，建成烂木杆至雨冲大田公路15.2千米，大方至金沙公路境内75千米，不再绕行翘扁担至竹戛，缩短距离10.8千米。

2001—2005年，随着公路大中修、通达工程、县际油路建设等工程的实施，大方县实现交通大跨越。2001年10月16日，贵阳至毕节高等级公路建成开通，县境内66.5千米，成为大方县通往省会贵阳的主要通道和西南出海的重要辅助通道，使大方成为西南出海通道的重要物资集散地和运输中转站。同年，完成《大方县火电厂煤炭运输公路建设规划方案》。2003年，启动通达工程建设计划，建成公路15条96.1千米。2004年，建成厂区公路3条5.63千米。全县建成公路11条

109.92千米。至2005年，建成公路44条293.6千米。2001—2005年，交通基础设施得到大幅度提升，县境有高等级公路65千米，二级公路94千米，三级公路261.7千米，四级通乡公路479.4千米，等外级公路1355千米。基本形成“二横三纵四联十七支”公路网络骨架。

1992年开工1998年竣工通车的大方县后槽至纳雍县化作公路大方境猫场镇梯子岩段（2014年4月摄）

2006—2010年，开创地方垫资建设模式，形成以政府投入为主、农村社区为辅、社会各界共同参与的多渠道筹资机制。2007年，改造赖珠线（赖石包至珠场）14.5千米和黄普线30.4千米通乡油路。2007年12月，启动大纳路至光华村21.46千米通村油路改造。同年，改造赖珠线14.5千米和黄普线30.4千米通乡油路。2008年，改造桶井至马龙岩4.3千米、对江桥至对江村1.71千米的通村油路。2009年，建成白石至石关二级绕城运煤公路6.99千米，改造马场至九洞天景区33.79千米、槽门至法书6.83千米、鸡场至大坝村6.13千米、松林至六圭河3.5千米、凉井至陡坡4.85千米的通村油路。2010年1月，杭瑞高速公路遵毕段开工建设，大方县境内全长63.19千米。是年，完成归化至大垭口48.45千米、星宿至石坪44.57千米、普底至星宿21.32千米、竹戛至黄泥26千米、坝子至达溪7.68千米、百纳至三元11千米、居乐至八堡25千米、大纳路至光华村21.46千米的通村油路改造；建成对江河中桥、猫场长沙桥、三元雨沙桥、鼎新板板桥、响水以堵桥、响水桥和响水发寨桥7座桥梁。全县农村公路建设完成总投资6.98亿元，建成通乡油路10条262.71千米，通村油路7条48.78千米、通村公路230条1313.65千米、绕城运煤公路1条6.99千米、杭瑞高速公路施工便道10条29.69千米。2010年年底，全县公路通车里程3147.93千米，通达工程与通乡油路全部完工并投入使用，成为“乡乡通油路，村村通公路”的交通建设强县，提前2年完成全省计划。

2011年，县交通基础设施建设按照《毕节—大方城市发展总体规划》《大方县“十二五”综合交通发展规划（2011—2015）》及毕节市新一轮改革发展规划提出把毕节与贵阳、遵义打造成金三角的目标要求。开工建设开发大道（小坝至瓦厂公路）、机场高速公路、黔大高速公路。续建通乡油路4条12.5千米，新建通村油（砼）路17条185.77千米，公路大中修7条85.99千米，建设通组公路11条35.14千米，建设桥梁4座、客运站5个。全年完成总投资2.65亿元。

2012年，杭瑞高速公路大方境累计完成投资42.85亿元；开发大道累计完成投资3.77亿元；同心大道（七星大道）初步设计完成；黔大高速公路大方段累计完成投资1.47亿元；迎宾大道完成投资1.68亿元，基本建成通车；杜鹃大道完成投资3.8亿元；九驿大道和顺德大道开工建设。续建、新建及提前实施2013年计划项目总里程525.62千米，涉及公路建设、油路大中修、桥梁建设、客运站建设项目总投资5.43亿元。

2013年，投资3.5亿元建成机场高速公路并通车；投资9059万元，建成凤山乡与杭瑞高速公路互通工程；投资2.64亿元，建成通村油路（水泥路）12条，总长149.11千米。

2014 年，黔大高速公路大方段累计完成投资 29 亿元，建成通车；建成通村油路（砼路）88 条，总长 426. 23 千米。

2015 年，实施百纳至撮坝公路大中修工程，建成六龙镇和平村至大梁子三级油路、凉井至六龙三级油路、果瓦庙丫口至大寨水泥路。开发大道、同心大道、杜鹃大道、九驿大道、顺德大道相继建成通车。全县除对江镇法书村、箐木村外，实现村村通油路（水泥路）。全县公路通车总里程 3846. 76 千米，其中，高速公路 99. 96 千米，国道 192. 39 千米，省道 370. 34 千米，县道 658. 15 千米，乡道 918. 13 千米，村道 1607. 79 千米。全县公路网不断优化，实现“公路上等级，管养全覆盖，通行提能力”的目标。

2015 年大方县县道一览表

表—13－1－1－1　　　　单位：千米

序号	线路名称	里程	序号	线路名称	里程
1	黔西至归化	65. 60	22	道班至鼎新	15. 83
2	头步桥至牛集	8. 59	23	中洞至沙土	26. 35
3	小吉场至八堡	10. 34	24	长石至山王庙	10. 08
4	阿市至兴隆	4. 65	25	东关至凤山	20. 77
5	两路口至归化	32. 40	26	凤山至三元	14. 40
6	核桃至竹园	15. 21	27	凤山至温泉	13. 69
7	高枧至响水	17. 15	28	拉车至金门	10. 87
8	猫场至下木空	5. 95	29	雨冲至星宿	33. 94
9	百纳至普底	14. 23	30	羊场至长春	17. 57
10	普底至大水	13. 03	31	六龙至羊场	18. 55
11	大水至戛木	20. 99	32	瓢井至大山	29. 24
12	化育至金坡	4. 77	33	五星桥至鹅塘	18. 18
13	普底至大草原	6. 41	34	凤山至黄泥塘	16. 97
14	大苗寨至龙峰	8. 34	35	高枧至八堡	16. 08
15	跑马至小桥	13. 01	36	高店至牛集	21. 61
16	双山至文阁	10. 84	37	理化至珠场	15. 11
17	文阁至岔河	7. 88	38	对江至岩下	10. 94
18	古打至飞雄	8. 04	39	赖石包至牛场	28. 14
19	响水至小坝	9. 85	40	核桃至安乐	11. 27
20	大方至凤山	20. 93	合计		658. 15
21	抬沙至白布	10. 41			

2015年大方县乡道一览表

表—13-1-1-2　　　　单位：千米

序号	线路名称	里程	序号	线路名称	里程
1	凉井至螺蛳塘	5.01	36	桃园至坝子	8.10
2	核桃至达溪	9.00	37	龙山至梯子	8.44
3	官寨至六仲	3.94	38	沙厂至银竹	9.40
4	龙山至麻岭	12.19	39	银竹至大寨	3.88
5	安乐至坝子	6.29	40	营华至兴隆	9.19
6	安乐至大梁子	6.42	41	营脚至白宫	5.22
7	瓢井至新寨	8.94	42	安乐至石艳	3.92
8	双元至胜发	7.65	43	小洞至坪塘	10.90
9	庆阳至隆里	9.79	44	三元至青竹	14.58
10	隆里至光华	4.98	45	九龙至安舒	5.81
11	瓢井至石坪	21.96	46	雷打坡至路穿岩	12.65
12	东关至锅厂	5.90	47	营新至背座	9.02
13	高丰至白杉	14.91	48	马场至塘边	6.32
14	牛场至立新	12.24	49	大井至则鸡	7.22
15	五凤至沙锅寨	2.91	50	新丰至牛场	5.38
16	松树至峻岭	5.34	51	赖石包至菱角	10.48
17	水洞至八一	7.56	52	水洞至菱角	12.00
18	鸡场至背座	9.37	53	胜丰至青竹	9.06
19	马场至倮朵河	10.63	54	沙子坡至岩下	5.37
20	大海坝至龙洞	10.32	55	椒子山至龙洞	9.39
21	草坪至油杉河	10.28	56	达溪至小洞	4.77
22	大渡口至九洞天	9.12	57	刘家丫口至小田坝	5.76
23	兴隆至荆竹	11.04	58	鸡场至大坝	6.16
24	星宿至草坪	7.43	59	长石至杨柳	5.87
25	大井至绿塘	9.26	60	观坟坝至朝阳	10.80
26	碧脚至新民	17.07	61	九龙至后箐	7.64
27	风景至水塘	12.42	62	九龙至陈家寨	5.27
28	白石至石关	6.88	63	复烤厂至建材厂	2.49
29	梯子岩至狗吊岩	14.04	64	龙山至胜发	9.25
30	二层岗至安坪	11.74	65	西溪至安坪	9.32
31	理化至宝鸡岩	12.40	66	红旗至鹏营	11.64
32	兴隆至石板	8.39	67	松林至六圭河	3.38
33	双元至火烧寨	5.87	68	水洞至天宝	8.04
34	凤山至白鸡	9.66	69	背座至水西湖	8.15
35	凤山至石门坎	9.76	70	椒子山至雨沙	13.50

续上表

序号	线路名称	里程	序号	线路名称	里程
71	山坝至长石	8.40	95	老街至竹园	5.60
72	长沙至狗吊岩	9.02	96	尖山至海马宫	7.33
73	新丰至方井	8.13	97	长埂子至大山	9.90
74	沙土至河坝	7.18	98	文阁至海坝	6.16
75	果瓦至马路	7.12	99	火烧坡至小箐	2.71
76	大转弯至新迎	7.95	100	跑马至庆丰	3.21
77	八堡至海龙	4.44	101	跑马至林普路	5.22
78	桶井至朱仲河	7.34	102	凉井至白果	5.29
79	戛木至石丫	7.46	103	箐门至在拱	7.39
80	理化至营盘	4.79	104	半坡至马鞍	4.53
81	东关至毛栗丫口	6.72	105	鞍山至营山	3.38
82	安乐至莲山坡	4.50	106	鞍山至杜鹃牧场	5.56
83	羊场至小屯	15.46	107	大草原至金殿	6.83
84	海坝至绿塘	13.49	108	启化至鹏程	6.42
85	亦乐至文阁	4.81	109	小桥至凤山	7.70
86	海坝至红星	5.16	110	后坝至大石	7.94
87	双山至海坝	19.79	111	大石至竹戛	2.22
88	木格至茶山	10.35	112	高潮至箐山	2.82
89	竹园至东关	13.55	113	青冈至箐脚	1.39
90	竹园至尖山	3.55	114	大荒坡至大苗寨	4.87
91	以堵至小坝	9.15	115	停车场至民族村	1.21
92	青山至竹园	3.35	116	醉九牛至五彩路	1.73
93	响水至沙湾	6.34	117	鞍山至长槽	2.77
94	岔河至八堡	8.86	合　计		918.13

2015 年大方县村道一览表

表一13－1－1－3　　单位：千米

序号	线路名称	里程	序号	线路名称	里程
1	长石至新建	12.16	9	大沟至和平	5.92
2	大纳路至合中	1.44	10	酒厂丫口至冬瓜林丫口	5.05
3	尚寨至偏坡	1.83	11	天堂至化理	4.92
4	龙昌至贵毕路	1.16	12	牧垦场至新民	1.98
5	三元至撮坝	2.33	13	对江至箐木	9.58
6	坪塘至三合	3.62	14	硝厂至岔河	5.33
7	龙潭至纸厂	8.37	15	垉龙至幕拉戛	2.74
8	大水至大沟	2.43	16	大纳路至龙泉	2.24

续上表

序号	线路名称	里程	序号	线路名称	里程
17	上坝至中坝	6.51	53	羊场至龙井	4.38
18	堰坪至青山	4.55	54	坪坝至民生	3.83
19	上寨至下寨	4.42	55	牧垦场至营川	6.71
20	大营至新中	5.34	56	金星至鸣放	14.90
21	陇公至新田	3.94	57	方井至荷包塘	1.93
22	共丰至新迎	8.84	58	大纳路至半冲	4.49
23	上寨至天宝	6.48	59	红河谷至星云宫	7.07
24	小路坡至七彩桥	3.10	60	山坝至长青	6.12
25	牛场至田坝	10.52	61	连丰至铁厂	5.17
26	大山至松明	4.18	62	侯家麻窝至莲花	2.39
27	核桃至路海	5.31	63	鸡场至木柏河	2.37
28	巨石至剑山	6.68	64	叉道至木柏河	5.03
29	龙场至白龙	4.94	65	余石至花果	3.21
30	兴坪至大湾	4.92	66	长征至永乐	4.89
31	石关至大屯	3.33	67	盐行至梯子	7.47
32	大田至金鸡	4.89	68	松林至堰塘	2.74
33	白泥至合中	3.11	69	青坪至箐口	1.53
34	石笋至路海小学	5.66	70	大桥至营新	5.02
35	绿塘至营盘	4.58	71	小海坝至法窝	5.40
36	火麻冲至高岩	2.89	72	中心至和平	3.48
37	长丰至新场	7.24	73	石丫口至石板	2.50
38	金坪至偏坡	2.57	74	牛场至果宝	1.88
39	余家丫口至曾子沟	5.31	75	兴启至和平	4.43
40	皂角至坪坝	1.47	76	永久至兴合	3.27
41	红山至巨山	2.51	77	谢都至纸厂	3.40
42	金鸡至偏坡	6.11	78	油沙至中寨	5.20
43	大纳路至仲麦	5.81	79	黄土坡至箐口	5.65
44	白岩至墨塘	3.61	80	以朵至德克	5.51
45	白车至大塘	4.66	81	丫口至同心	2.73
46	官寨至油沙	6.42	82	营新至魁书	3.95
47	双元至河头	4.70	83	周家寨至小河	1.12
48	水塘至上寨	3.73	84	偏坡至老水	4.62
49	锅厂至白岩	2.87	85	水淹塘至小坪子	4.18
50	岔河至大山	2.84	86	大狗吊岩至小狗吊岩	2.27
51	石桅至十组	1.85	87	石丫口至王家衙院	3.17
52	岩丫口至迎兴	5.26	88	桥上至木寨	6.10

续上表

序号	线路名称	里程	序号	线路名称	里程
89	大坪子至塘边	0. 82	125	新华至岩脚	3. 71
90	星宿至漆树	1. 95	126	新铺至火电厂	4. 83
91	石羊坟至青林	2. 64	127	赖石包至火电厂	1. 51
92	松鹤至柿树	1. 62	128	麻岭至杉岭	4. 15
93	石艳至石营	1. 11	129	麻岭至箐门	4. 49
94	重山至松明	3. 28	130	大石至大路	6. 24
95	官田至大沟	3. 53	131	百纳至坝子	4. 56
96	官田至石坪	1. 39	132	化联至眉井	3. 08
97	道班至新发	7. 02	133	化联至安坪	5. 29
98	营中至窄溪	1. 80	134	化联至安坪村委	6. 92
99	小田坝至白岩沟	3. 53	135	尚寨至尖山	5. 30
100	上寨至蓑衣	5. 19	136	牛场中学至皮匠湾	1. 34
101	隆里桥至新阳	5. 98	137	新坝至林场	6. 89
102	大堰至龙塘	4. 51	138	永久至六仲	2. 93
103	东关至海子坝	2. 45	139	龙场至高榜	2. 66
104	骂陇至竹嘎	3. 52	140	金星至下坝	1. 56
105	黄泥至槽门	4. 57	141	龙山至棕树	5. 14
106	银竹至两岔河	1. 98	142	半坡至堰塘	6. 00
107	拉车至仓上	3. 81	143	湾子至雁岩	3. 00
108	新桥至甘棠	6. 06	144	红山至煤井	1. 54
109	红旗至烂撬田	3. 93	145	箐梁子至道班	1. 03
110	水泥厂至红河谷	4. 01	146	牛集至大寨	2. 98
111	红河谷至小箐沟	4. 70	147	黑沙地至鱼塘	5. 94
112	收费站至红岩脚	1. 46	148	营山至光辉	0. 88
113	电视塔至九层衙门	2. 75	149	出气坑至新联	2. 52
114	头塘至坝子	2. 39	150	中山至白果	2. 95
115	朝中至金竹林	4. 42	151	山坝至水塘	5. 32
116	东关至合中	4. 46	152	张家坪子至新龙	2. 38
117	乐丰至联坪	3. 30	153	白石至余石	2. 05
118	新果至果这	2. 67	154	理化至法乐	6. 77
119	火石丫至雨卷	1. 33	155	大海子至唐坡	4. 20
120	马九路至五丫小学	0. 52	156	大桥至五星	2. 26
121	冷底至毛石沟	3. 52	157	五星至下柏河	1. 26
122	居乐至羊子坡	6. 52	158	天堂至双水	5. 85
123	田坪至大树	3. 41	159	小岩头至老屋基	2. 11
124	螺蛳塘至方沙路	1. 58	160	鼎新至水塘	3. 16

续上表

序号	线路名称	里程	序号	线路名称	里程
161	雨沙至们它	1.92	197	小桥至石坝	0.72
162	大坝至何家寨	3.16	198	烂羊箐至杨家寨	1.16
163	啄头山至坡头	3.75	199	桃园至山脚	1.59
164	胜利至新寨	2.89	200	水洞至石梯子	2.21
165	方沙路至河半坡隧道	1.71	201	箐口至路边	1.48
166	庙丫口至大寨	6.00	202	小桥至五合一	1.91
167	新华村至垮岩脚	3.48	203	长兴至丫口	4.39
168	新华村至垮岩脚支线	1.20	204	复兴至青山	4.90
169	桃园至戛木	6.58	205	绿塘至煤洞坡	1.80
170	坝子至箐门	3.53	206	营盘至田坪丫口	6.49
171	坝子至箐门支线	1.16	207	中箐至以角	2.91
172	坝子至渣聋	4.57	208	雨冲河至岔口	0.61
173	渣聋至青山	2.63	209	河滨公园至雨冲河	2.79
174	龙洞至油沙	2.63	210	鹏营至方沙路	4.03
175	元宝至岔河	1.63	211	石笋至白宫	6.26
176	中洞丫口至新民	2.40	212	陇公至马干山	0.86
177	北街至嘎山寨	4.67	213	白宫至乐院	2.39
178	坪塘至打决沟	3.08	214	营山至石油厂	2.25
179	坪塘至打决沟支线	1.49	215	草坝至营山	2.49
180	蚂蝗至小庄	2.00	216	曾家寨至仙宇屯	1.09
181	兴隆至五龙寨	3.94	217	理化至大塘	5.24
182	绿塘至山脚	1.00	218	冲头至大坡头	1.47
183	联新至启化	3.08	219	冲头至法戛	1.02
184	石菩萨至大荒	2.96	220	冲头至曾家山	1.25
185	百合至金钟	1.95	221	碧脚至九洞天	5.20
186	联新至小朋坡	4.81	222	方沙路至长山桥	1.57
187	高炉至长土	3.52	223	鲁家寨至雨冲互通	1.10
188	银竹至高炉	0.58	224	小岩头至刘家坝子	1.50
189	银竹小学公路	1.73	225	花果至法书	11.81
190	小坡至偏岩	3.32	226	塘丫口至黄梓坝	3.11
191	长兴至八一	6.23	227	石坪至撮坝	7.31
192	小坡至后寨	1.42	228	朝阳至团房	2.22
193	滑石至凉风洞	3.75	229	营光至石联	3.89
194	松树至河山	4.47	230	新发至偏坡	2.80
195	漆树至河山	3.55	231	长春新发至朝阳	6.02
196	杨家寨至闹口子	3.25	232	偏坡至麻窝寨	0.38

续上表

序号	线路名称	里程	序号	线路名称	里程
233	法沙至五七	0.89	269	化肥厂至顺和	1.80
234	白泥至中寨	4.29	270	化肥厂至龙潭口	1.56
235	朝阳至红光	2.34	271	方沙路至青林	3.05
236	冷底至同丰	2.83	272	下街至法路	2.12
237	茶园至田弯子	1.24	273	河边至法启	1.37
238	松林丫口至吊岩水库	1.63	274	石街田至新隆	2.04
239	鹅塘至沙坝	1.76	275	珠场至毛栗坡	1.48
240	大营至坡头	1.77	276	河坝至寨子	1.08
241	石家坡至新塘	0.79	277	大沙沟至长冲	2.05
242	马家湾至长石板	1.59	278	河山至东方	4.21
243	五星至新寨	3.90	279	民政局至东郊水库	1.48
244	塘边至山脚	0.82	280	金山至瓦厂	3.19
245	收粮洞至地垮	1.84	281	金山至走马	1.97
246	车家弯至塘边	2.60	282	山林湾至瓦窑	0.84
247	仁家弯至丫口	1.10	283	龙潭口至大冲	0.90
248	乐丰至田坝	1.22	284	中洞至水塘	0.53
249	安坪至五龙山庄	4.80	285	中兴至珠场	1.64
250	乐园至黄家湾	2.16	286	观音至山林马路	2.31
251	大寨至中兴	0.77	287	半冲至大水井	2.37
252	七家田至大水沟	1.39	288	岔河至水坝	0.77
253	小河麻窝至青木	4.50	289	水坝至半坡	2.22
254	东关至偏坡	3.09	290	岩脚至半坡田	0.55
255	七彩桥至竹林	4.32	291	杨柳至樱桃	1.39
256	金星至磷肥厂	2.49	292	白杨小学至大渡桥	4.08
257	九号洞至新庄	2.57	293	加气站至新铺	1.76
258	湾子至胡家寨	0.64	294	法窝至新铺	2.85
259	桥头至槽门	2.08	295	兴隆至大水	2.29
260	重山至松鹤	1.81	296	鼎新至煤矿	2.33
261	大平塘至堰塘	1.00	297	德克至夹岩	1.15
262	杉林至小学	0.40	298	岩脚至龙潭	1.91
263	葡萄麻窝至火烧坡	0.63	299	黑沙坡至猴子洞	1.47
264	连丰至白石头	0.85	300	螺蛳塘至酒厂	1.17
265	铁厂至茶山	0.74	301	凤山至撮坝	1.66
266	高枧至兴旺	1.94	302	三元至坝子	3.34
267	木寨至光明	0.89	303	达溪至果这	1.01
268	顺河村至岔河	3.40	304	黑泥至高石坎	5.65

续上表

序号	线路名称	里程	序号	线路名称	里程
305	龙洞至养殖场	2.25	341	乐公至白岩	1.59
306	罗家庄至兴林	2.09	342	巨石至长田	1.72
307	松树至河山	3.00	343	营脚至场坝	2.81
308	杨家湾至母都桥	2.15	344	新街至老街	4.12
309	伍家塘至以扒	1.48	345	新车站至尖山	1.88
310	坪子上至螺丝	2.66	346	方井至海峰	5.56
311	螺丝至木空	2.99	347	青山至瓦厂	4.38
312	以扒至白泥	2.27	348	高枧至六堰	2.40
313	马骡岩至老桥上村	1.72	349	窄溪至拉鲁	1.18
314	白布至沙田	2.12	350	窄溪至高枧	1.33
315	箐口至林场	1.31	351	新合至石艳	2.41
316	牛场街口至后坝	1.48	352	锅厂至新关	1.26
317	安舒至方家寨	2.36	353	干河至白泥	0.97
318	丫口至辣子寨	1.97	354	蚂蝗至陶寨	2.20
319	吴家麻窝至李宝堂	1.38	355	硝厂至上寨	4.03
320	中坝至乌木寨	2.98	356	收粮洞至马过河	4.11
321	大营至红岩洞	4.01	357	周家岩头至营光	1.59
322	易家寨至中坝	2.79	358	岩脚村至新燕	2.85
323	独库至西界河	3.99	359	杉林脚至丫口上	2.87
324	白泥至乐戈	4.13	360	核桃煤矿至坡头组	2.58
325	老核桃至新寨	1.65	361	新发至大寨	3.09
326	木寨至大坡	2.04	362	岔沟至小河沟	2.10
327	木弄至溪乐	2.13	363	龙井至马家寨	3.27
328	核桃至小麦地	3.58	364	石房子至曾家寨	3.38
329	温泉至聚河	2.35	365	黑泥坝子至马鞍山	3.77
330	杉树至营寨	2.19	366	石牛至木柏河	4.40
331	营寨至硝厂	3.03	367	木柏河电站公路	1.25
332	鸡场至山林	3.73	368	仲麦至木拉	1.89
333	龙场至新房	1.39	369	石浪厂至库边	1.52
334	东关至罗寨	3.79	370	竹龙至茶林	0.61
335	天宝至以角	1.78	371	新村至群丰	1.96
336	箐合至新元	1.06	372	新村至沙土小学	2.13
337	百纳至寨明	0.99	373	新村至龙水井	1.71
338	大营至独库	1.09	374	牧场至重新	2.57
339	坭龙至田坝	4.07	375	普底至箐山	3.03
340	巨石至永坪	2.79	376	大田至凉井	2.46

续上表

序号	线路名称	里程	序号	线路名称	里程
377	石牛至同心	1.09	413	高潮至大石至沙厂兴隆支线4	1.34
378	鞍山桃园至杜鹃木场	3.86	414	大石至高枧	1.09
379	金坡至营山至箐山	6.50	415	箐门至在拱支线1	0.60
380	普底至箐山支线1	0.82	416	箐门至在拱支线2	0.19
381	普底至箐山支线2	1.45	417	箐门至在拱支线3	1.24
382	普底至箐山支线3	1.46	418	金坡至营山至箐山支线1	1.37
383	启化至鹏程支线1	0.55	419	金坡至营山至箐山支线2	0.42
384	启化至鹏程支线3	0.85	420	金坡至营山至箐山支线3	3.15
385	大田至凉井支线1	0.95	421	大田至后坝支线1	2.70
386	大田至凉井支线2	0.73	422	大田至后坝支线2	0.91
387	大田至凉井支线3	0.45	423	大田至后坝支线3	0.27
388	大田至凉井支线6	5.30	424	大田至后坝支线4	0.73
389	大田至凉井支线7	1.62	425	炉山至跑马组	3.85
390	大田至凉井支线8	0.76	426	炉山至跑马组支线	1.32
391	后坝至高潮支线1	2.90	427	跑马至沙沟至元岩	5.23
392	跑马至庆丰支线1	1.37	428	高炉至龙井	3.00
393	跑马至庆丰支线2	0.70	429	高炉至龙井支线1	2.98
394	跑马至庆丰支线3	0.33	430	高炉至龙井支线2	0.73
395	跑马至沙沟支线1	0.52	431	在拱至郭大正	3.19
396	跑马至沙沟支线2	0.50	432	小桥至凤山支线1	3.40
397	普底至永兴支线1	0.36	433	寨明至和平	3.03
398	后坝至高潮支线3	0.37	434	金象至一致	6.74
399	普底至永兴支线3	0.84	435	半坡至马鞍支线	5.74
400	普底至永兴支线4	0.53	436	兴田组至箐口组	1.46
401	石牛至桥头支线1	1.54	437	兴田组至胡家组	1.72
402	庙脚至元岩支线1	1.01	438	鞍山组至箐山平原	2.02
403	庙脚至元岩支线2	0.49	439	杜鹃木场至八组	3.96
404	庙脚至元岩支线3	1.66	440	鞍山至箐山平原支线	2.01
405	跑马至迎风支线1	1.59	441	长槽至平江	2.57
406	跑马至迎风支线2	0.15	442	高潮至张家组	0.86
407	跑马至迎风支线3	1.35	443	高潮至麻窝组	1.33
408	跑马至迎风支线4	1.41	444	联丰高坡至跑马兴发	0.52
409	鹏程至小桥支线1	0.63	445	五彩路至普化路	1.16
410	鹏程至小桥支线2	1.34	446	跑马至红丰	5.82
411	高潮至大石至沙厂兴隆支线1	0.71	447	兴发至火烟洞	0.98
412	大田至后坝	3.15	448	武寨至鸭院	3.29

续上表

序号	线路名称	里程	序号	线路名称	里程
449	矿山救护队路	0.58	485	联合至兴合	2.38
450	大苗寨至五彩路	1.18	486	革新至海马宫	4.76
451	管委会至民族村	1.13	487	周家湾至独山村	5.33
452	兴发至火烟洞支线	0.47	488	段家丫口至戈乐大丫口	10.24
453	兴发至管委会	2.91	489	羊场村八组至小阁村公所	3.05
454	大荒至石牛角	0.93	490	法书一组至石场坝	1.03
455	龙峰村塘房组至冲头组	1.67	491	小坝村卫生室至毛栗水库	8.69
456	大苗寨至金殿	1.46	492	沙坝八组至七组	0.85
457	大石至王家组	1.79	493	大塘组至邵家村	1.31
458	戛木至卜塘组	1.50	494	安庆一组至安庆村公所	1.07
459	戛木街口至枣树组	1.33	495	文阁至民族	3.75
460	罗家槽至花山	0.67	496	颜家坟至文阁	3.36
461	茶花园至金坪组	0.98	497	文阁至安庆	8.24
462	在拱至庆兴	2.71	498	尖山至箐脚	2.16
463	凉井至长槽	2.02	499	歹鸡五组至六组	1.57
464	凉井至轿山组	0.57	500	老街至落脚河	1.14
465	大田小桥至胡家坡	1.92	501	岔河至粮丰	11.59
466	箭竹组至半坡学校	0.68	502	沙坝至尖山	0.56
467	高潮村安家组至箭竹组	2.16	503	沙坝至小学	1.32
468	火干坪至仡佬寨	2.38	504	桥边至树林脚	0.93
469	五彩路至主会场	1.27	505	小田坝至坡背后	0.81
470	杜鹃至长槽	2.91	506	干田至响水	1.40
471	大石至安家组	4.10	507	海马至尖山	3.06
472	桃元至大堰	1.06	508	竹园至歹鸡三组	2.71
473	中路至香田	1.36	509	竹园至大坡	1.69
474	响水至以拉	9.87	510	毛粟水库丫口至大山	1.20
475	树子至古打	1.22	511	小塘边至营盘组	4.03
476	番章至官寨	2.38	512	岩背后至金家包包	0.50
477	下寨至吊兰	4.65	513	红星村二号桥至烂坝厂	2.60
478	高坪至小坝	10.07	514	大树脚至周家寨	0.52
479	塘丰六组支线	2.44	515	沙子村至平原村委会	4.26
480	高坪至平原	3.67	516	柯家桥至柯家寨	0.65
481	大丫口至太河	5.21	517	小河茶园组	1.07
482	尖山至羊场	3.15	518	百芝林至湾子组	0.72
483	煤洞丫口至彭家沟	3.77	519	青山组路口至青山组	0.32
484	红星小学至海坝	8.65	520	安家塘口至团结组	0.59

续上表

序号	线路名称	里程	序号	线路名称	里程
521	柏秧林至高炉组	0.78	547	塘弯路口至仓边组	0.86
522	岩头上至岩头组	0.47	548	埂子路口至罗寨组	1.36
523	水洞桥至火山村	0.82	549	仓边路口至仓边	2.76
524	大田组至猫猫组	1.18	550	新房至吊兰电站	1.94
525	下坝路口至许家门口	2.25	551	工房丫口至小河组	0.94
526	许家门口至弯子	4.36	552	安家寨至太河村委会	2.16
527	独山至弯子	1.20	553	凉水组至自朗组	1.94
528	干水井至王寨	0.83	554	小桥至青一	3.43
529	工房门口至中坝	0.65	555	小桥至黄泥组	1.78
530	石浪厂至库边	1.53	556	凉水组至邵家丫口	0.32
531	香田四组至瓦厂村	1.28	557	坝子组路口至坝子组	0.42
532	新寨路口至新寨	1.24	558	法科水井至星河	1.42
533	煤家丫口至松峰村	1.44	559	猫儿山丫口路口至猫儿山丫口	0.82
534	小兴路口至小兴组	0.48	560	吊兰村至吊兰村支线	0.13
535	石格踝至坡顶组	0.53	561	八堡至拉鲁	3.49
536	石丫口至下寨	1.01	562	八堡至沙湾	8.26
537	瓦厂村至香田村委会	3.58	563	瓦厂塘至太河	1.07
538	上寨路口至上寨	1.56	564	常丰至中心	2.31
539	飞雄丫口至山背后组	0.67	565	小塘边至丫口	2.15
540	以拉村委会至茶园组	1.67	566	火山村至塔山	3.66
541	大塘边至松林	1.05	567	新基至小坝	1.80
542	以拉工房至祝丰	2.07	568	高潮至乌泥河	4.32
543	祝丰桥至湾子组	0.64	569	小桥至凤山支线 2	0.65
544	法院至车田	1.43	570	岔路至岩脚	3.48
545	马路弯至大营	1.07	571	五星至骗鸡水井	2.21
546	平原村至松峰村	6.00	合　计		1607.79

二、高速公路

（一）杭瑞高速公路遵毕段

杭瑞高速公路是中国高速公路网中的一条东西横线，起于浙江杭州，终于云南瑞丽，全长 3405 千米。杭瑞高速公路遵毕段，横贯大方东西，是大方县过境的第一条高速公路。大方县境内 63.19 千米，支线 28 千米，征用主线土地 7087.89 亩，临时用地 1303.57 亩，搬迁房屋 383 户 5.26 万平方米，搬迁坟墓 1608 座，拆迁工矿企业 11 户，兑付征地拆迁补偿资金 1.98 亿元。经黄泥、雨冲、沙厂、百纳、凤山、六龙、安乐、东关、竹园、响水、双山 11 个乡镇 28 个村，有大中型隧道 10 座，桥梁 23 座。分 12 个标段建设，总投资 44 亿元。杭瑞高速公路遵毕段在雨冲、百纳（百里杜鹃）、凤山、响水、归化设立互通式立交，在东关与黔大高速公路和毕节绕城高速公路（东清段）

垂直立交互通，构成杭瑞、黔大高速公路的十字枢纽，其中，凤山互通式立交是杭瑞高速公路遵毕段在可研中预留的2个互通式立交之一，杭瑞高速公路遵毕段正式动工后，省交通运输厅同意同步实施，新建匝道4.29千米，连接线1.55千米，路基宽12米，设计时速60千米，设计标准为公路二级，总投资1.77亿元，由大方县和贵州高速公路集团公司按4:6比例共同出资，其中大方县出资7118.96万元。工程于2012年8月动工建设，2014年10月建成通车。

杭瑞高速公路大方境三元庙大桥（2014年7月摄）

杭瑞高速公路大方县境内桥梁一览表

表—13-1-1-4　　单位：米

序号	桥梁名称	中心桩号	孔数—跨径	桥梁全长
1	垄井特大桥	ZK1686+718	8—40+（86+160+86）	661.08
		YK1686+698	9—40+（86+160+86）	709.08
2	三元庙大桥	ZK1687+331.5	7—25	185.58
		YK1687+340.5	7—25	187.08
3	湾子头大桥	K1687+880	9—40	370.58
4	麻窝头大桥	ZK1688+772	9—40	369.08
		YK1688+752	8—40	329.08
5	代家坡大桥	K1690+152	10—30	310.08
6	长山1号中桥	K1694+435	3—30	100.08
7	长山2号中桥	K1694+570	3—30	106.08
8	长山1号大桥	K1695+027	9—30	282.08
9	长山2号大桥	ZK1695+681	7—30	222.08
		YK1695+689	7—30	222.08
10	大平子大桥	K1701+625	13—30	402.08
11	建合大桥	ZK1702+731	11—30	342.08
		YK1702+746	12—30	372.08
12	阴河大桥	K1710+695	18—30	552.08
13	松园大桥	K1717+888.15	6—30	197.00
14	河半坡大桥	K1731+594.2	14—40	571.00
15	郑家湾大桥	K1734+057	6—30	196.00

续上表

序号	桥梁名称	中心桩号	孔数—跨径	桥梁全长
16	将军山大桥	K1741 +860	27—30	828.00
17	阁雅大桥	ZK1746 +124.5	12—40	497.70
		YK1746 +124.5	13—40	531.10
18	落脚河大桥	K1751 +917.5	74 +135 +74	297.00
19	中路1号大桥	ZK1757 +034.61	8—30	260.30
		YK1757 +033.22	7—30	229.80
20	中路2号大桥	K1757 +887.85	10—30	320.00
21	归化大桥	ZK1758 +300.69	6—30	194.90
		YK1758 +502.92	6—30	195.10
22	归化中桥	K1758 +300.69	1—30	44.00
23	磨香大桥	K1760 +268.11	(2—30) +(1—100) +(2—30)	241.00

杭瑞高速公路大方县境内隧道一览表

表—13 -1 -1 -5　　单位：米

序号	隧道名称	结构形式	进口桩号	出口桩号	长度
1	百纳隧道	分离式	ZK1708 +275	ZK1708 +782	1507
			YK1708 +235	YK1709 +765	1530
2	金钟隧道	连拱式	K1719 +780	K1720 +100	320
3	小朋坡隧道	分离式	ZK1721 +880	ZK1722 +885	1005
			YK1721 +870	YK1722 +840	970
4	营盘山隧道	分离式	ZK1724 +735	ZK1726 +150	1415
			YK1724 +735	YK1726 +125	1395
5	谢都隧道	分离式	ZK1726 +780	ZK1728 +415	1635
			YK1726 +735	YK1728 +430	1695
6	河半坡隧道	分离式	ZK1729 +865	ZK1730 +610	745
			YK1729 +850	YK1730 +605	755
7	马鞍山隧道	连拱式	K1733 +130	K1733 +505	375
8	苏家寨隧道	分离式	ZK1737 +675	ZK1738 +475	800
			YK1737 +675	YK1738 +478	803
9	尖山1号隧道	分离式	ZK1743 +809	ZK1745 +255	1446
			YK1743 +800	YK1745 +210	1410
10	尖山2号隧道	分离式	ZK1745 +525	ZK1745 +740	215
			YK1745 +495	YK1745 +715	220

（二）黔大高速公路

黔大高速公路大方境长坡大桥（2015 年 5 月摄）

黔大高速公路起于黔西县石板，终于大方县东关，线路总长 51.62 千米，总投资 54.27 亿元。其中，大方境内 29.558 千米，设计标准为四车道高速公路，路基宽 21.5 米，时速为 80 千米。大方段征用主线用地 2808.71 亩，临时用地 1137.12 亩，搬迁房屋 300 户 4.41 万平方米，搬迁坟墓 942 座，拆迁压覆工矿企业 2 户，兑付征地拆迁补偿资金 1.97 亿元。线路起于黔西县西侧城关镇石板，经城关镇、林泉镇、红林乡，跨西溪河进入大方县，途经黄泥塘镇、六龙镇、大方镇、东关乡。全线桥梁 9930 米/29 座，其中，大桥 9860 米/28 座，中桥 70 米/1 座，桥梁占路线总长的 18%，大方境有西溪河特大桥、松（顺）河大桥、堡堡寨大桥等桥梁 16 座，涵洞 94 道。全线共有隧道 6870 米/10 座，以中、短隧道为主，隧道占路线总长的 12.45%，其中，长隧道 2100 米/2 座，中隧道 4030 米/6 座，短隧道 740 米/2 座，大方县境内有隧道 6 座。全线互通式立体交叉 6 处，分离式立交 65 处，除去桥隧兼作分离式立交，实际建设 40 处，通道 47 道。全线设服务区 1 处、停车区 1 处、收费站 4 处。大方境内设有百里杜鹃西（黄泥塘）站、六龙互通式立交，在东关乡利用杭瑞高速大方站立交进出。黔大高速公路于 2011 年 6 月 8 日开工建设，2014 年 12 月 31 日建成通车。百里杜鹃连接线是黔大高速公路连接百里杜鹃景区的连接道路，连接线 16.34 千米，路基宽 12 米，设计时速 40 千米，设计标准为公路二级，工程于 2014 年 12 月 31 日建成通车。

黔大高速公路大方县境内桥梁一览表

表一13－1－1－6　　单位：米

序号	桥梁名称	中心桩号	孔数—跨径	桥梁全长
1	西溪河特大桥	ZK23＋254	7—10＋（101＋2—190＋101）＋10—40	1279.00
		YK23＋256.29	8—10＋（101＋2—190＋101）＋10—40	1319.50
2	长坡大桥	ZK24＋680.7	9—40	375.00
		YK24＋388	9—40	170.00
3	堡堡寨大桥	ZK26＋912	10—40	411.00
		YK26＋912	11—40	448.00

续上表

序号	桥梁名称	中心桩号	孔数—跨径	桥梁全长
4	水井湾大桥	ZK29 +430	6—30	195.00
		YK29 +392	7—30	227.50
5	丫杈坡大桥	ZK30 +876	14—40	578.00
		YK30 +876	14—40	573.00
6	甘田1号中桥	K31 +995.5	2—20	50.00
7	甘田2号中桥	K32 +408	2—20	46.00
8	松（顺）河大桥	ZK33 +910	4—30 +（96 +180 +96） +5—30 +5 -30	802.14
		YK33 +919	4—30 +（96 +180 +96） +5—30 +4—30	777.64
9	营盘大桥	ZK34 +583	9—30	280.00
		YK34 +653	11—30	344.50
10	大山大桥	K37 +95	13—20	272.00
11	田坝大桥	K37 +788	15—40	611.00
12	沐珠龙潭大桥	ZK38 +802	14—40	574.00
		YK38 +842	16—40	649.50
13	六龙大桥	ZK39 +416	14—30	430.00
		YK39 +388	11—30	339.00
14	庄脚大桥	K44 +515	4—30	132.00
15	坝子寨大桥	K45 +738	16—30	502.00
16	大槽子大桥	ZK48 +961	7—30	222.00
		YK48 +962.4	7—30	222.00

黔大高速公路大方县境内隧道一览表

表—13 -1 -1 -7　　单位：米

序号	隧道名称	结构形式	进口桩号	出口桩号	长度
1	在拱隧道	连拱式	K7 +729	K7 +935	206
2	安坪隧道	分离式	ZK28 +158	ZK29 +240	1082
			YK28 +170	YK29 +215	1045
3	眉井隧道	分离式	ZK32 +634	ZK33 +592	958
			YK32 +634	YK33 +600	966
4	坪上隧道	分离式	ZK34 +835	ZK35 +730	895
			YK34 +847	YK35 +770	923
5	六龙隧道	分离式	ZK39 +975	ZK41 +283	1308
			YK39 +985	YK41 +263	1278
6	金坪隧道	分离式	ZK47 +795	ZK48 +490	695
			YK47 +892	YK48 +550	658

黔大高速公路至百里杜鹃景区连接线桥梁一览表

表—13-1-1-8　　单位：米

序号	桥梁名称	中心桩号	孔数—跨径	桥梁全长
1	箐门1号中桥	K1+695	3—30	102.00
2	箐门大桥	K2+139	7—40	296.00
3	箐门2号中桥	K3+025	1—20	32.04
4	杜鹃湖大桥	K4+446	8—20	170.00
5	在拱大桥	K5+083	5—40+（81+150+81）+6—40	762.60
6	大石板大桥	K6+160	6—20	134.00
7	衙院大桥	K10+242	14—20	291.00
8	煤洞坡大桥	K10+792	19—20	394.00
9	小基仲大桥	K11+776	12—40	496.02

（三）机场高速公路

机场高速公路是通往毕节飞雄机场的重要通道，长6.7千米，其中大方段3.7千米。征用主线用地459.9亩，临时用地53.53亩，搬迁房屋78户9504.87平方米，搬迁坟墓125座，兑付征地拆迁补偿资金3914.49万元。路线经过响水乡3个村，路基宽22.5米~40米，沥青混凝土路面。2012年12月26日开工建设，2013年2月建成通车。

（四）开发大道

毕节小坝至大方县双山镇瓦厂塘高速公路（简称小瓦高速公路），后更名为开发大道。全长6.4千米，其中，大方境3.5千米，征用主线用地778.56亩，临时用地1344.9亩，搬迁房屋82户7807.95平方米，搬迁坟墓97座，兑付征地拆迁补偿资金6085.65万元。路线途经响水乡、双山镇的4个村，路基宽22米~40米，沥青混凝土路面。按兼顾城市道路功能的一级公路标准修建。控制性工程归化大桥为预应力砼连续钢构大桥，长度335米，最高桥墩74.37米，投资4000万元。开发大道于2011年12月26日开工建设，2013年4月建成通车。

三、国道

（一）贵阳—毕节

贵阳至毕节公路（简称“贵毕路”）为西南出海辅助通道，为封闭式汽车专用二级公路，全长215.25千米，其中，贵阳至扎佐段与贵遵高速公路并线，为双向二车道，长36.25千米；扎佐至毕节段为双向一车道，长179千米，工程于2001年12月16日竣工通车。大方段途经黄泥塘、羊场、小屯、大方镇、双山、响水6个乡镇，长66.5千米。全线均为沥青混凝土路面，设13处互通式立交，并设有防撞护栏、隔离栅等较完善的交通安全设施。有151座桥梁，总长1.1万延米，其中，大方县境内有桥梁14座1630.71米；涵洞650道，长1.5万延米；隧道5座长1780延米，其中，大方县境内有隧道2座836米。全线平均1.19千米有1座桥梁，而且桥梁种类齐全，被誉为“桥梁博物馆”，其中，六广河大桥主跨240米，桥高305米，墩高90米，跨度居全国第六位。2014年4月，经省、市公路部门同意，贵毕路大方境石关、龙昌、迎宾大道交叉口、沙子坡和黑水田桥5处动工修建互通，2014年11月，石关互通建成通车，2015年4月，龙昌互通、沙子坡互通、黑水田立交互通先后竣工，2015年9月，贵毕公路迎宾大道互通开工建设，全长0.56千米。迎宾大道与贵毕线交叉范围，降低原贵毕公路路面标高，并改造为24米宽城市主干道，设计时速60千米。

贵毕公路落脚河大桥（2010年6月摄）

贵毕公路大方县境内桥梁一览表

表—13-1-1-9　　单位：米

序号	桥梁名称	中心桩号	孔数—跨径	桥梁全长
1	陈家寨桥	K510+666	1—8	17.00
2	乌溪中桥	K717+688	3—20	76.33
3	大浪头小桥	K720+874	1—6	15.00
4	平寨小桥	K725+192	1—8	21.20
5	岔河2号桥	K729+402	2—30	80.00
6	岔河3号桥	K729+954	4×16.24+4×16.46	113.83
7	龙洞桥	K730+701	4—16	80.00
8	小丫口桥	K734+344	6—16	115.68
9	落坡桥	K736+294	2—30	69.42
10	黑水田桥	K737+697	6—16	108.00
11	阴家沟桥	K742+067	3—30	104.25
12	沙子坡桥	K748+36	1—13	29.00
13	干沟大桥	K552+773	1×13+1×140+1×20	237.00
14	落脚河大桥	K554+975	1×112+1×275+1×117	564.00

贵毕公路大方县境内隧道一览表

表—13-1-1-10　　　　单位：米

序号	隧道名称	结构形式	进口桩号	出口桩号	长度
1	营盘坡隧道	土建	K710+027	K710+307	280
2	龙洞隧道	土建	K729+746	K229+884	138

（二）大方—金沙

大方至金沙公路（简称“方沙路”）起于大方县城，经六龙、凤山、百纳、黄泥、沙厂5个乡镇所在地，跨雨冲河出大方境至金沙县城，长95.4千米。1997年，新建烂木杆至雨冲至大田段，全长15.2千米，在原设计四级公路6.5米的基础上扩宽为8米，2000年6月通过省公路局验收。改线雨冲后，大方境缩短里程10.8千米，为64.2千米。2015年3月，由毕节市公路局为业主单位，启动雨冲至凤山段公路改扩建工程，采用二级公路标准，设计时速40千米，路基宽8.5米。

四、省道

（一）大方—纳溪

大方至四川纳溪公路（简称“大纳公路”），属贵州省第二条高等级公路。1984年，由贵州和四川两省省计委、交通厅呈报，经交通部批准列为国家计划项目。贵州境路段由贵州交通勘察设计院和西南林业勘测设计院负责勘测设计。县境线路经东关、白泥、烂泥沟、高枧、坝子、中洞、瓢井、居乐、山坝、石坪，由粑粑坳出县境。1987年12月15日，贵州境大纳公路工程建设指挥部在大方县城举行奠基典礼，大方境路段破土动工。施工项目以发包为主，局部为自营，施工单位除县内建筑企业外，还有省内外以及中央部属的工程队伍共16个。至1991年年底，县境路段主要工程路基、路面大部分完成。1992年11月，大方境工程进入竣工阶段，是年12月26日，大纳公路在大方县城举行通车典礼。后经省交通厅组织验收，大纳公路符合山岭重丘区二级公路标准，为优良工程。县境路段长61.69千米，桥梁9座308.53米，涵洞265道4682.17米，隧道1座657米，平面交叉道口19处。路基宽8.5米，最小平曲线半径60米1处，最大纵坡6%~7%共28处9916.1米。1998—2000年，大纳公路逐步改造为水泥路。2003—2010年，改造为沥青混凝土路面。

大纳公路大方县境内桥梁一览表

表—13-1-1-11　　　　单位：米

序号	桥梁名称	中心桩号	孔数—跨径	桥梁全长
1	烂泥沟桥	K761+018	1—13	33.00
2	木寨桥	K768+165	1—16	35.30
3	冷底桥	K773+641	3—10	41.60
4	瓢井桥	K784+009	1—8	25.70
5	大石包1号桥	K789+783	1—15	23.50
6	大石包2号桥	K790+008	1—15	44.03
7	山脚桥	K791+096	1—13	32.00
8	银山桥	K797+008	1—20	39.70
9	官田桥	K799+504	2—13	33.70

（二）大方—八渡

大方至纳雍八渡公路（简称“方纳路”），起自大方县城南，经对江、高店、抬沙、马场、螺丝，跨木空河进入纳雍县境，于十二湾与织纳公路交会后达纳雍县城，全长73.9千米，大方县境内长47.4千米。桥梁8座283延米，其中大中桥各1座共155.5延米，涵洞174道。路基宽4.5米~7米，最大纵坡12%，最小平曲线半径12米。1991年，省、地拨款对大方县城至对江桥路段进行整修。2002年，启动大方境全段改造，改造后全段符合三级公路标准。2011年2月，启动方纳路大中修油路改造，境内改造里程44.5千米，总投资4375.06万元，2012年10月完工。2014年3月，投资370万元，对方纳路小屯路口至一棵树段进行切弯取直改造，7月月底完工。6月，投资1600万元，启动方纳路石关互通至小屯路口加宽改造工程，按路基宽12米改造，12月月底完工。8月，启动方纳路三角花园至石关段改造工程，按路基宽12米改造。2015年8月，启动方纳路小屯路口至火车南站加宽改造，年底完成路基工程。方纳路三角花园至火车南站6千米为二级公路标准，路基宽12米，成为大方县城到织毕铁路大方火车南站的便捷通道。

（三）普底—茶店

大方普底至织金茶店公路大方境由原黄（泥塘）普（底）路和黄（泥塘）织（金）路组成，大方县境内里程47.99千米，2001年，启动黄泥塘至在拱公路的改造，是年完工，符合四级公路标准，被省、地评为优良工程。2002年，洪家渡水库大坝建成，老路及老桥被淹，新建六圭河大桥，启动黄泥塘至织金公路大方境三级公路改造，2003年竣工并交付使用。2004年，启动黄泥塘至普底公路改造，次年完工，符合三级公路标准，路段经化联、在拱，到百里杜鹃花海大道石牛角，全程29.99千米。黄泥塘至安顺公路起于黄泥塘，经鸡场跨六圭河经八步、织金、普定至安顺，黄泥塘至六圭河段属于原黄泥塘至安顺公路的一段，境内里程18千米。

（四）鼎新—化作

大方鼎新至纳雍化作公路起自大方县鼎新乡，经猫场镇抵梯子岩进入纳雍县境，至纳雍县化作乡，全长27.5千米，大方县境内里程19.21千米。1992年，启动猫场至化作公路建设，新建猫场硫磺厂至梯子岩段，梯子岩上倚绝壁、下临深渊，工程艰巨，施工难度大，1992年测设施工，1998年11月竣工验收交付使用。2007年11月，启动马场至九洞天景区油路改造，主线28.9千米；支线大垭口至大煤洞1.52千米；支线鼎新街上至熊家湾1.27千米；支线猫场至硫磺厂2.1千米。全长33.79千米，总投资2702万元，中央补助1360万元，主线按三级公路标准建设，路基宽7.5米，支线按四级公路标准建设，路基宽6.5米。2007年，改造鼎新至硫磺厂段12千米，2009年竣工，符合三级公路标准。2013年，启动硫磺厂至梯子岩段三级公路油路改造，年底竣工。

（五）大山—望谟

大方大山至兴义望谟公路起于大方县大山乡，经星宿乡至百纳乡，从杭瑞高速公路百里杜鹃互通起，沿花海大道至普底鹏程，在普底乡火烟洞出境，县境内里程41.41千米。2000年，建设百纳至撮坝垭口13.5千米的县乡公路镶边及路面大中修改造，当年竣工并通过省、地交通部门验收。2002年，进行弯子至星宿10千米公路镶边改造，次年竣工。2011年3月，百里杜鹃管委会组织修建杭瑞高速公路百里杜鹃互通至普底鹏程公路，全长2.79千米，宽33米，按城市三级主干道标准建设，2012年4月建成投入使用，成为杭瑞高速公路进入百里杜鹃的快捷通道，名为“花海大道”。

（六）贵阳—清水铺

贵阳至毕节清水铺公路大方境主要由归化至马场、马场至牛场及牛场至田坝码头3条公路组成，里程64千米。2001年，投资55万元，改造归化至马场路，改造前为56千米，改造后缩短2千米。2008年12月，启动归化至大垭口39千米通乡油路改造，总投资3290万元，2010年10月建成投入使用，达到四级公路标准。马场至牛场段经牛场至果宝河田坝码头，接果宝河大桥后出大方境，全长20.52千米。同时，启动牛场至马场通乡油路建设，总投资751.05万元，2010年6月竣工，达到四级公路标准。

（七）旧州—毕节

黔东南黄平（又称旧州）至毕节公路大方境由茶园至大山17.83千米、大山至长石27千米、居乐至八堡24.9千米组成，起于果瓦茶园村庙垭口，经大山、长石到石坪村官田接大纳路，从瓢井镇联坪村起，经兴隆至八堡乡水洞村出大方境，境内全长69.73千米。2001年，启动果瓦至太平公路建设，在原有基础上修到大方边界庙垭口，鹅塘至茶园段属项目后段，2003年竣工，路基宽4.5米~6米，最大纵坡16%，最小平曲线半径8米，自此，茶园至大山段大方境17.83千米全部贯通。2008年12月，启动星宿至石坪44.57千米通乡油路改造，总投资2800万元，2010年10月建成投入使用，大山至石坪段属项目后段，路基宽6.5米，达到四级公路标准，居乐至八堡段里程24.9千米。1995年8月，开工建设瓢井居乐至二铺（简称“居二路”）三级公路，1997年9月竣工验收。2009年5月，启动居二路三级油路改造，2010年9月完成，2011年，省、地公路调整，居二路与毕节至纳雍公路合称居（乐）纳（雍）公路，列为省道。

（八）金沙—板当

金沙至安顺紫云板当公路大方境由沙安桥至沙厂、沙厂至化窝组成，起于黄泥乡沙安桥，经黄泥、沙厂、大山，止于大山乡化窝出大方境，全长35.4千米。金沙至大方沙厂段先后经过多次修整，分别按简易公路标准勘测，采取民工建勤、国家补助的办法两县各自动员群众修建，1975年，毕节地区投入29.5万元，其中，大方县13.5万元，金沙县16万元，两县再次发动群众继续推进修筑，11月竣工交会于安洛河。1992年，大方县对沙厂至黔西化窝段里程19.9千米公路进行整修，1995年建成，路基宽5.5米~6.5米，达到四级公路标准。

（九）瓮洞—毕节

黔东南天柱瓮洞至毕节公路大方境由沙厂至竹戛、百纳至雨沙桥、雨沙桥至达溪、达溪至坝子和坝子至八堡5条公路组成，里程45.2千米。百纳至雨沙桥段里程16.7千米，2007年，实施撮坝至雨沙桥3千米改造。雨沙桥至达溪段里程12千米，2007年，实施通达工程建设计划达溪镇果这至雨沙桥，对原有老路进行拓宽修整，路基宽4.5米~5.5米。2009年5月，实施百纳至三元段11千米县乡道油路改造，投资1674万元，7月，启动雨沙桥建设，与主线同时于2010年10月建成投入使用。坝子至达溪段里程5千米，2009年6月，启动坝子至达溪通乡油路改造，2010年6月建成投入使用，投资750万元，路基宽6.5米，达到四级公路标准。沙厂至竹戛段里程8.5千米，2009年7月，启动竹戛至沙安桥通乡油路改造，2010年11月建成投入使用。2012年4月，启动三元至撮坝段5.7千米油路改造，总投资873.64万元，10月建成并投入使用。2013年2月，启动达溪至三元（撮坝）19.3千米通村油路建设，投资3719.8万元，2014年3月底建成投入使用，路基宽6.5米，达到四级公路标准。

第二节 铁 路

一、织毕铁路

织金至毕节铁路（简称“织毕铁路”）是四川隆昌至安顺黄桶铁路（简称“隆黄铁路”）的重要组成路段。隆黄铁路起于四川隆昌，经叙永、毕节、大方、织金，止于贵州安顺黄桶，是孙中山在《建国方略》中规划的铁路之一。织毕铁路起于织金县城关镇，经八步、金龙，跨越架盖河进入大方县境内，经理化乡、小屯乡、顺德街道、东关乡、竹园乡，止于竹园乡与响水乡交界，线路全长79.88千米，按国铁单线一级标准设计，设计时速120千米，采用电力牵引，最大牵引质量4000吨，在大方县小屯乡设法启站（货运），在顺德街道设大方南站（客运），在竹园乡设毕节东站。县境内桥隧占比为72.64%，总投资44亿元，有架盖河大桥、岩下特大桥等大中型桥梁14座，有金州村隧道、吴家寨隧道、杨家坡隧道等隧道11座，大方县负责征用土地、拆迁房屋、赔偿补偿、搬迁户安置等工作，共计征用土地3216.6亩，临时用地744.67亩，拆迁房屋627户8.64万平方米，搬迁坟墓616座，兑付征地拆迁补偿资金3.25亿元。工程于2010年12月23日在毕节小坝举行开工典礼，2012年12月正式动工建设，2016年10月30日大方南站开通客运列车，2017年3月1日法启站开通货运列车。

织毕铁路大方县境内桥梁一览表

表—13－1－2－1　　单位：米

序号	桥梁名称	中心桩号	孔数—跨径	桥梁全长
1	毕节东三线大桥	D3K323＋701	6—24＋6—32	336
2	沙地梁大桥	D3K323＋701	2—24＋10—32	368
3	阁雅沟大桥	D3K324＋690	6—32＋3—24	264
4	岩下特大桥	D2K329＋853	2—24＋1—32＋1—24＋35—32＋2—24	1272
5	岩下中桥	D2K330＋590	24＋32＋24	80
6	余家坝大桥	DK332＋014	4—32	128
7	中寨中桥	DK334＋416	3—32	96
8	黄家坡大桥	DK337＋675	4—32	128
9	三岔河1号中桥	D2K337＋940	2—32＋1—24	88
10	三岔河2号中桥	DK338＋090	2—32	64
11	小桥沟大桥	DK339＋527	3—32＋1—24	120
12	银盘中桥	D2K341＋371	2—24	48
13	法启大桥	DK348＋468	8—32	256
14	架盖河大桥	D2K358＋884	（100＋192＋100）＋5—32	552

织毕铁路大方县境内隧道一览表

表—13-1-2-2　　　　单位：米

序号	隧道名称	长度	序号	隧道名称	长度
1	金州村隧道	2052	7	黄家寨隧道	1955
2	罗家寨隧道	4623	8	杨家坡隧道	1737
3	法启隧道	3057	9	杉湾隧道	1685
4	吴家寨隧道	4993	10	燕山隧道	599
5	屯中隧道	1307	11	余家坝隧道	671
6	石昌坡隧道	1327			

二、成贵高铁

成都至贵阳高速铁路（简称“成贵高铁”）起于成都，途经乐山市、宜宾市，进入云南境内过威信、镇雄，进入贵州省毕节市七星关区、金海湖新区、大方县、百里杜鹃管理区、黔西县，至贵阳市。成贵高铁由铁路总公司和四川、贵州、云南三省政府共同出资建设。乐山至贵阳段全长519千米，总投资746亿元，设计时速250千米，列车类型为和谐号动车组。2010年12月23日，工程在毕节小坝举行开工仪式。2013年12月正式进场施工，计划于2019年年底竣工通车。

成贵高铁大方段经过大方县的响水、竹园、东关、六龙、黄泥塘5个乡镇13个村，大方境段全长42千米，征用主线用地1500亩，临时用地753.35亩，搬迁房屋181户2.91万平方米，搬迁坟墓231座，兑付征地拆迁补偿资金1159.11万元。

成贵高铁大方站位于大方县东关乡七家田，距县城7千米，站场全长1.04千米，按“二台四线”布置，设道发线4条，站台2座，旅客跨越线地道1处，站房位于线路右侧，站房面积5000平方米。设牵引变电所1座。大方站为成贵高铁全线海拔最高的车站。

成贵高铁大方县境有桥梁27座，其中，西溪河大桥全长494.68米，轨面到河谷底高差260米，是中国第一座高速钢管转盘拱桥。孔跨样式3×32.7米，简支箱梁+240上承式钢管混凝土，+4×32.7米简支箱梁，桥墩采用矩形空心墩，最大墩高59.95米，大桥主拱采用非对称双向水平转体新技术，分别由峡谷两侧相对旋转约130度，在空中实现对接，是全焊结构跨度最大的上承式钢管混凝土拱桥，两墩旋转体分别达1.4万吨，于2016年5月10日顺利转体合龙，施工技术达到国际先进水平。成贵高铁大方境内有隧道12座。由于隧道穿越山体除少部分砂岩、泥岩地质植被较发育外，大部分灰岩裸露，有零星灌木植被，不良地质有岩溶、煤层瓦斯、采空区、断层破碎带及窑矿渣等，故施工难度较大。

成贵高铁大方县境西溪河大桥钢拱转体成功合龙（2016年5月10日摄）

成贵高铁大方县境内桥梁一览表

表—13－1－2－3 单位：米

序号	桥梁名称	中心桩号	孔数—跨径	长度
1	西溪河大桥	DK417＋143	3×32＋1—240＋4×32	494. 68
2	老房子1号大桥	DK376＋744	2—24＋9—32	354. 70
3	老房子2号大桥	DK377＋177. 4	2—24＋（32＋48＋32）＋1—24	198. 40
4	飞雄特大桥	D3K378＋405	22—32	730. 67
5	麻窝头大桥	D3K379＋092. 4	9—32＋1—24	330. 70
6	飞双框架桥	D3K379＋590	1—5＋2—12. 5＋1—5	41. 69
7	岩头寨1号中桥	D3K379＋740	1—32	43. 34
8	岩头寨2号大桥	D3K380＋248	6—32	206. 60
9	尖山1号大桥	DK380＋636. 7	1—32＋1—24＋（40＋64＋40）	214. 25
10	尖山2号大桥	DK380＋966	5—32	174. 10
11	尖山中桥	DK381＋705	3—32	108. 70
12	落脚河大桥	DK382＋105	3—32＋（68＋128＋68）＋2—32	440. 70
13	以拉大桥	DK383＋701	5—32	174. 90
14	竹沙坡大桥	DK384＋096	1—24＋6—32	231. 50
15	竹沙坡中桥	DK384＋486	3—32	108. 70
16	湾子寨1号特大桥	DK385＋413	23—32＋2—24	812. 13
17	湾子寨2号中桥	DK386＋044	1—24＋1—32	68. 02
18	山地梁子大桥	DK386＋544	1—24＋13—32＋1—24	485. 24
19	干沟特大桥	DK387＋863	1—32＋（48＋80＋48）＋2—32＋2—24＋5—32＋2—24	549. 15
20	大方车站特大桥	DK391＋096	1—24＋19—32＋（31. 95＋4—32. 7＋31. 95）	854. 00
21	朝中框架桥	DK391＋580	1—12	28. 23
22	岩洞口大桥	DK399＋914	3—32＋1—24	133. 52
23	白杨林中桥	D3K401＋240	3—32	109. 20
24	彭家麻窝头大桥	D3K404＋271. 5	7—32	239. 72
25	沐珠龙潭大桥	D3K404＋544. 7	4—32＋2—24	190. 97
26	田坝特大桥	D3K405＋602	24—32	796. 34
27	李家寨大桥	D3K408＋714	2—24＋（40＋56＋40）＋2—32＋1—24	287. 81

成贵高铁大方县境内隧道一览表

表—13-1-2-4　　单位：米

序号	隧道名称	中心桩号	进口桩号	出口桩号	长度
1	以拉明洞	DK383+320	DK383+270	DK383+370	100
2	羊场隧道	DK387+733	DK386+790	DK387+735	945
3	将军山隧道	DK389+309	DK388+273	DK390+325	2052
4	大方隧道	D3K395+815	D3K392+250	D3K399+380	7130
5	大梁子隧道	D3K400+609	D3K400+028	D3K401+190	1162
6	冯家堰隧道	D3K402+722.5	D3K401+295	D3K404+150	2855
7	长坡隧道	D3K404+956	D3K404+842	D3K405+090	248
8	七扇岩隧道	D3K407+301	D3K406+027	D3K408+575	2548
9	观音山隧道	D3K411+028	D3K408+878	D3K4B+763	4296
10	青岗坡隧道	D3K413+478	D3K413+340	D3K413+615	275
11	长箐岩隧道	D3K414+208	D3K413+720	D3K414+695	975
12	营长坡隧道	D3K416+170	D3K415+780	D3K416+560	780

第三节　机　场

2007年1月26日，成都军区空军司令部同意新建毕节机场。2008年3月7日，国家民航总局同意毕节机场场址定在大方县响水乡飞雄村。2009年5月27日，毕节飞雄机场经国务院常务会议研究，正式批复立项。大方县成立铁路公路机场建设指挥部，负责征地、拆迁、补偿、移民并协调配合做好相关工作，共征用机场建设红线用地266.89亩，搬迁房屋270户3.46万平方米，搬迁坟墓704座，兑付征地拆迁补偿资金1.23亿元。

2011年3月18日，经民航西南地区管理局备案核准，毕节飞雄机场飞行区土石方及地基处理工程施工，工程投资概算约9.1亿元，主体工程于2012年年底完工。机场包括1条2600×45米的跑道和1条垂直联络道、4个机位站坪、7100平方米航站楼等。飞行区按4C标准设计，航站区按满足2020年旅客吞吐量30万人次、货邮吞吐量1200吨的目标设计。机场附属设施包括生产生活辅助设施、公共配套设施、空管工程、供油工程等。2013年1月26日实现校飞，4月16日，完成第二次校飞，5月27日，中国民用航空西南地区管理局对毕节飞雄机场进行工程项目行业验收，31日，由南航贵州公司波音737-800飞机对毕节机场的净空、场道、灯光、通信导航和飞行程序进行检查检验试飞，经过昼航和夜航试飞，航空公司按计划完成各个科目的试飞工作，6月16日，毕节飞雄机场正式通航。2013年，毕节飞雄机场年旅客吞吐量突破20万人次。2015年，年旅客吞吐量68.4万人次。

2015年，毕节飞雄机场开通的航线有北京、广州、上海、昆明、重庆、贵阳、深圳、杭州、厦门、成都、三亚、西安、南宁、武汉、长沙、青岛、长春、大连、丽江、哈尔滨。

第四节 渡口 码头

一、渡口

1989年7月，对全县渡口进行规范整顿，渡口调整为29处。2002年5月，洪家渡水电站大坝建成，全县渡口减少为18处。2006—2010年，县投入渡口码头基础设施建设资金71.38万元，新建渡口（包括渡工房、候船亭、人行步梯）15处，其中，2006年，投资32.68万元，建成大方镇、理化乡、鸡场乡、牛场乡、鼎新乡等涉水乡镇9处渡口，分别为西界河渡口、三岔河渡口、岩脚渡口、黎家营渡口、裸朵河渡口、对江渡口、法乐河渡口、凹水河渡口、大渡河渡口；2007年，投资10.4万元，建成渡口3处，分别为童家梁子渡口、果宝河渡口、架盖河渡口；2010年，投资28.3万元，建成渡口3处，分别为一把伞渡口、岔河渡口、陵江渡口。至2015年，全县有渡口33处。

二、码头

县境水域共建有5个航运渡口码头。2002年5月，建成洪家渡水电站大坝码头。2003年3月，大方县投资在鸡场乡松林村建设六圭河水域渡口码头。2004年5月，投资建设法启渡口码头和白布渡口码头。2008年8月，省海事、航运管理部门及地区海事部门到洪家渡库区水域实地考察，选定鸡场乡松林村赖石坡为洪家渡库区支持保障系统信息中心建设地址，建设洪家渡库区六圭河码头1个，船舶吨位等级100吨，停泊位2个，建设管理站房1200平方米，修建港口道路290米；同时，省海事、航运管理部门及地区海事部门建设九洞天码头1个，船舶吨位等级50吨，停泊位1个，管理站房600平方米，修建港口道路1500米、九洞天至木空河19.7千米，河水变化段按七级航道标准整改，配套建设综合办公楼、航运信息和安全保障系统等设施。工程项目建设投资300万元，2008年11月开工，2010年2月竣工投入使用。

第二章 运输与管理

第一节 运 输

一、运输企业

1996年，全县有大客车14辆，中小客车31辆，大货车271辆，小货车104辆，拖拉机917辆。1997年，全县有机动车辆1849辆，其中，营运客车159辆，货车505辆，拖拉机1185辆。2001年，全县有营运客车408辆，货车618辆，将138台出租汽车纳入正常管理。2009年，全县营运车辆2157辆，其中，营运客车532辆，营运货车1625辆。2011年，全县营运汽车1724辆，有运输公司3家，驾驶培训学校5家。2014年，开展货运企业专项整治，货运资质达不到要求的企业自主退出营运。至2015年，全县有客运车辆759辆、出租车282辆、公交车27辆、普通货运车辆584辆、危险货物运输车辆12辆。

县内运输企业以毕节运输公司大方汽车站为主。系二级汽车客运站，主要经营客运、汽车维修保养、机动车安全检测、所属车辆管理等业务。客运站有省、市、县班线20余条，参营车辆300多辆，其中站属客车42辆，基本覆盖县内运输网络，年客运量305万人次。1992年，大方汽车站迁至县城西大街北段，站内有雨棚停车场、售票厅、候车厅、站前广场和完备的消防安全检测设施。2000—2015年，大方汽车站逐步实现规范化管理，车辆统一进站发班，车队进行承包经营。2015年，营运线路发展到45条，主要承担广东、福建、深圳、四川、重庆、遵义、贵阳、六盘水、毕节、赫章、威宁、金沙、织金等省市县客运业务。

2007—2012年，县内先后建成并开展营运的车站有18家，其中，有四级车站2家，即大方交通运输公司县城南郊汽车站、大方交通运输公司县城东郊汽车站；五级车站16家，即瓢井客运站、普底客运站、双山客运站、小屯客运站、黄泥塘客运站、响水客运站、六龙客运站、马场客运站、猫场客运站、凤山客运站、八堡客运站、三元客运站、长石客运站、羊场客运站、雨冲客运站、沙厂客运站。2013年，建成并开展营运农村客运站3家，即果瓦、牛场、文阁农村客运站。建成农村客运招呼站139个，每个投资1.5万元。2014年，建成大山、安乐、达溪、兴隆4个农村客运站，建成150个农村客运招呼站。有客运企业9家，分别是毕节运输公司大方汽车站、大方交通运输公司、永通公司、毕节百联大方分公司、和谐公司、九鼎公司、大元公司、花海旅游公司、久安公司。

2007—2015年，陆续进入大方县货物营运的企业有24家，即顺联汽车贸易货物运输公司、大方永顺汽车货运有限公司、恒通运输、大方凯顺货物运输公司、大方金鑫货运公司、大方鸿利货运公司、大方陆通货运公司、佳鑫汽车运输有限责任公司、贵州广能大方分公司、大方易成货运公司、大方县方平保安服务有限公司、大方县大西北汽车运输公司、大方县华通物流有限公司、贵州和谐运输公司、大方县黔城锦旭物流公司、贵州永红顺运输公司、永和运业、大方永丰运业有限公司、大方兴泰汽车货运公司、毕节富通货运公司、大方顺达汽车运输公司、大方五凤豫龙货运公司、大方县雅琪商贸公司、大方旭通运输公司。到2015年，纳入监管的客运公司有11家。

二、客运 货运

（一）客运

1995年，大方县执行交通运输部《关于加快培育和发展道路运输市场的若干意见》，通过健全运输法规，鼓励经营者自主经营、平等竞争，建立开放、竞争、有序的道路运输市场体系。1997年，在全县范围内杜绝无证照经营现象，实现车站对外开放，做到“车进站，人归点”，对客车实行定线、定班、定点管理。1999年，建成百纳、马场、黄泥塘客运站，筹建瓢井、归化

农村客运驾驶员领取客运线路牌（2014年6月摄）

客货运站点。启动建设南门汽车运输综合服务站，解决鸡场、黄泥塘、马场、坡脚方向客运车的停车发车问题。2004 年，结合实际，对客运班线进行合理调整，设置各乡镇客运站点，对客运站点进行合理布局，以毕节运输公司大方汽车站、大方县交通运输公司南郊客运站为主，承担客车客运服务。2006 年，为规范客运市场，排除隐患，取缔环管站发车点，将归化、文阁线客车统一集中到位于县城西大街的大方客车站停车发车。2007 年，实现公司化经营，进一步规范客运市场管理，交通运输进入各种运输方式交会融合、统筹发展的新阶段。2010 年，规划建设大方新客运站，总投资 5968 万元，由省测绘一院对新客站选址进行勘测，制作地貌图，由具有甲级工程建筑资质的北京龙安华城建筑设计公司设计。新客运站选址于金龙新区（顺德街道九驿大道中段），占地面积 4.68 万平方米，按一级客运站标准建设，拥有 7000 平方米发班停车场，主楼建筑面积 6500 平方米，候车大厅 1000 平方米。2011 年，全县乡镇通班车率达 100%，通村率达 94%。2011—2012 年，新客运站完成第一期和第二期场平，2013 年完成投资 1200 万元，2015 年完成投资 3700 万元，进行场坝硬化、室内装修和设备安装。到 2015 年，全县有营运客车 730 辆。

（二）货运

1997 年，全县货运市场杜绝垄断货源、居间盘剥现象，采用货运价格与市场协商价相结合，组织推广合同运输，逐步推动有形货运市场建设。2006 年，由于本籍车入外籍户，大吨小标，使全县货运管理受到很大影响。2014 年，开展货运企业专项整治行动，不符合要求的货运企业严令关闭。截至 2015 年，纳入监管的货运企业有 1 家危险货物运输企业和 9 家普通货物运输企业，有普通货运车辆 584 辆，危险货物运输车辆 12 辆。

1992—2015 年大方县客货运量一览表

表一 13－2－1－1

年份	客运量（万人次）	旅客周转量（万人千米）	货运量（万吨）	货物周转量（万吨千米）
1992	100	2830	81	6399
1993	153	4506	68	5679
1994	176	5680	75	6150
1995	219	7665	83	6806
1996	254	9100	65	4910
1997	490	14000	98	8700
1998	435	13050	120	9600
1999	480	14400	132	8580
2000	418	10450	106	9010
2001	411	14385	89	8010
2002	485	14550	132	11220
2003	465	19400	113	10170
2004	515	18200	130	17000
2005	497	19100	117	14500
2006	487	21000	86	10500
2007	480	19670	105	9450

续上表

年　份	客运量（万人次）	旅客周转量（万人千米）	货运量（万吨）	货物周转量（万吨千米）
2008	490	19600	210	25200
2009	745	32440	365	43700
2010	748	32570	372	44530
2011	968	43051	577	65201
2012	1131	55278	895	88523
2013	1216	70192	962	105820
2014	1218	74090	1029	110103
2015	1231	80549	925	77142

三、城市公交

（一）出租车

随着城市社会经济快速发展，城市化步伐加快，居民出行次数大幅增加，县内城市公共客运交通得到较快发展。1994 年，是大方县城市公共客运交通初步发展的过渡时期，主要交通工具为人力及电动三轮车。人力三轮车只存在 2 个月 ~3 个月就被电动三轮车取代。1996 年，出租汽车的出现，标志大方县城市公共客运交通发展正式步入轨道，并初具规模。10 月，县人民政府正式开始发放出租车第一批经营权，将出租车纳入规范化管理，城市居民的出行方式从单一步行增加至电三轮车、摩托车、出租车、农村客运班车等多种方式。1996—2003 年，城市公共客运交通逐渐过渡为以出租车为主，电三轮车逐步被淘汰退出营运。到 2015 年，全县有出租车 292 辆，平均每日运量为 7.5 万人次，每万人拥有出租车 29 辆。

（二）公交车

随着城市的不断扩容，城市道路建设不断扩展改善，单一的出租车运行方式已不能满足市民的多元化选择。2011 年年初，县人民政府开始着手制定公共交通规划，得到贵州省运管局支持，将大方县列为全省优先开通公交车绿色通道的试点县。大方县制定公交车“政府主导、惠及民生、出行便利、绿色环保”等一系列长远发展原则，成立大方县恒远公交公司，经过规划和筹备，第一批使用天然气能源的 12 辆公交车投入运营。11 月 16 日，公交车开通仪式在县城南门转盘举行。公交车开通运营，结束大方县无公交车历史。2015 年，全县有国有公交公司 1 家，公交车 33 台，开通公交线路 6 条，每日平均客运量 1.6 万余人次。

第二节　公路养护

大方县公路管理实施建管一体化，修建一条，管养一条。至 2015 年，全县管养公路里程 3153.3 千米。省高管处管养县境内高速公路，县公路管理段（原大方公路养护段）管养县境内国道、省道、部分县道，县路管所（原养护工区）管养部分县道和乡道、村道。

一、道养

大方公路管理段承担国道清镇至毕节公路（X004）87.5 千米、大方至金沙公路 60.7 千米，省道金沙至板当公路25千米、S209线黄泥塘至织金段18千米、贵阳至毕节公路66.5千米、大方至纳溪公路84.4千米及3条县道共123.7千米的公路养护维修。公路管理段下设养护站（道班）14个，公路由职工养护，简称“道养”。

1992年，全县管养里程为159.6千米，投资123万元，完成公路小修、保养、公路大中修、水毁抢修工程、公路绿化，油路好路率90%，泥路好路率87%，管养路段全部绿化。大方公路养护段获省公路局“全优段”称号。

1993—1996年，年管养里程173.6千米～179.6千米，管养资金571.17万元，年均190.39万元，油路好路率为76.2%～92%，泥路好路率为72.2%～91%。1996—2000年，年管养里程113.9千米～199.1千米，管养资金1654.85万元，年均330.97万元，好路率为76.4%～86.7%。

2001年，龙昌坝道班被交通部评为“全国百强道班”。2005年，龙昌坝道班班长张德荣获全国劳动模范称号。2001—2005年，年管养里程199.1千米～202.3千米，管养资金3675.29万元，年均735.06万元，好路率为82.5%～92.5%。2005年，实施“安保工程”，新建防撞墙763米，安装波形护栏2780米，安装标志牌152块。

清理水毁塌方（2012年7月摄）

2008年1月，大方县遭受冰冻灾害，县开展防冻防滑保畅工作，使用防滑砂1500立方米、盐15吨，出动防滑人员1000人次，所养护的公路范围未发生交通事故。2009年，实施养护公路大修工程36千米，完成油面19千米、水稳层35千米，清理水毁塌方2500立方米，筑防撞墙850米，挖补坑槽5200平方米，刮油2万平方米。实施“安保工程”，建钢筋砼防护栏400米，安装标志牌50块。成立机械化施工队，完成路面修补1.89万平方米。2010年，新增钢筋砼护栏2530米，波形护栏7640米，标志牌180块，增高钢筋砼护栏1191米，增高波形护栏2230米。2006—2010年，年管养里程189.35千米～224.8千米，管养资金3214万元，年均642.8万元，良好率68.66%～78.29%。

2011年，机械化施工队修补路面1.89万平方米，拆换波形护栏400米，修补路肩墙缺口27.55立方米。2012年，公路水毁特别严重，清毕路、贵毕路因暴雨塌方260多处3.25万立方米，交通中断4次，公路养护抢险队冒雨抢修5个昼夜。对贵毕路西溪河大桥、落脚河大桥吊索保护套管、锚室等进行上漆处理，主揽防水处理，对吊索添加架子，对避雷设施进行维护。2013年，修补沥青砼路面1.41万平方米，水稳层150.23立方米，刮油2.43万平方米，铣刨路面8千米，修补路肩墙2195.64立方米、混凝土路肩1245.6立方米。2014年，完成西溪河大桥、落脚河大桥、乌溪中桥、黑水田桥的病害维修处治工程，大修公路16千米、中修公路22千米。2015年，公路大修9千米、中修22千米，完成西溪干沟大桥、六圭河大桥的病害维修处治工程。

2011—2015年，年管养里程246.7千米～323.5千米，管养资金8289.82万元，年均1657.96

万元，优良率为63.4%～74.7%。

二、群养

大方县公路养护工区（2008年更名为大方公路管理所）承担县级以下农村公路的管养。20世纪90年代后，养护工区不再设置由职工直接养护的道班，管养公路由工区指导员工组织群众常规养护，县人民政府每年按千米投入资金，由辖区乡镇政府负责，简称“群养”，即水毁道路、塌方等大中修工程，由养护工区组织力量抢修。

1992—1996年，实行经费包干、定额管理、技术分片指导。地区下拨的养路经费，按国道每千米650元、县道400元、乡道250元标准支付给养护群众。

1992年，公路受雨雪影响，路基翻浆12.8千米，清除塌方4.7万立方米，排通边沟44.5千米，修复涵洞22道，恢复挡土墙12处500立方米。1993年，接养大纳公路62千米、化育至石牛角7.2千米、普底至黔西金坡1.8千米。1994年，养护普底至百里杜鹃旅游公路路面，清除塌方3000立方米，恢复挡土墙500立方米，排通边沟7千米，恢复涵洞40道，绿化公路15千米。1995年，接养黔西化窝至沙厂公路19.9千米。6月和7月，暴雨成灾，水毁公路严重，修复挡墙80米460立方米，清理边沟2100米，修复路基4390立方米，清除塌方4800立方米。种行道树2.03万株，绿化里程72.6千米。4年间，年养护里程为453千米～474千米，好路率为47%～62%。

1997年，接养东关至安乐公路9千米、居乐至二铺公路24.9千米。1998年，接养猫场至化作大方境公路8.5千米、五星桥至果瓦公路8.5千米，养护里程501千米，好路率46%。2000年，工区接养烂木杆至雨冲公路14.2千米，雨冲至大田公路1千米，养护里程516.2千米，好路率72%。2001—2005年，在大方至沙厂、大方至纳雍、百里杜鹃至红林、普底至金坡等公路设立9个小道班实施常年养护，好路率83%。2005年，地区加大公路养护资金投入，平均每千米增至2000元。新方沙路白石至凤山段通车后，18千米路段由养护工区调剂经费和县人民政府拨款养护。

2006—2010年，大方至金沙公路大方境64.2千米路段，移交大方县公路管理段管养，大方至响水至石母猪31.6千米路段移交养护工区管养，养护工区管养里程为484.6千米，好路率90%。2008年，县人民政府将村道纳入管养预算，公路管养里程增加到1455.7千米，其中，县道297.2千米，乡道295.9千米，村道862.6千米，好路率为县道80.5%、乡道68%、村道67%。2009年，接养白石至石关运煤公路7千米，按县道标准养护，接养村道39.7千米，管养里程增加到1859.7千米，好路率为县道79%、乡道77%、村道64%。2010年，白石至石关运煤公路更名为九驿大道，划入城市道路，移交县城管局管养。路管所管养里程为2115千米，其中，县道297千米，乡道296千米，村道1523千米，好路率为县道80%、乡道65%、村道58%。在34个乡镇设立34个交通管理站，投入农村公路养护资金181.04

2011年开工2012年竣工通车的星宿至雨冲通村油路蛇沟段（2013年11月摄）

万元，实施定段、定人、定标准管养。

2011 年，居乐至二铺油路改造后提升为省道，大方境内更名为居乐至纳雍公路，县境内 24.9 千米。养路里程增加到 2603.3 千米，其中，县道 273.3 千米，乡道 299.4 千米，村道 2031.6 千米，好路率为县道 83.6%、乡道 84%、村道 66%。全年配套农村公路养护资金 296.94 万元。2012 年，日常养护投资 568.7 万元，小修保养投资 380 万元，水毁恢复投资 1700 万元，临时保畅投资 260 万元，公路安保工程投资 134 万元。2012 年，管养里程增加到 2631.6 千米，其中，县道 260.3 千米、乡道 285.3 千米、村道 2086 千米。县道沥青路好路率 57.4%，乡道沥青路好路率 56.3%，村道好路率 67%。2013 年，养护里程 2870 千米，其中，县道 260.5 千米，乡道 285 千米，村道 2306.5 千米，方沙路白石至凤山段 18 千米。养护资金 1068 万元，县道、乡道、村道好路率分别为 87.35%、82.7%、68.15%。8 月后，全县 1624 千米村道移交乡镇政府组织群众管养。2014 年，小修保养投资 448.3 万元，好路率为 70.42%。2015 年，农村公路小修保养工程投资 269.2 万元，好路率为 76.12%。

第三节　路政管理

1992—2000 年，路政执法人员坚持路政巡查，每月巡查 24 天以上。9 年间，清除堆积物 578 处 1.23 万立方米，制止红线内建筑 2565 平方米，拆除违章建筑 40 处 915 平方米，收取公路赔（补）偿费、占道费、破路费、罚款等路政规费 72.6 万元。

2001—2005 年，清除路肩堆积物累计 1297 处 1.02 万立方米，恢复边沟 168 米，制止红线内建筑累计 21 处 150 平方米，拆除违章建筑 8 处 23 平方米，办理交通行政许可 151 件、交通行政处罚案件 134 件，查处路政赔偿案 832 件。收取路政规费累计 413 万元，交通行政罚款 63.7 万元。在东关、大河口设立 2 个检查点，检测超限超载车辆，保护公路和桥梁安全。5 年间，检测车辆 51.04 万辆，卸载 853 辆 4127.05 吨，累计收取超限运输补偿费 373.2 万元，检测费 1.28 万元。

2006—2010 年，清除路肩堆积物 5758 立方米，取缔非法加水点 41 处、占道修车点 2 处，查处非公路标志 246 块，铲除公路范围内乱种农作物 1060 平方米，制止红线内建筑累计 25 处 333 平方米，拆除违章建筑 36 处 1187 平方米。办理交通行政许可 132 件、交通行政处罚 109 件，查处公路赔（补）偿案 759 件。累计收取路政规费 378 万元，交通行政罚款 63.7 万元。成立超限运输稽查小组，加强对超限运输车辆的流动稽查。累计检测车辆 50.27 万辆，卸载 659 辆，收取超限运输补偿费 2008.03 万元，检测费 120.33 万元。2010 年 3 月，查处 8 辆超限运输车辆群体冲关拒检的恶性事件，根据《中华人民共和国公路

路政人员清理公路沿线杂物（2010 年 6 月摄）

法》相关规定进行处罚。

2011年，加大路政法规宣传力度和巡查力度，及时查处各种损坏公路行为。修复完善路政宣传标语9幅，疏通堵塞边沟80处2400米，规范平交道口搭接62处，清除路肩堆积物171处4624立方米，查处非公路标志815块。查处路政赔（补）偿案件29件，办理交通行政许可案件42件、交通行政处罚案件68件。收取公路赔偿费和路产占（利）用费20.28万元，交通行政罚款22.76万元。落实交通行政执法过错责任追究，加大对超限车辆检查力度，检测车辆10万余辆，收取超限运输补偿费237.2万元，检测费25.49万元。超限超载率控制在4%以下，达到超限运输治理目标。

2012年，规范平交道口搭接123处，查处非法公路标志1056块，制止违法建筑13处925平方米。办理公路赔（补）偿案件170件，交通行政许可案件6件，交通行政处罚案件84件。收取公路赔（补）偿费和路产占用费199.08万元，收取交通行政罚款27.38万元。超限稽查队上路检查，收取超限运输补偿费590.08万元，查处恶性超限运输车辆84辆，收取罚款27.39万元，超限超载率控制在4%以下。5月，启动贵毕公路大方境治超工作，检测车辆1369辆，劝返超限车辆119辆，处罚车辆20辆，收取罚款5.18万元，收取赔偿费112.2万元。

2013年，清除路肩堆积物1080处4890立方米，取缔非公路标志88块，取缔占道加水点58处，制止劝退违法建筑13处170平方米。办理公路赔（补）偿案件15件、交通行政许可案件3件。出动超限稽查人员4304人次，检测车辆2.59万辆，查处超限车辆5179辆，卸载66辆331.65吨，收取超限运输补偿费95.36万元，平均超限超载率为0.26%。

2014年，疏通堵塞边沟317处1309米，规范平交道口搭接46处，清除路肩堆积物270处2200立方米，查处非公路标志79块，制止违法建筑7处105平方米。办理公路赔（补）偿案件3件、交通行政许可案件8件，行政处罚案1件。出动稽查人员6905人次，检测车辆9.5万辆，查处超限车辆1641辆，卸载51辆714.2吨，收取超限运输补偿费20.09万元，超限超载率为1.73%。

2015年，清理疏通堵塞边沟967处1.34万米，增设规范平交通口6处，查处非公路标志376块，清除路肩堆积物230处1400立方米，制止违章建筑6处96平方米，制止占用公路留地7处，清除搭盖不规范286处5136米，清理乱堆乱放362处1096平方米。办理公路赔（补）偿案件9件、交通行政许可案件5件。累计检测超限运输车辆1.79万台次，卸载11辆63吨，收取公路赔（补）偿费211.38万元。

第四节　运政管理

运政管理职责为办理交通行政许可证件、查处违章逃费车辆、打击非法营运、评审运输车辆技术等级、驾驶员资格培训、征收运管费和客货运附加费等。

1992—1996年，征收运管费125.39万元、客运附加费10.4万元，征收上缴交通发展基金254.79万元、养路费47.12万元。处理违章运输394次，补征规费20万元。1997—2000年，征收运管费472万元、交通发展基金992万元、客运附加费178万元、汽车和拖拉机养路费1258.46万元。对全县152辆出租车、156辆机动三轮车进行登记并办理有关手续，出租车辆纳入正常化管理。

2001—2005年，征收运管费777.91万元、客运附加费1299万元、养路费2049万元。对220辆出租车进行专项整治，营运秩序及服务明显改善。2006—2008年，征收运管费777万元、客运附加费824.79万元。2006年，办理交通行政许可案件187起，查处违章逃费车辆7100辆次，追缴交通规定费用90万元。从2006年起，不再征收出租车运管费，农村客班收费标准降低。2007年，办理交通行政许可案件187起，查处挂车90辆次，补征运管费2万元，查处违章逃费车辆7200辆次，追缴规费80万元。2008年，办理交通行政许可案件158起，查处违章车辆6700辆次，追缴交通规费70万元。

2009年，检查车辆700多辆，查处非法营运车辆689辆。签订客车2596辆、货车218辆二级维护协定。2010年，出动执法人员7116人次、车辆1530辆次，检查营运车辆1.26万次，查处非法营运车辆52辆。监督运输企业对客车1711辆、货车710辆进行二级维护。

2011年，出动执法车辆1820台次，执法人员9160人次，检查车辆3.64万辆次，查处违规违章经营车辆26辆，暂扣非法营运车辆85辆次、超越许可范围旅游车13辆次、二轮摩托73辆次，转移乘客至合法营运客车2130人次，查处违规违章出租车48辆次，发放燃油补贴745.66万元，免费发放292辆出租车座位套584套。办理过户手续6件、报废更新手续30件。

2012年，加大贵毕公路及沿线乡镇客运市场整治力度，出动运政执法执勤人员6618人次、执法车辆1692辆次，检查车辆6.67万辆次，查处客车、农用车、摩托车违规违章行为，查处非法营运客车232辆次。对驾驶员培训学校进行监管，培训普通驾驶员3679人，发驾驶证2206本，从业资格培训539人。推进维修市场规范化，对机动车二级维护、竣工检测进行监督检查。2013年，办理交通行政许可案件173件，其中，新增货运公司行政许可4件、新增货运车辆行政许可109件，新增或变更班线延期行政许可67件，新受理摩托驾校行政许可1件。2014年，加强运输市场监管，对运输企业、驾校严格进行信誉考核，对驾驶员资格培训、审批线路牌、车辆准入、查处违法经营等严格执法。落实交通运输节能项目，推动低碳、绿色、节约型交通建设。

2015年，加强客、货运输行业监管，受理各类投诉、举报57件。对25家货运企业按照开业条件和安全达标要求逐项进行检查，对不合格的23家货运企业实施为期15天的停业整改。组织各类专项检查269次，制定整改方案11份，整改8273项，排除隐患8273项。组织全县客运驾驶员集中培训，考试不合格的，取消客运资格。开展驾驶专项整治行动，规范驾驶员培训机制。加强机动车辆维修市场管理，坚持“整顿秩序，规范市场，综合治理”原则，打击维修市场欺诈手段、质劣价高、以次充好等违法经营行为，对全县321家汽车维修点进行清理，提高服务水平。检查客运车辆3.11万辆次、货运车辆1.87万辆次，处罚违规车辆1227辆，处理205辆、罚款334.7万元。查处简易程序案1757件、一般程序案件141件，罚款499.13万元。

第五节　交通安全管理

1992年，开展交通安全专项治理，整顿交通秩序，坚持路检路查，反违章，减事故，取缔无牌无证车辆，强制报废已达报废年限汽车，制止拖拉机载人、黑车营运，保障交通安全。出动警力2174人次，查验车辆1.64万辆，处理违章2938次，扣车扣证314次，强制报废车辆14台，罚款7.06万元，拘留审查5人，逮捕1人，收车管费3.55万元，办违章学习班5次培训87人，年度审验车辆驾驶员1562名，检验车辆347辆。

1993年，开展“严禁拖拉机、货车载人”专项治理，出动警力2976人次，查验车辆1.78万辆次，纠正违章1946人次，罚款5.52万元，扣车47辆，扣证107本。1995年，开展整顿城镇交通秩序，县人民政府发布《关于整顿城区交通秩序七条通告》，县公安局制定专项治理工作方案，对

12 座以上客运车辆造册登记，对驾驶员进行资格审查，合格后发给准驾证。在城区运行的机动三轮车、出租车必须办齐各项手续，实行单、双号错时错位运行。

2000 年起，全县建立 4 个驾驶员交通安全联络组，组织驾驶员轮流学习交通安全法规，交流交通安全行车经验。通过驾驶证的初办、换证、转籍、吊销等审验工作对驾驶员进行经常性、制度性的考查考核。至 2004 年，培训考核驾驶员 8300 多人。驾校办理驾驶证时遵循“高门槛、严要求”原则，严格审查、严格考试、严格办证，严格安全管理的第一道防线。办理摩托车上牌上证 1132 台次，督促 B1 证驾驶员体检 5176 人。

2001 年春运期间，对客运车辆安全性能进行检验，检验 19 座以上的中巴车、大客车 118 辆，合格后发给准驾证。春运中出动警力 851 人次，检查车辆 7.6 万余辆，处罚纠正违章 2125 人次，扣车 76 台，治安处罚 6 人，依法追究刑事责任 9 人。2002—2004 年，继续深化创建“平安大道”工作，实施道路畅通工程，对贵毕路、方沙路、方纳路、黄织路等 34 处事故多发路段，31 处安全隐患点进行治理整顿。对短途客车、违章超载超速、农用车和拖拉机载人、无牌无证车辆违章上路行驶进行治理，出动警力 800 余人次，查处农用车、货三轮、无牌无证车辆 160 余辆，报废车 13 辆，查验过往车 4000 辆。1991—2004 年，全县发生交通事故 384 起，死亡 309 人，受伤人数 396 人，经济损失 261.99 万元。

2007 年，对全县 7 座以上 280 辆营运性客车、280 名客运驾驶员进行认真梳理，一年内严重超员的、一次超员 50% 以上的、发生交通死亡事故负有责任的驾驶员 29 人，在交安会上进行通报，并取消其春运资格。全年出动警力 2 万人次，警车 6000 辆次，查验客运车辆 12 万余辆次，查验大型货车 1 万余辆次，查验校车 2000 余辆次，解体已达报废年限机动车 52 辆，查处超载 20% 以上 45 起，查处超速 50% 以上 72 起，查获无牌无证摩托车 368 辆，行政拘留无证驾驶 128 人。对 477 辆营运客车及车主进行摸底排查，全部建档。

2008 年，开展机动车涉牌涉证交通违法专项整治工作，查获不按规定悬挂或故意遮挡污损机动车号牌 100 起，不按规定放置机动车检验合格标志 53 起，不按规定放置机动车保险标志 79 起。对毕节运输公司、交通运输公司、百联运输公司、永通运输公司驾驶员 524 人进行资格审查，与 502 人进行面对面安全教育。查验登记客运车辆 8723 辆。2009 年，全面对客运车辆大排查，对不符合安全要求，特别是一年来发生过重大责任事故且整改不到位以及存在重大安全隐患的客运企业，责令其停业整顿，限期整改。对非法改装车，擅自增加座位的，责令其恢复原状或拆除增加的座位，对已达报废标准的，依法强制报废。

2010 年，开展公路客运交通安全隐患排查整治工作，查处酒后驾车违法行为，严查机动车无牌无证违法行为，查处各种交通违法行为 3443 人，其中，拘留 84 人，处罚 3240 人；强制报废机动车辆 17 辆，规范无牌无证机动车 101 辆。发生交通事故 346 起，其中，一般交通事故 339 起，重大交通事故 7 起。2005—2010 年，全县发生交通事故 428 起，死亡 118 人，受伤人数 84 人，经济损失 132.45 万元。

2011 年，在县城内开展以无证驾驶、非机动车和行人闯红灯、驾乘二轮摩托车不戴安全头盔、机动车非机动车乱停乱放、出租车违法掉头、占道行驶、大货车入城等为内容的专项整治行动。在大纳路开展以整治超速行为，拖拉机、货车违法载人为主的专项整治行动。开展校车整治，确保学生安全，对全县校车进行安全技术检测，统一粘贴校车专用标志，建立校车变动和违规通报制度。2012 年，开展农用车，二轮、三轮摩托车专项整治，严厉查处无证驾车、涉牌涉证、不戴安全头盔、非法载人等交通违法行为，对无证驾车的、非法载客的予以行政拘留，全年行政拘留 171 人，排查出不符合国标的校车23台。在城区开展酒后驾车、乱停乱放、闯红灯等交通违法行为的专项整治行动。2011—2012年，全县发生交通事故772起，死亡534人，受伤144人，直接经济损失238.71万元，追究刑事责任6人。

2013年，开展“百日交通”专项整治行动，行政拘留无证驾驶62人，刑事拘留醉驾1人，查处超速50%以上车辆137辆次，分别予以记分和罚款处罚。发生非统计上报事故228起，死亡48人。2014年，以“降事故、保安全、保畅通”为工作目标，严格落实源头管理和路面掌控，深入开展“毒驾”“酒驾”“三超一疲劳”“剧毒危化物品运输车辆”等专项整治行动。是年发生交通事故174起，受伤242人，经济损失31.31万元，其中死亡事故39起，死亡42人。健全机动车驾驶人员业务资格审核制度和岗位责任制度；严把车辆注册登记和检验关，办理新车注册1.17万辆、驾驶证3068份、机动车辆登记6120起。

2015年，查处各类交通违法行为2.57万起，其中，醉酒驾驶76起，毒驾1起，超员客运19起，疲劳驾驶2685起，违章停车1.02万起，涉牌涉证2296起，“红眼”客车3起，违法运输剧毒化学品5起，无证驾驶251起，摩托车违法6446起。发生一般以上交通事故494起，其中，伤亡事故99起，死亡104人，受伤697人，追究交通肇事刑事责任6人。

第三章　邮政　通信

第一节　邮　政

1998年9月，按照工业信息产业部《邮电分营工作指导意见》，电信业务从邮电局分离。10月1日，大方县邮政局、电信局分别挂牌成立。县邮政局下辖县城西大街、响水、双山、坡脚、马场、黄泥塘、羊场、理化、六龙、百纳、达溪、瓢井、长石、沙厂14个邮政支局和猫场、鸡场、东关、凤山4个邮政所。2007年，邮政体制改革，贵州邮政集团公司挂牌成立，大方邮政按公司化运作，依托邮政各种网络，实现物流、资金流、信息流“三流合一”，主动参与和融入全县经济建设。2008年4月7日，中国邮政储蓄银行贵州省大方县支行成立，邮政汇兑与邮储银行分营。2015年4月，大方邮政局更名为中国邮政集团公司大方县分公司。

一、邮政基础设施

1998年10月，县邮政局挂牌成立，有县城人民南路邮政楼1幢。2004年5月，投资156.47万元建设的位于奢香大道南段的信件邮政综合楼竣工投入使用。2006—2009年，先后对乡镇18个邮政支局、邮政所进行改造装修，改善邮政服务环境。2010—2013年，补建11个乡级代办点、156个村邮站。

（一）邮递网络

辖区内干线邮路为贵阳—毕节线，全长254千米，由贵阳局邮政专车分送，每日对开3班，承担县局及沿线黄泥塘镇、羊场镇、大方镇、双山镇等4个邮政支局的邮件往返运送。县内通乡由县邮政局运送邮件，邮路有：大方—沙厂线，全长70千米，负责沿线六龙、凤山、百纳、沙厂4个乡镇逐日邮运；大方—长石线，全长75千米，负责沿线东关、核桃、达溪、瓢井、长石5个乡镇逐日邮运；大方—猫场线，全长80千米，负责沿线高店、马场、坡脚、猫场4个乡镇逐日邮运；大方—响水线，全长35千米；“羊场——理化线”，全长7千米；县城投递线路7条，由自行车和特快专递车投递。

2014年3月，贵阳至毕节邮路干线不再送大方县黄泥塘、羊场、双山、归化的邮件，县邮政局对贵毕路沿线邮路进行调整，增加县城至黄泥塘、鸡场、羊场、理化、双山、归化的邮路148千米。12月，新增文阁、响水、竹园往返县城邮路56千米；西线邮路增加小屯、马场、牛场、坡脚、猫场、绿塘往返县城邮路233千米；北线邮路调整为县城至安乐、核桃、达溪、瓢井、八堡、兴隆、长石、果瓦、大山，邮路里程300千米。

2015年，农村投递网络由14个邮政支局、4个邮政所、16个乡级代办点承担，邮路100条，投递线路1605千米。

（二）计算机网络

1998年，县邮政局确立科技兴邮的发展方向，新建综合计算机网络和储蓄计算机网络并与全国联网。2003年新安装ATM机，完成综合计算机网和绿卡网的搭接，实现各应用系统的安装运行，储蓄业务实现全国联网，通兑通存，各乡镇支局数据通过电信半固定连接音频专线或拨号专线连接，一对多路复用器传输到地区机房主机，所有业务数据通过电信2兆光纤传输到省邮政局服务器。2007年4月，借助邮政电子化汇兑系统，为企事业单位、机关和社会团体提供资金结算服务和代收代付服务，大方邮政局中心网点受理社保、医保代付业务和通讯企业、石油石化、烟草、渔政、彩票、交通罚款、保险等代收业务。12月，增加大宗商函邮件“商函标签号”输入功能，新增邮资机型号品牌的选项。2009年12月，乡镇邮政支局电子化系统网络和终端设备以切屏方式实现投递系统上线。2010年6月，推进邮政封发清单和路单无纸化改革，建设电子化支局邮政自助查询系统，通过电子化支局自助终端，以多媒体方式提供邮政资费、邮政业务、邮政编码、禁寄物品、邮件通达情况和国内给据邮件跟踪多项自动查询服务。

二、邮政业务

（一）函件

函件包括信函（公文）、明信片、印刷品、盲人读物、邮送广告等。1999年，平信邮资0.8元/20克；2006年，1.2元/20克；2008年，1.5元/20克。航空邮件1.8元/20克。由于移动通信和电话的普及，信函业务量和收入逐年减少。

（二）包件

包件业务包括普通包裹、直递包裹、特快专递包裹，投递范围覆盖367个村、3847个村民小组。1998年，包件一律按保价收寄，保价按1%收取；邮资按路途远近、不同重量的标准收取。2000年，县邮政局负责执行包裹直投到用户手中。

（三）特快专递

1996年，开办国内国际特快专递。特快专递单证类邮件有中考、高考、职称考试、研究生考试各类成绩单，录取通知书、报考资料；法律文书、行政执法文书、身份证、新生儿血标本、医院化验单、护照、营业执照、法人证书、出境批文、港澳台通行证、驾驶执照、企业代码、提货单、环保通知书、劳动仲裁书、汇款通知单等。2000 年，实现邮件传递时限为县城当日 17 时投递，最迟次日晨送达，市县内 72 小时送达。2002 年，实现“次晨递”。2013 年 5 月，开办二代证绿色通道，急用证件投递时间更为快捷。

（四）报刊发行

组织党报党刊征订和投递工作，县城保证每日 17 时到达，次日晨送达。2003 年，开展报刊发行软件零售改革，由地区零售公司统一管理，实行报刊零售专业化经营。2009 年，实行地区《投递信息系统在县以下实施方案》，全面实现投递机构代码上线。2010 年，《毕节日报》《大方报》实现逐日投送。2012 年，开展非党报党刊收订竞赛，创流转额 125 万元。2015 年，开展《阅读天下》征订竞赛活动，实现流转额 8 万元。

（五）集邮

1997 年 11 月，大方县集邮协会成立，推进集邮业务发展。是年，启用“杜鹃花”为标志的大方集邮协会纪念封和纪念戳。1999 年，发行“希望工程”邮资明信片。2000 年 4 月，销售“回音卡”明信片；9 月，发行“消费者投诉名片”。2001 年 8 月，开展个性化邮票服务，发行“世界杯”有奖竞猜明信片。2004 年，发行毕节邮政局制作的《百里杜鹃》《黔西北之旅》个性化邮折。2006 年，大方县首届奢香文化节期间，刻制《大方百里杜鹃》风景邮戳一枚加盖，9 月，组织学生集邮爱好者参加团地委组织的“手拉手一起走，万封书信大赛活动”。2008 年，宣传推介《放飞奥运梦想》邮折 1344 版，居全地区第一名。2009 年，举行 1 万人参加的“写给祖国母亲一句话”活动，回收明信片 9500 多枚，制作“九洞天”风景区邮资封片发行。2010 年，制作“奢香博物馆”“贵州宣慰府”“支嘎阿鲁湖”风景区贺卡封发行。2011 年，大方第三届奢香文化节和毕节地区旅游产业发展大会期间，制作九洞天、奢香博物馆、贵州宣慰府、清虚洞天生桥、油杉河南天门、支嘎阿鲁湖风景邮戳加盖邮寄 4000 多封。2012—2014 年，开展龙、蛇、马年集邮活动。2015 年，开展乙未年集邮首发活动。

（六）代办业务

包括邮购、物流、通信，代办保险，代售机票、火车票，代收电费、燃油款，代发工资等业务。1999 年，开始代办太平洋保险、音响租赁等业务。2001 年，开始代售机票业务。2002 年，开办代发工资、代办通讯收费、代理保险、代理国债、代发养老金等业务。2003 年，县邮政局成立物流业务组，规范管理和发展报刊发行、物流网络业务。9 月，代办电信公用电话、固定电话、小灵通、农话业务及代售卡，代办宽带业务、代收费，代收联通、移动话费。2006 年，开办代收交通违章罚款业务。2007 年，开办代收电费业务。2008 年，开办农药、酒水、洗衣粉、中邮快货、春茶等物流运送业务。2009 年，为“万村千乡市场工程”提供物流服务，利用村邮站开展面向农村商品配送和网店销售工作。2010 年，代办业务收入 144.86 万元，同比增长 27.45%，其中代售机票 779 张，居全毕节地区第一。2011 年，代理电信、移动、联通、电费、“自由一族”、代售机票等业务。2012—2014 年，增加代理速递物流、储蓄保险、分销、短信、代售火车票等业务。2015 年，增加代理车辆保险业务。

（七）物流网络

2004 年 3 月 18 日，中国邮政集团公司贵州省大方县分公司成立，经营范围包括所有邮政物流。公司在县内 19 个乡镇邮政支局设点开展物流业务，从业人员 80 多人。至 2015 年，邮政物流业务量达到 5 万多件。

（八）邮政储蓄和邮政汇兑

1998年，全县18个邮政支局（所）均开展邮政汇兑业务。1999年，县城西大街支局与全国邮政金融计算机连线，办理活期全国通存通兑。2001年，开通自动柜员机，西大街支局电子化升级，县第一个电子汇兑网点开通，提高汇兑业务效率。2003年3月，县邮政局西门子二级电机安装使用，各邮政储蓄网点实现计算机处理业务，与全省各地联网，实现所有网点通存通兑。2004年，全国电子化局系统统一版本工程建成并投入使用。2005年6月，县邮政局邮政储蓄和邮政汇兑"两网"开通，实现"两网"互联互通，邮政储蓄资金与汇兑资金合并使用，优化汇兑业务处理流程，简化汇兑前台操作，使邮政汇兑产品多元化。2006年，"网汇通"卡发行，可网上消费和充值。2007年，开办邮政商务汇款业务，代理国债业务。2008年，开展邮政储汇部小额贷款业务。6月4日，邮政储蓄银行大方支行成立，与大方邮政局分营。2010年，按照《毕节邮政农村小额贷款业务发展方案》，各支局储蓄网点7月开始受理信贷业务。

1998—2015年大方县邮政业务一览表

表一13－3－1－1　　单位：万件、万元

年份	业务总量	业务收入	函件		机要邮件收入	包裹		特快专递	
			业务量	收入		业务量	收入	业务量	收入
1998	416.26	312.20	10.71	41.03	9.20	0.78	7.50	2.96	51.73
1999	573.90	430.43	15.48	38.70	9.80	0.88	8.40	2.36	77.17
2000	532.08	399.06	14.16	8.50	10.50	1.03	9.80	0.99	47.17
2001	410.80	308.10	13.11	32.78	11.25	1.18	11.25	0.58	12.76
2002	349.18	261.89	9.94	24.86	18.00	1.89	18.00	1.21	29.66
2003	284.50	213.38	19.52	48.80	17.30	1.87	17.80	1.76	38.70
2004	599.81	449.86	34.12	85.30	16.40	1.91	18.10	2.18	47.90
2005	519.80	389.86	5.58	13.96	14.20	1.92	18.23	3.73	81.97
2006	786.02	589.52	5.76	14.40	3.60	2.95	28.02	5.05	111.01
2007	913.20	688.91	14.16	8.50	2.70	0.97	9.20	4.65	102.40
2008	1010.60	758.45	5.32	13.32	1.80	0.89	8.50	5.40	118.70
2009	1138.79	800.05	1.43	25.32	1.18	2.23	21.16	5.38	128.67
2010	1098.63	839.54	2.04	36.87	0.56	1.04	9.54	3.84	149.92
2011	1291.53	968.35	2.11	38.00	0.63	1.68	16.00	8.20	180.30
2012	1710.60	1283.00	2.41	44.03	1.26	1.38	13.08	0.87	19.10
2013	2170.60	1628.00	3.57	64.40	0.45	0.89	8.40	0.82	18.00
2014	2769.17	2076.88	4.94	89.00	0.39	1.03	9.60	0.21	4.60
2015	2820.30	2115.00	4.52	81.30	0.16	0.75	7.15	0.21	4.50

第二节 通 信

一、电信公司

1997 年，全县有交换机容量 4000 门，用户 3987 户。1998 年，进行市话扩容 6000 门工程，开通第一个 IC 卡公用电话。市话放号 1056 户，用户 4347 户。

1998 年 9 月，邮电体制改革，大方县实现邮政、电信分营。10 月 1 日，成立大方县电信局，负责全县范围内的电信业务，包括电报、传真、程控电话和移动电话。同年，架通大方至坡脚、猫场、黄泥、瓢井、长石、双山、响水 161.5 千米农话光缆，开通高店、马场、牛场、坡脚、猫场、凤山、沙厂、归化等乡镇程控电话。模拟移动电话基站扩容 20 信道、数字移动基站扩容 6 个载频。扩容市话交换 6000 门工程，市话扩容量达 1 万门。开通数字数据 DDN，开通自动查询电话费系统，开通会议电视电话网络，开通无线接入网 ETS、计算机互联网，开通 IC 卡公用电话。12 月，大方县电信长话 113 人工接线台撤销，话务员人工受理长途电话时代结束。此后，用户挂拨长途电话，只要办理记账付费手续的长途直拨权后，即可在话机上拨叫受话人的地区号码加电话号码实现通话。

1999 年，实施市话管道工程，主干电缆扩容到 1.2 万门工程，扩容电视塔 ETS 基站 16 信道，提高 ETS 电话接通率，新建长石农村电话交换机 128 门，实施县城西大街、新民路、老城区通信管道工程，扩容马场、坡脚、猫场、六龙、百纳、双山、响水、瓢井农话交换机 128 门，羊场、黄泥塘扩容改型为 256 门工程。架通百纳至普底、瓢井至八堡、归化至文阁的通信光缆，开通普底 128 门交换机。是年，电信业务收入完成 950 万元，市话放号 1530 部，市话用户达到 5921 户，农村电话用户达到 2760 户，市话主电缆扩容到 1.2 万门工程。电信与移动分营，开展以固话为主导的电信运营。

2000 年，开通文阁、兴隆、八堡 128 门程控电话，并扩容为 256 门，开通无线市话“小灵通”，市话放号 1300 部。到 2001 年年底，实现乡乡通程控电话，农村交换机容量 1.5 万门，实装 6930 门，程控电话容量 3.1 万门，实装 1.67 万门，架设干线光缆 280 千米。

2001 年 8 月，中国电信对公众电报经营模式进行改革，将天气、水情、公益、政务、新闻、普通、汇款和公电 8 大电报业务种类，简化为天气、水情、公益、普通和公电 5 种。天气、水情、公益电报，24 小时昼夜传递处理，普通电报传递时限由 6 小时调整为 12 小时。电话自动化、程控化之后，许多用户终端均开通文字和图像传真，电报业务减少，仍保留一段时间的过渡期。同年，完成 6000 对市话电缆主干配线网调、县城东郊大木星 ETS 基站建设，建设大方至小屯、百纳至星宿至大山 28.5 千米的光缆，完成小屯、星宿、大山市话电缆建设工程，开通大山、山坝、星宿、后槽 128 门和小屯 256 门程控电话。

2002 年，宽带开始出现，电信跨入网络时代。建成宽带 ADSL 并放号。扩容马场、羊场、核桃、高店交换机 256 门，开通果瓦 128 门、雨冲 128 门、三元 256 门、白布河 432 门程控电话。

2004 年 6 月，大方县电信局更名为贵州省电信有限公司大方分公司。同年，建成双山、坡脚、猫场、竹园、后寨、隆里市话电缆工程 80 千米及大方至后寨、竹园、响水光缆 19.5 千米。建成坡脚、猫场、马场、六龙、凤山、百纳、普底、羊场、黄泥塘、理化、火电厂交换点的宽带，新建基站 43 个。

2005年年底，取消电报业务。宽带技术推动电信业务转向以固话与网络共同为主导的电信运营。同年，新建和扩容宽带1800线，除安乐乡外，全县各乡镇开通宽带。

2007年，建设公安平安监控系统，安装100个摄像点，开通县人民政府新视通37个点。

2008年3月，贵州省电信有限公司大方分公司更名为中国电信股份有限公司大方分公司。到2008年年底，行政村程控电话覆盖率达95%，农村有线电话通达户为2.12万户，无线农话用户2.01万户，宽带用户6395户，“我的e家”用户3482户，商务领航用户351户，信息田园用户1.88万户。同年，完成宽带扩容一期、二期工程，涉及20个乡镇，宽带总容量7520线。新建幺塘、核桃、五凤煤矿3个C网基站。大方电信公司移动基站达56个。

2009年年初，发放第三代移动通信（3G）牌照，电信公司开始全业务经营和3G发展，移动业务发展到1.61万户。同时，市话发展受到影响，市话及小灵通用户数量下降。

2010年年底，全县有固定电话4.89万户，移动电话2.05万户。

2011年，发展农村营销服务体系，建立34个电信公司乡镇支局，推动农话发展，移动用户净增7947户，达到2.67万户。实施城市宽带提速及农村信息村建设，净增宽带用户2916户，达到1.05万户，其中，农村宽带用户4700户，城市宽带用户5787户，固定电话用户3.44万户。实施“天翼信息村”建设，全年替换升级3G基站30个，城区及高速公路信号覆盖进一步完善，乡镇实现3G覆盖。新建、扩建50个行政村宽带网络。

2012年，移动用户净增2.53万户，达到3.68万户，宽带用户净增3010户，达到1.18万户，固网电话下降减缓。

2013年，固网业务缓慢下降，宽带、移动业务持续上升。净增移动用户3093户，达到3.93万户，宽带用户净增1320户。

2014年，移动用户达到3.26万户，宽带用户达到1.74万户。新建3G基站58个。

2015年，加大基础网络建设力度，全县新建3G基站77个，新建4G基站110个，完成县城和全部乡镇中心区域的4G网络覆盖。移动用户达到3.82万户，宽带用户达到1.9万户，固定电话用户1.96万户。

1998—2015年大方县电信公司业务一览表

表—13-3-2-1　　单位：户、万元

年份	市话用户	农话用户	小灵通用户	移动电话用户	宽带用户	业务收入
1998	4347	1327				825.00
1999	5921	2760				950.00
2000	8799	4570	1300			1177.00
2001	16723	6930	1573			1324.50
2002	17110	21227	2048		403	1400.00
2003	18211	20310	3081		905	1657.00
2004	20145	19654	8258		1756	1820.00
2005	10087	20578	10480		2876	2153.00
2006	12397	21479	8870		3329	2103.52
2007	12499	44491	8844		4487	2082.64

续上表

年份	市话用户	农话用户	小灵通用户	移动电话用户	宽带用户	业务收入
2008	13317	41358	6710		6395	2686. 92
2009	11429	38417	1900	16147	8634	2920. 79
2010	12207	36663	1829	20487	8750	3576. 28
2011	14185	22002	1597	26669	10487	3635. 43
2012	14781	20339	1053	36806	11760	3889. 03
2013	14913	17565	766	39280	13080	3486. 65
2014	15083	12664	406	32637	17399	4040. 05
2015	12575	7068	326	38150	19021	4083. 44

二、移动公司

1999 年 8 月 1 日，中国移动大方分公司从电信分营，仅有电视塔 1 个基站，模拟基站与数字基站并存。机房与电信、联通及广电共用，无线网络覆盖面仅城区有 30% 左右。

2000 年，加大城区及乡镇的网络覆盖，开通综合厂、兴方大厦 2 个基站，城区网络覆盖得到改善。在乡镇开通黄泥塘、瓢井 2 个基站，传输方式采用租用电信传输，再从乡镇电信支局架设电缆。

2001 年，开通马场、百纳、响水 3 个乡镇基站，对模拟移动系统实行封网，实现模拟转数字的转变。

2002 年，启动“乡乡通”移动电话工程，新建六龙、百纳、普底、猫场等 23 个乡镇基站，使 32 个乡镇所在地有移动信号，乡乡通覆盖率达 89%，并进行传输改制，结束租用电信传输的历史。

2003 年，新建移动通信基站 18 个。年底，全县建成通信基站 54 个，基站小区数为 68 个，网络覆盖全县 36 个乡镇、高等级公路及主要风景旅游区。

2004 年，从“乡乡通”工程转为边际网络扩容工程，网络维护实现由维模式向代维模式转变。

2005 年年初，全县有数字移动基站 72 个，新增载频 42 个，第二期“村村通”工程新建基站 34 个，解决全县 74 个行政村信号覆盖问题，全县“村村通”覆盖率达 100%。2006 年，全县有基站 157 个，大型传输中转站 6 个。

2007 年，新建基站 14 个，新建光缆 47. 22 千米，解决 18 个行政村移动电话覆盖问题，实现部分自然村的信号覆盖。顺德变电站、关水井 2 个城关基站开通，解决县城北片区长期弱覆盖问题。所有基站安装动环监控系统，修建 48 个基站供电远程职能控制系统，对 22 个易被雷击的基站进行系统整治。在贵毕公路大方境内弱覆盖区新建 6 个直放站，把双山、理化、小屯基站增加为 4 个小区，增强贵毕公路沿线深度覆盖。

2008 年年初的雪凝灾害，造成 102 个基站的电力线路和光缆线路不同程度损坏，新建电力杆路 60 余千米，光缆杆路 20 千米，及时恢复受灾的基站和设备。在全县新建基站 22 个，“村村通”工程 2 个，新建光缆 104. 02 皮长千米，解决 18 个行政村移动电话弱覆盖问题，实现部分自然村的村村通覆盖，基站数达 202 个。

2009 年年初，全县有数字移动基站 203 个，基站小区数 441 个，载频 1250 块，光缆传输枢纽站 5 个，微波枢纽站 2 个，直放站 8 个，室内分布系统 1 个，光缆长度 1042. 88 皮长千米，城关管道 3. 42 千米，无线网络覆盖全县 36 个乡镇，村村通覆盖率达 100%，高等级公路、主要风景旅游区、城区及大型工矿区实现无缝覆盖。

2010年，新建2G基站42个，其中，村村通基站7个、城区基站16个、边际网基站19个，新建TD基站15个。全县共有基站248个，小区569个，载频数1606块。传输网本地网光缆长度1453.82皮长千米，二千光缆长度73.4皮长千米，管道长度10.7千米。建成干线传输光缆大方至毕节段52.48千米、大方至黔西段61.58千米。新建本地网光缆293千米。

2011年，新建城区基站46个，交通干线基站11个，“村村通”工程完成5个站点设备安装。载频数2230块，小区622个。遵义至毕节干线光缆线路大方境内安装88.6千米，大方至毕节段光缆37.5千米。本地网光缆2553皮长千米。

2012年，移动公司投入4852万元，新建82个无线信号收发基站，全县基站达到372个，覆盖全县所有行政村及95%的村民组。新建光缆872皮长千米，全县光缆长度3900皮长千米，为信息化奠定数据通道基础。在金龙新区新建基站2个，为循环经济产业园区改迁阁雅至余石传输光缆杆路2千米。开通永贵水泥厂、硫酸厂、石中玉专线。新建东关二站、安乐营山基站。开通宽带网络，用户达856户。

2013年，全县有G网基站290个、TD基站22个。有小区670个，载频数2270块。本地网光缆长度2353皮长千米，二千光缆长度63.4皮长千米，管道长度29.61千米。移动电话存量用户39.3万户，业务收入突破2亿元。宽带网用户1564户。

2014年，移动公司投入5000万元加强基础网络建设，新建城区基站8个，城区室外覆盖率提升为100%。新建高速公路覆盖基站7个，解决杭瑞、黔大、黔织等高速公路的信号覆盖问题。新建“村村通”基站7个，自然村覆盖率提高到99.98%。新增28个700兆小康讯基站，完成28个村委会、34个小学的行政村WLAN建设工程。新建2个TD基站，完成城区扩展和部分补盲补弱工作。网络覆盖8个乡镇中心区域。宽带用户3686户。

2015年，新建4G基站370个，2G基站29个，12月全部调测开通，实现4G网络县城及乡镇中心区域100%覆盖，行政村80%覆盖。新建传输网络855.16千米，其中通信管道21.33千米。新增家庭宽带端口5189个，宽带用户达7064户。

1999—2015年大方县移动公司业务一览表

表—13-3-2-2　　　　单位：个、千米、户、万元

年份	基站数	光缆长度	移动电话用户	移动宽带用户	业务收入
1999	1		1305		103.24
2000	4		3005		363.16
2001	22	22.06	7825		730.06
2002	36	36.01	12146		1106.05
2003	54	42.99	19433		1769.67
2004	72	240.18	31093		2654.51
2005	94	622.02	49750		3703.15
2006	157	85.03	70944		5553.28
2007	182	970.97	118242		7103.54
2008	203	1042.89	176309		9796.30

续上表

年份	基站数	光缆长度	移动电话用户	移动宽带用户	业务收入
2009	239	2926. 56	165240		10225. 00
2010	248	3003. 24	202455		12545. 00
2011	307	3282. 31	236549		15467. 00
2012	372	3900. 04	375454	856	18258. 00
2013	455	4622. 58	393628	1564	22154. 00
2014	670	5499. 16	411056	3686	24565. 00
2015	1131	3540. 94	416452	7064	25464. 00

三、联通公司

2001 年 9 月，中国联合网络通信有限公司大方分公司成立（简称大方联通公司）。主要经营移动电话、固网、宽带、数据通信业务。大方联通公司成立之初仅有 1 个基站，用户 300 余户。2003 年，建 2G 基站 20 个、光缆 150 千米，用户 1. 36 万户，业务收入 482. 6 万元。2004 年，新建基站 18 个，光缆累计长度 286 千米，用户 1. 54 万户，业务收入 535. 11 万元。2005 年，新建基站 30 个，新增光缆 144 千米。用户 1. 95 万户，业务收入 580. 6 万元。2006 年，新建基站 20 个，新建光缆 145 千米，用户到 2. 28 万户，业务收入 604. 75 万元。2007 年，建立营销渠道 93 家，其中代理点 47 家。新建 G 网基站 3 个、C 网基站 8 个，累计 G 网基站 51 个，C 网基站 51 个。新建光缆 50 千米，完成信息合成 32 个接入点。用户达 2. 37 万户，业务收入 695. 86 万元。

2008 年 9 月，与中国网通组合，基站 120 个，用户达到 3. 73 万户。同年，对营销渠道分布、结构、管理模式进行调整，加强乡镇营销渠道建设，有渠道 83 家，新建机房 14 个，新开通 GSM 基站 21 个，对雪凝损害基站恢复重建，业务收入 1284. 11 万元。2009 年，营销渠道有 83 家，形成一乡一店。开展“金牌服务迎奥运”活动，发展用户 4 万户，业务收入 1895. 27 万元。2010 年，联通公司投资 1100 万元，新建 3G 网基站 7 个、2G 基站 11 个。净增移动电话用户 2481 户，其中，3G 用户 968 户，2G 用户 1513 户，宽带用户 731 户。业务收入 2108. 56 万元。

2011 年，联通公司辖区内有移动基站 268 个，租线 124 条，开通端口 3616 个，发展用户 1202 户，宽带网净增 2058 户，累计用户 4. 94 万户，业务收入 2709. 11 万元。2012 年，基站总数 296 个，光缆长度 1681 千米，用户 5. 37 万户，业务收入 3072. 38 万元。2013 年，新建基站 130 个，建成投入使用基站 294 个，建成光缆 1796 千米。全县宽带接入端口 1. 06 万个，用户达 5. 33 万户，业务收入 3406. 29 万元。2014 年，新增 3G 基站 98 个，新增光缆 500 千米，新增固网宽带 FTTH 端口 5000 个，新增 10 个乡镇政府所在地固网宽带全覆盖。发展用户 5. 58 万户，其中，移动宽带用户 1. 5 万户，2G 用户 2. 56 万户，固网用户 4077 户，业务收入 3509. 87 万元，业务收入同比增长 29. 6%。

2015 年，基站 554 个，新建传输光缆 1511 千米，其中，新建油杉河景区基站 4 个，扩展雨冲乡、星宿乡的网络覆盖面。为加快农村信息网络建设，统筹涉农资金，创新投资融资机制，在星宿、安乐、东关、马场等乡镇试验，实现光纤到乡、宽带到村，用户 5. 59 万户，业务收入 3629. 72 万元。

2003—2015 年大方县联通公司业务一览表

表— 13 - 3 - 2 - 3　　　　单位：个、千米、户、万元

年份	基站数	光缆长度	移动电话用户	移动宽带用户	业务收入
2003	20	150	11595	2000	482. 60
2004	38	286	11896	3507	535. 11
2005	68	430	14350	5173	580. 60
2006	88	575	14890	7954	604. 75
2007	99	625	15000	8672	695. 86
2008	120	986	26433	10892	1284. 11
2009	145	1106	28699	11615	1895. 27
2010	206	1325	30517	11775	2108. 56
2011	268	1540	37356	12085	2709. 11
2012	296	1681	39976	13765	3072. 38
2013	426	1796	39805	13500	3406. 29
2014	524	2296	40819	14980	3509. 87
2015	554	3847	40900	15000	3629. 72

第十四篇
城乡建设

第一章 城乡规划

第一节 县城规划

1984年，县人民政府以县城为基础，编制首个《大方县县城总体规划》（以下简称“县城总体规划”）。1986年，县城总体规划获省政府批准执行。随着经济社会的不断发展进步，至2015年，县城总体规划经历三次较大修编。县城总体规划的编制和修改，在不同历史年代立足现实，规划未来，因地制宜，推进发展，体现对县城建设设计蓝图、指导布局、调控实施的规划功能。

1984年，进行第一次县城总体规划编制，规划期限为1984—2000年，近期为1990年，远期为2000年，将大方县城定位为全县政治、经济、文化和科学技术中心，农副产品加工、建材和地方手工业为主的工业城镇，具体内容包括指导思想和依据、城市性质、城市规模及人口、城市布局、公共服务设施、道路广场、园林绿化、专项工程、环境保护、实施规划的措施等。1986年，省政府批准实施。

1997年，由贵州省城乡规划设计研究院对县城进行第二次总体规划修编，规划期限为1997—2005年，远期2006—2015年，内容包括1996年县城社会经济基本情况，2005年、2015年力争达到的目标、人口规模、用地规划规模、道路交通、绿地系统、给水工程、排水工程、电力工程、电信工程、环境保护、环境卫生等。城市建设用地范围按规划北起蔡家坡，南至大海坝林场，西以贵毕高等级公路为界，东至云龙山小箐沟，总面积20平方千米。

2005年，依据1997年规划执行情况，对县城总体规划进行修编，近期到2010年，远期到2020年。根据城镇发展新要求，修编《大方县县城规划（2007—2025）》，2008年1月14日经贵州省城市规划委员会审查通过。结合省委、省政府、地委、行署提出的将毕节、大方城市共同打造成为“双百”城市（主城区人口100万人，面积100平方千米）的目标，委托具有甲级资质的广东省城乡规划设计院重新进行修编，形成《大方县城总体规划（2009—2030）》。

规划因地制宜确定城市发展目标与战略，尊重地域历史文化，优化城市布局，促进历史文化遗产保护与城市建设协调。突出统筹城乡发展、区域发展、经济社会发展、人与自然和谐发展、国内发展和对外开放，科学规划，合理布局，突出特色，重视生态环境和公共安全，坚持建设资源节约型和环境友好型社会目标，充分考虑资源与环境的承载能力，全面推进资源节约，合理利用和有效保护。规划期限22年，近期2009—2015年，远期2016—2030年。全县行政区划范围辖区面积3505.21平方千米，中心城区总面积192.11平方千米，城市建设用地约35平方千米。

城市规划区为大方镇、双山镇、响水乡、东关乡、竹园乡、小屯乡、文阁乡、六龙镇、羊场镇的行政辖区，总面积712.43平方千米。以高速、高等级公路为轴线，主要生产力沿线集聚，第二、三产业呈扇形空间布局，第一产业突出特色优势农产品相对集中、规模化基地、区域化现代农业优先发展。将全县划分为中部、西南部、北部、东北部几个经济区，按经济区域划分组织生产力布局。近期全县总人口108万人，城镇人口38万人，城镇化水平35%；远期全县总人口123万人，城镇人口69万人，城镇化水平55%。

到2030年，全县形成1座中心城市即县城，6座中心集镇，即黄泥塘、瓢井、百纳、普底、猫场、雨冲，25座一般集镇：马场、达溪、长石、羊场、高店、绿塘、果瓦、鸡场、沙厂、鼎新、牛场、理化、凤山、安乐、核桃、八堡、兴隆、大山、黄泥、大水、三元、星宿、文阁、小屯、六龙。中心城区包括县城和双山、飞雄、竹园、东关、响水等，文阁、小屯、羊场、六龙等中心城区近郊小城镇。形成中心城区40万人，文阁、小屯、羊场、六龙等集镇人口各5万人的规模序列。

建设杭瑞高速公路铜仁—毕节公路大方段、大方—黔西高速公路、大方—纳雍二级公路，改造大方—纳溪公路、小坝—居乐公路达二级标准，改造长石—大山—星宿—百纳—普底—黔西公路达二、三级标准，改造大方—织金公路为三级公路，陆续改造和新建包括G326、文阁—鼎新—猫场、沙厂—大水—黔西等公路和通乡通村公路，新建双山、新庄二级标准客运站和东关三级标准客运站。中心乡镇按三、四级标准，一般乡镇按四级标准建客运站或固定的旅客上下车场所。成贵高铁在东关附近建站，隆黄铁路在竹园建站。

县中心城市为省级历史文化名城，是毕节地区中心城市的有机组成部分，规划近期15万人、远期35万人，近期城市建设规模用地12.8平方千米，人均85平方米，远期城市建设用地规模35平方千米，人均99.7平方米。城市用地向西、向北发展，发展新庄、小龙昌、东关、双山、飞雄、竹园、松林等新城区。

老城区东抵火焰山、云龙山，西到贵毕路匝道，南及告谷山，北到硫磺厂，以行政办公中心、历史文化名城保护、商业、娱乐、居住为主。新庄—小龙昌—东关片区，东到青杠坡，西至吊水岩、大阁雅，南接老城区，北到海子坝丫口、石坝大坡，为城市向西北拓展的新区，以行政、居住、文化娱乐、对外交通服务等为主。双山片区东接东关片区，西达沙子坡，南到莫阳沟，北到落脚河为县城向西的拓展区，以居住、商贸、交通运输服务等为主。飞雄片区东到响水河，西抵行政区划线，南至法寨河、落脚河，北到塘坎片区，以服务机场及居住、文化娱乐为主。新铺片区东抵贵毕路老城区，西至对江河，南到石昌坡、三家寨，北接东关片区，以工业为主，为大方县能源基地和循环经济新型工业布局基地。松林片区东接双山片区，西抵行政区划线，南到瓦厂塘，北到归化河，以工业生产配套服务和居住、行政办公、商业为主。城市中心位于新庄—小龙昌区域，以办公、文化娱乐、体育、商业、居住为主。副中心为老城区和双山片区中心地段。

在远景发展方面，双山片区向东北、西南拓展；东关片区越过高速公路、高速铁路向北拓展，松林片区向东南发展，与双山片区连成整体；配套完善竹园片区建设。中心城市人口50万人以上，人均城市建设用地100平方米，城市建设用地规模50平方千米以上。住宅建设以二类住宅为主，主要为多层住宅，适量建设低层和中高层住宅，安排少量高层住宅。新区建设与旧城改造相结合，在规划居住用地内不安排对居住有影响的工业项目，居住用地主要分布在老城区、东关、双山3个片区，松林有一定居住地，飞雄、新铺、小屯片区适当配套为工业区和航空服务的居住用地。采取大分散、小集中的形式布局工业，形成新铺、松林、竹园3个工业集聚区。依托大方电厂用地，扩展工业园区用地，发展新铺循环经济新型产业集聚区，并分为新铺、石关2个工业组团，分区集中发展。松林片区工业用地以高新技术产业、现代装备制造业为主，依托隆黄铁路场站，发展竹园产业集聚区，以地道药材加工食品等门类为主。

远期规划建设新庄行政办公区，为县级行政中心。科学合理修缮、整治老城区历史文化遗产，划定红线，制定保护规划等措施，对城市物质和非物质文化遗产进行有效保护和合理开发利用。在城市新区、居住区域按照中小学设置标准和布局进行配套，中小学校设施能满足城区适龄儿童和中学生入学需求，中心城市布置 18 班 ~24 班小学 36 所、18 班 ~24 班中学 20 所。

规划在老城区建设莲花塘公园、扶风公园，新庄建设弯子头公园，小龙昌建设大堰塘公园、土锅寨公园，东关片区建两路口公园、岩洞沟公园、绿堰塘公园，双山片区建山神坡公园、大树脚公园、农家洼公园、平原公园、双山中心公园、砖房公园、马鞍山公园，竹园片区建设竹园公园、游家大坡公园、双水井公园，松林片区建设松林公园，飞雄片区根据机场布局格局建设工业园群。新建螺蛳塘生态公园、火石垭植物园、落脚河生态公园、大小海坝生态公园等专类公园。在方沙路、东片贵毕路两侧 8 米内建设带状绿地。公共设施集中区布置广场绿地，结合街道景观设计利用零碎、狭小用地布置街旁小型绿地，建设火石垭苗圃作为城市绿地生产基地。建设居住区公园和社区游园。居住区与工业用地之间设置绿化隔离带，宽度不小于 50 米，结合道路绿化，布置居住区绿地。铁路两侧设宽度不小于 50 米的防护隔离带，中心城区内高速公路两侧设宽度不小于 50 米绿化隔离带。

中心城区道路交通规划，预留杭瑞高速公路竹园、东关立交。在东关、双山、新庄分别布置 1 处汽车客运站用地。预留大方—黔西高速公路、大方—纳雍二级公路走廊。适时改建扩建贵毕公路石关—双山段为城市交通型干路，增强城市东西片区之间的联系。改造贵毕公路双山—松林—归化段为城市主道路，推动城市东西区之间的无障碍连通。改造竹园—东关为城市片区干路，双山—小龙昌为城市支路，提高通行能力。规划将飞雄—竹园道路向东延伸接通东关，新增东西区之间的联系路，实现城市西、东片区之间 4 条道路联系，改造老贵毕路双山—土桥段、土桥—飞雄下寨公路，增加飞雄片区、双山片区、松林片区之间的联系通道。在双山、竹园片区分别布置 1 处货运车站。新铺、松林工业区结合仓储用地，配套相应货运场站设施，提供大宗物资运输条件，规划在双山片区靠昭吉铁路场站、竹园靠近隆黄铁路场站分别布置 1 处大型储存型配送中心。新铺片区发展加工配送中心，并与仓储区合设。飞雄片区利用毕节梨树片区配送中心，在片区东侧发展与机场配套的物流设施。道路系统采用快速路—主干路—次干路—支路四级结构，以片区为基本单元，设置各自相对独立的路网系统，并保证片区之间通过城市道路或公路实现有机连接。建设毕节—飞雄干道，改造贵毕公路为城市片区之间联系道路，建设小坝—飞雄城市干道，整体建设大方、毕节结合地带的松林片区路网。

保留老城区客运站用地，改造达二级标准；新建东关沙子坡客运站，按三级站建设，园区改造为二级站；新建新庄二级客运站；双山大树脚客车站按二级站建设。松林、新铺、飞雄片区通过城市公交疏散人流，利用其他片区客运设施组织对外交通运输。在综合型片区均衡布局社会公共停车场，每处占地面积 3000 平方米 ~5000 平方米，人均 0.8 平方米。工业园区和仓储区结合生产工艺流程和物资流向、运输方式筹建相应配套的停车场。居住区和商业等其他用地，按有关标准和要求配套建停车场。在中心城区建设停车场 43 处，在城区内主要干道和对外交通线出入口分别建加油站，每处占地面积 1200 平方米 ~3000 平方米。结合老城区改造，在新民路中段、杨家大沟、莲花塘分别建广场，在东关片区方沙路北侧、双山片区中心地段、松林片区东片靠近管理中心和飞雄片区中部南侧分别新建 1 处广场、广场每处占地面积 6000 平方米 ~10000 平方米。其他居住区按照相应标准配套建设休闲、游憩活动场所。规划期末，城市人均广场用地 0.2 平方米。利用贵毕路、飞竹大道、机场大道、雄双大道、西大街、石新路、金东路、金星路、双山中心大道等道路，建公交车专用车道。在东关绿堰塘附近、双山火车站附近、老城区石关附近、分别建相应公交枢纽站。在松林片区、竹园片区、飞雄片区建相应公交站场。

中心城区给排水规划保留宋家沟水库、小箐沟水库水源，新开发响水水库、龙潭口地下水、归化水库、岔河水库作为给水源。水厂布置方面，东郊水厂维持水源及处理规模 1.8 万吨/天。新建东关水厂、双山片区水厂、竹园水厂、新铺水厂、飞雄水厂、松林水厂。水厂建设考虑毕节市与大方县相邻区域的共建共享。排水体制采用雨污分流制，设老城区、飞雄、东关、双山、竹园、松林东和新铺 7 个排水分区系统，除大方城区、新铺片区采用同一污水处理厂外，其余各排水系统将本排水区内污水收集疏散送至各区污水处理厂处理。在新区布置污水和雨水排水管渠，分别收集雨水污水，雨水管渠利用地形自然坡度，就近将雨水排入水体。规划设置新铺、东关、竹园、双山、飞雄、松林 6 座城市污水处理厂。

中心城区生活能源工程的电源建设，扩建大方 110 千伏变电站，用地 8000 平方米，增容主变 2×50 兆伏安。扩建 110 千伏新铺变电站，主变容量为 2×40 兆伏安，用地 8000 平方米。新建东关 110 千伏变电站，主变由原 1×50 兆伏安逐渐增为 2×50 兆伏安，用地 8000 平方米。新建双山 110 千伏变电站，主变由 1×50 兆伏安逐渐增为 2×50 兆伏安，用地 8000 平方米。新建大方 220 千伏变电站至新铺 110 千伏变电站、东关 110 千伏变电站的二回 110 千伏线路，大方 110 千伏变电站至东关 110 千伏变电站的线路，大方 110 千伏变电站至毕节 220 千伏变电站的 110 千伏接线路至双山变电站。改造中心城区 10 千伏电网，采用环网结构，并环运行，提高供电可靠性，大方、新铺、双山以及东关 110 千伏变电站分别增加向中心城区（工业区）供电的 10 千伏线路。城市燃气源为管道煤制气，瓶装液化气为补充气源。新建新铺工业区煤气厂，规模为 16 万立方米/天。西片区利用毕节煤能一体化产生的煤气为气源。燃气输配系统化，在双山片区设置 1 座 8 万立方米储配站，占地面积 1.5 万平方米。用户集中地区采用区域调压站，设 11 座，每站供气 5000 户～10000 户；用户分散地区采用楼栋调压箱，每箱 30 户～200 户；工业用户采用专用调压站。中压管布置成环状与支状结合，各片区逐步联网。

中心城区城市发展方向，老城区沿 G326 往东拓展，在东关往西北向将军山方向、东南往黔西方向拓展，飞雄往南拓展，双山往西拓展，并与松林片区连成整体同时往南拓展，竹园片区往西、往南拓展，扩大工业园区范围。新铺片区往北与余石硫化工产业基地连成整体，往南向小屯方向拓展。利用杭瑞高速公路、毕威高速公路、威吉铁路、隆黄铁路等作为城市对外交通通道，形成双山、东关对外交通节点。在近期城市路网基础上，将城市道路向新建区域覆盖，形成城市组团、片区内路网完善、相互联系顺畅、交通运输安全、整体协调的城市路网系统。从飞雄片区新建 1 条干道过竹园，以隧道形式连通东关北面，增加东西联系通道，将大纳公路引出东关片区，过境交通从东北片区西侧绕过，片区内路网形成完整系统。

2013 年，编制《贵州大方经济开发区总体规划》，总面积 77.62 平方千米，同年通过毕节市城规委审查。启动《教育园区修建性详细规划》《金鱼安置区修建性详细规划》5 个控制性详细规划编制，编制规划面积 43.15 平方千米，在已编制的绿化、商业网点、环境卫生、公共交通专项规划基础上，启动道路系统、电力系统、给水系统、排水系统、燃气系统等 5 个专项规划。

2014 年，编制完成新城区控制性详细规划、完成历史文化名城规划及城区城市风貌设计，交通系统、电力系统、给排水系统和燃气系统专项规划，贵州大方经济开发区循环经济园区产业发展规划。

2015 年，完成《大方县城市总体设计及主城区控制性详细规划》，明确大方城市发展战略定位，落实双环构架，理顺关系；梳理发展依托要素，明确城市特色定位，细化功能风貌分区，构架整体空间体系，梳理城市发展脉络，明确城市主抓手；对功能、空间进行细化，确定主城区发展轴线，形成城市功能空间管理图。结合县城历史文化特点，采用总分规划方法，将主城区分成12个控制管理单元；依托地形、空间分区，差异控制，塑造山地特色城市空间；重点打造中心城片区、西部产业片区、生物医药片区、东关北部产业片区。总体构架形成三大圈层，其中，第一圈层为老城片区，依山势、控高度、统风格；第二圈层为新城、北城、顺德，主要体现微山丘陵、山地城市；第三圈层组团式开发。完成《大方县中心城区及小城镇发展规划（2016—2030）》和《大方县地下管线综合规划》方案编制，完成新区绿地公园131.34亩的修建性详细规划编制，火电厂二期安置区建筑设计方案设计，云龙、龙昌棚户区安置点建设系列设计，总投资13.5亿元的恒大奢香古镇易地扶贫搬迁帮扶项目方案制定和规划选址。

第二节　乡村规划

一、小城镇建设规划

1991年，县城乡建设和环境保护局对部分乡镇小城镇建设进行控制性规划编制，完成羊场、长石、瓢井、黄泥塘4个镇的控制性详细规划，文阁乡编制《文阁乡集镇建设规划说明书》。1999年，猫场镇编制《猫场镇小城镇规划》，六龙镇编制《六龙镇总体规划》。2000年，19个乡镇开展总体规划编制工作。2004年，长石镇编制《长石镇集镇规划》。2010年，县城乡规划局将黄泥塘镇、羊场镇、理化乡、竹园乡作为特色小城镇建设试点乡镇，以生态循环型，特色经果型、生态畜牧型、农产品加工型、生态旅游型为规划方向，进行改路、改房、改厕、改圈、改卫、改水。同年，全县19个乡镇完成总体规划编制并获县人民政府批复。2012年，全县所有乡镇全部完成规划编制。

二、村庄及新农村建设规划

（一）村庄规划

村庄规划由乡镇政府组织编制，分为村庄体系规划和村庄建设规划两个层次，村庄体系规划是村庄建设规划的重要依据。村庄体系规划科学预测和确定需要发展、限制新建和不再保留的村庄，明确中心村和基层村，构建合理村庄体系，确定人口规模、用地标准规模、基础设施、公共设施。村庄建设规划以村庄总体规划和村庄体系规划为依据，确定村庄职能和发展方向，对道路、绿化系统、公共设施、生产、仓储和其他建筑，配置各项基础设施。村庄规划期限一般为10年~20年，近期规划期限为1年~5年。至2010年年底，全县有32个村编制完成规划。位于城市规划建设区域，不需单独规划的村有10个，位于小城镇规划建设区域，不需单独规划的村有22个，应编制或修改村规划的村有271个。2012年，全县250个村全部完成规划编制。

（二）新农村建设规划

2000—2015年，大方县新农村建设快速发展，各级政府加大投资力度，各乡镇按规划开展村貌整治。规划内容包括茅草房改造、危房改造、黔西北民居建设、通村道路、改厨改厕改圈等。完成羊场镇桶井村、百纳乡新华村、达溪镇冷底村等村的规划建设。

第三节 规划管理

县城总体规划经县人大常委会和县人民政府批准后报省政府批准，由县建设局组织实施。明确规定凡是在规划区范围内新建、改建、扩建的建筑物，不论是国家、集体还是个人的，临时性的或永久性的，一律按规划要求进行现场勘测，经审查符合规划后逐级上报。

县城规划区范围内的土地，由县建设局和国土资源局依法管理。明确建设用地者须持政府和规划部门批准的建房和用地有关文件，向城市规划部门申请“一书两证”，即选址意见书、建设用地规划许可证、建设工程规划许可证，向土地管理部门申请建设用地批准书，并向建筑施工管理部门申请办理设计、施工许可证后，方可动工兴建。在城区建设用地，按照县城总体规划，街道上占用红线的建筑物逐步拆退至红线后空地，破旧房屋拆除后或旧房被火焚毁后的空地，原土地使用权收归国有，实行城市统一建设。城市小区建设用地，根据小区建设详细规划，经县人民政府批准，统一征用，收回土地使用权，对原来使用土地的单位和个人，按政策法规付给征用费、房屋拆迁费和有关补偿，并对其住房、就业予以妥善安置。新建小区内的建设用地，实行开放优惠政策，打破城市户口限制，准许本城市以外的企业、单位、个人参与投资建房、经商、办企业，实行谁投资谁受益、谁投资谁管理、共同开发、共同建设的开放政策。

20 世纪 80 年代初，设立县城市建设管理局。2009 年，成立县城乡规划局执法大队。2012 年 5 月，成立县拆除违法违章建设办公室。

1991—2000 年，高等级公路沿线和城镇周边违法违章建筑逐渐增多。2001 年后，违法违章建筑数量增多的同时，非法买卖土地现象普遍，县城老城区及近郊厂区、企业办公区、职工居住区的土地和厂址，均存在非法出卖现象，城郊的承包地、自留地、蔬菜地也存在自由出卖现象，违反规定加层、无手续建房、无证突击修建、骗取拆迁补偿、利用失效手续违规修建房屋等现象时有发生。

1990—2015 年，拆除违法违章建筑 2060.24 万平方米，查处违法建筑户 922 户。

第二章 建设与管理

第一节 城市建设

一、市政建设

（一）道路建设

20 世纪 90 年代，县人民政府投资 1915 万元，改建或扩建城区街道，先后进行县城东郊路段路面改建、城南余家塘路段路面硬化，新建、改建和扩建西大街与贵西大道连线、贵毕路与大纳路连线，改造方沙路、大纳路、书院街、清毕路、东郊路和解放路等城区路段。2000 年，建石关混凝土立交桥。2005 年，改造人民路南门口至书院街 1160 米，硬化杉林路、杨家大沟路段路面，改造关井路路面，新建书院街到气象局道路。

2007 年，投入 700 多万元硬化火电厂内道路、利民路、杨家大沟路。是年，采取融资方式改造西大街道路，总投资 7800 万元。2007—2009 年，投资 4985 万元新建绕城运煤公路，投入 10 万元启动奢香路改造。2010 年，开工建设奢香大道人行天桥，设计桥面积 602 平方米，净高 5 米，主桥宽 4 米，步梯长 205 米；投资 430 万元改造贵西大道。2011 年，投资 2000 万元修建新民路（平安大道）；投资 1000 万元修建民族风情街；投资 1000 万元修建烟草局至大山驾校道路；投资 400 万元修建利民路；投资 200 万元修建方纳路至人民医院路段；投资 9214 万元修建神农大道；投资 1.7 亿元修建同心大道；投资 500 万元修建廉租房小区道路；投资 620 万元修建食品药品产业园区安置小区道路。

2012 年，投资 1150 万元改造背街小巷道路。2014 年，投资 650 万元建设新城区 1 号路（教育园区——商务办公中心）；投资 2900 万元建设新城区 2 号路（杜鹃大道——顺德大道）；投资 935 万元建设新城区 3 号路（杜鹃大道中医院——顺德大道方沙路）；投资 1500 万元建设新城区 4 号路（久桓国际——检察院）。2015 年，投资 6000 万元的红旗小区道路、投资 3.8 亿元的金龙新区杜鹃大道、投资 2000 万元的云龙路先后竣工。

1996—2015 年大方县县城新建改建扩建街道一览表

表—14-2-1-1　　　　单位：米、万元

道路名称	建设时间(年)	工程性质	道路长度	道路宽度	工程投资	路面结构
书院街及延伸路	1996	扩建	680	8～12	120	沥青混凝土
贵毕路与贵西大道接口线	2001	新建	1940	8	170	沥青混凝土
大纳路与贵毕路连接线	2001	新建	1500	8	300	沥青混凝土
贵西大道	2002	新建	440	22	193	沥青混凝土
火电厂内道路、利民路、杨家大沟	2007	改建	3500		700	沥青混凝土
西大街	2007	改建	3140		7800	沥青混凝土
贵西大道	2007	改建	14000		7800	沥青混凝土
绕城运煤路	2007—2009	新建	6988		4985	沥青混凝土
贵西大道	2010	改建	410		430	沥青混凝土
新民路	2011	新建	1000		2000	沥青混凝土
红旗小区路	2011—2015	新建	20000		6000	沥青混凝土
杜鹃大道	2011—2015	新建	6000		38000	沥青混凝土
奢香农贸市场路	2011—2015	新建	500		500	沥青混凝土
云龙路	2011—2015	新建	2000		2000	沥青混凝土
背街小巷	2012	改建	4500		1150	沥青混凝土
新城区 1 号路	2014	新建	410	20	650	沥青混凝土
新城区 2 号路	2014	新建	1460	24	2900	沥青混凝土
新城区 3 号路	2014	新建	517	20	935	沥青混凝土
新城区 4 号路	2014	新建	600	24	1500	沥青混凝土

说明：本表仅统计投资在 100 万元以上的市政道路。

（二）供水设施建设

1991年，完成西大街给水设施建设，铺设铸管5770米及修建配水建筑物。1996年，县召开小箐沟水资源开发及朱仲河片区综合开发论证会，确定兴建水厂。2000年，建成小箐沟水库，库浆砌石拱坝高35米，库容123万立方米，集雨面积4.16平方千米，日供水4000吨。扩建东郊水厂，在原4000吨/日供水能力的基础上新增4000吨/日，改造完善城区及西大街局部管网。2007年，完成县城取水泵房、输水工程、净水厂、配水管网等项目改造工程。2008年，投资200多万元建成五凤至县城紧急供水工程；投资30万元解决雪凝期间县城供水问题；投资240万元用于县城供水工程改造。2009年，完成总投资1595万元的敞口龙潭提水项目前期工作。2010年，完成投资600万元的双龙洞供水应急工程；完成敞口龙潭供水工程投资800万元；开工建设投资180万元的工业园区供水工程。2011年，敞口龙潭提水工程竣工投入使用，向县城日供水8000吨；投资1208万元的天星龙潭提水工程向县城日供水3000吨。2013年，建成供水管道35千米。2015年，岔河水库工程基本完工，除3个乡镇11个村灌溉、人畜饮水外，向县城日供水686万吨；投资250万元的毛栗丫口水厂建成投入运行。

（三）环境设施建设

2005年，采用社会资金投入和国家资金补助方式投入建设城区水冲式公厕及垃圾中转站，至2006年，建成水冲式公厕和垃圾中转站各1座。2007年，投资113.32万元启动莲花塘治理工程第一期；投资20万元改造南门农贸市场。县城新增绿化面积2500平方米。投资21.5万元建成水冲式公厕2座，改建公厕1座。2008年，莲花塘治理一期工程完成投资49万元；县城新增绿地2400平方米；投资20万元提升改造南门农贸市场。投入28万元，进行垃圾填埋及污水处理项目前期准备，建污水管道6228米。2009年，完成西大街给水、排水、管线入地、照明与绿化等；投资3000万元建设日处理7000吨污水的污水处理厂，当年竣工投入使用。

2010年，开工建设投资5422万元的垃圾填埋场，占地面积229亩，当年完成1500万元投资。西大街农贸市场建设工作一期总投资3亿元，完成投资800万元。投资200万元建成奢香大道南段、北段垃圾中转站2个、公厕2个。2011年，完成14条背街小巷亮化，垃圾处理等基础设施配套工程；完成8.03千米城市污水管网建设（至此，全县建成污水管网39.64千米）；投资500万元建成利民路花都农贸市场；投资500万元建成奢香大道中段农贸市场；投资50万元的和谐广场建设工程竣工投入使用；新增绿地0.5平方千米。2012年，投资3139万元的奢香公园投入使用，总用地3.23万平方米，恢复重建庙宇、池塘，新建水上廊、音乐喷泉；建成城市排污管道42千米，配置环卫车32辆。至2012年，县城有公厕16座，2013年，环卫车达51辆；排污管道达52千米；新建排污管网10千米；新增绿地450平方米；新增停车面积3000平方米；南门塔山公园竣工投入使用。红旗小区公厕开工，投资60万元的莲花塘公厕完工。2014年，全县住房城乡建设项目完成投资35.05亿元，用于道路、县城供水二期工程、县城污水处理二期工程及停车场等项目；完善污水配套管网12千米；新增城市绿地0.51平方千米。新建公厕3个。

2015年，投入1560万元建设城镇生活垃圾转运站，分别位于红旗小区、六龙镇、黄泥塘镇、羊场镇；投入700万元购置道路清扫车5台，护栏清洗车1台，密封垃圾清运车2台，压缩车2台，勾臂车5台，垃圾箱50个；投资540万元改建城区公厕24座，新建公厕7座；投资120万元购置果皮箱1400个；补植城区奢香大道、丰登大道、平安大道、顺德大道和环东路行道树185株；投资30万元购买11座景观石设置在迎宾大道、杜鹃大道；投资20万元美化人行天桥及奢香大道中央隔离带；清理改造人民路、奢香大道、清毕路下水道，修补、更换井盖400多个；投资30万元改造庆云街道路642.5米；投资30万元修建顺德大道两侧文化墙600多米；投资80万元修建奢香大道人行天桥文化墙、杜鹃大道挡土墙共3800米；投资10万元治理污水堵塞100多次；投入40万元更换受损护栏1000余片3000多米；投资5.47万元设置街心防撞石花坛24个；检修人民路、奢香大道、清毕路主要路段路灯3800盏，检修背街小巷路灯1200盏，新增路灯720盏。

（四）历史文化设施建设

2008年，县人民政府投入1000万元，开展奢香博物馆扩建和贵州宣慰府恢复重建项目前期准备工作，征地1.47万平方米；修复县城古井47口；投资298万元的青少年活动中心建成投入使用。2009年，慕俄格古城恢复重建开工，占地面积300亩，总建筑面积7969.8平方米，总投资2亿元，包括贵州宣慰府、奢香博物馆、斗姥阁、顺德街、民族风情街等。2011年，斗姥阁、莲花塘等开始进行恢复重建。

斗姥阁之庆云楼（2013年4月摄）

（五）保障性住房建设

为解决部分职工住房困难，1997—2008年，县人民政府建经济适用房598套，每套为90平方米，建成后以微利保本原则低价售给符合条件者。为改善城镇低收入家庭住房条件，2008—2012年，县人民政府使用中央、省、县财政拨款及住房公积金增长余款，在大方镇新庄村、金鱼村修建廉租房，每套50平方米，解决5836户低收入家庭的住房困难问题。为解决符合规定条件的城镇中偏下等收入家庭、新就业无房职工和在城镇稳定就业的外来人员的住房困难，县人民政府决定建设公共租赁住房。

2012年，建设保障性住房（廉租住房）2600套，竣工1770套；开工建设保障性住房（公租房）1302套，其中，园区公租房1074套，教师周转房228套。2013年，开工建设保障性住房1022套，竣工620套，廉租房分配入住600套。2014年，开工建设保障性住房3204套，其中，公租房2590套，城市棚户区改造614户；建成保障性住房1356套，分配入住990套，签订城市棚户区改造协议619户。2015年，开工建设保障性住房3646套，其中，公租房1646套，棚户区改造2000户；竣工保障性住房1332套，完成往年结转基本建成1000套，完成1644套保障性住房配套基础设施建设；完成2000户棚户区改造入住调查，签订安置协议2000户；在黔西北花园小区和龙昌—云龙2个安置点建安置房2000套。

二、新城区建设

（一）顺德新区

顺德新区定位为毕节市中心城区大方片区新的政治、经济、文化、商务中心，产业、物流、商贸基地，是集政务服务、商业金融、城市公园、市民广场为一体的城市新坐标。新区位于县城北面，东至慕俄格古城、大纳路东关境西侧，西至金龙新区、循环经济园区、贵毕公路，南抵县城旧城区，北接东关经济技术开发区，规划面积14.34平方千米。

2012年，顺德大道改扩建工程开工建设。累计完成固定资产投资8701万元，其中，顺德大道（大纳路—黔大高速）改扩建工程完成4500万元，奢香大酒店完成1551万元，长弘世纪城项目购地1750万元，宏发漆器厂完成540万元，腾达加油站完成360万元。2013年，顺德大道改扩建工程完成污水管安装1.55千米，防护工程完成2082立方米，供水迁改3.8千米；项目征地1548亩，迁坟685座，拆迁114户；完成教育园区、同心商贸城、德胜商贸城等项目征地；开工建设龙昌新型社区15万平方米安置房；奢香大酒店、慕俄格酒店、永利酒店项目征地104亩；道路路基工程完成4.7千米；雨水管网投资4500万元。2014年，顺德新区招商引资18亿元，实到位5亿元，完成固定资产投资12.5亿元；顺德大道竣工验收投入使用。2015年，建成同心大道2.9千米；完成县委党校征地拆迁；“一场四馆”拆迁启动；永利酒店、加贝酒店基本建成；久桓、澜湾、奢香、天翊等酒店顺利施工；开展恒大民族中学、恒大职业学院征地拆迁工作；完成恒大儿童福利院拆迁工作。

（二）金龙新区

金龙新区东至奢香大道，西抵贵毕公路，南邻大小海坝生态公园，北近成贵高速铁路，东北抵食品药品产业园区，沿大纳公路至方沙路口，规划面积12.7平方千米。

2012年，完成迎宾大道、杜鹃大道、行政中心、佳鑫房开（一期）等项目征地1115.55亩，拆迁房屋185户，搬迁坟墓1022座；久桓城市综合体、宏贵新城房开、三合房开、望龙房开、荣新房开、绅达房开（一期）、永丰房开（奢香酒店）、金塔凯元、劲达房开等企业在金龙新区落地实施；总投资1.8亿元的迎宾大道完成投资1.68亿元，完成路面、绿化工程；总投资3.8亿元的杜鹃大道完成投资3.45亿元。在金龙新区建设的城市综合体项目有9个，其中，佳鑫国际综合体投资13.8亿元，总建筑面积50万平方米，累计完成投资2.45亿元；久桓国际综合体投资35亿元，总建筑面积64万平方米，累计完成1.6亿元；三合房开总投资4.8亿元，总建筑面积18万平方米，累计完成2700万元；望龙房开总投资1.2亿元，总建筑面积7万平方米，累计完成6100万元；荣新房开总投资9.8亿元，总建筑面积34万平方米，累计完成6183.96万元；绅达房开总投资50亿元，总建筑面积120万平方米，累计完成6100万元；永丰房开（奢香酒店）总投资2.3亿元，累计完成1500万元；劲达房开累计完成投资4200万元。

2013年，迎宾大道、杜鹃大道建成；九驿大道（原绕城运煤大道）开工建设，北段（新客运站至顺德大道接口）路基本形成，南段（新客运站至金鱼）开工建设；望龙酒店主体工程完成；天翊、三合金阳光、久桓等酒店开工建设；思源学校、新庄学校、特教学校、六小等学校建成投入使用；新区供水、通讯、强弱电入地进入施工；佳鑫、久恒、荣新、绅达等房开相继开盘销售，投放50万平方米住房和商用房。

2014年，项目征地1548亩，拆迁114户；互通道路次干道联络线全面建成；改扩建方沙路、方纳路、小屯路等经开区段的征地拆迁启动；新区路网基本形成；教育园区提质扩容；家居、建材、汽车、商贸等市场建设及一批星级酒店建设同步推进；房开项目投放市场80万平方米；招商引资28亿元，一批项目入驻开工建设；完成固定资产投资12亿元。

2015年，金龙新区1、2、3号路完成路基及地下管网铺设；完成迎宾大道至老清毕路段沥青路面改造和路缘石工程、两路口至顺德大道前两层沥青工程；毕奢线电缆迁改工程启动；九驿大道建成交付使用；完成毕节至奢香变电站供电线路93号至1047号塔段迁改。

第二节 小城镇建设

1992 年前，为小城镇建设第一阶段，全县有 13 个区级行政单位，小城镇建设多以区委、区公所所在地为中心，逐步向四周扩展。建设多以学校、邮电所、卫生院、粮管所为主，农村赶场集中在区公所或公社所在地，规模不大，人员不多，交易量小，城镇化水平不高，城镇化率仅 1%～1.2%。

1993—1999 年，为小城镇建设第二阶段。撤区并乡建镇后，原 13 个区级行政单位重新划分为 36 个乡镇。有的乡镇设在原区委、区公所办公地点，有的乡镇重新规划建办公楼，小城镇建设逐步开始。有的乡镇建办公楼的同时同步规划小城镇建设方案，主要以教育、卫生、金融、交通、电力、商贸为主，尤以商贸、教育、卫生建设较快，农村教育、卫生、通信等条件逐步改善，金融、贸易发展较快，赶场人数由过去每场几千人发展到上万人，交易额几万元、几十万元甚至上百万元。

1999—2015 年，为小城镇建设第三阶段。中共中央、国务院作出西部大开发决定以后，县人民政府把小城镇建设提到重要议事日程，作为重要战略任务。1999 年，毕节地区在大方县选取 5 个乡镇做试点，大方县自选 6 个乡镇为重点示范城镇。到 2004 年，全县有 27 个乡镇完成总体规划和详细规划，并按详细规划进行建设。地区和县选作试点的 11 个乡镇的小城镇建设初具规模，城镇化水平达到 2.4%，水、电、路、视、信等基础设施基本具备。

2007 年，组织实施乡镇规划及村庄整治规划，完成沙厂乡、黄泥乡总体规划编制，修订完善黄泥塘镇黄泥村、羊场镇桶井村、百纳乡新华村、达溪镇冷底村村庄整治规划，完成双山镇木格村无房户建房和茅草房改造规划设计；争取到省建设厅补助资金 20 万元，其中，10 万元用于修建东关乡七家田集镇道路，10 万元用于大山乡街道改造；上报黄泥塘镇垃圾填埋场建设工程和马场镇松林街道建设工程 2 个项目；投资 20 万元改扩建六龙镇农贸市场 1 个 2000 平方米。全县投资 160 万元，新建扩建小城镇道路 2.4 千米。其中，投资 110 万元，新建星宿乡道路，长 1.5 千米，宽 7 米；投资 30 万元，改建安乐乡道路，长 500 米，宽 7 米；投资 20 万元，改建三元乡道路，长 400 米，宽 7 米。全县新增绿化面积 2500 平方米，城镇化率提高 1.4 个百分点。

2008 年，小城镇建设结合“十一五”规划和“三村四化新农村”要求，开展以乡镇政府所在地为核心的集镇规划建设，黄泥塘、马场、羊场、理化、雨冲等乡镇小城镇建设取得实效。黄泥塘镇投入 71 万元，对小城镇进行绿化、美化、亮化；理化乡投入 260 万元，改造街道 886 米；雨冲乡投入 200 多万元，建成雨冲街道和广场；马场镇、羊场镇投入约 100 万元对城镇街道进行绿化、亮化和改造；县投入 469 万元，完成羊场镇桶井村和穿岩村、黄泥塘镇黄泥村、大山乡光华村等村庄整治。投入 1500 多万元及农民投工投劳 5 万个，在百纳乡新华村、达溪镇冷底村、双山镇木格村、大方镇对江村进行新农村建设，完成房屋亮化 1 万平方米，硬化连户路 25 千米，院坝硬化 1.2 万平方米，改厕 1200 间，改圈 780 间，修建排污沟 1850 米，绿化庭院 1100 平方米，建垃圾填埋场 1 个，新建沼气池 500 口。全县新增绿地面积 2400 平方米，城镇化率提高 1.5 个百分点。

2009 年，根据县城镇体系规划，构筑“一心五轴”（“一心”即将大方县城区建设成为西南出海辅助通道交汇处的区域性经济文化中心、物流中心和信息中心。“五轴”为：大方—双山接毕节市发展轴，大方—达溪—瓢井—长石城镇发展轴，大方—马场—猫场城镇发展轴，大方—羊场—黄泥塘城镇发展轴，大方—六龙城镇发展轴）的城镇体系框架，促进城镇规模结构合理化。改扩建小城镇道路2.54千米，其中，理化乡理化大道1.1千米，大山乡松鹤村600米、高峰村400米，黄泥塘镇黄普路100米、黄织路80米、迎宾路110米、尊老路150米。雨冲乡完成和谐广场和政府大院规划、移民街道路硬化工程，建成雨冲河滨大道，实施街道亮丽工程，对老桥和计生站街道进行油化改造，建成计生站文化长廊，对街道、河滨大道进行绿化美化，改善小城镇功能配套设施，对雨冲河堤进行治理。开展新农村生态文明家园建设，实施羊场镇沙坝村庄整治，完成300米渔港整治和小桥、碑牌及40多户农户的房屋亮化。完成理化乡大塘村大浪土和竹园乡阁雅生态家园建设设计。是年，全县新增城镇人口2.5万人，城镇化率为19.2%。

2010年，各乡镇在小城镇规划建设中，结合自身实际，突出风景旅游、历史文化、交通枢纽、工贸、农业、民族风情等不同特点，做到一乡一特色、一镇一特色。全县生态文明家园建设建成文化广场3个、体育活动场所1个、农家书屋5个、综合卫生室4个，新增"村村通"工程1000个。竹园乡被列为全县4个生态文明家园建设示范点之一，建成苗族风情小城镇。在羊场镇实施生态文明家园黔西北民居建设167户，面积1万平方米，实施危房改造254户，面积1.52万平方米。双山镇实施黔西北民居建设98户，完成茅草房改造377户，全部按照毕节地区生态文明家园建设要求修建。鼎新乡投入196.8万元，在马场—九洞天旅游路沿线实施生态文明家园建设272户，全部通过验收。高店乡投入250.2万元，在堰塘—龙场旅游路沿线实施生态文明家园建设317户，全部通过验收。羊场镇投入150万元，新建1幢4层共900多平方米的综合文化服务站，投入11.8万元建设草坪、花池。投资800万元在穿岩村治理河道1250米，建连户路500米，硬化院坝1500平方米，建生态小广场1个、停车场1个、公厕1个、石桥3座、花池850平方米，发展乡村旅游。雨冲乡投入270万元改扩建公路，投入56万元用于购置垃圾箱、修建排水管等设施建设，提升小城镇品质。黄泥塘镇投入2000万元，完成1100户新农村建设，投入440万元，实施危房改造307户，生态文明家园建设获全县一等奖。理化乡投入150万元，实施新大街和大塘村共318户生态文明家园建设，被列为省和地区生态文明家园建设参观学习点。完成全县33个小城镇建设规划并通过专家评审，完成雨冲、黄泥塘、理化、羊场、竹园、鼎新等特色小城镇建设项目。全县城镇化率为24%。

2011年，巩固雨冲、黄泥塘、理化、羊场、竹园、鼎新等特色小城镇建设，启动鸡场、东关、安乐、瓢井、星宿、果瓦、绿塘、马场、三元、牛场10个特色小城镇建设，启动六龙、瓢井2个古镇建设。新建小城镇道路21.8千米，建成农村客运站5个。完成73个五园新村建设和110个村庄整治。投入3654万元，完成大方镇、星宿乡、安乐乡、羊场镇、鸡场乡、三元乡6个集镇公园建设。投入412万元建设六龙、三元、雨冲、东关、羊场、果瓦6个乡镇农贸市场。完成星宿乡松树村、八堡乡新开村、鸡场乡大坝村3个农村危房改造和村庄整治相结合示范村建设。全县城镇化率为26%。

2012年，全县33个乡镇实现乡镇规划全覆盖。完成猫场镇总体规划修编，进一步优化镇区发展空间，增强城镇的集聚、辐射和带动作用。组织开展第二批村寨规划编制，累计完成村寨规划90个，其中，村总体规划14个，村指导性建设规划76个。对羊场、黄泥塘、六龙特色小城镇建设进行规划编制，《黄泥塘镇总体规划（修编）》由贵州省建筑设计研究院编制，《大方县六龙镇总体规划（修编）（2012—2030）》由广东省城乡规划设计研究院编制。黄泥塘、六龙、凤山、竹园等特色小城镇建设初见成效。毕节市小城镇建设调度会议明确黄泥塘镇为2013年全省小城镇建设发展大会参观点。为迎接全省特色小城镇发展大会召开，黄泥塘镇完成《黄泥塘镇总体规划》修编，规划面积拓展到9平方千米；文化广场和山体公园项目计划投资1000万元，文化广场占地1.5万平方米，山体公园占地200亩；镇区街面白改黑工程投资120万元，涉及1.5万平方米；黄织公路黄泥塘镇区段提升改造工程全长1.3千米，路宽20米，第一期工程实施408米，项目投资概算350万元，涉及路面改造、给排水、电气、绿化、交通标志标牌、路灯安装、人行道板铺设；返乡农民工创业园项目，建设标准化厂房2万平方米，总投资近3000万元，由县人民政府采用BT模式建设；镇区房屋立面提升改造工程投资300万元，涉及400户；强弱电隐蔽工程投资300万元，对电信、移动、广电网络和供电等线路实施隐蔽改造；绿化、美化、路灯改造提升工程投资100万元；黄泥塘农资综合市场从黄泥塘清毕大道原供销社经冒沙、大树组至化联中学，全长1880米，勘界用地宽为76米，规划道路宽36米，预计总投资近1亿元；黄泥塘大酒店项目用地5667平方米，建筑占地面积671平方米，预计投资2600万元；公租房建设项目总投资4320万元，共2栋17层224套。六龙镇被列为全省30个示范小城镇之一，六龙镇建设步伐加快，规划建设11个保障性项目，1个带动性项目，总投资近4亿元。在一期工程取得成功的基础上，启动二期改造工程，马匙街、万顺路、中街等街道和镇政府大楼立面改造工程全部完成，市头街、新兴路、元宝树街房屋立面改造完成60%，万顺路、中街、政府院坝全部铺设青石板，投资53万元实施万顺路团坡顶段、卫生院总长400米路面硬化工程，启动新建卫生院、中心幼儿园。增设垃圾箱50个，新修垃圾池38个，新增保洁员5名。凤山乡水西神农大道启动建设。加快推进全县新区建设、旧城改造、古城恢复重建、小城镇建设、新农村建设，城镇化水平大幅提升，城镇化率为28.8%。

2013年，坚持实施城镇化带动战略，围绕“一城两区”三大区域，按照中心城市、特色小城镇、精品“五园新村”三位一体协调推进的总体空间布局，全面推进城镇化建设。完成《大方县六龙镇总体规划（2012—2030）》修编、《大方县黄泥塘镇总体规划（2012—2030）》修编并通过省住房建设厅评审和县人民政府批复。东关乡进行老镇区改造，实施罗寨街道油化800米，新建农贸市场1个，安装路灯117盏，完善供排水设施；新建通村公路6800米；加快新城区建设，完成顺德大道1000米油面改造，新修同心大道、蓝雁大道、神农大道12千米；新建项目移民安置点2个、生态移民安置点1个；新规划城镇建设用地74.8亩；成贵高铁、黔大高速公路动工；完成大寨村、田坪村3.6千米通村油路建设、七家田通组道路硬化2500米、龙泉村通组公路硬化700米；完成罗寨村、金坪村、七家田村二期饮水工程，在合中村铺设管道8千米，建设20平方米消毒间及4台提水设备，建50立方米水池1个，总投资750.46万元。竹园乡加大力度建设苗族风情街，彝族风情街初具规模，民族文化广场竣工投入使用。文阁乡生态移民安置点生态花园住房建设完成6万平方米、商铺2万平方米，文新大街建设完成800米，建成车站1个，实施文昌生态花园建设二期工程4层，完成总投资1.2亿元；投资247万元，完成老街升级改造；投资2000万元，建成生态移民园海坝特色民营经济产业园住房66套、商铺66个7100平方米，建成中药材交易市场1个，建成移民新街400米；投入120万元，建成农民文化广场和海坝药乡广场各1个、海坝因特网1个，安装海坝小广播700个；投资100万元，建成海坝生态移民安置点、文昌生态花园供水工程。猫场镇将小城镇建设与九洞天景区建设协调规划，发展五丫村、永乐村、联合村经果林，逐步规划建设农家乐，将小城镇建设与生态旅游、景区绿化有机结合，投入130万元编制新镇区总体规划、控制性规划和详细规划，获得第一期土地指标42.5亩；投入119万元对老街磺矿路进行改造，投资204万元建成猫场镇五丫村示范村寨，涉及17个基础设施改造项目，建设8条通组路，硬化路面2.46万平方米，硬化院坝6400平方米；投资40.9万元建成1200平方米生态广场1个，太阳能路灯65盏；投资36万元启动村级卫生室建设6个；投入4.3万元建成“村村通”540户，投入11.88万元建成

"户户通"914 户。马场镇打造山地特色和彝族风情综合小城镇，投入 60 万元编制马场镇总体规划和生态移民安置区修建性详规；白泥新区建设规划面积 1300 多亩，一期工程午宜大街项目开工建设，为新区主干道，宽 22 米、长 1100 米，计划投资 6200 元，占地 300 余亩；引进四川顶盛建设有限公司投资建设，配套建设绿化、排污、供水、供电、人行道等设施，按市政二级道路建设标准建设；道班集镇完成地形图测绘，安家寨乡村旅游示范点项目开工建设；老街提升改造、黑化项目施工设计图编制完成。黄泥塘镇作为省级示范小城镇建设单位，着力打造商贸物流强镇和县域南部商贸重镇，通过招商引资推进小城镇建设，一期开工建设 11 个保障性项目，二期开工建设 4 个项目：引资 7000 多万元修建标准化厂房 2 万平方米。入驻企业 12 家，占地 1.5 万平方米的文化广场、山体公园建成投入使用；投资 300 万元对 400 户城镇房屋进行立面改造，投资 270 万元安装街道路灯 450 盏，投资 450 万元种植 3000 株行道树，通过土地置换方式引资 1 亿元，建成 1.8 千米景观大道并通车，按规划标准修建道路两旁商用楼房；投资 2600 万元，建成黄泥塘大酒店并开始装修；总投资 4320 万元的 2 栋 17 层公租房进行内外装修，可解决 500 户困难职工和城镇低收入群众住房问题；延伸扩展城镇路网，镇街道从"一纵一横"发展到"三纵三横"，城镇人口迅速增加，居民发展到 2.5 万人。全县城镇化率为 31.41%。

2014 年，把城镇布局与产业布局、城镇规划与乡村规划相结合，推进山区特色城镇化，按照"小而精、小而美、小而富、小而特"的要求和"全面启动、分步实施、重点打造、示范先行"的原则，全面启动 30 个特色小城镇建设，重点打造雨冲、凤山、百纳、六龙、羊场、黄泥塘、马场、猫场、竹园、瓢井 10 个绿色小镇，打造 100 个美丽村寨。全县 33 个乡镇实现乡镇规划全覆盖，完成雨冲总体规划、"四在农家·美丽乡村"村寨等各类规划 43 个。制定《大方县 2014 年特色示范小城镇建设实施方案》，投入财政专项引导资金 5896 万元。完成小城镇建设项目投资 6.78 亿元。完成示范小城镇招商引资到位资金 3.48 亿元、示范小城镇建设融资 5000 万元。新建小城镇镇区道路 6.21 千米，改扩建道路 5.6 千米。至 2014 年，黄泥塘镇累计引资 3 亿多元，对镇区进行全面提升改造，建成 11 个标志性保障项目，其中，投入 1000 万元建成占地 215 亩的山体公园和文化休闲广场；投入 1.5 亿元建成 5 千米新区及园区道路；投入 2600 万元建成黄泥塘大酒店；投入 3400 万元建设公租房；投入 1000 万元对集镇进行提升改造；投入 5000 万元建成返乡农民工创业园，建成第一、二期标准化厂房 3 万平方米；投入 4600 万元建设敬老院、卫生院、学校、污水处理、垃圾填埋等配套设施。猫场镇投入 130 万元编制新镇区总体规划、控制性规划和详细规划，获得第一期土地指标 2.83 公顷；将小城镇建设与生态旅游、景区绿化结合，集镇服务功能进一步完善，建成集镇长征桥边广场投入使用。马场镇投资 1 亿元，编制总体规划、镇中心区域修建性详细规划、老街提升改造给排水规划和路网专项规划等，新增城镇面积 1000 平方米；开工建设集镇道路午宜大街、白营大道、华润安置点等主街道路 4 千米；马场镇污水处理厂项目进场施工，农贸市场等 8 + X 项目基本建成。羊场镇投入 80 万元修订和编制羊场镇总体规划、穿岩村乡村旅游规划；投资 910 万元建成水泥路 18.2 千米，投资 1000 万元修建通村公路 7 条 20 千米；投资 96 万元建设 3200 平方米的生态小广场 1 个，安装太阳能路灯 260 盏；投资 400 万元建设日处理污水 400 立方米的羊场镇污水处理厂，完成主体建设，进行设备安装；投资 1000 万元对镇区街道进行改造，完成红卫路 450 米路面油化，进行新世纪大街改造和小广场建设，完成投资 640 万元；羊场、穿岩、桶井、陇公、坪坝、坪寨 6 个村通宽带，建成贵州省农村广播电视直播卫星"村村通"工程 702 户、"户户通"工程 1007 户。六龙镇古镇改造建设工程累计完成投资 1 亿元，完成古镇修复，涉建村民 560 户，铺设青石路面 2.3 万平方米，建楹联牌坊 2 座，建诗词文化墙 3 处，制作配挂行业商标横批古匾 148

块。凤山乡将小城镇建设与乡村旅游结合，打造以水西神山、水西彝寨、水西大草原为中心的民族文化核心区和旅游集散地，投入300多万元，安装景观灯和草原照明系统，修建民族文化广场、寨门、碉楼等配套设施，村民开设乡村旅馆、农家乐10余家，举办贵州大方2014年彝族火把节暨第二届凤山乡村旅游文化节。瓢井镇投入50万元改造大纳路沿线人行道，安装照明设施；投入30万元修建古镇牌坊2座，投入70万元改造镇街道2.41千米，完善给排水设施；加强村庄环境整治和荒山绿化，推进瓢井绿色小镇建设。雨冲乡按照“一镇、两轴、三区、四轮、五环、六业、七峰、八景、九村、十美”进行规划，投入小城镇建设资金5000万元，对小城镇房屋提升改造进行科学规划，投入3000万元提升改造609户居民住房和单位办公用房，改造面积10万多平方米；投入230万元对3条主街道实施白改黑工程；投入1000万元，建成农贸市场、幼儿园、客车站、和谐广场，投入使用；投入750万元对小城镇进行提升改造，实施人行步道铺设，完善排污设施、门头装饰、立面夜景亮化等工程，提升城镇品位，拉动第三产业发展。全县城镇化率33.71%。

2015年，按照“优化布局、完善功能、提高质量、体现特色、宜业宜居”的要求，推进山地特色城镇建设，加强城乡统筹，提高城镇建设用地集约化程度，紧紧围绕人的城镇化核心，加强规划管理、城镇管理，抓县域城市、小城镇、美丽乡村三个层面建设。启动顺德街道6个村、慕俄格街道3个村、红旗街道1个村、东关乡5个村、安乐乡2个村、核桃乡2个村规划编制工作，完成19个村寨规划方案编制和马场镇一棵树村园区特色小城镇一体化规划编制。制定《大方县2015年特色示范小城镇建设实施方案》，重点打造黄泥塘、六龙、凤山、雨冲等8个示范小城镇建设。投入财政专项引导资金5000万元，完成项目投资6.6亿元，完成示范小城镇招商引资到位资金6.5亿元，培育示范小城镇小微企业160户。凤山乡成为接全市第四届小城镇发展大会观摩点。六龙镇进一步完善古镇配套设施建设，完善城镇交通网络，新建大梁子村到头塘村连接线公路，新建六龙镇客运站并投入使用，整合镇卫生院与计划生育服务中心为六龙镇卫生与计划生育服务中心，提高农村医疗服务水平，推进大梁子村、坝子村人畜饮水工程，完成燕坪小学、后寨小学安全饮水工程。黄泥塘镇争取到省级小城镇专项资金360万元，完成控制性详规修编、城镇定位、城镇形象设计；完成垃圾中转站项目征地，推进祥华牲畜屠宰厂建设，建成鸡场污水处理厂；完成鸡场街道一期改造工程，启动实施二期改造项目。雨冲乡按照景、镇、园共建的思路，把小城镇建设和景点打造、乡村旅游开发有机结合，在原古银杏民族风情园基础上，投资150万元建成油杉河古寨乡村旅游示范基地1个，乡村旅游业快速发展，农家旅馆发展到48家，农家乐65家，每天到雨冲住宿的游客达600人次，拉动第三产业蓬勃发展。瓢井镇宣传发动群众整治居住环境，新建、改建贵州民居；整合老区建设资金15万元和全民健身体育场建设资金3万元，建设新街村文化广场；投资35万元，建设占地300平方米的垃圾填埋场，完成前期基础性工程；修建新街村通组公路1.8千米，硬化坪兴村通组公路3.6千米；改造、亮化大纳路沿线人行道1500米，安装路灯39盏。达溪镇投资2000万元，在镇政府右侧建新村，占地面积3.33公顷修建全长约600米、宽20米的便民大道，设计有人行道、路灯、绿化、污水处理及管网安装工程，完成征地拆迁等前期工作并进场施工。马场镇依托九洞天景区和支嘎阿鲁湖景区，将道班—马场—白泥—民丰连片规划集镇建设，建成100余户征地移民住房及人行道、路灯、绿化；提升改造马场老街；生态移民新区规划面积26.67公顷，土建工程全部完工，路灯安装、3500平方米广场、1200平方米农贸市场全部完工，动工建设30户生态移民民居。绿塘乡投入5.8万元完成小城镇地形测绘图、小城镇规划设计，启动102户生态移民民居建设。东关乡新建同心文化生态广场和罗寨村菜市场，同心集市投入使用；整合卫生院和计划生育服务中心为东关乡卫生与计划生育服务中心；开通从大方城区到东关乡朝中村的1路公交车、从大方城区到东关乡罗寨村的4路公交车；划定成贵高铁田坪村安置点，完成安置点场平；建设红岩安置点污水管道铺设、路面硬化等附属设施工程；完成易地扶贫生态移民安置点水电接入、化粪池、路面硬化等附属设施，150户移民入住，实施安置点绿化亮化工程，打造东关乡电商一条街。全县新增城镇人口2700人，城镇化率提升到36.01%。

第三节　乡村建设

2005年10月，中共十六届五中全会通过《“十一五”规划纲要建议》，提出要按照“生产发展、生活宽裕、乡风文明、村容整洁、管理民主”的要求，推进社会主义新农村建设。是年，大方县改造茅草房2000多户，县人民政府对每户补贴2000元~5000元。2006年，县成立新农村建设办公室，协调、指导全县新农村建设试点示范建设工作及全县村容村貌整治工作。

2006—2008年，全县按照“一村一品，一村多品”思路，重点抓农业产业结构调整、科技兴农和劳务输出工作，以百纳乡新华村、达溪镇冷底村、黄泥塘镇黄泥塘社区、大方镇对江村、羊场镇桶井村为试点开展新农村建设试点工作。

2008年12月，随着毕节生态试验区生态文明家园建设的开展及农村危房改造动员大会召开，大方县开始致富田园、生态庭园、特色庄园、文化乐园、和谐家园“五园新村”建设，形成一批以休闲文化广场、生态小公园、特色民居即“黔西北民居”为标志的“美丽乡村”。

2009年，新农村建设试点乡镇以改路、改房、改厕、改圈、改院坝为主要内容，进行山头绿化、庭院美化、水源净化、能源清洁化、产品无害化建设，建农家书屋、文化体育活动场、计生卫生综合服务室、生态小公园、文化活动室，建成一批青砖、绿瓦、白墙的楼房。在大方、东关、竹园、双山、羊场、理化、鸡场、黄泥塘、达溪、百纳等乡镇实施生态文明家园建设，投资968.2万元新建841户，投资86万元改建120户，其他项目投资228.2万元。

2010年，在大方、东关、竹园、双山、绿塘、鼎新、猫场、马场、高店、小屯、羊场、理化、鸡场、黄泥塘、六龙、凤山、核桃、达溪、瓢井、兴隆、八堡、长石、雨冲、沙厂、百纳、星宿等乡镇实施生态文明家园建设，投资2954.4万元新建3693户，投资943.5万元改建1887户，亮化工程投资129万元，其他投资239.33万元。

羊场镇陇公村生态家园（2013年8月摄）

2011年，在大方、东关、竹园、响水、双山、文阁、绿塘、鼎新、猫场、牛场、马场、高店、小屯、羊场、理化、鸡场、黄泥塘、六龙、凤山、安乐、核桃、达溪、八堡、兴隆、瓢井、长石、果瓦、大山、雨冲、黄泥、沙厂、百纳、三元、星宿等乡镇实施生态文明家园建设，投资7503.2万元新建9379户，投资4082.5万元改建8165户，亮化工程投资129万元，其他投资239.33万元。

2010—2011年，继续开展"五园新村"建设规划，编制全县村庄建设，对公路沿线特色民居进行亮化，特色小城镇建设规模逐年增大，按5000元/户标准补助1.55亿元实施黔西北民居建设3.09万户；补助9081.09万元建设"五园新村"72处。"两硬化"涉及全县32个乡镇9.64万户，其中硬化连户路3048千米。2011年3月，县新农村建设办公室与县危房改造办公室合并为大方县生态文明家园建设办公室。2012年，投资920.7万元在竹园、绿塘、高店、黄泥塘、凤山、安乐、达溪、果瓦、沙厂、百纳、三元、星宿等乡镇实施生态文明家园建设，新建192户，改建266户。2008—2012年，投资4.4亿元实施危房改造4.07万户。

2013年，以"四在农家·美丽乡村"（四在农家即富在农家、学在农家、乐在农家、美在农家）建设为载体，以推进"五园新村"新农村建设为抓手，全面推动生态文明家园、危房改造、扶贫生态移民等项目进程，组织实施美丽乡村院坝和连户路两硬化，硬化院坝9.23万户，硬化连户路4218.95千米。

2014年，实施"四在农家·美丽乡村"基础设施建设小康路、小康水、小康房、小康电、小康讯、小康寨以及小康校、小康医"6+2"项行动计划。按照"道路硬化、卫生净化、村庄亮化、环境美化、生活乐化"目标进行村庄整治，加强农村环境保护，完善文体设施，建设功能齐全、环境优美的小康寨。两硬化完成院坝硬化2962户，连户路硬化647千米。农村危房改造完成1341户。小康路累计完成投资2.69亿元，建成通村油路或水泥路606.6千米；小康水累计完成投资3459.26万元，解决4.81万人饮水安全问题；小康房累计完成投资1.09亿元；小康电累计完成投资2276万元；小康讯累计完成投资1053.36万元；小康寨累计完成投资4465万元；小康校累计完成投资1.9亿元；小康医累计完成投资4952.7万元。

2015年，突出"两带四线两板块"的思路，大力实施"四在农家·美丽乡村"基础设施建设"6+2"项行动计划，推进农村人居环境整治，建设精神美、产业美、环境美、生态美的社会主义新农村。完成20个村庄规划编制，启动21个示范点941栋贵州民居建设，竣工569栋。

"十二五"规划期间，累计新建和改造黔西北民居11.53万户，改造农村危房7.31万户，实施生态文明家园建设2.36万户，实施扶贫生态移民搬迁2774户9662人。两硬化完成院坝硬化9.64万户192.7万平方米，连户路硬化3048千米，"一事一议"通组路硬化1080.39千米，被中央政治局常委刘云山称为"连富路、连心路"。

第四节 建筑业

一、建筑企业

20世纪90年代，县内建筑企业有7家。进入21世纪后，因经营不善或转型失败及外来企业竞争等原因，倒闭4家，到2010年仅剩3家。2012年，县委、县人民政府对发展本县建筑企业出台申办资金奖励政策。2013年，相继成立一批施工承包二级企业。12月，贵州名城建筑工程公司成立。2014年10月，大方东润建筑公司、贵州创智建筑工程公司、贵州明月建筑工程公司、贵州庆辉劳务工程公司成立。到2015年，全县持证施工企业8家，从业人员774人。2002—2015年，房地产开发企业主要为外地入驻大方企业，建筑企业多属县外建筑企业。

二、技术设备

20 世纪 90 年代，县内建筑业在建筑施工中逐步采用新技术、新材料、新工艺、新装备、新标准，逐步采用挖掘机等先进设备开挖土石方，地基处理为砂石换填木桩加固、钢筋混凝土筏式基础等。2004 年，大跨度开始采用网结构。建筑行业从业人员从劳动密集型转型为机械自动化施工，在施工中普遍应用挖土机、提升架、搅拌机等机械设备。建筑工地机械设备一般有两大类，一类是大型设备，有塔吊、汽车吊、升降机、大型搅拌机、空压机、水泥砂浆运载机、外用吊篮、物料提升机、挖掘机、推土机、装载机等；另一类是小型机械设备，主要有搅拌机、钢筋加工机械、电焊机、卷扬机、打夯机等。大方现代建筑行业由于采用“五新”工艺，效率和质量较 20 世纪大幅提升。2006 年后，20 层 ~39 层建筑逐步出现，建筑材料生产经营快速发展。至 2015 年，7 层以上高层建筑，从基础层用钢筋水泥灌浇框架到顶层，层层砌隔套墙体，房屋质量逐步提高。

三、建筑材料

2000 年后，县境内碎石厂、土砖厂、水泥砖厂、水泥厂逐步出现，投资规模从几十万到数亿元不等，各类建材厂有数百家。1991—2015 年，建筑行业普遍使用各类墙砖、地砖、钢筋，室内装修新材料种类繁多，有木、塑、石膏线条，瓷砖瓷柱，各色油漆涂料，胶水，钢塑板，铝塑板，铝合金，各类型玻璃，墙布，灯具等。

四、施工管理

全县工程质量监督工作由县住建局委托县质监站监督管理。在工程施工过程中，放线、挖基槽、下基础、主体工程每道工序，质监站要求施工企业必须注重质量。每一道工序特别是重要部位需经质监、设计、建设、施工单位四方代表签字认可，方可进入下一工序施工，严格执行基础、主体、竣工验收制度。通过对工程组织实测、实量及观感计算分数值，当场公布质量评定结果和竣工工程的质量等级，并发合格或优良等级证书。2000 年后，建设工程质量由参建的建设、施工、监理、地勘、设计单位评定。工程质量监督站对建设过程中参建单位的履职、人员到位、材料送检、按图施工、是否违反强制性规范等进行全程监督。

21 世纪后，建筑高度逐步提高，从 2007 年的多层建筑发展到 2015 年 20 多幢高层建筑，建筑高度提升，施工工艺不断改进。

第五节　房地产管理

一、住房制度改革

1991 年 6 月，国务院出台《关于继续积极稳妥地进行城镇住房制度改革的通知》，9 月，大方县开始进行城镇住房制度改革。

按照先评估后出售的原则，住房售价根据所处地段、结构、层次、设施等因素区别计价。向低收入职工出售公有住房实行成本价，向高收入职工出售公有住房实行市场价。旧房成本价按当年新房成本价乘折扣计算（折扣年限一般为 50 年），成本价有困难的，实行标准价作为过渡，标准价由负担价与抵交价之和测定。职工以市场价购买的住房，产权归个人所有，可以依法进入市场，按规定缴纳税费后，收入归个人所有；职工以成本价购买的住房住用 5 年后，可以依法进入市场，在补交土地使用权出让金和交纳有关税费后，收入归个人所有。1992—1993 年，出售的公房是除办公用房外的职工宿舍、分配或出租给私人居住的住房、集资修建的住房，根据不同售价（标准价、成本价、市场价）出售给单位职工或集资建房职工。县委系列房改单位出售公有住房177套，政府系列房改单位出售公房407套，司法武装系列出售公房122套，教育系统房改单位出售公房299套，医疗卫生系统房改单位出售公房242套，金融系统房改单位出售公房190套，交通系统房改单位出售公房134套，农、电系统房改单位出售公房404套，邮电系统房改单位出售公房51套，城建系统房改单位出售公房87套，烟草系统房改单位出售公房204套，商业供销系统房改单位出售公房276套，文广系统房改单位出售公房87套，旅游、招待所房改单位出售公房6套，粮食系统房改单位出售公房113套，工厂、企业系统单位出售公房218套，羊场镇出售公房86套。1993年，县委办、政府办管理的公有住房出售完毕后，不少职工仍有住房困难，又组织集资建房100套，以商品房形式出售给职工。56平方米建筑面积标准新房的负担价，1994年为所在县双职工年平均工资的3倍，抵交价按双职工65年（男35年、女30年）内积累的由单位资助的住房公积金的80%计算。1994年，成立大方县住房资金管理委员会，实行住房公积金制度，负责全县住房公积金归集、使用、管理。

1992—1997年，出售公有住房3000多套，14.4万平方米，归集资金870万元。购买公房的住户，逐渐办理房屋所有权证、房契证等。1997—1998年，为解决部分干部职工住房困难，县直部分单位统筹建设90平方米/套的经济适用房。1997年，县人民政府筹建经济适用房130套，以398元/平方米的价格，分配出售给干部职工。是年，大方县基本完成住房商品化改革。1999年，按照《毕节地区住房分配货币化方案》规定，大方县于当年7月1日停止住房实物分配，实行住房分配货币化。1999—2006年，部分单位利用单位拥有管理权和使用权的空地，通过审批建经济适用房500多套，建筑面积5万平方米。2006年后，住房制度实行商品化。2007年，通过审批，县土产公司建经济适用房50多套，建筑面积5000平方米。2008年，建经济适用房48套4320平方米。

二、房地产开发

1993年，大方县推进城镇住房制度改革，停止实物分房，城镇住房制度发生一次根本转变。为实现住房商品化、社会化，满足城镇居民不断增长的住房需求，县城内先后成立大方县房地产开发公司、大方县建宏房地产开发公司、大方县和泰房地产开发公司等6家房开公司。6家公司在县城开展以普通商品房为主的房地产综合开发，1993—2006年，完成对县城西大街、三善街、新民路、文星街、党校、综合厂、利民路、杨家大沟等地段的开发。完成商品房开发21万平方米，投资2亿多元，创税1000多万元。

2007年后，华屹、鑫盛黔、望龙等外来房地产开发公司先后入驻大方县。2011年以后，为加快城市建设步伐，县委、县人民政府加大招商引资力度，先后引进湖南商会、湖北绅达投资公司、四川荣新集团、云南十四冶、贵州渝大集团等企业入驻大方，开发区域不断扩展，城区面积迅速增大。到2015年年末，县内房地产开发企业发展到30家，其中，二级资质3家、三级资质5家、四级资质6家、暂定资质16家。至2015年，房地产开发投资80.59亿元，商品房销售101.82万平方米，住宅均价从2008年的1875元/平方米上涨到2872.25元/平方米，房地产开发投资、开发面积、开发规模逐渐增大，实力逐渐增强，备案企业中投资额1亿元以上、建筑规模10万平方米以上的房开企业共17家。

三、住房公积金

至1994年，全县归集住房公积金870万元，支付使用200多万元，缴纳单位21个。直到2006

年7月，县内职工住房公积金管理由县建设局房管站负责。2006年8月，组建大方县职工住房公积金管理部，管理业务从县建设局房管站分离出来。

（一）住房公积金归集

2007年，住房公积金归集单位161个，应缴人数1.95万人，实缴1.52万人，覆盖率78.19%。归集资金2717.4万元，累计归集资金5903万元，期末缴存余额5026万元。2008年，住房公积金归集单位169个，缴存人数1.57万人，覆盖率81.05%。归集资金3742.49万元，累计归集资金9645.49万元，期末缴存余额8285.2万元。2009年，住房公积金归集单位172个，应缴人数2.05万人，实缴1.65万人，覆盖率80.5%，归集资金4114.51万元，累计归集资金1.38亿元。2010年，住房公积金归集单位173个，应缴人数2.15万人，实缴1.86万人，覆盖率86.35%，归集资金4577.09万元，累计归集资金1.83亿元，期末缴存余额1.53亿元。2011年，归集单位191个，应缴人数2.39万人，实缴1.95万人，覆盖率81.62%，归集资金6358.36万元，累计归集资金2.47亿元，期末缴存余额1.98亿元。2012年，住房公积金归集单位175个，应缴人数2.57万人，实缴2.13万人，覆盖率82.77%，归集资金1.23亿元，累计归集资金3.71亿元，期末缴存余额2.9亿元。2013年，住房公积金归集单位173个，应缴人数2.39万人，实缴1.94万人，覆盖率80.93%，归集资金1.44亿元，累计归集资金5.15亿元，期末缴存余额3.82亿元，归集专项房屋维修资金64.9万元。2014年，住房公积金归集单位176个，应缴人数2.39万人，实缴2.11万人，覆盖率87.93%，归集资金1.18亿元，累计归集资金6.33亿元，期末缴存余额4.48亿元。2015年，住房公积金归集单位171个，应缴人数2.3万人，实缴人数2.2万人，覆盖率96.23%，归集资金1.71亿元，累计归集资金8.04亿元，期末缴存余额5.32亿元。

（二）住房公积金支取

2007年，县住房公积金管理部支取347.1万元，累计支取877万元。2008年，支取270人次483.3万元，累计支取471人次1360.3万元。2009年，支取336人次635.9万元，累计支取807人次1996.2万元。2010年，支取641人次1184.67万元，累计支取1448人次3180.87万元。2011年，支取1768.37万元，累计支取4949.24万元。2012年，支取3113.96万元，累计支取8063.2万元。2013年，支取5162.09万元，累计支取1.32亿元。2014年支取5246.31万元，累计支取1.85亿元。2015年，支取8642.94万元，累计支取2.71亿元。

（三）住房公积金个人贷款

2007年，发放住房公积金个人贷款778.8万元，期末贷款余额757.87万元，资金使用率15.5%。2008年，发放住房公积金个人贷款4531万元，委托贷款总额5309.8万元，期末贷款余额4996.73万元，资金使用率60.31%。2009年，发放住房公积金个人贷款5536户7098.6万元，委托贷款累计1125户1.24亿元，期末贷款余额1.11亿元，资金使用率93.96%。2010年，发放住房公积金个人贷款206户3481万元，委托贷款累计1331户1.59亿元，期末贷款余额1.32亿元，资金使用率86.84%。2011年，发放住房公积金个人贷款309户5455.89万元，委托贷款总计1640户2.13亿元，期末贷款余额1.71亿元，资金使用率86.36%。2012年，发放住房公积金个人贷款7865.7万元，委托贷款总额2.92亿元，期末贷款余额2.27亿元，资金使用率78.23%。2013年，发放住房公积金个人贷款9155.6万元，委托贷款总额3.84亿元，期末贷款余额2.89亿元，资金使用率63.58%。2014年，发放住房公积金个人贷款734户1.53亿元，委托贷款总额5.37亿元，期末贷款余额4.02亿元，资金使用率129.73%。2015年，发放住房公积金个人贷款1.94亿元，委托贷款总额7.3亿元，期末贷款余额5.32亿元，资金使用率100.06%。

（四）住房公积金增值收益及使用

分配住房公积金待分配收益后，2008 年，划缴县财政城市廉租房建设补充资金 2.68 万元。2009 年，划缴县财政城市廉租房建设补充资金 125.84 万元。2010 年，业务收入 474.57 万元，业务支出 240.55 万元，实现待分配增值收益 234.02 万元，划缴县财政城市廉租房建设补充资金 192.18 万元。2011 年，业务收入 1076.06 万元，业务支出 781.64 万元，实现增值收益 294.42 万元，其中 199.3 万元用于 2012 年购买办公用房，没有划缴县财政。2012 年，业务收入 1076.06 万元，支出 781.64 万元，实现待分配增值收益 294.42 万元。2013 年，业务收入 1293.17 万元，支出 801.25 万元，实现待分配增值收益 491.92 万元，划缴县财政 216.22 万元用于廉租房建设补充资金。2014 年，业务收入 1725.53 万元，支出 944.77 万元，实现待分配增值收益 780.76 万元，划缴财政 329.01 万元用作廉租房建设补充资金。2015 年，业务收入 1988.94 万元，支出 477.13 万元，实现待分配增值收益 1511.81 万元，划缴财政 612.09 万元用作廉租房建设补充资金。

四、住房保障

大方县实施住房保障工程，遍及全县城镇乡村，主要包括经济适用住房、廉租住房、公共租赁住房、危房改造、棚户区改造等。

（一）经济适用住房

中华人民共和国成立后至 1990 年，县城公房建设面积 5.5 万平方米。1992 年出售各类公房 3000 多套。1993 年，为解决部分职工无住房的问题，县委、县人民政府决定修建 100 套职工宿舍，分配给无房职工。1997 年，由政府统一筹建 130 套安居住房。从 1999 年 7 月 1 日起，大方县全面实行住房分配货币化，同时实行新的经济适用房制度。1999 年起，县直部分单位利用本单位拥有管理权和使用权的闲置空地，申请建设经济适用住房，解决本单位干部职工住房困难。到 2006 年，各单位建设的经济适用住房共计 500 多套，建筑面积 5 万多平方米。2007 年，由县土产公司投资建设经济适用住房 50 多套，建筑面积 5000 多平方米。2008 年，修建经济适用住房 48 套 4320 平方米。

（二）农村危房改造

2008 年起，全县改造农村危房 1800 多户。2009 年，全县改造危房 2554 户，扩大试点改造的危房 450 户，政府补助危房改造资金 4204 万元。2010 年，全国改造危房 1.88 万户，补助资金为 2.83 亿元。累计改造危房 2.18 万户，补助资金为 3.25 亿元。2011 年，农村危房改造户按黔西北民居风格改造危房，全县共 1.74 万户。2012 年，全国改造危房 1.88 万户。2013 年，改造危房 1.05 万户。2014 年，全国改造危房 5334 户，完成投资 9144 万元。2015 年，全县改造危房 2373 户。“十二五”规划期间，累计新建和改造黔西北民居 11.53 万户，改造农村危房 7.31 万户。

（三）廉租住房及租赁补贴

2007 年，县人民政府出台《大方县廉租住房五年规划》，县廉租住房兴起，廉租住房保障实行实物配租（配售）和租赁补贴。2007 年，实施实物配租 20 套（向社会购买），解决 20 户家庭的住房难题，配租价 96.1 万元；发放城市低收入住房困难户 30 户 71 人补贴 1.84 万元。2008 年，启动廉租住房规划、选址、征地、设计和修建工作；发放城市低收入住房困难户 503 户 1545 人租赁补贴 33.37 万元。2009 年，发放城市低收入住房困难户 932 户 2667 人租赁补贴 192.02 万元。2010 年，发放城市低收入住房困难户 1134 户 3212 人租赁补贴 231.26 万元。2011 年，发放城市低收入住房困难户 1239 户 3488 人租赁补贴 220 万元。2012 年，发放城市低收入住房困难户 696 户 1867 人租赁补贴134.42万元。截至2015年，建成廉租住房4540套22.7万平方米，总投资4.99亿元。

（四）公共租赁房住房

2012年，大方县开始规划建设公共租赁房住房，是年，建公共租赁房住房828套，建筑面积4.39万平方米，总投资1.15亿元。2013年，建公共租赁房住房1800套，建筑面积为8.8万平方米，总投资1.85亿元。2014年，建公共租赁房住房2590套，建筑面积1.1万平方米，总投资1.73亿元。2015年，建公共租赁房住房1646套，建筑面积9.41万平方米，总投资1.78亿元。

（五）棚户区改造

2013年，县人民政府出台《大方县推进城市棚户区改造工作实施意见》，县城启动城市棚户区改造工程，实施棚户区改造827户7.44万平方米。2014年，实施棚户区改造614户6.75万平方米。2015年，实物安置2000套。

五、物业管理

20世纪90年代初，县城面积不足10平方千米，90年代中期，县城开始进行房地产开发，商品房、住宅小区组团、新开发的居住集中区、大型商贸区、古街道、古民居民宅与新式建筑凌乱，物业管理不规范。进入21世纪，县城房地产开发业进入一个新的发展阶段，至2015年，县城面积扩展至约50平方千米，住宅集中居住小区逐步形成，物业管理行业应运而生。

从2008年起，县城几家房开公司自行筹建物业管理企业，但资质等级、注册资金、从业人员数量等不符合物业管理要求。在条件不成熟的情况下，物业管理组织仅从事简单的打扫卫生、维持治安等工作，服务人员无从业资质，无注册公司，未经专业培训，服务质量和水平均达不到标准，同时，没有相关部门审核批准的收费依据和收费标准，得不到《物业管理条例》的保护，劳动报酬得不到保障，人员工资难以如期兑现，只能收取微薄的卫生费。2015年，县城的红旗小区、新民路小区和佳鑫等开发小区物业管理企业逐步组建，县城物业管理逐步走向规范化、市场化。

第六节　城市管理

1991—1994年，大方县城市管理主要由公安、城建、工商、环保等部门负责，城管部门负责强制拆除不符合市容市貌标准的违章建筑物或设施，工商部门负责无照经营或违规任意摆摊设点经营的行政处罚，公安部门负责对侵占道路及车辆违规行为的行政处罚，环保部门负责对制造噪音、废气废液污染的行政处罚。

1994年1月，组建县城市建设管理监察大队，1997年升格为副科级单位，2006年升格为正科级单位，更名为县城市综合执法大队，根据有关法律法规和地方规章对下列行为实施监察：城市规划方面的违法违章行为；擅自占用城市道路、桥涵、路灯、排水设施、防洪堤坝以及其他市政公共设施的违法违章行为；损坏城市供水、供气、公共交通设施，影响城市客运、交通营运、供水安全、城市地下水资源的开发（利用）等违法违章行为；擅自占用、损坏、拆除卫生设施，影响市容市貌和环境卫生的违法违章行为；擅自占用、损坏城市绿地、花草、树木、园林绿化设施的违法违章行为；违反风景名胜规划、保护、建设和管理的违法违章行为；破坏河道设施、向河流排污、倾倒垃圾等违法违章行为。

2008年，重点开展整脏治乱工作。县城环卫保洁面积由原来的27.5万平方米/日增至49.56万平方米/日，新增环卫工人40名，新设23个果皮箱，对城区背街小巷进行常规管理，改造黄土坡公厕为水冲式。清除占道经营3000余次，拆除违章雨棚25处，规范户外广告、门头招牌7885处，查处违章占道摩托车、洗车点13处，维修县城路灯288盏，更换电线1230米，新增路灯3盏，维护加固南王庙大桥，修复破损花池3处，更换破损井盖10处，处理排污管道7处。重大节日期间美化县城，摆放盆花5.73万盆、杜鹃花5.92万株。对县城293辆出租车发放专段牌号253块，顺延申报年限168辆、更新66辆，查处车容不整洁出租车300余辆次、乱停乱放200余辆次、非法改色9辆次、非法营运129辆次。全年查处违法违章建筑8起1200平方米，责令建筑施工围场作业1260平方米，收缴违章堆放建筑材料13立方米，开展城区5个农贸市场违法建筑调查。

2009年，完善城市综合管理长效措施，提升服务效能和执法水平，加强城管队伍建设，明确岗位职责，建立健全管理制度，开展整脏治乱专项工作。对县城市容市貌和环境卫生实行分段整治、集中管理。疏通人民路排水管道1200米，疏通水沟66次。修复损毁花池34处，维修东门看守所至南门转盘、杨家大沟出口路段，修复破损井盖23个、路灯300盏。投入14万元养花26万盆摆放于城区主要路段，维护文惠路绿化带6次。将全城保洁范围划分为11个小组，定路段、定人员、定职责，每月评比兑现奖惩。实行垃圾日产日清，以“有人管、反应快、重考核、卫生好”工作目标对公厕进行管理，收取垃圾处理费65万元。实行出租车单双号运营，查处违反规定的出租车90辆次，对329名出租车驾驶员进行从业培训。

2010年，实施行政执法责任制与执法精细化管理，创新执法理念，制定完善规章制度，进行市政设施管理。更换井盖32个，疏通南门至北门排水管道4000米，修复损毁花池15处，维修路灯1040盏，更换整流器137处、触发器62处、时控开关48处、灯管117处、熔断器61个，完成老城区260盏路灯改造，投资80万元实施奢香大道绿化摆花。开展环境卫生保洁，11个保洁小组分别负责全城包括背街小巷清扫保洁。成立奢香大道护栏清洗保洁组，20人定路段、定职责、全天候保洁，专人全天管理水冲式公厕12座。有环卫工人224人，清扫面积50万平方米，日清运垃圾130吨。县人民政府出资120万元购买2台清扫保洁车，收取垃圾处理费65万元。开展整治创建，清理占道经营3000余次，清理规劝占道车辆500余次，疏导清理流动摊贩1万多次，清理违章占道

道路洒水作业车冲洗街道路面（2010年10月摄）

广告牌2000余次，清除乱拉横幅93处次，清除野广告900余起，清理乱堆乱放点120余处，规范建筑工地施工围场作业22起。开展“满意在贵州”主题活动，春节和“两会”期间，制止乱停乱放车辆1700余次，处罚违章占道停放车辆365辆次。在城市公共客运管理方面，治理乱停放出租车120辆次，查处未按期进行二级维护的出租车120辆次，对290辆出租车统计申报、发放燃油补贴48.67万元，更新出租车38辆，转让过户81辆，办理客运资格证308套。

2011年后，城市综合管理推行“行政执法人性化、公共服务家政化、建管共管、营造健康和谐有序城市生活环境”的理念。在市政设施管理方面，更换井盖30个，疏通排水管道2500米，修复损毁花池16处，维修路灯1200盏，安装更换护栏400米。在环境卫生保洁方面，有环卫工人203人，清扫面积50万平方米，日清运垃圾130吨。在城市美化绿化亮化方面，在城区主干道、各大宾馆、收费站等处摆放鲜花20余万盆、绢花3万朵。维修加固公厕12座。在管理设备方面，新购2辆执法办公车、6辆城市执法车、1台洒水车、2台8吨压缩式垃圾车、3台小叉车、30个垃圾箱、10台小型垃圾清运车。在整治创建方面，下发整治通知单1000余份，取缔占道经营3000余次，纠正乱停乱放车辆500余次，暂扣违章经营器具100余件，取缔占道经营、马路市场300余处，规划临时摊点数十个，疏导清理流动摊贩1万多人次，清理违章占地广告牌、灯箱1000余次，清除乱拉横幅180余处次，清除野广告1.2万余处，拆除墙体大型喷绘广告20余处约2000平方米，查处噪音扰民1800余起，清理乱堆放240余处，规范建筑施工围场45起，治理卫生死角5786处。

2012年，开展占道经营专项整治行动33次，累计整治占道经营、超门面经营1.27万余起，整治违规占用社会公共空间和自设置户外广告招牌、霓虹灯箱等共计1300块，拆除破损大型户外广告口幅、红布标330余幅，清理城区主次干道、背街小巷、野广告2.8万余处，整治公共场所噪音扰民280余起。增加运煤大道为保洁范围，主要路段垃圾箱由敞开式更换为密封式，奢香大道新建2座水冲式公厕，投入45万元改造路灯，城区绿化投入10万元，市政基础设施投入20万元，购买环卫设备投入70万元。

2013年，清理占道经营1360人次，清除乱拉横幅78处次，投入6万元治理小广告，更换井盖25个、井座12个，查处擅自挖掘城市道路6起，查处毁坏护栏12次、疏通方家巷排洪沟2次、崔家湾和新车站排洪沟各1次，清掏出水口300余个，处理污水溢出27次，维护钠灯186盏、节能灯17盏，更换时控开关56个、整流器57个、空开16个、触发器26个、交流接触器18个、电缆690米。管护奢香大道树木2000余株，春节摆放鲜花8万多盆，插绢花6万多朵，管护三角梅1000盆、红叶石楠400株。对县城16座公厕进行统一管

城管人员治理摩托车占道（2014年11月摄）

理并免费使用，全城清扫面积增至120万平方米，新增环卫工人60人，全城环卫工人共423人，日清运垃圾120吨，年收取垃圾处理费85万元。

2014年，聘用城管协勤232人，环卫协管员10人，环卫保洁员520人，公厕协管员24人。城市管理队伍有正式干部42人，聘用人员829人。清理占道摊点1000多个，纠正乱停放车辆1000余次，清理乱拉横幅800余条，破旧广告牌20多块。完善综合设施，补植香樟树185株，检修路灯1500盏，整改线路1200米，修复人行道“眨眼石”（破损地砖）5万余块，设防撞石花坛24座，更换沟盖板和窨井盖92个，处理埋地电缆故障100余处，更换路灯配件120余个。

2015年，开展集中整治行动30余次，清理违规摊点150处，清理占道摊点700余个，纠正机动车占人行道乱停放300余辆次，清除主次干道违规条幅150多条、破旧广告牌3块，劝阻游动摊点数千次，割除乱拉横幅20余次，针对28个大型建筑工地420辆渣土运输车、600辆运煤车及所有过境车辆进行全天候巡查。公厕按时开放，24小时保洁。将65条背街小巷全部纳入长效管理。争取国债资金1560万元投入建设县城垃圾转运站。在奢香大道、丰登大道、顺德路、环东路两旁补植树100株，更换天桥、新民路、奢香大道等路段盆栽花卉25万盆，绿化奢香大道中央隔离带，绿化城区裸露泥土区，绿化城区行道树地。投资90万元维修安装防护栏7000米，投资3万元修复破损路面260平方米，维护排水设施40次，清掏沟渠4次。开展城市液化气安装检查20次。投资96万元更换迎宾大道路灯，海音路增加路灯28盏，日常检修维护路灯200余盏。

第十五篇
商业贸易

第一章 集市贸易

1991年，县境内有集市贸易市场48个，1992年增加到51个，总面积22.79万平方米。2001年增至75个。随着改革开放进程的加快，1992—2004年，民营企业、个体商业发展较快，国营商业、国有企业逐级承包，城乡市场相互渗透。2005—2015年，放宽市场主体准入门槛，全县注册登记的各类市场主体从142户增加至3008户，年均增长35.71%，注册资金从8.16亿元增加至18.9亿元，年均增长8.76%。

第一节 县城集市

1990年，县城集市以商店为主，也有自然形成后由工商部门规划的农贸市场、粮油市场、生猪市场、蔬菜市场，还有临时摆摊的个体工商业户和流动地摊。1992年，县城南街综合市场动工修建。1993年，县人民政府决定，划拨南门桥沟建蔬菜市场，10月动工。1994年3月，县工商行政管理局实行开办市场许可制度，规范市场建设和管理。1995年，南街综合市场竣工投入使用。1999年，县人民政府批准将原县商务局百货大楼五交化公司门市改建为中心集贸市场，11月，百货大楼遭火灾，中心集贸市场随之消失。2000年，县人民政府批准取缔莲花塘生猪市场，在大方镇白石村交通组（大纳公路与清毕路交接处）建牲畜交易市场。2001年，县人民政府决定对新民路进行改造，南街综合市场在规划范围内被拆除。2002年，县城文星街桃源农贸市场正式投入使用。原县粮食局直属粮库所在地县城体育场路形成粮油市场。2005年，体育场路又形成一个工业品批发、零售市场。2008年开工建设的西大街农贸市场、杉林路农贸市场、金银桥农贸市场，2010年投入使用。2012年，奢香大道农贸市场、利民路花都农贸市场投入使用。

1990—2000年，图书市场以新华书店大方支店为主，个体书摊为辅。到2003年，县城南街、三善街、书院街经营图书的个体户有12户。从2005年开始，加大对外开放招商引资力度，放宽市场主体准入门槛，是年县城入驻市场主体103户，注册资金3.55亿元。入驻县新铺工业区2户，注册资金1718万元。2005—2015年，经营图书的有国有企业2户，私营企业3户，个体经营户25户。县城住宿餐饮业有酒楼、饭店、早餐馆、小食店、小吃摊点等。较有规模的酒楼有红楼、馨雅、宇晨、海峰、天佑、鸿运、金鑫、和泰快捷和慕俄格等酒店。县城有大小服装店1000多家，有专营品牌服装店，也有普通服装店。比较有名的有劲霸、与狼共舞等名牌服装店。建材、装修材料专卖店主要集中在城南杨家大沟一条街、佳鑫商业广场。家用电器业经营电视机、洗衣机、空调、电扇、电冰箱、微波炉、电磁炉、音响设备及电暖炉等。比较大型的家电商场有城东的金铭公司、大十字五交化公司、城南的林森电器商店等。县城大型药店有好优多大药房及其连锁店，中、小型的有老百姓药房、老药铺、大康药房等。综合商品超市主要经营日用百货、粮油食品、糖、烟、酒、茶叶、饮料、蔬菜、大米及其他日常生活用品、服装、鞋帽、电器、五金等。大中型超市有佳诚、好优多、福乐多、家家乐、银杏、千家、百汇等。

2015年，县城入驻市场主体2128户，注册资金10.85亿元，入驻县经济开发区23户，注册资金3.19亿元，入驻陶瓷工业园区3户，注册资金2078万元。

第二节 农村集市

1990年，全县农村集市贸易市场有48个，分别是对江、响水、阁雅、东关、双山、文阁、归化、坡脚、猫场、波落戛、绿塘、则鸡、马场、牛场、后槽、鼠场、高店、白布、中坝、果宝、理化、珠场、羊场坝、金鸡、小屯、鸡场、在拱、黄泥塘、甘棠、六圭河、六龙、凤山、马干山、百纳、普底、星宿、撮坝、达溪、锅厂、冷底、瓢井、八堡、路布、长石、大山、石坪、沙厂、戛木。1992年，增加岔河、安家寨、松树。

农村集市贸易一般定期进行。交易日在县内称“赶场天”，场期按公历、农历或星期规定。按公历定场期的，每月逢2、7日赶文阁，3、8日赶猫场、戛木，4、9日赶归化，5、10日赶双山、鼎新；按农历定场期的，每旬逢一、六日赶路布，三、八日赶响水、瓢井，四、九日赶阁雅，五、十日赶八堡；按星期定场期的，逢星期一赶岔河、牛场、后槽，星期二赶波落戛、鼠场、高店、黄泥塘，星期三赶绿塘、白布、中坝、两岔河，星期四赶金鸡、甘棠、六圭河、凤山、星宿、石坪，星期五赶则鸡、果宝、小屯、撮坝、冷底，星期六赶对江、东关、安家寨、羊场坝、马干山，星期日赶马场、理化、珠场、鸡场、在拱、六龙、百纳、普底、达溪、锅厂、长石、大山、沙厂。随着农村集市发展，一些场期发生变化。从1992年5月起，猫场青菜坪牲畜牛马市场场期由原星期二改为公历每月逢2、7日，东关场期由原来星期六改为公历每月逢4、9日。1996年2月，文阁场期由原来公历每月逢2、7日改为每月逢1、6日。

2001年后，县内农村集贸市场发展到72个。其中，城南、城北工商所管辖7个市场，星期天赶对江、珠场、六龙、大方镇牲畜交易市场，星期二赶小屯新街，星期三赶龙洞，星期五赶小屯老街。双山工商所管辖10个市场，公历每月逢1、6日赶文阁、响水老街，逢2、7日赶飞雄、竹元，逢3、8日赶响水新街，逢4、9日赶东关、归化，逢5、10日赶双山；农历每月逢四、九日赶阁雅；逢星期三赶安乐。马场工商所管辖15个市场，公历每月逢1、6日赶马场、岔河，逢2、7日赶牛场、高店、则鸡、青菜坪，逢3、8日赶白布、果宝、绿塘、猫场，逢4、9日赶后槽、鼠场，逢5、10日赶中坝、坡脚；逢星期六赶风景牛马场。理化工商所管辖14个市场，星期一赶化联，星期二赶黄泥塘，星期三赶甘棠、长坡，星期四赶六圭河、西溪、金鸡、黄家湾，星期五赶安化，星期六赶羊场、长春，星期天赶理化、在拱、鸡场。百纳工商所管辖13个市场，星期二赶星宿、雨革，星期三赶松树，星期四赶凤山，星期五赶撮坝、竹戛，星期六赶马干山、普底、戛木、青山牛马场，星期天赶百纳、沙厂，公历每月逢3、8日赶雨冲。瓢井工商所管辖13个市场，星期一赶坝子，星期二赶达溪，星期四赶烂泥沟、果瓦，星期五赶冷底，星期六赶高枧，星期天赶锅厂、大山；农历每月逢一、六日赶八堡，逢三、八日赶瓢井，逢五、十日赶兴隆、路布；公历每月逢3、8日赶长石。

农村除集贸市场外，还有国有商业延伸网点、基层供销社及其分销店、代销店，餐饮店、客栈。1993年后，有的乡镇入驻工业品市场、有的乡镇创办返乡农民工创业园、农家乐。2005—2015

年，百货超市逐步入驻各乡镇集镇、街道。集市交易商品主要有粮食、牲畜、家禽、土特产、土陶器等，国营商业网点和基层供销社主要经营日常生活用品、纺织品、百货、家电、服装等商品，基层供销社还专门经营农用物资，收购农副产品。返乡农民工创业园经营自己生产的产品，也订购单位生产产品。农家乐山庄为休闲、娱乐、度假、旅游提供食宿方便。百货超市经营食品、粮、食油、蔬菜、水果、肉类等日常生活用品和家用电器、工业小商品等。

第三节　专业市场

从20世纪80年代开始，随着集市贸易活动逐渐兴旺，县城和乡镇集市市场建设渐次开展，县工商局将市场培育和建设纳入工商行政管理的重要内容。

1991年，将羊场镇街上沿公路的市场全部迁入原金江厂内，县投入1.5万元设置230个摊位。投资1.75万元为六龙新街、凤山等农贸市场铺设水泥路面。扩建鼎新市场，财政投入3000元，建水泥摊位120个。将百纳街上生猪市场改建为农贸市场，铺设水泥路面300平方米。

1992年，开始建设马场农贸市场，由工商部门筹资4万元、商户集资7万元、贷款3万元建设一期工程；第二期工程由县工商局和马场工商所共同投资38万元，完善场内辣椒市场交易设施，铺设800平方米水泥地面，新建46间铺面和仓库，设置水泥摊位192个；第三期工程投入46万元，完善水、电设施，停车场和招待所等附属工程。马场综合市场是县内面积较大、设施较齐全的农贸市场，市场占地6538平方米，总投资94万元。县人民政府规划在城关南街建设全封闭钢架结构综合市场，总投资95万元，建40个铺面、110个摊位，占地面积3405平方米。

1993年，县人民政府批准在南门大桥沟建蔬菜市场，设固定摊位170个，于1995年9月投入使用。1997年，县城黄土坡、新民路2个蔬菜市场因影响市容被先后拆除。

1998年，根据省政府通知精神，按照政企分开原则，实行机构、职责、财务和人员“四分开”，全县42个市场与工商部门彻底脱钩，脱钩后市场交给县个体劳动者协会管理，其产权和债权债务属县个体劳动者协会。

2001年，投资6万元，修建羊场镇辣椒市场。2002年，县第二建筑公司兴建县城文星街桃源农贸市场，为全封闭钢架结构，场内设蔬菜、肉食摊位156个，铺面55个，占地面积1000平方米。黄泥塘镇政府投资300万元，兴建辣椒贸易中心，场内设45个门市、4个交易大棚，总面积2.28万平方米，2005年9月28日，毕节地区第二届农产品交易会暨大方皱椒批发交易会在市场内举办，商品成交签约金额1.3亿元，辣椒成交金额7000多万元。

到2008年，县内市场呈现多样化，有伴随订单农业出现的专业市场，有大宗商品集散的综合农贸市场，乡镇市场已演变为满足群众生活、生产需求的百日场。

2009—2015年，县内各类专业市场逐渐形成，汽车专卖市场、汽车配件城、大型超市、商贸城、服装鞋类一条街等各类专业市场不断涌现。

一、小工业品市场

1993年前，全县城乡工业品小商品经营主体为国营商店和公私合营商店。1993年，县五交化公司职工个人开办五金交电门市，个体经营进入工业品市场。县城南街综合市场形成小工业品市场。1997年，湖南客商到大方县城开设工业品小商品市场。2015年，从县城南门到东门，形成工业小商品批发零售市场一条街。奢香大道北段佳鑫商业广场及县城各大超市均设有工业品小商品专柜，农村集市中心地带也设有工业品小商品市场。

二、农副产品市场

（一）蔬菜水果市场

1993 年前，县城蔬菜水果销售无固定地点、固定摊位，由农民和商贩沿街流动叫卖。1993 年，县城南门桥沟水果市场建成投入使用，出现有固定摊位和门面的蔬菜水果市场，西大街建成蔬菜水果批发零售市场，南门至西大街中段自然形成蔬菜水果市场。2002 年，建成投入使用文星街桃源农贸市场，随后红旗小区市场、奢香大道北段杉林市场、城北小十字市场、斗姥阁桥至新路口一段形成固定的蔬菜水果市场，农村各乡镇集镇均有固定的蔬菜水果摊位。2002—2015 年，结合县城城区规划，先后对城区桥沟菜场、杉林菜场等进行升级改造。2014 年 3 月，在顺德街道金鱼村成立贵州省天福源农产品投资有限公司，建成县内第一个水果专门批发市场。

（二）粮油市场

1993 年前，县城粮油主要由粮油公司经营。1993 年，粮油市场开放逐步放开，粮油可由个体经营，县城东门为县粮食局直属库所在地，自然形成一个粮油市场，经营粮油的个体户有 35 户，分布在县城各处。粮油市场开放前，农村粮油主要由粮管所经营，另一部分在集市固定地点自由交易。粮油市场放开后，粮油由个体户设铺面经营，小集市 5 户 ~7 户，大集市 15 户 ~20 户不等，每个集市仍有固定地点自由交易。2015 年，全县各乡镇集贸市场全部放开，群众自由买卖粮油。在县城环东路至北门沿线等处自然形成粮油批发集散地。

（三）辣椒市场

1991—1998 年，县城各蔬菜市场均有辣椒经营摊点。1993 年，马场镇投资 20 万元修建 800 平方米水泥地面和 12 间 240 平方米的储仓。农村辣椒专业市场有响水、马场、牛场、理化、羊场、黄泥塘、达溪等地。2001 年，投资 6 万元修建羊场辣椒市场，投资 300 万元在黄泥塘镇兴建一个大型辣椒市场。2004—2015 年，在贵州老干妈、百里花、天椒等本土龙头企业的带动下，辣椒种植规模逐年扩大，乡镇集贸市场中开始出现辣椒专门交易市场，交易额逐年递增，辣椒种植产业逐步成为继烤烟、玉米后的主要种植产业之一。2015 年，大方县向国家质检总局申报辣椒地理标志产品保护。

三、大牲畜市场

县内大牲畜市场在农村称为“牛马场”。最初设置大牲畜市场的有百纳、普底、凤山、长石、锅厂、马场、牛场、理化。1990 年，开设大牲畜市场的有东关、烂泥沟、双山、归化、六圭河、金鸡、牛集等。1992 年，增设大牲畜市场的有鸡场。1994 年后，先后增设沙厂松树林、安乐大牲畜市场。大牲畜市场上成交量较大的有牛、马、羊、猪。

四、汽车专卖市场

1990—2004 年，县内无汽车专卖店。2005 年，贵州鑫灵农机有限公司车辆销售中心成为入驻大方的第一家汽车专卖店，随后入驻的有大方县天正全友汽车销售服务有限公司，注册资金 240 万元，占地面积 4200 平方米，经营力帆微车、轿车、越野车和售后维修服务。之后，光亚汽车销售公司、大方汽贸城、大方良驹、比亚迪大方 4S 店、大方鼎沣汽车销售、大方县溢源汽车商贸公司、马场广茂汽车直营店、东风小康百纳专营店、东风本田汽车销售部、大方丰益汽贸等陆续入驻。2015 年，全县有汽车销售和租赁企业 36 家。

五、燃油燃气市场

1991年，中石化贵州大方石油分公司入驻大方。石油分公司位于县城南郊，有职工24人。1992年，建亨利加油站。2000年，按中国石化集团改制要求，大方石油分公司从贵州省石油总公司划出，归贵阳石油分公司管辖。从2000年起，先后建立北郊、大海坝、石关、新庄、归化、杭瑞高速公路接口、响水一站、响水二站等加油站。中石油毕节分公司于2002年进驻大方县，2004年收购鑫灵加油站，2005年收购三互、城北、惠林加油站，2009年收购凤山、羊场坝等加油站，2010年，大方石油划归毕节石油分公司管辖，公司在县内有7座加油站，其中2座加油站2015年因在新城区规划范围被拆除。2015年，各加油站年均销售成品油累计4万吨，销售收入2.8亿元。

2000年，瓶装液化燃气进入大方。2003年，引入第一家液化石油气充装站福隆液化燃气储配站，2006年，引入鸿煜液化石油气充装站。2个站均于2009年建成投入运营。福隆站储存规模120吨，年销量400余吨；鸿煜站储存规模80吨，年销量320余吨。除满足县城需求外，2个站还向各乡镇辐射，在全县各乡镇均设有营销店。2010年，万方天然气公司进驻大方县，储存规模为5000立方米（压缩天然气），年销售量7万立方米，投资1200万元，建城市管网12千米，拥有用户243户。2013年，昆仑天然气有限公司入驻大方，年产天然气7000万立方米，2015年有工业用户3户。

六、民用爆炸器材专卖市场

2007—2015年，民用爆炸器材由大方县民爆公司专营。2007年10月，新建炸药仓库通过验收并投入使用，全年销售炸药145吨、管类39.4万发、索类3.3万米，销售收入156.2万元。2008—2010年，煤电行业发展势头强劲，国家加大中小型煤矿资源整合力度，民爆器材供需两旺。2008年，销售炸药1669吨、各类雷管334.5万发，销售收入2020万元，上缴税费140万元。2009年，销售炸药1839吨、各类雷管356万发，销售收入2300多万元，上缴税费150万元。2010年，销售炸药2097吨、各类雷管373.5万发，销售收入2961万元，上缴税费532万元。2011年，销售炸药2715吨、各类雷管379万发，销售收入3310万元，上缴税费200万元，利润325万元。2012年，实现销售收入3135万元，上缴税金220万元，利润280万元。2013年，销售炸药2515吨、工业雷管203万发，销售收入2550万元，上缴税费230万元。2014年，销售炸药2826吨、各类雷管316万发，销售收入3189万元，上缴税费246万元，利润291万元。2015年，销售炸药1760吨、各类雷管231万发，销售收入2075万元，上缴税费206万元，利润233万元。

2005—2015年大方县市场主体一览表

表—15－1－3－1　　单位：户、万元

年份	县城		经济开发区及陶瓷园区		乡镇	
	户数	注册资金	户数	注册资金	户数	注册资金
2005	103	35499.27	2	1718.00	37	44347.80
2006	216	3638.59			38	18918.20
2007	439	5235.04			85	11222.96
2008	854	5063.16			275	10361.18
2009	1273	8315.65	4	20860.76	261	3757.65
2010	1203	9876.61			386	10749.15

续上表

年份	县城		经济开发区及陶瓷园区		乡镇	
	户数	注册资金	户数	注册资金	户数	注册资金
2011	1322	77774.10	4	4180.00	368	171114.00
2012	1228	55172.18	8	13800.00	611	39951.06
2013	1359	61660.70	162	36421.00	452	24404.52
2014	2655	109789.56	40	88235.00	837	43265.56
2015	2128	108480.00	26	33978.00	854	46532.16

第二章　商业及服务业

第一节　概　况

一、国有商业

1991—2008年，国有商业系统有百货、民贸、纺织品、医药、中药材、五交化、糖烟酒业、盐业、石油、外贸、食品、饮食服务等公司和百货大楼、老百货大楼、羊场坝综合商店等。盐业、石油公司划归省管，仍属专营，继续生存发展。卷烟批发业务从商业、供销系统分出，由烟草公司和烟草专卖局经营，其他行业则经历法人承包、柜租或个人承包、改制三个阶段。从1992年起，普遍实行“国有民营”，多数企业长期亏损，处于停业状况。原有固定资产仓库、门市等，或租赁、或变卖、或闲置。百货大楼由个人承包后，1999年10月毁于火灾，商业档案全部被烧毁，企业职工大多下岗或自谋职业。2008年12月，国有商业系统所属企业参加国企改制，除烟草、卷烟和盐业外，其余商品购销均退出国有市场。

二、供销合作商业

1988年，全县供销合作商业系统有13个基层供销社、31个物资仓库（仓库面积2.93万平方米）、112个分销店、310个门市部，在职职工1207人。1992年8月，县供销合作社联合社深化改革，将农资日杂公司和13个基层供销社作为成员单位组建县农资经营集团，11月，将蚕业公司和农副产品加工厂合并，把农产品公司合并到土产公司；把土产公司的方城市场、日杂和工业品门市、联营公司、城关供销社合并成立县供销社工业品公司，合并后的农资经营集团、土产公司、工业品公司组建为县供销社集团总公司。1993年，农资经营集团分为农资和日杂两个分公司。1997年，县内基层供销社为12个、分销店99个，职工1060人。

2001年1月，撤销县供销集团总公司，将公司下属农资、土产、日杂、工业品4个公司划为独立法人实体，实行独立核算、自负盈亏。2005 年后，县供销合作社下属 12 个基层社、1 个农副产品加工厂、4 个直属公司和 1 个供销汽车队共 18 个独立核算企业。

2010 年 4 月，成立县新概念物业管理有限公司，隶属县供销社。2011 年，公开竞卖拍卖基层供销社分销店 69 个，门市、仓库面积共 2.95 万平方米，价款 1203.73 万元。2012 年，县供销社主持新建村级综合服务站 129 个，涉及 36 个乡镇 122 个村，辐射 360 个村民小组。2013 年，投资 108 万元新建 17 个乡镇供销社、77 个村级综合服务站。2014 年，新建 6 个乡镇供销社。2015 年，县供销社辖基层供销社 41 个、庄稼医院 7 个、种植养殖专业合作社 4 个、农资贸易专业合作社 1 个，在职职工 328 人，离退休人员 409 人。

三、粮食系统

（一）企业状况

1991 年，县粮食加工厂投入使用。1993 年，粮食购销体制改革，面粉生产量逐步减少。同年，建于 1984 年的饲料加工厂因缺乏流动资金停止经营，县粮油贸易公司因缺乏流动资金停止经营、13 个基层粮管所基本处于瘫痪状态。1995 年，县粮食加工厂全面停产。1998 年，县粮食局将 13 个基层粮管所分别组建为以当地地名命名的粮油购销公司和粮油经营公司。2002 年，成立于 1980 年的县粮食局汽车队撤销。

2003 年，成立县粮油购销集团公司，从业务方面指导 13 个购销公司。毕节地区粮食局停拨 13 个粮管所职工的人头经费。

2004 年，城关购销公司更名为毕节大方县粮食局直属库。

2008 年，实行国企改制，撤销 13 家粮油经营公司和 13 家粮油购销公司。

（二）企业改革

1992 年，粮食系统企业改革开始起步。

1993 年，根据国务院和贵州省关于加快粮食流通体制改革精神以及毕节地区粮油体制改革实施方案，粮油价格全面放开，全县粮油市场形成以个体经营户为主的格局。国有粮食企业由于长期停产停业，历史欠账多，资不抵债，在市场竞争中举步维艰，经营困难。

2008 年，县粮食局拟定《大方县国有粮食企业改革实施方案》，召开职代会和职工大会，制定《企业改制职工安置方案》，粮食企业职工全员解除劳动合同，按规定给予一次性经济补偿安置。

2009 年，撤销 13 个基层粮管所和 4 个直属企业，解除 324 名职工与企业的劳动合同关系，新建县粮食系统国有资产管理公司，管理粮食系统国有资产、退休职工和退养人员。重建大方县粮油购销集团公司和粮食局直属库。

2010 年，县粮食局并入县工业能源局。

四、民营商业

1992 年以后，民营商业发展较快，并逐渐取代国有商业和合作商业（集体商业），占据城乡市场。

（一）住宿餐饮

2015 年，县城有酒楼、饭店、面馆、小食店、小食摊点、烧烤店等，比较大型的酒楼有宇晨国际、红楼、鸿运、和泰（馨雅）、慕俄格、温州假日、东风宾馆、悦尔、新华驿欣、天佑商务、和泰快捷、佳鑫商务、海峰、嘉福等酒店、旅馆 122 家，餐饮 1100 家。

（二）服装、家电销售

2015 年，县城有大小服装店 1445 家，农村有 1519 家，有部分专营品牌服装店，比较有名的有花花公子、劲霸、与狼共舞等名牌服装店。家电业有专营店和各类经营店，有家电经销商 37 家，比较有名的有金铭电器、国鼎家电、红华家电、林森电器等。

（三）综合超市

综合商品超市主要经营日用百货、粮油食品、糖烟酒、蔬菜、水果、茶叶、饮料、服装、鞋帽、电器、五金、灯具、通讯器材、针纺织品、玩具、钟表、黄金饰品等。2000 年，第一家超市“家家乐”入驻县城。2006 年，全县超市发展到 26 家，2010 年有 97 家，2015 年发展到 399 家，其中，县城有超市 139 家，乡镇有超市 260 家，县城有以佳诚、家家乐、好优多、福乐多为代表的中型超市，以佳鑫为代表的大型超市（多功能商贸城）。

（四）汽车销售

2005 年，县城开始有汽车销售。2010 年，县城开始有汽车租赁行业。2015 年，全县有汽车销售和租赁商 36 家，各种机动车修理业 140 家。

（五）农特食品加工

2015 年，农特食品加工业比较有名的生产企业有 7 家，其中，琼芳食品公司主要生产和销售辣椒系列产品；石老祖公豆制品厂生产、销售豆制品，真山绿水食品厂生产、销售豆制品；馨原食品公司生产、销售豆制品；天椒食品公司生产辣椒系列产品；云龙天麻公司生产保鲜天麻、天麻胶囊、天麻露等 10 多个产品；九龙天麻公司生产干品天麻、保鲜天麻、天麻胶囊、天麻酒、天麻颗粒、食得乐颗粒等产品。

（六）农家乐旅游休闲山庄

2015 年，全县有农家乐旅游休闲山庄 51 家，比较有名的有羊场镇穿岩村沙坝农家乐、陇公村清虚洞休闲山庄、核桃乡木寨村马白寨、凤山乡店子村火封丫等。是年，全县种植、养殖专业合作社有 346 家。

1992—2015 年大方县社会消费品零售一览表

表—15－2－1－1　　单位：万元

年　份	社会消费品零售总额	日用百货	五金交电	糖烟酒	其他
1992	10152. 00	3654. 70	656. 84	1644. 22	4196. 24
1993	16909. 00	6087. 24	760. 91	2739. 26	7321. 59
1994	11231. 00	4043. 16	505. 40	1819. 42	4863. 02
1995	16963. 00	6106. 68	763. 34	2748. 01	7344. 97
1996	20304. 00	7309. 44	913. 65	3289. 25	8791. 66
1997	20478. 00	7372. 08	921. 51	3317. 44	8866. 97
1998	20523. 00	7388. 28	923. 54	3324. 73	8886. 45
1999	21259. 00	7653. 24	956. 66	3443. 96	9205. 14
2000	22216. 00	7997. 76	999. 72	3578. 98	9639. 54
2001	23944. 00	8428. 29	1264. 25	3792. 73	10458. 73

续上表

年 份	社会消费品零售总额	日用百货	五金交电	糖烟酒	其他
2002	26174.00	9213.25	1497.15	4145.96	11317.64
2003	29190.00	10274.88	1798.11	4623.68	12493.33
2004	33324.00	11730.05	2346.01	5278.52	13969.42
2005	57162.00	20121.02	4024.77	9054.46	23961.75
2006	65652.00	23109.51	4910.77	10399.28	27232.44
2007	75375.00	26532.02	5969.71	11939.41	30933.86
2008	87459.00	30785.57	7311.57	13853.51	35508.35
2009	102631.00	36126.12	8941.21	16256.73	41306.94
2010	117999.00	40119.66	10009.86	18053.85	49815.63
2011	141200.00	48008.01	13262.21	21603.62	58326.16
2012	154865.00	52654.10	15138.05	23694.35	63378.50
2013	175591.00	59700.82	17163.98	26865.42	71860.78
2014	189645.00	73383.22	21648.05	33022.45	61591.28
2015	241838.00	82224.92	24667.48	37661.21	97284.39

第二节 农用物资购销

1988 年，国务院作出对化肥、农药、农膜实行专营的决定。化肥、农药、农膜由县农业生产资料公司（以下简称“县农资公司”）和各基层供销社经营，种子由县种子公司经营，农业机械由县农机公司经营，其他部门、单位和个人一律不准经营上述商品。是年，采购计划外化肥 1.3 万吨，全县供应各种化肥约 3 万吨，农资生产供应总值 1156 万元。1989 年，国务院下达《关于完善化肥、农药、农膜专营办法的通知》规定，县农资公司和各基层供销社是农资专营的主渠道，其他任何单位和个人不得经营化肥、农药、农膜。是年，组织购进各种化肥 1.63 万吨。

1990 年，县内化肥经营市场较为混乱。10 月，县人民政府对化肥、农药、农膜实行专营发出通知，县联社召开化肥、农药、农膜专营工作会议，具体部署农资专营工作。实行专营后，粮食、油菜籽、烤烟、茶叶等专项挂钩化肥，继续实行凭票供应。申请安排扶贫专项贴息贷款 150 万元，分别由县供销社、农资公司、各基层供销社承贷承还，向贵州赤天化股份有限公司集资（贵州赤天化股份有限公司按每年集资 10 万元供应尿素 100 吨的方式，集资后连续供应 5 年），5 年内集资购进的化肥，主要用于扶持偏远贫困地区、少数民族聚居地区的贫困户发展粮食、烤烟生产。是年，完成农业生产资料销售总值 1700 万元，购进各种化肥 1.96 万吨，供应各种化肥 4.14 万吨。县农资公司开办庄稼医院，基层社设立科技咨询服务站，推广新农药。购进农膜 2.67 吨，销售 314 吨。1991 年，供应各种化肥 4.66 万吨。1992 年，销售农膜 122 吨。

1993年，县工商局、县供销社联合下发《关于整顿农业生产资料流通秩序的通知》，重申各级供销社和农资公司是化肥、农药、农膜经营的主渠道。县农业局自产化肥自销给农民，只有，在条件具备的地方，经县人民政府批准方可逐步推广农、工、商相结合的农业生产资料社会化服务，其他任何单位和个人不得经营化肥、农药、农膜。县供销社的化肥经营门市、供销分店实行“营业员证书”制度，一店一证，一店一照，店照相符，持照经营。县供销系统销售化肥35254吨、农药27吨、农膜81吨。

1994年，针对农资市场出现多头经营，倒买倒卖，随意提价的混乱状况，县人民政府下发《关于加强农业生产资料经营管理的通知》，成立县农业生产资料经营管理领导小组，开展农资市场管理和清理整顿工作，全县查处非法经营农资户33户。县供销系统销售化肥42115吨、农药20吨、农膜73吨。1995年，销售化肥47095吨、农药25吨、农膜112吨。1996年，全县13个基层供销社庄稼医院全部建齐，销售化肥23897吨、农药21吨、农膜77吨。

1997年，化肥经营继续以县农资公司和基层供销社为主渠道，县及县以下农业植保站、土肥站、农技推广站和化肥生产企业为辅助渠道，其他任何单位和个人一律不得经营化肥。毕节地区实行化肥经营“四证一单”的规定，即经营许可证、质量检验证、工业自销证、有偿转让证和全区统一化肥调拨单制度。县供销社出台《关于改进完善农资集团经营工作的意见》，从1997年8月起，硝铵全额纳入集团经营，普钙、碳铵、地产复合肥、农药、农膜等也逐步纳入集团经营，以提高市场占有率和抵御市场风险能力。

1998年，大方县按照国务院《关于深化流通体制改革的通知》，进行化肥流通体制改革，建立适应社会主义市场经济要求，在国家宏观控制下主要由市场配置资源的化肥流通体制，以促进化肥生产和流通。化肥流通管理由直接计划管理改为间接管理，取消化肥指令性计划和统配收购计划，由化肥生产单位和销售企业自主进行购销活动。化肥出厂价由政府定价改为政府指导价，供需双方根据淡季或旺季协商具体价格。放开化肥零售价，化肥调动不再统一使用毕节地区化肥调拨单。随着经济体制改革的不断深入，化肥经营随之放开，农资经营打破系统和行业界限，县农资公司、农机公司、种子公司和各基层供销社参与市场竞争。1998年后，随着个体经营户增多，县供销系统农药、农膜购销量逐年减少。

2002年，化肥市场放开，县供销系统、农资公司参与市场竞争，农户资金紧缺时，以农产品换化肥，或赊销等经营方式销售。到2005年，县供销系统仍占全县化肥市场60%的经营份额。2006—2012年，以农资公司为龙头，以村级综合服务站为依托，全县挂牌化肥经销点130个，开展送化肥下村寨活动。到供销社网点购买的化肥，发现有假冒伪劣产品的，实行“先行赔付”制度。有的基层供销社创办农资协会，采取职工入股等办法筹集资金购销化肥，吸纳部分个体户加盟经营，扩大化肥经营市场。有的由基层供销社组织货源，由村级服务站或村委会负责销售，畅通购销渠道。2009—2012年，每年销售农药2吨~3吨。2010年，全县供销社销售农膜4吨。2012年，销售农膜仅1吨。之后，农药、农膜销售量逐年回升，到2015年，化肥销售量达12.82万吨，农药销售量达到18吨，农膜销售量达到15吨。1999—2015年，农资、农机、种子3家公司和各基层供销社基本上以个人或集体承包形式经营农资为主，个体户参与农资经营为辅。

1992—2015 年大方县供销系统部分农用物资销售一览表

表—15-2-2-1 单位：吨、万元

年度＼项目	化肥		农药		农膜	
	数量	金额	数量	金额	数量	金额
1992	39246	3082			122	244
1993	35254	4583	27	54	81	162
1994	42115	5475	20	40	73	146
1995	47095	6122	25	50	112	224
1996	23897	3107	21	42	77	154
1997	25152	3270	12	24	40	80
1998	18170	2362	10	20	12	24
1999	19038	2475	4	8	21	42
2000	12298	1599	2	4	4	8
2001	10208	1327	3	6	3	6
2002	7330	953	4	8	3	6
2003	7198	936	25	50	6	12
2004	19323	2512	4	8	3	6
2005	8369	1088	25	50	14	28
2006	15859	2062	2	4	2	4
2007	15012	1952	4	8	4	8
2008	15008	1951	4	8	3	6
2009	15012	1952	3	6	4	8
2010	15027	1954	3	6	4	8
2011	25544	3321	3	6	3	6
2012	63149	8209	2	4	1	2
2013	91414	11884	8	16	7	14
2014	108045	14046	22	44	19	38
2015	128171	16653	18	36	15	30

第三节 粮油购销

一、粮油收购

1992 年，粮油收购取消合同定购制度，实行粮油购、销、调包干办法，不再执行省间“议转平”（议价转平价）大米调拨指令性计划和销区调入每公斤大米增加 3 分钱补贴的规定。销区所需大米，通过议价渠道调剂解决。国家定购和“议转平”的粮食差价款，以及中央转地方进口粮食的补贴款，由中央财政对地方财政实行总包干。油菜籽收购按标准等级收购，中等及以上按每50公斤50.4元收购，中等以下的不收购。一级菜油收购价为每50公斤155.8元，二级菜油收购价为每50公斤148.4元。1993年，贯彻执行国务院和贵州省关于加快粮食流通体制改革精神以及毕节地区粮油体制改革实施方案，粮油价格全面放开，制定中等大米50公斤50元、中等玉米50公斤35元的保护价。油菜籽、菜油收购基本停止。

粮价放开后，毕节地区核定县粮食定购数不变，价格随行就市，但不能低于保护价收购。1994年，上级强调各级政府必须进一步加强对粮食工作的领导，保证粮食供应和粮价稳定，粮食部门必须收购社会商品粮的70%～80%，为国家掌握必要的粮源，稳定粮食市场。1997年，农业税不再征收实物（公粮），粮食部门只收定购任务，完成任务后，市场收购按保护价执行。1998年，国务院颁布《粮食收购条例》，县人民政府发布相应政策。1998—2002年，粮食部门按保护价敞开收购农户余粮，实行定购价、保护价“二价合一”收购粮食。2003年，省政府决定全面放开粮食购销市场和价格，县粮食部门在市场竞争中逐渐被个体粮油经营户所取代。到2006年，国家免除农业税，粮食部门不再收公粮，转而收购国家和县级储备粮，收购粮食4000吨。2007年后，每年收购一定数量的新粮来轮换仓储陈粮。

二、粮油经营及供应

1992—2010年，粮油实行统购统销，按计划统一调拨，价格由国家规定，亏损由国家拨补。1993年后，粮油价格放开，粮油市场基本被个体户占领，粮食部门只经营政策性粮油，亏损由国家财政拨补。居民粮油供应走向市场化，居民购粮证和粮票自然停止使用。粮油价格放开后，地委、行署决定农村返销粮价格随行就市，由粮食部门组织粮源，配合民政部门安排救灾粮、返销粮、烤烟粮的供应。2000年，大方县被列为全省退耕还林还草试点县之一，第一轮退耕还林任务15万亩，每亩国家补助粮食150公斤，按稻谷、玉米各50%供应。2000—2003年，全县共兑现供应粮食3.12万吨。

三、储备粮

（一）国家储备粮

2006年，大方县争取到1万吨国家储备粮任务，其中，小麦5000吨，稻谷5000吨，由县粮食直属库具体负责。为保证储备粮推陈出新，国家储备粮管理总公司下达各年度储备粮轮换指标。2006年，轮换出库稻谷5000吨，入库小麦5000吨。2007年，轮换出、入库稻谷各2475吨。2008年，轮换出库稻谷2525吨，入库小麦2525吨。2009年，轮换出、入库稻谷各2401吨，轮换出、入库小麦各2000吨。2010年，轮换出、入库稻谷各2505吨，轮换出、入库小麦各2000吨。2011—2015年，每年按仓储陈粮的数量轮换。

（二）地方储备粮

地方储备粮为救灾用粮、军队用粮、移民供应和适时平抑县内市场粮价等政策性用粮。大方县地方储备粮食5000吨，其中，玉米4000吨，稻谷1000吨，分别储存在县内7个粮站，每年按国家储备粮管理办法进行管理，由县财政支付保管费、购粮费和轮换费。

第四节　服务业

一、旅馆业

20 世纪 90 年代前，县内旅馆业发展较慢，除商业局下属的饮食服务公司和 13 个区供销社有旅馆外，个体旅馆很少，全县旅馆只有 14 家。到 2000 年，旅馆发展到 49 家，从业人员 69 人，经营资金 24 万元。到 2010 年，发展到 80 家，从业 188 人，经营资金 1627 万元，其中，有宾馆 1 家，为个人独资企业，注册资金 1028 万元；有酒店 3 家，注册资金 419 万元。2011—2015 年，5 年间全县旅馆发展到 122 家，从业人员 610 人。县城新增 9 家商务酒店，床位 400 余张，基本能满足县内旅游业的需要。

二、餐饮业

1980—1990 年，县内只有餐馆 86 家，从业人员 98 人，经营资金 46 万元。1991—1996 年，增至 251 家，1996—2000 年增至 465 家，2001—2005 年增至 665 家，2006—2010 年增加到 855 家。2011—2015 年，发展到 1100 家，从业人员 5986 人，乡村农家乐有 51 家。

三、休闲娱乐业

1999 年，县内休闲娱乐业有 3 家。2006 年发展到 15 家，2010 年发展到 22 家，到 2015 年，发展到 49 家。休闲娱乐场所主要有游戏室、棋牌室、台球室、歌舞厅、酒吧、茶吧、影视城等。

四、修理业

1990—1997 年，县内修理业发展较快，以个人或家庭经营为主。行业涉及补鞋、补锅、补轮胎，修手表、自行车、家用电器等，一般不需要登记注册，修理人员遍布城乡，到工商管理部门登记注册的都是成规模的厂、站。1998 年，登记注册的只有 3 家。2005 年，登记注册的有 30 家，其中，汽车、摩托车修理占 40%。2010 年发展到 56 家，2015 年发展到 140 家。

五、物流业

2005—2015 年，县内物流企业有邮政、顺丰、申通、中通、圆通、韵达、黔运通达、天天快递等 31 家，物流企业运输车辆 70 台，投递服务人员 185 人。全县物流服务网络覆盖所有乡镇、街道，覆盖率达 100%，行政村覆盖率达 80%。到 2015 年，县内有电子商务物流配送农村淘宝服务站 47 家，货物交易数量 4. 21 万件，交易金额 409 万元。

六、家政及其他服务业

1990 年，经工商部门登记的其他服务业有 6 家，理发、洗浴、美容、保健、洗烫衣被、美发、租赁、中介、商务代理等服务。1991—2000 年发展到 12 家。2008 年，县内设立第一家商务服务有限公司，注册资金 50 万元，从业人员 8 人，2010 年发展到 45 家。2011 年以后，县境内开始出现专门从事家政服务的新型服务业，标志城市家庭事务进入社会化、职业化和市场化。到 2015 年，商务服务业发展到 107 家，家政服务公司发展到 7 家。

2006—2015年大方县注册服务行业一览表

表—15-2-4-1 单位：家

年份 \ 行业分类	旅馆	餐饮	娱乐	农家乐	修理	物流	中介	家政	洗车销售租赁	电商	其他
2006	62	706	15	5	42	4	1		4		24
2007	65	747	21	13	54	6	1		8		27
2008	67	773	22	14	55	12	3		15		28
2009	75	808	22	17	58	13	3		23		42
2010	80	855	22	18	56	16	5		28		45
2011	89	909	24	25	60	17	5		31		48
2012	91	842	24	29	67	22	7		34		53
2013	98	976	35	34	89	30	8	4	46		52
2014	122	1100	36	49	140	33	10	4	45	18	105
2015	122	1100	49	51	140	47	10	7	45	37	107

第十六篇
旅　游

第一章 旅游开发

第一节 概 况

大方县旅游开发起步于20世纪90年代，主要开发百里杜鹃景区和九洞天景区，由于受各种因素制约，旅游业处于低水平发展阶段，除百里杜鹃旅游区外，大部分旅游资源依然保持在“原生”状态，境内很多精、特、奇、绝的旅游资源未得到开发。21世纪初，全县以交通、水利为重点的基础设施建设、乡村建设、旅游服务接待设施建设逐渐加快，为旅游业发展提供必要条件。县委、县人民政府把旅游业作为经济社会发展的重要支柱产业来抓，提出“把文化作为提升旅游品位的内涵，把旅游作为彰显特色文化的载体”。2008年，县委、县人民政府下发《关于进一步加快旅游发展的意见》和《关于加快乡村旅游发展的意见》，明确规划布局、保障措施、优惠政策。坚持规划先行，有章可循，编制《大方县旅游发展规划（2008—2020）》和《大方县乡村旅游发展规划（2008—2020）》，之后又高标准编制《大方县旅游产业创新提升规划》和《大方县乡村旅游创新提升规划》。规划提出旅游业发展的总体目标是把大方县打造成为具有影响力的国际旅游综合目的地、国内著名生态旅游和民族文化体验性目的地、贵州西部休闲度假目的地，成为中国知名的古彝文化旅游中心；近期目标是加快旅游基础设施和重点景点建设步伐，初步建成三大旅游景区和一批精品旅游线路；中期目标是创建全国最佳旅游区和著名休闲度假旅游目的地，基本树立起国内外有影响的品牌和形象，把大方建成全国优秀旅游城市，把旅游业培育成大方县重要支柱产业；远期目标是全面提升地方旅游的国际化水平和可持续发展能力，建成更加有市场吸引力的特殊旅游产品体系，更加有活力的管理体制和运行机制，实现旅游业产业化、多样化、国际化发展，把大方县旅游区建成风光优美、环境一流、设施配套、服务优良的国际国内旅游目的地、全国重要生态旅游、观光度假、文化休闲胜地，基本实现旅游资源大县向旅游强县转变。

按照“先规划，后发展”的原则，相继编制《油杉河景区规划》《慕俄格古彝文化旅游景区总体规划》《支嘎阿鲁湖彝族风情园景区基础设施项目可行性研究报告》，编制将军山、梯子岩等地红色旅游专项规划，编制《大方县乡村旅游基础设施建设可行性研究报告》，同步编制羊场镇穿岩村、大方镇对江村、兴隆—八堡六寨苗族村寨、核桃乡木寨村、三元乡撮坝村等20多个乡村旅游发展规划或可行性研究报告。初步形成全县旅游发展总体规划、专项规划和景区项目建设可行性研究报告相结合的旅游规划体系，为旅游业发展奠定基础。

2005—2015年，县财政投入2亿多元建设奢香博物馆、斗姥阁、顺德彝族风情街、贵州宣慰府；投入3000多万元建成马场至九洞天旅游公路、2000多万元建成鸡场松林至六圭河旅游公路、8000多万元建成油杉河景区旅游公路；投入800万元修建羊场坝中国航空历史文化旅游区游客接待中心；投入2亿多元新建杜鹃大道、迎宾大道、云龙大道、平安大道；投入9000多万元建成奢香公园、和谐广场、杜鹃广场；投入1.6亿元维修改造奢香大道等30多条大街小巷、400多万元美化亮化大方99口水井、5000多万元恢复重建斗姥阁、莲花塘、1500万元提升改造奢香博物馆。

“十二五”规划时期，引进云南十四冶建设集团、贵州石中玉集团、福建泷澄集团对慕俄格景区4.56平方千米规划范围内进行分期投资开发。2012年，大方县与新西兰普鲁斯马特公司签订油杉河景区崔苏坝生态牧场开发协议。引进贵州水西源开发公司投资开发羊场坝中国航空历史文化旅游区。引进贵州术汇生态农业开发有限公司在凤山乡马干山牧垦场投资开发大方奢香花谷生态文化产业园区项目，投资3亿元建成景区樱花大道、昌海路、拥军路和术汇大道，建成休闲度假小别墅、生态观光大棚、科技植物园，完善旅游配套设施，2015年年底，项目因故停产。引进贵州沐之春建设工程有限公司投资开发核桃乡木寨白族村寨旅游项目。

2008—2015年，一批景区景点在国内外成为具有影响力的旅游目的地。2012年，慕俄格古彝文化旅游景区被评为国家AAA级旅游景区，2013年被评为“全国影视指定拍摄基地”。2013年，百里杜鹃景区被评为国家AAAAA级旅游景区，油杉河景区被评为国家AAA级旅游景区和“中国最美休闲旅游目的地”，油杉河大峡谷被评为国家级森林公园，大方县获“中国最美县贵州十佳”称号。

2005年，接待游客12万人次，旅游综合收入400万元；2010年，接待游客134.2万人次，旅游综合收入12.03亿元。2011年，接待游客193万人次，旅游综合收入21.5亿元。2015年，接待游客513.5万人次，旅游综合收入45.19亿元。

2011—2015年，接待游客年均增长20%，旅游综合收入年均增长19.5%。

2005—2015年大方县旅游收入一览表

表—16-1-1-1　　单位：万人次、亿元

年　度	旅游人次	旅游收入
2005	12.00	0.04
2006	37.00	0.11
2007	79.34	0.24
2008	100.00	4.18
2009	120.00	9.00
2010	134.20	12.03
2011	193.00	21.50
2012	262.70	22.33
2013	324.60	29.21
2014	415.20	36.54
2015	513.50	45.19

第二节　百里杜鹃普底景区

一、景区特色

大方普底景区处于百里杜鹃景区中心地带，景区宽1千米~5千米，绵延50余千米，总面积

125.8 平方千米，是地球上最大的原始杜鹃林带，分布有杜鹃花 60 多种，有树龄近千年的“杜鹃花王”，伟岸挺拔，花开季节，繁花万朵，独树成春，是地球上发现的最大杜鹃花树。景区不仅是花的海洋，还是参天古树云集、山水林洞辉映、珍禽异兽栖息的森林。每年暮春时节，杜鹃花次第开放，五彩缤纷，铺山盖岭，千姿百态，享有“地球彩带、杜鹃王国、养身福地、清凉世界”之美誉。是国家自然保护区、国家生态旅游示范区、“亚洲·大中华区”十大自然资源生态旅游景区，被誉为“世界上最大的天然花园”。

百里杜鹃普底景区杜鹃花（2014 年 3 月摄）

2011 年，百里杜鹃景区被评为“毕节市十佳旅游景区”；2013 年，被贵州省扶贫办命名为“全省第一批宣传旅游扶贫示范点”（全省 20 个，毕节仅 1 个），全国旅游景区质量等级评定委员会评定为“国家 AAAAA 级旅游景区”，国际文化旅游促进会、中国生态旅游发展协会、中国旅游品牌协会、中国旅游经济网联合授予“中国最美休闲度假旅游目的地”称号。2014 年，创建为“国家生态旅游示范区”，省林业厅、省教育厅、共青团省委批准为“全省生态文明教育基地”，评为“贵州省生态旅游度假区”“贵州省体育训练基地”。2015 年，被评为毕节市“优秀旅游景区”、毕节市“文艺创作基地”和“西部九省区最美观景拍摄点”。

二、主要景点

（一）百里杜鹃湖

百里杜鹃湖原名“移山水库”，位于百里杜鹃景区西南面西溪河源头，始建于 1965 年 11 月，建成于 1979 年 4 月，总库容 520 万立方米，湖面面积 450 亩。湖中有三个小岛，长满杜鹃、木姜、野菊等，林木葱葱，湖水清澈如镜，宛如镶嵌在群山中的碧玉。百里杜鹃湖既是风景秀丽的旅游景点，也是西溪河下游农田灌溉的主要水源，设计灌溉面积 1.9 万亩，有效灌溉面积 1.1 万亩。

（二）五彩路

五彩路原名“五岔路”，杜鹃花鲜艳美丽，五彩缤纷，身在其中如临仙境。道路按“金木水火土”五方开道，而且道道相通，难于辨认。盛花季节，山路上落英缤纷，如同云彩，故名“五岔路”又称“五彩路”。五彩路是杜鹃花品种比较集中、齐全的景点，红的有大红、深红、亮红、水红、肉红、粉红，白的有银白、黄白、紫白、灰白、绿白，紫的有深紫、淡紫、红紫、深红紫、蔷薇色、玫瑰色，黄的有乳黄、鹅黄、浅黄、绿黄、棕黄等。有团花杜鹃、露珠杜鹃、迷人杜鹃、皱皮杜鹃、锦绣杜鹃等品种。

（三）云台岭

每逢下牛毛细雨，云台岭上的杜鹃花烟笼云绕，若隐若现，状若云台，有朦胧之美，故称“云台岭”。登顶云台岭，可见对面半山腰有一串圆圆的白色石壁，石壁呈圆形，排列整齐。当地清代诗人杨荫桐称之为“一串朝珠”，并赋诗：“岚腰石齿淡如烟，疑是宝珠一带牵。蔚起文人多玉润，由来岩岫尽珠圆。”

（四）数花峰

数花峰为普底景区最高峰。登临峰顶可一览众小山，数一数有多少座花峰，有多少杜鹃。眺望远处花山连绵不断，此起彼伏。数花峰上，粉团杜鹃银装素裹，近观像白鹤戏水，远望如云海翻腾；马缨杜鹃花红似火，分外热烈，花团锦簇；迷人杜鹃色彩缤纷，璀璨绚丽。

（五）奢香岭

奢香岭是为纪念和颂扬奢香功绩而取的山名。奢香彝名舍兹，系四川古蔺永宁宣抚司、彝族恒部扯勒奢氏之女，从小读书习武，会织布绣花，能歌善舞，善骑射。相传明洪武九年（1376 年），奢香与霭翠在此处相识相爱结婚，明洪武十四年（1381 年），奢香的丈夫霭翠病逝，因儿子年幼，奢香摄政贵州宣慰使，治理农耕，理政经商，筑路修桥，修通内地与西南边陲交通，促进水西社会经济文化发展。

（六）醉九牛

醉九牛来源于一个传说，相传水西宣慰使奢香夫人为维护中央政权，赴京觐见朱元璋，贡品中有 9 头水西壮牛。当 9 头牛走到美丽的杜鹃花海后就不肯走了，被色彩艳丽的杜鹃花迷住，醉倒在花林中。奢香禀告朱元璋后，朱元璋将那里称为醉九牛。时过境迁，九牛化成石牛，凝固在万花丛中。

（七）黄家坝阻击战纪念碑和红军广场

黄家坝阻击战纪念碑和红军广场位于普底黄坪十里杜鹃腹地。1936 年年初，中国工农红军二军团、六军团进军黔西北，创建黔大毕革命根据地，国民党反动派以数倍兵力围剿红军，妄图把新生的红色政权消灭在川滇黔边境。敌部郝梦龄率五十四师、新八师从黔西煤洞场（今金坡）方向北进，图谋攻打毕节红军总指挥部。2 月 18 日晨，二军团六师接总指挥部电令后，从大定（今大方）公鸡山（今凤山）向革左田坝（今鹏程）行进。傍晚到达梁子街后，部队兵分三路，一路正面佯攻，另两路绕道攻打敌人侧面。战斗首先在箐脚打响，岩上的红军分别从屯口、岩丫口、箐门口三处，攻破敌人第一道防线。战斗最激烈的是跑马坝（普底街南段），红军分兵包抄敌军阵地，战斗持续到半夜。国民党兵败退到刺楸树后赶修工事防守，红军乘胜追杀，在刺楸树一带与敌人展开肉搏战，连破敌军二、三道防线。完成阻击任务后，红军迅速撤离。黄家坝阻击战打破敌人的部署，为将军山战役的胜利赢得时间，确保红二、红六军团和中华苏维埃人民共和国川滇黔省革命委员会机关顺利向毕节转移。

为缅怀当年浴血奋战的革命先烈和红军，追忆红军和各族人民的感人故事，1985 年，县人民政府在数花峰半山腰竖立黄家坝阻击战纪念碑。1986 年 4 月，诗人黄中修回到故里，感慨赋诗：“五十年前立战功，工农子弟逞英雄。长征烈士流血处，培育杜鹃分外红。”2011 年，百里杜鹃管理委员会重新修建黄家坝阻击战纪念碑和红军广场。

（八）百里杜鹃大草原

百里杜鹃大草原原名“方家坪”，海拔1780米～1992米，为南北走向呈带状分布，南北长约4.5千米，东西宽1.8千米。核心草地面积约10万亩，中间地势平阔，四周陡峻。大草原散布着30多个大小不同的孤峰、山峦、天坑。在景区高原上，全是碧绿的草甸。大草原上年均气温11.48℃，气候凉爽湿润，空气清新，适宜避暑疗养。日出、晚霞、皓月、云雾、冰雪等天象景观绚丽多彩。大草原紫外线强度低，空气负离子含量每立方厘米超过6.9万个，远远高于常规地区，适宜游人清心洗肺、消夏避暑，是得天独厚的“天然大氧吧”。

由于受高海拔气候和风力的影响，草原上的植物多为高山矮化杜鹃、原生灌木、苔藓、蕨类、牧草。无数造型奇特的山峦、神秘的天坑，给大草原增添了迷人的景观。大草原上，少数民族风情浓郁，游客可以与彝族、苗族姑娘小伙对歌，手拉手舞蹈，尽享快乐。

百里杜鹃大草原是古代彝族先民开展大祭祀、游乐、狩猎、斗牛、斗鸡等各种竞技的地方。明初彝族女政治家奢香曾在此操练兵马、狩猎，故又名“奢香军营山地公园”。2010年，大型电视剧《奢香夫人》部分外景在此拍摄。

三、民族节庆

百里杜鹃景区内主要居住有彝族、苗族、白族、满族、布依族、仡佬族等少数民族，民族风情浓郁。彝族的火把节、插花节、祭花神、彝族年，苗族的跳花节，满族的颁金节、赛马节，布依族的对歌节等传统节日，别具一格。

火把节：彝族火把节在每年农历六月二十四日进行，节日晚上彝族群众点燃火把，在村寨周围和田边地角游行，边游边歌边舞，举行“驱虫”活动，祈天祭祖，遍山灯火，欢声四溢，场面热烈壮观。

插花节：彝族传统节日，每年农历二月初八，彝族群众把从山中采回的马缨花等鲜花，插在房门、农具等地方及一些神位上。人们身着节日盛装欢聚一起唱歌跳舞，举行祭花活动，并且互相插戴马缨花，表示美好祝愿，祈祷风调雨顺、人寿年丰。

祭花神：杜鹃花又叫索玛花，是彝族祖先“索玛蔚”的美丽化身。每年花节，彝族同胞杀猪宰羊、歃血饮酒，载歌载舞，鼓号齐鸣，燃放烟火举行祭祀仪式，祈求花神保佑风调雨顺，国泰民安。祭花神仪式包括祭师念祭花经和大吉经、点圣火、请花神、敬贡、毕摩大祭、宣读祭文、唱花神、跳花神、送花神、鼓锣齐鸣等。

彝族年：古时候，彝族奉行“太阳历”独特历法，以傍晚时分北斗星“斗柄”的指向来确定时令。北斗星“斗柄”指下为大寒，指上为大暑，太阳历以此为依据，将一年划分为10个月，每个月36天，合计360天，留出五六天时间作为过年的日子，此历法称“十月太阳历”。彝族民间流行的彝年节，即依据彝族太阳历法确定。彝年节是彝族人举行溯源祭祖圣礼的节日，主要有“吃团圆饭”“喝转转酒”等习俗。

跳花节：是苗族同胞最热闹的传统节日，青年男女盛装聚集“花坡场”，谈情说爱，载歌载舞，举行“夺花”比赛、斗牛比赛、斗鸡比赛等，场面热闹。

四、开发建设

20世纪90年代，对百里杜鹃普底景区着重进行保护，根据财力进行简单的初级开发。2007年，百里杜鹃风景名胜管理区成立，属毕节地区行署派出的正处级机构，负责景区保护、开发和管理。百里杜鹃风景名胜管理区按照全季节打造全景式、全社会、全产业、全方位、全区域、全域旅游的“六全+”模式，不断构建“春观花、夏避暑、秋休闲、冬康养”全域旅游新格局，实现从“美丽环境”到“美丽经济”的嬗变。

春观花：提级普底、金坡两大核心杜鹃花景区和樱花、木兰、梅花专类园，开发戛木、仁和等景区，规模培植紫薇花、玫瑰花等花卉，使“花花世界”“全时赏花”成为常态。

夏避暑：利用“19℃的夏天”生态品牌，推出避暑季活动，量身打造水上漂流、湖上垂钓、低空游览、溶洞探险、农业观光等休闲型、体验式生态度假产品，吸引游客到奢香军营山地公园、彝山花谷景区消夏避暑、休闲度假。

秋休闲：举办乡村旅游文化节、国际象棋邀请赛和风筝节等赛事及篝火晚会等民俗节庆活动，形成“白天旅游体验、晚上夜景民俗”的秋季旅游格局。

冬康养：依托钻探出的2个优质温泉，培育温泉经济，通过招商引资、政企合作等方式，开发温泉度假旅游区；高标准、高品位打造初水花源休闲养生区、鹏程国际旅游地产等项目。

2007—2015年，累计投入资金40余亿元，完成核心景区基础设施提级改造，完成景点提级29处，新建改建旅游步道50余千米；建成生态停车场、备用停车场10个28万平方米，能容纳1.5万辆车同时停泊；完成出口匝机增设，新增检票口12个、指挥中心监控系统、停车场、观光车调度系统，游客旅游体验便捷度、满意度全面提升；推动旅游公厕创A行动，新建旅游公厕8所、改扩建20所；建成有“亚洲第一木结构建筑”之称的百里杜鹃展览馆，提级改造索玛花园酒店、水西博驿度假酒店、黔宜酒店等一批四星级酒店，扶持打造园中缘、渔满园等一批特色农家乐旅馆。景区接待酒店、农家乐（旅馆）达300余家，共计2000多张床位、7000余个餐位，景区承载力得到提升。

第三节　慕俄格古彝文化旅游景区

一、景区特色

慕俄格古彝文化旅游景区位于县城北郊，由慕俄格古城、贵州宣慰府、奢香墓、奢香博物馆、斗姥阁等景点组成，几个景点均在原古代文化遗址或旧址上建成，为新开发的文化旅游区，是中国古彝文化交流和研究基地、中国独具特色影视拍摄基地和旅游休闲避暑目的地，大型电视连续剧《奢香夫人》拍摄基地。慕俄格古城—毕节大方古彝文化产业园，是国家重点建设项目、第六批国家级文化产业示范基地、贵州省“十三五”规划重大项目、贵州省十大文化产业园、“六个一批”文化产业重点项目、第二批贵州省省级现代服务业集聚区试点单位。慕俄格古城景区为国家AAAA级景区，全国影视拍摄基地。2013—2015年，连续三年被评为贵州省“5个100”优秀景区，被水利部评为“大方奢香九驿水利风景区”“贵州省旅游体制改革试点景区”“毕节市十佳景区”“2015年全国优选旅游项目”“全国旅游价格信得过景区”和“2015年毕节市文明旅游景区”。古城恢复重建规划面积从4.56平方千米调整至10平方千米。景区以贵州宣慰府为中心，集旅游、休闲、度假、避暑、影视拍摄、旅游商品和房地产开发为一体。

二、主要景点

（一）慕俄格古城

慕俄格古城是古罗甸王国的首府。蜀汉建兴三年（225年），彝族君长济火妥阿哲封王之后，从罢底妥太（今威宁草海附近）东迁，首居陇更（今毕节市七星关区），随后迁入白乍戈（今大方），在城北郊珠乍贝（云龙山）下的雾笼坡头始建慕俄格城堡。原建筑面积占地约数十亩，旧有巨石城垣，设有东西南北四大门。南大门前是人工开筑的水塘，供家丁骑士洗马，故名“洗马塘”；北大门前是人工开筑的灵塘，水面约50亩，叫罗氏灵塘，后称为螺蛳塘。《西南彝志》称“慕俄珠乍贝，其下有宽广的庭院，木刻竹简，多如柴堆”指的是慕俄格城堡，根据四周小地名考证，城堡还有8个军营遗迹。

罗甸国作为一个地方君长王国，从蜀汉至唐朝一直受封于中央王朝，与朝廷保持着松散的羁縻关系。唐朝时期，修建宏伟的九重宫殿。宋朝时改封为罗施鬼国。元朝时期，被中央王朝设置为八番顺元路沿边宣慰司。明洪武四年（1371年）设贵州宣抚司，以霭翠为宣抚使。次年，升贵州宣抚司为贵州宣慰司，令霭翠位居各宣慰之上。明天启四年（1624年），贵州巡抚王三善率军征讨奢崇明、安邦彦起义军，进军大方，因难以抵挡起义军的反击，撤军时纵火“尽焚庐舍而东”，整个慕俄格古城和罗甸王府（贵州宣慰府）毁于兵燹。慕俄格城堡内建筑，虽已久圮，但在修葺奢香墓时，发现大片碳层和残砖碎瓦，并在南大门处出土石虎和坐兽。

2014年10月，慕俄格西城门建成对外开放，建筑风格为仿古建筑，以彝族文化元素符号为主，精心设计建造。西城楼片区由顺德广场、西城门楼、顺德台等旅游景点和商业区组成。建筑群以彝族文化元素符号为主进行精心设计，全为仿古建筑。顺德广场建筑面积7000平方米，城墙长138米、宽11.3米、高23.1米。西城门主楼四层，副楼二层，高大雄伟，各层内设有书画室、娱乐室、展厅、办公室、公厕等。顺德台占地面积498.78平方米，内设置十二生肖石雕和圆柱体彝族图腾浮雕，圆柱高6.6米、直径0.9米，顶端图形为三面神兽。商业区占地面积4万平方米，建筑面积2.78万平方米，有展示中心楼16幢1153.9平方米。1幢～6幢楼为商业街，建筑面积7317.15平方米，设有餐饮、小吃、休闲室、工艺品展销室；7幢为慕俄格大酒店，为四层大楼，设有餐饮包房、宴会厅、棋牌室、多功能会议室，客房标间70间、单间18间、套房4间；8幢为酒店附属设施，建筑面积1827.46平方米；9幢～16幢为四合院，建筑面积3363.84平方米。景区内配套道路、绿化环境、旅游公厕等设施，是一个集观赏、餐饮、休闲、游玩及展示大方特色产品为一体的旅游景区。

（二）贵州宣慰府

2008年恢复重建的贵州宣慰府位于县城北郊云龙山下螺蛳塘畔，背靠树木苍郁的云龙山，面临碧波荡漾的螺蛳塘，坐东北向西南，依据史书记载的蜀汉罗甸王府“一场八院九层”建筑规模和风格设计建设。工程占地面积137亩，总投资1.2亿元，总建筑面积7969平方米，包括1个广场、25幢单体建筑构成的8个四合院落，即“一场八院九重”，九重八院分级跃上，梯级递进，采用中轴对称的布局，梯山而上每层高差为1.5米，层层递进的月亮门，将九重八院有机相连。平面俯瞰两头小、中间大，如同虎头的抽象造型；从正面看去，有如龙腾珠乍之势；从背面俯视，酷似虎跃渌水之威。寓意龙腾虎跃。

九层衙门沿中轴线往上次第排列9间大殿，8个院落。九殿正堂门厅面宽36米，9开间，进深9米，前后廊道，单层重檐顶，龙吻虎脊。三开大门中间分两侧卷，与彝族礼制吻合。二至七殿面宽均为36米，9开间，单檐歇山顶，龙吻虎脊。正堂后的八层为正殿，其左右都有月门通道。前二层至五层，每层递进高度2.5米，到第六层因顺应地势只有1.5米。八殿是形制最高的王殿，面宽为36米，9开间，两层为3米高的基座，有虎头望柱、栏杆、回廊，且重楼重檐歇山顶，龙吻虎脊，建筑面积共5156平方米。八院即从第二殿开始的8个四合院落，8个院落建有东西配庑16间，面宽均为20米，5开间，进深均为7米，悬山顶，正面廊道，建筑面积共2916平方米。附属建筑包括步行街、螺蛳塘及弧形拱桥，布局得体，构思精巧，规模宏大，气势雄伟。

所有建筑装饰造型均有一定的讲究和寓意，按虎型布局。额枋造型为牛角斗拱，上刻龙纹图，斜撑上有“虎跃鹿奔”等半圆雕；坎窗上的窗棂为几何图形镶框的“龙腾虎跃”穿花图文。水西彝族崇龙尚虎，自称“老鲁波”，意为“龙虎之帮”，所有图案图形，均体现“龙虎文化”特色。

九层衙门共有九殿。第一殿为正殿，建筑面积378平方米，为正堂门厅及王府护卫部，是首席摩魁更苴主持迎宾及检阅兵马时的议事场所，府前的楹联用彝文书写意为“诸葛孔明拜济火罗甸王，大明皇帝封霭翠宣慰使”。第二殿，彝语音译“恩奥栋谷”，意为吏部，建筑面积336平方米，是负责官员的挑选、考察、任免、升降、封勋等事务的地方。第三殿，彝语音译“菲柯栋谷”，意为刑部，建筑面积336平方米，功能为掌管执法事务。第四殿，彝语音译“够葛栋谷”，意为工部，建筑面积336平方米，主要掌管水利、屯田、交通、建设。第五殿，彝语音译“拜项栋谷”，意为户部，建筑面积294平方米，掌管户籍、货币、赋税和财政。为遇外敌入侵时，能够及时把物资撤离到安全地方，故此殿设立在中央部位。第六殿，彝语音译“姥骂栋谷”，意为兵部，建筑面积394平方米，为士兵操练、军械制造保管、军令发布的地方。第七殿，彝语音译“更滋栋谷”，意为门下省，是历代君王接见外来使节和外来贵宾的议事场所。第八殿，彝语音译“吉略栋谷”，意为王殿，建筑面积975平方米，第一层是历代彝族君王接见十二宗亲和四十八部首领的地方，第二层是奢香及其儿子陇弟的居室。第九殿，彝语音译“布摩栋谷”，意为礼部，是文化演出场所和供奉彝族祖先的地方。

（三）顺德彝族风情街

顺德彝族风情街是慕俄格古城的重要组成部分。“顺德”二字源于奢香谥号“顺德夫人”。顺德路全长约2千米，两侧恢复重建的民居建筑群均采用彝族传统建筑风格。各家各户大门门楣上刻有日月鸟兽等图案，封檐板刻有锯齿形和简单的图案；屋脊中部及两端有起翘、起拱；山墙的悬鱼、屋檐的挑拱、垂花柱、屋内的梁枋、拱架等刻有牛羊头、鸟兽、花草等线脚装饰和连续图案浮雕；室内锅庄石上及石础、石门槛上雕刻怪兽神鸟、卷草花木等彝族传统图案；门窗隔扇及室内木隔花纹、小花格窗等极富建筑装饰效果。顺德路有银门、金门、铜门3座牌楼式大门。银门、铜门分别位于顺德路南北两端入口处，金门位于顺德路中段奢香故里碑前。3座牌楼大门庄严、雄伟、气宇恢宏，大门正面均用汉文雕刻着两幅红色楹联，背面则是与正面同义的彝文楹联。南端入口的银门内联为“彝汉相亲养民息兵尊北阙，农桑并重勤政兴学固南疆”；边联为“千年府邸罹兵燹，万代宏基应运开”。中段的金门内联为“世事沧桑日照雨龙留胜迹，雄心激越云腾天马看今朝”；边联为“大江东去尽将心语传明月，鸿雁南回同伴昏朝到水西”。北端入口的铜门内联为“顺心顺德本期众庶皆富足，聚宝聚财共盼黔中大繁荣”；边联为“于滇为咽喉道辟九驿通万里，于蜀为门户鸡鸣三省唱春秋”。

过了铜门，经500余米步行街，便到达贵州宣慰府景点。

（四）奢香墓

奢香逝世后的600多年间，其墓葬几经损毁修复。清康熙三年（1664年），平西王吴三桂率兵剿水西时，毁于兵燹。清道光十三年（1833年），奢香后裔安淦辛以奢香代夫袭职，开通九驿，以“勋垂竹帛，在国为功臣；守励冰霜，于家为节妇”为由，禀文大定府请予修葺顺德夫人祠墓。当时大定府即予立案，后由大定知府王绪昆于道光十八年（1838年）主持修复，为围石封土，另立面碑和墓志碑，立“奢香夫人故里”石标于墓侧卧路旁。建好后，日久年湮，濒于毁废。1960年，国家对奢香的历史功绩作出评价和肯定，对奢香墓进行初步维修。1964年，奢香墓被列为贵州省级文物保护单位。1985年，中央和省、地、县各级政府先后拨款修葺奢香墓。1988年1月，国务院公布奢香墓为全国重点文物保护单位。

奢香墓址原是罗甸王国城堡所在地。修葺后的奢香墓在规模和结构上恢复了原貌，位于县城北洗马塘畔，占地面积2万平方米。墓地四周为仿古围墙环护，内有水池亭榭、石栏小桥、花树草坪，构成可供游憩欣赏的幽雅环境。墓葬围石封土，高4.5米，直径6米，圆围18.84米，采用须弥座式，分9盘围石安砌，每盘用36块精料白石，为9的4倍；第六圆围是9板9柱高浮雕，柱上是虎头纹构成的图案花纹，板上为9龙9虎变形图；第九圆围为瓦筒，72瓦当虎面浮雕组成。墓前依地形筑砌两道堡坎，勒石筑平台，各高1.5米；第一平台长46.8米，中为9米宽的9级踏云梦山，踏垛左右为120×60厘米栏板立柱浮雕各3块，平台左右为36块120×80厘米白石双面虎头纹图案的浮雕栏板和38根120×30厘米白石虎头圆雕的立柱镶嵌而成；第二平台长23.4米，中仍为9级踏垛，左右各安栏板3块，立柱3根，左右平台仍镶嵌栏板18板块，立柱20根。第一平台中轴线上立墓碑1块，高3.6米，宽1.45米，碑面刻彝、汉文合璧的“明顺德夫人摄贵州宣慰使奢香墓”各14字，背面刻《奢香夫人赞》五言诗，共248字。第一平台前，左右为石狮1对，各高2.6米，平台前的神道宽7米，长70米，立有华表1对，全高6.4米，华表下各为120×80厘米的白石浮雕护础立柱栏板16块16柱，华表上为云鹤高浮雕，顶为坐兽。

（五）奢香博物馆

奢香博物馆位于县城北0.5千米处，坐东向西，依山傍水。1993年5月1日奠基并动工兴建，于1994年4月16日竣工落成并正式对外开放，2009—2011年进行提升改造。奢香博物馆是西南地区第一个以民族历史人物为名的博物馆，是一座具有彝族传统建筑艺术风格、形式别具一格的仿古建筑。全部建筑依东高西低的地势而赋形营建，次第而上修建门厅、中堂、后楼、新馆主楼、两厢廊房和新馆厢房，形成四级三院的跃式格局。整个布局结构紧凑，疏密有致，楼台重叠，飞檐交错，巍峨雄浑，气势奇伟。整个房屋建筑均是白石堡坎，青砖墙面，青瓦屋顶，红漆廊柱、雕花门窗、牛角斗拱；歇山式的屋脊呈火焰升腾之形，两端旬挑现蛟龙翘首之状；坎肩式排列的半门半窗配有精美的木雕，窗上雕刻的鹿、鹤、雁等图案，刀法流畅，古朴劲健，形态逼真。在奢香博物馆正门中轴线的草坪上，屹立着奢香夫人青铜塑像，塑像气宇轩昂，英姿飒爽，像高2.8米，座高2.2米，通高5米。塑像出自刘万琪之手。1996年，为纪念奢香夫人逝世600周年时所塑。

奢香博物馆为园林式公园，东、南、北三面围墙内广植松柏、木樨、银杏等乔木。天井里、通道旁培植迎春、碧桃、玉兰、杜鹃、睡莲、芙蓉、金菊、腊梅等花卉。

奢香博物馆展厅、陈列厅面积2800平方米，以“彝族珍粹”“人民智慧”两部分为基本陈列，设奢香夫人专题馆、彝族历史文化综合馆和古彝圣地展3个基本陈列馆，包括4个展区：第一展区在原建老馆，为奢香专题馆，分别为少年奢香、助夫佐政、摄政为民、综合展示；第二、三、四展区在提升扩建的正厅和两侧厢房，其中，二展区（正厅）为彝族源流、文化殿堂、民族风情，三展区为古彝圣地展新篇，四展区为临时展区，主要展示聚居在贵州西北，以大方为政治、经济、文化中心的古代水西彝族历史文化的辉煌，收藏大量彝文古籍、彝族社会传统文化、艺术、风俗等物品，尤以彝文古籍、彝文碑刻和金石文物集中反映彝族传统文化的精华。馆内还以大量的出土文物、文献和图片资料，介绍彝族别具特色的以十月太阳历为基础的天文历法；展示彝族植根于崇龙尚虎为民族自我意识而形成的民俗风情和文化艺术，以及美丽富饶、粗犷简朴的彝族山寨景色。专馆陈列有关记载奢香夫人历史功绩的史志文献和近、现代研究、评介奢香夫人的各种资料。馆内还陈列有“中国漆器之乡”大方漆器工艺品和“中国民间绘画画乡”农民画作品。

在奢香博物馆东北面，建有民族文物微缩景观和保护性建筑，有水西大渡河桥、集安营址、甘棠古道。水西大渡河桥是省级文物保护单位，原桥建于明万历二十年（1592 年），位于鸡场乡新街村马家坡，是龙场九驿之奢香驿的主要通道，修筑洪家渡水电站被水淹没，2011 年县文物管理局按原样1∶4的比例修建。集安营遗址为县级文物保护单位，是明代奢香摄政时期，宣慰水西十二宗亲慕胯土目依山就势建造的屯兵营寨，后改为集安营。2001 年，将集安营门及部分墙体迁建于奢香博物馆，集安营内建有钟楼 1 座，是著名彝族金铭文物明成化钟的“宝座”。明成化钟是奢香博物馆镇馆之宝，此铜钟为明成化二十一年（1485 年）贵州宣慰使安贵荣所铸，故称“明成化钟”，钟为铜锡银合金，器型流畅精美，铭文清晰规范，图饰沉雄古朴，铸有彝文 128 字，是中国目前最早的彝族金铭文物，钟楼挂钟为明成化钟复制品，原钟陈列于奢香博物馆正厅。甘棠古道位于黄泥塘镇甘棠村西南 3 千米处，建于明代，青石铺墁，仅存古道长约 2 千米，宽 1 米 ~2 米，南与西河古道相接。驿道上残存有李太英伯母节孝坊，石刻工艺精湛，建于 1918 年，占地面积 10 平方米，原牌坊为三门四柱，20 世纪 60 年代至 70 年代期间遭破坏，仅存一门四柱，门宽 1.27 米，门高 2.3 米，通高 5.8 米。2013 年 5 月，甘棠古道及李太英伯母节孝坊和龙场九驿之阁雅驿道同时被评为第七批“全国重点文物保护单位”。古驿道景观是省级文物保护单位千岁衢的一段，修筑洪家渡电站时被淹没，于 2001 年将驿道原梯石迁建于奢香博物馆，驿道石梯上深浅不同的马蹄印迹，见证了劳动人民人背马驮的历史沧桑。

奢香博物馆 1997 年被贵州省委、省政府命名为“贵州省爱国主义教育基地”。2006 年，被国家民委命名为“全国民族团结进步教育基地”。2007 年，获人事部、国家文物局联合表彰为“全国先进文物集体”，连续 6 年获得全省博物馆考核优秀等级。2009 年，被中宣部、文化部、国家文物局公布为第二批全国免费开放博物馆、纪念馆，为国家三级博物馆。1994—2015 年，奢香博物馆先后接待党和国家领导人胡锦涛、温家宝、俞正声、刘云山、栗战书、汪洋、赵乐际、萧克、钱伟长、李锡铭、费孝通、孙春兰、王兆国、卢嘉锡、蒋正华、桑国卫、陈竺、杜青林、万钢、马飚、王钦敏等，其中一些领导人留下了珍贵的墨宝；先后接待云南、贵州、四川及国内外彝学专家学者 3300 多人次；承接大型电视连续剧《奢香夫人》《南诏王》《一代人师严修》等摄制，以及中央、省、市、县新闻及相关单位的专题片、旅游片等摄制近百次；累计接待旅游观光、考察采风、学术交流等团队 1920 个，接待中外游客 220 多万人次。

（六）斗姥阁

斗姥阁原建筑为清末在紫薇垣遗址上修建。原址内有古银杏、庆云楼、斗姥阁、百子崖，有终年不断的清泉，经百年变迁，原建筑逐渐损毁颓废。2011 年 11 月，按照老年人的回忆和留下的旧建筑照片，县人民政府在建筑群遗址上恢复重建，2013 年竣工开放。

斗姥阁依山傍水，错落有致，内有 2 株树龄 600 多年的古银杏树，枝繁叶茂，苍劲伟岸，树高近百米，树干 1.3 米，高处周长为 7.6 米，六七个人牵手方能环抱。

斗姥阁内庆云楼为六方形三重檐建筑，1935 年改双重檐攒尖式，2011 年按原有样式恢复重建。庆云楼周围是长方形水池，池水清澈透明，池中荷花含苞、锦鲤悠游。楼台基上有雕龙石 1 块，按原样复制雕刻，石上蟠龙腾跃，隐于云中，龙头口喷一股清泉，冲击空花石球，似龙珠翻滚，龙蟠石两侧，有清代书法家何绍基“凤箫类长笛，流水当琴鸣”的楹联镌刻于石上。

斗姥阁建筑群一角（2014 年 7 月摄）

斗姥阁内供奉古印度光明女神“摩利支提婆”，也是道教供奉的女神“斗姥”，传说是北斗众星之母，宋元后崇奉渐盛，尊为“先天斗姥大圣元君”。大雄宝殿正中供奉佛祖释迦牟尼，两旁为普贤菩萨、文殊菩萨，殿两侧为十八罗汉。老君殿供奉着老子、庄子和尹喜的神像。阳明祠内设有王阳明的雕塑。经斜山长廊上行 99 级台阶到百子崖，百子崖内供奉送子观音，观音塑像后面是 108 个孩童塑像，姿态各异，天真可爱。玉皇泉和斗姥泉，源自回龙岭下，是大方县久负盛名的泉水，泉水甘冽爽口，冬暖夏凉，清洁无染。

斗姥阁融佛、道、儒文化于一体，集古建筑、园林、雕塑、碑碣、楹联、题咏、图书为一体，系宗教、博物、艺术、园林的综合体，具有较高文化旅游价值。

2013 年 8 月，经悟禅法师申请，报贵州省宗教事务局批准，在斗姥阁设立妙湛寺，故斗姥阁法名“妙湛寺”。

三、开发建设

（一）奢香博物馆提升改造

2006 年，毕节地委、毕节地区行署把奢香博物馆扩建提升改造工程列为毕节地区“十件实事”之一，大方县聘请贵州省博物馆专家编制《奢香博物馆展厅布置规划》。2008 年 6 月，由云南省坤合设计有限公司完成《新馆扩建规划设计方案》，贵州省和瑞有限公司完成《奢香博物馆门厅改造方案》和《老馆改造方案》。2009 年，大方县决定对奢香博物馆进行提升改造。提升建设后，博物馆占地面积从 2.07 万平方米扩大到 3.69 万平方米，建筑面积为 3800 平方米，展厅面积约 2800 平方米。2011 年，奢香博物馆扩建提升改造工程竣工并对外开放。

（二）贵州宣慰府恢复重建

2008 年 9 月，中宣部和国家民委批准拍摄大型电视连续剧《奢香夫人》。为使《奢香夫人》真实再现历史、展示民族文化魅力，贵州省委、省政府和毕节地委、毕节地区行署决定对贵州宣慰府进行恢复重建。工程于 2008 年 11 月正式启动，2009 年被列为全省重点建设项目，2010 年 3 月 15 日全面竣工，3 月 18 日举行贵州宣慰府落成典礼暨电视连续剧《奢香夫人》开机仪式。2014 年，投入资金 1000 万元修复完善贵州宣慰府景区基础设施。大方县把贵州宣慰府经营权承包给贵州石中玉集团有限公司。

（三）毕节—大方古彝文化产业园开发建设

2008 年，经省政府和毕节地委、行署批准，恢复重建慕俄格古城。古城选址于县城东北部，选建在原慕俄格城堡遗址之上。整个建设工程分为三期，采取县财政先期投入建设，形成规模后再引导企业参与的“渐进化”模式对园区进行建设开发。2008 年年初正式启动第一期工程，建设面积 2.26 平方千米，建设内容包含贵州宣慰府恢复重建，奢香博物馆改扩建布展，斗姥阁、顺德彝族风情街、顺德大道及其他附属工程。至 2010 年，县财政累计投资 4.55 亿元，完成第一期工程建设。

2010 年 12 月 9 日，成立慕俄格古城管理处，为负责慕俄格古城区保护、建设、管理和开发的副县级机构。2011 年 1 月，省政府出台《贵州省文化产业振兴规划（2010—2015）》，大方古彝文化园——慕俄格古城被列为规划中重大文化产业项目，同时列为贵州省“六个一批”文化产业重点工程项目、贵州省“5 个 100”旅游景区建设项目。慕俄格古城重建规划占地面积 4.56 平方千米，以省级历史文化名城大方为依托，按照一心、一轴、四带、六片区布局。一心：以宣慰府为核心。一轴：各功能区的功能轴线。四带：各功能区间自然绿化隔离带分隔出 4 个地理单元的自然隔断，包括冲沟生态带、田园景观带、森林植被带和道路景观带。六片区：古城文化展示区、古城文化体验区、古城休闲度假区、彝族体育运动体验区、非物质文化遗产展示区、云龙山生态旅游区，以山、水、村、天、城汇成一个大气磅礴、繁荣昌盛的古城景象。古彝文化古城区占地面积 3396 亩，其中街道及公共建筑面积 510 亩，主要建设内容有路网、寺庙、城门、兵营、牌坊、碉楼、演艺中心、文化展示中心、游客服务中心、土司府、学校、幼儿园、漆器产业园、彝族书画院、绿化园林、螺蛳塘治理、彝文化研究院、广场、医院、停车场、住宅区等公益、公建配套设施，旨在把古城打造为集自然风光与古彝文化、旅游度假、休闲体验为一体的黔西北最具影响力的历史文化旅游古城、古彝文化旅游休闲避暑目的地、独具特色的中国彝族历史文化古城。

2012 年，编制《慕俄格古城—毕节大方古彝文化产业园 2.26 平方千米首期修建性规划》。景区计划投资 32.53 亿元，完成招商引资 35.9 亿元。与贵州广宇千房地产开发有限公司签订投资不低于 5 亿元、占地面积 400 亩的古城第三期开发协议；与美国华侨商会贵州分会签订总投资不低于 20 亿元的《古城第四期项目建设投资框架协议》；与大方奢香投资置业有限公司签订 1.2 亿元的西城门片区开发投资协议；与贵州石中玉集团签订慕俄格古城景区经营权转让协议，协议规定石中玉集团在大方成立慕俄格文化传媒有限公司，经营期 15 年，期间景区维修维护、民族歌舞打造、旅游产品开发等由公司承担，慕俄格文化传媒公司前 3 年每年投入建设资金不低于 1000 万元，后 12 年每年投入资金不低于 500 万元。2012 年 4 月 24 日，举行第二期工程开工典礼，由云南十四冶建设集团投资 80 亿元进行全面开发。二期工程占地面积 2.24 平方千米，建设内容包含古彝社会历史文化街区、土司兵营文化体验区、非物质文化展演区、彝族文化交流中心、影视精品基地。

2013 年 6 月 13 日，二期工程主体部分——西城门正式开工建设。聘请清华大学、同济大学、贵州师范大学等院校的全国知名专家对古城古彝文化旅游景区建设进行研讨；完成《大方慕俄格古彝文化旅游景区建设发展规划》编制并通过省级评审；完成古城核心景区 1.76 平方千米修建性详规编制并交付评审；完成《三公桥小区建设方案》编制并通过初评；完成《云龙大道北段景区主通道可行性研究报告》编制并通过评审和备案，进行初步设计；编制《大方古彝文化产业公共服务平台项目可行性研究报告》，概算总投资 6000 万元；编制《西城门游客接待中心广场（停车场）建设可行性研究报告》，概算总投资 2800 万元。县成立慕俄格古城恢复重建工程指挥部，加快征地拆迁和景区建设。投入建设资金 2.64 亿元，其中县财政投入 4500 万元，完成西城门楼片区 61 户 6.45 万平方米土地征收，拆迁 23 户 5811.78 平方米房屋，支付赔偿款项 3600 万元。西城门片区项目占地面积 103.22 亩，主体工程完工，部分公建项目夜景灯饰亮化，慕俄格酒店投入运营，西城门商业街铺面招商业态走向成熟与完善，完成投资 820 万元。云龙大道二期项目道路总长 2.16 千米，完成投资6300万元。顺德广场综合体项目规划占地面积80亩，完成投资620万元。古城三期项目占地面积约500亩，完成投资8860万元。三公桥小区项目规划占地面积124亩，完成投资320万元。四季花海项目完成1175亩花卉栽培并投入使用，投资1200万元。贵州宣慰府立面漆饰维修维护工程项目完成投资3080万元。诸葛亮与济火雕塑工程，完成投资140万元。基础设施及配套设施项目完成投资910万元。景区累计投资超过5亿元。

2014年“五一”期间，慕俄格古城西城门投入使用，至7月底，西城门片区主体工程全面竣工，国庆期间，西城门片区全面投入使用。是年，完成《古彝游乐园建设项目规划设计方案》《顺德广场综合体项目规划设计方案》《云龙山主干道建设项目可行性研究报告》和《“四季花海”项目实施方案》编制，完成西城门片区建设投资1.8亿元。毕节——大方古彝文化产业园区被列为第六批“国家级文化产业示范基地”。

2015年，西城门完全对外开放，慕俄格酒店开业，贵州宣慰府游乐园开放。投资9480万元建设顺德广场。总投资1200万元的“四季花海”完成1.75万亩花卉栽培并投入使用。毕节——大方古彝文化旅游集聚区被贵州省发改委列为第二批“省级现代服务区集聚区试点单位”。

（四）旅游与文化融合发展

2013年，印制5000册《慕俄格古城画册》。邀请省内知名专家、彝族著名歌手作为顾问参与水西文化考察研究活动。搜集整理包括58首原生态民族歌曲、24个民间故事、16个水西重大历史故事的《水西原生态民族风情》专辑，于2014年年底出版发行。聘请贵州省民族研究院李平凡、贵州民族大学教授陈世鹏研讨慕俄格历史和水西历史，编写《水西探源》《火塘故事》等系列丛书公开出版。2011—2015年，顺德项目投资建设有限公司投资12.06万元，以“慕俄格”“宣慰府”“九层衙”“云龙山”“奢香夫人”“斗姥阁”等冠名注册6类62件商标。

2013年，县举办第二届彝族文化节暨第五届奢香文化艺术节、“望龙郡杯”首届中国大方慕俄格古城摄影大赛、第五届乌蒙山彝族青年联谊会、彝族年和彝族年会等庆祝活动。每周六晚上和节假日期间举行大型篝火晚会，春节、端午节期间免收门票，在贵州宣慰府第九殿进行歌舞表演，让游客亲身体验具有浓郁水西风情的彝族盛会。接待游客61.74万人次，门票收入410万元，旅游综合收入1250.5万元。

2014年，承包经营贵州宣慰府的石中玉集团投资1200多万元举办慕俄格古城春节联欢活动，活动历时15天，接待游客24.5万人次，门票收入300余万元。贵州电视台等各大网络媒体跟踪报道大方县举办第三届中国彝族文化节暨第六届奢香文化节系列活动、第二届“中国·大方端午节”民间医药交易会、“国庆七天迷你嘉年华”系列活动和“贵州·大方2014彝族年”活动。

2015年，举办第七届奢香文化节暨第四届彝族文化节、天宝彝族年活动、古彝文化迎春灯会、国家民委“中华民族一家亲”走进大方文化下基层大型歌舞表演活动、第三届“中国·大方端午节”民族民间民俗中医药文化交易活动和贵州宣慰府广场“千人彝舞”大型活动等。

第四节　油杉河景区

一、景区特色

景区交通区位优势凸显，杭瑞高速公路、326国道、715县道从景区穿过，景区距飞雄机场64千米，距贵阳198千米，距重庆390千米，距云南宣威297千米，距大方县城49千米。油杉河景区以九龙山为邻与百里杜鹃林带连成一片，地跨雨冲、星宿2个乡9个行政村部分区域。

油杉河景区后河风光（2015年7月摄）

景区自然资源丰富，主要以奇峰、异石、秀水及原生态森林资源为主，喀斯特地貌发育充分，地文景观丰富，充满神秘色彩，有仙宇峰、南天门、夫妻岩、神猴出山等奇峰异石景观；有油杉河、后河和雨冲河等河流，有六级瀑、一线瀑、珍珠瀑等大小瀑布，其间的湾流沟涧达数十处。据2003年8月国家林业局昆明勘察设计院、贵州省林业厅专家对景区进行多学科综合调查，有珍稀野生植物315科781属1509种，国家一级重点保护植物有银杏、红豆杉、珙桐等，二级保护植物有红豆树、香果树、福建柏等，重点保护植物有川桂等；景区森林覆盖率84%，古木扶疏，绿荫如盖，古大珍稀植物众多，其中，银杏树最大胸径3.5米，黄杨树最大胸径0.7米，福建柏数量超过10万棵；珍稀野生动物有云豹、林麝、猕猴、穿山甲、红腹锦鸡等102种。

景区相对高差大，气候条件独特，小气候特征明显，呈现“十里不同天”的山地立体气候特点，风景如诗如画，玉宇仙境，奇峰连绵，怪石嵯峨，沟壑幽深，瀑泉淙淙，溪涧凝碧，林木蓊郁，有“生态别墅”“自然空调”“天然氧吧”“抬头张家界，低头九寨沟”之称。

二、主要景点

（一）仙宇屯游览区

仙宇屯游览区是油杉河景区中心景区，主要景点仙宇屯山势雄奇秀美，有庙宇立于崖顶，更添神秘色彩，富有奇、险、幽的神韵。

仙宇屯是油杉河景区第一名山，“仙宇”二字，是大方土话“宣慰”的谐音，是宣慰屯兵的地方。此山三面环水，平地拔起，顺看如擎天一柱，侧看则峭壁千仞。顶上的观音庙修建于清乾隆年间，后经过一次重建和一次修葺。清光绪二十四年（1898年），当地人对观音庙进行重建，此后，观音庙每年香客络绎不绝。2009年6月，当地村民捐款对庙宇进行修葺。至2015年，观音庙有近300年历史。

曾家寨是仙宇屯游览区主要接待站，村民多为彝族。2015年，曾家寨村民共67户315人，有农家乐餐馆4家、农家旅馆3家。

（二）南天门游览区

南天门游览区位于油杉河景区中部星宿乡漆树村境内，与油杉河大峡谷游览区比邻，与崔苏坝大草原遥相呼应，主要景点有南天门、夫妻岩、象鼻山等。登顶观看，大峡谷景致尽收眼底，是集风景观赏、峡谷揽胜、空中游览于一体的游览胜地。

南天门仿佛是坐落于河段上通往天宫的大门。从南天门洞内往外看，景区中有两座相对而立的山峰，形似一对逼真的年轻夫妻闲游园中，取名为“夫妻岩”。

象鼻山是南天门景区又一景观。从景区对面崔苏坝草原或峡谷观望，南天门的另一侧有别具特色的小岩，似一头大象矗立在群山之间，正伸长脖子喝着后河的水，故称“象鼻山”。象鼻山山势险峻，与峡谷景观融为一体，甚为壮观。

油杉河景区南天门风光（2015年11月摄）

（三）两岔河游览区

两岔河游览区位于油杉河和后河的交界处，是油杉河原始风貌保存最完好的地方，古树林立，飞禽走兽遍布山谷。景区内峡谷狭窄，水流湍急，多处呈现“一线天”景象，由于基本上处于原始封闭状态，道路又艰险崎岖，往往让人望而止步，不敢深入，故而人迹罕至。在油杉河景区旅游规划中，对两岔河游览区作了专门规划，主要开展以风景游赏、驴友探险为主题的徒步旅行和登山揽胜、科普考察、野外生存等活动。

（四）大峡谷游览区

大峡谷游览区集峡谷观光、高空揽胜、避暑度假、休闲娱乐、科普考察为一体，为生态旅游胜地，主要以峡谷探险为主，景点包括崔苏坝草原、白泥坝草原和后河峡谷。从崔苏坝、白泥坝草原到后河峡谷，沿途风光秀丽，山势巍峨，依次可观赏草原的美丽广阔、峡谷之深邃壮观。踏上古驿道、走进天然湿地、进入圣泉山、穿越大峡谷，至后河源头而下，沿途有南天门、神笔峰、夫妻岩、望夫石、鲤鱼跃龙门、茶壶山、宝塔山、马鬃岭、飞来石等奇山异石，形象逼真，栩栩如生。

崔苏坝景点位于油杉河景区西部，隶属于星宿乡龙山村和漆树村，包括崔苏坝、白泥坝2个草甸，总面积1.8万亩。崔苏坝草原包括圣泉山、洗心泉、古驿道、高原天然湿地公园等景点。大草原平均海拔1780米，是油杉河景区最高海拔处，属典型的高地草原。草原上山丘起伏，有多处高原天然湿地，面积上百亩，有高原海子花等涵养水源的植物。草原中部有圣泉山，原是当地村民供奉神仙和祭拜的场所，山脚有山泉源源涌出，山壁上原有的天然佛像经岁月的侵蚀已毁。崔苏坝曾经森林茂密，水源丰盛，自然物种繁多，因人为和气候影响，森林植被遭到破坏，物种逐渐消失。人们怀念过去的自然生态，希望“春风过处，万物复苏”，故取名“吹苏坝”，因地方口音“吹”同“崔”，“崔苏坝”因此得名。进入21世纪，由于生态的自然修复，逐渐形成万亩草甸。

（五）响水河游览区

响水河游览区是油杉河的上游部分，整个游览区森林茂密，水域资源丰富。主要景点有银链坠潭、一线天、吊水岩瀑布、响水河瀑布等瀑布群，因隔山可听到潺潺的流水声，故称之“响水河”。此游览区山、水、树结为一体，河谷时而深邃，时而广阔，时而险峻，时而喧闹，时而平静。适于休闲避暑，是油杉河景区以水上观光娱乐、野营探险为主题的河谷休闲避暑胜地。

（六）雨冲河游览区

雨冲河游览区位于油杉河景区东部，雨冲乡境内，包括雨冲黔西北民居风光、河源度假区。河源距雨冲特色小城镇3.5千米，沿河有苍翠欲滴的柳树装点着小桥流水，与河畔的黔西北民族特色建筑群相映成趣，呈现出一幅田园牧歌景象，弥漫着一种恬静之美。小河盘桓山间，山水交相辉映，形成独特优美的山水画，是集风情游赏、酒吧娱乐、农业观光、水岸休憩、静心疗养于一体的休闲度假胜地。

油杉河景区雨冲河畔（2012年4月摄）

（七）古银杏林游览区

古银杏林游览区位于油杉河景区雨冲乡白果组，与雨冲河游览区毗邻。林中胸径100厘米以上的银杏树达11株，树龄长达千年，故称“千年古银杏”，当地人将银杏树称为“神树”，常到树下烧香拜佛，以求儿孙满堂，幸福安康。游览区还有三节洞、轿子山等景点。景观特征多样化，集峰、洞、林、田于一体。

油杉河古银杏林创造了中国银杏株数最多、规模最大、季相最明显、造型最壮观之“四最”。树群有47株，其中一株高40多米，胸围近11米，其余植株围绕主树干层层向外延伸，形成一座树的“山峦”。银杏树丛鳞枝虬干，春华秋实，风光无限，相传为“御赐银杏”。据大方沙厂《王氏族谱》记载，明成化年间，朝廷与水西彝族政权的关系一度紧张，贵州宣慰使接到明皇帝的圣旨，进京面圣，宣慰使派大臣阿纳代宣慰使进京。阿纳进京拜见明宪宗，奏明水西并非谋反，经过几番周折，缓和了水西土司与朝廷的紧张关系，皇帝大悦，诰封阿纳为荣禄大夫，并赏赐金银珠宝，阿纳谢绝赏赐的金银珠宝，宪宗改赐2株银杏树种苗，阿纳拜领，带回水西故土木老垮（今沙厂乡），举行“乌牛祭天、白马祭地”的种树仪式，将2株树苗分别种在沙厂和雨冲。几百年后，沙厂的一株规模不大，雨冲的一株却独木成林。

（八）北寒沟游览区

油杉河景区北寒沟风光（2012 年 12 月摄）

北寒沟游览区主要以奇峰、异石、秀水以及原始森林为主，为典型的森林奇观缩影，可观光旅游、体验生态、拓展训练和科普考察。国家一级保护植物红豆杉、珙桐随处可见，一棵棵石笋平地而起，独石成山，姿态各异。入口处海拔 1750 米，沟底海拔 1450 米，垂直高差 300 米，谷中幽静，空气清新，被誉为“天然大氧吧”，是人们回归自然的最佳去处，因地势地形突出，有“张家界小盆景”之称。景区有单轨观光电车、水上乐园、民族风情古寨、攀岩探险、万亩玫瑰基地等娱乐设施和休闲体验观光点。

三、开发建设

（一）规划编制

油杉河景区规划面积 67 平方千米，分为 8 大游览区 33 个景点，按照“一心（仙宇屯）、两翼（星宿、雨冲）”布局，呈“人”字形分布，寓意着天人合一、人与自然和谐相处。2011 年 1—3 月，县投资 85 万元，委托复旦建筑规划设计院完成《大方县油杉河景区总体规划》编制。4 月 13 日，县人民政府召开《大方县油杉河景区总体规划》编制评审会，原则通过专家评审；5 月 28 日，在贵阳召开《大方县油杉河旅游景区总体规划》复审会，原则通过省级专家评审；7 月 26 日，《油杉河景区总体规划》成果汇报会在毕节市召开，获得参会的地委有关领导、地直各有关单位负责人一致通过。2013 年 6 月，县投资 35 万元、委托贵州大学编制的《崔苏坝生态牧场发展规划》通过评审；11 月，县投资 85 万元、委托北京博雅设计院编制的《雨冲河游览区控制性详规》通过评审；县投资 5 万元、委托贵阳园林规划设计院编制的《北寒沟景点概念性规划》完成规划文本。2015 年，县投资 45 万元，向北京巅峰智业旅游文化有限公司、北京博雅规划设计院、上海复旦建筑规划设计院、贵州城乡规划设计院、浙江规划建筑设计院、深圳中天规划设计院 6 家设计单位征集编制《油杉河景区旅游规划提升方案》；县投资 198 万元，由上海复旦建筑规划设计院编制《油杉河景区修建性详细规划》，于 2015 年提供初步成果。

（二）建设投资

2011 年 3 月，成立大方县油杉河旅游开发服务投资有限公司，注册资金 200 万元。2011 年 5 月—2013 年 5 月，县投资 1 亿元，实施油杉河景区 46 千米油路建设项目，包括雨冲集镇至银杏树 5.5 千米、雨冲集镇至油杉河曾家寨 20 千米、曾家寨至仙宇屯喻家湾 1 千米、星宿集镇至油杉河曾家寨 13.5 千米、星宿龙山村至崔苏坝 6 千米。2012 年 5 月全部建成通车，2013 年 5 月铺油。

2012 年，景区第一批项目开始征地，实行边征地边建设，以 BT 模式由四川纳溪第二建筑公司承建的景区第一批项目仙宇屯步道、古银杏景点步道、护栏项目启动实施，2013 年 1 月交付使用，总投资180.15万元。实施崔苏坝步道、护栏等基础设施项目，2013年1月交付使用，总投资69.85万元。建成仙宇屯曾家寨人行步道和景区移动基站项目，总投资274.37万元，其中，仙宇屯曾家寨人行步道项目19.37万元，景区移动基站项目255万元。实施仙宇屯乡村旅游扶贫项目，2013年3月交付使用，总投资150万元。提升改造停车场，新建电瓶车场、休息长廊，总投资150万元。实施仙宇屯景点步道、护栏和古银杏休闲广场项目，2013年4月竣工，总投资146.6万元。累计支付项目征地费170万元，累计投资844.37万元。2012—2013年，获得贵州省第一、二批乡村旅游扶贫项目资金200万元，用于建设曾家寨人行旅游步道，安装太阳能路灯，扶持发展农家乐12户、养鸡专业户10户、种植玛瑙红樱桃15户100亩。仙宇屯农家乐、小超市15户，户均经营收入超过10万元，解决景区100余人就业。

2013年，引进新西兰普鲁斯马特公司和贵州草畜公司与县人民政府签订《油杉河草地开发协议》，签约项目总投资1.2亿元，投资规划面积1.8万亩，采取免耕种草、低压围栏技术，建设生态、旅游、扶贫三位一体"新西兰风情·油杉河牧场"，打造农牧观光旅游。养殖英国短角牛300余头，带动周边100余户养殖业的发展。引进贵州和庆和公司开发油杉河景区部分景点，签约投资6亿元。实施油杉河景区分散景点基础设施项目，2014年12月完工，项目总投资160万元。实施油杉河景区崔苏坝供电项目，2013年10月完工，总投资139.5万元。2013年，累计投入资金1.05亿元。

2014年2月，成立油杉河旅游区投资开发服务有限公司，注册资金1亿元。旅游公司向省工商银行贷款1.5亿元，向重庆银行贷款4500万元，用于景区基础设施建设。7月，启动实施总投资113万元的北寒沟景点防腐木旅游步道项目、总投资170万元的北寒沟停车场项目、总投资180万元的仙宇屯景点仙宇峰岔路口至河底旅游步道项目、总投资180万元的仙宇屯景点仙宇峰河底至曾家老房子旅游步道项目和总投资32万元的仙宇屯景点200千瓦变压器安装项目，于9月全部完工。完成古银杏项目征地和北寒沟景点项目征地。2014年，累计投入建设资金897万元。

2015年5月，启动实施古银杏、仙宇屯和北寒沟景点种花项目，于6月完工，总投资193.6万元。6月，启动实施总投资115万元的北寒沟景点环山防腐木步道建设项目和总投资30万元的北寒沟景点"花海步道"项目，于7月15日完工。7月，启动实施总投资27万元的油杉河景区交通道路标志牌项目和总投资41万元的油杉河景区防腐木厕所、四角亭和六角亭等户外木制品项目，于当月完工。2015年，累计投入建设资金406.6万元。

2010—2015年，景区累计投入资金2.4亿元，建成一批以旅游交通为重点的基础及配套设施，开放千年银杏林、仙宇屯、崔苏坝、北寒沟4个景点。开展宣传推介，拓展重庆及沿海市场，使景区走出"省门"。景区软实力逐步提升，获得4个国家级（国家级森林公园、国家AAA级旅游景区、国家级水产种质资源保护区、中国最美休闲度假旅游目的地），5个省级（贵州省生态旅游度假区、贵州省体育训练基地、全省乡村旅游扶贫示范点、贵州省生态文明教育基地、西部九省区最美观景拍摄点）和3个市级（毕节市"十佳景区"、毕节市"优秀旅游景区"、毕节市"文艺创作基地"）荣誉称号。

第五节　九洞天　支嘎阿鲁湖景区

一、九洞天景区

（一）景区特色

九洞天景区位于大方城西南部的猫场镇与纳雍县化作乡交界的六冲河上，距大方县城50千米，是由乌江北源六冲河流经大方、纳雍两县交界的一段地下河与当地岩溶地貌结合形成的一处独特自然景观。地下河全长23千米，时明时暗，忽隐忽现，在下游约6千米的河段上，伏流洞开有9个“天窗”，河流经过的每段溶洞和每个“天窗”都集合一组风格迥异的岩溶景观和山水风光，因此谓之“九洞天”。九洞天享有“中国岩溶教科书”“喀斯特地质博物馆”等美誉。

九洞天风光（2004年8月摄）

九洞天是国家级重点风景名胜区，规模宏大、雄秀奇丽，集伏流、峡谷、洞穴、天桥、天坑、漏斗、孤峰及古生化石为一体，具有古、奇、秀、险、幽的特点。一洞天取名“月宫天”，为旱洞，内宽阔，是进洞的大厅，面积约3000多平方米，平均高为80米，洞壁洞顶上钟乳石千奇百怪，壮丽非凡。二洞天取名“雷霆天”，开辟为发电洞室，通过闸门控制引取落差11米的水发电，是国内罕见的无厂房天然洞内发电站。三洞天取名“金光天”，洞内高大宽敞，迂回幽静，左岸石壁异常光滑，如刀削斧劈，右岸石壁上挂着五颜六色的钟乳石。四洞天取名“玉宇天”，是由多个洞组成的天然景观，洞内钟乳石或似塔形，或如殿宇，晶莹剔透，形象逼真。五洞天取名“葫芦天”，呈葫芦状的暗湖，上收下放，自然天成。六洞天取名“象王天”，为相连的天生桥洞窗，顶部距水平面约百米，十分险要。七洞天取名“云霄天”，为一大旱洞，洞内千窦百孔，互相可通，能容纳数千人。八洞天取名“宝藏天”，洞口宽仅二三米，高达数十米，好似高楼窄巷，阳光折射进去，水面光色变幻无穷。九洞天取名“大观天”，洞内分为三层：下层奇形怪状的水洞暗湖与八洞天相通，四通八达；中层有一座高90米、宽120米的巨大天生桥，成“门”字形，从桥下广场俯视水洞，神秘莫测，抬头仰望，苍穹被画为两个巨大的圆弧，好似牛郎织女相会时的鹊桥；上层是与天生桥拱平行的洞厅，面积约数万平方米，无数洞穴口相连，形成立体迷宫。

（二）开发建设

九洞天景区于20世纪70年代修建瓜仲河电站时被发现。1979年10月，瓜仲河250千瓦机组装建完成，成为当时世界最大的溶洞电站。是年，贵州省委副书记徐健生和省水利厅处长胡克铨到电站考察，提议电站不仅发展电力而且可兼发展旅游，并命名为“九洞天”，要求充分利用九洞天宝贵的旅游资源开发旅游业，毕节地委、行署，大方县委、县人民政府立即响应，由猫场镇李发永成立九洞天资源开发有限责任公司进行初步开发，后由五丫村村民投资建门禁、修栈道、扩船道、购游船、保护和开发九洞天景区，并由瓜仲河电站负责经营管理。

1987年，省政府公布九洞天为第一批省级风景名胜区。2001年，县人民政府组建九洞天管理委员会，管委会把九洞天景区委托给瓜仲河电站经营管理。2004年，国务院公布第五批国家级风景名胜区，命名为“九洞天国家级风景名胜区”。建立大方县九洞天风景名胜区管理站，对景区进行保护和管理，组织编制景区总体规划和详细规划，负责景区各种建设项目和服务设施的环境评估、检查和管理，做好景区交通、通信、电力、供水和接待等基础设施建设。

2005年，九洞天风景名胜区管理站委托贵州省建筑设计院完成《九洞天国家级重点风景名胜区总体规划》，贵州省建设厅和毕节地区行署在贵阳召开九洞天风景名胜区总体规划评审会，提出评审和修改意见。

2008年，撤销九洞天风景名胜区管理站，成立毕节地区九洞天管理处，为正处级事业单位。2011年，毕节地区九洞天管理处更名为毕节地区九洞天管理局。2012年，毕节地区九洞天管理局更名为毕节市九洞天国家重点风景名胜区管理局，负责景区旅游资源的保护和开发，对景区秩序、环境卫生、行业经营实行统一管理，对景区自然遗产、旅游设施等进行维护和管理，合理适度进行开发建设，提高景区旅游接待能力和水平。

2013年10月，毕节市组建贵州省九洞天旅游开发有限公司，负责景区旅游项目的投资建设与管理。是年，启动景区土地征收工作，投资1768万元，征地557.6亩，其中猫场镇227.6亩。同步启动景区测绘工作，投资84万元，测绘景区1∶500和1∶2000地形图和洞内三维激光扫描。门票收入100万元，旅游综合收入800万元。

2014年4月，毕节市九洞天国家重点风景名胜区管理局委托南通市规划设计院有限公司重新编制九洞天风景名胜区总体规划，经贵州省住房和城乡建设厅组织专家评审通过，上报住房和城乡建设部并通过部际联席会议上报国务院。规划将九洞天景区划分为“云洞天开”“层峦叠嶂”“碧水长廊”3个景区，总面积145平方千米，涉及大方县猫场镇、鼎新乡和纳雍县化作乡、董地乡、维新镇、库东关乡6个乡镇的相关村寨，其中，大方境内50平方千米，纳雍境内95平方千米。是年，门票收入120万元，旅游综合收入960万元。

2015年，继续推进总规编制及报批工作，启动详细规划编制工作。投资49万元，完成门禁系统地勘工作。门票收入150万元，旅游综合收入1200万元。

二、支嘎阿鲁湖景区

（一）景区特色

支嘎阿鲁湖原名“水西湖”“洪家渡水库”，是2004年洪家渡电站建成关闸蓄水后形成的贵州省内最大的淡水湖泊。源于赫章的河水流经毕节、纳雍入瓜仲河，再流入水西湖。相传古时彝族先圣支嘎阿鲁游居威宁、赫章一带，在水西湖沐浴后，从凡人变成真神，湖水由此被称为“圣水”，水西湖遂得名“支嘎阿鲁湖”。湖中有峡谷10余处，总长度50千米以上，形成湖中谷、湖中峡、湖峡相间的奇特山水景观，湖水清澈，峡谷处碧波荡漾，宽阔处烟波浩渺，晴日，鱼群浮于水面嬉戏，冬季，红嘴鸥等候鸟飞来越冬。湖岸有将军岩、国安古堡、百米瀑布、峭壁岩画、白布小三峡等景点，分为瑶池弄影（水面倒影）、长城雄风（峡谷风光）、雕弓引月（湖上轻舟、公路桥倒影）、湖光山色四大景观。

支嘎阿鲁湖上的红嘴鸥（2012 年 12 月摄）

白布河口至五佐河口，有近 10 千米峡谷，左岸悬崖峭壁上连续出现背斜、向斜背复式褶曲及断层、节理、裂隙等地质现象，石壁呈现一幅幅清晰的地质剖面图，堪称“天然地质构造博物馆”。观音岩在西溪河口和果老峰的岔河峡谷地段，左岸一崖壁有象形山石，如观音站立崖屏上，右岸有观音洞遥相呼应，峡谷岩顶石峰，远望似八仙张果老头像。扁担石位于白布峡上峡口左岸，有一高 10 米、粗 5 米的残留石柱，屹立崖缘，远眺如人立，近看似扁担，整个山岭又像一只巨大的单峰骆驼。紧邻白布峡湖岸，为缓溶蚀残丘，峰芽参差林立，地形奇异，其中一残石突兀耸立，高 10 米以上，如桅杆，当地人称“石桅杆”。白布河寨后横亘一座 1000 多米东西向的峻岭，高 100 多米，悬崖峭壁如刀砍斧削，岩面呈现白色，平整如镜，似一幅巨大的白绸锦屏依崖而挂，故取名为“白绸锦屏”。白布河口至钟家桥为“水西湖峡谷峰丛”，长约 5 千米，两岸峰丛高低起伏。

白布河下游段是水西湖峡谷，长 6 千米，两岸为峰丛脊岭，水面忽宽忽窄，宽处 100 米，窄处 50 米，呈葫芦状，右岸陡峭，丛林茂密，青翠常绿，左岸山高坡长，绿草茂盛。

石桅村东南河段为水西湖白布峡，峡长 3 千米，水面宽不足 30 米，两岸峰丛对峙，望天一线，悬崖峭壁陡峻，山顶丛林茂密苍翠，有猕猴群攀岩嬉戏。白布峡右岸二屯岩脚有高约 20 米、各宽 5 米～10 米直角交错的五褶围屏，每壁岩脚均有一个溶洞，洞内有张三丰道观及石刻碑文等遗址，地势险要，环境幽雅静谧。

白布大寨法启坡至大石板，有 2 千米长、2 米宽的石头砌成的古驿道，驿道蜿蜒于悬崖峭壁之间，险峻异常，后人称为“千岁衢”。在栈道入口处首段崖壁上有彝文摩崖石刻，为“人类发现最早彝文摩崖”。

彝民泛舟支嘎阿鲁湖（2014 年 6 月摄）

六圭河湖段是支嘎阿鲁湖第三大水域，湖面开阔，湖岸迂回曲折，湖心有岛屿浅露，两岸林木苍翠。支嘎阿鲁湖沿岸有几处民族特色村庄，在鸡场大坝村六圭河湖段左岸，建有大方彝族文化园。白布河下游的牛场乡大坝村和马场镇彭家寨是支嘎阿鲁后裔的彝族自然村落，村寨布局错落有致，民风淳朴，民族风俗浓厚。瓜仲河中段的姚家寨有一段伏流从寨中经过，汇入六冲河，景色优美，是支嘎阿鲁湖至九洞天的通道。

（二）开发建设

从洪家渡电站建成到关闸蓄水期间，大方县开始培育库区旅游业，逐步进行旅游设施建设，但是，未进行有规划的系统开发。

2003 年，拆除小屯乡法启电站。2004 年 3 月，从小屯乡珠场村修建宽 6 米、长 3.2 千米的旅游公路至支嘎阿鲁湖法启渡口，同时修建法启码头。2005 年，支嘎阿鲁湖法启景区有游船 1 艘，自用船 5 艘，渔船 3 艘。是年，在法启码头旁修建交通客运站。2013 年 3 月，修建客货运铁路经过法启码头，拆除交通客运站。2014 年，法启码头建有农家乐 4 家、旅馆 1 家。

2004—2014 年，黄泥塘镇投资 899 万元在黄泥塘景区修建环湖和近湖道路 10 条，长 7000 米，新建 4 个码头 3 个渡口，分别为六圭河码头、松林码头、野猪湾码头、五星码头，林江渡口、洼水渡口、大渡桥渡口。在沿湖村寨投资 45 万元，为 55 户农户进行美丽乡村建设；投资 146.7 万元，为 164 户农户进行生态家园改造；环湖退耕还林 4240 亩。2014 年，黄泥塘镇境景区有自用船只 79 艘，餐馆及农家乐 23 家，年总收入 144 万元。支嘎阿鲁湖景区划归毕节市九洞天国家重点风景名胜区管理局，毕节市九洞天国家重点风景名胜区管理局下设支嘎阿鲁湖管理处，负责景区旅游资源的保护和开发。

第二章 旅游资源

第一节 资源类型

大方县位于贵州省西北部，属暖温带湿润季风气候，冬无严寒，夏无酷暑，是旅游避暑胜地。交通便利，境内 321、326 国道纵横交错，贵阳至毕节高等级公路、大方至四川纳溪高等级公路是西南出海和北上长江的辅助通道。毕节飞雄机场距县城 20 千米，杭州至瑞丽高速、厦门至成都高速、黔西至大方高速、隆昌至黄桶铁路织金至大方段、成都至贵阳快速铁路大方段建成通车，使大方成为川滇黔交界接合部“大进大出、畅通无阻”的综合交通枢纽。

大方县文化底蕴深厚，民族民间艺术多姿多彩，诗词、楹联、书法、农民画、木雕、漆器工艺等在黔西北文化领域独树一帜，被文化部命名为“中国现代民间绘画画乡”“中国民间文化艺术之乡”，同时也是“中国漆器之乡”“中国天麻之乡”“中国皱椒之乡”和“中国豆制品之乡”。

大方县旅游资源丰富，资源品位高，有国家级旅游资源 8 个，分别为百里杜鹃国家森林公园、油杉河国家森林公园、九洞天国家重点风景名胜区、奢香九驿风景名胜区、国家级文物保护单位奢香墓及奢香博物馆、中华苏维埃人民共和国川滇黔省革命委员会旧址、阁雅驿道、甘棠古道。普查和登记有旅游资源单体855个（含百里杜鹃管理区和金海湖新区），至2015年，开发144个，未开发711个，其中，五级资源7个，四级资源15个，三级资源81个，二级资源237个，一级资源382个，未获等级资源133个。

依据国家《旅游资源分类、调查与评价》，855个已登记的旅游资源中，基本类型有12主类。

一、地文景观类

资源单体296个，其中，综合自然旅游地16个，地质地貌过程形迹279个，岛礁1个。山丘型旅游资源典型的有位于百里杜鹃景区中心地带的奢香岭，为一山丘，坡势较缓，山上有各种杜鹃花树。地质地貌过程形迹资源含凸峰、独峰、峰丛、奇特象形山石、岩壁与岩缝、峡谷段落、沟壑地、岩石洞与岩穴。

凸峰典型的有位于雨冲乡油杉河村的仙宇峰，山峰拔地而起，如擎天一柱，整体由凸峰、峡谷、丛山、古树、观音庙组成。

独峰典型的有位于凤山乡的公鸡山，山体三面为绝壁，侧看形似气势昂扬的公鸡，周围地势平坦，植被良好，有野猪、野兔、红豆杉、五倍子等野生动植物。

象形山比较典型的有位于瓢井镇小洞村的小洞天石连桥，为一天生桥，侧面溶洞呈“M”形。

岩壁与岩缝典型的有位于星宿乡河山村的神猴出山，属油杉河景区，在后河峡谷右岸，河岸悬崖峭壁，落差300米，景点内有石芽、石笋等。

峡谷段落典型的有相思谷、北寒沟和双山大峡谷。相思谷位于星宿乡峻岭村，有石笋9棵，宽5米~10米，高20米~100米不等，有圆柱状、方柱状，形态各异。谷纵长数千米、宽约1千米，谷内有石峰、隘谷、小瀑布，植被覆盖率95%，动物品种繁多，有国家一级保护动物娃娃鱼。北寒沟位于星宿乡峻岭村，属于沟谷形地貌，呈“S”形扩展，峡谷内壁突兀，山头独立为峰，山与山之间悬崖绝壁相对，一棵棵石芽拔地而起，似宝剑刺天，由天然大峡谷、龙洞飞瀑、花卉池、燕子洞等组成，有国内一级保护植物红豆杉、珙桐等珍稀植物。双山大峡谷位于双山镇双山村，两岸岩壁突兀，近于垂直，两壁下方的落脚河，形如一条蛟龙在两岩壁间迂回，河谷宽18米~190米，长4千米。

岩石洞与岩穴类典型的有九洞天、清虚洞、南天门、星云宫、宣慰宫、大鬼洞和石坪八洞天。九洞天位于猫场镇联合村，集伏流、洞穴、天桥、天坑等多种典型的喀斯特地貌类型特征为一体，共有9个天窗，规模宏大，世界罕见，享有“中国岩溶教科书”和“喀斯特博物馆”的美誉。清虚洞位于羊场镇陇公村，洞口呈半圆弧形，天生桥洞口与陇公田坝相连，一条小溪经田坝流入洞中，洞内岩壁上有观音摩崖石刻，天窗洞下有石菩萨一尊，桥洞高178.25米，跨高105.25米，拱桥跨度最大处127.35米，最小处77.69米，桥身长400米、宽200米，洞内面积约5000平方米，规模宏大。南天门位于星宿乡漆树村，为一拱形穿洞，通过穿洞可见对面2个凸峰，似一对恩爱夫妻。星云宫位于羊场镇，为水旱兼有的溶洞，石钟乳丰富，形态美观，大多数为方解石结晶体，晶莹剔透。宣慰宫又称歹苏洞，位于小屯乡法启码头下游10千米，有7个洞厅，石笋、石幔、石杉、石枫、石森林遍布，千姿百态。大鬼洞位于马场镇沙田村，洞中有罕见的洞中湖，方解石结晶遍地，边石坝群1.2万平方米。石坪八洞天位于长石镇石坪村，为伏流、天坑、天窗的集合体。

二、水域风光类

资源单体94个。观光游憩河段36个，典型的有位于马场镇金龙村的裸哚河，河段长2千米、宽500米，河面宽阔，水流平缓，水质清澈透明，有野生鱼，两岸山形秀美，上游为法启码头，下游为洪家渡电站；还有位于大水乡和黄泥乡交界处的米底河，为乌江水系的小支流，河水清澈见底，高40米、宽60米的米底河瀑布喷珠溅玉，甚为壮观。

湖泊池沼湿地游憩资源个体34处，典型的有位于黄泥塘镇的支嘎阿鲁湖，是洪家渡电站建成后形成的高峡平湖，还有位于星宿乡的高原天然湿地崔苏坝草原，草原面积1万亩、湿地面积约100亩，草原上山丘起伏犹如一个个蒙古包，草原内水源丰盛，草丰林茂。

瀑布温泉冷泉24个，典型的有普底乡村桥头社区初水花源漂流景区，河谷长5千米，宽2.5千米，漂流从明月滩出发，自初水河顺流而下，经瘦丫口、相思桥、双隐泉至园岩谷，落差百余米，沿岸风光旖旎。典型的悬瀑有米底河瀑布，还有绿塘乡吊水岩瀑布，瀑布呈三级阶梯状沿巉岩而下。

地热温泉典型的有黄泥塘镇地热温泉，热水资源富集，还有位于三元乡的花底河温泉。

三、生物景观类

资源单体136个。林地42个，典型林地有位于雨冲乡红旗村的银杏林，面积2000平方米，有600多年历史，还有位于沙厂乡的古银杏树丛。树丛9个，典型树丛有位于普底乡百里杜鹃核心景区的杜鹃林，还有位于戛木的马樱杜鹃林。独树资源61个，典型的有黄泥乡千年巨桑、八堡乡水洞村古银杏。草地、花卉地24个，典型草地资源有位于百纳、普底、沙厂3个乡交界处的百里杜鹃大草原，面积约10万亩，另有位于星宿乡的崔苏坝大草原、白泥坝大草原和位于凤山乡的马干山万亩大草原；典型花卉地有位于百里杜鹃鹏程管理区的万亩紫薇园。

四、天象与气候景观类

资源单体2个。较典型的有天文测绘推算点、大方城西云海。

五、遗址遗迹类

资源单体25个。典型人类活动遗址有九层衙遗址，曾为唐总章二年（669年）彝族君长慕翁居地，又是旧姚州的衙署遗址，系彝族“九扯九纵”设衙署址，原为九重堂，已毁。2015年，仅有一、二重堂部分残垣，为省级文物保护单位。典型交通遗址有乌鸦洞，为1938年—1949年中国第一航空发动机制造厂旧址。

六、建筑设施类

资源单体137个。典型人文旅游资源有斗姥阁（妙湛寺），建筑群依山傍水，是集堂、廊、亭、榭、楼、台、阁、殿、馆、壁为一体的宗教祭祀馆。典型园林游憩旅游资源有县城奢香公园，上园有莲花塘、观音阁、大雄宝殿，下园有音乐喷泉、展览馆、青少年文化活

奢香公园（2015年10月摄）

动中心。典型文化活动场所有位于百里杜鹃普底花区的百里杜鹃博物馆，为全木架构，造型别致。典型展示演示场馆有奢香博物馆。典型城堡有慕俄格古城和贵州宣慰府。典型广场有位于普底乡的红军广场。典型特色街巷有县城顺德彝族风情街。典型名人下榻处有位于羊场镇的“蒋公下榻处”，为蒋介石 1943 年视察航空发动机制造厂下榻之所。典型陵园旅游资源有奢香墓。

七、红色旅游类

资源单体 9 个。典型革命旧址有位于县城核桃湾的中华苏维埃人民共和国川滇黔省革命委员会旧址。典型革命战斗遗址有位于猫场镇长沙村的梯子岩战斗遗址。典型革命纪念地有将军山之役纪念碑、红九军团猫场战斗纪念碑、黄家坝阻击战纪念碑和大海坝革命烈士陵园。

八、人文活动类

资源单体 21 个。典型的节日有彝族火把节、彝族年、彝族祭山祭水节和苗族跳花坡。典型的特色工艺品有彝族服饰、苗族服饰、苗族刺绣和蜡染等。典型的传统表演艺术有彝族乌蒙欢歌、苗族舞蹈滚山珠和仡佬族舞蹈打亲敬酒。典型的传统手工艺有彝族漆器髹饰技艺。

九、乡村旅游类

资源单体 89 个，其中，乡村旅游地文景观 17 个、乡村水域风光 2 个、乡村生物风光 29 个、乡村人文旅游资源 41 个。较典型的菜品饮食旅游资源有石洞山庄，位于猫场镇永乐村，庄园呈圆形，为猫场镇举行大型演出的首选地，山庄内有游泳池、根雕、奇石、盆景及特色餐饮，建筑为砖瓦结构，屋外有约 500 平方米的院坝。较典型的特色生态农业园区有普底乡迎丰村生态公园，起初为清代文林郎、黄氏族谱创修者黄继等黄氏祖先的祠堂而修建，后加以扩建拓宽，将清朝年间的古树围到园中，环境优美，空气清新，鸟语花香。典型特色村寨有彝山花谷，位于百里杜鹃景区，花卉产业区主要种植紫薇。

十、山地体育类

资源单体 4 个，其中，山地户外运动基地 1 个、户外赛事活动和航空赛事活动 3 个。

十一、康体养生类

资源单体 2 个，其中，自然生态养身地 1 个、人文养生地 1 个。

十二、旅游商品类

资源单体 40 个，其中，菜品饮食旅游资源单体 1 个，典型的有大方皱椒及制品、大方豆制品；水产品与制品资源单体 1 个；中草药材及制品 4 个，典型的有大方天麻；农林畜产品与制品 31 个；传统手工产品与工艺品 2 个，日用工业品 1 个，典型的有大方漆器。

第二节　资源选介

一、中华苏维埃人民共和国川滇黔省革命委员会旧址

旧址位于县城核桃湾，原为德国传教士修建的福音堂，中国工农红军长征时，红二、红六军团于 1936 年 2 月占领大定县，军团首长任弼时主持成立“中华苏维埃人民共和国川滇黔省革命委员会”，是红军长征途中建立的唯一一个省级党政红色革命政权，贺龙任委员会主席，陈希云任代主

席，朱长清任副主席。2006年，旧址被公布为“全国重点文物保护单位”。

二、将军山之役纪念碑景点

将军山之役纪念碑位于东关乡七家田村，距县城6千米，属县级文物保护单位、爱国主义教育基地、红色旅游景点。1936年中国工农红军长征时，红二、红六军团途经大定七家田，红六军团军团长萧克指挥了威震四方的七家田将军山战役。指挥所旧址以及战场遗址为县级文物保护单位。1985年，县人民政府投资辟为纪念地，并竖立纪念碑1座，萧克亲笔题写“将军山之役纪念碑”。

三、梯子岩突围战及猫场战斗烈士纪念碑景点

梯子岩位于猫场镇，距县城55千米。1935年4月15日，红九军团途经大定县猫场，4月16日凌晨遭遇尾随而来的黔军刘鹤鸣部和当地民团、土匪武装偷袭，红军与敌人展开激战，攻克梯子岩栈道，以密集火力压制住敌人，通过梯子岩转移到纳雍县。梯子岩突围战遗址及猫场战斗历史纪念碑属县级文物保护单位、爱国主义及革命传统教育基地、红色旅游景点。1985年，县人民政府在猫场老街街口建纪念碑1座，由原红九军团政治部主任黄火青题写“红九军团猫场战斗烈士纪念碑”。2009年，县投资修建亭子、大门、广场等附属设施，扩建为“红九军团猫场战斗革命烈士纪念园”。

四、中国第一航空发动机制造厂旧址景点

中国第一航空发动机制造厂旧址（以下简称“航发厂”），位于县城以南14千米处的羊场坝乌鸦洞，占地面积约200亩，房屋建设约5万平方米。1939年，为抗击日寇侵略，建立中国强大的空军，改变航空发动机完全依靠进口的被动局面，以利坚持长期抗战，几经周折，三易其地，五易其名，由国民党政府于1941年1月1日创建中国第一家航空发动机制造厂，对外公开名称为“云发贸易公司”。1943年3月20日，蒋介石夫妇赴厂视察时，当场挥毫题词：“我们发动机何日可以完全自制！”航发厂从创建到1949年迁往台湾只有8年时间，但是，通过中国第一代航空技术人员的辛勤劳动和全厂员工的共同努力，成功制造了中国第一批航空发动机。航发厂旧址保存完好，成为中国航空史上的一座丰碑、全民族抗日的历史见证。

五、米底河景点

米底河属县级自然风景名胜区，地处大水乡、黄泥乡交界处，距县城78千米。米底河源于九龙山南麓，流经百里杜鹃花区的坪寨、大水、天桥、花底岩，汇入渭河，注入乌江，全长20多千米。米底河流经地段喀斯特地貌发育成熟且植被良好，形成米底河独特风光，河床全是石头，河水清澈透明，上游淡雅淳朴，绿草茵茵，河水明净如镜，中游素湍银滩，跌宕扑落，好景连台，下游穿山入地，神秘莫测，米底河瀑布飞珠溅玉，奔流不息。

六、清虚洞天生桥景点

清虚洞天生桥属县级自然风景名胜，位于羊场镇陇公村，距县城15千米，由中美洞穴专家联合考察论证为“中国第一巨大天生桥”，桥高178.25米，跨高105.58米，桥拱最大处127.35米，最小处77.69米，桥身长400米，桥身最宽处200米。数据表明，清虚洞天生桥远超1983年版的吉尼斯世界纪录的贵州省黎平县高屯天生桥。

七、大海坝森林公园

大海坝森林公园位于县城南郊，距县城约2千米，处于004道1千米处，占地面积约5平方千米，森林覆盖率60%以上，属市级森林公园，由小海坝、大海坝、大水沟、奎峰塔、白瓦厂（湖）组成。大海坝万松丛中设有观景台，松林掩映深处有县烈士陵园和公墓地，是爱国主义教育基地。

第三节　乡村旅游

一、概况

大方县乡村旅游资源丰富，包括国家标准中8个主类、31个亚类中的18个；二级以上景点62处，分别为四级资源3处、三级资源22处、二级资源37处。2008年，成立县乡村旅游规划领导小组，聘请省旅游局、贵州师范大学、贵州财经学院9人组成专家组编制《大方县乡村旅游规划》。依托风景名胜区九洞天、贵州宣慰府、支嘎阿鲁湖、油杉河景区的旅游资源，结合具有代表性的少数民族文化，可开发的乡村旅游村寨有60处。

2015年大方县可开发乡村旅游部分村寨名录

表一16－2－3－1

序号	名　称	旅游主要特点	评价等级
1	对江镇对江村	"五型创新"村　野生鱼	4
2	顺德街道小路村	蔬菜　经果林　烧料	3
3	顺德街道大屯村	蔬菜　经果林　野生鱼	3
4	顺德街道龙昌村	天麻　天麻宴	4
5	慕俄格街道陡坡村	豆制品生产	3
6	红旗街道路塘村	水上娱乐	2
7	羊场镇穿岩村	少数民族　种植　沙坝豆干	3
8	羊场镇桶井村	新农村建设试点	2
9	星宿乡漆树村	草场　林地	3
10	星宿乡河山村	草场　林地	3
11	八堡乡复兴村	苗族民俗文化	2
12	八堡乡新开村	苗族民俗文化	2
13	八堡乡中箐村	彝族民俗文化	3
14	文阁乡海坝村	独山组巨石	2
15	文阁乡太河村	水域3万多平方米	2
16	文阁乡三元村	以佬洞溶洞群	2
17	文阁乡瓦厂村	瓦厂塘天然湖	3
18	三元乡河头村	草场　森林	2
19	三元乡群丰村	温泉	3
20	雨冲乡油杉河村	森林公园	2
21	雨冲乡红旗村	雨冲河	2
22	雨冲乡金星村	万亩草场　古银杏群	2
23	雨冲乡金门村	万亩草场　杉树王	2
24	猫场镇长征村	红军战斗遗址	2
25	猫场镇五丫村	穿洞组经果林　自然生态	3

续上表

序号	名　称	旅游主要特点	评价等级
26	猫场镇永久村	红线苗族　滚山珠舞蹈	3
27		波落嘎苗族风情　万亩茶场	3
28	猫场镇长沙村	古驿道　梯子岩红军战斗遗址	3
29	猫场镇五丫村	九洞天　民族风情	4
30	猫场镇兴合村	狗吊岩峡谷　徐本禹支教地	3
31	百纳乡新华村	彝族风情	3
32	兴隆乡菱角村	苗族风情　水上绿洲	3
33	兴隆乡青杠村	苗族风情　香米	2
34	兴隆乡狮子村	苗族风情　防护林带	2
35	响水乡下坝村	白族风情	2
36	响水乡河边村	发寨河漂流	2
37	黄泥塘镇松林村	环支嘎阿鲁湖	2
38	黄泥塘镇大坝村	环支嘎阿鲁湖	3
39	黄泥塘镇兴林村	环支嘎阿鲁湖	3
40	黄泥塘镇天堂村	环支嘎阿鲁湖	3
41	黄泥塘镇西河村	临支嘎阿鲁湖	3
42	黄泥塘镇甘棠村	临支嘎阿鲁湖	3
43	凤山乡凤山村	公鸡山　彝族风情	2
44	凤山乡谢都村	彝族风情	2
45	凤山乡白鸡村	杜鹃	2
46	凤山乡联兴村	杜鹃	2
47	凤山乡店子村	种植养殖基地	2
48	沙厂乡白果村	农业生态园	2
49	牛场乡泥龙村	苗族风情	2
50	长石镇巨石村	特色农业　官田水库	2
51	果瓦乡果瓦村	古驿道风光　古铁杉树	2
52	果瓦乡上寨村	古慕德八层衙　古墓　古银杏树	2
53	果瓦乡新林村	彝族古墓	2
54	果瓦乡五星村	五星河峡谷	2
55	瓢井镇瓢井村	清代重要盐运集散地	2
56	大山乡光华村	无公害蔬菜　经果林	2
57	六龙镇新丰村	杜鹃　果园　豆干	2
58	六龙镇青林村	杜鹃　果园　豆干	2
59	六龙镇顺河村	杜鹃　果园　豆干	2
60	核桃乡木寨村	白族风情　水上乐园	2

注："评价等级"由大方县乡村旅游领导小组组织规划编制专家根据旅游资源调查评价标准集体打分，评出等级，最高等级为5级，最低等级为1级

大方县乡村旅游主要有农家乐、休闲农业园区、生态旅游、民俗风情旅游。农家乐：赏农家景，住农家屋，吃农家饭，干农家活，享农家乐，购农产品；休闲农业园区：观赏新式田园风光，体验现代农业，观光园艺和珍奇禽畜，新奇农产品，采撷果蔬，度假休闲；生态旅游：依托九洞天、油杉河、支嘎阿鲁湖风景名胜区开发河谷、洞穴、森林、草地、湖泊等自然生态度假休闲旅游；民俗风情旅游：依托民族特色村寨，观光体验考察民族特色歌舞、民族传统节庆、独特风俗风情、品尝民族特色风味食品。

“十一五”规划期间，大方县加快交通建设，实现乡乡通油路、村村通公路。同时实施“四在农家·美丽乡村”小康村寨建设，累计投资4474万元，实施“三改”及庭院硬化工程4.04万户，建成6个垃圾处理工程、40个便民设施、31个文体活动设施、113个污水处理设施，安装1984套照明设施。乡村水、电、路、讯、房等基础设施得到改善，许多村寨新建或改建成黔西北民居，村容村貌得到改观，为发展乡村旅游奠定基础。

“十二五”规划期间，通过各种渠道加大对乡村旅游投入。县财政投入2000万元用于雨冲乡小城镇建设和生态文明家园建设，建设广场，改造河道，安装路灯，绿化河岸。20多户农户自投380多万元开办乡村旅游。羊场镇穿岩村、对江镇对江村、雨冲乡油杉河村乡村旅游率先打造成型。对全县40户农家乐实施挂牌管理。实施乡村旅游扶贫项目，慕俄格街道云龙村、凤山乡店子村、马场镇民丰村、羊场镇穿岩村、雨冲乡油杉河村、猫场镇联合村、星宿乡峻岭村、八堡乡新开村、核桃乡木寨村列入“旅游富民工程项目村”；雨冲乡油杉河村、凤山乡店子村、慕俄格街道云龙村被评为“省级乡村旅游示范点”，分别获省级旅游扶持专项基金50万元、60万元、70万元；马场镇民丰村获中央专项建设资金100万元，用于示范点停车场、厕所、标牌、步道等公益旅游设施建设。

至2015年，全县有农家乐245家，挂牌管理100多家（其中星级示范户25家），直接从业人数1700余人，间接从业人数4500余人，乡村旅游接待游客从2010年的53.6万人次增加到2015年的160万人次，旅游综合收入从2010年的4.8亿元增加到2015年的14亿元。乡村旅游发展出现许多各具特色的旅游示范村寨，典型的有雨冲乡油杉河村、羊场镇穿岩村、羊场镇陇公村、凤山乡店子村、核桃乡木寨村、六龙镇新丰村、对江镇对江河乡村旅游区。

二、乡村旅游点选介

（一）雨冲乡油杉河村

位于县城东北部，距雨冲乡政府20千米，平均海拔850米~1911.2米，全年日照时数超过1350小时，年平均气温13.6℃，山地立体小气候特征明显，空气负氧离子含量平均达2万个/立方厘米，植被茂盛，植物种类繁多，生态环境良好。油杉河村从事旅游经营户20余家，其中，农家乐12户，旅店7家，度假山庄1个。2014年，油杉河村被评为“省级乡村旅游示范点”。2015年，接待旅游人数100万余人次，旅游综合收入0.4亿元，转移农村剩余劳动力300余人，实现旅游脱贫200余人，旅游收入占农民人均可支配收入的30%。

（二）羊场镇穿岩村

位于县城东南部，距县城12千米。穿岩村沙坝组自然环境优美，空气清新，植被良好，地处页岩沙土带，沙地冒出的“沙水”甘冽清甜，磨出的豆腐细嫩可口，土特产沙坝豆干闻名遐迩。沙坝豆干金黄绵扎，是大方豆干系列中较独特的产品，一直畅销省内外。由于贵毕公路的修建和退耕还林工程的实施，以沙坝豆干为烹饪主料的特色农家乐应运而生，吸引众多游客。沙坝组村民自行投资兴建改建房屋、公厕、停车场，其中“好心情”农家乐投入500万元建起仿古彝族酒楼，面积3000平方米，成为沙坝农家乐的一个亮点。至2014年，穿岩村公共休闲设施较为齐备，乡村旅游发展基本成型，农家乐从2家发展到20多家，每年农家乐收入在2000万元以上，村民人均收入从2003年的380元增至7080元。2014年，穿岩村被评为“毕节市十大旅游乡村”“国家生态文化村”。2015年，穿岩村被评为“全省文明村”“全国生态文明示范村”。

（三）羊场镇陇公村

位于县城东南部，距县城13千米，距羊场镇政府所在地6.5千米。镇政府依托清虚洞（天生桥）景点，通过招商引资进行乡村旅游基础设施建设，建有娱乐健身广场1个，篮球场1个，游客接待中心1个，健身步道长廊，中间有小河穿过，游泳池2个，垂钓池1个，餐厅23家，歌厅1个，配套特色农业玛瑙红樱桃林100亩，田园荷花池110亩，软子石榴500亩，凉亭走廊50米，健身步道0.5千米，公厕2所，污水处理厂1个。

（四）凤山乡店子村

位于县城东部，距县城20千米，坐落于凤山乡西侧的水西神山脚下，距杭瑞高速凤山互通出口2千米，326国道、方沙路、安凤公路等交通要道穿境而过，交通区位优越。店子村平均海拔1680米，最高点水西神山，海拔2090米，拥有连绵万亩的水西大草原、雄奇险峻的水西神山、金马山等自然风光，有水西彝寨、古驿道、古城墙遗址等历史人文景观。店子村属水西故地，自古就有深厚的彝族文化积淀，形成丰富多彩的民族文化资源。村内保存有毕摩文化、彝族歌舞、彝族古歌、彝族祭祀、彝族服饰等深厚的历史文化载体以及独特的南方草原风情，建有种植养殖基地，特种养殖野猪、野兔、野鸡。2015年，店子村被评为“省级旅游示范村”。

（五）核桃乡木寨村

位于县城北部，距县城25千米，距杭瑞高速出口大方站23千米。木寨河与马白河穿村而过，在村境内形成“人”字形交汇，大方—纳溪公路（321国道）横贯全村。木寨村是国家民委确定重点打造的白族特色示范村，村内山泉水资源丰富，电、路、讯实现全覆盖，建有白族风格民居180幢，太阳能路灯照明覆盖全村。2015年，在木寨村举办三月三白族团圆节暨核桃乡乡村旅游避暑节活动，发展农家乐近10家。木寨村由贵州沐之春建设工程有限公司进行投资打造，建设投入使用的项目有接待中心、游泳池、钓鱼池、观光长廊、采摘园、熏衣草基地、环河自行车步道等，总投资近2000万元，融爬山、游泳、骑行、钓鱼、品白族美食、体验民族竞技、采摘蔬果、农业观光等于一体。

核桃乡木寨村（2015年10月摄）

（六）六龙镇新丰村

位于县城东部，距县城12千米，是六龙镇政府所在地。明建文四年（1402年），贵州宣慰使在六龙沈公营屯兵，修400多米石板街，名为增列东胜街，为新丰村雏形。奢香夫人后裔执政贵州宣慰使时期，聘用居住于六龙的江西籍人陈恩任更苴总理两班慕魁扯事，兴办宣慰司学，奖励耕织，提倡儒学，汉族与彝族团结和睦。清康熙、雍正年间，六龙新丰成为商贸重镇，是四川通云南盐道必经之地，众多江西人、四川人移居新丰集镇，设立江西会馆、建戏楼、设义学、储义仓、修祠堂，带来先进农耕技术，中原舞龙习俗也传入新丰集镇并形成独特的舞龙风格。新丰村商贾云集，集市繁荣，文化昌盛，故有“小荆州”之誉。草寇坟、石羊坟、陈恩墓、花牌坊、三宫殿、回龙寺、文昌阁、谭家祠堂、永贞桥、百年古柏、月桂、罗汉松等见证了古镇沧桑。数百年文化传承，诗教沉淀，文人辈出，文风鼎盛，谭文藻、谭开来、徐礼如、陈百朋、谭冠英、吴光培、宋蛟等名扬县内外，留有《谭氏家训》《醉月草堂集》《宋蛟诗文联辑》和《俗语韵对》等15部著作。

2012年，六龙镇被列入“贵州省30个省级示范小城镇建设乡镇”之一，依托历史文化资源、突出地方特色，打造“诗词之乡、豆干之乡、舞龙之乡”民族风情古镇，对新丰集镇古建筑进行恢复维修，对民居建筑进行“穿衣戴帽”仿古作旧改造，在街口建花牌坊，铺建石板街、建广场，完善水、电、路、讯等基础设施。古镇展现出历史文化与现代文明相结合的魅力：小青瓦、翘飞檐、龙鳞脊，具有古色韵味的民居建筑错落有致；镂空花格门窗、青石板街道、古朴商铺招牌等彰显古镇悠久历史风貌；墙上题诗词，门楣作楹联，檐角挂灯笼，展现出古镇深厚的文化底蕴。

新丰村特色农家乐远近闻名，利用软绵可口的六龙豆干开发出来的特色餐饮，吸引众多游客慕名而至。

（七）对江镇对江河乡村旅游区

位于对江镇对江村、湾子村和顺德街道对江河东岸的小路村、大屯村，距县城10千米，集田园风光、自然山水风光、传统烧料工艺、能工巧匠、特色餐饮为一体，是城郊水果蔬菜基地、新农村建设示范点、毕节地区首批16个乡村旅游示范点之一。旅游区内有蔬菜大棚350个，有万亩桃园和数千亩林场，有樱桃、白花桃、水蜜桃等果林530亩，有鲜鱼馆10多家，小吃店10多家，农家乐餐馆分布于对江河畔。小路村有农家乐鱼馆桃园山庄和七彩桥旅游景点。

第三章 旅游管理

第一节 管理机制

1995年，成立大方县旅游局。2010年10月机构改革，撤销旅游局，设立大方县文化体育广播电视旅游局，下设旅游质量规范管理股和旅游规划开发管理股，主要负责全县旅游行政（行业）管理，编制全县旅游发展规划，组织实施全县旅游整体形象宣传和旅游市场重大促销活动，组织指导重大旅游产品开发生产，指导重点旅游景区、景点的开发建设和管理工作；负责全县旅游资源开发规划的审批，全县旅游区（点）经营许可证管理、质量等级评定与合作等工作，同时负责对旅游从业人员进行旅游服务、旅游管理、旅游信息、旅游业务等培训。不定期对A级景区、景点、星级酒店及其他旅游企业进行旅游安全检查和环境卫生整治，营造干净整洁的旅游环境。2007 年 12 月，成立毕节地区百里杜鹃风景名胜区管理委员会（正处级单位）。2008 年，成立毕节地区九洞天国家风景名胜区管理处（正处级单位）。2010 年，成立慕俄格古城管理处（副处级单位）和油杉河风景区管理委员会（副处级单位）。各管理委员会负责景区规划、建设、开发、管理和保护。县委、县人民政府成立领导小组，协调统筹相关单位，做好旅游管理工作。成立慕俄格古城恢复重建领导小组、县旅游发展规划领导小组、县乡村旅游规划领导小组、县旅游资源大普查领导小组、县“100 个旅游景区”建设工作领导小组等。

九洞天风景名胜区、慕俄格古彝文化旅游景区、油杉河风景区按照现代企业管理制度要求，探索构建产权关系明晰、责任主体明确的景区管理机制，建立健全景区法人治理结构，分别成立具备独立法人资格的旅游公司。九洞天景区组建九洞天旅游开发有限公司，古彝文化旅游景区组建顺德项目投资有限公司。2011 年 3 月，石中玉集团在大方慕俄格古彝文化旅游景区成立慕俄格传媒有限公司，油杉河景区成立油杉河旅游开发投资有限公司。2014 年，成立油杉河旅游区投资开发服务有限公司，探索经营模式、管理模式、融资模式，完善服务体系，提高管理水平。油杉河景区创建“景区管委会 + 乡 + 村”共建模式。慕俄格古彝文化旅游景区探索“三权分离”（所有权、管理权、经营权）机制，实行“政府引导、企业主导，管理权与特许经营权分离及特许经营权转让方式”的旅游发展管理模式，在慕俄格古彝文化旅游景区试点进行体制机制改革，景区所有权归县人民政府，管理权交慕俄格古城管理处，经营权交石中玉投资集团公司。至 2015 年，改革取得实效并逐步向成熟景区推进。

第二节　宣传推介

大方县开展多方位、多形式的旅游宣传推介活动，实地实景开展旅游文化活动、民族民间节庆活动，展示景区诱人的美景和独具魅力的民族文化风姿，发挥宣传效应，提升旅游人气。通过电视、传媒、网络、微信等进行宣传推介；组团、组队赴省内外重点城市客源地举办旅游招商和旅游推介会，邀请省外相关旅游社团到大方县考察；与省内外旅游企业、旅行社合作宣传促销；运用标志、标牌进行广告宣传。

1992—2007 年，连年举办大型杜鹃花节，参加花节庆典活动的贵宾多、记者多、旅客多、群众多，宣传声势大，规模大，影响大，提高了百里杜鹃景区的知名度、美誉度。

2008 年，在贵阳市举办百里杜鹃花节新闻发布会，宣传推介百里杜鹃景区。举办支嘎阿鲁湖首游仪式，支嘎阿鲁湖湖光山色通过媒体首次亮相。举办首届大方县奢香文化节。

2009 年，参加毕节地区行署在北京举办的毕节地区旅游推介会，组织拍摄大方县旅游图片，撰写旅游推介文章，参与《中国特色大典贵州卷（特色旅游章）》编辑工作，举办“花中西施”选拔赛大方赛区选拔活动。

2010 年，举办百里杜鹃花节、第二届奢香文化节，配合毕节地区行署驻贵阳办事处邀请重庆电视台对大方旅游资源、民族文化、特色餐饮、特色旅游产品进行拍摄宣传，举办古彝圣水——支嘎阿鲁湖祭水节。

2011 年，毕节地区第五届旅游产业发展大会暨大方县第三届奢香文化节在大方县召开，开展全区旅游宣传推介工作，贵州省电视台第六频道摄制组一行，到油杉河景区拍摄专题片；组织旅游企业参加多彩贵州“两赛一会”，能工巧匠大赛获一等奖1名，旅游商品大赛获三等奖2名；举办大方县首届乡村旅游农家乐美食大赛暨贵州百里杜鹃花节特色美食展示活动。2011年11月10日，电视连续剧《奢香夫人》在中央电视台黄金时间播出，先后荣膺第26届中国电视金鹰优秀电视剧奖、全军电视剧“金星奖”、第九届“全国十佳电视制片”优秀电视剧奖、中宣部“五个一工程”奖。之后，贵州电视台、大方电视台相继多次播放，宣传奢香夫人和奢香故里大方。

2012年，举办中国·大方首届彝文化节暨第四届奢香文化节和“大美之地·方圆之秀”油杉河景区首游仪式，省内各大旅行社以及关心油杉河景区发展的各界人士出席首游式。举办贵州省彝学年会、中国·大方彝文化论坛。举办羊场坝航空历史文化旅游开游仪式、支嘎阿鲁湖祭水仪式等活动，实地实景进行广泛宣传。慕俄格古城被评为AAA级景区、“毕节市十佳景区”，贵州宣慰府被中国广播电视协会、电视制片人协会评为“全国影视指定拍摄基地”。贵州省纪律检查委员会提名将贵州宣慰府定为“全省廉政文化教育示范基地”。

2013年，组织慕俄格古城、油杉河景区、九洞天景区及5家旅游商品生产企业参加在贵阳举办的“2013中国旅交会”，县人民政府与新西兰普鲁马特公司签订《大方县油杉河牧场旅游开发协议》。5月，在雨冲银杏树景点举办主题为“清凉彝夏·魅力油杉”的避暑季启动仪式暨首届山地自行车骑行赛。5—6月，3次赴重庆开展宣传推介及互访活动，重庆考察团78人次到到大方景区考察采风。9月，参加第十七届重庆都市旅游节暨第五届中国重庆城际旅游交易会，油杉河景区在人民网、新华网、重庆电视台、《重庆时报》、《今日重庆》、《时尚重庆》、《贵州日报》、《毕节日报》和贵州电视台、毕节电视台等媒体宣传报道146条次，油杉河景区走出省门；在仙宇屯景点曾家寨举办“神山庙宇仙宇屯·中秋圆梦话发展”乡村旅游推介会，重庆、贵阳等省内外游客达1万余人次参与，中央电视台第四频道、新华网、重庆电视台、《今日重庆》和《时尚重庆》等数十家媒体报道。10月，参加国家旅游局在台北世贸中心展览馆举办的第八届海峡两岸台北旅展，油杉河景区资源亮相台北。11月，在由国际文化旅游促进会、中国旅游品牌协会、中国生态旅游发展协会、中国旅游经济网联合在海南三亚举办的首届中国热点旅游胜地宣传推广盛会上，油杉河景区荣膺“中国最美休闲度假旅游目的地”。2013年，组织慕俄格古城、九洞天景区从业人员赴成都、重庆、遵义参与“洞天湖地，花海毕节”“花海—名洞—古城”精品旅游线路推介促销活动。编制《画卷中国·美丽大方》中英文对照旅游画册、《奢香故里·古彝圣地·美丽大方》折页进行旅游宣传。

2014年，举办古彝文化迎春会，举行油杉河景区、北寨沟景区开游仪式，举办端午节中药材交易展示活动，在核桃乡举办“三月三”白族团圆节暨核桃乡乡村旅游推介活动，在牛场、竹园、八堡等乡镇举办苗族跳花节。采取“走出去，请进来”相结合的方式，先后到上海、西安、厦门、深圳、云南、贵阳、遵义、瓮安、织金、百里杜鹃等地考察学习和演出，学习借鉴旅游发展经验，宣传推介全县旅游资源，提升文化旅游知名度和美誉度。整合旅游宣传资源，统筹旅游整体形象，通过《贵州日报》《贵州都市报》和贵州电视台、腾讯网、当代先锋网、多彩贵州网、贵州文明网、贵州都市网、毕节电视台、毕节市政府网、大方电视台及《乌蒙新报》《大方报》《澳门商报》等省内外主流媒体宣传报道古彝文化产业园发展情况。组织参加四川古蔺举办的彝族火把节及彝族服装展示活动，宣传慕俄格古彝文化旅游园和水西古彝文化。

2015年，参与第十届贵州省旅游产业发展大会会刊《醉美贵州·快旅漫游》出刊、网络体验平台及手机APP平台建设。电影《一代人师严修》在贵州宣慰府、奢香博物馆及支嘎阿鲁湖进行实景拍摄。是年，慕俄格古城景区通过毕节市旅游局“国家AAAA级景区”评估组初评，油杉河景区与贵州大数据公司合作创建景区“智慧游”信息平台，达成合作协议。

第三节　旅游线路

随着交通建设的发展，通往景区公路全部改造为沥青混凝土路，平整畅通。杭瑞高速公路、渝黔高速公路、崇遵高速公路、飞雄机场、织毕铁路建成通车（航），为省内外游客通往景区提供方便，旅游行程更为快捷。慕俄格古城游览线路为：斗姥阁—顺德风情街—奢香墓及奢香博物馆—贵州宣慰府—西城门；九洞天景区游览线路为：溶洞电站—九洞伏流—梯子岩；油杉河景区游览线路为：雨冲河—御赐银杏林—仙宇屯—崔苏坝—北寒沟；百里杜鹃景区游览线路为：普底景区—金坡景区；支嘎阿鲁湖景区为松林码头—洪家渡电站—彝族祭水仪式—大坝苗族风情—千鹭群栖—千岁衢古驿道及摩崖石刻—法启码头；大方历史文化名城游览线路：为古城三塔—九十九口井—奢香公园—莲花塘—特色美食及小吃—特产方物选购。

综合旅游线路为：中线以大方历史文化为主题，打造大方历史文化名城（中华苏维埃人民共和国川滇黔省革命委员旧址、古城三塔、九十九口井）—慕俄格古彝文化旅游景区旅游线；东线以休闲体验、生态度假、民族文化为主题，打造奢香花谷生态文化旅游景区—凤山店子彝族文化旅游区—油杉河景区及三元温泉度假区旅游线；西线以休闲观光、农事采摘、伏流景观为主题，打造对江生态文化旅游区—马场民丰乡村旅游区—九洞天景区（含梯子岩红色旅游点）旅游线；南线以航空文化、高峡平湖、休闲度假为主题，打造中国航空历史文化旅游区—羊场穿岩、陇公乡村旅游区—支嘎阿鲁湖景区及黄泥塘温泉度假区旅游线；北线以红色文化、民族文化为主题，打造将军山红色旅游区—核桃木寨白族文化旅游区—八堡兴隆苗族文化及红色文化旅游区旅游线。旅游交通线为：重庆—雨冲站，经渝黔高速—崇遵高速—杭瑞高速—雨冲站 324 千米；雨冲站—百里杜鹃—大方县城，经杭瑞高速公路 42 千米；贵阳—雨冲站，经杭瑞高速公路 234 千米；昆明—大方，经沪昆高速、贵毕高等级公路 688 千米，经沪昆高速、杭瑞高速公路 784 千米，经沪昆高速、贵黔高速、黔大高速公路 667 千米；贵阳—大方，经贵毕高等级公路 179 千米，经杭瑞高速公路 275 千米，经贵黔高速、黔大高速公路 158 千米；大方县城—慕俄格古城 3. 6 千米；大方—九洞天 54. 5 千米；大方—支嘎阿鲁湖 56 千米；大方—毕节 50 千米；大方—毕节飞雄机场 40 千米。

第四节　旅游服务

一、住宿　餐饮

（一）住宿

随着大方旅游业的发展，多数酒店按照星级酒店标准进行大规模改造或扩建，提高酒店档次和服务质量。至 2015 年，全县星级酒店有 5 家，客房共 448 间，床位 749 个。其中，大型民族文化主题酒店慕俄格大酒店有客房 108 间，床位 170 个。全县大型商务酒店有 20 家，客房 1800 间，床位 3200 个。社会旅馆餐馆有 60 多家，可接纳 3000 多人。大型酒店客房均设有标间、单间、套间，档次不同，可满足旅客的不同需求。旅游酒店均设有餐厅、餐馆，提供餐饮服务。

2015年大方县县城酒店基本情况一览表

表—16－3－4－1 单位：间、张

酒店名称	客房数	床位数	星级	地　　址
馨雅大酒店	110	170	四星	利民路
慕俄格大酒店	108	170	四星	顺德大道
金鑫酒店	88	158	三星	奢香大道北段
和泰快捷酒店	94	159	二星	奢香大道北段
红楼酒店	48	92	三星	奢香大道南段
海峰酒店	89	138		奢香大道中段
温州假日酒店	80	130		奢香大道北段
玖龙时尚酒店	45	75		奢香大道北段
佳鑫酒店	30	55		北门加水坡
尊客酒店	30	55		南门转盘
东风宾馆	92	121		奢香大道北段
丰登酒店	55	92		丰登大道
润丰酒店	83	96		丰登大道
四月天连锁酒店	40	71		北门加水坡
凯旋商务酒店	35	61		奢香大道北段
嘉福酒店	36	62		北门加水坡
英杰纳酒店	23	33		北门加水坡
宜家商务酒店	25	44		奢香大道北段
怡馨商务酒店	28	50		北门转盘
鸿运酒店	60	108		奢香大道路段北侧杉林路口东端
雅特酒店	52	86		奢香大道北段
一逸连锁酒店	46	90		丰登大道
腾龙大酒店	38	64		奢香大道中段

（二）餐饮

旅游餐饮在保存地方民族内涵的基础上不断创新，根据地方食材，形成具有大方特色的地方菜系，不断提高饮食品位，品种上趋向多样化，并引进外地菜肴，创制部分新颖的适合省外旅客饮食需求的菜式，满足并适应不同层次旅客需求，形成高、中、低档餐饮配置体系。相关部门定期检查监督酒店餐馆，确保食品安全、卫生。

餐饮种类繁多，档次不同，珍贵药膳系列有：天麻宴、天麻酒、天麻汤、竹荪汤、乳鸽汤、金银海参等；天然水产系列有：细鳞鱼、黄辣丁、鲤鱼、鲢鱼、鲫鱼、鳝鱼、牛蛙、甲鱼等；豆制品系列有：骟鸡豆腐、红油豆腐、白豆干、臭豆干、豆干火锅等。地方特色餐饮系列有：八碗席、四盘四碗席、辣子鸡、大方宫爆肉、镶竹荪、地方家常小炒、什锦火锅、豆腐火锅、各种蔬菜连渣闹等。农家乐餐饮以地方特色、民族特色餐饮和豆制品系列为主，有豆干火锅、豆腐火锅、腊肉蒸炒、炖猪蹄、连渣闹、辣子鸡、清蒸鸡、家常小炒、烙锅豆干、酸菜豆汤等。餐饮业以黔菜系、川菜系为主，也有淮扬菜系、湘菜系、粤菜系和北方菜系。在县内还可品尝到海参鲍鱼、鱿鱼大虾、全牛全羊宴席、牛肉火锅、羊肉火锅、煎炒牛羊肉、蒸饺、水饺、山东大饼、天津包子等。

二、旅游商品

大方县旅游商品独具特色，“十二五”规划期间不断开发，继承传统，改进创新，漆器、天麻、农民画、豆制品等旅游商品再获殊荣。2011 年，大方天麻通过国家质量监督检验检疫总局的“国家地理标志产品”认证，大方皱椒被农业部评定为“国家地理标志产品”。2013 年，大方豆制品制作工艺被列为省级“非物质文化遗产”。2014 年，大方县高光彝族风漆器工艺制品被贵州省文化厅命名为“贵州省第二批特色文化产品”。2015 年，大方天麻和大方皱椒均获得国家质量总局“生态原产地保护产品”称号。

在旅游商品研发中，漆器产品风格从传统的体积较大逐步向体积较小、便于携带、更加实用、款式新颖转化，生产有名片盒、首饰盒、笔筒、小花瓶等，创新具有民族特色的装饰风格，提高漆器产品的艺术性，销量不断上升。百里花、琼芳食品、云龙天麻、石老祖公豆制品等旅游商品也打造出独有品牌，占据一定的市场份额。至 2015 年，全县较大旅游商品企业超过 10 家，大部分迁入大方经济开发区，生产状况良好，总投资超过 5 亿元。

多彩贵州旅游商品“两赛一会”举办后，大方县获“毕节名创”“毕节名匠”称号 40 多人、“贵州名创”“贵州名匠”称号 15 人。旅游商品类型全、数量多，主要由地方知名土特产、地方名手工艺品、名食品、风味小吃等多元商品类型组成，有大方天麻系列、豆制品系列、漆器系列、民族刺绣、蜡染系列、特色菜肴等，旅游商品资源丰富，发展潜力大。

大方县土特产品一览表

表一16－3－4－2

名　称	定　位	代 表 商 品
大方天麻	原产地中药材，贵州省知名传统出口产品	九龙天麻系列、奢香天麻酒
		云龙天麻系列、保鲜天麻
大方皱椒	又称“贡椒”，原产地农副产品，贵州省知名传统产品	琼芳辣椒系列调味品
		天椒辣椒系列调味品
大方豆制品系列产品	原产地，贵州知名地方特产	九股水豆制品系列、沙坝豆干、珠场豆干、六龙豆干、卯三奶豆豉
大方生漆	原产地，全国知名特产	百纳生漆、瓢井生漆
大方芸豆	贵州省知名大宗出口产品	系列芸豆
大方茶叶	又名“贡茶”，贵州省知名地方特产	海马宫茶叶、九洞天仙茗、乌蒙绿茶
大方彝族咂酒	民族特色产品	咂酒
大方窖酒	贵州知名白酒	大方窖酒、方酒
大方水花酒	民族特色产品	水花酒
大方刺梨酒	地方特色产品	刺梨酒
大方糯玉米	地方特色农产品	糯玉米
大方水果萝卜	地方特色农产品	水果萝卜
大方大山格里河李子	地方特色林产品	姜甘李（江干李）
对江香桃	地方特色林产品	香桃

续上表

名　称	定　位	代 表 商 品
九洞天樱桃	地方特色林产品	樱桃
猫场大梨	地方特色林产品	梨子
白布河橙子	地方特色林产品	橙子
酥梨	地方特色林产品	酥梨
响水薄壳核桃	地方特色林产品	薄壳核桃
野生毛栗	地方特色林产品	毛栗
野生猕猴桃	地方特色林产品	野生猕猴桃
野生竹笋	地方特色林产品	野生竹笋
细颗花生	地方特色农产品	细颗花生
上坝五里香米	地方特色农产品	五里香米
冷底香粳	地方特色农产品	香粳米
新场红粘	地方特色农产品	新场细粘米
野生黄辣丁	地方特色水产品	野生黄辣丁
野生鲇鱼	地方特色水产品	野生鲇鱼
野生鲫鱼	地方特色水产品	鲫鱼
杜仲	地方特色中草药	杜仲
黄柏	地方特色中草药	黄柏
党参	地方特色中草药	党参、野生党参
半夏	地方特色中草药	半夏、圆珠半夏
淫羊藿	地方特色中草药	淫羊藿
大方竹荪、冬荪	地方特色林产品	竹荪、冬荪

大方县知名工艺品一览表

表—16－3－4－3

名　称	知 名 度	典 型 商 品
大方漆器	贵州“三宝”之一，贵州传统出口商品	大方漆器系列
大方农民画	全国“三大农民画”之一	大方农民画
苗族刺绣、蜡染	民族特色产品	苗族刺绣、蜡染系列工艺品
木器工艺品	地方特色产品	彝族虎头马匙、木碗、根雕
玻璃烧料	地方特色产品	吥嘟、烧料系列

三、特色菜肴和小吃

大方县特色菜肴有天麻宴、八大碗、骟鸡豆腐、花炮竹荪、宫爆肉、乳鸡天麻汤、天麻银耳羹、砂锅鸡豆干、龙爪淡菜汤、仔鸡豆腐、什锦火锅、和泰锅渣、椒盐慈菇、金银海参、四盘四碗、绣球蹄筋等。特色小吃有阁雅黄粑、茅香粑、糕粑、糍粑豆干、燕麦炒面、烙锅豆干、汤圆、脆糖、瓜籽凉粉、荞粑粑、万全牛肉干、芝麻糖等。

第十七篇　民政
人事劳动　社会保障

第一章 民 政

第一节 拥军 优抚 安置

1991—2015年，大方县根据《中华人民共和国兵役法》《军人抚恤优待条例》和《伤残抚恤管理办法》《退伍义务兵安置条例》，结合省、地（市）相关文件精神，把做好拥军优抚工作纳入各级政府的重要议事日程，支持驻方部队建设，做好拥军优抚和退役士兵安置工作。

一、拥军

1991—2015年，全县拥军工作结合各年度的财政实力开展。其间，驻县部队有人民武装部、武警中队、公安消防大队3个。县人民政府分别按各年度县级财政收入的1.2%拨付专款支持驻军建设和开展拥军活动。每年清明节开展祭奠烈士活动，“八一”、元旦、春节期间，县委、县人民政府均拨付专款，组织走访慰问驻地部队官兵、复员退伍军人等。

1993—1996年，元旦、春节和“八一”期间，广泛开展拥军优属慰问活动，县委、县人民政府及有关部门组成慰问团对驻方部队进行慰问。县、乡两级分别召开拥军优属座谈会，对老红军及特等、一等伤残军人作重点走访慰问，对在生产生活中确有困难的优抚对象给予必要的补助。

1996年，利用元旦、春节、“八一”期间举办军民联欢会1次、座谈会3次。组建38个走访慰问组，走访慰问烈属140户、因公牺牲军人家属20户、病故军属43户、二等乙级以上伤残军人、军队离退休干部、现役军属，发放慰问经费1.6万元，为生活困难的优抚对象解决救济衣物150套、救济粮6600公斤。为驻县部队供粮8888公斤、供油410公斤。建立拥军优属组织37个，参加服务人员296人。1997年，元旦、春节期间，县人民政府拨出3.2万元经费，采取县重点走访慰问、乡镇普遍开展拥军优属活动的方式，走访慰问军烈属、复员退伍军人等，为生活困难的优抚对象解决救济衣物500套、粮食1万公斤。清明节期间，组织全县机关干部、学生及各界人士祭扫大海坝革命烈士墓，进行爱国主义和革命传统教育。“八一”期间，组织慰问驻军和武警部队官兵，开展纪念中国人民解放军建军70周年活动。1998年，县人民政府拨款3.7万元，走访慰问军烈属、复员退伍军人等，为生活困难的优抚对象解决救济粮食1.5万公斤、衣物300套。“八一”期间，组织慰问驻军和武警部队官兵，开展纪念中国人民解放军建军71周年活动。1999年，元旦、春节、“八一”期间，县人民政府拨款5万元，组织慰问驻军和武警部队官兵，同时走访慰问烈属212户、因公牺牲军人家属21户、病故军人家属45户、在乡老红军1人、失散红军3人、在乡伤残军人、在乡复员军人、退伍军人、在职伤残军人、军休干部、现役军属。2000年，元旦、春节期间，县人民政府拨款3万余元，对驻方部队进行走访慰问。36个乡镇同时开展走访慰问工作，走访慰问优抚对象1751户。清明节期间，组织各机关、乡（镇）、学校及社会各界人士在大海坝烈士陵园开展祭扫活动，缅怀革命先烈的丰功伟绩。开展“爱心献功臣”行动，投入资金10余万元，维修大海坝烈士陵园骨灰陈列室，更换烈士墓碑27块，垒坟13座，新修办公室、厕所、步道，烈士陵园面貌焕然一新。

2001年，在元旦、春节期间，县人民政府拨款2.58万元，对驻方部队和烈属248户、因公牺牲军人家属13户、病故军人家属40户、失散红军3户、伤残军人130户及复员军人、在乡退伍军人、军属进行慰问。为立功受奖的官兵发放奖金。2002年，在元旦、春节期间，全县拨款3.31万元，对驻方部队进行慰问。全县36个乡镇同时开展走访慰问活动，走访慰问"三属"（烈士遗属、因公牺牲军人遗属、病故军人遗属）和失散红军共157人，一等伤残军人7人及现役军属。2003年，在春节期间，全县下拨慰问经费3.31万元，走访慰问驻地部队，同时走访慰问一等伤残军人6人、"三属"、失散红军共156人及全体现役军人。2004年，在春节期间，县人民政府下拨慰问经费5万元，走访慰问驻地部队和优抚对象。2005年，在春节期间，全县下拨慰问经费5万元，走访慰问驻地部队，同时走访慰问优抚对象1489户，其中"三属"及失散红军共94户。

2006年，在春节期间，全县下拨慰问经费4.1万元，走访慰问驻地部队，同时走访慰问优抚对象1357户，其中"三属"及失散红军84户。2007年，成立双拥办公室开展拥军优抚工作，支持驻军建设经费逐年增加，支持驻军建设经费635万元。2008年，支持驻军建设经费657.75万元。2009年，支持驻军建设经费632.3万元，发放现役军人立功官兵奖金1.07万元。在春节、"八一"期间，县人民政府拨款25万元作走访慰问经费，走访慰问34个乡镇的复员退伍老军人及军烈属。2010年，支持驻军建设经费850.1万元。建立健全各级"双拥"组织，建立县乡"双拥"组织67个，其中，地方64个，部队3个。建立村级拥军优属组织358个。落实军地合署办公制度，从军地双方抽调6名干部到县"双拥"办工作，负责日常组织、协调、检查、指导和推动工作。落实"双拥"工作资金30万元，保障双拥工作健康发展。把"双拥"工作纳入年度工作目标考核体系，保证各项工作落到实处。

2011年，支持驻军建设经费1242.9万元。"八一"期间慰问走访驻地部队4次、重点优抚对象12人，发放慰问金4.72万元。2012年，支持驻军建设经费2423.2万元。2013年，支持驻军建设经费1886.4万元。同年，支持驻军建设经费1987.5万元。9月3日，开展国家首个公祭日活动。2014年，全县建立双拥组织65个（地方62个，部队3个），建立村级拥军优属服务组织301个。2015年，下拨慰问专项经费300万元，慰问走访全县驻地部队、军休干部和各类优抚对象300多人次。

二、优抚

1993年，对在乡老红军和失散红军4人进行定补，发放定补金3072元；对因公牺牲的军人家属、病故军人家属和失踪军人家属61户92人中的45户54人进行定补，发放定补金2.01万元，定补面73.7%；为在乡复员军人发放定补金25.22万元，定补面63.8%；为退伍军人发放定补金1.76万元；对在乡伤残军人发放补助金8.82万元；对在职伤残军人发放伤残补助金2.23万元。做好优待金收缴兑现，现役义务兵家属优待金实行以县统筹、兑现的办法。全县现役义务兵，除城镇入伍的和服役5年以上的不兑现外，农村义务兵按人均150元全部兑现，兑现1992年优待金12.83万元，开展1993年优待金收缴工作。1994年，对牺牲军人家属、病故军人家属、在乡退伍老红军、失散红军、在乡复员军人给予定期定量抚恤补助，发放补助金43.45万元。补发给特等、一等残疾军人交通补助、生活补助和护理费3670元。兑现农村现役军人家属优待金19.92万元。解决1993年农村退伍军人无房居住的严重困难，人均发给1000元安置费。1995年，为1994年度11个交齐优待金的乡镇核发现役军人优待金。1996年，重点解决好优抚对象的实际困难，特别是在乡复员军人的“三难”问题。元旦、春节期间，审核发放现役军属优待金19.5万元。加大统筹优待金力度，追缴各乡镇1992—1995年拖欠的优待金50.69万元。兑现新兵家属优待金7.29万元。1996年，下拨抚恤、定补金额46.11万元，提高抚恤定补标准283人，补发金额3.53万元。

1997年，全年发放抚恤、定补金50.5万元。做好农村义务兵家属优待金发放工作，办理评残、补证、调级、换证和烈士报批工作。1998年，发放抚恤、定补金50.7万元。做好农村义务兵家属优待金发放工作。根据中央文件精神，1999年下半年提高定期抚恤补助标准，调补金额39万元。现役军人家属优待金按户均300元兑现，西藏兵按户均400元兑现。发放现役军人家属优待金24万元，发放新入伍西藏兵家属优待金6万元。全年抚恤、定补对象1599户1624人，发放抚恤、定补金53.59万元，人均330元。2000年，为享受定期优抚补助的优抚对象发放定补金90多万元，兑现1999年度现役军属优待金22.83万元。

2001年，为享受定期优抚补助的优抚对象发放定补金100.51万元，为现役军人兑现优待金23.4万元。2002年，为烈属、病故军属、因公牺牲军人家属、在乡伤残军人、复员退伍军人、在乡退伍军人共1740人发放优待金116.46万元。“八一”期间，全县36个乡镇和县直各单位分别召开座谈会，并组织对驻军、军烈属、老红军等优抚对象进行走访慰问。县人民政府为656名入朝作战的老战士颁发纪念铜牌，为所有优抚对象制发2003年挂历。2003年，县人民政府下拨优抚经费194.9万元，保证1691名各类优抚对象及时足额领到优抚补助金。兑现现役军人优待金和当年新入伍新兵家属优待金。对照政策将二等一级以上伤残军人的医疗费人均1000元纳入县财政预算。在安排农村群众因灾毁损住房恢复重建时，向各类优抚对象倾斜。2004年，县人民政府下拨优抚事业经费200.56万元，保证各类优抚对象及时领到优抚补助金。兑现现役军人家属优待金8.43万元，发放立功官兵奖金1.31万元。进一步规范完善优抚工作程序，建立台账管理制度和报账机制，优抚工作进一步走上规范化、法制化轨道。2005年，县人民政府下拨优抚事业经费281.3万元，保证各类优抚对象及时领到优抚补助金。县人民政府将农村义务兵家属优待金标准从人均300元提高到人均500元，兑现现役军人家属优待金14.05万元。

2006年，县人民政府下拨优抚事业经费268.62万元，保证各类优抚对象及时领到优抚补助金。兑现现役军人家属优待金28.44万元。做好复退军人数据库建设。2007年，建立健全各类台账卡，核实优抚对象的定期定量抚恤补助工作，落实老复员军人抚恤补助自然增长机制，把抚恤补助标准从人均1832元提高到1966元。对烈属、因公牺牲军人家属、病故军人家属、失散红军、残疾军人、在乡复员军人、带病回乡退伍军人给予定期定量补助，共发放抚恤金364.78万元，其中，国家、省、地（市）级财政下拨优抚对象抚恤经费219.6万元，县财政匹配145.18万元。从2007年开始，义务兵家属优待金以县（市、区）为单位计算，大方县农村义务兵家属优抚金标准从每年500元提高到1200元（内地兵）和1300元（西藏兵）。老复员退伍军人人均补助标准逐年提高。2008年，大方县老复员退伍军人人均补助标准提高到2566元。国家、省、地（市）级财政下拨优抚对象抚恤经费564.42万元，县财政匹配147.63万元，共计712.05万元，对烈属及因战、因公、因病一至十级伤残军人进行优抚补助。2009年，国家、省、地（市）级财政下拨优抚对象抚恤经费609.18万元，县财政匹配247.2万元，共计856.38万元，对烈属及因战、因公、因病一至十级伤残军人进行优抚补助。国庆期间，召开全县军休干部及各类优抚对象代表座谈会，人均发放慰问金300元。将全县重点优抚对象全部纳入新型农村合作医疗，个人缴费部分由民政部门代缴；对一至六级残疾军人的医疗费用予以保障，实行实报实销，对在乡残疾军人发放9万元医药补助。补助优抚对象建房资金20万元，将生活困难的优抚对象纳入城乡低保。发放2008年度义务兵家属优待金34万元。2010年，落实优抚对象医疗保障政策，对抚恤定补优抚对象定点医疗服务机构人员进行“一站式”服务培训，并签订协议书。对住院的优抚对象，扣除社保和合作医疗报销的剩余部分，按比例报销2.94万元的优抚费。按照《大方县建立优抚对象抚恤补助自然增长机制》精神，在乡老复员退伍军人抚恤补助自然增长13%，为在乡老复员退伍军人发放自然增长抚恤补助金29.98万元。义务兵优待金按上年度农民人均纯收入的100%发放，发放义务兵优待金104.78万元。落实优抚对象各项经费纳入财政预算，按照上级规定，县级匹配抚恤事业费127.18万元、优抚对象保障经费250万元，全部纳入财政预算。全年下拨优抚对象抚恤经费1132.58万元，对烈属及因战、因公、因病一至十级伤残军人进行优抚补助。

落实重点优抚对象抚恤补助标准，从2010年10月起，贵州省再次提高部分优抚对象抚恤标准，大方县按规定提高并足额下拨。按照《军人抚恤优待条例》《一至六级残疾军人医疗保障办法》和《大方县优抚对象医疗保障办法》规定，一至六级残疾军人全部纳入医疗保险，七至十级残疾军人和其他重点优抚对象由民政部门负责全部缴纳农村合作医疗，共为3237名抚恤定补对象缴纳参合金16.19万元。对患病住院的重点优抚对象所支付的医疗费用，在职工医疗保险、城乡居民医疗保险报销的基础上，民政部门按照个人承担的比例实行再报销。足额发放2008年入伍的士兵和2010年年末入伍的新兵家属优待金115.17万元。2011年，下拨优抚对象抚恤补助经费1263万元，对烈属及因战、因公、因病一至十级伤残军人进行优抚补助。开展“关爱功臣”活动，为一至七级伤残军人配发假肢、拐杖、眼镜、轮椅等矫形器材。2012年，落实重点优抚对象抚恤补助标准自然增长机制，下拨优抚对象抚恤补助经费1436.88万元，对烈属及因战、因公、因病一至十级伤残军人进行优抚补助。发放优抚对象医疗补助金20万元。按有关政策落实义务兵家属优待金，按标准发放农村义务兵家属优待金125.51万元。通过整合新农村建设、农村危房改造、民政补助资金，逐步解决优抚对象住房困难问题。开展“关爱功臣”活动，走访慰问生活困难的烈属、伤残军人和在乡老复员军人，每户发放慰问金300元。2013年，下拨优抚对象抚恤补助经费1587.46万元，对烈属及因战、因公、因病一至十级伤残军人进行优抚补助。2014年，下拨优抚对象抚恤补助经费1629.2万元，对烈属及因战、因公、因病一至十级伤残军人进行优抚补助。2015年，下拨优抚对象抚恤补助经费1768.33万元，对烈属及因战、因公、因病一至十级伤残军人进行优抚补助。

2007—2015年大方县烈属、伤残军人补贴标准一览表

表—17－1－1－1　　　　单位：元/人/年

补贴对象	伤残等级	补贴标准								
		2007年	2008年	2009年	2010年	2011年	2012年	2013年	2014年	2015年
烈属（城镇）	/	4930	6000	6900	7940	8730	10480	12050	13860	16630
烈属（农村）	/	3120	3600	4140	4760	5240	6030	6930	7970	11160
残疾军人	战一	14560	18900	22680	26080	28690	32990	37940	43630	52360
残疾军人	公一	14040	18300	21960	25250	27780	31950	36740	42250	50700
残疾军人	病一	13570	17700	21240	24430	26870	30900	35540	40870	49040
残疾军人	战二	13100	17100	20520	23600	25960	29850	34330	39480	47380
残疾军人	公二	12480	16200	19440	22360	24600	28290	32530	37410	44890
残疾军人	病二	11960	15600	18720	21530	23680	27230	31310	36010	43210

续上表

补贴对象	伤残等级	补贴标准								
		2007 年	2008 年	2009 年	2010 年	2011 年	2012 年	2013 年	2014 年	2015 年
残疾军人	战三	11650	15000	18000	20700	22770	26190	30120	34640	41570
残疾军人	公三	10920	14100	16920	19460	21410	24620	28310	32560	39070
残疾军人	病三	10140	13200	15840	18220	20040	23050	26510	30490	36590
残疾军人	战四	8470	12300	14760	16970	18670	21470	24690	28390	34070
残疾军人	公四	8580	11100	13320	15320	16850	19380	22290	25630	30760
残疾军人	病四	7800	10200	12240	14080	15490	17810	20480	23550	28260
残疾军人	战五	7280	9600	11520	13250	14580	16770	19290	22180	26620
残疾军人	公五	6550	8400	10080	11590	12750	14660	16860	19390	23270
残疾军人	病五	5930	7800	9360	10760	11840	13620	15660	18010	21610
残疾军人	战六	5820	7500	9000	10350	11390	13100	15070	17330	20800
残疾军人	公六	5460	7080	8520	9800	10780	12400	14260	16400	19680
残疾军人	病六	4680	6000	7200	8280	9110	10480	12050	13860	16630
残疾军人	战七	4350	5700	6840	7870	8660	9960	11450	13170	15800
残疾军人	公七	3880	5100	6120	7040	7740	8990	10240	11780	14140
残疾军人	战八	2880	3600	4320	4970	5470	6290	7230	8310	9970
残疾军人	公八	2480	3300	3960	4550	5010	5760	6620	7610	9130
残疾军人	战九	2180	3000	3600	4140	4550	5230	6010	6910	8290
残疾军人	公九	1870	2400	2880	3310	3640	4190	4820	5540	6650
残疾军人	战十	1460	2100	2520	2900	3190	3670	4220	4850	5820
残疾军人	公十	1250	1800	2160	2480	2730	3140	3610	4150	4980

三、安置

1991—1992 年，大方县接收复退军人中，城镇退役士兵、伤残军人、二等功获得者按政策规定全部安置到适当岗位工作，农村义务兵全部回农村一线从事生产。1993 年，接收退伍军人中，城镇非农业人口退伍兵、志愿兵、伤残军人按安置政策规定全部安排工作，农村户口退伍军人按每人 80 元发放安置费，回农村从事生产。1994 年，接收安置退伍军人中城镇义务兵、伤残军人，农村义务兵回乡从事生产。1995 年，根据《退伍义务兵安置条例》规定，城镇退伍兵、伤残军人、转业志愿兵全部安置工作，农村退伍兵回乡从事生产。

1996 年，接收退伍军人中，城镇义务兵、转业志愿兵全部安置工作，农村退伍兵回乡从事生产。1997 年，接收退伍军人中，城镇义务兵、伤残军人、转业志愿兵全部安置在企业、缺编事业单位工作，农村退伍兵回乡从事生产。1998 年，接收退伍军人中，城镇义务兵、伤残军人、转业志愿兵、立二等功军人，全部安置在工商、邮电、烟草等部门工作（包括异地安置），农村退伍兵回到农村一线从事生产或到乡镇企业工作。1999 年，接收退伍军人中，城镇义务兵、伤残军人、转业志愿兵、立二等功军人全部安置工作，其中，一部分安置到电信部门、供电部门、烟草部门、气象部门、自来水公司、工商部门、新华书店，一部分安排到乡镇工作。农村退伍兵回乡从事生产。

2000 年，按当时政策规定安排，农村义务兵安置回农村从事生产，志愿兵、立二等功军人、伤残军人和城镇义务兵全部安置在国家机关和企、事业单位就业。2001 年，接收退役士兵中，转业志愿兵、城镇义务兵、农村义务兵及伤残军人，对应安置的城镇义务兵进行安置，对自愿自谋职业者给予一次性经济补偿 2.5 万元。对农村义务兵安置回农村从事生产。2002 年，按照当时政策规定，城镇退伍士兵全部安置就业，农村士兵全部安置回农村从事生产。2003 年，对全部需安置的城镇义务兵采取联系外地安置、县内安置就业等方式，农村义务兵全部安置回农村从事生产。2004 年，按照贵州省和毕节地区安置政策和安置工作会议精神，伤残军人和 10 年军龄士官全部安置就业，对应安置就业的城镇退伍义务兵，通过考试择优进行本地安置，其余联系外地安置。农村义务兵全部安置回农村从事生产。2005 年，伤残军人、10 年军龄士官、二等功军人和城镇退伍义务兵全部得到安置，农村义务兵全部安置回农村从事生产。

2006 年，接收复退军人，有城镇退役士兵、10 年军龄士官、伤残军人、立二等功军人。按政策规定符合安置条件的，联系外地安置后，剩余人员按 3 万元/人一次性资金补贴进行安置。对农村退役的士兵，采取助困帮扶、培训推荐就业的方法，予以适当安置。2007 年，城镇退役士兵中，士官、伤残军人、二等功获得者按政策规定予以安置。对外联系安置后，其余部分按考试择优安置 60% 的政策，考试安置一部分，另一部分进行一次性资金补贴 3.2 万元。农村退役士兵通过培训推荐就业或自谋职业，对于少部分困难对象，给予住房补贴或粮食补贴。2008 年，接收退伍军人，其中，有农村义务兵、城镇义务兵、伤残军人、立三等功军人。对士官，按照当年政策安排一部分就业，农村义务兵安置回农村从事生产。2009 年，提高自谋职业安置补偿标准，城镇退役士兵为 3.2 万元/人。对转业士官、伤残军人按政策规定予以安置。对城镇退役士兵，考试择优安置 60% 到乡镇事业单位，对未达到择优录用条件的给予 3.5 万元资金补贴自谋职业。对农村退役士兵，采取帮扶和培训推荐就业相结合的方法适当给予安置。2010 年，对转业三级士官、伤残军人、二等功获得者按政策规定予以安置。通过考试择优安置一部分到乡镇缺编事业单位，未达到择优录用条件的给予每人 3.72 万元一次性资金补贴自谋职业，城镇退役士兵由垂直单位安置。对农村退役士兵采取帮扶和培训推荐就业相结合的方法适当给予安置。

2011 年，根据《大方县城镇退役士兵安置实施方案》，对符合安置条件的城镇退役士兵，按考试择优安置 60% 的比例安置，其余自谋职业，补助经费 4.24 万元/人。推进城镇退役士兵自谋职业，拓宽安置渠道，动员退役士兵自主创业。联系县内外各企业，推荐吸纳退役士兵就业。组织 2010 年退役的士兵免费参加技能培训，提高就业能力。2012 年，除按政策规定对三级士官和伤残军人予以安置外，其余退役士兵不再进行安置。2013 年，接收退役士兵，三级士官按政策规定予以安置。县公安特、巡警大队培训录用一部分，在面向社会公开招考一部分事业单位工作人员中，专设职位面向本县户籍退役士兵择优录用。2014 年，接收复退军人，三级士官按政策规定予以安置，一部分退役士兵参加省劳动厅组织的职业技能培训，一部分参加本县驾驶技术培训，受训人员中，推荐一部分到适合岗位就业。2015 年，接收复退军人，对符合安置政策的城镇退役士兵予以安置，其余自谋职业，共发放一次性经济补助金 154.26 万元。

截至 2015 年，对全县健在的军队离退休干部、无军籍职工进行妥善安置。

第二节　救灾救济

1991—2015 年，大方县各年度均有不同程度自然灾害发生。县人民政府在领导受灾群众生产自救的基础上，拨付救济粮、救灾款及部分救灾物资，及时发放给灾区群众。

1991—1992 年，县内主要遭受大风、冰雹、洪涝及干旱灾害，无重大灾情记录，救灾方式主要为发放救济粮。

1993 年，全县灾情频繁，先后遭受霜冻、大风、冰雹、洪水、低温阴雨等自然灾害侵袭，农作物损失严重，受灾面积总计 164.44 万亩，群众生产生活困难。特别是 4 月 26 日、5 月 7 日等几次特大风雹的袭击，导致 31 个乡镇 418 个村 3326 个村民小组 17.27 户 75.98 万人受灾，受灾 69.27 万亩，成灾 15.75 万亩。因灾减产粮食 1930 万公斤，毁坏烤烟 3.2 万亩。因灾造成 5 人死亡、54 人受伤，37 头大牲畜死亡。山洪冲毁公房 16 间，损坏公房 536 间、民房 8536 间，倒塌 1877 间。水拉沙压田土 1.1 万亩，当年不能恢复种植 1430 亩。吹断树木 7.98 万棵，损坏树苗 11.57 万株。经济损失 3500 万元。灾情发生后，全县组织捐款 6.8 万元、衣物 1000 多件、粮食 1.4 万公斤，并及时发放到灾民手中。地区行署下拨救灾款 45 万元，地区烟草局支援救灾资金 8 万元，县财政拨救济款 10 万元，地区民政局拨救济粮 4 万公斤。同时，做好定期定量救济，发放定期定量救济款 9.42 万元，解决城镇困难户 170 人、“五保”户 37 人、享受国家定期定量补助的退职人员 24 人、享受原工资 40% 待遇的退职人员 140 人、百岁老人 8 人的生活困难问题。遣送流浪乞讨人员和被拐卖妇女 11 次 20 人、迷路儿童 4 人。为在精神病院治疗的 20 名病人发放生活补助，给全县“五保”户、特困户、重灾户发放救济衣物 2801 套、棉毯 645 床、棉被 29 床。在百纳乡开展农村社会养老保险试点工作。

1994 年 4 月 26 日至 5 月 24 日，六龙、黄泥塘、猫场、羊场、文阁、高店、绿塘、双山等 31 个乡镇先后遭受暴风、洪涝等自然灾害，385 个村 3761 个村民小组 12.35 万户 51.88 万人受灾，成灾人口 20.09 万人。农作物受灾 52.22 万亩，成灾 41.27 万亩。因灾损失夏粮 1.91 万吨，倒塌民房 1797 间，损坏民房 6435 间，死亡 2 人，伤 74 人，直接经济损失 3498 万元。7 月 1 日—8 月 27 日，东关、大方、理化、绿塘、黄泥塘 5 个乡镇分别遭受特大风暴和洪涝灾害，41 个村 290 个村民小组 1.73 万户 7.34 万人受灾，成灾人口 10.5 万人。农作物受灾面积 6.43 万亩，成灾 2.75 万亩，因灾损失粮食 1373 吨，损失烤烟 130 吨，直接经济损失 263.5 万元。灾情发生后，县人民政府先后下拨救济粮 95 万公斤，解决 7720 户 3.17 万人春荒和青黄不接时期生活困难，解决 3705 户灾民缺种困难，为 156 户灾民下拨 5 万元救济款修复因灾倒塌房屋 224 间。接收北京市捐赠衣被 11.43 万件并及时发放到 499 个村 4480 户 7.98 万人手中。发放享受定期救济的“五保”户、困难户、精简退职人员、一年一次性生活救济人员等 504 人定期补助金 9.3 万元。

1995 年，春节期间走访慰问“五保”户 3505 户 4188 人，发放慰问金 6.46 万元。春荒期间下拨救济粮 40 万公斤，解决无自救能力困难户的生活问题。5 月初和 6 月初，分别连续降雨 7 昼夜，文阁、鼎新、三元、百纳、普底、达溪、兴隆、八堡、果瓦等 12 个乡镇遭受严重洪涝灾害，144 个村 809 个村民小组 3.56 万户 14.55 万人受灾。受灾 15.86 万亩，成灾 8.73 万亩，绝收 1.31 万亩，损失粮食 348.8 万公斤。烤烟受灾 8400 亩，损失产量 27.16 万公斤。冲毁沟渠 352 条、涵洞 11 个、公路 485 处 5.7 千米。损坏民房 151 间，倒塌 47 间，损坏畜圈 159 间，倒塌 84 间，伤亡牛马猪羊共 102 头（匹、只），损坏烤烟房 116 栋，倒塌 43 栋。死亡 4 人。造成直接经济损失 4172 万元。灾情发生后，县委、县人民政府下拨救济粮 78.6 万公斤，解决重灾户夏秋生活困难。发放享受国家生活定期补助 354 人定补金 6.8 万元，发放 20 世纪 60 年代初精简下放人员 136 人一年一次性生活救济金 2.45 万元。

1996 年，春荒期间，购买 22.25 万公斤救济粮发放给 36 个乡镇救济灾民和贫困户，拨款 10.7

万元给羊场镇穿岩村红河村民组33户135人修建安居工程。5月23日—8月6日，全县遭受风雹、洪涝等自然灾害6次，36个乡镇普遍受灾。三元、竹园、东关、黄泥塘、大水、马场、鼎新、沙厂、达溪9个乡镇受灾最严重，受灾范围160个村173个村民小组5.27万户19.58万人。夏收作物受灾4.03万亩，成灾2.95万亩，绝收2.4万亩，因灾损坏粮食500万公斤、烤烟200万公斤、种子50万公斤。损坏民房4578间，其中倒塌592间，折断树木3万余棵，洪水冲毁公路17处、桥梁4座、水库2座、水塘21个，因灾死亡4人，直接经济损失5000万元。灾情发生后，县人民政府购买救济粮89.5万公斤、投入18.4万元救灾款购买种子等生产资料救济灾民，帮助恢复生产，投入2000多人次抗灾救灾，帮助灾民修复住房592间。

1997年，春节前组织走访“五保”户、特困户、重灾户1.64万户，发放救济粮19.8万公斤、慰问金9.68万元、猪肉430公斤、白糖205公斤、白酒76公斤、煤炭43吨，解决不能回家过年住院病人生活困难。4—8月，全县发生风雹、洪涝灾害16次，27个乡镇263个村2073个村民小组6.4万户26.72万人受灾，成灾20.37万人。死亡4人，受伤9人。农作物受灾147.92万亩，成灾107.4万亩，绝收6.2万亩，损失粮食104吨，减产粮食2.89万吨、油料250吨、烤烟694吨。房屋倒塌368间、损坏1393间。直接经济损失5418万元。8—9月，县境连续干旱48天，全县受灾11万亩，成灾9.02万亩，减产烤烟6090吨、辣椒1890吨、花生430吨，直接经济损失8273万元。灾情发生后，上级政府拨款43万元，购买粮食1131吨，解决“五保”户、特困户1.32万户4.98万人的吃饭问题，下拨8.35万元，解决因灾房屋倒塌的178户718人的住房维修问题，投资46.26万元实施“民政安居工程”，建房52栋146间2790平方米，受益52户231人。接收并发放深圳市捐赠衣物29.68万件。

1998年，县境遭受4次自然灾害袭击，全县36个乡镇428个村3282个村民小组17.85万户49.39万人受灾。受灾128.18万亩，成灾78.47万亩，绝收8.33万亩。毁坏耕地7.7万亩，因灾减产粮食6242.06吨、烤烟524.8吨、油料65吨。房屋倒塌1332间、损坏4093间，折断树木1.53万棵、树苗7.55万株。因灾死亡9人，伤7人，死亡大牲畜70头（匹）、猪54头。旱灾造成21.54万人2.75万头（匹）人畜饮水困难，未灌溉稻田面积5.79万亩，枯竭山塘1180个、水库25个、水井1800口，干断沟渠1260条、河流40条。全年灾害造成经济损失1.81亿元，其中农业经济损失1.62亿元。县人民政府下拨救济粮45.5万公斤，解决群众生活困难和损种补助；下拨灾民建房补助款32.64万元，帮助无自救能力的灾民和不能自食其力的“五保”户维修和重建住房。做好救济保障，保障享受国家救济对象的基本生活，发放城镇孤老25人生活定期补助金9300元、城镇困难户130户156人生活定期补助金3972元、20世纪60年代精简下放职工享受原工资40%待遇救济款127人2.98万元、20世纪60年代初精简下放职工生活定期救济款17人2688元、新中国成立初期起义、宽释人员生活救济款5人1044元。春节期间走访慰问“五保”户、特困户、重灾户2739人，发放慰问金4.22万元，发放精简下放老职工一次性生活困难救济金131人2.62万元。全年发放救济棉被692床、衣服1358套、毛毯52床、鞋3128双。开展抗灾救灾捐赠活动，全县74个县直机关和25个乡镇7055人参与捐赠，捐款17.25万元，物资折款4.99万元，根据省地要求，全部捐款上交省民政厅汇往灾区，捐赠衣物发放给县内灾民和贫困户。

1999年，全县发生灾情12次，其中，洪涝灾害8次，大风、冰雹灾害3次，稻瘟病灾1次。全县36个乡镇431个村3365个村民小组18.3万户74.28万人受灾，成灾人口49.02万人。农作物受灾116.75万亩，成灾74.5万亩，绝收4.85万亩。因灾减产粮食4.27万吨、油料63吨、烤烟4103吨，毁坏耕地2.14万亩。倒塌房屋1569间，损坏房屋3082间。因灾死亡4人，伤4人，死

大方县抗旱救灾现场（2001 年 7 月摄）

亡大牲畜 8 头（匹）。直接经济损失 1.22 亿元，其中农业直接经济损失 1.18 亿元。全县下拨救济粮 37.7 万公斤，救济“五保”户、特困户、重灾户 6614 户 2.51 万人；下拨建房补助款 48.9 万元，修建 5 个“安居工程”，共 477 间 6900 平方米，解决 149 户 606 人住房困难；拨款 2.13 万元帮助 47 户灾民维修住房。做好救济保障，下拨定期救助金 7.52 万元，救济 299 户 325 人；发放 20 世纪 60 年代精简下放职工享受原工资 40% 待遇救济金 125 人 2.93 万元、精简下放职工生活定期救济款 17 人 2688 元、新中国成立初期起义、宽释人员生活救济款 6 人 1680 元。春节期间走访慰问“五保”户、特困户、重灾户共计 2500 户 2751 人，发放慰问金 4.24 万元，发放精简下放老职工一次性生活困难救济金 129 人 2.58 万元。发放救济棉被 400 床、衣服 2140 套。县人民政府拨款 59.2 万元，帮助无钱建房的 148 户群众修建住房，户均补助 4000 元。

2000 年，春节期间走访慰问“五保”户、特困户、重灾户 2884 户，发放慰问金 4.7 万元，发放 20 世纪 60 年代初精简下放老职工 129 人一次性生活困难救济费 2.58 万元。5 月 7 日、6 月 3—5 日，县境分别受到特大风、雹、雨、泥石流灾害，全县 19 个乡镇 269 个村 2324 个村民小组 6.93 万户 28.05 万人受灾，农作物受灾 54.31 万亩，成灾 27.55 万亩，绝收 4.76 万亩，损失粮食 1220 万公斤，其中，夏收农作物受灾 20.86 万亩，成灾 7.89 万亩，绝收 5.83 万亩，损失产量 914 万公斤，损失油菜籽 87 万公斤；秋收作物受灾面积 33.43 万亩，成灾 15.76 万亩，损失各类种子 89.74 万公斤，损失烟苗 5764 厢。水淹麻窝 1764 个 2974 亩，水拉沙压田土 9441 亩。损坏房屋 3063 间，房屋倒塌 296 间。死亡 28 人，伤 43 人，死亡大牲畜 83 头（匹）。各类损失折款 3337.86 万元。灾情发生后，县人民政府下拨救济款 89.9 万元，落实救济棉被 450 床，社会各界捐赠衣物 320 包 1.28 万件，单衣 960 件，救济药品和消毒药品折款 2000 多元，直接救济“五保”户、特困户和重灾户。全县下拨定期救济经费 5.1 万元，救济 213 户 228 人。

2001 年，县境连续遭受干旱、大风、冰雹、低温、冷冻、病虫害等自然灾害。全县 36 个乡镇 499 个村 3831 个村民小组 20.24 万户 87.8 万人受灾。农作物受灾 121.21 万亩，成灾 57.56 万亩，因灾减产粮食 5.33 万吨。其中，夏收作物受灾 50.76 万亩，成灾 20.51 万亩，绝收 3.44 万亩，损失产量 2.29 万吨；秋收农作物受灾 70.45 万亩，成灾 37.05 万亩，损失产量 2.34 万吨。损坏房屋 4658 间，倒塌 2288 间。死亡 15 人，伤 17 人，死亡大牲畜 26 头（匹）。各项损失折款 1.77 亿元。灾情发生后，县人民政府下拨救灾款 98.32 万元，救济粮 50 万公斤救济灾民和贫困户、重灾户。下拨定期救济费 4.11 万元，救济 169 户 187 人，组织对农村极贫无房户进行摸底调查，核实全县农村极贫无房户 1138 户。

2002 年，县内持续遭受大风、暴雨、干旱、洪涝、滑坡、泥石流、低温凝冻、病虫灾害等各种自然灾害，全县496个村3900个村民小组21.71万户90.8万人受灾。农作物受灾72万亩，成灾50.4万亩，绝收25.2万亩。倒塌住房2645间，损坏房屋3475间。各项损失折款1.47亿元。县人民政府下拨救济款204.7万元到各受灾乡镇购买救济粮给灾民和贫困户，发放救济棉被320床、衣服11万套，下拨定期救济费3.2万元，救济137户151人。县人民政府筹集资金114.8万元，户均按4000元标准补助，解决大方镇、绿塘乡、猫场镇、高店乡、小屯乡、凤山乡、兴隆乡、大山乡、黄泥乡、普底乡、百纳乡、星宿乡12个乡镇287户极贫无房户住房问题。

2003年，全县遭受2次特大干旱和多次大风、冰雹、洪涝、滑坡、泥石流等灾害袭击，36个乡镇367个村3903个村民小组23.8万户91.48万人受灾，成灾86万人。全县因灾造成87万人饮水困难。农作物受灾288万亩，其中，粮食作物263.1万亩，经济作物24.9万亩。成灾244.8万亩，其中，粮食作物223.5万亩，经济作物21.3万亩。绝收43.35万亩，其中，粮食作物37.35万亩，经济作物6万亩。粮食减产1.55万吨，烤烟减产8074吨，油料减产1572吨，其他经济作物减产9536吨。倒塌房屋945间，损坏房屋1673间。损毁耕地3987亩，折断树木51.06万棵，毁损公路376.95千米，毁损桥梁15座。各类经济损失折款4.19亿元，其中农业直接经济损失3.94亿元。县人民政府发放救济棉被160床，衣服11万套，下拨救灾款283.59万元，救济粮40万公斤，解决2.05万户受灾户、特困户、“五保”户实际生活困难，使8.58万人得到救济。接受社会捐赠衣物2万套、粮食2500公斤、善款4万元，全部发放给重灾户和贫困户。解决救灾资金21.6万元，帮助72户灾民建房144间，惠及252人。县人民政府筹集建房资金160万元，在东关乡、竹园乡、响水乡、双山镇、文阁乡、鼎新乡、牛场乡、羊场镇、鸡场乡、黄泥塘镇、核桃乡、达溪镇、八堡乡、瓢井镇、长石镇、果瓦乡、雨冲乡、沙厂乡、大水乡、三元乡20个乡镇实施农村极贫无房户安居工程，户均补助资金4000元，修建民房400户1374间1.28万平方米。

2004年，县内多次遭受大风、暴雨、洪涝、滑坡等自然灾害，农作物受损严重。全县36个乡镇213个村1962个村民小组8.77万户35.41万人受灾，成灾17.24万人。农作物受灾49.68万亩，其中，粮食作物48.52万亩，经济作物1.16万亩。成灾23.87万亩，其中，粮食作物23.32万亩，经济作物5550亩。绝收3.02万亩，其中，粮食作物2.86万亩，经济作物1740亩。粮食减产2.98万吨，油料减产220.4吨，其他经济作物减产277.48吨。损毁耕地1782亩。倒塌房屋840间，损坏房屋605间。各项受灾损失5736.85万元，其中农业直接经济损失5705.85万元。县人民政府下拨救灾款308.64万元，用于救济受灾生活困难群众和毁损住房的恢复重建。

2005年，县境多次遭受大风、冰雹、洪涝、泥石流、干旱、低温等自然灾害，全县36个乡镇367个村3903个村民小组11.55万户48.03万人成灾，直接经济损失1.36亿元，其中，农业直接经济损失1.34亿元，其他经济损失210万元。灾情发生后，县财政下拨救灾救济款294万元，其中，上级拨款225万元，省级粮差款24万元，县财政匹配45万元，全部发放到受灾乡镇用于解决群众的临时生活困难。救济灾民2.58万户8.19万人次。用30万元为东关乡30户111人因山体滑坡搬迁重建住房120间。按人均年补助标准20元，为“五保”户3943户4489人、因病因残丧失劳动能力的1.8万户4.21万人发放救助资金841.02万元，上级下拨“五保”户补助款116.6万元，县匹配45万元，使“五保”户人均年补助标准达360元。

2006年，全县先后遭受大风、暴雨、洪涝、泥石流、滑坡及干旱灾害。农作物受灾和居民住宅损毁严重，农作物受灾72万亩，绝收14.4万亩。全县36个乡镇367个行政村3841个村民小组23.87万户93.27万人不同程度受灾，其中重灾181个村1895个村民小组11.77万户45.98万人。因灾造成320人被困，42.9万人饮水困难，4人死亡，2人受伤，1人失踪，倒塌住房495间，损坏住房962间。各类经济损失8895.6万元。灾情发生后，上级下拨救济款222万元，地级粮差款33万元，省级粮差款24万元，县级财政匹配救灾款40万元，合计319万元，购买救济粮139.43万公斤，直接发放到受灾乡镇灾民手中。同时下拨救济款45万元，建房补助款116万元，解决1.33万户4.12万人的生产生活困难及406户1930人的住房困难。对农村特困户4.21万人，人均发放救助金200元，共发放救助金841.02万元。

2007年，全县受大风、冰雹、洪涝、泥石流、滑坡及干旱等自然灾害影响，群众生活困难。县人民政府购置粮食500吨，接受社会捐款3.36万元，县财政拨款16万元，直接下拨给受灾群众手中，使5233户1.5万人生活得到保障。县财政下拨26.4万元用于灾民建房补助，总计建房126间，解决63户258人住房困难。得到上级补助资金50万元，解决竹园乡尖山组、熊寨二组50户224人的住房困难。对全县6333户7902人"五保"供养对象和丧失主要劳动力的4.21万病残人员给予救助，拨付救助金420.51万元。20世纪60年代精简退职老职工190人中，享受40%救济的有48人，人均补助600元，定补10人，人均补助770元，未享受救济补助的有132人，省级下拨3.9万元，地级下拨3.8万元，县级匹配7.2万元，共计14.9万元进行补助，人均875元。

2008年，全县遭受百年不遇的雪凝灾害，90多万人的生命财产受到严重威胁，因灾造成直接经济损失4.22亿元。县人民政府及时下拨救济粮625吨，救济款293.6万元，救济2.41万户7.47万人。下拨衣被3204床（套），用于临时救济衣被2500床（套），解决1840户5704人的缺衣少被困难。拨付建房补助款1043.1万元，解决居民倒塌房屋1273户2546人住房困难。恢复重建因灾损坏住房1893户4277间，投入建房补助资金1256.95万元。在贵毕高等级公路沿线实施危房改造247户694间，投入改造资金349万元。

2009年，上级下拨自然灾害生活补助款250万元，省级救济粮差价补贴款25万元，地级粮差价补贴款30万元，上年结转自然灾害救济款165万元，其他结转资金27.99万元，县级财政匹配款170万元，危房改造资金15万元，共计682.99万元，用于解决群众生活住房困难。下拨285万元作为受灾农户343户1281人恢复重建经费，建房686间，其中，包括农村"五保"户50户60人三级危房改造费，71户319人的滑坡灾后重建费；下拨125万元购买粮食625吨，解决6521户2.08万贫困人口生活困难；下拨273万元解决1.56万户5.46万人的临时困难。另外，对缺衣少被的2347户5500人发放救济衣服2050套，棉衣1430件，棉被1740床。制定34个乡镇及336个村自然灾害救助应急预案。在大方镇城中社区、大方镇中学、大方一中、大方三中和大方一小设置自然灾害避难场所。安排倒塌、损毁房屋恢复重建资金224万元，解决290户1070人住房困难。

2010年，上级下拨自然灾害生活补助款244万元，省级救济粮差款补贴25万元，地级粮差价补贴款25万元，县匹配款150万元，抗旱救灾捐赠款718.36万元（其中县级捐赠款117.36万元），上级结转295万元，共计1457.36万元，全部拨付给灾民用于解决生活、饮水及住房困难。其中，下拨130万元给153户588名灾民恢复重建房屋306间；下拨110万元购买粮食423.08吨，解决2970户9500人生活困难；下拨1117.16万元解决6.15万户21.53万人的临时生活及饮水困难。

2011年，发生低温冷冻雪凝灾害及夏秋高温干旱，受灾人口76.54万人，紧急转移安置人口743人。因灾死亡1人（雷击）、大牲畜279头（匹）、山羊4935只。倒塌居民住房75间，损坏房屋174间。旱灾造成20.2万人饮水困难，农作物受灾64.15万亩，成灾35.83万亩，绝收16.01万亩，直接经济损失5.22亿元。其中，农业损失4.93亿元，基础设施及家庭财产等损失2916.47万元。2010年12月—2011年5月，全县投入救助资金899.5万元，救助人口8.72万人。

2012 年，全县累计受灾人口 1.95 万人次，农作物受灾 13.26 万亩，成灾 5.86 万亩，绝收 1.04 万亩，倒塌房屋 51 户 88 间，不同程度损坏房屋 496 户 1014 间，紧急转移安置 1298 人，直接经济损失 3761.47 万元，其中农业直接经济损失 2007.97 万元。灾情发生后，县委、县人民政府划拨 200 万元救灾款购置救灾物资，划拨 120 万元到受灾乡镇救助受灾群众，划拨 160 万元作灾后恢复重建经费。2011 年 12 月—2012 年 5 月，投入 2761 万元资金，救济灾民及困难群众 10.71 万人。

兴隆乡发放冬春救助粮现场（2014 年 1 月 25 日摄）

2013 年，全县累计受灾人口 38.61 万人，农作物受灾 27.13 万亩，成灾 15.63 万亩，绝收 11.1 万亩，直接经济损失 3.25 亿元。因天旱少雨，导致 2.54 万人 5965 头（匹）大小牲畜饮水困难。发放救助粮 2018.98 吨，救济灾民 8.59 万人，发放救助金 419.7 万元，救助灾民 3.41 万人。下拨棉衣 2492 件，棉被 3966 床，救助灾民 6354 人。冬春期间物资救助 11.64 万人次。

2014 年，全县有 19 个乡镇 2.14 万人受灾，农作物受灾 1.51 万亩，成灾 3296.1 亩，绝收 793.5 亩。紧急转移安置 405 人，其中，集中安置 87 人，分散安置 318 人。灾情造成直接经济损失 1527.5 万元，其中，农业直接经济损失 1248.4 万元，基础设施损失 187 万元，家庭财产损失 92.1 万元。损毁房屋 49 户 133 间，其中，倒塌 13 户 31 间，严重损坏房屋 10 户 20 间，一般损毁房屋 26 户 82 间。2013—2014 年，度拨付资金 1145 万元，解决 8.65 万名受灾群众生产生活困难。

2015 年，全县需要救助的困难户有 3.39 万户 6.28 万人，县人民政府组织采购价值 120 万元的救助物资，其中，棉被 2461 床、棉衣 1500 件、棉衣裤 200 套、单衣裤 600 套、救灾帐篷 100 顶、棉鞋 1000 双、床上用品 672 套。采购价值 687 万元的冬春救助粮 1258.2 吨，组织乡镇、街道及时发放到灾民手中，全县 6.28 万人得到救助。

第三节　互助储金会

大方县农村互助储金会始建于 1989 年，属非营利性民间互助合作组织，旨在通过民间互助互储的形式解决会员生产、生活应急需要，是基层村民委员会或村民小组范围内由村民自愿发起设立的群众性互助团体。其基本宗旨是救灾备荒、扶危济困、救急解难、服务群众生产生活，由民政部门倡导，村（组）管理。1994 年，全县有互助储金会 80 个、入会农户 1.1 万户、入会股金 5.6 万元、入股粮食 11 万公斤。

由于村（组）管理粗放，在互助储金会发展过程中，出现互助储金会以高息向群众、个人募集和放贷的情况，扰乱农村金融秩序。有的互助储金会代办员开办个人钱庄或携款外逃，非法集资，呆账坏账无法兑付。1996年，全县互助储金会达242个，针对一部分互助储金会管理混乱的状况，县人民政府开展清理整顿工作，242个互助储金会中运行较好的有148个，运行一般的73个，运行较差的21个。经乡镇政府批准报县民政局备案、有章程、粮款管理办法及有关规章制度的230个。是年，互助储金会有资金1740万元，粮食42.2万公斤。

1997年，贵州省民政厅明文规定：储金会收取资金占用费不得高于国家金融部门规定的利率标准。是年，国家金融一年期年利率为5.67%、月息0.47%，而村民向互助储金会贷款的年息高达30%、月息达2.5%，有的年息36%以上，月息3%以上。1998年，国务院办公厅转发《中国人民银行整顿乱集资乱批设金融机构和乱办金融业务实施方案的通知》，规定救灾扶贫互助储金会一律不得办理或变相办理存贷款业务，同时发布《非法金融机构和非法金融业务活动取缔办法》，民政部下发《关于清理整顿农村救灾扶贫互助储金会的紧急通知》，部署清理整顿工作。大方县对互助储金会进行检查验收，对合格的登记发证，对不合格的限期整改或取缔。

1999年起，按照省民政厅文件精神，大方县开始组织人力对原有的242个互助储金会进行清理整顿，把债务清偿作为清理整顿验收的关键工作来抓，坚决贯彻“谁批准、谁负责；谁用钱、谁还款；谁担保、谁负相应责任”的原则，采取教育、行政、经济、法律等手段催收债务，维护社会稳定。是年，有178个自然解体，有8个经验收合格，有56个继续清偿债务，清偿债务924万元。到2001年年底，仍有45个互助储金会欠会员股金和粮食，全县收回借款200余万元，粮食4万多公斤，全部兑付给股民。2002年，县人民政府出台《大方县清理整顿农村合作基金会和农村救灾扶贫互助储金会实施方案》和《大方县关于切实加强清理整顿农村“两会”工作的通知》（“两会”即农村合作基金会和互助储金会），进一步强化清理农村合作基金会、清理互助储金会（以下简称“两清”）工作，并纳入年终目标考核。清理整顿工作促使部分互助储金会自行关闭，停止非法金融活动。2003年，完成全县互助储金会清产核资工作，干部职工拖欠互助储金会的贷款基本缴清。2004年，县人民政府再次从农业、民政、监察、财政、公安、法院、检察院、人民银行、信用联社等单位抽人组成县“两清”工作领导小组，设办公室在县人民政府办公室，专门领导农村“两会”清理工作。自此，全县“两清”工作全面铺开，采取抓重点、促全面的工作方法，县领导小组成员深入大方镇、理化乡、猫场镇、鼎新乡等重点乡镇指导开展工作。在理化乡对4个互助储金会628户存款户进行清理，其中手续不完备和私自放款无担保人的有150户31.62万元，贷款人或担保人不认可的有29户6.54万元，贷款人死亡的有21户3.79万元，担保人死亡的有22户13.64万元，贷款无偿还能力的特困户有119户21.61万元。清收103户30.82万元，逮捕违法办会人员1人，拘留贷款户1人，涉及金额7.4万元。起诉29户，其中，受理20户，涉及金额11.21万元。理化乡互助储金会贷款余额下降到10.03万元，存款余额下降到172.32万元。2005年12月，将历次清收的10.91万元，按比例兑现给理化乡理化村、营盘村、长春村、偏坡村74户存款户。2006年后，“两清”工作基本停止。2013年，全县尚存互助储金会30个，涉及乡镇12个，有存款户3614户，股金1160.1万元，贷款户5333户，金额943.4万元。

第四节 社会福利

一、老龄津贴

从1991年起，大方县开始实施发放老龄津贴政策。1991—1994年，按10元/人/月标准发放百岁老人生活补助，4年共发放津贴35人次4200元。1995—1999年，按30元/人/月标准发放，5年发放津贴15人次9000元。根据毕节地区老龄委员会《关于进一步完善老年优待证优待内容的建议》，2000—2004年，按照50元/人/月标准发放，5年共发放老龄津贴15人次9000元。2005—2012年，按照100元/人/月标准发放，8年共发放老龄津贴70人次8.4万元。2013年，高龄补助发放范围增加至90周岁以上老年人生活补贴，90至99周岁老人按100元/人/月标准发放，100周岁以上老人按200元/人/月标准发放，发放补贴842人次48.42万元。2014—2015年，高龄补贴发放范围增至80周岁以上老年人，80至89周岁老人按50元/人/月标准发放，90至99周岁老人按照100元/人/月标准发放，100周岁以上老人按200元/人/月标准发放，共发放补贴资金933.38万元。

1991—2015年大方县老龄津贴发放一览表

表—17-1-4-1　　单位：元/人/月、元

年份	80周岁~89周岁			90周岁~99周岁			100周岁以上			发放总人次	发放总金额
	人次	发放标准	发放金额	人次	发放标准	发放金额	人次	发放标准	发放金额		
1991							10	10		10	1200
1992							10	10		10	1200
1993							9	10		9	1080
1994							6	10		6	720
1995—1997							8	30		8	6480
1998							3	30		3	1080
1999							4	30		4	1440
2000								50			
2001							2	50		2	1200
2002							3	50		3	1800
2003							3	50		3	1800
2004							7	50		7	4200
2005							7	100		7	8400
2006							6	100		6	7200
2007							12	100		12	14400
2008							12	100		12	14400
2009							12	100		12	14400
2010							9	100		9	10800
2011							5	100		5	6000

续上表

年份	80周岁~89周岁			90周岁~99周岁			100周岁以上			发放总人次	发放总金额
	人次	发放标准	发放金额	人次	发放标准	发放金额	人次	发放标准	发放金额		
2012							7	100		7	8400
2013				812	100	452000	30	200	32200	842	484200
2014	9327	50	1399000	907	100	966600	26	200	59200	10260	2424800
2015	20537	50	5796900	1963	100	1050300	58	200	61800	22558	6909000

二、福利彩票及福利资金使用

从1989年开始，毕节地区销售社会福利有奖募捐彩票，操作模式为各县与毕节地区福彩中心联系，在各县销售即开型彩票“刮刮奖”。各县在县域人流量聚集的街道路段摆摊设点销售，销售情况和兑奖情况反馈给毕节地区福彩中心，对销售剩余尾票进行收回或销毁。市面上出现彩票打印机后，即开型福利彩票完全与地区福彩中心对接，销售收入、销售费用、兑奖情况、尾票收回或销毁等均直接向地区福彩中心反馈，每年地区下文下拨部分福彩公益金给各县，用于公益活动、临时救助或支持项目建设。1993年，大方县有奖募捐彩票销售9.5万张，筹集福利资金5.75万元。1994年，结算1993年度有奖募捐彩票售券款17万元，销售s－11期彩票券款85.62万元，销售s－14期彩票券款559.62万元。1995年，按上级文件规定办理公证手续，清理销毁原募捐尾券2.23万张，面值3.06万元，结算已售券销售款8万元的各种手续和费用。1997年1—2月，开展首次100万元福利彩票发行销售活动，销售彩票68.7万元，为全县筹集社会福利资金14.8万元，创全县销售福利彩票最高记录。1998年春节期间，继续销售1997年销售后的剩余福利彩票尾券30万元。1999年，开展赈灾福利彩票发行销售活动，募集赈灾资金5万元，用于支持长江、嫩江、松花江流域的灾民恢复生产、重建家园。2000年3月，大方县与云南泰隆公司共同发行100万张福利彩票，筹集县级福利基金20.67万元。2001—2015年，县级各福利彩票的销售由地（市）级民政部门的福彩中心发行销售管理。

2011年，下达福利彩票资金114.9万元，其中，40万元用于大方县救助站建设，74.9万元用于福利事业彩票公益金支出。

2012年，下达福利彩票资金189.5万元，其中，100万元补助用于大方殡仪馆建设，5万元用于大方镇居家养老服务中心补助，2万元用于大方镇云龙村居家养老服务补助，3万元用于城市临时救助，79.5万元用于公益性事业。

2013年，下达福利彩票资金232.5万元，其中，20万元用于羊场镇穿岩村社区服务建设，10万元用于八堡、百纳、达溪、凤山、瓢井敬老院建设，各2万元，82万元用于公益性事业，81万元用于27个农村幸福院建设，14.5万元用于乡镇养老机构服务建设，25万元用于购置殡葬执法车辆。

2014年，下达福利彩票资金866.43万元，其中，100万用于社会福利院，20万元用于城中社区养老，241.6万元用于黄泥塘镇等乡镇新敬老院建设，89.83万元用于社区老年照料中心建设，40万元用于困境儿童救助项目，250万元用于儿童福利院建设，30万元用于农村幸福院建设，70万元用于公益性事业，25万元用于维修老年之家。

2015 年，下达福利彩票资金 214 万元，其中，30 万元用于大方殡仪馆建设补助，16 万元用于八堡乡水洞村、海龙村幸福院项目，20 万元用于理化乡果木村幸福院建设项目，68 万元用于公益性事业，54 万元用于农村幸福院项目建设，20 万元用于儿童福利院设施设备改扩建，6 万元作为 2013 年度三元、六龙、竹园省级“星级敬老院”奖励资金。

三、福利院建设

县福利院始建于 1992 年，位于县城北郊，总面积 3089.5 平方米，房屋面积 1187.73 平方米，绿化面积 11.3 平方米。1993 年 1 月，福利院建成投入使用。1994 年，福利院聘请炊事人员，改善入院条件，接收第一批入住院民 8 人。1997 年，民政福利经营收入 2.4 万元，办公和生活条件逐步得到改善。1999 年，实施院民饮水工程，修建院民生活设施用房 1 栋，解决院民吃住困难。

从 2000 年起，逐步投入资金，陆续完善院内设施，投入 8 万元，扩建院民生活用房 150 平方米。2001 年，投入 17 万元改造环境卫生设施。2002—2004 年，实施由中国福利彩票资助的社区老年福利服务“星光计划”。2002 年，投入 8 万元修建仿古六角亭和欧式重檐园 2 座，投入 1.3 万元绿化花台草坪，实施旧房维修，投入 5 万元添置健身活动器材。到 2003 年，累计投入 30 万元，改造和扩建福利院 2300 平方米。2003 年 4 月月底，位于县城北郊社会福利院的社区老年福利服务“星光计划”竣工投入使用，集游乐、休闲、健身、学习于一体，院民住房及室外活动场地等生活设施从根本上得到改善。2004 年年初，位于城南大海坝烈士陵园的社区老年福利服务“星光计划”竣工投入使用，集游乐、休闲为一体。2015 年，因福利院设施老旧需更新改造，将 4 名院民安排到大方镇敬老院入驻。

四、救助管理站建设

2012 年 11 月 8 日，县救助管理站挂牌成立，位于大方镇路塘村二组（县城南郊奎峰塔下），占地面积 482 平方米，建筑面积 530 平方米，设置床位 30 张，救助专用车辆 1 辆，在编职工 6 人，聘用职工 24 人。救助管理站与流浪未成年人救助保护中心实行一套班子、两块牌子的管理模式，对县城生活无着落的流浪乞讨人员和其他生活特殊困难人员实施救助管理。2012—2015 年，救助未成年人 224 人次、成年人 1041 人次。

五、敬老院建设

1993 年，大方县启动农村社会养老体系建设，主要保障对象为“五保”老人。拨款 8 万元维修原 8 个乡镇办公用房，建立 8 所乡镇敬老院。2004 年，完善社会福利事业工作机制，乡镇敬老院床位利用率达 78.8%。2005 年，全县有县级福利院 1 所，乡级敬老院 9 所，共有院民 46 人，其中，孤老 37 人，孤残 4 人，孤幼 5 人。2006—2009 年，有院民 42 人，其中，孤老 34 人，孤残 4 人，孤幼 4 人。2006 年，乡级敬老院人均月生活费 130 元，从 2007 年起，乡级敬老院月人均生活费提高到 135 元。基本保障院民生活。县级福利院月人均生活费 177 元，保证医、食、住等方面基本需求。

2009 年开始，国家加大对敬老院建设的投入，各乡镇先后启动工程建设。2009 年后，社会福利院和乡镇敬老院建设投入不断加大、设施不断完善。到 2011 年，全县各乡镇敬老院先后建成投入使用，总投资 6193 万元。各个敬老院内配置娱乐室、阅览室、洗浴室、健身器材，集文化、健身、休闲、娱乐设施于一体。2012 年，县将农村敬老院建设资金 600 万元纳入财政预算，启动羊场镇、小屯乡、雨冲乡、黄泥乡、果瓦乡 5 个乡镇敬老院改扩建工程。按照毕节市有关文件精神，公开招考敬老院管理人员。2013 年，按照每千名老人拥有 20 个床位目标要求，全县 29 个敬老院床位数达到 2188 个。2014 年，县人民政府投入匹配资金 8 万元，在全县 91 个村、9 个乡镇居委会、8

个社区建成居家养老服务工作站，在28个村建成28个幸福院，整合利用敬老院、社区建设、农村老年协会和居家养老服务资源。2015年，全县敬老院入住人员189人次。

2009—2014年大方县敬老院建设情况一览表

表—17-1-4-2　　单位：张、万元、人

序号	乡镇	敬老院名称	修建时间	投入使用时间	床位数	资金投入情况	入住人员	管理人员	备注
1	大方镇	慕俄格敬老院	2009.10	2010.12	40	165	4	6	
2	东关乡	东关敬老院	2009.10	2010.12	40	165	3	8	
3	竹园乡	竹园乡敬老院	2009.10	2010.12	40	165		1	2014年委托金海湖新区管理
4	响水乡	响水乡敬老院	2009.10	2010.12	40	165		1	2012年委托金海湖新区管理
5	双山镇	双山镇敬老院	2009.10	2010.12	40	165		1	2012年委托金海湖新区管理
6	文阁乡	文阁乡敬老院	2009.10	2010.12	40	165		1	2014年委托金海湖新区管理
7	猫场镇	猫场镇敬老院	2009.10	2010.12	40	165	10	4	
8	马场镇	马场镇敬老院	2009.10	2010.12	40	165	10	5	
9	高店乡	高店乡敬老院	2009.10	2010.12	40	165	8	3	2013年高店乡更名为对江镇
10	黄泥塘镇	黄泥塘镇敬老院	2009.10	2010.05	20	20	8	9	老卫生院改造
11	理化乡	理化乡敬老院	2009.10	2010.12	40	165	11	5	
12	达溪镇	达溪镇敬老院	2009.10	2010.12	40	165	5	6	
13	八堡乡	八堡乡敬老院	2009.10	2010.12	40	165	18	6	
14	瓢井镇	瓢井镇敬老院	2009.10	2010.12	40	165	12	8	
15	绿塘乡	绿塘乡敬老院	2010.08	2011.12	40	196		4	
16	鼎新乡	鼎新乡敬老院	2010.08	2011.12	40	196	3	3	
17	牛场乡	牛场乡敬老院	2010.08	2011.12	40	196		3	
18	鸡场乡	鸡场乡敬老院	2010.8	2011.12	40	196		1	2013年合并到黄泥塘镇
19	六龙镇	六龙镇敬老院	2010.8	2011.12	40	196	15	5	
20	凤山乡	凤山乡敬老院	2010.8	2011.12	40	196	6	6	
21	安乐乡	安乐乡敬老院	2010.8	2011.12	40	196	6	5	
22	兴隆乡	兴隆乡敬老院	2010.8	2011.12	40	196	6	4	
23	长石镇	长石镇敬老院	2010.8	2011.12	40	196	6	5	
24	大山乡	大山乡敬老院	2010.8	2011.12	20	20	2	2	
25	沙厂乡	沙厂乡敬老院	2010.8	2011.12	40	196		1	
26	百纳乡	百纳乡敬老院	2010.8	2011.12	40	196		1	

续上表

序号	乡镇	敬老院名称	修建时间	投入使用时间	床位数	资金投入情况	入住人员	管理人员	备　注
27	三元乡	三元乡敬老院	2010. 8	2011. 12	40	196	16	5	
28	星宿乡	星宿乡敬老院	2010. 8	2011. 12	40	196	10	3	
29	核桃乡	核桃乡敬老院	2011. 8	2012. 12	20	20	9	6	
30	果瓦乡	果瓦乡敬老院	2011. 8	2012. 12	40	208	9	3	
31	雨冲乡	雨冲乡敬老院	2011. 8	2012. 12	40	208	7	3	
32	黄泥乡	黄泥乡敬老院	2011. 8	2012. 12	40	208		1	
33	羊场镇	羊场镇敬老院	2011. 8	2012. 12	40	208	1	4	
34	小屯乡	小屯乡敬老院	2011. 11	2012. 12	40	208	4	4	
35	黄泥塘镇	黄泥塘镇敬老院	2014. 12		40	400		1	2014 年新建
合　计					1340	6193	189	134	

六、捐赠

1991—2010 年，由民政部门牵头向社会募集物资和资金活动 56 次，募集各类物资折款及资金总计 3120 余万元。所有募集物资和捐款，全部用于灾区救助、贫困资助，特别是 2008 年汶川“5. 12”特大地震后，大方县组织机关单位和各企事业及广大群众捐款，募集物资和资金近 300 万元，全部捐赠到汶川地震灾区。

2011 年，县慈善会正式成立。收到抗旱救灾捐款 55. 5 万元。2012 年，慈善会向“9. 7”云南彝良地震灾区捐款 174. 99 万元。全县组织募捐活动，社会各界捐款 274. 84 万元，一次性捐助威宁地震灾区。同时，向大方县旱情较严重的部分乡镇捐款 33. 51 万元。

2013 年，慈善会捐款 16. 7 万元用于全县美丽乡村建设。向社会募集资金，为四川雅安地震灾区捐款 185. 25 万元。8 月，资助贫困大学生 5. 64 万元。

2014 年，慰问黄泥乡特困人员，支付慰问金 1. 6 万元。望龙房地产开发有限公司向特困学生捐款 1 万元；资助贫困大学生 5. 1 万元。在杜鹃广场组织募集资金，为刘艳琴捐款 2. 43 万元。海南皇龙制药股份公司向沙厂骂陇小学捐款 6. 3 万元。莲花塘念佛小组向聋哑学校学生捐款 20 万元。贵州中烟工业有限责任公司向小屯乡大田村幸福小学捐款 7 万元。

2015 年 5 月，在县青少年活动中心举行助残日活动，县特殊教育学校“六一”活动学生作品义卖捐款 5. 88 万元；注册登记的大爱大方公益爱心协会成立后，分别资助牛场乡果宝小学，对江小学，高店小学，新铺小学，八堡乡天宝小学，金太阳幼儿园，育德中学等学生校服 1800 余套和《弟子规》等书籍 2 万余册，并对部分留守儿童、孤儿、困难户和孤寡老人进行帮助，送去粮食、菜油、辣椒、棉衣等物资，折款 10 余万元。6 月，贵州国药集团为大方县 5 个贫困学校捐款 70 万元建立亲情视频聊天室。7 月，县慈善会资助贫困学生 8000 元。8 月，引导农业银行大方支行向黄泥乡捐款 3. 99 万元。同年 5 月，大爱大方公益爱心协会成立后，分别资助牛场果宝小学、对江小学、高店小学、新铺小学、八堡乡天宝小学、金太阳幼儿园、育德中学等学生校服共 800 余套和《弟子规》等书籍 2 万余册，并对部分留守儿童、孤儿、困难户和孤独老人进行帮助，送去粮食、菜油、辣椒、棉衣等物资，折款共 10 余万元。

第五节 村（居）民委员会

大方县村（居）委会每届任期3年。1993年为撤区并乡建镇后的第一届村（居）委会换届期。根据《中华人民共和国村民委员会组织法》，完成36个乡镇499个村委会30个居委会领导班子换届选举。1994年，按照“四个一”（一个好的领导班子、一个好支书主任、一套好的管理制度、一条好的发展路子）工程要求，对全县499个村委会30个居委会进行整顿，改选101个村委会14个居委会领导班子，健全基层政权组织。在36个村开展村民自治示范活动，推进村级民主与法制建设。

1996年，开展第二届村（居）委会换届选举工作，完成全县499个村委会和30个居委会换届选举。全县36个乡镇499个村全部列入村民自治示范活动，48个村列为达标范围，通过验收，达标33个。1997年，加大村民自治示范活动力度，全县有25个村达到村民自治示范活动标准。1998年，把“村务公开，民主管理”作为基层政权建设的重点，全县大部分村建立村务公开栏，不定期公开村务。

1999年，开展第三届村（居）委会换届选举工作。全县499个村委会30个居委会有选民50.64万人，参选人数37.43万人，参选率73.5%。依法选举产生村委会主任482名，其中，新当选269名，连选连任213名。选举产生村委副主任、委员1602名，其中，新当选1124名，连选连任478名。选举产生居委会主任30名，其中，新当选4名，连选连任26名。选举产生居委会副主任、委员62名，其中，新当选24名，连选连任38名。此次选举，因有20个乡镇28个村3102人联名书面或口头上访321件（次），导致17个村的选举未成功、13个乡镇20个村选举重新进行，之后依法对37个村进行补选，对当选人员依法颁发由贵州省民政厅统一印制的当选证书。对新当选的村（居）主任、副主任进行思想、政治和业务培训。与往届相比，此次换届后的领导班子从民族结构、文化结构、年龄结构等方面有较大提高和改善，特别是经过县委党校培训毕业的54名中专生中，有42人进入村级班子。2000—2001年，全县推行村务公开，实行村民自治。县出台《关于在全县农村开展村民自治达标活动的通知》，全县村民自治活动全面铺开，制定和完善各村制度、职责和村规民约500套，发放规范性记录本37套，对村民自治达标业务进行培训。

2002年，开展第四届村（居）委会换届选举工作。根据《中华人民共和国城市居民委员会组织法》《中华人民共和国村民委员会组织法》及省实施方案，选举产生新一届村（居）民委员会领导班子，全县499个村选出村主任481名，居委会主任30名。此次换届，第一次选举时有8个村因村委成员达不到3人，选举未成功，导致主任、副主任缺额，8个村均依法完成缺额补选工作。换届选举结束后，对当选的村（居）主任、副主任进行培训，培训村（居）主任527名，副主任、委员1810名。全县499个村建立固定村务公开栏，公开内容和形式逐步完整规范。2003年，开展撤并部分村（居）工作，将全县原499个村30个居委会撤并为367个村22个社区，并依法对撤并后的村（居）委会领导班子进行选举。村务公开工作有序开展，在367个村中，352个村公开村务1666期，群众举报率与2002年同期相比下降12.5%。2004年，全县367个村全部按期公开村务。

2005年，开展第五届村（居）委会换届选举工作。全县367个村全部实行村务公开，村民民主选举、民主决策、民主管理和民主监督的意识增强，村（居）委会自我管理、自我教育、自我服务能力逐步提高。2006年，进一步健全村务公开制度，规范村务公开载体，投入村务公开建设经费

11万元。按照构建“居民自治、管理有序、服务完善、治安良好、环境优美、文明祥和”的要求，强化社区组织建设，巩固基层执政基础。2007年，开展村务公开、民主管理示范单位创建活动。

2008年，开展第六届村（居）民委员会换届选举工作。推行“两推一选”（群众推荐、组织推荐，群众选举）、村党支部书记与村委会主任“一肩挑”和村两委成员交叉任职改革，减少村级干部职数。全县36个乡镇（含委托百里杜鹃管委会管理的2个乡镇）367个村22个社区登记选民66.28万人，参加正式投票选举的有54.88万人，参选率82.8%。完成新一届村（居）委会干部培训工作。2009年，村务公开突出群众关心的热点问题，推进“回音壁”“失误公开”告示小栏目，把涉及群众切身利益、群众最关心的热点问题的决策、办理落实情况及时向群众公开，接受群众监督。2010年，以村务公开和村民自治为中心，各乡镇完善各项制度，制定村务公开规划，定期开展督查，全县367个村22个社区村（居）务公开步入规范化、法制化轨道。

2011年，开展第七届村（居）委会换届选举工作。全县34个乡镇336个村21个社区18周岁以上有选举权和被选举权且参加登记选民的有61.67万人。21个社区居委会换届选举产生居委会主任21人，其中，兼任党支部书记的有4人，女主任11人，中共党员15人，大学学历3人，平均年龄42.19岁。选举产生居委会委员83人，其中，交叉任职27人，中共党员16人，女委员19人，大专学历10人，平均年龄38.1岁。推选居民代表2496人，其中女性代表780人。336个村选举产生村委会主任327人，其中，兼任党支部书记的有32人；女主任37人，中共党员239人，大学学历4人，大专学历63人，平均年龄42.9岁。选举产生村委会委员1566人，其中，交叉任职374人，中共党员790人，女委员235人，大专学历34人，大学学历1人，平均年龄40.2岁。推选村居民代表总数10.51万人，其中，女性代表9.42万人。加强村务公开、民主管理监督，清理规范村规民约，建立健全制度，规范管理工作，对村（居）委干部进行集中培训。投入4.5万元启动农村（社区）建设，所有村（居）办公楼全部悬挂“某某乡（镇）某某村社区服务中心”牌子，按照“便民、安民、康民、乐民”的要求，城乡社区领导协调机制、社区建设规划、社区服务设施、社区服务、社区管理实现全覆盖。2012年，出台《大方县关于进一步加强城乡社区建设工作意见》，投入4万元全面启动城乡社区建设工作。2013年，通过整合资源建成乡镇社区服务中心8个，每个800平方米，建成村（居）社区服务站38个，每个400平方米。结合创建小康村开展村（居）务公开工作。

2014年，开展第八届村（居）委换届选举工作。全县33个乡（镇、街道）303个村20个社区共登记选民57.49万人，参加正式投票选举的有42.32万人，参选率73%。选举产生村（居）委会成员1471人，其中，主任299人，副主任523人，委员649人；女性成员360人，中共党员731人，少数民族446人，高中及以下学历1302人，大专及以上学历169人。村（居）委成员平均年龄43岁。143个村实行海选。是年，根据贵州省《关于以县为单位开展同步小康创建活动的实施方案》和毕节市要求，在开展村（居）务公开民主管理创建活动中，全县有136个村被命名为“大方县村务公开民主管理达标村”，5个社区居委会被命名为“大方县居务公开民主管理达标居委会”，3个社区居委会被命名为“大方县示范社区居委会”，2个社区被命名为“大方县和谐示范社区”。

2015年，大方县把“明礼知耻·崇德向善在社区”主题活动纳入“和谐示范社区”单位创建考核内容，建成社区服务中心8个，社区服务站44个。

第六节 婚姻登记

1991年至2003年10月，大方县婚姻登记工作由各乡（镇）承担办理。其间，婚姻登记管理工作粗放，档案资料不全，各乡镇没有建立健全相应的工作规程，部分乡镇违规登记的现象普遍存在，严重影响《中华人民共和国婚姻法》的严肃性。1993年，大方县对公民加强婚姻法宣传，强化有法必依、执法必严、违法必究的观念，对结婚证实行上购下销，组织清理违法婚姻。举办1期历时3天的婚姻登记员培训班，对全县各乡镇的婚姻登记员进行系统培训，颁发婚姻登记员证书，为各乡镇订制结婚证件专用铜印章，将结婚登记纳入常规管理。1996—1997年，开展宣传贯彻《中华人民共和国婚姻法》《贵州省婚姻登记管理办法》活动，提高结婚登记率。同时，加大涉外婚姻和流动人员婚姻登记管理，接待管理涉外婚姻4宗，办理未婚证明225份，依法办理结婚登记4770对。1998年，广泛开展《中华人民共和国婚姻法》《贵州省婚姻登记管理办法》《中华人民共和国妇女儿童权益保障法》宣传活动，加强对婚姻证件的监督管理。1999—2000年，开展婚姻登记管理行政执法检查，从结婚证的真伪、婚姻状况证明的使用、结婚登记申请书的填写、结婚当事人和离婚当事人应提交的证件情况以及收费标准等方面检查，发现部分乡镇在婚姻登记中存在随意性，婚姻登记档案管理混乱。针对存在的问题，开展婚姻登记员业务培训，继续加大婚姻登记管理行政执法力度。2001年，开展婚姻登记法规宣传和业务培训，加强婚姻证件管理，统一使用规范的婚姻状况证明，全年办理结婚登记5000对、离婚登记87对、夫妻关系证明70对、涉外婚姻登记3对。2002年，采用贵州省民政厅统一印制的结婚证、离婚证、夫妻关系证明，全年办理结婚登记4500对、离婚登记71对、夫妻关系证明79对、涉外婚姻登记2对。

2003年10月至2010年，县民政部门陆续收回部分乡（镇）婚姻登记权，并统一实行微机登记管理，部分乡（镇）凡涉及婚姻登记者，均到县民政部门婚姻登记窗口进行登记办理。2003年，贯彻执行国务院新颁布的《婚姻登记条例》，依法管理婚姻证件和办理登记工作，办理结婚登记3272对、离婚登记45对、夫妻关系证明63对。2004年，办理结婚登记2780对、离婚登记181对。

2005—2006年，大方县婚姻登记工作按照《婚姻登记条例》和《婚姻登记工作暂行规范》开展，办理结婚登记4969对、离婚登记424对。2007年，开展婚姻登记工作规范化建设活动，加强婚姻登记机关行风建设，提高服务质量，严格依法登记，杜绝违法违规登记和使用假证、自购证等现象，严格婚姻证件的领取、保管、分发和运输工作，要求婚姻登记管理机关按季度上报婚姻登记数据和婚姻证件的领购和使用情况。办理结婚登记2741对，离婚登记296对。2008—2010年，婚姻登记管理工作实行政务公开，把婚姻登记所依据的法律、法规和规范性文件、婚姻登记程序、工作时限、服务指南和和收费标准向群众公开，依法开展婚姻登记工作，接受群众监督。办理结婚登记1.35万对、离婚登记996对。从2012年起，全县婚姻登记工作由县民政局统一集中办理，实行政务公开，依照《中华人民共和国婚姻法》和《婚姻登记工作规范》及流程开展。

2011—2015年，办理结婚登记5.31万对、离婚登记3395对。

1991—2015 年大方县婚姻登记情况一览表

表一17－1－6－1　　单位：对

年 份	结婚登记	离婚登记	涉外婚姻登记	夫妻关系证明
1991—2000	15824	65	4	
2001	5000	87	3	70
2002	4500	71	2	79
2003	3272	45		63
2004	2780	181		
2005	2421	228		
2006	2548	196		
2007	2741	296		
2008	3199	260		
2009	4517	337		
2010	5780	399		
2011	7900	362		
2012	4913	150		
2013	12405	429		
2014	12600	1200		
2015	15286	1254		

第七节　勘界与地名管理

一、勘界与行政区域调整

1991 年，根据《贵州省人民政府关于大方县撤区并乡建镇行政区域变更的批复》，撤销原城关区、响水区、双山区、坡脚区、马场区、理化区、鸡场区、六龙区、百纳区、达溪区、瓢井区、长石区、沙厂区 13 个区；新成立大方镇、双山镇、猫场镇、马场镇、羊场镇、黄泥塘镇、六龙镇、达溪镇、瓢井镇、长石镇、东关乡、竹园彝族苗族乡、响水白族彝族仡佬族乡、文阁乡、绿塘乡、鼎新彝族苗族乡、牛场苗族彝族乡、高店乡、小屯乡、理化苗族彝族乡、鸡场乡、安乐彝族仡佬族乡、凤山彝族蒙古族乡、百纳彝族乡、三元彝族苗族白族乡、普底彝族苗族白族乡、沙厂彝族乡、大水彝族苗族布依族乡、黄泥彝族苗族满族乡、雨冲乡、核桃彝族白族乡、八堡彝族苗族乡、兴隆苗族乡、果瓦乡、大山苗族彝族乡、星宿苗族彝族仡佬族乡 36 个乡镇。

1996 年 11 月，根据《国务院关于开展勘定省、县两级行政区域界线工作有关问题的通知》，省政府下发《关于开展勘定省内行政区域界线工作的通知》，对省、县（市、区、特区）两级行政区域界线勘定工作进行部署。1997 年 3 月 24 日，毕节地区行署召开专题会议决定，全区全面开展勘界工作，明确大方—毕节、大方—黔西、大方—纳雍、大方—织金、大方—金沙 5 条边界线的位置、走向等事项，完成 376 千米的核界。1998 年，完成 11 块界桩的选点埋设和勘界资料的整理归档。

2003 年，将大方镇 14 个居委会撤并为 8 个社区居委会。2004 年，借鉴外地成功经验，全面推进社区建设。2006 年，完成县级行政区域界线联合检查。

2011 年，根据毕节地区安排，大方县配合毕节市（今七星关区）、黔西县、纳雍县开展行政区域界线联合检查。与金沙县、黔西县开展行政区域界线联合检查，检查范围以大方县果瓦乡蓑衣村、金沙县马路乡新田村、毕节市（今七星关区）三岔河乡三县（市）交汇点 240124222424 号界为起点，呈北向东南走向延至大方县黄泥乡石丫村、金沙县安洛乡太平村和黔西县重新镇荆建村三县交会点 242224232424 号界止，全长 78.63 千米。与织金县联合开展行政区域界线联合检查，从织金县牛场乡 242224252426 号界交会点呈西南向东西走向，经 24222425001A 和 24222425001B 号界点到纳雍 242224232425 号界交会点止，全长 40.8 千米。通过检查，地物地貌无明显变化，损毁界碑 7 块。投入资金 1.5 万元，恢复界碑 7 块，对界线、界点均无争议。

2013 年，大方县进行乡级行政区划调整，撤销原大方镇，设置慕俄格古城、顺德、红旗 3 个街道；撤销原黄泥塘镇、鸡场乡，合并建立黄泥塘镇；撤销原高店乡，建立对江镇。

2014 年，县人民政府下发《关于同意设立大方县东关乡同心社区组建东关乡同心社区居民委员会的批复》《关于同意设立大方县慕俄格古城街道办事处红星村和九层衙村的批复》，规范区划调整工作。

二、地名普查与管理

2003 年，开展边界管理和标准地名标志设置，及时调解乡镇之间的边界纠纷，推进城市标准地名标志设置。2006 年，开展城区内地名标志设置和调查摸底。2007 年，下发《关于开展建制镇标准地名设置工作的通知》，全县 36 个乡镇基本完成地名普查，至 2009 年，全县完成地名数据库建设。2010 年，全县 34 个乡镇均设置街牌、路牌。

2014 年 7 月—2018 年 6 月，为全国第二次地名普查期。为做好第二次全国地名普查工作，根据《国务院关于开展第二次全国地名普查的通知》精神，参照《贵州省第二次全国地名普查实施方案》和《毕节市第二次全国地名普查实施方案》，制定大方县第二次全国地名普查方案，普查目标任务是：查清地名基本情况，对有地无名的、有地名作用的地理实体进行命名，对不规范地名进行标准化处理，设置标准规范的地名标志，建立、完善各级国家地名和区划数据库（即国家地名数据库），加强地名信息化服务建设，发挥地名在促进经济社会协调发展、方便人民群众生产生活、加强国防建设和维护国家主权与领土完整等方面的基础作用。调查地名基本情况，包括行政区域、非行政区域、群众自治组织、居民点，交通运输、水利、电力、通信设施，纪念地、旅游景点，建筑物、单位，陆地水系、陆地地形等地名的名称、位置及相关属性信息。规范地理实体名称，对不规范地名进行标准化处理，解决地名上存在的一地多名、地名重名，地名命名罔顾传统、刻意崇洋、虚张声势、名不符实，地名译写不准确、用字不规范、含义不健康等问题。依据国家有关标准设置地名标志。开发、应用普查成果，利用地名普查成果，编纂出版地名图、录、典、志等出版物，建立、完善各级国家地名和区划数据库，开展地名信息化服务，开发研制地名信息化服务产品。建立地名普查档案，实现地名普查档案的数字化管理，普查范围为全县所辖行政区域所有陆地国土。

第八节　社团管理

全县社会组织（社团）登记分为社会团体类和民办非企业类，登记职能由县民政部门承担。

1991 年后，随着社会进步，社团组织逐步兴起。1993 年，根据省政府《关于我省社会团体登记管理问题的通知》和毕节地区行署文件精神，大方县出台《关于在全县开展清理整顿社会团体工作的通知》。全县有社会团体 72 个。1998 年 10 月，《社会团体登记管理条例》和《民办非企业单位登记管理条例》颁布实施，规定各社团组织应向县民政部门申请登记注册。2001 年，按照《民办非企业单位登记管理条例》要求，大方县开展民办非企业单位复查登记工作。到 2015 年年底，全县登记社会团体 56 家，民办非企业 34 家。社会团体有各种学会、协会、慈善会等，民办非企业有教育、卫生、科技等民营组织。各年度由民政部门负责对申请注册的团体组织进行年检年审，便于各社团组织健康有序地开展工作。

2000—2015 年大方县民办非企业登记一览表

表—17－1－8－1

民办非企业单位名称	登记时间	地　　址	业务主管部门	类别
大方县婚姻家庭服务中心	2000. 12. 30	县民政局	县民政局	民政
大方县美育中学	2009. 11. 17	县城东郊	县教育局	教育
大方县利民高级中学	2009. 12. 18	县城北郊奢香路	县教育局	教育
大方县诚信医院	2010. 3. 17	理化乡街上	县卫生局	卫生
大方县育才学校	2010. 11. 20	大方镇庆云村四组	县教育局	教育
大方县云贵高级中学	2011. 6. 10	大方镇庆云村三组	县教育局	教育
大方县飞雄医院	2012. 2. 29	响水乡响水社区	县卫生局	卫生
大方县中心实验幼儿园	2012. 8. 3	大方镇书院街	县教育局	教育
大方县种乐农业科研所	2012. 8. 8	长石镇水塘村	县科技局	农专
大方县和谐医院	2012. 9. 3	猫场镇	县卫生局	卫生
大方县新纪元外国语学校	2012. 9. 24	金龙新区	县教育局	教育
大方县铭仁医院	2013. 1. 24	百纳乡	县卫生局	卫生
大方县同济医院	2013. 2. 7	县城奢香大道南段	县卫生局	卫生
大方县猫场镇中心幼儿园	2013. 3. 4	猫场镇碧脚村周家寨组	县教育局	教育
大方县猫场镇博士堡双语幼儿园	2013. 4. 25	猫场镇长征村桥边组	县教育局	教育
大方县同仁医院	2013. 7. 19	县城奢香大道北段	县卫生局	卫生
大方县济仁中医医院	2013. 8. 6	县城书院街	县卫生局	卫生
大方镇清华小学	2013. 10. 31	大方镇陡坡村	县教育局	教育
大方县启蒙实验幼儿园	2013. 11. 29	县城奢香大道杉林路	县教育局	教育
大方县汇灵园实验学校	2014. 4. 28	顺德街道龙昌村	县教育局	教育
大方县猫场镇启蒙幼儿园	2014. 5. 27	猫场镇永乐村	县教育局	教育
大方县猫场镇熊宇小学	2014. 10. 13	猫场镇长征村一组	县教育局	教育
大方县新星双语幼儿园	2014. 10. 27	县城新民路	县教育局	教育
大方县恒丰医院	2014. 11. 12	县城奢香大道中段	县卫生局	卫生

续上表

民办非企业单位名称	登记时间	地　址	业务主管部门	类别
贵阳一中金塔英才学校	2014.12.11	顺德新区九驿大道	县教育局	教育
大方县鑫桦医院	2015.4.20	六龙街上	县卫生局	卫生
大方县育德高级中学	2015.4.28	县城南郊	县教育局	教育
大方县顺德幼儿园	2015.9.25	县城北郊顺德彝族风情街	县教育局	教育

第九节　殡　葬

一、殡葬管理

20 世纪 90 年代，城市殡葬事务各自为政，市民经常占用街道治丧，造成城市环境污染、交通阻塞，影响人民群众正常生产生活。1996—2006 年，大方县对殡葬事务的管理，仅限于防止大海坝烈士陵园内出现乱埋乱葬现象。2002 年 4 月 1 日，《贵州省殡葬管理条例》正式实施，但大方县仅停留在广泛宣传阶段。

2007 年，大方县引进安乐乡殡仪服务有限公司投资建设殡葬基础设施。2012 年，大方县殡仪馆建设竣工，位于大方镇关井村四组，占地面积 1.45 万平方米，建筑面积 6428.2 平方米；建成安乐乡偏坡村公墓基地，占地面积 27 万平方米，规划建设 3 万个墓穴。成立县殡葬管理局开展殡葬管理工作，县十六届人大常委会第二次会议通过《大方县殡葬管理办法（试行)》，召开全县殡葬改革工作启动大会，出台《大方县党员干部职工违反殡葬管理规定的处理办法（试行)》。全县殡葬改革工作启动大会明确提出，县城区域为集中治丧区域，东至东门雷打坡公路沿线、南至老清毕路穿岩村沿线、西至对江大桥（以对江河为界）、北至大纳公路食品药品工业园区两侧，启动集中治丧、集中安葬工作。出台《大方县农村公益性公墓管理办法（试行)》，宣传执法 68 次，送达集中治丧通知书 26 张，制止违规治丧 15 起，查处党员干部职工违反殡葬管理条例 2 起。2013 年，出台《大方县惠民殡葬政策实施办法（试行)》，对在城区集中治丧区域的困难群众（农村低保户、城市低保户、“五保”户、城市三无人员、流浪精神病人）给予补助。结合系列相关政策精神，开展殡葬管理执法宣传，上门动员并送达集中治丧通知书，制止违规治丧；查处党员干部职工违反殡葬管理政策的事例。同年，宣传执法 72 次，送达集中治丧通知书 38 张，制止违规治丧 20 起，查处党员干部职工违反殡葬管理条例 1 起。2014 年，宣传执法 42 次，送达集中治丧通知书 23 张，制止违规治丧 21 起。2015 年，宣传执法 32 次，送达集中治丧通知书 15 张，制止违规治丧 12 起。截至 2015 年年底，在县城殡仪馆集中治丧 898 家，补助困难群众治丧资金 143 家 35.5 万元，彻底扭转以往主城区占道治丧的局面，群众传统丧葬观念得到转变。

二、烈士陵园管理

大方县烈士陵园始建于 1957 年 5 月，位于县城南郊大海坝一侧，距县城 1.5 千米，占地面积 1.5 平方千米。陵园内安葬有为中国革命事业和建设牺牲的无名红军烈士 23 名（其中解放军 3 名）、病故红军 11 名、红军骨灰安葬 2 名、解放军无名烈士 12 名、解放军有名烈士 48 名、解放军骨灰安葬 12 名。建园后，经过规划和建设，烈士陵园环境得到美化，成为大方县爱国主义教育基地。

1991—1996年，修建值班室、厕所，维修陈列室和堡坎。1997—2006年，对73名解放军烈士坟墓进行修缮，硬化车道500米。2007—2008年，修建水泥地砖和花岗石地板陵园小道500米、停车场1000多平方米。2009年，新建烈士纪念碑1座和烈士亭2座，铺设悼念广场花岗石地板2000平方米。2008—2015年，新建烈士长亭3个，烈士陵园大门1个，对烈士陵园堡坎进行维修，安装栏杆，对望湖楼进行维修和加层，在烈士陵园内新增烈士墓3冢，即2004年9月修建金正文烈士墓，2013年10月增建张银成烈士墓，2015年9月增建宋卫烈士墓。1991—2015年，加强园区安全保卫、护林、防火、防盗、防破坏等安全巡查，及时处置安全隐患，确保陵园无事故，加强对新增烈士安葬和新增烈士骨灰管理，对陵园内绿化带进行修护及卫生清扫，确保院内环境整洁，对到园瞻仰和祭奠群众进行管理和有序引导，做好每年祭扫活动。

大海坝烈士陵园（2009年6月摄）

第十节　老龄人员工作

2005年，县委设立老龄工作委员会，在县民政局下设办公室负责全县老龄人员工作。2008年，地委办、行署办下发《关于加强基层和社区老龄组织建设的通知》，全县各乡镇、社区和村级老龄工作机构相继成立。乡镇设老龄工作委员会，村居民委员会设老年协会。

2008—2015年，县财政每年拨付资金予以支持，组织老龄队伍开展文艺选拔赛，组织参加地区老年人运动会，组织老年人参加“北京双飞七日游”“北京、天津专列十日游”等活动，每年举行老年节座谈会，对百岁老人、五保老人、敬老院老人、离退休老干部进行走访慰问，并发放慰问金。对城乡符合低保、五保条件的老人实行应保尽保。提高百岁老人长寿补助，解决年满60周岁以上老人养老保险，对因病致残老人解决定期救济。依法维护老年人合法权益。为受家庭虐待、歧视的老人提供法律服务。为老年人办理老年优待证。

第二章 人事劳动

第一节 人事管理

一、人事制度改革

1996年，根据1994年贵州省人事厅《关于行政机关工作人员过渡为国家公务员的通知》和1996年中共中央办公厅、国务院办公厅关于印发《中央机构编制委员会关于事业单位机构改革若干意见》的通知精神，成立大方县国家公务员制度实施领导小组，设立实施国家公务员暂行条例办公室（参照试行国家公务员暂行条例办公室）。根据《国家公务员暂行条例》，制定《全县行政机关实施和参照试行国家公务员制度的实施意见》，先后在全县实施行政机关工作人员过渡为国家公务员和事业单位机构改革工作。年底，结束县直行政机关过渡验收和公务员证的颁发工作。

1997年1月，乡镇机关公务员过渡验收工作和事业单位机构改革工作全面结束。合理划分党政机关和事业单位职责，规范事业单位名称，推进事业单位社会化。

2005年，职称改革逐步建立评聘分离机制，探索实行以业绩、能力为重点内容和同行评议相结合的多种评价办法，拓宽职称服务领域，建立健全竞争机制，并进一步完善专业技术职务结构比例，深化岗位管理。组建教育、工程、农业、农民初级专业技术评审委员会，承担全县初级专业技术评审工作。逐步深化干部人事制度和教育体制改革，在部分单位建立政事分开、单位自主用人、人员自主择业、行政客观管理、配套措施相对完善的管理机制。开展农村人才职称评审工作，及时准确收集农村实用人才信息，加强开发和培训工作。

2006年，开展事业单位新进人员试行公开招考工作，制定出台卫生、教育等部门公开招考实施方案。对全县各单位进行人事状况调研及编制的统计工作，探索制定专业技术人员的考评奖惩办法，坚持客观公正的原则，对专业技术人员的工作表现、工作实绩进行实事求是的评价。出台《大方县人事争议仲裁工作规则》《大方县人事争议仲裁庭审程序细则》，推进人事争议仲裁工作。

2007年，出台《大方县事业单位人事制度改革实施方案》《事业单位补充人员暂行办法》《专业技术人员聘任管理暂行办法》《事业单位人员聘用暂行办法》。按照“点面结合、先易后难、稳步推进、分步到位”的原则，采取“先入轨、后完善”的办法，对全县事业单位人事制度改革工作做好分类指导。试行“新人新办法，旧人老办法”，对新进人员签订聘用合同，鉴定新进、新招事业单位人员合同2992份，并进行造册登记，逐步建立科学分类、动态开放的职称体系。合理调整职称岗位结构比例，逐步完善专业技术人员聘用制度。坚持“按需设岗、以岗择人、按岗聘任”的原则，要求用人单位竞争上岗，试行政策公开、岗位公开、条件公开、程序公开、结果公开，使专业技术人员职务聘任工作制度化、规范化、科学化。

2010年，全面推行事业单位聘用制，按照《毕节地区事业单位岗位设置实施方案》总体要求，基本完成事业单位岗位设置工作，全县应设岗事业单位总数911个，市批设岗方案单位907个；合计岗位数1.54万个，核准岗位总数1.03万个（其中，管理岗位410个，专业技术岗位9090个，工勤岗位771个）。推行事业单位岗位管理、完善岗位设置，推行竞聘上岗、按岗聘用，强化聘后管理，全面推行“评聘分开”的职称改革制度。

2014年，开展事业单位岗位设置工作，出台《大方县事业单位岗位设置第二个聘期工作实施方案》《大方县事业单位岗位设置管理第二个聘期工作实施细则》《大方县事业单位岗位设置第二个聘期工作实施操作规程》，于年底完成全县事业单位岗位设置工作。

2015年，开展机关事业单位“吃空饷”专项治理工作，全县共清理“吃空饷”人员3人。实行公务员职务与职级并行制度，对公务员职务与职级并行人员在2015年11月兑现工资待遇，职务与职级并行制度总体入轨运行。

二、年度考核

从1994年起，对全县县直各部门、乡镇政府施行年度各项工作目标任务考核制度，严格兑现奖惩，调动各部门、各乡镇干部职工的工作积极性。当年，全县有4名干部未正常履职，并有违纪现象，被开除工作。1995年，考核人数9128人，按等次标准和比例评比，优秀等次1288人，称职（合格）等次7214人，不称职（不合格）等次27人，不定等次480人。1996—2002年，不称职（不合格）、不能胜任工作并有违背《国家公务员管理条例》的干部，分别受到相应处分，行政记过处分3人，行政记大过处分3人，降一级工资4人，撤职1人，开除工作留用察看2年1人，开除工作4人。

2002年，县发出《关于离岗学习有关问题的通知》，对在年度考核中确定为不称职（不合格）、基本称职（基本合格）的人员一律实行离岗学习；对在年度考核中不称职（不合格）人员，无正当理由不参加离岗学习的，在次年年度考核中不能确定为称职（合格）以上等次。参加离岗学习的，即使考试合格，也不再更改当年考核等次；考试不合格，不仅不再更改当年考核等次，并在次年的年度考核时不能确定为优秀等次。根据省文件规定，年度考核时确定为基本称职（基本合格）的人员，在年度考核后参加学习，经考核考试合格人员，不影响工资晋升，年终奖扣发50%；经考核考试不合格的人员，不影响工资晋升，年终奖扣发75%；无正当理由不参加离岗学习者，扣发年终奖金，次年度考核不能评为优秀等次；受党纪、政纪处分期内人员，年度考核确定为不定等次、基本称职（基本合格）、不称职（不合格）等次的，必须参加离岗学习1次且考核考试须合格。

2004—2005年，经各年度考核评定，行政警告处分1人，解除行政警告处分3人，恢复公职级别有关待遇1人，开除公职12人，予以除名1人。2006—2015年，经各年度考核评定，全县有153人（其中93人受到党、政纪处分）被评为不称职（不合格）等次，由县组织人事部门组织到地区（市）参加离岗学习。

三、人事调配

1991—2005年，全县干部职工调动情况为：县内调动706人，调出县外191人，县外调入22人。2006—2015年，县内调动566人，调出县外573人，县外调入277人。

1991年，大方县制定《对招聘干部（人员）管理的暂行规定》，加强对全县聘用干部（人员）的管理。接收安置军队转业干部6人，聘用林业部门干部21人、农税干部19人、民族工作专职干部1人，录用干部10人。1992年，录用干部26人，转干29人，安置“五大”（通过五种特定的教育形式取得大学学历，由国家教委备案或审定的广播电视大学、职工大学、职工业余大学、高等学校举办的函授大学和夜大学，简称电大、职大、业大、函大、夜大）毕业生2人、军转干部9人，聘用干部 82 人。撤区并乡建镇后，安排人员 1579 人。1993 年，招聘干部 9 人，转干 30 人，安置军转干部 3 人、“五大”毕业生 4 人。1994 年，录用 9 名成人高考毕业生为国家干部，转干 5 人，安置“五大”毕业生 158 人，军转干部 1 人。1995 年，录用司法干部 35 人，聘用干部 116 人。民办教师转为公办教师 440 人。安置大中专毕业生 53 人。1996 年，转干 679 人，聘用干部 54 人，民办教师转为公办教师 274 人。安置大中专毕业生 404 人，省委组织部选调派遣大方县应届大学毕业生 2 人。1997 年，招考录用团县委等 17 个单位工作人员 18 名。安置大中专毕业生 374 人。批复过渡公务员 806 人。1998 年，录用干部 58 人，聘用干部 141 人，民办教师转为公办教师 381 人，安置本科生 14 人。1999 年，安置军转干部 2 人、大中专毕业生 327 人。

2001 年，在全县各机关单位开始实施岗位任职资格竞争上岗，安置大中专毕业生 259 人。2002 年，经考试考核择优录用 44 人到县直和乡镇机关工作，录用 92 人为国家公务员（计划内聘用干部 59 人，计划外聘用干部 33 人）。从县直单位、乡镇政府、派出所协调 199 名师范类大中专毕业生到乡镇中、小学任教，民办教师转为公办教师 247 人，安置大中专毕业生 824 人。2003 年，录用干部 8 人，招聘乡镇计生干部 43 人，安排 1 名本科生到县属企业工作。2004 年，录用 39 人为国家公务员，24 人为国家机关工作者，聘用 3 人为乡镇专职人民武装干部，2 名“五大”毕业生为国家干部。公开招考、竞争上岗县计划生育宣传指导站副站长 2 名。安置军转干部 3 人。制定《关于考试安排并轨前非师范大中专毕业生的实施方案》，择优安置 252 人。2005 年，公开招考录用 14 名农业、畜牧系统综合执法人员，公安提前招考公务员 3 名，对考试合格的 16 名警校毕业生进行安置。公开选聘 50 名高校毕业生到基层工作，对考试合格的 22 名高校毕业生进行安置。

2007 年，按照政策要求及程序，录用安置 2005 年、2006 年毕业的 60 名警校毕业生。公开招考聘用 88 人到事业单位工作。面向全国公开招考播音员、解说员 11 人。2009 年，面向社会公开招考 259 人到事业单位工作。2010 年，面向社会公开招考 344 人到事业单位工作。2011 年，全县推进岗位设置和聘用制度的单位共 911 个，应设置岗位共 1.21 万个，人员聘用 1.2 万个。2012 年，面向社会公开招考聘用计生特岗 459 名，事业单位工作人员 227 名，卫生专业技术人员 227 名。引进采矿通风、园区建设、城镇规划、煤炭监管等急需紧缺专业人才 54 名，面向全国在一本及以上普通师范院校历届毕业生招聘高中教师 71 名，招聘彝族解说员 5 名。2013 年，招考录用公务员 22 名，招考聘用事业单位工作人员 1731 名。公开考调教师 136 名。2014 年，公开招考聘用事业单位工作人员 607 人。面向全县教育系统公开考调教师 75 人，面向天津师范大学简化程序引进城关中学教师 5 人。2015 年，全县招考录用公务员 49 人。面向社会公开招考聘用计生卫生系统工作人员 195 人。招考事业单位工作人员 86 人，幼儿教师、特岗教师及城区中学高中教师 153 人。遴选城关地区中小学教师 118 人。

四、职称评任

1991 年，全县评任专业技术人员 4958 人，其中，高级 127 人，中级 1360 人，初级 3471 人。1992 年，评任专业技术人员 502 人，其中，农业 23 人，统计 16 人，工程 32 人，文博 3 人，政治思想工作 31 人。1993—1994 年，评任专业技术人员 2109 人，其中，工程 120 人，农业 155 人，教育 1759 人，文博 37 人，群文 9 人。1995 年，评任专业技术人员 708 人，其中，工程 35 人，农业 90 人，教育 560 人，会计 16 人，经济 1 人，文博 6 人。1996—2003 年，评任专业技术人员 9509 人，其中，工程 832 人，农业 502 人，教育 7451 人，会计 24 人，经济 90 人，文博 48 人，卫生 562 人。2004 年后，建立专业技术职务机构，实行“科学分类、单位聘任、社会评价、政府宏观管理”

的评聘分离管理机制。

2005年，审理300个事业单位专业技术职务设岗职数，年审资格1299人，审批资格聘任915人，补办资格证书112人。完成全国职称外语等级考试39人，全国计算机能力考试139人，全国经济专业技术资格考试60人。推荐高、中级技术职称任职594人。2006年，完成经济师资格考试71人，计算机应用能力考试194人，外语考试121人。评任审批高级职务165名，中级职务901人，初级职务526人。2007年，评任审批高级职务70人，中级职务407人，初级职务973人。2008年，评任审批1037人专业技术职称，办理资格证1000个，专业技术职务资格证1000个。2009年，评任审批资格行文857人，评任教育系列专业技术职称955人，工程系列76人，农牧业系列84人，文博7人。办理专业技术职务资格证1000个。2010—2015年，评任专业技术职称1.24万人，其中，高级1580人，中级2543人，初级2321人，评任资格认证行文3332人，评审专业技术职称2569人。

五、人事培训

从1992年起，面向全县所有单位及社会招生，开办第一期干部行政管理专业培训班，学制2年。1995年，对具备公务员身份的党政机关工作人员进行上岗培训，培训人数479人（县直机关194人，乡镇285人）。1996年，开展公务员过渡培训考试共10期。1998年，开展对国家公务员科技知识培训，对象为全县各单位、乡镇50周岁以下的国家公务员和党政机关工作者，成绩纳入当年年度考核内容，对考试合格者颁发省人事厅统一印制的贵州省国家公务员科技知识培训合格证。在大方镇、小屯乡、竹园乡、八堡乡、大山乡、百纳乡、普底乡进行"绿色证书"培训，分20期8个专业进行培训，参训人数1698人，合格人数1136人。2000年，培训公务员科技骨干66人，组织全县公务员1930人分2批参加全省科技知识统一考试。2003年，开展国家公务员开放式教育提升学历工作，中专或高中以上学历的学制2年，初中学历的学制3年，由省电大承办，专业有法律、行政管理、小学教育、金融经济等。2004年，分别在县乡开展《中华人民共和国行政许可法》学习培训工作，并进行统一考试，成绩作为年终考核依据之一。2005年，组织全县行政机关及参照公务员管理事业单位除工勤人员外的工作人员，进行公务员通用能力培训和《中华人民共和国公务员法》测试。2008年，举办计算机培训班15期，委托贵州大学理工学院进行培训，发放电大毕业证书50本。2009年，举办公务员电子信息化政务培训，参训人数430人，举办公务员《中华人民共和国突发事件应对法》知识培训，参训人员9533人。对142名事业单位新进人员进行任前培训。2010年，组织709名基层公务员参加政治经济、依法行政等知识的培训，经过考核，合格率达100%；对全县2138名公务员和参公管理人员进行职业道德知识培训和1.09万名专业技术人员、管理人员进行创新能力培训。举办公务员、专业技术人员、管理人员计算机培训2期，参训380人。2011年，举办60人普通话培训班1期。举办微机培训班1期，参训187人；事业单位新进人员培训班1期，参训356人。2015年，开展计算机初、中级培训，参训1000人；培训乡镇公务员44人，新进事业单位工作人员初任培训300人。

六、人事档案管理

2003年起，对全县乡土人才情况进行摸底、排查、收集、统计，进行建档立卡管理。2006年，做好"五大"毕业生及事业人员档案托管和大中专毕业生就业指导工作。整理历年档案201个，引导鼓励毕业生到农村基层工作65人，推荐招考事业单位优秀人员20人。2007年，对2006年参与实施"一村一名大学生"工程的人员进行跟踪管理，公开选聘60名大学生到村工作。做好毕业生和事业人员档案托管工作，在原有档案的基础上，把1999年至2006年的1355个毕业生档案编号造册，录入人才数据库，全年共接待档案查询 86 人次，办理 38 名人员的档案托管手续，转递 355 名人员的档案手续。2008 年，上报 2007 年度本县农村乡土人才基本情况和专业人员人才交流情况。办理“一村一名大学生”公务员考试加分手续 38 人次，组织开展“一村一名大学生”工程选聘工作和 2006 年度“一村一名大学生”工程的续聘工作。配合地区选聘推荐 2 名“一村一名大学生”工程直接转入村任职。2009 年，做好 77 名“一村一名大学生”的管理服务工作，新增选聘“一村一名大学生”50 人，续聘“一村一名大学生”5 名，考入到村任职 31 名，推荐到企业双向选择自主择业 90 名。2012 年，接收大学生档案 894 卷，转出大学生档案 200 卷。2014 年，对未就业高校毕业生实行网上实名登记制度，进行动态管理，登记 593 名未就业高校毕业生信息，提供就业指导服务。为到村任职“一村一名大学生”办理参加公务员考试及事业单位考试加分手续 93 人次。2015 年，继续对未就业高校毕业生开展网上实名登记，根据园区企业人才需求情况，提供就业指导服务。完成高校毕业生就业见习计划任务 15 名，上报大方县高校毕业生就业见习基地材料。为到村任职“一村一名大学生”办理参加公务员考试及事业单位考试加分手续 150 人次。

第二节　工资福利

1991 年，审批发放行政机关、事业单位职工奖励工资，在职人员、聘用人员每人全年按 204 元计发，差额拨款事业单位或有业务经费收入开支单位的职工每人全年按 306 元计发，民办教师每人全年按 40 元计发。提高书报费、洗理费，增发交通补贴，提高遗属生活困难补助费标准。病故的一次性抚恤金，按死者 10 个月的工资计发；因工牺牲的一次性抚恤金，按死者 20 个月的工资计发。1992 年，机关事业单位工作人员工龄津贴由 0. 5 元/年调整为 1 元/年，按实际工龄计发。

1993 年，全县进行第一次工资改革。机关工作人员（工勤人员除外）实行职级工资制，工资按不同职能，分为职务工资、级别工资、基础工资和工龄工资 4 个部分。机关技术工人实行岗位技术等级工资制，工资由岗位工资、技术等级工资和奖金 3 个部分构成。机关普通工人实行岗位工资制，工资由岗位工资和奖金 2 个部分构成。建立事业单位不同类型、不同行业自身特点的分类工资制度，与国家机关的工资制度脱钩。事业单位工资制度包括专业技术人员工资制度、管理人员工资制度和工人工资制度。根据事业单位特点和经费来源的不同，对全额拨款、差额拨款和自收自支 3 种不同类型的事业单位，实行不同的管理办法。

1993 年工资改革后至 2005 年，5 次调整工资标准，执行时间分别为：1997 年 7 月 1 日、1999 年 7 月 1 日、2001 年 1 月 1 日、2001 年 10 月 1 日、2003 年 7 月 1 日。1994 年，提高教师退休费比例，在教学岗位上满 30 年工龄退休时，获省政府颁发的 30 年教龄荣誉证书者，退休比例均享受 100%。从 1994 年起，机关、事业单位工作人员年度考核为称职（合格）以上，两年晋升一档职务工资，五年晋升一级级别工资。1997 年，调整计划生育岗位津贴标准，发放对象为乡镇计生办、计生站和县级计划生育部门所属事业单位的在职职工。

1999 年，对全县机关、事业单位增加职工人数和工资总额，实行计划管理。机关、事业单位增加人员实行增人计划卡管理办法，严格控制工资过快增长。从 1999 年 7 月 1 日起，机关行政人员基础工资标准由每人每月 110 元提高到 180 元，级别工资标准由 55 元 ~470 元提高到 85 元 ~720 元。2000 年，贯彻《关于职工全年月平均工作时间和工资折算问题的通知》，职工全年月平均工作天数和工作时间分别调整为 20. 92 天和 167. 4 小时，职工的日工资和小时工资按此进行计算。同年，调整政法干部的津贴标准。

2001 年，从 1 月 1 日起，调整机关、事业单位工作人员工资标准，增加离退休人员离退休费，增发边远地区津贴，执行发放年终一次性奖金。机关行政人员基础工资标准由每人每月 180 元提高到 230 元，级别工资标准由 85 元～720 元提高到 115 元～1166 元。调整事业单位工作人员工资构成中的固定部分，活动部分按工资构成的比例相应提高；离休人员按照同职务同条件的在职人员的增资额增加离休费，退休人员从办事员、科员至省部级，每月增发 80 元～270 元，退职人员每月增发 70 元。津贴类别根据艰苦程度的不同划分为一、二、三、四类，大方县属于一类地区，每人每月增发 40 元～100 元。提高专职计划生育员岗位津贴，随工资发放。在乡镇、街道计生工作岗位连续工作 20 年以上并获国家计生委颁发荣誉证书的人员，退休时一次性奖励 3000 元。

2002 年，机关、事业单位领取独生子女证的工作人员退休时加发 5% 退休金。当年起，企业离休人员离休费比照机关同职务、同条件的离休人员标准发放。2005 年，对聘用高级职称及获得硕士以上学位人员实行岗位津贴：博士每人每月 600 元，正高级每人每月 400 元，副高级每人每月 200 元，补贴范围为全县企事业单位，民营经济组织及社会组织中已聘任副高级职称或获得硕士以上学位、从事专业技术岗位的在册人员。

2007 年，进行公务员工资制度和事业单位收入分配制度改革，同时完善艰苦边远地区津贴制度，大方县由一类地区调整为二类地区。206 个单位 1.41 万人参与工资套改，其中，机关工作人员 2121 人，月人均增资 272.26 元；全额拨款事业单位 8331 人，月人均增资 261.31 元；差额拨款事业单位 646 人，月人均增资 217.75 元；自收自支事业单位 157 人，月人均增资 195.54 万元。调整 2803 名离退休人员离退休费，月人均增资 244.18 元。调整全县 1.12 万名在职人员边远津贴，其中，全额事业单位 1.04 万人，月人均增资 86.89 元；差额事业单位 643 人，月人均增资 82.70 元；自收自支单位 159 人，月人均增资 82.84 元。调整 2803 名离退休人员边远津贴，月人均增资 72.74 元。工改和边远津贴两项财政调整共计补发增资额 3205.34 万元。

2009 年，根据《大方县规范公务员津补贴实施方案》，调整规范全县公务员津贴补贴和事业单位二轮岗位补贴，全县行政机关及参公事业单位共计 3133 人参与公务员津补贴调整，月人均增资 864 元。调整 1341 名机关及参公单位离退休人员的生活费，月人均增资 600 元。事业单位在职人员共 9797 人执行二轮岗位补贴，人均年增资 2526 元。调整事业单位退休人员 1922 人生活费，人均年增资 2907 元。根据省、地有关文件精神，制定《大方县义务教育学校绩效工资实施办法》，义务教育学校实施绩效工资，全县义务教育阶段学校 373 个，在职人员 7006 人，绩效工资总额共 1.18 亿元，年人均绩效工资水平 1.68 万元/年，月人均增资 744 元。调整义务教育学校退休人员 1236 人生活费，人均生活费补贴总额 1508 万元/年，月人均增资 377 元。

2010 年，审批全县公共卫生与基层医疗卫生事业单位实施绩效工资 73 个单位 763 人，绩效工资总额共 1204 万元，年人均绩效工资水平 1.58 万元/年，月人均增资 683 元。调整公共卫生及基层医疗卫生事业单位退休人员 176 人生活费，退休人员人均生活补贴总额 1.2 万元/年，月人均增资 356 元。完善工资数据库，全县 184 个单位 1.33 万名在职人员的人事及工资信息纳入贵州省人事工资管理系统软件应用系统管理，在考核晋升薪级、两年晋级、年终奖金及日常业务时均纳入应用系统办理；全县共 128 个单位 8578 人纳入财政工资统发系统软件审批。

2011 年，组织 195 个机关事业单位进行工资管理系统 2010 版的升级培训。将全县 198 个单位 1.83 万名在职及退休人员的人事及工资信息、工资业务纳入系统管理。审批全县机关事业单位

2011年正常晋升级别（薪级）工资、机关五年晋级和事业单位晋升薪级工资，其中，事业单位薪级晋升9824人，月增资23.58万元；机关五年晋级2232人，月增4.24万元。审批事业单位人事制度改革后涉及岗位变动的增资，全县事业单位增资人员共2357人，月增11.31万元。

2012年，全年发放247个单位1.92万人的工资共7.25亿元。事业单位薪级晋升1.08万人，月人均增资25元，月增资共27.06万元；机关两年进档2462人，月人均增资40元，月增资共9.85万元。中华人民共和国成立初期参加工作老同志共70人实行每人每月从工资渠道发给1000元门诊费。组织全县机关事业单位11个工种共148人进行晋升技术等级的申报。调整全县机关事业单位离退休人员共934人的生活补贴，月人均增资310元。办理4080人次的工资变动手续，其中，职务（岗位）变动2631人，学历变动293人。

2013年，全年发放247个单位2.02万人的工资共8.46亿元。审批2013年全县机关、事业单位晋升级别档次（薪级）工资，其中，事业单位薪级晋升1.08万人，月人均增资25元，月增资共27.06万元；机关两年进档62人，月人均增资40元，月增资共2480元。根据上级人社部门《关于调整机关事业单位津贴补贴及边远津贴标准的通知》，对全县机关事业单位工作人员及离退休人员津补贴标准进行调整。全县机关工作人员共3512人，月增资共94.57万元，月人均增资269元；事业单位工作人员共1.3万人，月增资共341.7万元，月人均增资262元；离退休人员3657人，月增资共84.98万元，月人均增资232元。

2014年，全年发放243个单位1.96万人的工资9.59亿元。审批2014年全县机关两年进档、事业单位晋升薪级工资，其中，事业单位薪级晋升1.03万人，月人均增资25万元，月增资225.81万元；机关两年进档2312人，月人均增资40元，月增资共9.25万元。办理7887人次的工资变动手续，其中，职务变动1152人，岗位变动5886人，学历变动93人。根据中共中央办公厅、国务院办公厅相关文件精神以及省、市的统一部署要求，从2014年10月起，调整机关事业单位工作人员基本工资标准和增加机关事业单位离退休人员离退休费，涉及在职及离退休人员1.8万余人。

2015年，全年发放246个单位1.97万人的工资共11.14亿元。审批全县机关、事业单位的正常晋升薪级及晋级、进档工资。全县机关在职职工年末人数1869人，年人均收入7.54万元；参公单位在职职工年末人数908人，年人均收入7.26万元；事业单位在职职工年末人数1.18万人，年人均收入7.31万元。行政退休人员1434人，年人均收入6.86万元；事业退休人员2778人，年人均收入7.69万元。

第三节　劳动就业

1992年，大方县皮革制品厂经考察后批准为贵州省普通劳动防护皮革工作服定点生产厂，为劳动就业提供工作平台。同年6月，地区投资30万元修建县劳动就业培训中心教学楼。1994年，地区下达就业培训经费5000元，用于城镇青年再就业培训。1995年，再就业工程列入县委、县人民政府议事日程，实行目标责任制，建立专项资金和专项经费，用于安置事业单位职工和企业余留人员。“八五”计划期间，全县总计安排就业和再就业人员4401人。

1996年，结合《贵州省分散按比例安排残疾人就业办法》，全县各级、各企事业单位、人民团体和其他经济组织，按不低于本单位职工人数1.5%比例安排残疾人就业，并为其选择适当的工作岗位，达不到规定比例的缴纳残疾人就业保障金。同年，地区下达就业培训经费1.73万元，投入县劳动就业培训中心教学楼修建。先后在县劳动人事部门、各乡镇建立职业介绍机构，为劳动就业和再就业提供服务。县内破产企业职工，县人民政府对自谋职业、领取一次性安置费的，不再发放失业救济金；自愿组织起来就业或者自谋职业从事个体经营的工商户，未领取一次性安置费的，发给一次性失业救济金，作为开展生产经营的扶持资金；自谋职业的，在未领取一次性安置费期间，为保障失业人员在重新就业前的基本生活，发放3个月的失业救济金。同年，通过各种政策和措施的落实，促进就业和再就业6961人。

2002年，成立县劳动和社会保障局人才介绍中心，负责全县人才市场建设、劳动力资源的利用和开发，促进失业人员再就业管理和培训工作。2003年，县财政追加劳动力市场建设补助经费10万元。免费承办1期下岗失业人员再就业培训班，经培训考试考核合格者，按规定办理享受失业金待遇手续。举办4期再就业优惠政策培训班，1期下岗失业人员计算机初级职业技能培训班，1期下岗失业人员营业员初级职业技能培训班，参加人数共计605人。统计符合办理再就业优惠证人员900人，办证474人。初审通过申请小额贷款40人。2004年，举办下岗失业人员计算机培训班1期，下岗失业人员再就业优惠政策培训1期，下岗失业人员焊工培训1期，共计475人。同年设立湖南商会职业介绍站，为全县就业、再就业提供职业介绍服务，向外推荐就业898人。2005年，促进下岗失业人员再就业485人，新增就业人员1302人。开展就业再就业职业技能培训3期209人，其他社会人员职业技能培训2期212人。组织实施“阳光工程”，培训农村剩余劳动力120人次。举办3期下岗失业人员培训，参加培训209人。联合涉科、涉农、涉教、涉交等部门，为提高人才素质、改善农村人才结构，全年共举办各类职业技术培训班387期，参加培训人员达5.04万人次，促进就业1365人。2001—2005年，全县安置就业再就业人员2989人。

2006年，促进全县下岗失业人员再就业215人，新增就业人数1212人，城镇登记失业率为4.13%，统筹培训1476人。2007年，新增就业人员1482人，促进下岗就业人员再就业252人，其中，劳动保障协理员484人、治安协勤120人、禁毒协管员51人、保洁员266人、交通协管员26人、民政助理和低保协管员140人。落实妇女小额担保贷款贴息政策，县妇联、农行、信用联社等相关部门通力合作，发放小额扶贫贷款1800万元，涉及全县34个乡镇400余户，扶持妇女创业就业。做好失业证办理发放工作，累计办理就业失业登记证3329个。全年培训农村劳动力1812人。2006—2010年，全县新增就业再就业人员7355人。

2011年，全县城镇新增就业人员2382人，失业人员再就业848人，援助就业困难对象就业423人，城镇登记失业率为4.14%。转移城镇劳动力2415人，转移农村劳动力8698人，“千企万人”就业工程目标就地就业转移2654人，开展农民工技能就业培训4436人，统筹培训6956人，高校毕业生创业培训178人，培训新农村建设技术员（砌筑工）3期359人，培训农村危房改造技术员9期1320人。分别在核桃乡、羊场镇培训中草药种植（天麻栽培）480人；在星宿乡培训家禽饲养工1260人，培训种植养殖技术员120名，培训乡土实用技术人才140名；在雨冲乡培训酒店、客房服务员101名；在县城培训中式烹调师120名、计算机操作工240名。就业困难人员（下岗失业人员）创业培训8期152人。全年累计培训农民工、下岗失业人员、高校毕业生6956名。召开农民工外出务工招聘会4次，为县内外11家企业招聘员工570人。

2012年，全县城镇就业人员1.42万人，失业人员再就业1892人，援助就业困难对象就业1599人，城镇登记失业率为3.2%，转移农村劳动力2.22万人，“千企万人”就业工程目标就地就业转移6538人，开展农民工技能就业培训4111人，其中，智力支持工程培训806人，微型企业培训240人。扶持返乡农民工、退伍军人、高校毕业生等社会群体创业756人，组织开展高校毕业生就业推进行动，扶持高校毕业生自主创业、灵活就业。为有创业意愿或已创业自筹资金不足的 1000 余人发放小额担保贷款，提供创业支持。

2013 年，全县城镇新增就业人员 7.11 万人，失业人员再就业 2237 人，援助就业困难对象就业 1972 人，城镇登记失业率为 3.35%；转移农村劳动力 3.28 万人，开展农民工技能就业培训 3954 人；扶持创业人员 638 人，在外务工人员 19.99 万人；培训微型企业业主 159 人，培训农村实用技术人才 400 人。

2014 年，全县城镇新增就业人员 1.03 万人，失业人员再就业 2653 人，援助就业困难对象就业 1807 人，城镇登记失业率 3.39%；转移农村劳动力 2.88 万人，开展职业培训 4441 人，培训小微企业业主 210 人。扶持返乡农民工、退伍军人、高校毕业生等社会群体人员创业 598 人，外出务工人员 4.11 万人。创建省级创业型城市工作通过省级评估。

2015 年，全县城镇新增就业 1.05 万人，失业人员再就业 2119 人，援助就业困难人员就业 1563 人，城镇登记失业率为 3.19%。转移农村劳动力就业 2.15 万人，全县返乡农民工创业人数达 1.92 万人，主要涉及中药材种植、零售批发、家禽家畜养殖、轻工业等行业，发放创业小额担保贷款 9500 万元。带动就业人数 6.7 万余人，返乡农民工创业占农民工外出人数比重为 8.09%。开展农业富余劳动力转移，根据企业用工情况，组织专场招聘会，为求职者提供就业岗位 2000 余个，促进本县富余劳动力就地就近转移就业。全县共开发公益性岗位 100 余个，就业人员达 1046 人。2011—2015 年，全县新增就业人员 3.85 万人，失业人员再就业 9749 人，援助就业困难对象就业 7364 人，城镇登记失业率为 3.5%，转移城镇劳动力 11.39 万人。“千企万人”就业工程目标就地就业转移 9183 人，开展农民工技能就业培训 1.69 万人。

1991—2015 年大方县劳务输出情况一览表

表一 17－2－3－1　　　　单位：万人、亿元

年份	劳动力资源	劳动技能培训	劳动力输出	劳务收入
1991	65.84	0.26	13.82	0.40
1992	64.96	0.28	14.27	4.93
1993	65.04	0.27	16.16	6.47
1994	65.15	0.20	18.05	10.47
1995	65.31	0.30	19.08	11.45
1996	65.32	0.32	20.75	12.66
1997	65.37	0.26	21.07	13.69
1998	65.40	0.22	19.59	13.71
1999	65.29	0.22	19.09	14.32
2000	65.25	0.36	18.95	13.27
2001	65.30	0.30	19.50	15.60
2002	64.98	0.37	19.70	17.73
2003	64.90	0.33	19.28	18.32
2004	64.87	0.31	19.71	21.68
2005	64.89	0.67	19.20	23.04
2006	64.80	0.39	20.03	26.04

续上表

年份	劳动力资源	劳动技能培训	劳动力输出	劳务收入
2007	64.67	0.41	19.93	31.89
2008	61.53	0.29	17.83	29.42
2009	61.47	0.31	15.22	30.43
2010	61.35	0.41	15.72	36.16
2011	58.31	0.42	18.50	46.25
2012	58.32	0.49	20.96	58.69
2013	58.37	0.51	21.89	61.26
2014	57.63	0.27	20.85	62.56
2015	57.60	0.29	18.32	58.63

第四节　劳动保护

1992年，全县开展《中华人民共和国劳动法》宣传，根据《贵州省乡镇矿长安全资格审查实施办法》，举办乡镇煤矿矿长安全生产培训班1期，为50名矿长颁发贵州省毕节地区乡镇煤矿矿长安全资格证。年检锅炉8台，对涂层织物厂2台新安装锅炉和猫场硫磺矿1台生活锅炉进行验收，评比安全合格锅炉11台，并颁发安全合格锅炉房牌证。1993年，对682个经营煤窑、97个采石场进行巡回监察，查处重大隐患95起，处理伤亡事故12宗，发出监察指令30份。举办乡镇煤矿矿长和安全员、瓦检员培训班5期，培训矿长151名，安全员、瓦检员184名。1994年，对全县小煤窑、采石场开展巡回监察，重点检查88个乡镇煤矿、3个硫磺矿。发出安全监察指令书23份。举办“一长二员”培训班3期，培训矿长95名，安全员、瓦检员192名。

1995年，贯彻“安全第一、预防为主”方针，围绕“企业负责、行业管理、国家监察、群众监督”原则，对全县小煤窑、采石场开展巡回监察，重点检查3103个小煤窑。督促乡镇矿山企业改善安全生产条件，增设安全装备，建立示范矿井。要求广木煤矿、湘普煤矿等5个年产量超过万吨的煤矿按示范矿井标准建设。1996年，加强安全监察内业建设，举办2期乡镇煤矿、采石场、粉砂厂、石灰石等矿山企业负责人安全资格培训班。按照《贵州省劳动监察规定》，对全县各单位和所属企业开展劳动监察、具体内容是：用人单位制定的劳动管理规章制度、招收聘用职工、劳动合同和集体合同的订立、工作时间和休息休假、职工工资支付及经营收入、工资总额的使用、社会保险费缴纳及社会保险金支付、职工福利待遇、职业技能培训及先培训后上岗、先培训后就业和实行职业资格证书等情况；女职工和未成年工特殊保护、职业介绍、培训、技能鉴定及社会保险机构执行规定情况、承办境外承包工程、劳务合作、劳务输出的单位维护劳动者合法权益情况；法律、法规、规章规定的其他内容。

1997年，举办焊工培训班1期，经考试考核合格76人，由地区劳动局颁发电焊工特种作业人员操作证。1998年，举办电工培训班1期，经考试考核合格者由地区劳动局颁发电工特种作业人员操作证。贯彻落实贵州省劳动厅《关于严禁企业职工买断工龄的通知》精神，及时阻止部分企业采取买断工龄等办法将职工简单推向社会的做法，要求各单位严格按照国家有关规定执行。

1999 年，联合开展《中华人民共和国劳动法》《中华人民共和国工会法》执法检查，主要检查劳动合同、集体合同订立和履行情况；工作时间，休息时间和休假执行情况；工资支付、最低工资保障和经营者收入情况；社会保险、失业保险金、失业金交纳，离退休金和下岗职工进入再就业服务中心及生活费发放情况；职工福利待遇情况；职工培训情况；女职工和未成年工保护情况；依法制定劳动管理规章制度情况；下岗职工管理和进入再就业服务中心情况；其他执行劳动法律法规情况等。

2002 年，成立县民工工资支付专项监察活动领导小组，由人事劳动和社会保障局组织开展工作。对用人单位支付劳动者劳动报酬情况、拖欠劳动者劳动报酬原因及支付能力、有无加班现象及是否支付加班报酬等情况进行检查，重点检查建筑行业、餐饮、娱乐服务业。2003 年，成立以劳动、经贸、监察、建设、公安、工商、工会、人行等部门组织的专项检查组，对拖欠、克扣民工工资情况进行检查，为建筑、矿山等 8 户企业 306 名民工追回、讨还工资 49.3 万元。2004 年，成立县清理建设领域拖欠工程款和民工工资联席会议领导小组，要求单位认真清理并核实拖欠工程款数额及原因、制订还款计划、汇总报地区清欠办。同年，建立用人单位监察信息网站 83 个，处理拖欠民工工资案件 7 件，为 135 人追回工资 6.38 万元，办理用工年审手续 91 户 3182 人，处理劳动争议案件 28 件。

2005 年，年审劳动用工企业 110 户，涉及劳动者 3727 人，解决拖欠和克扣农民工工资案件 9 起，为 115 人追回 6.83 万元工资。对全县在建工程项目工资保障金提取进行联合检查。处理劳动争议案件 39 件。2006 年，对 62 户企业进行劳动用工年检，涉及劳动者 4305 人。对全县 64 家煤矿和其他 13 家用人单位下发劳动保障监察调查通知书，要求其依法参加社会保险。解决拖欠和克扣农民工工资问题，为 235 人追回 5.43 万元工资。2007 年，对 124 户企业进行劳动用工年检，涉及劳动者 2.49 万人。启动劳动合同工作“三年行动计划”，推行以签订劳动合同为基础的劳动用工备案登记制度，建立健全劳动关系调整机制和劳动关系三方协调机制。以非公有制企业和农民工为重点，推动各类企业与职工签订劳动合同，依法参加社会保险。为 1436 名农民工追回 191.7 万元工资。

2008—2011 年，开展农民工工资支付检查、清理整顿劳动力市场秩序、贯彻落实《禁止使用童工规定》《未成年工特殊保护规定》、整治非法用工打击违法犯罪专项行动。监察用人单位 902 次，涉及劳动者 8.91 万人。签订劳动合同 2.85 万人，督促补签 2.64 万人。督促 74 个用人单位依法缴纳社会保险费，为农民工追讨被拖欠工资及押金 488.46 万元，涉及劳动者 1293 人。纠正企业违反劳动法律法规管理制度 246 条，对 354 个用人单位进行劳动保障监察年检。协调解决 100 余名劳动者与用人单位解除劳动关系纠纷，责令用人单位支付经济补偿 35 万余元。接待各类劳动者来信来访 5867 人次。督促用人单位缴纳工资支付保障金 236 万元，督促 47 个用人单位依法参加工伤保险。

2012 年，开展打击黑中介非法用工专项检查、用人单位遵守劳动用工和社会保险法律法规情况专项检查、劳动关系专项执法检查、农民工工资支付专项检查、禁止非法使用童工等专项督查执法行动。全面启动企业薪酬调查工作，累计接待各类劳动保障法律法规咨询及维权投诉 1200 余人次。立案查处劳动保障投诉案件 63 件，追缴拖欠农民工工资 715.71 万元，实现“零拖欠、零上访”。全县建立乡镇基层劳动人事争议调解委员会 34 个，成立大方县工伤纠纷调解中心。大方县劳动人事争议仲裁委员会共受理案件 160 件，涉案金额 649.1 万元。2013 年，接待来访农民工 1000 余人次，立案查处劳动保障投诉案件 57 件，责令限期改正 10 件，涉及金额 648.2 万元。受理劳动仲裁案件 141 件，审理结案 130 件，涉及金额 169.5 万元。

2014 年，对 138 个用人单位进行劳动保障监察年检及劳动用工情况监察检查，涉及劳动者 1.7 万余人。企业劳动合同签订率和企业集体合同签订率分别为 94%、82%；征缴务工人员工资保障金 609.21 万元。受理劳动仲裁案件 173 件，涉及金额 836.2 万元。

2015 年，解决 1587 件拖欠民工工资案件，为民工追讨工资 3103.64 万元，结案率达 98%。对全县用人单位开展年度检查和劳动用人备案工作，劳动合同签订率和集体合同签订率分别达 96% 和 85%。加强劳动保障监察网络化和网格化管理建设，覆盖率 100%。受理劳动人事争议仲裁案件 161 件，审理结案 143 件，涉案金额 484 万元。

第三章　社会保障

第一节　养老保险

一、职工养老保险

1991 年，国务院《关于企业职工养老保险制度改革的决定》出台后，大方县开始在全县广泛宣传贯彻。1992 年，县转发毕节地区行署《关于企业职工个人缴纳基本养老保险费的通知》，全县所属企业职工实行职工个人缴纳养老保险费制度，从当年 4 月 1 日起执行，缴费标准按职工工资的 3% 计算。1995 年，根据省人事厅《关于积极开展国家机关事业单位职工养老保险和失业保险工作的通知》精神，全县开展养老保险和失业保险制度改革试点。

1996 年，根据省政府办公厅文件精神，把机关、事业单位劳动合同制工人的养老保险金，划转到社会保障局在银行单独开设的机关事业单位养老保险基金专户，不与企业职工的基本养老保险混合使用。从 1999 年 1 月起，将养老保险金个人缴费比例统一提高到 5%。同年，大方县参保国有企业达 77 个，在职职工 3485 人，享受养老金的离退休人员 1370 人；机关事业单位 1.03 万名职工参加养老保险，基本实现国有企业、机关、事业单位由原来的单位自保、财政包干向社会保险的转变。地区拨付调整企业养老保险金待遇补助资金 45.24 万元。

2000 年，全县参加养老保险、失业保险的机关事业单位 200 个，职工 1.03 万人，应收缴养老保险金 483 万元，实收 310.15 万元。全县参统企业 95 个，在职职工 3153 人，应收养老保险费 546 万元，实收 591 万元，其中清收历年欠费 66 万元。全县参统企业离退休人员 1409 人，应拨付基本养老金 588 万元，实际拨付 643.5 万元。为解决部分危困企业的基本养老统筹金，县人民政府拨付 52.8 万元，确保危困企业退休职工基本养老金按时足额发放。是年，县委、县人民政府召开第一次全县社会保险工作会议，并出台《关于加强我县社会保险费征收和管理工作的意见》，将供销系统的集体职工全部纳入统筹。

2002 年，出台《大方县关于开展基本养老征缴稽核和基本养老金领取资格核查工作的实施方案》，对全县参保职工、离退休职工社会保险相关工作进行全面稽核。对统筹企业退休人员基本养老金进行调整，全县统筹企业参加调资的单位 78 户，领取养老金的退休退职人员 1395 人，调整后月增加养老金5.34万元。2003年，对企业离退休人员发放年终一次性生活费，标准为离退休人员当年12月基本养老金的二分之一。

2004年，对异地居住退休人员领取养老金资格进行认证，由各单位明确专人负责此项工作。同年，征缴企业基本养老金747.9万元，单位缴纳538.67万元，个人缴纳209.23万元。支付企业基本养老金861.9万元，丧葬抚恤补助39.99万元，上解调剂金37.4万元。2005年，收缴企业90余个、职工3921人的养老保险费基金880万元。新接纳移动公司、吉运水泥厂、铁通公司等单位150人参加社会统筹。对78个企业1577名企业退休职工调增基本养老金，月增资共计9万余元。实现居住大方镇辖区8个社区671名退休职工社会化管理，为全县参统企业的3921名在职职工、1577名退休职工建立数据库。

2006年，对全县90余个企业的职工、个体户和自由从业人员4600人收缴养老金保险费基金1080万元，1586名退休人员养老金全部实行社会化发放，累计发放养老金1234.31万元。是年，累计基金总支出1344.88万元，收支相抵后赤字264.88万元。为全县4600名参统人员、1586名退休人员建立数据库。2007年，共收缴90余个企业、5745名职工的养老保险基金1608.9万元，其中财政划入165万元，扩面新增780人参保，社会化发放56个企业、1630名退休职工养老金1536万元。2008年，扩面新增812人，实有参保人数达到3.6万人，征收养老保险金2091万元，发放1660名退休职工养老金1648万元，累计支出1808万元，结余283万元。

2009年，参加养老保险人数为7130人，收缴养老保险基金3127万元，发放1724名退休职工养老金1980万元。2010年，参加养老保险人数为8535人，收缴养老保险基金9377万元，发放2461名退休职工养老金2860万元。按政策规定调整2010年度基本养老金，办理612名达到退休年龄的大集体企业职工缴纳养老保险后的退休手续，审核办理51名参保职工的退休手续并核发退休养老金。2011年，全县养老参保人数1.21万人，征收养老保险金5100万元，发放2508名退休职工养老金3575万元。

2012年，城镇职工养老保险人数达1.58万人，征收养老保险金7718万元，发放基本养老金3763.7万元。调整全县企业退休人员基本养老金，2585名职工符合条件，离退休人员平均增资187.3元，增资额达48.41万元。2013年，城镇职工养老保险人数为1.68万人，征收养老保险金8831.75万元。2014年，城镇职工养老保险人数达1.82万人，征收基本养老保险基金9108万元。

2015年，全县参保单位544个2.29万人，征缴养老保险基金2.14亿元，1160人进行补缴，补缴基金6960万元。办理社会保险关系转移手续342人次，对养老保险参保单位离退休人员4074人基本养老社会化发放8222.7万元。

二、被征地农民社会保障

2010年，出台《大方县被征地农民社会保障工作实施细则》《大方县被征地农民基本养老保障试行办法》。对东关乡岩下村104名被征地农民进行县、乡、村三级公示登记，并办理参保手续，其中37人办理领取养老保障金手续，每人每月领取养老保障金216元。征收杭瑞高速公路被征地农民养老保障基金2660.58万元。

2011年，全县被征地农民养老保障参保人数245人，主要为循环工业经济园区和安乐、竹园、响水等乡镇和杭瑞高速公路沿线乡镇被征地农民。被征地农民养老保障基金总收入为1.52亿元。2012年7月底，启动大方镇及东关乡被征地农民就业和社会保障试点工作，被征地农民参加就业和社会保障的有780名，领取被征地保障金人数为331人，个人缴纳部分的资金为239万元，被征地项目社保资金的提取额达到2亿元。

2013年，在试点工作基础上，健全贫困有补助、失地有保障、就业有渠道、生病有医保、上学有奖补、养老有保险、创业有门道的“七有体系”。是年，参加被征地农民就业和社会保障人数达3070人，其中60周岁以上领取被征地农民养老待遇1247人，60周岁以下享受缴费补助1823人。每月发放被征地农民养老金约19.12万元，累计发放养老金238万元，累计补助缴费约146万元。2014年，全县参加被征地农民就业和社会保障1.17万人，累计发放养老金219.35万元，累计补助缴费160万元。

2015年，全县参加被征地农民就业和社会保障133万人，发放养老金762万元；被征地农民及其子女纳入农村低保725人，发放低保金293.5万元；国家代缴纳全部参合金535人9.86万元人，国家代缴纳50%参合金1.29万人118.92万元；享受粮食补助836人17.3万公斤，农村危房改造376人，生态文明家园建设378人；就读普通高中免学费及贫困生活补助437人65.8万元；就读职业技术学校享受资助126人25.66万元；高考享受助学金121人38.8万元；享受职业技能培训1138人次；获入驻企业优先招聘759人。

第二节　工伤保险

2005年，大方县启动工伤保险工作。明确全县行政区域内的各类企业、有雇工的个体工商户等用人单位，按《社会保险登记暂行办法》及时为职工办理工伤保险登记手续，依照有关规定参加工伤保险，为本单位职工或雇工缴纳工伤保险费。工伤保险费由用人单位缴纳，个人不缴纳。工伤保险基金按照以支定收、收支平衡的原则确定费率。根据不同行业的风险程度确定基准费率：一类（风险小）0.8%，二类（中等风险）1.8%，三类（风险大）3%。工伤保险基金的收支实行地区集中管理、统一调剂、分级负责、责任共担的办法。收缴基金和除储备金后不足支付工伤待遇的部分，地区调剂50%，其余50%由县人民政府负责垫付。地区对各县支付的工伤保险金统一拨付。是年12月，大方县共有14户企业389人完成工伤保险参保登记手续，全年收取工伤保险基金1.1万元。

2006年，以贯彻国家《工伤保险条例》为契机，出台大方县《煤炭开采企业参加工伤保险社会统筹的实施方案》，落实工伤保险政策。工伤保险参保人数222人，收缴工伤保险基金9.36万元。2007年，全县参加工伤保险企业37户473人，其中农民工232人。收缴工伤保险基金25.46万元，参保人数、征缴基金占年任务数的6.3%。

2008年，全县参加工伤保险企业87户7083人，占应参保人数的101%，其中农民工5909人，占目标任务的106%，征缴工伤保险基金208.6万元，占全年目标任务的104.3%。2009年，参加工伤保险单位96个1.08万人，其中农民工9564人。全年征缴工伤保险基金306万元，建立96个参保单位1.08万参保人员电子文档。2010年，全县参加工伤保险企业113户1.41万人，征缴工伤保险基金458万元。全县商贸、餐饮、住宿等服务业共12户227人全部参加工伤保险。根据《工伤保险条例》《工伤认定办法》，办理208名机关、事业单位及企业职工的因工伤亡认定手续。审核支付32名参保企业工伤职工的一次性伤残补助金58万元，审核83人工伤医疗费用，工伤保险基金支付145万元。

2011年，全县参加工伤保险1.98万人，征缴工伤保险基金845.6万元。审核工伤职工一次性伤残补助金53人次共173万元。解除劳动关系的一次性医疗补助金9人次共9.7万元。

2012 年，工伤保险参保人数 2.57 万人，征缴工伤保险费用 1582 万元。对全县 5 家工伤保险定点医疗机构实行协议管理，加强对工伤病人的跟踪管理，到各定点医疗机构对工伤病人进行跟踪服务共 78 次。全年共审核工伤职工补助金 76 人次 235.33 万元，其中，一次性伤残补助金 107.3 万元，解除劳动关系后一次性医疗补助金 79.87 万元，住院期间伙食补助费 1.61 万元，劳动能力鉴定费及体检费 1.71 万元，支付一次性工伤保险长期待遇 44.84 万元。

2013 年，工伤保险参保人数达 2.93 万人，其中农民工参保人数为 2.43 万人，征缴工伤保险基金 2052.3 万元。全年共审核支付 298 人次的工伤保险待遇 1309.4 万元。

2014 年，参加工伤保险 3 万人，其中农民工参加工伤保险 2.71 万人，征缴工伤保险基金 2080 万元。全年共审核支付 186 人次的工伤保险待遇 1212 万元。

2015 年，全县共有参保单位 206 个，参保人数 2.98 万人，其中农民工参加工伤保险 2.6 万人，征缴工伤保险基金 1829 万元。全年审核支付 490 人次的工伤保险待遇 1652 万元，办理工伤病人住院手续 360 人，转院手续 12 人。

第三节 城镇职工医疗保险

2002 年，大方县启动城镇职工医疗保险工作，出台《大方县建立城镇职工基本医疗保险制度暂行办法》《大方县大病医疗补助社会统筹暂行办法》《大方县城镇职工基本医疗保险定点医疗机构管理暂行办法》《大方县城镇职工基本医疗保险定点医疗机构服务质量考核暂行办法》《大方县城镇职工基本医疗保险费用结算管理暂行办法》《大方县城镇职工基本医疗保险定点专科医疗机构住院费结算管理暂行办法》《大方县城镇职工基本医疗保险列入统筹基金支付的部分医疗费用的门诊特殊疾病病种管理暂行办法》7 个暂行办法。出台《大方县城镇职工基本医疗保险住院病种目录暂行规定》，病种目录总计 23 个科类，352 项病种写入文件。

2003 年，出台《大方县国家公务员医疗补助暂行办法》，制定《医保定点医疗机构服务参保病人规定》《关于癌症病人、器官移植病人享受医保待遇的补充规定》。是年，住院人数 138 人，其中转诊转院 48 人，申请追加医药费 102 人。

2004 年，出台《大方县城镇居民就业人员基本医疗保险试行办法》《关于加强定点医疗机构和定点零售药店的管理的通知》。是年 1—11 月，县人民医院住院医药费 38.42 万元，定额指标 37.54 万元，统筹金发生额 24.43 万元；县中医医院住院医药费 27.51 万元，定额指标 27.51 万元，统筹金发生额 18 万元。全县住院人数 251 人，转诊转院 118 人，大病补助审批 21 人，申请追加医药费 175 人。

2005 年，出台《关于大方县参保职工就医报销有关程序的规定》。大方县正式启动医保刷卡微机管理系统，医保经办机构各定点医院、药店实现微机联网，参保职工可持卡就医购药。发放 1.47 万人的医保卡。7 月，启动全县乡镇职工 3669 人的基本医疗保险，吸纳县盐业公司等 4 个企业参保。是年参保单位 221 个，参保职工总数 1.57 万人，实收医保基金 151.2 万元，应收 5% 医保基金单位 12 个 14.6 万元。住院总人数 341 人次，其中异地就医 93 人次。统筹基金支出 149.1 万元，大病支付 66.4 万元，门诊及药店刷卡个人账户支出 174.7 万元，门诊特殊疾病报账 76 人次，统筹基金支付 3.4 万元。全年住院支出 215.5 万元，门诊支出 178.1 万元，医保基金总支出 393.6 万元。

2006 年，全县参保单位 237 个 1.65 万人，征缴医疗保险基金 852.5 万元。审核住院病人 678

人，报销比例为81.8%；异地就医212人，报销比例为78.85%；门诊特殊疾病报账206人，统筹基金支付12.3万元，报销比例为79.6%。统筹基金住院支付268万元，大病支付96万元，刷卡个人账户支出262万元，共计626万元。

2007年，实有参保单位249个，参保职工2.18万人，共收缴基本医疗保险金1276.53万元。住院886人次，转诊转院300人次，全年住院医疗费用发生额为628万元，报销金额498万元，其中，基本医疗保险统筹基金406万元，大病统筹基金92万元，个人账户支付322万元，全年基本医疗保险基金总支出820万元。

2008年，参保单位268个2.06万人，征缴医疗保险金1430万元。统筹金支付县内住院100万元、大病住院3万元、县外住院160万元、大病支出84万元、特殊门诊46万元，个人账户刷卡支付385万元，总计支出778万元。

2009年，根据基金运行情况，调整医保政策，提高医保报销待遇。凡在县内定点医疗机构住院治疗的起付费从以前的在职400元、退休300元统一调整为200元；大病保险年度最高支付限额从10万元提高到12万元。同年，参保单位283个5.67万人，征缴医疗保险基金1606万元。统筹金支付县内住院248万元、县外住院215万元，大病支付89万元，特殊门诊398万元，个人账户支付325万元。

2010年，全县参保单位288个2.08万人，征缴医疗保险基金1900万元。统筹金住院支付736万元，大病支付230万元，个人账户支付420万元，医保基金总计支付1386万元。

2011年，参加保险职工2.45万人，参保率达100%，征收城镇职工医疗保险基金2167万元，基本支出1898万元。

2012年，城镇职工医疗保险参保人数2.66万人，收缴基金5676.8万元。基本医疗保险统筹基金个人年度最高支付限额从1.3万元调整到3.5万元，大病医疗保险待遇从12万元调整为23.5万元，大额医疗保险基金支付23.5万元以内部分，个人负担比例为10%。

从2012年起，大额医疗保险基金支付23.5万元以上部分，个人负担比例为15%。增加国家公务员医疗补助，用于补助参保人员住院按规定比例个人负担部分。补助标准为：个人负担费用扣除个人金额仍负担部分年度累计超过3000元的，公务员补助基金补助50%。把全县各乡镇卫生院纳入城镇职工定点医疗机构，新增响水好优多等5家定点零售药店。加快贵州省社会保险统一信息平台建设步伐，采集全县298个机关企事业单位2.64万人的单位及个人基础信息。

2014年，参加医疗保险2.95万人，征缴基金1.27亿元。全年支付医疗保险待遇5850万元。2015年，参加医疗保险2.95万人，征缴基金1.78亿万元，全年支付医疗保险待遇7101万元。

2013—2015年大方县职工医保基金运行情况一览表

表—17-3-3-1　　单位：人、万元、%

年份	参保人数	参保职工征缴总额	职工发生医疗费总额	支出总额	职工住院医疗费总额	其中		住院统筹报销比例	门诊支出总额
						住院费统筹基金支出总额	个人支出总额		
2013	27353	10399.00	8906	6197.20	1591	1261.00	330.00	79.30	35
2014	29521	12697.80	9086	7473.60	4102	3139.10	962.90	75.50	520
2015	30963	17804.98	8726	7596.00	4358	3378.00	980.00	77.50	470

第四节 城乡居民医疗保险

2006年1月，大方县启动新型农村合作医疗工作。是年，完成基线调查、方案设计、机构组建、宣传发动、引导农民筹资等工作。根据政府组织、农民自愿、农民代表参与监督的原则，顺利完成合作医疗筹资工作。是年，全县参合农民61.19万人，除全家外出务工人员外，参合率72.7%；筹集合作医疗资金2753.63万元，实际到位资金2454.05万元，其中，农民筹资611.92万元，地方财政补助资金917.88万元，中央财政补助资金1223.83万元（实际到位924.25万元）。

2006年，新型农村合作医疗工作启动之初，设定报销补偿比例为：乡级定点医疗机构住院医药费用补偿，设起付线为50元，补偿比例为60%；县级定点医疗机构住院医药费用补偿，设起付线为200元，补偿比例为45%；省、地级定点医疗机构住院医药费用补偿，设起付线为300元，补偿比例为35%；外出打工人员因急病在县外医疗机构住院设起付线300元，补偿比例为20%。一年内参保患者在定点医疗机构住院累计补偿封顶线为6000元。11月7日起，实行新的住院补偿标准：县内报销不设起付线，县外住院报销起付线为200元，在乡镇定点医疗机构住院报销70%，县级医院住院补偿55%，县级以上定点医疗机构住院报销45%，在省外医院住院报销35%，特困户、独生子女户、二女绝育户、60周岁以上老人、在职和正常离任村干部补偿比例提高10%。是年，合作医疗资金支出1043.25万元，其中，大病统筹基金支出637.15万元，家庭账户基金支出160.7万元，按规定提取风险基金245.4万元。受益农民14.33万人次，其中，门诊12.5万人次，住院1.83万人次。全年资金使用率占实际到位资金的42%，农民受益率占总参合人数的23.4%。

2007年，制定《大方县新型农村合作医疗实施方案》《大方县新型农村合作医疗管理办法》《大方县新型农村合作医疗定点医疗机构管理办法》。报批《大方县新型农村合作医疗基本药物目录》和《诊疗收费项目》并下发各定点医疗机构，将有关制度和项目向人民群众公开。是年，全县参合农民70.28万人，参合率达87%，农民筹资702.77万元，省财政补助资金527万元，地区财政补助资金492万元。

2008年，重新修订《大方县新型农村合作医疗实施方案》，县内住院未设起付线，封顶线为3万元。是年，参合人数76.41万人，参合率达93.13%。共筹集资金6876.82万元，其中，农民缴纳参合资金764.09万元，中央财政补助资金3056.36万元，省财政补助资金2597.91万元，地区财政补助资金229.23万元，县财政补助资金229.23万元。

2009年，全县实行“门诊统筹+住院统筹”的管理模式。在乡镇定点医疗机构住院报销80%，县级医院住院报销60%，县级以上定点医疗机构住院报销50%，省外非营利性定点医院住院报销40%，特困户、独生子女户、二女绝育户、60周岁以上的老人、在职和正常离任村干部补偿比例提高10%。全县参合农民71.48万人，参合率95.24%，筹集资金7147.87万元，共支付合作医疗补偿资金5616万元。其中，门诊54.5万人次，门诊补偿1308.8万元；住院8.69万人次，住院补偿4359.2万元；大额补偿5000元以上的342人，1万元以上的196人，资金使用率85.95%。城镇居民参保人数为1.63万人，参保率达65.8%，共筹集资金231.12万元，全县共支付居民医保补偿资金141.79万元。

2010年1月1日起，县内乡镇卫生院住院补偿比例为80%，县内县级定点医疗机构、民营定点医疗机构住院补偿比例为70%，县外定点医疗机构住院补偿比例为60%，均不设起付线；省、地级指定医疗机构住院补偿比例为60%，设起付线200元；县外非指定医疗机构住院补偿比例为60%，设起付线300元。年底根据资金节余情况进行二次补偿，经二次补偿后仍有困难的参合患者，适当进行再次补偿。同年，全县参合人数75.64万人，参合率达96.73%，共筹集资金1.06亿元。支付合作医疗补偿资金8141.36万元。90.1万人次参合农民受益，其中，门诊83.32人次，门诊补偿1220万元；住院6.86万人次，住院补偿5082万元；大额补偿5000元以上的702人，1万元及以上的395人。共支付城镇居民医保金193.16万元，1122人次城镇居民受益，其中，住院1118人次，补偿金额192.73万元。根据毕节地区《关于开展新型农村合作医疗支付方式改革试点的通知》要求，开展新型农村合作医疗支付方式改革试点，出台《大方县新型农村合作医疗支付方式改革试点工作实施方案》，对单纯性阑尾炎、单纯性腹股沟疝修补、卵巢囊肿剔除、子宫次全切除术、宫外孕手术等9个病种实行"总额限价、定额补偿"。根据贵州省卫生厅、财政厅《关于完善新型农村合作医疗统筹方案的实施意见》，就新型农村合作医疗资金的筹集和使用情况，对2009年、2010年参合农民个人住院承担大额医药费用给予二次补偿，封顶线5万元。两个年度二次补偿3279人次，补偿资金4171.4万元。

2011年1月1日起，将城镇居民纳入新型农村合作医疗实施方案进行统筹管理，实行"门诊统筹+住院统筹+大病统筹"模式，统一筹资标准、统一征收基金、统一保障待遇、统一结算办法。同年，全县支付新农合补偿资金1.58亿元，近100万人次参合对象受益，乡镇卫生院住院补偿人均费用504元，次均费用96元；县级医院住院补偿人均费用2728元，次均费用267元。大方县调整新农合实施方案，调整补偿比例，封顶线提高到每人每年10万元，特重大疾病补偿封顶线提高到20万元。

2012年，城乡居民医保筹资标准为290元，其中，政府补助240元，个人筹资50元。全县参保人数80.26万人，共筹集金2.33亿元，参保率达99.79%。2013年，城乡居民医保筹资标准为330元，其中个人筹资标准为50元。提高城乡居民医保保障水平，提高门诊补偿比例，实行门诊医疗费用分段补偿；县属定点医疗机构住院政策范围内100%核补，非定点医疗机构补偿比例提高到70%；实行保底补偿，参保对象在县外公立医疗机构住院实际补偿比例不足50%的，按照医疗总费用的50%保底补偿；实行慢性病和大病门诊统筹，封顶线为2万元/人/年；将中医非药物治疗纳入城乡居民医保补偿范围，限定补偿病种和日封顶线。是年，全县参保人数77.19万人（扣除划转双山新区人数），参保率为99.81%。全县城乡居民医疗总费用2.49亿元，共补偿资金2.18亿元，有81.98万人次受益。再生障碍性贫血、白血病、血友病、精神分裂症、恶性肿瘤放化疗、慢性肾功能不全透析治疗、器官移植抗排异治疗等大病门诊治疗，比照同级医院住院补偿比例上浮10个百分点实行即审即报。

2014年，全县有78.12万人参保，参保率为100%，共筹集资金3.05亿元。参保对象产生医疗费用3.89亿元，有96.53万人次受益，支出城乡居民医保资金2.9亿元，大病保险支付1718.73万元。大方县弘扬中医药在预防、医疗、康复、保健等方面的优势，提倡中西医并举提高治疗效果、降低医疗成本、减轻患者负担，推广中医非药物及康复治疗，将颈椎病、腰椎病等45种疾病纳入县内定点医疗机构开展门诊中医非药物及康复治疗。

2015年，县内定点医疗机构住院符合政策的保内医疗费用报销比例100%，市内县外定点医院和非定点公立医院报销比例65%，市外非定点公立医疗机构住院报销比例55%。纯中医中药治疗政策范围内费用补偿比例在同级医疗机构基础上提高5个百分点。艾滋病人、麻风病人、精神病人、重度残疾人、城市建设失地农民、特教学校学生、80周岁及以上老人、重点优抚对象、低保对象、"五保"户、独生子女户和二女节育户在县外定点医院和非定点公立医院住院符合政策的保内费用在同级医院的基础上提高10%报销。20世纪60年代初精简退职老职工、低保家庭成员以及低收入家庭中的重病患者，遭受自然灾害、遭遇临时性突发性困难人群，因医疗自付费用过高导致家庭无力承担的患者，起付线以上城乡居民医保保内费用报销比例在同级医院正常报销比例基础上提高3%。全县有75.89万人参保，参保率为100%，共筹集资金3.41亿元。参保对象产生医疗费用4.34亿元，有84.13万人次受益，支出城乡居民医保资金3.04亿元，大病保险支付1897万元。

2006—2015年大方县合作医疗资金使用情况一览表

表—17－3－4－1　　单位：人、万元、%

年度	参保人数	总筹资金	利息收入	补偿人次（人）		补偿金额		补偿总金额	结余金额	资金使用率	住院率
				住院	门诊	住院	门诊				
2006	611919	2753	5.70	18333	74946	572.00	126.00	698.00	2060.70	25.35	2.99
2007	702773	3513	13.65	55981	292710	2028.00	547.00	2575.00	951.65	73.02	7.97
2008	764091	6876	28.30	49944	238714	3720.00	569.00	4289.00	2615.30	62.12	6.54
2009	714787	7147	23.10	88461	1269727	4408.00	1208.00	5616.00	1554.10	78.33	12.38
2010	756423	10590	32.30	68582	833182	8757.00	1470.00	10227.00	395.30	96.28	9.07
2011	787507	18113	48.40	73725	1061702	11802.00	2491.00	14293.00	3868.40	78.70	9.36
2012	802628	23276	86.10	98389	721439	19244.00	2590.00	21834.00	1528.10	93.46	12.26
2013	771924	25473	52.80	119657	880815	26409.00	4025.00	31977.80	-6452.00	125.28	15.50
2014	781239	30468	37.70	101109	864161	23657.60	2992.40	28986.50	1519.70	95.02	12.94
2015	758884	34149	65.30	96779	744467	26580.60	2951.20	32323.20	1891.10	94.47	12.75

第五节　生育保险

2007年，大方县启动生育保险，当年参保人数4500人，征缴生育保险基金1万元。2008年，全县生育保险参保人数9561人，征缴生育保险基金20万元。2009年，生育保险参保单位216个，参保人数1.75万人，征缴生育保险基金100万元。2010年，全县有220个单位1.75万人参加生育保险，征缴生育保险基金116万元，办理生育保险住院手续172人次，审核享受生育保险待遇250人次，生育保险基金支付40万元。2011年，全县生育保险参保人数1.93万人，征收生育保险基金100万元，生育保险基金支出50万元。2012年，全县城镇职工生育保险参保人数为1.93万人，生育保险基金征缴110万元。2013年，全县参加生育保险2万人，征缴生育保险基金180万元，共审核支付357人次的生育保险待遇296.5万元。2014年，全县参加生育保险2.08万人，征缴生育保险基金220万元，共审核支付287人次的生育保险待遇248万元。2015年，参加生育保险2.26万人，征缴生育保险基金90万元，共审核支付409人次的生育保险待遇137万元。

第六节 失业保险

2005年，全县失业保险基金总收入100余万元（不包括财政代扣代缴的140万元），失业保险金累计支出42万元，加上年底财政代扣代缴部分，失业保险金结余220万元。清退100余个机关单位失业保险金，共计30余万元。2006年，全县收缴失业保险金192万元（含清欠数），失业保险金累计支出47.43万元，收支相抵后结余144.57万元，失业保险金累计结余1149.69万元。2007年，收缴失业保险金420万元，占年度目标任务数280万元的150%；失业保险参保1.17万人，为全年任务数的108.29%，净增参保人数897人，失业保险金发放率100%。2008年，全县参加失业保险1.2万人，收缴失业保险金450万元，占年度任务数350万元的128.6%。2009年，全县参加失业保险人数1.26万人，全年征缴失业保险金502万元。2010年，全县参加失业保险人数1.36万人（其中农民工301人），征缴失业保险金480万元。2011年，全县参加失业保险人数1.62万人，征缴失业保险金520万元。2012年，全县参加失业保险1.76万人，征缴失业保险基金847万元。2013年，全县参加失业保险1.86万人，征缴失业保险基金870.2万元。2014年，全县参加失业保险1.88万人，征缴失业保险基金1200万元。2015年，全县参加失业保险1.94万人，征缴失业保险基金839万元。

第七节 社会保险

2011年11月，大方县启动城乡居民基本养老保险，出台《大方县开展城乡居民社会养老保险工作实施方案》，按照“保基本、广覆盖、有弹性、可持续”的基本原则，推进城乡居民社会养老保险工作。是年，参保人数15.53万人，参保缴费687万元，发放养老金2881万元。

2012年，大方县全面铺开城乡居民养老保险工作，全县参加城乡居民社会养老保险26.82万人，占年度目标任务数21.69万人的122%；缴费人数17.76万人，基金收入2363.89万元，发放养老金6572万元。60周岁以上城乡居民养老金发放率100%。

2013年，全县参保人数达29.62万人（不含划归双山新区的双山镇、响水乡及文阁管理乡的4个村），占年度目标任务的111.7%；收取养老保险金1950万元，占年度目标任务的116.77%；发放居民养老金6746万元。

2014年，全县参保人数达33.34万人，占年度目标任务数的113.97%，收取养老保险基金2713万元，占年度目标任务数的132.54%；60周岁以上城乡居民养老金发放率100%，发放养老金6379万元。同年7月1日起，全县城乡居民基本养老保险补助标准从60元/月提高到75元/月。

2015年，坚持“全覆盖、保基本、有弹性、可持续”原则，推进城乡居民基本养老保险工作。层层签订目标责任书，并列为乡（镇、街道）年度目标考核的重要内容，将城乡居民基本养老保险纳入动态跟踪考核，不定期对31个乡（镇、街道）进行督促检查。全县城乡居民基本养老保险参保总人数33.88万人，收取养老保险基金2312万元，发放养老金8055万元，60周岁以上城乡居民养老保险金发放率100%。

第八节 社会救助

1991—1998 年，大方县对享受国家定期救济对象、20 世纪 60 年代初精简下放人员、“五保”户、特困户、鳏寡孤独等人员实行最低生活保障机制，采取发放节日慰问金、定期补助和临时救济等方式保障基本生存条件。1998 年 12 月，大方县建立城市居民最低生活保障制度和农村居民最低生活保障制度。有 180 户 426 名城市居民属最低生活保障对象，拟定最低生活保障标准为每人每月 80 元，年需保障金 16.79 万元；有 6277 户 1.1 万名农村居民属最低生活保障对象，其中，“五保”户 2450 户 2679 人，残疾人 2717 户 4075 人，贫困户、临时救济户 1110 户 4274 人，拟定保障标准为每人每月 25 元，年需保障金 66.78 万元。城市最低生活保障所需资金全部由县级财政负担。乡镇最低生活保障所需资金由县级财政负担 70%，乡镇财政负担 30%。

1999 年 8 月，大方县启动城市和农村最低生活保障制度。按照实事求是、平等公开和动态管理的原则，组织力量重新核实，对城市最低生活保障对象 138 户 504 人，发放保障金 13.25 万元。对农村最低生活保障对象 6277 户 1.1 万人，发放保障金 66.95 万元。

2000 年，救助城市最低生活保障对象 188 户 4296 人次，每户每月 104 元，共发放保障金 23.46 万元。农村最低生活保障对象 6277 户 1.1 万人，共发放保障金 66.95 万元。2001 年，根据国务院有关文件精神，扩大最低生活保障面，经调查核实，全县城市低保救助对象 493 户 1290 人，共发放保障金 123.84 万元。农村最低生活保障对象 6277 户 1.1 万人，共发放保障金 330.84 万元。2002 年，城市最低生活保障对象 1156 户 2240 人，共发放保障金 118 万元。

2006—2015 年大方县最低生活保障金发放情况一览表

表— 17 - 3 - 8 - 1

年度	低保								“五保”供养			临时救助	
	农村低保				城市低保								
	户数	人（次）	金额（万元）	标准（元/年/人）	户数	人（次）	金额（万元）	标准（元/年/人）	户数	人（次）	金额（万元）	人（次）	金额（万元）
2006					1616	37794	308.89	104	4145	13791	120.28	190	10
2007	42226	218795	2011.21	800	2019	44841	417.37	104	4385	5034	81.22	186	10
2008	54533	547678	5343.07	800	2071	51645	628.04	135	5174	18813	127.07	252	15
2009	54533	53500	7278.00	1080	2042	51040	616.04	180	5163	12138	211.49	556	30
2010	64799	680664	8477.96	1180	1904	56109	558.14	210	4587	17352	299.49	621	40
2011	61793	1013519	14266.95	1400	2019	71271	898.79	280	3304	19990	389.03	758	63
2012	62751	678281	14941.06	1550	2137	59716	1062.28	310	3293	458396	723.36	825	63
2013	58042	608738	14721.96	1740	1882	50610	917.80	370	2956	41064	442.31	883	68
2014	43630	765648	11932.84	2000	1785	52284	1087.32	410	2917	7005	643.66	846	68
2015	28696	778491	9255.17	2580	1742	45785	952.54	440	2540	11661	571.38	1256	100
合计	471003	5345314	88228.22		19217	521095	7447.21		38464	605244	3609.29	6373	467

第十八篇
教育　科技

第一章 教育构成

第一节 幼儿教育

1990年，县投资20万元，新建县中心幼儿园，这是县内第一所公办幼儿园。1993年，全县登记注册的幼儿园共9所，即中心幼儿园、六龙幼儿园、达溪幼儿园、长石幼儿园、瓢井幼儿园、北街幼儿园、中街幼儿园、南街幼儿园、小花幼儿园。全县共26个幼儿班，在园幼儿960人，教职工45人。小学附设学前班38个班，在班幼儿1896人。1995年，增加城关王荣托儿班。1999年，全县公、民办幼儿园调整为7所，新增工会幼儿园、黄泥塘幼儿园、小精灵幼儿园。同年，全县开办学前班的学校共87所，118个班，学生6177人。

2003年，《中华人民共和国民办教育促进法》公布实施。2006年，批准成立大方县启蒙实验幼儿园，是县第一所按规定举办的社会力量办幼儿园。2009年，县"两基"接受"国检"以后，小学附设学前班再次发展。2010年，批准设置童天艺术幼儿园、百纳佳宝艺术幼儿园。11月，《国务院关于当前发展学前教育的若干意见》下发后，学前教育被提上重要议事日程，大方县投资350万元，改扩建雨冲、响水、凤山、羊场、达溪、长石6个乡镇6所幼儿园，招生640人。投资96万元对县中心幼儿园院舍进行改造。引进外资2500万元新建中心实验幼儿园，引进400万元新建猫场镇中心幼儿园。到2010年，全县有幼儿园12所，幼儿班40个，学校附设学前班217个，在园在班幼儿1.14万人，其中幼儿园1790人，学前班9643人，学前三年入园率为29.31%。学前教育教职工60人，其中县中心幼儿园18人。

2011年，全县幼儿园12所，其中民办4所。入园幼儿2.42万人，幼儿教育教职工103人，其中，公办36人，民办67人。大方县制定学前教育三年行动计划，规划建成34个乡镇公办幼儿园。同年建成7个乡镇幼儿园。2012年，全县共有28所幼儿园，入园幼儿2.61万人，学前三年入园率为59.67%。是年建成六龙镇等13个乡镇中心幼儿园。幼儿园教职工240人，其中，公办101人，民办139人。2013年，建成14个乡镇幼儿园。全县共有幼儿园38所，招生7167人，在园幼儿2.39万人，幼儿教职工478人。2014年，全县保持幼儿园38所，学前招生1.55万人。采取"优园办分园"的模式，以县中心幼儿园为总园，羊场、理化、凤山、雨冲、达溪5所乡镇中心幼儿园为分园，组建大方县学前教育集团，实行"五统一"（人事管理统一〈编制在原幼儿园〉）、经费统一管理、管理制度统一、业务管理统一、评估考核统一"管理模式，形成"资源共享，优势互补，以强带弱，共同发展"的格局。全县在园幼儿2.35万人，教育前三年毛入学率为74.07%，幼儿教师601人。

2015年，全县有幼儿园41所，学前教师1025人，学生2.6万人，学前教育入学率79.2%；基本建成149所山村幼儿园。截至2015年年底，全县共有幼儿园190所。引进资金1500万元，新建七彩、蓝精灵2所幼儿园。县中心幼儿园通过市级示范幼儿园验收。幼儿园开设课程有语言、看图识字、计算、图画、音乐、体育、游戏、舞蹈等；分大、中、小班教学；一般供应早点和中餐。

第二节 小学教育

顺德街道群益小学图书阅览室（2015年11月摄）

1990年11月，省、地组织验收组对大方县“普及初等教育”进行检查验收。是年，全县共有7周岁～12周岁学龄儿童12.01万人，入学11.46万人，入学率95.4%，巩固率97.7%；13周岁～15周岁少年儿童总数6.67万人，在小学学习的2.78万人，小学毕业的1.84万人，会认2500个汉字和会算整数四则运算的1.81万人，普及率93.9%，1997—2008年，小学学籍管理实行小学生学籍卡，按班级装订成册，每生1卡，从1年级入学到6年级毕业，转出转入的学生，附学籍卡。

2000年11月，省、地验收组对大方县“普及初等教育”进行复查验收，基本情况为：7周岁～12周岁适龄儿童13.64万人，其中三类残疾儿童375人，入学13.45万人，入学率98.7%；学龄女童6.56万人，其中三类残疾儿童140人，入学6.44万人，入学率98.35%；7周岁～12周岁三类残疾儿童375人，其中丧失学习能力40人，入学241人，入学率71.94%；少数民族适龄儿童4.24万人，入学4.15万人，入学率97.94%，辍学率1.33%，15周岁完成率96.56%。是年，公办、民办小学调整为487所，在校学生15.41万人。根据县内小学存在点多、布局不合理、学校规模小、功能不齐全、师资严重不足、教学质量不高等问题，县人民政府制定《大方县2001—2003年中小学布局调整方案》，对全县中小学进行布局调整，每个村一般保留1所小学。

2002年，县“两基”（基本普及九年义务教育、基本扫除青壮年文盲）通过省政府验收，是年，小学招生2.11万人，在校生为12.76万人，小学毕业2.79万人，小学适龄儿童入学率为98.67%；15周岁初等教育完成率为96.35%；小学在校生辍学率为1.11%。2003年，全县公办、民办小学调整为373所，招生2.43万人，在校生12.7万人，毕业2.37万人。从2003年秋季学期起，全县启动基础教育新一轮教育课程改革，执行《贵州省基础教育课程改革义务教育实施意见》，义务教育阶段使用新修订的课程计划。2006年，“两基”通过省人民政府复查验收，是年，小学招生2.51万人，在校生为12.26万人，毕业1.97万人，小学适龄儿童入学率为99.2%；15周岁初等教育完成率为97.56%；小学在校生辍学率为0.84%。

2009年，“两基”通过教育部检查验收。2008—2009学年，招生2.18万人，小学在校生12.64万人，毕业生1.87万人，小学适龄儿童入学率为99.16%，15周岁初等教育完成率为98.19%，小学在校生辍学率为0.7%。从2009年起，制定《大方县普通中小学学生学籍管理规定》，中小学生学籍一律录入微机管理。

2010 年，全县有小学 354 所，其中教学点 11 个。小学招生 1.9 万人，在校生 11.99 万人，毕业 1.95 万人，适龄儿童入学率为 99.65%。2011 年，全县小学 330 所，小学教学点 11 个，招生 1.78 万人，在校生 10.65 万人，小学阶段儿童入学率 99.61%，毕业 1.94 万人，小学教职工 4881 人，其中，公办 4856 人，民办 25 人。从 2010 年春季起，实行小学教科书由国家免费发放，春季免费发放小学教科书 11.3 万套，价值 419.49 万元；秋季发放 10.96 万套，价值 395.91 万元。

2012 年，全县有小学 326 所，其中，教学点 11 个，九年一贯制学校 2 所。小学招生 1.54 万人，在校生 10.08 万人，毕业 1.86 万人，小学适龄儿童入学率 99.63%，辍学率 0.52%。小学教职工 4892 人，其中，公办 4866 人，民办 26 人。2013 年，全县有小学 319 所，其中，教学点 8 个，九年一贯制学校 3 所，招生 7896 人，在校生 8.67 万人，毕业 1.85 万人，入学率 99.65%，辍学率 0.42%。教职工 4526 人。免费发放小学春季教科书 9.9 万册，481.9 万元，秋季发放 78.88 万册，价值 350.94 万元。从 2013 年起，农村义务教育阶段小学公用经费总额调整为每生 560 元。

2014 年，全县有小学 271 所，招生 1.11 万人，在校生 7.36 万人，毕业 1.76 万人，入学率 99.7%，辍学率 0.39%，教职工 4232 人，小学春季免费发放教科书 8.89 万册，价值 321.49 万元，秋季 4.77 万册，价值 506.78 万元。农村义务教育阶段小学公用经费，基准定额生均 600 元。

2015 年，全县有小学 269 所，招生 1.77 万人，在校生 7.76 万人，毕业 1.76 万人，入学率 99.71%，辍学率 0.35%。全县 7 周岁～12 周岁校内外学龄人口 7.27 万人。小学教职工 4139 人，春季免费发放小学教科书 16.77 万册，价值 654.84 万元，秋季 12.34 万册，价值 724.14 万元。

1990—2015 年，全县小学学制为 6 年制，课程设置为思想品德、语文、数学、自然、体育、音乐、美术。3 年级～6 年级增设劳动课，4 年级～6 年级增设社会课。

1991—2015 年大方县小学教育发展情况一览表

表—18－1－2－1　　　　单位：个、人

年份	教育状况			入学情况		
	学校数	班数	学生数	入学率（%）	辍学率（%）	完成率（%）
1991	598	3648	131015			
1992	559	3685	124486			
1993	590	3815	123326			
1994	443	4056	136139	96.40	2.46	97.40
1995	485	6571	135640	97.52	2.05	98.00
1996	428	3773	139375	98.06	1.99	98.20
1997	489	4089	150460	98.43	1.84	98.50
1998	502	4192	153775	98.83	1.86	98.53
1999	478	3865	152614	98.48	1.80	93.90
2000	487	4064	154138	98.70	1.62	96.56
2001	381	3344	137152	98.33	1.38	97.10
2002	347	2958	127621	98.67	1.11	96.35
2003	373	3113	127005	98.71	1.10	96.48

续上表

年份	教育状况			入学情况		
	学校数	班数	学生数	入学率（%）	辍学率（%）	完成率（%）
2004	387	3014	126982	98.92	1.11	96.54
2005	383	2941	128865	99.09	0.99	96.55
2006	382	2828	122634	99.22	0.84	97.56
2007	376	2891	123063	99.23	0.78	98.08
2008	377	2858	129336	99.37	0.73	98.19
2009	356	3011	126477	99.16	0.70	98.34
2010	354	2940	119857	99.65	0.55	98.41
2011	330	2625	106451	99.61	0.53	
2012	326	2533	100777	99.63	0.52	
2013	319	2381	86653	99.65	0.42	
2014	271	2112	73634	99.70	0.39	
2015	269	2204	77643	99.71	0.35	

第三节　普通中学教育

1990 年，成立鸡场中学、达溪中学、长石中学 3 所初级中学。全县 13 个区均有 1 所独立的初级中学或完全中学。是年，全县有高级中学 15 所，其中职业高中 1 所，高中招生 952 人，在校生 3226 人，毕业 725 人。初级中学 8 所，民办初中 5 所，初中招生 4234 人，初中在校生 1.4 万人，毕业 4366 人，戴帽初中招生点 25 个学校，戴帽初中在校生 5840 人；

1992 年，撤区并乡建镇后，部分中学按乡镇村归属进行校名更改，城关中学更名为大方镇中学，鸡场中学更名为黄泥塘中学。是年，新建牛场中学。1994 年，建立大方县第三中学，校园校舍利用原教师进修学校的校园校舍，实行一套班子两块牌子，县小学教师进修学校的培训辅导工作，仍然由大方县第三中学安排教师承担。

1995 年，县人民政府制定《关于推进普及九年义务教育的实施方案》，到 2000 年基本普及九年义务教育。各级政府加大对初中教育设施的投入，1995 年，开始实施世界银行贷款项目、深圳捐资项目、义务教育工程项目、危改项目，加大对中小学特别是初中的投入，部分项目以小学立项建成后，成为新建初级中学。同年 10 月，爱心人士陈家文捐资 20 万元，县人民政府匹配 130 万元，总投资 150 万元的文惠实验学校建成招生，小学一年级 2 个班，初中 4 个班，其中，面向城关地区招收 2 个班，面向社会招收民族班、重点班各 1 个班。

1996 年，全县初中 12 所，高中 9 所。初中招生 1.07 万人，在校生 2.41 万人，毕业 6514 人；高中招生 1050 人，在校生 2893 人，毕业 784 人。1997 年，全县把乡镇完中调整为县直属学校。初中招生 1.32 万人，在校生 3.36 万人，毕业 6351 人；高中 10 所，招生 1105 人，在校生 2993 人，毕业 879 人。

1998 年，新增绿塘中学、高店中学、凤山中学、果瓦中学、星宿中学、迎江中学 6 所初级中学。

大方三中体育课（2014 年 4 月摄）

全县共有初级中学 23 所，其中有鼎新乡育才中学、黄泥塘镇甘棠中学、核桃乡木寨中学、普底乡大桥中学、猫场镇永乐中学等 5 所民办初中。小学附设初中 38 所。初中招生 1.38 万人，在校生 3.4 万人，毕业生 6957 人；完中 10 所（含职中），高中招生 1115 人，在校生 3355 人，毕业生 899 人。

2000 年，全县新增鸡场中学、小屯中学、理化初级中学、核桃中学、兴隆中学、大山中学、黄泥中学、雨冲中学、大水中学、三元中学、双山中路中学 11 所初级中学。全县初中 27 所，招生 1.75 万人，在校生 4.76 万人，毕业 1.5 万人；高中 9 所，招生 1679 人，在校生 5325 人，毕业生 967 人。

2002 年，新增猫场中学、普底中学、安乐中学、新场中学、文阁中学、八堡中学 6 所初级中学。全县初中在校生 5.39 万人，初中阶段入学率 95.95%。

2004 年，新增东关中学、马场二中、马龙岩中学、化联中学、坝子中学共 5 所初级中学，其中一部分是把小学戴帽初中点分离出来，成为单独的初级中学；一部分是在新建乡镇无初中点的地方新建初级中学；一部分是把以前的民办初中转变为公办初级中学。截至当年，中学布局调整基本完成，每个乡镇均有 1 所中学，人口多的乡镇保留 2 所，小学附设初中班逐步减少。

2005 年，全县初中 41 所，招生 2.05 万人，在校生 5.66 万人，毕业 1.72 万人；高中 16 所，招生 5098 人，在校生 1.32 万人，毕业生 3458 人。2006 年，省政府对大方县“两基”进行复查，其中初中阶段适龄儿童入学率为 97.93%，比 2002 年“两基”验收时增加 1.98 个百分点，初中在校生 5.41 万人，比 2002 年增加 200 人。2009 年 2 月，县“两基”工作通过教育部验收，初中在校生为 5.03 万人，初中适龄儿童入学率为 98.02%，17 周岁完成率为 82.05%。

2010 年，全县有中学 55 所，其中，初级中学 41 所，高级中学 1 所，完全中学 13 所，其中，民办 5 所。初中招生 1.91 万人，在校生 5.09 万人，毕业 1.49 万人，初中阶段毛入学率为 97.78%，普通高中招生 5487 人，在校生 1.48 万人，毕业生 3940 人；高中阶段毛入学率为 50.5%。

2011 年，全县初级中学 39 所，其中民办 1 所；省级三类示范高中 1 所，完全中学 13 所，其中民办 5 所。初中招生 1.96 万人，在校生 5.07 万人，毕业 1.42 万人；高中招生 7204 人，在校生 1.67 万人，毕业生 3963 人。中学教职工 3200 人，其中，公办 3031 人，民办 169 人。是年，春季免费发放初中教科书4.56万套，价值380.17万元；秋季发放5.1万套，价值423.17万元。全县中考报名1.06万人，其中，报考高中9182人，五年大专129人，幼儿师范1247人。五年大专录取12人，幼儿师范录取408人，高中录取7653人，职高录取5716人。高考报名5270人，其中，报考理科2556人，一本录取198人，二本录取471人，三本录取145人，专科录取839人，理科共录取1653人；报考文科2714人，一本录取38人，二本录取417人，三本录取265人，专科录取1316人，文科共录取2036人。

2012年，全县初级中学38所，初中招生1.86万人，在校生5.09万人，毕业1.47万人；高中14所，高中招生7752人，在校生1.79万人，毕业生4443人。是年，春季免费发放初中教科书15.36万套，价值824.82万元，秋季发放15.26万套，价值927.43万元。全县教职工总数9007人，其中，公办8432人，民办575人。中学教职工3866人，其中，公办3456人，民办410人。引进上海新纪元教育集团开办大方县第五中学。全县1.07万人参加中考，其中高中录取7752人。5451人参加高考，其中，理科报考2891人，一本录取251人，二本录取636人，三本录取263人，专科录取889人，理科合计录取2039人；文科报考2560人，一本录取46人，二本录取470人，三本录取328人，专科录取1201人，文科合计录取2045人。

2013年，全县初级中学38所，初中招生1.83万人，在校生5.54万人，毕业1.46万人。初中阶段入学率为85.05%。高中15年，高中招生6696人，在校生1.91万人，毕业生4936人。中学教职工3575人。是年，春季免费发放4.78万册，价值420.93万元，秋季发放5.24万册，价值552.96万元。全县参加中考1.19万人，高中录取4485人，五年大专录取39人，幼儿师范录取527人。参加高考4790人，其中，理科报考2482人，一本录取223人，二本录取758人，三本录取233人，专科录取705人，理科合计录取1919人；文科报考2308人，一本录取50人，二本录取441人，三本录取334人，专科录取1095人，文科合计录取1920人。

2014年，制定义务教育均衡发展规划，按照以乡推进原则，实行31个乡（镇、街道）义务教育初步均衡。全县初级中学35所，初中招生1.42万人，在校生4.48万人，毕业生1.73万人。高中12所，招生8780人，在校生2.14万人，毕业5384人。初中阶段毛入学率为99.04%，辍学率1.2%，义务教育巩固率90.35%。是年，春季免费发放初中教科书5.03万册，价值455.514万元，秋季7.88万册，价值333.35万元。中学教职工3575人，其中，初中教职工2545人，高中教职工1030人。高考报名5453人，其中，理科报名2791人，录取一本272人，二本录取734人，三本录取238人，专科录取853人，理科合计录取2097人；文科报名2662人，一本录取37人，二本录取406人，三本录取281人，专科录取1470人，文科合计录取2194人。同年，大方三中通过“市级示范性高中”验收。

2015年，完成城区义务教育就近入学免试招生改革。深化集团化办学，由大山中学捆绑星宿中学，牛场中学捆绑马场中学。推进布局调整，撤销戴帽初中点5个。将新场中学并入鸡场中学，高店中学并入迎江中学，更名为大方八中。思源实验学校、鸡场中学、六龙中学创建“市级标准化学校”通过验收。大方四中（原大方镇中学）创建为“依法治校”示范校，大方五中创建“减负增效提质”示范校，长石中学、核桃中学创建为“四在学校幸福校园”示范校。免费发放初中教科书9.74万册，价值922.36万元。初中33所，招生1.42万人，在校生4.29万人，毕业1.6万人。高中13所，招生7666人，在校生2.25万人，毕业6341人。中学教职工3698人。全县高考报名5980人，其中，理科报考2793人，一本录取284人，二本录取739人，三本录取212人，专科录取1229人，理科合计录取2464人；文科报考3187人，一本录取98人，二本录取411人，三本录取255人，专科录取1589人，文科合计录取 2353 人。

1990—2015 年，初中课程设置思想品德、语文、数学、外语、历史、地理、物理、化学、生物、体育、音乐、美术、劳动 13 科。同时，不定期进行时事教育，每学年不少于 17 课时。高中课程设置思想道德、政治、语文、外语、数学、信息技术、物理、化学、生物、历史、地理、体育和保健 13 科。

1990 年前，新生入学时根据报名册由学校制作一份花名册作为学生学籍。1991 年，制定《大方县中学生学籍管理暂行办法》，规定全县各中学录取的新生必须于当年 9 月 20 日前报到注册，按班级填报高、初中学生学籍册，经审查与招生部门批准录取的新生花名册相符后，由教育行政主管部门编给学籍号，学生开始取得学籍，并录入微机实行信息管理。取得学籍的学生，修业期满，成绩合格，颁发毕业证书。1991—2015 年，大方县按此办法执行。

2015 年，大方一中学生何娇被清华大学录取
（2015 年 8 月摄）

1991—2015 年大方县中学教育发展情况一览表

表一 18－1－3－1　　　　单位：个、人

年份	学校数		班数	学生数			小学中设初中班学校数
	初中	高中		初中	高中	合计	
1991	8	9	319	14576	2843	17419	32
1992	8	9	273	16562	2869	19431	42
1993	9	7	406	17786	2552	20338	44
1994	8	9	447	19923	2523	22446	50
1995	10	9	493	23538	2741	26279	52
1996	12	9	532	24077	2893	26970	52
1997	12	10	609	33595	2993	36588	57
1998	23	10	713	33997	3355	37352	38
1999	22	9	886	43325	3327	46652	59
2000	27	9	997	47616	5325	52941	50
2001	42	21	1023	51725	6072	57797	42
2002	35	20	1062	53895	7532	61427	37
2003	40	16	1082	54878	10182	65060	27
2004	38	16	1122	56594	11670	68264	26

续上表

年份	学校数		班数	学生数			小学中设初中班学校数
	初中	高中		初中	高中	合计	
2005	41	16	1150	56623	13153	69776	23
2006	40	17	1112	54073	13628	67701	23
2007	39	18	1098	52532	13007	65539	23
2008	39	17	1087	51279	12834	64113	23
2009	39	14	1126	50254	12889	63143	22
2010	41	14	1131	50901	14827	65728	22
2011	39	14	1144	50736	16654	67390	22
2012	38	14	1191	50899	17881	68780	22
2013	38	15	1336	55433	19062	74495	18
2014	35	12	1245	44845	21391	66236	2
2015	33	13	1258	42936	22534	65470	

1990—2015 年大方县高考情况一览表

表—18-1-3-2　　单位：人

年度	报考人数				录取人数								
	合计	文科	理科	其他	合计	文科				理科			
						一本	二本	三本	专科	一本	二本	三本	专科
1990	1923	831	1055	37	179	3	39		35	2	54		46
1991	2228	987	1120	121	188	3	34		44	4	56		57
1992	1647	754	832	61	161	1	29		38	2	45		47
1993	1628	738	835	55	204	4	35		41	7	55		62
1994	1505	643	782	68	231	1	23		61	8	57		81
1995	1610	650	904	56	275	3	22		66	28	69		87
1996	1740	675	1010	55	384	2	45		106	16	61		154
1997	1853	721	1026	106	365	5	45		34	20	76		185
1998	1935	731	1142	62	518	7	54		140	29	103		185
1999	1725	630	915	180	540	5	93		149	28	143		122
2000	1721	642	892	187	900	6	133		223	60	196		282
2001	1798	718	873	207	1243	5	117		460	41	175		445
2002	1840	787	1000	53	1070	12	120		208	74	235		421
2003	2534	955	1423	156	1413	24	175		411	77	288		438
2004	3801	1451	2222	128	1682	32	123		529	103	311		584
2005	4907	1732	2881	294	1793	20	130		547	116	361		619
2006	5597	1914	3320	363	1863	24	122	47	568	120	268	53	661
2007	6227	2145	3628	454	1935	51	132	55	546	167	258	61	665

续上表

年度	报考人数				录取人数								
	合计	文科	理科	其他	合计	文科				理科			
						一本	二本	三本	专科	一本	二本	三本	专科
2008	6695	2906	3789		2059	87	186	8	470	222	440	15	631
2009	5768	2700	3068		2814	34	254	121	781	207	384	144	889
2010	5042	2446	2596		2912	51	307	206	864	202	446	151	685
2011	5270	2714	2556		3689	38	417	265	1316	198	471	145	839
2012	5451	2560	2891		4084	46	470	328	1201	251	636	263	889
2013	4790	2308	2482		3839	50	441	334	1095	223	758	233	705
2014	5453	2662	2791		4291	37	406	281	1470	272	734	238	853
2015	5980	3187	2793		4817	98	411	255	1589	284	739	212	1229

第四节　职业技术教育

一、职业中学教育

（一）发展概况

1992 年，全县有大方县综合职业技术高级中学（简称“大方职中”）、六龙职业高中班 2 所职业高中；卫生职业技术学校 1 所；马龙岩农职中学、坝子农职中学、小屯石墙职业中学、文阁三元职业中学 4 所农职初中职业技术学校，大方二中职业高中 1 个班。全县有职业高中学生 691 人，职业初中学生 635 人。

1999 年，成立大方县利民职业中学，9 月，招收职业高中学生美术班 1 个 82 人。2000 年，全县有 2 所职业高中，1 所卫生职业技术学校，3 所农村职业初中。全县有职业高中学生 356 人，职业初中学生 748 人，职业卫校学生 303 人。陆续建立育德高级中学、美育高级中学、云贵高级中学、树人高级中学等民办高级中学，均从 2003 年起招收职业高中班。2003 年，云贵中学首开大方县职业学校与外省职业学校联办职业高中的先例，与云南省昆明市安宁三中联办 1 个职业高中班，学生在云贵中学学习 1 年文化课之后，到昆明市安宁三中学习 2 年专业技术，毕业后按合同规定安排工作。之后，大方职中、利民中学、汇灵中学、树人中学先后与发达地区的学校或者企业进行联合办学。2004 年，成立大方县汇灵职业中学。

2005 年起，由大方职中牵头，鸡场中学、坝子中学、马龙岩农职中学分别与县人事劳动局、扶贫办、农办、农业局等部门协作，开展农村劳动力转移就业培训。是年，全县有大方职中、利民职业中学、汇灵职业中学 3 所职业高中，有坝子农职初级中学、马龙岩农职初级中学 2 所职业初中。云贵中学办职业高中班 1 个，大方三中和理化中学分别办同心班 1 个。全县有职业高中学生 1820 人，职业初中学生 1159 人。全县有职业高中专任教师 77 人，其中，县职中 27 人，利民职业中学 39 人，汇灵职中 11 人。同年，大方职中与重庆工商学校达成联合办学协议，利民职业职中与重庆信息工程学院签订联合办学协议。2006 年，利民职业中学与重庆江南职业学校、贵州建国人才开发公司联合办学。规划职业教育。是年职业高中在校生3040人，教职工131人。

2007年起，大方县在年初将中职招生推荐任务下达到各中学、中心小学，将完成情况纳入年终目标考核。是年秋季，全县招收中职新生1836人，其中，大方职中招生407人，利民职中招生542人，汇灵职中招生134人，育德中学招生78人，云贵中学招生259人，美育中学招生76人，树人中学招生340人。是年，与大方职中签订协议、开展联合招生、合作办学的学校和企业有重庆工商学校、水电八局技校、重庆江南职业学校、衡阳工业专修学院、怀化万昌中专、水钢技工学校、重庆松溉职校、重庆计算机学校、广州建国人才发展有限公司等。2008年，全县公办、民办职业高中7所，在校生6009人，教职工210人。

2009年3月，县印发《关于对2009年高中阶段教育招生及推荐工作实施奖惩的通知》。是年，全县招收中职新生7656人，其中，县内职校就读4474人，地区内学校就读788人，省属学校就读516人，省外学校就读1878人。引进新科教育集团、重庆江南职业学校在树人职业中学、汇灵职业中学投资办学，投入400多万元用于专业设备设施和专业师资。

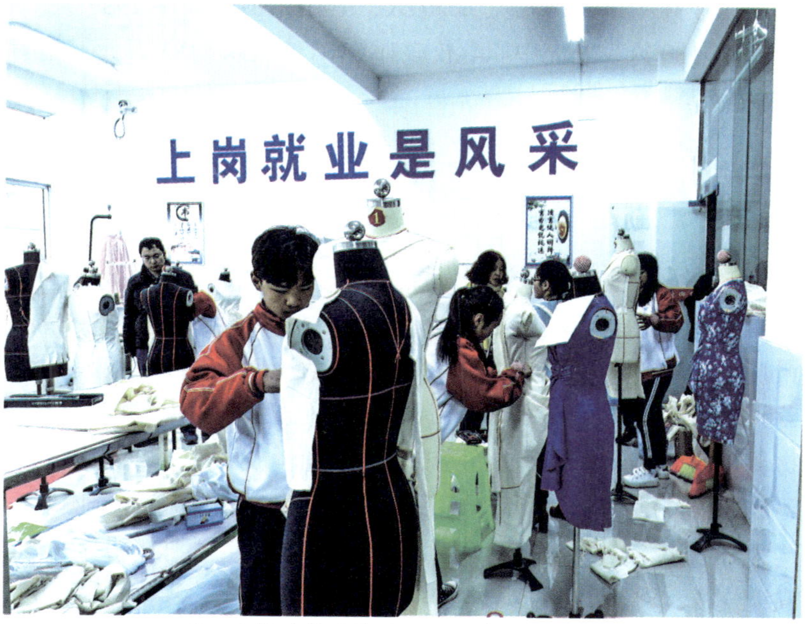

同心职校服装设计课（2015年11月摄）

2010年，全县有大方职中、汇灵职业中学、树人职业中学3所职业高中，在校职业高中生3117人；职业高中教职工总数200人，其中，专任教师116人；专业课、实习指导课教师40人，聘请校外教师130人。3所职业高中占地总面积5.37万平方米，拥有2.56万册图书，电子图书50片，教学用计算机222台，多媒体教室座位数270个。固定资产达2371.7万元，其中，教学实习仪器设备资产值1059.6万元，新增1000万元。同年，全县中职招生共完成8603人，其中，县内职校就读1302人，县外区内学校就读855人，区外学校就读6446人。是年，大方县被列为统一战线“同心智力支持工程”县，职业教育完成招生任务531人，其中，地区5所中专学校194人，大方职中337人。大方职中与江苏省盐城立明学校联合办学，联办专业有服装设计与制作、计算机信息管理、酒店服务与管理、航空服务、国际海员、列车服务等。分别采用“1+1+1”或“1+1+2”的办学模式，前3个专业是中专，3年学制享受“三免一补一就业”，即免学费、免书费、免住宿费、享受国家助学金补助，保证安置就业。后3个专业是4年制中专套读大学，前2年同样享受中专待遇，后2年的学费由江苏省盐城立明学校补助一部分，学生负担一部分，毕业后学校推荐就业。

2011年，大方县被地委、行署确定为国家教育体制改革毕节地区“加快经济欠发达地区中等职业教育发展”改革试点县，承担毕节地区职业教育改革试点、先行先试和探路的任务，全县中等职业学校2所，中职招生1061名，在校生2033人，教职工89人。是年，大方职中并入毕节同心农工中等职业技术学校（简称“同心职校”）。2012年，大方县有职业高中2所，招生7203人，在校生2785人，教职工61人。

2013年，实施教育“9+3”计划，即在九年义务教育的基础上加三年免费中等职业教育。从秋季学期开始，贵州省全面实行免除中等职业教育学费政策，标准为每生每年2000元。县同心职校纳入全省“百校大战”项目，投资1.21亿元，新增实训大楼1.2万平方米，食堂4200平方米，学生宿舍1.05万平方米，同心办公楼8610平方米。是年同心职校招生7190人，包括县内职校1923人，输送县外省内职校2974人，省外职校2293人。招聘专业教师58人，其中，专职教师23名，兼职教师31人。

2014年，全县有职业高中1所，招生8659人，其中，县内职中1989人，县外输送6670人。在校生1956人，教职工100人。补充中职学校教师58人，投入4183万元实施“百校大战”项目，新增校舍面积1.85万平方米。

2015年，全县中职高中1所，招生1162人，在校生1422人，教职工157人。普通话测试站各种设备安装到位。芳达服装厂和福田大数据入驻大方毕节同心农工中等职业技术学校。

（二）课程设置

1991年前，职业高中及职业高中班课程设置没有统一的规定，教学计划一般参照中专学校的同类专业制定，基本要求是专业课与文化课之比为1:1。1998年后，各类专业都有教学大纲，以统一的教学大纲为依据，结合学制及用人单位的要求制订教学计划。职业学校根据社会经济的发展，开设文秘、多种经营、幼师、村级干部后备班、计算机应用技术、家电、服装设计与加工、解放军预备役、畜牧农作物、医生、电子电器、旅游等专业。职业学校的学制，除服装设计与加工专业、畜牧农作物专业、解放军预备役专业、村级干部后备班为2年外，其余的专业均为3年。职业学校的学籍管理，执行《大方县中学生学籍管理暂行办法》，采取新生造册登记，并实行信息录入微机管理，修业期满，成绩合格，颁发毕业证书。初等职业学校的学生，一部分升入普通高中和职业高中就读，一部分外出务工，其余在当地自谋职业。职业高中的学生，毕业后一部分升入高职院校就读，一部分升入普通高校就读，一部分自谋职业，剩下的由学校推荐就业，实行就业服务卡保障就业。为保证学生顺利就业，各职业学校给毕业生发放就业意向表，依学生的意愿推荐就业。实行应届、历届毕业生多次安置、长期信息服务制度。对未就业和需要调换岗位的学生，学校通过发放就业服务卡，让学生随时与学校招生就业机构联系，学校负责调整到不同地域、不同行业的企业，实现再次就业。

二、师范教育

1991年9月，经县人民政府批准，县小学教师进修学校开始招收初中学生，共招收初中新生298人。1992年7月，小学教师中师进修班17人毕业后，县小学教师进修学校不再承担普通中师和成人中师的教学任务。除保持正常的年度中师招生外，部分年份承担中小学教师、校长、农民美术、农村医生等短期培训班。1994年8月，经毕节地区行署批准，组建大方县第三中学。原小学教师进修学校的校园校舍、教学设备、领导班子及教师全部并转大方县第三中学。

三、卫生技术教育

1987 年 12 月，经贵州省教委、省卫生厅审定，县卫生人员进修学校师资、设备、环境及教学条件达到中等职业技术学校要求，正式纳入卫生职业教育系列，经毕节地区行署批准，更名为大方县卫生职业技术学校，学制 3 年。学员毕业后，发给省教委验印中专文凭，不包分配，自谋职业。1999 年，县卫生职业技术学校有教职工 12 人，其中，专职教师 9 人，中级职称 5 人。至 2000 年，卫生职业技术学校每年秋季招收 1 个医士班，学制 3 年。前两年在校进行临床理论教学，第三年在医院进行临床实践，共举办 13 届约 1290 人，学员毕业后回乡为村民提供预防保健和一般医疗服务。2000 年，根据省卫生厅、教育厅文件精神，县卫生职业技术学校不再进行中专学历教育，主要任务改为乡村医生培训，每年培训乡村医生约 400 人次 ~500 人次。2013 年 8 月，撤销大方县卫生职业技术学校。

四、农业技术广播电视教育

1984 年，成立中央农业广播学校大方县分校。1988 年 10 月，更名为贵州省农业广播电视学校大方县分校。所招收的职业学历教育学生，颁发经省教委验印的贵州省农业广播电视学校中专毕业证书。1996—1999 年，与贵州农学院联合招收农学大专班 32 名，考试考核合格毕业 29 名；同时招收 54 名中专后继续教育学员，毕业 49 名。2004 年，农业部、财政部、科技部等 6 部委组织实施农村劳动力转移培训阳光工程。在县农业广播电视学校开设沼气生产、沼气维修、茶叶加工、中药材生产加工、植保机防、兽医防疫、家畜饲养、肥料配方、蔬菜种植等 14 个工种培训。

2010 年，将贵州农业广播电视学校大方县分校调整为大方县农牧局所属副科级全额拨款事业单位。农业广播电视学校属中等专业学历教育，学制 2 年 ~3 年，非学历专修班和农民技术或农民工专业技能短期培训班，学制为 1 个月 ~6 个月。学校设农业、畜牧兽医、农业经济与管理、计算机应用、茶叶 5 个专业的中专学历教学和 15 个工种培训；开展合作高等教育和中专继续教育。

2013 年，“阳光工程”增设马铃薯、玉米、大豆、蔬菜和养殖专项技术培训，培训 1700 人次。此后，“阳光工程培训”改为“新型职业农民培育”。是年底，共培训 4463 人次。从 2014 年开始，“阳光工程”培训项目升级转型为“新型职业农民培育工程项目”。2014—2015 年，县农广校分别开展专业技能型蔬菜园艺工、菌类园艺工、粮食作物栽培工、牛羊饲养员、特种动物饲养员和社会服务型农作物病害防治员、肥料配方员培训 700 人。2015 年 9 月，设立县农业科研与技术推广中心，加挂贵州省农业广播电视学校大方县分校牌子。1984—2016 年，县农广校招收中专学历生 16 届，录取学员 579 人，获得中专毕业证书 264 人。

第五节　成人教育

一、自学考试

1988 年秋季起，县高等教育自学考试增开成人中专自学考试。1990 年秋季，高等教育自学考试报名人数 3198 人，报考科目 1104 科次，合格 466 科次。到 1998 年春季学期，全县参加中专自学考试 2 人，秋季学期中专自学考试无人报考，此后停止中专自学考试。2000 年，全县报考高等教育自学考试 3396 人，报考 1. 29 万科次，合格 4774 科次。2001—2005 年，报考 1. 11 万人，报考科次 3. 22 万科次，合格 3103 科次。2006—2010 年，报考 1202 人，报考科次 2447 科次，合格 667 科次。2011—2015 年报考 405 人，报考科次 927 科次，合格 241 科次。

1990—2015 年大方县高等教育自学考试情况一览表

表—18－1－5－1　　　　单位：人、科次

年　度	报考人数	报考科次	合格科次
1990	3198	1104	466
1991	487	2003	558
1992	425	1251	233
1993	342	884	216
1994	222	505	159
1995	335	680	206
1996	430	862	236
1997	354	673	201
1998	270	499	173
1999	715	2106	1198
2000	3396	12876	4774
2001	3315	10075	1010
2002	2943	8936	619
2003	2524	8603	571
2004	1372	2715	536
2005	935	1890	367
2006	442	882	185
2007	339	678	194
2008	232	434	145
2009	115	227	93
2010	74	226	50
2011	63	122	39
2012	54	115	34
2013	69	122	33
2014	97	246	56
2015	122	322	79

二、农民教育

（一）扫盲

1993 年 8 月，根据国务院修改后颁发的《扫除文盲工作条例》，大方县启动高标准扫盲验收工作，标准规定非文盲率要达到总人口 95% 以上。12 月，先后验收双山、东关、羊场、黄泥、普底、黄泥塘等 6 个乡镇，除普底以外，其余乡镇均达标。1994 年 11 月至 12 月，对绿塘、百纳、竹园、文阁、凤山、六龙、理化、鸡场、猫场、牛场、马场、响水、大方、小屯、长石、瓢井、核桃 17 个乡镇进行验收。除马场镇复盲率超过 5% 以外，其余乡镇均达到高标准扫盲要求。

1995 年，按照党政一条线、业务部门一条线的双线承包责任制，层层签订责任书，把扫盲列为

各乡镇重要工作，县人民政府组织验收组对剩余乡镇进行自查验收。是年5月，全县36个乡镇全部通过验收。同年10月，经省、地联合验收，宣布大方县基本扫除青壮年文盲，各项指标达到国务院扫盲条例和省验收办法的标准，高标准扫盲验收合格，报省人民政府批准颁发合格证书。

1996—2000年，将扫盲任务分解到各乡镇，各乡镇依托农民文化技术学校，在开展农村实用技术培训的同时，以中小学教师为主要力量开展扫盲工作，超额完成上级下达的扫盲任务，5年共扫除青壮年文盲1.64万人，使全县非文盲率达98.11%。

2002年11月，省政府"两基"验收分团对大方县进行"两基"验收，认定为基本合格。全县3年脱盲人数5448人，巩固率99.34%。2003—2005年，全县共扫除青壮年文盲7392人。2006年11月，省政府对大方进行"两基"复查，认定为合格。全县建扫盲校点405个，参与扫盲教师1289人；全县15周岁~40周岁非文盲人口54.78万人，非文盲率98.64%；脱盲人口7392人，脱盲后巩固人口为7305人，巩固率为98.82%。

2008—2009年，各乡镇把基本扫除青壮年文盲和基本普及九年义务教育同步推进，重点办好农民文化技术学校，在完成扫盲任务的同时加强对扫盲人员的农村实用技术培训，并注重脱盲人员的巩固提高工作。2009年6月，国家教育督导团对贵州"两基"进行评估检查，全县15周岁~40周岁农村青壮年人口58.15万人，其中，丧失学习能力2149人，非文盲人口57.94万人。

1992—2009年大方县非文盲情况一览表

表—18-1-5-2　　单位：人、%

年度	农村青壮年	丧失学习能力	文盲	非文盲	非文盲率
1992	356887	2018	19174	326726	92.07
1993	375495	2157	14058	349872	93.71
1994	394857	2328	11744	375331	95.62
1995	415545	2462	13033	400050	96.85
1996	435483	2624	8160	421999	97.49
1997	443948	2596	3585	430667	97.58
1998	466601	2622	3491	453388	97.72
1999	478012	2310	10795	464907	97.73
2000	496693	2339	9333	485021	98.11
2001	514730	2348	7360	505022	98.56
2002	538734	2660	3555	530521	98.96
2003	534773	2359	7707	524707	98.55
2004	544330	2358	7797	534175	98.56
2005	551170	2298	7830	541042	98.57
2006	557606	2264	7557	547785	98.64
2007	565666	2211	3733	559722	99.34
2008	573495	2182	3640	567673	99.36
2009	581536	2149	0	579387	100

（二）农民农业技术教育

1991年，部分乡镇建立农民文化技术学校，在进行扫盲的同时，开展技术培训。对江乡利用业余党校开展农民文化技术培训，成为大方县第一所农民文化技术学校。普底乡利用暑假办竹荪培训班。羊场小学开办花卉培植和烤烟技术培训班。同年，省教育厅将羊场镇农民文化技术学校确定为全省20所示范校之一。1994—1996年，各乡镇农民文化技术学校陆续开办，以农村实用技术为主要培训内容。1996年，全县有乡镇农教校47所，村办农教校480所，兼职授课教师1708人。乡镇农民文化技术学校举办各种培训班312期，学员1.22万人次，村办农教校举办培训班1624期，培训学员5.84万人次。

1997—2002年，农民文化技术学校全部建在中小学校内，主要开展种植业、养殖业、人口教育等方面的培训。2000年，竹园乡农民文化技术学校被省教委评为省级示范学校。2003年，鸡场乡成人文化技术学校获"省级示范性乡镇成人文化技术学校"称号。

2004年，全县建成第一期15所现代远程教育项目学校，按照接受成人教育培训人口不低于乡镇总人口20%的要求，学校配合组织部门、乡镇党委政府开展农村党员干部现代远程教育培训工作。同年，达溪镇坝子中学和瓢井镇中洞小学通过地区评估组的评估验收，并获得省教育厅批准为"现代远程教育项目示范学校"。

2005年，大方职中、鸡场中学、坝子中学、马龙岩农职中学分别与县人事劳动局、扶贫办、农办、农业局等部门协作，开展农村劳动力转移培训，培训17期2023人，转移上岗1337人。2006年以后，部分乡镇中学也开展农村劳动力转移培训。大方职中从2006年开始，开展农村劳动力培训转移，2006年培训23期1812人，转移上岗1556人。2007年培训25期2167人，转移上岗1734人。2008年培训25期2257人，其中，普通农民培训14期1407人，农业产业化技能培训7期700人，农民初级技工培训2期150人。2009年培训24期2209人，其中，普通农民培训701人，农业产业化技能培训1208人，农民初级技工培训300人。2010年，大方职中共开展农村劳动力转移培训1527人。2015年，全县31个乡镇（街道），405个村（居、社区）建立农村技校，有专、兼职农技校教师1345人，培训农技人员1.03万人。

1996—2015年大方县农村技校基本情况一览表

表—18－1－5－3　　　　单位：个、人、元

年度	乡镇农教所	村办农教所	专兼职教师	财政拨款	培训
1996	47	480	1708	9400	70647
1997	47	480	1708	10460	71487
1998	47	480	1968	11320	43755
1999	41	487	1580	10321	57854
2000	41	479	862	11460	69177
2001	36	482	1066	18367	63722
2002	36	435	1066	29490	33769
2003	36	366	1084	28470	156948
2004	36	366	1084	21697	195000
2005	36	369	1289	44156	193784
2006	36	369	1327	12480	127783
2007	36	369	1351	48264	11785

续上表

年度	乡镇农教所	村办农教所	专兼职教师	财政拨款	培训
2008	36	363	1408	16220	90653
2009	36	363	1412	8205	75331
2010	36	363	1412	5200	84669
2011	34	384	1205	5300	9813
2012	34	393	1183	4210	100111
2013	32	402	1173	6510	9763
2014	31	349	1025	6733	9963
2015	31	405	1345	5100	10325

第六节 特殊教育

大方县特殊教育学校位于县城九驿大道中段，2011 年批准建设，学校占地面积 2.98 万平方米，建筑面积 7012 平方米，设计容量为 18 个教学班，可供 252 名残疾人学习和生活使用。大方县特殊教育学校是一所公办九年义务教育寄宿制学校。按照《毕节市特殊教育发展“十二五”行动计划》要求，大方县特殊教育学校肩负全县“三残”适龄儿童的义务教育任务，是一所集教学、康复为一体的特殊教育学校，书本费、学杂费、食宿费全部由政府补贴。2013 年 3 月，学校建成并正式招生。学校课程开设分为基础知识课程和特色课程。基础课程科目有语文、数学、美工、体育、康复、律动、生活、劳动技能、语训、写字、思想品德等。特色课程科目有美发、美甲、按摩、家政服务、擦皮鞋、手工、农作物栽培技术等。2013 年，学校有教师 9 人，学生 39 人。2014 年，有教师 15 人，学生 119 人。2015 年，有教师 24 人，学生 148 人。

特殊教育学校学生学习美甲（2015 年 11 月摄）

至 2015 年，学校建成教学综合楼、食堂、男生公寓、女生公寓，设有图书室、感统训练室、康复室、情景教室、医务室、按摩室、美发室、多功能教室、多媒体室、律动室、学生作品展览室、手工室、农作物栽培技术教学基地等多个教育教学场所，每个班级都配有“班班通”设备。建有篮球场、排球场、羽毛球场、环形跑道、直线跑道、1 个 100 米跳远场地、铅球场地等共 3180 平方米的体育活动场所，配有 3 张乒乓球桌，高、中、低、单、双杠各 1 副。校园内安放有 28 张公园椅子，建有 2 个静心亭、1 个室外学生娱乐健身场地。校园内部主要区域安装完全覆盖的高清数字监控。

第七节 学校选介

一、大方一中

大方一中创办于1925年4月，前身为大定县私立初级中学。1936年迁到万松书院。1942年，开始招收高中学生。中华人民共和国成立后，成为大方县唯一一所公办中学，定名为大定初级中学。1958年，更名为大方一中。2001年，撤销初中部，成为完全高中。2004年，被评为贵州省省级示范性普通高中。2006年，被评为贵州省省级绿色学校。至2015年，建成具有54个标准教室的教学楼，集微机教室、多媒体教室、图书馆、阅览室、专用教室、通用技术教室、语音教室、乒乓球室为一体的科技楼，有容纳3000人的学生公寓，3400平方米的学生食堂，容纳1080人的学术报告厅。有多功能校园文化广场1个、室内羽毛球馆1个、室内外乒乓球台20个、塑胶篮球场3个、300米塑胶跑道1个、足球场1个。学校有在职教职工224名，其中，特级教师4人，高级教师52人，中级教师82人，初级教师82人，省级骨干教师9人，省级优秀班主任1人，省级优秀教师10人，市级名师4人，市级骨干教师50人，县级名师12人。学校有54个教学班，在校生3200多人。

2000年以后，大方一中高考升学率先后取得全地区5年第一，7年第二，2年第三的成绩，向各类重点院校输送学生1156人，向一般本科院校输送学生2562人，其中，被清华大学录取3人，北京大学录取1人。建校至2015年，先后为国家和社会输送数万名优秀后备人才。毕业的学生中多有做出突出贡献的优秀人才，如中国社科院古代文学研究生室主任、《文学遗产》编委和宋代文学学会副会长刘扬忠，北京大学教授、博士生导师、物理学家孟杰，“神舟5号”统一测控系统副总工程师刘云飞等。

大方一中把搞科研、写论文、当学者型教师作为提高教师素质的手段。全校普遍开展教改实验，总结出“问、答、判、释、结”教学法，“九步、五段、递进”式教学法，“启动式教学法”“五环道教学程序”“面、点教学”“张思中十六字教学法”“四位一体复习法”等20多项教研教改项目。至2015年，大方一中承担实验课题共26个（子课题），含国家级课题18个，其中课题结题论文获全国一等奖3个，二等奖4个；省级一等奖2个，二等奖2个。在“教学情境——问题教学法”课题实验中，获贵州省创新教育二等奖。参加各学科编著出书的教师有10多人，公开发表或在各级评选中获奖的文章有200余篇。从2014年起，实施新生全员分层选课走班制，自主开设选修课、社团活动平台，由教师开发课程供学生选择，由学生自发组织社团开展活动。2015年，开设选修课21门，组建学生社团18个。并组织开展文化艺术节、社团活动展示周、体育运动会、歌咏比赛等文化艺术和体育竞技活动。

2010—2015年，大方一中教师获国家级一等奖31人，二等奖10人，三等奖6人；省级一等奖28人，二等奖42人，三等奖41人。

二、毕节同心农工中等职业技术学校

学校前身是大方县综合职业技术高级中学（简称“大方职中”），创办于1986年，1987年9月开始招生。开设畜牧兽医、家电维修、缝纫3个职业高中班，2个普通高中班和4个普通初中班。2003年，经省教育厅评估验收，成为全县唯一一所合格职业高级中学。2004年6月，贵州省“阳光工程”办公室确定大方职中为毕节地区农村劳动力转移培训基地。校园占地面积2.11万平方米，校舍建筑面积9447.65平方米，开设有计算机及应用、应用电子技术、计算机网络技术、服装设计与营销、学前教育等10个专业，有在职教职工67人。

毕节同心农工中等职业技术学校是2010年由农工民主党中央委员、哈尔滨圣泰药业股份有限公司董事长高翔捐资500多万元，在原东关中学校址上改扩建的一所公办中等职业学校。学校于2011年4月经毕节地区教育局批准成立，为“同心智力工程”试点学校，是年9月开始招生。2013年，学校被省教育厅列入全省“百校大战”项目学校。同年8月，县委、县人民政府决定，搬迁大方县综合职业技术学校，与毕节同心农工中等职业技术学校整合办学，校名为“毕节同心农工中等职业技术学校”（简称“同心职校”）。学校教育资源整合后，基础设施得到改善。是年，中央财政和地方财政共投入1599万元，用于学生宿舍建设、设备购置、校园建设等。设立国家助学金，中央投入75.72万元，地方财政投入18.93万元。学校实行“9+3”职业教育免费模式。2014年，学校新增建设项目投资总额达4200万元，先后建成学生公寓、综合大楼、食堂、教学楼。2015年，学校占地面积9.8万平方米，绿化面积1.2万平方米，运动场9500平方米，校舍建筑面积4.39万平方米，办公楼建筑面积8600平方米，食堂建筑面积4200平方米，宿舍建筑面积1.1万平方米。有报告厅、普通话测试站、音乐实训室、舞蹈实训室、钢琴实训室、绘画实训室、计算机实训室及服装、酒店、汽修、护理等15个专业实训室，学校实训设备总价值逾千万元。

2013年8月，同心职校到天津职业技术师范大学招聘专业教师10名，在全省范围内招聘专业教师13名，选派3名教师到浙江师范大学、湖南大学等高等院校进行专项培训。2014年，先后派遣13名教师分别到陕西工业职业技术学院、邢台职业技术学院等5所职业院校进行专项培训。同年7月，到天津职业技术师范大学招聘5名专业教师，在全省范围内招聘11名专业老师。至2015年12月，学校有在编教职工98人，专业技术人员96人（其中文化课教师35人、专业课教师61人），高级教师17人，一级教师30人，二级教师35人。

2015年6月，同心职校在同深圳雏鹰幼教集团、贵州金凤农牧有限公司等企业形成合作关系的基础上，引进贵州芳达实业有限公司服装专业实训生产车间2个，共同打造服装制作与生产管理专业。东莞卓瀚教育投资有限公司投资100万元，与同心职校共同建设电子技术应用专业（SMT技术、手机维修方向）。同年8月，江西康程达教育科技有限公司分3期投资450万元设备，与同心职校合作开办汽修专业。同年11月，与深圳市龙岗区第二职业技术学校签署联合办学帮扶协议。同年12月，组织汽修专业、SMT专业等5个专业400名学生到广州、深圳雏鹰幼教集团等企业开展为期3个月至1年的实习社会实践活动。学校遵循“依法治校、制度管校、技能立校、文化兴校、科研强校”的办学宗旨，在提高教学和培训质量的同时，抓好内涵建设，扩展办学规模。2015年，参加省级技能大赛，教师组获三等奖1人；学生组获二等奖1人，三等奖3人。同年，学校有13名学生荣获2015届贵州省中等职业学校“优秀毕业生”称号。至2015年12月，学校开设有计算机应用、高星级饭店运营与管理、数控技术应用、电子技术应用、学前教育（集团化办学）、护理（集团化办学）、服装生产与管理（校企合作办学）、汽车运用与维修（校企合作办学）8个专业。在校学生数为1136人，毕业生就业率达95%。

三、大方县育德中学

育德中学创建于1999年，是省教育厅批准建立的一所全日制民办高级中学。学校占地面积2.67万余平方米，建筑面积1.2万平方米。

学校坚持“质量强校、敢为人先、追求卓越”的办学理念，恪守“育德、立志、好学、力行”

的校训，落实“严谨、创新、奉献、务实”的教风，培养“惜时、善思、博学、进取”的学风，帮助学生从“学会”转化为“会学”，实现“低进高出、优进精出”的办学目标，为高一级学校输送大批优秀人才。学校多次取得全县民办学校升学率第一的好成绩，学生高考成绩多次进入全县文理科前十名。2004 年，全县文科第一名和理科第二名均出自育德中学。2008 年，学校被评为贵州省优秀民办学校和全国优秀民办学校。

学校坚持“育人为本，育德为先”的办学理念，积极探求新的德育模式，整合社会、家庭力量，开展德育工作。以学生社团为载体，为每个学生提供个性及能力发展舞台；组建学生自主管理队伍，强化学生自我管理能力；组织学生参加社会公益活动，培养社会责任感。通过家校联动、平台设计、社会实践等方式，引导学生自觉践行社会主义核心价值观。学校团委多次被省、市、县评为“五四红旗团委”。有教职工 94 人，在校学生 2800 人。

四、大方县牛场苗族彝族乡牛场中学

牛场中学前身为牛场旺族周氏私立初中，始建于牛场老街周氏祠堂，1950 年迁于牛场老街花坡脚下周继凡住宅，1967 年更名为牛场小学，1968 年设牛场小学戴帽初中，1984 年选址于牛场乐公五组白龙坡脚发书寨，1985 年 9 月分点教学，1992 年 8 月经县人民政府批准更名为大方县牛场苗族彝族乡牛场中学。

学校坚持“以彰显学生个性，提升教师幸福指数为本，尊重每一个个体，造就每一个学生”的育人理念，形成“以品德养成为先导，以个性培养为核心，以知识传授为基础，以能力发展为重点，以情感陶冶为动力，以同心素质的提高为根本”的育人模式。

牛场中学计算机课堂（2013 年 4 月摄）

2012 年，牛场中学在中考中，500 分以上 48 人，中考成绩排名获全县第四名，获县教学质量奖。2013 年，学校中考总成绩获全县三类学校第三名，获县中考教学质量提高奖、学校管理奖；英语科中考均分获全县第一名，语文均分获全县第二名。2014 年，学校中考总成绩获全县三类学校第四名，获县中考教学质量奖，学校获县教学质量三等奖。2015 年，教师获贵州省教育科学院一等奖 2 人，二等奖 3 人，三等奖 4 人。

2015 年，学校占地面积 2.12 万平方米，建筑面积 7080 平方米，有 26 个班，教职工 122 人，在校生 1927 人，学生宿舍 2105 平方米，学生食堂 596 平方米。

五、大方县八堡彝族苗族乡堰塘小学

堰塘小学位于八堡乡新开村兴营组。2002 年秋季，由共青团大方县委引进香港善启慈善基金会

顾林华和夫人李惠英捐资40万元人民币修建，2003年春季建成投入使用。2015年，学校占地面积1.07万平方米，教学楼建筑面积1160平方米，有教学班级15个，学生921人，其中少数民族学生349人，教师50人。

堰塘小学重视校园文化和环境建设，绿化面积达5500平方米，占校园总面积的51.46%，修建花池9个，有树木30多类400多株。学校重视分类教育，因人施教，对无兴趣型学生、不良习惯型学生、三差型学生、心理素质差型学生、读书无用型学生，都有针对性的帮助方法。学校的问题教学法，为学生的自主学习提供时间和空间，使学生真正成为课堂的主人、学习的主人。学校建立音乐、美术、体育、书法等兴趣小组，每年举办春季学期文化艺术节和秋季学期运动会2次大型活动，使学生充分展现才华，彰显个性，得到全面发展。

第二章　教育体制和教育管理

第一节　普及九年义务教育

1993年，大方县普及初等教育完成后，把发展重点向初中教育倾斜，即从实现“普六”到实现“普九”。是年8月，县人民政府制定实施九年义务教育规划，分年度实施普及九年义务教育。各年规划普及的乡镇：1993年为大方、百纳、大山、星宿；1994年为东关、八堡；1995年为绿塘、小屯、瓢井、雨冲、沙厂；1996年为黄泥塘、六龙、达溪、果瓦；1997年为响水、鼎新、高店、核桃、普底、三元；1998年为竹园、文阁、猫场、羊场、理化、安乐、兴隆、大水；1999年为双山、鸡场、凤山、长石、黄泥、牛场；2000年为马场。

1995年，大方县被省政府列为2000年实现九年义务教育县。经过1993—1996年的工作实践，有的乡镇无法按规定时间实现普及九年义务教育。1996年，县人民政府对规划进行调整，重新下发《关于以乡推进普及九年义务教育的实施规划》。调整规划后的方案为：1996年为大方、东关、小屯、黄泥塘、百纳、沙厂；1997年为双山、六龙、羊场、普底；1998年为竹园、响水、文阁、鼎新、猫场、牛场、理化、鸡场、达溪、核桃；1999年为绿塘、高店、马场、凤山、安乐、瓢井、兴隆、长石、果瓦、大山、雨冲、三元、星宿；2000年为八堡、大水、黄泥。

2000年，由于部分指标与省验收标准存在较大差距，经县人民政府向地区行署提出申请，地区行署同意大方县推迟到2002年接受检查验收，在接受省基本普及九年义务教育验收的同时，验收大方县的基本扫除青壮年文盲情况，简称“两基”验收。2002年9月，地区对大方县“两基”进行评估验收，认定为基本达到标准。2002年11月，省政府“两基”验收分团对大方进行“两基”评估验收，验收结果为“基本合格”。

2006年4月，县人民政府拨款2000万元，迎接“两基”复查和“普实”（普及实验教学）验收。同年10月，毕节地区行署对大方“两基”进行复查和“普实”验收。同年11月，省人民政府对大方“两基”进行复查和验收“普实”，验收认定为合格。结果表明，适龄儿童少年入学率，

2002 年为 98.67%，2006 年为 99.22%；初中毛入学率中正常适龄少年入学率，2002 年为 95.95%，2006 年为 97.93%；小学在校生年辍学率，2002 年为 1.11%，2006 年为 0.84%；初中在校生年辍学率，2002 年为 2.18%，2006 年为 1.9%；15 周岁人口初等教育完成率，2002 年为 96.35%，2006 年为 97.56%；17 周岁人口初等教育完成率，2002 年为 82.05%，2006 年为 85.47%。2009 年 3 月，县委、县人民政府对“两基”迎“国检”工作进行安排部署，乡镇实行党政领导包村包学校、乡村干部包组包学生、学校领导包年级、班主任和科任教师包班的“两基”工作责任制。通过县自查和省抽查，县和乡镇的“两基”各类表册、数据、汇报材料、自查报告及档案资料与实际情况相吻合，关联材料之间相吻合。县和乡镇的“两基”资料内容全面、数字真实准确、收集整理归档有序、陈列各具特色，完全符合“国检”要求。2009 年 6 月中旬，国家教育督导团对贵州“两基”进行评估检查，毕节地区重点抽查赫章县验收通过，标志着毕节地区包括大方县“两基”顺利通过国家教育督导团评估验收。2009 年验收时，大方县小学入学率为 99.37%，初中入学率为 98.19%，小学辍学率为 0.73%，初中辍学率为 7.89%。初等教育完成率 15 周岁为 98.19%，17 周岁为 84.84%，17 周岁三残儿童、少年入学率为 85.5%，15 周岁文盲率为 0。2011 年后，不再统计完成率，统计口径变为九年义务教育巩固率。

第二节 社会力量办学

1992 年，撤区并乡建镇后，部分新建乡镇无初级中学或戴帽初中点，社会力量办初中班开始兴起，是年有猫场永乐、小屯农中、鸡场安化、达溪木寨、八堡长新等 8 个民办初中班招生，招收初一新生 504 人。

1993 年，大方县制定《关于社会力量办学的暂行规定》，审批社会力量办学许可证（补习机构）7 个，其中，高中 3 个班 300 人，初中 6 个班 409 人，小学 4 个班 240 人，计 13 个班 949 人。1998 年，根据国务院颁布的《社会力量办学条例》和毕节地区《关于我区社会力量办学许可证发放有关问题的通知》，大方县开始规范对社会力量办学许可证的发放。

1999 年，大方县制定《关于进一步加强社会力量办学管理的有关规定》，对无办学许可证的办学单位进行清理，部分学生人数少、办学条件差的社会力量办小学、初中被淘汰。是年，全县第一所按规定程序审批的社会力量办学校——利民职业中学正式成立，标志大方县社会力量办学开始走向法制化、规范化。是年，全县有民办学校（私立学校）小学 102 所（点），初中 4 所。

1999 年，批准成立育德高级中学。2002 年，批准成立美育高级中学、云贵高级中学、树人高级中学、海马私立初级中学、归化私立初级中学。2003 年 9 月，《中华人民共和国民办教育促进法》颁布，对民办学校的设立、组织与活动、教师与受教育者、学校资产与财务管理、管理与监督、扶持与奖励、变更与终止、法律责任等作了具体规定。是年，批准成立兴双中学。

2004 年，批准成立大方镇智慧民办初级中学。是年，全县有社会力量办幼儿园 6 所，在园幼儿 754 人，占全县幼儿入园数的 83.4%；社会力量办小学 113 所（点），在校生 7390 人，占小学在校生总数的 9.94%；社会力量办初级中学 25 所，在校初中生 2618 人，占初中生总数的 4.6%；社会力量办完中 6 所（附设职业高中 2 所），在校高中生 3228 人，占在校高中生总数的 27.6%。

从 2005 年起，大方县加大对社会力量办学的管理。鼓励社会力量办学单位申办职业高中。严格执行审批程序，制止盲目投资办学现象，对不具备条件，未经审批办理办学许可证就盲目招生的学校予以取缔，申请办学的单位必须向审批机关报送有关材料，经实地考查，审核符合条件后按审批程序办理办学许可证，报招生部门下达招生计划。进一步规范社会力量办学行为，根据规定对社会力量办学单位进行评估和证书年检。按照“积极鼓励、大力支持、正确引导、规范管理”原则，将办学条件改善、教师聘用、课程设置、收费标准、后勤管理、教育质量、证书发放等方面纳入考评。

大方县启蒙实验幼儿园（2014 年 12 月摄）

2006 年，批准成立大方县启蒙实验幼儿园，为大方县第一所按规定举办的社会力量办幼儿园。

2010 年 7 月，批准设立育才学校、童天艺术幼儿园、百纳佳宝艺术幼儿园。社会力量办学校新增 37 所，其中，办证中学 8 所（含职业高中 2 所），义务教育阶段学校 1 所，幼儿园 3 所。全县社会力量办学单位有专职教师 323 人，其中，义务教育阶段学校任职 78 人，中学任职 155 人，幼儿园任职 90 人。有兼职教师 159 人，其中，义务教育阶段学校任职 11 人，幼儿园任职 33 人，中学任职 115 人。全县社会力量办学单位有高中（含中职）在校学生 5375 人，义务教育阶段在校生 469 人，在园幼儿 1948 人。引进投资 2500 万元修建大方县中心实验幼儿园，引资 400 万元修建猫场中心幼儿园共 2 所民办学校。

2011 年，根据《毕节地区行政公署关于加快发展民办教育的决定》，制定《大方县民办教育发展五年规划（2011—2015）》。

2012 年，县加强对社会力量办学校的管理，组织专家组按照毕节地区民办学校年审评估的要求，开展年审工作，对年审不合格的博才中学以及未取得办学许可证的 68 所学校发出整改通知书，限期自行整改，经整改仍达不到办学标准的，函请当地乡镇人民政府予以取缔。是年，引进广东惠州小金口幼儿集团投资 2500 万元建成大方县中心实验幼儿园开园招生，引进上海新纪元教育集团开办大方县第五中学。

2013 年，继续清理和整顿民办教育机构非法办学、违规办学，严格民办教育学校申领办学许可证入口关。5 月，对投资 5850 万元的新星双语幼儿园、投资 150 万元的育才东关校区筹建申请实地评估，合格后同意批准筹建。

2014 年，增加三联学校、顺德幼儿园、六龙文化幼儿园、猫场熊宇小学、九鼎幼儿园、小新星双语幼儿园，总投资 1850 万元。对具有合法资质的 13 所民办学校、幼儿园定期督查。同时清理整顿非法办学 20 所，取缔 4 所，分流学生 600 人。拨付民办教育发展专项基金 80 万元。

2015年，制定《大方县关于加快民办教育发展实施意见》，加强民办学校管理，重点做好民办学前教育和培训教育的研究及管理工作，促进各类民办教育健康、协调发展。批准设立七彩幼儿园、蓝精灵幼儿园。

2000—2015年大方县社会力量办学情况一览表

表—18-2-2-1　　单位：个、人

年度	幼儿园			小学			初中			高中		
	园数	班数	人数	校数	班数	人数	校数	班数	人数	校数	班数	人数
2000				235	396	12031	7	21	1302			
2001				221	364	9735	8	22	1411			
2002				202	323	8890	5	18	1320			
2003				189	267	7241	18	35	2188	7	32	2069
2004	6		754	113	352	7390	25	38	2618	6	42	3228
2005				172	397	9916	35	58	3943	6	49	3432
2006				166	299	8431	18	45	3051	8	60	4238
2007	24	5	230	156	279	7634	18	46	3143	7	52	3955
2008	23	23	250	150	254	7948	21	56	2918	7	50	3540
2009	6	15	650	139	248	7912	18	43	2546	4	39	2499
2010	7	18	707	142	301	9903	47	63	3468	5	48	3343
2011	13	42	2183	8	14	1057	47	63	3962	8	53	4033
2012	13	43	2221	10	15	1103	48	66	4012	8	54	4938
2013	18	69	2124	22	45	1865	68	95	4930	7	55	3986
2014	19	74	3496	24	46	2020	52	74	3794	11	83	5136
2015	50	131	4758	30	59	2418	7	70	3306	15	102	6696

第三节　教　师

一、教师队伍

1990年，全县有专任教师3828人，其中，中学教师702人，小学教师3114人，幼儿园教师12人。副高级职称17人，中级职称609人，初级职称2223人。2000年，全县有专任教师5012人，其中，中学教师1970人，小学教师3028人，幼儿园教师14人。副高级职称57人，中级职称1195人，初级职称3571人。全县1706名民办教师中，民转公1271人，占民办教师总数的74.5%。2008年起，大方县开始招聘特岗教师。2008—2011年，全县共招聘特岗教师1431人。2012—2015全县年招聘特岗教师2075人。2015年，全县有专任教师8487人，其中，中学教师3698人，职业中学教师100人，小学教师4139人，幼儿园教师550人。副高级职称490人，中级职称3446人，初级职称4551人。

（一）教师资格

1993年颁布《中华人民共和国教师法》，规定国家实行教师资格制度。1996年9月，在进行试点的基础上，在全县开展在职教师资格认定工作。毕节地区教育局行文认定大方县313名高级中学教师资格、3名中等职业学校教师资格，1名中等职业学校实习指导教师资格。县教育局行文认定全县732名初级中学教师资格、3767名小学教师资格、25名幼儿园教师资格。2003年，县成立初级中学、小学、幼儿园教师资格专家审查委员会，经过申报、资格审查、体检后对在职初中、小学、幼儿园教师进行资格认定。县级认定机构对申报高级中学和中等职业技术学校实习指导教师的在职教师进行初审后，将初审合格人员上报地区教育局，由地区教师资格认定机构认定。非在职教师按非师范类补修教育学、心理学并参加全省统一考试，教师资格认定机构接受申请，教育教学能力测试等程序后，按高级中学教师资格由地区认定，初中、小学、幼儿园教师资格由县认定机构认定。

教师节表彰大会（2014年9月摄）

2004年以后，分配到学校的师范类学生，大部分在师范学校期间就取得教师资格，未取得教师资格的非师范类毕业生、未在师范学校取得教师资格的师范类毕业生及未取得教师资格的在职教师，每年定期向县教育局政工股申报相应的教师资格，省、地、县教师资格认定机构按权限进行认定。

（二）教师职称

1994年起，教师职称评定工作进入常态化，一般一年评定一次。任职资格由县职称改革领导小组行文，职称任命权限由县人民政府改为县教育局。是年，破格晋升中学高级教师3人、中学一级教师2人。县教育局行文任命各类专业技术职称1789人，其中，中学高级教师10人，一级教师79人，二级教师222人，三级教师1人；小学高级教师126人，一级教师809人，二级教师35人，学校其他系列4人（主管医师1人，助理工程师1人，工程技术员2人）。至1995年年底，教育系统在职已评聘各类专业技术人员3540人，其中，教师系列3481人，会计系列14人，工程系列3人，经济系列1人。1996年，继续为民校教师评定职称，但是不与工资挂钩。1997年以后，初级职称的中学二级、小学一级不再限制名额，达到规定条件即可自然晋升，同时，教师的任职资格由县职称改革领导小组改为由县人事劳动局行文。1999年，对职称评定提出学历条件，即无合格学历的教师不得晋升中高级职称。2004年开始，中学系列中级、高级职称全部推行评聘分开，先有岗位后聘任。从2005年起，中小学职称全部实行评聘分开。2007年，对中级、高级职称的评审条件除学历、资历、教学业绩等基本条件以外，还要求在优质课、表彰、论文发表等硬件方面达到一定条件。

（三）民办教师

1992年，国家教委、国家计委、人事部、财政部联合下发《关于进一步改善和加强民办教师工作若干问题的意见》，明确提出解决民办教师的“关、转、招、辞、退”五字方针。按照“减少数量、提高质量、改善待遇、加强管理”的指导思想，大方县对民办教师队伍进行整顿。整顿的基本情况为：全县原在册民办教师1857人，有1756人进入整顿范围，整顿后还有民办教师1706人，其中，持任用证的1165人，持试用证的541人，辞退51人。1993年，由于教师短缺，大方县报地区教育局批准，在全县36个乡镇采取乡镇聘用、报县教育局备案的方式择优选聘民办代课教师802名。同年，选招优秀民办教师19人为公办教师。截至1993年，全县有民办教师1688人，其中，合格1146人，试用542人，民办代课教师802人。1994年以后，民转公教师逐渐增多，至2000年底，全县1706名民办教师中，累计民转公1271人，占民办教师总数的74.5%。

民办教师的政治待遇和公办教师一致，但经济待遇较低，工资来源主要为向学生收取的学杂费，收费标准未作统一规定，另外，由国家在教育经费中拨出专款给予补助。1990年，对民办教师除国家补充以外的工资情况进行调查，学生在200人以上的民校，民办教师月工资在人均50元以上，一般民校在30元左右。1994年，民办教师按学历及工作年限套改工资，人均增资25.42元，从1993年10月起执行。1996年，连续2年年度考核等次合格以上的民办教师，根据教龄的长短晋升10元和15元，全县民办教师人均增资12元。1998年晋升25元和30元的工资，人均增资27元。1999年，连续教龄20年以上的，月增资80元，19年以下的月增资70元，达退休年龄享受退养待遇的月增资60元。2007年，在岗的民办教师、代课教师按每月500元标准计发工资。2009年，每月提升为550元，退养民办教师每月生活补助费按700元标准发放。2010年，全县193名民办教师中还有109名继续任教，为109名民办教师办理养老保险，每月代课费提高为1200元。

1990—2015年大方县专任教师基本情况一览表

表—18-2-3-1　　　　单位：人

年度	专任教师					教师职称			
	合计	中学	职业高中	小学	幼儿园	合计	副高级	中级	初级
1990	3828	702		3114	12	2849	17	609	2223
1991	4057	820		3225	12	2723	16	604	2103
1992	4484	903		3560	21	2920	13	534	2373
1993	3912	730		3163	19	2920	13	534	2373
1994	3189	1110		2063	16	3322	22	628	2672
1995	3555	1200		2339	16	3481	21	655	2805
1996	3660	1209		2433	18	3662	29	781	2852
1997	3819	1353		2447	19	3908	36	831	3041
1998	3859	1435		2405	19	3874	42	868	2964
1999	4839	1805		3020	14	4037	47	1015	2975
2000	5012	1970		3028	14	4823	57	1195	3571
2001	5184	2022		3148	14	5211	44	1102	4065
2002	6732	2848		3870	14	6200	68	1335	4797
2003	6757	2818	25	3899	15	6348	82	1315	4951
2004	6847	2930	28	3875	14	6399	114	1431	4854
2005	6662	2787	27	3834	14	6579	133	1564	4882
2006	7289	2901	93	4283	12	6458	179	1761	4518
2007	7385	2893	136	4336	20	7161	320	2177	4664

续上表

年度	专任教师					教师职称			
	合计	中学	职业高中	小学	幼儿园	合计	副高级	中级	初级
2008	7560	2793	139	4608	20	6979	313	2303	4363
2009	8095	2865	152	5043	35	6853	301	2342	4210
2010	8312	3013	116	5150	33	7618	335	2725	4558
2011	7720	2860	71	4764	25	7720	307	2367	5046
2012	7708	3147	67	4378	116	7708	319	2730	4659
2013	8327	3535	90	4486	216	8327	350	2948	5029
2014	8549	3575	100	4232	642	8549	410	3062	5077
2015	8487	3698	100	4139	550	8487	490	3446	4551

二、教师管理

"执行力与学校发展"讲座（2010年1月摄）

1990年，地区教育局制定《毕节地区教学常规管理试行意见》。1992年，县下发《关于教职工调配工作的有关规定》和《加强教职工管理的有关规定》，对教职工的调动、请假等进行具体规定。1996年起，对教师进行年度考核，考核内容为德、能、勤、绩四方面，考核分为优秀、合格、不合格三个等次。此后，每年年终都对教师进行考核。1997年7月，县下发《关于进一步加强中小学教育教学和教职工管理的规定》，各中小学根据县的规定制定学校规章制度。同年，教育部印发《中小学教师职业道德规范》，各中小学更为重视教师的职业道德建设，组织教师学习《中小学教师职业道德规范》及有关法律法规，并纳入教师管理范畴。2000年9月起，在大方一中、大方三中、大方二小开始进行教职工聘任制试点。2002年9月，小屯中学、小屯中心小学等学校试行教职工聘任制。

2004年，县下发文件，严格执行《中小学教师职业道德规范》及地区教育局《关于规范全区教师从教行为的规定》，把师德建设作为教师队伍建设的重要内容，把开展教师职业道德教育、整顿和治理师德师风、预防教育内部腐败作为工作重点，实行领导评教师、教师互评、学生评教师、家长评教师、行风监督员评教师制度，对每个教师的师德师风进行评价。2005年，采取考聘的方式选调87名教师进入县城中小学缺编学校。此后，县城中小学缺编教师及乡镇教师进城工作主要以考聘方式解决。2006年，县教育局每年确定一个主题开展师德活动，是年开展"爱与责任"教育活动。2007 年，开展“树师表、正师风、立师德、铸师魂”教育活动。2008 年，开展“师德师风教育”活动。2009 年，开展“建立师德长效机制”活动。2010 年，开展“增强使命感、责任感”师德师风教育活动。2011—2015 年，开展“规范从教行为”“做有人格力魅力的人民教师”“师德师风教育整治”“师德师风专项整治”和“师德师风评价”等活动。

三、教师培训

1991 年，在县教师进修学校分别举办 2 期小学校长培训班，参训小学校长 94 人。1992 年，先后派出高中教师 55 名到省、地参加政治、语文、数学、物理、化学、历史、生物等学科培训。1993 年后，先后组织义务教育阶段的 793 名教师参加省、地、县“三新”（新大纲、新计划、新教材）培训，4000 多名教师参加县级培训。根据国家教委《关于加快中学教师学历培训步伐的意见》和省教委《贵州省初级中学教师学历培训工作的实施意见》精神，1993 年起，组织中小学不具备合格学历的教师通过卫星电视师专函授、面授辅导、自学考试等进行学历培训。到 1998 年，273 名教师取得专科文凭，243 名教师取得本科文凭。

1996 年，组织在职高中、完中、职中校长 21 名参加省教委举办的校长培训班，10 名初级中学校长参加地区校长培训，小学校长由县组织培训。同年，组织 3 期公办小学校长培训，共培训在职校长 202 名。1999 年，实施小学教师第一轮继续教育工作，开展以口语、写字、教育活动、简笔画、教具制作、法律法规为主要内容的培训。全县有 3215 名教师参加培训，培训骨干教师 904 人。2002 年，组织 2001 年新分配的 366 名教师分别在毕节教育学院、织金师范学校、毕节教师进修学校参加培训。此后，凡新分配的教师都要参加岗前培训，参加培训的教师 98% 达到合格标准。

从 2003 年起，开始选派校长到对口帮扶城市深圳挂职锻炼，时间为 4 个月，被选送的校长在挂职学校担任校长助理，参与学校教育教学管理工作。截至 2010 年，有 21 名校长、副校长到深圳挂职锻炼。2004 年，组织 5 名完中校长参加省级培训，选派 2 名中学校长到深圳挂职培训，组织小学校长岗位培训 1 期 98 人，能力提高培训班 1 期 67 人。2007 年，根据省、地、县《关于开展万名城镇教师支援农村学校》要求，选派 40 名教师到农村学校支教，此后每年都选派一定数量的教师到农村支教。2006—2008 年，分别组织 93 名、99 名、109 名小学正、副校长培训。

中小学校长培训班开班典礼（2010 年 8 月摄）

2008 年，组织寄宿制学校校长参加“中西部万名农村寄宿制学校校长”远程专题培训。2009 年，组织中小学校长、安全保卫人员及部分班主任参加“西部 12 省市区中小学国家级安全教育与安全管理专项培训”。2009 年，组织高中教师 88 人次参加 5 个学科的地级培训，25 人参加省教委举办的技术骨干教师远程培训，其中，15 人优秀，9 人合格。组织小学7个学科88名教师参加地区小学新课程培训，初中12个学科167名教师参加地区初中新课程培训。1436人参加地区中小学班主任远程教育培训，其中，合格1421人。2010年1月，在大方一中举办1期“中小学教师素质提升培训工程”专题培训，5个乡镇975名教师参加培训，部分一线教师作新课改理念教学展示。同年组织中小学教师教育技术远程培训4期，4929名教师参加培训；组织小学校长、教导主任及科学、信息技术、数学、英语学科骨干教师36名参加“贵州省农村教师素质提升工程”培训；在马场中学举办“教育可持续发展研究暨教师素质提升培训工程”培训，15所学校的领导和教师160余人参加培训；组织小学、初中教师参加地区新教材培训，培训小学骨干教师94人、初中骨干教师122人；组织全县高中教师512名，参加高中课改国家级远程培训（简称“国培”）；启动“国培计划”——贵州省农村中小学教师骨干培训项目，举办置换脱产培训、骨干教师高级研修培训、实验骨干教师培训、实验薄弱学科培训；开展农村中小学教师远程教育培训，1940名教师参加培训。2010—2015年，每年组织中小学校长参加培训，共计培训中小学校长1746人次。2012—2015年，完成中小学和幼儿园教育8699人次“国培计划”培训任务。

第四节　教育经费

一、经费来源

（一）财政拨款

1992年，县人民政府制定《关于多渠道筹措基础教育经费的暂行规定》，从城市维护税中提取10%用于中小学改善办学条件；提取国家干部职工每年工资总和的1%～2%捐资助教；城镇居民每人每年捐资2元；农村中小学在校生每人每年交纳教育基金2元，城镇学生每人每年交纳4元。此项经费50%上缴财政作奖励基金专户储存，50%用于改善办学条件。1992—1996年，大方县争取世界银行贷款142.36万美元，国内配套资金189.67万美元，共折合人民币2655万元，用于教育基础设施建设。1995—1997年实施学校危房改造项目62个。1995—1999年实施学校土建工程28个。

1999—2000年，投资1341.74万元实施国家贫困地区第一期义务教育工程。2001—2003年，投资2923万元实施“普九”项目和国家贫困地区第二期义务教育工程，其中，“普九”项目投资1086万元，国家贫困地区第二期义务教育工程投资1837万元。2004—2006年，投资1266.7万元实施农村寄宿制工程项目。

2000年，县财政下拨教育经费6520万元，是1990年的5.72倍。2001—2010年，是教育经费投入快速增长的10年。2001年，中央财政提供经费100.04万元，解决部分困难学生的免费教科书问题，重点在偏远的12个乡镇实施。2005年起，义务教育阶段学校生均公用经费逐年提高。2007年起，所有义务教育阶段的学生全面享受免费教科书。至2010年，预算内教育公用经费小学生均由2005年的10元提高到400元，初中生均从2005年的15元提高到600元。

2004—2007年，对农村义务教育阶段家庭经济困难寄宿生给予生活补助，每个学生每学期的补助标准为100元。2008—2009年，生活补助标准调整为小学每人每学期500元，初中750元。2010年，生活补助标准调整为初中每学生每年1000元。

2005年，免除义务教育阶段学生的杂费共301.72万元。2006年，共免除1502万元。2007年，全部免除农村义务教育阶段中小学生的杂费。2008年秋季学期以后，所有义务教育阶段的学生全部免除杂费。

2006 年，县人民政府贷款 2000 万元，用于校舍建设和教学设备购置。2007—2010 年，投资 3846.55 万元实施薄弱学校改造工程，投资 1311 万元实施农村初中校舍改造工程。2008 年，全县中小学化解“普九”债务金额 886 万元。2008—2009 年，投资 464.22 万元实施高中扩拓项目。2010 年 11 月，县财政下达民转公人员和 1993 年乡镇聘用教育局备案的代课人员一次性补偿、退养补发及养老保险缴费共计 867.46 万元。

2011—2015 年，上级投入学前教育资金 7601 万元、义务教育阶段项目资金 4.76 亿元、初中阶段项目资金 1.19 亿元。2015 年，全县教育经费预算 9.58 亿元，各级增拨补助 2.8 亿元，预算外收入 2900 万元，捐资助学 191.98 万元，累计 12.69 亿元。

（二）学杂费

公办学校的办公经费，一般由学杂费解决。学杂费收取标准为：1994 年，县城小学每生每学期 8 元～10 元、初中 15 元、高中 25 元，农村小学每生每学期 4 元～8 元、初中 8 元～10 元、高中 15 元、职业高中根据专业，学杂费从 80 元到 250 元不等。1999 年，县城小学每生每学期 40 元、初中 60 元，乡级政府所在地每生每学期小学 20 元、初中 25 元，村级以下每生每学期小学 15 元、初中 20 元。2000 年，全日制开餐的一类幼儿园保育费 30 元、教育费 30 元、杂费 15 元，合计 75 元。2001 年，职业高中 180 元～380 元，农村小学每学年 120 元以下，初中 230 元以下。2002 年，农村小学 160 元以下，初中 260 元以下。2007 年后，全部免除义务教育阶段学生杂费。2010 年，幼儿园保育教育费每生每月 140 元，取暖费每生每年 60 元。大方一中高中每生每学期收学费 600 元～800 元，大方二中、大方三中 320 元，同心职业技术学校 180 元～380 元，其他乡镇高中学校 200 元。

（三）教育费附加

大方县征收教育费附加起于 1989 年。1992 年，规定从 1991 年 9 月 1 日起，以单位和个人实际缴纳的产品税、增值税、营业税为计征依据，同时征收 2% 的教育费附加，对从事农、林、渔业的农户，以乡镇为单位，以上年收入为依据，按人均收入不低于 1% 的比例计征；对从事商业、建筑业、运输、采矿和其他服务业的农户、联户、非农业个体户、乡镇企业，按税前利润的 2% 比例计征，此项经费 50% 上缴教育局。1993 年计收教育费附加 57.9 万元；到 2000 年达到 625 万元；2001—2005 年，计收教育费附加 3508 万元；2006—2010 年，计收教育费附加 5593 万元；2011—2015 年，计收教育费附加 8611 万元。

（四）捐资助学

1992 年，县人民政府下发《关于多渠道筹措基础教育经费的暂行规定》，社会捐资集资助学热情高涨。1992 年，各项捐资 21.8 万元，1993 年 130.9 万元。1995—1997 年，实施学校危改工程，群众集资 43.13 万元。1997—1998 年，深圳市直机关对口帮扶大方县，教育捐款 953.45 万元。深圳援建的项目，凡有项目的乡镇，以 1:3 的比例，共匹配资金 237.5 万元，建成一批标准较高、设备齐全、配套完备的学校。2004 年，捐资 101.9 万元修建大方镇元宝小学、鼎新乡新发小学。2005 年，捐资 189 万元修建大水乡明德小学、大石小学、箐山小学，安乐乡白岩小学。2006 年，捐资 199 万元修建星宿乡梯子小学、八堡乡白果小学。2007 年，捐资 253.44 万元修建凤山乡中心小学、马场镇衙院小学。2008 年，捐资 472.73 万元修建马场镇乐戈小学、瓢井镇贾垮小学。2009—2015 年，捐资助学款共 8480 万元。

二、经费管理

1992 年，各乡镇中小学经费由乡镇财政所管理，县教育局负责管理县直属学校和局机关的经费及中央、省、县的各项专款。2002 年起，教师的工资、养老保险、医疗费等由县财政直接对县教育局进行预决算，县教育局在银行开设工资专户，工资由县教育局统一发放。2009 年 1 月起，实行校财局管，县教育局成立教育经费核算中心，全县教育系统 82 个报账单位、412 所学校全部在教育经费核算中心报账，在实行管理权不变、使用权不变的前提下，全程由县教育局监管。学校收取的学杂费，2003 年以前由学校自行管理，2004 年起，交乡镇财政所，生均公用经费由县财政局划拨到乡镇财政所，由乡镇财政所审核报销。2009—2015 年，生均公用经费划拨到县教育局，各校的支出项目由县教育局核算中心审核报销。

三、收费管理

1991 年 5 月，国家教委印发《关于坚决制止中小学乱收费的规定》以后，治理教育乱收费被提上重要日程。1991 年，全县中小学取消 26 个收费项目，清退插班费 1.16 万元。1993 年取消 29 个收费项目，清退违规收费 1.95 万元。1994 年，在全县公办小学推行学生缴费登记证制度，清退违规收费 8.62 万元。1995 年，实行收费情况和结算情况报告制度。1997 年，实行收费审批制度，清退违规收费 2.25 万元。2000 年，清退违规收费 10.14 万元，清理强制学生购买“省审定数目”以外的各种教辅读物和资料 790 册，减少学生交费 5400 元。2001 年，清退 11.81 万元，清理强制学生购买“省审定数目”以外的各种教辅读物和资料 4406 册，减少学生交费 1.72 万元。2002 年，实行收费和减免公示制度。清退违规收费 10.6 万元，对 9 名直接责任人给予行政处分，对乱收费行为较为严重的 2 所学校通报批评。2003 年，由县教育局、物价局等 7 家单位组成，建立治理教育乱收费联席会议制度。2006 年，组织检查组对 500 多所学校的收费进行全面检查，共查出违规乱收费 2.85 万元，其中，资料费 930 元，补课费 3560 元，服装费、择校费 5050 元，书本费 1.89 万元。2014—2015 年，清退违规收费 680 万元。

1990—2015 年大方县教育经费一览表

表一 18 - 2 - 4 - 1　　　　单位：万元

年度	财政拨款			预算内教育经费占财政支出比例(%)	预算外资金收入	捐资助学收入	累计
	教育事业费预算	各级增拨补助	合计				
1990	900.00	238.24	1138.24	17.00	269.40	140.50	1548.14
1991	930.00	120.78	1050.78	21.70	304.80	80.35	1435.93
1992	1432.80	112.00	1544.80	22.50	159.20	21.80	1725.80
1993	1350.00	104.67	1454.67	23.20	77.55	130.90	1663.12
1994	2238.00	231.00	2469.00	24.00	86.00	128.50	2683.50
1995	2268.00	241.55	2509.55	26.00	131.00	200.00	2840.55
1996	2286.50	325.55	2612.05	21.80	265.00	24.00	2901.50
1997	2937.20	375.00	3312.20	21.20	372.00	424.30	4108.50
1998	3564.00	408.00	3972.00	22.30	451.00	315.70	4738.70
1999	4254.30	495.00	4749.30	20.70	569.00	182.00	5500.30
2000	5980.00	540.00	6520.00	21.00	661.00	80.00	7261.00
2001	6875.90	591.00	7466.90	22.00	671.00	435.00	8572.90
2002	7284.00	620.00	7904.00	23.50	681.00	110.00	8695.00

续上表

年度	财政拨款			预算内教育经费占财政支出比例(%)	预算外资金收入	捐资助学收入	累计
	教育事业费预算	各级增拨补助	合计				
2003	7706.00	698.00	8404.00	26.60	691.00	40.00	9135.00
2004	9093.00	710.00	9803.00	27.00	683.00	180.00	10666.00
2005	12996.00	712.00	13708.00	26.40	692.00	120.00	14520.00
2006	15848.00	3402.00	19250.00	24.60	695.00	610.00	20555.00
2007	22123.00	5582.00	27705.00	24.60	191.00	210.00	28116.00
2008	30117.00	6662.00	36779.00	24.30	185.00	220.00	37184.00
2009	43427.00	9259.00	52686.00	29.56	182.00	230.00	53098.00
2010	50953.00	14712.00	65665.00	30.11	176.00	260.00	66101.00
2011	16069.00	35723.00	51792.00	28.67	1142.00	21.60	52955.60
2012	48142.00	40999.00	89141.00	20.04	670.00	189.03	90000.03
2013	57479.00	21916.00	79395.00	18.15	2121.00	340.00	81856.00
2014	59533.00	32320.00	91853.00	20.32	1289.00	84.38	92066.38
2015	95775.00	28033.00	123808.00	23.29	2900.00	191.98	126899.98

第五节 校舍建设

1992—1996 年，大方县利用世界银行贷款及各项匹配资金进行学校建设，完成大型土建项目 93 个，其他土建项目 117 个，建筑面积达 12.76 万平方米。同期，各级政府下拨到县的学校危改专款 141.8 万元，乡镇匹配资金 446.24 万元，群众投工折款 7.94 万元，共改造学校危房 2.23 万平方米。1995—1997 年，投资 450.33 万元实施危改工程 62 个，新建校舍面积 1.81 万平方米。1995—1999 年，投资 270 万元，实施“西南扶贫项目——教育子项目”，完成土建工程 28 个 5450 平方米。

1997 年，深圳市直机关对口帮扶大方县，教育捐款 953.45 万元，用 712 万元修建 27 所希望中小学，共建教室 232 间，办公室 80 个，总面积 2.04 万平方米。1998—2000 年，实施国家贫困地区第一期义务教育工程，投资 1341.74 万元，新建小学 50 所，总面积 4.75 万平方米。2001—2002 年，实施“普九”项目土建计划，完成 54 个项目，总建筑面积为 2.12 万平方米。2001—2003 年，实施国家贫困地区第二期义务教育工程，投资 1837 万元，完

大方县思源实验学校寄宿制餐厅（2015 年 3 月摄）

成新建小学29个项目，总面积为35.57万平方米。2002年，实施“国债”土建项目和“扶贫”土建项目，总投资167万元，建筑面积4929.68平方米。

2003—2005年，投资298万元实施危房改建维修项目16个，改建面积6685平方米。2004—2010年，实施农村寄宿制学校建设工程，分3个阶段，第一阶段投资1266.7万元，修建学生宿舍食堂2.65万平方米；第二阶段投资1701.1万元，修建学生宿舍食堂2.08万平方米；第三阶段投资1493.34万元，修建学生宿舍食堂1.78万平方米。同期实施捐资建设项目工程，共捐资投入1216.07万元，修建32所小学，总面积为1.81万平方米。

2006年，贷款892.3万元，修建34所小学教学楼，建筑面积16.5万平方米。2007—2010年，实施农村义务教育阶段薄弱学校改造工程，总投资3846.55万元，实施项目32个，总建筑面积319.44万平方米。到2010年，全县校舍面积77.49万平方米，其中，小学校舍面积42.5万平方米，生均校舍面积3.51平方米；初中校舍面积27.08万平方米，生均校舍面积5.49平方米；高中校舍面积5.53万平方米，生均校舍面积5.75平方米；职业高中校舍面积2.02万平方米，生均校舍面积6.47平方米。2011—2015年，教学设施投资44.38亿元，建筑面积516.2万平方米。

1991—2015年大方县校园校舍规模一览表

表—18－2－5－1　　单位：平方米

年度	占地面积					建筑面积				
	幼儿园	小学	中学	中职	合计	幼儿园	小学	中学	中职	合计
1991	2700	821660	160509	37960	1022829	665	318440	36290	9350	364745
1992	2700	821660	160509	37960	1022829	665	318440	38057	9350	366512
1993	2700	524660	160509	37960	725829	865	328302	38057	9350	376574
1994	2700	824789	160509	37960	1025958	665	341747	38057	9350	389819
1995	2700	824789	160509	37960	1025958	1200	351617	42187	9350	404354
1996	2700	834701	162311	37960	1037672	1200	378362	53456	9082	442100
1997	2700	677912	162311	37960	880883	1200	371879	68798	9082	450959
1998	2700	677912	364322	38205	1083139	1200	303592	87055	9082	400929
1999	2700	677912	385122	38205	1103939	1200	326606	114656	9082	451544
2000	2700	871215	587125	38205	1499245	716	326879	141675	9082	478352
2001	2700	102325	732172	38205	875402	716	356606	182517	9082	468160
2002	2700	1122067	806411	35302	1966480	716	365701	225700	10821	602938
2003	3020	1132118	872598	24000	2031736	716	351516	241460	4800	598492
2004	2620	1154610	903106	24000	2081336	500	353713	25321	8516	619050
2005	3520	1189484	1006038	24000	2223042	582	352903	252765	9216	615466
2006	2620	1265860	1194891	171340	2634714	500	424708	319685	40486	785379
2007	4620	1299056	996151	175333	2475160	1230	437724	337885	50482	827321
2008	4620	1349650	1030238	67440	2451948	2330	443407	356223	44482	846432
2009	6792	1468767	1103940	51912	2631411	3504	422177	301530	18555	745766
2010	6792	1463235	1096474	53112	2619613	3598	424984	326113	20172	774867

续上表

年度	占地面积					建筑面积				
	幼儿园	小学	中学	中职	合计	幼儿园	小学	中学	中职	合计
2011	21739	1376711	1076846	40083	2515379	8992	401413	328292	14321	753018
2012	48413	1451530	1093410	40083	2633436	22061	759071	343629	14321	1139082
2013	102038	1507509	1312446	93906	3015899	40647	530510	483562	19047	1073766
2014	138369	1404246	1382679	98004	3023298	55692	495838	485477	41266	1078273
2015	143642	1416025	1391728	98004	3049399	58824	503898	501890	53236	1117848

第六节　教育基金

大方县教育奖励基金始于1991年，初为捐资助学金，系以大方籍台湾同胞简孝鲁捐资1万元为基础，同年10月，县教育学会向社会各界发出倡议，收到捐资1.47万元。1994年，成立县教育奖励基金，筹集资金15.17万元，启动资金总计16.64万元。基金设立学生学习成绩奖和教师教学成绩奖。1996年，修改为主要针对学校和教师设奖，增加优化育人环境奖和高考、中考、小学毕业会考优秀奖。1997年，深圳对口帮扶大方县捐资921.45万元，用209.45万元专户设立教育奖励基金。1998年，设立“方深教育奖励基金”，对教学成绩优异的学生和教师进行奖励。2002年，“深圳—贵州助学金”资助大方县180名家庭困难、无力升入初中的六年级毕业生，连续三年，每人每年资助200元。2005—2006年，资助学生503人，人均200元，合计资助12.06万元。

2007年，县人民政府对高考录取优秀学生进行奖励和资助，合计奖励和资助45万元。同年，财政部安排3亿元彩票公益资金用于资助中西部22个省的普通高中困难学生，大方县2007—2008学年资助338人，每人每学年1000元，合计资助33.8万元。2008—2009学年资助579人，合计资助57.9万元。2008年，“深圳—贵州助学金”资助高中学生65人，合计6.5万元，“新东方奖学金”资助大方2名录取本科的优秀高中应届毕业生，每人5000元。2009年，县财政拨出专款，对114名二本以上的优秀贫困大学生奖励共40.1万元，9名学生获“毕深”助学金共1.4万元，9所完中616名学生获中央彩票公益金教育助学，共61.6万元，60人获“深圳—贵州助学金”，共6万元，30人获孔庆荧助学金，共7.4万元。

高考奖励扶助大会（2012年8月摄）

2010年，县人民政府对高考成绩优秀的学生22人进行奖励，兑现资金55.5万元，对高考成绩突出的大方一中奖励10万元。同年，对学生实施“方深助学金”“新东方奖学金”“西部开发工程助学金”“北汽控股有限责任公司贵州助学”“毕深助学金”“孔庆荧奖学金”“香港道德会助学金”“中央公益彩票助学金”和“深圳—贵州助学金”等资助奖励项目，共97.65万元。

2011年，县人民政府对高考成绩优异的41名学生进行奖励，奖励金额24.6万元；对参加高考的贫困计划生育“两户”家庭子女进行资助，资助金178.8万元。“毕深助学金”资助二本以上学生8人，资金1.3万元；“方深助学金”资助二本以上贫困学生11人，资金4.4万元。发放义务教育阶段寄宿生补助162.6万元，惠及家庭经济困难寄宿生1709人；发放普通高中国家助学金689.63万元，惠及贫困学生9196人；发放中职助学金37.16万元，惠及贫困学生836人；发放中职国家免学费37.16万元，惠及贫困学生920人；办理生源异地助学贷款4470人，贷款金额2187.51万元。

2012年，县人民政府对高考成绩优异的45名学生进行奖励，奖励金额32.4万元；对参加高考的472名家庭经济困难学生进行奖励，奖励金额159.2万元。“毕深助学金”资助二本以上学生8人，资金1.3万元；“方深助学金”资助二本以上学生5人，资金2.1万元。发放学前教育幼儿资助16.4万元，惠及贫困家庭幼儿292人；发放义务教育阶段寄宿生补助826.75万元，惠及家庭经济困难寄宿生6836人；发放普通高中助学金741.3万元，惠及贫困生4942人；发放中职国家助学金209.75万元，惠及贫困生1776人；发放中职免学费123.12万元，惠及贫困学生1892人；办理助学贷款6231人，贷款金额3210.62万元。

2013年，县人民政府对高考成绩优异的48名学生进行奖励，奖励金额22.6万元；对参加高考的354名家庭经济困难学生进行资助，金额173万元。“毕深助学金”资助二本以上学生8人，资金1.3万元；“方深助学金”资助二本以上学生27人，资金8.1万元。发放学前教育幼儿资助33万元，惠及贫困家庭幼儿550人；发放义务教育阶段寄宿生补助1011.65万元，惠及家庭经济困难寄宿生8295人；发放普通高中助学金799.2万元，惠及贫困生5328人；发放中职国家助学金91.58万元，惠及贫困生1221人；发放中职免学费142.2万元，惠及贫困学生1422人；办理助学贷款7228人，贷款金额3577.55万元。

2014年，县人民政府对高考成绩优异的44名学生进行奖励，奖励金额22.7万元；对参加高考的566名家庭经济困难学生进行资助，金额165.5万元。“毕深助学金”资助二本以上学生8人，资金1.3万元；“方深助学金”资助二本以上学生22人，资金6.6万元。发放学前教育幼儿资助58万元，惠及贫困家庭幼儿1160人；发放义务教育阶段寄宿生补助1748.85万元，惠及家庭经济困难寄宿生1.47万人；发放普通高中助学金889.35万元，惠及贫困生5929人；发放中职国家助学金65.25万元，惠及贫困生870人；发放中职免学费139.8万元，惠及贫困学生1398人；办理助学贷款8659人，贷款金额4688.98万元。

2015年，县人民政府对高考成绩优异的44名学生进行奖励，奖励金额32.2万元；对参加高考的318名家庭经济困难学生进行资助，金额138.95万元。“毕深助学金”资助二本以上学生8人，资金1.1万元；“方深助学金”资助二本以上学生30人，资金6.5万元。发放学前教育幼儿资助62万元，惠及贫困家庭幼儿1240人；发放义务教育阶段寄宿生补助2104.55万元，惠及家庭经济困难寄宿生1.78万人；发放普通高中助学金1257.2万元，惠及贫困生6286人；发放中职国家助学金80.3万元，惠及贫困生803人；发放中职免学费106.2万元，惠及贫困学生1062人；办理助学贷款9932人，贷款金额5835.42万元。

第七节 教育教学管理

一、教育管理

1991 年，各乡镇建立教育辅导站，为股级机构，接受乡镇和县教育行政主管部门的双重领导，管理各乡镇初等教育事务。

从 2001 年起，各级政府承担起发展义务教育责任，实行由县人民政府负责、分级管理、以县为主的管理体制。建立健全经费投入机制，为农村义务教育发展提供可靠物质保障。严格实行教师资格制度、核定教师编制和工资总额，确保农村中小学教师工资按时足额发放。因地制宜调整农村中小学布局，促进教育资源的优化配置。按照小学就近入学、初中相对集中、优化教育资源配置原则，把方便学生上学与扩大学校规模结合起来，合理规划和调整学校布局。逐步统一中小学学制，推动农村义务教育规范化发展。“十五”计划期间，实施国家整体设置的九年义务教育课程，实行“六三”学制过渡到“九年一贯制”，逐步实行完全中学高中与初中分离，扩大高中阶段教育规模。

2001—2003 年，县人民政府制定并实施中小学布局调整规划方案，对全县中小学布局进行调整，每个村保留 1 所小学，逐步取消小学附设初中班。全县公办小学 373 所，比 2000 年减少 124 所。南郊小学等 132 所民办小学改为公办小学。从 2003 年起，全县全部取消“民办小学”称谓。2003 年，撤销乡镇教育辅导站，恢复中心小学管理乡镇各小学的体制。同年秋季，启动新一轮基础课程改革，原初中一年级改为七年级，小学到初中实行九年制义务教育，对中小学课程进行适当改革。

2004 年，对办学布局进一步调整，逐步改变校点多、规模小、功能缺、投资分散、质量低的状况，重点办好乡镇中心小学以上完小，原则上不再新办村小学，民办小学全部改成公办，保留人户居住较分散的山区少数教学点。

2013 年后，取消中心小学管理体制，设立各乡镇教育管理中心，为副科级机构，接受乡镇和县教育行政主管部门的双重领导，管理各乡镇教育事务。

二、教学管理

（一）教研活动

1994 年，举办小学语文、数学和初中英语优秀教案评选活动，优秀教案评选逐步成为教研活动的一个内容。同年，乡镇内及乡镇外学校分片按自愿结合的方式建立校际教研网络，全县有 31 个乡镇组织全乡镇学校的听课评课活动，城关地区 6 所中学组织 4 次教材研讨会。此后，校际教研活动在全县开展。1997 年开始，全县将素质教育列为工作重点，要求各校转变教育思想，从应试教育向素质教育转轨。

2004 年，发出规范教育科研和校际教研活动的通知，全县各教育辅导站、中小学广泛开展校际教研活动。通过校际教研活动，各学校交流学校建设、教学常规管理、基础教育课程改革经验。2005 年，以“新理念、新教材、新教法”为内容，围绕解决课程改革中的问题，开展县内、县外、省内外的校际教研活动。

2008 年，新增小屯中学、小屯中心小学、六龙中心小学、六龙中学为素质教育实验学校。是年，大方三中分别与深圳西乡中学和梅山中学结为友好学校，六龙中学与深圳华侨中学结为友好学校，进行校际交流，成为教育研究示范学校。同年，大方一中等 3 所学校的课题获省基础教育课改研究中心立项，大方三中等10所学校的课题获省教育厅基础教育省级课题立项。鸡场中学申报的《远程教育与学科整合校本训练方法和途径研究》和大方镇中学申报的《利用现代远程教育技术改变农村教师专业结构的错位现象》2个课题研究项目获中央电教馆的重点课题立项。是年10月，地区教育局组织举办中小学教师教学技能竞赛，大方县7人获文本类一等奖，2人获二等奖，10人获三等奖；2人获音像类一等奖，3人获二等奖，6人获三等奖。2009年，全省中小学教学技能竞赛，大方县3人获音像类二等奖，1人获三等奖；2人获文本类一等奖，3人获三等奖。

2011—2015年，全县教师在各级各类优质课评选中，获国家级一等奖1人、二等奖1人，省级一等奖6人、二等奖6人、三等奖6人。开展优质教育资源开发，共遴选上报市级优质资源165件，获毕节市优质教育资源一等奖15人、二等奖29人、三等奖36人。开展学科竞赛，共获国家级二等奖3人、三等奖5人，省级一等奖42人、二等奖70人、三等奖100人。

（二）课题实验

1992年2月，县教育局制订《教改实验项目评估方案》，对实验实行量化考评，响水中学荣获县教改实验成果奖，初中目标教学实验经省教研所、地区教研室评估获得优秀成果奖，地区科委专题评估大方一中“九步、五段·递进式”课题实验，获地区三等奖。4月，普底乡获全国教学科学规划领导小组批准列为“运用电教促进民族地区教育和经济发展”全国重点科研课题单位之一。

2002年8月，国家“十一五”教育科研重点课题《整体构建学校德育体系的研究与推广实验》进行开题培训，大方一中、大方二中、大方一小、六龙中学等11所中小学列为实验学校，参加学生2701人。同年12月，同为国家“十一五”教育科研重点课题的《西南地区农村中小学教育跨越式发展研究》举行开题培训，大方镇中学、中路中学、大方三小等22所学校列为实验学校，参加学生1.24万人。至2005年，大方二中、大方三中、大方三小、大方镇中心小学、大方镇中学被评为先进实验学校，9名教师被评为先进实验工作者，11名教师被评为先进实验教师，在《整体构建学校德育体系的研究与运用》上发表研究论文15篇。至2008年的课题工作中，县获组织奖，1个课题获一等奖，4个课题获二等奖，6个课题获三等奖，其中，鼎新中心小学获实验学校成果一等奖，小屯中学获二等奖，鸡场中学、中路中学获三等奖。

2010年，在地区组织的“2006—2010年贵州省基础教育科学研究与教育教学改革实验”优秀成果评选活动中，全县共报优秀成果59件，获一等奖8个、二等奖18个、三等奖33个。地区教育局将获得二等奖以上的成果报省评选，有12个项目获奖，其中，有5个项目属大方县。

2009—2011年，参与或承担国家级课题研究2个，省级课题10个，市级课题87个。2012—2015年，申报贵州省教育科研课题获省级科研立项12项，其中，重点课题5项，“国培”专项课题1项，一般课题6项。2011—2015年，课题研究成果获省级二等奖2项、三等奖9项。论文有91篇获省级一等奖，312篇获省级二等奖，562篇获省级三等奖。

（三）常规管理

1994年，毕节地区教育局出台《毕节地区教学常规管理试行意见》。县出台《教改实验项目实施方案》，对学校教学实验进行量化考评。1995年，对学校的教学常规管理采取听、查、议、访和召开座谈会等方式进行抽查，在地区教学常规总结会上，普底小学获地区二等奖，大方一中获三等奖。

1998年，教学常规管理获奖的学校有响水中学、鸡场小学、瓢井小学；1999年获奖的有大方一小、文惠实验学校、普底小学；2000年获奖的有大方三小、理化小学、瓢井小学、大方镇中学、核桃中学、坡脚中学；2001年获奖的有大方一小、瓢井小学、黄泥塘小学、双山中学、鸡场中学、响水中学；2002年获奖的有大方二小、瓢井小学、鼎新小学。

2003年，毕节地区教育局将教学常规管理意见、课程计划、中小学校长教学管理评价方案、教导主任教学管理评价方案、教研组教学管理评价方案、教师教学管理评价方案等内容装订成《毕节地区教学常规管理手册》印发全区中小学教师。同年，确定大方一中、响水中学、文惠实验学校、鸡场中学、理化初级中学、大方二小、瓢井中心小学为县教学常规示范学校。各学校在执行教学常规管理中，把教学常规管理的重点放在教研组，落实到规范备课、上课、作业批改、考试等环节，把教学常规管理与师德师风建设相结合，与提高教师的教学业务相结合，使全县中小学常规管理科学化、规范化、制度化。是年，教学常规管理获奖的有大方二小、百纳中学、鼎新小学。同年，大方一中获全地区特别奖，瓢井中心小学获全地区二等奖，鸡场中学获全地区二等奖。2004年获奖的有大方三中、理化初级中学、大方三小、响水中心小学，大方三小获地区三等奖。

2011—2015年，规范教学常规管理，健全完善教育教学质量分析评价制度，实行分片教研，定期不定期检查常规教学管理工作。2011年，检查学校145所次，1200个班次课堂教学，听课评课700节，印发教学常规检查通报11期，教研简报10期。2012年，检查学校152所次，1230个班次课堂教学，听课评课750节，印发教学常规检查通报12期，教研简报11期。2013年，检查学校157所次，1250个班次课堂教学，听课评课800节，印发教学常规检查通报14期，教研简报13期。2014年，检查学校168所次，1320个班次课堂教学，听课评课900余节，印发教学常规检查通报14期，教研简报13期。2015年，检查学校192所次，1510个班次课堂教学，听课评课1000余节，印发教学常规检查通报15期，教研简报14期。

第八节　关心下一代工作

1988年，县成立关心下一代协会。1991年，制定《大方县关心下一代协会章程》，全县13个区成立分会11个。

1992年，有29个乡镇成立关心下一代协会。全县各中小学先后配备1名法制副校长，由公安民警兼任，定期对中小学生进行法制教育，促进中小学生从小遵纪守法，远离毒品，远离邪教，健康成长。

1994年，县关心下一代协会改为县关心下一代工作委员会（以下简称“关工委”），同年，县教育局成立关工委，全县各乡镇也建立关工委。县关工委由离退休老干部、老教育工作者及相关单位领导组成。1995年，县关工委将地区关工委《关于在青少年中开展“戒毒”宣传活动的意见》和《戒毒歌》印发全县各级关工委。1997年，以“学雷锋，树新风，做四有新人”活动为主题，在全县各学校举办“在家做好孩子，在校当好学生，在社会成为好公民”的学习教育活动。

1998年，县关工委配合学校组织学生到大海坝为烈士扫墓。“五四”期间组织300多名团员宣誓，“七一”期间开展“热爱共产党，热爱社会主义”诗歌朗诵和演讲活动。多部门联合对青少年进行遵纪守法教育。2009年，协调各方对91名单亲孤儿和150名留守儿童进行帮扶，争取外援资金20.12万元。

2011年，县关工委召开各成员单位联席会议，组织“五老”宣讲团深入学校、社区、农村，对《中华人民共和国预防未成年人犯罪法》《中华人民共和国未成年人保护法》《中华人民共和国禁毒法》《中华人民共和国交通安全法》等法律法规开展宣传教育活动。协调帮扶资金59.9万元（含物资折款），帮扶全县378所学校2.49万名留守儿童，协调帮扶资金33.4万元（含物资折款），扶助孤贫儿童4325名。责成全县各中学、中心小学开通留守儿童免费亲情电话。2012年3月，开展“绿丝带”志愿者关爱留守儿童服务行动，学校领导、“五老”人员、教职员工与留守儿童结成4866对关爱对子，帮助留守儿童解决实际困难。

2013年，配合市关工委为将军山希望小学和理化中学20名留守、贫困儿童送去慰问金4000元。举办农村青年农民培训班186期，接受农业实用技术培训的青少年2.8万余人。对青少年开展科技知识教育，使全县青少年养成学科学、用科学、爱科学的良好习惯。2014年，组织5个科技服务组，到各乡镇对青年农民进行实用技术培训。配合市关工委在羊场镇平寨村举办生猪养殖培训班。到理化乡举办家畜家禽养殖技术培训班。“六一”儿童节期间，看望大方县特殊学校、八堡天宝小学等11所学校中的留守儿童和贫困儿童335人，送去慰问金5.8万元。同年为留守儿童和贫困儿童募捐11万元，捐物折款110万元。2015年，多次到大方戒毒所、看守所，毕节监狱，看望接受管教的青少年，献爱心、讲法律、谈人生，鼓励受管教青少年改正错误，做对社会有用的人。

第三章　科　技

第一节　科技管理

一、政策及规划

从1991年起，县人民政府按照每个五年计划时期编制科学技术发展规划。1999年，县委、县人民政府制定《关于实施科教兴县的决定》。同年，在全县36个乡镇配备科技副乡镇长或助理，选配村委科技副主任或村主任408名，推行科技特派员选派制度。

2003年，县人民政府制定《科技特派员优惠政策》，加快科技成果转化，促进农业增产，农民增收。选派各类型科技特派员97名。2004年，制定《大方县科技特派员工作五年发展规划》，进一步明确科技特派员试点工作指导思想、工作原则、工作目标、工作重点、工作任务。2005年，制定《大方县保护知识产权三年规划》，增强知识产权保护意识，遏制各种侵犯知识产权的违法行为。发布《大方县科技特派员制度试点工作实施方案》《大方县科技特派员管理办法》，规范对科技特派员的管理和落实科技特派员创业行动计划。同年，特聘省农科院、贵阳中医学院、昆明农科院5名教授为大方县科技项目编报与实施首席专家，完善科技系统组织架构。

2007年，制定《关于加快科技进步，提高科技创新能力的决定》。全面实施“科技兴方”和“可持续发展战略”，推进科学技术进步，组织实施《大方县“十一五”科技发展规划（1996—2010）》，为“十二五”科技工作创新发展奠定基础。2009年，县成立防震减灾领导小组，制定《大方县防震减灾工作方案和应急预案》《大方县防震减灾工作计划和实施方案》，融防震减灾、宣传、教育、实兵演练、灾情鉴别为一体，保证防震减灾工作收到实效。2012年，修订《大方县科学技术奖励办法》，制定《大方县知识产权资助办法》，进一步完善科学技术发展及知识产权保护工作机制。编制《大方县中药现代化科技产业2010—2020年发展规划》《大方县天麻产业2010—2020年发展规划》《大方县半夏产业2010—2020年发展规划》和《大方县刺梨产业2010—2020年发展规划》。

二、信息网络建设

“八五”计划时期到“十二五”规划期间，收集整理各类科技信息2186条，有推广价值的293条。建成大方县科技信息网、大方县天麻网。2010—2014年，投入资金25万余元，先后在雨冲乡、星宿乡、理化乡，星宿乡松树村，羊场镇桶井村、陇公村，建成乡级科技信息网站3个，村级科技信息网站3个。科技信息网络的建成，使建成信息网络的乡镇及村广大干部和群众能随时接受到由市县两级组织的各种科技培训直通车服务信息。

“十二五”规划期间，充分利用网站平台，向省级以上相关新闻媒体、网站发布发送各类科技进步信息稿件469篇，被采用108篇，其中《大方圆珠半夏获中国地理标志保护产品》和《大方县九龙天麻公司获得毕节首家生物类高新技术产业》被省科技厅评为科技好新闻奖。向市级新闻媒体及相关部门发送科技进步信息近500篇，被采用288篇。到2015年年底，市级科技部门通过网络平台，开展各类科技培训活动86次，其中，农村各类种植、养殖适用技术40次。通过网络平台，聘请有关专家开展实地讲座5次，发布各类科技信息168条。

三、经费投入

科技经费的投入，由县财政局共同监督和管理，按项目实施进度拨付项目款。各项科技项目投入的资金，由县级财政和科技部门统一管理使用，采取项目审批、跟踪监督实施、中期质量验收、终期效益验收合格后，报经审计部门审计，如实拨付项目资金。

1991—1996年，每年科技经费投入为130万元~180万元，由县财政统一根据各相关工作部门和乡镇实施的科技项目情况分别作补贴资金拨付。新产品试制费、中间试验费和重大科研项目补助费（以下简称“科技三项经费”）为每年5万元，作科技项目试验、示范、推广、应用专项资金。1997—2000年，科技经费投入有所提升，达到300万元，科技三项经费5万元，科技工作经费得到基本保障，每年匹配省、市科技项目经费达到50万元。

2001—2004年，科技经费投入达600万元，科技三项经费完全保障，平均每年约8万元，匹配省、市科技项目经费120万元。2005—2010年，科技经费投入达1500万元，其中科技三项经费为：2005年10万元、2006年20万元、2007年22万元、2008年79.5万元、2009年95万元、2010年100万元。匹配省、市科技项目300万元。2011—2015年，科技经费投入达到2000万元，其中2011年科技三项经费113万元。2012年后预算足额拨付科技工作公用经费。科技部门实施的项目，由县人民政府审批后据实拨付项目资金。

第二节 科技队伍

一、科技干部

1991年前，属于科技部门管理的科技人员，主要是国家机关、企事业单位科技工作人员，各乡镇配置的科技副乡镇长、副村长、科技辅导员。1991—1996年，大中专毕业的各类专业技术人员不断到县乡工作。1997年，制定《大方县科技副乡镇长村委主任副主任管理办法》《大方县科技辅导员管理办法》和《大方县科技特派员管理办法》，对科技队伍进行管理。

2015年，全县科技队伍有1.6万人，其中，党政科技人才2001人，占12.2%；专业技术人员

9374 人，占 58.22%；经营管理人才 223 人，占 1.38%；农村实用乡土人才 4503 人，占 27.9%。专业技术队伍中，高级职称 142 人，中级职称 2284 人，初级职称 6858 人。一支门类基本齐全的专业技术队伍初步形成。

二、农民技术员

1990 年年末，农村各类专业技术人才有 1.52 万人，随着农村产业结构的不断调整，科学技术的引进、示范、推广、应用较快，培养锻炼大批成熟的农民技术人员。1991 年、1996 年、1997 年、1998 年，按照绿色证书教学大纲培训淡水养殖、畜牧兽医、茶、桑、果树、蔬菜及其他农村实用技术人员 4025 名，通过统一考试考核，1445 人达到领取绿色证书要求，由县农民技术资格证书评定领导小组复核，1348 名农民获得县人民政府颁发的农民技术资格证书，其中，农民技师 209 人，初级农民技师 468 人，农民技术员 699 人。到 2015 年，各类农民技师、技术员达 6.27 万人，均获得农民技术资格证书。

三、科技服务

1991 年，在马场区鼠场乡建立全县第一个示范乡级科委。为解决村、组两级科技组织与乡科委工作协调运行，形成一个农村科技网络，又分别在鼠场乡 6 个村建立科技服务站，由 7 名 ~9 名农民技术员组成，在村民组建立科技服务组，由 3 名 ~5 名农民技术员组成。1992 年，为促进乡村科技达标，县成立科技工作达标领导小组。同年，分别在文阁乡、双山镇、黄泥塘镇、理化乡搞试点，并增加 14 个村级示范，按照“一村一品，一乡一业”的要求，每个示范村除抓好粮烟生产外，还结合各地实际，选出一个项目抓好开发。是年，14 个示范村的粮食在大灾之年获得不同程度增产，经济收入也不同程度增加，全年人均粮食达 212.5 公斤，与 1991 年相比，人均增加 25 公斤；农民人均纯收入为 318.01 元，人均增收 30 元。建立优良品种研究会、党群共同致富科技服务组、中药材栽种研究组、植物医院、农机服务部等科技组织 56 个。对 1067 户科技示范户颁发证书。科技特派员通过各种科技试验、示范、推广及实地培训工作，农村科技示范户不断扩大。到 2000 年，科技示范户达到 1.7 万户，其中有蔬菜新品种种植试验、玉米育苗移栽、水稻半旱式栽培、旱地育苗、绿肥聚垄耕作、分带轮作、烤烟营养坨育苗移栽、新法养猪等；还有生姜科学种植、庭院经济、荒山开发种植中药材、农作物病虫害防治、家禽防疫服务、竹荪和天麻人工栽培、西瓜高产栽培等。全县 36 个乡镇全部建立科技同心服务站，并配置乡镇科技副乡镇长、村委科技副主任，专抓科技服务工作。

2003 年，启动科技特派员试点工作，大方县成立实施科技特派员制度领导小组，制定《大方县人民政府关于选派科技特派员的优惠政策》，县拨出专项经费 80 万元作为实施科技特派员试点工作的启动资金。选派科技人员 97 名，其中，省级单位 5 名，地区级单位 5 名，县级直属行政事业单位 41 名，乡镇农业技术服务中心 46 名，建立乡镇科技特派员工作站 6 个，村组科技特派员工作站 10 个，有 15 名科技特派员进入企业和流通渠道，70 多名驻站入村，覆盖 5 个企业、99 个村、1311 个村民小组、1.2 万多名农户。

2004 年后，随着农村产业结构逐步调整，科技服务项目从田间地块转向企业和城市，鼓励机关企事业单位有一技之长的干部职工带职带薪深入村组承担科技特派员职责，把科技特派员分为领导型科技特派员、创业型科技特派员、法人型科技特派员、选派型科技特派员、评聘型科技特派员，对企业、农民开展面对面服务。至 2015 年，企业、专业合作社进驻或引进科技特派员共 300 多人。

第三节 科技项目实施

1991—1996 年，实施科技项目 23 项，其中，地区项目 12 项，县级项目 11 项。地区科技项目分别为：科技网络建设研究、微肥在农业生产上的研究、田间破膜器的使用与推广、提高母猪繁殖力研究、初生仔猪接种猪瘟免疫试验、非常规饲料开发利用研究、屋顶养胡子鲢试验、提高耕牛冷配受胎率研究、竹荪快速育种及高产稳产研究、绿肥育种基地建设、中药材催情注射液研究和老残牛短期放牧育肥研究等。县级科技项目分别为玉米育苗定向移栽示范、杂交玉米地膜覆盖示范、绿肥聚垄耕作示范、地膜烤烟连片规范种植示范、营养坨（块、袋）假植示范、水稻半旱式栽培示范、早熟地膜蔬菜种植示范、水果栽培技术应用示范、油菜育苗移栽示范和湿润秧田育秧示范等。

1997—2000 年，科技项目的实施重点是抓好粮烟生产及良种良法的推广应用，开展争创科技先进乡镇活动。1997 年，推广杂交玉米种植 28 万亩，占种植面积的 51%；推广地膜玉米种植 6 万亩；玉米育苗移栽 25 万亩；绿肥聚垄耕作 15 万亩；推广水稻旱育浅植 3000 亩，占全县水稻种植面积的 80%。是年，全县粮食总产达 27.78 万吨，比 1996 年增加 2.64 万吨，人均粮食占有量从 1996 年 292 公斤增加到 328 公斤，11 万人越过温饱线。达溪镇 1770 亩水稻采用水稻旱育浅植技术，平均亩产增加 72 公斤，户均增粮 273 斤，近 900 户 3000 余人解决温饱问题。是年，全县最大经济支柱产业为烤烟生产，推广绿肥聚垄烤烟 8.3 万亩，运用远红外涂料烤房 1.3 万座，良种良法配套采用科学烘烤相结合，收购烟叶 57 万担，实现税收 4240.8 万元。

2001—2005 年，重点科技项目凸显科技效益。组织实施的科技项目有：黔西北夏秋反季节蔬菜示范与推广、脱毒马铃薯示范与推广、天麻节材栽培技术研究与应用、天麻关键配套技术研究与示范推广、大方关井糯玉米品种选育研究、生态养猪技术研究与示范推广、天麻仿野生种植 CAB 关键技术研究与推广示范、毕节地区中药材种植科技示范园、黄牛人工冷冻精液输配改良技术研究和推广共 9 个。天麻节材栽培技术与应用项目于 2003 年通过省科技厅、地区科技局组织验收鉴定，达到国内先进水平，省科技厅在全省组织推广，并组织全省县级科技局长、药厂和药源基地技术人员共 360 多人在大方县进行天麻节材栽培技术培训。

2006—2010 年，大方县得到国家、省、地各级科技部门支持实施的项目 19 个，专项资助资金 343 万元，县级安排实施的科技计划项目 34 个，财政投入研发资金 408 万元。其中科技部项目 3 个，科技支黔项目 1 个，院地合作项目 1 个，省地项目 16 个。各级项目全面完成合同指标。国家、省、地支持的科技项目有：国家星火项目——贵州省大方县仿野生天麻种植示范及推广应用，省科技特派员专项项目——仿野生天麻种植技术培训及应用项目，科技特派员专项试点项目——奢香天麻酒产品开发技术示范，大方县科技特派员试点启动项目、省星火项目——优势辣椒产业的发展科技示范基地建设，地区科技局新农村建设试点专项项目——冷底村高原无公害蔬菜种植示范，地区科技计划项目——大方豆豉传统工艺改造及系列产品开发，国家科技部财政部科技富民强县专项项目——大方县地道药材大方天麻产业化建设，国家科技部支撑计划子课题——地道特色中药材天麻 GAB 规范种植基地建设项目，中科院支持的科技支黔项目——天麻高产栽培及病虫害防治，国家科技部科特专项项目——大方县科技特派员天麻产业链建设，省科技厅支持的大方半夏产业化基地建设、大方县喀斯特环境地中药材台化种植示范园建设、大方野生乌头的台化栽培研究、大方野生刺梨选优续建项目、大方县理化乡石牛经果林药示范种植、大方县地道药材种植与产业化发展研究、大方县刺梨规范规模化种植及特色加工和省长基金项目——大方县地道药材种植与产业化发展研究等。县级科技项目有：大方野生刺梨优选及扩繁示范区域建设、刺梨优良品种引种试验及推广示范、区域建设、半夏高产种植示范研究技术集成、草乌驯化栽培技术研究、刺梨高产示范种植育苗基地建设、天麻规范化加工技术研究、天麻伴生菌关键技术研究、天麻饮料开发关键技术研究、刺梨优选续建、圆珠半夏示范种植和大方道地药材品种选育及种植关键技术研究共 12 个。同时实施天麻酒保存方法、浸渍提取方法、冷藏静置过滤方法、天麻酒的生产工艺流程、天麻酒质量标准（企业标准）、地方特色大方香桃品种选育及标准化示范推广、大方镇关井村珍稀食用菌科技示范基地建设、大方县沿贵毕公路各类高产蔬菜种植示范项目等 22 个。

2010—2015 年，科技项目的重点为调整产业结构，扩大中药材种植面积，完成中药材种植面积 52.07 万亩，实现产值 34.2 亿元，突出科技项目的贡献力。其间，大方县向国家、省、市科技部门申报项目 77 项，获批立项 38 项，实施 38 项，其中，研究项目有：大方天麻留种制种种植加工等各个环节的技术规范、院地合作企业关键技术研究、毕节大方中药现代化科技创新产业化示范区园区培育建设、大方天麻规范化生产科技示范推广基地培育建设、国家中药资源普查、国家中药种苗基地建设、国家基本药物中药原料资源动态监测和信息服务、贵州同威生物科技中药材加工基地建设、贵州华方制药厂建设、大方金维宝刺梨加工厂建设、大方九龙天麻公司加工基地建设、贵州德馨堂中药材加工项目建设、年丰合作社中药饮片加工厂建设、大方县志富中药材种植、畜禽养殖专业合作社绿塘中药饮片加工厂建设等。

第四节　科技活动

1991—1996 年，大方县建立完善科技培训体系、科技管理体系和科技保障体系。建立企业科技进步考核指标，纳入企业经营责任制和厂长、经理任期目标责任制，开展科技进步先进企业评比活动，推进技术市场发展，放活政策允许科技人员参与市场竞争，进行技术贸易，增强资金积累，使科技转化为经济发展的助推器，参与技术市场工作。开展工业、农业生产技能技术培训。开展各类科技培训 4896 期，培训 69.88 万人次，其中，科技骨干培训班 1087 期，受训 1.9 万人次。

农牧业技术方面的培训有：各类良种选择、玉米营养袋（坨）定向移栽、湿润秧田育秧技术、薄膜育秧技术、温室蒸气育秧技术、作物病虫害防治、农药使用常识、稀土微肥和叶面肥施用技术、配合饲料加工技术、正确选择饲料添加剂、旱地分带轮作、绿肥聚垄耕作、优质烤烟栽培技术、新法养猪技术、竹荪栽培技术、天麻栽培技术、林下养鸡和稻田养鱼等。另外还有经果林的栽培与品种选育技术、食用菌栽培技术、大棚蔬菜的栽培与高产技术、家禽养殖与疫情防治和老残牛放牧催肥等。工业方面培训主要有：矿井灾害事故防治与应急避灾、矿井通风常识、职业病防治、自救互救与创伤急救知识及《中华人民共和国安全生产法》宣讲、节能净化炼硫技术培训、爆破技术及安全防范等。

1991 年，由县水电局、农委、农业局、畜牧局、煤炭局、环保局分别实施利用电站热循环水养殖商品鱼技术研究、桑蚕系列产品加工技术开发、无烟煤同心利用技术研究、工业废渣的开发利用技术研究、粮食和经济作物优质高产品种选育、地膜杂交玉米持续高产模式化栽培研究、烤烟优质高产技术研究与推广、旱地绿肥聚垄耕作法技术研究与推广、旱坡地的改良技术研究、豆科绿肥光叶紫花苕和箭舌豌豆留种试验示范技术研究和推广、名优果树品种的引进和丰产栽培技术研究、漆树良种及速生丰产技术研究推广、竹荪品种的选育及人工栽培技术的推广应用、家畜良种繁殖及饲养管理技术研究推广、氨化秸秆和非常规饲料源开发技术研究、草药催情注射液应用研究、老残牛短期放牧育肥技术研究和提高养猪繁殖率技术研究。

1996年开始，全县掀起实施科教兴县，努力推进农业、农村科技进步高潮。1998—1999年，县委、县人民政府严格按照科教兴乡28项量化指标体系进行检查验收，大方镇、东关乡、竹园乡、响水乡、文阁乡、双山镇、六龙镇、达溪镇、理化乡、羊场镇、黄泥塘镇、鸡场乡、小屯乡、马场镇、鼎新乡、猫场镇、瓢井镇、长石镇、八堡乡、牛场乡、高店乡、凤山乡、安乐乡、核桃乡、黄泥乡共25个乡镇，为1998年科技创先争优达标验收乡镇。沙厂乡、大水乡、雨冲乡、百纳乡、普底乡、三元乡、星宿乡、大山乡、果瓦乡、兴隆乡、绿塘乡11个乡镇为1999年科技创先争优达标验收乡镇。县委、县人民政府分别对各乡镇授牌“科技先进乡镇”。通过5年的乡镇科技创先争优活动，全县成立科技服务中心255个，科技培训中心40个；绿色证书培训7643人，有5228人获绿色证书；科普协会46个，工作人员1850人；专业研究会26个，会员362人；科技示范村20个，科技示范户5764户。农民技术职称评定农民技师37人，初级农民技师148人，技术员359人，6万多人至少掌握2门~3门实用技术。全县兴办各类样板点400多个。在5年乡镇科技创先争优活动中，响水乡2次被评为地区科技兴农先进单位，2次获得地区科技进步奖。

2001—2015年，围绕全县经济和社会发展目标，不断推进科技事业发展和产业结构升级，初步形成县、乡、村三级科技推广服务网络。建立科技推广服务机构41个，科技管理机构1个，农业科研所1个，科技示范基地32个，国家“星火”培训学校1所，县级农业技术研究学会10个，会员238人，农村街道科普协会5个，中小型科技企业2家，科技服务体系逐步建立。科技培训广泛开展，坚持“实际、实用、实效”原则，以项目为依托，采取理论联系实际，利用“星火”学校，办专题科技培训班，召开群众田间院坝大会、干部会、党员培训班、播放科普录像、组织外出参观学习、田间指导等形式开展农村实用技术培训，每年培训人数达到3万多人次，累计扫除科盲1万多人，使60%的农户基本掌握1门~2门实用技术，涌现出一批会经营、懂技术的能工巧匠、家庭能人，为实施“科技兴方”战略储备技术力量。以“科技活动周”“科技下乡”“科普集市”“科普宣传月”等活动为载体，每年向广大农民群众印发各种农村适用技术资料3万多份，无偿赠送科普图书1000多册，科普光盘300多张。

2006—2010年，各级党政高度重视自主创新能力培养，认真落实科技目标责任考核，按照“试验、示范、推广、转化”的科技方针，全面贯彻科普“一法一条例”和《全民科学素质行动计划纲要》，科技部门充分发挥“引进创新、示范推广”的主力军作用，坚持以争取实施项目，招引技术人才，解决关键技术为重点，以培育科技中介机构，增强科技创新能力，支撑经济发展为目标，全面落实科技工作的方针政策，健全完善科技服务体系，培养科技创新主体，引进和转化先进科技成果。制订培训计划并组织实施，基本形成专业配套的培训师资队伍与系列教材，参与培训的外地培训专家6人，本地科技特派员40人，企业技术人才15人，编写培训资料35种，共培训天麻种植农户1.19万人次，发放培训资料2万多份，其中，县集中培训班6期，培训农户2660人次，中型培训班（田间、地块实施培训种植农户）9212人次。“十一五”规划期间，在“三下乡”活动中，发放《大方中药材GAB培训教材》800余本，《中药材实用技术手册》800余册，发放各类农村适用技术资料1.1万余份；举办大方天麻节材栽培技术、大方天麻林下仿野生种植、大方圆珠半夏高产种植技术、大方县乌天麻有性繁殖技术等培训班10期，受训人数达360人次。

从2008年起，大方县开展仿野生条件下天麻高产栽培关键技术与主要病虫害同心防治研究，先后有10名教授和研究生参与项目实施，通过相关试验，将病虫害发生率控制在4%以下。采集大方天麻野生密环菌，通过多次试验，最后应用密环菌孢子培养方法，成功将本地菌种分离纯化，通过经验鉴别与选择后，再扩大培养成生产菌种，投入使用。县内天麻企业九龙天麻公司、乌蒙菌业公司经过研发，新开发天麻酒、天麻颗粒、保鲜天麻、天麻饮料等深加工产品，其中天麻酒已经有不同级别、不同程度的产品4个。

2010年，科技进步对国民经济、农业和工业的贡献率达到45.12%、40.2%和45.7%，分别比2009年提高0.97、11、12个百分点。利用"科技之春"宣传月、"5.12"汶川特大地震纪念宣传活动，组织相关人员到乡村集镇宣传地震科普知识。

2011—2015年，全社会学科技、用科技的热情越来越高。以每年送科技下乡活动、世界知识产权日、科技活动周等为契机，充分利用电视、报纸等新闻媒体，积极宣传普及《中华人民共和国科技进步法》《中华人民共和国科技成果转化法》和《中华人民共和国专利法》等科技工作法律法规，在全社会形成"学科技、用科技、爱科技"的良好氛围。2014年后，各中小学每逢"5.12"汶川地震日，均组织开展地震灾害预防实兵演练活动。同时，分别举办地震防灾减灾宣传栏达268版。2015年，获得省、市地震局农村民居工程资金30万元，在凤山乡羊岩村建设地震民居工程示范点。争取市地震局在六龙、百纳、大山、高店、八堡、长石、瓢井、安乐8个乡镇安装8台地震监测仪。

2010—2015年，建立8个村级科技服务站、4个科技示范村，开展农业科技示范与信息服务，聘请省、市院校专家成立大方县中药材专家顾问组，为全县中药材产业发展提供科技智力支撑。举办培训班72期，开展种植、养殖实用技术及农民工岗前技能培训，受训农民2.16万人次。组织企业与高等院校、科研院所开展技术合作，共开展科研合作项目30多项（次），全县规模以上企业中，有8家企业与国内高等院校、科研院所建立紧密的科技科研合作关系，开展天麻仿野生栽培发展规划与技术研究推广、毕节大方中药现代化科技创新产业化示范园区培育建设、国家中药资源普查大方县中药普查、国家中药种苗基地建设、基本药物中药原料资源动态监测和信息服务站建设、大方天麻和刺梨产业化科技惠民工程建设，开展大方县中药材产业园规划、贵州天麻产业发展创新战略联盟、大方县油栝楼种植技术研究等活动。在"三下乡"活动中开展送科技下乡，举办280人次参加科技的培训班8期，发放农村科技读物1800多册，聘请相关专家，设立科技服务咨询台，面对面解答农村科技知识方面的问题。

第五节 科技成果与技术推广

1991年，大方县获地区科技成果奖11项，其中，新法养猪、耕牛人工改良分别获得二、三等奖，是年在全县推广应用。1992年，推行高处引姜种到低处利用稻田放水后进行栽种试验，亩产达到1500多公斤，试验成功后很快推广到对江区域广大农户，次年种植面积达100余亩。引进"蚕桑草"经栽种试验获得成功后，次年推广160多亩。1993年，大方镇小路、大屯2个村帮助农户搞地下双火道秧床，育早熟蔬菜秧床762个，双拱棚早熟蔬菜235亩。推广水稻新品种72-5示范种植，替代本地传统品种，是年秋收测产亩产254.3公斤。猫场镇五丫村发展52户科技示范户种植早熟西瓜102亩，采用土温床育苗，清明节前移栽完毕，在大田生长期科学管理，产西瓜30.6万公斤，总收入12.24万元。是年，长石镇漆树湾村实施千亩药材基地建设，到1994年实现产值30余万元。共抓科技示范村24个，人均口粮达239.5公斤，比1992年增加27公斤，人均收入达384.5元，比1992年增加66.49元，普底乡跑马科技示范村人均口粮达311.5公斤。

1994年，大方县承担的方S－节能净化炼硫技术研究获得成功，经贵州省化工厅评定达到节能、环保的目的，各项技术指标达到国家标准，当年起在贵州省全面推广运用。1995年，烤烟病虫害防治试验示范（蚜虫、青虫和黑胫病）科技课题通过试验获得成功，获得地区科技成果三等奖。1995—1997年，方S－节能净化炼硫技术被云南省、四川省、山西省部分炼硫企业引用。

1996—2000年，全县推广应用地（市）级项目有杂交旱育浅植技术、地膜覆盖破膜器应用；推广应用县级项目有杂交玉米地膜覆盖技术和绿肥繁垄耕作技术等。其中，在小屯、羊场、达溪等乡镇实施的“玉米专用肥示范推广”示范项目获得地区科技成果二等奖；“马铃薯脱毒技术与推广示范研究项目”获地区科技成果二等奖；“大田老鼠习性研究及防治”项目获地区科技成果三等奖；“科学技术与提供良种等科技扶贫示范项目”获地区科技工作三等奖；由西河科技示范场承担的“石山区干果种植和养殖同心发展研究”项目获县科技成果一等奖。

2001—2005年，全县共有17项科技成果获得科技进步奖。“方玉一号”“方单一号”分别获地区科技进步三等奖，有10项科技成果通过省级技术鉴定，科技成果应用率达45%，农业新技术应用率达90%，农业良种推广覆盖率达95%，科技进步对经济增长贡献率达40%。2003年，推广地膜玉米种植9万亩，玉米育苗移栽4.5万亩，绿肥聚垄26万亩，玉米包衣5.3万亩，麦苞分带17.8万亩，芋苞分带26万亩；水稻两段育秧1.35万亩，旱育稀植6.8万亩；小麦分带种植27.6万亩，小麦良种推广278.5万亩，种子包衣1.85万亩，育苗移栽5.08万亩，油菜下田3万亩，稻田免耕种植油菜0.3万亩。7月，“天麻节材栽培技术运用”通过贵州省科技厅、毕节地区科技局组织专家鉴定，达到国内先进水平。推广“四良四改三提高”同心配套技术和其他畜牧先进适用技术，发展畜牧业科技专业村、专业示范户，畜牧产业较快发展，是年，全县畜牧业总产值达3.2亿元，比2002年增长9.97%，占农业总产值的29.1%。2005年，大方九龙天麻公司、大方县乌蒙菌业公司2家共开发新技术5项、新产品6个，技术合同成交额3100万元，科技成果转化、技术对接项目达16个。推广和实施科技兴林成果运用，坚持适地适树的原则，推广良种壮苗技术、防治林和经济林栽培技术、病虫鼠害防治技术、植物生产促进和增产技术，以漆树丰产栽培技术为支撑，建立具有地方特色的漆树基地。

2006年起，“天麻节材及关键配套技术应用”在全县大面积推广，天麻栽培面积达8600多亩。是年，在羊场镇穿岩村建立200亩天麻节材栽培示范基地。2007年，推荐2项成果参加毕节地区年度科学技术评奖，均获二等奖；县级管理的科技成果奖42项。经邀请地区专家评审，评出15项科学技术奖，其中，一等奖2项，二等奖3项，三等奖5项，四等奖5项。

2011—2015年，获贵州省科技成果奖1项，获毕节市科技进步二等奖1项、三等奖3项。2012年，贵州农科院与九龙天麻公司合作，开展“大方本地蜜环菌的分离提炼及应用”关键技术研究获得成功，获贵州省科技成果三等奖，同年在全县各天麻种植公司、合作社推广种植1.5万亩。是年3月，在第二十七届贵州省青少年科技创新大赛中，有7名教师分别获科技辅导员创新成果二等奖和三等奖，2名学生分别获一等奖和三等奖。

2013年，大方皱椒高产栽培技术研究获毕节市科技进步二等奖，同年在达溪冷底河推广1000亩，羊场镇1000亩，亩产量分别达到1450公斤和1500公斤，亩产值8700元和9600元。3月，在贵州省第二十八届科技创新大赛中，大方县5名学生获二等奖，13名学生获三等奖；2名教师获科技辅导员创新成果一等奖，3名教师获二等奖，10名教师获三等奖；3名学生获少年儿童科幻画三等奖。

2014年，反季节无公害蔬菜采培技术研究获毕节地区科技进步三等奖。是年3月，在贵州省第二十九届科技创新大赛中，大方县有1名学生获一等奖，8名学生获二等奖，10名学生获三等奖；2名教师获科技辅导员创新成果一等奖，12名教师获二等奖，12名教师获三等奖；2名学生分别获少年儿童科幻画二等奖和三等奖。4月，1名小学生撰写的科技作文获国家级二等奖、省级一等奖。在第二十九届全国青少年科技创新大赛中，大方县有1名教师获科技辅导员创新成果三等奖；1名学生获三等奖。

2015年3月，在贵州省第三十届科技创新大赛中，大方县有3名学生获二等奖，9名学生获三等奖；有1名教师获科技辅导员创新成果一等奖，14名教师获三等奖；1名学生获少年儿童科幻画三等奖。

2014—2015年，反季节无公害蔬菜采培技术在全县普遍推广，其中，达溪镇推广500亩，黄泥塘镇推广500亩，亩产值达到8800元。

第六节 知识产权保护

2008年，组织九龙天麻公司申报“大方天麻仿野生栽培技术”和“天麻育种”2项技术专利，实现大方专利“零申报”的突破。同年，申报并获中国食品工业协会授予“中国天麻之乡”“中国皱椒之乡”称号。2009年，申报“一种仿野生栽培天麻病虫害同心防治技术”专利获成功。2010年，申报“中国豆制品之乡”、大方天麻地理标志保护产品。2011年，大方县被列为第二批县域经济知识产权试点县，琼芳食品厂、百里花食品厂被列为知识产权试点企业。2012年，申报大方圆珠半夏地理标志保护产品、大方冬荪地理标志保护产品。2011—2015年，组织相关企业、专业合作社申报专利363件，获得授权318件，大方县拥有专利量达3件/万人。大方县获“全国天麻生产先进县”“全省中药产业示范县”荣誉称号。

2010—2015年，举办知识产权应用及维权案例讲座10次，县、乡两级干部和企业听课人数达3600人次。开展集中宣传咨询和知识产权维权活动8次，向广大群众宣传《中华人民共和国国家知识产权战略》《中华人民共和国专利法》《中华人民共和国商标法》和《中华人民共和国著作法》等相关政策和法律法规。邀请市知识产权局配合，在县城开展维权执法3次，打击冒用专利、违规销售出版物、冒用地理标志保护产品等违法行为。

知识产权知识专题培训颁证现场（2015年6月摄）

第十九篇 卫生

第一章 医 疗

第一节 医疗卫生事业发展历程

1939 年，大定县卫生所建立。1945 年，升为县级一等卫生院，有办公用房 40 平方米，业务用房 340 平方米，设病床 20 张，能处理一些常见小病。1949 年 12 月，县人民政府接管县卫生院。1952 年，县人民政府设立卫生科作为全县卫生行政管理机构。同年，相继在区、乡（公社）、村（大队）建立医疗卫生机构。1953 年 5 月，县人民政府在六区（理化）建立县第六区妇幼保健站，为县级妇幼保健站，领导全县新法接生工作，占地面积 100 平方米，建筑面积 82.5 平方米。是年，县卫生院迁至大定基督教会址福音堂，占地面积 800 平方米。1956 年，县卫生院改为县人民医院，先后设内、外、妇、儿、检验、放射、血库等科室，病床发展到 165 张。1957 年，成立县卫生防疫队于核桃湾，建筑面积 460 平方米。1962 年，改县卫生防疫队为县卫生防疫站。1962 年，县人民医院迁至书院街，占地面积 9205 平方米，建筑面积 1800 平方米。1967 年，县妇幼保健站、县卫生防疫站并入县人民医院，1970 年恢复各自机构。1971 年，县卫生防疫站迁至南街，占地面积 2668 平方米，建筑面积 1003 平方米。1980 年，县卫生人员进修学校建于南门余家塘，占地面积 2262 平方米，建筑面积 2238 平方米。1981 年，卫生科改为县卫生局。1982 年，建立县中医医院。1983 年，县中医医院开业应诊，接收原城关区卫生院门诊 800 平方米，职工宿舍 200 平方米，新建业务用房 1748 平方米，建立住院部，设病床 40 张。1984 年 3 月，成立县皮肤病防治站，与县民政局合署办公。同年 6 月，建立县药品检验所，与县卫生局合署办公。1987 年，县卫生人员进修学校更名为县卫生职业技术学校。1988 年，药品检验所新建办公楼，占地面积 1565 平方米，建筑面积 815 平方米。同年，县人民医院建筑面积发展到 11614 平方米，中医医院占地面积 4662 平方米。至 1990 年，全县 12 个区卫生院共有房屋建筑面积 18152 平方米。1992 年，县卫生防疫站建筑面积扩展到 3433 平方米。1993 年，县妇幼保健院扩建到 2740 平方米。1994 年，县卫生职业技术学校修建 238 平方米教学用房，1995 年，购置 223 平方米房屋 1 栋，学校占地面积 5333 平方米，建筑面积达 2692 平方米。同年，县皮肤病防治站购置 329 平方米砖房 1 栋，1998 年，修建办公楼 259 平方米，是年，县中医医院经省卫生厅、省中医药管理局评审，成为全省首个县级二级甲等中医医院。至 20 世纪末，县卫生局共有各类用房 1488 平方米；县人民医院占地面积 9206 平方米，建筑面积 15925 平方米；县中医医院占地面积 4663 平方米，建筑面积 11716 平方米；全县 35 个乡镇卫生院占地面积 36673 平方米，建筑面积 26847 平方米。

至 2007 年，全县卫生系统有县直医疗卫生机构 6 个，中心乡镇卫生院 12 个，一般乡镇卫生院 23 个，民营医院 12 个，个体诊所 37 个，村卫生室 534 个，部门医务室 2 个。在职干部职工 760 人，其中，专业技术人员 705 人。学历结构为大学本科 76 人，专科 157 人，中专 403 人，中专以下 124 人。在职副高职称 11 人，中级职称 135 人，初级职称 466 人。注册乡村医生 1100 人，具备中专以上学历的村卫生室人员575人。全县共有病床710张，每千人口有医生0.6人、护士0.28人、床位0.72张。全县医疗卫生工作以保障广大群众生命安全和身体健康为中心，着重于公共卫生、卫生基础设施、新型农村合作医疗三大主要任务，开展重大疾病防控、卫生执法监督、突发公共卫生事件应急处置、地方病防治、卫生人才培养、爱国卫生、妇幼卫生、中医中药、卫生扶贫等工作，卫生服务能力不断提高，逐步解决群众看病难、看病贵问题。全县门诊就诊35.87万人次，住院2.58万人次。卫生基础设施建设力度加大，实施县人民医院整体搬迁项目，完成32个乡镇卫生院国债资金建设项目前期工作，实施天大生物集团援助的55个村卫生室建设和技术人员培训。开展卫生体制改革，引进资金和医疗技术力量，对长期管理不善、运行不好、技术力量薄弱的乡镇卫生院进行领办，运行良好，将医学继续教育与职称、晋职、晋级挂钩，提高卫生技术人员队伍素质。考聘72名大中专毕业生充实到乡镇卫生院工作，考聘60名大中专毕业生充实县人民医院、县中医医院、县妇幼保健院。进行卫生事业单位人事制度改革，建立聘用、竞争上岗、分配机制灵活的卫生事业单位人事制度。稳步推进新型农村合作医疗工作，全县农民参加合作医疗70.28万人，参合率87%，筹集资金3513.86万元，报销补偿资金2908万元，受益农民40.74万人。根据《国务院关于发展城市社区卫生服务的指导意见》，在城区设立2个社区服务中心，开展社区卫生服务。贯彻《中华人民共和国母婴保健法》《中国妇女发展纲要》《中国儿童发展纲要》，推行住院分娩，在全县25个乡镇开展妇幼卫生规范化管理。对12个中心乡镇卫生院和部分普通乡镇卫生院产儿科按标准建设。开展出生缺陷监测、新生儿疾病复查和5岁以下儿童死亡和孕产妇死亡监测工作。新法接生率达99.4%，住院分娩率70%。孕产妇管理建卡率96.7%，产检率82.5%。5岁以下儿童死亡率11.8‰，婴儿死亡率8.2‰。全年765人次住院分娩，743人次获贫困救助减免和合作医疗报销。

2008年，继续深化卫生体制改革，加强基础设施和公共卫生医疗服务体系建设，推进卫生事业持续健康发展。雪凝灾害期间，组织巡回医疗队在全县36个乡镇开展巡回医疗和救灾救治救助工作，救治受灾病人3150人次。在县乡两级医院和民营医院开展"以德为先、以人为本、以病人为中心、以医疗服务质量为核心"的医院质量管理活动。全年医疗机构门诊就诊17.21万人次，住院3.05万人次。农民参加合作医疗76.4万人，参合率84%，筹集资金6876.82万元，报销补偿资金4910.33万元，受益农民28.62万人次。是年12月28日，县人民医院从书院街整体搬迁至红旗小区，医院一期工程总投资3300万元，占地面积34162平方米，建筑面积15563平方米，病床216张。县中医医院扩建住院病房700平方米，改建病房3600平方米，病床增加到176张。完成30个乡镇卫生院建设主体工程建设，80个村卫生室竣工，全县累计建成村卫生室163个。培训34个乡镇医务人员60名。县人民医院和县中医医院分别成立城北、城南社区卫生服务中心，挂牌开展工作，新建4个卫生服务站。疾病预防控制工作严格按计划和操作规程实施免疫，完成6次冷链运转，接种率达93%。妇幼保健工作以实施"降消"和《中国妇女发展纲要》《中国儿童发展纲要》为主要目标，推行住院分娩，降低产妇死亡率、婴儿死亡率和新生儿破伤风发生率。建卡率93.98%，产检率93.98%，住院分娩率70.13%，新法接生率99.86%，孕产妇死亡率34.26/10万，围产儿死亡率3.33‰，新生儿破伤风发生率为0。全年住院分娩920人次，贫困救助减免和合作医疗报销920人次。

2009年，全县卫生系统县级医疗机构8家，乡镇卫生院33所，私立医院16家，村卫生室367个，各类卫生技术人员1997人。全县有执业医师207人，执业助理医师127人，护理人员136人；副主任医师12人，主治医师97人；县、乡两级卫技人员中，本科76人，大专107人，中专及以下学历564人。全县开放床位980张，每千人口拥有病床0.98张。孕产妇死亡率17.15/10万，5岁以下儿童死亡率13.3‰，新生儿死亡率6.9‰。全县有新型农村合作医疗暨城镇居民基本医疗保险定点医疗机构483个。参合农民71.48万人，参合率95.24%，筹集资金1429.57万元。城镇居民参保16342人，参保率65.8%，筹集资金231.12万元。共支付合作医疗补偿资金5616万元，63.19万人次参合农民受益，资金使用率为85.95%。是年，投资3300万元的县人民医院整体搬迁第一期工程全部完工，投入使用，投资1600多万元改建、扩建和新建的32个乡镇卫生院全部建设完成，修建标准化村卫生室49个，累计建成标准化村卫生室232个。考聘138名卫生技术人员充实到县乡医疗卫生机构，选派44名卫生技术人员到上级医疗机构进修，在县级医疗卫生机构选派16名业务骨干对口支援乡镇卫生院工作，将村级卫生人员月工资从150元提高到200元。县级医疗机构具有CT、彩超等大型医疗检查设备仪器，能提供较为先进的医疗服务，33个乡镇卫生院均配备X光机、B超等医疗设备仪器。乡镇卫生院业务收入从2008年900多万元上升到1500多万元，增长幅度66%，鸡场乡卫生院突破100万元。以艾滋病、结核病等重大疾病预防控制为重点，加强肠道传染病、地方病和慢性病防治。完成地氟病防治改炉改灶4万户，省、地地氟病防治工作现场会在大方召开，推广“以券代金、货币直补、阳光操作”经验。各类疫苗接种率达90%以上。开通“120”急救通道，有效防控和处置婴幼儿事件、禽流感、手足口病、甲型H1N1流感等公共卫生事件。县人民政府拨款100万元专门用于甲型H1N1流感防控。2009年10月19日发现首例甲型H1N1流感病例后，全县累计发生确诊10例，全部治愈出院，没有出现疫情蔓延的情况。

2010年，县卫生局和县食品药品监督管理局合并为县卫生和食品药品监督管理局。“十一五”规划期间，全县投资1700万元完成32个乡镇卫生院房屋建设，投资1360万元建成272个标准化村卫生室，74%的村卫生室有房屋和基本设备。建立和逐步完善新型农村合作医疗和城镇居民医保制度，95%农民和90%城镇居民参保，群众看病难看病贵问题得到基本解决。新增卫生技术人员400余人，乡镇卫生院人员工资实现财政全额拨款，人员编制按1.4‰人口比例配备，增加编制600人。村卫生室每村增加1名卫生技术人员，月工资补助提高到300元。全面启动社区卫生服务工作。全县有县乡两级医疗卫生机构43个，民营医疗机构16家，村卫生室367个，其中标准化卫生室272个。全县各级各类卫生技术人员2167人，其中，执业医师207人，执业助理医师127人，护士136人；高级职称17人，中级职称89人；本科学历116人，大专学历177人。每千人口有卫生技术人员2.2人。全县公立医院共有病床980张，每千人口有病床0.98张。是年，加强卫生基础设施建设，县人民政府划拨专款170万元，为新建的32个乡镇卫生院购置设备和修建附属工程。投资5550万元实施县人民医院二期建设工程项目。建成40个标准化村卫生室，考聘170名卫生技术人员充实到县乡医疗机构，培训县、乡、村卫生技术人员600余人次，选派66名乡镇卫生技术人员到省、地医疗机构进修学习，对238名乡村医生开展中专学历教育。乡镇卫生院人员工资100%纳入财政预算。从2010年开始，县财政每年投入1000万元用于发展医疗卫生事业，形成常态机制。是年，成立县医药卫生体制改革领导小组，启动双山、六龙、鸡场乡镇卫生改革试点，开展促进农村医疗卫生服务体系建设项目工作。在16个乡镇卫生院启动实施基本药物制度，启动实施公共卫生服务均等化项目，中央补助资金1146万元，省级补助资金287万元，按人均15元标准建立城市居民健康档案和农村居民健康档案。实施《公共卫生事业单位绩效工资实施方案》，兑现公共卫生事业单位绩效工资。医疗机构业务收入提高，县人民医院收入2500万元，中医医院收入3000万元，乡镇卫生院收入1741.5万元，其中，鸡场乡、长石镇突破百万元大关。全县门诊28.94万人次，住院4.38万人次。城镇职工基本医疗保险参保2.21万人，参保率100%；城镇居民基本医疗保险参保 13085 人，参保率 95.4%；新型农村合作医疗参合 75.64 万人，参合率 96%，筹集资金 1512.85 万元。全县共支付合作医疗补偿资金 8141.36 万元，90.18 万人次农民受益，资金使用率为 81.64%。新型农村合作医疗保险和城镇居民医保政府补助标准为每人每年 120 元，其中，中央财政补助 60 元，新型农村合作医疗省级财政补助 47 元，地级财政补助 10 元，县级财政补助 3 元；城镇居民医保省级财政补助 21 元，地级财政补助 6 元，县级财政补助 33 元。城镇居民医保按政策范围内住院报销比例分别为：乡级 60%、县级 55%、地级 55%、省级 45%。新型农村合作医疗按政策范围内住院报销比例分别为：乡级 80%、县级 70%、地级及以外 60%。城镇职工医保住院报销比例为：县级甲类 90%、乙类 74.7%，地级甲类 85%、乙类 70.55%，省级及海外甲类 80%、乙类 66.4%，大病报销比例在此基础上增加 5%。对低保对象、“五保”户，经报销后仍难以负担的医疗费用实行医疗救助，解决农村 2241 人次 439.68 万元、城市 373 人次 104.07 万元医疗救助。疾病预防控制全年完成 9 次冷链运转，卡介苗接种率 99.67%，脊灰疫苗接种率 99.72%，百白破疫苗接种率 99.64%，麻疹及麻风疫苗接种率 99.63%，A 群流脑疫苗接种率 99.47%，乙脑疫苗接种率 99.64%，甲肝疫苗接种率 99.38%，乙肝疫苗接种率 99.67%。全年无重大传染病发生。妇幼卫生保健孕产妇建卡率 94.58%，产检率 94.8%，孕产妇繁育管理率 84.56%。新法接生率 99.85%，住院分娩率 86.62%。高危管理率 100%，高危住院分娩率 100%。全年孕产妇死亡 1 例，死亡率 8.72/10 万。5 岁以下儿童死亡率 5.5‰，婴儿死亡率 9.06‰，新生儿破伤风发病率 0.08‰。

2011 年，以深化医药卫生体系五项内容为重点，加强卫生基础设施和医疗服务体系建设。深化基本医疗保障制度改革，大方县率先在全地区将城镇居民医保纳入农村合作医疗，实行一体化管理。统一筹资标准、统一征收基金、统一保障待遇、统一结算办法，使城乡居民享有同等、便捷的医疗保障待遇，增强保障能力，降低管理成本，简化运行程序。结合实际调整补偿方案，将肾衰竭、恶性肿瘤、白血病等重特大疾病纳入补偿范围，每人每年度住院累计补偿资金封顶线提升到 20 万元。对低保对象、“五保”户经报销后仍难以负担的医疗费用予以医疗救助，实行门诊救助，取消住院救助病种限制。对疝气等 9 个病种按县、乡两级实行单病种付费。门诊统筹实行分段补偿，参合对象缴纳的参合金部分（30 元）按 100% 补偿，不受单次补偿额度限制，在门诊封顶线内超出 100% 部分按 50% 比例核补。加强机构建设管理，将乡镇合管办从乡镇人力资源和社会保障服务中心独立出来，上划县合管办统一管理，独立行使监管权。全年城镇居民基本医疗保险和新型农村合作医疗参合率达 98.26%，共支付合作医疗补偿资金 1.11 亿元，104.69 万人次参合对象受益，其中，大额补偿达 5000 元以上 1171 人次，1 万元以上 784 人次，10 万元以上 8 人，20 万元封顶 1 人。出台《大方县建立国家基本药物制度实施细则》，在全县所有乡镇卫生院和社区卫生服务中心统一实施基本药物制度，基本药物实行零差价销售。启动村卫生室基本药物制度试点工作，将鸡场乡 10 个村卫生室和六龙镇 11 个村卫生室作为县实施基本药物制度工作试点。制定和完善基本药物补偿方案，实施基本药物制度的医疗机构，通过省医药集中采购平台统一采购的基本药物，按进货价格 30% 比例进行补偿；未通过平台统一采购的基本药物，按进货价格 20% 比例进行补偿。村卫生室使用的基本药物，由乡镇卫生院统一采购。加强基层医疗卫生服务体系建设，制定《大方县人民政府关于推进基层医疗卫生服务体系建设的工作方案》，充实卫生人才队伍，县人民医院编制从 226 人增加至 750 人，县中医医院编制从 150 人增加至 375 人。公开考聘 192 人充实到县、乡医疗机构，在贵阳医学院、遵义医学院、贵阳中医学院等院校毕业生中招录 73 名卫生技术人员充实到县人民医院。每个村卫生室人员增至 2 人，工资补助每人每月 300 元，并对年终考核合格者按人均 1200 元标准进行奖励，全部纳入县财政全额预算管理。培训各级各类卫生技术人员 1250 人次。加强基础设施建设，在农工民主党同心助医工程资助下，农工民主党投入2072万元、县财政投入1000万元，对33个乡镇卫生院和309个村卫生室进行标准化规范化改扩建，购置医疗设备仪器分发到乡镇卫生院和村卫生室，投入446.96万元为28所乡镇卫生院配备医疗救护车，投入260万元为县人民医院配备2辆“流动医院车”。推进人事制度改革，制定《大方县公共卫生与基层医疗卫生事业单位绩效工资分配指导意见（试行）》和乡镇卫生院专业人才队伍奖惩措施，全面实行全员聘用和绩效考核，打破传统的院长考察任命方式，首次在10个乡镇卫生院实行院长公开竞聘。省卫生厅将大方县列为全省农村卫生信息化建设工作试点，投入资金200万元，建成乡、村两级卫生信息化系统和县人民医院远程会诊信息系统。完善县新型农村合作医疗信息系统，实现规范化居民健康档案电子化管理。县人民政府出台《大方县公立医院改革试点实施方案（试行）》，县人民医院作为全省10所县级公立医院改革试点，开展以完善服务体系，改革管理体制、法人治理机制、内部运行机制、补偿机制、监管机制，深化人事制度改革，加强医院管理为主要内容的公立医院改革试点工作，通过二级甲等综合医院评审。全县以9大基本公共卫生服务项目为重点的基本公共卫生服务均等化工作取得成效，建立城乡规范化居民电子健康档案60多万份，建档率54.8%。县财政投入51万元健康教育及病媒生物防制专项经费，开展以家庭主妇、学生为主体的健康教育宣传活动。共为基层38家预防接种单位安装儿童预防接种信息系统。按要求做好生物制品管理，冷链设备运行正常，保证育苗质量，各类疫苗接种率均达到规定指标，完成麻疹疫情防控和疫苗应急接种工作。全县新发现结核病人929人，完成新涂阳病人387人。新发现麻风病人12例，年度治愈总数24例。做好手足口病等传染病防治工作，全年未发生公共卫生事件。孕产妇系统管理10465人，活产数11565人，住院分娩活产数11031人，住院分娩率95.38%，住院分娩补助8523人348.92万元，补助受益率95.9%，孕产妇死亡2人，死亡率17.2/10万，叶酸发放8291人，发放率90.7%。儿童建档管理11891人，婴儿死亡92人，死亡率7.9‰，新生儿死亡57人，死亡率4.93‰，5岁以下儿童死亡120人，死亡率10.3‰，无新生儿破伤风病例发生。

2012年，全县有各类注册医疗卫生机构566个，开放病床2857张，平均每千人口2.73张。有各类卫生技术人员2961人，平均每千人口2.83人，其中执业（助理）及以上医师907人，平均每千人口0.87人，执业护士1231人，平均每千人口1.14人。是年7月，省政府在大方县召开全省农村卫生服务能力建设示范现场会，总结推广大方县同心共建、全面加强农村卫生服务能力建设的做法和经验。9月，大方县同心助医工程项目通过农工民主党中央组织的中期评审验收。12月，国家中医药管理局授予大方县“全国农村中医药工作先进单位”称号。大方县2011年率先成功试行城乡居民基本医疗保障

农工民主党中央“同心助医工程”大方县乡镇卫生院院长华中科技大学同济医学院培训班开班（2012年2月18日摄）

并轨管理的做法于2012年被全毕节市推广，6月，大方县在全市率先实行县属定点医疗机构住院报销比例政策范围内100%核补、将中医理疗项目纳入补偿范围等政策，实现群众受益最大化。全年城乡居民医保参合率达99.79%，共支付医保补偿金2.18亿元，81.98万人次参保居民受益，资金使用率达94%，实现群众从看病难、看病贵到看病不要钱的历史性转变。从11月起，在县人民医院、县中医医院实施药物零差率销售，打破以药养医旧制，实现县、乡、村三级实施基本药物制度全覆盖。大方县作为全国311个县级公立医院改革试点县之一，县人民医院、县中医医院实行药品零差率销售的做法走在全省试点前列，并以此为突破口，逐步实施绩效考核制度，建立激励分配机制，完善监督机制。全年累计采购基本药物资金4722.8万元，药物占比37.7%，共为患者用药让利833.44万元。实施“同心助医工程”，完成32所乡镇卫生院和162所村卫生室标准化规范化改造，完善设备设施。所有乡级公立医疗卫生机构全部配齐医疗救护车，建立较完备的急诊急救网络。完善多渠道投入补偿机制，兑现村医每人每月917元的平均补助和乡镇公立医疗卫生机构人员绩效工资，县财政继续坚持每年投入1000万元专项资金大力发展卫生事业。发挥中医药特色优势，各乡镇卫生院全部开设中医科，80%村卫生室能提供中医适宜技术服务。是年，共招录卫生技术及辅助专业人员227人，乡村卫生技术及管理人员接受同心助医工程系统培训1981人次，转岗培训全科医师29人。实施“万名医师支援农村卫生工程”，建立健全县带乡、乡带村的层级式人才培养长效机制。鸡场、核桃、竹园、达溪、八堡、双山、长石、六龙、羊场、马场、黄泥塘11所乡镇卫生院通过“一级甲等医院”评审验收。深化基层医疗卫生机构综合改革，县委、县人民政府出台《关于进一步深化医药卫生体制改革积极探索医疗卫生事业科学发展路子的实施意见》，在从事、分配、管理等方面推出一系列基层医疗卫生事业改革发展举措，主要有：放宽条件招录实用型卫生技术人才；全额返还各乡镇卫生院、社区卫生服务中心服务性收入，50%用于单位发展，50%用于调动医务人员积极性；完善竞争性用人机制和人员退出机制；实行首次获得或晋升执业资质者一次性奖励办法，同步对具备执业资质者实施按月定额补助政策等。所有乡镇卫生院规范设置公共卫生科，至少有3名专职公共卫生人员，建立起规范有序的县、乡、村三级公共卫生服务体系。乡镇卫生院中，增加B超检查的有17个，增加产科业务的有10个，增加X光检查的有19个，增加心电图检查的有20个，增加检验的有23个。各乡镇卫生院和社区卫生服务中心全部能够正常开展生化检验、B超、心电图、X光检查等常规医技服务，所有乡镇卫生院均设置中医科。加强服务体系建设，重点建设好中心乡镇卫生院、中心村卫生室和猫场、八堡、雨冲等几所位置比较偏远、服务能力不足的普通乡镇卫生院，基本构建起“农村半小时”优质医疗卫生服务圈，让群众在尽可能短的时间内获得基本医疗卫生服务。根据各乡镇卫生院能力建设和区域专科分布实际，每个机构重点打造1至2个专科，使各机构在专科建设方面各有所长、各具特色，基本形成资源共享、优势互补的区域性服务网络。结合各机构布局实际，合理划分功能分区，科学设置业务科室，按标准和要求配置医疗设备、补充工作力量，全部配备流动医疗服务车。通过科学设计服务流程，推行“先诊断，后结算”服务模式，开展优质服务活动，健全上下联动、协调一致的分级诊疗和双向转诊长效机制。初步构建起农村群众“小病在乡村、大病进医院、康复回基层”的就医新格局。是年各项基本公共卫生均达到规定指标要求。建立城乡规范化居民电子健康档案62.62万份，建档率62%。“五苗”接种率均达95%。全年未发生脊灰病例和麻疹疑似病例。艾滋病、结核病、麻风病防治各项指标均达要求。住院分娩率95.62%，孕产妇死亡率27/10万，婴儿死亡率6.47‰，新生儿破伤风死亡率为0。孕产妇艾滋病、乙肝、梅毒检测率均达80%，新生婴儿干预措施达100%。

2013年，按照“保基本、强基层、建机制”的原则和“标准化、规范化、精细化、人性化、

改扩建后的理化乡卫生院（2012 年 5 月摄）

特色化、信息化”的医疗卫生事业发展思路，继续实施同心助医工程，推进基层医疗卫生机构综合改革，突出以标准化、规范化为主的基层医疗卫生服务体系建设，以基层医疗卫生服务队伍为主的农村医疗卫生服务能力建设，以综合改革为主的基层医疗卫生体制机制建设。大方县作为全省新型农村合作医疗保险支付方式改革试点县，建立多种付费方式，即总额预付制、按床日付费、单病种定额包干、中医非药物及康复治疗补偿、先看病后付费等，初步形成城乡居民医保“大方模式”。进一步优化方案，实行“住院统筹 + 大病医疗统筹 + 门诊统筹”的补偿模式，取消最高支付封顶线。是年 6 月，全面启动城乡居民大病保险，划转 1543.9 万元城乡居民医保基金，作为参保对象大病保险赔付资金。扩大重特大疾病保障病种试点范围，抓好儿童两病（白血病、先天性心脏病）、妇女两癌（宫颈癌、乳腺癌）、中末期肾病等 22 种大病保障工作。大方县新型农村合作医疗管理委员会办公室更名为大方县城乡居民医保管理局，进一步规范职能职责。加强医保资金监管，推行“驻院监督员制度、费用预警机制和定点医疗机构不良行为积分制管理”三项监管创新举措，实现城乡居民医保资金风险最小化、群众受益最大化。当年参保 77.19 万人（不含双山新区托管乡镇人数），参保率 99.81%，100.04 万人次受益，其中，门诊 88.08 万人次，补偿资金 4024.57 万元，住院 11.96 万人次，补偿资金 2.79 亿元，资金使用率 95.78%。《贵州日报》2013 年 2 月 13 日头版和《毕节日报》2013 年 2 月 16 日头版头条，以《大方县新农合创新民生答卷》为题，先后报道大方县新型农村合作医疗工作。2013 年 12 月 3 日《贵州都市报》头版头条以《大方免费医疗试验》为题，介绍大方县开展城乡居民医保工作的典型经验。全面实施国家基本药物制度，严格执行基本药物集中采购、配备、合理使用、零差率销售、药品价格公示等政策，乡村医疗机构 100% 使用基本药物，县级公立医院、民营医院基本药物配备和使用比例在 70% 以上，全部在省基本药物平台上进行采购，公立医疗机构、村卫生室全部实行零差率销售。全年基本药物网上采购金额 4746.35 万元，减轻患者就医用药负担 712 万元。大方县是全国首批县级公立医院改革试点县之一，围绕医改目标主要抓好六项工作：加强组织领导，成立领导小组，出台《大方县县级公立医院综合改革试点工作实施方案》，制定人事制度改革、收入分配制度改革、财政补偿机制改革、编制管理配套改革措施，为医改提供组织保证；明确功能定位，按照二级甲等医院建设标准，重点办好县人民医院、县中医医院，确保群众大病不出县，县域内就诊率达 90% 以上，建立县乡双向转诊制度，形成大病县救治、康复到乡镇的格局；改革补偿机制，2012 年 11 月 1 日起取消药品加成，2013 年 3 月 19 日起调整服务性收费标准，将调整提高的医疗服务费用列入城乡居民医保报销范围，不增加病人负担，推行总额预付，按床日、按病种、按人头付费方式，按病种付费的病种数达 56 个。门诊诊疗费用按人头付费，医保支付政策向基层倾斜，促进分级诊疗制度形成；稳步实施体制改革，全面推行人员聘用制度和岗位管理制度，实施绩效工资制度，建立奖惩激励机制，收入分配向关键岗位、基层科室倾斜，成立县级医院管理委员会作为县级医院管理的决策机构，成立县医管局作为医管委的日常办事机构，实行院长负责制及院长任期目标责任制；大力提升服务能力，县人民医院初步建成重症医学科、新生儿病房、血液净化中心、骨外科、泌尿外科、皮肤科、妇科中心等重点科室和特色科室，中医医院突出专科和特色科室建设，打造以到中医医院为龙头的中医服务平台，肿瘤内科、肛肠科、骨伤科等科室；加强人才培养，与南京解放军第一〇五医院、天津市第一中心医院、浙江温州医学院附属第一医院等建立对口支援关系和长期合作帮扶机制，县财政每年预算100万元支持县级公立医院每年选派一定数量医务人员到大城市三级医院学习进修。加强基础设施建设，县人民医院第二期扩建工程建成投入使用，县“120”急救中心建设工程竣工，县人民医院高压氧舱建设完成设备安装和调试，县卫生监督所业务用房主体完工，县中医医院异地搬迁建设工程启动，疾病预防控制中心、妇幼保健院申报整体搬迁建设项目，10个乡镇卫生院业务用房及附属设施建设项目和8个乡镇卫生院公共租赁房及79个村卫生室建设项目按工期顺利实施。加强人才队伍建设，是年招考聘用312人充实医疗机构，县卫生监督所增编4名，县妇幼保健院增编3名，县疾病预防控制中心增编3名，新设立县药品医疗器械不良反应监测中心、县储血站，增加人员编制共8名。健全村级医疗卫生队伍，按照各村（社区）人口数量及分布实际，设置村卫生室460个，村医654人。及时兑现绩效工资，全面落实村医各项补助。加强服务能力建设，争取到农工民主党中央捐赠妇科治疗设备1批、乡镇卫生院全自动生化分析仪10台及企业捐赠医疗设备，总价值1431.6万元。启动村医中专学历提升416人，乡村公共卫生人员远程教育培训508人，培训乡镇急诊急救人员170人，完成654名村医业务培训。争取到解放军第四十四医院、遵义医学院附属医院、毕节市人民医院、毕节市中医院的支持，完成26名乡镇卫生院妇产科技术人员、46名其他各科技术人员进修。抓好同心助医工程，2013年3月24—27日，中共中央政治局常委、全国政协主席俞正声在贵州视察，亲临大方县羊场镇卫生院调研，充分肯定同心助医工程项目成效，强调各民主党派中央、全国工商联要深入贯彻“同心”思想，坚持积极参与与量力而行相结合、体现优势与立足实际相结合、出主意与办实事相结合、发挥作用与深化认识相结合，在总结经验基础上不断探索新思路、新途径、新办法。4月17日，全国人大常委会副委员长、农工民主党中央主席陈竺再次深入大方县调研，召开“加强基层医疗卫生队伍和能力建设专题座谈会”，肯定了近年在同心助医工程资助下，以大方县为代表的中国西部医疗卫生事业改革发展展现出来的跨越式发展大好形势，在县、乡、村三级医疗机构标准化建设方面所取得的成绩，医疗保障、医疗服务体系建设上取得的重大进展，使人民群众得到实惠，医疗卫生队伍得到加强。强调要继续推进同心助医工程，把大方同心助医工程的工作重心转移到加强卫生人才队伍建设和服务能力上来。大方县为贯彻落实陈竺在大方县考察调研时的指示精神，制定卫生部门《贯彻落实陈竺副委员长赴大方考察调研重要指示精神目标责任分解方案》，将目标细化分解，落实到各医疗卫生单位，明确相关责任人。立足县内卫生工作实际，经过充分调研，在农工民主党中央的大力帮助下，国家卫生和计划生育委员会、省卫生厅、遵义医学院指导编制了《大方县2013—2015年卫生事业发展规划》，内容包括医疗服务体系建设、公共卫生服务体系建设、人才队伍建设、服务能力建设、医疗保障制度建设、基础设施建设、重点专科建设、重点区域卫生机构建设、体制机制建设等。落实各项工作，积极争取各级项目、政策支持，共编制54项基础设施建设项目，10项人才引进及培训项目，计划投入9.7亿元，涵盖县、乡、村三级医疗卫生机构建设。同年启动乡镇卫生院业务用房、附属设施及部分村卫生室建设，启动各级各类人才引进及培训工作，按《规划》目标实施。开展基本公共卫生服务，普及健康知识，全年开展健康教育讲座2574次，咨询活动649场次，开办宣传专栏3258期。有序推进基本公共卫生服务项目，建立完善城乡居民规范化电子档案68万份，建档率93%。开展免疫规划规范管理，建立统一规范的预防接种门诊，实行“一苗一格”规范管理，规范接种流程，各种免疫接种率达90%以上。加强重大疾病预防控制，全年报告法定传染病2274例，死亡4例，罹患率316.04/10万，无甲类传染病发生。结核病控制策略（DOTS）实现100%全覆盖，结核病新发涂阳病人发现率98.2%，治愈率97.7%。推进妇幼保健重大公共卫生项目及孕产妇系统管理、儿童系统管理，提升妇幼保健水平，农村孕产妇住院分娩补助9764人次390.16万元，住院分娩率96.21%，孕产妇系统管理率85.39%，死亡率10.32/10万，发放叶酸9752人次，完成农村妇女宫颈癌检查1.52万人。5岁以下儿童死亡率10.94‰，婴儿死亡率7.16‰，新生儿死亡率3.58‰，无新生儿破伤风发生。

2014年，加强人才队伍建设，招录卫生技术人员247人，全县卫生技术人员总数达4039人，每千人拥有卫技人员、执业（助理）医师、注册执业护士、分别达4.2人、1人、1.3人。开设“服务能力提升专家月讲堂”，有针对性地邀请国内医学专家学者到大方县开展技术服务、医院管理、公共卫生服务讲座及教学查房、手术示教等，培训基层卫生技术人员1400多人次。投入50万元建成大方县临床医学技能培训中心，配备国内品牌训练模型、智能训练识别系统、模拟真人操作环境、手术用腹腔镜系统。开展县级师资培训，培训基层医护人员700人次。出台卫技人员提升执业资格奖惩办法，对获得执业资格者给予1万元和获得执业助理资格者给予5000元一次性奖励，对未在规定时限内获得执业资格者进行处罚（经济处罚、待岗及解聘处理）。加强基础设施建设，县中医医院整体搬迁一期工程主体完工，累计完成投资5600万元。县妇幼保健院易地新建项目投资计划下达，投资1380万元。9个乡镇卫生院扩建、8个乡镇卫生院公租房建设、7个乡镇卫生院职工周转房建设、44个村卫生室改造项目按工期实施。12个乡镇卫生院配备全自动生化分析仪，2个乡镇卫生院配备彩超、乳腺诊断仪等设备。县人民医院、县中医医院和30个乡镇卫生院建立以电子病历为基础的卫生信息化系统，理化乡卫生院建立公共卫生数字化门诊系统。加强专科能力建设，县人民医院建成妇科病治疗中心、泌尿外科、骨外科、皮肤科、血透中心、白内障治疗中心等专科，完成8个二级学科的分科。配备德国西门子1.5T核磁共振和数字DR、奥林巴斯电子胃肠镜检查系统等先进设备。县中医医院建成疼痛科、新生儿科，添置电子胃镜、钬激光、腹腔镜、CR及工作站等。羊场镇、理化乡、瓢井镇、达溪镇、长石镇、兴隆乡等建成乡镇医疗卫生机构特色中医馆（国医堂）。继续进行县级公立医院改革，启动县人民医院、县中医医院法人结构治理试点工作。推进基层综合医改，建立以提升乡镇卫生院服务能力、加快解决群众就近看病为目标的城乡一体化区域性医疗联合体工作机制，由县人民医院、县中医医院担任医联体的核心县级医院，首批试点以县人民医院与长石镇卫生院、县中医医院与理化乡卫生院建立紧密型医联体，县人民医院与六龙镇卫生院、兴隆乡卫生院，县中医医院与羊场镇卫生院、绿塘乡卫生院等建立松散型医联体。整合乡镇（街道）卫生院（社区卫生服务中心）和计生站服务阵地、设备和技术三大资源，组建卫生和计划生育服务中心，设置“三科一部一馆”，即公共卫生科、妇幼保健科、计划生育技术服务科、医疗技术部和中医馆。构建“三为主三结合”（预防为主、防治结合，中医为主、中西医结合，医保为主、就医和救助结合）、“四位一体”（妇幼保健、计划生育、卫生防疫、中医养生保健治疗）的农村医疗保健服务体系模式。以羊场镇卫生和计划生育服务中心为代表的整合试点工作得到中央第四巡回督导组组长张维庆的肯定和好评，并在西南片区医疗保健服务体系建设专题会议上作经验交流。10月19日，市委、市政府召开全市农村医疗保健服务体系建设扩大试点工作动员会议，组织各县（区、管委会）分管卫生工作领导、卫生局、人口计生局及有关乡镇参会人员现场观摩羊场镇卫生和计划生育服务中心，在全市推广羊场试点暨“四位一体”工作经验。在全县实施“小康医”行动计划，按照项目建设到村、定点服务到组到户的要求，提高基层医疗卫生服务水平，发挥乡镇卫生院、村卫生室“半小时优质服务圈”作用，与每户农户签订预约服务协议书，全县共签订21万户，签约率81%。继续开展对口帮扶，天津市第一中心医院、天津眼科医院、天津肿瘤医院、北京平谷区医院、遵义医学院附属医院、省卫生监督局、省妇幼保健院、贵阳中医学院第一附属医院与大方县建立对口支援关系和长期合作帮扶机制。8月13日，全国人大常委会副委员长、农工民主党中央主席陈竺在大方县见证各医疗卫生机构与大方县有关单位签订帮扶协议。继续推行国家基本药物制度，全县累计采购基本药物金额4347.14万元，减轻患者就医用药负担652万元。全县城乡居民医保参保率为100%，补偿医保资金2.9亿元，96.53万人次受益，实际住院补偿比达到85%。加强基本公共卫生工作，全年开展健康教育讲座2574次、咨询活动649次，办宣传栏3258期，建立规范化居民健康档案73万份，电子档案合格率99.98%，65岁以上老年人建档管理6.24万人，高血压管理3.71万人，Ⅱ型糖尿病管理1.05万人，重性精神病管理2362人，孕产妇住院分娩率96.39%，孕产妇死亡率20.54/10万，5岁以下儿童死亡率8.85‰，免疫接种率达90%以上，全县保持无脊灰病例，法定传染病罹患率281.62/10万，未发生重大疫情。

2015年，全县有医疗卫生机构561个，床位4519张，平均每千人口4.82张；卫生技术人员4049人，平均每千人口4.32人，其中，执业（助理）医师1063人，平均每千人口1.13人；执业护士2040人，平均每千人口2.18人；全县规范设置村卫生室441个，村医654人。基础设施建设完成县人民医院二期工程、紧急救援中心、县人民医院高压氧舱、卫生监督所等建设项目，建设乡、村医疗卫生机构基础设施建设项目107个，总投资4764.69万元，累计完成投资4454.2万元，10个乡镇卫生院扩建和8个乡镇卫生院公租房建设工程竣工，7个乡镇卫生院职工周转房在建，同步实施44个村卫生室同心助医工程改造项目。加强人才队伍建设，将乡级卫生院人员1269人全部纳入县财政全额预算管理，并逐年按缺编总数的20%招录人员。享受财政补助的村级卫生人员定额补助提高到每人每月500元。同心助医工程项目分期分班集中培训乡村卫生技术人员3622人次，对乡村两级医技人员进行服务能力、公共卫生服务、农村中医适宜诊治技术和乡镇卫生院产科实用技术、急诊急救、检验、X光、B超、心电图、管理能力等方面培训。2月，全国人大常委会副委员长、农工民主党中央主席陈竺倡导并带头捐赠，设立“同心全科医生特岗人才基金”，以毕节试验区为试点，以大方县为主启动实施“同心全科医生特岗人才计划”示范项目，计划招录38名，第一期招录同心全科医生特岗人员23名（含订单定向学生5人），18名特岗人员实行编制在县、岗位在乡的管理方式，分配到乡镇卫生院服务5年，服务期内按照聘用单位同类人员确定财政工资标准、奖金、福利待遇，享受特岗医生津贴，在偏远乡镇医疗机构工作的，每人每年5万元，在其余乡镇医疗机构和县级医院工作的，每人每年3万元，确保特岗医生年度总收入不低于所在单位同类人员平均收入水平，并在职称晋升、培训教育等多方面给予优先。继续推行县级公立医院改革和医药改革，全县共投入公立医院改革资金1.65亿元，对县级公立医院符合国家规定的离退休人员，全额预算退休金；对在职人员的基本工资、工作性津贴、生活性津贴、绩效工资，按60%预算，通讯费按30%预算。基础设施建设纳入县级财政预算，大型设备采购由政府贴息贷款解决，对县级公立医院减少的药品加成收入，通过调整医疗服务价格补偿60%和增加政府补偿40%来承担。病人在乡级医疗卫生机构住院支付起付费200元，在县级医院住院支付起付费400元。对县级公立医院取消药品加成，两次实施服务价格调整，按实际使用基本药物金额的15%补偿乡村级医疗机构，县财政按县级公立医院减少合理收入的25%给予补偿，5%由医院加强管理节支解决，废除以药养医旧制，还利于民。按照“核清库存、统一采购、集中管理、合理补贴”原则，全县所有乡级公立医疗卫生机构统一实施基本药物制度，明确基本药物补助标准（村卫生室正式聘任的村医每人每月417元），实行100%平台采购、100%使用基本药物、100%零差率销售“三个百分之百”管理。建立“三为主三结合”“四位一体”农村医疗卫生预防保健服务体系，按照“乡级试点、村级覆盖”的思路，率先在羊场镇开展试点工作获得成功。全面建立和修缮各乡镇卫生院B超、心电图、X光、化验等常规医技检查科室，乡镇卫生院增加产科的有10个，增加X光检查的有19个，增加B超检查的有17个，增加心电图检查的有20个，增加检验的有23个。在推进城乡一体化卫生事业发展进程中，大方县着眼于为广大农村群众提供便捷优质的医疗保健服务，拓展乡村卫生一体化内涵，率先在马场、长石、羊场、理化4个乡镇开展“1+N”型农村家庭保健医生签约服务示范（即1名全科医生或执业医生与1户以上农户签约服务），解决农村群众医疗保健服务“最后一公里”实际困难。2015年在全县村居全面推行，累计签约15.5万户，其中精准扶贫对象4.7万户，累计巡诊服务46.5万人次。乡镇卫生院群众满意度提高到92%。推进城乡医疗联合体工作，2015年，遵义医学院附属医院与大方县人民医院、省中医学院附属医院与县中医医院、市中医医院与马场镇卫生院、市第三人民医院与六龙镇卫生院建立区域性医联体，县人民医院与长石镇卫生院、达溪镇卫生院，县中医医院与理化乡卫生院、东关乡卫生院结成4个紧密型医联体，县人民医院与六龙镇卫生院、兴隆乡卫生院，县中医医院与羊场镇卫生院、绿塘乡卫生院结成4个松散型医联体。紧密型医联体由帮扶机构在帮扶点设立分院，对人、财、物、业务进行实质性统一管理，松散型医联体主要提供业务指导。重点突出技能提升和规范管理，抓人才培养和科室建设。是年，筹资为长石镇卫生院、马场镇卫生院配备了500毫安DR机、台式彩超、便携式彩超、全自动生化分析仪等医疗设备。全面实施城乡居民大病保险制度，实行“基本医疗+大病医疗保险报销+医疗救助”的补偿模式，对11类特殊困难群体实行“三重保障”，最大限度惠及群众，贫困人口大病实际报销比例达到90%，遏制因病返贫现象发生。对单次医疗费用超过4000元的在病状态人群，有医疗意愿并通过医疗行为能够治愈或好转的残疾病患者和重度糖尿病、高血压、精神病患者，依托家庭医生签约服务实行动态监测管理。2015年全县在病状态目标管理人群2.75万人。十二五期间，6212人获大病保险报销3508万元，4.55万人获民政医疗救助9970万元，35名唇腭裂患者得到“幸福微笑工程”救治，890个白内障患者重见光明，52个先天性心脏病患者得以复苏，54个农村“两癌”妇女患者得到免费治疗，因病致贫比例从项目实施前的46%下降到2015年的13.92%。2015年，城乡居民参保78.12万人，参保率达100%，筹集资金3.05亿元；全年补偿96.53人次，补偿金额3亿元，资金使用率95.14%。加强基本公共卫生建设，建立健全县、乡、村三级公共卫生服务体系，建立规范化居民健康档案73万份，合格率99.98%。孕产妇住院分娩率96.39%，死亡率20.54/10万。5岁以下儿童死亡率5.83‰，免疫接种率达99%，全县未发生重大疫情。为解决全县地处典型山区，县“120”无法满足众多乡村群众应急救护和应急处突医疗救护难的实际，大方县依托农工民主党的援助，全县配备24辆“流动医疗服务车”，为县人民医院配备2辆“流动医院车”，总价值696.8万元，协调省卫生厅为大方县配备12辆总价值155.76万元的流动医疗服务车，把全部流动医疗服务车配发到所有乡镇卫生院或社区卫生服务中心，培训370名县乡两级急诊急救医护人员，保证每个乡镇卫生院都有2组以上急诊急救人员。纵向建立以县“120”为紧急救援中心、乡镇卫生院为紧急救援站的急诊急救系统。各乡镇卫生院紧急救援站统一服从县“120”指挥调度，按照就近出诊原则，在突发紧急情况时派出距离事发现场最近的乡镇卫生院急救车辆赶赴现场实施救治，对需要迅速转诊到上级医院救治的患者，采取乡镇卫生院急救组与县“120”急救组同时出发、中途接转的方式，为抢救患者节约宝贵时间。横向上“120”与“110”“119”“122”形成应急处突联动机制，形成“协调快、联动快、速度快、耗时短”的医疗紧急救援体系。自实施流动医院项目后，出动流动医院车执行重大事件医疗救护任务4次，县人民医院组织巡回医疗队开展农村巡回医疗47次，免费为群众义诊1.03万人次，每月平均开展1次免费巡回医疗。各乡镇卫生院流动医疗服务车累计出动7320车次，其中，用于救治危重患者2180人次，转诊2932人次，到村开展公共卫生服务10.98万人次，巡回义诊5.34万人次。

至“十二五”规划期末，全县基本建立健全县乡村三级公共卫生服务体系、农村医疗卫生预防保健体系、城乡居民医疗保障体系及县乡两级急诊急救与医疗应急救援体系。

第二节　医疗机构

截至2015年，全县有医疗卫生机构561个，床位4519张，平均每千人口拥有医疗卫生机构床位4.82张；卫生技术人员共4049人，平均每千人口拥有4.32人，其中执业（助理）医师1063人，平均每千人口拥有1.13人，注册护士2040人，平均每千人口拥有2.18人。全县规范设置村卫生室441个，共有村医654名。

一、县人民医院

1991—2008年，县人民医院有病床165张，医务人员148人。1995年6月，在县人民医院设立县急救中心，承担全县急救工作。同年10月，在县人民医院成立儿麻矫治、白内障复明康复中心，承担全县小儿麻痹后遗症及白内障康复工作。1999年，县人民医院有在职职工162人，其中，高级职称3人，中级职称32人。2000年以后，设急诊科、呼吸神经内科、消化内科（含康复科）、心内科、肾内内分泌—血液科、肝胆—胃肠外科、神经胸外科、妇科、产科、儿科、新生儿科、耳鼻喉科（含眼科、口腔科）、皮肤科、骨外科、泌尿外科、中医科、重症医学科等临床科室17个，医技科室6个。

2008年12月，县人民医院由县城书院街整体搬迁到红旗大道。搬迁后的县人民医院占地面积34162平方米，建筑面积15563万平方米，其中，业务用房9906.07平方米，办公用房241.73平方米。到2011年，发展为一所融医疗、预防、科研、保健和教学为一体的综合性二级甲等医院。

2000—2015年，随着医疗卫生事业的发展和技术进步，县人民医院在诊疗中采用先进医疗设备确诊病况。医学影像方面，有X射线透视、食管钡餐透视、普通透视、X射线造影、T管造影、静脉泌尿系造影、肾盂穿刺造影、核磁共振（MRI）扫描等22种功能。B超检查方面，有胸、腹水B超检查及穿刺定位、彩色多普勒超声检查、心脏超声检查、胆囊和胆道收缩功能检查、B超脏器功能评估、胆囊和胆道收缩功能检查、胃肠充盈造影B超检查、腹部大血管彩色多普勒超声、普通心脏M型超声检查、普通二维超声心动图、床旁超声心动图、心脏彩色多普勒超声、左心功能测定等35种功能。检验方面，有血液一般检查、尿液一般检查、粪便检查、体液与分泌物检查、临床血液学检查、自身免疫病的实验诊断、感染免疫学检测、细菌抗体测定、肿瘤相关抗原测定、临床微生物学检查、血型与配血、手术标本检查与诊断等134种功能。病理检查诊断方面，有细胞病理学检查与诊断、体液细胞学检查与诊断、拉网细胞学检查与诊断、细针穿刺细胞学检查与诊断等11种功能。内科系统诊疗方面，有肾内内分泌血液科、神经呼吸内科、心内科、消化内科等83种功能。五官诊疗方面，有眼部诊疗、耳部诊疗、鼻部诊疗、咽喉部诊疗、口腔颌面等174种功能。外科诊疗有泌尿外科63种、骨外科10种、皮肤科32种、麻醉科15种功能。手术治疗方面，开展神经系统手术12种，内分泌系统手术21种，五官科手术（眼部26种、耳部11种、鼻部10种、口腔颌面27种）74种，呼吸系统手术60种，消化系统手术34种（食管20种、胃14种），普外科手术131种（肠道22种、直肠肛门32种、肝脏43种、胰腺11种、其他腹部23种），泌尿外科手术137种（肾脏16种、肾盂和输尿管17种、膀胱24种、尿道29种、前列腺及精囊腺9种、阴囊及睾丸14种、阴茎20种、附睾及输精管等8种），妇产科手术64种（卵巢17种、子宫28种、阴道11种、外阴8种），骨外科手术223种（脊柱骨关节37种、四肢骨肿瘤和病损切除11种、四肢骨折40种、四肢关节损伤与脱位29种、移植取骨11种、关节融合16种、截肢9种、手部骨折9种、手部关节脱位11种、手部成形7种、手外伤其他手术22种、肌肉及肌腱韧带14种、骨关节其他手术7种）。

天津市第一中心医院肝移植专家在大方县人民医院开展学术报告
（2011年5月24日摄）

2013年，遵义医学院附属医院与大方县人民医院组建跨区域医疗联合体，遵义医学院附属医院共派出79名专家指导县人民医院规范科室设置、健全规章制度、完善绩效考核体系等。2013年6月，中国初级卫生保健基金会支持县人民医院建立妇科诊疗中心。2014年7月，遵义医学院附属医院指导县人民医院扩建神经—呼吸内科、神经胸外科、新生儿科、妇科、产科、泌尿外科等科室。同年8月，天津眼科医院资助县人民医院100万元建立眼科诊疗中心。2015年，帮助建成高压氧科、病理科。

大方县人民医院与遵义医学院附属医院组建“医联体”签约仪式
（2013年9月10日摄）

到2015年，县人民医院占地面积4.42万平方米，建筑面积4.19万平方米，开放床位794张。在册职工517人，其中，高级技术职称16人，中级技术职称68人。设有急诊科、呼吸—神经内科、消化—心内科、肝胆—胃肠科、妇科、产科、儿科、新生儿科、重症医学科等临床科室17个，医技科室6个，另设有“120”急救中心和传染病区。是年门诊量19.14万人次，出院病人2.7万人次，业务收入1.61亿元。全年购进药品3174.46万元，药品零差价销售共为患者让利493.92万元。

是年，温州医学院第一附属医院先后派18名专家、中国人民解放军第一〇五医院派6名专家入驻大方县人民医院开展对口支援帮扶。推进“医联体”工作，县人民医院继续与遵义医学院附属医院开展跨区域医疗联合体工作，继续抽派人员驻长石分院开展紧密型“医联体”帮扶工作。推进人才引进工作，分2批招录63名卫生技术人员、13名全科医生特岗人才安排到乡镇卫生院开展工作。抽派36人到省外三甲医院进修学习，开展12个临床技能项目培训，共培训1317人次，接收遵义医学院、遵义医药高等专科学校等院校实习生167人，接收乡镇卫生院进修人员7人。组织医务人员开展送医送药下乡义诊活动10次，组织医务人员参加县内重大会议、重大活动现场的医疗保障服务。完成2015年高考学生体检6158人、健康体检1.06万人。

到2015年，县人民医院拥有进口德国西门子1.5T核磁共振、德国西门子6排CT，美国GE Optima CL323i数字化平板血管造影系统，全进口彩色B超，潘太克斯电子支气管镜、数字化DR、钼靶机、德国海伦自动血球分析仪、德国费森尤斯4008B、4008S血液透析机、奥林巴斯GIF－Q150电子胃镜、奥林巴斯CIF－Q150I电子结肠镜、RV－Ⅲ型大功能麻醉机、德尔格呼吸机、狼牌腹腔机、德国进口多功能除颤监护仪、AL－398BB型牙科综合治疗机等医疗设备。

二、县中医医院

1991年，位于县城解放路的县中医医院，院区占地面积为4662平方米，建筑面积1.17万平方米，其中，业务用户8461.8平方米，办公用房212.06平方米。医院设中药加工炮制室、中医骨伤专科。1992年，县中医医院获卫生部、人事部评为全国卫生系统先进集体。是年，增设B超室、生物化验室。1994年，增设病理室、脑电图室、口腔科等科室，增设肛肠科、结石专科和小针刀专科。到1998年，发展为一所融医疗、预防、科研、保健和教学为一体的综合性医院，是年，获贵州省卫生厅、贵州省中医药管理局评定为全省首家二级甲等中医医院。

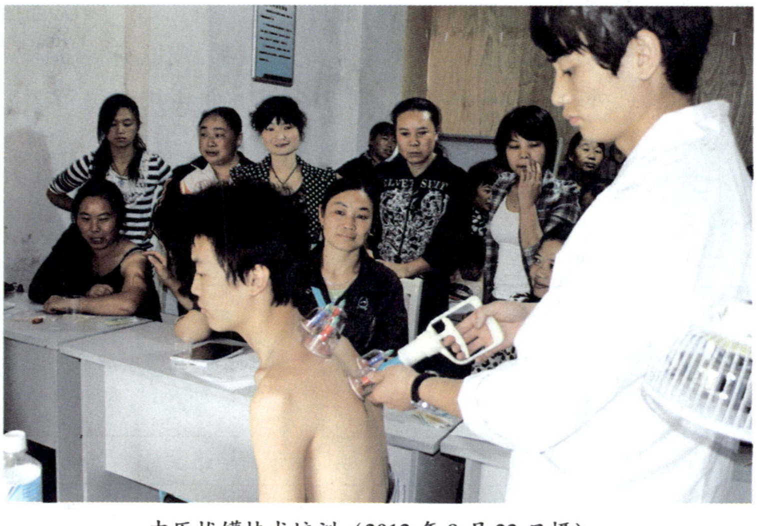

中医拔罐技术培训（2012年8月22日摄）

1999年，县中医医院有在职职工104人，其中，高级职称4人，中级职称25人，初级职称60人。2000年以后，逐年增设内科、外科、急诊科、妇产科、骨伤科、肛肠科、肿瘤科、疼痛康复科、针灸科、口腔科、放射科、B超室、心电图室、检验科等科室。

1991—2015年，县中医医院先后派出多名医护人员到外地三甲医院进修，引进先进技术和设备，能诊治疑难杂症、常见病、多发病等，成功救治上千例心脑血管疾病、肝硬化腹水、急性重症胰腺炎、慢性肾衰竭及下肢静脉血栓等多种急危重症患者，治愈数千例顽固性失眠、面瘫、颈肩腰腿痛、带状疱疹等患者。

2015 年，县中医医院有在册职工 267 人，其中，高级技术职称 19 人，中级技术职称 49 人。开放床位 260 张。全年门诊量 9.09 万人次，累计出院 9432 人次，业务收入 5522.58 万元，其中，医疗收入 4003.69 万元，药品收入 1518.89 万元。投资 400 余万元新增设备 3 台。是年，成立骨伤科、肛肠科、针灸推拿理疗科，成立传统医学特色诊疗专区，开设治疗床位 45 张，投入 50 万元作为理疗科设备资金，形成针灸、推拿、理疗、康复一体化服务模式，获省级批准设立重点专科。

2015 年，先后抽派 32 人到重庆第三军医大学新桥医院、贵阳中医一附院、贵州医科大学附属医院、贵州省人民医院、北京平谷医院等医院进修，抽派 10 多名科室负责人参加省内外各项学术活动。是年，大方县中医医院与贵州医科大学附属医院及北京中医医院形成合作办医关系，由相应专家到大方县中医医院提供会诊服务。县中医医院继续选派人员到理化乡卫生计生服务中心、东关乡卫生计生服务中心，结成紧密型“医联体”，组建 3 个医疗组分别到羊场镇卫生院、马场镇卫生院、绿塘乡卫生院结成松散型“医联体”指导医疗业务工作。

到 2015 年，县中医医院拥有彩色 B 超机、心电图机、脑血流图机、移动心电图机、单排 CT 机、CR 机、500 毫安照光机、数字胃肠机、全自动生化分析仪、牙综合治疗机、多维牵引床等设备和仪器。新建项目完成总投资 8000 多万元。

三、民营医院

2006 年，县第一家民营医院大方民安医院注册成立。2015 年，县城民营医院有民安医院、恒丰医院、安琪医院、同仁医院、南方医院、阳光妇产医院等医院，设内科、血液科、胃肠外科、神经科、妇科、产科、儿科、放射科、五官科、皮肤科等临床科室。乡镇民营医院设有 B 超室、手术室、内科、外科、妇儿科等。到 2015 年，全县共有民营医院 35 家，各类医技人员 736 人，床位 2043 个。

2006—2015 年大方县民营医院一览表

表—19-1-2-1　　单位：人、张

序号	医疗机构名称	所在地	成立时间	卫技人员基本情况					床位数
				高级职称	中级职称	初级职称	执业（助理）医师	注册护士	
1	大方民安医院	顺德街道清毕路段	2006.9	3	3	1	7	11	101
2	大方恒丰医院	县城西大街中段	2006.9		1	7	8	4	40
3	大方同仁医院	县城西大街中段	2007.1	3	5	13	21	40	150
4	大方南方医院	县城西大街中段	2007.3	3	5	18	26	42	100
5	大方安琪医院	县公安局旁	2007.4		1	4	5	16	40
6	大方铭济医院	瓢井街上	2007.12		1	4	5	6	35
7	大方方莎医院	凤山街上	2009.7		1	6	7	5	60
8	大方马场鑫和中西医结合医院	马场街上	2011.1		1	4	5	11	20
9	大方仁晖医院	鸡场街上	2011.1		1	6	7	14	50
10	大方百姓医院	马场街上	2011.1		1	5	6	6	60

续上表

序号	医疗机构名称	所在地	成立时间	卫技人员基本情况					床位数
				高级职称	中级职称	初级职称	执业（助理）医师	注册护士	
11	大方安康精神病医院	顺德街道白石村	2011.5		1	2	3	16	125
12	大方仁渝医院	长石街上	2011.12		1	3	4	7	20
13	大方百合医院	八堡街上	2012.6		1	5	6	11	45
14	大方诚信医院	理化街上	2012.7		1	5	6	11	35
15	大方凯帝医院	县城西大街北段	2012.7		1	11	12	15	70
16	大方和谐医院	猫场街上	2012.7		1	3	4	6	35
17	大方德隆医院	东关乡朝中村	2012.7		1	5	6	13	40
18	大方平安医院	达溪街上	2012.9		1	4	5	11	30
19	大方敬民医院	鼎新街上	2012.9		1	5	6	4	50
20	大方长安医院	黄泥塘街上	2012.9		3	2	5	11	38
21	大方中和医院	核桃乡文坪村	2012.9		1	4	5	9	40
22	大方名华医院	红旗街道城北社区	2012.9		2	7	9	22	99
23	大方康心天愈精神病医院	顺德街道石关村	2012.9		2	6	8	45	270
24	大方尔康医院	牛场街上	2013.1		1	7	8	7	30
25	大方奇易医院	慕俄格街道东郊社区	2013.1		1	4	5	15	40
26	大方城关德馨堂中医医院	慕俄格古城银门	2013.3		1	4	5	6	20
27	大方康惠中西医结合医院	百纳乡百纳社区	2013.4		1	4	5	7	30
28	大方博爱医院	顺德街道白石村	2013.5		1	3	4	16	40
29	大方康平医院	羊场街上	2013.7		2	7	9	8	30
30	大方济仁中医院	红旗街道书院街	2013.7	1	2	7	10	15	40
31	大方安乐永和医院	安乐街上	2013.7		1	4	5	5	40
32	大方凯龙医院	绿塘街上	2013.8		1	4	5	7	30
33	大方阳光妇产医院	县城西大街中段	2013.8	1	3	8	12	26	50
34	大方官田医院	长石巨石村	2014.4		4	5	9	17	40
35	大方现代医院	县城西大街北段	2014.11		1	4	5	13	100
	合　计			11	56	191	258	478	2043

四、乡镇卫生院

1991 年撤区并乡建镇，12 个区卫生院改建为 35 个乡镇卫生院。在 23 个新建乡镇卫生院中，仅普底、羊场、黄泥塘 3 个乡镇卫生院有业务用房，其余 20 个乡镇卫生院均无业务用房，均借用其他单位房屋或租借民房开展业务。1992 年，根据省、地卫生部门统一部署，利用农村卫生“三项建设”（卫生防疫站、妇幼保健站、卫生院建设）资金，建设沙厂、六龙 2 个乡镇卫生院，建筑面积分别为 680 平方米、641 平方米。1994 年，在县卫生局的统一规划下，东关、竹园、核桃、兴隆、牛场、三元、小屯、八堡 8 个乡卫生院房屋相继改建竣工，总建筑面积 1491 平方米。1995 年，黄泥乡卫生院建成，建筑面积 184 平方米。1996 年，绿塘、雨冲、大水、文阁 4 个乡卫生院相继建成，建筑面积共 834 平方米。1997 年，建成凤山、大山等乡卫生院，扩建星宿乡卫生院，扩建面积 200 平方米，改建鸡场乡卫生院，共计建筑面积 750 平方米。1998 年，建成安乐、果瓦、高店、猫场 4 个乡镇卫生院，建筑面积 1584 平方米。全县各乡镇卫生院房屋全部建成。同年，县人民医院、县中医医院、卫生防疫站、妇幼保健院等县级医疗卫生单位，开始对医疗技术和管理水平较落后的乡镇卫生院进行"一帮一"帮扶工作，以提高乡镇卫生院的整体水平。县人民医院对东关、安乐、核桃、瓢井、达溪、长石、果瓦、大山、兴隆、八堡 10 个乡镇卫生院开展医技扶贫工作，不定期派出医技骨干开展巡诊、会诊，为乡镇卫生院培训内科、外科、放射、超声波检查、化验等方面的医技人员。县中医医院对理化乡卫生院开展医技扶贫，开设专题讲座，带领理化卫生院医生开展手术、查房、会诊等工作，派出 5 名医生到理化卫生院坐诊，同时对口帮扶六龙、百纳、沙厂等 10 个乡镇卫生院。

羊场镇卫生院（2015 年 5 月摄）

1999 年，全县乡镇卫生院有医务人员 462 人，其中，高级职称 1 人，中级职称 56 人，初级职称 405 人。2007 年 9 月，大水乡、普底乡 2 个乡卫生院划归百里杜鹃管理委员会管理。2011—2015 年，响水乡、竹园乡、文阁乡、双山镇 4 个乡镇卫生院划归金海湖新区管理。2015 年，县管理的乡镇卫生院 29 个，有医务人员 1422 人，其中，高级职称 54 人，中级职称 154 人，初级职称 865 人。1996 年和 2013 年，分两批次招聘农村防保医务人员共 934 人，其中片区防保组长 116 人，村防保人员 511 人，村医务人员 267 人，村兼职防保人员 40 人。

乡镇卫生院设门诊部、住院部以及 B 超室、手术室、化验室、内科、外科、妇儿科等。1991 年撤区并乡建镇之初，新建乡镇卫生院仅有听诊器、血压计、体温表等，部分卫生院有手提式高压消毒锅。随着妇幼卫生合作项目、中国西南扶贫项目卫生子项目、卫Ⅶ项目、卫Ⅷ项目的开展和深圳扶贫捐资、各级政府逐年拨款，乡镇卫生院效益逐渐好转。至 2015 年，各乡镇卫生院均配备手提式高压消毒锅、检查床、产床、妇科检查床、B 超、电动吸引器和冰箱，部分乡镇卫生院配备化验设备、X 光机、DR、彩色 B 超机、手术床、各种手术刀包、心电图机等。

2009 年，能开展"三大常规"检查的有马场、猫场、鼎新等 12 个乡镇卫生院。能开展生化检查的有瓢井、六龙、马场、双山、鼎新、长石、达溪 7 个乡镇卫生院。在 25 个能开展放射检查的乡镇卫生院中，能开展胸透、拍 X 光片业务的有马场、双山、鼎新、长石、达溪、猫场、瓢井、高店、六龙、沙厂、百纳、小屯 12 个卫生院，只能开展胸透的有大山、鸡场、果瓦等 13 个乡镇卫生院，能开展 B 超检查的有瓢井、六龙、百纳等 8 个乡镇卫生院，能开展下腹部手术的有马场、长石、瓢井、达溪等 14 个乡镇卫生院。达溪镇卫生院能施行肠梗阻、子宫切除及骨折手术等。2010

年后，大部分乡镇卫生院能独立开展生化、放射、胸透、拍片、B 超、手术等业务。

2015 年，县人民医院与长石镇卫生院建立县内区域性城乡一体化紧密型“医联体”，与六龙镇卫生院、兴隆乡卫生院建立城乡一体化松散型“医联体”进行帮扶，县中医医院与理化乡卫生院建立紧密型“医联体”进行帮扶，与羊场镇卫生院、绿塘乡卫生院建立松散型“医联体”进行帮扶，实现捆绑式城乡一体化医疗联合体，探索农村全科医师家庭签约服务模式，逐步发挥龙头医院的带动作用，提升乡镇卫生院服务能力，保障人民群众医疗卫生需求，实现“小病不出村，常见病不出乡镇，大病不出县”的发展要求。

鼎新乡卫生院门诊部（2012 年 5 月摄）

2015 年大方县乡镇卫生院基础设施建设一览表

表—19－1－2－2　　　　单位：平方米、万元

序号	单位名称	占地面积	建筑面积	业务用房	办公用房	投资金额
1	沙厂乡卫生院	3978. 27	1524. 00	747. 88	60. 69	19. 38
2	六龙镇卫生院	2500. 00	1905. 20	912. 34	39. 28	12. 60
3	东关乡卫生院	218. 00	185. 00	96. 00	16. 00	4. 27
4	竹园乡卫生院	243. 00	198. 00	103. 00	17. 40	4. 55
5	核桃乡卫生院	300. 00	186. 00	100. 00	16. 00	4. 68
6	兴隆乡卫生院	376. 00	188. 00	118. 00	16. 00	4. 47
7	三元乡卫生院	225. 00	337. 60	175. 00	32. 00	3. 80
8	小屯乡卫生院	200. 00	185. 00	100. 00	16. 00	4. 31
9	对江镇卫生院	208. 00	425. 00	185. 00	48. 00	10. 79
10	安乐乡卫生院	250. 00	385. 00	285. 00	32. 00	9. 84
11	绿塘乡卫生院	182. 00	182. 00	100. 00	16. 00	5. 71
12	牛场乡卫生院	220. 00	196. 00	120. 00	16. 00	4. 56
13	果瓦乡卫生院	400. 00	392. 00	316. 00	16. 00	9. 45
14	黄泥乡卫生院	200. 00	184. 00	100. 00	16. 00	5. 27
15	雨冲乡卫生院	200. 00	184. 00	120. 00	16. 00	5. 39
16	大水乡卫生院	500. 00	184. 00	152. 00	16. 00	5. 73
17	文阁乡卫生院	400. 00	284. 00	180. 00	32. 00	5. 20
18	猫场镇卫生院	300. 00	182. 00	102. 00	16. 00	4. 74
19	凤山乡卫生院	200. 00	253. 00	120. 00	16. 00	7. 82
20	黄泥塘镇鸡场卫生院	1409. 00	862. 00	221. 00	62. 00	9. 00

续上表

序号	单位名称	占地面积	建筑面积	业务用房	办公用房	投资金额
21	八堡乡卫生院	160.00	288.00	128.00	16.00	7.98
22	大山乡卫生院	500.00	320.00	120.00	16.00	4.95
23	星宿乡卫生院	200.00	354.00	278.00	16.00	5.74
24	马场镇卫生院	3752.06	1921.37	1160.81	94.34	17.65
25	理化乡卫生院	2575.92	1186.26	854.81	64.36	16.66
26	鼎新乡卫生院	1706.89	1813.26	678.57	34.74	6.58
27	羊场镇卫生院	500.00	700.00	70.00	30.00	16.48
28	长石镇卫生院	1822.00	1391.24	689.16	48.62	9.03
29	双山镇卫生院	2557.30	1890.78	843.17	24.00	20.33
30	瓢井镇卫生院	2375.81	2033.75	1344.09	160.49	13.63
31	普底乡卫生院	400.00	200.00	100.00	16.00	1.80
32	响水乡卫生院	2034.40	1703.25	531.30	54.71	12.00
33	达溪镇卫生院	1482.77	1072.95	590.64	11.90	8.48
34	黄泥塘镇卫生院	2000.00	1464.00	700.00	23.00	15.22
35	百纳乡卫生院	2097.36	2095.03	1206.45	127.61	11.83

第三节 医疗技术

一、内科

1992年，县级医院引进纤维胃镜检查技术设备并开展纤维胃镜检查。1993年，采用强力片治疗肝硬化。1994年，开展精制去纤酶治疗脑血栓形成。1995年，多次确诊扩张型心肌病，进行有效治疗。同年，采用环丙沙星治疗伤寒。1996年，引进光量子氧载体透射治疗仪，对血栓形成、结核性胸腔积水液及高度一氧化碳中毒等患者开展激光血管内照射治疗，光量载体透射治疗。1997年，诊断病态窦房结综合征，并采用生脉针、异丙肾上腺素等治疗后，患者痊愈出院。是年，成功救治10例抢救县烟叶仓库失火而致有毒刺激性气体中毒患者。1998年，对高血压病、冠心病、肺心病、脑供血不足等中性疾病采用中西结合疗法进行治疗。是年，采用口服凝血酶配合大剂量垂体后叶素治疗顽固性上消化道出血获成功。1999—2001年，运用深圳援助的心电监护仪，对心脏病及危重患者在心电监护下指导用药。2002年，县人民医院购进日本奥林巴斯纤维支气管镜1台，开展纤支镜检查。同年，在全县开展末梢血糖监测。2003年，开展床旁心电监护和氧饱和度监测。2004年，开展心脏骤停电除颤术。2013—2014年，科室设置进一步专业细分。2013年3月，县人民医院建立血液透析室，引进德国费森尤斯4008B、4008S血液透析机，在县内率先开展血液透析、血液透析过滤、血液灌流治疗项目，解决急性肾损伤及慢性肾功能衰竭患者的人工肾替代治疗、心力衰竭患者的治疗以及急性毒物或药物中毒患者的治疗。2014年7月起，神经呼吸内科在全县开展肺功能的检测，消化心内科开展运动平板负荷试验、24小时动态心电图及动态血压检查和电子胃镜诊疗技术。

二、外科

1991 年，开展《丝线缝合内固定加适当外固定方法》治疗骨折实践，病人平均住院 11 天后完全恢复功能。1992 年，开展小儿麻痹后遗症矫治术，同年 5 月，县人民医院、县中医医院合作开展肾盂及输尿管切开取石术。1993 年 5 月，县人民医院与毕节地区医院合作开展县内首例剖胸检查术，进行心脏、心包及肺叶修补。1996 年，开展首例胰腺假性囊肿部分切除与空肠侧吻合术。1999 年 9 月，成功开展首例胆总管空肠吻合术。2005 年，开展乳腺癌根治术。2007 年，开展肝叶切除术。2008 年，开展甲状腺次全切除术。2009 年，开展开颅血肿清除术，去颅骨瓣减压术。2010 年开展微创胸腔闭式引流术。2013 年，开展腹腔镜下胆囊切除术，单纯阑尾切除术，胃穿孔修补术。2014 年 1 月，骨科从外科分出独立设置，开展人工关节置换、人工关节翻修、脊柱、足踝、肩关节、四肢创伤、手外伤、断指（趾）再植、创面修复与重建、膝关节镜、椎间孔镜、骨质疏松诊断与防治，能够完成骨科各类疾病的诊察及治疗。泌尿科开展肾上腺手术、输尿管手术、膀胱手术、前列腺手术、尿道手术及睾丸附睾手术、经尿道前列腺等离子电切与汽化电切术手术、输尿管镜取石与钬激光气压弹道碎石手术、微通道经皮肾镜碎石取石手术、电视腹腔镜下肾切除术、肾部分切除术、肾囊肿去顶手术、输尿管切开取石术、肾切除、肾癌根治、肾盂及输尿管肿瘤切除、肾盂切开取石和腹膜后盆腔淋巴结活检术等。神经胸外科能开展脑干肿瘤显微切除、听神经瘤显微切除、脊髓肿瘤显微切除、颅底肿瘤显微切除、鞍区肿瘤（包括垂体瘤）显微切除术、颅内外沟通肿瘤显微切除、各型动静脉畸形显微切除、颅内动脉瘤夹闭、高血压脑出血手术治疗、脑面血管瘤病大脑半球切除、颅脑损伤手术、视神经损伤视神经管显微镜减压、三维太网颅骨修补、重型颅脑损伤亚低温治疗、颅内压及脑灌压监测、颅脑先天性疾病、小脑扁桃体下疝畸形减压、经颈侧前法治疗骨折。

三、妇产科

1993 年，县级公立医疗机构施行剖腹探查术、宫颈息肉摘除术、子宫切除术和膀胱修补术。1995 年，开展人工气门断脐法。1997 年，开始推行无痛性计划分娩、子宫下段剖宫产，开展子宫外翻复位术，腹壁子宫悬吊、卵巢囊肿保守治疗，头位难产手转胎头及产钳的合理使用和新生儿复苏的新方法及抢救措施。2002 年，开展子宫次全切除术。2010 年，开展宫颈微波治疗术。2012 年，开展腹腔镜辅助阴式子宫切除术、子宫肌瘤剔除术、宫外孕手术、卵巢囊肿剥除术、输卵管囊肿切除术、附件切除术、子宫内膜异位症电灼术、多囊卵巢电灼术、阴式子宫全切除术及盆底修补术。2013 年，开展腔镜下子宫内膜电切术、子宫内膜息肉电切术、取环术、黏膜下子宫肌瘤电切术、子宫纵隔电切术等手术。从 2014 年起，妇产科分为产科和妇科，开展无痛人流、宫颈环形电切术（LEEP 刀）、宫颈冷刀锥形切除术。

四、儿科

1995 年后，开始诊治肠原性发绀。1996 年，根据临床诊断治疗新生儿缺血缺氧性脑病。1997 年，采用根治幽门螺旋杆菌治疗消化性溃疡。1998 年，首次诊断皮肤粘膜淋巴结综合征（又称川畸病）。1999 年，诊断新生儿核黄疸、新生儿先天性肠旋转不良、染色体 21 三体性综合征各 1 例和先天性巨结肠 3 例。采用静滴丙种球蛋白治疗血报减少性紫癜，对支气管哮喘采用表面激素吸入疗法进行缓解期治疗。开展输液针头胸骨穿刺抽骨髓术和股静脉穿刺抽血术，配合产科开展新法新生儿窒息复苏。2000 年后，儿科承担儿童及新生儿常见病、多发病的诊治，危急重患儿的救治，疑难病例的初诊和转诊。2010 年，设置儿科病房和儿科门诊。2012 年，配备蓝光箱和辐射保暖台及保温箱，开展新生儿黄疸、新生儿窒息、早产儿、新生儿肺炎等疾病的诊疗，同年增设无创辅助呼吸机 1 台。2014 年 7 月，设置规范的儿科病房和儿科门急诊独立科室，配备无创辅助呼吸机、中心供氧系统、振动排痰治疗仪、心电监护仪、氧驱雾化、智能输液泵、小儿急救气囊等。静脉留置针技术成熟，避免患儿多次静脉穿刺。独立设置新生儿科，引进新生儿经皮黄疸测定仪、新生儿微量血胆红素测定仪器、新生儿暖箱、新生儿蓝光箱、空氧混合仪、新生儿多功能监护仪、新生儿脉氧仪、新生儿辐射抢救台、新生儿有创呼吸机、无创呼吸机、T—组合复苏器、复苏囊等先进医疗设备。2015 年起，开展新生儿危重症救治，新生儿黄疸、新生儿缺血缺氧性脑病、新生儿颅内出血、新生儿肺炎、新生儿腹泻、早产儿、低出生体重儿、新生儿败血症等疾病得到诊治。

五、检验科

1994 年，新开展乙肝两对半测定和性病检查。1997 年，县人民医院引进 AFT－400 电解质分析仪测定电解质，引进日本京都尿八项仪开展尿八项测定。1999 年 12 月，引进细菌分析仪，开展细菌培养和药敏试验。2008 年，引进全自动生化分析系统，开展特种蛋白检查。2011 年，引进全自动化学发光分析系统、全自动尿液分析系统、全自动凝血功能检测系统、卡式定血型等设备。开展乙肝五项定量检测、肿瘤标志物检测、尿液 11 项、尿有形成分分析，凝血 4 项、RH 血型鉴定。

六、放射科

1997 年 10 月，引进 500mA 隔室摇篮遥控电视 X 光机。2001 年 5 月，引进美国 ge1160cx 线计算机体层（CT）机，开展全身各部位放大 X 线计算机体层（CT）平扫。2011 年 11 月，新增德国西门子 SOMATOM EMOTION 6CT 机，开展全身各部位放大 X 线计算机体层（CT）增强扫描。2014 年 2 月，新增德国西门子 MAGNETOM Avanti11.5T 核磁共振机及数字化摄影（DR），开展全身各部位核磁共振成像（MRI）平扫、全身各部位核磁共振成像（MRI）增强扫描、核磁共振血管成像（MRA）、核磁共振尿路成像（MRU）、核磁共振胰胆管成像（MRCP）、核磁共振弥散成像（DWl）。

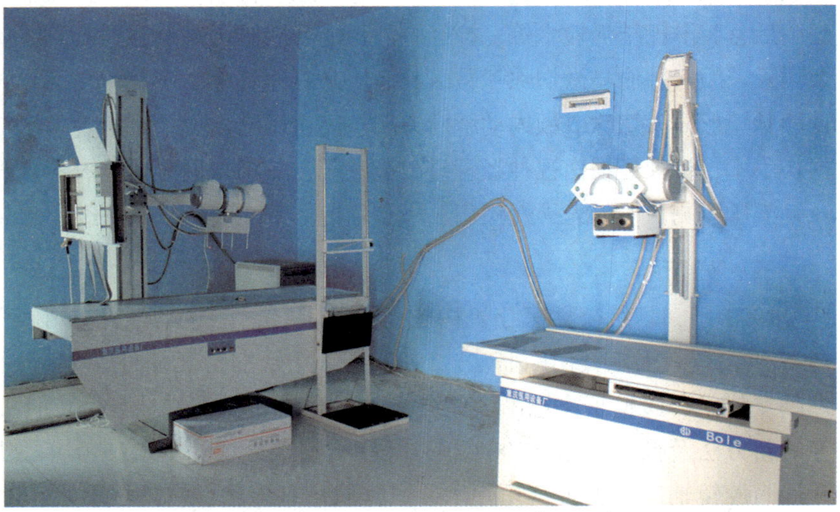

县人民医院 200MA X 光机（2012 年 5 月摄）

七、麻醉

1990 年起，开展气管插管全身麻醉。1997 年，开展全麻气管插管术。2012 年 1 月，开展术后镇痛麻醉。2013 年 10 月，开展双腔支气管插管全麻、纤维支气管镜引导下的双腔支气管插管术、中心静脉穿刺测压置管术、经鼻气管插管术。2014 年 1 月，开展有创动脉穿刺置管测压术。10 月，开展小儿吸入全麻技术。2015 年 1 月，开展无痛胃镜检查。

八、超声波检查

1996 年，购进韩国麦迪逊 B 超诊断仪，开展心脏 B 超和心器官 B 超检查、诊断和房间隔缺损、二尖瓣关闭不全、心脏黏液瘤等先天性和后天性心脏疾病检查。2002 年，新增 GTS－310C 超声诊断仪，对消化系统等病变部位进行精确检测与定位，精确查出全身各脏器米粒大小肿瘤。同时，检查胃肠道疾病、脑血管疾病、分清胃壁结构。2010 年，新增 GE－P5 彩色多普勒超声仪器。2012 年，新增 ALOKA－a7 彩色多普勒超声仪器，对于诊断心脏病，特别是先天性心脏病，诊断准确率高。2013 年，农工民主党赠送 GE－S6 彩色多普勒超声仪器 1 台。2014 年起，能开展血管、甲状腺、乳腺、睾丸及浅表器官超声检查。

九、心脑电图

1991 年，购进 ECG－6511（日本光电）心电图机 1 台。心电图诊断水平提高，能对心肌肥厚、心肌梗死、冠状动脉供血不足、心肌炎、心律失常作出正确诊断。1996 年 10 月，开展脑电图/脑地形图检查，检查脑炎、颅内占位性病变和脑血管疾病，进行癫痫与癔症的鉴别、脑炎与精神病毒的鉴定等。1997 年，运用单导心电图机，开展常规心电图检查。2009 年，引进超声经颅多普勒血流分析仪和经颅多普勒超声血流图（TCD），开展脑血液图检查。2011 年，引进同步数字心电图机，开展导联同步心电图、药物负荷试验心电图检查。2014 年起，引进 24 小时动态性心电图分析仪、开展 24 小时动态心电图、心率变异性分析、心电事件记录等项目检查。

十、五官科

1994 年，配合国家医疗队开展白内障摘除和晶体植入手术。1995 年，成立县白内障复明康复中心。2015 年，能独立完成白内障摘除内外手术。

十一、中医科

1991 年以后，中医医疗以县中医医院为主，民营医院或私人诊所能用中医医治病人的，绝大多数是退休老中医师。县中医医院先后派出多名医护人员到外地三甲医院进修，引进先进技术和设备，能诊治疑难杂症、常见病、多发病等，成功救治上千例心脑血管疾病、肝硬化腹水、急性重症胰腺炎、慢性肾衰竭及下肢静脉血栓等多种急危重症患者，治愈数千例顽固性失眠、面瘫、颈肩腰腿痛、带状疱疹等患者。1995 年，各项业务指标达到或超过国家中医药管理局行业标准。甲级病历率达 85%，中医治疗率达 78%，急诊抢救成功率达 85%。使用中成药率达 58%。1999 年，增设结石专科和小针刀专科。至 2015 年，全县卫生系统有在职中医副主任医师 7 人，中医主治医师 28 人。

第二章 防疫保健

第一节 妇幼保健 初级卫生保健

一、妇幼保健院

1950 年 7 月，成立县妇女联合会，逐步推广新法接生。1953 年建立县妇幼保健站，1991 年撤区并乡建镇后，更名为县妇幼保健院。1993 年 6 月，县妇幼保健院进行扩建，建筑面积 2740.66 平方米，其中，业务用房 800.1 平方米，办公用房 400 平方米。1998 年，县妇幼保健院增设 X 光室、心电图室。1999 年，增设外科手术室。2004 年，县计生服务站与妇幼保健院合并，成立县计划生育和妇幼保健服务中心。2014 年，将县妇幼保健院与县人口和计划生育妇幼保健服务中心职责整合，更名为县妇幼保健计划计生服务中心，整合后，有在职职工 257 人，其中，高级职称 1 人，中级职称 13 人，初级职称 42 人。2014 年后，增设妇科、产科、医技科、妇幼保健科、避孕药具科。配有腹腔镜输卵管绝育设备、数码阴道镜、红外线乳腺扫描仪、全自动生化分析仪、化学发光免疫检测仪、酶标仪、精子质量分析仪、三分类血液分析仪、尿液分析仪、红外线治疗仪、输卵管通液仪、彩色 B 超机、可视人流机、X 光机、英国攀龙麻醉机、微量元素检测仪、骨密度分析仪、全自动凝血项目检测仪、胎儿监护仪、新生儿辐射台、妊高征检测仪等先进设备。

二、妇女保健

20 世纪 90 年代初，将女职工保健工作纳入正规管理。各主管部门，机关、企事业单位、社会团体加强女职工保健工作，县妇幼保健站负责各单位女职工保健工作的业务指导及培训；卫生行政主管部门协同人事劳动部门、工会组织、妇联组织对妇女劳动保健工作进行鉴定检查。女职工在月经期间，不得从事体力劳动；不得从事高处、低温、冷水、野外作业，调换轻便、适宜的工种。加强怀孕期妇女优生宣传、优生咨询服务，提倡产前检查。2000 年后，政策规定，妇女在临产期间，可以提前休息保胎，产后享受 158 天的产假。妇女晚婚、晚育的可增加产假时间。

1994 年，县妇幼保健站始用激光治疗仪治疗妇科疾病。1997 年，对县内部分厂矿女职工进行妇科病普查普治，检查 46 人，患妇科病 26 人，其中，宫颈糜烂 19 人，滴虫性阴道炎、霉菌性阴道炎 7 人，分别给予指导治疗。1998 年，普查厂矿女职工 400 余人，妇科病患病率为 66.7%。同年，在农村“改善生育健康服务需要”调查中，对 34 名农村妇女进行妇科病检查，其中，24 例分别患滴虫性阴道炎、霉菌性阴道炎、细菌性阴道炎，3 例宫颈炎，1 例附件炎，1 例致因不明继发性不孕，3 例有妇科病临床症状，2 例未发现异常。1999 年，共体检女职工 97 人，其中患妇科病 51 人。2000 年后，政策规定，实施对育龄妇女每季度进行一次体格检查。从 2015 年起，实行每年一次全民健康体检，妇检项目纳入健康体检范围。

三、儿童保健

1990 年，“加强中国妇幼卫生/计划生育”合作项目在县内实施新法接生，在“一躺三消毒”的基础上，要求做到科学接生，每一例分娩都由受过专门培训的接生人员处理，对孕产妇实行系统管理，对高危产妇要求到有条件的医院分娩。接生要做到“四严”“五防”“三不准”，即严密观察产程、严格执行无菌操作、严格掌握阴道检查指征、严防乱用催产素；防滞产、防感染、防产伤、防出血、防窒息；不准发生新生儿破伤风、不准发生会阴三度裂伤、不准发生产褥感染。1999 年，随着项目的完善和卫Ⅷ项目的实施，农村妇幼卫生工作逐步加强，新法接生率进一步提高，计划内新法接生率达 96.7%。

从 2009 年起，按照卫生部基本公共卫生服务项目《0 个月 ~36 个月儿童健康管理规范》规定，免费为常住人口中 0 个月 ~36 个月儿童提供基本保健服务，包括建立《儿童保健手册》、新生儿访视、婴幼儿 1 岁以内 4 次基本保健服务、1 至 3 岁每年 2 次基本保健服务和体弱儿专案管理等。

四、初级卫生保健

1990—1999 年，在普及推广新法接生的同时，开展优生优育工作，提高人口素质。全县各年度坚持做好婚前检查、围产保健、产前诊断、遗传疾病咨询、出生缺陷监测，预防和减少先天性、遗传性疾病。1999 年，通过上级主管部门及专家评定，基本实现人人享有初级卫生保健目标。

2000—2015 年，初级卫生保健工作逐步规范。包括健康教育、保护环境、合理营养、饮用安全卫生水、改善卫生设施、开展体育锻炼、促进心理卫生、养成良好生活方式等。预防保健方面，采取有效措施，预防各种疾病的发生、发展和流行。及早发现疾病、及时提供医疗服务和有效药品，避免疾病发展与恶化，促使早日好转痊愈，防止带菌（虫）和向慢性发展，药物应用以“节约、有效”为原则。对丧失正常功能或功能上有缺陷的残疾者，通过医学的、教育的、职业的和社会的综合措施，尽量恢复其功能。

第二节　疾病预防控制

一、疾病预防控制中心

1989 年 9 月，大方县开始实施《中华人民共和国传染病防治法》。1992 年，县卫生防疫站建立。

1992 年 4 月，利用“三项建设”资金及自筹资金 32 万元，新建业务用房 589 平方米，县卫生防疫站建筑面积扩展至 3433 平方米，其中，业务用房 1505.58 平方米，办公用房 87.2 平方米。

2002 年，县卫生防疫站进行改建，将防疫部分与皮肤病性病防治站合并，组建县疾病预防控制中心，设检验科、监测科、结防科、艾防科、免疫规划科等业务科室。2007 年，增设美沙酮门诊。2010 年，增设公共卫生科，主要设备有离子计、水质理化快速检验箱、酶标仪、尿液分析仪、实验室用纯水机、血球分析仪、X 射线机、血球计数仪、肺功能检测仪、原子吸收分光光度计、生化培养箱、高压灭菌器、全自动生化分析仪、恒温洗浴锅、万分之一分析天平等。2015 年，县疾控中心有专业技术人员 44 人，其中，高级职称 1 人，中级 7 人。

二、传染病防治

1991 年，大方县基础免疫接种卡介疫苗、脊灰疫苗、百白破疫苗和麻疹疫苗，预防结核病、脊髓灰质炎、百日咳、白喉、破伤风和麻疹。在接种“四苗”防“六病”的同时，推行扩大免疫接种乙肝疫苗。1991—1999 年，乙肝疫苗接种人次分别为 300 人次、235 人次、300 人次、300 人次、493 人次、244 人次、160 人次、2349 人次、8152 人次，共计 1.25 万人次。2015 年，乙肝疫苗及时接种 8719 例，接种率 98.07%；卡介苗接种 8340 例，接种率 99.87%；百白破疫苗接种 1.06 万例，接种率 99.79%；甲肝疫苗接种 1.4 万例，接种率 99.77%。其余脊灰、含麻类、A 群流脑、A + C 群流脑、乙脑（减毒）、乙脑（灭活）疫苗接种率均在 99% 以上，无严重过敏反应及其他不良反应发生。

（一）白喉

1991 年发病 1 例。1992—2015 年，县内未发现白喉病。

（二）流行性脑脊髓膜炎

流行性脑脊髓膜炎简称流脑，是由脑膜炎双球菌引起的化脓性脑膜炎。冬春季高发，发病高峰一般出现在每年的 3 月 ~4 月，致病率高，常发病于老人和孩子。1991 年全县流脑发病 6 例，死亡 2 例。1992 年发病 5 例，死亡 1 例；1993 年发病 5 例，死亡 1 例；1994 年发病 7 例，死亡 1 例；1995 年发病 3 例，死亡 1 例；1996 年发病 4 例，死亡 1 例；1997 年发病 6 例，死亡 1 例；1998 年发病 8 例，死亡 2 例；1999 年发病 8 例，死亡 1 例；2000 年发病 13 例，死亡 3 例。2002 年发病 2

例；2003年发病7例，死亡2例；2004年发病7例，死亡1例；2005年发病4例；2006年发病3例；2007年发病7例，死亡5例。2008年发病1例。2009—2010年，无流脑病例报告。2011年，全县发病1例。2012—2015年，县境内无流脑病例报告。

（三）麻疹

麻疹预防采用麻疹减毒活疫苗预防接种，初种年龄国内规定为婴儿出生后8个月，满18个月至2岁复种一次。1991—1999年，坚持基础免疫，保证疫苗效价，全县麻疹散发流行686例，死亡9例。2000—2015年，每年发病9例~10例，麻疹病的发病率和死亡率逐年减少。

（四）伤寒+副伤寒

伤寒+副伤寒是由伤寒杆菌引起的急性肠道传染病，俗称“鸡窝寒”。1991年，为县内历史上记载伤寒发病率最高年份，发病1622例，流行严重的是坡脚区，发病900多例，患者多为持续性发热，全身呈中毒症状，少数病人肝肿大。全县1992年发病672例，死亡1例；1993年发病273例；1994年发病298例，死亡3例；1995年发病56例，死亡2例；1996年发病52例，死亡1例；1997年发病51例，死亡1例。1998年以后，县内不再有伤寒+副伤寒死亡病例，是年发病81例；1999年发病69例；2000年发病82例；2001年发病180例；2002年发病152例；2003年发病77例；2004年发病44例；2005年发病65例；2006年发病97例；2007年发病88例；2008年发病54例；2009年发病22例；2010年发病14例；2011年发病18例；2012年发病6例；2013年发病8例；2014年发病14例；2015年发病9例。

（五）炭疽

炭疽是炭疽杆菌引起的人畜共患的急性传染病。1991—1993年，全县发病24例。1995—1999年，全县发病36例。2007—2009年，全县发病20例。2010—2015年，未发现炭疽病例。1991—2015年，全县无炭疽死亡病例。

（六）脊髓灰质炎

脊髓灰质炎俗称小儿麻痹症。1991年，县人民政府制定《脊灰强化免疫工作实施方案》，培训各级防保人员671人。强化服苗1.09万人，服苗率96.51%，以后每年开展2次强化服苗工作。1992年，马场、高店、猫场、鼎新、绿塘、小屯、理化、羊场8个乡镇的2月龄至5周岁儿童服苗2.63万人，服苗率96.17%。1993年，文阁、双山疑似脊灰发病3例，防疫部门随即对文阁、双山0岁~4岁儿童实施应急强化服苗，全县0岁~4岁儿童服苗6.7万人，服苗率95.48%。1994年，全县0岁~3岁儿童进行第四轮强化服苗，服苗率98%以上。1995年起，全县每年对0岁~3岁儿童开展两轮强化服苗工作。1996—2015年，县境内未发现脊灰病毒引起的病例。

（七）霍乱+副霍乱

1995—1998年，由于邻县霍乱流行，大方县出台《关于加强急性肠道传染病防治工作的通知》，要求县、乡政府及县疾控中心务必抓好防治和控制传染病工作。县人民政府划拨霍乱防治专项经费，县卫生防疫站举办1期霍乱防治培训班，培训防治人员47人。1999—2015年，全县逐年加强防控措施，未发生霍乱+副霍乱病例。

（八）麻风病

1991年，全县发现麻风病人14人，死亡1人，年底全县有麻风症病人221人，其中，多菌型195人，少菌型26人。1992—1996年，新登记病人29人，死亡2人，到1995年年底，全县有现症病人248人。1996—1998年，新登记病人26人，除治愈、死亡和失访病人外，到1998年年底尚有现症病人 14 人。1999 年，全县新登记病人 11 人，治愈 5 人，发现麻风病人 1116 人，治愈 924 人，死亡 128 人，其他减少 44 人，有现症病人 20 人。2000—2008 年，新增麻风病人 4 人。2008—2015 年，新增麻风病人 7 人，对 7 例现症病人进行每月 1 次随访和神经功能监测，未出现不良反应，临床和细菌监测未发现复发者。

（九）肺结核病

肺结核病是由结核分枝杆菌引起的慢性传染病。1991 年，肺结核新发病 45 例，菌阳 11 例，转阴 8 例，未转阴者均属不规则服药。1992 年，新发现肺结核病人 48 例；1993 年 68 例；1994 年 16 例；1995 年 24 例；1996 年 48 例，规则治愈 43 例；1997 年 162 例，其中活动性肺结核 17 例；1998 年 47 例；1999 年 178 例，其他结核 22 例。2007 年，全年登记初诊病人 706 例，发现肺结核病人 642 例，其中，初治涂阳 322 例，复治涂阳 14 例，重症涂阴 46 例，初治涂阴 259 例，自费涂阴 1 例。2008 年，全年登记初诊病人 925 例，发现肺结核病人 826 例，其中，初治涂阳 365 例，复治涂阳 29 例，重症涂阴 47 例，初治涂阴 385 例。2009 年，全年登记初诊病人 1101 例，发现肺结核病人 919 例，其中，初治涂阳 343 例，复治涂阳 90 例，重症涂阴 69 例，初治涂阴 417 例；另有肺外结核 30 例。2010 年，全年登记初诊病人 1159 例，发现肺结核病人 912 例，其中，初治涂阳 350 例，复治涂阳 73 例，重症涂阴 66 例，初治涂阴 423 例。2011 年，全年登记初诊病人 1364 例，发现肺结核病人 993 例，其中，初治涂阳 403 例，复治涂阳 87 例，重症涂阴 77 例，初治涂阴 426 例。2012 年，全年登记初诊病人 1423 例，发现肺结核病人 814 例，其中，初治涂阳 347 例，复治涂阳 65 例，重症涂阴 47 例，初治涂阴 355 例；另有肺外结核 2 例。2013 年，全年登记初诊病人 1380 例，发现肺结核病人 759 例，其中，初治涂阳 340 例，复治涂阳 70 例，重症涂阴 54 例，初治涂阴 295 例；另有肺外结核 4 例。2014 年，全年登记初诊病人 1363 例，发现肺结核病人 693 例，其中，初治涂阳 300 例，复治涂阳 65 例，重症涂阴 45 例，初治涂阴 283 例。2015 年，全年登记初诊病人 1425 例，发现肺结核病人 811 例，其中，初治涂阳 316 例，复治涂阳 77 例，重症涂阴 54 例，初治涂阴 364 例。

（十）疟疾

疟疾俗称“打摆子”，发病时出现周期性发冷、发热、出汗、脾肿大、贫血症状。1994—1996 年，全县发病 4 例。1997 年后，无本土病例及输入性病例发生。2011 年，县出台《大方县消除疟疾行动计划（2010—2020 年）工作实施方案》，县疾控中心开展“三热病人”血检工作。1991—2015 年，全县无疟疾死亡病例。

（十一）百日咳

百日咳是小儿常见的急性呼吸道传染病，由百日咳杆菌侵入易感者呼吸道引起咳嗽不止。1991—1998 年，全县无百日咳病例报告。1999 年，全县发病 20 例；2000 年发病 18 例；2001 年发病 27 例；2002 年发病 25 例；2003 年发病 8 例；2004 年发病 10 例；2005 年发病 3 例；2006 年发病 4 例；2007 年未发病；2008 年发病 1 例。2009—2015 年，无百日咳病例报告，1991—2015 年无百日咳死亡病例。

（十二）猩红热

猩红热是由 A 组乙型（B 型）溶血性链球菌引起的一种急性呼吸道传染病，多见于小儿，尤以 3 至 7 岁儿童居多。1991—1999 年，全县无猩红热病例报告。2000—2015 年发病 8 例，其中，2004 年 1 例，2006 年 1 例，2008 年 1 例，2010 年 1 例，2012 年 1 例，2013 年 2 例，2015 年 1 例。1991—2015 年无猩红热死亡病例。

（十三）病毒性肝炎

病毒性肝炎为法定乙类传染病，具有传染性较强，传播途径复杂，流行面广泛，发病率高等特点。1991—1998 年，全县无病毒性肝炎病例报告。1999 年，全县发病 1170 例；2000 年发病 523 例；2001 年发病 573 例；2002 年发病 252 例；2003 年发病 481 例；2004 年发病 467 例；2005 年发病 375 例；2006 年发病 545 例；2007 年发病 608 例；2008 年发病 577 例；2009 年发病 835 例；2010 年发病 751 例；2011 年发病 504 例；2012 年发病 445 例；2013 年发病 433 例；2014 年发病 459 例；2015 年发病 478 例。1991—2015 年，发病 9476 例，死亡 4 例。

（十四）流行性乙型脑炎

流行性乙型脑炎是由乙脑病毒所致的中枢神经系统性传染病，症状表现为高热、头痛、呕吐、意识障碍、惊厥等，患者多为儿童及青少年。1991—1998 年，全县无乙脑病例报告。1999 年，全县发病 27 例，死亡 1 例；2000 年发病 52 例，死亡 2 例；2001 年发病 27 例，死亡 1 例；2002 年发病 69 例，死亡 4 例；2003 年发病 44 例，死亡 2 例；2004 年发病 48 例，死亡 1 例；2005 年发病 33 例，死亡 2 例；2006 年发病 69 例，死亡 4 例；2007 年发病 22 例，死亡 2 例；2008 年发病 8 例；2009 年发病 29 例，死亡 2 例；2010 年发病 16 例，死亡 1 例；2011 年发病 3 例；2012 年发病 2 例；2013 年发病 8 例；2014 年发病 3 例；2015 年发病 1 例。1991—2015 年发病 461 例，死亡 22 例。

（十五）艾滋病

1999 年，毕节地区皮肤病性病防治所与县皮肤病性病防治站配合，对大方县部分高危人群进行艾滋病调查，对 266 名戒毒人员进行血清学检查，发现 1 例艾滋病病毒感染者。2000—2008 年，发现艾滋病病毒感染者 27 例，死亡 4 例，失访 21 例，追踪到位 2 例。2009 年，全县网络报告管理艾滋病患者 29 例，追踪随访 16 例，查无此人 10 例，失访 3 例，死亡 5 例。2010 年，对网络报告 43 例艾滋病病毒感染者进行追踪、随访管理等工作，艾滋病志愿咨询监测 447 人。2011 年，对网络报告的 64 例艾滋病病毒感染者，在规定的期限内进行 3 次随访，对娱乐场所进行 1 月 1 次的干预工作，共干预 463 人，对其中 245 人采血查验 HIV。对戒毒所新入所吸毒人员 81 人进行艾滋病监测。2012 年，全年对所有网络报告的 104 例艾滋病患者在规定期限内进行 3 次随访，随访到 75 例（其中死亡 30 例），失访 11 例，查无此人 18 例，动员 15 例艾滋病病毒感染者家属进行病毒检查。2013 年，共发现艾滋病患者 146 例，查无此人 8 例，死亡 53 例，随访 66 例，失访 19 例。2014 年，管理艾滋病病人 206 例，随访 175 例，死亡 73 例，失访 22 例，查无此人 8 例。2015 年，管理艾滋病病毒感染者/艾滋病人 170 例，随访各 1 至 3 次，累计治疗 42 例，新动员治疗 21 例，艾滋病检测 CD4 细胞 62 例，病毒载量检测 16 例。

三、地方病防治

（一）地甲病

由县境内地理环境缺碘引起的地方性疾病。1991 年，抽查食盐 428 份，含碘食盐仅 77 份。1992 年，抽查 347 份，含碘食盐为 262 份。1993 年，患病率 11.88%，肿大率 21.19%。1994 年，碘盐监测 300 份，合格 291 份。1995 年，碘盐监测 745 份，合格 704 份，发放碘油丸 300 粒。1996 年，碘盐监测 345 份，合格 252 份。1997 年，碘盐监测 275 份，合格 225 份。1998 年，碘盐监测 200 份，合格 183 份。1999 年，碘盐监测 300 份，合格 296 份。1991—1999 年，甲状腺调查 400 人，抽取 8 至 10 岁儿童 200 人的尿样进行尿碘检测，合格碘盐食用率 94.44%。1999 年，县境内消除碘缺乏。

（二）地氟病

1991 年，全县完成 100 个防氟改灶任务。在鸡场区在拱乡建造 100 个防氟灶。1992 年，对五凤、白泥等地已建240个改灶开展调查，改灶后，粮食含氟量降低3.6倍。从1994年起，每年开展地氟病咨询活动及防治地氟病的宣传。2008年，中央资金地氟病防治项目在大方县启动，大方县成立地氟病防治工作领导小组，统一领导全县地氟病防治改良炉灶和地方病防治健康教育工作。2008—2010年间，中央、省、市、县各级共投入资金1.47亿元，为全县农村居民改良炉灶20.3万户，改良率91%，项目覆盖全县各乡镇，近百万人直接受益。

（三）肠道线虫病

1991年，对大方一中、理化中学、大方二小、羊场小学4所学校学生4990人分别用阿苯达唑、派嗪、左旋咪唑进行驱蛔治疗。1992年，对大方一中、理化中学、羊场小学、雨冲小学学生3654人用甲苯咪唑进行驱蛔虫、驱鞭虫治疗，驱蛔虫效率100%，驱鞭虫效率57.14%。1993年，对大方一中学生1456人、大方二中603人、大方一小1654人，二小1432人、大方教师进修学校410人、雨冲乡所属学校402人、小屯乡所属学校1070人、六龙镇所属学校4200人，施用甲苯咪唑进行肠道病蠕虫病治疗。同年，在羊场小学随机抽取55人粪便镜检，蛔虫感染率85.45%，鞭虫感染率为14.55%。从1994年至2015年，逐年跟踪抽查，未发现钩虫感染者。

第三章　公共卫生

第一节　环境卫生

一、灭鼠

1991年，县内用灭鼠原药粮食1500公斤、油150公斤、各种香料10公斤配制灭鼠药，组织105人的灭鼠专业队伍，将灭鼠药分三次投入城镇6064户住户。1992年7月，省爱卫办分配5公斤消杀药品“奋斗钠”给县爱卫办，县爱卫办随即组织消杀队伍，对大方镇内、机关单位室内外墙面、厕所喷洒“奋斗钠”稀释液，喷洒后的墙面如有蚊蝇驻足即中毒死亡，效果可持续1个月~3个月，对人畜无害。是年，地区补助经费6000元，在县城8000户居民户中开展1次灭鼠工作。用灭鼠原药80公斤、粮食1500公斤、油150公斤、各种香料10公斤配制灭鼠药，组织培训投药员28名，将灭鼠药分别投入8000户住户及各机关单位进行灭鼠，每户收费0.3元。1993年2月，大方镇开展一次大规模的灭鼠活动，8000户居民和86个机关单位用科学灭鼠方法进行灭鼠，鼠密度由原来的50%降至5%，灭鼠率达90%。同时，大方镇组织培训20人，对县城6个公共厕所进行一次消毒，降低苍蝇密度。1994年，在贯彻执行《贵州省卫生除害药物器械管理办法》活动中，县组成检查组，对城镇销售的卫生除害药物、器械进行全面检查，收缴无卫生许可证、无批准文号、无产品合格证的除害药品，无商标无说明书灭鼠药10盒。1995年5月，大方镇开展1次大规模灭鼠活动，耗资0.37万元，调动20个村和居委会40余人，用一个半月时间，灭鼠达40余万只。1999—2015年，全县各乡镇将灭鼠工作纳入环境卫生常态化管理。

二、改厕

1992年，省爱卫办、卫生厅补助毕节地区农村改厕试点经费8000元，地区将此经费转拨分配给各县，全县完成10个农村改厕任务。1993年年初，在大方镇对江村、小屯乡、八堡乡、六龙镇、响水乡等处安排10个改厕试点。1994年9月，地区下拨补助经费，在大方镇新庄、对江两村各20户进行改厕，形式均为沼气式卫生厕所。1998年11月，完成30个改厕任务。改厕形式均为无害化户厕或沼气式卫生厕所。2000—2013年，凤山乡改厕1000个、响水乡改厕500个。

第二节　食品卫生

1991年，对12个区17个主要集镇开展食品卫生检查和颁证工作，检查食品生产经营单位642个693人，培训生产经营人员689人，发放生产许可证639个，为健康检查合格人员发放健康证。对严重违反《中华人民共和国食品卫生安全法》的单位和个人31户，给予警告限期改进的有17户，禁止生产经营的有13户，没收销毁食品80.5公斤，责令停业改进的有1户。1992年，成立县食品卫生打假领导小组，在大方镇、理化等8个乡镇进行检查，检查食品经营单位373户次，查出经营假冒、伪劣、过期变质食品341户，占被查户次的91.42%。没收销毁各类假冒、伪劣、变质食品2929.4公斤，折价近万元。

1995年，《中华人民共和国食品卫生法》正式实施。同年，检查食品生产经营单位260户，抽检样品40份，消毒餐饮器具34份，合格33份，没收销毁不合格产品12户。检查月饼生产加工厂点11个，监督检查46户次，随机抽查14个样品，经化验全部合格。对外地购进的月饼查验合格证，保证上市月饼符合卫生质量。1996—1999年，每年由毕节地区行署组织地区卫生局、爱卫办、卫生防疫站和县卫生局、工商局、教育局、卫生防疫站联合对县内城关地区的食品加工、销售摊点、副食店（摊）进行检查。

2000—2011年，全县食品卫生工作由县卫生监督所负责。对食品和餐具进行监测，通过检查符合卫生条件的单位，建立卫生档案，办理卫生许可证，对全县食品生产和经营从业人员实行体检，对合格者发给健康证。对患急慢性传染病不适宜从事食品生产或经营者，采取休养、治疗或调换工种、待业等解决办法。2012年，对有条件的学校开设学生营养餐供给，由县教育局统一管理，县卫生监督所负责食品卫生监督工作。2013年，全县除大方镇中心学校、二小、三小外，四小、五小、六小和各乡镇公立中心学校普遍开设学生营养餐。2014年后，食品卫生工作由县市场监管局负责，常年开展食品卫生检查。

第三节　饮水卫生

1991年，毕节地区下达给大方县分散式人饮工程6000人、集中式饮水工程5860人的改水任务。大方县将分散式人饮工程分配到鸡场区在拱乡5个点，解决4953人饮水；理化区珠场乡1个点，解决1100人饮水；城关区对江乡1个点，解决500人饮水。是年，共完成7个6553人的改良饮水工程。是年，对马场区牛场乡乐公村、鸡场区在拱乡高炉村、达溪区坝子乡冷底村、双山区文阁乡、响水区大寨乡马龙村进行改水，全部竣工投入使用。

1992年，地区下拨给大方县农村改水补助经费5.8万元，解决1.06万人的饮水问题，其中，分散式改水经费1.5万元，受益7000人；集中式改水经费4.3万元，受益3550人。按照《贵州省农村改水暂行管理办法》和工程技术会审要求进行建设，各项工程一律配置消毒设施，达到饮水卫生的目的。分散式改水严格技术要求，确保完善截污、排流、消毒、水源分配制度四要素。1993年，提前对瓢井、羊场、百纳、八堡、黄泥、三元等乡镇改水点作设计、绘图、察看地形、预算经费等准备工作。1995年，县拨款7000元，群众自筹4万元资金，投工4000多个，实施大山乡光华村约7千米的人畜饮水工程，解决6个村民小组330多户1639人与480头大牲畜的饮水问题。11月，地区下拨1995年度农村改水定点工程补助经费，实施六龙镇下坝村改水工程1项，地区补助经费7000元，群众自筹2万元，受益237人；实施普底乡岩脚村饮水工程1项，地区补助经费7000元，群众自筹2万元，受益235人。1996年，实施大山乡、小屯乡300余人分散式饮水改良工程。1997年，县投资1万元，实施大山乡松明村分散式饮水改水工程，受益1200多人。1998年11月，地区下拨农村改水补助经费2万元，县投资5万元，实施六龙镇下坝村、方井村和黄泥塘镇在拱村改水工作，受益3200多人。

1999—2009年，省、地对大方县每年上报的改水工程进行审定，补助大方县农村改水经费共9.7万元。其中，大方镇金鱼村改水工程1项，地区补助经费3万，受益580人；鼎新乡改水工程1项，省补助经费1.8万元，地区补助2.2万元，受益3200多人；双山镇中路村改水工程1项，省补助经费6000元，受益2000多人；凤山乡羊岩村改水工程1项，地区补助经费1.5万元，受益1630人。2010—2014年，县内所有改水工程竣工后，由县卫生监督所负责制定全县市政供水、城乡二次供水、乡镇集中式供水卫生监督工作计划和督导检查实施方案，并组织实施，对涉及生活饮用水的供水设施、消毒物品、工艺流程等生产经营活动进行卫生监督检查，负责查处违法行为。2015年，实施供水单位水质快速检测工作。县城市政水厂出厂水水质检测率达100%。查处生活饮用水卫生违法案件1起、处罚款1000元。

第四节　劳动卫生

1991年，全县共监测粉尘作业点20个，毒场作业点4个，生产性噪音作业点12个。对全县厂矿接尘接毒的256名工人进行体检，对53人进行复查。1993年，对县水泥厂、面粉加工厂、建材厂等点进行粉尘作业监测，监测结果均超国家标准，责令整改。1995年，共监测6个厂9个粉尘作业点，合格1个，合格率11.1%；生产性噪音6个点，合格3个，合格率50%，对不合格企业责令整改。1996年，对厂矿进行卫生设计审查，均符合国家标准。对县水泥厂174名工人进行体检。对全县1762名机动车驾驶员进行健康体检，合格1758人，办理健康证1758人，办证率达99.77%，不合格4人。1997年，对全县1629名机动车驾驶员进行健康体检，办健康证1626个，办证率99.81%，不合格3人。1998年，对县水泥厂车间粉尘进行监测，测定6个点，合格3个，合格率50%。2000—2015年，劳动卫生管理工作遵照国家防尘防毒“宣、革、水、密、风、护、查、管”八字方针，即宣传、革新、湿式操作、设备密封、加强通风、加强个人保护、经常检查执行情况、加强管理，对各监测点推进劳动卫生监测管理工作，指导劳动者提升自身健康意识。

第五节 学校卫生

1991 年，对大方一中、理化中学、大方二小、羊场小学和大方二中共 5658 名学生进行体检，并建立学生健康卡。1992 年，对大方一中、理化中学共 2022 名学生进行体检，并建立健康卡。1993 年，对大方一中、大方二中、理化中学、羊场小学学生共 3655 人进行健康体检，并建立健康卡。1994—1996 年，对大方一中 1476 名、大方二中 1564 名学生分别进行健康体检并建立健康卡。1996 年，对大方一中、理化中学、羊场小学共 3143 名学生进行健康体检并建立健康卡。1997 年，对大方一中、大方二中共 1450 名学生进行体检并建立健康卡。

1998 年，对县城 9 所学校和理化中学、羊场小学共 10187 名学生进行健康体检，查出沙眼 4250 人，患病率 41.7%；视力不良 2269 人，患病率 26.27%；六龄齿 420 人，患病率 4.12%；氟斑牙 2678 人，患病率 26.28%；血压偏高 67 人，患病率 0.6%；血压偏低 4 人，患病率 0.03%；疥疮 5 人，患病率 0.04%；色弱 126 个，患病率 1.2%。1999 年，对 12 所学校 1.1 万名学生进行健康体检。

2000—2015 年，逐年开展学校教室卫生监测，要求全县各中小学达到教室面积每名学生占 1 平方米以上；教室采光以双侧为佳，允许右单侧采光，禁止光线从黑板上投入；课桌椅要最大限度适合学生身高，定期左右轮换，以防近视、脊柱弯曲或出现畸形等。2009 年，在各学校开展学生常见病防治活动，学生中的常见病多发病有沙眼、近视、蛔虫、龋齿。传染病有疥疮、氟斑牙、地甲病、甲型肝炎、结核病等。为防止甲肝暴发流行，在城关地区各校开展甲肝疫苗预防注射。同时，加强饮水、饮食、公共场所卫生监督工作，有效控制甲肝及肠道传染疾病流行。

第六节 职业卫生

1991 年后，职业卫生服务内容为：工作环境监测，以判定和评价工作环境和工作过程中影响工人健康的危害因素的存在、种类、性质和浓（强）度；作业者健康监护，包括就业前健康检查、定期检查、更换工作前检查、脱离工作时检查、病伤休假后复工前检查和意外事故接触者检查等；高危和易感人群的随访观察；收集、发布、上报和传播有关职业危害的判别和评价资料，包括工作环境监测、作业者健康监护和意外事故的数据；工作场所急救设备的配置和应急救援组织的建立；安全卫生措施，包括工程技术控制和安全卫生操作规程；估测和评价因职业病和工伤造成的人力和经济损失，为调配劳动力资源提供依据；编制职业卫生与安全所需经费预算；健康教育和健康促进；与作业者健康有关的其他初级卫生保健服务，如预防接种、公共卫生教育等；职业卫生标准的制订和修订，职业健康质量保证体系、职业卫生管理体系及检验和服务机构的资质认证和管理。

职业病危害因素分为粉尘类、放射性物质类、化学物质类、物理因素、生物因素、导致职业性皮肤病的危害因素、导致职业性眼病的危害因素、导致职业性耳鼻喉口腔疾病的危害因素、导致职业性肿瘤的职业病危害因素和其他职业病危害因素。大方县职业病主要有职业性尘肺病及其他呼吸系统疾病：矽肺、煤工尘肺、炭黑尘肺、滑石尘肺、电焊工尘肺等 19 种。职业性放射性疾病：外照射急性放射疾病、内照射放射病等 11 种。职业化学中毒包括汞及其化合物中毒、锰及其化合物中毒、氨中毒、氯气中毒、氮氧化合物中毒、苯中毒、四氯化碳中毒等60种。物理因素所致职业病：中暑、减压病、高原病、航空病、手臂震动病等7种。职业性传染病：炭疽、森林脑炎、布式杆菌病等5种。职业性皮肤病：接触性皮炎、光敏性皮炎、溃疡、化学性皮肤灼伤等9种。职业性眼病：化学性眼部灼伤、电光性眼炎、职业性白内障等3种。职业性耳鼻喉口腔疾病：噪声聋、铬鼻病、牙酸蚀病等4种。职业性肿瘤：石棉所致肺癌、苯所致白血病等11种。其他职业病包括金属烟热、滑囊炎（限于井下工人）等3种。

2015年，全县共有职业健康检查机构3家，开展放射诊疗单位51家。对职业健康检查机构进行监督检查，主要检查管理制度是否健全，出具的报告是否符合相关要求，是否依法履行职业病、疑似职业病报告职责，有关档案是否健全，人员、仪器、设备是否满足工作要求等。重点检查放射诊疗许可证和放射工作人员证持有情况、放射诊疗建设项目职业病危害评价情况、设备场所检测情况、放射工作人员个人剂量监测及职业健康监护情况等。监督覆盖率达100%。查处放射卫生违法案件共17起。

第七节 卫生应急管理

1991—2015年，大方县逐步建立全面覆盖、全程联动的山区紧急医学救援体系。大方县依托农工民主党、中国医药卫生事业发展基金会援助的38辆流动医疗服务车，建立全省第一个全覆盖的山区紧急医疗救援体系。配备36辆流动医疗服务车和2辆流动医院车，流动医疗服务车全部配发到所有乡镇卫生院及社区卫生服务中心。培训370名县乡两级急诊急救医护人员，保证每个乡镇卫生院都有两组以上急诊急救人员。纵向上，建立以县“120”为紧急救援中心、乡镇卫生院为紧急救援站的急诊急救系统。各乡镇卫生院紧急救援站统一服从县“120”指挥调度，按照就近出诊的原则，在突发紧急情况时派出距离事发现场最近的乡镇卫生院急救车辆赶赴现场实施救治；需要迅速转诊到上级医院救治的患者，采取卫生院急救组与县“120”急救组同时出发、中途转接的方式，为抢救患者节约宝贵时间。横向上，建立与“110”“119”“122”形成应急处突联动机制，形成“协调快、联动快、速度快、耗时短”的“三快一短”医疗紧急救援体系。

2003年，全国非典型肺炎流行，以发热、干咳、胸闷为主要症状，严重者出现呼吸系统衰竭，是一种新出现的病毒，人群不具有免疫力，极强的传染性与病情的快速发展是此病的主要特点，主要传播方式为近距离飞沫传播或接触患者呼吸道分泌物。4月，是“非典”在全国蔓延的高峰期，大方县于4月21日成立非典型肺炎防治工作领导小组，制定《大方县非典型肺炎防治预案》和“堵、防、治、处”防治工作方针，设置三道防线，即在交通沿线、车站设置第一道防线，对返乡人员进行登记监测；在乡镇、村设置第二道防线，由乡村干部进村入户对返乡人员登记排查；在医疗卫生机构设置第三道防线，完善医疗救治方案，对病人及时隔离治疗。建立三条防线保障线，党员干部在人、财、物上给予保障和支持；对医技人员进行业务技能培训，建立发热门诊、隔离病房、“非典”救治中心、对病人及时隔离救治；启动计生、社会综合治理信息网络加以宣传。通过全民动员，全社会参与，把防范触及到村、组，确保不漏一村、一组、一人。截至2003年6月30日，累计排查疑似“非典”病例135例，隔离观察治疗11人。

2004年，牛场乡疑似流脑暴发流行，小屯乡市院村蚂蝗组发生不明原因食物中毒。2007年，大方镇龙昌村伤寒暴发流行。2009年，雨冲乡金星村金星组1例乙脑死亡，牛场乡九龙村10例乙脑死亡。2010 年，响水乡沙湾村嘎母组发生毒鼠强中毒事件。同年 5 月 2 日，及时救治发生在 321 国道 2 人死亡、9 人重伤及 11 月 18 日贵毕路上 9 人死亡、39 人受伤重特大交通事故中受伤人员。是年，处置安乐中学、马场镇一棵树村食物中毒事件，六龙镇狂犬伤人及达溪镇冷底小学、羊场镇平坝小学、兴隆乡大沟小学、大山乡棉山小学、东关小学、雨冲小学、八堡小学、八堡金竹小学、牛场小学、凤山小学、大方一小、大方一中、大方三中、大方职中、县委党校等集体发热公共卫生事件。

2011 年，建立卫生应急监测预警制度，对重大传染病疫情等突发公共卫生事件及时进行预测、预报、处理。2013 年，猫场镇箐口村食用野生菌中毒，涉及 6 人，发病 2 人，死亡 1 人。八堡乡八一村食用野生菌中毒事件涉及 5 人，发病 5 人，死亡 1 人。2014 年 12 月 29 日，大方到马场路段发生一起交通事故，县人民医院立即调度“120”救护车 2 辆、医务人员 42 人、高店乡卫生院救护车 1 辆，一同赶赴现场救护伤者，事故现场共有 28 名伤者，其中 1 人重伤。2015 年 4 月 7 日，黄泥塘镇西河村发生轿车坠崖事故，伤 3 人，伤者被黄泥塘镇卫生院送县人民医院急诊科，经抢救后转重症医学科救治。4 月 29 日，县城杜鹃大道发生车祸，县人民医院救护车赶赴现场将伤者送重症医学科救治。12 月 20 日，县城西大街车站发生车祸，经县人民医院“120”急救车送入急诊科抢救。

第四章　食品药品管理

1984 年 6 月，成立县药品检验所，隶属县卫生局。1995 年，成立县药品监督办公室。1999 年 6 月，成立县药品食品管理委员会。2002 年 1 月 23 日，成立毕节地区药品监督管理局大方县分局。5 月，更名为县药品监督管理局。2004 年 2 月，食品安全综合监督职能划归药品监督管理局，更名为县食品药品监督管理局，实行省以下垂直管理，除继续承担原药品、医疗器械监督管理职责外，增加食品安全管理的综合监督、组织协调和依法组织开展对辖区内重大食品安全事故调查处置的职责以及对保健食品、化妆品监管的职责。2010 年 11 月，组建县卫生和食品药品监督管理局，将县卫生局、省以下垂直管理的县食品药品监督管理局的职责整合划入县卫生和食品药品监督管理局，不再实行省以下垂直管理，在原有职责范围外增加对餐饮服务环节食品安全监管职责，由卫生监督所负责监管。2014 年，县级机构改革，将食品药品监管职责划入县市场监督管理局，由县市场监督管理局履行食品药品监管职能职责。

第一节　食品管理

1991—1995 年，食品安全管理工作由县卫生局负责，办理食品卫生许可证 65 户。开展对餐饮行业的检查 16 次，检查经营户 92 户次。1996—2000 年，办理食品卫生许可证 112 户，对违法经营 12 户进行处罚，罚款 4500 元。2000—2003 年，进行专项执法检查，清理无证经营行为，办理食品卫生许可证 82 户，对未办证经营的 22 户进行处罚，罚款 1.52 万元。2004 年，成立县食品安全协调委员会，为县人民政府的议事协调机构，对全县食品安全进行综合监督、组织协调和依法组织开展对重大食品安全事故的调查处置。2005—2008 年，出台《大方县食品放心工程实施方案》《重大食品安全事故应急预案》，共聘请村级食品药品监督协管员 371 人、信息员 425 人，全面推行《农村群体宴席报告制度》，预防农村因举办群体宴席引发群体性食品安全事故。组织开展 11 次重大节日联合执法检查，2 次大型食品安全集中检查整治，21 次学校食堂食品安全专项检查，取缔 22 户无照经营食品户和 1 户不符合卫生条件的食品从业户。期间未发生重大食品安全事故。2008 年 9 月，三鹿奶粉事件爆发，开展奶制品全面排查及患儿免费诊治工作，共清理下架奶粉 1659.7 公斤，筛查食用问题奶粉的婴幼儿 1.11 万人次。

2009 年，组织开展食品安全综合检查和各类食品安全专项整顿工作，继续做好对婴幼儿奶粉事件患儿赔偿工作，开展《中华人民共和国食品安全法》宣传培训，继续抓好《农村群体宴席报告制度》的执行。全县未发生重大食品安全事故。

2010 年，出台《大方县地沟油专项整治和餐厨废弃物管理工作实施方案》，组织开展元旦、春节、中秋、国庆、中高考、抗旱救灾、建筑工地食堂、学校食堂及食品添加剂、不合格一次性筷子、问题乳粉、地沟油等食品安全的专项检查工作。开展保健食品第二次摸底调查工作，对 24 家经营有保健食品、化妆品的药店进行监督检查，建立监管档案。全年共组织开展大型食品药品安全宣传活动 2 次。全县无重大食品安全事故发生。

2011 年，出台《大方县打击食品非法添加和滥用食品添加剂专项行动实施方案》《大方县瘦肉精专项整治工作方案》，检查食品经营户 478 家，开展食品添加剂、地沟油、辣椒制品、学校食堂、保健食品、问题乳粉等各项食品安全专项整治工作 15 次，开展餐饮服务食品安全“百千万”示范单位创建工作及 2 次大型食品安全宣传活动。全县无重大食品安全事故发生。

2012 年，开展各类食品安全专项整治 13 次，在羊场镇穿岩村沙坝组打造餐饮服务食品安全示范街，开展 4 次大型宣传活动，举办 1 期农村食品药品安全协管员、信息员，1 期餐饮服务单位管理人员和 3 期学校食堂管理人员及从业人员食品安全培训。保障省第七届旅游产业发展大会和中共十八大召开期间的食品安全。农村群体宴席报告全年申报备案率达 90%，备案指导率达到 100%，全年未发生群体性食品安全事故。

2013 年，出台《大方县食品安全有奖举报暂行办法》，设立专项资金，县财政投入有奖举报专项资金 15 万元。加大对食品安全的考核力度，开展节假日期间食品安全综合整治 8 起。全县上报农村宴席 1915 户次，报告率 100%，检查率 100%；审核发放餐饮服务许可证 205 件，检查餐饮服务单位 2232 余户次以及 381 所中小学及托幼机构食堂，下达监督意见书 138 份，责令整改通知书 12 份，排查处理食品安全隐患 3 起；开展重大活动及特殊就餐监督工作 14 次，保障人数 1600 人次；完成餐饮服务快速检测任务 1722 份；餐饮环节行政处罚 2 起案件，罚款 4000 元。开展 2 次大型食品安全宣传活动，加大严禁采食野生菌宣传；举办 2 期餐饮服务单位和 2 期学校食堂管理人员、从业人员培训；开展 11 次保健食品专项监督检查，共立案 8 起，罚款 7920 元，没收假劣保健食品 139 盒。全县无重大食品安全事故发生。

2014 年，开展食品安全大检查工作，开展集贸市场、农村食品市场、儿童及校园周边食品、食用油、肉及肉制品、白酒无证经营、违禁超限、制假售假等各项食品安全专项整治。对学校食堂、农村宴席开展巡查和登记；全县共上报办席户数 2012 户，申报备案率均达到 99.9%，备案指导率达到 100%；共审核发放餐饮服务许可证 172 件，检查餐饮单位 1506 户次，学校食堂 337 所；餐饮服务量化分级率达98%，学校食堂量化分级率达100%；开展重大活动及特殊就餐监督工作11次，餐饮环节共行政处罚8家，警告5家，立案3起。建档管理保健食品经营户91家，开展保健食品“四非”（非法生产、非法经营、非法添加、非法宣传）专项行动，立案1起。全年开展5次食品安全集中宣传活动，加大严禁采食野生菌宣传，举办1期食品药品社会监督员培训和2期餐饮单位服务人员培训。全县无重大食品安全事故发生。

2015年，调整县人民政府食品安全委员会及办公室，设立乡镇食品药品监督管理站。开展23次各类食品专项整治，累计检查食品生产企业38户，食品小加工作坊102户，食品经营户1068户，各类餐饮店408户，学校食堂256户，对32户餐饮服务提供者不按规定从事餐饮服务活动的行为进行责令改正；对瓶装白酒、植物油、婴幼儿米粉、月饼等食品定向抽样检测129个批次，对2个批次不合格竹荪、9个批次不合格面粉制品进行立案调查，对5个经抽检标签不合格企业进行约谈，查获未经检疫售卖的“白条猪肉”2起。查获涉嫌非法袋装无碘工业盐2720公斤。查办各类食品案件37件，结案30件，收缴罚款8.85万元。完成重大活动及特殊就餐监督工作30次，保障人数7590人次。全县上报办酒席520户次，村民自觉报告520户次，未发生群体性食品安全事故。

第二节　药品管理

1991—1999年，销毁价值10.68万元的假劣药品，查获假劣药品3447批次，自制假药29种，取缔违法游医药贩165起。2000—2008年，查办药品（医疗器械）案件633件，罚没金额68.9万元，抽检药品609批次。销毁假劣药品4380批次。

2009年，完成22家新申办零售药店和1家医疗器械经营企业初审验收，对14家到期药店进行换证再认证，对24家药店进行GSP认证跟踪检查，开展“两网”建设培训，对全县781名农村药品监督协管员、信息员进行培训，共开展药品专项检查44次、医疗器械专项检查8次，集中开展整治“非药品冒充药品”专项行动；收集上报药品不良反应（ADR）监测报告44例，药物滥用监测报告315例，抽检药品71批次，医疗器械4批次，检出不合格药品6批次；立案查处药品案件7起，罚没款2万元。销毁假劣药品155批次，货值1.4万元。

2010年，受理申办药品零售企业33家，医疗器械经营企业5家，换发药品经营许可证10家，受理药品经营许可证事项变更8家。完成42家药品经营质量管理规范（GSP）认证现场检查工作，对26家药品零售企业进行不良行为积分。对各级医疗机构使用特殊药品的情况进行建档，对特殊药品的购进、储存、销售情况进行监督管理，确保亚运会期间特殊药品不流弊。开展打击“两非”专项整治活动，对国家基本药物实行电子监管；开展对甲型H1N1流感药品和甲型H1N1流感疫苗和狂犬疫苗及麻疹疫苗的专项检查工作；上报药品不良反应（ADR）监测报告213例，医疗器械不良事件1例，药物滥用监测报告312份。全年立案查处药品案件3件，其中，假药1起，劣药2起。抽验药品40批次，医疗器械4批次，检出不合格药品3批次，不合格率为7.5%。销毁假劣药品267批次、劣质医疗器械9批次，货值2.3万元。

2011年，受理新申办药品零售企业10家，换发药品经营许可证6家，注销1家，通过GSP认证药店26家，开展8次特殊药品专项整治，对32家药店进行3次不良行为积分管理；立案查处药品案件9起，罚没款7.6万元。销毁假劣药品555批次，货值3.03万元。抽检药品69批次，医疗器械4批次，检出不合格药品3批次。

2012年，查办药品案件7起，其中，药品抽验不合格案2个，疫苗案5个，罚款7.5万元。

2013年，受理新申办药品零售企业7家，换证再认证16家，变更11家，新申办医疗器械经营企业许可证批发1家、零售2家；共对51家药品零售企业进行4次不良行为积分管理；成立药品医疗器械不良反应监测中心，收集上报ADR报告747份，医疗器械不良事件150份，药物滥用监测报告310份；对10家药店开展电子监管试点工作。完成药品“两打两建”工作，开展对医院基药采购和使用情况的调查。完成药品抽样50批次，检出不合格药品10批次，全年共立案10起，罚款1.36万元，没收假冒伪劣药品52批次，发现1起大型假药案件和1起涉及特殊药品案件，按照相关规定移送公安机关处理。开展2次药品安全及合理用药宣传活动，开展1期药品零售企业负责人新GSP培训和1期药械不良反应监测培训会。

2014年，受理新申办药品零售企业7家，换证再认证22家，变更20家，新申办医疗器械零售企业1家；对51家药品零售企业进行4次不良行为积分管理；收集上报ADR报告835份，医疗器械不良事件193份，药物滥用监测报告333份；开展各类药品专项检查及医疗器械“五整治”工作，全年共检查药品、医疗器械经营使用单位560户次，责令整改14家；加强对特殊药品的监管，开展对医院基药采购和使用情况的督查。开展避孕药品抽样55批次，全年立案6起，结案5起，罚款1.4万元，移送公安机关1起销售假药案。开展2次药品安全及合理用药宣传活动，开展1期药品零售企业负责人新GSP培训和1期药械不良反应监测培训会。全年无重大药害事件发生。

2015年，受理新办药品零售企业8户，发证4户；受理认证申请132户，通过认证132户，初审二类医疗器械备案材料121户，初审申办三类医疗器械经营许可证提交材料2户。开展打击“两非”（非法进行胎儿性别鉴定、非法终止妊娠）、“银杏叶”药品、“精毒麻”特殊药品、“酮康唑口服制剂”“食品店无证经营药品”集中整治专项行动；立案药品案件5件，结案5件，罚款1.33万元。完成药品抽样60个批次，共收集上报药品不良反应1035份，医疗器械不良事件254份，化妆品不良反应报告34份，药物滥用监测报告552份。开展1期“两品一械”（药品、化妆品、医疗器械）安全性监测暨药品安全知识培训会。

第二十篇
文化　体育

第一章　文　化

大方县文化底蕴深厚，素有文化大县之称。进入20世纪90年代，大方县文化事业蓬勃发展，文化基础设施建设不断加强，文化活动丰富多彩，文化领域人才辈出，文艺创作硕果累累，文艺作品层出不穷。1992年起，每年春节期间，举办春节联欢会、音乐会、龙灯游艺、焰火晚会、春联义写、灯谜竞猜、书画展览、棋类比赛、农民画展等系列迎春活动，全县城乡沉浸在欢乐祥和的节日气氛中。每年在普底乡中心花区举办百里杜鹃花节，直至2008年大方县将普底乡委托百里杜鹃管委会管理。从1987年起，大方县连年举办国庆歌咏比赛，至2015年共举办28届。至2015年，共举办7届奢香文化艺术节。每年不定时不定点举办彝族火把节、苗族跳花节、白族团圆节，端午节举办民族民间中医药交易会。不定期举办百对新人汉唐婚礼、“相约七夕”诗会、中秋经典诗词朗诵比赛等。开展道德模范、“最美大方人”评选表彰活动，培育和践行社会主义核心价值观。通过举办各类大型文化活动，发扬优良传统，传承经典，弘扬正能量，促进经济发展、文化繁荣、社会和谐稳定。全县文学艺术硕果累累，诗词楹联、文学、摄影、书法、美术、音乐、舞蹈、戏曲、灯谜等作者作品在各级各类展览展演和赛事中成绩突出。文化市场欣欣向荣，文化遗产和非物质文化遗产在保护中传承，文化体制改革不断深化，文化产业投入不断加大。1988年，大方县被文化部命名为“中国现代民间绘画画乡”，2008年，大方县被文化部命名为“中国民间文化艺术之乡”。

第一节　文化事业

一、文化活动

1992—2015年，每年春节期间，大方县都开展系列庆祝活动。主要有春节联欢会、团拜会、座谈会、歌舞表演、春联义写、灯谜展猜、书画展览、农民画展、音乐会、歌咏比赛、演讲比赛、龙灯游艺、焰火晚会等。县有线电视台对春节联欢会、音乐会等重大活动进行转播。

1992年4月16日，大方县首届杜鹃花节在普底乡黄坪百里杜鹃花区举行。文化部、省、地和周边县领导50多人参加开幕仪式，参加群众3万多人。庆典活动中表演大型歌舞《乌蒙欢歌》，身着苗族、彝族、白族服装的2000多名群众演员和前来祝贺的贵宾手牵手，一同歌舞。庆典仪式后，人们到各景点赏花观景，摄影留念。晚上举行篝火晚会，彝族男女青年打着火把围着篝火载歌载舞，展示浓郁的民族风情。1993年之后，杜鹃花节升格为中国·贵州百里杜鹃花节，到2006年，共举办15届，每届杜鹃花节参加人数众多。

1987—2015年，大方县连续举办28届国庆歌咏比赛，演唱革命歌曲，进行爱国主义和革命传统教育，各机关、企事业单位组织参赛，每届参赛20多个队，最多的一届达到32队，每队60人~100人。1998年后，响水、东关、文阁、大水、六龙等乡镇也组队参加。县文化馆组织钢琴和管弦乐队伴奏。县有线电视台进行实况直播，未到现场的群众也能欣赏到精彩的表演。聘请音乐界和知名人士进行现场评分，每届评选出一、二、三等奖，指挥奖，组织奖。国庆歌咏比赛艺术表现形式与合唱艺术水平逐年提高。1992 年 8 月，大方县组队作为唯一的县级队参加贵州省“苗岭之声”合唱艺术节，获二等奖。

1993 年，组织诗词作者创作格律诗词，编辑出版《纪念毛泽东一百周年诞辰诗词选》，登载诗词 300 多首。是年，县税务局为纪念毛泽东一百周年诞辰，开展以毛泽东诗词为谜材的灯谜展猜活动。1994—2007 年，县国税局开展灯谜展猜活动 11 次，寓税法宣传于灯谜之中，收集历年所制佳谜精选，编辑出版《税收与灯谜》。

1994 年农历正月初十，首届白族节在响水乡举行，3000 多名白族群众集聚一起欢庆节日，表演白族歌舞，立“响水白族节纪念碑”一块。4 月 16 日，奢香博物馆落成对外开放，诗词楹联学会编辑《奢香夫人赞》诗词集以作纪念，收录诗词 127 首。奢香博物馆开馆当天，滇、黔、川、桂四省区彝文古籍整理协作会暨贵州彝学研究会在大方县召开，就彝文古籍整理和保护进行交流与探讨，对彝族传统文化、历史进行研究。10 月，县文化馆排演小品《邂逅》，参加贵州省庆祝建国 45 周年“信邦杯”戏剧小品大赛，获创作奖和优秀演出奖。

1996 年 2 月 17 日（农历正月二十六），在牛场乡举行首届苗族跳花节，来自黔西、织金、纳雍等县及周边乡镇的苗族同胞齐聚牛场花坡，苗族姑娘们穿戴不同款式的苗族服饰，小伙子们吹着芦笙，参加活动群众 2 万多人。之后，牛场苗族跳花节一年一办。

1997 年 6 月下旬，举行迎接香港回归游行活动，各机关企事业单位组成 100 个方队，每队 100 人，形成万人游行队伍。人人身着节日盛装或行业服装，手持花束、彩旗，载歌载舞，环城游行一周。是年，重新组建的民族文化工作队成立，省群艺馆派出专业老师进行培训指导。7 月 1 日，举行首场汇报演出“春之歌”文艺晚会。

1998 年，大方一中将灯谜引入校园，开办灯谜讲座，聘请灯谜协会人员担任客座教师，讲授灯谜知识，每逢教师节、国庆节、中秋节开展灯谜活动，学校把灯谜活动作为语文教学的辅助手段，一直坚持多年。11 月 8 日，六龙镇举办首届农民文化艺术节，六龙镇 9 个村农民歌舞队、秧歌队、腰鼓队、篮球队是文化节的主角，开幕式上进行艺术团体操表演、歌舞表演、舞龙表演，晚上举行文艺晚会。节日期间举行“丰收杯”农民篮球运动会，举办书画展，展出书画作品 140 多幅，其中有郭新吾隶书作品、陈荫波工笔花鸟画，同时举办花卉盆景展览，开展灯谜猜射活动。

2000 年元旦，大方一中举办首届迎春谜会，至 2009 年共举办 10 届，每届制谜 1000 条 ~ 2000 条，每届参加猜射的师生 2000 多人。2005 年，将历次制作的佳谜编辑成册，出版《校园谜谭》。是年，县教育局组织排练舞蹈参加毕节地区教师节舞蹈大赛，《牛背摇篮》获第三名。

2001 年中秋节，大方诗词楹联学会会员和大方书法协会会员同聚奢香宾馆，赋诗填词，即席挥毫，作品留存奢香宾馆。

2002 年，县文化馆组织农民画作者在贵毕公路沿线的黄泥塘和归化创作 34 幅大型农民画壁画，让往来旅客一睹大方农民画风采。在黄泥塘精神文明活动中心布置农民画陈列室，展示新创作和复制农民画 40 多幅。

2003 年 5 月，县文化馆组织 20 多人参加的业余民族乐团排练节目，参加县内各种演出。2007 年更名为“大方爱乐乐团”，参加县各类文艺活动。

2004 年，六龙文化协会编辑出版《六龙撷英》诗词卷，收录六龙镇 50 多人的诗词作品 1000 多首。六龙镇文化站创办文艺期刊《映山红》，印发 20 多期。4 月，贵州省 9 个地州市老年书画笔会在奢香博物馆举行，78 人参加笔会。4 月，杜鹃花节期间，在奢香博物馆举办“腾龙水泥杯”青年美术作品展，展出美术作品 100 幅。杜鹃花节制作灯谜 1000 多条，举办为时 7 天的灯谜猜射活动，参射者上万人，外地游客也到百里杜鹃参加猜射。

2005 年 3 月，举办首届“腾龙水泥杯”诗词楹联书画展，展出大方、毕节、黔西知名书画家的 120 件书画、48 件诗词楹联作品。副省长吴嘉甫、行署专员黄家培等出席开展仪式。是年，举办“多彩贵州”歌唱大赛大方赛区选拔赛，参赛歌手 245 名，8 场初赛，共 45 人进入复赛，角逐出 23 名选手，马磊夺得全县冠军。6 月，组织入围歌手参加地区选拔赛，马磊获美声唱法第二名，杨珊、王世卫、赵雪获优秀奖。是年，召集组织词曲作者创作 30 多首廉政歌曲，参加全国廉政歌曲创作演唱大赛，送地区、省参赛的《邪不压正是天理》获贵州省廉政歌曲三等奖，《正气歌》《最重要是民心》《做可信可敬的人》获毕节地区优秀创作奖。

2006 年 4 月 8 日，在大方一中举行首届“中国·大方奢香文化节”开幕式，国家民委、省、地领导和兄弟地（州）、市、县贵宾 40 多人出席开幕式。省委副书记王富玉发来贺电。节日期间开展系列文化和经济活动，文化活动有奢香文化座谈会、书画展览、摄影展览、大型文艺演出、焰火晚会。

2007 年，组织 30 多首廉政歌曲演唱活动，到少数民族聚居的乡镇演出。7 月，县纪委将两次创作的歌曲编辑成册，印制《大方新创廉政歌曲选》，收录歌曲 50 首。8 月，在黄泥塘镇举行毕节地区农副产品交易会暨大方皱椒市场开业庆典仪式，举办书画展览，展出大方农民画 50 多幅。

2008 年，开展“诗词之乡”“诗词进校园”创建活动，六龙镇和六龙中学分别成为毕节地区“诗词之乡”“诗词进校园”创建活动试点。4 月，举行支嘎阿鲁湖首游式，举办大型文艺演出，表演原创歌曲《古彝圣水支嘎阿鲁湖》《支嘎阿鲁颂》，舞蹈音乐《圣水英雄》《凯旋》《古彝雄风》《踏歌起舞》等节目。8 月，举行庆祝毕节试验区成立 20 周年专场文艺晚会。9 月，成立六龙诗社、龙中诗社，开辟六龙人诗词创作园地，发表诗词作品 400 多首。是年，六龙中学学生的 9 首诗词入选《华夏吟友》，毕节地区精神文明建设委员会授予六龙镇“诗词之乡”称号、授予六龙中学“诗词校园”“诗教先进单位”称号。举办“多彩贵州”歌唱比赛大方赛区选拔赛和“花中西施”选美大赛。11 月，省教育厅、省诗词学会授予六龙中学“诗教先进单位”称号。

2009 年，大方一中云龙诗社成立，创办《云龙诗苑》；大方三中沐风诗社成立，创办《沐风》诗刊。4 月，六龙中学与深圳南山区华侨城中学结为姊妹学校，南山华侨中学将承担的全国教育科学十一五规划课题《中华诗词进校园与学生素质培养》转给六龙中学，县诗词学会成员被聘为课题专家组成员。7 月，省教育厅、省诗词学会授予六龙中学“诗词校园”称号、大方一中“诗教先进单位”称号，大方一中获省大中学生诗词大赛组织奖。

2010 年，举办第三届“人口杯”独生子女和二女户家庭子女才艺展示大赛。9 月 20 日，第二届奢香文化艺术节开幕式暨贵州宣慰府落成典礼举行，省领导王富玉、禄智明发来贺电，省、地、县领导和专家出席开幕式，省彝学会会长禄文斌，地区领导安金黎、宋丽丽为贵州宣慰府揭牌。县委书记卢林致辞。是年，开展贵州小品大赛大方赛区选拔赛。

2011 年 3 月，县兰花协会组织兰花展，展室布置大方书画作品，展出兰花 200 多盆，评选出金、银、铜奖。举行第二届“美丽大方”电视歌手大赛。7 月，举办“红色记忆”民族管弦乐演奏会和“七一”文艺汇演。9 月 29 日，举行第三届奢香文化艺术节，副省长禄智明、农工民主党中央社会服部部长张伟、省旅游局、发改委、省建设厅领导及邀请的省外和兄弟市县贵宾参加开幕式，开幕式上，演出以奢香夫人生平事迹为内容的大型文艺节目《九驿长歌》，著名歌手韩磊演唱

《奢香梦》，上万名群众参加仪式并观看演出。

2012年6月23日，端午节，六寨苗族跳花节在八堡乡新开苗寨同心新村举行。七星关区小坝、大方县兴隆、竹园、牛场、菱角等地苗族同胞参与，2万多人观看文艺表演。7月，举行“多彩贵州”舞蹈大赛大方赛区选拔赛，比赛分为民族民间舞、国标舞、现代舞、街舞、原生态舞5个类别，参赛节目200多个，参赛人数上千名，分为8个赛区，进行10多场海选，28个优秀节目进入决赛，原生态舞《腰带情》、民族民间舞《彝山的希望》参加市级选拔赛。9月7日，举行第二十八个教师节颁奖晚会，省教育厅、市、县领导表彰“十佳校长”“十佳班主任”“十佳教师”“十佳师德标兵”、艺术教育和体育教育优秀个人，举办文艺晚会。9月11日，在贵州宣慰广场举行“中国·大方首届彝族文化节”暨第四届奢香文化艺术节，省人大常委会原副主任、省彝学会会长禄文彬，副省长禄智明，国家计生委政法司司长赵延配，省计生委、贵州大学、毕节市领导、国际友人和应邀友好市县贵宾出席开幕式。开幕式上举行“古彝魂·现代风”为主题的大型文艺演出，开幕式后，举行彝文书法展、彝学年会、“大地之美，方圆之秀”油杉河风景区开游仪式、支嘎阿鲁湖祭水仪式等活动，上万名群众参加。10月12日，举行首届秋之韵音乐会，推出陈泽亮二胡独奏专场。

贵州宣慰府正殿（2012年5月摄）

2013年5月9日，第二届彝族文化节暨第五届奢香文化艺术节开幕，邀请四川省泸州市、古蔺县、七星关区、黔西县领导和新西兰友人参加，上万名群众参加活动，观看以“古彝魂·现代风”为主题的大型文艺演出。7月1日，建党92周年，县委、县人民政府承办“迎七一·奔小康”激情广场大家唱活动在杜鹃广场举行，县直单位、民间组织及社会团体组成的18支合唱队、900多人参加，《没有共产党就没有新中国》《党啊，我的母亲》《走向复兴》等红色歌曲和《奢香夫人》《索玛的故乡》等大方原创歌曲一遍遍唱响，拉歌30余次。10月，以“大方人的中国梦·我的梦”为主题的书画展和摄影作品展在奢香公园举行，展出书法作品30件，美术作品30件，摄影作品100件。

2014年2月9日，举办首届“春蕾”音乐会。3月8日，举办一枝花合唱团“唱罢春风唱太阳”演唱会。3月15日，举办“服务群众，消费维权，放飞中国梦”为主题的演讲比赛。4月，第三届彝族文化节暨第六届奢香文化节在贵州宣慰府广场开幕，举行民族歌舞演出、民族民间文化口技大赛、工艺美术品展示、现代电声乐及传统器乐汇演、现代书法及民族民间绘画大赛、水西少数民族时装秀等活动，近万名群众参加。6月1日，在大方二小举办“我们的价值观·我们的中国梦”现场书画创作大赛，大赛由宣传部、文联、教育局主办，中小学师生共200多人参赛，县书法协会、美术协会进行现场评审，按小学、中学、教师三组分别评选出一等奖1名、二等奖2名、三等奖3名，优秀奖4名，进行现场颁奖。6月13日，举办“新华书店杯”中华经典诵读大赛，500

多人参加，大赛评出一、二、三等奖若干名。7月26日，在凤山乡举办大方县彝族火把节，中宣部老干部局党委书记薛启亮莅临开幕式并致开幕词，市、县领导李玉平、顾掌权等出席。9月5日，在杜鹃广场举行“庆中秋·迎国庆”中秋诗会。10月24日，第三届“秋之韵”原创作品音乐会在杜鹃广场举行，原创作品音乐会是大方人写大方的歌，讲大方的故事，抒发大方人的“中国梦”。演唱歌曲《相信未来属于你和我》《大方》。11月7日，县委、县人民政府召开第十五个记者节座谈会，表彰大方县优秀新闻工作者，记者们表演歌曲、诗朗诵、小品、曲艺等文艺节目，展示新闻工作者的风采。11月22日（农历十月初一），举行“八堡乡·天宝2014彝族年”庆祝活动，举行新年祭天、彝族服饰展示、民族传统体育竞技、吃年饭、篝火狂欢等民族文化系列活动。

大方县2015年第一期贵州宣慰司学“奢香大讲坛”——《三严三实忠诚干净担当》（2015年3月31日）

2015年3月2日（农历正月二十四），苗族跳花节在马场镇民丰村举行，兴隆乡、牛场乡、鼎新乡、纳雍县沙包乡的苗族同胞欢聚一起，欢度节日。3月20—21日，举行中国·大方第七届奢香文化艺术节暨第四届彝族文化节，分别在慕俄格古城、凤山乡、对江镇举行彝族千人舞表演、民族服饰、祭山祭水祭火仪式、赛马摔跤射弩技、彝族婚礼仪式、彝族火把节等活动。8月，首届藏羌彝走廊·彝族文化博览会在大方举行。博览会由省文化厅、毕节市政府主办，大方县人民政府承办，中国作协副主席吉狄马加，副省长何力，省政协副主席左定超，省级退休领导禄文斌、禄智明、顾久，文化部产业司政策规划处处长陈思宇，省人大农村工作委员会副主任安金黎，省文化厅厅长徐静、副厅长袁伟，省文化改革开发办副主任柳盛明，市、县四大班子领导出席开幕式，市委书记陈志刚致辞，市长陈昌旭主持，参加开幕式的海内外知名教授专家有香港世界遗产研究院院长乔惠民、美国密歇根奥克兰大学人类学教授理查德·斯汤普斯、教育学教授李乐东、《文物》执行主编李缙云、中国戏曲学会会长薛若琳、中央民族大学副校长曲木铁西等。陈志刚在致辞中指出，毕节试验区抢抓机遇，搭建彝族文化产业发展平台，推动文化产业融合发展，转型升级。博览会上演出大型文艺节目《古彝雄风》。在藏羌彝走廊高峰论坛期间，演出彝族古剧《撮泰吉》和彝族歌舞剧《烈焰奢香》，展示彝族“十月太阳历”模型和“一典一历一剧一志三经”文化浮雕。举办“中国彝风·魅力毕节”摄影展、彝族古代绘画书法展。8月8日，在凤山乡举办大方2015年彝族火把节暨第三届乡村避暑旅游文化节。8月20日（农历七月初七），在贵州宣慰府举行“相约七夕·牵手一生”系列活动，举办“七夕情诗会”“汉服集体婚礼”“最美家庭故事分享会”等，活动中，表彰6户最美家庭和7对金婚、钻石婚夫妇。9月23日，在奢香公园举办“明礼知耻·崇德向善”身边好人现场交流活动，通过播放电视短片、现场访谈、观众互动、文艺节目等形式展示和讲述身边好人的感人事迹，第三届省级道德模范，县第一、二届道德模范及家属代表，县评选的道德模范、“最美大方人”“十佳青年”参加活动。

二、文学艺术

1991年7月，大方县文学艺术界联合会（简称“文联”）成立，县文联下属9个群众文艺团体，即作家协会、诗词楹联学会、音乐家协会、戏剧曲艺家协会、舞蹈家协会、美术家协会、书法家协会、摄影家协会、灯谜协会。文联坚持“二为方向”“双百方针”，发挥党和政府联系文艺界人士的桥梁和纽带作用，鼓励文艺界人士深入生活，创作出贴近群众、充满乡土气息、弘扬时代主旋律的作品。

1992年，诗词楹联学会创办《扶风》诗刊，不定期出版，登载大方籍作者诗词、楹联，一期可载诗词800余首。2008年，文联创办双月刊《大方》，后更名为《大方文艺》，为文艺界人士和文艺爱好者提供创作平台，发表小说、诗歌、散文、书法、美术、灯谜、摄影等作品。

1991—2015年，全县编辑出版多本文艺书籍。《纪念毛泽东一百周年诞辰诗词选》收集50多名作者所作诗词100多首，《奢香夫人赞》收集赞誉奢香夫人的诗词近百首，《大方对联选集》收集明末清初至中华人民共和国成立后的对联千余副，《大方诗词选》收集诗词近千首，《大方农民画选集》收集60多名农民画作者优秀作品500多幅，《翰墨集锦》选编书法美术作品近200幅，《大方灯谜选》选编佳谜1万多条，《六龙撷英》选编50多名六龙人诗词作品1000多首，《新创大方廉政歌曲选集》收集歌曲30首。部分文艺界人士自己选编出版个人著作，主要有毛道安作品《我镜头里的大方》《魂牵梦绕的大方》，陈君述作品《龙麓松叶》，李正荣作品《李葆春书法选集》，臧学万作品《立今吟草》，龙厚光作品《晚晴集》，周剑平作品《秋声集》《秋叶集》《秋黍集》，陈应龙作品《聚云轩诗稿》，余廷林作品《新醉翁诗词集》《四雨轩诗文集》，任贵明作品《在犄角旮旯里咀嚼文化》，郑吉平作品《最后一块田》，姜静玮作品《感谢》，郭华荣作品《凋谢的蔷薇》，韩先绪作品《漂移的沟壑》《监狱长手记》，野渡作品《与一棵树的对话》《自选诗集》。

（一）文学

20世纪90年代，全县形成老、中、青组成的文学创作队伍，其中贵州省作家协会会员有高致贤、郑吉平、陈晓军、韩先绪等。郑吉平于2010年加入中国作家协会。任贵明、赵玉峰、王慧玲、野渡、姜静玮等的写作各有所长，作品在贵州及省外文艺刊物上发表。郑吉平坚持业余创作，60余篇小说在省内外刊物上发表，短篇小说《李茶叶》发表于《民族文学》获“新人奖”，短篇小说《过筛》发表于《星火》，被《小说选刊》选载，进入《新世纪贵州作家作品精选》，长篇小说《嘎呦寨》由作家出版社出版。陈晓军小说《遍地荞花》获贵州省“当代教育杯”大赛一等奖，报告文学《飞向杰拉米德——探秘瓮福奇迹》获首届贵州专项文艺奖一等奖。韩先绪《漂移的沟壑》获司法部“金剑文学奖”，纪实小说《监狱长手记》被加拿大列治文图书馆评为“2013年度最受欢迎的中文小说”。王慧玲作品《众里寻他千百度》获“全国青年散文大奖赛”优秀奖，《懒人话懒》《关于结婚》《不如归》《初为人师》等在《当代作家》《散文选刊》《山西青年》《青年时代》等刊物举办的征文比赛中多次获奖。

2012年，六龙中学课题研究“中华诗词进校园与学生素质培养研究”获国家级优秀课题奖，校园文化建设获贵州省优秀校园文化活动成果奖二等奖。2014—2015年，青年诗人陈平（笔名野渡）创作并发表新诗70多首，《三月的映山红》编入《中国文学作品选》，《骑在牛背上的黄昏》在第一届全国青年文学大赛中获一等奖，《昨晚的风刮了一夜》获第二届中外诗歌散文邀请赛一等奖。2015年，野渡被世界汉语文学作家协会推荐为贵州分会主席，同年加入中国现代作家协会。姜静玮创作新诗100多首，10多首发表于《中国诗人》《中国诗萃》等诗刊上，获《星星》诗刊及省、地多项奖。至2015年，县作家协会有会员83人，市级以上会员22人。

大方古体诗词既讲究格律、音韵、整齐之美，又充满时代气息。1993年8月，杨鹰五言排律《苗乡风情》入选周笃文主编《金榜集》。1994年8月，臧学万《鹧鸪天·蜘蛛结网》获人民文学创作培训部中国当代文学新作评奖二等奖。1995—2006年，王成纲主编《华夏吟友》发表16名大方作者的诗词作品110首。2000年，李广超主编《20世纪中华词苑大观》收录大方词作者5人作品28阕。2001—2003年，黄君主编《类编中华诗词大系》发表大方诗词作者6人87首作品。2002年，周笃文主编《当代中华诗词集》发表大方作者11人23首作品。庄严主编《中华当代咏物诗精选》收录大方作者4人26首诗词。2003年，丁芒主编《当代中华诗词通览》收录大方作者3人71首诗词，并摘登陈君述《词调分类探略》。2005年，文化部艺术服务中心编《共和国的辉煌·中华骄子卷》收录大方作者2人35首诗词。2006年，《华夏龙吟·风云榜》收录大方作者5人42首诗词。中国延安文艺学会编《红色诗选》发表陈君述套曲《夜行船·天路》，并吸收陈君述为会员。2007年，《中国当代经典诗选》收录陈君述诗10首，国际中华文化艺术协会编《中华文学家大典》编入陈君述诗词6首，《世界杰出华人艺术家年鉴》收录陈君述诗词9首。《吟苑英华》收录臧学万诗词3首。2007年，中华诗词发展研究会评选的百年中华诗词终身成就奖中，大方县有简常骏、臧学万、余廷林、陈君述获奖。10月，人类贡献奖、文化艺术类评审委员会授予陈君述首届人类贡献奖、文化艺术类文学金奖。12月，世界华文诗词协会、中华诗词创作终身成就奖“金钟奖”评审中心评给杨鹰、陈君述中华诗词创作终身成就奖“金钟奖”金奖。2008年，丁艺主编《中华诗词史鉴（近、当代卷）》收录陈君述诗词20首。

2008年6月，经中央文史研究馆（书画院）、中华词赋学会、国际汉语诗歌协会、中央电视台、人民文学、中国美术家协会、中国书法家协会、中国艺术研究院等十几家单位的专家组成评委会严格筛选评审决定，授予陈君述中国改革开放文艺终身成就奖。陈君述创作的《越调·小桃红·圣火传递》在庆祝中国改革开放30周年、纪念邓小平诞辰105周年活动中，被中国当代文学研究会评为特等奖，陈君述被评为“改革开放30周年百名文艺贡献人物”。2009年，人民出版社出版《世界艺术大系·中国艺术》收录陈君述套曲《端正好·神六巡天·双雄奏凯》，《建国60周年中国作家诗人大系》收录陈君述同调组曲《小桃红·圣火传递》。是年6月，世界民间文艺家协会授予陈君述首届世界民间艺术最高奖“金马奖”。7月，首届中国国际文化艺术节华人文艺顶级赛“荣耀中国”人类贡献奖艺术类评审委员会、法中（国际）文化艺术交流会授予陈君述“百名华人国际艺术名流”。9月，经中国文学研究院、国际诗词协会、当代作家协会、东方文化艺术研究所等十几家单位和评审会筛选审定，授予陈君述“中华人民共和国成立60周年中国作家文学终身成就奖”。

（二）戏剧

大方戏剧曲艺创作表演根植于本地民族民间艺术，取材于民间、贴近群众、贴近生活、紧跟时代，多次参加国家、省、市展演。尤其是周建平（又名周剑平）创作、编排的多部作品，多次获得国家、省、市表彰，为推动大方文学艺术繁荣发展做出积极贡献。至2015年，县戏剧曲艺家协会有会员15人，市级以上协会会员6人。

1991年，周剑平创作的小品《生活不是演戏》发表于《毕节剧作》和《贵州剧作》。1995年，周剑平创作的小品《心籁》发表于贵州《群文天地》。2001年，周剑平被贵州省戏剧家协会吸纳为会员。2005年，周剑平创作的话剧、小品《红红火火的日子》《接财神》《有这样一片白杨林》

《彩色的故事》《号码的烦恼》等在省、地戏剧刊物发表。2007年，周剑平创作的方言话剧小品《号码的烦恼》被收录于《贵州省三十年优秀小戏小品选》。2012年，张晖表演的《都市即景——背篼》在全省“我是大明星”演员选拔大赛中，获小品类一等奖、最具本土特色节目奖。

（三）美术

农民画创作现场（2009年8月摄）

至2015年，县美术家协会有会员81人，市级以上会员17人。吴维玚、陈绍竹、田湖洋等是贵州美术家协会会员。吴维玚长期从事农民画辅导工作，是大方农民画传承人之一，国画作品多次参加省、地举办的美术作品展览。陈绍竹是大方农民画的辅导者之一，2008—2014年创作国画作品40多幅，参加省老年书画展，代表作有《风景这边独好》《山路》《果实累累》等。杜昌诗擅长花鸟、山水画，将传统国画技法与现实题材相结合，紧扣时代脉搏，讴歌新生事物，1990—1997年，作品有《桃园何处是 仙洞渺难寻》《天地有正气》《梯子岩》《粉身碎骨香如故》《黔山滴翠》《乌蒙叠翠 乌江波涛》《玉皇阁》《国耻》《国殇》《大方山城》。程大文创作作品20多幅，参加省、地老年书画和县书画展，《紫藤鱼》在中央电视台美术频道《空中画展》栏目播出。

20世纪90年代，大方农民画总结出“以情造型、以情用色”的创作方式，形成独特的艺术风格。以浓郁的民族民间风格和淳朴粗犷的画风创作出的优秀作品，在历届农民画展中屡创佳绩，连获大奖，部分作品曾出国参展并被收藏。1991年，文化部组织中央美术学院教授组成农民画考察组到大方考察农民画。1988年，大方县被文化部命名为“中国现代民间绘画画乡”。是年，吴正奎捐赠的绘画作品，由红十字扶贫开发服务中心用于发展公益事业。2002年，杜鹃花节举办大方农民画展期间，中央电视台《中国风》栏目专访大方农民画，并于当年7月8日在中央电视台播出。2004年，吴正奎在第七届中国艺术全国现代民间绘画画乡建设成果暨第二届秀洲中国农民画艺术节“中国现代民间绘画优秀画家作品提名展”中，被评为“2004中国现代民间绘画画家”。2008年，大方县被文化部命名为“中国民间文化艺术之乡”。2015年，杨慧获“全国十佳农民画家”称号。

1991—2015年大方县美术作品获奖及参展情况一览表

表—20-1-1-1

年份	作　者	获奖（参展）情况	作　品	级别
1991	杨云珍	北京·1991圣诞·中国民间绘画展二等奖	《摘猕猴桃》	文化部
1992	陈开林	北京·1992圣诞·中国民间绘画展三等奖	《碾》	文化部
1992	高光友	入选全国现代民间绘画画乡作品邀请展	《牧童》	文化部

续上表

年份	作 者	获奖（参展）情况	作 品	级别
1992	吴正奎	第二届民族文化博览会民间美术展中获佳作奖	《山林追鸟》	中国民族文化博物馆收藏
1993	吴正奎	入选 1993 香港之窗杯中国农民画大赛优秀作品展	《追鸟》《迎新娘》	文化部
1995	高光友、陈开林、黄昌平、刘扬文、刘永先、吴正奎、杨云珍、杨靖等人	入选《中国农民画优秀作品集》	10 余幅画作	文化部
1995	高光友	1995“万博杯”全国艺术之乡艺术精品展示大赛三等奖	《集乐》	国家
1996	吴正奎	中国农民画优秀作品展北京全国优秀农民画展优秀奖	《安品与满奏》	国家
1999	刘杨文	入选农民艺术大赛 1999 中国当代民间绘画作品邀请展	《山乡马帮》	文化部
1999	高光友	入选农民艺术大赛 2000 中国当代民间绘画作品邀请展	《芦笙欢歌》	文化部
1999	刘永先	农民艺术大赛 1999 中国当代民间绘画作品邀请展三等奖	《闹火堂》	文化部
1999	王文举	农民艺术大赛 1999 中国当代民间绘画作品邀请展三等奖	《烧硫磺》	文化部
1999	吴正奎	农民艺术大赛 1999 中国当代民间绘画作品邀请展三等奖	《追情妹》	文化部
2000	吴兴华	浙江嘉兴全国农民画画乡邀请展二等奖	《苗家打嘎》	文化部
2000	高光友	中国农民画联展暨上海金山第三届旅游节展出中获优秀奖	《芦笙欢歌》	文化部
2001	赵长江	上海金山中国农民画联展三等奖	《乡场上》	国家
2002	吴正奎	第二届上海宝山杨行全国现代民间绘画艺术交流展优秀作品奖	《追情妹》	国家
2002	赵吉烈	中国农民画联展获优秀奖	《晨耕》	国家
2002	杨云珍	全国现代民间绘画艺术交流展优秀作品奖	《心灵手巧苗家女》	文化部
2002	陈开林	全国现代民间绘画艺术交流展优秀作品奖	《山乡酿酒》	文化部
2002	詹永珊	全国现代民间绘画艺术交流展优秀作品奖	《收苞谷》	文化部
2002	余学文	全国现代民间绘画艺术交流展优秀作品奖	《欢乐的山娃》	文化部
2004	周剑平	户县全国农民画展暨中国农民画发展战略研讨会三等奖	论文《开拓前进中的大方农民画》	文化部
2007	陶 红	入选第三届农民艺术节画展	《丰收的枣子》	文化部

续上表

年份	作　者	获奖（参展）情况	作　品	级别
2007	吴兴华	入选第三届农民艺术节画展	《欢欢喜喜过新年》	文化部
2007	吴正奎	入选第三届农民艺术节画展	《碾线》	文化部
2007	吴兴霖	入选第三届农民艺术节画展	《今日新农村》	文化部
2008	李方阳	贵州省第八届少儿艺术节美术作品选拔赛优秀奖	《晒刺绣》	省
2008	吴兴亮	入选纪念改革开放30周年——2008中国农民画画展	《斗牛》	文化部
2008	吴正奎	入选纪念改革开放30周年——2008中国农民画画展	《月朦胧》	文化部
2008	高光友	入选纪念改革开放30周年——2008中国农民画画展	《远古的篝火》	文化部
2008	周　秦	入选纪念改革开放30周年——2008中国农民画画展	《笙歌丽舞》	文化部
2008	刘　华	入选纪念改革开放30周年——2008中国农民画画展	《大千世界》	文化部
2009	高光友	第二届中国重庆綦江农民版画艺术节中国画乡绘画精品展三等奖	《孵鹅蛋》	文化部
2009	吴正奎	入选中国画乡绘画精品展	《月朦胧》	文化部
2009	陈丽娟	入选中国画乡绘画精品展	《归》	文化部
2009	周　秦	入选中国画乡绘画精品展	《鼓风动乐》	文化部
2009	刘　华	入选中国画乡绘画精品展	《板凳舞》	文化部
2010	高　俊	2010年首届中国农民艺术节中国农民画精品展优秀奖	《挑水》	文化部、农业部中国农业博物馆收藏、中国文联
2010	杨国秀、吴兴华	2010年首届中国农民艺术节中国农民画精品展优秀奖	《乡村摩托车》	文化部、农业部中国农业博物馆收藏、中国文联
2010	杨　慧	2010年首届中国农民艺术节中国农民画精品展优秀奖	《舞动苗山》	文化部、农业部中国农业博物馆收藏、中国文联
2010	周　秦	入选2010年首届中国农民艺术节中国农民画精品展	《乌蒙晨曲》	文化部、农业部、中国文联
2010	刘　华	入选2010年首届中国农民艺术节中国农民画精品展	《琳琅满目》	文化部、农业部、中国文联
2010	杨云珍	第四届秀洲·中国农民画艺术节“时代新风”中国现代民间绘画新作展优秀奖	《闹春》	文化部
2010	吴兴华	第四届秀洲·中国农民画艺术节“时代新风”中国现代民间绘画新作展优秀奖	《跳花坡》	文化部
2010	吴兴华	入选第四届秀洲·中国农民画艺术节“时代新风”中国现代民间绘画新作展	《吃咂酒》	文化部

续上表

年份	作　者	获奖（参展）情况	作　品	级别
2010	周　秦	入选第四届秀洲·中国农民画艺术节“时代新风”中国现代民间绘画新作展	《板凳舞》	文化部
2010	高　俊	入选第四届秀洲·中国农民画艺术节“时代新风”中国现代民间绘画新作展	《夜郎神曲》	文化部
2010	刘　华	入选第四届秀洲·中国农民画艺术节“时代新风”中国现代民间绘画新作展	《生命·命运》	文化部
2010	刘　华	入选“农民画时代·时代画农民”——全国农民绘画展	《洞天蝶魂》	中国文联、中国美协，浙江美术馆收藏
2010	吴正奎	入选“农民画时代·时代画农民”——全国农民绘画展	《哭嫁》	中国文联、中国美协，浙江美术馆收藏
2010	杨国华	入选“农民画时代·时代画农民”——全国农民绘画展	《晒裙子》	中国文联、中国美协，浙江美术馆收藏
2010	吴兴华	入选“农民画时代·时代画农民”——全国农民绘画展	《跳花坡》	中国文联、中国美协，浙江美术馆收藏
2011	杨　慧	第三届中国重庆綦江农民版画艺术节全国画乡作品联展二等奖	《桃李满天下》	文化部
2011	刘　华	入选第三届中国重庆綦江农民版画艺术节全国画乡作品联展	《溯源》	文化部
2011	高光友	入选第三届中国重庆綦江农民版画艺术节全国画乡作品联展	《彝王阿鲁》	文化部
2011	杨云珍	入选第三届中国重庆綦江农民版画艺术节全国画乡作品联展	《鱼鸟乐》	文化部
2011	高　俊	入选 2011 六合·中国农民画精品邀请展	《萤火虫》	文化部
2011	高　焱	入选 2011 六合·中国农民画精品邀请展	《杜鹃花丛中》	文化部
2011	杨云珍	入选 2011 六合·中国农民画精品邀请展	《蜡画迎春》	文化部
2011	吴正奎	入选 2011 六合·中国农民画精品邀请展	《远方的小哥》	文化部
2011	李建刚	入选 2011 六合·中国农民画精品邀请展	《合鸣》	文化部
2011	周剑平	2011 六合·中国农民画发展高层论坛优秀论文奖	论文《新时期中国现代民间绘画的生存和发展》	文化部
2012	周　秦	“时代·田园——全国农民画大赛”优秀奖	《挖洋芋》	文化部，秀洲·中国农民画艺术中心收藏
2012	李建刚	入选“时代·田园——全国农民画大赛”	《对歌》	文化部
2012	杨云珍	入选“时代·田园——全国农民画大赛”	《苗家歌舞》	文化部
2012	杨国华	入选“时代·田园——全国农民画大赛”	《芦笙打鼓舞》	文化部

续上表

年份	作　者	获奖（参展）情况	作　品	级别
2012	陈丽娟	入选“时代·田园——全国农民画大赛”	《泼水迎亲》	文化部
2012	陈开林	入选“时代·田园——全国农民画大赛”	《抢镜头》	文化部
2012	吴兴华	入选“时代·田园——全国农民画大赛”	《烟斗》	文化部
2012	杨　慧	2012南京六合·第二届全国农民画大赛二等奖	《杜鹃花魂》	文化部
2012	李建刚	2012南京六合·第二届全国农民画大赛优秀奖	《吉祥家园》	文化部
2012	吴正奎	2012南京六合·第二届全国农民画大赛优秀奖	《有缘来相会》	文化部
2012	周　秦	2012南京六合·中国农民画学术研讨会优秀论文奖	论文《农民的孩子画农民》	文化部
2012	周　秦	入选2012辽源东丰·中国农民画艺术节暨全国农民画展览	《谁说女子不如男》	文化部、中国农民书画研究会
2012	李建刚	入选2012辽源东丰·中国农民画艺术节暨全国农民画展览	《和谐》	文化部、中国农民书画研究会
2012	周　秦	第三届中国农民书画展优秀奖	《好收成》	文化部、中国农民书画研究会
2012	李建刚	第三届中国农民书画展优秀奖	《新农村》	文化部、中国农民书画研究会
2012	周　秦	中国日照农民书画艺术节佳作奖	《丰收》	文化部、中国农民书画研究会
2013	李建刚	司法部和南京市人民政府主办2013南京六合·全国首届法治农民画大赛三等奖	《普法到苗乡》	文化部、中国农民书画研究会
2013	周　秦	司法部和南京市人民政府主办2013南京六合·全国首届法治农民画大赛优秀奖	《放牧的阿哥》	司法部、文化部
2013	陈　艳	司法部和南京市人民政府主办2013南京六合·全国首届法治农民画大赛优秀奖	《牧童》《方便生活你我他》	司法部、文化部
2013	刘　华	司法部和南京市人民政府主办2013南京六合·全国首届法治农民画大赛优秀奖	《丰收曲》	司法部、文化部
2014	黄　娟	在陕西举办的中国梦·情之乡土全国农民画大赛优秀奖	《建设美丽的家园》	文化部
2014	严春桃	贵州省第二届农民画大赛儿童组一等奖	《欢乐新农村》	省文化厅
2014	严春桃	贵州省第二届农民画大赛儿童组三等奖	《戏水》	省文化厅
2014	黄　娟	贵州省第二届农民画大赛儿童组三等奖	《孝》	省文化厅
2014	陈开林	第二届贵州农民画大赛成人组二等奖	《祖国母亲的生日》	省文化厅
2014	刘永先	第二届贵州农民画大赛成人组三等奖	《金秋》	省文化厅
2014	高　俊	第二届贵州农民画大赛成人组三等奖	《夜郎古歌》	省文化厅
2014	刘　华	第二届贵州农民画大赛成人组三等奖	《节日》	省文化厅
2014	周　秦	第二届贵州农民画大赛成人组优秀奖	《勤劳》	省文化厅

续上表

年份	作者	获奖（参展）情况	作品	级别
2014	杨 慧	第二届贵州农民画大赛成人组优秀奖	《摘蓝莓》	省文化厅
2014	李建刚	第二届贵州农民画大赛成人组优秀奖	《芦笙舞》	省文化厅
2014	严春桃	第二届贵州农民画大赛少儿组一等奖	《欢庆新农村》	省文化厅
2014	黄 娟	第二届贵州农民画大赛少儿组三等奖	《戏水》	省文化厅
2014	韩 江	第二届贵州农民画大赛少儿组三等奖	《孝》	省文化厅
2014	郑 雪	第二届贵州农民画大赛少儿组优秀奖	《快乐》	省文化厅
2014	黄永晴	第二届贵州农民画大赛少儿组优秀奖	《孝道》	省文化厅
2014	杨 红	第二届贵州农民画大赛少儿组优秀奖	《红红火火》	省文化厅
2014	刘忠雪	第二届贵州农民画大赛少儿组优秀奖	《巧手》	省文化厅
2014	李怡梦	第二届贵州农民画大赛少儿组优秀奖	《节日》	省文化厅
2015	刘 华	贵州第一届国际民族民间工艺品博览会书法绘画大赛一等奖	《春意盎然》	省文化厅
2015	周 秦	中国民间文艺家协会主办的全国农民画大赛优秀奖	《爱国》	中国文艺家协会
2015	杨 慧	中国民间文艺家协会主办的全国农民画大赛优秀奖	《天堑变通途》	中国文艺家协会
2015	杨 慧	水城“中国民间文艺家协会、贵州省文联”主办的“中国精神·中国梦”全国农民画大赛优秀奖	《勤学肯干奔小康》	中国文艺家协会
2015	黄 娟	中国民间文艺家协会、贵州省文联在水城主办的“中国精神·中国梦”全国农民画大赛优秀奖	《美丽家乡》	中国文艺家协会
2015	周 秦	中国民间文艺家协会、贵州省文联在水城主办的“中国精神·中国梦”全国农民画大赛入选奖	《和谐》《一年之计在于春》	中国文艺家协会
2015	严春桃	中国民间文艺家协会、贵州省文联在水城主办的“中国精神·中国梦”全国农民画大赛入选奖	《寻梦》	中国民间文艺家协会
2015	郑 雪	中国民间文艺家协会、贵州省文联在水城主办的“中国精神·中国梦”全国农民画大赛入选奖	《勤为本》	中国民间文艺家协会
2015	陈 艳	中国民间文艺家协会、贵州省文联在水城主办的“中国精神·中国梦”全国农民画大赛入选奖	《美丽的小城镇》	中国民间文艺家协会
2015	周 秦	在江西举办的全国农民画大赛优秀奖	《和谐之音》	中国民间文艺家协会
2015	韩 江	在江西举办的全国农民画大赛优秀奖	《年年有余》	中国民间文艺家协会
2015	李建刚	在江西举办的全国农民画大赛优秀奖	《跳绳》	中国民间文艺家协会

续上表

年份	作 者	获奖（参展）情况	作 品	级别
2015	周 秦	贵州第七届公益广告大赛三等奖	《和谐》	省文联、省美协
2015	杨 慧	贵州第七届公益广告大赛三等奖	《友善》	省文联、省美协
2015	周 秦	贵州省举办的“美好黔图”公益广告大赛银奖	《明礼知耻 和谐之音》	省文联、省美协
2015	李建刚	贵州省举办的“美好黔图”公益广告大赛铜奖	《孝当先》	省文联、省美协
2015	杨 慧	在秀洲举办的全国农民画大赛优秀奖	《庆丰收》	文化部
2015	陈开林	在秀洲举办的全国农民画大赛优秀奖	《好媳妇》	文化部
2015	周 秦	在秀洲举办的全国农民画大赛入选奖	《强身健体好奔梦》	文化部
2015	陈 艳	在秀洲举办的全国农民画大赛入选奖	《摘豆子》	文化部
2015	刘忠雪	在秀洲举办的全国农民画大赛入选奖	《巧手》	文化部
2015	张小艳	在秀洲举办的全国农民画大赛入选奖	《草莓地》	文化部

（四）书法

大方书法爱好者众多，通过历届书法家的传帮带，书法艺术得到较好传承，在省、市、县举办的各类赛事中均有建树。县书法家协会常年组织参加“三下乡”春联义写及文艺交流，开展书法进校园、进企业活动，进行书法教育普及，为书法艺术的传承和繁荣做了大量工作。至2015年，县书法家协会有会员100多人，其中市级以上会员50余人。李正荣（笔名李葆春）、尹开武、臧学达、郭祥福、黄文江、彭远江、孙一夏为贵州省书法家协会会员，郭祥福、黄文江、李正荣、尹开武、臧学达、黄鹏、孙一夏、周剑平、郑再华、鲁国荣、何家顺、魏开君、杨世觉、杜世端、彭远江、陈远鹏、张驰、张弢为毕节市书法家协会会员。

20世纪90年代以后，李正荣、尹开武、臧学达等人活跃大方书坛。李正荣真草隶篆俱精，楷书学欧阳询、柳公权，后受赵孟頫影响，吸取赵书小楷秀媚，故楷书秀娟中见劲峭；草书学张旭、怀素、兼有黄庭坚笔意，融入自己功力，自成一家，间用飞白，更显飘逸；大篆高古典雅，遒劲雄浑。尹开武善隶书，学汉隶而不泥古。臧学达长楷书，学颜真卿得其神，学柳公权得其骨，兼欧阳询规矩，结构严谨，端庄雄健，大方碑刻多处出自臧学达之手。谢拯民得祖先谢安遗传的梅花篆手迹而创梅花篆字，成为大方梅花篆字创始人，其梅花篆作品载入贵州黄果树碑林、福建郑

县书法家到八堡乡为群众义写（2015年7月22日摄）

成功碑林、四川太白碑林，被安徽颍州西湖碑林收藏。吴雨痕工书正、行、隶、篆，其隶书端庄凝重，自成一体，翰墨泉碑、大海坝烈士陵园均有手迹。

1992 年，李正荣获贵州省“诗书画印进京展”入展，臧学达获贵州省教职工书法绘画摄影作品展二等奖、贵州省“走向法制书法摄影大赛”优秀奖。郭祥福获山东省第三届书法大赛二等奖、贵州省第八届“星星临帖”展入展。黄文江获贵州省第八届临帖展入展，行草书作品刊载于《红旗》副刊和中国《国宝》杂志。2005 年，彭远江书法作品获第五届“赛克勒杯”中青组佳作奖，入展西部十省区文联书协举办的西部崛起中国书画艺术邀请展，入展贵州省第七届、第八届临帖大展。2007 年，鲁国荣篆刻作品入选贵州省第一届“茫父杯”书法展、“小榄杯”全国书法展，2008 年，获贵州“杜鹃杯”书法展篆刻优秀奖。陈远鹏获贵州省“祖国好，家乡美”书法绘画展优秀奖。

2012—2015 年，在老、中、青、幼中涌现出许多书法爱好者，有刘福泉、郑再华、梅培松、张弢、孙一夏、孙经国、刘华、王宇钦、杨松达、吴胜航、邓云捷、吴晟昊、李颖、李文杰、沈燃志、魏志杰、李昱宏、肖雅琪、李周韬、王福民、勾廷伟、王文琪、李诗曼、高馨月、马俊玺、胡渊、简晓耀、李佳璐、王运录、王文卓、陈国典、杜剑锋等，作品在国家级、省级、市级比赛中获奖或刊发。8 岁儿童张书龙、孙经国在省、市少儿书法大赛中获奖，参加全国第三届“中华新星杯”少儿书法大赛，2 人均获金奖。

（五）音乐

大方音乐艺术主要以表演和教育为主。国庆歌咏比赛自 1987 年举办第一届始，每年一届，持续不断，至 2015 年共举办 28 届，成为大方群众合唱艺术的品牌。“秋之韵”音乐会自 2012 年创办，以挖掘传承大方民族民间音乐文化，发掘本土音乐人才，宣传美丽大方为宗旨，至 2015 年共举办 4 届，成为大方器乐、声乐表演的舞台。至 2015 年，大方音乐家协会有会员 100 多人，市级以上会员 30 余人。

1992 年 8 月，大方业余合唱团作为唯一的县级合唱团参加贵州省首届合唱艺术节，获二等奖，参赛曲目为魏开君作词、周剑平作曲的原创歌曲《祖国，您好》及龙庆陆作词作曲的《一声号子一面墙》。1999 年，周剑平加入贵州省音乐家协会为会员。

2005 年，全国廉政歌曲创作演唱大赛中，大方词曲作者创作 30 多首歌曲参赛，其中，由杨明作词、周剑平作曲、马磊演唱的歌曲《邪不压正是天理》获贵州省廉政歌曲创作三等奖，并由省纪委送北京参评；唐希参加全省首届大中小学生合唱节歌咏比赛获中专组一等奖；钟艳在世界艺术锦标赛中国赛区总决赛歌唱大赛中获美声唱法三等奖。2006 年，钟艳在贵州省“激情乌江”歌手大赛中，获民族唱法三等奖

2011 年，杨傲参加第十六届香港·亚洲钢琴公开比赛，在香港总决赛中获“中国作品高级组”一等奖、“肖邦圆舞曲妈祖卡舞曲组”二等奖、“贝多芬奏鸣曲组”二等奖。2012 年，杨傲参加第十七届香港·亚洲钢琴公开比赛，获贵州赛区“李斯特练习曲组”一等奖，“德彪西组”一等奖。欧思敏获贵州省“天翼飞翔”歌手大赛“十大歌手”称号，钟艳在贵州省“群文之星”声乐大赛中获美声组二等奖。2015 年，杨傲参加全国第二届雅马哈钢琴比赛，获贵州赛区大学生专业组第二名，吴贵荣作词、肖矿作曲的《九驿颂》获贵州省“县县通高速歌曲大赛”优秀奖。

（六）摄影

大方县摄影艺术始终紧扣全县发展主题，用图片从不同角度展示大方精神文明、民风民俗和各行业发展取得的辉煌成就。大方县摄影家协会成立于 1991 年，2002 年后，摄影队伍迅速发展，至

2015 年，有会员 160 余人，其中市级以上会员 50 余人。

毛道安从事摄影创作 40 多年，踏遍大方山山水水，创作摄影作品数千幅。2004 年 4 月，摄影作品《获得知识再打工去》在第十四届中国新闻奖摄影作品复评暨 2003 全国新闻摄影作品年赛中获银奖，并于 2012 年 9 月 25 日在人民网、《人民日报》上刊发，2015 年，《大方漆器》在第八届中国·西南六省区市摄影联展中获三等奖，《咱们彝家人》在中国摄影报 2015 贵州影友擂台赛中获三等奖，《古驿道上的马帮》在“美丽中国·贵州之旅”中国摄影报“走进毕节百里杜鹃节”影友擂台赛中获三等奖。在 2012 年全省水利系统首届“贵州水利杯”职工摄影大赛中，陈庆方摄影作品《夜战——毛栗水库抢险》获一等奖，《九洞天组图》《冷底防洪工程》《毛栗水库抢险》《最后的水域》《冷蛙人下水》《朱仲河地下水开发》《高原平湖》获优秀奖，2014 年，作品《大方山城一角》《大方县经济开发区标准化厂房》《高楼万丈平地起》《云涌奢香故里》《梦幻之城》入选贵州省摄影家协会“2014 年摄影大篷车下基层”暨双月赛。2015 年，陈庆方被贵州省摄影家协会评为优秀会员。卢登秀、梅培文、贺咏、黄承义、王文琳、柴启军、黎万钊、饶丽等的摄影作品在国家级、省级比赛中获奖，或在国家级、省级刊物上刊发。

（七）舞蹈

大方县舞蹈艺术致力于挖掘县域地方民族舞蹈资源，收集整理彝族、苗族舞蹈元素，组织舞蹈家协会编导人员开展舞蹈创作，邀请省级舞蹈编导老师到大方进行指导，编排打造《彝风》《铃铛舞》《支嘎阿鲁》《苗山汉子》《大方号子》等一批经典舞蹈节目。1991—2015 年，舞蹈人才培养源源不断，县内先后成立小槐舞蹈培训中心、邦丽舞蹈培训中心、蒲公英舞蹈培训中心、艺丹舞蹈培训中心等 10 余家舞蹈培训机构，每年培养舞蹈爱好者 1000 余名，为省内外高校舞蹈专业输送大量人才。县舞蹈家协会组织各舞蹈培训学校选拔学生，参加中泰文化交流活动、“北京校园时代”第十五届国际青少年春节大联欢、多彩贵州舞蹈大赛、毕节市乌蒙文化艺术节等赛事活动。至 2015 年，县舞蹈家协会有会员 120 人，其中市级以上会员 5 人。

在大方县各种大型文艺演出活动奢香文化节、彝族火把节、秋之韵音乐会、春之声迎春晚会中，王麒麟任总导演或任总编导、艺术总监，在毕节市各种大型文艺演出活动中，任市运动会开幕式文艺演出副总编导，全国九运会开幕式文艺演出毕节片区总编导，毕节市组团参加第二届、第六届全省民族文艺会演总导演。任毕节市舞蹈家协会副主席，大方县舞蹈家协会主席。1980 年，王麒麟参加表演的舞蹈《打亲敬酒》获全国民族民间舞蹈大赛优秀奖、贵州省民族民间舞蹈大赛一等奖，1983 年，参加表演的舞蹈《佤寨渔歌》和《火把节之夜》分别获贵州省民族民间舞蹈大赛一等奖和二等奖，1986 年，表演的独舞《铃》获全国民族民间舞蹈大赛丰收奖、贵州省民族民间舞蹈

宣慰府广场《乌蒙欢歌》千人彝舞（2015 年 3 月 21 日摄）

大赛三等奖，1994 年，编导的《彝族铃铛舞》《乌蒙欢歌》分别获贵州省少数民族文艺比赛金奖和银奖。2000 年，陈邦丽和封于祥辅导的《牛背摇篮》获贵州省教师节舞蹈大赛第二名。

2001 年，在省第二届少数民族文艺汇演中，王麒麟编导的《欢聚在火把节》获一等奖，《乌蒙铃》获二等奖，《勇士魂》获三等奖，并获优秀编导奖和优秀创作奖。2003 年，陈邦丽编导舞蹈《母亲》获省示范性普通高中评估文艺调演第一名。2007 年，王麒麟编导的《苗山汉子》在毕节试验区成立 20 周年文艺汇演中获一等奖。陈邦丽编导、周剑平作曲的舞蹈《希望的太阳》获省黄果树杯“多彩贵州”舞蹈大赛毕节地区第三名。李靖编导的舞蹈《彝寨琴声》获贵州省粮食系统文艺调演二等奖，《聊斋——书生与白狐》获贵州省黄果树杯“多彩贵州”毕节地区二等奖。2008 年，罗晓槐创作的舞蹈《索玛花》参加省第八届少儿艺术节，获儿童组三等奖，表演者陈玉梅。2010 年，小槐舞蹈培训中心选送学员杨林儿参加全省国际标准舞暨全国城市邀请赛，获金奖。

2012 年，王麒麟指导、罗晓槐创作的舞蹈《不老的歌谣》参加第五届“校园时代”全国青少年才艺展演，获金奖，王麒麟被评为优秀指导老师，表演者有李琎垚、王青、王文煜、雷一祎等。2015 年，小槐舞蹈培训中心选送学员程心语、王迪、王文煜、雷一祎等参加贵州省国际标准舞锦标赛暨全国邀请赛，获儿童五人组金奖。

（八）灯谜

大方县灯谜协会（简称县谜协）成立于 1985 年 1 月 15 日，有会员 47 人。1989 年 2 月 19 日，贵州省灯谜协会在贵阳成立，特聘大方县政协副主席李进修、廖朝栋担任顾问，李镇宇当选省谜协副会长，周元放为副秘书长，陈祖彭、吴维玚、袁宏定当选为理事。1990 年 3 月第三次会员大会选举产生县谜协组成人员为：顾问袁泽润、廖朝栋、陈祖彭、周元放、杨鹰、邱义远，会长黄炯杰，副会长吴维玚、陈绍贤，秘书长周元放（兼），常务秘书长张成义，常务副秘书长陈远庆，含理事 14 人。1991 年 1 月，大方县响水区文化站灯谜协会编辑出版《响水文虎》。同年 6 月，陈绍贤受邀参加在北京举办的全国灯谜艺术研讨会。1992 年 5 月，周正创作的灯谜“妙玉擅曲（射电视歌曲）精美的石头会唱歌”获贵州“云雾山谜会”佳谜奖。1993 年正月初九，县文化局、县谜协组织周元放、周元鼎、张成义、张成诗、陈远庆、周剑平、吴维玚、余春全参加癸酉年贵阳迎春谜会。1994—2000 年，开展水土保持专题灯谜、“税收与文明”大型灯谜活动展猜、县“农行杯”“卫生杯”有线电视灯谜竞猜活动等。2001 年 10 月，在新世纪灯谜创作赛中，余春全获“新世纪灯谜之星”称号。2002 年 3 月 18 日，县谜协第四次会员大会选举产生组成人员为：顾问黄炯杰、周元放、杨鹰、陈祖彭、吴维玚、程大有，会长周剑平，副会长魏开君、袁宏定，秘书长章培林，副秘书长余春全，含理事 11 人。同年，余春全入选《中国当代灯谜艺术家大辞典》。易力 2004 年获得“望州山杯”全国典故谜创作赛佳谜奖，2005 年获第十三届京津冀鲁灯谜创作赛总分第二名，2005 年、2006 年连获第四届、第五届“新世纪灯谜之星”称号。2006 年 6 月 3 日，大方灯谜被县人民政府列为第一批县级非物质文化遗产保护名录。2007 年春节期间，县谜协与大方九龙天麻有限公司在影剧院前举办大型迎春灯谜展猜。2008 年 3 月，大方县文联主持选举第五届县谜协组成人员为：会长魏开君，副会长易力、陈远庆、周剑平，秘书长章培林，含理事 10 人。2009 年 7 月起，万宽燚创办《大方虎林》原创谜会 QQ 群共组织网络竞猜 82 次，成为大方灯谜对外交流的平台。2010 年 6 月，万宽燚在参加广东省汕头市澄海区举办的“供水杯”国际灯谜创作赛中获得最佳灯谜创作奖。2011 年 4 月 16 日，余春全、万宽燚、梁永祥、吴学连组队代表贵州省队参加在四川新津举办的中华灯谜新津论坛，梁永祥进入前 16 强，贵州代表队获团体竞猜第七名，灯谜创作获得最佳创作奖。同年 8 月 23 日，毕节地区大方、黔西、织金三县灯谜协会交流会在大方举行。2012 年 4 月，万宽燚、梁永祥、简庆代表贵州省队参加中国·新津首届国际梨花节“花舞人间”杯灯谜大赛，荣获团体第五名及个人十佳创作奖；2013 年 3 月，大方县文联主持选举第六届县谜协组成人员为：主席杨明，副主席易力、陈远庆，秘书长章培林，含理事 10 人。2014 年 2 月，由县谜协老师辅导的大方一中学生樊家杰等 3 人，组队参加中央电视台举办的首届《中国谜语大会》并获优胜奖；2014 年 3 月 3 日，大方县文联主持改选第六届县谜协组成人员为：会长易力，副会长余春全（常务）、陈远庆，秘书长万宽燚，副秘书长梁永祥、蒋劲松。同年 3 月，梁永祥获云贵川皖渝五虎将灯谜（谜语故事）邀请赛“铜虎奖”。2015 年 8 月 9 日，余春全撰写的“从灯谜的发展所想到的管理体系”一文获北京灯谜协会“中国灯谜高层论坛十佳论文”奖。同年 9 月，余春全在陕西省宝鸡市金台区举办的纪念抗战胜利 70 周年全国专题灯谜大赛中创作的灯谜“头可断，血可流，宁死不当亡国奴（猜语文名词）汉语拼音”获十佳创作奖。同年，梁永祥获中华灯谜学术委员会“金虎奖”。

1991—2015 年，县谜协出版《虎林寻踪》共 29 期，《大方虎林》共 19 期，有《辛未年灯谜评佳灯谜集》《校园谜谭》《税收与灯谜》《大方灯谜选》《感恩谜苑》等书籍。余春全参加《中华灯谜年鉴 2010—2012 年卷》《全国旅游名胜古迹灯谜集》编辑工作。万宽燚参加《百家姓灯谜趣话》编辑工作。章培林、易力、余春全被《中国谜语库》列为主要撰稿人。县谜协会员创作的部分灯谜作品、灯谜文章发表在《知识窗》《文化娱乐》《北京晚报》《张家口晚报》《贵州谜荟》《千家灯谜》《灯谜指南》《新世纪十年灯谜精选》《中华谜报》《中华谜艺》《中华谜语大观》《全国灯谜信息》《中国灯谜》《中华灯谜纵横谈》《中华灯谜年鉴》《中国当代灯谜艺术家大辞典》《中华灯谜大辞典》等全国灯谜书刊上。2011 年、2012 年《大方虎林》第 17—18 期合刊、第 19 期连续被评为全国“十佳谜刊”。

2015 年，县谜协有理事 15 人，会员 52 人，其中，中华灯谜学术委员会委员 3 人。

三、文化馆　图书馆

（一）文化馆

县文化馆位于县城中街，占地面积 1000 多平方米。1996 年，新建 1 幢约 400 平方米的 4 层楼房，设排练室、舞蹈练功室、音乐室、培训室、展览室、书画室等，开展业务主要有群众性文艺活动、文艺辅导、农民画培训、文艺创作、与县内各文艺协会合作并提供活动平台、与县外文艺单位交流、对乡镇精神文明活动中心（文化站）进行业务指导等。2010 年，文化馆迁至奢香公园内。

进入 21 世纪，大方农民画队伍萎缩，为使农民画薪火相传，文化馆从娃娃抓起，培育新人，先后在马场镇抬沙小学、以扒小学、则鸡小学建立农民画人才培训基地，培养出上百名农民画小画家。在马场镇举办农民画展览，展出作品 150 多幅，学生作品参加全省农民画展并获奖。2003 年，在黄泥塘镇举办为期 40 天的农民画培训班，培训学员 40 多人。

开展群众文化活动是文化馆常年工作的主要内容。在一年一度的春节系列活动中，文化馆承担春联义写、联欢晚会、团拜会演出、灯谜射猜等任务。文化馆与相关文艺协会合作，调动并发挥社会贤达和文艺爱好者的作用，每年除夕前夕，均到城乡开展春联义写活动，参加书写春联的有年逾古稀书法家，也有年轻书法高手，求联群众络绎不绝。每年农历正月初一、初二、初三或元宵节，文化馆联合灯谜协会出谜上千条进行展猜，成千上万群众参加。每逢“五一”“五四”“六一”等节日，组织舞蹈、声乐、歌咏、诗朗诵等比赛活动，对胜出者予以奖励。在县每年举办的国庆歌咏比赛中，派出音乐工作者分别到各演唱队进行辅导、排练、担任指挥。每逢民族节日，组织业余乐队、歌舞表演队到八堡、凤山、牛场、竹园等少数民族乡镇分别参加苗族跳花节、彝族火把节、白族团圆节等活动。参与组织、策划、协办全县大型文化活动。

2008年后，把文化工作延伸到企业、社区、学校、机关、基层乡镇文化站。每逢"六一"儿童节，到学校辅导文艺活动。2008年5月，组织少儿节目参加贵州省第八届少儿艺术节。同年9月，辅导大方合唱团参加全省多彩贵州合唱大赛，组织排练诗歌朗诵参加地区廉政建设诗歌朗诵比赛。

2008年3月，组织中国贵州杜鹃花节形象大使选拔赛；4月，策划大方支嘎阿鲁湖首游式大型文艺演出，创作歌曲《古彝圣水·支嘎阿鲁湖》《支嘎阿鲁湖》及舞蹈音乐《圣水英雄》《凯旋》《踏歌起舞》；5月，组织参加大方彝族酒礼歌曲创作活动，馆长周剑平4首歌曲参加毕节地区彝族酒歌创作评比活动；6月，派员到县国税局辅导创作歌曲《乌蒙税务局之歌》及舞蹈《踏歌起舞》参加地区国税系统文艺汇演；为安监局创作小品《别让石头砸在脚上》；原创歌曲《乌蒙磅礴》参加"多彩贵州歌曲唱大赛毕节试验区之春"大型合唱比赛，获金奖；8月，参与举办大方县庆祝毕节试验区成立20周年专场文艺晚会。12月，为抗雪凝救灾活动创作朗诵诗《感动，为了曾经的感动》参加县赈灾义演。2009年3月，县文化馆配合县烟草局举办一年一度"烟草杯"歌舞晚会，协助县举办"花中西施"选美大赛；5月，协助县委宣传部举办2009"多彩贵州"舞蹈大赛活动；是年，到社会举办中老年舞蹈培训班，培训100多人。大方县文化馆被评为全国文化先进单位。2010年，举办农民画创作培训班，集中培训60多人，创作130多幅作品参加全国民间绘画展并获奖。周剑平创作小品《桥》《红红火火的日子》等参加"多彩贵州"小品比赛，分获毕节地区选拔赛二等奖、三等奖。2011—2015年，县文化馆创作《整脏治乱很重要》《远离邪教树新风》《清清的空气蓝蓝的天》《食药监卫士之歌》等一批小品和歌曲。2010—2015年春节期间，县文化馆与县计生局联合举办一年一度"独生子女户、二女绝育户子女"才艺展示大赛；参与奢香文化艺术节活动，协助县委宣传部开展贵州小品大赛大方赛区选拔赛活动。2011年3月，县文化馆组织节目参加响水白族团圆节，配合县兰花协会举办兰花展；4—5月，协助县委宣传部举办大方赛区"多彩贵州歌唱大赛"；6—11月，协助举办毕节第五届旅游产业发展大会暨第三届奢香文化艺术节活动；组建管乐队并辅导排练，参加县"两会"期间文艺演出。2012年，举办"美丽大方"电视歌手大赛活动及迎新春美术、书法、摄影展；协助举办贵州省第七届旅游产业发展大会暨第四届奢香艺术节；10月，承办全省首次非专业音乐爱好者专场演奏会；举办2期声乐器乐培训班，培训乡镇文化服务中心人员100多人。2014年，举办首届春蕾音乐会中华经典诵读大赛和第三届"秋之韵"音乐会，举办全县文化馆（站）专干培训班，组队到毕节参加全地区音乐创作培训班。

2015年，大方县文化馆获得全国文化馆评估定级"一级馆"。2015年开始，大方文化馆建立数字阅览室并免费开放，针对全县群众文化爱好者扩大开放量。组织参加2015年乌蒙文化艺术节戏剧小品大赛，张晖创作的小品《小芳》获二等奖、《葬礼》获二等奖、《菜园飘香》获优秀奖。

（二）图书馆

大方县图书馆于1978年建立，位于县文化馆内，1987年迁至位于新民路的新馆。馆舍总面积2175平方米，有343个阅览席位、8.5万册藏书，藏书涵盖22个大类，其中，文艺图书4万余册，社科5万册，自然科学3.5万册，少儿读物1万余册，视频资源300小时，年征订报纸100种，中文期刊418种，少儿报刊110种。

2008年，图书馆启动数字化建设，建成全国文化信息资源共享工程大方支中心，覆盖全县所有乡镇357个基层服务点，支中心由国家提供68万元设备，县财政平均每年投入40万元保障运行。建有数字书刊资源，2011年，配置图书馆集群管理系统，构建图书馆各种职能互联互通管理服务体系，利用系统集成采访、编目、典藏、期刊、流通、特色功能等各个功能模块，对图书馆资源及业务进行计算机一体化管理。设置图书外借室、期刊阅览室、电子阅览室、赠书阅览室、地方文献室、少儿阅览室、多媒体视听室等服务窗口。图书馆藏书根据藏书规划、任务和大方政治、经济、文化事业发展需要，有计划地补充图书。开展地方文献资源建设，组建地方文献书目信息库，1991—2015 年，征集各类型地方文献资料 356 种 1395 册，有《大定府志》《大定县志》《大方县志》《红军在大方》《大方年鉴》等地方史志书籍。

大方县图书馆送书下乡（2013 年 3 月 19 日摄）

20 世纪 90 年代，图书馆利用“世界读书日”“图书馆服务周”“全民读书月”以及各种节假日、纪念日等，采取多种方式开展各种主题和纪念性活动。1993 年，组织举办“纪念毛泽东同志一百周年诞辰大型历史图片展”活动。1991—1993 年，连续被毕节地委和毕节地区行署评为精神文明建设文明单位；1994 年，被省文化厅评为文明单位；1994 年在全国公共图书馆第一次评估定级中，被文化部评为二级图书馆，同年被文化部评为第二届全国文明图书馆。1995 年开展“纪念抗战胜利 50 周年灯谜展猜”活动。1998 年开展“纪念周恩来同志一百周年诞辰 · 为中华崛起而读书”活动。2000 年开展“读书与猜谜”活动。2005 年开展“纪念抗战胜利 60 周年灯谜展猜”活动。2006 年举办“中华英杰”图片展览。2007 年举办摄影书画展。2008 年举办“图书情杯”赈灾电视灯谜展猜。2009 年举办新中国成立 60 周年大型历史文献图片、书画、摄影作品展，“图书情杯—爱我中华”青少年作文比赛等系列活动。2010 年举办残疾人电脑知识培训班。2011 年举办庆祝中国共产党成立 90 周年推进公共图书信息服务开放系列活动。2012 年开展春节少年儿童讲故事活动，举办“践行雷锋精神，推动惠民服务”主题系列活动。2013 年开展迎春读书系列活动，贵州省“百万公众网络学习工程 · 网

大方县图书馆举办赈灾灯谜竞猜活动，获奖者将奖金捐给四川地震灾区（2008 年 5 月 30 日摄）

络书香飘贵州”阅读推介活动。是年，被文化部评为一级图书馆；被中央宣传部、文化部、国家新闻出版总署、广电总局评为第五届全国服务农民、服务基层文化建设先进集体。2014 年世界读书日，举办“分享阅读，快乐成长”活动、“我的书屋，我的梦”主题征文活动。2015 年开展“全民阅读”和“读书沙龙”活动。每年为广大读者推出一项文化活动，介绍图书馆常识，展示馆藏书刊，引导读者多读书，读好书。

图书馆各服务窗口实行全周免费开放，轮流休息制，每天开放 8 小时 ~9 小时，所有窗口均实行全开架借阅。至 2015 年，累计外借书刊 270 万册，内阅人数 380 万人次，为读者举办主题书刊展览图书评论等各种活动 1250 多次，60 多万人次参加，举办业务培训班 120 多期，为县直机关单位图书室和农村基层服务点培训图书管理员 2200 多人次。

四、文化遗产保护

1981 年，大方县文物管理保护工作由县文化局文管所负责。2006 年，设立县文物管理局。2007 年，更名为县文化遗产管理局，设办公室、文物管理股和非物质文化遗产管理股。2014 年，撤销非物质文化遗产管理股，设置县非物质文化遗产保护中心，负责全县文化遗产的普查、挖掘、研究整理、传承、宣传、申报、保护等。

（一）物质文物管理保护

1. 文物普查

2011 年，完成 36 个乡镇（含百管委 2 个乡镇）398 个村居委会文物普查工作。通过走访询问和实地勘察确认，收录登记不可移动文物 184 处，其中，新发现 125 处，复查 93 处，调查消失文物点 34 处。2013 年，组织开展第一次全国可移动文物普查工作，普查全县行政区域内各级国家机关、事业单位、国有企业和国有控股企业等各类国有单位所收藏保管的国有可移动文物，普查统计国有可移动文物的数量、类型、分布和收藏保管等基本信息，编制普查报告，建立普查档案和国有可移动文物名录，普查时间为 2013 年 5 月至 2016 年 12 月。2013 年，开展全县各单位文物收藏调查，完成调查摸底工作。2014 年，开展可移动文物普查认定和信息数据采集、登录、报送、审核工作。2015 年，组织完成国有可移动文物收藏单位文物认定和网上登录报送。

2. 文物保护单位申报

1981 年，公布大方县第一批 26 处县级文物保护单位。2003 年，县人民政府将达溪镇柳家花坟、羊场镇第一航空发动机制造厂旧址公布为县级文物保护单位。2012 年 6 月，县人民政府将全县具有一定历史、科学和艺术价值的 58 处文物点核定公布为第四批县级文物保护单位。2013 年 3 月，国务院将大方“阁雅古道”和“甘棠古道”核定公布为第七批全国重点文物保护单位“茶马古道”黔滇北线文物点。2015 年 6 月，县人民政府将具有一定历史、科学和艺术价值的 33 处文物点核定公布为第五批县级文物保护单位。

3. 文物修缮

遵循“保护为主，抢救第一，合理利用，加强管理”的维修原则，开展全县各级文物保护单位抢救性保护修缮工作。2010 年，实施全国重点文物保护单位中华苏维埃人民共和国川滇黔省革命委员会旧址维修工程和消防安全配套工程，实施县级文物保护单位第一航空发动机制造厂旧址抢修性维修工程。2011 年，完成大方三塔（联璧塔、奎峰塔、扶风塔）的修缮亮化工程，工程总投资 159 万元。2014 年，完成双烈园堡坎维修工程，完成中华苏维埃人民共和国川滇黔省革命委员会旧址局部维修工程。2015 年，组织实施奎峰塔附属设施维修和扶风塔人行步道新建工程。

4. 文物保护

2012 年，县人民政府公布第四批县级文物保护单位（58 处）保护范围及建设控制地带。2013—2014 年，组织实施部分全国重点文物保护单位和部分县级文物保护单位保护标志碑制作安装工程。2014 年 1 月，县人民政府行文对《川滇黔省革命委员会旧址保护范围及建设控制地带方案》进行批复；7 月，县人民政府行文对《“茶马古道”黔滇北线文物点——阁雅古道和甘棠古道保护范围及建设控制地带划定方案》进行批复；12 月，完成第六批、第七批全国重点文物保护单位中华苏维埃人民共和国川滇黔省革命委员会旧址，“茶马古道”黔滇北线文物点阁雅古道和甘棠古道记录档案编制工作。2015 年，完成全国重点文物保护单位和部分县级文物保护单位保护标志碑制作安装工程。组织文物考古专家对奢香墓周边、慕俄格城堡遗址进行考古发掘调查。启动中华苏维埃人民共和国川滇黔省革命委员会旧址局部维修和陈列布展工程。启动《大方历史文化名城文物古迹保护方案》《凤山乡大营盘古城墙保护方案》《“十三五”文化遗产保护项目》编制。

5. 文物安全管理

每年在元旦、春节、清明、“五一”、端午、中秋、国庆等节日期间，组织人员对全县国家级重点文物保护单位、省级文物保护单位及部分县级文物保护单位进行安全检查，对存在的安全隐患及时排除，并配合省、地文物部门进行文物安全检查工作，制定文物安全预案。至 2015 年，县内无文物安全事故发生。

1981—2015 年大方县人民政府公布文物保护单位一览表

表—20－1－1－2

名　称	类　别	年代	位　置	级别	公布时间
庆云楼	古建筑	清代	大方镇庆云村	县级	1981.9
双烈园	近现代重要史迹及代表性建筑	近现代	大方镇路塘村	县级	1981.9
七家田战斗指挥所旧址	近现代重要史迹及代表性建筑	近现代	东关乡大寨村	县级	1981.9
烈士公墓	近现代重要史迹及代表性建筑	近现代	大方镇路塘村	县级	1981.9
“翰墨泉”诗碑	近现代重要史迹及代表性建筑	近现代	大方镇慈善街	县级	1981.9
集安营遗址	古遗址	明代	响水乡以拉村	县级	1981.9
莲花塘遗址	古遗址	明代	大方镇书院街	县级	1981.9
万松书院遗址	古遗址	清代	大方镇书院街	县级	1981.9
慕德八层衙遗址	古遗址	元代	果瓦乡上寨村	县级	1981.9
谢氏石室墓	古墓葬	清代	高店乡白布村	县级	1981.9
更苴陈恩墓	古墓葬	明代	六龙镇青林村	县级	1981.9
九层衙门遗址	古遗址	西晋	羊场镇陇公村	省级	1982.3
千岁衢及摩崖石刻	古遗址	明代	高店乡石桅村	省级	1982.3
慕俄格城堡遗址	古遗址	蜀汉	大方镇庆云村	省级	1985.11
奢香墓	古墓葬	明代	大方镇庆云村	国家级	1988.8

续上表

名　　称	类　　别	年代	位　置	级别	公布时间
中国空军航空委员会第一航空发动机制造厂旧址	近现代重要史迹及代表性建筑	近现代	羊场镇羊场村	县级	2003. 5
柳家花坟	古墓葬	清代	达溪镇达溪村	县级	2003. 12
中华苏维埃人民共和国川滇黔省革命委员会旧址	近现代重要史迹及代表性建筑	近现代	大方镇城中社区文星街	国家级	2006. 6
竹子巷古巷道	古遗址	清代	大方镇人民中街	县级	2012. 6
寿福寺遗址	古遗址	清代	大方镇人民中路	县级	2012. 6
龙洞水西营盘遗址	古遗址	明代	小屯乡大田村	县级	2012. 6
六圭河营盘遗址	古遗址	明代	鸡场乡松林村	县级	2012. 6
红旗营盘遗址	古遗址	清代	瓢井镇坪塘村	县级	2012. 6
同安堡营盘遗址	古遗址	清代	鸡场乡天堂村	县级	2012. 6
果邦安家营盘遗址	古遗址	明代	瓢井镇坪塘村	县级	2012. 6
盘山营盘遗址	古遗址	清代	黄泥塘镇化联村	县级	2012. 6
西河古道	古遗址	明代	黄泥塘镇西河村	县级	2012. 6
槽门寨墓群	古墓葬	清代	黄泥乡槽门村	县级	2012. 6
陈氏墓群	古墓葬	清代	东关乡大寨村	县级	2012. 6
吴桢墓	古墓葬	清代	东关乡岩下村	县级	2012. 6
臧如兰墓	古墓葬	清代	羊场镇穿岩村	县级	2012. 6
杜伯华墓	古墓葬	现代	羊场镇陇公村	县级	2012. 6
周雨生墓	古墓葬	民国	牛场乡乐公村	县级	2012. 6
王登弟合葬墓	古墓葬	清代	小屯乡石墙村	县级	2012. 6
黄士观墓	古墓葬	现代	核桃乡石艳村	县级	2012. 6
杨蔚林（杨秀）墓	古墓葬	清代	凤山乡凤山村	县级	2012. 6
李春华之妻节孝坊	古建筑	清代	黄泥塘镇甘棠村	县级	2012. 6
大方古井群（共23处）	古建筑	清代	大方县城关地区	县级	2012. 6
对江大桥	古建筑	明代	对江镇对江村	县级	2012. 6
王孝传故居	古建筑	清代	对江镇对江村	县级	2012. 6
丁氏民居	古建筑	清代	东关乡龙泉村	县级	2012. 6
飞雄阁	古建筑	清代	响水乡响水居委会	县级	2012. 6
柯家桥	古建筑	明代	响水乡响水居委会	县级	2012. 6
花底河石拱桥	古建筑	清代	三元乡群丰村	县级	2012. 6
乌溪仙人桥	古建筑	明代	黄泥塘镇黄泥村	县级	2012. 6
达溪龙井（上龙井，下龙井）	古建筑	明代	达溪镇达溪村	县级	2012. 6
蔡应达烈士纪念碑	近现代重要史迹及代表性建筑	1991年	大方镇书院街	县级	2012. 6

续上表

名　称	类　别	年代	位　置	级别	公布时间
八堡红军坟	近现代重要史迹及代表性建筑	1936 年	八堡乡新开村	县级	2012. 6
六寨苗族游击队成立会议旧址	近现代重要史迹及代表性建筑	民国	八堡乡复兴村	县级	2012. 6
杨伯瑶兵营遗址	近现代重要史迹及代表性建筑	1957 年	八堡乡中箐村	县级	2012. 6
戛木战斗烈士纪念碑	近现代重要史迹及代表性建筑	1950 年	黄泥乡戛木村	县级	2012. 6
猫场战斗遗址	近现代重要史迹及代表性建筑	1935 年	猫场镇长征村	县级	2012. 6
红九军团政治部指挥所旧址	近现代重要史迹及代表性建筑	1935 年	瓢井镇瓢井村	县级	2012. 6
将军山战斗遗址	近现代重要史迹及代表性建筑	1936 年	东关乡七家田村	县级	2012. 6
梯子岩战斗遗址	近现代重要史迹及代表性建筑	1935 年	猫场镇长沙村	县级	2012. 6
汪家大院	近现代重要史迹及代表性建筑	1947 年	鼎新乡兴启村	县级	2012. 6
九洞天溶洞电站	近现代重要史迹及代表性建筑	1969 年	猫场镇五丫村	县级	2012. 6
前锋渡槽	近现代重要史迹及代表性建筑	1975 年	鸡场乡化理村	县级	2012. 6
人民渡槽	近现代重要史迹及代表性建筑	1974 年	长石镇巨石村	县级	2012. 6
锅圈洞水利	近现代重要史迹及代表性建筑	1958 年	长石镇巨石村	县级	2012. 6
阁雅古道（茶马古道黔滇北线文物点）	古遗址	明代	竹园乡羊场村	国家级	2013. 3
甘棠古道（茶马古道黔滇北线文物点）	古遗址	明代	黄泥塘镇甘棠村	国家级	2013. 3
联璧塔	古遗址	清代	慕俄格古城街道陡坡村	省级	2015. 5
奎峰塔	古遗址	明代	红旗街道路塘村	省级	2015. 5
扶风塔	古遗址	清代	红旗街道蔬菜村	省级	2015. 5
凤山大营盘遗址	古遗址	元末明初	凤山乡凤山村	县级	2015. 6
虚灵洞遗址	古遗址	清代	马场镇新迎村	县级	2015. 6
陈为杰墓	古墓葬	清代	对江镇湾子村湾子组	县级	2015. 6
陈百朋墓	古墓葬	现代	六龙镇和平村大坡组	县级	2015. 6
陈友德墓	古墓葬	明代	六龙镇和平村	县级	2015. 6
朱万春夫妇墓	古墓葬	清代	顺德街道龙昌村	县级	2015. 6

续上表

名　　称	类　　别	年代	位　置	级别	公布时间
朱礼宗夫妇墓	古墓葬	清代	顺德街道龙昌村	县级	2015.6
熊裕庭墓	古墓葬	清代	东关乡大寨村	县级	2015.6
冯登科墓	古墓葬	清代	东关乡朝中村	县级	2015.6
冯母李氏墓	古墓葬	清代	东关乡朝中村	县级	2015.6
杨母颜氏墓	古墓葬	清代	凤山乡凤山村	县级	2015.6
杨母刘老太君墓	古墓葬	清代	凤山乡凤山村	县级	2015.6
杨母徐老太君墓	古墓葬	清代	凤山乡凤山村	县级	2015.6
杨承恩墓	古墓葬	清代	慕俄格古城街道云龙村	县级	2015.6
杨母崔老太君墓	古墓葬	清代	慕俄格古城街道云龙村	县级	2015.6
杨时茂墓	古墓葬	清代	慕俄格古城街道云龙村	县级	2015.6
杨公李夫人墓	古墓葬	清代	慕俄格古城街道云龙村	县级	2015.6
杨天爵墓	古墓葬	清代	慕俄格古城街道云龙村	县级	2015.6
杨富春墓	古墓葬	清代	慕俄格古城街道云龙村	县级	2015.6
杨萃府君墓	古墓葬	清代	慕俄格古城街道云龙村	县级	2015.6
杜鸿勋墓	古墓葬	清代	慕俄格古城街道九层衙村	县级	2015.6
杨凤山父子墓	古墓葬	清代	果瓦乡上寨村	县级	2015.6
安李玉夫妇墓	古墓葬	清代	果瓦乡上寨村	县级	2015.6
袁母曾老太君墓	古墓葬	清代	红旗街道石关村	县级	2015.6
彭莲池夫妇墓	古墓葬	清代	马场镇双群村七组金钟山	县级	2015.6
彭泰墓	古墓葬	清代	马场镇双群村	县级	2015.6
彭魁夫妇墓	古墓葬	清代	慕俄格古城街道陡坡村	县级	2015.6
小水井	古建筑	明清	红旗街道	县级	2015.6
晏家井	古建筑	明清	红旗街道环府路	县级	2015.6
潘家井	古建筑	明清	红旗街道环府路	县级	2015.6
城隍庙井	古建筑	明清	红旗街道慈善街	县级	2015.6
刘氏民居	古建筑	清代	理化乡果木村	县级	2015.6
同盟会六龙分会旧址	近现代重要史迹	民国	六龙镇坝子村	县级	2015.6

（二）非物质文化遗产保护

1. 非物质文化资产普查

2009 年，开展第一次全国非物质文化遗产普查，通过贵州省文化厅非遗处验收。

2. 非物质文化遗产申报

2007 年，编制非物质文化遗产代表性保护名录申报。2008 年 6 月，国务院将“大方彝族漆器髹饰技艺”公布为第二批国家级非物质文化遗产代表性保护名录。2009 年，县组织编制省级非物质文化遗产代表性保护名录申报资料上报，同年 9 月，省政府将大方县“大方豆制品制作技艺”“大方彝族火把节”“大方苗族跳花节”公布为第三批省级非物质文化遗产代表性保护名录。2011 年，申报省级非物质文化遗产生产性保护示范基地，同年 12 月，省文化厅将大方县彝族漆器髹饰技艺传习中心公布为第一批省级非物质文化遗产生产性保护示范基地。2012 年 6 月，县人民政府将“民间孝歌”“天麻制品制作技艺”“民间求雨祭典”等 23 个非物质文化遗产保护名录公布为第二批县级非物质文化遗产保护名录。2013 年，申报非物质文化遗产省级生产性保护示范基地，同年 12 月，贵州省文化厅将豆制品制作技艺项目公布为省级非物质文化遗产，“大方豆制品制作技艺”为第二批省级生产性保护示范性基地。2014 年，组织编制完成“大方彝族火把节”申报第四批国家级非物质文化遗产代表性保护名录。截至 2015 年，大方县非物质文化遗产代表性保护名录有：国家级非物质文化遗产代表性保护名录彝族漆器髹饰技艺；省级非物质文化遗产名录豆制品制作技艺、彝族火把节、苗族跳花节；县级非物质文化遗产代表性保护名录天麻制品制作技艺、皱椒制品制作技艺、根艺制作技艺、贴核桃手工技艺、吥嘟烧制技艺、砂陶烧制技艺、竹编手工技艺、石刻工艺、糖画制作技艺、铸铁技艺、彝族建筑工艺、彝族唢呐制作工艺、彝族刺绣工艺、苗族口弦制作工艺、喜鹊苗服饰制作工艺、梅花篆、彝族民间歌舞、彝族民间舞蹈、彝族舞蹈《打亲敬酒》、苗族芦笙舞、苗族舞蹈《滚山珠》、民间舞蹈《花灯戏》、彝族山歌、汉族山歌、苗族酒礼歌、彝族民间乐器羊皮四胡演奏、彝族唢呐演奏、苗族芦笙演奏、苗族口弦演奏、打陀螺、民间《劝世文》、民间《孝歌》、民间《散花》、彝族民间口碑文化、彝族酒礼文化、苗族民间口碑文化、诗词楹联、彝族十月太阳历、古彝文字、彝族典籍文化、彝族民间传统医药、苗族民间医药、八碗席习俗、民间端午习俗、民间七月半习俗、民间春节习俗、民间求雨祭典、彝族插花节、彝族祭山节、彝族祭祀习俗、彝族婚嫁习俗、彝族丧葬习俗、苗族祭祀习俗、苗族婚嫁习俗、苗族丧葬习俗、白族团圆节、白族婚嫁习俗、白族丧葬习俗、仡佬族婚嫁习俗、穿青人庆五坛习俗。

3. 非物质文化遗产保护

2008 年 11 月，县人民政府授予潘明清、潘和清、朱光明、聂德鑫、张天禄、罗振荣、兰福寿等 7 人“大方县漆器工艺美术大师”称号。非物质文化遗产中，大方漆器作品多次获奖。2009 年 11 月，高光友与大方县彝族漆器工艺品开发有限公司总经理许星宇合作设计制作的脱胎漆器《古彝夜舞》获中国工艺美术协会精品博览会铜奖。2010 年 8 月，贵州省文化厅行文将高光友公布为第二批省级非物质文化遗产“大方彝族漆器髹饰技艺”项目代表性传承人。2011 年，编制《国家级非物质文化遗产“大方彝族漆器髹饰技艺”保护规划》。2012 年 10 月，县人民政府下发《大方县人民政府关于加强我县非物质文化遗产保护的通知》，12 月，贵州省文化厅将余孟益公布为第三批省级非物质文化遗产“大方彝族漆器髹饰技艺”项目代表性传承人。2013 年 11 月，余孟益漆器作品《祖国天地共和谐》获武汉第十四届中国工艺美术作品暨国际艺术精品博览“国信·百花杯”中国工艺美术精品奖铜奖。2014 年 3 月，夏明浪创作漆器《皮胎漆器花瓶》获福州海峡国际会展中心第四十九届全国工艺品旅游纪念品及家居用品交易会“金凤凰”创新产品设计大奖优秀奖；2014 年 10 月，漆器《皮胎将军罐》获扬州第十五届中国工艺美术大师作品暨国际艺术精品博览会“中国原创·百花杯”精品优秀奖。截至 2015 年，认定 54 名县级非物质文化遗产项目代表性传承人，其中，“大方彝族漆器髹饰技艺”传承人为余孟益、万廷福、夏明浪、袁永发、李毅、鲁玉平、陈贵祥、陈会君、张翔云、吴宝山、张启贵、高俊、韩明绪、韩明芬、游振勇、简常兴；“大方豆制品制作技艺”传承人为刘衍敏、高文凤、吴世军；“大方彝族火把节”传承人为马昌达、陈世方、龙泽友；“大方彝族过年节”“大方彝族祭山节”“大方彝族祭水节”传承人为张道明、王天奎；“大方苗族跳花节”传承人为杨春贵、杨建书、杨云祥、金世军、李正军；“大方苗族刺绣”“大方苗族蜡染”“大方喜鹊苗服饰制作工艺”传承人为杨绍英、杨绍飞、李俊艳；“大方彝族刺绣工艺”传承人为安正举；“大方白族团圆节”传承人为谢志全、赵钦忠；“大方天麻制品制作技艺”传承人为张光文；“大方皱椒制品制作技艺”传承人为吴世焕；“大方贴核桃手工技艺”传承人为李云松；“大方吓嘟烧制技艺”传承人为黄大华、彭国荣；“大方糖画制作技艺”传承人为卢玉琼；“大方灯谜”传承人为余春全；“大方民间舞龙”传承人为王兴界、李大章；“大方民间绘画”传承人为吴正奎、吴兴华、陈开林、高俊、刘永先、李建刚、杨元珍、保琴琴；“大方彝族唢呐演奏”传承人为杨兴林、罗玉环。

第二节 文化产业

一、古彝文化产业园

大方慕俄格古城——毕节大方古彝文化产业园，始建于2011年，是省“十二五”规划重点建设项目，全省十大文化产业建设项目，全省“六个一批”重点文化建设项目，全省“5个100”旅游景区建设项目。2012—2015年，完成相关规划并实行边规划边建设边开放。至2015年，累计完成投资17.88亿元。

2010年在大方县贵州宣慰府拍摄的电视连续剧《奢香夫人》剧照

2013—2015年，举办第二届彝族文化节暨第五届奢香文化艺术节、“望龙郡杯”首届中国大方慕俄格古城摄影大赛、第五届乌蒙山彝族青年联谊会、大方县2013彝族年、大方县2013彝学年会、第三届中国大方彝族文化节暨第六届奢香文化节、第二届中国·大方端午节民族民间医药交易会、第三届中国·大方端午节民族民间民俗中医药文化交易活动、千人彝舞、第七届奢香文化节暨国家民委“中华民族一家亲”走进大方文化下基层大型歌舞表演等活动，每周六晚和节假日期间共举办30多场大型篝火晚会。挖掘古彝文化，邀请省内知名专家、彝族歌手作为顾问参与水西文化考察研究活动，搜集整理58首形式多样的原生态民族歌曲、24个民间故事、16个水西重大历史故事、水西原生态民族专辑，于2014年年底出版发行。聘请贵州省民族研究院书记李平凡，贵州民族大学教授陈世鹏研讨慕俄格历史和水西历史，编写《水西探源》《火塘故事》等系列丛书，并公开出版。从2011—2015年，大方县顺德项目投资有限公司投资12.06万元，以“慕俄格”“宣慰府”“九层衙”“云龙山”“奢香夫人”“斗姥阁”等冠名申报6类67件商标，注册6类62件。

2015 年 12 月，“奢香夫人”及图像商标分别获“中国驰名商标”和“贵州省著名商标”。

二、奢香文化发展有限责任公司

2006 年 11 月，落实中央、省、地《关于深化文化体制改革，加快文化产业发展》精神，注册成立大方县奢香文化发展有限责任公司并组建艺术团军乐队。

2007 年，承办年会、春节团拜会等会议服务，承办全县大型文艺演出“春之声”。节日期间，开展文化“三下乡”文艺演出。承接大方华屹地产“华屹·锦城”奠基仪式、工商局“3.15”宣传演出、“多彩贵州”毕节试验区启动仪式演出、殡仪馆奠基仪式、政法委“6.26”禁毒宣传演出、县纪委廉政歌曲下乡巡回演出等活动。参加县“多彩贵州”舞蹈大赛，节目《苗山汉子》《书生与白狐》获奖，《书生与白狐》参加地区复赛获第二名，并代表地区参加省复赛。是年，组织排练节目参加地区调演获奖项。12 月开始组织商业演出。

2008 年，承办大方电厂“抗雪凝·保电力”晚会、大方县“春之声”文艺晚会；承接县人代会、政协会会议服务；组织参加支嘎阿鲁湖首游式、“多彩贵州”大方启动仪式演出；承接县工会参加地区调演、县地税局“税收宣传月”演出等活动；参加毕节试验区合唱比赛获一等奖。是年，承接业务 22 次，组织商业演出 4 场、义务演出 8 场。

2009 年，承接县委团拜会、县人大接待、送文化下乡、工商局“4.15”宣传、政法委“6.26”禁毒宣传、安监局“安全生产月”宣传、计生知识宣传等各项演出活动 110 场。

2010 年，参加“多彩贵州”小品大赛地区选拔赛演出，全年参加各类演出活动 100 场。

2011 年，参加贵州省优秀文艺团体精品节目大赛，获“最受农村欢迎奖”，舞蹈演员罗黄被评为“全省优秀舞蹈演员”。承接县人事局“千企万人就业工程”和城乡居民社会养老保险启动宣传、党建 90 周年宣传、毕节地区第五届旅游产业发展大会、星宿乡新型农村养老保险启动仪式、杭瑞高速公路大方境安全生产宣传、县双拥模范表彰大会、全县篮球运动会开幕式、全省“无邪教创建”现场会、生态文明家园建设等各项演出 100 多场。

2012 年，送文化下乡演出 57 场，用文艺形式宣传中共十八大精神，宣传法制、安全生产、计划生育政策等，排练歌舞、小品到各乡镇演出 32 场。

2013 年，组织 2 个队参加“毕节市民间文化木叶声声杜鹃红”口技大赛，分别获一、二等奖。参加全省优秀文化馆文艺调演，获三等奖，奢香艺术团被贵州省文学艺术界联合会评为“百千万”惠民工程文艺宣传队示范点。承办第二届彝族文化节暨第五届奢香艺术节开幕式文艺演出。承接迎新春晚会、文化下乡、职工篮球运动会、支嘎阿鲁湖祭水仪式、多彩贵州歌唱大赛启动仪式、牛场跳花坡、八堡跳花节、县彝族年、第二十六个老年节、“重走红军路”、毕节军分区战备拉练活动等各类文艺演出。

2014 年，承接大方县春节活动、第三届彝族文化节暨第六届奢香艺术节、乌蒙彝族舞大赛、中国旅游日大方旅游进景区、庆中秋迎国庆诗会、净化网络宣传活动启动仪式、法制宣传月、双拥表彰晚会等文艺演出。开展下乡入矿进社区共筑“中国梦”文艺演出 100 场。承接富南庄园酒店项目启动仪式、八堡·天宝彝族十月年、大方彝族十月年联谊活动文艺演出。全年文艺演出及各类礼仪接待 120 多场次。

2015 年，承办元旦系列活动、春节系列文艺演出、毕节市第三届乌蒙文化艺术系列（戏剧小品与器乐）大赛、彝族火把节暨凤山乡第三届乡村旅游节、摄影家协会文艺演出、西城门篝火晚会系列、羊场镇关爱留守儿童奉献爱心公益活动暨捐赠仪式、八堡·天宝 2015 彝族十月年、毕节市庆祝第十六个记者节、油杉河避暑季开幕式、学习贯彻中共十八届五中全会精神暨农村思想政治宣传教育文艺演出、恒大集团帮扶大方县吸纳就业培训结业等系列服务及各类礼仪接待150余场次。

三、书店

(一)一般图书发行

1990年后，一般图书发行打破新华书店独家经营格局，各乡镇代销售点经营户转为个人自主经营。1995年，一般图书市场进入全面开放时代，县城有书店15家。大方新华书店针对原书店购书环境差，容量小，品种不全，销售额逐年下降的状况，利用图书销售发展基金48万元，将原县城图书门市部扩建成县新华书店图书综合超市，有1.8万个品种、10万册图书，可供150人同时选购。全部实行开架售书，为读者提供缺书登记、流动供应、送书上门、书讯咨询、导购等服务，抢占图书发行主市场。2007年，在图书销售市场普遍萧条的情况下，书店图书销售总额达168万元，比2006年的28万元增加140万元，图书销售闯出一条路子，为全省新华书店县级门市带了好头，被省出版集团称为“大方现象”。

(二)重点图书发行

1993年11月2日，贵州省新华书店和贵阳市书店联合举办《邓小平文选》第三卷首发式，大方支店进机关、学校、厂矿征订发行，共发行《邓小平文选》第三卷700余册。2006年，发行《江泽民文选》1300册。

1993—2015年，发行《中国共产党第十四次全国代表大会报告》2500册、《中华人民共和国第八届全国人民代表大会第一次会议文件汇编》2100册、《迈向21世纪的行动纲领》1500册、《政府工作报告》2000册、《中华人民共和国宪法》1100册、《政府工作报告辅导材料》1400册、《中共中央关于加强党的建设的八个问题》1800册、《爱国主义教育实施纲要》6000册、《邓小平社会主义精神文明建设》1500册、《中共中央关于加强精神文明建设若干问题的决议》2500册、《中国共产党第十四届六中全会文件汇编》8500册、《中国共产党第十五次全国代表大会的报告》2500册、《中国共产党第十六次全国代表大会的报告》3600册、《文件汇编》400册、《党的十七大报告》8000册、《党的十七大文件汇编》500册、《党的十七大胜利召开宣传图片》26册、《新党章学习问答》42册、《中共中央关于加强和改进新形势下党的建设若干重大问题的决议》490册、《中共中央关于加强和改进新形势下党的建设学习读本》1800册、《党的十八大报告》1.36万册、《党的十八大报告辅导读本》2740册。发行《理性看·齐心办——理论热点面对面·2013》《深入学习习近平总书记重要讲话读本》等8825册，发行党的十八届三中全会《决定》3900册、《中共中央关于全面推进依法治国若干重大问题的决定》200册。

(三)课本发行

1991年，课本销售额116.28万元，一般图书为75.52万元，课本占总销售额的61%。1995年，课本销售额469.29万元，一般图书为187.22万元，课本占总销售额的71%。2000年，课本销售额679.17万元，一般图书为467.2万元，课本占总销售额的59%。2005年，课本销售额1348.41万元，一般图书为399.57万元，课本占总销售额的77%。2010—2015年，课本销售比例占70%~75%。

1994年，大方新华书店获全国青少年“爱我中华、爱我家乡”读书教育活动宣传发行先进单位称号，2000年获全国青少年“走向新世纪”读书教育活动发行先进奖，2011年、2012年、2014年分别获九年义务教育阶段配套资源市场均化推广成就二等奖、一等奖和先进单位二等奖等。

1992—2015年大方县新华书店经营情况一览表

表—20-1-2-1　　　　　　　　　　　　　　　　　　　　　单位：万元

年份	实现销售收入	实现利润
1992	293.03	15.08
1993	361.43	9.43
1994	362.01	11.77
1995	469.79	11.78
1996	653.10	12.38
1997	740.01	13.51
1998	1354.10	89.74
1999	1102.60	45.21
2000	1146.37	23.94
2001	1204.98	26.77
2002	1249.89	81.56
2003	1336.73	84.22
2004	1703.04	125.05
2005	1747.98	99.08
2006	2149.92	87.65
2007	2177.89	107.38
2008	2396.43	140.66
2009	2287.13	136.31
2010	2638.32	163.06
2011	2977.26	203.82
2012	3658.53	255.59
2013	3487.46	102.89
2014	3896.24	474.28
2015	4006.02	344.51

（四）支持地方建设

1992—2015年，大方新华书店为支持乡镇新农村建设，捐赠农业科技图书、农村中小学图书及相关部门图书10.67万册，捐资帮助相关乡镇村道路改造、茅草房改造工作，与相关部门、乡镇联合开展“三下乡”“四进社区”等活动，投入资金18.1万元。

四、电影

1988年，电影公司实行承包经营管理。1991年，放映场次1.12万场，占计划任务数的107.5%，观众690.37万人次，占计划任务的101%，放映收入68.04万元，占计划任务数的201%，发行收入1827.56元，占计划任务的105%。在岗职工工资足额发放。1992年，放映场次8322场，观众393.96万人次，放映收入39.37万元，发行收入8.71万元，全年亏损2.71万元。职工工资不能全额发放，电影公司开始拖欠职工工资。1993年，亏损7万余元，职工工资不能发放，无法交纳养老保险金，电影公司开始资不抵债。1994 年，电影放映业务大滑坡，除县城电影院有少部分观众，农村大多数电影队因无法开展业务报停，电影公司下属各机构形同虚设。1995 年，主管部门调整公司领导班子，当年收入较上年有所增长，但仍不能保证按期足额发放职工工资。1996 年，为解决公司人员生存问题，经上级相关部门批准，在县影剧院右侧利用巷道修建 12 间铺面，解决 12 名职工就业问题。

1997—2000 年，电影公司实行人员分流，实际在岗仅 10 人，管理混乱，职工意见大，联名向相关部门呈报破产申请。2000 年 5 月 25 日，县主管部门作出《关于电影公司职工申请公司破产问题的意见》，不同意电影公司破产，上报县人民政府。2000 年 8 月 28 日，电影公司向主管部门呈报《关于县拨款补助电影公司养老保险金使用问题的报告》，8 月 29 日，主管部门局长办公会议研究，同意县人民政府拨款解决电影公司拖欠养老保险金 5.78 万元，用于解决退休人员养老保险金单位应交纳部分。

2001 年，电影公司不能按期如数发给职工工资。2002 年春节前，职工参与毕节全地区电影系统上访。2003 年，除场地出租收入外无放映收入。2004 年，为解决农民看电影难问题，省文化厅发给大方县 16 毫米放映机 5 台，但未发挥作用。2005 年，贯彻执行上级农村公益电影“2131”（在 21 世纪初实现一村一月放映一场电影）工程放映活动，下农村放映电影 85 场，观众 7 万人次，放映收入 2434.16 元。2006 年，根据省文化厅、省教育厅、省财政厅、省妇女联合会、共青团省委有关文件精神，组织中、小学生观看爱国主义教育影片 48 场，观众 9.1 万人次；是年 3 月，为县“两会”放映历史教育影片《太行山上》2 场；“七一”期间，县委组织部安排为机关、党员干部放映革命传统教育片《任长霞》《张思德》，观众 1000 多人次，售票收入 4024 元；年底到全县大部分乡镇为农民放映电影 205 场，放映收入 5.09 万元，观众 20 万人次。2008 年，因体制改革，从业人员大多退休，电影放映由省广播电视信息网络股份有限公司大方县分公司负责。2008—2014 年，继续实施农村公益电影“2131”工程，2008 年放映 1000 场，2009—2011 年，每年放映 4272 场，2012 年放映 4644 场，2013 年放映 3588 场，2014 年放映 3612 场。

2015 年 7 月 30 日，贵州星空影业有限公司大方星空影城建成并投入运行，结束大方县城无数字影院的历史。大方星空影城位于奢香大道南段宇晨酒店三楼，占地面积 1000 余平方米，有 4 个放映厅 264 个观众席位，加盟国内一流院线，与全国同步上映中外各大影片。同年 12 月，由贵州星月文化传媒有限责任公司投资建设的县城第二家城市数字影院大方星月国际影城建成投入使用，影城位于奢香大道中段南天星月五楼，内设 4 个放映厅 303 个观众席位，加盟北京红鲤鱼数字院线，与全国同步上映国内外各大影片。

五、文化市场管理

1991 年 8 月，县文化市场管理稽查大队成立，对全县文化市场、印刷市场、打字复印市场、音像制品出租、零售市场、各类书店、邮政报刊亭、歌舞厅、酒吧、休闲吧、网吧、棋牌娱乐室等进行行政执法管理。1992 年 12 月，成立县文化市场清理整顿小组，负责全县文化市场管理。1994 年，县文化局成立社会文化管理股，负责全县文化市场发展规划和管理。

1995 年，按省文化厅安排部署，在全县范围内开展“扫黄打非”专项治理行动。1996 年，县文化市场管理稽查队会同公安、工商打击城区电子游戏室非法行为，收缴大型电子游戏机 4 台。对猫场硫磺矿突击检查，拆除赌博机 2 台，对电子游戏类作出限期整改处罚。1997 年，查获重庆市沙坪坝个体书商运销大方的 1 车非法出版物，重量 4 吨多，价值 20 余万元，全部运到毕节造纸厂作化浆处理。1998 年，加大对文化市场监管力度，共收缴非法录像制品 341 张（盒），非法出版物 127 册，收缴黄色激光视盘 108 张。开办文化市场经营户学习班，使文化经营户知法、懂法、依法经营。1999 年，重点清理检查马场、理化、城关、六龙等 26 个乡镇，收缴淫秽色情光碟、非法音像制品、非法图书等，责令无证经营文化个体户限期办理相关证件。

大方县文化市场从业人员培训会（2011 年 11 月 15 日摄）

2000—2009 年，加大“扫黄打非”力度，全面清查无证经营户，取缔非法经营摊点，查处非法出版物，查处非法盗版音像制品，收缴淫秽色情音像制品。开展查缴邪教“法轮功”宣传品专项行动，清理全县打字复印店音像制品点，未发现邪教“法轮功”相关资料。

2010 年 10 月，县文化市场管理稽查队更名为县文化市场综合执法大队，为副科级事业单位。职能扩展为文化、出版、广电、文物、旅游等经营市场的综合行政执法，工作范围扩大到各乡镇。强化执法队伍素质提升，完善执法办案、举报、检查、立案、调查、处罚、结案等各项规章。负责办理法定证照，负责对非法活动处罚和吊销证照，打击文化经营中损害民众利益的违规行为。针对互联网上网服务营业场所接纳未成年人、影响未成年人健康成长现象，加强对经营场所的监管，聘请关工委“五老”（老干部、老战士、老专家、老教师、老模范）协助，义务监督网吧、电子游戏娱乐场所违规接纳未成年人情况，全县每个网吧、电子游戏娱乐场所均设置警示牌，公布举报电话，每周对每个网吧、电子游戏娱乐场所例行检查 2 次，并经常巡查和抽查，防止接纳未成年人。2007—2010 年，连续 4 年被省评为贵州省文化市场行政执法先进单位，2012 年，被评为全省文化体制改革工作先进单位，2013 年，获全省文化市场行政执法优秀案卷二等奖 1 个、三等奖 1 个。

2013 年，针对“黑网吧”危害未成年人健康成长、扰乱市场经营秩序状况，配合工商行政部门，加入全县互联网上网服务专项清理整治工作组，对县城及 29 个乡镇的互联网上网服务营业场所进行专项清理整治，清理出 43 家“黑网吧”，采取当场截断网络措施。准确查清入网账户后，由电信、移动、联通等截断网络接入，制止非法经营互联网上网服务行为。由电信、联通、移动部门备案不良记录，同一场地不再提供互联网接入服务。

2015 年，“黑网吧”现象基本绝迹。针对游戏室影响未成年人健康成长现象，对市场中无证经营的“水果机”“老虎机”“牌机”一律拆除、收缴和销毁。针对低俗淫秽音像制品及出版物影响未成年人健康成长现象，开展校园及其周边经营场所综合整治行动，打击非法经营，严防危害未成年人健康现象发生。2010—2015 年，累计收缴非法、盗版、“涉黄”音像制品 1800 多张、盗版图书 5486 册，年均办理案件 15 起，未出现行政诉讼、行政复议案件。

1998—2015 年大方县社会文化市场经营情况一览表

表—20－1－2－2　　单位：户、人、万元

年 份	文化个体经营	从业人员	年营业额
1998	148	345	621
1999	132	316	578
2000	74	208	370
2001	104	284	520
2002	96	192	480
2003	98	196	490
2004	93	279	565
2005	97	308	612
2006	96	312	621
2007	98	324	227
2008	102	328	628
2009	105	332	634
2010	110	346	642
2011	126	351	657
2012	135	360	662
2013	141	368	678
2014	146	376	686
2015	145	362	988

第二章　广播　电视　报纸

第一节　广播　电视

一、广播电视建设

1991 年年底，县城有线电视站建成。1992—1997 年，县广播电视局先后建成乡镇文化广播电视台 34 个，保留村级广播站 39 个。1993—1997 年，90% 以上的乡镇陆续建成有线电视分站和村级站。1997 年，大方电视台开通乡镇微波传送信号。至此，以县台为中心，以乡镇村站（室）为基础，有线无线相结合，调频微波联网混合覆盖的广播电视网络初具规模，重点发展农村广播电视事业。

（一）“村村通”广播电视工程

1993 年，“村村通”广播电视工程启动，县委、县人民政府把“村村通”列为十件大事来抓。

成立县工程领导小组，分管副县长任组长，保证资金到位，把2000年全县实现“村村通”作为社会主义精神文明硬指标，纳入考核乡镇全面工作并签订责任书。县文化广播电视局组织工程技术人员分成4组，分别到36个乡镇，负责片区“村村通”工程建设。在县城、百纳、黄泥塘举办“卫星地面接收与安装技术讲习班”4期，培训乡镇站和村站管理人员260名。1993—1997年建成卫星地面收转站53座，1998—2000年，建成卫星地面接收站429座，累计建成并开通卫星地面接收站444座，基本实现村村通广播电视。2001—2005年，实施广播电视信号模拟数字工程，实现444座地面收转站模改。“村村通”工程建管并重，实施一整套“村村通”建站管理制度，健全管理档案，设立“村村通”器材维修中心。

（二）无线覆盖工程

农村广播电视节目无线覆盖工程是新时期中央对广播电视“村村通”工作提出的新要求。2000年6月，通过摸底汇总，全县有广播盲点1174个，电视盲点2398个。2005年下半年，县广播电视台调频发射机老化无法修复停播。2006年5月，省广播电视厅领导到大方火焰山发射台调研，当即表态由省厅拨款5万元更换调频广播设备，7月，新购1台JCTP－100调频发射机，安装调试投入使用。2007年9月，完成对火焰山发射台机房及辅助设施、供电线路等改造，11月，在毕节地区率先完成基础设施改造工程。2008年1月，县遭遇长达40多天雪凝灾害，广播电视设备设施严重受损，50千伏安变压器10千伏电路损坏，火焰山发射铁塔严重损坏，塔身裂纹，存在安全隐患，经毕节地区广播电视局专题会议及县人民政府研究决定，拆除旧塔，新建塔高为58米的铁塔，由毕节地区广播电视局拨款35万元、县人民政府匹配15万元修建，4月建成新塔投入使用，5月12日，大方县农村广播电视节目无线覆盖工程全部完工。2007—2008年，实施农村广播电视无线覆盖工程，投入资金22.57万元。农村广播电视节目覆盖转播中央1台电视节目、中央7台电视节目、贵州1台电视节目、毕节1台电视节目。中央人民广播电台第一套、贵州人民广播电台第一套节目无线覆盖工程竣工后，组织工程技术人员分赴各乡镇进行广播电视信号场强测量，绘制县广播电视台转播信号覆盖示意图。2007年年末，全县广播覆盖率为83.56%，电视覆盖率为87.18%。

大方县广播电视节目信号场强数据一览表

表—20－2－1－1

节目名称	频道（道）	发射功率（千瓦）	覆盖人口（万人）	覆盖面积（平方千米）	最低可用场强（DB）
中央人民广播电台第一套	9702.00	0.10	85	3000	48
贵州人民广播电台第一套	93.10	0.10	85	3000	48
中央电视台第一套	30.00	3.00	75	2700	62
中央电视台第七套	24.00	3.00	75	2700	62
贵州电视台第一套	2.00	1.00	76	2700	60
毕节电视台第一套	44.00	3.00	75	2700	62

大方县22个乡镇调频广播建设一览表

表—20-2-1-2

序号	乡镇名	发射机功率（瓦）	发射频率（兆赫）	调频音箱接受频率（兆赫）	调频音箱数量
1	八堡乡	30	93.90	93.90	8
2	长石镇	30	93.90	93.90	8
3	果瓦乡	30	97.60	97.60	8
4	鸡场乡	30	103.10	103.10	8
5	小屯乡	30	97.60	97.60	8
6	理化乡	30	101.50	101.50	8
7	马场镇	30	102.70	102.70	8
8	牛场乡	30	96.00	96.00	8
9	鼎新乡	30	102.70	102.70	8
10	猫场镇	30	96.00	96.00	8
11	绿塘乡	30	95.60	95.60	8
12	文阁乡	30	102.70	102.70	8
13	星宿乡	30	96.80	96.80	8
14	响水乡	30	96.80	96.80	8
15	竹园乡	30	94.70	94.70	8
16	雨冲乡	30	102.70	102.70	8
17	大山乡	30	96.00	96.00	8
18	黄泥乡	30	102.70	102.70	8
19	三元乡	30	92.60	92.60	8
20	瓢井镇	30	102.70	102.70	8
21	兴隆乡	30	92.60	92.60	8
22	沙厂乡	30	102.70	102.70	8

（三）广播电视台提升改造工程

2006—2010年，大方广播电视台逐步淘汰原有模拟采编播设备，购置安装功能强大、数字化程度高、声画质量好的采编播设备，拥有数字非线性编辑系统6套、数字摄像机15台。2008年，对电视节目演播室进行改造。2010年，对广播终端机房进行全面数字化改造，对火焰山广播电视差转台设备进行更新改造，新购置现场直播、录播设备，2013年9月，电视台自筹资金20多万元对电视机房进行安全改造。2014年7月，县财政拨款和电视台自筹资金130万元，对电视台采编播设施进行全面数字化改造。

（四）队伍建设

1991年，县广播站在全县有区级通讯组13个，通讯员352人，骨干通讯员50余人。1993年，有通讯组45个、通讯员230人、骨干通讯员51人，举办培训班6期。1994年，县广播电视局举办通讯员培训班2期，业务通讯员70人参加培训，有通讯组45个、通讯员210人，骨干通讯员50人。1995年，表彰优秀通讯员16名。1996年，表彰优秀通讯员10名，评出通讯员好新闻6件。

1999 年，县广播电视台在牛场乡举办通讯员培训班，100 多名乡、村干部和教师参加培训。

2003 年，组织 23 名记者、编辑参加毕节地区首届广播电视新闻工作者培训，其中 22 人参加资格考试全部合格，获记者证和编辑证。邀请贵州省电视台资深记者和部室主任到大方实地培训，实拍讲解，提高新闻采编和制作水平。2005 年，派出 6 名编辑、记者参加中国电视艺术家协会举办的全国市县级广播电视改革与发展高级研讨班学习，成绩全部合格，获结业证书。2006 年 3 月，县广播电视台全体编辑、记者被中国电视艺术家协会农村电视委员会接纳为团体会员，2 人被聘为团体会员代表，5 人被吸收为贵州省电视艺术家协会会员。2007 年，毕节地区电视艺术家协会成立，大方县 5 人被吸收为会员。

2007 年，派出 3 名记者参加毕节地区广播电视局举办的新闻工作者培训班学习，省电视艺术家协会、贵州省广播协会、贵州省电视台资深记者授课。同年，毕节地区广播电视局第二期新闻工作者培训班在大方举办，大方县广播电视台全体编辑、记者和 21 名通讯员参加培训学习。同年，毕节地区广播电视通讯员培训班在大方举办，20 名乡镇通讯员参加培训。2008 年，全县有广播通讯员 230 名，电视通讯员 21 名，组织 6 名乡镇和单位通讯员到县广播电视台跟班实习 1 个月。派出 4 名记者、编辑到贵州现代影视技术公司学习电视节目制作、节目包装等业务技术，派出 5 名编辑、记者参加毕节地区广播电视局举办的新闻工作者培训班。是年，县广播电视台面向全国招考节目主持人和专职播音员，录用 4 人。至 2008 年年底，县广播电视台工作人员中有初级技术职称 46 人，中级技术职称 5 人。

2011 年，派出编辑记者分别到各乡镇、各部门培训通讯员 50 多人。2012 年，举办通讯员培训班，全县 60 多名乡村干部和教师参加培训。2013 年，各乡镇抽派通讯员到县电视台跟班学习，邀请资深老记者刘子富到县主讲新闻写作。2014 年 5 月，邀请省市资深记者专家到县主讲培训 5 天，各乡镇通讯员及广播电视从业人员 300 多人受训，7 月，再次邀请刘子富讲课，培训通讯员 100 多名。

2015 年，组织业务人员参加省、市组织的业务培训和自行开展通讯员队伍培训，选派 1 名业务人员到北京广电总局培训基地参加全国县级电视台记者编辑培训班学习，6 月，电视台分两批组织播音员到贵州综合广播中心学习培训一周，组织采编播人员到威宁电视台考察学习。是年，召开全县通讯培训会，对 300 名通讯员进行培训。

二、广播　电视　新闻

（一）广播

1998—2008 年，县广播电台早晚按时转播中央人民广播电台《全国新闻联播》节目，贵州人民广播电台《全省新闻》节目，中午转播贵州省人民广播电台节目。

自 1998 年起，大方人民广播电台自办节目采用版块节目播出方式。版块节目有《全县新闻联播》《一路顺风》《青年天地》《晚晴苑》《空中艺海》《家乡文学》；固定栏目有《科普之窗》《乡场信息》《党建园地》；专题栏目有《长治工程》《工商法规》《保密法》《妇幼保健》《禁毒辉煌二十年》《乡级换届选举》。自办节目时间每天 4 小时（含重播）。是年，播出稿件 2318 件，采用批评稿件 27 件。县记者采写稿件被地区以上新闻单位采用 236 件次，其中，地区 93 件，省级 143 件（省电台采用 64 件）。

1999 年，自办节目增设专题栏目《环境保护》《个体经济在发展》《辉煌五十年》。每天播出 4 小时，全年播出 1400 小时，播出 4486 件，上送地区 148 件，被采用 124 件，上送省电台 109 件，被采用64件。县人民广播电台被省广播电视厅评为“广播通讯工作先进单位”。

2000年，增加《两会专题》《迎接西部大开发》《为党旗增辉》《计划生育》《“三讲”教育》等专题栏目。全年播出《晚晴苑》82期，《一路顺风》73期，《妇幼知音》46期，《科普之窗》276期。全年播出稿件4586件，上报稿件被《贵州日报》采用2件，省电台采用83件，《毕节日报》采用58件，送评稿件5件全部获地区“好新闻”三等奖，其中《教坛丰碑》获省好新闻三等奖。

2001年，编播《一路顺风》60期、《晚晴苑》40期、《青年天地》40期、《妇幼知音》40期，《家乡文学》52期。播出稿件4372件，其中，《毕节日报》采用84件，省电台采用72件。

2002年，报道全县学习宣传贯彻中共十六大精神情况，播出学习中共十六大稿件65件。采编播出新闻稿件2200件，上送地区和省级新闻单位被采用217件。

2003年，广播宣传专栏有《全县新闻联播》《科普园地》《空中艺海》《晚晴苑》《青年天地》《妇幼知音》《家乡文学》等，全年播出广播新闻1728条，上送省电台稿件被采用153条。至2003年，连续10年被省广播电视厅评为广播通讯先进单位。《一路顺风》栏目获地区好新闻《社教节目》一等奖，地区广播电视学会好新闻一等奖，新闻编排栏目获地区广播电视学会好新闻特别奖。

2004年，播出广播新闻2637条，上送省电台、《毕节日报》共采用164条，《晚晴苑》获地区好新闻播音二等奖。2005年，播出广播新闻稿件1630件，上送省电台、贵州电视台、《毕节日报》、毕节电视台新闻共采用160件。2006年，播出广播新闻稿件1564件，上送省电台、贵州电视台、《毕节日报》共采用稿件160件。2007年，因县城人民路改造工程拆除街上广播喇叭，广播自办节目停办。

2010年7月，广播自办节目重新开播，播出《大方新闻》200多期。开设《直击抗旱救灾第一线》栏目，第一时间反映全县抗旱救灾实情。

2011年，播出《大方新闻》200多期，《家乡文学》《科普大篷车》各52期。2012年，播出《大方新闻》200多期，新增《魅力国学》栏目，每周三播出。2013年，播出《大方新闻》365期，新开通《旅游文艺频道》每周五播出。2014年，播出《大方新闻》365期，新增《法治大方》《影像大方》栏目，定期播出。2015年，播出《大方新闻》365期，定期播出《法治大方》《旅游大方》等栏目。大方综合广播开播，全天10多档自办栏目定时定点推出。

1998—2007年大方县广播稿获“好新闻”奖篇目一览表

表—20－2－1－3

年份	稿件名称	作者	获奖等次	授奖单位
1998	老犟头服输	熊益祥	三等奖	贵州省新闻学会
1999	母亲的生日	陈永德	三等奖	贵州人民广播电台
2000	教坛丰碑	陈晓军	三等奖	贵州省新闻学会
2003	八堡乡新鲜事“牛选美”	熊益祥	二等奖	贵州省新闻学会
2007	黑仲村，抓阄种地成新闻 吴儒显，栽烟养畜也风流	吴学江	三等奖	贵州省新闻学会
2007	垃圾场上的4000多个日日夜夜	吴学江 张纯梅 高　云	三等奖	贵州省新闻学会

（二）电视

1998年，全年播出电视新闻1384件，电视自办节目除《大方新闻》外，新增栏目有《方圆聚焦》《市井窗》。制作专题片工商法规、禁毒、水保、消防、扶贫等。被贵州电视台采用51件，毕节电视台采用170件。获省广播电视厅授予“电视宣传先进集体”称号。

1999年，播出电视新闻稿件1627件，上送贵州电视台采用32件，毕节电视台采用207件。2000年，播出电视新闻稿件1291件，上送贵州电视台采用20件，毕节电视台采用150件。播出《方圆聚焦》《街谈巷议》各5期，《故乡情》11期，专题片13部，是年4月18日向全地区直播《大方县获全国广播电视先进县》《贵州杜鹃花节文艺晚会》实况。

2001年，增设专题部，增加《农村大观园》栏目。播出《大方新闻》96期，播出电视新闻1937条，播出《农村大观园》42期，《方圆聚焦》5期，制作播出新闻版块栏目8个。上送新闻毕节电视台采用201条，贵州电视台采用16条。

2002年，为宣传贯彻中共十六大精神开辟《学习十六大精神》电视专栏，全面宣传大方县学习贯彻落实中共十六大精神情况。播出电视新闻1600条，上送贵州电视台、毕节电视台采用217条。摄制反映全县政务公开专题片《揭开盖头布，都做明白人》，在全省政务公开现场会上播出。摄制《石漠化治理的先行者蒋云明》《大方县产业结构调整初见成效》等专题片，与贵州电视台合拍的专题片《故事从这里说起》在中央电视台第十二套《西部大开发》栏目中播出。

2003年，增设《村村访》栏目。播出电视新闻1300条，专题片32部。上送贵州电视台80条，采用25条，上送毕节电视台118条，采用102条。重要专题片有《辉煌五年》《众志成城战旱魔》《坚实的堡垒》《希望的田野》《科技为大方辣椒注入新活力》《为脱贫致富架金桥》，以及《对江村挑起蔬菜奔小康》等21部《村村访》专题片。与贵州电视台合拍的《奢香故里》专题片送往美国黄河电视台对外播出。

2004年，播出《大方新闻》104期，《一周要闻》52期，电视新闻1789条，上送贵州电视台、毕节电视台新闻被采用169条。摄制播出专题片有展示油杉河风光的《神秘的油杉河》《山之篇》《水之篇》《人之篇》，反映全国著名女科学家、为国家载人航天工程作出重大贡献的大方籍人士刘云飞事迹专题片《她将论文写在太空》，以及《跨越时空的课堂》《让辣椒富农》等27部。是年，在国家广电总局主持、中国电视艺术家协会主办的首届全国市县电视农业节目好新闻评比中，熊益祥、廖言昌、吴友学、周元康共同摄制的纪录片《筑巢引凤谋发展——大水乡科技兴乡扫描》、专题片《让辣椒富农》、消息《反季节蔬菜让农民走上致富路》、栏目《农村大观园》，全部获三等奖，大方县电视台是贵州省唯一获奖的县级电视台。

2005年，播出《大方新闻》103期，《一周要闻》51期，新闻1778条，专题片30部。重要专题片有《螺黛玉簪魂》《神奇九洞天》《水西湖风光》《大方皱椒香飘四海》《大方汇珍奇》《开发富农家》《依托资源优势，调整产业结构》。上送贵州电视台、毕节电视台新闻被采用178条。

2006年，播出《大方新闻》104期，《一周要闻》52期，播出电视新闻1461条，其中通讯员稿件88条，记者稿件1373条，播出专题片36部。重要专题片有《保持党员先进性促进大方快发展》《山水十年情》。增设《“十五”巡礼》栏目，集中反映“十五”计划期间大方各条战线所取得的成就，栏目先后在县“两会”、党代会、杜鹃花节、首届奢香文化艺术节、国庆节期间重播6次。

2007年4月1日，《大方新闻》改版，从原来的每周2次新闻改为每周3次，星期一、三、五首播，星期二、四、六重播。播出《大方新闻》130期，《一周要闻》52期。播出电视新闻2624条，专题片26部，《方圆聚焦》4期。上送新闻被毕节电视台采用297条，贵州电视台采用6条。

2008—2009 年，播出《大方新闻》300 期，《一周要闻》105 期，稿件共 6000 件。

2010 年，播出《大方新闻》150 多期，《一周要闻》52 期，播出专题片《万众一心克时艰》《走合法上访路》《军民齐上阵抗旱保民生》等专题片。增设《大方天气》《方圆聚焦》《法治进行时》《健康锦囊》《开心每一天》《少儿天地》等节目定时播出。上送《毕节新闻联播》用稿 318 条，《直通百姓》用稿 262 条，《贵州新闻联播》用稿 26 条。配合地区广电网开设县级版《新闻荟萃》，完成大方版主编试运行工作。

2011 年，播出《大方新闻》200 多期，用稿近 5000 条。播出《方圆聚焦》《法治进行时》《科技下乡》52 期，《健康锦囊》《开心每一天》《大方天气》365 期。采访、编辑、播出专题片《大山深处的突围》《老李日记》《青山作证》《油杉河十年》《大方七有体系保障失地农民利益》，对黔大高速公路、织毕铁路、岔河水库建设和特色农业进行系列报道。上送稿件被央视新闻频道采用 9 条，《贵州新闻联播》采用 34 条，《毕节新闻联播》和《直通百姓》采用 600 条。

2012 年，播出《大方新闻》200 多期，稿件 5000 多条，对全县重大政事、全县党代会、经济工作会进行重点报道，对重点工程、重点项目进行跟踪报道。上送稿件被央视新闻频道采用 6 条，《贵州新闻联播》采用 27 条，《毕节新闻联播》和《直通百姓》采用 600 多条。

2013 年，播出《大方新闻》365 期，采用稿件 5000 多条。继续对重点项目、重点工程进行追踪报道，对奢香文化节、全市老年运动会进行系列报道。上送稿件被央视新闻频道采用 7 条，《贵州新闻联播》采用 26 条，《毕节新闻联播》和《直通百姓》采用 500 多条。

2014 年，播出《大方新闻》365 期，采用稿件 5000 多条。对精准扶贫、干部驻村、通村油（砼）路建设、重点项目和工程等进行系列报道。上送稿件被央视新闻频道采用 6 条，《贵州新闻联播》采用 26 条，《毕节新闻联播》和《直通百姓》采用 200 多条。

2015 年，播出《大方新闻》365 期，用稿 5000 多条。继续对精准扶贫、干部驻村、通村油（砼）路建设、重点项目和工程进行系列报道。上送稿件被央视新闻频道采用 7 条，《贵州新闻联播》采用 28 条，《毕节新闻联播》和《直通百姓》采用 250 多条。

2002—2006 年大方县获电视“好新闻”作品一览表

表—20－2－1－4

年份	稿件名称	作者	获奖等次	授奖单位
2002	筑巢引凤谋发展——大水乡科技兴乡扫描	熊益祥 廖言昌 吴友学 周元康	三等奖	中国电视艺术家协会农村委员会
2004	让辣椒富农			
2004	农村大观园			
2004	反季蔬菜让农民走上致富路			
2006	山歌唱出十里山乡整脏治乱新乐章	吴友学	优秀奖	中共贵州省委宣传部

2008—2014 年大方县获贵州广播影视节目奖作品一览表

表—20－2－1－5

作品标题	类别	体裁	获奖等次	获奖人姓名	获奖时间
武德顺：短暂的人生无悔的青春	电视	新闻专题	二等奖	刘仁军	2008. 1
3 亿民间资金注入“五园新村”建设	电视	短消息	三等奖	刘仁军　黄家敏	2010. 8

续上表

作品标题	类别	体裁	获奖等次	获奖人姓名	获奖时间
油杉河十年	电视	系列报道	三等奖	郭芳林　熊　凌	2013.1
奢香	电视	记录	三等奖	刘仁军	2013.11
大山深处的突围	电视	系列报道	三等奖	郭芳林　吴学连 刘洋旭　颜　靖 杨　东　李　艳	2014.1
谁吃低保咱评定　民主“评困”暖人心	广播	长消息	三等奖	余　娟　喻芳丽	2014.3
见义勇为“的哥”李德举勇斗“飞车党”	电视	长消息	三等奖	钟　欢　熊　鑫 张素艇　尚琳玲	2014.6
一场攸关四个孩子命运的爱心接力	广播	新闻专题	三等奖	吴学连　熊　玲 尚琳玲	2014.7
女儿啊妈妈伴你到永远	广播	社教专题	三等奖	赵芳草　杨　杨 尚琳玲	2014.11
投票种树：我的未来我做主	电视	短消息	三等奖	吴友学　章　芸 王筱江	2014.12

三、广电网络大方分公司

（一）基础设施建设

1998年县人民广播站、县电视台、县有线电视站合并为县广播电视台，共有职工30人。逐步改造县城网络，购进自动收费系统，实施有线电视微机管理收费系统工程，有线电视用户3000户。1999年，继续实施城关线路改造，新增设新路口至建材厂线路3.5千米，漆器厂至大海坝林场线路2千米，县城总干线达9.2千米。添置播控设备和遥控器材，共开通频道23个，用户上升到3600户。城乡电视微波联网及开展的有10个乡镇。2000年，彻底改造城区网络，清理不规范干线、支干线10千米，重新布置用户线40千米，改造用户线路4200户。延伸陡坡、白石两村新线路，干线14千米、支干线24千米，用户达4200户。购置设备开通中央教育电视台。2002年，改造县城有线电视网络，增加网络线路2千米，电视网络终端接入达9000余户。2003年，更新机房和播控系统设备，传送节目增至42套。2005年，投资25万元完成有线电视网络人民路主干线入地工程，投资6万元更新字幕广告设备。2007年3月1日，贵州省广播电视信息网络股份有限公司组建，大方县有线电视站从县广播电视台中剥离出来，设立分公司，隶属贵州省广播电视信息网络股份有限公司，更新更换机房卫星信号接收设备，防止非法信号侵入。2008年，县城有线电视网络干线总长达27千米，用户突破1万户。

2014年，进行人力资源结构性矛盾改革，解决公司发展与人力资源不匹配的矛盾。截止2015年12月31日，全县共有有线数字电视终端数32690户，其中，主终端3万户（城区1.89万户，乡镇1.11万户），副终端2690户（城区2519户，乡镇171户）。累计完成“村村通”工程1.5万套，为计划1.5万套的100%，同时承担全县2.84万个“村村通”用户的运行维护工作，继续承担全县3.21万户“户户通”的运行维护工作。承接贵州烟草用网数据业务，小屯煤矿、佳鑫国际商贸城、南天星月国际新装工程等项目全部完成。大方城区、乡镇“天网工程”建设完成并投入使用。

2015 年大方县有线数字电视乡镇“村村通”用户情况一览表

表—20－2－1－6　　　　单位：户

项目乡镇	计划数	建设数	广电系统录入	BOSS 录入	协议签订
大方镇	427	427	427	427	427
东关乡	2988	2988	2988	2988	2988
小屯乡	1116	1116	1116	1116	1116
林场	48	48	48	48	48
竹园乡	600	600	600	600	600
鸡场乡	648	648	648	648	648
鼎新乡	1128	1128	1128	1128	1128
猫场镇	540	540	540	540	540
绿塘乡	360	360	360	360	360
牛场乡	660	660	660	660	660
马场镇	1320	1320	1320	1320	1320
高店乡	1404	1404	1404	1404	1404
兴隆乡	1068	1068	1068	1068	1068
百纳乡	486	486	486	486	486
合计	12793	12793	12793	12793	12793

2010—2015 年大方县各乡镇开通有线数字电视用户一览表

表—20－2－1－7　　　　单位：户

乡　镇	2010 年	2011 年	2012 年	2013 年	2014 年	2015 年
双山镇	341	468	531	603	630	700
文阁乡			520	522	533	546
竹园乡			102	103	103	105
响水乡	337		337	338	339	340
理化乡	300	2	300	306	307	338
鸡场乡	188		188	189	189	192
黄泥塘镇	281	271	281	283	290	316
羊场镇	451	385	451	466	486	509
马场镇	766	4	766	795	807	896
牛场乡	351	5	351	358	379	392
高店乡	104		104	105	105	107
鼎新乡	88	102	88	351	355	373
猫场镇	382	155	382	391	402	433
绿塘乡	3	3	3	104	107	121
长石镇	435		435	447	452	462
果瓦乡	27		27	27	41	41

续上表

乡 镇	2010 年	2011 年	2012 年	2013 年	2014 年	2015 年
大山乡						
瓢井镇	548		548	680	703	723
八堡乡	301		301	310	318	319
达溪镇			312	447	452	484
核桃乡			11	168	176	183
兴隆乡				16	22	22
百纳乡	181	181	868	958	1017	1094
三元乡			69	76	80	82
沙厂乡			241	262	273	276
雨冲乡			173	180	216	237
星宿乡			137	143	144	145
黄泥乡			122	122	120	116
六龙镇		5	643	677	688	699
凤山乡			161	166	168	170
安乐乡			13	13	13	14
小屯乡	4	4	273	273	569	570
东关乡			77	80	80	84

（二）业务收入

2008 年，有用户 7564 户，基本收费标准每户每月 13 元，全年创收 118 万元。2009 年，有用户 7630 户，基本收费标每户每月 13 元，全年创收 119 万元。2010 年，有用户 1.1 万户，基本收费标准每户每月 13 元，全年创收 171.6 万元。2011 年，有用户 1.31 万户，基本收费标准每户每月 23 元，全年创收 361.56 万元。2012 年，有用户 2.42 万户，基本收费标准每户每月 23 元，全年创收 667.92 万元。2013 年，有用户 2.66 万户，其中高清用户 645 户，基本收费标准每户每月 26 元，全年创收 829.92 万元。2014 年，有用户 2.81 万户，基本收费标准每户每月 26 元，全年创收 876.72 万元。2015 年，有用户 3.26 万户，基本收费标准每户每月 26 元，全年创收 1017.12 万元。

第二节 报 纸

1994 年 8 月，经毕节地委同意，成立大方报社，负责出版发行《大方报》。是年 11 月 25 日，值大方县解放 45 周年之际，《大方报》创刊发行。《大方报》为大方县委机关报，旬报内刊发行，每期发行 1500 份。每个乡镇明确 1 名通讯员负责征集稿件。1999 年，改为周一报，发行 3000 份，报社升格为正科级事业单位。至 2003 年 12 月，共发行《大方报》398 期。根据中宣部相关文件精神，《大方报》停办。2004 年 3 月，改办为《大方信息》，成立大方县新闻信息中心，为正科级事业单位。至 2005 年 2 月，共发行《大方信息》48 期，同月，县委决定将《大方信息》改为《大方报》。2009 年 1 月，《大方报》改为周二报。2011 年 6 月，改为周二报、四开彩版报。2012 年 5 月，扩大每期发行量至1.2万份，发到机关、乡镇、村。至2015年，《大方报》累计发行1357期。

一、新闻报道

《大方报》第一版为要闻，登载全县重要会议、重大政事、重要经济社会活动新闻稿件；第二版为经济，反映全县工农业、财政税务、服务业发展和创新工作；第三版为文教、卫生、法制；第四版为文艺副刊，有时根据需要登载新闻稿件及重要文件和讲话。

1994—2000年，《大方报》设置栏目有“科技兴农”“特色经济之路”“向畜牧大县迈进”“生态环境建设优势与发展”“长治之路”“扶贫决战”“发展民族地方经济”“西部大开发大方怎么干”“党建交流”“为党旗增辉”“抓党建促发展”“法治天地”“精神文明建设巡礼”等。每个栏目都分别在各期刊登相关新闻稿件，反映此项工作的发展动态。重点报道大方县发展烤烟生产、建设烤烟大县的内容；报道水土保持长治工程的成就及退耕还林生态建设典型；宣传报道扶贫攻坚的举措和实践；重点报道深圳帮扶大方、援建希望小学和农工民主党中央帮扶大方的事迹；跟踪报道大方火电厂项目评审、立项、选址的艰难历程；报道大方县迎接香港回归盛况；多角度报道全县企业改革和发展非公有制经济的实践；多方面报道全县经济建设成就；宣传中共十五大精神和中共大方县七次代表大会委员会的决定；多方位报道党风廉政建设、基层党组织建设、优秀党员先进事迹。至2000年12月，《大方报》发行243期，刊发新闻稿件4780篇、文艺稿件1590篇。

2001—2005年，设置栏目有“调整产业结构加快经济发展”“扶贫新视野”“招商大视野”“城市建设大家谈”“敢问路在何方”“百村纪行”“农村大观园”“移民之友”“金融之窗”“法治天地”“打好‘两基’攻坚战”“学习‘三个代表’践行‘三个代表’”“学习贯彻十六大精神”“党风廉政建设”“党旗飘飘”等。按照设置的栏目，编辑相关新闻稿件报道。跟踪报道“三讲”教育，集中学习、查找问题、整改、回头看全过程；重点报道招商引资工作；多方位报道水库移民工作，重点报道煤炭业发展，山东兖矿集团与大方合作开发煤电；报道建党80周庆祝活动、首届杜鹃花节庆典活动；跟踪报道大方火电厂4×300兆瓦项目评审、环保评估、进场、场平建设等工作；重点报道教育“两基”通过省政府评估验收、徐本禹到大方支教先进事迹；深入采访报道农村致富典型；多方位报道贵毕公路归化至县城段、东关至凤山公路、方沙公路改造等交通基础设施建设。至2005年末，累计刊发新闻稿件5080篇、文艺稿件1690篇。

2006—2010年，设置栏目有“乡村发现”“文化产业纵横谈”“保持党员先进性促进大发展”“建设社会主义新农村”“平安大方”“移民新天地”“农村经济新闻竞赛”“整脏治乱树新风”“党风廉政”“深化试验区三大主题建设好生态文明家园”“路在脚下”“重点项目建设巡礼”“创先争优”“四帮四促”“三个建设年”活动“婚育新风进万家”等。按照新闻栏目，采写编辑相关新闻信息进行报道。每年深入农村采访400多人次，多角度报道农村新风貌、农民呼声、新农村建设的可喜成绩，采写《五型创新看对江》《新农合和农心》在《贵州日报》头条发表。宣传学习中共十七大精神和县委贯彻意见；重点报道大方县党建工作和党员先进性教育活动成果；侧重报道重点项目建设、招商引资工作、农村产业结构调整、生态建设；多方位报道毕节试验区建设20周年的成就；适时报道危房改造和新农村建设。共发行《大方报》99期，刊发稿件1.09万篇。

2011年，主抓重头新闻、重要新闻的采写报道，根据县委、县人民政府工作重心，跟踪报道全县发展新型党组织建设、“三个建设”年活动、“四帮四促”活动、新农村建设、中央扩大内需项目建设、危房改造，重点报道整脏治乱、禁毒、“平安大方”建设、安全生产等。开辟“建设发展型党组织”“三个建设年”“整脏治乱树新风”“关注重点项目建设”等栏目。记者采用走基层方式进村入户深入采访。6 月 1 日起，《大方报》扩大为四开彩版报纸，新闻信息量扩大，图文并茂，提高新闻影响力和宣传效果。全年出版发行 99 期，刊发稿件 3200 篇。

2012 年，围绕县委、县人民政府“加快农业经济向工业经济、粗放型经济向集约型经济两大转变，强化交通、城市建设和人口素质三大基础，实施科教兴县、城镇化、工业化和农业产业化战略，培植烟草、能源、化工、生物资源和现代化服务业”的发展思路，加强新闻宣传。报道全县“两会”及重大会议消息，刊登县委、政府、人大、政协工作报告；连续报道县委、政府重要会议精神贯彻落实情况；报道毕节试验区新一轮改革发展推动大会消息；设置“三个建设年”“四帮四促”“万名干部下基层”“重大项目建设”“整脏治乱”“构筑试验区精神高地争当发展先锋”等专栏，对交通、水利工程等大项目进行专题报道和跟踪报道；抓住省旅游产业发展大会在百里杜鹃花区召开的机遇，加大对大方旅游业的宣传报道，连续报道大方县第四届奢香文化节、大方旅游、大方饮食文化。发挥舆论监督作用，开辟“脏乱曝光台”专栏，对个别不良行为进行披露。全年出版发行《大方报》98 期，刊发稿件 3500 篇。

2013 年，设置栏目有“在党的十八大精神引领下”“学习贯彻落实十八届三中全会精神”“忠实务实实干兴邦”“同心苦干奔小康”“建设发展型党组织”“解放思想、十破十立”“志愿者薪火相传”“建美丽乡村圆小康梦想”“大方人的中国梦·我的梦”“聚焦重点项目”“平安大方”“多彩贵州文明行动”等。重点宣传报道党的十八大精神和省、市、县重要会议精神。开辟“盘点2013”等栏目，编发工业化、城镇化、农业农村、基础设施、文化旅游、民生事业、改革创新的文章，进行系列报道，对全县工作亮点和经验进行盘点总结；对 50 多名农村致富能人、先进人物进行采访报道，对 20 名人大代表、政协委员进行访谈报道；开辟“民生在线”栏目，就教育、养老、医疗、低保、就业、保障房建设、环保等人民群众关心的热点、焦点问题进行专题报道。全年出版发行《大方报》99 期，刊发稿件 3500 篇。

2014 年，主抓重头新闻、重要新闻，根据当年重大政事重要新闻和正确舆论引导的要求，设置“党的群众路线”“深入学习贯彻落实党的十八届三中、四中全会精神”“忠实务实实干兴县、同心同德同步小康”“两代表一委员”“四下基层”“聚焦重点项目”“明礼知耻崇德向善”“多彩贵州文明行动”“百千万工程”“四在农家·美丽乡村”“践行社会主义核心价值观”“实现美好中国梦”等 20 多个栏目。通过开辟专栏、转载重要文件、走访等形式，宣传中共十八大，十八届三中、四中全会，中央经济工作会议，省委全会，全省宣传工作会议精神。采写稿件 60 多篇，宣传党的群众路线教育活动系列报道 30 多篇，跟踪报道中央、省、市领导调研相关稿件 20 余篇。对成贵高铁大方段、黔大高速公路、杭瑞高速公路大方互通、折溪河提水工程、岔河水库、华润电厂项目、“百千万工程”等重大项目进行突出、持续报道，发稿 60 余篇。报道城镇化、农业农村、基础设施、文化旅游、改革创新，共发稿 100 多篇。报道农村致富能人典型 20 余名，采访报道 16 名人大代表政协委员，多角度报道徐本禹志愿服务精神，农工民主党中央主席陈竺在大方考察调研系列报道，发稿 10 余篇。“民生在线”栏目就群众关心的热点问题进行报道，发稿 90 余篇。全年出版发行《大方报》96 期，刊发稿件 3200 篇。

2015 年，设置栏目有“忠实务实实干兴县，同心同苦同步小康”“建设发展型党组织”“两代表一委员”“四下基层”“明礼知耻崇德向善”“多彩贵州文明行动”“四在农家·美丽乡村”“践行社会主义核心价值观”“农业板块经济扶贫攻坚在行动”等 20 多个，发稿 920 余篇。“聚焦重点项目”，继续对成贵高铁、织毕铁路、岔河水库、华润火电厂项目及其他项目建设进行跟踪报道，发稿 60 余篇。适时报道在各项建设中涌现出的先进典型、农村致富能人、道德模范 30 余名，对 16

名人大代表和政协委员访谈。通过开辟专栏、转载文件报告、进行专访等方式，宣传中共十八大，十八届四中、五中全会精神，宣传省委全会会议，宣传省、市、县领导重要讲话精神。对群众路线教育活动进行系列报道，发稿30余篇。及时报道中央、省、市领导到大方检查、调研活动及相关指示。关注民生、服务百姓，开辟“民生”专栏，反映群众关心的热点问题，刊发民生类稿件90余篇。开辟“走转改”栏目，编辑、记者走基层、转作风、改文风，了解社情民意，采写贴近生活、贴近群众的稿件，刊发70余篇。对《大方报》版面版式、报道内容进行提升，做到文风朴实、短小明快、图文并茂，增加后续报道、延伸报道、解析报道、新闻短评。出版发行《大方报》102期，刊发稿件3500篇。

至2015年，《大方报》累计出版发行1357期。

二、对外宣传

《大方报》发行之初，向在北京、贵阳、毕节工作的大方籍知名人士寄送《大方报》，让其了解故乡现实情况，并向外宣传大方。鼓励编辑、记者向《贵州日报》《毕节日报》投稿，1994—2000年，《人民日报》用稿2条，《贵州日报》用稿25条，《毕节日报》用稿140条。2001—2005年，《贵州日报》等省级报用稿25条，《毕节日报》用稿250条。县新闻信息中心成立后，更加注重对外宣传，从完成《大方报》采编为主逐渐向对外宣传并重转移。2007年，制定《对外宣传奖惩办法》，对采编人员被上级媒体采用稿件数量进行考核，对在《贵州日报》《毕节日报》发表稿件多、质量好的记者进行奖励。2007年1—9月，《毕节日报》大方稿件采用率居全地区第一，10月1日，《毕节日报》专门开辟大方专版，为大方县搭建新闻平台，大方组稿出专版10期，发稿60多篇。2007年，《毕节日报》采用大方稿件540篇。2008年，《毕节日报》刊发大方县稿件864条，排名全地区第一。2009年，《贵州日报》采用大方稿件12篇，《毕节日报》刊发大方稿件800多篇，其中大方专版48期，发稿600多篇，与全区其余各县相比，大方实现三连冠。2010年，《人民日报》刊发大方稿件1条，《贵州日报》刊发大方稿件10条，《毕节日报》刊发大方稿件700多条，其中大方专版48期，用稿400条。2011年，《贵州日报》刊发大方稿件15篇，《毕节日报》刊发大方稿件300多篇，其中头条6篇，《毕节试验区》杂志刊发大方稿件12篇。2012年，《贵州日报》刊发大方稿件12篇，《毕节日报》刊发大方稿件501篇。2013年，县委、县人民政府将重大工程和各项决策及时通过新华网、人民网、中国共产党网、《贵州日报》《毕节日报》《大方报》、大方信息港、大方政务网进行广泛宣传。《贵州日报》刊发大方新闻稿13篇，《毕节日报》刊发大方新闻稿254篇。2014年，完成外宣稿件400多篇。县委、县人民政府继续通过新华网、人民网、大方信息港、大方政务网发布大方重要信息。2015年，《贵州日报》刊发大方稿件12篇，《毕节日报》刊发大方稿件220篇。县委、县人民政府继续通过各种网络和媒体发布重要信息，对外宣传大方。

1994—2015年，县新闻信息中心多篇新闻作品获奖。任贵明采写的《一片新绿映心经》获贵州新闻奖，《大方漆器衰落转战外包》获第十二届（2003年度）全国省、市、区党报新闻奖三等奖，《鸡场乡49份书面答复疏导移民上访》获第二十届（2005年度）中国地市报新闻奖三等奖。杨娟采写的《卖一只鸡能够住一回院?》获贵州新闻三等奖，《八天八夜》获中国地市报二等奖。郑吉平采写的《九龙山上的丰碑》获省级好新闻三等奖，《是谁让他延续了生命》获中国地市报二等奖，《教坛丰碑》获省级广播新闻二等奖。金红采写的《一副对联修改的背后》获省级好新闻二等奖。任贵明、谢朝政、高艳采写的《农民版连锁店花开百朵》获第三十届（2014年度）贵州新闻二等奖。张弢采写的《盛开在苦难之后的鲜花》获中国地市报二等奖。

第三章 体 育

第一节 全民健身

20世纪90年代开始，全民健身活动在大方县开展，有跑步、竞走、太极拳、柔力球、健身操、羽毛球、舞剑、跳舞等，广泛普及的有篮球、乒乓球。田径运动首先在各中小学开展，逐步推向社会。

1990年，全县完全中学篮球赛在响水中学举行，每年一届，1996年中止，2001年恢复，吸收县直中学和私立中学加入。第一届在理化中学举行，第三届在六龙举行，第四届在响水中学举行，第五届在百纳中学举行，第六届在六龙中学举行，第七届在大方一中举行。1992年，田径运动在中、小学校开展，后逐步推向社会，长跑成为中、青年早锻炼的运动项目。1992—1998年，县职工篮球业余运动会举办6届，1999年中止。1996年县城兴起健身操，2001年以后开始办培训班。1998年举办全县民兵运动会。2001年恢复职工业余篮球运动会，比赛区域延伸到乡镇。举办“金融杯”乒乓球运动会。2003年，有16支男女队参加，其中乡镇有6支队参与。2004年春节，县举办乒乓球比赛。2005年，县举办庆国庆乒乓球运动会。

20世纪90年代，象棋、围棋逐步普及，县城有棋牌活动室，桥牌成为大方一项新兴比赛项目，乒乓球运动也受全县中、青、少年喜爱，成为锻炼身体的主要运动项目。

2008年，全民健身活动以“全民健身与奥运同行”为主题，群众参与各种锻炼活动。举办“迎奥运”篮球、乒乓球、羽毛球、太极拳（剑）、健身球、钓鱼等选拔赛。举办“迎奥运”职工篮球运动会，有33个代表队参加。

2009年，成立县农民健身工程领导小组和全民健身领导小组。举办春节系列体育活动、烟草系统职工运动会、“三八”妇女节拔河比赛、第五届老年人钓鱼赛，承办毕节地区“人事和劳动杯”运动会，举办中华人民共和国成立60周年足球比赛，举办“迎奥运暨毕节试验区成立20周年”职工运动会，主办全区老年人钓鱼比赛。

2010年，春节期间举办中国象棋比赛、乒乓球比赛和体育趣味性游戏等10多个项目活动。2月，举办迎春越野赛跑，700多人参加。“三八”妇女节举行拔河比赛。8月，举办“大西南杯”篮球运动会，34个队参赛，历时9天。

2011年起，春节期间举办象棋、围棋、乒乓球比赛。举行迎春越野赛跑暨全民健身志愿服务“健身大拜年”启行仪式，参加运动员540人。4月，应邀组队参加“中国·贵州国际杜鹃花节”野外钓鱼邀请赛，在支嘎阿鲁湖举行，大方队杨兰获第一名。10月，举办“人口杯”职工运动会，项目有篮球、乒乓球、象棋、围棋，有男女甲、乙两组15支球队参加。34个乡镇成立老年协会，开展老年人门球、乒乓球、羽毛球、老年迪斯科、太极拳（剑）、腰鼓、柔力球、太极藤球、秧歌、棋牌、钓鱼等健身运动。

2012年元旦节，在体育场举行迎新年老年人体育展示活动，全县16支队伍参加。2月，举行迎新春老年人健身活动，进行5千米长跑。4月，杜鹃花节期间，在贵州宣慰府举行第十八届围棋邀请赛，来自北京、甘肃、山东、浙江、海南等13个省的19支队伍百余名棋手参赛，大方组2队6人参赛。5月，举办“万人健步行”活动启动仪式，1000多人参加。6月，组队参加全市“规划杯”乒乓球赛，协办毕节市国防文化年首届军旅歌曲演唱大赛，举行羽毛球赛。8月，举办“全民健身日”健身展示活动，组队参加全市老年人秋季钓鱼活动。

大方县全民健身活动动员大会（2013年8月8日摄）

2013年，举办迎新春乒乓球、中国象棋、围棋比赛，参赛者100多人。2—3月，举办华屹房产公司冠名的篮球比赛，男、女26支球队参加。举行全民健身展示活动，11支健身队500多人参加。举办“圳太建材杯”乒乓球锦标赛，13支队伍参赛。7月，举办大方县首届老年人钓鱼比赛，11个乡镇33人参赛。8月，开展全民健身展示活动，12个乡镇31支队伍参加。承办毕节市第九届老年运动会。11月11日，纪念中国老年人体育协会成立30周年，举办“全国老年人健步走”大联动，全县900多人参加。

2014年，举办春节城乡全民健身展示活动。3月，在核桃乡举办“三月三”白族团圆节系列体育活动。4月，举办云南、贵州、四川三省毗邻县乒乓球邀请赛。国庆节期间举办第二届“人口杯”职工篮球赛，21个单位31支球队参加。重阳节前夕启动“敬老月”仪式，23个健身活动队伍参加。10月，举办织金、大方、普定、安顺四地象棋联谊比赛，大方队获团体第一。举办首届“秋之韵”健身游泳比赛，66人参赛。在中国老年人体育协会成立31周年之际，举办中老年人健步行大联动活动。农历十月初十“彝族年”，举行彝族传统体育竞技活动。

2015年1月，举办元旦、春节系列活动象棋展示赛。2月，举办中国象棋、围棋、乒乓球比赛。5月，举办大方县“中国梦·劳动美”庆“五一”全民健身游泳比赛，县第三届春季老年人钓鱼比赛。7月，举办县第十一届完（职）中学生篮球运动会和县第五届教职工篮球运动会。8月，组织开展“全民健身日”健身展示活动。11月8日，举办2015年全民健身“沐之春”冬泳比赛，组织开展“万人健步行”活动。12月，举办“烟草杯”职工运动会。

第二节　体育竞赛

一、全国性比赛

1995年8月，大方一中学生樊劲松代表贵州省赴武汉参加中国第六届中学生田径运动会，获

2000 米障碍赛男甲第八名。

二、省级比赛

1993 年，大方一中学生李华勇代表毕节地区参加全省中学生田径运动会，获第一名 1 个、第三名 1 个、第六名 1 个的成绩。

1994 年，贵州省青少年田径比赛，大方一中学生樊劲松获 5000 米第三名、3000 米第五名，蔡洁获女子乙组 100 米栏第三名。1995 年 8 月，贵州省青少年田径锦标赛在铜仁举办，大方一中学生樊劲松获 3000 米组第三名。1996 年，大方一中代表毕节地区参加贵州省青少年田径锦标赛，获第一名 2 人次、第二名 4 人次、第三名 2 人次、第四名 3 人次、第五名 8 人次。1997 年，大方一中代表毕节地区参加贵州省青少年田径锦标赛，获第一名 1 人次、第二名 3 人次、第三名 1 人次、第五名 2 人次。2004 年，大方一中学生李彬代表毕节地区参加贵州高原马拉松公开赛 10 千米获第四名。2006 年 5 月，大方组队参加贵州省第三届残运会，胡刚获跳高、跳远、100 米共 3 枚金牌。陈烈道获男子 56 公斤级举重银牌，李如虎获男子标枪银牌，李进获男子乒乓球铜牌，陈松获男子手枪射击铜牌。2011 年，组队代表地区参加全省健身球比赛。2012 年，六龙秧歌队到习水县参加全省农民运动会，获 2 个三等奖。2014 年，组织参加贵州省第十三届“体彩杯”冬泳赛，董光华获男子 100 米蛙泳第一名，彭放鸣获女子 100 米自由泳第四名。2015 年，组织参加贵州省第九届运动会乒乓球青少年男子团体（甲组）赛，郑洋获第三名。

三、地区（市）级比赛

（一）田径

1994 年，毕节地区中学生田径运动会在织金举办，大方一中组队参加，获第一名 4 人次、第二名 2 人次，第三名 5 人次，第四、五名各 1 人次。1995 年，毕节地区体育传统项目学校比赛，大方一中组队参赛，获第一名 18 人次，第二名 11 人次，第三名 12 人次，第四名 7 人次，第五名 9 人次，第六名 2 人次，获团体总分第二名。1996 年 7 月，毕节地区中学生田径运动会在大方一中举办，大方一中组队参加，获第一名 13 人次，第二名 9 人次，第三名 9 人次，第四名 5 人次，第五名 7 人次，第六名 2 人次，获团体总分第一名。1997 年，大方一中组队参加毕节地区体育传统项目学校田径运动会，获第一名 5 人次，第二名 4 人次，第三名 3 人次，第四名 7 人次，第五名 5 人次，第六名 1 人次。1998 年，毕节地区中学生田径运动会在金沙举办，大方一中组队参赛，获第一名 2 人次，第二名 11 人次，第三名 2 人次，第四名 2 人次，第五名 26 人次，第六名 3 人次；小学生代表队参加毕节地区小学生田径运动会，获小学组团体第一名。1999 年，毕节地区体育传统项目学校田径运动会在纳雍县举办，大方一中组队参赛，获第一名 6 人次，第二名 7 人次，第三名 5 人次，第四名 1 人次，第五名 4 人次。2004 年，毕节地区中学生田径运动会在毕节举办，大方一中组队参赛，获第一名 5 人次，第二名 1 人次，第三名 4 人次，第四名 2 人次，第五名 2 人次，第六名 4 人次，获团体总分第四名。2006 年，大方一中组队参加毕节地区中学生田径运动会，获第一名 4 人次，第二名 1 人次，第四名 3 人次，第五名 6 人次，第六名 2 人次，第八名 2 人次，获团体总分第六名。

（二）篮球

1992 年，毕节地区税务系统举办职工运动会，县税务局组队参加。1993 年，毕节地区教育局组织全区教工运动会，县教育局组队参赛。1994 年，大方教工队参加在赫章县举办的地区教工运动会。1996 年，县公安局参加在威宁县举办的地区公安系统篮球赛。1997 年，县文广系统参加毕节地区“文广杯”篮球赛。1998 年，县司法系统参加地区司法系统在威宁举办的篮球赛；教工队参加毕节地区第二届“教工杯”篮球赛。1999 年，大方队参加毕节地区“跨世纪杯”篮球比赛，女子组获第二名。2004 年 9 月，县地税局参加威宁县地税局建局 20 周年全地区篮球赛。2005 年，县交通局组队参加毕节地区一年一届的“交通杯”职工运动会。2006 年，县财政局组队参加毕节地区财政系统第六届职工运动会。县林业局组队参加毕节地区第一届“兴林杯”职工运动会；县交通局承办毕节地区第二届“交通杯”职工运动会。2007 年，县交通局组队参加毕节地区第三届“交通杯”职工运动会。2008 年，县组队参加“毕节试验之春”职工运动会。2009 年，组队参加地区新农村篮球运动会，获男子组第三名，女子组第五名。2011 年，组队参加地区在金沙、纳雍、威宁赛区举办的第七届老年人运动会篮球等项目比赛。2012 年，组队参加毕节市第八届老年人运动会，参加篮球比赛。2013 年，组队参加毕节市第一届体育运动会，大方运动员、教练员及工作人员 249 人参加，进行 11 个运动项目、50 个小项目比赛，获奖杯 10 个、金牌 36 块、银牌 20 块、铜牌 19 块，团体总分排名第六。2014 年，举办全县教职工篮球运动会，第二届“人口杯”职工篮球赛。2015 年，举办大方县第十一届完（职）中学生篮球运动会。

（三）乒乓球

1997 年，县组队参加毕节地区文化广播系统职工运动会，王解放获男子单打第二名；组队参加毕节地区迎香港回归青少年乒乓球运动会，获青年组第四名，少年组团体第一名。2004 年，组队参加毕节地区“金沙杯”乒乓球运动会获团体第四名。2006 年，组队参加毕节地区“方电杯”大方县承办的乒乓球运动会。2008 年，组队参加毕节地区试验区成立 20 周年职工运动会，获乒乓球男子双打和女子双打第二名。2009 年，组队参加毕节地区迎春乒乓球赛，获男子单打第三名。2010 年，组队参加地区领导干部乒乓球赛，获团体第二名。2011 年，组队参加地区“城乡规划杯”乒乓球赛，获团体普通组第三名，参加地区首届“织金洞杯”乒乓球赛，获普通组第三名，女子单打第一名、男子单打第二名；参加地区“天乙商砼杯”乒乓球赛，获团体第二名。2012 年，组队参加毕节市“贵州众隆商砼杯”乒乓球赛，获团体第五名。2013 年，组队参加毕节市“迎春杯”乒乓球赛，获团体第三名，组队参加毕节市第九届老年人运动会，太极拳获团体第一名、个人第三名，乒乓球获团体第一名、男子单打第一名、女子单打第三名。2014 年，组队参加毕节市“兴国杯”乒乓球赛。2015 年 10 月，组队参加毕节市七星关区 2015 年乒乓球对抗赛，获团体甲组第三名，乙组第五名。

（四）棋牌

1994 年，组队参加毕节地区中国象棋、围棋比赛。1995 年，组队参加毕节地区“双兴杯”中国象棋、围棋、桥牌邀请赛，获象棋第二名、围棋第三名、桥牌第二名。1997 年，组队参加毕节地区“驰宇杯”中国象棋比赛，获团体第二名。2000 年，组队参加毕节地区“杜鹃花”象棋比赛，获团体第三名，1 人获个人第五名。2004 年，组队参加毕节地区第一届中国象棋王赛和地市围棋争霸赛。2008 年，组队参加地区“小贝壳”围棋邀请赛，获团体第三名，应邀组队参加威宁象棋比赛，获团体第二名。2009 年，组队参加纳雍、黔西老年人运动会。2010 年，组队参加纳雍老年人象棋比赛。2012 年，组队参加毕节市第八届老年人运动会象棋比赛，获团体第五名。2013 年，组队赴赫章赛区参加毕节市第九届老年人运动会象棋比赛，获团体第二名，个人获第一名 1 人、第二名 1 人，组队参加毕节市老年人运动会象棋项目比赛，获团体第二名，个人第一、第三名。2014 年，组队参加百里杜鹃围棋邀请赛，组队到百里杜鹃参加市老年人象棋比赛，1 人获第四名。2015 年，组队参加毕节市第十届老年人运动会象棋比赛，大方队获团体第一名，1 人获个人第三名，1 人获个人第五名。

第三节 体育设施

20世纪90年代后，全国实施对口帮扶，县各中、小学获帮扶后逐步配备体育基础设施。1995年，《中华人民共和国体育法》和《全民健身计划纲要》颁布实施，全县体育设施不断完善。2001年，大方三中修建田径场。2002年，县城球场看台受滑坡影响出现裂缝，2003年重新装修。同年，大方一中改建田径场。2004年，大方二中改建篮球场。响水、马场、东关、羊场等乡镇在小城镇规划中把体育设施建设纳入计划，马场镇、东关乡、百纳乡田径场建设初具规模。2008年，实施羊场镇、黄泥塘镇、鸡场乡农民健身工程。2009年，申报“雪炭工程”，高店乡、东关乡等农民体育健身场地建成验收。全县建成5个农民体育健身工程，启动实施25个农民体育健身工程。建设雨冲乡、百纳乡、大方镇农民体育健身工程，安装第一批农民体育健身器材。2010年，建设东关乡、达溪镇、长石乡、三元乡、理化乡、双山镇、果瓦乡、八堡乡农民体育健身场地。大方县获省体育局审批“雪炭工程”资金150万元。2011年，修建县城和谐广场、杜鹃广场、奢香公园广场。25个农民健身场地竣工使用。县体育场由县人民政府拨款12万元进行维修后，向群众开放。2012年，建成农民体育健身工程62个，其中乡镇级体育健身工程1个，4套路径健身工程和4个农民健身场地完工。2013年，建成农民体育健身工程70个，12套路径健身工程建成投入使用。2014年，中央彩票公益金扶持农民体育健身工程，投入村级健身工程53套共159万元，路径健身工程11套共55万元，乡镇级农民健身工程室外灯光球场8套共200万元。2015年，中央体育彩票公益金扶持农民体育健身工程，村级健身工程42套共投入126万元，路径健身工程4套、乡镇级农民体育健身工程室外灯光球场6套，共投入150万元。

第二十一篇
社会风土

第一章 道德 婚俗

大方县民风淳朴，民间历来崇尚正直善良、拾金不昧、孝老爱亲、扶危济困、助人为乐、诚实守信等传统美德。进入21世纪，县委、县人民政府因势利导，通过组织评选道德模范及“最美大方人”等活动，积极培育和弘扬社会主义核心价值观，掀起学习道德模范、崇尚道德模范、争当道德模范热潮，促进公民道德素质和社会文明程度不断提高。

1991—1996年，各乡镇举办培训班268期，培训村支书、主任、团支书、妇女主任、调解治保主任、民兵干部、村民组长等2.5万人次。各村制订村规民约发送到户，年终评选文明户、双文明户、五好家庭、文明家庭、治安模范户等优秀文明住户，乡镇评选文明单位、文明村寨。1996年12月，县委作出《关于贯彻落实六中全会精神 加强精神文明建设的决议》，明确抓好社会主义精神文明建设的指导思想和奋斗目标。2001—2005年，县委出台《开展公民道德建设试点工作实施意见》，全县进行社会公德、职业道德、家庭美德、婚育新风进万家教育活动，要求全县乡镇以贯彻《公民道德建设实施纲要》为动力，推进公民道德建设。2006—2010年，继续开展公民道德建设“满意在大方”活动，举办“大方新一轮发展我献策”“深入三大主题，推动科学发展”大讨论和演讲比赛。2011—2015年，实施“道德教育工程”，推进公民道德建设，以“学雷锋”“做一个有道德的人”“我评议，我身边的好人”“贵人善行”等活动为载体，要求广大群众评典型、学典型、做典型，提高文明素质。全县开展“重家教、立家规、传家训、树家风”“创最美家庭”主题实践活动。理化乡大塘村李光忠夫妇被评选为全国道德模范。设立积德榜、失德榜，营造崇德向善、见贤思齐的浓厚氛围。1991—2015年，全县涌现见义勇为、助人为乐、诚实守信、敬业奉献、孝老爱亲等各种先进事迹。

第一节 见义勇为

1993年11月17日傍晚，黄泥塘镇一名15岁女孩在挑水时失足掉进4米深的水池中，黄泥塘镇人民武装部干事周军在离水池30多米远的镇办公楼后院听到呼救声，迅速跑去，跳进水池，将落水女孩救上岸。

1994年7月15日凌晨3时，毕节地区人大干部培训中心服务员——大方县籍女青年赵艺正在值班，两名盗贼潜入总服务台行窃，赵艺被响声惊醒，起身奋力与歹徒搏斗，歹徒拔出尖刀对她连刺两刀，赵艺忍着剧痛将歹徒死死抓住不放，并大喊“抓强盗”。歹徒行窃未得逞，赵艺因流血过多而晕倒，被送往医院抢救。

1995年2月27日凌晨2时，4名歹徒在黄泥塘镇甘棠村盗窃耕牛时被巡逻队员发现并制止，歹徒拔刀行凶，砍伤畜主。村民赵振华听到喊声，立即跳下床冲出房门参与抓贼。搏斗中，赵振华被一歹徒用刀砍中颈部，血流不止，赵振华不顾伤痛，继续与歹徒顽强搏斗，直到与闻讯赶来的群众一起将歹徒制服，赵振华因流血过多昏倒在地，被送往医院救治。

1995 年 3 月 12 日中午，一辆中巴车行至 321 国道 1512 千米处时，因方向盘失灵翻到公路坎下，10 名乘客受伤，其中，县统计局局长罗兴国强忍伤痛，将车门推开，搀扶出一个个伤员，又奋力爬上路坎，求助过往车辆，最终 10 名伤员分别送往毕节、大方、双山医院救治。

1995 年 6 月 23 日早上 7 时，三元乡青竹村村民付顺林在背水回家途中发现一陌生人牵着两头牛慌张前行，引起付顺林的警觉，遂追上去拦截盘问，牵牛人拿不出任何证件，付顺林便将其带去村民组长家核实情况。途中，歹徒抽出随身携带的凶器杀伤付顺林后企图逃跑，付顺林赤手空拳与歹徒搏斗，身上被刺 6 刀，周围群众闻讯赶到后一起将歹徒制服，将付顺林送往医院救治。

1996 年 1 月 28 日零时 50 分，一辆大客车行至黄泥塘镇罗庄村大冲组的三道拐时，翻下 50 多米高的斜坡，造成 6 人死亡、26 人受伤。响动惊醒附近 72 岁的老人罗元吉，罗元吉与儿子罗应恩、罗应发、罗应京、罗应贵 5 人冲出门。看见一片火光，听到哭喊声连成一片。罗元吉马上派大儿媳去报告村长和组长，派罗应恩、罗应发拦车到黄泥塘镇报警，罗元吉与罗应京、罗应贵冲进烈火中救出 10 多个伤员，并将来不及送医院的 5 名伤员安排到自己家里休息。

1996 年 10 月 28 日，一辆运载白酒的四川车行至黄泥塘镇西河村一处下坡路段，由于刹车失灵，撞坏迎面驶来的油罐车后翻车起火，引燃洒在地面上的白酒，又引燃油灌车的右后轮，火焰直往油罐车上面窜。紧要关头，黄泥塘镇西河村主任徐光喜及时赶到现场，组织村民将大火扑灭。

1997 年 4 月 4 日，大方一小组织师生到大海坝祭扫烈士墓，一名学生擅自跑到水库边玩耍，不慎跌落水中，危急时刻，在不远处的大方镇中学学生宋静飞奔到出事地点，将落水者拉上岸并进行急救。经过半小时的努力，落水者渐渐苏醒，宋静与几个同学一起将落水者背回家。

2000 年 7 月 24 日凌晨 3 点，两名歹徒在文阁乡三元村大坡组盗鹅时，惊动鹅主人，鹅主人大声呼喊，水城农校毕业在家待业的 21 岁青年陈德进听到喊声，起身前去拦截盗贼，追至一块水田边将一名歹徒抓住。歹徒对陈德进连刺数刀，陈德进忍着剧痛将歹徒死死抓住，赶到的群众将歹徒制服。陈德进被送至毕节专医院救治，因伤势过重，抢救无效而牺牲。

2001 年 7 月，大山乡河坝村连降暴雨，7 月 5 日，村民罗银武发现自己房屋侧边的地面有裂痕，引起警觉。7 月 7 日晚上 10 时 30 分，罗银武家所在的长河组肖家寨附近发出一阵巨响，罗银武意识到有滑坡灾害发生，便不顾个人安危，跑到寨子中间大声疾呼，让村民赶快出门到安全地带避险，并到行动慢的农户家破门呼喊，最后将 2 名行动不便的老人一手抱一个带离危险区域。由于罗银武警惕性高，及时呼

大方县第二届“明礼知耻 崇德向善”道德模范颁奖典礼
（2015 年 1 月 6 日摄）

喊并带头施救，全寨 15 户 49 人全部转移到安全地带，无一伤亡。

2005 年 4 月 8 日下午 5 时，牛场乡中坝小学背后一片山林发生火灾，中坝小学校长赵吉智迅速带领教师及附近村民赶赴现场扑救，经过半个多小时的努力，大火被扑灭。

2008 年 6 月 26 日晚，一场暴雨袭击猫场镇，长征村桥边村民组一户人家底层房子被洪水灌入，房门无法打开，租住在房内的 4 名学生大声呼救。相隔 100 余米的村民郎学友家也面临暴雨威胁，听到喊声，郎学友不顾自己大病初愈和自家同样面临危险，冒着暴雨，扛着楼梯搭桥下到 4 名学生租住房屋底层，撬开窗户钢筋，将 4 名学生救出。

2012 年大年初三，黄泥乡槽门村一村民不慎掉进河中，河水冰冷刺骨且水流湍急，离落水者不远处有一个几十米深的溶洞。情况紧急，村民游兴勇纵身跳进河中，使尽全身力气，将落水者救上岸。同年 6 月 22 日凌晨，在浙江省湖州市南浔镇务工的大方县籍青年付锦，在一河塘处听到有人呼救，走近一看，有一男一女落水，正在河里挣扎。付锦毫不犹豫跳入水中，先后将二人救上岸。同年 8 月 6 日中午，黄泥乡槽门村龙井组两名小学生到槽门水库浅水区嬉戏游玩，不慎跌落到水库深水区，两名小孩均不会游泳，在水中挣扎，越挣扎离岸边越远，同村人周训（贵州省职业技术学院学生）听到路人的呼救声，飞奔到水库边，奋不顾身跳入水中，将两名小孩救上岸。

2013 年 5 月 14 日中午，羊场镇坪寨村杨柳组 6 名青少年到河边游玩，有 3 人下水游泳，被卷入暗流，在水里挣扎，武警部队退伍的杨安学听到呼救声，立即跳入河中救人，先救出 2 人后已累得筋疲力尽，看到还有 1 人在水中挣扎，再次跳入河中救人，由于体力不支，沉入水中被河水吞没，献出年轻的生命。同年 8 月 6 日，对江镇大山村村民黄世学骑摩托车走亲戚，在一个水塘边看到两名小孩溺水，黄世学本不会游泳，仍奋不顾身跳入水中救上一名小孩，当黄世学再次下水时，另一名小孩已沉入水中不见踪影。黄世学迅即报警，并就地等待警察和群众到现场，将溺水小孩遗体捞出。同年夏季，慕俄格街道九层衙村村民李林和儿子上山割草，行至陡坡村夹马巷时，遇两名小女孩呼救，称有一名歹徒正在不远处作案。李林与儿子随即赶往现场，看到歹徒把一个女孩按倒在地企图施暴。李林父子上前制止，歹徒见情况不妙撒腿就跑，李林父子立即追赶，歹徒抽刀威胁，李林父子与歹徒展开殊死搏斗，最终制服歹徒并移送大方县公安局。同年 9 月 2 日，温州市欧海区三溪工业园内发生一起火灾事故，在温州市亿俐德海绵制品公司务工的东关乡岩下村村民章坤，已与同事一起撤离，见大火越烧越旺，又不顾个人安危返回现场救火，不幸被大火吞没，献出年轻的生命。

2014 年 6 月 10 日凌晨 2 时 30 分，李德举驾驶出租车从大方县城南门载客沿奢香大道往北行驶，看见二人驾驶一辆摩托车抢夺路边一名女子手提包，李德举征得车上乘客同意后，随即调头将被抢女子带上车追踪劫匪。途中看见劫匪再次抢夺路边一男子手提包，然后沿迎宾大道往贵毕公路方向逃窜，李德举驾车紧追不舍，追至贵毕公路阴家沟大桥路段时，劫匪眼看快要被追上，慌忙弃车弃包逃窜，李德举与车上乘客迅速下车追赶，将劫匪抓获，20 多分钟后，警方到达现场将劫匪带走审查。

2015 年 6 月 20 日，大方二中教师苏茂齐一家三口到支嘎阿鲁湖游玩，看到码头深水区有一妇女在水中拼命挣扎。苏茂齐纵身跳入湖中，将落水者救上岸。同年 8 月 2 日，即将进入南京信息工程大学读书的对江镇对江村人韩垭坪骑摩托车回家，遇见一辆载有 2 人的摩托车被一辆电三轮连人带车撞进河里，肇事者逃逸。韩垭坪不会游泳，仍奋不顾身跳入水中救人，在几名村民（当时正在河边地里干活）的帮助下，将落水 2 人成功救出。

第二节 助人为乐

1992 年 10 月，理化乡退休人员谢臣久到黔西县走亲戚途中，在路旁看到一个被遗弃的瘫痪残疾小孩，当时正值霜降季节，小孩有被冻死的危险，谢臣久于心不忍，便把小孩带回家中收养。因家人不理解，谢臣久独自抚养残疾弃儿，把积蓄和精力全部花在残疾儿身上。

贵州煜峰投资公司工程师周家德是兴隆乡果木村人，创业成功后，不忘家乡父老乡亲，带领 120 多名家乡农民到城市打工创业，用自己的工资培训 1000 余人就业。1996 年，周家德捐资创立"家德希望班"，帮助 20 名辍学儿童重返校园，先后资助贫困学生 1000 多名。2005 年，周家德捐资 21 万元，帮助 1 名贫困学生进行肾移植手术，并长期资助 11 名贫困孤老。

1999 年，大山乡一名在校大学生因家庭贫困辍学，大山乡党委书记赵光伦得知情况后，发动乡干部职工捐款 735 元，向团县委争取到助学金 800 元，得到金沙县一位好心人承诺每月资助其 200 元直到大学毕业。

2003 年，贵州佳鑫房地产有限公司总经理、湖南省邵东县人刘志辉创建的"好优多"购物广场进驻大方县，20 余个店年均纳税 500 万元以上，解决就业 5000 人以上，刘志辉带领员工投身公益事业，向困难群众献爱心、资助教育等，累计捐赠 200 余万元。

深圳关爱行动"募师支教"项目的支教志愿者、大方县支教教师、吉林省辽源市女青年孙影，从 2006 年 8 月在大方支教起，引资并监建许凌峰募师支教希望小学、深惠茶友希望小学、金城宝希望小学、春澜希望小学，修建羊场镇小学综合楼。为大方县 300 多名贫困学生联系到爱心资助，为近 5000 名学生订制新校服。2009 年 8 月至 2010 年 5 月，为大方县抗旱救灾筹集 510 吨矿泉水。

河南省鲁山县记者张朝岑，被到大方支教的徐本禹等人的事迹所感动，从 2006 年起，先后 10 多次深入大方县偏远贫困山区采访，报道大方县偏远山区贫困情况，用自己节余的工资资助大水乡 10 名少数民族贫困孩子上学，用多年积攒的 2.4 万元稿费资助达溪镇大湾村 30 户贫困群众修水窖。张朝岑的善举经媒体传播后引起反响，河南省鲁山县领导和爱心人士捐款为达溪镇大湾村修建水窖 167 个。至 2014 年共 8 年间，张朝岑募集资金 100 多万元，为达溪镇、羊场镇、核桃乡共建水窖 1117 个，解决饮水困难。这些水窖被人们称为"河南水窖"。

2007 年 5 月，县安监局驻矿安监员陈磊在校读书期间，报名成为中华骨髓库造血干细胞志愿捐献者，并采集了血样。2012 年 7 月 9 日至 10 日，陈磊两次捐献造血干细胞悬液 340 毫升，挽救了一名年轻白血病患者的生命，成为大方县首例造血干细胞捐献者。

2008 年，四川汶川特大地震发生后，县城建局退休干部郑显才发动莲花塘老干支部党员捐资 1.1 万元支援灾区。又与子女共同捐资 4 万元修建家乡绿塘乡丰产一村小广场，出资 1.5 万元修缮丰产一村石拱桥，出资购买 1 万株柳杉苗和 3 千株青杠树苗栽种在丰产一村，出资出力解决丰产一村 200 余户村民饮水问题。瓢井镇联坪村共产党员黄文焕以缴纳特殊党费的形式，捐资 1 万元支援汶川灾区重建。2015 年，黄文焕又捐款 6 万元为瓢井镇居乐小学、果邦小学、乐丰小学、中寨小学、小庄小学、中洞小学、小洞小学购置课桌、乒乓球台、篮球架等设施和器材。

2009 年起，顺德街道金鱼村村民吴永雪共计捐款捐物 8 万多元，让 10 多个身患重病的人、残疾人、空巢老人、孤儿、留守儿童等得到及时救助。从 2009 年开始，牛场乡果宝小学教师陈永嫦除完成教学任务外，从事贫困助学慈善工作，先后联系落实"一个村小""上海爱共线民间公益社团”“中国助学网”等助学基金会，对果宝小学孤儿、单亲家庭子女、贫困生实施“一对一”帮扶，受助学生达883人次。

牛场中学教师高琪林自2010年起收养4个孤儿，用自己的收入供孤儿生活和上学。长石镇张大小学教师李明贵长期资助数十名贫困学生，为学生购买学习用具，垫付学费。2010年，长石镇青香村一户人家发生车祸，造成2死1伤，李明贵带领家人主动捐款，并帮助安葬死者。

2011年，绿塘乡丰产一村“一事一议”工程中，村民黄家顺带头献出自己的土地，带头出资出力修石桥。在黄家顺的带动下，工程得以顺利施工并按期完工。同年7月，黄泥塘镇天堂村在外创业的村民王隆学，向纳雍县水东乡金子小学捐款捐物，捐资8万元修建学校食堂，并资助每个学生每天3元的中餐补助费。2012年2月，王隆学又向黄泥塘镇背座小学捐赠15万元，同时，为背座小学每个在校学生赠送1套校服。

2012年2月25日，县人民医院“120”急救车驾驶员叶茂在出车贵阳途中，遇到一名老人突发心脏病，叶茂主动将病人送往省人民医院救治，由于抢救及时，病人脱离了生命危险。东关乡七家田村村民龙忠雨长期帮助老弱病残者，数十年坚持照料同村一名行动不便、生活困难的孤寡老人，让老人安享晚年。

2013年，东关乡大寨村学生熊益森上学途中，在廉租房工地下水道中发现一名受伤老人，便将老人送到医院，老人得到及时治疗。羊场镇坪寨村村民李飞阳，热心公益事业，乐于参加志愿者活动，2013年12月，李飞阳通过网络了解到在外地打工的一大方县籍农民工孩子被拐卖，组织志愿者多方搜集信息为农民工寻找孩子。

2014年4月9日，一名乘客将3.7万元现金遗落在张庆奇的出租车上，张庆奇发现后及时将巨款归还失主。殷全林从事出租车载客工作10多年，一直坚持为群众做好事，在平凡的岗位上做着不平凡的事。

东关中学教师吴光智长期联系深圳爱心人士对大方教育事业进行资助，10余年间联系捐赠教学物资折款达200余万元，受资助的学生达100余人次，联系爱心人士对东关中学、珠场中学、坡脚中学等捐赠校服2万余套。长石镇青香村村民李进将自己多年外出打工的积蓄50万元全部捐出，在家乡青香村创办1所小学，解决村里学生就读问题。马场镇退休干部吴大本退休多年不遗余力为社会做贡献，用自己的退休金资助10多个困难家庭学生上大学。羊场镇政府工作员尹国民几十年从事财务工作保持无差错，长期利用业余时间无偿帮助群众修理电器，被当地群众称为“活雷锋”。猫场镇水淹塘村卫生室医生刘刚从小患有小儿麻痹症，身残志坚，无论春夏秋冬，白天黑夜，只要病人有需求，刘刚一手拄拐杖，一手提药箱，艰难地行走在山间崎岖小路上为病人解除病痛。

陈燕自创办星盛家私家具商场开始，连续三年资助“苗族跳花节”，共计出资1.3万元；向四川汶川地震灾区捐赠1.5万元；资助文惠学校6名学生每人每年1600元生活补贴至初中毕业；为雨冲乡水灾捐资1万元；为失学学生捐赠2000元；资助2名贫困大学生各3000元；为大方旱灾捐资7000元。陈燕做公益累计捐资14万元。

创办琼芳食品开发公司的高文凤，为下岗职工、农村妇女、残疾人提供就业机会，带领部分群众走上小康路。雪凝和地震灾害期间，高文凤组织职工为灾区捐款捐物，为希望小学捐赠文具，出资扶助贫困学生上学。

第三节 诚实守信

1991年，黄泥塘镇眉井村人万朝荣把一个与自己无亲缘关系的老人接到家中，像对待自己的父母一样细心照顾、赡养，20多年无怨无悔。1991年8月，黄月英从家乡湖南澧县到大方县黄泥塘镇新场小学支教，坚守岗位20多年，拒绝其他学校的高薪聘请，放弃考调县城的机会，一直与爱人两地分居，从未向组织提任何要求。

1995年2月28日，大方镇居民陈祖慧乘车从大方到四川途中，在叙永县震东路段发现从一辆邮车上掉下一个邮袋，陈祖慧捡到后，停车在原地等候多时，不见有人来取，便到附近一饭馆告知店主，如有人来寻，请告知到大方县邮电局联系，饭馆老板愿出50元现金换取邮袋，被陈祖慧拒绝。陈祖慧将邮袋带回大方县，告知县邮电局和大方镇派出所。之后四川省古蔺县邮电局派人到大方联系认领，陈祖慧将邮袋拆封清点，邮件无任何损失，完好归还原主。

1997年6月13日，大方镇凉井小学学生陈娟在放学回家路上捡到一个装有2万元现金和证件的钱包，遂返回学校交给校领导，校领导立即派人和陈娟一起准备将钱包送到大方镇派出所，途中正遇一路寻来的失主，经查对，包内证件与来寻人信息一致，确认后即将钱包归还失主。

2005年8月12日中午，县国税局百纳分局局长陈学峰在办公楼前捡到一个皮包，包内装有现金2800元、存折5个、银行卡3张以及居民身份证等证件，陈学峰查找到失主电话，将皮包归还失主。

2006年10月11日上午，乘客李某在奢香大道打车到车站，进站买票时才发现钱包遗落在出租车上，但李某既不认识司机，也不记得车牌号，只好先去毕节办事。下午5时，李某接到大方镇派出所电话，让其认领钱包，李某高兴地赶回大方，经核对包内钱物完整无缺，钱包是出租车驾驶员李红映送到派出所的。

大方县向道德模范学习活动现场（2015年9月23日摄）

2011年11月16日，一名顾客到马场街上安金凤饭馆吃饭，离开时将装有12万元现金的皮包遗忘在饭馆里，安金凤发现后及时找到顾客，将皮包原封不动归还失主。三元乡卫生院医生龙勇自从医开始，多次为家庭困难、无人照料的病人治病，经常探望并送去营养品，无论白天黑夜，只要有病人求救，龙勇从未延误。

大方县水泥厂下岗职工、出租车驾驶员勾文强经常做好事，一次是主动归还乘客丢失的手机；一次是护送找不到家的老人回家；还有一次主动归还乘客遗失的包，包里物品和现金价值共1万多元。出租车驾驶员张二萍，上有年迈老人需尽孝，下有儿女需抚养，却主动向出租车“爱心车队”

承诺，长期照顾老人陈国风的生活、出行，从未违背过诺言。有一次，张二萍看见一辆出租车跌入10余米深的邵家桥下，立即下车进行施救，将受伤的驾驶员送到医院救治，并为伤员垫付医药费、购买衣服。在2014年冬季的一天晚上，出租车驾驶员杨昌红载客从利民路到大十字，拾到乘客遗失在车上的皮包，包内有现金5000多元，证件数张。杨昌红久候不见失主，便将皮包交到县客管局。杨昌红经营出租车期间，拾到乘客遗失财物价值数万元，全部归还失主。出租车行业工会负责人、出租车司机刘新庆，经营出租车10多年间，共归还和上交乘客遗失物品80余件，免费接送弱势群体若干人次；“爱心绿丝带”送考活动中免费接送考生1000余人次。

第四节　敬业奉献

1983年，高店乡白布村农民企业家李忠俊，捐资1万元修建白布街道；1994年捐资2.2万元给白布小学作建校补充资金和奖学金；1995年捐资7万元架通高榜、新房、白龙、白布村的电线，让近万名村民用上电灯，看上电视。东关乡大寨村原党支部书记杨绍昌，离任后在垃圾填埋场做临时工，每天工作10多个小时，从不马虎。高店乡大山村退休人员陈明武，从1990年至1997年，用自己的退休金捐出修建高店乡狗爬岩、鸡翅拐、马路岩、老椏口4条总长6千米的人行道，方便家乡群众出行。对江镇大山村村民刘安国，退休后与乡邻共同承包荒山，以自己的财产做抵押贷款造林，先后植树20多万株，绿化大小山头29个，建起“八五林场”。带领群众修通从岔河到袁家寨连接高店乡和文阁乡的公路7千米。自费购买钢筋水泥修建两个20多立方米的水池。到有关部门和单位争取电线和水泥电杆，带领群众投工投劳，接通电线，结束家乡不通电历史。凤山乡店子村古稀老人安正举，跑政府、跑企业寻求帮助，筹集资金2.2万元，自己捐资2000元，组织群众投工投劳，修建通组公路2千米。无偿献出承包地2000平方米，为彝寨建起文化娱乐广场，带领村民学唱歌、跳舞。开办彝语班，教彝族群众学习本民族语言。核桃乡伐木村村民熊培光，发挥寨老、族老作用，动员家族、亲戚和朋友，带领村民调出土地、投工投劳，修建通组公路12千米。八堡乡八一村村民丁多荣，致富不忘家乡，出资25万元，加上母亲多年积攒的几千元，硬化丁家寨与八一公路之间的通组公路1千米。东关乡岩下村村民陈祖宇从事建筑业，在2012年云南彝良地震时，主动加入救灾队伍，出资5万余元购买方便面和矿泉水并送往灾区。安乐乡青松村村民袁正兵，看到村里学生每天步行10公里泥路才能到校上学，便捐出2间平房办学，并让贫困家庭学生免费上学。

321国道线龙昌坝道班班长张德荣，带领全班人员起早贪黑，放弃休息日和节假日认真养护公路，清塌方，填坑陷，挖坑槽，清边沟，通过努力，龙昌坝道班好路率达100%。大方公路养护段黄泥塘镇养护站站长童全书，自1977年起，几十年如一日，带领全站人员长期奋战在养路第一线。2008年凝冻灾害期间，童全书日夜坚守岗位，提前20天完成上级规定的公路大修任务，保障救灾物资运输的畅通。县公路管理所养护工李兴德，放弃教师工作当一名养路工，30多年无怨无悔，兢兢业业。县邮电局邮递员徐天福，自1958年起从事徒步邮递工作，开始的10年，往返投递于马场、坡脚等区乡，常常是3天往返100余千米。乡邮转城邮后，徐天福担负城关南片区100多个机关单位和众多居民户邮件的投递任务，每天几大堆邮件，每次背几十公斤，多次往返投递，坚持当天邮件当天送完，地址变更的邮件也从不漏投，多年间从无差错。大方县国税局干部刘如学，参加工作后一直从事税收工作，在基层税务岗位连续工作20年，行程5万千米，经手的征税额达400余万元。县国税局科长吴长敏，从1988年参加工作起，为了堵塞个体小煤矿税收漏洞，长时间连续坚守，对每辆违法车辆进行登记。每天坚持早晨6点开始监督查验，规范屠宰行业税收秩序。县文体广电局工程师胡贤勋，多年从事电器电路维修，专业技术娴熟过硬，常年在县城东门火焰山电视发射台值守，维护电视发射台线路和设备，保证电视节目正常播出。县城管大队环卫站小组长陈世敏，从事环卫工作10多年，在工作中大胆创新，连续5年被单位评为“优秀环卫工人”，所带小组连续3年被单位评为“环卫先进集体”。雨冲乡环卫工作队队长罗光奎，从事环卫工作10多年，不求名利，不怕苦累，不分昼夜，生病也不忘工作。县中医医院院长杨永松，熟练掌握外科常见病、多发病诊疗技术，引进高新技术，开创本地区多项先进医疗技术先例。

大方一中教师王学文，从事教学工作多年，把大部分时间都用在工作上。1994年突发阑尾炎住院做手术，拆线第二天就用布带勒住伤口上课，1997年会考，所教班级有39人获A等成绩，合格率达100%。黄泥塘镇万琼，1991年在家乡自筹资金创办麻窝小学，解决适龄儿童入学难问题，到1995年，学校发展成完小，有教师6名，学生230名。1995—1996年，万琼所教的四、五年级学生语文科期末统考，获在拱片区单科第一名。万琼艰辛办学事迹曾被贵州电视台《晚间新闻》播出。1996年9月，中国青少年发展基金会授予万琼“希望工程园丁奖章”；1997年5月，共青团贵州省委员会授予万琼“全省优秀共青团员”称号；获贵州青年五四奖章一枚。1997年首届小学毕业班获黄泥塘镇“小升初”总分第一名。猫场中学校长刘开忠，每天坚持步行数千米上班。外出办公事，从未报销出差费，把自己省吃俭用积攒的12万元投入学校建设。兴隆乡菱角小学教师张家嵩，身残志坚，坐在轮椅上上课，20多年间以校为家，多年间用自己微薄的工资资助40余名贫困家庭学生上学。县教育局工作员吴道江，从部队退伍回到地方工作后，自费在家乡创办猫场岩洞小学，出资聘请教师上课，让贫困山区200多名孩子免费入学，2004年“感动中国”年度人物徐本禹曾在该校支教。猫场镇初级中学教师陈勇，任教多年所教学生成绩在全县保持前列，2013年陈勇从初一带到初三毕业的51人参加中考，48人优秀，其中一名学生获全县中考第一名。理化乡慧能希望小学教师肖德彬，身残志坚，1995年创办大土私校，2005年大土私校归并入邻近的慧能希望小学，肖德彬成为一名代课教师，2009年考取特岗教师，选岗时放弃到条件较好的中心校的机会，毅然回到慧能希望小学工作。星宿乡后河小学教师熊志勇，在交通不便、信息闭塞的后河小学任教期间，把时间和精力都花在学生身上，独自将教科书和教学用品背到学校，亲手垒厕所、搭帐篷，改善学校环境。在熊志勇的努力下，后河小学在每年全乡统考中，学生成绩都名列前茅。

黄泥塘镇司法助理员陈国海，1994—2008年间，调解重大疑难纠纷86件，成功83件，成功率96.5%，调解协议履行率100%。黄泥塘镇鸡场卫生院院长蒋守忠，行医30余年，为10余万群众解除病痛。凤山林场场长袁明学，所管辖的1361亩树林，创下近50年没有发生过一次森林火灾的记录。2008年，凤山林场被选为中德财政合作林业经营项目点，成为“近自然”林业发展的成功典范。县城市综合执法大队环卫站站长万道琴，为杜绝乱倒垃圾现象，与丈夫一起，不管春夏秋冬，经常夜间值守重点部位，杜绝了几个点上部分居民乱倒垃圾现象。2003年丈夫患重病后，万道琴仍一边照顾丈夫，一边完成工作任务，工作从未受影响。

百纳法庭挑选10名熟悉法律知识、责任心强的女工作员，组建女子法律宣传队，宣传队采用“文艺下乡、法律同行”等多种宣传方式，把对法律法规的宣传和对法律问题的解答，作为化解农村社会矛盾纠纷的重要手段，提高群众知法、用法、守法意识，化解矛盾纠纷。县农牧局选派驻长石镇驻村干部孙云，在所驻村多次开办讲座，培训农业实用技术，让群众懂技术长知识，在长石镇打造3000亩绿肥板块经济和200亩以上“万元田”，为群众发展致富找路子。县人民法院研究室工作员郭鹏，发挥法制宣传“喉舌”作用，传播正能量，宣传“好声音”。组织编撰审判信息、新闻稿件239条，在各级主流媒体刊登发表工作信息、案例、调研文章151篇。县公安局特巡警大队大队长赵荣跃，带领全队完成各项任务，2011年被公安部评为“优秀警务实战教官”。凤山乡党委书记李春阳，在扶贫工作中探索出“一颗钉子三条线”的精准扶贫机制，按照“副科级干部联系村，所有干部联系组”的要求，带领乡村干部扎根在扶贫攻坚第一线，为每户贫困户设计3条收入线。在店子村推行资源变资产、资金变股金、农民变股民改革。县交通运输局业务股负责人张炜，在大方县2014年至2015年的606.6千米通村公路建设中，负责技术监督工作，以一丝不苟的工作责任心配合各乡镇完成任务。县道路运输局工作员杨廷忠，担负运输稽查工作多年，一心扑在工作上，从未休息，生病期间仍坚持不离工作岗位。县农牧局品改站站长李国华，在品改站工作多年，一心一意为全县牲畜品种改良做贡献、谋发展，全县牛改点从起初的10余个发展到2015年的50个，牛改输配从原来的每年几百头发展到2015年的1.8万余头。县投资促进局下派瓢井镇中寨村驻村干部谢雨石，为所帮扶村争取投资项目，协助村民建立农业合作社，争取有关部门支持解决通村公路的修缮项目，发动并指导村民建立杂交玉米连片种植示范点。

大方电视台驻黄泥塘记者站负责人吴守良，被选派到大方电视台学习培训后，在大方电视台报道新闻100多条。仅2015年提供给省、市、县电视台及多家主流媒体的大方新闻就达465条。县新闻信息中心工作人员郝家红，在恒大集团帮扶大方期间，忘我工作，对恒大每个项目了如指掌，其作品充分反映贫困群众生活的点点滴滴和恒大帮扶大方的历程。县电视台工作人员郑吉军是一名退役军人，2006年参与国际维和部队到黎巴嫩任随军记者，参与八一电影制片厂拍摄维和部队专题片，潜心学习拍摄技巧，退役回地方担任大方电视台记者后，工作严谨，作品质量高。

大山乡光华村党支部书记罗光贤，带头争取资金，带领群众投工投劳，修建光华村至大山公路，光华村的李子每年外销50万公斤以上，增加群众收入。把光华村建成大山深处的物资集散地，加快农产品和日用品双向流通。带领村民发展经果林、养殖业、蔬菜种植等，把光华村建成经济强村。凤山乡店子村委会主任王成贵，2009年起，带领群众发展乡村旅游业，2015年，带领火封丫组群众创建特色古村寨。对江镇对江村离任村干部杨继凯，从1988年开始谋划对江村种植蔬菜发展道路，到外地学习取经，探索出小火道温床育苗技术培育蔬菜苗种植蔬菜，发展对江村蔬菜种植并推广到毕节、织金、威宁等地。1997年，杨继凯任村支书后，时刻把全村人致富放在心上，2000年带领村民试制竹架大棚种植蔬菜，为全村群众找到一条发展经济的好路子。到2005年，大棚蔬菜种植户从1988年的10余户发展到370多户，占全村户数的70%以上。黄泥塘镇化理村党支部书记高德仙，联系到贵州乌江水电开发公司帮扶化理村资金15万元，用13万元安装路灯，解决村民夜间出行难问题；用2万元从凯里引进优良蜜蜂品种20桶，让村民发展养蜂业，同时组织村民发展其他养殖业和种植业。黄泥塘镇黄泥社区居民蒙光照，退伍回乡后，带领家乡群众探索致富路子，1987年在村里办起第一个加工粮食的小作坊，2002年筹资开办乌蒙砂厂，为村里的年轻人提供就业机会。牛场乡立新村党支部书记杨明旭，带领全村群众用5年时间修渠引水，结束全村群众吃浑浊河水的历史。还组织村民修路，解决出行难问题。带领苗族群众走向致富路，过上好日子。

八堡六寨苗族水花酒厂总经理杨明科，2007年带领新开村新寨苗族群众进行村镇建设，新开村被评为“精神文明村寨”。2010年创办八堡六寨苗族水花酒厂，解决部分村民就业问题，带动周边群众发展经济。大方县顺丰漆器工艺厂厂长万廷福，漆器作品在“开磷杯”“瓮福杯”“国密董酒杯”等旅游商品选拔大赛中获奖。大方县高光彝风漆器工艺制品厂厂长高光友，为使进入国家级保护名录的“大方彝族漆器髹饰技艺”得以传承，积极参与和推动此项非物质文化遗产的传承与传播活动。大方县贵宝漆器工艺品有限公司总经理夏明浪，组织公司艺人多次参加全国和全省举办的旅游工艺品大赛并获奖，为大方漆器的弘扬、传承、发展做出重要贡献。对江镇花果村村民吴正奎，长期研究并创作农民画，自费开办农民画创作培训班，对创作爱好者悉心指导，为大方农民画的创作和传承坚持不懈，吴正奎的作品有5件获国家级机构收藏。

羊场镇穿岩村村民杨先福，从1983年起，在没有资金补助的情况下，带领穿岩村小沟组群众退耕还林540亩，将3000亩荒山都种上树，共种树160余万株，全力投入生态保护工作，坚持每天巡山护林，把所造林子培育成生态建设样板点。雨冲乡油杉河村村民曾光华，不顾家人反对，放弃教师职业，带领村民在家乡植树1000多亩10万余株，曾光华带头种下3万多株，既发挥生态效益，又为油杉河景区增添一道风景。2008年，瓢井镇联坪村村民贺长光在湖南打工的两个儿子因救人牺牲后，丝毫没有为个人着想，而是希望并争取到党和政府帮助家乡修好道路、架通电线、建好饮水工程。顺德街道龙昌村村民朱兴成，年近古稀仍热心支持经济社会发展，2011年，在大方县循环经济产业园区建设过程中，充分发挥寨老族老作用，带头丈量自己的土地，主动搬迁祖坟5冢，动员村民积极支持园区建设，帮助园区干部丈量土地，搬迁坟墓。

第五节　孝老爱亲

响水乡飞雄村村民叶忠学，为照顾年迈且有残疾的父母，28岁招上门女婿结婚，几年后丈夫去世，留下两个孩子，叶忠学独自一人照顾两老两小起居。浙江宁波人戴祥菊，20世纪70年代随丈夫到大方县人民医院工作，悉心照顾婆婆几十年，丈夫去世后，在外地工作的子女接戴祥菊去过安稳日子，戴祥菊毅然留下照顾婆婆至终老。

县粮油贸易公司职工周振龙，妻子患重病多年，周振龙承担全部家庭重担，既照顾妻子又照顾孩子，下岗后仍到处奔波，筹钱为妻子治病。

对江镇对江村村民熊少珍，女儿重病瘫痪后与女婿离异，熊少珍便将女儿接回家中照料，下地干活也将女儿背到地里，经常为女儿按摩，带女儿四处求医，长达20多年。

六龙镇村民何瑞云，丈夫去世，留下3个孩子，何瑞云一人承担全部家庭重担，起早贪黑历尽艰辛抚养孩子，把3个孩子全部培养成大学生。

响水乡前进村村民杨昌英的父亲瘫痪，杨昌英与丈夫一边抚养孩子，一边照顾父亲，亲自为父亲擦洗身体、按摩，送老人到户外晒太阳，几十年如一日。

响水乡青山村村民陈银凤，20多年精心照顾生重病、生活不能自理的婆婆。有一次，婆婆突然发高烧，陈银凤背着婆婆步行几千米到医院治病，精心护理。

县公安局警察刘顺，妻子1991年因意外摔伤致双下肢瘫痪，生活完全不能自理，长子患先天性心脏病，岳母患糖尿病、骨关节坏死。刘顺几十年不离不弃，挑起家庭重担，孝敬老人，照顾妻子，抚育子女，并认真完成单位本职工作。

鸡场中学教师马娅儿子7个多月时被诊断患有脑瘫，马娅多方筹钱，与丈夫一起辗转贵阳、北京等地为孩子治病，10多年从未间断。

绿塘乡丰产一村村民陈家云，丈夫去世，留下年迈的父母和5个孩子，陈家云担负起家庭重担，孝敬老人，抚养孩子，并把其中两个孩子培养成大学生。

黄泥塘镇化理村村民孟显芬，儿子未满30岁去世，儿媳出走，留下两个年幼的孙子，随后丈夫又去世。孟显芬孤身一人抚养两个孙子，下地干活时用背篓把孙子背到地里，孙子上学，孟显芬用背篼接送。

红旗街道和平街人陈德珍，企业退休职工，儿子患脑瘫智力障碍，生活不能自理，未成家，40多年一直由陈德珍艰辛照管。

红旗街道西北社区居民文凤，妹夫患脑溢血卧病在床，妹妹外出挣钱给丈夫治病，将自己重病的丈夫托付给姐姐文凤照顾，文凤毫不犹豫答应，天晴时推妹夫出去晒太阳，每天为妹夫泡脚、擦洗身子，无怨无悔。

马场镇双群村村民何贵琴，丈夫早逝，婆婆年迈，侄儿侄女全由何贵琴抚养。何贵琴孤身一人耕种10余亩地，抚养一家3代7口人，培养出1名大学生。马场镇新丰村村民李元芳，多年一直悉心照顾半瘫痪的公公，视后母为亲娘，促使家庭团结，邻里和睦相处。果瓦乡上寨村村民丁会连，父亲双目失明，母亲重度智力障碍，残疾弟弟患淋巴系统疾病、心包炎、肝肿大，病重卧床，一家人多年全靠丁会连一人支撑。鼎新乡新启村村民杨俊，母亲患风湿病瘫痪在床多年，妻子患精神分裂症于2011年4月失足坠楼身亡，杨俊孤身一人照料瘫痪的母亲和幼小的女儿。

牛场乡大营村村民杨元珍，几十年如一日尊敬和孝顺老人，并把大哥、三弟及堂兄家4个失去父爱母爱的孩子收养在身边，让孩子们接受教育，帮助孩子们成家立业。绿塘乡丰产二村村民焦华，多年悉心照料一位丧失劳动能力的“五保”老人，垫付资金帮老人进行危房改造，帮助老人种地、收割。老人生病时及时送医，老人生活不能自理后，把老人接到自己家中赡养。

沙厂乡中山村村民袁芳芬，丈夫瘫痪卧床，生活不能自理，袁芳芬多年无怨无悔，悉心照顾丈夫，包揽家里家外一切事情。

县电影公司职工余凤连，母亲因生病成为植物人，余凤莲30多年悉心照料，使母亲恢复部分意识，可以从床上坐起，脸上还会露出愉快的微笑。

小屯乡妇联退休干部刘伦英，几十年如一日服侍瘫痪的婆婆和母亲，帮助丈夫把弟弟妹妹5人抚养成人。

红旗街道城北社区居民谢光英，女儿严重智力障碍，谢光英早年被丈夫遗弃，独自带着残疾女儿生活几十年。

黄泥塘镇黄泥村村民尚荣英，丈夫早逝，几十年如一日独自照顾年迈的婆婆和双目失明，驼背的单身小姑子，无怨无悔。理化乡初级中学女教师黄晶晶，十多年如一日，在上学和工作期间，把身患帕金森病的母亲带在身边悉心照料。鼎新乡中心村村民杨红，公婆年迈，母亲患脑血栓，父亲离家出走，嫂子坠楼身亡，留下未满月的侄女，杨红除了抚养自己的两个孩子，还长期照顾公婆、母亲及侄女。

沙厂乡拉车村村民金荣才，8岁时父亲意外溺水身亡，母亲改嫁，留下年迈的爷爷奶奶。金荣才辍学回家，种地、洗衣、做饭，服侍年迈的爷爷奶奶，成为家里的顶梁柱。

2006年，绿塘乡丰产一村人口主任陈家美，丈夫因患癌症去世，留下4个孩子，陈家美一边抓好工作，一边起早贪黑劳作，抚养孩子，把其中两个孩子培养成大学生。

四川省眉山市人张云霞，自2007年嫁入大方县后，回四川老家看望父母的时间渐渐稀少，为能尽孝，将父母接到大方，与公婆一起组成一个和睦幸福的8口之家。黄泥塘镇天堂村学生王杰霖，爷爷患病长期卧床，母亲离家出走，王杰霖为减轻爷爷的寂寞和苦闷，每夜陪伴爷爷，为爷爷洗衣洗脸洗脚，让爷爷心情舒畅地安度晚年。为减轻父亲的负担，王杰霖利用寒暑假期打零工、做兼职，赚学费，尽量减少家里开支，节约资金为爷爷治病。小屯乡珠场村村民李丹，因父亲患病瘫痪卧床，从8岁起一边上学，一边照顾父亲，用一双稚嫩的肩膀撑起一个家。

第六节 婚 俗

一、联姻形式

20 世纪 70 年代前，由于受过去长期封建婚姻习俗影响，男女联姻还带有一些封建色彩，特别是在农村，以媒人说亲，男女双方家长主张为主，青年男女大都没有自由恋爱的过程。20 世纪 80 年代后，青年男女逐渐走向自由恋爱，通过社会交流平台，在同学之间、同事之间和其他社会交往场合，互相了解，自由结合，然后通过一定形式就可定下终身。改革开放后，社会融合面更加广泛，联姻形式也发生变化。通过外出务工，县内女青年特别是农村女青年向往外面世界，容易在外地结婚成家。进入 21 世纪信息网络时代，增加了网上交流、交友、恋爱、谈婚的形式。

二、择偶标准

20 世纪 70 年代前，青年男女大多以父母之命、媒妁之言为主定终身。20 世纪 80 年代后，男方择女方，一般要求贤淑，会待人接物，会理财持家；女方择男方，要求有相对固定职业，勤劳、有事业心。进入 21 世纪，男择女标准，一般要求形象好，家境好，有一定文化，会持家；女择男标准，一般要求高大、帅气、富有。

三、彩礼

彩礼是男方家给女方家的聘礼，20 世纪 70 年代前，以“段段布”为主。20 世纪料子以灯草绒、毛哔叽、凡呢丁为主。20 世纪 80 年代后，除布料外，还要有“三转一响”（手表、自行车、缝纫机、收录音机）。20 世纪 90 年代以后，要有“三金一窝机”（金戒指、金耳环、金项链、电视机、洗衣机、电冰箱）等。进入 21 世纪以后，女方要求男方家要有房有车有钱，订婚或结婚时要有彩礼送到女方家，数额以万数计，尾数有“6”或“8”，表示顺利、发财，一般有 1.8 万元、3.8 万元、6.8 万元、8.8 万元、16.8 万元，富裕人家高达数十万元甚至百万元。对于彩礼，大部分女方父母都将男方家彩礼交女方带回，作为小家庭建设之用。

四、谈婚程序

谈婚程序分为提亲、允口、订婚、送日子、结婚、回门六个程序。

（一）提亲

男方家通过媒人（也叫介绍人）告诉女方家，说出男方家长的名字和男方的名字，看中女方家哪一个姑娘，然后介绍男方的家境和男方本人情况。媒人一般是伶牙俐齿、能说会道的人，介绍对方情况时有的会有夸张成分。女方家在媒人提亲后，一般由家长或近亲去男方家查看或向三亲四邻调查男方家庭和本人情况。讲究面相的人家，还要根据男女双方属相找八字先生研究是否犯婚配忌。

（二）允口

女方家根据媒人介绍的情况，通过调查了解觉得中意后，以一定方式示意媒人，由媒人约上双方父母和青年男女，选时间到女方家聚会，女方家请部分近亲作陪，表示同意这门亲事。

（三）订婚

女方家答应婚事即允口后，男方家在一定时间内备好礼物，行订婚礼仪。中华人民共和国成立后到 20 世纪 70 年代左右，订婚礼物主要是给女方买衣服布料等。90 年代后，增加金首饰。进入 21

世纪，增加现金以及其他一些习惯性规定礼物。男方家人在媒人的引导下到女方家摆礼，女方家适当请几桌近亲客人，点收礼物即“过礼”后，大家欢宴一番，完成订婚礼仪。

（四）送日子

男女青年通过订婚礼仪后，婚姻就算基本敲定。男方家需请先生选定结婚日期，时间一般要求不太近，让双方家庭有准备喜宴的时间。男方家准备一定礼物和结婚日期单子一并送到女方家。女方用一个大盘子按人数给男方家送日子的人端茶水，男方家人取茶水后，每人都要打发女方茶水钱，具体数额按当地习俗而定，把钱放在盘子里，由女方收回。这一习俗在农村比较讲究，如果男方家人不打发钱，会被笑话。送日子这一礼仪中，女方家也要返还一定礼物。如果女方家亲戚中有喜欢作弄人的，有可能把男方家送去的日子单夹在返还的礼物中，让男方家人在不知情的情况下带回家中，不但要被重新送回女方家，还要被三亲六戚笑话，因此男方家需选比较机灵的人完成送日子这一任务，返还时须暗中检查返还礼物中有无“夹带”。送日子这一礼仪有些家庭在订婚时一并完成。

（五）结婚

双方家庭根据选定的日子，各自发请柬或通知三亲六戚及寨邻，准备酒席招待客人。酒席一般8人~10人一桌，具体桌数和人数不等，根据各家所请客人数而定。20世纪70年代以前，女方家一般不发请柬也不具体通知，只靠亲戚朋友互相转告，因此能到多少客人不好把握。80年代以后有所改进。到男方家婚期的前一天，男方家要请接亲的人（一般4人，2男、2女）带上礼物，礼物一般是全套全新衣裤鞋袜等，还有梳妆用品、酒、蜡烛、鞭炮等，由一名男童背上一起到女方家，有的还要请搬陪嫁物品的人和结婚车一起前往。女方嫁期这一天，夜间12点即次日凌晨，女方开始梳头、打扮。早上摆酒席招待客人后，上午11点以前（巳时）要发亲（避开午时，特别须避开午时三刻）。女方家安排送亲的人一般也是4人，2男、2女。女方起身要向父母行告别礼，父母会说一些鼓励的话。新娘要把在娘家所穿衣裤鞋袜全部换成新的，由哥或弟从娘家背出来，是独生子女的，由族中哥或弟背到看不见娘家房屋的地方，由一个小孩提新鞋来穿上，便与接亲送亲队伍一起上路。旧时交通不便，车辆少，新娘多数是步行到男方家。改革开放后，交通迅速发展，车辆增多，步行逐步换成乘车，讲究的要组织一个车队，装上一辆彩车由新郎新娘乘坐，其余车辆扎上彩带、气球跟随，气氛喜庆热闹。接亲队伍到达新郎家后，新娘要在堂屋前用一条板凳撑伞坐下，旁边放一张桌子，新郎家请一位先生来“回喜神”（也称为“退车马煞”），“回喜神”有固定的说辞，如“日吉时良，天地开张，新人到此（或新人下轿），车马回乡。”然后在门槛上放马鞍子，堂屋中间放火盆，新娘从鞍子上跨过，从火盆上迈过，叫做“跨金鞍、迈火盆”，预示金玉满堂、红红火火，再到神龛前跪拜。进入21世纪后，县内在神龛前拜堂的习俗减少，多数是拜天地、拜父母、夫妻对拜，有的已省去繁琐礼仪，新娘到新郎家后直接进洞房，晚宴时也可出席。办酒的习俗，在农村绝大多数就在家里筹办。城镇多数在酒店包席。办酒过程多数家庭都较节俭，达到喜庆目的即可。也有一些人家讲排场，大操大办。2010年后，县里提倡文明新风，出台相关措施，制止大操大办，效果明显。

（六）回门

农村习俗是新婚女子结婚满一个月后，夫妻双方带上一定礼物回女方家拜谒女方父母。新婚女子在一个月内，不能走村串户，不能进入他人屋内。在城镇一般是婚后第三天便可回到女方父母家，走村串户也比较自由。

第二章 宗 教

第一节 宗教组织

县内宗教组织主要有佛教、道教、基督教、天主教，其次还有伊斯兰教。佛教于明末清初分别由四川、山西、湖南、贵阳等地传入，主要有临济宗、普庵两个派系。道教于明代中后期传入，分正一道、全真道两派。天主教和基督教于清光绪年间传入。至2015年，县境内正式登记开放的佛教寺庙1座，未开放的27座，有信徒502人。道教无道观，有信徒157人。基督教开放的教堂63个，有信徒5635人。天主教开放的教堂1个，有信徒158人。伊斯兰教有信徒90人，主要居住在城关、坡脚、理化、六龙等片区，无清真寺，无集中活动。

一、佛教

县境佛教寺庙创建最早的是明代建于县城东北的永兴寺。清代在城乡先后建成的寺庙有顺治年间建的兴隆寺、康熙六年（1667）的万寿寺、康熙八年（1669）的大佛寺。之后的有东山寺、回龙寺（六龙）、妙湛寺、海音寺、寿福寺、观音阁、清泉寺（达溪）、观音庙（瓢井）、奎文阁（响水）、飞龙寺（八堡）等。

清末废除科举制度后，各地始设学堂，因地方财力不足，推行“庙产兴学”。光绪三十三年（1907），大定府将兴隆寺庙租22石拨作甘荫棠义馆的办学经费。1912年，贵州都督令贵州各地方官核实庙产予以没收。1929年，国民政府仍坚持“庙产兴学”。大定县将城乡一些寺庙（含道观）取缔改作学校，有的寺庙被部分占用办学，有的寺庙虽未被取缔或占用，但要从庙租中提取一定比例用作办学。全县因“庙产兴学”被取缔或占用的寺庙近20个。1950年后，城乡多数寺庙被机关、企事业单位占用、改建、拆毁。“大跃进”和“文化大革命”时期，城乡寺庙被毁殆尽。1978年后，恢复或新建了一批佛教寺庙。1980年后，县内世居佛教徒有30余人。1984年，全县佛教信徒增至300余人。2004年，全县有佛教寺庙19处。2008年，增加到21处。2011年有22处。同年7月，县人民政府恢复重建斗姥阁建筑群，2012年工程竣工，经省宗教局审核批复准予登记开放，颁发宗教活动场所登记证，更名为大方县妙湛寺（斗姥阁）。同年，县人民政府恢复重建莲花塘大雄宝殿、观音阁工程竣工。至2015年，全县有佛教寺庙28处，有佛教信徒502人。

二、道教

明代中期，道教自江西传入县境。光绪二十四年（1898），大定府成立道教会，有教徒50人。明、清两代，县内创建的宫观有三教寺、城隍庙、文昌庙、南岳庙、玉皇阁、三楚宫、灵官殿、祝融宫、太平阁、福禄宫、三官殿等。民国年间募建的有东岳庙、天后宫、青社等。1928年，国民政府颁布神祠废除标准后，县境内宫观多被废止。1950年后，所存宫观被机关、学校、工厂占用或拆除，改建为其他用房。

1978年后，党的宗教政策得以落实，道教活动逐渐兴盛。1982年后，大方城关、双山、达溪、坡脚、理化、鸡场等地设道场度职的20余人。1987年年底，县内有教徒250人。至2015年，全县有道教徒157人。

三、基督教

清光绪十年（1884），中华内地会从安顺进入大定府悦服里三甲（大方县鼎新乡雾露垮、姚家寨等地）传教，发展教徒，为县内基督教活动之始。至1956年，受政治形势影响，基督教教会活动中断。

1978年后，国家落实宗教政策，县基督教教会于1981年恢复。1984年9月，县基督教教会教务管理委员会成立。同年，县人民政府落实宗教团体房产政策，拨专款5万多元，购买县城中街梅家巷旧房及园地，经修缮改建为梅家巷教堂。1985年，县基督教教会有教徒约5100人。1990年7月，县基督教正式成立“三自”（自治、自养、自传）爱国运动委员会和县基督教教务委员会（以下简称“两会”），将全县基督教划分为8个片区，在各片区及教点建立教务组。2001年8月，县基督教教会从梅家巷教堂迁至东门教堂。2003年后，县境基督教“两会”争取到香港爱德基金会孤儿助养项目在大方农村实施。2006年8月，县基督教“两会”完善社团登记手续，大方县基督教教务委员会更名为大方县基督教协会。2008年，县基督教4000多名信徒为汶川大地震捐款4.6万元。2010年6月，为织金火灾捐款1.8万元。至2012年，县基督教“两会”共助养孤儿421人次，共计发放助养款30万元。2013年，省宗教局拨款5万元维修鼎新姚家寨教堂。2013年4月，基督教会为雅安地震灾区献爱心捐款6900余元。是年，基督教“两会”无偿医治病人100多人，助养助学孤儿39人，发放孤儿助养款6万元，为灾区募集3万多元。至2015年，助养资金达51.83万元。

是年，全县有基督教教堂75个，教徒5635人，教会把爱国、爱教和自治、自养、自传，独立自主、自办教会作为开展教务工作的前提。

四、天主教

清光绪二十年（1894），天主教贵州教区派传道士到大定府城传教，发展教徒，初有信徒10余人。翌年，租南街一住宅建“育婴医馆”，并作临时传教宣讲所。1912年有信徒100余人，分布在城关、响水、理化、鸡场、六龙、百纳等区乡。1933年后，大定天主教日渐衰落，至1949年，大定天主教会自行解体。1951年前后，仅有信徒30余人。

1983年年底至1984年年初，原天主教信徒自发组织建立大方县天主教“爱国”小组，但尚未开展活动就自行解散。1990年3月，在省天主教爱国会、教务委员会及县宗教部门、马场镇政府指导下，成立马场镇白泥村天主教教务管理小组。同年，有教徒264人。1992年，贵州省天主教爱国会资助马场镇白泥村天主教徒5000元，购买白泥村第三村民组公房改建成教堂，并获省宗教管理部门颁发证件。2001年3月，贵州省天主教爱国会再次资助3万元，建成中西合璧式的白泥村新教堂，原教堂改为保管室。县境马场镇白泥村天主教堂属贵州天主教“两会”直接领导，2001—2005年，白泥村天主教堂划归水城天主教堂管理。2005年后，教徒较多的鼎新乡同心村则溪教堂、牛场乡乌木寨教点，均为经政府宗教部门批准的开放教点。2009年，县人民政府拨给白泥村天主教堂维修费5000元。2010年1月，贵州省天主教爱国会资助3.4万元给马场镇白泥村天主教堂，用作修建鼎新乡则鸡教堂。是年，县民宗局拨给白泥村天主教堂创建和谐教堂经费5000元。县内天主教徒数最多时为2012年，达420人。2015年，全县有天主教徒158人。

第二节 宗教活动场所

一、斗姥阁

位于县城北部，始建于清光绪年间，为佛教、道教共处场所。斗姥阁建筑群毁于20世纪50年代，其中仅存庆云楼的下楼及楼前蟠龙石。20世纪90年代初，县人民政府对庆云楼进行维修，基本恢复原貌。2011年7月，县人民政府在原遗址上恢复重建斗姥阁建筑群。建筑群占地面积1.47万平方米，主体建筑面积约1800平方米，坐东向西，依山傍水，高低错落，融儒、佛、道为一体，以佛教为主。

二、莲花塘观音阁及大雄宝殿

观音阁和大雄宝殿均建于清代。观音阁位于县城西北部的莲花塘，阁内供奉观音塑像，20世纪50年代初被毁。大雄宝殿与观音阁对峙，正殿5间，殿内供奉的释迦牟尼及十八罗汉塑像，毁于20世纪50年代。2011年，县人民政府恢复重建。

三、兴隆寺

位于黄泥塘镇甘棠村幸福组，始建于清顺治年间。兴隆寺依山修建，占地面积3亩。清康熙四十七年（1708）被野火烧毁，寺内纯一和尚募捐化缘修复。清乾隆四十八年（1783），静恩和尚又募捐化缘对整座寺院进行维修，并立功德碑记述兴隆寺的发展概况。1951年，寺内神像被毁。1958年，寺庙被拆毁。1995年，当地民众自发将原寺残存的石材砌成一小庙，小庙内祀奉神佛，每逢农历二月十九、六月十九、九月十九，有香客到小庙烧香拜佛。

四、观音庙

位于瓢井镇街南郊的山崖上，始建于清嘉庆年间。1912年重建。“文化大革命”期间，观音庙损毁严重。1984年，当地民众捐资在旧庙原址上建砖混房1栋约150平方米，内祀奉观音。此后，民众又不断捐资，对观音庙进行重建、扩建。1999年，对砖混庙房进行补充修缮。2001年，建大雄宝殿，殿内祀奉释迦牟尼及十八罗汉。2008年建极恩亭。观音庙恢复后，每年农历二、六、九月观音会，香客近千人。

五、飞龙寺

位于八堡乡长兴村四组，始建于清宣统年间。原寺占地数亩，有6栋庙房和4座亭子。“庙产兴学”时，飞龙寺被取缔，用于办学。2003年，当地民众出资重修飞龙寺，建砖混房1栋3层，总占地面积约1亩。农历每月初一、十五，有晨钟暮鼓和早、晚课，每年农历二月十九、六月十九、九月十九观音会时，有香客数百人。

六、核桃湾教堂

1914年，德国女执事会巴宽爱等在县城修建福音堂、药房（诊所）、宿舍。1921年，在福音堂旁购土地28亩扩建，形成县城基督教核桃湾教堂建筑群。建筑群包括福音堂、礼拜堂、教会诊所、药房、圣经学校（小学）、女子神学院、宿舍、办公室、食堂等房屋23幢。福音堂是核桃湾教堂建筑群主要建筑之一，是外籍传道人员办公、接待、住宿的场所。整幢房共分为18间，其中10平方米的15间，5平方米的3间，保存完好。1936年红军长征到大定时，在福音堂成立中华苏维埃人民共和国川滇黔省革命委员会。礼拜堂也是核桃湾教堂建筑群的主要建筑之一，位于福音堂东面约5米处，房高约7米，砖木结构。1951年后，核桃湾教堂建筑群先后作县人民医院、县农业局、县水电局等单位用房。2006年，作为中华苏维埃人民共和国川滇黔省革命委员会旧址，被公布为“全国重点文物保护单位”。

七、东门教堂

1986年，县基督教会在县城人民东街200号购得原金枫鞋厂房地产，于2012年建成县基督教东门教堂，为县基督教中心教堂，县基督教“三自”爱国运动委员会、县基督教教务委员会设于教堂内。

八、马场白泥村天主教堂

位于马场镇白泥村，占地面积530平方米，主体建筑面积153平方米，砖混结构，中西合璧的建筑风格，四面有围墙，形成院落，围墙下筑花坛，种植多种花木，广场铺水泥地面。

第三节　宗教管理

1982年，县人民政府设立宗教科。1985年7月，县人民政府组织有关部门对县城基督教会的房产进行清查，形成《关于城关地区基督教会房屋财产问题处理意见的请示报告》，详细列出房产清查情况及处理建议。原教会福音堂，是1936年红二、红六军团成立的川滇黔省革命委员会旧址，经教会同意，由县文化局管理使用。是年，通过对全县宗教场所进行调查登记，县人民政府审查批准78个基督教堂（点）。

1991年，撤销宗教科，在县人民政府办公室内设宗教事务股，管理全县宗教工作。1993年2月，设立县宗教局，挂靠县民族事务委员会。1994年1月，国务院颁布《宗教活动场所管理条例》，县宗教管理部门印发相关资料给各宗教组织，并利用广播、电视、电影、专栏、宣传车等形式，宣传宗教法规、宗教政策。10月“民族团结活动月”期间，在信教群众较多的马场、理化、鼎新、响水、竹园、东关等乡镇，巡回放映宣传影片30余场次，教徒和一般群众2万余人次接受宣传教育。是年，调查统计全县有宗教活动场（点）87个，其中，基督教堂（点）83个，天主教堂3个，佛教点1个。已批准的宗教活动场所，均进行房产登记。1991—1996年，县内经批准的宗教堂（点）47个，有信教群众3433人。对宗教活动加强指导管理。

1996年，县民族事务委员会和宗教局合并为民族与宗教事务局。同年，县人民政府组建宗教发证工作领导小组，对全县宗教活动场所进行登记整顿，将原基督教、天主教片区管理活动场点改为教堂管理活动场点。全县基督教设8个教堂，天主教设1个教堂，划定各教堂的管辖范围，明确各教堂（点）宗教事务组织及管理人员。1997年，对县内非法修建寺庙进行调查整顿，县城奎峰塔寺庙未办理任何手续，建成后寺庙主人利用种种手段愚弄群众，非法敛财。县民族宗教事务局会同城管、森林公安等部门对其实施强制拆除。1997—2001年，加强对信教人员的管理和宣传教育，对合法正常的宗教活动，政府不干涉、不制止；对披着宗教外衣的非法组织活动，政府依法取缔、严厉打击。

2002—2005年，成立县宗教工作协调领导小组，建立县、乡（镇）、村三级宗教事务管理网络，落实乡（镇）、村两级宗教工作责任制，加强宗教活动场所的安全管理。加强爱国宗教团体建设，鼓励宗教团体办好以自养为目的的生产、服务和社会公益事业。通过基督教“两会”联系，引资10多万元帮教扶贫，每年捐款2000元资助贫困大学生。2006年，全县宗教活动堂（点）98个，其中，基督教 78 个，天主教 1 个，佛教 19 个，分布在县内 26 个乡镇，道教和伊斯兰教无活动场所。有批准手续的堂（点）75 个，信徒 7510 人。信徒中：基督教 6571 人，天主教 563 人，佛教 164 人，道教 22 人，伊斯兰教 190 人；男信徒 2593 人，女信徒 4917 人；汉族 1786 人，少数民族 5724 人；负责人 98 人，牧师 1 人，长老 8 人，传道 36 人，比丘尼 2 人。1991—2006 年，先后选派“两会”委员 2 人到贵阳参加省“两会”举办的培训班学习；安排“两会”秘书长到贵州省社会主义学院培训 1 周；选派“两会”委员 17 人分别参加南京、山东爱德基金会举办的培训班学习。在历届换届中，协商推荐一定数量的宗教界代表人士担任政协委员，参与政治协商、民主监督工作。自 2005 年起，县民宗局采取多种形式对中央、省、地（市）有关宗教事务管理的法律法规进行宣传，并形成常态化。同年，对基督教私设集会点进行调查，对条件合格的场点进行审批登记，对不合格的集会点予以取缔。2008—2009 年，县民族宗教事务局下发关于换发宗教场所登记证的文件，对全县 68 个场点换发新证。此后，每年坚持开展对宗教活动场所进行调查和年检工作。

2010 年，县民族与宗教事务局更名为县民族和宗教事务局。至 2011 年，坚持依法管理宗教事务，宣传党和政府的宗教信仰自由政策，帮助信教群众走致富道路。建成马场镇白泥信教群众雪莲果基地和凤山乡店子村信教群众科技养殖基地 2 个示范点。2013 年 3 月，设立宗教执法大队，为县民族宗教事务局所属副科级单位。2014—2015 年，县宗教事务有关方面行政许可集中到县政务中心县民族宗教事务局窗口办理，制定办证流程、办证制度、宗教活动场所巡检制度、宗教活动场所巡查记录制度、工作记录制度等。

2012—2015 年，开展宗教活动情况普查，发动宗教界人士开展“和谐寺观教堂”创建活动，完善宗教活动每周一报制度。印制《民族宗教政策法规读本》1 万册发放到有关乡镇和宗教场所。组织相关部门对全县 139 处宗教场所进行检查，排除安全隐患 12 处，申报危旧教堂改建 5 处，争取项目资金 10 万元。开展宗教政策和法律法规宣传 18 场次，进行反邪教宣传 8 次，指导县基督教“两会”对来自纳雍、织金、金沙、黔西等县的 150 名基督教教职人员进行为期 3 天的培训。加强基督教私设聚会点的依法治理工作，依法申报登记备案 18 处，劝散分流 6 处，以堂代点管理 5 处，认定为家庭聚会点 7 处，指定为临时活动点 16 处，责令停止活动 4 处。指导基督教“两会”举办为期 1 周 50 人参加的宗教场所负责人义工培训。指导基督教“两会”做好换届工作，实现宗教工作法治化、规范化、常态化管理。

第三章 语 言

第一节 方 言

一、记音符号

（一）辅音

大方话中使用的辅音共 18 个，下表按发音部位和发音方法说明（表中小括号内的符号是汉语拼音字母）。

大方话辅音表

表—21－3－1－1

发音方法		双唇	唇齿	舌尖前	舌尖中	舌面	舌根
塞音	不送气	p(h)			t(d)		k(g)
	送气	ph(p)			t^{h}(t)		k^{h}(k)
塞擦音	不送气			ts(z)		tɕ(j)	
	送气			ts^{h}(j)		$tɕ^{h}$(q)	
擦音	清		f(f)	s(s)		ɕ(x)	
	浊			z(z)			
鼻音		m(m)			n(n)		ŋ(ng)
边音					l(l)		

（二）元音

大方话中使用的元音有 9 个。

大方话与普通话元音符号对应表

表—21－3－1－2

音标名	舌尖前元音	卷舌元音	前高不圆唇元音	前高圆唇元音	后高圆唇元音	前次高不圆唇元音	后中圆唇元音	央中元音	前低不圆唇元音
大方话	ɿ	ɚ	i	y	u	ɛ	o	ə	a
普通话	i(zi)	er	i	ü	u	e(ie)	o	o(ou)	a

说明：上表中，普通话元音符号加括弧时表示这种读音有声母条件的限制。以第一个元音符号为例，如果普通话符号用了"i(zhi)"，对应的音标符号就是舌尖后元音［ʅ］，和舌尖前元音的读音不一样，对应的国际音标符号也不相同

（三）声调

用五度制数字标音法记大方话的声调。五度制数字标音法的基本原理是，阿拉伯数字 1、2、3、4、5 代表声调从最低 1 度到最高 5 度的音高。平调、升调或降调用两个数字来表示，前一个数字表示声调开头的音高，后一个数字表示声调结束时的音高，三个数字则表示曲折调。大方话的阴平和北京话的阴平声调相同，都是高平调，记成［55］。大方话的去声近似于北京话的上声，大方话的去声慢读时先低降再上升，但上升幅度不高，记作［213］。其他声调依此类推。

普通话四声与大方话四声对应符号表

表—21－3－1－3

古四声	平		上		去	入		
古声母	清	浊	清，次浊	全浊	清，浊	清	次浊	全浊
大方话	阴平 55	阳平 21	上声 42	去声 13		阳平 21		
普通话	阴平 55	阳平 35	上声 214	去声 51		55 35 214 51	去声 51	阳平 35

从上表可见，大方话的声调和普通话的声调调值不同，如：大方话的阳平是低降调，普通话的阳平却是高升调；大方话的去声是低升调，普通话的去声却是高降调。古今调类的演变关系主要是古入场的变化不一样。古入声在大方话中全归阳平，而在普通话中，清入散归四声，次浊入归去声，全浊入归阳平。

二、概况

（一）基本特点

从全国汉语方言分区的角度看，大方县内汉语方言属西南官话区川黔片黔中小片，总体上与成都、重庆、武汉、桂林、昆明、贵阳等地的汉语方言比较接近。

和大多数西南官话方言一样，大方话具有以下语音特点，如：不分鼻音边音，没有卷舌声母，不分 en 和 eng，古入声字归阳平等等。此外，和邻近县市的汉语方言相比，大方话还有以下几个特点：

1. 在 b、p、m 等三个声母后面，大方话中的 ao 韵母读成 o 韵母，“包”和“波”，“抛”和“坡”，“猫”和“摸”等字分别同音。

2. 在 b、p、m 等三个声母后面，大方话中的 ang 韵母读成 ong 韵母，“帮”和“绷”，“旁”和“朋”，“忙”和“蒙”等字分别同音。

3. 大方话没有 uang 韵母，北京话读 uang 韵母的字在大方话中都读 ong 韵母，因此，大方话“公”和“光”、“红”和“黄”、“双”和“松”、“汪”和“翁”等字都分别同音。

在毕节市各县区中，只有大方及纳雍县才有这种口音，是邻近地方的人判断大方口音的重要依据之一。

（二）内部差异

大方话的内部差异既有年龄层次上的差异，也有城关与乡镇之间的差异。

在词汇方面，一些旧词语逐渐淘汰，如“衙门”“差人”“保长”等。一些新词渐渐流行，如“社会主义”“共产党”“民主”等。一些词语出现新的用法，如“假茶叶”一词，原意为“假的茶叶”，后用来指人说话不算数，或指假货，常用作名词，如“他是个假茶叶”（意指说话不算数，虚伪）。“他买了个茶叶货”（买到假货），还可用作形容词，如“他茶叶得很”等。随着社会的快速变化，出现了“计算机”“扶贫”等新词，一些已淘汰的词语被重新起用，如“老板”“先生”等。

在语音方面，县城青年女性常把普通话读“基妻西”的字读成“资痴思”，把“公鸡”说成“工资”“象棋”说成“象尺”，“黔西”说成“黔思”等。大方城乡方言也有一些差异。在上述大方话的 3 个语音特点中，鸡场、沙厂、瓢井、长石等地能区分 au 和 o。在这些地方，“包”和“波”，“抛”和“坡”，“毛”和“魔”都和毕节市区、贵阳等地一样，不同音。另外，县内绝大多数地区能区分 i 和 ie，y 和 ye，“一”和“叶”、“鱼”和“月”不同音。但长石、瓢井等地接近七星关区的一些村镇没有 ie 韵母和 ye 韵母，都读成 i 或 y，这些地方的“树叶”就读成“树一”，“一个月”读成“一个鱼”。词汇上也有一些差异，瓢井、百纳、长石等地把“伯母”叫做“妈妈”，长石把“大舅”“二舅”称为“大姆”“二姆”等。

（三）语言使用情况

大方是一个以汉族为主体的多民族杂居地，境内彝族、苗族、仡佬族等都是有自己语言的世居民族，其他少数民族没有本族语，主要使用汉语方言，不同民族之间沟通时主要采用大方话作公共交际语。随着社会的发展，也有人使用普通话。由于各民族语言的语音特点及文化、住址、职业等条件不同，说大方话时有一定差异：没有本族语言的民族，说大方话时和当地汉族说的大方话没有差异；使用本族语言的少数民族说大方话，则与当地汉族说的大方话有一定差异。

三、语音（以下全部用国际音标标音）

（一）声韵调

声母表（含零声母）

表—21－3－1－4

p 布八部白	p^h 盘怕陪袍	m 门每马麻	f 胡符府虎	
t 到道夺杜	t^h 太同吐途			l 南兰怒路
ts 槽招资支	ts^h 仓昌词持		s 苏书丝师	z 若日让刃
tɕ 精经举井	$tɕ^h$ 秋丘穷求		ɕ 修休虚细	
k 贵跪怪该	k^h 天葵盔扣	ŋ 岸案岩暗	x 化话红灰	
Ø 围危微约而务吴延言缘元远				

韵母表

表—21－3－1－5

ɿ 资吃丝日	i 急其李益	u 母土叔故	y 句区女雨
ɚ 而儿耳尔	iu 菊浴俗育		
a 爬大渣沙	ia 加恰牙亚	ua 瓜夸挖花	
ɛ 白得革格	iɛ 借切业野		yɛ 绝缺雪月
o 包毛多哥	io 脚雀确略		
ai 该开岩孩	iai 解街界届	uai 怪块怀外	
ao 早刀少告	iao 苗交小腰		
ei 遮车射蛇	uei 贵跪亏围		
əu 收勾抠后	iəu 久秋休优		
an 敢坎三汗	ian 尖千咸盐	uan 团串关弯	yan 捐劝选元
en 崩阵成生	in 兵丁金英	uen 棍困混问	yn 军群勋云
aŋ 当汤昌康	iaŋ 两江强羊		
oŋ 红黄东空	ioŋ 穷雄熊用		

说明：[iai] 韵母主要用于文读或新派。白读音或老派读 [ai]

声调（4个）

阴平 [55]：刚开婚高

阳平 [21]：穷寒急局

上声 [42]：古口好五

去声 [13]：近靠后气

（二）声母和韵母的拼合关系

大方话声韵拼合关系简表

表—21－3－1－6

声母		开口呼	齐齿呼	合口呼	撮口呼
双唇音	p p^h m	+	+	–	–
唇齿音	f	+	–	u	–
舌尖前音	ts ts^h s z	+	–	+	–
舌尖中音	t t^h	+	+	+	–
	l	+	+	+	+
舌面音	tɕ $tɕ^h$ ɕ	–	+	–	+
舌根音	k k^h ŋ x	+	–	+	–
零声母	Ø	+	+	+	+

说明：1. 加号表示能相拼；
2. 减号表示不能相拼；
3. 出现具体韵母时表示只能和这个韵母相拼

（三）连续变调

大方话有一些连续变调现象，介绍其中两种。

1. 前后两字均为阳平时，后字可能变读阴平，词义和用法也可能发生变化。例如：

木头［21　21—55］：棺材。真正的木头叫“木棒棒”。

瓶瓶［21　21—55］：瓶子

洋桃［21　21—55］：猕猴桃

葡萄［21　21—55］：葡萄

盘盘［21　21—55］：盘子，也指盘状的圆形物

箩箩［21　21—55］：箩筐

2. “头”字在普通话里作词尾用时一般是读轻声，而大方话里却有三个读音。

（1）不变调，仍读［21］，阳平。这时有三种用法。

A 用在动词性语素后面：奔头　会头　看头　由头　想头　来头

B 用在形容词性语素后面：对头　甜头　苦头　准头

C 用在名词性语素后面：斧头　芋头　枕头　指头　馒头　码头

（2）变读阴平，读［21—55］，与“小偷”的“偷”同音。例如：

锄头　捶头（拳头）　骨头　犁头　零头　笼头　榔头　舌头　石头

（3）表示方位或里面时，读为［55］，与“裤兜”的“兜”同音。例如：

A 表方位：前头　后头　里头　外头　下头　上头　高头

B 表里面：坡头　城头　乡头　锅头　碗头　瓢头　缸头

（四）大方话的合音词和合音变读

大方话的合音变读较多，常用的有：

1. “不要”合音读［po13］，跟“怀抱”的“抱”相同。还有一种读法是把“不”受后面“要”字的影响，读成了“必”，这时的“不要”读成［pi21iao13］，和“必要”完全同音。

2. “人家”［lia35］，这个声调很特殊，原因就是合音的结果

3. “包谷”［po551］，这个合音词的声调也很特殊，也是合音的原因。

4. 这样［tsaŋ13］，读音与“账”相同。这个词也可合音成［ts^{h}aŋ13］，这样一来，就与“唱歌”的“唱”完全同音。

5. 这回［tsuei551］，这时的声调也是特殊变调，和“包谷”合音后的声调相同。

四、常用词汇

仙宿：星星

天河：银河

吼雷：打雷

扯火闪：闪电

下凌：冰冻

打霜：降霜

罩子：雾

杠：彩虹

杠吃水：彩虹出现在水面上。

河坎：河岸

石偷：石头

发大水：发洪水

水塘汤：小水坑

河沙坝：河滩

泥告告：稀泥

涨水：热水

冒水：开水

城兜：城里

乡兜：乡里

真年：今年

门年：明年

真天：今天

门天：明天

早生：早晨

白支：白天

少午：晌午

刷黑：傍晚

晚些：晚上

端午：端阳节

汤粑：汤圆

哪阵：什么时候

哪歹：什么地方

上兜：上头、上面
下兜：下面、底下
前兜：前头、前面
以兜：里头、里面
侧边：旁边
哪歇：何时
驮马：公马
骒马：母马
牯子：公牛
牸牛：母牛
骡子：不分公母
牙猪：公猪，也指未阉割过的半大公猪
草猪：未生过崽的母猪
牙狗：公狗
草狗：母狗，也指未生过崽的半大母狗
猫三：猫
男猫：公猫
女猫：母猫
野牲：野兽
红水狼（阴平）：黄鼠狼
白脸狸（阳平）：果子狸
鬼东哥：猫头鹰
鸦雀：喜鹊
八儿（阴平）：八哥
鹞子：隼
夜壁鼠：蝙蝠
雷公虫：蜈蚣
蚊子：苍蝇
夜蚊子：蚊子
叫居居：蟋蟀
波囉（阴平）：蝴蝶
干克妈：青蛙
骨噜崽：蝌蚪
雀子：鸟
老哇（去声）：乌鸦
岸鹅：大雁
啄木官：啄木鸟
箐鸡：锦鸡
贼蛛：蜘蛛

麻抓：蝗虫、蚂蚱

亮火虫：萤火虫

油螂（阴平）螂（阴平）：蜻蜓

癞格宝：癞蛤蟆

苗坡蛇：蝶螈

老蛇：蛇

螃海：螃蟹

四季豆：芸豆

洋辣子：西红柿

克妈叶：车前草

枷单：牛轭

粮盖：连枷

活络套：活结

谷子：稻谷

豌操：豌豆

恩桃：樱桃

犁头：犁

薄刀：菜刀

摇裤：短裤

片：围布，尿布

老者者：老头

老奶（阴平）奶（阴平）：老太婆

姑耶：女婿

外千人：丈夫

老二：土匪

咕（阴平）噜（阴平）子：扒手

脑壳：头

脑门心：前额

手杆：上肢

脚杆：下肢

锤偷：拳头

夹支孔：腋下

羊子窝：腹股沟

背龙骨：脊柱

屁八骨：尾椎骨

手道拐：手肘

克西头：膝盖

豆皮屙：拉肚子

扯扑汗：打呼噜

撇（上声）呱呱：左撇子
过早：早餐
早饭：午饭
晚饭：晚餐
睡瞌睡：睡觉
灰面：面粉
做作：装腔作势
歇衣凉：乘凉
吃相因：占便宜，拣便宜
新人：新娘
呲手：伸手
诀人：用粗话骂人
衰摆：拖延，整治
涮坛子：开玩笑
生方：打主意，找碴儿
惯食：娇惯，溺爱
罢意：故意、有意
晓得：知道
豆丈家：就这样
打撬棍：对着干
冒火：生气，发火
心宽：心情愉快
身大：肥，大
身小：瘦，小
尖：聪明机灵
夹抠：吝啬
手散：慷慨，大方
一命的：同庚的
屋兜人：妻子
婆娘（阴平）：妇女，妻子
姑娘（阴平）：女孩，女儿
牙子：买卖牲口的中人
样范：模样
脸包：脸
肋巴骨：肋骨
肚鸡眼：肚脐
下身：阴部
凉倒：感冒
心翻：恶心

奶（阴平）奶（阴平）：乳房
咂烟：吸烟
吃酒：赴宴
丢脸卖势：丢人现眼
躲猫猫：捉迷藏
出客：出嫁
做生：祝寿
喳嘴：张嘴
叉嘴：乱插话
拽（阴平）倒：摔倒
烦灶灶：非常脏
板命：骂小孩哭叫
扎咐（阳平）：嘱咐，叮咛
罢得：不要紧、不怕
打落：丢失
默想：回忆
痛心：令人怜爱
废：捣乱，小孩顽皮
拐喽：糟了，完了
拐嘞：不好，不行
撇脱：容易，随和
裹搅：纠缠不清
格（去声）古：迂腐，不通情达理
马：霸道，霸占
马挤：霸占着
撑抖：振作，整齐
撑展：平整
冲（去声）：出风头，吹牛
根引：怀疑，犹豫
归一：结束，完
到二不着三：斥人糊涂
扎劲：用力，有力
搞整：收拾
将（阴平）将（阴平）得：刚才
恰恰：正好
早暗：早晚
得意：特意
净光：只，仅仅，完全
唱些：怎样

一哈（也可读去声）：全部，一下

等哈（也可读去声）：等会儿

赶后：随后

架：量词，副：一架粮盖

柄：量词，挂：一柄火炮

子：量词，把：一子挂面

向：量词，座：一向房子

讲根：脖子

后脑鬏（zhuá）：后脑勺

五、语法举要

就整体而言，大方话与普通话的语法差异不大，在句子结构方面，仍然是“主 + 谓 + 宾”构成句子主干，定语修饰名词性的主语和宾语，状语修饰和限制谓语，补语补充说明谓语的性质和状态等，但也存在差异。

（一）词序

大方话中，有些词的语素排列顺序与普通话恰好相反。例如：

普通话：热闹　　喜欢　　客人

大方话：闹热　　欢喜　　人客

（二）名词重叠构词

名词重叠构词有四种方式。

1. “AA”式重叠构词，其作用相当于加“子”尾。例如：

刀刀 = 刀子　　口口 = 口子　　印印 = 印子　　瓶瓶 = 瓶子　　罐罐 = 罐子

2. “AAB”式重叠构词。例如：

花花天（多云的天气）｜眯眯眼（细眯型的眼睛）｜角角钱（一角一角的零钱）｜分分钱（一分一分的零钱）

3. “ABB”式重叠构词。例如：

树枝枝（树枝）｜树根根（树根）｜树桩桩（树桩）｜树叶叶（树叶）

4. “AABB”式重叠构词。这种重叠既是构词方式，又可复指“这类东西”。一般表示复数。例如：

瓜瓜豆豆（瓜豆类的东西）｜汤汤水水（残羹剩菜）｜果果老老（水果之类）｜盘盘碟碟（盘子碟子之类）

（三）动词叠用

大方话动词没有普通话中“看看”“说说”那样的叠用式，但有时也可以出现特殊的叠用方式。

1. “VVBB”式叠用。

这种叠用有表示进入某种状态，叠用后必须加“的”后才能作句子成分。例如：

你们两个好得很，做哪样事情都是商商量量的。

在这个句子中，“的”是必须的句法成分，否则不能成句。

2. “V 倒 V 倒”式叠用。

这种叠后多用来表示某一动作进行时又将出现新情况。也要带上“的”才能作句子成分。例如：

说倒说倒的他就走了

看倒看倒的他就不见了

（四）“V 下”式表尝试

大方话没有北京话表示尝试或短暂的“VV 式”，不能说“看看”“听听”“说说”，但可在动词后加“下”来表示同样的用法。这时的“下”一般是读去声［13］，但也有人读阴平［55］。

普通话：让我看看｜让我听听｜让我说说｜让我想想

大方话：等我看下｜等我听下｜等我说下｜等我想下

（五）几个重要名词性词尾

1. “们”［men55］

北京话的“们”只能读轻声，一般情况下，只用来接在人称代词或指人名词的后面表示复数。大方话中的“们”读阴平调，没有连读变调。除了在人称代词（如“我们”）和指人名词（同学们）后表示复数外，还有以下作用。

⑴接在称谓后表示“他们那些人”。例如：

“爸爸们走哪歹去了？”＝爸爸他们那些人到哪儿去了？

⑵用来连接前后两个分句，相当于普通话的“的话”，意为“然后就”，前后两个分句之间没有停顿。例如：

“二回你进城们就来玩哈！”＝下次你进城的话，就来玩吧！

⑶大方话中的“们”还可以作人称代词单数用，相当于“我们”，用来表示委婉或亲密的语气。例如：

“们不跟你讲。”这时的语气比“我不跟你讲”或“我们不跟你讲”更委婉。

“们一路去学校好？”这时的语气比“我们一路去学校好吗？”更亲密。

2. “些”［ɕi55］

⑴和普通话一样，也用来表示不定代词复数。例如：一些人｜一些东西

⑵跟在指人名词后表示复数，大方话中在这种情况下一般是用“些”，如果用“们”就比较书面，不是口语的说法。例如：老人些｜妇女些｜人些

⑶跟在事物名词后表示类指复数，意为“这类东西”。例如：

“桌子些、凳子些、床些，一屋都摆满完。”＝桌子、凳子、床这些个东西，把整个房间都摆满了。

⑷在答句中的句末表示委婉、客气、谦虚的语气。例如：

甲：“你家的包谷好得很嘛。”

乙：“不账好些。”＝不怎样好。“账”是“怎样”的合音。

3. “家”［tɕia55］

⑴表示独立的门户。如：哥哥家｜姐姐家｜男方家｜女方家

⑵表示姓氏。如：张家屋基｜杨家大田

⑶表示“某一类人的典范者”。如：

“一个姑娘家，要规矩歹嘛。”＝作为一个女孩子，应该规矩点。

⑷接在时间名词或量词后构成一个词组表示复数。如：

“他好几天家都没有来过了。”

⑸可以和“好些”连用成“好些家”表示为数不少。如：

好些家人 | 好些家东西

4. “子”［tsl42］

⑴和普通话的“子”尾的用法相同，但不读轻声。例如：桌子 | 椅子 | 儿子 | 蚊子 | 老子

⑵一些在普通话里不加“子”尾的词，在大方话中要加“子”。例如：

树子 = 树，心子 = 心，蜂子 = 蜂，烟子 = 烟，羊子 = 羊，今年子 = 今年，明年子 = 明年

（六）三组助动词的用法

1. “倒”［tao42］和“起”［ji42］

用在动词后表持续用法时，“倒”读上声，和“打倒”的“倒”同音；“起”的声母不送气，和“挤”同音。动词的用法，如“起来”的“起”则是读［qi42］。

普通话是用“着”来表示动作的持续或进行，如“说着”“看着”等。大方话却是用“倒”和“起”来表示动作的持续或进行，如“说倒”“看倒”，“说起”“看起”等。

大方话中的“倒”和“起”都可以表持续，二者常可换用，但有时二者有细微差别，表示短暂的持续时用“倒”不用“起”，如在“等倒，我立马就来”这个句子中就不能说“等起，我立马就来”。

2. “闹”［lao13］和“喽”［lou42］

普通话中表示动作完成或实现的助动词是用“了”，如“我已经吃饭了”。“了”还用来表示邀请，如“饭好了，吃饭了”。在大方话中，表示完成的只能用“闹”，如“我都吃饭闹”（我已经吃饭了），表示邀请时只能用“喽”。如“饭好闹，吃饭喽”。后一个句子中表邀请的用法必须用“喽”，不能用“闹”。

3. 状态性的“嘞”［lei55］和能可性的“得”［de21］

普通话中状态性的动态助词字形用“地”，如“慢慢地走”。能可性的状态助词字形用“得”，如“我拿得动”，但读音都是轻声。大方话中，状态性的动态助词用“嘞”，如“慢慢嘞走”，读音和名词性的“嘞”相同，读［lei55］，阴平调。但能可性的“得”却是读［te21］，阳平调。

（七）几个语法功能词的用法

1. “走”［tsou42］。

在普通话中，“走”只用作动词。在大方话中，“走”却既可作动词，也可作介词，有五种用法。例如：

（1）“明天他走毕节，我走贵阳。”

在这个句子中，“走”是表示位移的实义动词，相当于普通话中的“去”。

（2）“他走屋头的。” = 他在家里的

在这个句子中，“走”是表存在的实义动词。

（3）“他坐走板凳上写字。” = 坐在板凳上写字

在这个句子中，“走”是表示动作发生地点的介词。

（4）“你要把字写走哪歹去？” = 你要把字写到什么地方去？

在这个句子中，“走”相当于“到”，是一个表示动作趋向的介词。

(5)“你明天走毕节过不?” =明天你从毕节经过吗?

在这个句子中，“走”相当于“从”或“打哪儿经过”的“打”，是一个表示动作起点的介词。

2. “是”［sli13］

大方话中的“是”除了表示判断外，还有一种特殊的用法，可作主语部分的标志词，在句中起提顿作用，如果去掉，不影响句子意义。例如：

“他家嘞花是，太好看得很。” =他家嘞花太好看得很=他家的花非常好看

3. “好”［xao42］

“好”除可表示性质判断外，如“他人好”，在大方话中还可用来表示祈使、商量的语气。例如：

“我们走好?” =我们走吧?或=我们走吗?

“大家都吃饭好?” = “我们吃饭吧?”或：“我们吃饭吗?”

4. “着”［tso21］

有点像“再说”，但只用于句末，表示先要做某一个动作，因此，动词前面也常用“先”来配套使用。例如：等一下着（等等再说） =先等一下着 | 坐一下着（坐坐再说） =先坐一下着

（八）几个句式

1. 差比句

普通话是用“比”来构成差比句，如“他比我高”。大方话的差比句情况比普通话复杂，有以下几种表现形式。

⑴差比句比较标记不完全相同。也可以用“比”，但更口语化的说法是用“更比”。例如：他更比我高 | 我更比他好。

⑵大方话也用“A过”式来表示差比。例如：

他高过我=他比我高 | 我快过他=我比他快

⑶在比较年龄大小时，大方话有两种表示法。一种和普通话一样，也是用“比”，如“他比我大三岁”，口语化的表达法有两种。一种还是用“A过式”。例如：他大过我三岁 | 我小过他三岁。更常见的说法是不用“过”做比较标记。例如：他大我三岁 | 我小他三岁

2. 处置句

处置句是汉语中非常有特点的一种句式。因普通话是用“把”做处置标记，所以也把这种句子称为“把”字句。例如：他把我打了 | 快把饭吃了。

大方话也用“把”做处置标记，但大方话更口语化的说法是用“拿”来做处置标记。例如：我拿他打了一顿 | 快拿饭吃了 | 我简直拿他无法 | 拿把刀刀拿阿棵树子砍了=拿把刀把那棵树砍了

3. 被动句

普通话是用“被”做被动标记，如“他被我打了”。大方话的被动标记是用“着”和“挨”。“着”作被动标记用时有两个读音：一般是读［tso21］。“挨”做被动标注时读［21］，阳平。“着”和“挨”的用法几乎完全相同，下面的被动句举例时都以“着”字来举例。例如：

我着老师批评了 | 我着他看见了 | 他着我打了

但大方话的“着”还有一些普通话没有的用法。这些用法有的不能换成“挨”，是“着”字专用的说法。

（1）用在动词“买”的后面，主要用来是表示价格，不一定表示遭受损失。例如：

问：你嘞大米买着好多一斤？

答：买着四块钱一斤。

（2）用在一般动词后，表示动作后果可能遭受损失。例如：

他支样（这样）小偷小摸，总有一天要着的。

这里的“着”表示可能因偷窃这件事倒霉或受损。

（3）“着”也可单用，表示遭受义。例如：

问：他着判了几年？（这里的“着”相当于普通话的“被”）

答：着了三年。

这里的“着”表示遭受，后面还带着数量宾语。普通话的“被”不能这样用。

这种用法可以换成“挨”而意义不变。

（4）大方话的“着”还可用在“做”后表示动作取得预期效果，正好和上列第二种及第三种相反，但这时必须读［tsao21］，不能读［tso21］。例如：

支个（这个）事情着［zo21］他做着［tsao21］了。

六、语料记音

（一）谜语

1. 马、蛇、虎、猫

上坡点点头，
下坡滑石溜，
出门不要伴，
洗脸不梳头。

2. 鸡

一个圪兜（树桩）两头翘，
屙屎不屙尿。

3. 筷箩（装筷子的小竹箩，常挂在墙上）

一个老者背（阴平，动词）背（去声，量词）柴，
巴倒（贴着）壁头（墙壁）走不来（不能走）。

4. 羊

一个老者背（阴平，动词）背（去声，量词）豆，
一路走，
一路漏。

（二）儿歌

1. 幺幺乖乖睡

幺幺（婴儿）乖乖睡，
妈妈去舂碓，
舂得半升糠，
拿跟（给）幺幺调（用开水拌和）面汤。
面汤调不熟，
幺幺抱起木碗哭。

2. 黔西过去鸭池河

我不跟你讲，
我不跟你说，
黔西过去鸭池河。
打糍粑卖，
求生活。

3. 点点窝窝（用于捉迷藏时）

点点窝窝，
牛屎巴锅。
张家做饭，
李家浓窝（头发脏乱结成块状）。
一陀（泡）牛屎，
巴倒脑壳。

4. 公鸡舂碓脚叉叉

公鸡舂碓脚叉叉，
母鸡簸米笑哈哈。
一对鸡儿（小鸡）捡米颗（米粒），
捡得尾巴长妥妥（很长的样子）。
长又长，
嫁跟幺姑娘（阳平，小女儿），
幺姑娘瞧不着（看不上），
嫁跟白鹤。
白鹤抢奸，
嫁跟犁冤（犁的上部弯曲部分）。
犁冤怕死，
嫁跟帕子（毛巾）。
帕子生芽，
生出钉耙。
钉耙落地，
碰倒土地（土地爷）。
土地爬岩，
爬出一窝儿来。

（三）散花

“散花”是黔西北地区的民俗文化之一，只用于丧葬活动。正式散花前一般要由念经的先生起头，先散一段，后面就由“花师”们自由参加。花词内容丰富多彩，可以一本正经的叙说花事、安慰孝家，也可以诙谐生动、嬉笑怒骂。

1. 献朵鲜花与孝家

夫此花者，
不言此花来历。

众亲请雅静，
听我散花文。
正月采花无花采，
二月油菜花正开，
三月桃花红胜火，
四月荞麦遍山开，
五月石榴赛玛瑙，
六月荷花河面开，
七月菊花开拂面，
八月桂花风摆香，
九月重阳家家酒，
十月金鸡戏凤凰。
采好花，
献好花，
散朵鲜花与孝家。
甲子乙丑海中金，
算来由命不由人。
彭祖寿高八百岁，
难免黄泉路上行。
花缘未尽，
花又逢春。
再有好花，
请吟上接下。

2. 花能献佛度亡魂

说花文，
散花文，
说起花文有根生（依据）。
不说东长和西短，
不说南京与北京，
不说地下（地面上）山和水，
不说天上日月星，
不说南来和北往，
不说东走与西行，
不说古往今来事，
不说前朝后代君，
不说三皇和五帝，
不说唐宗与宋君，
要散奇文逗人笑，
要散笑话动人听，

要散四时花中景，
要散百花何时生。
以花为名表情义，
花能献佛度亡魂，
散了花文上天庭，
但愿早登极乐境。
花缘未尽，
花又来迎。
如有好花，
请师吟上接下。

3. 不洗脸是野猫花
散花散花，
不散东家，
不散西家，
豆（就）散对门勒（的）阿（那）家。
他家姑娘生得好，
大姐是个眨巴眼，
二姐是个歪嘴巴，
还说三姐生得好，
哪晓得是个萝卜花（眼中有瞖子）。
不洗脸是野猫花，
不梳头是龙爪花，
两条鼻涕龙吊起是粉团花，
两颗眼泪珠珠吊起是水仙花，
大坝腿（大腿）上贴对子（对联），
小肚皮上供菩萨。
花缘未尽，
花继来催。
再有好花，
请迎上接下。

4. 槐果树脚啊（那）一家
散花散花，
不散东家与西家，
单散槐果树脚（下）阿（那）一家。
槐果树，
槐果丫，
槐果树脚坐（住着）一家。
养得三个好儿子，
说（娶）了三个好媳妇。

大儿出来眨巴眼，
二儿出来眼眨巴，
三儿出来红线要（眼睛有炎症）。
大娘出来近视眼，
二娘出来萝布（萝卜）花，
特有三娘生得好，
歪口歪嘴像海琶（哈巴狗）。
喂个猪儿无鼻子，
喂个猫猫无尾巴，
喂个狗儿三只脚，
和和气气做一家。
花文未尽，
花又来催。
再有好花，
请师迎上接下。

（四）孝歌

“孝歌”系大方县民俗文化之一，只用于丧葬活动。孝歌和散花的区别在于：第一，孝歌有曲调，和唱歌一样；第二，唱孝歌时有专人击鼓，唱一句敲三下，最后一句结束时敲七下；第三，孝歌主要用于守灵时，往往要唱整夜，因此，民间有专唱孝歌的歌师，歌师们可以唱“盘歌”（对答形式的孝歌），也可以唱长篇孝歌。有的歌师可即景生情，就着现场人事现编现唱。

1. 人死还要人来埋

昨晚家中正吃饭，
有个歌师来约伴。
放下筷子丢下碗，
脱下草鞋换布鞋。
爹妈骂我不成才，
管他成才不成才，
人前人后唱两句，
赶完歌场就转来。
一不摇骰子（一种赌博方式），
二不玩纸牌，
三不跌十三（一种赌博方式），
四不玩金牌（骨牌）。
人死还要人来埋，
那家门上敢挂无事牌？

2. 唱首孝歌度亡魂

无人接声我接声，
接在口头战兢兢。
接在口头兢兢战，

唱得不好怕丢人。
麻起（大着）胆子唱两句，
唱首孝歌度亡魂。
自从盘古开（分的意思）天地，
三皇五帝到如今。
山中能有千年树，
世上难寻百岁人。
只是三哥心太狠，
狠心丢下一家人。
高堂父母谁奉养？
婆娘（妻子、爱人、配偶）儿女靠何人？
老嘞（老的。这里指父母）哭得肝肠断，
小嘞（小的。这里指儿女）哭得泪淋淋。
呼天抢地你不应，
哭得天昏地不明。
亲戚朋友红咙（喉咙）硬，
哪个不是泪纷纷？
兄弟出门三月整，
回来三哥成古人。
最后一面没见倒（见着），
纵（“怎样”的合音）不叫我泪长倾？
阴风吹断阳间路，
判官下笔太无情。
如今阴阳相隔十万里，
来生再续兄弟情！
编一句来唱一句，
想一声来唱一声。
喝口茶来接倒（接着）唱，
唱他三天三夜一早生（早晨）。

（五）山歌

山歌和孝歌一样，也有固定曲调的音乐形式，但山歌与孝歌有三点不同：第一，山歌多涉男女情事，不能在家中唱，孝歌则相反，只能在家中唱；第二，孝歌和山歌都有固定曲调，山歌一般由四句组成一个曲调，孝歌为两句组成一个曲调，山歌的曲调比孝歌复杂；第三，由于受曲调限制，山歌都是四句一首，即使是长篇套歌，也是四句一个段落，每四句表达一个完整的意思，孝歌为四句以上，有的长篇孝歌数十句。

1. 上园韭菜下园葱

上园韭菜下园葱，
我们结交抱（“不要”的合音）漏风（走漏风声）。
人前遇倒（着）必（不）要问，

灯笼点火亮肚中。

2. 辣子又辣又放姜

辣子又辣又放姜，
甘蔗又甜又放糖。
小妹又白又擦粉，
白皮嫩肉逗情郎。

3. 好久不进妹家屋

好久不进妹家屋，
一进妹家妹就哭。
问声小妹哭哪样，
哥啊，你过（经过）上过（经过）下不进屋。

4. 哥哥出门妹挂怀

哥哥出门妹挂怀，
妹把花园围起来。
等哥哪天回家转，
好花朵朵开出来。

5. 船过河边把妹逗.

船过河边把妹逗，
假装洗衣不抬头。
哥船随浪流过去，
后悔当时怕害羞。

6. 孃家门前刺蓬多

孃家（姑娘）门前刺蓬多，
好花生在刺蓬脚（下）。
哥想摘花怕下手，
白支（白天）夜晚记心窝。

第二节　谚语　歇后语

一、谚语

清明要明（天晴），谷雨要淋（下雨）。
清明不明坏早种（早期播的种），谷雨不淋坏早秧。
芒种打田不坐水，夏至栽秧少一腿。
有雨天边亮，无雨顶上光。
心兜（心头）有事心兜惊，心兜无事冷冰冰。
远方龙神，抵不了当（去声）方（本地）土地。
务农熟悉季节好，农事季节很重要。
品种种法勤改良，农业增收亦增效。

二十四季管得全，一年农事紧相连。
每月两节两期定，最多只差两三天。
正月立春雨水临，小春追肥草除尽。
二月惊蛰伴春分，植树造林灌水勤。
三月清明谷雨来，油菜花开麦怀胎。
四月立夏连小满，收割小春把秧栽。
芒种夏至五月中，抢种田管无闲空。
小暑大暑六月中，治虫追肥莫放松。
立秋处暑七月行，秋收秋播农事兴。
白露秋分宿八月，选种积肥备小春。
九月寒露接霜降，豌豆麦子到坡上。
十月立冬又小雪，基础设施建设忙。
大雪冬至冬月间，小春作物盼田管。
腊月小寒加大寒，辞旧迎新过大年。
喜鹊搭窝高，当年雨水涝。
久雨闻鸟鸣，不久即转晴。
喜鹊枝头叫，出门晴天报。
蚊子咬得轻，天气要变坏。
蜻蜓千百绕，不日雨来到。
腰酸疮疤痒，有雨在半晌。
晴天不见煽，有雨三五天。
河里泛青苔，必有大雨来。
鸡早宿窝天必晴，鸡晚进窝天必雨。
蚂蚁垒窝要下雨。
烟囱不冒烟，一定是阴天。
天空灰布悬，大雨必连绵。
天上拉海纤，下雨不过三。
日落胭脂红，明日刮大风。
日出太阳黄，午后风必狂。
星星水汪汪，下雨有希望。
朝霞不出门，晚霞千里行。
大雾不过三，过三阴雨天。
雾露在山腰，有雨今明朝。
久晴大雾阴，久雨大雾晴。
先雷后下雨，不如大露水。
先雷后刮风，有雨也不汹。
雷公先唱歌，有雨也不多。
闷雷拉磨声，雹子必定生。
阴雨亮一亮，还要下一仗（一阵子）。

吃酒怕烫，下雨怕亮。
久晴西风雨，久雨西风晴。
日落西风住，不住刮倒树。
常刮西北风，今日天气好。
半夜东风起，明日好天气。
雨后刮东风，未来雨不停。
南风吹到底，北风来还礼。
南风怕日落，北风怕天阴。
南方多雾露，北方多寒霜。
夜夜刮大风，雨雪不相逢。
南方若过三，不下就阴天。
风头一个帆，雨后便晴天。
晌午不止风，刮到点上灯。
大风怕日落，久雨起风晴。
东风不过晌，过晌嗡嗡响。
雨后东风大，来日雨还下。
雹来顺风走，顶风就扭头。
春天刮风多，秋天下雨多。
天上钩钩云，地上雨淋淋。
天有城堡云，地上雷雨临。
天上扫帚云，三天雨降临。
早晨棉絮云，午后必雨淋。
早晨云挡坝，三天有雨下。
早晨浮云走，午后晒死狗。
早雨一日晴，晚雨到天阴。
今晚花花云，明天晒死人。
天上夹豆云，不久雨将临。
天上贴钻云，很快大雨淋。
老云结了架，不阴也要下。
云吃雾有雨，雾吃云好天。
云吃火有雨，火吃云晴天。
乌云结日头，半夜雨不愁。
乌云脚底白，定有大雨来。
低云不见走，落雨在不久。
西北恶云长，冰雹在后晌。
暴热黑云起，雹子要落地。
黑云起了烟，雹子在当天。
黑黄云翻滚，雹子在当天。
满天水上波，有雨跑不脱。

天上鲤鱼斑，明日晒谷不用翻。

八月十五云遮月，正月十五雪打灯。

东杠（杠，彩虹）日头西杠雨。

早晨下雨当日晴，晚上下雨到天明。

头遍草，二遍料，最后再把水饮到。

猪吃百样草，看你找不找。

寸草铡三刀，无料也添膘，有料无料，四角拌到。

草膘料肥水精神，添加食盐更起劲。

草水喂到，胜似加料。

油饼过关，肥猪肥田。

猪草切得细，犹如加玉米，养猪不要本，猪草切成粉。

少喂勤添，先稀后稠，先粗后细。

把草把料，牲口欢跳。

料少争食，料多厌食。

饲料不稳定，喂也白费劲。

宁缺一天料，不缺一口水。

羊是活宝，没草就倒。

草是羊的娘，没草命不长。

饲草多样化，保险喂不差。

五花杂食，越吃越扎实。

饲料单一化，迟早要出差。

喂养牲畜有巧，花草花料记牢。

开花草，营养好，一口一个膘。

饲料突变，饥饱难断。

人无混财不富，马无夜草不肥。

水草按时到，就是吃好料。

圈要干，槽要净，防止牲畜传染病。

牛马要把胎来保，千万莫喂霉烂草。

牛怕肚底水，马怕满天星。

牛怕西北风，有棚好过冬。

牛怕圈里水，水多烂牛腿。

养猪不防疫，等于白费力。

小猪怕冷，大猪怕热，大小猪怕湿。

不怕狂风一片，只怕贼风一线。

养猪成败在防疫，效益高低在管理。

二、歇后语

一支筷子吃面条——单挑

茅厕（sl55）（厕所）以兜（里面）洒香水——香臭不分

包谷面做汤粑（元宵）——捏不拢
卖裤子打（沽、买）酒喝——顾嘴不顾身
上茅房不带纸——想不开（揩）
卖布不带尺子——乱扯（胡扯）
猫儿抓糍粑——脱不了爪爪
癞格宝（蛤蟆）剥了皮——死不瞑目
癞格宝想吃天鹅肉——痴心妄想
癞格宝爬香炉——碰一鼻子灰
豁豁嘴（缺嘴）吹号——走漏风声
缺牙巴咬炒豆——碰倒（着）的
缺牙巴啃西瓜——道道多
叫居居（蟋蟀）爬在猪嘴上——哼哼唧唧
霜降后的萝卜——动（冻）了心
穿西装戴瓜皮帽——倒洋不土
戴帘帽（斗笠）打伞——多此一举
壁头（阴平，指墙壁）上挂席子——不像话（画）
磨盘上睡瞌睡——想转（去声）了（想清楚了的意思）
克膝头（膝盖）上拽（阴平）瞌睡——自己靠自己
瞎子拽（阴平）瞌睡——看不出来
小娃娃擤鼻涕——出（擦）在手上
油螂螂（蜻蜓）撞到贼蛛（蜘蛛）网——有翅难飞
克膝头（膝盖）上钉掌——离题（蹄）太远
稻田兜（里面）盖猪圈——肥水不落外人田
桌面上钻窟窿——有板有眼
壁头（阴平）上挂帘子——没门
红咙杆（喉咙）头安雷管——一谈（弹）就崩
吃稀饭喝凉水——亲（清）上加亲（清）
讲根（脖子）上挂磨盘——重任在肩
掉了毛的刷子——有板有眼
鬼东哥（猫头鹰）踆（阴平）瞌睡——睁只眼闭只眼
鸡鸭鹅不屙尿——自有便道
菩萨脑壳（头）冒烟子——神气
草帽戴在克膝头（膝盖）上——不对头
仙秀（星星）跟倒（跟着）月亮走——沾光
火柴圪兜（烧过的树桩）修磨子——过一方黑一方
铁鹞子（鹰）反反嘞（反着）飞——抓天无路
裁缝脑壳（头）——当（去声，轻磨便利）针（真）

人物志

人物传

陈百朋

陈百朋（1875—1938），名永锡，贵州省大方县六龙镇人。幼年丧父，勤奋攻读，12 岁入学，考取秀才。自幼身居农村，接触社会现实，深谙百姓疾苦，愤恨清政府专制腐朽，孕育了反封建专制、追求民主进步思想。光绪二十六年（1900），大定饥荒，目睹六龙灾情，撰写《因灾祈赈书》反映民众“草根食尽，树叶争餐”“老羸展于沟壑，少壮离于异乡”“鬻子鬻妻，十室半空”的苦难，揭露社会现实。官府对陈百朋极为忌恨，密谋逮捕陈百朋，陈百朋被迫出走。

陈百朋青年时远赴广州、香港、上海，先后结识黄兴、林森、胡汉民等人士，加入孙中山同盟会，交往许多志士仁人，深受民主革命思想影响。

光绪三十三年（1907），经孙中山批准，贵州成立自治学社，属同盟会分会，陈百朋参加学社，为大定分社的创建人之一。

陈百朋是贵州辛亥革命领导者和发动者之一。武昌起义成功，学社领导者决定以省咨议局为革命发动地，联络各界举事。陈百朋任咨议局书记官，负责联系教育和绅商各界。学社控制了省城各机关、军警、学堂，新军在南厂发难，首举义旗。1911 年 11 月 3 日，张伯鳞、杨昌铭、陈百朋等人通知巡抚沈庆瑜到咨议局谈判，沈庆瑜见大势已去，签字承认贵州独立。陈百朋在贵阳宣传革命，组织乡兵，联系学界，指导苦工队。4 日，在咨议局成立大汉贵州军政府，任枢密院民政部长，兼省城巡警工作。贵州军政府存在不到 3 个月，贵州军阀刘显世勾结滇军唐继尧对贵州辛亥革命人士血腥镇压，宪政派发动政变，杀害自治学社领导人巡防军统领黄泽霖，旧军阀窃取了贵州政权。陈百朋等自治学社人士被迫离省。

袁世凯篡夺辛亥革命果实，妄图复辟帝制。1914 年，陈百朋在上海与姜俊民、吴慕姚商定措施密谋除袁，姜俊民先到北京，因叛徒告密在北京被捕，吴慕姚又被捕于上海，二人同被袁世凯杀害于北京。陈百朋为避免被捕，离开上海，临行写了一联“民国寡恩，看鸟尽弓藏，定知起义诸君难瞑目；人心不死，要前仆后继，莫使专制皇帝又翻身。”自此，辗转于苏、粤、川、鄂、津、沪各地，宣传国民革命宗旨。

1921 年，陈百朋到威宁任县长，当地豪绅孙某欲对陈百朋拉拢腐蚀，贿赂大洋数百元，陈百朋严词拒绝，当即杖责三十大板。孙记恨于心，唆使巨匪刘毛二率匪千余围攻县城，企图杀害陈百朋，陈百朋挂印而走，流亡于四川。

1926 年，陈百朋参加黔军十一军王天培部入湖南、湖北，在第十军任顾问官，参加北伐战争。

1931 年，陈百朋回归故里，义务担任六龙小学校长。提倡男女平等，创办六龙私立女子小学。倡导语体文，教注音字母。

陈述先

陈述先（1895—1938），字明德，贵州省大方县响水乡人。曾任民国大定县北一区区长。

幼时在私塾馆奠定文化基础，饱读诗书。弱冠受辛亥革命影响，思想激进，热爱桑梓，乐于济困助人。1924 年，响水一带发生饥荒，陈述先率族人捐苞谷 5 万多公斤，赈济乡民。此后，每年春节前，发放粮食接济贫困乡民，平时发现生活困难者，即送粮食布匹，直至逝世，从不间断。响水老街发生火灾，粮食焚烧殆尽，命家人就地支大铁锅、大甑子做饭，以济灾民。平时在家继承父志习医，常备中药数十种，为不能进城就医买药者开方送药，受陈述先助者甚多，治愈者甚众。

1928 年，贵州省兴修清镇至毕节公路（简称清毕路），线路原测定过双山境内，但双山富户恐占土地，便活动改线过响水。响水乡人为此感到不安，陈述先则以“有公路经过，本乡必将受益”的远见说服乡人，并从中斡旋，最终争得清毕路过响水。同时倡议并带头修建响水新街。公路与新街建成后，响水日益兴盛繁荣。

1938 年年初，陈述先出资创办响水小学，正着手修建校舍时不幸病逝。后由诸弟续理完善，1940 年竣工投入办学，实现遗愿。乡人为感其善行义举，集资在校内亭前竖立纪念标，县督学亲书纪念标文。纪念标于 1952 年被毁。

赵光清

赵光清（1910—1972），白族，贵州省大方县响水乡沙湾村偏坡组人。14 岁丧父，无兄弟，在母亲精心调教下，逐渐自立。妻子钱祖英善理家务，精于桑麻，夫妇二人吃苦耐劳，克勤克俭，立志振兴家业，先租种对江屯王家大片田土，经营有道，家境渐至丰裕，继而购置田产，扩充基业。赵光清在 30 多岁时，便跻身于当地富户之列，贤达仁爱之声誉在当地富户之上。

1942 年，大定县瓢井区八堡乡第九保（今响水乡沙湾村、火山村、拉鲁村）保长一职，因吴、李、张三姓相争，难寻人选，赵光清以声望高，受区、乡官长器重，担任保长之职。任保长后，多体恤民情，凡区、乡下派的抓丁派款事，赵光清总是百般斡旋，尽力为贫穷的保民解除危困。

赵光清因早年饱经磨难，善于体察民情，对本保及周边穷人不论亲疏，多不吝资助，妻子也十分宽厚仁慈，凡上门者都热情接待，家中食客甚多，赵光清被群众称为“大甑子保长”。由于赵光清办事公正，待人平和厚道，故经赵光清多方协调，很快化解当地吴、李、张等几大姓之间的宗族和民族矛盾，使辖区内社会稳定，几大姓的族中要人和民众与赵光清相处甚好。

1947年冬，赵光清冤遭邻保发生的一陈姓命案株连，被拘入大定县狱3月。在赵光清冤情洗雪获释回家当天，保上数百人赶至半路相迎。1948—1950年年初，正值国民党政权土崩瓦解，共产党政权刚刚建立之际，兵匪遍地为患，水旱成灾，民不聊生。目睹惨状，赵光清倾尽家中存粮赈济灾民，对登门求助的灾民，初给三升两升，然家中妻子儿女则咽粗粮糙米度日。

赵光清早年家境清贫，读书甚少。当保长后深感文化浅薄之苦，即于家中开办私塾，请毕节水塘老先生王衡山坐馆，既教子女又自身求教。同时还广泛动员族人、乡邻送孩子入学读书。对穷苦人不收或少收学费，先生开支由己出。对在学堂读书的孩子，不分民族、贫富和亲疏，关心教育一视同仁，并为穷苦买不起书的子弟抄写《千字文》《百家姓》《三字经》等书。一个距塾馆3千米远的拉鲁张姓（仡佬族）幼小孩子寄于家中就读，与赵光清的儿子同吃同睡，一日张姓孩子患痢疾，赵光清与妻子为之熬汤煨药，换洗弄脏衣裤，视如己出。对幼小的族侄读书关怀备至，除为族侄抄写《千字文》等书助读外，倘遇涨水或晚时，或亲送，或留宿。

中华人民共和国成立后，赵光清严格遵守党和政府的政策法令，勤恳从事农业生产，教育子女遵纪守法，勤耕苦读，做对社会有益的人。

20世纪50年代，赵光清曾被举为村文书、生产队会计。数十年后，在当地中老年人中仍流传着赵光清的贤德故事。

罗兴武

罗兴武（1916—1984），苗族，贵州省大方县黄泥塘镇安化人。幼年求学于私塾。1930年，到大定县城宽爱小学就读，毕业后到理化法戛，师从王永明学医。

1934—1936年，用行医种痘作掩护，在大定、黔西、纳雍、毕节等地，为中国共产党做地下联络和为红军四渡赤水突破乌江天险做侦察及向导工作。1936年，随贺龙、萧克率领的红二、红六军团北上抗日，途经大定、毕节朱昌等地，几次遭到敌军万耀煌、郝梦龄、樊嵩甫等部的围追堵截，与红军队伍失散，遂潜伏地方开展秘密联络活动，为中国共产党和红军做了大量工作。罗兴武兄弟共7人，四哥罗宴章任国民党保安大队长及剿匪大队长，罗兴武曾多次规劝罗宴章弃暗投明，罗宴章始终执迷不悟。红军长征经过大定时，罗宴章奉命阻击红军，罗兴武极力阻拦，教育罗宴章应该看清国民党已失民心，苦劝罗宴章不要做历史的罪人，劝说无效后，兄弟从此反目分道扬镳。

1938年，罗兴武考入贵阳小青班土地呈报处学习。1939年结业后，回到大定县从事田亩普查工作。1940年，在大定县、锦屏县从事联侦编查田亩工作，同年，调到铜仁县负责颁发证照，9月调到洞场区从事征粮工作，1941年调回大定。几番辗转，罗兴武深刻认识到只有人才辈出，才能救国图存。1941—1949年，罗兴武在家乡创办学校，亲任校长，广邀名师，号召乡民子弟进校读书，学习科学文化知识。在办学的9年中，培养了一大批学生。

1946—1948年，时局动荡，盗匪猖獗。罗兴武凭着一身精湛武艺，多次组织乡民打败来犯劫匪，保护乡亲生命财产安全。1949年中华人民共和国成立之初，罗兴武被抽调从事田征工作。1950年，调毕节干校学习，同年秋季经干校推荐考取西南军政大学，在贵州分校军政革命大学学习，毕业后分配到瓮安县开展清匪土改工作。1952 年，调到兴义安龙县从事土改工作。1954 年到贵州民族学院进修学习，翌年回安龙县兴隆区工作。曾任土改工作队队长、区财会主任、副区长等职务。

“文化大革命”开始，罗兴武由参加工作时的“革命干部”成分被扣上“地主分子”“反革命”帽子，1971 年从安龙县被遣送回乡管制劳动改造，幸得七弟罗兴荣同情，赠予 1 间 10 多平方米土屋，聊以栖身。

1979 年 11 月，罗兴武获得彻底平反，落实政策回安龙县工作，1981 年退休。1984 年 8 月 20 日，罗兴武因病去世，生平事迹载入贵州《苗族人物》史册。

陈弥高

陈弥高（1914—1987），贵州省大方县响水乡柯家桥人。青少年时期先后在贵阳、北京、南京等地求学。1932 年 7 月，在南京三民中学高中毕业，考入黄埔军官学校（后改为国民党中央陆军军官学校）第十期第二总队工兵科。陈弥高毕业后，在国民党第十军三师七团任职即随部队投入抗战第一线，先后参加上海战役、台儿庄战役、徐州会战、九江战役、南昌会战、武汉会战、长沙四次会战和衡阳战役。在部队历任排长、连长、副营长、营长、团长以及长沙城防副司令，上校军衔。

1941 年受到排挤后，1943 年愤然解甲还乡赋闲。1945 年起，先后受聘担任毕节行政公署保安司令部参谋、保安中队长，大定中学体育教师，独山行政公署保安司令部参谋、主任。1949 年 11 月初，解放军挺进贵州，国民党军队仍然企图顽抗，时任国民党八十九军三四三师一〇二九团政工主任的陈弥高，在贵阳解放前夕，毅然弃职回乡。

大定解放后，陈弥高立即到刚成立的二区人民政府登记交代，表示坚决拥护中国共产党和人民政府，主动反映情况，并协助接管政权工作，保护李登峰等新政权领导的安全，参与陈育德、陈质庵、陈祖渊等 8 人护送新区领导到瓢井、八堡收缴国民党第十九兵团流散武器，积极参加征粮和剿匪斗争。1952 年，以反革命罪被逮捕。1975 年，特赦回家，安排在县轻工机械厂工作。后县政协提出落实政策，根据有关规定和贵州省委统战部答复，按投诚对待，工资按副县级待遇发放，安排在县体委工作。

陈弥高任大方县政协第二届、第三届常务委员。一生爱好体育，在年轻时参加过军校篮球队出国比赛。到六七十岁时，仍坚持体育锻炼。在古稀之年还参加贵州省老年篮球运动会和毕节地区老年田径运动会，跑完万米全程。1987 年 11 月到广州参加体育竞赛，从广州返回大方途中因车祸去世。

张世荣

张世荣（1919—1991），女，贵州省大方县百纳乡人，大方县最早推广普及新法接生的乡村医生之一。

1950 年，张世荣参加百纳区土地改革，任妇女委员。1951 年，参加县举办的新法接生培训班，学成后回到当地从事接生工作。宣传新法接生知识，传授新法接生技术，使新法接生很快得到普及和推广。经张世荣接生的产妇，均母子平安，无一例新生儿破伤风和产褥热发生。

1956 年冬天的一个夜晚，天降大雪，一名妇女难产，离百纳街 10 余千米路程，家属跑去请张世荣接生，当时张世荣丈夫不在家，张世荣把不满周岁的儿子交给年仅 10 岁的养子照看，立即出诊，历时两天两夜，回家时，儿子持续高烧，奄奄一息，经抢救无效死亡。难产妇女母子得救，张世荣却失去自己的亲生骨肉。

1958—1959 年，百纳片区大炼钢铁和兴修高原水库，张世荣受组织委派巡回于各工地当保健医生，由于人多伤员多，张世荣白天黑夜都忙于护理伤员，无暇照看家里，丈夫在家去世，张世荣仅请 3 天假，料理完后事，又含泪回工地工作。

丧子丧夫之痛，并未动摇张世荣救死扶伤的信念，相反，更加全身心投入工作。张世荣用自己平时节衣缩食积攒下来的钱购买医疗器械和药品，组织接生员成立新法接生站，在当地开展接生、急救、防疫种痘、妇女保健等医务工作，之后又把新法接生站改建为百纳管理区民办卫生所。三年困难时期，很多人因饥饿导致消瘦、浮肿、患妇科疾病等，张世荣带领卫生所人员上山挖中草药给病人熏洗治疗，用中草药与大豆、苞谷、红枣、麦麸、米糠等，配制成药丸给病人服用，治好不少病人。1962 年，张世荣请老中医王文华及其徒弟李昌友到卫生所工作，将民办卫生所改办为百纳公社卫生所。

张世荣出生在封建社会偏远落后的农村，年轻时失去上学机会。中华人民共和国成立后，坚持自学，不仅能读书看报，还认识数百种中草药，精通治疗多种疾病的药方。1991 年，70 岁高龄的张世荣因舍不得离开自己一手创办的卫生院和一生热爱的卫生事业，不愿退休回家养老，仍坚持在百纳卫生院工作，负责收费和保管财物等事务。1991 年 3 月 27 日，张世荣因突发心脏病在工作岗位上去世。

陶正文

陶正文（1929—1992），苗族，贵州省大方县竹园乡人。中华人民共和国成立后，积极投身革命。1950 年参加工作，在捕获自封“龙头大爷”的反共预备兵团副团长、反共副总指挥长欧觉民斗争中，深入花果村苗寨组织民兵日夜监视，于 1951 年 6 月 18 日，将欧觉民捕获。陶正文在全县表彰大会上受到奖励和表彰。

1952 年，陶正文加入中国共产党，历任双山区文书、组织干事、组织委员，区委副书记、书记、副区长、区革委副主任，响水区委副书记、区长。在“文化大革命”期间，遭受处分。1970—1971 年，在湘黔铁路大会战中，任大方民兵工团二营教导员。1979 年，遭受的错误处分得以彻底平反，恢复职务级别。1981 年起，历任大方县人大常委会第八届、第九届副主任，第十届人大常委会委员，中共大方县第四次党代会代表，大方县人民代表大会第五届、第八届、第九届、第十届代表。

罗正仁

罗正仁（1924—1992），彝族，贵州省大方县东关乡金坪村人，系彝文翻译家罗文笔之长孙。3 岁丧父，在祖父膝下习读诗文，兼学彝文。后到重庆三育中学勤工俭学，恰逢抗日战争爆发，投笔从戎，在国民政府郑洞国部服役，转战缅中。日本投降后，随军前往东北，后加入中国人民解放军，任文化教员。1952 年退伍回乡，受大定县县长蒋彤指派到理化区长春小学任校长。1956 年，因曾在国民党部队做电台工作的经历，被清理出教师队伍，回乡务农。

1977 年后，同叔父罗国义一起整理彝文典籍，参与彝文翻译工作，誊写彝文典籍《西南彝志》37 万余字，并逐一加注音标。完成《贵州省彝文试用课本》1 册 ~6 册的编排，同时编写《彝文古今成语》《彝汉常用对话》等书籍。

1984 年秋，大方县民委组建彝文编译室，聘请罗正仁参加。后来受中央民族学院聘请，接任罗国义原担任的民族语文教学工作，被学院聘为客座教授，供职 6 年。之后回乡继续参与彝文古籍整理和翻译工作，在毕节地区彝文编译室与黄昌寿等整理彝文书籍 380 多册，并将其中 145 册复制给大方县民委保存。

罗正仁从全县收集的 246 块彝文碑刻中整理出 203 幅拓片，抽出 46 幅精华拓片进行识别，并加以修补和翻译，编纂《彝文金石图录（大方部分）》一书供内部使用。其后在该书基础上精选 15 幅，连同毕节地区另外 5 幅，编辑成《彝文金石图录》第一集，由四川民族出版社出版。罗正仁独立翻译《水西十三则溪》《水西世系经纬》，与彝文编译组成员共同翻译《以登著》《确载著》《斗字著》等彝文典籍，编写了《彝文常用词语》《彝文书面词语》《大方彝族成语》《大方彝族谚语》《大方县彝族世系纲要》等书稿。

罗正仁一生从事彝文翻译与研究，翻译和编写书稿虽多，所憾未能出版。在中央民族学院任教 6 年，学生遍及西南各省，为民族文化的发扬光大付出一生心血。

张万全

张万全（1930—1993），藏族，四川省人。幼时随父亲学医，后因父亲参加抗日战争辗转至贵州，1947 年，张万全携母至贵州与父亲团聚，遂定居贵州大方。

因母亲长年饱受类风湿病折磨，为更好地医治母亲，张万全发愤钻研中医学。20 世纪 50 年代，师从大方名医张仿陶，从此开始一生无私救死扶伤之路。在张仿陶的教导下，张万全传承医道精髓，精研内科、外科、伤科、骨科、妇科、儿科，尤其擅长医治各种疑难杂症，在中医理论基础上结合实际临床病症加以创新，医治病人不计其数。

张万全开的处方少而精，效果好，能治大病。曾有医院出高薪聘请张万全去坐诊，被婉言谢绝。20 世纪 60 年代，马场一名疑难病症妇女寻遍良医未愈，经张万全诊断救治后，肿瘤痊愈，并于次年顺利产子。

张万全行医 30 余年间，主要以小手工作坊维持家中生计，行医均为尽善心和义务，无论是单位职工，还是城乡贫民，张万全治病救人不问贵贱、不论官民、不分亲疏，一视同仁，从不收取分毫费用，坚持几十年，直到去世。张万全立有家训，凡至家中治病者，饭食以客为先。不仅如此，凡患者所求，总是急人所急，不分昼夜，全力医治。若遇病重或年老不能行动者，无论严寒酷暑、白天黑夜，均上门救诊，无偿送医送药。凡遇贫苦病患者，不仅为病人看病，还出资购买药物，照顾病人治病期间饮食起居。几十年间，张万全坚持无私无偿扶贫济困，20 世纪 60 年代，因扶贫济困事迹突出，曾当选为全县人民代表。20 世纪 70 年代，经过长期苦心钻研，张万全研制出湿润烧伤疗法，对大面积烧伤有奇效。张万全病重后，将此疗法传于家人，令家人以后无偿施药。张万全去世后，留下的烫伤药膏、风湿药酒等良方仍在民间使用。

李明高

李明高（1930—1996），苗族，贵州省织金县牛场乡人。1950 年 8 月参加工作，1951 年 6 月加入中国共产党。先后任织金县自强乡第四村村长、民兵队长、农会主席，自强乡政府干事、文书，化起区副区长和龙场区副区长、区长，三塘区委政委、第一书记，织金县人民政府副县长，中共织金县委委员、常委、副书记、书记处书记等职。中华人民共和国成立初期，贯彻执行党的土地改革政策，带领群众做好土地改革工作，投身“征粮、清匪、反霸、减租、退押”五大任务，为巩固新人民政权做出贡献。

1965 年 1 月，李明高调到大方县任县人民政府副县长。“文化大革命”时期，分别任大方县东风电站、六龙化肥厂、移山水库三项工程指挥部副指挥长，与干部群众同吃同住同劳动，组织干部职工开展技术革新，挖掘潜力，使工程顺利进行。后任大方县工业局局长、工交办主任、县革命委员会副主任。中共十一届三中全会后，历任中共大方县委委员、副县长、县人大常委会副主任等职。系中共贵州省第三届、第六届党代会代表。

李明高工作数十年，在各个时期除主抓工业等工作外，贯彻落实党的民族政策，深入竹园、八堡、牛场、鼎新、猫场、鸡场、理化、大山、沙厂、黄泥等乡镇的偏远贫困少数民族村寨，调查研究，宣传党的民族政策、计划生育基本国策，帮助解决多起民族矛盾纠纷，为促进全县各民族平等团结和社会稳定发展。

1991 年 12 月，李明高退休。退休后仍然关心全县的建设和发展，积极向县委、政府建言献策，尤其在少数民族工作方面提出很多建设性意见。

邓玉财

邓玉财（1905—1996），贵州省大方县城关人。出生在贫苦农民家庭，全家靠当雇工为生。1934 年 11 月，邓玉财受雇赶马到湖南，在湖南省溆浦县参加红军游击队，游击队编入红二军团后，在四师十团一营一连当战士。1936 年 11 月，加入中国共产党。

邓玉财参加红军长征，爬雪山过草地，经受严寒、饥饿与战火的严峻考验。在长征中，参加了甘肃徽县战斗，冲锋在前，英勇顽强，缴获重机枪 1 挺，战斗中立功，受到师、团表扬和奖励。后参加保卫延安、抗击日军与解放大西北等战斗，曾 9 次负伤。参加红军长征到陕北后，历任八路军一二〇师三五八旅七一四团二营五连副排长、排长、连党支部副书记，晋绥边区吕梁军区九分区县大队三中队中队长，一纵队七旅二十四团特务连连长、党支部书记，一野一兵团一军三师八团一营副营长、营党委委员。

中华人民共和国成立后，在青海省军区大通县人民武装部历任副部长、部长，抓民族地区国防后备力量建设，深入藏区、牧区调查了解民兵组织建设，抓民兵各项工作的落实情况，为大通县的社会稳定、经济发展、民族团结做出一定贡献。

邓玉财转业地方工作后，历任青海省海西蒙古族藏族自治州委建设科科长、青海省塘格穆农场场长、青海省公安厅劳改支队副政委。

1966 年 7 月，邓玉财离休，回贵州省大方县理化区休养。1970 年 5 月至 1976 年 10 月，任中共理化区委常委、理化区革委会副主任。回到家乡后，邓玉财仍保持军人作风和本色，常用中国共产党和军队的革命传统教育身边的中共党员、干部、青少年和广大群众，身体力行，带头做干部群众工作，植树造林，绿化荒山，曾先后 5 次获县委、县人民政府表彰和奖励。

杜　辛

杜　辛（1932—1996），贵州省大方县城关人。1949 年参加中国人民解放军，1958 年毕业于第七军医大学医疗系，先后在四川达县专区医院、贵州铜仁地区医院、四川草堂干部疗养院、成都中医学院附属医院任主治医师、康复科副主任、主任医师等。

杜辛从事中西医结合研究及应用工作，在中央及省以上地方刊物上发表论文 20 余篇，先后任中国中西医结合学会心血管病专业委员会委员、四川省中西医结合学会理事、四川省康复医学会理事、四川省中西医结合学会虚症老年病专业委员会主任、《四川中医》杂志编委、国家教委科技成果评审委员。

杜辛研制的“活力苏”“还少丹胶囊”“绞股蓝冲剂”“天府秘宝”“鳗精油”等新药，在临床上疗效显著，获数项省部级科研成果进步奖。1993 年，享受国务院特殊津贴，获中国中西医结合学会颁发的“从事中西医结合工作30余年”荣誉证书。1994年退休。

1996年，杜辛在成都到巴中市参加合作研究开发羽绒保健新产品会议途中，因车祸遇难。

杜昌诗

杜昌诗（1929—1997），贵州省遵义市人。1950年参加工作，1956年加入中国共产党。历任武工队员、教师、大定县城北小学校长、城关民中校长、城关小学校长、瓢井中学教师、“四清”工作队队员、大方二中教师、大方师范学校教师、县文化馆工作员、副馆长，县图书馆馆长等职。曾当选为大定县首届人民代表、城关区人委会委员、县人委会委员。

杜昌诗曾参加过清匪反霸、减租减息和第一期土地改革工作。任教师、学校领导、文化馆和图书馆领导期间，工作成绩突出，多次受到表彰和奖励。1956年，被省政府评为优秀教师，同年12月到贵阳参加表彰大会。1958年，出席教育部在北京召开的全国教育工作经验交流会。1959年，被选为全省群英会代表，国庆10周年时在贵阳参加各行业群英会并领取奖章。获贵州省文化厅表彰4次、毕节地区文化局表彰6次。1988年，主持大方县图书馆工作，大方县图书馆被文化部评为“全国文明图书馆”，1989年，出席北京表彰大会，获奖牌及奖金。

杜昌诗擅长书画，尤以梅花喜鹊、彩墨山水见长。1990年创作《桃园何处是仙洞渺难寻》，1991年创作《天地有正气》和纪念红军长征的《梯子岩》、纪念贺龙的《粉身碎骨香如故》。1994年，国画作品《黔山滴翠》《乌蒙叠翠　乌江波涛》经遴选，参加毕节地区“庆祝建国四十五周年”美术书法摄影展览。1996年，国画作品《玉皇阁》参加毕节地区“颂八五迎九五”书画展览。国画作品包括多幅大型国画《大方山城》，题材深植于乡土，直抒胸臆，大气磅礴。国画作品《国耻》《国殇》经遴选，参加毕节地区“迎香港回归”展览，分获二等奖。

项德祥

项德祥（1954—1997），苗族，贵州省大方县兴隆乡人。1988年，担任兴隆乡狮子村龙兴林场场长。从1989年冬天开始，带领狮子村龙兴组村民挖坑种树。因地界纠纷，所种树苗被邻村村民拔掉，项德祥又带领大家重栽，并到邻村协调解决地界纠纷。项德祥一边种树，一边护林，每天逐一巡察山头，早出晚归，以致患上严重胃病。

1989—1997年，项德祥坚持带领狮子村龙兴组群众种树，在18个山头共种树8000多亩，一批批树苗逐渐长大，一个个山头慢慢变绿，这些山头被誉为兴隆乡“万亩林场”。期间，项德祥加入中国共产党。8年间，项德祥先后获“地区优秀农民”“优秀共产党员”“省级劳动模范”等称号，狮子村被评为“全国植树造林千佳村”。

王玉升

王玉升（1922—1998），重庆市卫县龙凤乡大石板村人。1929 年，迁居四川古蔺大社村。7 岁上学，家境贫寒，勤奋好学，品学兼优。12 岁时父亲病故，叔父帮助安葬，并供王玉升上学。

1935 年，红军四渡赤水期间，驻扎大社村。王玉升听了“红军是穷人的队伍，专门打土豪、分田地，救济穷人，为穷人打天下”等宣传，幼小的心灵受到熏陶，帮助红军砍柴、挑水，深得红军战士喜爱，王玉升开始接受革命教育。

1939 年，王玉升加入中国共产党，与地下党员万仁慕、刘平、钟德宣、陈绍钧、曹思黄等人开展地下活动，收集情报，发展组织，开展革命斗争。1941 年，在古蔺中师读书时，王玉升等人发现校方贪污经费，于是组织学生抗议，王玉升被推举为谈判代表，向校方提出：公布经费收支，改善学生生活待遇，如前两条不答应，将开展绝食斗争，迫使校方答应谈判代表提出的条件。虽然学潮取得胜利，王玉升却因此被学校开除。大社村伪保长欲把王玉升作为壮丁抓去当兵，地下党组织为保存革命力量，安排王玉升转移到四川纳溪、叙永等地继续参与活动。1943 年 6 月，根据地下党组织安排，王玉升与万仁慕一起从四川转移到贵州大定羊场坝中国第一航空发动机制造厂（简称“航发厂”），潜入国民党军工厂，秘密开展活动。1944 年秋，有人发现军工厂伙食管理员贪污士兵加班费，引起职工和士兵们不满。根据地下党组织的安排，王玉升查清了伙食管理员贪污经费的事实，地下党秘密组织罢工斗争并取得胜利。经职工和士兵大会推举，王玉升接管生活经费，由于收支账目清楚，深得职工和士兵拥戴和信任。1945 年 11 月，航发厂主管电厂的王敏俅仗势欺人，厂里柴油机年久失修，王敏俅买通几个人作伪证，诬陷技工贺章诚破坏，王敏俅制造冤案抓捕贺章诚等人。地下党组织营救并推选万仁慕、王玉升等 11 人组织成工人代表团与厂方谈判放人，由王玉升负责编写传单散发，同时秘密组织职工和士兵罢工。地下党派王玉升到川南汇报航发厂罢工情况。几天后，厂方宣布释放贺章诚等人，要求结束罢工，并答应严肃处理王敏俅。后王敏俅被撤销一切职务，罢工斗争取得胜利。王玉升到川南根据地汇报完工作回到大定后，航发厂地下党作出决定，划分鸡场、羊场、理化、六龙、大定县城、城关学校等几个片区开展地下党的宣传教育工作，开展革命斗争。

1949 年 11 月 25 日，大定解放，全县成立 5 个区，羊场属第四区，区委书记汪文斌调离后，由王玉升任区委书记。之后，王玉升历任中共大定县委第二届宣传部部长、社教队工作队长、贵州省委中苏友好协会办公室主任、贵州杂技团党支部书记等职。

王荣初

王荣初（1911—1998），原名王隆贵，四川省仪陇县人。1928年被国民党刘湘部队抓壮丁，1930年逃跑，在湖南一带当佃农、长工。1945年回四川老家，随即又被国民党抓壮丁，1947年部队被解放军打散，王隆贵投奔解放军，在部队边行军打仗边学习文化知识，改名“荣初”，意为走上光荣革命道路的开始。

1948年，王荣初加入中国共产党，参加淮海战役。淮海战役第一阶段战斗异常惨烈，在碾庄被解放军华东野战军包围的国民党黄伯韬兵团，仗着火力强大，想突出包围，解放军围攻部队拼命守住阵地，双方伤亡惨重。王荣初带领一个班坚守阵地5天5夜，全班战友陆续牺牲，王荣初重伤昏迷，换防部队抬尸体去掩埋时听见呻吟声即送去抢救，才得以生还。淮海战役结束，王荣初被提升为排长，随后参加渡江战役，随部队一三八团南下进军大西南。行军打仗过程中，王荣初和一批战友被组织挑选进行学习培训，为留在解放区工作做准备。

一四一团解放贵州毕节后，1949年11月28日，王荣初按照组织安排，离开一三八团留在毕节建设新解放区，12月6日，按照中共毕节地委书记赵欲樵“建设地方武装，保卫新解放区”的指示，与战友赵明英等到刚解放的大定县组建地方人民武装，成立大定县大队，由孙先法任连长，赵明英任指导员，寇新见任排长，王荣初任事务长，担负警卫县城、看管监狱、剿匪和镇反等工作。当时县大队经费开支由毕节军分区供给。有一次，王荣初带领1个班到毕节军分区领给养，当时旧币面值小、数量多，每人背一大包，返回途中到达老鹰岩时遭到50多名土匪袭击，王荣初听见人声多枪声少，判断土匪是一帮乌合之众，当机立断，主动出击，把几人分背的钱包集中在机枪旁边，战士们配合着呐喊，向敌人冲锋，机枪、手榴弹一齐开火，王荣初发号施令的外地口音，加上猛烈的火力，使土匪误以为碰上了解放军正规部队，仓皇溃退，给养得以安全带回。后大定县成立警卫营，县大队改编为警卫二连，王荣初任连长。1950年年初，按照县委安排，由警卫二连连长王荣初带领1个班携2挺机枪，随新建三区工委委员陈德风、张为爽、吴纯让等，到马场建立三区政府新政权。到达马场已是黄昏，得到消息称有土匪800人要围攻工作队，工委当时出现两种意见，一种认为工作队人生地不熟，不能和土匪对抗，主张撤回高店，等待时机成熟再建立区政府；另一种主张坚守马场。两种意见僵持不下，张为爽提出征求连长王荣初的意见，王荣初坚决反对撤回。经过研究，区工委最终采纳王荣初意见，迅速占领有利地形，由王荣初携1挺机关枪带部分战士把守马场丁字街交叉路口，同时派人到已建立人民政权的高店报信，向县委求援。工作队坚守到天亮后，王荣初带领战士出街巡逻，逐渐向外围扩大巡逻区域，最后弄清实际上土匪只有200余人。工作队在马场站稳了脚跟，三区政府新政权成功建立。之后，警卫二连又改名为公安大队，王荣初任大队长兼指导员。

1952年，王荣初调到十一区任区委常委、组织委员，此期间培养了张世益等农村积极分子干部。1959年，任瓢井人民公社（大公社）副社长。1961年，任瓢井区区长。1963年，任区委常委、组织委员兼粮管所所长。“文化大革命”中遭迫害。1972年，重建瓢井区委，吕忠贤任区委书记，王荣初任区委委员兼粮管所所长，此期间到兴隆、八堡开展中心工作，培养发展了陶平等少数民族党员干部。1972 年，抽到县城开展“斗、批、改”工作，培养了周绍明、肖声原等年轻干部。

王荣初多次向组织提出申请，称因年龄大，文化程度不高，健康状况差，要求让位给年轻干部，不再担任领导职务，只当一般工作人员。1973 年，经组织安排调到大方县新华书店工作，任经理。1982 年离休。

张世友

张世友（1917—1998），彝族，贵州省大方县八堡乡白果村人。1936 年 2 月，中国工农红军二军团、六军团长征到大定八堡，18 岁的张世友与叔叔张学清等人报名参加红军，随即参加了红六军团军团长萧克亲自指挥的将军山战役，随军爬雪山，过草地，到达革命圣地延安。长征途中参加了腊子口攻坚战以及其他战斗。

在延安，张世友属王震任旅长的三五九旅，为响应毛泽东“自己动手，丰衣足食”的伟大号召，参加南泥湾开荒种地和纺纱织布，多次受到营旅的表扬奖励。

抗日战争和解放战争期间，张世友参加了著名的百团大战和保卫延安等战斗，在辽沈战役中参加攻克锦州的战斗和著名的黑山、塔山等阻击战，多次负伤立功。历任红六军团十六师四十六团机枪连班长、三五九旅骑兵大队排长、教导大队副连长、辽东军区侦察连连长、一六三师四团二营营长、东北军区独立警卫营参谋长、辽阳市兵役局科长。1955 年，被授予大尉军衔。

1956 年，张世友转业任辽阳市皮革厂厂长，虚心学习企业管理知识，关心职工福利，注重产品质量，皮革厂多次被辽阳市轻工系统评为先进企业。1957 年，张世友获三级八一勋章、三级独立勋章、三级解放勋章。

程家邦

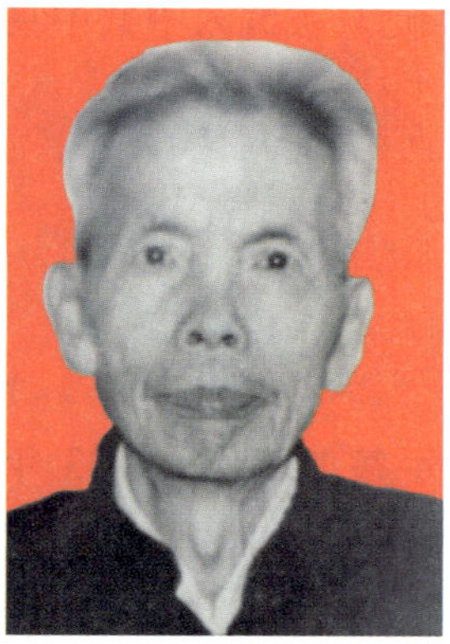

程家邦（1907—1999），安徽省当涂县博望镇人。曾就读于美国人在南京开办的教会学校，18 岁时半工半读于学制六年的南京中央大学医学院，1932—1936 年，在家乡及江苏省丹阳县开办诊所，治病救人。1937 年，与河北省保定医学院毕业的妻子张杏芬一同加入中国红十字会 18 大队，辗转南京、九江、武汉、常德及贵州三穗、独山、贵阳等地，参加抗日战场的医疗救护工作，直至抗战胜利。1946 年 3 月，程家邦被派遣到大定县卫生院工作，任县卫生院院长。

1949 年 11 月 25 日，大定县解放，县人民政府接管县卫生院，程家邦继续留任县卫生院院长，1952 年任县卫生科副科长。此后几年间，程家邦领导组建县卫生院巡回医疗队、县妇幼保健站、防疫大队和各区卫生所，组建县爱国卫生运动委员会并任主任，培训首批卫生员、防疫员和保健员。其间，组织制定《联合诊所章程》，筹建县卫生工作者协会并任会长，倡导中西医结合，推动开办联合诊所。

1957 年，程家邦被错划为右派，闲居家中，免费治疗秋访病人。1979 年平反后，任县人民医院副院长。1981 年当选政协大方县第一届委员会委员。

李蔚元

李蔚元（1949—1999），贵州省大方县猫场镇人。1965 年考入毕节师范学习，毕业后分配到大方县坡脚区大湾小学（1991 年撤区并乡建镇后更名为猫场镇水淹塘村幸福小学）任教，教书育人 12 年。1977 年，因擅长琴棋书画，调到坡脚区公所任知青干部兼行政秘书，之后连续 13 次向组织部门和各级新闻媒体反映，要求任教。1979 年 5 月，调到坡脚中学任教。

1982 年和 1985 年，李蔚元先后到毕节教育学院和贵州省教育学院中文系深造。1987 年学成回到坡脚中学后任教导主任，1992 年 2 月，任坡脚中学党支部书记兼校长。

李蔚元担任坡脚中学校长后，为尽快改善办学环境，说服妻子把积攒的 1000 多元全部捐出办学。此举感动了坡脚有识之士及学校教职工，在两年时间内，当地政府部门、群众和广大师生共为学校捐款近 30 万元。之后，通往学校的泥泞小道变成了平整的水泥路，办学设施得以改善。

为解决学校师资紧缺问题，李蔚元到湖南招聘大学毕业的英语等紧缺科目年轻教师，到水城师专聘请退休教师，招回已弃教经商的学校原骨干教师，学校师资力量不断壮大，各科目教师搭配日趋合理，办学实力逐步提高，吸引了大方城关、邻近乡镇及周边县区学生纷纷到坡脚中学就读。

1995—1998 年，坡脚中学连续 4 年初、高中毕业会考获全县农村完中第一名，高中考取大专以上 102 人，初中考取中师、中专 78 名。学校先后获县"文明单位""先进基层党组织"、毕节地区"文明校园""教学常规管理工作一等奖"，被教育部体育司表彰为"体育达标先进示范点"。李蔚元也先后被贵州省政府授予"教育战线先进工作者"称号，被贵州省教委及省人事厅授予"贵州省优秀校长"称号。1999 年，获深圳市直属机关捐助设置的首届"毕深教育奖励基金奖"。

李蔚元去世后，省地党报、电台、电视台先后在头版头条刊播李蔚元事迹专题报道，时任大方县文联副主席高致贤撰写的人物通讯《教坛赤子——追记贵州省优秀校长李蔚元》被编入中共中央组织部编印的《当代共产党人》一书。

杨富强

杨富强（1938—2000），广东省大埔县人。1958 年参加工作，1973 年加入中国共产党，历任贵州省农业厅松桃县、印江县农作物病虫害普查及省农展工作组组长、贵州省马干山牧垦场农业技术工作队长、大方县农业局种子公司良种推广技术员、百纳区农技站技术员、对江样板点及对江农科站技术员、县农业局植保站站长、党支部书记，政协大方县第四届、第五届委员。

杨富强长期工作在农业生产第一线，成绩突出，曾多次受表彰。1983年，获国家改革事务委员会、劳动人事部、中国科学技术协会科技工作荣誉奖。1984年，获农牧产业部农牧产业技术推广工作荣誉奖。1985年，获中共毕节地委、毕节地区行署科技工作荣誉奖。1989年，获贵州省植保站表彰奖、毕节地区农业局奖。1990年，获毕节地区植保站"喷雾宝"推广工作成绩优异荣誉奖，同年获省植保植检站"喷雾宝"推广工作成绩优异鼓励奖。1991年，实施"喷雾宝"项目获贵州省农业厅三等奖，获毕节地区行署"烟苗蛀茎蛾发生规律及防治技术研究"二等奖。1993年，获贵州省人民政府农业科学技术推广奖。1994年，获毕节地区农牧局植保工作成绩显著奖。1995年，获毕节地区农业局植物检疫工作成绩显著奖。1996—1997年，在全省植物检疫工作中成绩突出，被省农业厅评为先进工作者。1997年，施行综合防治稻瘟病技术项目获贵州省农业丰收奖、个人奖。1998年，"高山姬鼠种群生态及综合治理技术"项目获毕节地区科技进步三等奖。

祝玉珍

祝玉珍（1921—2000），女，白族，贵州省大方县东关乡田坪村人。大方县第一届、第二届、第四届、第五届、第六届、第八届人民代表大会代表，贵州省第一届、第五届、第六届人民代表大会代表。

大定解放后，祝玉珍参加当地清匪反霸、减租退押工作，组织农协会，参加土地改革，带领老百姓治理田坪大沟，兴修水利，从事农田基本建设。多次调解大寨与六龙、五凤的边界纠纷。祝玉珍热心于教育，带头在田坪祝家祠堂开办学校。

1953年，祝玉珍带头在响水区大寨村中寨成立大定县第一个由少数民族妇女带头组织的互助组，组织群众烧石灰改良土壤。1954年，加入中国共产党。1956年，任大寨乡高级农业合作社主任。1958年，带领群众参加大炼钢铁运动，并抓农业生产。1963年，组织群众把上下沙坝的瘦土改造成水田。在大队支部会上，动员群众大力发展粮食生产。1977年，为把田坪、大寨的土地全部改造成良田，祝玉珍四处奔走，筹集资金，寻找技术人员，修通尖山到田坪的灌溉水渠。

吴清卓

吴清卓（1921—2001），山东省鄄城县人。1932年，进入村大埝吴庄小学读书。1934年，以第一名的成绩考入鄄城县一完小高级部。1937年毕业，适逢"七七事变"爆发，参加学生剧团的抗日救亡宣传。1939年8月参加八路军，参加一一五师东进支队鲁西独立旅。1940年2月加入中国共产党。

1940年4月，鲁西独立旅整编为黄河支队，吴清卓升任宣传队副分队长。1940年6月部队挺进湖西，吴清卓升任宣传队分队长，在湖西坚持抗战5年，历经敌伪扫荡、分割封锁、顽军摩擦、杆子会暴动等战斗磨炼，不断成长，1941年2月调离剧团，到机关、连队做政治工作，任通讯队副指挥员，同年2月调由黄河支队改编的教四旅司令部任副指导员。1942年3月，调任十团十一连支部书记。1943年1月，调任十一分区武工队员，在敌占区开展反封锁、反摩擦、镇压汉奸、发动群众、掩护首长等工作，同年5月，调分区司令部二股任侦察情报参谋。1945年教四旅于9月离开湖西，奉命北上保卫胜利果实，10月投身邯郸战役，吴清卓在带领骑兵侦察敌情中遭遇敌人机枪袭击负伤，后又参加遵化战斗。1946年，参加保卫承德、保卫张家口、保卫延安等一系列战斗。1946年12月，吴清卓离开侦察部门，调政治部任联络科副科长。1947年4月，随部队南渡黄河，首战郓城，消灭曹福林五十五师，继而参加羊山大会战。羊山战役结束，吴清卓升任民运科科长。是年7月至12月底，部队挺进大别山，吴清卓执行两大任务，一是检查、维护部队的群众纪律，二是打土豪、筹款、筹粮、筹布匹。1948年5月，参加南阳战役，9月投入淮海战役。1949年春，淮海战役结束后部队整编，教四旅改编为中国人民解放军第二野战军第五兵团第十四军第四十七师，吴清卓调任政治部组织科长，同年参加京沪杭战役。部队休整到8月，刘邓下达向大西南进军、解放大西南的命令，四十七师于9月4日从蒲城出发，经江西穿过湖南入贵州，11月15日解放贵阳，向四川进军，吴清卓调一四一团任政治委员。参加成都会战，围歼胡宗南留在大陆的30万人。1949年11月25日解放大定，活捉国民党十九兵团四十九军少将参谋饶启光。11月28日解放毕节，30日过赤水河、雪山关，袭占叙永，俘敌2300余人。12月14日攻占乐山。12月19日，一四一团协同一三九团在峨眉西南的金口河俘虏敌川汀鄂绥靖分署中将司令宋希濂，继续向重庆、大邑前进，围歼胡匪，俘敌800余人。12月27日，和平解放成都。

1949年年底，贵州的国民党军约15个团先后起义。1950年2月，起义部队趁解放军主力进军成都之机开始叛变，伙同地主、土匪武装企图扼杀新生革命政权，形成全省性匪患，尤以毕节地区为重。1950年4月4日，一四一团直属部队和一营由水城移防大定，途经羊场，被匪部保安3个团包围，激战3昼夜突围而出，伤亡200余人。1个排从金沙至黔西被伏击，全部壮烈牺牲。大定的“天险杨家洞”为黔西北匪军指挥部，直接威胁着毕节至大定的交通要道，故解放军回师后立即投入剿匪、反霸、减租、退押、征粮斗争。1950年5月，上级命令吴清卓任驻地部队政委兼任大定县委书记，执行贵州省委、贵州军区的“领导一元化，包干负责制”的方针。由团领导带领主力在师和分区直接指挥剿匪，吴清卓带特务连、教导队留守大定，并抽调436名干部战士包干全县“征粮、清匪、反霸、减租、退押”五大任务。经过一年努力，“五大任务”基本完成，群众翻身解放。1950年冬，四十七师一四〇团奔赴抗美援朝前线，吴清卓和一四一团留在贵州。1951年9月，一四一团离开大定调往贵阳，归军区指挥，参加国庆阅兵、练兵，“三反”、“五反”运动结束后，编入四十九师。1952年6月，吴清卓到成都黑水芦花地区参加由贺龙指挥的黑水战役，清剿胡宗南残余傅炳勋部，至9月底，肃清土匪，活捉匪首傅炳勋。10月，吴清卓随西南实习团赴朝鲜，分到六十七军二〇一师六〇二团，整理资料8.87万字。1953年，吴清卓从朝鲜返回大西南，调任贵州省公安总队政治部副主任，结束战争生活。1954年9月，公安总队撤销，吴清卓调云南十三军三十八师任政治部主任，1955年10月升任十三军政治部副主任，被授予上校军衔。

1958年11月，吴清卓受处分，12月到云南省开远市卧龙谷农场改造。1959—1979年，到云南省弥勒市东风农场劳动改造。1979年，中共十一届三中全会后吴清卓得以平反离开东风农场，到云南省委统战部任副部长。1983年离休后居住在云南。1990年，云南省委异地安排吴清卓于郑州居住。2001年9月6日，吴清卓因病在郑州去世，葬于河南省烈士陵园。

张世益

张世益（1934—2001），又名张士益，彝族，贵州省大方县八堡乡人。初中文化，1953 年 8 月参加工作，并加入中国共产党。

张世益先后任瓢井区元宝村农协会副主席、村长，瓢井区新开乡乡长、党支部书记，新开人民公社党支部书记，新开管理区党总支书记，瓢井人民公社党委常委，瓢井大公社副社长兼管理区支部书记，瓢井区委副书记兼八堡公社党委书记，瓢井区委副书记（主持工作）。

张世益出生在一个贫苦的革命家庭，19 岁参加工作，父辈、兄长均系老红军，继承光荣革命传统，清廉从政，密切联系群众。在区乡工作时，常常深入村寨群众中访贫问苦，与彝族、苗族群众一起同吃同住同劳动，为贫困少数民族排忧解难，解决生产生活用煤困难。1964 年 7 月，调大方县人民政府工作，连任县人民政府第五届、第六届副县长。“文化大革命”期间任县革命委员会常委、县人民保卫部部长，中共大方县第六届委员会常委、县革命委员会科教办主任、县革命委员会副主任等职。中共十一届三中全会后，先后担任县委常委、县人大常委会第十届副主任，政协大方县委员会第一届、第二届、第四届副主席。系大方县第一届至第十届人民代表大会代表、中共大方县第一届至第五届代表大会代表。在县领导工作岗位，除抓好分管工作外，还常与张福民、李明高深入少数民族较多的乡村，为群众办实事，解决矛盾纠纷。在县政协，关心青年干部，广泛听取群众意见，常到沙厂区黄泥，响水区青山、竹园，瓢井区八堡、中箐、菱角，长石区大山，百纳区普底等少数民族地区调研，在响水青山，化解了湾子生产队杨（柏）氏家族内部矛盾，在瓢井中箐化解了长期困扰民族团结的边界纠纷。

1995 年 9 月张世益退休。

郭新吾

郭新吾（1902—2001），原名郭朝周，号新吾长翁，别号凤山一鹤，贵州省大方县六龙镇人。幼年师从六龙名士高旭斋、晚清拔贡宋蛟，后师从大定拔贡王宝珩。王宝珩以之为奇人，二人结为忘年之交，郭新吾学业日益精进。

20 世纪 30 年代，在理化、响水及大定中学教书。20 世纪 40 年代，郭新吾先后在响水、双山编导话剧《典型的母亲》《怒吼的儿童》，组织学生在邻近乡镇巡回演出，积极宣传抗日。1947 年，加入大定耆英诗社。其间，郭新吾被调到大定县田粮处任职，担任清毕路工程委员。1946—1948 年，受聘执教大定中学。中华人民共和国成立后回六龙，赋闲在家。1984 年，当选为大方县第九届人民代表大会代表，同年加入大方县诗词楹联学会和大方县书法协会。1991 年，被推举为六龙文联名誉主席。

郭新吾爱好诗文，尤善书法，隶书深受《石门颂》《史晨碑》《张景碑》影响。为寻得汉朝人真迹，曾出高价托人到云南亲拓《爨龙颜碑》《爨宝子碑》成册留存。

周天信

周天信（1943—2001），贵州省大方县鸡场乡人。1963 年参加工作，1975 年加入中国共产党。1990—2000 年，历任县水保办副主任、水利局党组成员、副局长兼水保办主任，高级工程师。

周天信曾先后参加设计和修建西溪电站、板桥电站、钟家桥电站、木柏河电站、瓜仲河电站等水电工程和移山水库、毛栗水库等水利工程。在任县水保办主任期间，主持实施“长治”工程和农建生态治理工程，使大方县进入首批国家“长治”工程样板县。周天信于 1991 年受毕节地区水保委表彰为“长治”工程先进个人。1994 年，被长江上游水保局表彰为“长治”工程先进个人。1995 年，随贵州代表团参加中央电视台《正大综艺》水土保持专题节目。1996 年，受水利部通报表彰为“长治”工程先进个人。

1997 年，周天信被评为毕节地区“抓党风、治行风、树新风”先进个人，大方县水保办受水利部、人事部联合表彰为“水土保持工作全国先进集体”。1998 年，大方县水保办被评为“1995 年至 1998 年贵州省精神文明建设先进单位”，并在《贵州日报》上通报表彰。1999 年，大方县“长治”工程三期治理顺利通过国家验收，其中，顺河、九股水等小流域因治理程度、综合治理措施保存率高等特点，被水利部和财政部命名为“全国水土保持生态环境建设‘十百千’示范工程达标小流域”。1999 年，周天信荣获长江上游水土保持委员会授予的“长江上游水土保持重点防治工作先进个人”称号，大方县被长江上游水土保持委员会授予“长江上游水土保持重点防治区样板县”称号。

周天信多次被县人民政府、县机关党委、县水电局等表彰为“优秀共产党员”“先进工作者”。在周天信的带领下，大方县水保办曾 2 次受到国家级表彰、1 次受到省政府表彰、4 次名列毕节地区前茅。

文建华

文建华（1930—2002），彝族，贵州省大方县响水乡青山村人。大专文化，中共党员。

1950 年，文建华考入中国人民解放军二野军大五分校，毕业后分配到纳雍县工作，先后任纳雍县财政局财务科科长、财政局局长。1962 年，调毕节地区财政局工作，历任办公室主任、预算科科长、副局长，毕节地区财政学会、会计学会、珠算学会会长，毕节地区彝学会会长。

在毕节地区财政局工作期间，文建华人在异地心系家乡。20 世纪 70 年代，为解决家乡生产生活用电，千方百计支持家乡建设，请专家，做预算，申报项目，几经周折，协调各方，拨款 8 万元修建响水青山红岩电站。

1982—1984 年，文建华先后找有关单位领导汇报、协调磋商，2 次拨款对响水柯家桥桥面进行维修改造，将桥头桥尾加长加固，使其成为通往青山、岔河、沙湾、拉鲁的公路桥。1988 年，再次协调水利部门，拨款16万元修建响水青山胡家箐水库，解决青山群众人畜饮水困难。1990年，与上下相关部门沟通，求得政府支持，拨款18万元新修青山乡政府办公楼。1991年，三番五次协调有关单位、政府和领导，拨款扩修连接响水至青山延伸至岔河的公路，并架通高压输电线路。

刘光禹

刘光禹（1930—2002），贵州省大方县响水乡人。1949年参加工作，历任响水区工作员、民政干事、民政助理员、副区长。1950年加入中国共产党。1953—1956年，历任大定县人事科科长、县委秘书、计划统计科科长、县财贸部部长。其间，参加清匪反霸、收枪、征粮工作。

1959年后，历任中共大方县第二届委员会常委、县委办公室主任、县粮食局第一局长。在大方县粮食局工作期间，正值全县粮食缺口大、群众生活极端困难时期，刘光禹组织干部深入调查研究，及时向县委、县人民政府汇报情况。组织干部40余名、运输队11个、运输人员500多名、驮马30余匹，在县委副书记李金泉的带领下，到云南镇雄调运粮食38.92万公斤，从织金、黔西调运粮食194.58万公斤，解决全县缺粮问题。1962年，根据上级指示精神，农村缺粮由社队集体就地调剂，实行“借销”办法，刘光禹带领干部深入粮食产区，特别是水稻主产区的鸡场区新场乡、瓢井区八堡乡和上坝乡、长石区石坪乡、达溪区坝子乡、响水区凉水乡和青山乡、马场区牛场乡、百纳区鹏程乡、坡脚区猫场乡等地调查了解情况，以便合理分配任务。1963年，组织县粮食局和各区粮管所干部，贯彻执行农村粮食“及时征购，同时安排”和“生产自救为主，国家供应为辅”的方针，每年安排2次，复查1至3次，发现问题及时解决，合理调整征购任务，组织余缺调剂。对生产队进行调查摸底，分为余粮、自给、缺粮三种类型，搞好评缺定销。每到秋收前，为避免同一生产队又购又销现象，解决包干任务畸轻畸重问题，从县、区、社抽调干部220多名，深入口粮不足75公斤的520个生产队调查摸底，查出实际产量低的223个生产队，将产量最低的113个生产队分配的82.1万公斤征购任务调减为42.9万公斤，其中，有37个生产队全免征购任务，减免任务后有110个生产队口粮达到了75公斤。1964年，4次调整征购任务。1965年起，对粮食征购实行“一定三年”的办法。

1965年，刘光禹任纳雍县人民政府副县长。1972—1980年，历任纳雍县革委副主任、纳雍县委常委、毕节地区农业局局长。从1981年起，历任中共织金县委第三届和第四届委员、常委、县委书记。其间，主抓农村经济体制改革，完善农业生产责任制，发展商品生产。1983年，对企业实行全面整顿，促进全县经济稳步发展。重视旅游发展，从1981年起，织金洞陆续获得省内外领导、专家的提升指导，织金县按照“边接待边建设”同步进行的思路，投入资金整修洞内道路，完善设施，使织金洞列为“全国风景旅游胜地四十佳”第十三位。

刘光禹注重干部素质提升，以织金县委党校为基地，分三级对干部进行学习培训，即高中以上文化为甲级，高中文化为乙级，初中文化为丙级，不同级别、不同文化程度有不同的学习内容和要求，举行三级考试，从不同角度和层次普遍提升干部素质。

1986年后，刘光禹历任毕节地委财贸委员会主任、毕节地区行署党组成员、秘书长，直至退休。

李登峰

李登峰（1924—2003），山东省金乡县人。中共党员，初中文化。1949年前参加革命。

1949年12月7日，李登峰等9人南下到响水，接管响水镇、双山乡、锅厂乡国民党政权，建立中共大定县二区工作委员会和二区政府。接管时除有百余支枪外，仓库存粮几无，过境部队和区机关干部吃粮成大问题，李登峰立即主持区委开会研究，决定由薛巨明带领尚言燮到双山，于登惠带领田玉全、胡文通到锅厂，一面接管政权，一面征粮。李登峰留在响水组织人员清理国民党来不及征收的田赋清册所载粮额，带领34人组成征粮队，南至大阁雅、岩下，北至柯家寨、青杠寨，西至邵家关、凉水井与飞雄，在冰天雪地里跋山涉水，边宣传，边征粮，边调查研究，到1950年1月止，除锅厂征粮直接送县城外，响水、双山入库粮食达2.5万余公斤，超额完成县委分配的任务，到年底全区入仓粮食50多万公斤，占全县总量的八分之一。

李登峰初到响水的当天晚上，接见国民党响水镇镇长陈祖渊、陈弥高、陈骏生等人，约见陈育德、谭郁文、赵益昌等开明人士，到显母会见苗族自然领袖杨宝山，在响水会见彝族开明人士杨伯瑶（八堡乡中箐人，黄埔一期学生），召开旧职员和保甲长会议，宣传共产党的政治主张和民族政策，鼓励旧职员安心工作，为新政权服务。其后推荐陈育德任大定县民政科副科长，进一步解除柯家桥陈家的疑惧心理，把陈家从对立面拉向政府，之后，当王孝传暗地传书、里应外合攻打响水时，陈家不为所动，还把情况报告了区政府。陈家不反动，稳定了响水政局，使全区百姓免遭生灵涂炭之苦。

1949年11月28日，国民党二七五师九八一团被解放军在瓢儿井击溃，部分武器流入八堡乡乡长梅世琦和瓢井镇镇长陈大章手中。李登峰得知，意识到情况严重，便冒着生命危险，带领汪学君、陈育德、陈弥高、陈质庵、陈祖渊等8人前去收缴武器（当时八堡、瓢井、达溪、长石、大山等乡镇由二区代管），向梅世琦、陈大章宣传党的宽大政策，并分析全国形势，陈述拒绝交武器的利害性质，迫使梅世琦交出卡宾枪、步枪、冲锋枪等30余支，陈大章交出重机枪1挺、轻机枪2挺、步枪10余支、八二迫击炮6门、掷弹筒4个、马6匹及子弹若干发。在区派去接应的30多人的护送下，收缴武器安全运回响水。

1950年5月9日，匪首欧觉民纠集土匪300余人进攻响水时，李登峰带领部队抢占区政府背后的制高点。在敌我力量悬殊、形势十分严峻的情况下，李登峰指挥若定，打退了敌人一次又一次的疯狂进攻。后来在一四一团1个连的增援下，将土匪击溃，保住了新生的响水区政府和人民的安全。是年8月1日，国民党新一军一师一团残部窜扰二区老街，李登峰带领区中队与敌激战数小时，俘敌30余人。接着利用强大的政治攻势，迫使80余名敌人放下武器投降，取得合围国民党新一军的胜利。

1950年9月和1951年1月，李登峰2次被县委授予一等功，并受到省委、地委通报表扬。被选任为大定县人民政府副县长。

1951年8月，李登峰调任毕节地区民政科副科长。1956年10月任毕节地区财贸部副部长。

1959年5月任毕节地区公交部副部长。1959年9月至1965年4月，兼任毕节地区农林办公室主任，1966年5月任毕节地区行署办公室主任。1967年4月在“文化大革命”中被夺权。1973年2月，任毕节地委副秘书长。1980年1月兼任地直机关党委书记。1982年2月，任行署秘书长。

1983年，李登峰离休，享受副厅级待遇。离休后，被推选任毕节地区诗词楹联学会会长。

张清濂

张清濂（1921—2003），山东省郓城县人。1939年8月参加革命工作，为黄河支队一团战士，同年12月加入中国共产党。1940—1942年，任湖西十团文书。1945—1946年任热河十团十一连副政治指导员。1946—1947年，任热河四团五连政治指导员。1947—1948年，任中原一纵队连指导员、大别山一三九团组织干事。1948—1949年，任西南一四〇团指导员。1949—1950年，任毕节四十七师政治处副政委、武工队政委。1950—1958年，先后任中共毕节地委纪律检查委员会秘书，毕节专署人事科副科长、科长，地委纪律检查委员会主任、副书记，地委组织部干部科科长，地委组织部副部长。1958年“整风”运动中，因提地委书记的意见，被打为“反党分子”，1959年，经地委决定，给予留党察看两年、行政降级降薪处分。1961年甄别平反，恢复原级别待遇，任水城河边铁厂厂长，地委工交部副部长。1961—1977年，任大方县人民政府县长，县革委副主任、主任，地革委委员，大方县委常委、副书记。1977—1982年，任地革委工交办副主任，贵州省人民检察院毕节分院检察长、党组书记。1982年12月离休，享受厅局级干部待遇。2003年，张清濂因病去世。

王宪文

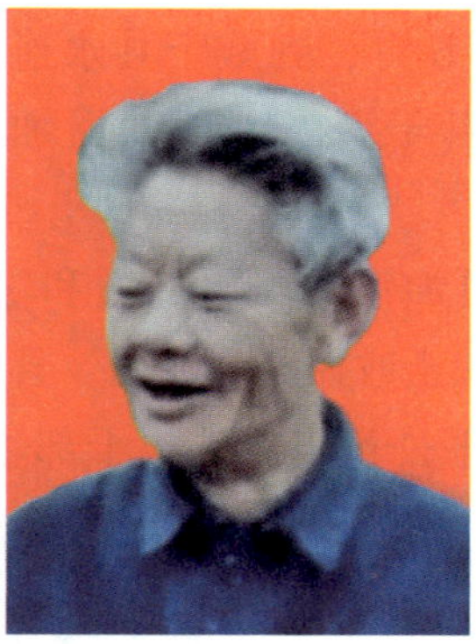

王宪文（1920—2003），贵州省大方县瓢井镇人。1935年4月9日，中国工农红军第一方面军九军团向毕节大定进军，到达瓢井，开仓分盐，劫富济贫，王宪文兄弟2人和300多名青壮年一起参加了红军，从此走上革命道路。4月12日离开家乡，4月16日到达大定猫场宿营，经历猫场战斗。5月21日，在西昌礼州与彭德怀率领的红三军团会合，历经抗日战争、解放战争。

1948年5月，王宪文被选送到华北军政大学学习，成为一大队十三分队的一名学员，1948年7月加入中国共产党。在军政大学学习期间，以优异成绩获得校长叶剑英签发的毕业证书，其间，荣立三等功2次。

1949年10月，王宪文从华北军政大学毕业，被分配到中国人民解放军七十军二〇九师工兵连任副连长，次月调华北军区工兵第九团三营六连任副连长。1950年5月，调华北军区独立第五团一营机炮连任副连长，次年1月升任连长。由于在战斗中曾5次负伤，1951年5月，调河北省军区干部休养所健康大队六中队任中队长，一边工作一边休养。1953年4月，受组织安排到河北省军区干部训练团学习半年。1954年1月，经河北省军区批准转业回乡。

1956年5月，组织上安排王宪文到大定县人民银行从事保卫工作，后担任保卫股股长，直到1982年7月离休。在26年的保卫工作中，除做好银行保卫工作，并负责运钞到各区办事处。离休后，担任大方县政协委员，履行政治协商、民主监督、参政议政职能，利用早晨散步、闲暇聊天的机会收集社情民意，在开会时向有关部门反映。王宪文是大方县关心下一代协会成员，经常到学校为青少年讲述红军长征的故事，追忆爬雪山过草地的艰苦岁月，传承红军长征精神。

邱益新

邱益新（1928—2004），贵州省大方县人。高中文化，中共党员。1949年参加工作，先后任瓢井区财粮干部、土改工作组大组长、区供销社主任。1958—1983年，历任《大方县报》主编，大方县委副秘书长、县委办公室副主任，纳雍县委办公室主任，纳雍县委常委、县委办公室主任。主要从事文字工作，曾被誉为大方“三才子”之一。1958年7月至1961年5月，主编《大方县报》，共出报纸457期。邱益新组织编写的《高歌猛进的大方》一书（全文分期刊载于《大方县报》），于1960年列入贵州解放10周年丛书系列，由贵州人民出版社出版发行。

1983年12月至1990年4月，邱益新任政协纳雍县委员会主席，团结带领政协一班人，狠抓队伍、制度建设，重视对经济社会发展和民生问题的调研，认真履行政治协商、参政议政、民主监督职责。2004年，邱益新因病去世。

谢　刚

谢　刚（1930—2004），白族，贵州省大方县理化乡人。1950年9月参加工作，在理化带头清匪反霸，建立农协会。1952年6月，到威宁县永连参加土地改革，土地改革结束后，调任威宁县委组织部干事，是年11月加入中国共产党。

在威宁少数民族地区开展土改工作时，执行“更加慎重，更加缓和”的政策，增强民族团结，依靠群众平息匪患，顺利完成土改任务。在地、县组织部门工作时，严格按照组织原则，唯才是举，公平公正培养选拔干部。在农办工作时，参与指挥全区农田基本建设，实施山、水、田、林、路综合治理，推动全区农业生产发展，粮食产量稳步上升。

1954年冬，调任中共毕节地委组织部组织科科长。1962年至1967年4月，调任毕节专署办公室副主任。1973年10月，任毕节地区农办副主任。1978年9月，调任威宁县委书记，带领一班人，深入到各区乡调查研究，了解民意，为群众排忧解难。在抓落实知识分子政策工作中，调动科技人员积极性，推进农业科技的普及，推动科学种田，并针对威宁地形特点，抓“飞播”和人工种植牧草，推广冷冻精液人工改良黄牛，拓宽威宁畜牧业发展路子。对在“文化大革命”期间受到严重破坏的威宁草海，采取有效措施，做了大量恢复建设工作，为此后威宁开发草海旅游奠定了基础。

1983 年 5 月，谢刚任毕节地委副书记兼地委秘书长。1983 年 12 月 31 日，中共中央总书记胡耀邦从成都、重庆经泸州到毕节视察，中共毕节地委决定由谢刚向胡耀邦汇报。汇报一改在成都、重庆汇报的方式，采取随机问答形式。胡耀邦从毕节地区面积、耕地、人口、工农业总产值、粮食总产量、人均收入、人均粮食，问到林业产值、宜林面积、森林覆盖率、活木积蓄量、砍伐量、畜牧产值、畜牧头数、草场面积、牧草品种、产草量、出栏产肉量，问到一头牛、一只羊一年吃多少草，产多少肉、奶、毛，地下矿产资源蕴藏量、开采量、乡镇企业发展等。对胡耀邦提出的一系列具体问题，谢刚都一一实事求是作详尽汇报。胡耀邦作具体指示。通过汇报，毕节烟厂正式纳入国家计划具体实施，大方至四川纳溪公路现场在地图上画线修建。

谢刚在毕节地区工作期间，十分重视民族工作，尤其重视南京（龙家）人认同白族问题。利用各种机会，宣讲党的民族政策及民族识别工作的重要意义，凡研究民族识别的会议都尽量参加，并作指导性发言。为了黔西北南京（龙家）人认同白族，谢刚收集提供了大量图文资料。1986 年 9 月，谢刚调任贵州大学副校长，迅速转变角色，与学校领导班子团结协作，在学校基本建设、后勤管理等方面做了大量工作。

1993 年 9 月退休后，谢刚继续关心贵州大学校园规划、后勤社会化改革等，积极参与，悉心研究，提出建设性意见。

张吉斋

张吉斋（1931—2004），仡佬族，贵州省大方县响水乡拉鲁村人。1938 年，在拉鲁读私塾。1952 年，参加中国人民解放军，在西藏一九五团炮兵连服役，任班长。1954 年，在十八军五十八师一五九旅获三等功。1955 年，在十八军五十三师获二等功。在西藏部队 4 年中，曾获连队 4 次嘉奖。1956 年 9 月，加入中国共产党。1957 年 6 月，从部队退伍回家从事农业生产。1958 年，任响水区青山钢铁厂厂长。1959 年，任响水区硫磺厂厂委委员。1961 年，任区民兵师教导员。1962 年，任拉鲁生产大队队长。1973 年，负责大队电站工作。1976 年，任拉鲁村党支部书记兼乡村医生。在拉鲁村任赤脚医生后，在自家菜园子里种植七叶一枝蒿、独角莲、随手香、川芎等多种草药，潜心研究中药医疗技术，无偿为群众治病，经常跋山涉水到数千米之外的八一、元宝、岔河等村寨治病救人。任拉鲁村党支部书记期间，1982 年，拉鲁村党支部被大方县委评为先进党支部，张吉斋 2 次被大方县委评为优秀共产党员。

1983 年 6 月，张吉斋当选全国第六届人民大会代表。1983—1987 年，连续出席全国人民代表大会第一次至第五次会议，并为地方发展和少数民族工作提出建议，参加代表团到各县（市）视察，提出合理化意见和建议。在视察中搜集农村经济、文化建设和基础设施建设情况及农民收入等信息反馈给国务院，为党和国家决策提供依据。在宣传落实计划生育基本国策中，深入全村动员群众做好计划生育工作，化解干群矛盾，使计划生育工作在少数民族村寨得以开展。张吉斋与村“两委”班子一起，组织群众修通营脚到拉鲁村寨子长达 4 千米的沟渠，解决了拉鲁田坝近千亩水田灌溉问题。

唐世忠

唐世忠（1915—2005），女，白族，贵州省大方县八堡乡人。出生贫苦农家，从小未进过学校，但常在私塾门外听先生上课，能背诵《三字经》《四字经》《五字经》，养成尊老爱幼、孝敬父母、友爱兄弟姊妹的淳朴家风。成家后，居义渐里九甲七垴长石条（今响水乡粮丰村长石村民组）。平时不畏强暴，好主持公道，不谋私利，毕节小坝孙长元丢失5块大洋，唐世忠拾得经核实无误后归还孙长元。大定解放后，唐世忠参加清匪反霸、土地改革、农业合作化运动。先后在当地任互助组长、高级社妇女委员、人民调解员、生产队长、粮丰大队和凉水乡妇女委员。任生产队长时，带领群众改沟造田，多次被选为县、乡党代表，人大代表，地、县、乡妇女代表。

1952年，按贵州省政府关于建立区、乡调解组织机构的指示，唐世忠被群众推选任凉水乡人民政府调解员。1955年，参加响水区组织的调解员学习培训。从20世纪50年代至90年代，经唐世忠调解的婚姻、家庭、赡养、财产分割、退赔山林、土地边界争端、牛马牲畜偷盗息诉、青苗赔偿等各类民事纠纷数百件，调解成功率在90%以上。在当地德高望重，一些乡村干部难于解决的民事纠纷，经唐世忠调处多迎刃而解。粮丰村丫口组陈炳宣的哑巴儿子陈绪昌与童养媳李定英退婚一案，县、区、乡干部几次做工作均未果，经唐世忠宣传《中华人民共和国婚姻法》，反复动员，晓以利害，终说服陈炳宣家退婚。1986年，粮丰村丫口村民组杨朝友家借陈学昌家马驮煤，因马生病死亡产生赔偿纠纷，凉水公社书记几次亲自出面调解无效，经唐世忠调解合理赔偿，平息风波。唐世忠对家族邻里善于忍让，不怕吃亏，乐于扶贫济困。对村邻生活特困者、生重病者，也给予大力资助。村民吴明友、吴明忠、顾银成3家被火烧房，唐世忠带头给予物资粮食援助。

唐世忠教育子孙要听党的话，做事要干净，多为人民办好事实事，为村民牵线搭桥成婚20余人。75岁时，被选为大方县第十一届人民代表大会代表。88岁时，常拄着拐棍、拿着手电筒到离家4千米的村委开展组织生活，到邻寨去解决家庭纠纷。曾多次被地、县、区、乡授予“劳动模范”“三八红旗手”“优秀共产党员”“五好家庭”等荣誉称号。2005年11月，因突发疾病去世。

李　松

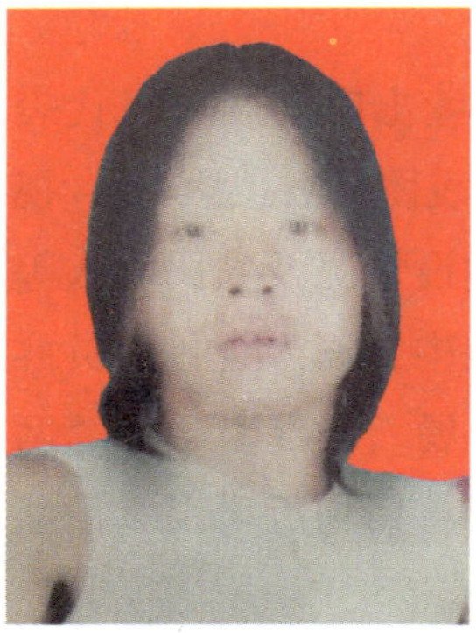

李　松（1976—2005），贵州省大方县绿塘乡高潮村人。2005年3月23日下午，在海口市桂林洋砖厂做工的李松刚下班，回到宿舍正准备洗澡时，同厂工友张华夫妻俩闹矛盾，张华一时想不开，跑出宿舍跳到砖厂的鱼塘里。听到呼救声后，李松立刻冲出宿舍跳进鱼塘救人，奋力把在泥水里挣扎的张华推出水面，自己却陷入淤泥，献出28岁的年轻生命。

李松舍己救人的事迹经《南国都市报》报道后，海口市委书记作出批示，要求宣传部门组织跟踪报道，号召全市人民学习李松的品质。

李松获中共海口市委颁发见义勇为荣誉证书、海口市美兰区总工会颁发见义勇为荣誉证书、海口市精神文明指导委员会颁发见义勇为荣誉证书和海口市社会治安综合治理委员会颁发见义勇为荣誉证书。共青团海口市委追授李松“见义勇为杰出青年”称号，共青团贵州省委追授李松“杰出进城务工青年”称号，贵州省残联追授李松“见义勇为杰出残疾人”称号。

张镇坤

张镇坤（1913—2005），贵州省威宁县城关人。早年就读于威宁小学、贵州省省立第一中学。1928 年，考入国民革命军第二十五军军官团讲习所军事学院学习，后考入中央陆军军官学校（黄埔军校）第七分校高教班学习，毕业后分别在国民党新编二十五军、中央第三军十二师、二十九军、七十二军，历任连长、营长、副团长、上校团长、总队长、旅长、少将副师长，山东保安师少将师长兼专员等职。抗日战争时期，参加过侯马战役、中原会战等大小战役。抗战胜利后，因不满蒋介石倒行逆施，带领部分进步军人哭中山陵。1949 年 7 月，协助解放军第二野战军江南办事处开展策反工作，于 1949 年 12 月 7 日率部在威宁、赫章起义，从此参加中国共产党领导的革命工作。

1952 年，张镇坤转业到地方工作。1955—1957 年，任大定县交通科科长。1956 年，当选大定县第二届人民委员会委员。1957 年，当选大定县第二届人大代表。“文化大革命”中遭受迫害，中共十一届三中全会后恢复工作，重新走上领导岗位。1979 年 3 月至 1982 年 1 月，任大方县交通局副局长。后历任大方县第八届人大常委会副主任，政协大方县第一届、第二届、第三届、第四届副主席，政协贵州省第一届、第四届、第五届、第六届委员会委员，贵州省政府参事室副厅级终身参事。

蒋云昌

蒋云昌（1926—2006），贵州省大方县城关人。1948 年开始行医。1953 年开办联合诊所。1957 年考入贵州省中医进修学校。1959 年毕业。历任大方县人民医院中医科主任，理化区卫生院院长，大方县中医院院长兼党支部书记，政协大方县第一届、第二届、第三届委员会委员，大方县中医学会副理事长。

蒋云昌擅长内科、妇科、儿科、骨伤科、皮肤科的临床诊治，对急慢性肝炎、乙型肝炎、肝硬化、尿毒症、心脑血管疾病等有丰富的临床经验。蒋云昌从医 50 余年，治愈患者不计其数。有一年，核桃乡一病人患肝硬化腹水，多处诊治未能痊愈，经蒋云昌采用中医药汤剂治疗后彻底根治。

蒋云昌对中医学医理有一定研究，1982 年，其临床研究论文《对肝脏疾病的辨证论治》获国家科技成果三等奖，著有《秘验方汇编》一书，个人传略辑入《全国高级医师咨询辞典》《中国名医列传·当代卷》。

陈德风

陈德风（1920—2007），山东省城武县人。初中文化。1943 年 6 月参加工作，同年加入中国共产党。

参加工作之初，在山东省城武县四区任组织干事，后在钜南县、金钜县情报站任干事，在金乡县录娄区委、沛县安国区委任副书记。1949 年 3 月随军南下，在南下支队 5 中队任班长。到达江西后，在景德镇干校任队长、指导员。后任西南服务团副指导员。贵州大定解放后，先后任双山区、坡脚区区委书记，县公安局局长。

陈德风在双山任区委书记期间，亲任审判长，对在双山杨家洞内抓获的顽固匪首 5 人，依法处以极刑。1950 年 5 月，在三区（坡脚、马场）任区工委书记兼区长时，匪部保安十二团三营 200 多人偷袭三区政府，匪众用机枪扫射，当时区政府内人员分散征粮，区内仅有区长陈德风、副区长张为爽、区组织委员吴纯让与区中队六七人在场，干事李铮民被化装的 3 名匪徒击中牺牲。面对强敌进攻，陈德风指挥区干部沉着还击，坚守土碉二楼，命令干部战士，敌人不靠近不放枪，以节省子弹。陈德风及时打电话向县长蒋彤报告敌情，请求派部队支援。战斗坚持三四个小时，下午一四一团一个连赶到高店增援，匪徒落荒逃窜。第二天，两个匪徒设计化装成农民假报离高店 10 千米的抬沙一带有土匪抢百姓，要求区工委带区中队去剿灭。陈德风、吴纯让察觉二人不正常，经审问二人招供：保安团匪部准备当晚袭击三区政府，一方面探听虚实，一方面将区干部诱出高店在箐梁子中途杀害。陈德风又向县城求援，由于县城内部队人员分散下乡剿匪，仅派 1 个班支援高店，陈德风、张为爽、吴纯让商议合计，县区人员总共 20 多人，匪徒众多，真正打起来难度极大。为了迷惑敌人，县区人员一起，一边准备迎击敌人，一边立即在高店街上大张旗鼓地宣传征购粮草，称“解放军大部队来了，要吃饭，要草料”。此时聚集于离区政府仅 1.5 千米处的老街上匪众，正准备进犯区政府，听说解放军大部队已到高店的消息后，拔腿窜逃。

1952 年 9 月，陈德风当选大定县人民政府副县长，10 月升任县长，并兼任县法院院长、大方法庭马场分庭审判长。兼任县法院院长期间，在抓好全县整体工作的同时，常带领干警深入到偏远少数民族聚居的百纳、沙厂等地，宣传贯彻《中华人民共和国婚姻法》，推动《中华人民共和国婚姻法》在少数民族地区执行。在审理案件中，亲临法庭任审判长，审理刑事案件 10 余起，惩治盗匪，镇压反革命分子，打击惩处贪污盗窃和破坏《中华人民共和国婚姻法》的违法犯罪分子，维护地方社会治安。遵照贵州省司法会议精神，成立大定县司法改革领导小组并担任组长。1953 年 2 月，任贯彻《中华人民共和国婚姻法》运动委员会主任。1954 年 10 月，到中共中央第七中级党校学习。

1956 年 3 月，陈德风调纳雍县工作，先后任中共纳雍县委副书记、书记处书记、书记兼政策办公室主任、副书记兼县长。1964 年 5 月，调毕节地区专员公署经委任副主任，兼工交政治部副主任。1966 年 4 月，调毕节地区检察院任检察长。1970 年 6 月，调纳雍县先后任县革委常委、副主任、县委副书记。1977 年 9 月，调毕节地革委计委任副主任。1980 年 10 月，调中共毕节地委纪律检查委员会任副书记（主持工作）。1982 年离休，享受地厅级干部待遇。

杨成鉴

杨成鉴（1925—2007），贵州省大方县城关人。1949年12月参加工作，历任大定初级中学教师，毕节地区少数民族师范班教导主任，大方一中副教导主任、教导主任、校长，大方县政协副主席，大方县人大常委会副主任，大方一中名誉校长。

杨成鉴在教育战线耕耘30余年，把大量心血和时间花在与教师交流思想、接待家长和教育学生上。为提高教学质量，组织制定《关于试行有关教学的规章制度的决定》《关于提高教育质量的意见》。在教学工作中，以身作则，亲自担任过语文、数学、物理、化学、历史、地理、生物等课程的教学。对学生因材施教，提出动脑、动口、动手和有思考机会、有活动余地、有反馈可能的教学方法，撰有《谈备课》《关于讲课》《作业批改》《课外辅导》《漫话考试》等文章。

1956年，杨成鉴被评选为贵州省优秀教师，出席全省优秀教师代表会。1978年，以先进工作者身份出席毕节地区群英会。1980年，被省政府授予贵州省模范教师称号。

2005年，大方一中举行建校80周年庆典，杨成鉴现场捐款1万元作一中奖学基金。

陈新瑜

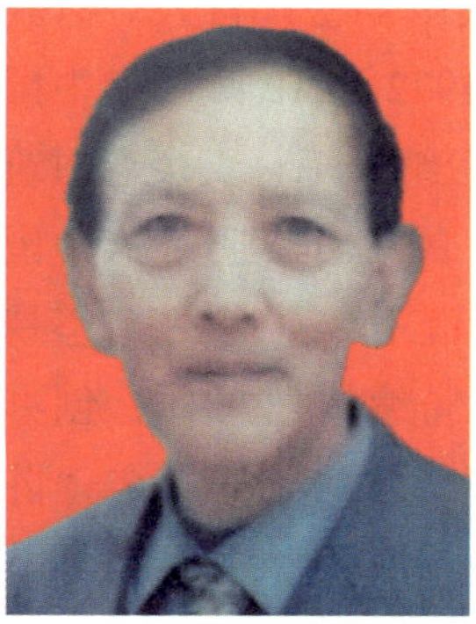

陈新瑜（1943—2007），贵州省大方县人。1957年参加工作，先后在赫章县兴发中学、大方县城关一小、大方一中、大方二中、大方职中、大方师范等学校任教。1987年任大方县职业中学校长。

1989年，陈新瑜任大方县教育局局长期间，积极开展“普教”和“农教”工作，改善办学条件，教师队伍整体素质得到提升。1990年，大方县“两基”（基本普及九年制义务教育，基本扫除青壮年文盲）工作通过省级验收。1992年5月任毕节地区民族中学副校长（主持工作）。在教育教学和管理方面，锐意改革，曾在毕节地区民族中学主持领导“目标教育”“英语十六字教学法”“数学GX教学”等教改实验，取得成功。有40多篇论文在各级刊物上发表或获奖。1989年，被评为全省优秀教育工作者。1991年，被评为全国优秀教育工作者。1994年，被评为特级教师。1995年任毕节地区教育局督导室督学。2000年退休。

陈荫波

陈荫波（1945—2007），贵州省大方县六龙镇人。1962 年在大方中学读书，因受父亲被划为右派的影响，辍学回乡务农。1972 年，受聘担任六龙镇和平大队民办教师。

1979 年，陈荫波转为正式教师。1980 年，被聘任到六龙区公所工作，担任六龙区文化广播站站长。历任大方县政协委员、政协常委、县人大代表、县人大常委会委员。

陈荫波擅长诗词、书法和工笔画。20 世纪 80 年代，主办《映山红》专刊，主编《六龙文艺》《迎春诗稿》《六龙颂》《长城颂》《归自谣》等期刊，并组织开办龙灯游艺活动、体育运动会、农民文化艺术节等活动，每年农历腊月二十八，组织书法爱好者为群众义写春联。

1999 年，在陈荫波的组织带领之下，六龙镇对地方文化遗产进行发掘抢救，收集大量明清以后的诗词、散文、楹联及书画作品，经过整理，于 2005 年出版《六龙撷英》一书。2006 年，陈荫波组织策划成立六龙诗社和龙中诗社，创刊发行《六龙诗词》和《龙中诗刊》。

李向东

李向东（1948—2008），布依族，贵州省大方县大山乡松鹤村人。研究生学历。1970 年参加工作，在金沙县大田乡任教师。1972 年 12 月参加中国人民解放军，在一三〇四四部队当工程兵，经历西双版纳训练、支援老挝筑路，在内蒙古科尔沁草原参办工地小报《战地黄花》。1975 年 2 月加入中国共产党。1978 年 5 月，退伍分配在大方县六龙供销社工作，工作之余坚持文学创作和新闻写作。1979 年 4 月，调大方县广播局编辑组工作，创办《大方广播》，与陈永德、潘明文 3 人按年龄大小为序各取一字作笔名“陈向文”，在中央、省、地报刊发表文章。1984 年 7 月，调中共大方县委办公室信息科工作，1985 年 1 月，任信息科科长。1986 年 9 月，考入贵州大学管理科学系深造，1988 年 8 月结业，安排在中共毕节地委宣传部工作。1991 年 6 月，担任毕节地区精神文明委员会办公室主任。

1995 年，李向东任《毕节报》副总编、党组成员、副社长。在报社系统学习新闻理论和业务知识，主持开办特色宣传栏目和版面，围绕地委、行署中心工作，策划和实施深度报道、系列报道。同时，主抓全地区通讯员队伍建设，强化采访通联工作。在此期间，分管报社员工的思想工作、党群工作和制度建设，报社党支部、团支部、妇委会分别多次受到上级奖励。将《毕节报》由周三报改为日报《毕节日报》，从四开八版小报改为对开彩印八版大报，在《毕节日报》社拆迁和版面升级等各项工作中做出贡献。其间，被中共毕节地委抽派到金沙县挂任县委副书记 1 年，主持全县党建扶贫工作。是年，被授予“贵州省精神文明建设先进工作者”称号。1998年，入选中国《世界名人录》。作品《笑谈人生》一书展现其为人、品性、学识、理念。

2007年，李向东主动向地委组织部申请辞去报社职务，改任《毕节日报》社副县级干部。在生病期间，经常过问报社重大工作开展情况，带病坚持撰写稿件。李向东先后在省、地级以上报刊、电台发表各类作品900余篇，共120余万字，部分文章被多部书刊选载，有30余篇受到地级以上奖励。一生受过各级各种奖励达50多次。

金国光

金国光（1919—2008），彝族，贵州省大方县百纳乡人。1939—1940年，任黔西县国民兵团见习员。1940—1942年，任昆明行营边疆宣慰团团员。1942—1943年，任大定县保警大队分队长。金国光秘密参加组织革命斗争，1943年，被国民党贵州省保安司令部以“异党分子”逮捕关押，1946年获营救。1949年，金国光与威宁游击团政委陆宗棠取得联系，在大定组建反蒋武装游击大队。1949年11月至1950年8月，任大定县人民剿匪指挥部副指挥长、县情报站站长。在剿匪工作中，身先士卒，在戛那山战斗中活捉大匪首单绍武，事迹载于《大方文史资料选辑》。1950年9月至1953年3月，任大定县人民政府民族事务委员会主任、县各族各界代表会副主席，对民族工作认真负责，常与陈奎章、李道一起解决民族矛盾纠纷。1953年4月至1958年10月，任纳雍县治昆区政府工作员。1958年11月至1979年11月，蒙冤被劳动教养和管制改造。落实政策恢复工作后，历任大方县民政局工作员，政协大方县第一届、第二届、第三届委员会副主席。

金国光在大方县工作的几十年里，先后负责经济、工商、信访、民政等方面工作，经常深入各区、乡、镇调研。在农业科技工作中，率领县科技局推广“火管平走式”烤烟烘烤技术。在政协委员的政策落实工作中，深入走访有关乡镇和单位，需落实政策的工商界人士和政协委员的问题大部分得以解决。关心重视地方文化，曾提供向渭川遗著《正蒙一得》（后改为《国学初基》）及其自序。

罗　扬

罗　扬（1979—2008），彝族，贵州省大方县理化乡法沙村人。2001年9月至2003年7月，就读贵州省电大监管局分校法律专业。2005年参加公务员考试进入大方县公安局工作。2005年3月至2006年5月，在大方县公安局百纳乡派出所工作。2006年5月至2008年11月，在大方县公安局禁毒大队工作。

2006年5月，大方县公安局决定选拔一名民警从事警犬驯导工作，罗扬以吃苦耐劳、肯学肯干、业务过硬的优良品质被选中。2008年春节期间，罗扬和战友到云南抓捕毒贩，忍着饥饿和寒冷，在探查到的毒品交易点蹲守

20多个小时，天黑后，毒贩终于出现并进屋交易，罗扬第一个冲出去一脚将门踹开，同6名贩毒人员中的2名身强力壮者扭打在一起，待其他战友冲进去时，罗扬已将2名毒贩制服。2008年2月14日，罗扬和战友共缴获毒品1400.5克，生擒6名贩毒，成功破获大方县最大一宗贩毒案件。在禁毒大队工作的两年间，罗扬主办和参与侦破毒品案件105起，抓获犯罪嫌疑人82名，打掉吸贩毒窝点37个，缴获各类毒品3831.6克。

2008年10月22日，罗扬的妻子临盆生产，家人却始终联系不上罗扬，就在这天，罗扬和战友们联合作战，缴获毒品80.4克。10月31日，罗扬在执行任务途中乘坐的警车发生车祸，身受重伤，11月7日，罗扬经医治无效以身殉职，为禁毒工作献出年仅28岁的生命。

罗扬牺牲后，大方县民宗局追授罗扬"民族团结先进个人"，大方县政法委追授罗扬"全县政法系统优秀民警"，县禁毒委追授罗扬"优秀缉毒民警"，毕节地区公安局发出《关于在全区公安机关开展向罗扬同志学习的决定》，并追记罗扬个人三等功，共青团毕节地委追授罗扬"全区优秀青年"称号。2009年，贵州省公安厅追记罗扬个人二等功。2010年3月，贵州省公安厅追记罗扬个人一等功。

武德顺

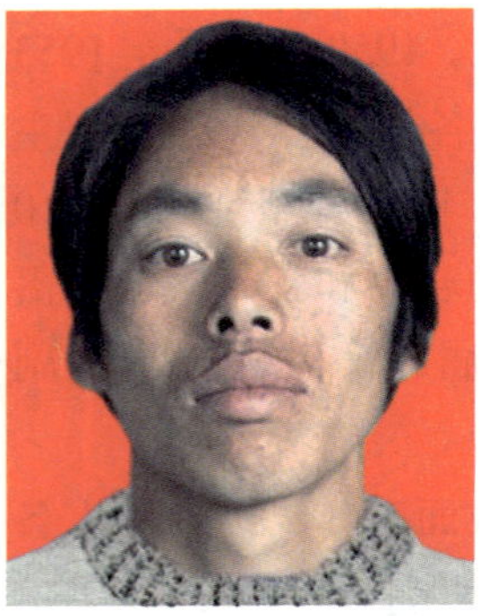

武德顺（1974—2008），彝族，贵州省大方县百纳乡龙竹村人，中共党员。2008年2月，大方全县不同程度遭受雪凝灾害，百纳、沙厂、雨冲、黄泥、大水片区大面积断电。2月15日，正值农历大年初三，是武德顺参加电力抢修的第七个工作日，身为龙竹村和平村民组组长兼电力施工小组组长的武德顺，带着2名抢险突击队员率先到达海拔2000多米的九龙山脉骂陇山头。到达现场后，武德顺爬上10米高的电杆，先除掉横担上的积冰，接着准备把被冰雪压弯的横担换下来修理。不料被雪凝压坏的电杆突然齐根断倒，武德顺随电杆从高空仰面倒下，身负重伤，经抢救无效以身殉职。

武德顺牺牲后，《人民日报》等各大媒体先后报道武德顺事迹，报道中称武德顺为"新时期农民共产党员的楷模"。2008年3月，中共中央组织部追授武德顺"抗御雨雪冰冻灾害优秀共产党员"称号，中共贵州省委追授"全省优秀共产党员"称号，中共贵州省委、省人民政府追授"抗凝冻保民生工作先进个人"称号。

杨金伦

杨金伦（1932—2009），贵州省金沙县官田乡人。初中文化。1950年8月参加工作，1952年加入中国共产党。先后任金沙县沙土乡政府干事，中共金沙县委统战部工作员，县人事科副科长，区委副书记、书记，县委委员、常委、县委办公室主任。1953年12月至1960年12月，任金沙县第二届、第三届人民委员会副县长、县委书记处书记等职务。

1964年6月，杨金伦调任中共大方县第二届委员会书记处书记，直至

1967 年 4 月在“文化大革命”中被夺权。1971 年 12 月至 1975 年 11 月，历任大方县革委办公室领导小组组长、大方县革委副主任、中共大方县委第三届委员会副书记等职。

杨金伦在大方县工作期间，主抓农业，大部分时间在县农办与工作人员共同研究农业生产、农田基本建设、农业科技等工作。与县委书记李巨连带领工作人员在办公室周围空地进行二季洋芋扦插试点，获得成功。在大方县每个区乡、农业学大寨点（即农田基本建设点），杨金伦常常亲临指挥，解决难题。一次，带着工作人员从县城徒步出发，经达溪、瓢井、响水、双山、坡脚、马场、理化、鸡场 8 个区 48 个公社，行程上千里，历时 2 个多月。每到一处用餐，坚持每餐付半斤粮票、3 角钱，不少分毫，不给区、公社增添任何麻烦，一路为农家推磨、舂碓、种苞谷。在双山归化，对当地发生的灾情十分关注，现场表态给予救灾化肥 50 吨（价款 7000 元）。经县人民政府研究，支付给双山供销社。

杨金伦在大方县任县委副书记时，经常深入基层，日常工作安排、讲话稿、电话稿多自行撰写，若工作太忙需要工作人员代拟，总是先告知提纲、重点，写成后自行修改定稿。农村基层干部（公社、大队、生产队）和农民经常到杨金伦家，喜欢与杨金伦打交道。杨金伦亲民爱民的作风给大方干部群众留下深刻印象。1977 年 7 月，任中共大方县委书记。

1979 年 8 月至 1983 年 12 月，杨金伦任黔西县委第一书记，其间，1981 年 12 月至 1983 年 12 月，兼任政协黔西县委员会主席。1984 年 1 月至 1987 年 10 月，任毕节地区农工部、经济委员会（两块牌子一套人员）副部长。1988 年 10 月至 1994 年 3 月，任毕节地区行署扶持贫困地区经济办公室主任、农经委主任（其间，1989 年 10 月为毕节地区智力支边联系小组成员）。1994 年 4 月退休。

王桂馥

王桂馥（1913—2009），彝族，贵州省大方县八堡乡中箐村人。20 世纪 20 年代外出求学。1939 年，从南京金陵大学兵器工程学院火炮制造专业毕业后，投身抗日救亡工作。

在抗日政府国防部兵工署贵阳野鸭塘第三材料总库任职期间，曾奉命前往云南腾冲接收美军的兵器、弹药并护送到重庆支援抗日。1942 年，任重庆南岸第二十兵工厂第一制造所工程师，为中国首次研制成功并生产 25 毫米机关炮曳光弹，获得国家高级勋章嘉奖。

中华人民共和国成立前夕，王桂馥参加中共地下党组织领导的护厂斗争，阻止国民党军溃逃前的疯狂破坏行为，保卫国家重要军工财产。重庆解放后，第二十兵工厂更名为国营七九一厂，王桂馥任生产科长兼工程师，开展排雷、重建工厂、恢复枪弹生产线等工作。抗美援朝战争初期，研发并生产 3 万发新品步枪弹，创造了有名的“7.9”步枪弹品牌，为抗美援朝的胜利立下不朽功勋，因此受到党中央国务院嘉奖，得到周恩来接见。抗美援朝战争结束后，投身工厂 100 千瓦大型电动机的研制开发工作，王桂馥带领技术攻关，于 1956 年研制成功，并投入批量生产，七九一厂因此升格并更名为国营长江电工厂。1960 年，王桂馥调到国家一机部六局北京齿轮总厂机动科任工程师，翻译大量从苏联、德国、日本进口的技术资料，保证设备的正确安装和生产运行。

1974年退休后，王桂馥走遍云、贵、川、桂四省区彝族聚居地，开展彝族文化的收集、发掘、整理、翻译等挽救工作，挖掘出几十万字的彝族古籍文化财富。编辑《彝文汉文通用词典》和《彝文字典》，为挽救彝文文献做出重大贡献。会同彝族有识之士，在中央民族大学建立彝文专业和彝文古籍研究班面向全国招生，培养了大批研究彝族古籍和彝族传统文化人才，为彝族传统文化继承发展和丰富中华民族文化宝库做出重要贡献。

宋　卫

宋　卫（1985—2010），贵州省大方县达溪镇坝子村银山组人。2003年12月应征入伍，2009年7月加入中国共产党，任西藏军区边防四团二连连长，中尉军衔。2010年4月，西藏察隅地区连遭特大暴雨袭击，引发大面积山体滑坡、泥石流，给部队和当地群众造成严重损失。4月24日，军区边防四团二连守桥班官兵被塌方围困，宋卫带领4名战士前去接应，克服重重困难，成功接回守桥官兵后，宋卫和战友王磊又主动请缨前往与团部联络中断的一连传达上级指示和护送通信设备。战士们趟淤泥、攀陡崖、越冲沟，连续战胜山体塌方、道路中断等险阻，行军5个多小时到达一连驻地。4月25日凌晨3时30分，一连驻地遭泥石流袭击，宋卫在参加抢运通信器材时被泥石流吞没，壮烈牺牲。宋卫牺牲后，西藏军区党委给宋卫追记一等功，西藏军区政治部批准宋卫为“革命烈士”。

刘继贤

刘继贤（1930—2010），四川省德阳市什邡县人。1947年初师毕业，1952年孝泉师范毕业后参加工作，曾任四川绵阳永新镇中心小学校长。1954年，考入贵阳师范学院美术专业。1956年，毕业分配到毕节师范学校（大方县羊场坝）从事美术教育工作。1961年，调毕节地区进修学校工作。1962年，调大方一中任教。1970年至1978年借用到大方县文化馆从事群众工作，开始全县农民画创作的组织、培训和辅导工作。1978年调大方县文化馆任副馆长，调任同月加入中国共产党。1984年调毕节地区群众艺术馆筹建新馆，任第一任馆长。

刘继贤在毕节师范学校、毕节地区进修学校、大方一中任教14年，担任美术教师，编《中小学图画教学法》《图案讲义》《写意花鸟画讲义》等教材，自拟图画教学纲要及计划。刘继贤辅导喜爱绘画的青年农民学习绘画，为民族民间美术的抢救、挖掘、保护、搜集、发扬做了大量工作。组织策划举办农民画培训班50多期，培训农民画作者1000多人次，创作作品9000余件，有400多幅参加全省展览，近200幅作品在全国和省内外报刊发表、展出。组织出画刊、墙报、橱窗，到村寨流动展出，组织农民画学员绘制壁画。经过多年组织培训，大方县30多名农民画作者创作的作品多次入选国家级各类画展，大方县在全国农民画展中参展数和获奖数均居全省第一，在全国也遥遥领先，为大方“农民画乡”品牌奠定了基础。贵州省出版社将大方农民画优秀作品印成年画发行，作品入选《工农兵画册》和《中国农民画册》；培养的农民画作者有的入选《中国民间艺人名录》，有的参加贵州现代民间艺术研究会。

1970—1978年，借调到大方县文化馆从事全县农民画创作的组织、培训和辅导工作。1978年，调大方县文化馆任副馆长。1978年全国举行的第一次农民画展，贵州入选的6幅作品中有4幅为大方农民画；1979年全国科普美展，经刘继贤辅导的《遥控》为全省唯一的画作，代表贵州在北京展出；1983年，由文化部和中国美术家协会举办的全国农民画展，全省10幅作品中有5幅为大方农民画，获奖的4幅中有3幅为大方农民画。展出期间，刘继贤代表贵州省出席文化部召开的全国农民画经验交流会，在会上向全国各地代表介绍大方县农民画创作经验。期间，被国家收藏大方农民画15幅，外宾收购20多幅。同年出版的《中国农民画》大型画册收入大方县作品2幅，《中国现代民间绘画选萃》收入大方农民画作品3幅。

刘继贤在农民画组织与培训上采取层层办班方式，形成大方农民画的自身特色。在全国农民画经验交流会上被誉为全国三大特色之一（户县、金山、大方），大方农民画被赞誉为“展翅高飞的山鹰”。同时，还为毕节地区培训了几十名民间工艺美术学员，让民间工艺美术和经济效益挂钩。美国人罗西以及部分高等美术院校和研究单位收购了毕节地区很多民间工艺作品，作为陈列、研究之用，大方农民画首当其冲。

在刘继贤等美术工作者共同努力下，毕节地区现代民间绘画获国家级奖、省级奖多次，300多件作品被中国民族文化宫、中国民间美术博物馆、中国对外展览公司及国内外专家收藏。

1984年，刘继贤调毕节地区群众艺术馆筹建新馆，任第一任馆长。刘继贤曾担任中国民间美术协会理事、贵州省美术家协会理事、贵州省现代民间绘画研究会副会长、贵州省版画研究会理事、贵州省毕节地区美协副主席。创作的套色木刻《三月》《初春》《车水》《山区春忙》入选第四届全国美术作品展览，《牛群》《送肥归来》参加全国美展、巡展，年画《校办工厂好》由贵州省人民出版社出版向全国发行。其事迹和美术作品被收入《中华劳模大典》《中国美术年鉴》《世界华人艺术家成就博览大典》等典籍。先后出版《继贤画集》《继贤花鸟画集》等专著。刘继贤的事迹先后《中国青年报》《贵州日报》《党的生活》《体育报》《贵州美术》《毕节报》和贵州电视台、毕节地区电视新闻等媒体宣传报道。

1988年，大方县被文化部命名为“中国现代民间绘画画乡”，刘继贤被文化部授予“民间美术开拓者”称号，贵州省文化厅授予“伯乐奖”，毕节地区授予“先进工作者”称号。

陈朝彬

陈朝彬（1933—2010），彝族，贵州省大方县理化乡人。1951年9月加入中国共产党。1952年9月参加工作。历任共青团大方县委干事，中共大方县委组织部组织员，大方县监察委员会监察员、副书记，县革委常委、组织部负责人，县委党校副校长、校长，县委委员、县委常委、县委政法委书记，县委副书记，县人民政府县长，大方县第九届、第十一届人大常委会主任。

在县革委任职期间，组织带领县、区、乡干部赴山西省昔阳县学习“万里千担一亩田，青石板上创高产”的大寨经验，赴河北省遵化县学习王国藩“穷棒子”“劲大人心齐”精神和经验，推动大方县农田基本建设发展，促进粮食增产。

在担任县委政法委书记期间，严厉打击违法犯罪分子，实现社会治安全面好转。在担任县委副书记期间，曾两度确定后备干部人选20名与30名，之后逐步培养推荐。考察干部时亲自下到六龙、百纳、普底、达溪、瓢井、八堡、长石等地，关心干部，对贫困干部进行经济资助。不轻易处分人，对因计划生育离开工作岗位月余的一名领导干部，陈朝彬上门批评教育，动员回区上班。在担任县人民政府县长期间，立足县情，谋划全局，突出重点，安排工作并督查落实，实事求是。在全县会议上部署生态建设、绿化荒山工作后，召集县农办农工部副部长吴季陶和林业局副局长张太明开会，研究绿化荒山试点工作，提出“从点上突破，推动面上”的思路。要求吴季陶、张太明长驻陇公乡（羊场镇陇公村、穿岩村）小沟生产队抓退耕还林、绿化造林试点，安排80多万株树苗，动员农民群众、生产队干部一起植树造林，当年初见成效。经过几年努力，小沟生产队几百亩地绿树遍山，成为生态建设典型。

在担任县人大常委会主任期间，陈朝彬任免干部严格把关，建章立制，使人大工作在拨乱反正中逐步走上正轨。

1993年，陈朝彬退休，迁居贵阳。

李进修

李进修（1931—2010），原名李朝俊，彝族，贵州省大方县核桃乡核桃村人。1949年前在乡读私塾，后在响水镇箐脚保国民学校和县城宽爱小学（教会学校）就读，之后在大定中学读书一年，因交不起学费辍学。1949年，在箐脚保国民学校任代课教师。

1950年6月，全县成立农协会，李进修被选为达溪区木寨村农会主席，同年8月参加工作，在达溪区公所参与清匪、征粮，后到坝子乡任工作组组长。1951年5月，参加大定县各族各界代表会议，6月，在六龙区参加土改试点，任安乐村土改工作队队长，六龙试点结束后，回达溪区任果这村土改工作组组长。在土地改革时期，积极动员青年参军，参加抗美援朝。1952年，土地改革结束成立区供销社，先后任达溪区、坡脚区供销社主任。1954年加入中国共产党，1956年6月，调任县供销社秘书科长、理事会理事，后任县财贸办公室秘书。1959年1月，任县商业局副局长、党支部书记，次年任局长。其间，因大方财贸工作出色，获贵州省商业厅奖励大方商业局1辆卡斯车，省委、省政府在大方召开全省财贸工作现场会，李进修代表大方县商业局在会上介绍经验，被选为中共贵州省第三届党代会代表，中华人民共和国成立10周年大庆，李进修被评为毕节地区先进工作者，参加贵州观礼团到北京天安门城楼观礼。1960年任坡脚区委员会委员。1961年6月，任瓢井区区委书记，深入乡村，深入群众，联系实际，调查研究，帮助群众解决困难。1964年6月至1967年4月，任中共大方县委副书记，兼大方县贫下中农协会副主席。“文化大革命”中，被“夺权”关牛棚。1970年2月，县革委“补台”任副主任。1971年，在瓢井中洞公社作社会主义教育试点的经验报告，获中共毕节地委批转各县学习。1971年3月至1980年2月，任大方县委副书记、县革委副主任、贵州省文联委员会会员。注重“老、中、青”三结合，加强少数民族干部和妇女干部的培养，注重民族团结和宗教信仰自由的宣传教育，常下乡处理民族纠纷。

县民委恢复后，李进修及时配齐民委工作班子，召开民族工作会议，贯彻中央民族政策和省民族会议精神，民族事务工作走上正轨。重视大方农民画创作发展工作，1973 年，提出关于开展大方农民画创作、展出的意见，获毕节地委批转各县借鉴，其后贵州省将大方农民画在全省巡回展出，毕节地区在大方召开农民画现场会，推广大方经验，大方农民画被誉为全国“第二个户县”，李进修被称为“农民画家”。

1981 年 3 月，李进修调任赫章县人民政府副县长。1984 年 7 月，任赫章县政协副主席、党组成员。1987 年，调回大方县任政协副主席、党组副书记、县委委员，兼任学习委员会主任和文史资料研究委员会主任，任第一部《大方县志》编纂委员会副主任、人物篇审定小组主要成员，全面审改县志初稿，提出近百条修改意见。

1994 年 2 月，李进修退休，任大方县关心下一代工作委员会副主任、中共毕节地委党风监督员。

牟遐宣

牟遐宣（1937—2011），字仲林，贵州省大方县瓢井镇人。曾任交通部第二公路工程局副总工程师、代总工程师，武汉白沙洲特大桥项目总工程师，杭州钱塘江五桥项目总工程师，中国路桥学会道路工程学会理事、工程地质学会理事、中国路桥集团交通企业管理委员会委员，《公路》杂志编委、中国路桥集团工程和机械专业高级技术职称评委会评委，国务院特殊津贴获得者。

牟遐宣幼年丧父，少年离家求学，于 1963 年从贵州工学院土木建筑工程系公路桥梁专业毕业。毕业后，牟遐宣到贵州省交通厅公路局地方道路科工作。同年 7 月调到交通部第二公路工程局，赴西藏参加青藏公路建设，参与当时国内著名的拉萨大桥、西藏桑雄大桥等桥梁的设计、施工与技术管理，从此开始了一生迁徙不定的建桥筑路生涯。

1967 年赴青海，参加青海 0701 线改善工程测设施工和青藏公路改善工程大柴旦波门桥施工。1968—1978 年间，辗转陕西、山西、甘肃等省，组织和参与陕西渭河大桥、湖北光化汉江大桥等 10 多座公路桥梁的设计施工，从技术员一步步成长为工程师，并加入中国共产党。组织上为妥善解决孩子受教育问题，将牟遐宣妻子花桂华调到西安市局机关工作，家庭遂定居西安。数十年间，牟遐宣与家人聚少离多，每隔三年五载才能回贵州老家探望母亲一次。

1978 年，牟遐宣受派遣赴阿拉伯也门共和国参加中国援建项目阿木兰至哈贾公路建设，任专家组工程师，完成晒里斯河大桥设计、三条沟石方大爆破设计、老虎嘴滑坡变更设计、猴子岭改线测设等施工设计及管理。1979 年，任代理技术负责人，主持路面施工、施工决算和竣工文件编制。项目总投资 6100 万元人民币，经交通部、外经部审定，共节约投资 740 万元。工程以施工质量优良赢得了阿拉伯也门共和国政府和当地人民广泛赞誉。

1983 年，牟遐宣回国后，任交通部第二公路工程局副总工程师。1988 年，经交通部审批，任高级工程师。在此期间，由于工作繁忙，母亲去世也未能赶回贵州老家送终尽孝。

1988 年，牟遐宣代理交通部第二公路工程局总工程师。组织完成贵州思南乌江大桥、安徽蚌埠淮河大桥、甘肃武都城防堤结合工程、台儿庄大桥、贵黄公路、陕西西临高速公路、江苏沪宁公路、湖北黄石大桥、广东珠海淇澳大桥、顺德横沥大桥、武汉白沙洲长江大桥、厦门海沧大桥等众多项目的投标、议标，发挥领导骨干作用。经常带领技术部门人员深入工地，指导施工，加强技术管理，解决大量技术难题；带领质量管理部门人员检查工程质量，解决质量问题，查处质量事故。上述工程中，沪宁高速公路是国家“八五”跨“九五”重点建设项目。交通部第二公路工程局承建的丹阳段，全长 34.3 千米，成功攻克了软土地基新旧路堤不均匀沉降的技术难题。丹阳段被誉为“样板工程”，获中国建筑工程鲁班奖，并获首届中国土木工程詹天佑大奖。福建省厦门海沧大桥为三跨连续全漂浮钢箱梁悬索桥，主跨 648 米，是亚洲首座三跨连续全漂浮钢箱梁悬索桥。交通部第二公路工程局承建的东锚、东塔、主桥上部构造及东引桥等工程，获中国土木工程詹天佑奖、全国公路建设优质工程奖、新中国 60 周年“百项经典暨精品工程”。贵黄公路大量采用新技术，建成后对贵州的经济发展产生重要作用，为贵州的公路建设起到了示范作用，总结出宝贵经验，交通部授予“1978—1993 年全国十大公路工程奖”；贵黄公路噪声屏障技术研究建设成果经多年通车营运检测，获 1995 年度交通部科技进步二等奖。

1996 年，经第二公路工程局推荐，交通部专家委员会评审，交通部报批，牟遐宣获“享受国务院特殊津贴专家”称号。

1997—2000 年，牟遐宣参加武汉白沙洲长江大桥建设，任项目总工程师，分管技术、质量，组织完成一系列施工方案、施工设计、施工工艺编制、审定和实施，解决了施工中的技术质量问题和难题，确保了工程安全、优质和高效。武汉白沙洲长江大桥全长 3586.38 米，主桥为双塔双索面钢箱梁与预应力混凝土箱梁组合型斜拉桥，主跨 618 米，在当时已建成的同类型桥梁中，位居世界第三，全国第一。2001 年，牟遐宣参加杭州钱塘江五桥建设，任项目总工程师。2002 年，任交通部第二公路工程局副总工程师，分管桥梁施工技术和质量管理。同年 9 月退休。

40 年公路桥梁设计和施工管理的经历，使牟遐宣积淀了深厚的专业学识，留下丰富的理论著述，代表著作有《武汉白沙洲长江大桥施工综述》《大跨径连续梁 4 桩承台裂缝分析和处理》《也门阿哈公路晒里斯大桥设计和施工》《藏北永冻土层钻孔桩施工总结》《拉萨大桥 T 型钢构箱梁深水现浇支架模版设计与施工》《拉萨大桥 2 号墩浮运沉井设计与施工》等。

牟遐宣退休后，2003—2010 年，先后担任广东惠州中信大桥、广东惠州合生大桥、武汉天兴洲长江大桥等工程的技术顾问。

李玉东

李玉东（1921—2011），河南省虞城县刘集乡高老庄村人。1945 年 6 月参加革命工作。1947 年 6 月加入中国共产党。从抗日战争到解放战争，经历数十次大小战斗，先后获中国人民解放军西南军区颁发的“解放大西南胜利”纪念章，中国人民解放军中南军政委员会颁发的“解放中南”纪念章以及中共中央、国务院、中央军委颁发的“纪念中国人民解放军抗日战争胜利 60 周年”纪念章。

1949 年 3 月，李玉东随军南下到赣东（今江西省景德镇市）政府当科员。同年 8 月西进贵州省大定县，任五区区委组织委员。1950 年，任沙厂区区委书记。1952 年，任大定县供销合作社主任。1956—1967 年，任县人民委员会第一届至第六届副县长。1971 年，任县革委生产指挥部领导小组副组长。1973—1977 年，任县革委副主任。1981 年，任县人大常委会副主任。1982 年离休，享受地专级待遇。

李玉东从南下西进到贵州大方 60 余年，长期在领导岗位上默默工作，致力于大方的建设发展，为改变大方贫穷落后面貌、造福大方人民付出心血，为大方经济社会发展付出毕生精力。

李相尧

李相尧（1932—2012），贵州省大方县果瓦乡果瓦村下寨组人。在私塾启蒙，初通《五经》，知书达理，深得乡邻尊崇。

1951 年，李相尧参加工作，在果瓦乡果瓦村任农协会主席。1953 年任果瓦乡乡长，加入中国共产党。1954 年任长石区公所秘书。1956 年任区组织委员。1959 年任长石区委副书记。1962 年，任达溪区委副书记，主持区委工作，1970 年起，在达溪区革委先后任核心小组副组长、副主任、副书记、书记，毕节地区党代表，其间，带领干部群众进行农田基本建设，常与群众同劳动。

1977 年，李相尧调任长石区委书记、县委委员，带领群众修建长石至大山至果瓦的公路，其中包括当时施工难度较大的五星大桥，亲自指挥加固官田水库、兴源水库等程。

1982 年，李相尧任大方县人民政府副县长，对工作认真负责，常到分管部门进行指导和沟通协调。从 1984 年起，历任大方县人大常委会第八届、第九届副主任，第十届主任、党组书记，其间，当选贵州省第八届人民代表大会代表。到县人大工作后，带领人大一班人认真履职，在人事任免方面严格把关，使个别违规提拔的干部最终未通过人大任命。

周登彦

周登彦（1934—2012），贵州省大方县达溪镇人。中专文化，少校军衔。

1950 年 11 月，周登彦参加中国人民解放军，分配在五兵团一六军四七师一四一团政治处当通讯员，随后参加川西黑水战斗，提为班长。1952 年 4 月，加入中国共产主义青年团，1953 年 12 月，加入中国共产党。1955 年 8 月，经团政治处推荐，考入重庆第二步兵预备学校，被学校授予“三好学员”。1956 年，受重庆第二步兵预备学校政治部奖励 1 次。1957 年转入昆明陆军学院继续深造。1958 年 2 月，受昆明陆军学院政治部记三等功 1 次。1959 年 7 月毕业，分配到广州军区海南守备二十一师一五二团一营二连任排长。1960 年 3 月，调团参训股任参谋。同年，在海南军区速成中学学习文教专业，结业后回原单位兼任团机关初中甲班教学工作。1961 年，到桂林陆军学院参训队学习参谋业务，受学院政治部奖励 1 次。1964 年，按照军委决定，在海南陵水工作团长坡分团岭仔工作队任副队长开展“四清”工作。1966 年 4 月，

“四清”工作结束，受海南总团表彰，是年5月，任一五二团蜈支州守备队队长。1969年，任广州军区榆林要寨区第一守备区司令部参谋长。1970年，广州军区在西瑁州守备队召开战备施工现场会，师、团党委决定由周登彦指挥17个连队及岛上民兵连突击施工，迎接现场会召开。施工任务繁重，工程量大，有时连续加班施工达28小时，常常不能按时吃饭、睡觉和休息，周登彦患上十二指肠球部溃疡，却坚持在岗，带病指挥施工，圆满完成任务。

1974年4月，奉广州军区命令，周登彦调入桂林军政干校政治一队，任副团级副队长，后任桂林陆军学院四大队十三队队长、副大队长、大队长。1979年，率学员参加对越自卫还击战。

1982年，周登彦转业到地方工作，先后任大方县委党校副校长、县委委员、县纪委委员、县委党校党委书记、县监察局党组书记、监察局局长等职。被贵州省评为“转业干部先进个人”，毕节地区行署评为“地区监察系统先进工作者”，毕节地委授予“优秀领导干部”称号，大方县委2次评为“优秀党员”，2次评为“优秀领导干部”，1次评为“先进个人”，被大方县人民政府奖励1次。2002年3月，周登彦家庭被毕节地区妇联评为“毕节地区银婚奖家庭”。

黄昌寿

黄昌寿（1928—2012），彝族，彝名绅长仁珠，贵州省大方县凤山乡人，中共党员。祖上为彝族布摩世家，祖父黄永福彝文功底深厚，汉语水平高，清末至民国时期在县内外任过塾师和新学教师。黄昌寿少时即师从其父，10岁入汉学堂，彝汉文双修。1956年，于西南民族学院民语系本科毕业，分配到北京中国科学院工作。先后到四川凉山、古蔺、重庆，云南昭通、楚雄、红河州，湖南龙山土家族苗族自治州，贵州毕节、六盘水及安顺等地从事彝语文调研，之后在京数年进行民族科研。领导并参与中央民族大学、清华大学、北京大学、北京图书馆等单位收藏彝文古籍工作，参与翻译5000余册彝文古籍，整理目录6000余条。

1960年，黄昌寿调回大方县民委民政科工作，任民族历史和文化研究负责人，后调凤山公社任秘书、副社长，渣坪公社秘书、党委副书记、书记。1982年，调任毕节地区民委副主任兼地区彝文翻译组组长、贵州民委语文处彝语文教材统编组组长、中央民族学院全国彝文整理组组长、贵州彝学研究会会员、中国彝文翻译协会会员、《贵州彝文字典》编撰组副组长、《中国少数民族大辞典系列彝族卷》大方编撰组负责人。领导并亲自参加《毕节地区彝文大词典》《贵州统编彝汉简明词典》工作，翻译《西南彝志》汉文版选集，新订增补《爨文丛刻》，手译《宇宙人文论》《彝文宇宙源流》《彝文千字文》《水西彝族历史世系表》《水西彝文婚丧诗歌》《水西十三则溪》《水西世系经纬》等典籍。收集整理《彝文金石图录》一至三集，在大方县各乡镇搜集彝文碑刻、金石拓片360余幅。1986年6月，赴京并转沈阳参加全国彝族文字古籍第三次抢救研究规划会议，历时两月。1999年8月，赴贵阳春风学校执教彝文古老经典《布书》。曾多次与日本、美国、英国、新西兰、澳大利亚等知名学者、专家交流中国少数民族语文工作。

黄仲祥

黄仲祥（1947—2012），彝族，贵州省大方县竹园乡显母村人。1967年，参加中国人民解放军，历任战士、班长、文书，1969年，加入中国共产党。1979年，在部队参加对越自卫还击战。1983年，任四川省彭水县人民武装部政工科科长、政委，彭水县委常委。

1986年，黄仲祥调回大方县工作，先后任县人民武装部政委、县委常委、毕节军分区党委委员。针对民兵工作面广、线长、分散的特点，抓好民兵组织建设、军事训练和政治教育工作，提高民兵军政素质。1990—1995年，县人民武装部被成都军区政治部评为“民兵教育先进单位”，在成都军区召开的经验交流大会上，黄仲祥代表大方县人民武装部发言，发言稿被毕节军分区分别评为新闻报道一等奖、政治工作研究一等奖，被成都军区政治部、《西南民兵》杂志社评为新闻报道一等奖。

1996年起，黄仲祥历任大方县政法委书记，县委副书记，县政协主席、党组书记。任县委副书记期间，深入基层调查研究，加强政法部门的执法监督工作。任县政协主席期间，及时适应从执政到议政、从决策到献策、从行政命令到民主协商的转变，发挥政治协商、民主监督、参政议政作用，组织视察、调查、考察，了解群众反映的热点、难点和焦点问题，协助县委、县人民政府化解矛盾，凝聚人心。获毕节地区普法依法治理领导小组“三五”普法、依法治理先进个人奖。撰写《实践“三个代表”重要思想 增强抓政协工作的责任感》一文被《贵州政协》刊载，撰写的《加强自身建设 力促政协工作再上新台阶》一文，被选在省政协研讨交流会上交流发言。

罗永鸣

罗永鸣（1931—2012），贵州省毕节县（今七星关区）亮岩镇人。1949年12月参加革命工作，在毕节地区第一期干部培训班培训结束后，参加毕节地区征粮大军到偏远山区征粮。1952年，征粮工作结束后分配到大方县公安局工作，同年8月加入中国共产党。1952—1957年，历任县公安局治安股副股长、股长，县公安局政保股股长，县公安局副局长等职。在公安工作中，认真履行职责，团结和带领公安干警维护全县治安环境，办理一大批刑事和治安案件，有力打击犯罪分子的嚣张气焰。在1957年“反右”斗争中，被错划为右派分子，开除党籍，降级安排到大方县供销社保卫股工作，参与筹建县供销社蚕丝厂。

1979年3月，组织上落实政策，罗永鸣调任大方县人民检察院党组成员、副检察长，主持工作。其间，积极筹建县人民检察院，检察院干警从筹建之初的7人增加到20多人。开展审查批捕、审查起诉、打击经济犯罪、监所检察等工作。1981年12月起，连续3届被选举为县人民检察院检察长。在北京学习时，主动争取县委和人大支持，配备2名副检察长，使县检察院工作得以正常开展。坚持抓班子、带队伍、打基础、上台阶，充分发扬民主，坚持集体决策。每年带领干警下乡办案时间不少于半年，开展调查研究，总结办案经验，多项检察工作经验被推广。1983 年 7 月，大方县检察工作调研经验被毕节检察分院推广，全地区检察机关调研工作经验现场会在大方县召开。1984 年 7 月，大方县“抓系统，系统抓”的预防和打击经济犯罪经验被省检察院推广，全省打击经济犯罪现场会在大方召开。1987 年 1 月，“以块为主，条块结合，打防并举”的打击经济犯罪经验被毕节地区纪委、毕节检察分院推广，全区纪委、检察机关现场会在大方县召开。1984 年 12 月，县人民检察院被省委、省政府表彰为先进集体，1985 年 2 月，被最高人民检察院、省委、省政府表彰为先进集体，多次被毕节地委、行署，大方县委、县人民政府和毕节检察分院表彰为先进集体。县人民检察院多个业务部门和多名干警获毕节检察分院、大方县委、县人民政府表彰。1982 年、1983 年，罗永鸣被毕节地委、行署，大方县委、县人民政府和毕节检察分院表彰为先进工作者。1984 年，出席全国检察机关先进集体、先进个人表彰大会，被最高人民检察院记个人一等功。1984 年，出席全省政法系统先进集体、先进个人表彰大会，被省委、省人民政府表彰为先进工作者。1988 年，出席全国检察机关先进集体、先进个人表彰大会，获最高人民检察院通令嘉奖。罗永鸣 1990 年 3 月离任，1991 年 12 月退休。

张　红

张　红（1949—2012），贵州省纳雍县人。大学本科文化。高级法官。1968 年 11 月参加工作，在纳雍县治沟小学任教师，次年 11 月调贵州省湘黔铁路建设指挥部任文书。1971 年 9 月加入中国共产党，11 月调纳雍县商业局药材公司当业务员。1973 年 1 月，调纳雍县革委财贸办公室做文秘工作。1979 年 11 月，调纳雍县人民法院工作，先后任院办公室主任、民庭庭长。1988 年 10 月，调任纳雍县政法委员会办公室主任。1990 年 3 月至 1997 年 9 月，先后任纳雍县人民法院党组成员、副院长，党组书记、院长。1997 年 10 月，调大方县人民法院工作，历任副院长、党组书记、院长。

张红任大方县人民法院院长后。根据民主集中制原则，实行优胜劣汰，重新选任院机关 13 个工作部门和 12 个法庭的领导，院领导干部平均年龄从 42 岁以上降到 39 岁以下，文化程度从初、高中上升到大学专科以上，其中大学本科学历的达到 56.4%。2001 年年底，县法院有 2 名副院长退休，院党组领导班子缺员。张红抓住机遇，争取县委和上级法院的支持，从院机关选拔 3 名年纪轻、学历高、经验足、领导能力强的庭长担任副院长。

张红在改革审判方式上，摒弃传统的纠问式，改变审与判分离、权与责相悖的弊端，召开全院审判方式改革工作会，出台《合议庭独任审判员责任制》，撤除案件汇报关卡，还权于合议庭，独任审判员，重新让法官的审与判权力融为一体，权与责风险共存。出台《案件质量管理办法》《案件流程管理办法》和《司法为民的十条措施》，强化审判管理，实行审判长独任审判员负责制。采取当事人走进来与法官走出去相结合的方式，常派出法官巡回就地审理，拓宽司法便民利民空间。

2000 年 8 月，张红召集党组会议，提出争取国债资金，采取资产置换方式修建综合办公大楼，以集资办法修建干警宿合，这一举措得到领导集体与全体干警的赞同。经县人民政府批准，于 2003 年 7 月，建成 1 栋 6200 平方米的综合审判大楼，8 栋 88 套 1.11 万平方米的干警宿舍，办公设备和干警住房条件得到改善。

2005年，大方县人民法院被评为全省先进法院、毕节地区政法系统先进集体、严打先进单位、禁毒先进单位、大方县政治思想工作先进单位。理化、长石法庭先后被评为全省优秀法庭，张红3次被毕节地委、行署、毕节地区中级人民法院评为先进个人，荣立个人二等功1次，5次被县委、县人民政府评为先进个人，2005年荣立省三等功。2009年12月，张红退休。

沈义勇

沈义勇（1966—2012），男，汉族，贵州省大方县响水乡人。1988年8月参加工作，1991年7月加入中国共产党，中央党校本科学历，党政管理专业毕业，历任共青团大方县委书记，小屯乡党委书记，县乡镇企业局副局长（正科级），大水乡党委书记，中共大方县委常委、宣传部长，九洞天国家重点风景名胜区管理局党委副书记、副局长，党委书记、局长（副处级）。

2000—2006年任大水乡党委书记期间，主持硬化大水乡街道，修建大方沙厂至黔西化窝公路；实施农网改造工程，对全乡9个行政村全面实施电网改造；实施产业结构调整，规划连片种植400余亩反季节无公害蔬菜；修缮大水乡政府办公楼；带领乡党政领导班子和干部群众，致力于大水乡经济发展，使大水乡各项社会事业取得可喜成绩。

2004年2月29日，沈义勇在与徐本禹的一次交谈中，提出希望徐本禹能发挥自身优势以及徐本禹母校华中农业大学优势，为大水乡经济发展创造条件，从根本上解决基础教育问题的想法。由于被沈义勇的人格魅力和真诚所感化，是年3月，徐本禹离开支教的大方县猫场镇狗吊岩小学，到条件更为艰苦的大水乡大石小学支教。徐本禹到大石小学后，沈义勇千方百计为徐本禹改善生活和工作条件，每逢周末，亲自邀请徐本禹到乡政府食堂改善伙食、洗澡等，使徐本禹安心投身大石小学教育事业。6月，华中农业大学教授彭光芒一行到大石小学考察并看望徐本禹，为当地的贫穷和当地老百姓与贫穷顽强抗争的精神，特别是孩子们强烈的求知渴望所震动。7月11日，彭光芒将在大方县拍摄的100幅照片配上简要文字，以“两所乡村小学和一个支教者”为题发到天涯网上，至7月20日短短9天时间，帖子点击总量超过百万。同时，沈义勇多方奔走呼吁，积极协调，邀请各级媒体到大水乡挖掘采访、宣传报道徐本禹在大石小学克服重重困难、无私奉献、默默耕耘、取得突出成绩的事迹。同月，贵州省委书记钱运录作出批示，要求省、地、县教育主管部门派出调查组对大石小学校舍、师资、支教教师等情况进行实地调查。调查组认为网上图文报道情况属实，遂召开现场办公会研究解决大石小学校舍修建问题。是年，徐本禹的母校华中农业大学师生自发组织设立“华农贵州支教基金”，大石小学176名贫困学生很快全部得到资助，13个国家的热心人士通过网络了解到徐本禹的支教事迹后，要求资助大石小学贫困学生，美籍华人陈旭昭还在美国进行募捐，为大石小学学生资助2000美元。至8月末，共有36名志愿者到大水乡支教或考察，受捐赠小学生达188人，捐助资金13760元；同时，华中农业大学捐助8万元，贵州省教育厅拨款20万元，毕节地区教育局拨款5万元，大方县教育局拨款3万元，共计36万元，修建大石小学新校舍。徐本禹被评为中央电视台2004年度“感动中国”十大人物之一。在徐本禹精神感召下，全国各地志愿者纷纷到大方县条件艰苦的山村学校支教，许多爱心人士通过多种渠道捐款、捐物支援大水乡以及大方县山区教育事业。沈义勇作为徐本禹的重要支持者，将徐本禹从外地引进到大水乡开展一年多的支教工作，使大水乡教育、医疗、经济、文化等条件得到巨大改善。

2006年10月，沈义勇任中共大方县委常委、宣传部长，组织分管和联系指导部门利用报刊、电视、网络等载体，宣传大方县资源开发、生态建设、城镇建设、扶贫攻坚、党的建设等，电视新闻发稿量名列全毕节地区第一；组织成立对外宣传写作小组，创办《大方信息港》；成功举办奢香文化节、农民画艺术节、支嘎阿鲁湖首游式等文化活动；组建大方县文化产业办公室，组织编辑出版《奢香故里 杜鹃王国——大方》《镜头里的大方》等画册、书籍；组织拍摄制作毕节试验区成立20周年大方宣传片等大型电视宣传片；协助八一电影制片厂完成电视连续剧《奢香夫人》拍摄工作；组织实施广播电视"村村通"、文化信息资源共享工程建设；在"整脏治乱"工作中，推出"双创双提"工作目标并通过地区验收。2009年，沈义勇被推选为"全国优秀宣传部长"人选，大方县荣获"全国文化先进县"；2010年，沈义勇被推荐为"为试验区添光彩"典型人物人选，同年，大方县城获"地级卫生县城"称号，"整脏治乱"工作获毕节地区一等奖，生态文明家园建设，文化、教育、卫生等分管联系工作成效显著，多个单项工作在毕节地区名列前茅，多次获省、地表彰。

2011年2月至2012年12月，沈义勇任九洞天国家重点风景名胜区管理局党委副书记、副局长，党委书记、局长期间，主持管理局全面工作，开展景区资源保护，做好景区开发各项筹备工作。

2012年12月，沈义勇因病去世。

吴维济

吴维济（1930—2013），贵州省毕节县（今七星关区）海子街关坝人。高中文化。1950年2月参加工作，先在毕节地区财干校学习，接着在大定县国营商店、供销社工作，组织物资供应销售，搞活经济。1953年，在中共大定县委农工部工作。1954年8月，加入中国共产党。1959年12月，在贵州省农工部任干事，1961年，在贵州省物价局机关党委任组织科长。1962年6月，任中共大方县委党校副校长，同年10月调任响水区区委书记，1966年1月，调任大方县商业局局长。1970年12月，任大方县农业局负责人，后任县革委生产指挥部农林科副科长。1972年，任农业学大寨办公室副主任。1977年4月，任县革委农林办副主任。1981年5月，任农林办主任。在农业工作中，强调施用化肥，采用地膜，大抓良种、科学种植和经济作物栽培，促进烤烟生产，对水利水电工程倾注极大精力，促使瓜仲河电站、东风电站、牛场新街水库、六龙马家田水库、理化区木柏河电站、响水吊兰电站等工程先后动工兴建。

1981年至1984年9月，任中共大方县委第四届常委。1981年12月至1986年1月，任大方县人民政府第八届、第九届常务副县长，党组副书记，主抓财政、税收工作，量入为出，保证了全县正常开支和特殊费用支付，支农资金如数列支，全县没有欠款。1985年，吴维济被大方县委评为优秀共产党员。1986年4月至1991年，任大方县人大常委会第九届、第十届副主任。1991年退休。

贺顺发

贺顺发（1956—2013），湖南省邵东县人。初中文化，大方县晨曦家电超市总经理。曾任政协大方县第八届委员会委员、大方县工商联第十届常委、大方县小商品同业工会（大方县湖南商会）会长。

1978年，贺顺发开始经商。1999年年初，贺顺发到大方从事百货批发业。在创办晨曦家电超市和响水供销超市后，与同乡肖连贵、周德志等人筹办同行业商会。经过近半年的筹备，1999年6月，在大方县工商联的指导下，由湖南籍商户组成的大方县小商品同业商会成立，贺顺发被推选为会长。

商会成立之后，贺顺发一直致力于服务会员，没有固定办公场所，即腾出自己在北门租赁的半间店铺为商会所用。如有会员与整治规范市场秩序的城管、工商等部门执法人员发生冲突，总是第一时间赶到现场协调处理；会员中谁家有困难，总是第一个带头捐款捐物给予帮助；个别会员在创业发展中受市场挤压想打退堂鼓，总是登门拜访，开通疏导。在贺顺发的带动下，到大方经商的湖南籍商户共同打造了县城庆春北路小商品批发零售一条街。

2011年5—6月，经贺顺发提议并协调，大方县委、县人民政府领导分别带队到湖南邵东、邵阳等地考察，吸取邵东县“政府引导，商会推出，民办民管主导，繁荣市场搞活商品流通”经验，为县域经济发展增添活力。2002年，大方县湖南商会会员从成立之初的40余名发展到80多名。

赵焕章

赵焕章（1937—2013），白族，贵州省大方县普底乡小桥村人。初中文化，小学高级教师，普底乡小桥小学创始人、校长。

20世纪60年代初，赵焕章创办小桥村民办学校，开启小桥村启蒙教育史。小桥小学建校之初，赵焕章带领老师们垒土墙，到山上砍树木制作课桌椅，到几千米之外的瓦厂背瓦，盖起2层6间教室。1984年，赵焕章背上自家地里种出的辣椒、大米等，到乡、区、县跑项目要资金，四处奔走呼吁，多方筹资筹款，带头捐款捐物，投工投劳，还贡献400多平方米自留地作学校地基，新建2层8间教室的砖混水泥教学楼1栋，扩大办学规模。1980—1985年，在百纳区小学升初中统考中，小桥小学连续6年夺取全区第一名。1980—1997年，小桥小学小升初统考成绩连续名列全乡前茅。

赵焕章多才多艺，在教育教学中，勤学善钻，注重培养学生全面发展。20世纪70年代末80年代初，在办学条件极为艰苦落后、上级教育主管部门尚无明确要求的情况下，即带领仅有的几名教师，在各年级开设语文、数学、思想品德、美术、音乐、体育、舞蹈、劳动技能等课程，自制各类教学用具，用于课堂教学，激发学生学习兴趣，提高教育教学质量。每年“六一”儿童节，带领师生自编自导自演文艺节目，邀请邻村学校到小桥小学开展文艺汇演和体育比赛，寓教于乐。每年春节，总是带头出钱出力，举办乡村联欢晚会，主动为各家各户书写、张贴春联。1983—1986年，赵焕章连续4年获县委、县人民政府授予“教育先进工作者”称号；在全县统考中，1986年，小桥小学获全县民校组二等奖，1991年获三等奖。1992年，小桥小学被县委、县人民政府评为文明单位。由于教学质量不断提高，除本村外，周边乡、村适龄儿童纷纷慕名到小桥小学就读，致使全村总人口仅500多人的小桥小学，学生最多时达400多人。1996年，赵焕章获贵州省政府颁发30年教育荣誉证书。赵焕章30多年如一日，把毕生心血献给乡村教育，使全村几代人摆脱愚昧，掌握文化知识。30多年间，为培养数百名中专生、大专生、本科生打下良好基础，使学生走出小山村，走上工作岗位，成为国家有用之材。

赵焕章为人公道正派，善于主持公道，是当地公认的德高望重的乡贤寨老。全村人家婚丧嫁娶等大务小事，赵焕章总是热心张罗，全村人家各种矛盾纠纷，总是积极调解。赵焕章倡导以和为贵，培育文明乡风，带头抵制偷盗、赌博等不良行为，教育年轻人要多学知识本领、勤劳致富。小桥村形成文明、团结、和谐乡风，与赵焕章多年潜移默化的示范教育密不可分。

1998年，赵焕章退休后，筹划并带头捐资300元，发动从小桥小学走出去参加工作的学生捐资修建小桥小学水泥篮球场1个。参与《赵氏族谱》编纂，担任大方县白族学会理事，热心白族文化传承与白族文化事业发展。

2013年12月，赵焕章因病去世。

彭练基

彭练基（1968—2014），贵州省大方县小屯乡石墙村人。1989年12月参加工作，1993年12月加入中国共产党。彭练基当过兵，先后在原理化区、小屯乡、东关乡、兴隆乡、黄泥塘镇从事人民警察工作，长达21年。2009年，担任黄泥塘镇派出所所长的彭练基作为“爱民模范集体”代表赴北京参加全国表彰大会，受到中共中央总书记胡锦涛等中央领导和贵州省委领导的接见。2011年8月，调大方县猫场镇任党委副书记、镇长。

2013年11月，彭练基调任大方县绿塘乡党委书记。在迅速了解和掌握情况的基础上，与党政班子一起制定“稳定安乡、项目带乡、矿业强乡、生态立乡、城镇亮乡、产业富乡”的发展思路。以身作则，白天进村入户，收集社情民意，与群众交心谈心，夜晚召开一个个专题会，研究民生，谋划发展。在领导工作中，要求干部学会“一杯茶、一根烟、一张纸、一支笔、一条凳子、一张笑脸”的工作方法，做好群众工作。

在彭练基带领下，绿塘乡争取到扶贫、交通、基础设施建设等项目资金1500多万元，打通了当地群众世代梦寐以求的“小康路”，各项建设有序展开。

彭练基生活简朴，廉洁自律，严格管束家人，坚决杜绝借机敛财、优亲厚友等各种贪腐行为。

2014年6月28日，彭练基在带队前往大方县长石镇参观学习生态移民搬迁示范建设工作途中，突发急性肺穿孔，经抢救无效去世，年仅46岁。彭练基去世后，先后被省、市、县追授为“优秀共产党员”，被评为“大方县第二届道德模范”。省委组织部总结出“一心为民办实事、攻坚克难勇担当、干净廉洁作表率”的彭练基精神，号召全省干部学习。

安义贤

安义贤（1934—2014），彝族，贵州省大方县普底乡人。1956 年 9 月考入贵阳医学院医疗系就读中医学专业。1958 年 9 月加入中国共产党。1961 年 7 月，本科毕业留校，分配在中医系当医生助教。历任贵阳中医学院外科教研室主任、贵阳中医学院第一附院外科主任、贵阳中医学院骨伤系主任等职。

1978 年，安义贤在全国科学大会和贵州省科学大会上获奖。1980 年，参与完成的《中药对骨折愈合的作用》获贵州省卫生厅医药卫生科学技术成果二等奖。1984 年，论文《局部外固定和超关节石膏固定对实验性骨折愈合的影响》与《骨皮质在骨折愈合过程中的作用》分别获全省医药卫生科技成果一等奖，1988 年，获省科协优秀论文二等奖、三等奖共 6 次。1989 年 8 月，安义贤被评为教授。1989 年，被评为全国优秀教师；同年 8 月，被中国人才研究会骨伤人才学会、全国高等中医院校骨伤教育研究会授予当代“中国骨伤杰出人才”称号。1993 年 10 月，获中华人民共和国国务院颁发政府特殊津贴。1994 年，著作《中西医结合治疗恶性骨肿瘤 24 例报告》和《老年人骨折原因分析及预防》分别被中华医学会贵州分会授予荣誉证书。1995 年，安义贤退休。

安义贤曾任贵州省中医学会及中西医结合常务理事和贵州省彝学研究会副会长，曾参加全国中医院校骨伤科教材的编写，任骨病学副主编。在国内发表论文 30 余篇，安义贤经历被收入《当代中国骨伤人才》《近代中国少数民族名人录》《中国名医列传》当代卷，及《贵州中医学专家名录》《中华人物辞海·当代文化卷》《世界优秀医学专家人才名典》。2009 年，安义贤获“贵州省名老中医”称号。

刘扬忠

刘扬忠（1946—2015），笔名文心、四万斋主，贵州省大方县城关人。1978 年，考入中国社会科学院研究生院。1981 年获文学博士学位，分配到社科院文学所从事古典文学研究工作。历任中国社科院文学所古代文学研究室研究员、主任，社科院研究生院教授、博士生导师，中国宋代文学学会副会长、中华诗词学会常务理事、中国词学研究会学术委员会主任。

1998 年，刘扬忠加入中国作家协会。学术著作有《稼轩词百首译析》《宋词研究之路》《中华文学通览·宋代卷·崇文盛世》《周邦彦传论》《辛弃疾词心探微》《诗与酒》《唐宋词流派史》《中国文学史》（合著）、《中国古代文学通论·宋代卷》（合著）等 10 多部（篇）。《辛弃疾词心探微》获夏承焘词学奖二等奖，《唐宋词流派史》获中国社科院优秀科研成果二等奖，《中国文学史》获第十四届中国图书奖和第一届中国出版政府奖。

海　淞

海　淞（1934—2015），云南省昆明市人。贵阳师范学院（今贵州师范大学）本科毕业。1955年9月分配在贵州省毕节中学（今毕节一中）工作，后调大定中学（今大方一中）任教。

1957年9月，海淞被委派到大定县百纳民族中学任教导主任，后任副校长，主持工作。刚到百纳民族中学时，办学条件十分艰苦，仅有1栋木结构房屋，兼作学校办公室和师生宿舍，学校仅有1个泥操场，食堂借用街上民房，师生露天就餐。是年全校教职工8人，任课教师包括海淞在内仅5人，学生101人，借百纳区委一木结构房屋作教室。是年年底，大方县拨款6000元投入学校修建。

海淞到校之初，管理学校全面工作，兼上两个班政治课，常为请假教师代课。1958年“大跃进”开始，要求学生参加生产劳动，每年“双抢”（抢收抢种）、“三秋”（秋收、秋耕、秋种）期间，海淞都要组织师生帮助人民公社劳动，大炼钢铁，深翻土地，办工厂。带领学生到公社美化食堂、敬老院、孤儿院，组织师生到公社帮助撰写材料，晚上安排师生到学校周边村寨“扫盲”。

海淞带领师生开办粉笔厂、炼铁厂，开荒种地，把建校与勤工俭学有机结合。学校建设过程中，海淞带领师生到几千米外的鸭院、火烧寨等地背砖瓦，到10千米外的草坪、竹戛、朱家寨等地砍伐运送木材，节省建校资金，将用来修建1栋房的资金，修建了2栋砖木结构教学楼房10间，简易厨房1栋、球场1个。在勤工俭学中，组织师生在学校周围开荒20余亩，种植萝卜、马铃薯、红苕、洋姜、南瓜、莲花白等，自办养猪场，全校师生在“三年困难时期”生活无忧。

海淞注重加强教学管理，建立备课制度，保持正常教学，要求学生除劳动时间外，勤学苦钻。1958—1959年，百纳民族中学因勤工俭学成效显著，受毕节专区和县表彰；在1960年毕节专区高中、中专、中师升学考试中，获全区语文、数学第一名。在全专区参加考试的29所中学中，百纳民族中学以5科总平均分比毕节一中低0.34分的成绩列全专区第二名，受毕节专署文教科通报表彰。1960年5月，在全省教育和文化、卫生、体育社会主义建设先进单位和先进工作代表大会上，百纳民族中学被表彰为先进单位。

海淞不仅建校有成，勤工俭学有名，教学质量高，还在思想、生活、就业等各方面十分关心爱护学生。

1961年8月，海淞调到云南省教委工作，先后任副主任、主任。退休后住昆明，心中常挂念大方一中和百纳民族中学，1995年大方一中70周年校庆时，亲自到场祝贺并捐赠礼金2000元，到百纳民族中学看望学生，向学校捐赠礼金3000元。

王春武

王春武（1924—2015），黑龙江省尚志县人。初中文化。1946 年 11 月参加工作，1947 年 12 月加入中国共产党。

1946 年，王春武在尚志县加入县大队，之后参加中国人民解放军第四野战军，历任班长、排长、连长、教导员等职。参加辽沈战役和平津战役、解放广西、平定广西匪患等战斗。荣立大功 1 次，小功 2 次，嘉奖 2 次。多次负伤，弹片穿过小腿和脸部，留下永久伤疤。1948 年，获中国人民解放军第四野战军授予“艰苦奋斗”奖章。1950 年，获“华北解放”纪念章。

1951 年 10 月，王春武转业后任大定县防疫站站长、县人民医院院长。1956 年 2 月，获中华人民共和国颁发解放奖章。在县防疫站工作期间，群众因缺粮无饭吃、营养不良导致浮肿病，王春武如实向县委、县人民政府反映，采取措施，病疫得到控制。在县医院工作期间，完成医院从中华苏维埃人民共和国川滇黔省革命委员会旧址到书院街原农展馆处搬迁工作，并对医院进行扩建完善。1961 年 9 月，王春武任大方县人事劳动科科长，1965 年 5 月，任县民政科科长。期间，常到偏远区乡瓢井孤儿院、双山素合麻风村等农户家中了解情况，反映灾情，解决群众所需。“文化大革命”中受冲击。1971 年 12 月，县革委“补台”后，任县革委办公室领导小组副组长。1973 年 3 月，任大方县“三项工程”（东风电站、移山水库、六龙化肥厂）指挥部副指挥长，具体抓东风电站建设，亲自参与挑土、抬石头，给干部群众做榜样。1975 年 6 月，任县战备办公室主任，参加湘黔铁路建设工程。1977 年 4 月，任县人事局局长。1981 年 12 月，任县人大常委会第八届副主任。在人事局与县人大工作期间，招工招干，培养、选拔、推荐、培训、任命干部，公平公正，不谋私利。

1983 年 12 月，王春武离休后，一如既往关心大方经济建设和人大工作。身体力行，作出表率，严格要求子女爱党爱国，遵纪守法，为人民服务。2015 年 4 月，王春武去世，子女依其遗愿从俭治丧。

王作海

王作海（1926—2015），山东省单县人。1945 年 5 月加入中国共产党，同年 6 月参加工作。历任山东省城武县潘庄区组织干事、组织委员、区委主任。1949 年 4 月，任江西景德镇税务局人事科科长。

1949 年 12 月至 1960 年 2 月，王作海历任毕节地区大定（大方）县百纳区区长、区委书记、县检察院检察长。在百纳区工作期间，团结区一班人，执行党的民族政策，解决干部工作和群众生活中的困难。调到检察院工作后，依法打击各类犯罪，维护大方安定团结。

1964 年 3 月至 1989 年 4 月，历任大方县委常委、大方县公安局局长、大方县革委生产指挥部领导小组组长、大方县革委常委、副主任、大方县委副书记、大方县人大常委会主任、毕节地区轻工局局长、毕节地区行署调研员、毕节地区人大联络处副主任、毕节地区人大工委副主任。1973 年，在县生产指挥部及县委工作，主持大方县“三项工程”（东风电站、移山水库、六龙化肥厂），担任指挥长。主抓东风电站修建，在工地上边指挥边劳动，参与抬石头、挖土方。在县人大和地区人大工委工作期间，深入基层调查研究，征集社情民意，为党委决策提供参考。

离休后，王作海仍然心系毕节改革发展大局，发挥熟悉毕节情况的优势，积极参加毕节地区人大工委组织的各项活动并建言献策。

2015 年 8 月，王作海获提高待遇，按副省（部）级标准报销医疗费。

张福民

张福民（1931—2015），穿青人，贵州省织金县人，中共党员。中华人民共和国成立初期，任村主任、民兵队长。1953 年，调毕节地区民族事务委员会任科员。1955 年，调威宁县龙街区任区长、区委书记。1959 年，被评为全国先进代表，应邀出席北京国庆 10 周年大典观礼，与众代表一同受到毛泽东、周恩来、朱德、刘少奇等党和国家领导人接见并合影纪念。1963 年，调威宁县金钟区任区委书记，1969 年，调威宁县二塘区任区委书记。在威宁长期从事农村工作，多与基层干部和群众打交道，体察农民疾苦，练就灵活的工作方法。

1977 年，张福民调大方县任县委副书记，分管农村工作，兼管党务。针对大方实际，到威宁县联系滇杨树苗，在大方区乡广泛种植，并种于县委、县人民政府驻地周围空地，美化绿化环境。到威宁联系购细毛羊 2000 只，分给部分乡镇的 200 户贫困户饲养。张福民在工作中与机关干部和农民群众打成一片，说话风趣，被群众戏称为“张二嗑子”。经常深入偏远地区进行调查研究，调研工作中曾因交通事故和生病两次住院，住院期间仍关心农村工作和农民生活。

1981 年 12 月，张福民任大方县政协第一届委员会主席。1982 年 1 月，任县政协党组书记、主席。其间，带领政协领导班子，经常视察、考察、调研，总结经验，指导工作，充分发挥政治协商、民主监督和统一战线的作用。在智力支边、科技咨询工作中，深入农村，推广科技。重视文史资料征集出版、民族宗教政策再教育和落实各项统战政策工作。1987 年 4 月，调织金县人民政府担任顾问，兼任织金县烟办主任。2000 年，张福民退休。

李发永

李发永（1953—2015），原名李魁，穿青人，贵州省大方县猫场镇黄家寨人。历任大方县猫场镇水泥厂厂长、九洞天资源开发有限公司董事长。

李发永经历丰富，放过牛，挖过煤，做过木工、石工、泥水工，当过铁匠，烤过烧酒，做过酒药，炒过苞谷花，开过面粉加工厂。

1988 年初，猫场镇政府动员李发永接手经营面临停产破产的猫场水泥厂。当时，猫场水泥厂欠外债 142 万元，其中，欠工人工资近 30 万元、银行贷款20万元、财政借款51万元，机器设备及化验室大都损坏锈烂。在签订承包合同后，李发永把家搬到厂里，同工人们一起起早贪黑努力工作。到贵阳、毕节、水城等地请老专家、老厂长到厂指导。经过一年多的艰苦奋斗，水泥厂终于起死回生。

1989—1997年，猫场水泥厂走上正轨后，李发永多方协调，争取资金补助，发动群众集资投劳，用8年时间凿开梯子岩的悬崖峭壁，开拓出猫场镇通往纳雍县化作乡的公路，打通猫场与邻县的通道，激活两地商品流通和人员流动。猫场镇五丫小学年久失修，破败不堪，李发永拿出自己的积蓄近3万元维修学校，补助教师工资。

2000年4月，李发永注册成立贵州省大方县九洞天资源开发有限责任公司，利用猫场水泥厂积累的资金，对九洞天风景区进行初步开发。2008年9月，在深圳召开的中国旅游品牌年会上，九洞天风景区被国际旅游营销协会、国际旅游商协会、世界华侨华人社团联合总会旅游合作组织评为“中国十大最具影响力旅游景区”。

2009年3月，李发永投资500多万元，组建水业分公司，兴建九洞天观音泉水生产线。同年4月，九洞天景区在世界旅游精英博览会上被授予“国际品牌旅游景区”和“中国文化生态旅游示范地”称号，李发永被授予“中华旅游功勋人物”称号。5月，公司生产的九洞天仙茗毛尖和仙茗翠片分获2009年中国（上海）国际茶博会金奖和银奖。7月，九洞天仙茗毛尖、翠片获中国茶叶学会组织的第八届“中华茶”全国名优茶评比一等奖。

李发永从民间能人到地方企业家，从经营一个水泥小厂到开发旅游、生产纯净水、创地方茶叶品牌，为大方经济发展和九洞天旅游开发做出贡献。

揭子珩

揭子珩（1924—2015），江苏省丰县人。高中文化，1939年参加工作，中共党员。中华人民共和国成立后，南下入黔到毕节地委工作。1952年7月，任中共毕节地委政策研究室副主任。1953年12月升任主任。1954年8月任中共毕节地委宣传部部长（其间，1954年3月至1960年12月，任中共毕节地委委员，1956年8月至1960年12月，任常务委员）。1956年8月，任中共毕节地委副书记。1958—1960年，任中共毕节县委第一届、第二届第一书记。1960年1月，任中共毕节地委书记处书记。1961—1964年，任中共大方县委书记。

揭子珩到大方工作时，国家“三年困难时期”刚过，农村群众生活还处在较困难之中。上任后，召开县、区、公社干部大会，号召广大干部面对实际，克服困难，按照上级“大办农业、大办粮食”的指示精神，做好生产自救，抓好社队粮食的余缺调剂，渡过粮食难关，保证农民的基本生活。揭子珩带领县委一班人贯彻中共中央制定的《农村人民公社工作条例（草案）》（简称“六十条”），集中力量解决大方农村工作中存在的问题，推广对江试点的“三包一奖四固定”生产管理经验。1963年，根据上级指示精神，组织开展社会主义教育运动，清退贪污、骗取、盗窃集体资金（含物资折款）共15.59万元，清退耕牛258头、驮马434匹、成材树木560余株，归还土地3220余亩。在全县组织开展“五反”（贪污盗窃、投机倒把、分散主义、铺张浪费、官僚主义）运动，贯彻落实中共中央《关于目前农村工作中若干问题的决定（草案）》（即前十条）和《关于农村社会主义教育运动中一些具体政策的规定（草案）》（即后十条）以及《中共贵州省委关于在农村开展社会主义教育运动的部署》，开展“四清”（清政治、清思想、清组织、清经济）工作。抽调88名各级各类干部，在响水区大寨公社开展2个多月试点取得经验后，指导全县“四清”工作的开展。

1965年，揭子珩调离大方，任中共毕节地委副书记。1984年离休，享受副厅级待遇。

陈永柏

陈永柏（1968—2016），穿青人，贵州省大方县马场镇一棵树村人。上校军衔。中国书法家协会会员，贵州省青年摄影家协会副主席，安顺市摄影家协会副主席、书法家协会和作家协会理事、音乐家协会会员。

1983年10月，陈永柏参加中国人民解放军，在武警安顺地区支队政治处宣传股任电影放映员。1986年在武警北京指挥学院新闻系学习，同年6月加入中国共产党。1990年，在武警毕节地区支队见习，1991年7月任武警安顺地区政治处干事。1992年5月，任武警贵阳指挥学校干事。1995年4月，任安顺军分区司令部副科长。1999年4月，任宣传保卫科科长。2003年，任贵州省军区宣传处副处长，次年任省军区扶贫工作队队长。2005年4月，任织金县委副书记、县人武部政委、党委书记、中共毕节军分区党委委员。2012年，转业到安顺市纪委工作，后任安顺市第一纪工委副书记。

陈永柏在部队先后立二等功1次、三等功10次，被评为贵州“十佳自学成才标兵”，被国务院授予“全国扶贫先进个人”称号。

陈永柏作品多次获奖，影评《此情永无绝期》《读〈毛泽东和他的儿子〉感情交映效果》在湖南韶山召开的纪念毛泽东一百周年诞辰大会上获全国文艺创作三等奖，创作的歌曲《红杜鹃》、小品《错位》、小说《林中那条山路》被全军和成都军区分别评为文艺创作二等奖、三等奖，歌曲《红杜鹃》被拍成MTV在全国播放发行。

杨　鹰

杨　鹰（1930—2016），贵州省大方县城关人。大定中学初中毕业。在大定解放之前曾任教导主任、校长。1950年11月加入新民主主义青年团，同年12月参加工作。1953年，加入中国共产党。初参加工作时在城关区公所任青年干事、团总支副书记、土改工作组组长。1953年9月，调共青团大定县委连任4届副书记。1960年1月，调瓢井中学，先后任副校长、校长、革命委员会主任，抓师德师风教育，提高教师队伍水平，促进学生德、智、体、美、劳全面发展。1963年，组织开展向雷锋学习活动。杨鹰被县委评为先进教育工作者。1971年5月，调理化中学任校长。1972年8月，任理化区委委员。1977 年 6 月，调大方县体育运动委员会任副主任。1981 年 5 月，调大方县教育局任局长、党支部书记。1984 年 3 月，大方县教育局获毕节地区行署颁发“农民教育优胜县”奖旗。1984 年 5 月，任教育局正局级调研员，1985 年 6 月退休。1988 年，被县委评为退休干部先进个人。

退休后，受聘参加《大方县志》（1996 版）编纂，任副总编，具体负责文化篇目。《大方县志》出版发行后，受聘参与大方县志办实施的《大定府志》点、校、注工作，参加《红军在大方》等书的编纂。

杨鹰酷爱诗词楹联，是中华诗词学会会员、贵州省诗词楹联学会理事、毕节地区诗词楹联学会常务理事。被选为中华人民共和国成立后大方诗词楹联学会首任会长，在杨鹰等人共同努力下，大方县成为中华诗词学会团体会员。主编大方《扶风诗刊》，参与编辑《中国对联集成贵州毕节卷》《大方楹联选集》等。在《中华诗词》《二十世纪中华诗词苑大观》《全榜集》《中华当代绝句精选》《大方诗词选》以及纪念奢香、毛主席等诗词集中发表数百首诗词作品。诗词代表作有《夏日村居》《咏黔山高速公路》《苗乡风情》《过八堡留饭》《黄果树瀑布崖即景》《迎海外归客》等。作品备受贵州文化名人陈福桐赞扬，并受毕节地区诗词楹联学会盛郁文点赞。1999 年，对联“酒沁沱源，泽润五洲四海，洒向人间都是爱；花苏菊苑，芬芳叠蕊重英，惹来篱下几多情”获国庆礼赞“沱牌杯”全国征联大赛一等奖。作品常被县教育界、文化界采用。纪念奢香夫人逝世 600 周年联：“十四岁于归，弱龄秉政侵风雨，非议力排，恳言息祸，涉千里以诉京师，平冤事小，统一乃大，功之丰，胜戍雄兵十万众；六百年既往，史迹犹存焕古今，僻荒有路，言诺无虚，通九驿而融彝汉，眼摄云天，胸藏湖海，识之远，水西巾帼第一人”受到联界赞赏。

李昌德

李昌德（1933—2016），四川省安岳人。1950 年 11 月参加工作。1952 年 10 月加入中国共产党。

1951—1955 年，李昌德先后任大方理化区团委书记、组织委员、区委副书记、书记，其间，经常带领干部深入村寨调查研究、访贫问苦，解决群众生产生活问题。1964 年，任大方县委组织部部长，执行中共干部政策，注重“老中青”三结合，重视知识分子，不徇私情，严格把关，选拔了一批优秀领导干部，特别是少数民族干部和妇女干部，完成后备干部 30 余人的推荐、考察工作。1966—1970 年，先后任长石区革委会主任、区委书记，其间，组织开展“农业学大寨”活动，砌坎保土，维修水利，改良土壤，改土造田，增加粮食产量。1977 年调任县委组织部部长。1981 年，任县委常委、组织部部长。1985 年，任县人大常委会副主任。1987—1993 年，历任县政协第三届、第四届主席、党组书记。在政协工作中，认真履行职能，调动社会力量，征集民意，做好提案、文史资料征集、咨询、调查研究、科技、扶贫、智力支边与统一战线等工作。组织到遵义等地考察学习，带队到理化、鸡场、六龙、百纳、沙厂等区乡调研，撰写《政协大方县委员会关于对农民生产生活物资供应情况的调查报告》供县委、县人民政府决策参考。1990 年 7 月，带领县政协副主席与工作人员 18 人，集体申请加入县关心下一代协会，从事青少年培养教育工作。1994 年，被省政协表彰为全省政协先进个人。2005 年，担任大方县劳动力资源开发促进会会长，带领驻会干部深入乡镇考察劳动力资源状况，向县委、县人民政府提出富余劳动力培训转移就业的建议，并配合完成每年毕节地区劳动力资源开发促进会安排的富余劳动力培训、转移就业任务。

顾掌权

顾掌权（1967—2017），彝族，贵州省威宁县东风镇人。1985 年 9 月参加工作，同年 12 月加入中国共产党，大学本科学历。1992 年 12 月任威宁县东风镇副镇长。1995 年 12 月，调威宁县猴场镇任党委委员、组织委员。1997 年 3 月，调回东风镇，先后任政法委书记、镇长、党委书记。2002 年 12 月，调毕节地区农机中心任党组成员、副主任。2004 年 2 月至 2006 年 2 月，参加毕节地委赴赫章县党建扶贫工作队任队长，担任毕节地委驻赫章县保持共产党员先进性教育督导组组长，挂任赫章县委副书记。2007 年 7 月，调毕节地区人民医院任党委书记、院长，医院先后被评为三级乙等、三级甲等综合医院，多次受到卫生部、贵州省卫生厅以及毕节地委、行署的表彰。顾掌权被选为省人大常委会毕节地区工作委员会委员。2012 年，调任毕节市住房与城乡建设局党组书记、局长，兼任毕节经济开发区党工委委员、管委会副主任，牵头完成《毕节市城市城镇规划体系》编制设计，促进城市提质扩容步伐加快，综合体健康发展，推动毕节市扩大试点的 20 个县（区）级示范小城镇发展。

2013 年 5 月，顾掌权调大方县工作，先后担任大方县委副书记、代理县长、县长、大方经济开发区党工委副书记、管委会主任等职。

到大方县工作后，顾掌权带领全县各级各部门推进经济社会发展。为实现大方经济社会健康稳定发展，顾掌权顶住压力，挤干财政虚增水分，促进财政收支理性回归。在大方县工作的三年，正值全省实施“两加一推”主战略关键时期，顾掌权把握机遇，带领各级干部强力推进全县新型工业化发展。华电大方电厂二期项目、华润煤电一体化项目上马实施，上海雪榕、四川蓝雁、北京华麟等一批产业化项目相继落户大方县。大方经济开发区获批为省级经济开发区。永贵建材、海美斯陶瓷、雪榕食用菌、蓝雁农牧等一批优强企业建成投产。在县城和乡镇规划建设中，按照“山水相依、产城相融、农旅相生、景田相望”的理念，打造“奢香故里、百井之邑、云龙山城”新型山地特色城市，将县城规划面积调整为 10 平方千米，基本形成以老城区为中心、新城区为辐射、古城区为引擎、工业园区为补充的新型山地特色城市发展格局。在全县基础设施建设中，奢香大道、顺德大道、环东路改造项目，迎宾大道、杜鹃大道、九驿大道建成投入使用，贵毕公路黑水田、隆昌、石关 3 个互通建成通车。全县实现乡乡通油路，100% 的行政村通油路、水泥路和开通农村客运。在城市建设方面，围绕“东城西移、蓄势向北、做靓古城、景城交融、校城共建、产城一体”的思路，实施 41 条背街小巷改造，完成杜鹃广场、斗姥阁、贵州宣慰府、顺德彝族风情街、奢香博物馆二期工程、西城门等市政项目及景点的改建和恢复重建。新城区建设拉开框架，路网基本成型。面对房地产市场持续疲软、土地财政瓶颈限制的形势，顾掌权力排众议，果断叫停一批低品质的房地产项目。推进“同心助医”工程，实施乡镇卫生院规范化建设，建成县人民医院住院大楼并投入使用，探索建立城乡一体区域性医疗联合体、“三为主三结合”“四位一体”基层医疗保健服务体系工作机制，得到全国人大常委会副委员长、农工民主党中央主席陈竺等国家领导人的肯定，并在全省、全市推广，率先在全省实行新型农村合作医疗和城镇居民医保并轨管理，建立“基本医疗保险+大病医疗保险+医疗救助”的基本医保体系。重视旅游开发，提出“景镇园共建”工作思路，累计投入9.5亿元，重点解决油杉河、慕俄格等旅游景区基础设施建设，油杉河景区、慕俄格古城被评为国家AAA级旅游景区，油杉河大峡谷获批为国家级森林公园，被评为“中国最美休闲度假旅游目的地”，贵州宣慰府被评为“全国影视指定拍摄基地”，“奢香夫人”品牌成功申报为中国驰名商标。

2015年，恒大集团无偿投入30亿元结对帮扶大方县，计划用三年时间帮助全县贫困人口稳定脱贫。2015年12月19日，顾掌权代表大方县人民政府与恒大集团董事局主席许家印签订结对帮扶协议。2016年初，顾掌权刚做完咽喉肿瘤手术，即回到工作岗位与县四大班子领导一道精准对接恒大集团，从帮扶方案制定、项目踏勘选址到规划编制设计、工程建设管理等，全程参与，亲自调度，促进恒大集团结对帮扶与全县脱贫攻坚工作无缝衔接。

2016年8月，顾掌权因病辞去大方县委副书记、县长职务。2017年4月，顾掌权病逝。

陈洪坤

陈洪坤（1931—2017），贵州省大方县双山镇陈家寨人，高中文化。1950年3月参加工作，在坡脚区政府当秘书，后调回老家双山。1955年8月，任大定三区副区长。1956年8月，调任中共大定县委办公室副主任，发挥文字专长，被誉为当时大方县“三才子”之一。1959年12月，任县轻工业局副局长，多次被抽派参与县内大型的农业工作会、财贸工作会、三干会、工青妇大会、换届选举会、民族工作会及劳模大会等会议筹办和会务工作。“文化大革命”中没有安排具体工作。县革委成立生产指挥部后，当一般工作人员，在农建指挥部，参加农田基本建设。1977年5月，任社队企业管理局副局长。1984年3月，县委、县人民政府合署办公，任办公室主任，为大会资料把关，撰写工作总结、领导讲话稿及文件。常与县委书记、县长以及管农业的副书记、副县长到长石、沙厂、坡脚等偏远区乡开展调查研究，指导农业与农田基本建设，了解农情、民情，发展农业生产，控制人口增长，理顺关系，开创财源，平衡财政收支。1985年，任县人民政府党组副书记、县委常委、常务副县长。

陈洪坤在工作中严于律己，不谋私利。勤奋学习，博闻强记，大方图书馆新建馆时征集诗词楹联与书法作品建集景碑，陈洪坤撰联被采用。

党传绪

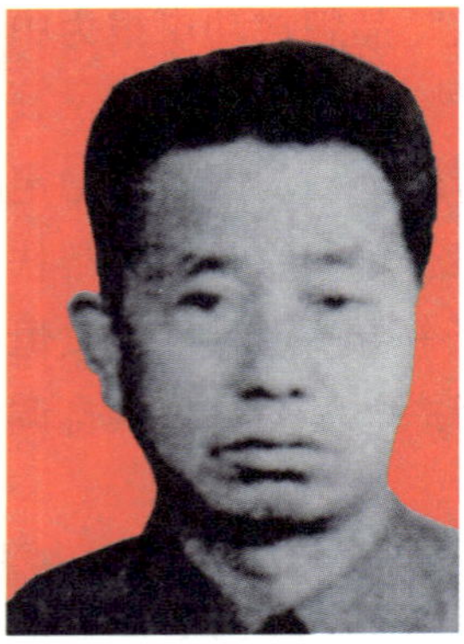

党传绪（1925—2017），山东省齐河县郑家楼人。初中文化。1945 年 7 月参加工作，在齐河县五区队当战士，同年 10 月加入中国共产党。1946 年转到一区队，5 月参加武工队，6 月任齐河县独立营班长，7 月任排长，1947 年任指导员，1948 年 9 月任六分区独立团一营一连指导员。1949 年 5 月任五十一师一五三团二营五连连长，6 月任副营长。跟随部队转战南北，参加山东齐河战斗和福建莆城战斗，多次受到表彰。中华人民共和国成立后，1951 年 1 月在第二高级部校（重庆）学习，1952 年学习结束后，调任四十九师后勤运输营营长，后任师后勤部计划科副科长。1955 年，被中央军委授予独立自由奖章和解放奖章，同年 11 月被授予大尉军衔。1957 年，在北京军区军事学院学习。1961 年 3 月，任一四六团后勤处处长，1962 年 8 月，晋升为少校军衔。1964 年，调贵州省毕节地区水城县，历任水城县人武部部长、县委书记。

1970 年 4 月，党传绪调任贵州省大方县人武部部长，组织开展县人武部建设和全县征兵、民兵工作。在大方县革委“补台”中任县革委副主任、主任。1970 年 11 月，任中共大方县核心领导小组组长。

1971 年 10 月至 1975 年 6 月，党传绪任大方县委书记。带领县委班子组织实施全县农业生产和经济工作。在农田基本建设中，常到各区乡农建点检查指导，带队到各县参观、学习取经，推动大方农田基本建设。党传绪公道正派，清正廉洁，对子女亲属要求严格，不谋私利，关心干部。在日常生活中与干部群众相处融洽，在干部群众中留下良好声誉。

1982 年 4 月，党传绪离休。1988 年，被中央军委授予独立功勋荣誉奖章。2015 年，获抗战胜利 70 周年纪念章。

杨光明

杨光明（1943—2017），苗族，贵州省大方县马场镇民丰村人。大专文化，中共党员。1964 年 9 月至 1965 年 5 月，在贵州省政法干校公安班学习。1965 年 5 月至 1988 年 6 月，先后在贵州省劳动局、兴义地区公安处、黔西南州公安处工作。

在黔西南州工作的 20 多年中，杨光明除每年春节回家探亲外，无暇顾及父母。为照顾年迈的父母，杨光明放弃在黔西南州政府任领导职务的机会，主动申请调回毕节工作，让父母在老家安度晚年。组织上在选配黔西南州公检法三家领导班子时，将杨光明作黔西南州检察院检察长拟任人选，杨光明再次婉拒组织上的提名。1988 年 6 月，调任大方县公安局局长。1990 年 5 月，任中共大方县委常委、大方县公安局局长。

1991 年 7 月，杨光明调任毕节地区公安处党委成员、副处长，按照坚持集体领导、实行分工负责的原则，协助处长工作，分管刑侦、治安、禁毒、防暴等工作，组织各项专项斗争，加强基层基础建设，多次受到毕节地委、行署和上级公安机关表彰。

在40多年工作中，杨光明先后获正处级侦察员、高级工程师、三级警监等荣誉。2017年7月，杨光明因病去世。

李巨连

李巨连（1928—2018），山东省金乡县人。中专文化。1945年7月参加工作，在金乡县周楼、孙珩、胡集等区任工作员、青年干事、委员。1947年5月，加入中国共产党。1947年7月，中国人民解放军晋冀鲁豫野战军第二、三纵队发动羊山战役期间，李巨连在金乡县胡集区负责战勤组织工作，发动群众支援前线。1949年2月下旬随军南下，4月渡江接管江西景德镇南市区，先后任民政干事、浮梁专区农协干事。9月编入二野五兵团西进支队。1949年11月25日贵州大定县解放，先后任大定县第一区、第十区组织干事、委员、区工委书记。

1950年，李巨连任第十区（达溪）组织委员时，土匪猖獗，县委组织5个武工队清剿土匪，李巨连兼任第一武工队指导员，与部队营长多守存配合，带领武工队员在锅厂一带打击消灭土匪。同年6月30日，长石、瓢井、达溪、百纳等几个区的匪首纠集1000余名匪众袭击锅厂（瓢井、达溪两区区委临时所在地），李巨连冒着枪林弹雨，只身绕道到县城汇报紧急情况。县委领导亲自带队出战，李巨连随即会同多守存带领武工队急速返回锅厂，集中火力向土匪聚集点发起猛攻，打死打伤土匪数十人，迫使残余匪众向东北方向逃窜。此后，第一、二武工队又活动于高枧、坝子、达溪、瓢井等地，在瓢井中洞与达溪交界的新店子又消灭了30多人，分散在百纳、长石的土匪亦先后被消灭，瓢井、达溪区委从锅厂撤回，恢复办公。

1954年11月，李巨连任大定县委常委、宣传部部长。1961年，兼任县委办公室主任。1964年6月后，先后任县委副书记、县革委第一副主任、党核心领导小组副组长。

1955年1月至1967年4月，李巨连兼任共青团大方县第一届至第八届委员会书记，1965年3月至1966年5月，兼任县农协会主席。1966年4月至1969年9月，李巨连在“文化大革命”中受打击，被下放劳动。1971年，任县核心领导小组副组长后，与任组长、书记的党传绪紧密配合，抓全县工农业生产、征兵、民兵工作。因六龙区报高粮食产量，春节后部分群众生活困难，李巨连与县委分管农业的副书记杨金伦共商，以解决种子的方式返还5万多公斤救济粮，使人民群众免受饥饿之苦。在担任农田基本建设指挥长期间，与抽调干部住在羊场坝指挥部，经常巡回到各区乡农田基本建设第一线，指挥农田基本建设，创办《农田基本建设战报》。参加全国农业工作会议后，亲自撰写文件，传达会议精神，掀起农田基本建设新高潮，治山治水大见成效，“三改”（坡改梯、瘦改肥、土改田）工作有新突破，工程发挥作用，农民群众得到实惠。李巨连重视发展生漆生产，落实树苗经费，带领机关干部职工到凤山乡栽种漆树。安排拨款造林，带领干部职工到大海坝一带植树造林。

1976年10月，李巨连任中共毕节地委委员、中共大方县委第一书记，兼任县人武部第一政治委员、党委第一书记。1978年3月，当选为中国共产党贵州省第四届代表大会代表。1980年5月，调任中共毕节地委党校副校长。1983 年任毕节地区行署计划委员会主任、党组书记，跑省进京，解决发展计划工作中的热点、难点问题。1985 年 6 月，按副厅级干部待遇离休。2015 年，提高待遇，按副省（部）级标准报销医疗费。

2018 年，李巨连因病去世，骨灰安葬于大海坝烈士陵园。

欧阳德明

欧阳德明（1928—2018），贵州省大方县鸡场乡甘棠村人。中共地下党员。1949 年 5 月至 1949 年 12 月，在中共大定地下党羊场（航发厂）特支工作。1950 年，任甘棠乡武装干事。1950 年 12 月至 1954 年 4 月，在县公安局工作，任股长、政治协理员。1954 年 4 月，调县人民检察院工作，任检察员。1957 年，因被错划右派分子调林业局工作。1979 年平反后，调县人民检察院工作，任检察员、监所检察科科长。

欧阳德明到检察院工作后，以亲身经历、经验、教训抓思想政治工作，教育年轻干部。在业务工作上，重事实，重证据，注重案件质量。1979 年，连夜加班办理大案，受理公安机关提请逮捕吴某某团伙抢劫案，弄清 15 人团伙抢劫的犯罪事实，批准逮捕主犯吴某某、劳改逃脱教唆犯穆某某等 7 人，除劳改逃脱犯未抓获外，其余 6 人依法治罪，责令悔改，赔偿损失。1980 年，办理案件 6 件，破获清镇、毕节彭某某、张某某等 3 人在大方县城南门三天三次拦路抢劫案。是年，欧阳德明被评为县人民检察院好党员。1981 年建立监所检察科后，把重点放在打击抗改分子、教育改造犯人上，办理抗改加刑案 38 件 43 人。带领法检科检察员办理“五一”案件，仅 1 个月，查明妨碍公务罪、扰乱社会秩序罪、侮辱诽谤罪等问题，逮捕犯罪嫌疑人 3 人。1981 年，欧阳德明被评为县人民检察院先进工作者。1982 年，被评为毕节地区检察系统先进工作者、大方县优秀党员。1983 年，在打击刑事犯罪斗争中，被县委抽派参加调查核实地下党材料，并兼顾检察工作业务，欧阳德明以党的事业为重，从不计较个人得失。1984 年，被评为毕节地区检察系统先进工作者。1985 年，欧阳德明离休。

龙中海

龙中海（1977—2018），贵州省大方县猫场镇箐口村人。1995 年初中毕业后，因家庭经济困难外出务工。

龙中海在浙江打工的 20 余年时间里，一直从事蜜蜂养殖管理，熟练掌握蜜蜂养殖技术。2016 年，龙中海婉言谢绝老板的高薪聘请，回乡创业。为改变家乡贫穷落后面貌，自己出资组织群众到遵义、重庆等地考察学习经果林发展模式、种植技术等。同年，贷款 5 万元入股成立猫场镇富家蜜蜂养殖专业合作社，养殖蜜蜂 600 余箱，覆盖贫困户 47 户 87 人，带领群众脱贫致富。

2017 年，龙中海带头成立猫场镇追梦种植养殖专业合作社，带领 16 户贫困户发展种植业和养殖业，种植李子400亩、枇杷1000亩，林下养鸡4000羽。合作社成立后，龙中海逐户动员群众，传授种植、养殖技术和脱贫致富经验。在经果林基地上，给群众示范经果林种植管理和蜜蜂分蜂、育王等关键技术。在龙中海的带动下，箐口村发展经果林3000余亩，养殖蜜蜂600余箱。为拓宽蜂蜜、荞制品等土特产品的销售渠道，2017年3月，龙中海向国家工商总局申请注册“玉蜂兴村”商标获批，成为猫场镇箐口村十大带头致富典型之一。是年，为保护好箐口村绿水青山，龙中海主动担负起箐口村护林员职责。在森林防火期，夜以继日巡护山林，做宣传，控火源，严把守，任劳任怨。

2018年4月5日中午，猫场镇箐口村小丫口组发生森林火灾，龙中海奋不顾身，英勇扑火，最终倒在烈火中，献出年仅41岁的生命。

英烈一览表

姓名	出生年份	籍贯	家庭住址	参加革命时间	牺牲时间	牺牲地点	牺牲时所在单位	牺牲时职务
胡世新	1912	贵州省遵义市		1936	1936	贵州省大方县城	贵州省大定县城南游击队	队员
杨兴民		贵州省大方县			1950	贵州省罗甸县	中国人民解放军七六六二部队二十一分队	战士
金正文		贵州省大方县		1949	1950	大方县	贵州省大定县情报站	通讯员
陈开发	1920	贵州省大方县	核桃乡核桃村	1949	1950	贵州省大方县	贵州省大定县剿匪指挥部	战士
金树臣	1912	贵州省大方县	凤山乡银川村	1949	1950	贵州省大方县	贵州省大定县剿匪指挥部	通讯员
陈神龙	1910	四川省		1949	1950	贵州省大方县	贵州省大定县情报站	小组负责人
王柏林		贵州省大方县			1953	朝　鲜	中国人民志愿军四十七师一三九团三连	战士
李明志	1931	贵州省大方县	沙厂乡戛木村		1954	朝　鲜	中国人民志愿军四十七师	战士
陈国元	1956	贵州省大方县	兴隆乡上坝村	1980	1990	贵州省大方县瓢井镇	贵州省大方县瓢井区工商所	职工
刘崇军	1958	贵州省大方县	瓢井镇西街村		1990	贵州省大方县瓢井镇		战士

已故知名人士一览表

姓名	生卒年	出生地	单位及职务	政治面貌	参加工作时间	简介
吴雨痕	1900—1974	贵州省大方县城关	大方县印刷厂会计		1950	书写大海坝烈士墓群体碑及烈士碑数十通
饶慕欧	1907—1976	贵州省大方县城关	大方县城关镇私立中学教师		1950	书写大海坝烈士墓群体碑及烈士碑数十通
章心如	1902—1992	贵州省大方县城关	大方县卫生院		1950	曾任国民党第四军五九师中校军医，1950年参加大定医疗协会，长期义务上门为老百姓看病，分文不取
王虚谷	1908—1992	贵州省大方县城关	大方县城关联合诊所		1951	深研医学，1951年响应政府号召，与他人联合创建大方城关第一联合诊所
刘　艳	1979—1993	贵州省大方县东关乡	学生			勇救落水同伴牺牲
刘维林	1913—1994	贵州省大方县瓢井镇	大方县人民医院		1951	自幼学医，1936年在大方参加红军，参与打土豪、分田地，参加抢救伤员，为老百姓治伤，1958年选调到贵阳医学院工作，1963年调回大方县中医院工作
杨和林	1937—1994	贵州省大方县响水乡	大方县政协副主席		1960	曾任省政协委员
刘宗明	1926—1996	贵州省大方县竹园乡	毕节地区中医院副院长	中共党员	1950	医学论文获贵州省科学技术协会自然科学论文三等奖
毛光荣	1921—1996	四川省富顺县	大方县人民医院医生		1950	14岁从军，1935年随川军到大定，留大定县卫生院工作，后在大定县卫生院、百纳医院、县人民医院工作，1972年，参与组建大方城关中街联合诊所
杨少先	1942—1996	贵州省大方县				贵州省书法协会会员、美术协会会员，擅长书法、美术
吴世凡	1921—1996	贵州省水城县	大方县政协副主席		1954	县政协第一届、第二届、第三届委员会副主席
聂永旭	1959—1996	贵州省大方县文阁乡	大方县文阁乡太河村支书	中共党员		在修筑通村公路爆破作业中，排除未爆炸的爆破装置，以身殉职

续上表

姓名	生卒年	出生地	单位及职务	政治面貌	参加工作时间	简介
殷义文	1927—1996	贵州省大方县城关	大方县物资局局长	中共党员	1949	任县水电局负责人期间，理化大岩洞水库、长石红岩电站等开工，牛场新街水库、高店大水沟水库等竣工
黄正乾	1939—1998	贵州省大方县竹园乡	毕节地区建设局党组副书记、副局长、高级工程师	中共党员	1958	1958年参军，在铁道兵部队服役20年，1978转业到地方后在建设部门工作，争取资金维修竹园到海马箐脚公路
颜绍荣	1911—2000	贵州省大方县城关	大方县工商联工作员		1953	贵州省诗词学会会员，大方县诗词学会会员，作品在《中华诗词》《华夏吟友》等书刊上发表，1996版《大方县志》编辑之一
夏鸿翔	1930—1999	山东省沂水	大方县纪委	中共党员	1945	曾任大方县委常委、纪委书记
章正炘	1921—2000	贵州省大方县	大方县农场职工			贵州省诗词楹联学会会员，毕节地区诗词楹联学会会员，大方县诗词楹联学会理事，作品在《中华诗词》《华夏吟友》《当代中华诗词集》等书刊发表，1996版《大方县志》编辑之一
陈贤松	1937—2000	贵州省大方县	大方县水电局技术员		1955	1982年1月4日，在参加毕节地区水利工作会返回大方途中遭遇车祸受伤，被定为三等甲级残废，长期带病坚持工作，1983年，被国家民委、劳动人事部授予“在少数民族地区长期从事科技工作”荣誉证书
王晓衡	1931—2001	贵州省大方县果瓦乡	大方县国土资源局局长	中共党员	1951	任长石区革委会副主任期间，长石区被评为贵州省农牧生产先进集体，因服务“三农”成绩突出受农业部表彰
王中华	1944—2001	贵州省大方县安乐乡	大方县政协副主席	中共党员	1964	曾任县委统战部部长、县政协副主席兼秘书长
李慈善	？—2001	山东省金乡县	中共大方县委副书记	中共党员		曾任县委副书记，县“三项工程”（大方县东风电站、六龙化肥厂、移山水库）指挥部政委、副指挥长
宋邦杰	1937—2003	贵州省贵阳市	大方县卫生局局长	中共党员	1951	曾任县人民医院副院长、县中医医院院长、县卫生局局长
王祖芬	1938—2003	贵州省大方县城关	大方县人大教科委主任	中共党员	1959	1957年被评为全省妇女社会主义建设积极分子，1958年被评为全国青年社会主义建设积极分子，受到中央和省表彰

续上表

姓名	生卒年	出生地	单位及职务	政治面貌	参加工作时间	简介
廖朝栋	1931—2004	贵州省大方县瓢井镇	大方县政协副主席	中共党员	1951	县政协第二届、第三届委员会副主席
王桂森	1931—2005	贵州省大方县竹园乡	贵州民族学院副院长	中共党员	1951	曾在贵州大学、贵州民族学院任教，获贵州省高校为人师表先进个人、贵州省高校政治理论课先进教师、贵州省机关优秀共产党员等称号
周洪俊	1920—2005	贵州省鼎新乡	大方县各族各界代表委员会委员	中共党员	1950	解放初期任坡脚区农民区长，1952年2月被选为西南各民族参观团代表赴京参观，受到毛泽东、周恩来、朱德、刘少奇接见，同年7月参加全国第二届各族各届人民代表大会，曾参加湘黔铁路、东风电站修建
王英霞	1927—2005	江苏省江阴市	大方县人大常委会副主任	中共党员	1946	大方县第八届人大常委会副主任
尘学道	1925—2006	山东省	大方县水利局局长	中共党员	1945	任县农田水利局局长期间，全县先后修建了小海坝、大水沟、螺蛳塘水库、官田水库、新源水库、牛集水库等水利工程
罗万象	1929—2006	四川省资中县	大方二中校长	中共党员	1949	曾任大方二中校长、大方扶风诗社理事，参与《大定府志》点、校、注
徐德立	1967—2006	贵州省大方县城关	大方县雨冲乡乡长	中共党员		2001年2月至2006年2月任雨冲乡政府乡长，2006年2月18日，在进村入户督促计划生育工作返回乡政府途中遭遇车祸，因公殉职
金克荣	1926—2008	河南省西华县	大方县水利局局长	中共党员	1944	1945年参加八路军，在十八兵团一连先后任战士、班长、指导员。1958年转业到大方工作，任县水利局局长，期间，移山水库大坝竣工，响水吊兰电站竣工，双山法寨河电站建成
颜登明	1946—2008	贵州省大方县羊场镇	大方县政协副主席	中共党员	1967	县政协第七届、第八届委员会副主席
姜继彬	1956—2008	贵州省大方县绿塘乡	大方县政协副主席		1979	县政协第五届、第六届、第七届委员会副主席
贺远 贺兴永	1980—2008	贵州省大方县瓢井镇	农民			兄弟二人因抢救一名不慎掉入12米深井的六旬老人而献身
孙洪健	1978—2009	贵州省大方县	大方县安乐乡乡企站负责人	中共党员	1997	2009年3月31日，在打击非法采煤窝点工作炸封填埋小煤窑时殉职

续上表

姓名	生卒年	出生地	单位及职务	政治面貌	参加工作时间	简介
何世祥	1934—2009	贵州省金沙县	大方县种子公司经理	中共党员	1955	1983年，《红芸豆提纯复壮推广》课题获贵州省科技成果二等奖，同年获“在少数民族地区长期从事科技工作”荣誉证书
杨永忠	1938—2011	贵州省大方县	大方县党史研究室副主任	中共党员	1957	中国《周易》研究会、贵州省易经研究会、贵州省中医多学科研究会会员，著有《五行生克和遗传密码的组合排列》等
黄正才	1933—2011	贵州省大方县竹园乡	毕节地区烟草局局长	中共党员	1952	曾任大方县烟草局副局长、毕节地区烟草专卖分局局长等职，1983年被国务院计划生育委员会授予“全国计划生育先进个人”称号
李大斌	1927—2012	贵州省瓮安县	大方县烟草办公室副主任	中共党员	1951	曾任六龙区农技站站长、县烟草办公室副主任等职，20世纪80年代中期用3年时间研究发明烟叶“五一”烤房，获国家科技二等奖，曾出席全国劳模会，参加全国政协一届三次会议
黄家源	1944—2012	贵州省大方县普底乡	贵州省民政厅副厅长	中共党员	1969	曾任毕节地区民政局副局长、贵州省民政厅副厅长等职
陈达三	1939—2012	四川省碧山县	大方县农业局副局长	中共党员	1963	获国家“长期坚持农牧渔业推广工作”荣誉证书
欧开武	1922—2012	贵州省毕节市	大方县种子公司经理	中共党员	1949	1954年被评为贵州省劳动模范，长期从事农牧渔技术推广工作
李　卿	1917—2012	贵州省大方县竹园乡	毕节地区民委民族研究所			贵州省诗词学会会员、贵州省彝学研究会会员，诗词作品收入《华夏吟友》《中华诗魂》《当代诗词六百家代表作精选》等书刊，著有《景云诗文集》
魏开君	1950—2013	贵州省大方县城关	大方县委办公室副主任	中共党员		擅长书法、灯谜、诗词歌赋，曾任大方县灯谜协会会长、县书法家协会理事、县诗词楹联学会会员，《扶风诗刊》责任编辑，参与《大方诗词选》《大方灯谜选》《大方文艺》《今日大方》等书刊编纂，著有《听雨楼诗草》
刘长明	1931—2013	贵州省织金县	大方县革委会主任	中共党员	1951	在大方县革委会工作期间，贡献突出
康肇珍	1931—2013	贵州省大方县安乐乡	大方县计划委员会主任	中共党员	1949	任职期内，单位多次获毕节地区和大方县委、县人民政府表彰

续上表

姓名	生卒年	出生地	单位及职务	政治面貌	参加工作时间	简介
陈世勇	1970—2014	贵州省大方县普底乡	大方县三元乡乡长	中共党员	1995	任三元乡乡长期间，因工作繁忙，积劳成疾，生病未及时医治，导致病情恶化去世
龙耀文	1928—2014	贵州省大方县	大方县财政局局长	中共党员	1949	曾任县财政局、税务局局长多年，“文化大革命”时期任县生产指挥部领导，任职期间财政局多次获毕节地区表彰
欧阳宇	1942—2014	贵州省贵阳市	大方县畜牧局副局长	中共党员	1966	1980年、1982年、1986年分别获毕节地区行署科技进步三、四等奖
李际唐	1937—2015	安徽省安庆市	大方县农业局	中共党员	1960	长期在大方工作，曾获“全国农业区划先进工作者”称号
高元春	1932—2015	贵州省大方县六龙镇	大方县水电局副局长	中共党员	1950	在县水电局工作期间，负责毛栗水库大坝维修和供水管网建设，贡献突出
周高友	1970—2015	贵州省大方县猫场镇	大方县马场镇镇长	中共党员	1995	曾任县司法局副局长，在任马场镇镇长期间，因工作繁忙，积劳成疾，未及时医治，导致病情恶化去世
傅贤能	1965—2016	贵州省大方县响水乡	贵州省龙里县县委常委、人武部政委	中共党员	1985	曾多次被中央电视台等媒体采访、报道先进事迹，获贵州省道德模范提名奖，被贵州省军分区评为“军人道德之星”、授予上校军衔
林科甲	1928—2016	贵州省毕节市七星关区朱昌镇	大方县人大常委会副主任	中共党员	1959	曾任县人民政府副县长，县革委副主任、农办主任
陶　平	1954—2018	贵州省大方县八堡乡	大方县人大常委会副主任	中共党员	1970	曾任县第十三届、第十四届、第十五届人大常委会副主任，县人大常委会正县级干部
杜昌远	1934—2018	贵州省大方县	黔西县政协副主席（正县级）	中共党员		先后任黔西县卫生局副局长，黔西县委副书记、县长，毕节地区卫生局局长，黔西县政协第三届、第四届、第五届副主席（正县级）
文兴俊	1936—2018	贵州省大方县	大方县农业局副主任科员	中共党员	1955	1992年被评为贵州省农业厅先进工作者，1996年评为毕节土壤普查先进工作者

已故离休干部一览表

姓名	生卒年	性别	民族	籍贯	文化程度	入党时间	参加工作时间	离休单位	职务	离休时间
吴　秀	1920—1964	男	汉族	江西乐平	高小		1949	瓢井供销社	干部	
杜祖礼	1922—1969	男	汉族	江苏沛县	初小	1956	1949	县公安局	干部	
徐文秀	1924—1970	男	汉族	安徽阜南	初小	1942	1940	县劳资局	负责人	
张　震	1928—1972	男	汉族	河南南阳	高小	1963	1949	六龙粮管所		
薛万伯	1927—1974	男	汉族	辽宁辽阳	高小	1953	1948	县食品公司		
丁远祥	1920—1977	男	汉族	山东单县	初中	1944	1947	县交通局	局长	
田玉全	1919—1978	男	汉族	山东巨野	初小	1948	1947	县漆器厂	支书	1977
邓寿根	1931—1978	男	汉族	湖南			1949	县轻工局		
段志忠	1928—1978	男	汉族	山西新译			1949	鸡场粮管所	副所长	1977
王聚才	？—1979	男	汉族	山东城武			1947			
张洪学	1924—1980	男	汉族	江苏沛县	高小	1950	1949	县盐业公司	副经理	1980
陈法信	1921—1981	男	汉族	山东定陶	初小	1942	1941	城关粮管所	主任	1976
庄纯禄	1931—1981	男	汉族	黑龙江鹤江	初中		1946	百纳供销社	干部	1980
程鹤江	1927—1981	男	汉族	河南延津	高小	1949	1945	县交通局	副局长	1979
杜广才	1932—1984	男	汉族	江苏	高小	1950	1949	县粮食局	局长	
蒙　均	1919—1985	男	汉族	贵州大方	初小	1949	1949	县烟草局	干部	1984
吴传贤	1931—1986	男	汉族	江西乐平	高小	1952	1949	县委宣传部	干事	1982
张应举	1922—1986	男	汉族	河南	高小	1948	1946	县群运站	站长	1985
曾家林	1926—1986	男	汉族	贵州大方	初小	1954	1949	羊场乡	副书记	1985
薛巨明	1908—1987	男	汉族	山东	初小	1947	1947	县政协	副主席	1983
陈荣才	1924—1987	男	汉族	贵州大方	初中	1951	1949	县车队	队长	1984
李书贵	1919—1988	男	汉族	山西	高小		1948	六龙医院	副院长	1982
石维新	1921—1988	男	满族	黑龙江	高小	1947	1946	县总工会	副主席	1982
袁景瑞	1931—1988	男	汉族	河北	初小	1946	1947	县药材公司	经理	1985
江维才	1920—1988	男	汉族	湖南	初小	1950	1948	县建筑公司	经理	1985
张象俊	1919—1989	男	汉族	山东	初中	1950	1949	县林业局	副局长	1982

续上表

姓名	生卒年	性别	民族	籍贯	文化程度	入党时间	参加工作时间	离休单位	职务	离休时间
赵明英	1926—1989	男	汉族	河南	高小	1947	1945	县行政科	干部	1983
贾传明	1923—1990	男	汉族	山东	初小	1950	1949	理化粮管所	所长	1983
杨德宝	1926—1990	男	汉族	北京	高小	1949	1949	县大修厂	厂长	1984
蒋敬轩	1924—1990	男	汉族	河北	初中	1949	1949	县广播局	局长	1984
尚中模	1915—1990	男	彝族	贵州大方		1950	1948	百纳区公所	干部	1983
刘占清	1913—1990	男	汉族	贵州大方	初小	1949	1949	鸡场食品站	干部	1979
石修生	1918—1991	男	汉族	河北	高小	1950	1948	县物资局	干部	1981
郭修祥	1928—1991	男	汉族	河南	高小	1949	1947	县供销社	副主任	1983
刘云盛	1919—1991	男	汉族	山东	初中	1949	1946	县经委	副主任	1985
徐喜贵	1923—1991	男	汉族	河北	高小	1949	1947	县民政局	副局长	1983
吴永福	1923—1992	男	汉族	贵州大方	初中	1949	1949	鸡场安化公社	副主任	1983
孙之中	1925—1992	男	汉族	贵州大方	初中		1949	县水电局	干部	1986
陈　云	1922—1994	男	汉族	湖北	初中	1949	1940	县交通局	副局长	1983
崔玉贵	1919—1994	男	汉族	山东庄平	初中	1947	1947	县农场	指导员	1983
李建忠	1926—1994	男	汉族	四川古蔺	高中	1949	1949	县商业局	副局长	1984
吕玉明	1925—1994	男	汉族	河南	初小	1949	1946	县木材公司	经理	1982
惠新芳	1924—1994	男	汉族	山东	高小	1947	1947	县物价局	副局长	1985
汪学军	1926—1994	男	汉族	江西	初中	1956	1949	县法院	干部	
赵福亮	1930—1994	男	汉族	河北献县	初中	1948	1945	县委	书记	
王绍武	1906—1994	男	汉族	贵州大方	初小	1936	1935			1971
李达柱	？—1994	男	汉族	山西乐平	初中		1949			
康占杰	1922—1994	男	汉族	四川	高小		1948	县养护工区	干部	1982
徐少武	1919—1994	男	汉族	贵州大方		1937	1935	省政府办公厅		
周发政	1928—1994	男	汉族	贵州大方		1950	1948	织金县人民政府办	干部	
谢少荣	1930—1995	男	汉族	贵州大方	高小	1950	1949	县计生办	副主任	
王元春	1920—1995	男	汉族	安徽	高小	1949	1948	县建委	副主任	1984
马顺清	1929—1995	男	汉族	河南	高小	1950	1948	县药材公司	经理	
孙浩礼	1939—1995	男	汉族	河南兰考	高小	1950	1047	县邮电局	工会副主席	1989
钟开阳	1930—1996	男	白族	贵州大方	初中		1948	县防疫站	医师	1984
殷义文	1927—1996	男	汉族	贵州大方	初中	1949	1949	县物资局	局长	
张节玉	1926—1996	男	汉族	河南省驻马店	高小	1949	1949	县养护段	党支部书记	1985

续上表

姓名	生卒年	性别	民族	籍贯	文化程度	入党时间	参加工作时间	离休单位	职务	离休时间
宋少泉	1922—1997	男	汉族	贵州大方	初小	1949	1948	达溪供销社	干部	1984
司小惠	1930—1997	男	汉族	山西晋城	初小	1948	1946	县汽车站	站长	1985
吕连生	1921—1998	男	汉族	湖北	初小		1949	达溪供销社	干部	1982
韩水忠	1928—1998	男	汉族	河南	初小	1953	1947	响水供销社	副主任	
周复荣	1915—1998	女	汉族	贵州大方	初小	1949	1949	县保健站	干部	1984
戴　奎	1925—1998	男	汉族	贵州大方	高小	1951	1949	六龙粮管所	干部	1985
刘朝品	1926—1998	男	汉族	贵州大方	初小	1951	1949	长石山坝公社	书记	1982
郑玉怀	1928—1998	男	汉族	山东	初中	1948	1947	县战备办	干部	1983
项益德	1918—1998	男	汉族	湖北南漳	高小	1948	1947	县战备办	副主任	1982
王荣初	1911—1998	男	汉族	四川	高小	1948	1947	县新华书店	经理	1982
刘文广	1923—1999	男	汉族	江苏	高小	1943	1942	县民政局	局长	1981
张瑞银	1927—1999	男	汉族	贵州大方	高小	1950	1949	县卫生局	干部	1983
吴　坚	1932—1999	男	汉族	福建	高中		1949	县商业局	干部	1984
周兴邦	1927—1999	男	汉族	贵州大方	高小	1950	1948	县供销社	干部	1982
刘云才	1929—2000	男	汉族	黑龙江	高小		1947	县土产公司	干部	1985
胡文通	1930—2000	男	汉族	江西	高中	1981	1949	县农机站	站长	1985
申水生	1925—2000	男	汉族	河北	高小	1946	1945	县养护工区	区长	1985
潘　超	1932—2001	男	汉族	江西	高中		1949	城关区一小	会计	1986
罗　熙	1928—2001	男	汉族	贵州大方	初中	1956	1949	县联社	事务长	1983
吕成瑞	1924—2001	男	汉族	辽宁阜新	高小	1950	1947	县农行	主任	1985
苗锁银	1930—2001	男	汉族	山西左权	高小	1948	1947	县人民政府办	干部	1984
袁泽润	1925—2002	男	汉族	河北	初中	1949	1947	县文化局	调研员	1985
季　延	1926—2002	男	汉族	福建	小学		1949	县农行	干部	1989
赵方连	1928—2002	男	汉族	山东泰安	初小	1949	1946	县邮电局	副局长	1982
何绍根	1928—2003	男	汉族	湖南	初中	1950	1949	县商业局	工会副主席	1984
于登惠	1922—2003	男	汉族	山东	初中	1947	1944	县林场	场长	1984
陈保太	1927—2003	男	汉族	河南	高小	1946	1947	县粮食局	工会主席	1985
李云佩	1923—2003	男	汉族	四川遂宁	初小	1949	1949	县招待所	所长	1983
张亚群	1917—2003	女	汉族	四川	高小	1949	1949	县妇联	副主任	1980
王新生	1932—2003	男	汉族	山西	高小	1948	1947	县粮管所	干部	1992
王宪文	1920—2003	男	汉族	贵州大方	初小	1937	1935	县工行	股长	1975
李绍银	1921—2003	男	汉族	贵州大方	初小	1950	1948	长冲公社	调研员	1983

续上表

姓名	生卒年	性别	民族	籍贯	文化程度	入党时间	参加工作时间	离休单位	职务	离休时间
冯维松	1925—2003	男	汉族	湖北	初小	1943	1943	县轻工局	股长	1982
陈昭举	1916—2003	男	汉族	山东	初小	1949	1947	长石工商所	所长	1982
闫世坤	1918—2004	男	汉族	河南	高小	1948	1947	县财办	副主任	1982
杜　林	1921—2004	男	汉族	江苏	高小	1950	1949	县五金公司	支书	1983
王奇臣	1930—2004	男	汉族	河南	高小		1947	县粮管所	干部	1985
周少云	1926—2004	男	汉族	贵州大方	高小	1950	1949	县木材公司	干部	1985
王英霞	1927—2005	女	汉族	江苏	高小	1950	1949	县人民医院	院长	
龚太华	1924—2005	男	汉族	四川万县	初小	1948	1947	六龙硫磺矿	干部	
韦　新	1928—2005	男	汉族	贵州大方	初中	1952	1947	县专卖局	干部	1988
李文才	1930—2005	男	汉族	安徽	初小		1946	县食品站	干部	
牛群英	1924—2005	男	汉族	河北	初小	1948	1947	县民政局	副局长	1984
赵宝林	1928—2005	男	汉族	河北	高小	1949	1948	六龙硫磺厂	干部	
戴永礼	1925—2005	男	汉族	山东	初中	1981	1947	县交通局	副局长	
杜长海	1925—2005	男	汉族	河南南召	高小	1949	1948	县供销社	干部	1986
喻芝荣	1922—2005	女	汉族	贵州大方	初小	1949	1949	县饮食服务公司	干部	1983
魏玉彬	1918—2005	男	汉族	河南西华	中专	1941	1941	县邮电局	局长	1985
王学贵	1921—2006	男	汉族	山东单县	初中	1949	1940	县工行	行长	1986
李存文	1918—2006	男	汉族	山西	高小	1938	1937	县工业局	副局长	1981
刘凤文	1922—2006	女	满族	黑龙江	初小		1945	县零售商店	干部	1983
刘伦举	1928—2006	男	汉族	贵州大方	高小	1954	1949	瓢井区路布公社	调研员	1988
尘学道	1925—2006	男	汉族	山东	初中	1947	1945	县建委	副主任	1985
仇全喜	1928—2006	男	汉族	山东	高小	1949	1946	县物资局	副局长	1985
邬道成	1927—2006	男	汉族	江西高安	中专	1956	1949	县物价局	调研员	1990
彭文清	1927—2006	男	汉族	湖北汉阳	高小	1950	1948	县农行	主任	1986
李　彬	1929—2007	男	川青	贵州纳雍	初中		1949	县林业局	干部	1986
王凤岐	1927—2007	男	汉族	河北临城	高小	1947	1947	县自来水公司	经理	1985
李乐山	1928—2007	男	汉族	贵州大方	初中	1950	1949	鸡场区新场乡	乡长	
潘永成	1930—2007	男	汉族	山东	初中	1949	1947	县物资局	干部	1985
刘法周	1920—2008	男	汉族	河南杞县	高小	1949	1948	县粮食局	干部	1992
赵庆山	1929—2008	男	汉族	辽宁	高小	1956	1946	县粮食局	干部	1991
张学仁	1922—2008	男	汉族	河南安阳	初小	1947	1945	县畜牧局	副局长	1981
李永先	1934—2008	女	汉族	贵州大方	高小	1976	1948	县盐业公司	副经理	

续上表

姓名	生卒年	性别	民族	籍贯	文化程度	入党时间	参加工作时间	离休单位	职务	离休时间
张海峰	1924—2008	男	汉族	吉林	初小	1950	1947	县电影公司	副经理	1982
周家荣	1926—2008	男	汉族	安徽	高小	1949	1948	理化区	副区长	1984
鲁志伦	1927—2008	男	汉族	贵州大方	初小	1956	1949	坡脚医院	指导员	1983
金克荣	1926—2008	男	汉族	河南西华	初中	1946	1944	县建行	行长	1983
彭绍华	1925—2008	男	汉族	贵州大方	高小		1947	鸡场工商所	干部	1985
魏唐模	1931—2009	男	汉族	福建	初中	1980	1949	县农资公司	干部	1983
于兆祥	1931—2009	男	汉族	河北	高小	1950	1948	县商业局	干部	1987
金　莹	1930—2009	女	汉族	福建	初中	1976	1949	县总工会	秘书	1982
张　平	1927—2009	男	汉族	贵州大方	高小	1949	1948	瓢井供销社	干部	1983
杨东义	1926—2009	男	汉族	湖北	初小	1950	1948	城关区	副区长	1985
周景林	1928—2010	男	汉族	河北	高小	1973	1946	县林业局	场长	
牛发群	1926—2010	男	汉族	河南	高小	1952	1949	县土产公司	经理	1984
李宗荣	1926—2010	男	汉族	河南	初中	1949	1948	县爱委会	主任	1985
郭贵贤	1930—2010	男	布衣	贵州大方	初中	1953	1949	县信访科	科长	
杨坤田	1927—2010	男	汉族	河南	初小	1948	1947	县制鬃厂	副厂长	1983
宫作宾	1921—2010	男	汉族	辽宁	初中	1949	1947	县供销社	股长	1983
李玉东	1920—2011	男	汉族	河南	初中	1947	1945	县人大	副主任	1982
彭国钧	1927—2011	男	汉族	贵州大方	高中	1949	1949	县教育局	干部	1984
路德明	1926—2011	男	汉族	河北	高小	1949	1947	县烟草局	干部	1985
曾昭瑞	1925—2012	男	汉族	河北	初中	1945	1945	县教育局	工会主席	1982
刘福顺	1929—2012	男	汉族	山西	初中	1950	1947	县教育局	工会主席	
马良国	1926—2012	男	汉族	云南	初中	1956	1949	县农机站	站长	1983
库玉亭	1928—2012	男	汉族	河南	初中	1948	1947	县战备办	副主任	1986
李长江	1927—2013	男	汉族	黑龙江	高小	1951	1948	县种子站	副站长	1982
皇甫德风	1929—2013	男	汉族	河南	初中	1950	1947	县环管站	站长	1985
勾忠国	1926—2014	男	汉族	贵州大方	高小	1949	1949	城关区二小	教师	1983
靳行尧	1926—2014	男	汉族	贵州大方	高小	1953	1948	双山区公所	副区长	1984
邵清安	1917—2014	男	汉族	四川	高小	1948	1946	县物资局	干部	1982
鲁德才	1931—2014	男	汉族	河北	初小	1950	1948	响水医院	院长	1989
龚本华	1930—2014	男	汉族	河南	高小	1949	1948	县外贸站	干部	1991
杨家满	1926—2015	男	汉族	贵州大方	初中	1950	1948	长石张大小学	校长	1983
王殿路	1929—2015	男	汉族	山东	高小	1949	1947	六龙粮管所	干部	1983

续上表

姓名	生卒年	性别	民族	籍贯	文化程度	入党时间	参加工作时间	离休单位	职务	离休时间
欧德全	1931—2015	男	汉族	贵州大方	高小	1949	1949	鸡场财政所	所长	1983
王春武	1924—2015	男	汉族	黑龙江	初中	1947	1946	县人大	副主任	1983
章永亮	1923—2015	男	汉族	江苏	大专		1949	大方一中	教师	1983
张承万	1915—2015	男	汉族	河南	小学	1945	1945	县总工会	主席	1981
白双全	1926—2015	男	汉族	山西	初小	1950	1949	县化肥厂	股长	1982
单承运	1925—2015	男	汉族	山东	高小	1946	1944	县战备办	主任	1985
高明信	1929—2015	男	汉族	河北	高小	1949	1948	县盐业公司	经理	1984
于方刚	1927—2015	男	汉族	辽宁辽阳	高小	1949	1948	县农行	股长	1987
吴远文	1928—2016	男	汉族	贵州大方	高小	1950	1949	鸡场区新场乡	副书记	1983
肖明海	1931—2016	男	汉族	贵州大方	初中	1953	1949	长石区公所	副区长	
徐德礼	1927—2016	男	汉族	陕西	小学	1951	1948	县总工会	副主席	1983
刘德银	1927—2016	男	汉族	内蒙古	初小		1947	理化粮管所	干部	1983
赵同春	1931—2016	男	汉族	河北	初中	1948	1947	县人民政府办	干部	1990
武树成	1928—2016	男	汉族	贵州大方		1951	1949	百纳烟草站		1990
郝毓林	1929—2017	男	汉族	山东	初中	1949	1945	县医药公司	经理	1985
汪跃光	1931—2017	男	汉族	江西	高小		1949	理化粮管所	干部	1984
陈通来	1920—2017	男	汉族	广东	高小		1947	县烟酒公司	副经理	1983
杨朝俊	1928—2017	男	汉族	河南	高小	1949	1947	县烟酒公司	经理	1985
任国宝	1928—2018	男	汉族	河南	初中	1948	1947	县外贸站	站长	1982
周畲根	1930—2018	男	汉族	江苏	初中	1948	1945	县工商局	股长	1985
何金生	1932—2018	男	汉族	河北	初小	1952	1948	县药材公司	干部	1985
欧阳德明	1928—2018	男	汉族	贵州大方	初中	1949	1949	县检察院	科长	1985

1975—2015年大方县荣立二等功以上军人一览表

序号	姓名	性别	民族	出生年月	籍贯	文化程度	入伍时间	退伍时间	立功受奖等级	立功受奖时间
1	李正本	男	苗族	1950.1.15	大方县兴隆乡青杠村大寨组	初中	1971.6.1	1976.3.10	二等功	1975.9.25
2	周开强	男	汉族	1955.3.15	大方县羊场镇羊场社区	初中	1976.3.1	1981.1.1	二等功	1979.4.21
3	杨　智	男	彝族	1969.10.2	大方县大方镇龙井村丫口组	初中	1987.10.21	1992.12.1	二等功	1992.5.1
4	吴道江	男	彝族	1971.3.11	大方县大方镇贵西大道	本科	1990.3.1	2006.4.1	一等功 二等功	2002.12.24（二等功） 2003.4.30（一等功）
5	樊　平	男	汉族	1979.3.28	大方县大方镇	大专	19971201	2006.4.1	二等功	2000
6	周健芳	男	汉族	1977.9.4	大方县大方镇路塘村一组	大专	1996.12.1	2004.12.1	二等功	2003.7.31
7	李　志	男	汉族	1987.2.23	大方县安乐乡尚寨村	初中	2004.12.1	2006.12.1	二等功	2010
8	董正全	男	汉族	1987.1.9	大方县顺德街道龙昌村六组	大专	2008.12.1	现役军人	一等功	2011

2018 年大方县健在百岁老人一览表

序号	姓名	性别	民族	出生年月	本人身份	年龄	家庭住址
1	崔少珍	女	汉族	1915.12	农民	103	羊场镇新田村卜塘组
2	蒙有忠	男	汉族	1915.11	农民	103	羊场镇桶井村金竹组
3	彭世荣	女	汉族	1917.9	农民	101	理化乡石牛村松林组
4	袁诗秀	女	汉族	1912.11	农民	106	核桃乡伐木村坡脚组
5	田德仲	男	汉族	1914.1	农民	104	核桃乡伐木村坡脚组
6	胡术珍	女	汉族	1916.12	农民	102	对江镇营兴村五组
7	张态珍	女	汉族	1917.2	农民	101	对江镇营兴村六组
8	王兴秀	女	汉族	1913.8	农民	105	兴隆乡狮子村营脚组
9	石朝飞	女	汉族	1911.5	农民	107	八堡乡天宝村金钟组
10	王廷秀	女	汉族	1917.10	农民	101	瓢井镇瓢井村南街四组
11	穆国学	女	汉族	1912.1	农民	106	瓢井镇联坪村店子组
12	彭少成	男	汉族	1917.9	农民	101	雨冲乡红旗村大土组
13	彭绍武	女	汉族	1916.3	农民	102	红旗街道蔬菜村五组
14	王少珍	女	彝族	1913.11	农民	105	鼎新乡长丰村烂坝组
15	宋李氏	女	汉族	1917.8	农民	101	东关乡马鞍村大阁三组
16	杨吉秀	女	汉族	1918.7	农民	100	小屯乡市院村花洞组
17	明秀珍	女	汉族	1918.2	农民	100	八堡乡复兴村田坪一组
18	陈新飞	女	汉族	1918.10	农民	100	八堡乡荆竹村荆竹组
19	文绍先	男	汉族	1918.1	农民	100	理化乡营盘村大寨组
20	张银珍	女	汉族	1918.9	农民	100	鼎新乡风景村蔡家寨组
21	李淑琼	女	汉族	1918.8	农民	100	红旗街道城北社区北街
22	胡永达	男	汉族	1918.3	农民	100	达溪镇坝子村以麦组
23	韩绍奎	男	汉族	1918.7	农民	100	对江镇对江村龙井组
24	赵少英	女	白族	1918.1	农民	100	对江镇杉林村新建组
25	张国成	男	汉族	1918.1	农民	100	黄泥塘镇安坪村水坪组
26	蔡学珍	女	汉族	1918.9	农民	100	六龙镇下坝村三组
27	宋金秀	女	汉族	1918.2	农民	100	马场镇民丰村木空四组
28	申时秀	女	汉族	1918.6	农民	100	长石镇和平村沙沟组

附　录

一、2016—2018 年大事记

2016 年

1 月 4 日　中共毕节市委、市政府选派 100 名干部参与恒大集团结对帮扶大方县工作。

1 月 5 日　恒大集团结对帮扶大方县吸纳就业首批 1000 人培训班开班仪式在大方同心职校举行。

1 月 13 日　县召开“恒大帮大方，大方怎么办？全省学练基，大方怎么办?”大讨论活动动员大会暨决战贫困誓师大会。

1 月 19 日　县人民政府与浙江菲达环保科技有限公司举行垃圾焚烧发电项目签约仪式。

1 月 26 日　奢香古镇一期工程征地拆迁完毕，项目共拆除房屋及附属设施 104 户 7.83 万平方米，征地 1570 亩，迁坟 300 余冢。

2 月 24—25 日　人民日报社、新华社、中央电视台、光明日报社、经济日报社、中央人民广播电台、中国新闻社等 14 家媒体齐聚大方，深入采访彭练基先进事迹。

2 月 26 日　恒大集团引进 20 家农牧业龙头企业结对帮扶大方县合作扶贫签约仪式在毕节举行，恒大集团副总裁姚东、大方县人民政府县长顾掌权分别与 20 家企业代表签约。

2 月 27 日　县举行恒大集团结对帮扶大方县首批 40 项重点援建工程和 200 个农牧业产业化基地项目开工仪式。全国政协副主席马飚，中共贵州省委书记陈敏尔、省长孙志刚出席开工仪式。

3 月 16 日　贵阳中医学院一附院与大方县“医联体”合作，签约暨揭牌仪式在大方县中医医院举行。

3 月 17 日　中央《新闻联播》播出《最美基层干部彭练基：带领村民走出贫困“洼地”》，对绿塘乡原党委书记彭练基生前先进事迹进行报道。

3 月 22 日　大方农村商业银行股份有限公司举行揭牌仪式，标志大方县首家由农信社改制组建的农村商业银行正式成立。

4 月 19 日　开国元勋任弼时之女任远芳、开国上将萧克之子萧星华等到大方参观中华苏维埃人民共和国川滇黔省革命委员会旧址。

5 月 8 日　恒大大方扶贫管理有限公司与县委、县人民政府座谈，决定用 3 年时间完成 10 万头安格斯肉牛改良。

5 月 10 日　成贵高铁重难点控制性工程——西溪河大桥钢管拱合龙。

5 月 15—16 日　县党政考察团赴北京市第三十五中、清华大学、北京 101 中学、中央党校报刊社、北京平谷医院、国家民委文化宣传司回访汇报工作。

5 月 28 日　恒大集团出资 2 亿元设立“恒大大方慈善基金”。

同日　“恒大大方教育奖励基金”表彰大会召开，对 200 名教师、300 名学生每人给予 3000 元奖励。

6月5日　恒大集团帮扶大方实施产业扶贫首批从澳大利亚引进的500头纯种安格斯能繁母牛运抵凤山乡，入驻大西南纯种安格斯牛第一育种场。

6月7日　恒大集团与清华大学教育医疗合作扶贫大方签约仪式举行。

6月8—10日　第四届全国天麻会议暨中国（大方）天麻产业发展高峰论坛在大方举行。

6月13—14日　农工民主党中央协调农工民主党东部10省（市）组织，到大方考察调研精准扶贫工作，并召开农工民主党东部10省（市）组织支持大方县精准扶贫工作对接会。

6月14日　全国人大常委会副委员长、农工民主党中央主席陈竺在贵州饭店与大方县、织金县15名全科特岗医生代表及特岗医生的指导导师座谈。

6月18日　恒大集团帮扶大方10万农民实用技术大培训启动仪式暨第一期安格斯牛饲养管理培训开班。

6月25日　大型电视连续剧《南诏王》在大方县贵州宣慰府广场举行开机仪式。

7月1日　5时30分，理化乡偏坡村金星组因暴雨发生山体滑坡，造成23人死亡、11户30人受灾。灾害发生后，省委书记、省人大常委会主任陈敏尔、省长孙志刚第一时间对抢险救援工作作出指示，召开专题会议，对灾害救援进行安排部署。

7月7日　县举行悼念理化乡偏坡村地质灾害遇难同胞公祭活动。

7月13日　恒大集团结对帮扶大方首批产业项目建成移交。

7月20日　省长孙志刚率2016年全省第二次项目建设现场观摩会第二观摩组到大方观摩贵州海美斯科技有限公司陶制品项目。

7月29日　杭瑞高速公路大方收费站改造工程结束。

8月1—5日　由省文化厅、毕节市政府共同主办，大方县人民政府承办的藏羌彝走廊·彝族文化产业博览会在大方县举行。

8月10日　县“泛海助学行动”第一批精准扶贫建档立卡户“卡内新生”资助申报工作结束，共计403名“卡内新生”提交资助申请。

8月30日　成贵高铁落脚河大桥主跨连续梁合龙。

10月12日　黔大高速公路东关至清丰段征地工作正式启动。

10月21日　贵阳银行大方支行成立。

10月24日　大方火车南站正式通车运营，结束大方没有火车运输的历史。

11月3—4日　农工民主党中央和国家卫计委组织的同心全科医生特岗人才计划工作会在大方召开。

11月9日　由老革命家董必武女儿董良翚、女婿张力理夫妇和外孙张钟哲，老革命家吴玉章孙女吴本立，老革命家谢觉哉之子谢飘，重庆市企业家协会主席郑峥嵘等组成的中国艺术摄影学会一行到大方考察。

11月22日　人民日报社、中央电视台、光明日报社、农民日报社、中国商报社、新浪网、中新社贵州分社等60余家媒体走进大方，对恒大集团帮扶大方县易地搬迁、产业发展等重点工程项目进行采访。

11月28日　大方至纳雍一级公路示范段开工仪式在大方举行。

12月18日　县召开2016年“全县十星级文明示范户”及首届“文明乡（镇）、文明校园、文明单位（社区、景区）、和美家庭、和睦邻里、和谐农村”表彰大会。

2017 年

1 月 11 日 县 2017 年全省第一批重大工程和重点项目集中开工。此次集中开工 5 个项目，总投资 33.54 亿元。

1 月 20 日 由农工民主党上海市委联系上海信舜莱机电设备制造有限公司为六龙中学免费安装 26 盏风光互补路灯、浴室项目等，共计 117.6 万元。

3 月 1 日 县举行恒大集团结对帮扶大方县首批交付使用的 10 所学校集中开学仪式。

同日 织毕铁路法启货运站开通仪式在小屯乡法启村举行。

3 月 3 日 县党政考察团赴广州考察并与广州市天河区委、区政府举行扶贫协作座谈。

3 月 9 日 由恒大集团牵线搭桥，中禾恒瑞集团与大方县在上海签订发展纯种安格斯肉牛养殖产业合作扶贫协议。

4 月 8 日 农工民主党贵州省委组织中华少年儿童慈善救助基金会“微笑行动”医疗队到大方县开展唇腭裂免费手术。

4 月 17 日 恒大集团与清华大学教育合作扶贫大方县远程教学项目启动仪式在大方恒大二小举行。

4 月 21 日 县党政考察团到贵州医科大学、贵阳护理职业学院考察，就合作办医、合作办学等进行洽谈。

4 月 28 日 县举行 2017 年易地搬迁项目暨棚户区改造等第一批 21 个重大项目集中开工仪式。

5 月 2 日 全国政协常委、恒大集团董事局主席许家印到大方县调研恒大扶贫项目。

同日 施工中的成贵高铁六龙镇营盘村七扇岩隧道发生爆炸，12 名工人遇难。

5 月 3 日 全国政协副主席、全国工商联主席王钦敏率全国“万企帮万村”座谈会与会代表到大方县考察。

5 月 24 日 恒大扶贫第二批 3600 头澳大利亚纯种安格斯牛调入大方。

6 月 2 日 县邀请焦裕禄女儿、焦裕禄干部学院名誉院长焦守云到大方县作“学习焦裕禄精神、打赢脱贫攻坚战”专题讲座。

6 月 8 日 贵州省文化产业项目观摩会在大方县召开。

6 月 27 日 县召开“保护母亲河 · 河长大巡河”启动大会。

6 月 27—29 日 贵州省教育厅专家组对大方三中申创省级示范性普通高中进行第二次评估。

7 月 2 日 举行恒大集团帮扶大方县易地扶贫搬迁安置区奢香古镇首期搬迁选房仪式。

7 月 8 日 农工民主党中央“杏林春雨行动”癫痫病义诊救助公益活动启动仪式在大方县举行。

8 月 1 日 广州市天河区区委书记林道平率团到大方县考察。

8 月 2 日 成贵高铁西溪河大桥钢混桥梁合龙。

8 月 11 日 北京潮星控股集团有限公司为大方县捐赠价值 200 万元的医疗器械设备。

8 月 14—15 日 全国第三届猕猴桃产业技术培训暨研讨会在大方县举行。

8 月 23 日 县召开 2017 年“恒大大方教育奖励基金”表彰大会，对 200 名教师、300 名学生每人给予 3000 元奖励，对贫困家庭优秀教师、优秀学生进行补助。

同日 县召开2017年高考奖励扶助大会，县出资600多万元，对600多名在2017年高考中取得优异成绩学生和家庭困难学生进行奖励和扶助，对在高考中取得优异成绩的学校及教师团队进行表彰。

同日 县举行“泛海助学行动”捐助仪式，300名学生领到捐助资金。

9月3日 县举行电影《青春与梦想》杀青仪式。

9月15日 大方县举行贵阳一中金塔英才学校竣工落成暨首届学生开学典礼。学校由贵阳一中、大方县、金塔凯元建设集团有限公司联合办学，地处顺德新区，占地360余亩，建筑面积20万平方米，投资6亿元。

9月17日 中国南方草业与肉牛产业发展科技扶贫推进会在大方县召开。

9月20日 恒大援建职业技术学院、恒大民族中学及其余24所学校举行集中开学典礼。

同日 县新汽车客运站举行通车运营典礼。

9月26—27日 当代文学家、学者王宏甲到大方县调研脱贫攻坚和基层党建等工作。

10月19日 贵州医科大学附属医院与大方县人民政府医疗帮扶协议签署仪式在贵阳举行。

10月26日 县长陈萍代表大方县人民政府与中农联控股有限公司签署黔西北优特农产品综合商贸物流园项目合作协议。

10月31日 世界银行东亚地区副行长维多利亚·克瓦一行到大方县考察“世界银行第六期扶贫项目”实施情况。

11月2日 全国首个“新时代青年脱贫攻坚讲习所”在小屯乡市院村挂牌成立。

11月14日 华大农业集团首席执行官董扬一行到大方县考察，向凤山乡店子村捐赠2000亩丹参种苗。

11月17日 中国作家协会副主席何建明为大方县领导干部学习十九大精神作辅导报告。

11月23日 原中共马场区委书记刘安国入选“贵州脱贫攻坚群英谱”先进人物。

12月14日 省政府督导组对大方县“基本普及十五年教育”和“两项督导”工作进行考核验收。

12月19—20日 全国人大常委会副委员长、农工民主党中央主席、中国红十字会会长陈竺到大方县调研脱贫攻坚工作及红十字会相关项目推进情况。

2018年

1月31日 大方县入选拟命名“国家卫生县城”名单，核桃乡、三元乡入选拟命名“国家卫生乡镇”名单。

同月 大方县被贵州省农委授予“2017年贵州十大蔬菜基地县”称号。

3月9日 县召开2018年选派996名驻村干部参加的培训会。

4月30日 县内部分乡镇遭受特大冰雹灾害，2.4万人受灾，受灾农作物、经果林面积987公顷，成灾面积590公顷，房屋受损109间。

5月2日 市委书记、市人大常委会主任周建琨到恒大大方扶贫公司调研并召开座谈会。

6月5日 县长陈萍率队赴广州市天河区汇报工作，与天河区区委书记林道平座谈，就天河区帮扶大方县脱贫攻坚工作进行交流。

6 月 20 日　恒大结对帮扶大方县易地扶贫搬迁安置区奢香古镇二期搬迁入住仪式在顺德街道举行，948 户易地扶贫搬迁对象入住。

6 月 23 日　县委、县人民政府组织抽派 448 名脱贫攻坚一线干部组成 28 个调查组，开展 2018 年脱贫攻坚专项治理乡级交叉检查。

同日　庆祝奢香古镇正式落成暨第一届“夏至音乐日·大方站”演出活动在奢香古镇开幕，奢香古镇迎来首批千人游客团。

6 月 27 日　省委第五巡视组进驻大方县开展为期 30 天的巡视工作。

7 月 21 日　新组建的国家税务总局大方县税务局挂牌成立。

8 月 1 日　岔河水库开始向县城供水。

同日　县召开新选派 28 名科级干部到深度贫困村担任第一书记参与决胜脱贫攻坚部署会。

8 月 13 日　召开全县领导干部大会，毕节市委组织部部长石永忠到会并讲话，市委组织部常务副部长邱旭忠宣读省委、市委关于大方县委主要领导任职的决定：佘龙任中共大方县委委员、常委、书记，兼任大方经济开发区党的工作委员会委员、书记。

8 月 17 日　县召开庆祝首个“中国医师节”暨“2018 年度优秀医生”表彰会。县委书记佘龙出席会议并讲话，县长陈萍主持会议。

8 月 20 日　第十一届毕节市旅游产业发展大会在大方举行，县委书记佘龙致辞，县长陈萍移交会旗。

同日　大方县旅游项目建设工作被市委、市政府通报表扬，获一次性奖金 3000 万元。

8 月 27—28 日　广州市天河区区长陈加猛率党政代表团到大方县调研结对帮扶工作，县委书记佘龙、县长陈萍等陪同。

9 月 5 日　县召开落实中央巡视组巡视反馈意见整改工作专题部署会议，县委书记佘龙出席会议并讲话。

9 月 14 日　县委召开会议，宣布毕节市委、大方县委决定：袁家艺任大方县政协党组书记，提名县政协主席人选，县委书记佘龙主持会议并讲话，县长陈萍、县人大常委会主任陈祖军、县政协党组书记袁家艺等出席会议。

9 月 18 日　县召开脱贫摘帽“百日攻坚战”动员大会。

9 月 19 日　县委召开第五轮巡察集中反馈暨第六轮巡察集中启动部署会。

9 月 25 日　县召开第二轮新抽派脱贫攻坚驻村干部培训会，县直各单位共抽派 140 余名驻村干部参加培训。

10 月 16 日　政协第十届大方县委员会第三次会议在县城召开，会上，袁家艺当选为县政协主席。

10 月 18 日　县委书记、县脱贫攻坚指挥部指挥长佘龙主持召开脱贫攻坚指挥部会议，就按时打赢全县脱贫攻坚战进行安排部署。

同日　贵州省高速集团党委书记、董事长任仁一行到大方考察成贵高铁大方站建设项目前期工作情况。

10 月 20 日　2018 年“一带一路”沿线国家华文媒体高层“行走中国——世界眼中的贵州”大型采访活动走进大方。

10 月 22 日　2018 年全省第二次项目建设现场观摩会第六观摩组 100 余人走进大方，实地观摩大方县“千企引进”“千企改造”、产业大招商和大数据与实体经济深度融合发展项目推进情况。

10 月 25 日　全省国土绿化工作会议在大方县召开。全体参会人员现场观摩雨冲乡红旗村“林旅一体化”等项目。

10 月 29 日　毕节市支持大方县脱贫摘帽“百日攻坚”启动会议召开，市委副书记张翊皓主持会议并讲话，有关县区和市直部门领导、大方县委书记余龙等参加会议。

10 月 30 日　由埃塞俄比亚、冈比亚、加纳、利比里亚、南苏丹、乌干达等非洲国家媒体组成的考察团 33 人到大方县考察。

11 月 26—28 日　县委书记余龙率队赴广州市天河区回访对接东西部扶贫协作工作，并在广东省开展招商引资活动。

12 月 2 日　全国人大常委会副委员长、农工民主党中央主席陈竺在京接见由省委统战部部长严朝君率队的大方汇报团一行，听取大方县脱贫攻坚工作汇报，县委书记余龙等参加汇报。

12 月 4 日　恒大集团帮扶大方县纯种安格斯牛产业 2018 年度分红仪式在安乐乡举行。

12 月 18 日　中共中央、国务院在人民大会堂召开大会，隆重庆祝改革开放 40 周年，县委书记余龙等县四大班子领导及县直部门负责人在大方收看大会直播盛况。

二、文献资料

中共大方县委　大方县人民政府关于做好农村延长土地承包期工作的意见

（1998年9月8日）

按照中办发〔1997〕16号和省发〔1997〕24号文件精神，根据地委、行署召开的全区农村延长土地承包期工作会议的要求，为把我县延长土地承包期工作抓好，结合前段试点的经验和我县实际，提出如下意见：

一、提高认识，大力宣传延长土地承包期工作的重要性

十一届三中全会以来，实行以包干到户为特征，以家庭联产承包为主的责任制，建立起统分结合的双层经营机制，极大地调动了我县农村广大干部和群众的积极性和创造力，全县农村经济得到了较快的发展，农民收入和粮食产量稳步增加，人民生活水平逐渐提高，农村贫困状况得到较大改善。这种以家庭联产承包为主的责任制和统分结合的双层经营机制，是我国农村的一项基本制度，是适应生产力发展的一种生产关系，所以，稳定土地承包关系，是党在农村的基本政策。为此，必须把做好延长土地承包期的工作，当成调动广大农户的积极性和促进农村经济发展、社会稳定的重要工作抓紧抓好，抓出成效。宣传部、文广局、报社等单位要采取形式多样的宣传活动，加大宣传的力度，提高群众对延长土地承包期工作的认识，确保此项工作的顺利开展。

二、明确任务，正确处理好有关问题

中办发〔1997〕16号和省发〔1997〕24号文件对延长土地承包期工作明确了政策，提出了具体的要求和意见，请各乡镇认真贯彻执行，同时要处理好以下几个问题：

*一是要进一步明确土地权属问题。*重申农村土地除法律规定属于国家所有外，全部属于集体所有，集体所有者的代表为村民委员会和集体经济组织，由村民委员会和集体经济组织依法进行管理，在延长土地承包期的工作中，要明确发包方为村一级。

*二是明确延长土地承包期的目的。*延长土地承包期是在第一轮土地实行家庭承包经营的基础上，承包地使用期限的延长。因此，不准将原来的承包地打乱按现有人口重新发包；不准随意打破村民组（原生产队）土地所有关系的界限在全乡范围内重新平均承包；不准任何干部在延长土地承包期中以权谋私，假公济私。全县从1994年起，耕地承包期再延长50年，非耕地顺延60年，以拍卖等形式转让的非耕地使用的最高年限为60年。除国家征用外，集体土地使用权不得出让，也不

得转让、出租用于非农业建设。

三是以稳定现有土地关系为重点，在第二轮承包期内，对于因家庭人口增减发生的承包地差异情况，即出现“人多地少户，或人少地多户”，都要坚持稳定的方针，既不调进，也不调出。今后还必须坚持实行“在承包期内，增人不增地，减人不减地”的政策。

四是进一步解决和处理好延长土地承包期中遇到的问题。在第一轮承包时不是耕地的不能作为耕地发包；对毁林开荒、乱砍滥伐的要进行严肃处理；对触犯法律的要移交司法机关处理。有下列情况农户的承包地，要按规定认真清理并由集体收回：（1）正式农转非的农户和人口；（2）生前无亲属赡养的孤寡去世户以及死亡户；（3）不按承包合同耕种管理致使耕地荒芜闲置的农户。集体收回这部分土地，由村民委员会实行招标承包，优先发包给种田能手和人口多，土地少的农户，以及计划生育做得好的农户。延长土地承包期工作，政策性强，涉及面广，个别问题内在因素复杂，各乡镇村组一定要做好仔细的工作，在处理问题时，做到有法依法，有规依规，力求做到合情合理。

五是要加强土地的监控工作。在延长土地承包期的工作中，要对农户承包土地的情况进行造册登记，统一印制承包合同，发给承包户，并加强对承包土地的动态管理。同时还要注重调查研究工作，进一步探索土地合理流转的具体措施和办法。

六是在坚持土地集体所有和不改变土地承包时规定用途的前提下，经发包方同意，农户对土地的经营权和使用权可以自愿有偿转包、转让、入股。但土地流转必须要签订书面合同，并报发包方和乡级农业承包合同管理机关备案。

七是严格加强土地承包使用费的管理。已经收了土地使用承包费的地方，按照土地承包使用费“取之于地，用之于地”的原则严格管理。除工副业、果园、鱼塘、“四荒”等实行专业承包和招标承包的项目外，其他土地承包费要纳入农民上交的提留统筹范围合并计算，不得变相增加农民负担。

八是我县不实行“两田制”。我县自实行家庭联产承包责任制以来，农村土地承包关系基本上是稳定的，从未试行过“两田制”（即划分“口粮田和责任田”），今后也不实行。原来有机动地的地方，可作为发展集体经济的土地资源合理开发，经村、组集体同意，也可以用于解决人地矛盾突出的问题。原来未留机动地的，不准再留。

三、统一部署，分期分批完成我县土地延包任务

我县延长土地承包期工作，根据地委、行署的部署，总的要求在1998年10月底前完成。根据目前我县农村工作的情况，借鉴试点经验，决定分两批进行。

第一批在1998年9月底完成大方镇、小屯乡、高店乡、猫场镇、绿塘乡、百纳乡、凤山乡、普底乡8个乡镇。第二批9月底至10月中下旬完成其余28个乡镇，最迟在10月底前要全面完成。具体安排是：

第一阶段：重点抓好宣传发动、营造氛围的工作。各乡镇要成立农村延长土地承包期工作领导小组，并抽专人负责此项工作。要充分利用各种形式和宣传手段，向广大干部群众传达好中央、省、地有关延长土地承包期的文件，广泛宣传这次农村延长土地承包期的意义、目的、内容和有关政策，加强思想政治工作，消除群众的思想疑虑，稳定群众情绪，切实防止侵占集体财产、乱占滥用耕地、乱砍滥伐山林等情况发生。这一阶段约为一周时间。

第二阶段：重点抓好土地的调查摸底、造册、登记工作。把群众反映的问题梳成辫子，对遗留问题作好认真调查。要逐个对农户的承包土地、荒山荒坡进行逐丘逐块的登记、造册，并将调查、摸底情况以组为单位向农户张榜公布，直至群众确认无疑后再进行汇总。这一阶段约用半个月的时间。

第三阶段：重点抓好对遗留问题的处理和向农户颁发延长土地承包期证书。在切实处理遗留问题的基础上，对农户的承包土地情况进行造册、登记、汇总后，向群众颁发延长土地承包期证书。这一阶段的工作约用一周的时间。

第四阶段：抓好总结。第一批完成的乡镇要在9月底写出总结，第二批完成的乡镇要在10月底写出总结。

四、加强领导，精心组织，确保该项工作的顺利进行

延长土地承包期工作，是一项涉及面广，政策性强，任务艰巨的工作，这项工作的开展，直接关系到农村的繁荣与稳定。因此，要切实加强对延长土地承包期工作的组织领导。县延长土地承包期工作领导小组由周绍明任组长，宫晓农、李永明任副组长，农办、农业、国土、林业、工业、宣传、广播、政研、司法等单位为成员，下设办公室在县农办，李永明兼任办公室主任，办公人员从有关单位抽调。全县各级党政领导在近期内，要集中一定精力，做到分管领导具体抓，其他领导配合抓，统一认识，精心组织，做到既积极稳妥地推进延长土地承包期工作的开展，又保证各项工作的正常开展。

政府办、农办、农业、国土、政研、林业等部门，要负责对延长土地承包期工作的政策指导、调查研究，搞好上下联系，解决、解答好各乡镇在延长土地承包期工作中碰到的困难和问题。

延长土地承包期工作中所需要的经费，各乡镇要认真给予解决。

各级各部门要把延长土地承包期的工作作为对广大农民进行一次稳定和完善党在农村基本政策的再教育来抓，全面准确理解并坚决贯彻执行中央、省委确定的土地承包政策，切实保护和发挥好农民的积极性，为繁荣和发展我县农村经济作出积极的贡献。

中共大方县委
关于决战贫困提速赶超同步小康的决定

（2015年6月8日）

毕节试验区成立27年以来，大方县实现了人民生活从普遍贫困到基本小康、生态环境从不断恶化到明显改善的两大跨越。但经济发展活力仍然不足，保障和改善民生压力依然很大，贫穷落后的主要矛盾短期内仍难以改变，全面建成小康社会任务仍然艰巨，为深入贯彻落实党的十八大，十八届三中、四中全会，习近平总书记等中央领导关于毕节试验区重要指示精神和省委、市委系列决策部署，加快大方县新一轮改革发展步伐，现就决战贫困、提速赶超、同步小康作出如下决定。

一、指导思想、发展思路和奋斗目标

（一）指导思想。深入贯彻落实习近平总书记系列重要讲话和关于毕节试验区的重要指示精神，坚守“两条底线”，深化“三大主题”实践，以“决战贫困、提速赶超、同步小康”为统领，以结构调整、转型升级为主线，以扶贫攻坚“六项行动”为切入点，以统一战线为平台，以改革创新为动力，以加强党的建设为保障，确保到2018年全面建成小康社会。

（二）发展思路。统筹推进建成小康社会、深化改革、依法治县、从严治党“四个全面”战略布局，坚定不移地突出“开发扶贫、生态建设、人口控制”系统推进，坚定不移地突出扶贫开发第一民生工程，坚定不移地突出强基础、扶产业、提素质、优保障、抓改革、促开放、创机制的扶贫攻坚主线，以“六个到村到户”精准帮扶为抓手，着力实施农村基础设施建设、农业结构调整、社会事业发展、结对帮扶、改革创新等五大工程，实现产业提质、改革开放、民营经济、精准扶贫、人口控制“五大突破”，切实做到科学扶贫、精准扶贫和依法扶贫。准确认识新常态，主动适应和引领新常态，把握新常态下扶贫开发工作的战略定位，抢抓扶贫新机遇，为实现“两不愁、三保障”、同步小康目标奠定更加坚实的基础。

（三）奋斗目标。加快一个赶超：到2018年和2020年，农村居民人均可支配收入分别达到10251元、12068元以上，力争超过全市平均水平。

完成三项任务：到2018年，森林覆盖率52%以上，2020年全面完成荒山绿化，环境保护各项指标走在全市前列；人口自然增长率控制在5.5‰左右；小康实现程度92.7%以上；24个贫困乡镇全部实现省级“脱贫摘帽”。到2020年，以县为单位人均生产总值达到4.15万元以上，小康实现程度95%以上，实现与全国同步小康，实现乡、村、组水、电、路、通信等基础设施100%全覆盖。为贫困地区全面建成小康社会闯出新路子，为多党合作服务改革发展实践探索新经验。

推动六大跨越：传统农业向山地现代高效农业跨越，资源型工业向节约集约型新型工业化跨越，粗放扩张城镇向品位提升的山地特色新型城镇化跨越，区域发展由条块分割向规模集聚跨越，社会建设由低水平托底向多元化保障跨越，政府职能由管理型向服务效能型跨越。

二、构筑现代产业体系，提升产业竞争能力

（一）大力推进煤炭“二次创业”。着力开展煤炭资源勘查，不断提升勘查精度；制定完善煤炭工业“十三五”规划；加快煤矿企业兼并重组；加快推进煤矿采掘机械化升级改造，到2020年，基本实现采、掘、装、运、支机械化。大型矿井（设计规模≥120万吨/年）采煤、掘进、装载机械化达100%；中型矿井（45万吨/年≤设计规模<120万吨/年）采煤机械化达90%，掘进、装载机械化达90%；大力开展“六型矿井”建设，促进煤炭工业可持续发展；依托煤炭开发，强力推进煤层气开发利用，至2020年，力争累计完成煤层气开发投资33亿元，力争实现日产煤层气94万方；强化煤炭营销体系，搭建和巩固煤炭销售平台，不断提升煤炭行业竞争力。力争至2018年、2020年煤炭产量分别达1500万吨、1800万吨，产值分别达90亿元、108亿元。

（二）发展壮大电力产业。依托大方资源优势，多措并举，优先发展火电，加快火电厂二期2×66万千瓦项目进度，推进华润2×35万千瓦煤矸石低热值发电及2×66万千瓦项目实施进度；深度开发水电；发展风电。着力把大方建成西南主要能源基地，力争到2018年、2020年，电力总装机容量分别达到370万千瓦、410万千瓦，发电量分别达到155亿千瓦时、208亿千瓦时，电力产值分别达到57亿元、77亿元。

（三）巩固提升烟酒产业。围绕省委打造“五张名片”的要求，把烟叶生产向生态适宜、能人大户转移，加快职业烟农的打造，到2018年职业烟农户均种植面积达30亩，烟农收入3.4亿元；到2020年户均种植面积达50亩，收购28万担，烟农收入3.8亿元；积极培育大方特色优质白酒品牌，重点扶持天麻酒、刺梨酒、水花酒等配制酒的生产建设。力争到2018年、2020年，白酒产业产值分别达到1亿元、2亿元。

（四）优化发展文化旅游业。坚持市场化运作，突出景区文化特色，进一步完善基础配套，加快九洞天、油杉河、慕俄格古城建设，倡导和推行“智慧旅游”，办好特色节会，积极探索“景区＋演艺”运行模式，加快“古彝文化产业园、漆器产业园、羊场坝乌鸦洞航空历史文化旅游产业园”建设，力争到2018年、2020年，旅游总收入分别达65亿元和90亿元以上，文化旅游产业增加值占生产总体比重达4%以上。

（五）稳步壮大劳务经济产业。做好农村劳动力调查，并建立农村劳动力资源数据库；引导富余劳动力有序输出或转移，做好跟踪服务和维权保障工作；整合人社、扶贫、职校等相关部门资源，加大职业技能培训力度，提高务工人员综合素质，促进农村劳动力转移。到2020年，力争稳定转移21万人以上，年劳务收入55亿元以上。

（六）扶持发展大健康医药养生产业。大力发展中药材种植、健康休闲养生及新医药衍生产业，做大做强中医中药、民族制药，努力发展医疗器械及医用材料，稳步发展化学药、生物制药等高端产业。突出发展休闲养生、滋补养生、康体养生、温泉养生新业态。推动建设大方县仙倚福地健康疗养度假区、大方县水西田园避暑区、西南油杉河高山草原国际户外基地、大峡谷激情漂流基地、凤山万亩大草原生态型多梯度高原运动训练示范基地、芳香产业园区、支嘎阿鲁湖水上训练基地、深药集团休闲养生等项目。加快毕节试验区大方同心药品食品产业园区建设。力争到2018年、2020年，大健康医药养生产业总产值分别达到35亿元、40亿元。

（七）积极发展电子信息产业。加快推进我县呼叫中心建设，力争2018年完成呼叫中心坐席6000个。促进信息化与工业化深度融合，积极发展电子信息产业，力争2018年信息产业总产值达20亿元以上。

（八）做大做强现代商贸物流产业。统筹规划建设建材家居、五金家电、生产资料、汽车及零部件、农特产品、日用百货等市场。大力发展电子商务等综合信息服务业，积极培育一批专业街区，加快规划建设大方县中药材电子商务平台和药材产地市场，加快建设佳鑫国际商贸城、德盛商贸城、奇柯奥特莱斯文化商业街、公共型保税仓、亿福汽贸城等商贸业和大方县粮食物流园、工业园区仓储物流中心等物流园区，大力发展代理制、配送中心、直达供货、连锁经营等物流企业。

（九）加快发展煤电化循环经济产业链。狠抓“煤电化”一体化联合经营、集中化协调发展，大力发展煤制清洁燃料，推动热电联产，加快形成“煤电化”循环经济产业链。着力抓好煤制清洁燃料项目（400万吨/年）项目立项，在2017年前实质性开工建设，到2018年、2020年，产值分别达30亿元、80亿元以上。

（十）提升发展煤电建（材）循环经济产业链。按照产能大型化、生产集约化、利用清洁化的要求，综合利用火电产生的脱硫石膏、粉煤灰、炉渣等固体废弃物，大力发展石膏建材、混凝土砌块、轻型墙体材料、节能环保水泥等新兴建材，加快形成煤—电—建（材）循环经济产业链。着力推动深圳华润（毕节）循环经济产业园建设，加快建设金门陶瓷工业园区，推动海美斯等企业成批量上规模生产。力争2018年、2020年，产值分别达到70亿元、100亿元。

（十一）大力发展生态农业循环经济产业链。以沼气池建设为抓手，立足发展牛羊和优质肉猪，突出发展优质畜禽等生态养殖，加快形成生态种植—畜牧养殖—“三沼”利用、特色种养—精深加工—市场营销、经果种植—林下种养—旅游观光等循环经济产业链；做大做强绿色农产品生产基地。力争到2018年、2020年，产值分别达50亿元、60亿元。

三、突出"四化同步"，夯实经济社会跨越发展基础

（一）大力发展"飞地经济"。按照集约节约用地、优化配置资源、合理布局产业的要求，坚持"特色鲜明、优势互补、错位发展"原则，探索建立"飞地经济"模式，严格按照产业链发展要求，进一步加大园区产业招商力度。加大体制机制改革创新力度，认真落实一条龙服务、一站式办公等机制，创优发展环境，引领园区经济发展。结合食品药品园区、循环经济园区自身优势确定1个~2个主导产业，走集群化招商和发展之路，打造良好的产业配套环境，完善产业链条配套衔接，实现错位发展、差异竞争和优势互动。

（二）提高项目产出。按照"五个一"项目推进机制，认真开展"双服务"活动，强化调度管理，全力加快重大项目建设。完善项目引进机制，制定相对较高而又切实可行的入园标准，重点引进培育新型工业龙头企业，着力产业配套，提高入驻率、达产率。项目产出水平列为产业园区考核评价重要指标，作为政策、资金扶持的重要依据。结合"十三五"规划编制，谋划一批大项目、好项目，争取纳入国家和省重大规划，优化投资环境，落实项目推进机制，强化管理调度，强化项目跟踪服务。完善项目引进机制，重点培育新型工业龙头企业。

（三）加快发展民营经济。着力破解民营经济发展"准入难""融资难""政策落地难""审批难""盈利难""用工难""创业难"七难问题。围绕我县新型特色产业、"5张名片"、"5个100"工程等，实施"全民创业三年行动计划"，把全民创业培训推进到园区、社区、学校、乡村。推动大众创业、万众创新，全面提高民营经济的GDP占比。盘活产业园区的标准厂房、打造1个~2个"大众创业、万众创新"示范园，实施"万户小老板工程"，进一步构建一批具有本地特色的创业示范基地。根据省政府"提高民营经济五年行动计划要求"，着力壮大市场主体、激活民间资本、优化发展环境。根据省、市、县"3个15万元"政策，支持民营企业快速发展，努力推动民营经济占比不断提高。到2017年民营经济增加值达104亿元，占GDP比力争达到51%。建立健全加快民营经济发展的政策措施，引导民营企业自我宣传，做大做强。扩大民间投资领域，制定非公有制经济进入基础设施、公共事业领域特许经营办法，积极引导民营企业拓展省、市内外市场，坚持"走出去"与"请进来"相结合，不断提高县内产品占有率和民营企业走出去步伐。用好、用活、用足"3个15万"政策，到2016年发展微型企业累计达1110户。推进同心职校与民营企业的校企合作，把民营企业培育成同心职校的实训基地，为同心职校学生提供可靠的就业渠道，实现职校与民营企业互利共赢。

（四）优化要素保障。健全政银企合作机制，做大做强政府性投融资平台，用好用活国家相关政策，利用"BOT、TOT、PPP"等模式，拓宽融资渠道，提高公共产品供给。贯彻落实好国家简政放权的相关政策，简化项目审批程序。围绕支持县域经济发展为主线，以"服务三农"、"服务中小微企业"为宗旨，进一步提高小微企业金融服务效率，不断拓宽融资渠道，有效支持企业、农民创业就业，畅通农民工金融服务渠道，推进农村信用工程，改善支付结算环境等，加大金融服务宣传、加快产品创新和服务创新、加快信贷投放等，稳步快速推进金融扶贫工作。

（五）理顺管理体制。厘清"政园"关系，鼓励"一个机构、多块牌子"的行政管理模式，政府依法赋予部分产业园区综合配套改革先行先试权。按照"管委会+公司"的模式，逐步建立政府监管、市场运作、公司经营的运行机制，组建产业园区经营公司，提升产业园区经营质量和管理水平。

（六）大力发展农业板块经济。巩固提升烤烟、辣椒、油菜、生猪等传统产业，重点发展马铃

薯种薯及商品薯、商品蔬菜、山地生态畜牧业、特色经果林、中药材、高山生态茶、食用菌等生态新兴产业，围绕全市“4321”工程（4个300万、2个100万），到2018年建成马铃薯种薯及商品薯基地15万亩，商品蔬菜基地47.7万亩，特色经果林基地18万亩，中药材基地31.9万亩，高山生态茶基地10.7万亩，肉牛存栏14.6万头、肉羊存栏6.8万头，集中打造“六大农业板块经济区”。形成一批集中连片、规模经营的种（养）基地、一批现代高效农业园区、一批农产品加工园区、一批农产品批发专业市场、一批农产品名优品牌，努力把大方县打造成为精致有机农产品种（养）基地、加工基地和休闲养生基地。到2018年，全县农业板块经济总产值达到50亿元以上，2020年突破60亿元。

（七）突出农业科技支撑。根据全县农业板块经济规划发展的需求，大力实施种子、种苗、种畜、种禽“四种”工程，加快建设一批有规模、质量高的良种繁育场（圃）。积极实施科技入户和技术更新工程，推广普及常规农业适用技术、农产品加工关键技术，加快科研成果转化运用。突出无公害、绿色、有机创建农业标准化示范乡、村建设，积极推动企业进行天麻、皱椒“三品一标”认证。加大“万元田”“千元院”创建，提高土地复种指数、单位面积产出率和种植效率，打造“万元田”示范15万亩以上、“千元院”示范5万户以上。

（八）规范土地有序流转。在依法、自愿、有偿的基础上，按照“农民自愿、政策引导，项目支撑、能人引领，部门联动、政府统筹，市场运作、规范推进”的原则，在农村土地承包期限内和不改变土地用途的前提下，积极探索无偿转包、租赁经营、土地入股、反租倒包、协会带动、干部引领等方式，推动土地向种养企业和大户能手集中，向示范基地和产业园区集中，提高土地利用率和农业规模效益。

（九）加强市场体系建设。围绕蔬菜、马铃薯、茶叶、辣椒、核桃等重点产业规划建设一批产地交易市场、专业批发市场和区域性综合性商贸冷链物流基地，培育发展市场集群。支持发展农产品连锁经营、物流配送、电子商务等新型流通方式，扩大农社对接、农校对接、农超对接和农企对接范围，培育微信、电子云平台等新型流通业态。利用“乌蒙山宝·毕节珍好”农产品区域公共品牌，按照“统一品牌形象、统一包装设计、统一质量标准、统一形象商店”的要求，进入北京、上海、广州、深圳、南京、义乌等大中城市品牌专卖店和淘宝、京东等网络购物平台，开设品牌旗舰店，同时结合全市有影响力的文化活动、农事节庆活动集中品牌宣传与推广，创新品种、创优品质、创特品味，着力打造一批农产品著名品牌。积极组织举办多种形式的农产品展示展销，鼓励和支持企业参加国内外农产品展示展销活动，要围绕主导产业，打造1个~2个子品牌。加大著名商标、名牌产品等申报和支持力度，着力打造无公害、绿色、生态、有机农产品大县。

（十）强化规划引领。根据七星关—大方“双百”城市规划，按照“一区五园”（大方经济开发区、食品药品产业园、循环经济产业园、金门陶瓷工业园区、华润循环经济产业园、煤制清洁燃料工业园）的产业发展支撑和以县城新城区、古城区为中心，以大方至毕节、达溪至瓢井、猫场至马场、羊场至鸡场、六龙至雨冲一线为轴线，重点打造黄泥塘镇、长石镇、凤山乡核心小城。坚持产业发展与城镇建设并重并举、产城互动，围绕“提升旧城，重建古城，打造新区，西拓北进，再塑名城”的战略规划，突出自然生态、民族人文、山地特色、产业、城市风貌“五大特色”，统筹推进旧城提质改造和古城、新区建设。

（十一）加速中心城市崛起。围绕“川滇黔区域中心、西南重要门户枢纽、新兴产业发展高地、山水生态花园城市、产城融合示范新区”的目标，推进大方—七星关同城化发展。依托大方交通枢纽的区位优势，重点引入商贸、物流等服务业，加快推进大方德盛商贸城等专业批发市场建设步伐。按照大方—七星关同城化布局中大方城市组团为彝族古镇的战略定位，围绕慕俄格古城，着力打造中国古彝文化高地。着力推进教育园区建设，推进大方县第二中学、金塔国际学校、顺德幼儿园、大方县第七中学、第八中学、第七小学项目建设；建成实验高中，不断提升城市公共服务水平。

（十二）推进县城提质发展。坚持新区开发和旧城改造并重，以交通路网建设为引领，抓好高速公路、高速铁路与城区连接道路的建设和沿路环境整治工作，推进城市基础设施和市政公共设施建设，加快建设一批花园城、阳光城、山水城、文化城。将杭瑞、黔大高速公路大方收费站扩建为具有彝族风格的进出站，抓好成贵铁路大方站、织毕铁路大方南站、杭瑞、黔大高速公路大方互通、毕节飞雄机场之间相互连接道路与城市连接道路建设。

（十三）推进特色小城镇和美丽乡村建设。坚持“规划先行、示范引领、产业支撑、生态优先、群众自愿、乡（镇）为主体”原则，按照“富、学、乐、美”的目标，建设生活美、环境美、生态美、精神美、人文美的“美丽乡村”。到2020年完成2个民族风情型（5255人）、2个交通枢纽型（4100人）、19个商贸集散型（24108人）扶贫生态移民工程安置点建设。

（十四）提高城镇管理水平。整合城市综合执法大队、公安局、安监局、消防大队、卫计局、气象局、环保局等部门资源，启动数字城管指挥中心，建立集监控、调度、指挥为一体的管理服务和应急指挥平台，实施“智慧城市”管理。加大“多彩贵州文明行动”创建力度，加强城镇公共场所监管和病媒生物预防控制工作。综合运用教育、经济、行政和法制手段，引导居民养成文明生活习惯，不断提高环境质量、宜居指数和文明程度。

（十五）加快信息基础设施建设。实施信息基础设施建设“三年会战”，推动城乡移动通信、4G网络工程全覆盖，全面实现自然村寨通电话，行政村通宽带，完成同步小康创建活动户户通电话任务目标，完成同步小康创建广播电视户户通工程。完成空白乡镇邮政补建工作，确保行政村都有邮件接收场所及流动服务点，实现“足不出户，尽享邮政服务”目标。信息基础设施建设实施县城及乡镇网络覆盖工程。加快光纤城域网扩容升级改造，实施光纤接入网建设，新建城区同步实现光纤到户，老城区推进光纤到楼入户改造。加快推进行政村通宽带工程。力争2018年全县信息基础设施建设计划投资金4.02亿元以上。

四、全力改善民生，加快建设幸福毕节

（一）推进交通基础设施到村到户。抢抓全省实施普通国省干线攻坚、县乡公路改造和“小康路”行动计划机遇，加快城乡交通基础设施建设，全面完成县乡公路改造，持续推进通村水泥路建设。在已实现建制村村村通水泥路（油路）的基础上，向人群聚居的自然村寨推进。

（二）加快水利电力基础设施建设。以水利建设“三大会战”和“小康水”行动计划为重点，从根本上扭转水利建设明显滞后的局面，初步建成现代化的水利综合保障体系，基本解决主要江河防洪基础薄弱问题，实现全县村村通电通自来水，基本实现丘陵山区灌溉用水保证率达到85%。改善农村用电质量，提高农网供电能力和供电可靠性，提高农村供电服务水平。2015年实现配电变压器TTU全覆盖。到2017年，实现农村供电可靠率99.9%，实现农村居民端电压合格率达97%，城乡居民半小时交费圈覆盖90%以上乡镇。到2020年，建设一个可靠坚强的农村电网，保障农村居民生活用电，解决农业生产用电。实现农村供电可靠率99.925%，城乡居民半小时交费圈覆盖95%以上乡镇，实现农村居民端电压合格率达98%。

（三）促进教育均衡发展。完善县域内义务教育学校校舍、仪器设备、图书、音体美器材、配

套设施等办学条件，保障办学经费，全面缩小学校之间硬件设施差距。更加合理配置教师，不断提高教师整体素质。建立县域内义务教育学校校长、教师交流制度，学校班额符合省定标准，基本消除“大班额”现象。学校布局科学合理。发挥优质学校的辐射带动作用，鼓励建立学校联盟，探索集团化办学，提倡对口帮扶，整体提升学校办学水平。加快推进义务教育阶段教育信息化建设。保障进城务工人员随迁子女平等接受义务教育。建立健全农村留守义务教育学生关爱服务体系。统筹资金加快寄宿制学校建设，优先满足留守儿童进入寄宿制学校的需求。重视发展义务教育阶段特殊教育。义务教育阶段实行免试就近入学。坚持立德树人，树立科学的教育质量观，遵循教育规律和人才成长规律，全面实施素质教育，促进学生德智体美全面发展和生动活泼主动地发展。2017 年全县实现义务教育基本均衡。

（四）协调发展医疗卫生事业。加强县级公立医院建设，全面完成乡（镇、街道）卫计服务中心、村卫生计生服务室标准化建设，逐步推进全科医生队伍建设。全面深化公立医院改革，积极支持民营医院发展，鼓励民间资本投资兴办医疗卫生事业，健全城乡居民医保体系，完善基本药物制度，逐步探索基层运行新机制。完成县中医院一期二期新建工程并全面规范运行，力争到 2018 年，将县中医院建成三级乙等综合医院；乡（镇、街道）卫计服务中心和村卫生计生室标准化建设达 80%。2020 年建成三级甲等综合医院；建设 4560 平方米的妇幼保健计划生育服务中心住院楼，新增床位至 100 张；全面完成乡（镇、街道）卫计服务中心和村卫生计生室标准化建设，基本完成公立医院改革目标任务，逐步完善城乡居民医保体系、基本药物制度。

（五）完善社会保障体系。推进“两项制度”衔接，健全城镇职工养老保险、失业保险、医疗保险、工伤保险、生育保险、城乡居民基本养老保险制度及基本医疗制度，进一步提高参保覆盖率，力争到 2020 年参保覆盖率达到 95% 以上。完善优化社会福利、社会救助、优抚安置等制度，建立积极预防体系。整合资源多渠道筹措资金，完善相关制度，提高城市“三无”、农村“五保”对象的供养水平，筑牢民生保障底线，到 2020 年，农村低保标准和扶贫标准实现“两线合一”，达到 6200 元，城市低保平均标准达到 747 元/月，确保困难群众的基本生活水平与全面小康社会相适应，建立完善农村独生子女户、二女绝育户、80 岁以上老人和低保对象医疗费用全报销制度。全面推进廉租房建设、农村危房改造和生态移民搬迁工程，到 2020 年，完成 33463 人的扶贫生态移民搬迁工程。

（六）切实控制人口增长。坚持计划生育基本国策、人口控制主题、人口双降目标“三个不动摇”，强化“双诚信双承诺”、“三级书记抓计生”工作机制，目标化、规范化、科学化管理，做到乡村人口基础信息情况清、底数明。常态化开展好妇检查孕、手术落实、社抚费征收、流动人口服务管理等常规性工作，充分发挥计生协会作用，加大宣传力度，提高群众政策知晓率和依法生育的自觉性。强化县、乡党政主要领导责任，明确村（居）支书责任，落实包村帮户责任，严格执行计生工作“一票否决”制。到 2018 年人口出生率控制在 12‰左右，2020 年控制在 11.8‰左右。到 2018 年人口自增率控制在 5.5‰左右，2020 年控制在 5.2‰左右。

（七）加强社会治理创新。深入推进“法治大方”建设，全面推进依法治县，建设诚信法治政府；全面深入推进矿山、道路交通、消防等重点领域安全监管工作，坚决遏制重特大事故发生。推广社会治理“六零六好”经验，扎实开展好政策法规大宣传、矛盾纠纷大排查、社会治安大整治“三大专项行动”，强力推进禁毒工作，强化公共安全监管和应急处置体系建设，保障社会和谐稳定。深入推进“法治讲堂进乡村（社区）”活动，努力形成良好的基层政治生态环境。

五、强化环境保护，推进生态文明建设

（一）突出绿色发展。狠抓荒山绿化和退耕还林，以主干道路两侧、城镇园区周边、景区景点周围，重要水源河流等区域为突破口，积极探索生态建设与经济发展的科学组合新模式。到2018年，完成造林绿化35万亩以上，2020年全面完成全县荒山绿化，实现生态文明建设水平与全面建成小康社会目标相适应。

（二）强化环境保护和节能减排。加强对重点领域、行业、企业的监管力度，严格执行“三同时”制度，强化“三废”治理。全面划定千人以上集镇的饮用水源保护区，抓好城乡生活污水处理厂建设管理和垃圾无害化处理工作，逐步推进农业面源污染源综合整治，加大《大方县赤水河流域环境保护规划》的实施力度，加大石漠化和水土流失治理力度，构建“两江”上游生态屏障，到2018年，完成石漠化和水土流失计划治理48平方千米，完成基本农田划定工作，严防死守高标准基本农田和坝区耕地红线。推进资源环境管理，优化国土生态空间布局。

六、聚合各方力量，深入实施精准扶贫

（一）大力实施“六项行动”。认真贯彻落实省委、省政府“33668”扶贫攻坚行动计划，以精准扶贫“六个到村到户”为统揽，以“六个小康行动”和扶贫攻坚“1+6行动计划”为抓手，在贫困乡（镇）、村大力实施农业产业“培育行动”、基础设施“夯实行动”、生态环境“绿色行动”、美丽乡村“靓丽行动”、人口素质“提升行动”、基层组织“固本行动”，精确瞄准、分类施策，市县联动、持续推进，确保2018年全面完成“六项行动”目标任务，实现24个乡镇省级减贫摘帽，除无劳动能力的五保、低保户外，贫困人口全部脱贫。

（二）加强区域连片扶贫开发。深入实施乌蒙山片区区域发展与扶贫攻坚规划，按照“区域发展带动扶贫开发，扶贫开发促进区域发展”的思路，瞄准贫困村、贫困人口两大核心指标，打破行政区划界限推动协同发展，解决集中连片贫困区域问题。按照“并村连片、合力攻坚”做法，在全县选择1至2个试点统筹土地、资金、项目和技术资源，深入推进以村为单位的集中连片开发，在区域一体化发展中实现优势互补，在集中连片开发中强化集约效应。

（三）强化精细管理。按照“精准识别四法”要求，完善精准识别“数据库”，推进贫困对象进退机制。进一步抓好精准帮扶，坚持“缺什么补什么”，大力推动帮扶对象、帮扶项目和帮扶责任人“三落实”，力争实现“一村一法、一户一策”。按照“抓基层、打基础”的要求，结合全县贫困村的产业结构调整及发展板块经济规划布局，配套实施好“五大工程”（实施“火车头”工程，抓好乡镇党委书记队伍建设；实施“领头雁”工程，抓好村党支部书记队伍建设；实施“牛鼻子”工程，抓好农村致富带头人队伍建设；抓好“接地气”工程，抓好“第一书记”、同步小康驻村干部队伍建设；实施“充电宝”工程，加大以“三支队伍”“第一书记”和同步小康驻村干部为重点，以各类农业农村人才为支撑的教育培育工作力度），为提升基层党组织规范化建设管理水平，帮助贫困村发展壮大村级集体经济，全面推动决战贫困、提速赶超、同步小康各项工作任务落到实处提供坚强的组织保障。

（四）多方筹措资金。积极争取国家、省级财政投入和政策支持，按照“渠道不乱、用途不变、各负其责、各记其功”的原则，整合资源提高资金综合效益。县财政每年按照每个贫困人口不少于150元的标准单列入财政预算，用于扶贫开发工作，每年将省级财政扶贫因素分配资金用于筹建“百村万户”扶贫开发公司风险金和抵押金，撬动银行资金支持产业扶贫。盘活财政存量资金、引导社会及民间资本用于扶贫开发。加强与金融机构的合作，积极开展小额信贷金融扶贫，探索农村

"四权"抵押方式，提高贷款额度、扩大发放区域。发挥科技金融投、保、贷作用，扶持和培育中小企业。探索创新扶贫资金"有偿使用、滚动发展"和"入股企业（合作社）、参与分红"的扶贫模式。建立财政风险补偿机制和财政扶贫贷款贴息机制，对接扶贫开发担保政策，撬动金融机构放贷扶贫信贷规模，引导社会资本参与产业发展，促进大扶贫事业的深入推进。加强对扶贫资金监管，杜绝截留、挤占、挪用扶贫资金，确保各类资金真正落实到位。

（五）坚持结对帮扶。强化领导定点联系扶贫、机关单位定点帮扶贫困乡、村和干部职工结对帮扶贫困户工作机制，开展"54321"结对帮扶和"遍访贫困村贫困户"活动。县直各帮扶部门、驻村联户工作组，要制定帮扶目标计划，贫困乡镇减贫摘帽成效与部门工作绩效直接挂钩，做到贫困户不脱贫、工作队不脱钩。所有涉农项目向贫困乡村倾斜。组织经济较强乡（镇、街道）帮扶发展困难乡（镇），经济较强村（社区）帮扶贫困村。发挥驻村干部精准扶贫"管道"作用，强化权责匹配，推进驻村工作队全程参与项目申报、项目实施、项目监管、项目评估，提高精准扶贫"管道"的通畅能力。

（六）争取社会扶贫。组织开展"百企帮百村"，鼓励企业积极承担社会责任，通过到贫困乡（镇）创办企业、培训技能、吸纳就业、捐资助贫等方式，帮助贫困村拓宽致富门路。充分发挥工会、工商联、妇联、共青团等联系广泛的优势，支持社会团体、基金会等各类组织积极从事扶贫开发事业。调动"春晖使者"力量，借助"亲情、乡情、友情"的感召力，鼓励返乡游子参与家乡扶贫开发和新农村建设。加强与深圳市、重庆市对接协调，扩大对口帮扶效益。聚集"香港善启慈善基金会"及社会各界爱心人士关爱力量，推进农村基础设施完善、学校环境改善、学习用品募捐、重残重伤医疗资助等希望工程、爱心工程。充分发挥好贫困学生资助工作的政策力量，加大对贫困学生资助力度。支持和鼓励军队、武警积极参与扶贫开发。建立社会扶贫信息服务平台，通过扶贫济困"直通车""扶贫资源送下乡""扶贫日"等活动，把社会闲散资源引导聚集到扶贫开发中来，促进扶贫资源供给与扶贫需求有机融合。

（七）发挥主体作用。落实好贫困地区群众的知情权、决策权、参与权和监督权，实行规划民议、项目民选、工程民建、质量民管，最大限度地调动群众参与扶贫开发的积极性和主动性。集中民智，发挥贫困区域乡土专家、技术人员、回乡创业青年群众在思路谋划、方案设计等方面的积极作用。坚持"扶智"与"扶志"同步推进，大力提倡自力更生、艰苦奋斗，坚决克服"等、靠、要"思想，项目建设、产业扶持等采取"以奖代补"方式，切实增强群众投入扶贫开发的责任意识和主动意识。

七、推动开放发展，持续深化多党合作

（一）加快出境大通道建设。全面组织实施《"建管养运"一体化综合交通运输发展规划（2013—2017）》加快出境大通道建设。加快大方至纳雍高速公路建设，加快推进织金至毕节铁路建成通车，加快推进成贵高铁大方段建设，做好昭通至黔江铁路遵义至毕节段大方段的建设。

（二）构建开放平台。加强与"长三角""珠三角"、成渝经济区等发达地区企业对接，重点引进高新技术优强企业、新医药大健康企业、现代山地高效农业支柱产业配套企业、知名旅游龙头企业、新型建筑建材企业等企业，促进产业化发展。创新招商方式，注重以商招商、亲情招商、老乡招商，瞄准产业链龙头企业和产品链高端精准招商。强化招商调度考核，提升招商工实效。

（三）深化多党合作。充分借助全国政协、中央统战部、各民主党派中央、全国工商联、国家有关部委、试验区专家顾问组和东部十省市统一战线参与支持毕节试验区建设这一工作平台，抓住农工党中央对口帮扶机遇，进一步加强汇报对接，积极争取项目、资金、信息、技术和智力支持。发扬钉钉子的精神，认真落实好农工党帮扶大方各项工作的落实。

（四）创新体制机制。巩固提升“民生监督组”“农民讲师”等成果，加快在“三大主题”实践、实体经济发展、行政效能提高、民生改善等方面先行先试，在推动扶贫开发、土地流转、城乡建设、强镇扩权、优化发展环境、提高公共服务水平等方面创新机制体制。推动落实贫困乡（村）“摘帽不脱钩、减贫不减补”工作机制。全面推行农技人员职称评聘分离制度，推动科技人员带薪带职、停薪留职领办现代农业。坚持“产、学、研”相结合，充分发挥同心职业技术学校和农牧、林业、水利等涉农部门的基础作用，加快搭建科技公共服务、技术交易、人才创业、科技金融服务、知识产权和科技资源共享“六大平台”。

八、加强组织领导，确保完成决战贫困提速赶超同步小康目标任务

（一）强化责任落实。各级党委、政府要按照开展“三严三实”专题教育整治“为官不为”深化干部作风建设的要求，切实转变作风，强化责任担当，始终把决战贫困、提速赶超、同步小康纳入经济社会发展全局，真正做到工作部署上重点研究、政策资金上加大倾斜、干部配备上优先加强。党政主要领导要坚持重大问题亲自研究、难点事项亲自协调、任务落实亲自过问，切实把工作放在心上、抓在手上。分管领导要具体抓、抓具体，细化目标任务，形成责任具体、环环相扣的“责任链”，确保政策措施落到实处。各级领导要发挥示范带头作用，深入一线抓点带面，推动整体工作取得实效。加强反腐倡廉建设，推进权力运行制度化，最大限度地减少制度执行中的缺陷和漏洞，形成有权必有责、用权必监督、违法必追究的体制机制。

（二）完善推进机制。党委要充分发挥“统揽全局、协调各方”的作用，研究制定一个核心（党委）总揽、三个党组（人大、政府、政协党组）负责、几个领导小组（新农村、工业、城建、旅游、交通等）推动、多个部门落实的工作机制。各个领导小组要按照“高度统一、高度集权、高效运转”的要求，定期研究工作推进情况，总结成绩、查找问题、分析原因，切实解决存在的困难和问题。设立乡镇扶贫工作站，解决2名~3名扶贫工作站人员编制，调整充实县级扶贫开发工作队伍，增加县扶贫办工作人员，确保扶贫开发顺利进行。

（三）严格督查考核。对各项既定工作，要定职责、定任务、定时限、定标准，狠抓督查督办，严格考核奖惩。对重点项目、重点工程和招商引资要加大督查力度，强化经常性督查和暗访督查，每月一调度，半年一检查，年终有考评。建立干部政绩档案，县委常委、副县长的工作情况每半年进行一次述职，各部门、各单位的工作情况每季度对外公布。各乡（镇、街道）、县直各单位比照执行，接受社会和群众监督。创新考评体系，对乡（镇、街道）进行分类考核，大多数乡镇既要考核扶贫指标、又要考核经济指标，贫困乡（镇、街道）主要考核扶贫工作完成情况；对年度综合考核排名靠后的3个乡（镇、街道），乡（镇、街道）中排名靠后的1个村（居）进行集中整顿，确保扶贫攻坚工作深入推进。

（四）强化宣传引导。围绕“决战贫困、提速赶超、全面小康”主题，立足当前、着眼长远，利用中心组学习，认真开展解放思想大讨论，统一思想。组织宣讲团深入生产一线和群众中，通过大方电视台、大方报、大方信息港、政府网站等宣传媒体采取生动活泼、积极健康的宣传方式，让“决战贫困、提速赶超、全面小康”深入人心。协调县外媒体加强对本县“决战贫困、提速赶超、全面小康”工作亮点的报道，全面体现我县贯彻落实市委决策部署的能力和水平。

（五）各乡（镇、街道）、县直各部门要根据本决定精神，及时制定贯彻落实的具体实施意见。

大方县人民政府将普底乡、大水乡及部分村委托贵州百里杜鹃管理委员会管理协议

监　证：毕节地区行政公署

委托方：大方县人民政府

接管方：贵州百里杜鹃风景名胜区管理委员会

一、委托管理依据

根据《中共贵州省委常委专题会议纪要》（九届〔2006〕9号）和贵州省机构编制委员会办公室《关于设立贵州百里杜鹃风景名胜区党的工作委员会和管理委员会的批复》（省编办发〔2007〕76号），《中共毕节地委　毕节地区行署关于组建贵州百里杜鹃风景名胜区（贵州百里杜鹃国家级森林公园 贵州百里杜鹃自然保护区）党的工作委员会和管理委员会的通知》（毕地党发〔2007〕19号）和毕节地区机构编制委员会《关于印发〈贵州百里杜鹃风景名胜区（贵州百里杜鹃国家级森林公园 贵州百里杜鹃自然保护区）党的工作委员会和管理委员会机构编制方案〉的通知》（毕地机编〔2007〕120号）文件精神，撤销原毕节地区林业局管理的毕节地区百里杜鹃国家级特色森林资源保护处（毕节地区百里杜鹃国家森林公园管理处、毕节地区百里杜鹃省级风景名胜区管理处）和大方、黔西两县的百里杜鹃保护站，组建贵州百里杜鹃风景名胜区（贵州百里杜鹃国家级森林公园、贵州百里杜鹃自然

保护区）党的工作委员会和管理委员会，为地委、行署正县级派出机构，实行一套工作班子两块牌子，对百里杜鹃风景名胜区实行统一领导和管理。受大方县和黔西县委托，管理大方县普底乡、大水乡和黔西县金坡乡、仁和乡以及大方、黔西两县部分乡（镇）所涉及的村、组。

二、委托管理范围

按照毕地党发〔2007〕19号文件精神和2007年10月17日毕节地区行政公署第23次专员办公会议纪要对贵州百里杜鹃管理区行政区划界定的决定，贵州百里杜鹃管理委员会整体接管大方县普底乡、大水乡以及百纳乡的龙竹村、龙峰村、龙坪村，黄泥塘镇的在拱村、箐门村，大海坝国有林场的九龙山工区。

三、对委托管理乡、村行使的职权

（一）贯彻执行党和国家的方针、政策和法律、法规及省、地的相关政策；对托管区实行统一管理并抓好托管区物质文明、精神文明、政治文明、生态文明和党的建设。

（二）编制或修订百里杜鹃风景区总体规划和托管区年度国民经济与社会发展计划，并组织实施。

（三）组织实施托管区的综合配套改革，建立适应社会主义市场经济和风景区产业发展要求的现代企业制度、劳动人事制度、分配制度、社会保障制度、风险投资机制和国有资产监管机制，培育发展各类市场和社会中介组织。

（四）负责托管区纪检监察、机构编制、组织人事管理和干

3

部任免调配，宣传、统战，社会治安综合治理等工作；指导工、青、妇等群团组织开展活动。

（五）负责托管区财政管理，调整和优化财政支出结构，完善公共财政体系；编报各类专项资金计划、预算和决算，并监督实施；对风景区和托管区国有资产实行监督管理。

（六）负责百里杜鹃景区资源的培育、森林防火和林业有害生物的防治工作；查处破坏百里杜鹃野生动植物资源案件；负责百里杜鹃珍稀、濒危野生动植物保护。

（七）加强依法行政和行政执法监督工作，促进行政管理的制度化、规范化和法治化建设。

（八）统筹、协调、管理百里杜鹃经济技术协作和招商引资工作，加强旅游管理工作。

（九）协调管理区域内企事业单位及有关部门派驻机构的工作。

（十）负责托管区基础设施和公共设施的开发建设。

（十一）领导和管理托管区内的经济发展、社会公共事务、煤炭管理，安全生产、计划生育、社会保障，环境保护、行政综合执法等工作。

（十二）承办地委、行署交办的其他事项。

四、委托管理时间

从2008年1月1日起，正式移交委托管理。

五、其他

4

1、未尽事宜由双方协商解决。

2、本协议从签定之日起生效。

3、本协议一式三份，报行署一份，大方县人民政府、贵州百里杜鹃风景名胜区管理委员会各存一份。

监　证：毕节地区行政公署

监证领导签字：

委托方：大方县人民政府

法人代表签字：

接管方：贵州百里杜鹃风景名胜区管理委员会

法人代表签字：

2007年12月9日

大方县人民政府将双山镇、响水乡及文阁乡四个村委托毕节双山新区管理委员会管理协议

监　证：毕节市人民政府

委托方：大方县人民政府

接管方：毕节双山新区管理委员会

一、委托管理依据

根据《中共贵州省委贵州省人民政府关于加快推进毕节试验区新一轮改革发展的意见》（黔党发〔2011〕13号）和《贵州省人民政府关于毕节-大方城市总体规划的批复》（黔府函〔2011〕79号），《中共毕节地委委员会议纪要》（〔2011〕第124号），毕节地区机构编制委员会《关于设立毕节双山新区管理委员会的通知》（毕地机编〔2011〕09号）和《关于毕节双山新区管理委员会机构升格的通知》（毕地机编〔2011〕48号）文件精神，设立毕节双山新区党的工作委员会和毕节双山新区管理委员会，为中共毕节市委、毕节市政府派出的正县级机构，实行一个机构两块牌子，对毕节双山新区实行统一领导和管理。受大方县人民政府委托，管理大方县双山镇、响水乡和文阁乡的瓦厂、太河、常丰、三元四个村。

1

二、委托管理范围

按照毕节市人民政府对毕节双山新区行政管理范围界定的决定，毕节双山新区管理委员会整体接管大方县双山镇、响水乡和文阁乡瓦厂、太河、常丰、三元四个村。

三、对委托管理的乡镇、村行使的职权

（一）贯彻执行党和国家的方针、政策和法律、法规及省、市的相关政策；对托管区实行统一管理并抓好托管区的物质文明、精神文明、政治文明、生态文明和党的建设。

（二）根据全市经济和社会发展规划的总体规划，编制托管区总体规划、发展计划和年度国民经济与社会发展计划，并组织实施。

（三）组织实施托管区的综合配套改革，建立适应社会主义市场经济发展的托管区产业发展要求的现代企业制度、劳动人事制度、分配制度、社会保障制度、风险投资机制和国有资产监管机制，培育和发展各类市场和社会中介组织；大力发展商贸物流业。

（四）负责托管区党的建设和社会主义精神文明建设；做好纪检监察、干部人事、宣传、统战、社会治安综合治理等工作；指导工、青、妇等群团组织开展活动；

（五）研究制定托管区经济社会发展目标，重大改革措施和关系全局性的政策问题，决定重大事项。

（六）执行国家有关城市规划、建设和管理、市政、环

2

卫市容、园林绿化、公共事业管理、交通行业管理等方面的方针政策、法律法规和规定，并结合新区实际制定实施办法，落实具体措施。

（七）负责财政管理，工程项目资金管理，调整和优化财政支出结构，建立一级财政，完善公共财政体系；编报各类专项资金计划、预算和决算，并监督实施；对托管区国有资产实行监督和管理。

（八）负责托管区基础设施和公共设施的建设，协助搞好重点工程的监管。

（九）加强依法行政和行政执法监督工作，促进和完善行政管理制度化、规范化和法治化建设。

（十）统筹、协调、管理托管区的经济技术协作和招商引资工作。

（十一）协调区域内企事业单位及有关部门派驻机构的工作。

（十二）领导和管理托管区的经济发展、社会公共事务、社会保障、安全生产、计划生育、国土管理、环境保护、行政综合执法等工作。

（十三）承办市委、市政府交办的其他事项。

四、委托管理时间

从二〇一二年七月二十六起，正式移交委托管理。

五、其他

3

（一）未尽事宜由双方协商解决。

（二）本协议从签定之日起生效。

人民政府、毕节双山新区管理委员会各存一份。

监　证： 毕节市人民政府

监证领导人签字：

委托方： 大方县人民政府

法人代表签字：

接管方： 毕节双山新区管理委员会

法定代表人签字：

贵州省人民政府

黔府函〔2013〕89号

省人民政府关于同意毕节市大方县部分乡镇行政区划调整的批复

毕节市人民政府：

你市《关于撤销大方县部分乡设置镇的请示》（毕府呈〔2013〕29号）及其附件收悉。现批复如下：

一、同意撤销大方县鸡场乡、黄泥塘镇，合并设置新的黄泥塘镇，以原鸡场乡、黄泥塘镇地域为新设置黄泥塘镇的行政区域，镇人民政府驻黄泥村；同意撤销大方县高店乡，设置对江镇，以原高店乡及大方镇的金星、湾子、对江、箐木、法书、龙井、元宝、杉林、花果等9个村地域为对江镇行政区域，镇人民政府驻堰塘村。

二、请认真做好行政区划调整相关工作，促进当地经济社会全面发展。

贵州省人民政府

2013年4月28日

（此件公开发布）

抄送：省纪委，省委办公厅、省委组织部、省委宣传部、省委统战部、省委政法委、省编委办；省政府各部门、各直属机构；省军区，省武警总队。
省人大常委会办公厅，省政协办公厅，省法院，省检察院。
大方县人民政府。

（共印 100 份，其中电子公文 70 份）

— 2 —

贵州省人民政府

黔府函〔2013〕97号

省人民政府关于同意撤销大方县大方镇设置慕俄格古城等三个街道办事处的批复

毕节市人民政府：

你市《关于撤销大方县部分镇设置街道办事处的请示》（毕府呈〔2013〕33号）及附件收悉。现批复如下：

一、同意撤销大方县大方镇，设置慕俄格古城、顺德、红旗三个街道办事处。以原大方镇陡坡村、关井村、凉井村、北郊社区、云龙村、南郊社区，羊场镇陇公村、穿岩村等8个村（社区）地域为慕俄格古城街道办事处的行政区域，办事处驻云龙村；以原大方镇新铺村、小路村、大屯村、金鱼村、新庄村、龙昌村、余石村、白石村，小屯乡石墙村，东关乡岩下村等10个村地域为顺德街道办事处行政区域，办事处驻金鱼村；以原大方镇路塘村、庆云村、蔬菜村、石关村、城中社区、城南社区、城北社区、东郊社区、西南社区、西北社区等10个村（社区）地域为红旗街道办事处行政区域，办事处驻路塘村。

二、请认真做好行政区划调整相关工作，促进当地经济社会全面发展。

贵州省人民政府

2013年5月9日

（此件公开发布）

抄送：省纪委，省委办公厅、省委组织部、省委政法委、省编委办，
省政府各部门、各直属机构，省军区，省武警总队，
省人大常委会办公厅，省政协办公厅，省法院，省检察院。
大方县人民政府。

（共印110份，其中电子公文80份）

2

中国共产党大方县委员会文件

方党发〔2013〕18号

中共大方县委 大方县人民政府
关于撤销部分乡镇设置镇（街道办事处）的
实施意见

根据《省人民政府关于同意毕节市大方县部分乡镇行政区划调整的批复》（黔府函〔2013〕89号）和《省人民政府关于同意撤销大方县大方镇设置慕俄格古城等3个街道办事处的批复》（黔府函〔2013〕97号）精神，结合大方县乡（镇）行政区划调整工作的实际，经县委、政府研究，现就撤销部分乡（镇）设置镇（街道办事处）提出如下实施意见。

一、指导思想和基本原则

全面贯彻党的十八大精神，以邓小平理论、"三个代表"重要思想和科学发展观为指导，高举中国特色社会主义伟大旗帜。坚持以人为本，执政为民，按照建设美丽乡村、同步小康、和谐社会的要求，以转变政府职能，理顺职责关系，创新体制机制，优化机构和岗位设置。严格控制人员编制，推动新建镇（街道办事处）行政管理与基层群众自治有效衔接和良性互动，建立精干高效的镇（街道办事处）行政管理体制和运行机制，建设服务型政府，巩固农村税费改革成果，减轻农民负担，促进经济社会又好又快、更好更快发展。

坚持加强和改善党对农村工作的领导，加强基层政权建设，巩固党在农村的执政基础；坚持分类指导，因地制宜，根据新建镇和街道办事处各自特点和经济社会发展实际，确定新建镇和街道办事处职能配置的重点；坚持权责一致，赋予新建镇和街道办事处履行职能必要的事权和财权；坚持精简统一效能和积极稳妥的原则，确保机构编制只减不增和社会稳定。

二、着力推进职能转变

新建镇和街道办事处要认真贯彻落实党和国家的各项方针政策和法律法规，做好农业、农村、农民及城市社区居民工作。不同类型的新建镇和街道办事处，要结合实际，确定其工作重点，围绕以下四个方面全面履行职能。

一是促进经济发展，增加农民和城市居民收入。要把经济工作的着力点放在营造良好的发展环境、扶持典型和示范引导上来，提高经济发展的质量和水平。积极探索发展农村和城市经济的有效形式，做好乡村和城市发展规划，发展农民专业合作组织，推动产业结构调整。加强农村和城市基础设施建设和新型农村服务体系建设，落实强农惠农措施，着力解决群众生产生活中的突出问题，切实维护农民和城市居民的合法权益。尊重农民的生产经营自主权，不干预农民和企业的具体生产经营活动。

二是强化公共服务，着力改善民生。要加强农民和城市居民最急需的生活基础设施建设，完善农村和城市公共服务体系。充分利用、整合农村和城市资源，为农民和城市居民提供有效的科技、教育、文化、信息、卫生、医疗、人才开发、劳动就业、社会保障、计划生育、安全生产、防灾减灾、低保、社会救助、社会治安等方面的服务，管好用好国家转移到农村和城市的各种资金，为农村和城市提供必要的社会保障。

三是加强社会管理，维护社会稳定。要创新工作机制，推行政务公开，拓宽服务渠道，改进服务方式。通过“一站式”服务、办事代理制等多种形式，方便群众办事。推进依法行政，严格依法履行职责。综合发挥人民调解、行政调解和司法调解的作用，妥善处理突发性、群体性事件，及时化解各种利益矛盾和纠纷，保障人民生命财产安全，确保社会稳定。

四是推进基层民主，促进和谐社会建设。要加强基层组织和党员干部队伍建设，改进思想观念和工作作风，提高执政能力和服务能力。完善各项管理制度，建立健全科学的政绩评价标准和考核体系。发展基层民主，建立民主决策、科学决策的程序和机制。依法指导村（居）民自治，推动农村和城市社区建设，促进社会组织健康发展，增强社会自治功能，促进人与人、人与自然、人与社会的和谐发展。

三、严格控制机构和人员编制，创新新建镇（街道办事处）机构管理体制

（一）规范设置新建镇和街道办事处的党政办事机构。根据黔府函〔2013〕89号和97号文件批复精神，撤销鸡场乡、黄泥塘镇，合并设置新的黄泥塘镇，以原鸡场乡、黄泥塘镇地域为新设置黄泥塘镇的行政区域，镇人民政府驻黄泥村；撤销高店乡，设置对江镇，以原高店乡及大方镇的金星、湾子、对江、箐木、法书、龙井、元宝、杉林、花果等9个村地域为对江镇的行政区域，镇人民政府驻堰塘村。撤销大方镇，设置慕俄格古城、顺德、红旗三个街道办事处。以原大方镇的陡坡村、关井村、凉井村、北郊社区、云龙村、南郊社区、羊场镇的陇公村、穿岩村等8个村（社区）地域为慕俄格古城街道办事处的行政区域，办事处驻云龙村；以原大方镇的新铺村、小路村、大屯村、金鱼村、新庄村、龙昌村、余石村、白石村、小屯乡的石墙村、东关乡的岩下村等10个村地域为顺德街道办事处的行政区域，办事处驻金鱼村；以原大方镇的路塘村、庆云村、蔬菜村、石关村、城中社区、城南社区、城北社区、东郊社区、西南社区、西北社区等10个村（社区）地域为红旗街道办事处的行政区域，办事处驻路塘村。

按照精简、统一、效能的要求，确定新建镇和街道办事处党政机构设置形式和数额。根据原《中共毕节地委毕节地区行署关于深化乡镇机构改革的实施意见》（毕地党发〔2010〕41号）精神，黄泥塘镇、对江镇和慕俄格古城、顺德、红旗等三个街道办事处的党

政办事机构均设置5个:

1、党政办公室（加挂党的建设办公室牌子）。

2、社会事务办公室。

3、经济发展办公室。

4、人口和计划生育办公室。

5、社会管理综合治理办公室(加挂维护稳定办公室、群众工作办公室牌子)。

人民代表大会（人民代表工作委员会）、纪委（纪工委、监察）、民生项目监督特派组、政法委、人民武装部、工会、共青团、妇联等组织机构按有关法律、章程和规定设置。其办事机构可采取加挂牌子的形式设置。

（二）法律法规明确县政府部门设在新建镇和街道办事处的公安派出所、司法所、人民法庭、财政分局、国土资源所、中小学校、卫生院、工商行政管理分局、地方税务所，原则上由各业务主管部门按有关法律法规确定，报县编委办备案。以上机构党组织关系按有关规定实行属地化管理。

（三）新建镇和街道办事处管理的事业机构。按照政事分开的原则和事业单位分类改革的要求，行政管理职责应该交由新建镇和街道办事处的党政办事机构承担，新建镇和街道办事处一般不设立承担行政决策、行政执行、行政监督等职能的事业机构，也不再兴办自收自支的事业机构，只在新建镇和街道办事处设立为社会提供公益服务或为新建镇和街道办事处党政办事机构行使职能提供支持保障的事业机构。根据原《中共毕节地委毕节地区行署关于深化乡镇机构改革的实施意见》（毕地党发〔2010〕41 号）精神，黄泥塘镇、对江镇和慕俄格古城、顺德、红旗等三个街道办事处均设置镇（街道办事处）管理的事业机构 9 个：

1、农业服务中心（农业技术综合服务中心、畜牧兽医站）。

2、人力资源和社会保障服务中心。

3、科技宣教文化信息服务中心（加挂党员干部现代远程教育管理站牌子）。

4、村镇规划建设站（黄泥塘镇村镇规划建设站加挂小城镇建设管理办公室牌子，对江镇和慕俄格古城、顺德、红旗等三个街道办事处村镇规划建设站加挂城市管理办公室牌子）。

5、人口和计划生育妇幼保健管理服务中心（加挂流动人口计划生育管理办公室牌子）。

6、水利站（加挂移民工作站牌子）。

7、林业环保站。

8、安全生产监督管理站（产煤的镇和街道办事处加挂煤矿安全生产监督管理站牌子）。

9、计划生育协会。

四、组织实施

新建镇和街道办事处的设置工作在县委、县政府的统一领导下，在县委组织部、县机构编制委员会办公室、县人力资源和社会保障局及县民政局的指导下进行，由新建镇和街道办事处具体组织实施。县委组织部、县机构编制委员会办公室、县人力资源和社会保障局及县民政局要切实履行职责，认真做好新建镇和街道办事处领导班子配备、职责划分、人员编制核定、人员调整和行政区划调整衔接等工作，按时完成新建镇和街道办事处设置各项工作任务。

要加强新建镇和街道办事处设置工作中的思想政治工作，严肃各项纪律，严禁突击提拔干部和突击进人，严防国有资产流失，保持思想不散、秩序不乱、工作不断，确保各项工作运转正常。

新建镇和街道办事处党政机关及事业单位的职能职责另由县机构编制委员会行文明确。

附件：

1、大方县新建镇（街道办事处及有关乡镇）机关各部门人员编制分配表。

2、大方县新建镇（街道办事处及有关乡镇）事业单位人员编制核定表。

3、法律法规明确上级政府部门设在新建镇（街道办事处）的机构。

4、新建镇（街道办事处）机构设置说明。

中共大方县委　　大方县人民政府

2013年11月7日

大方县人民政府将竹园乡和文阁乡四个村委托毕节双山新区管理委员会管理协议

监　证： 毕节市人民政府
委托方： 大方县人民政府
接管方： 毕节双山新区管理委员会

一、委托管理依据

根据《中共贵州省委贵州省人民政府关于加快推进毕节试验区新一轮改革发展的意见》（黔党发〔2011〕13号）和《贵州省人民政府关于毕节—大方城市总体规划的批复》（黔府函〔2011〕79号），《中共毕节地委委员会议纪要》（〔2011〕第124号），毕节地区机构编制委员会《关于设立毕节双山新区管理委员会的通知》（毕地机编〔2011〕09号）和《关于毕节双山新区管理委员会机构升格的通知》（毕地机编〔2011〕48号）文件精神，设立毕节双山新区党的工作委员会和毕节双山新区管理委员会，为中共毕节市委、毕节市政府派出的正县级机构，实行一个机构两块牌子，对毕节双山新区实行统一领导和管理。受大方县人民政府委托，管理大方县竹园乡和文阁乡的文阁、安庆、海坝、中寨四个村。

二、委托管理范围

按照毕节市人民政府对毕节双山新区行政管理范围界定的决定，毕节双山新区管理委员会整体接管大方县竹园乡和文阁乡文阁、安庆、海坝、中寨四个村。

三、对委托管理的乡行驶的职权

（一）贯彻执行党和国家的方针、政策和法律、法规及省、市的相关政策；对托管区实行统一管理并抓好托管区的物质文明、精神文明、政治文明、生态文明和党的建设。

（二）根据全市经济和社会发展规划的总体规划，编制托管区总体规划、发展计划和年度国民经济与社会发展计划，并组织实施。

（三）组织实施托管区的综合配套改革，建立适应社会主义市场经济发展的托管区产业发展要求的现代企业制度、劳动人事制度、分配制度、社会保障制度、风险投资机制和国有产业监管机制，培育和发展各类市场和社会中介组织；大力发展商贸物流业。

（四）负责托管区党的建设和社会主义精神文明建设；做好纪检监察、干部人事、宣传、统战、社会治安综合治理等工作；指导工、青、妇等群团组织开展活动。

（五）研究制定托管区经济社会发展目标，重大改革措施和关系全局性的政策问题，决定重大事项。

（六）执行国家有关城市规划、建设和管理、市政、环卫市容、园林绿化、公共事业管理、交通行业管理等方面的方针政策、法律法规和规定，并结合新区实施制定实施办法，落实具体措施。

（七）负责财政管理，工程项目资金管理，调整和优化财政支出结构，建立一级财政、完善公共财政体系；编报各类专项资金计划、预算和决算，并监督实施；对托管区国有资产实行监督和管理。

（八）负责托管区基础设施和公共设施的建设，协助搞好重点工程的监管。

（九）加强依法行政和行政执法监督工作，促进和完善行政管理制度化、规范化和法治化建设。

（十）统筹、协调、管理托管区的经济技术协作和招商引资工作。

（十一）协调区域内企事业单位及有关部门派驻机构的工作；

- 2 -

（十二）领导和管理托管区的经济发展、社会公共事务、社会保障、安全生产、计划生育、国土管理、环境保护、行政综合执法等工作；

（十三）承办市委、市政府

四、委托管理时间

从二〇一四年八月三十一日起，正式移交委托管理。

五、其他

（一）未尽事宜由双方协商解决。

（二）本协议从签定之日起生效。

（三）本协议一式三份，毕节市人民政府一份，大方县人民政府，毕节双山新区管理委员会各存一份。

监　证：毕节市人民政府

监证领导人签字：

2014 31/8

委托方：大方县人民政府

法人代表签字：

2014 31/8

接管方：毕节双山新区管理委员会

法定代表人签字：

2014 31/8

-3-

恒大集团结对帮扶大方县精准扶贫精准脱贫协议

按照党中央、国务院扶贫工作的有关精神，响应全国政协的号召，并在全国政协的指导下，恒大集团积极开展结对帮扶国家扶贫开发重点县的工作。

贵州省毕节市大方县位于乌蒙山区，是国家扶贫开发重点县，总人口110万人，其中贫困人口18万人。

恒大集团是以民生住宅为主，集文化旅游、保险、农牧、健康、互联网及体育为一体的企业集团，在发展过程中积极承担社会责任，关注民生。

经双方友好协商，自2015年12月19日起，恒大集团结对帮扶毕节市大方县，和全县人民一道，利用三年时间，到2018年底实现大方县整县脱贫目标。

协议如下：

一、结对帮扶时间

2015年12月19日至2018年12月31日

二、结对帮扶对象

大方县实际管辖范围内国家建档立卡数据库中的贫困人口共计18万人。

三、结对帮扶思路

坚持“精准扶贫、精准脱贫”的原则，一切从实际出发，因户施策，因人施策，实实在在，稳扎稳打。

1

未来三年，恒大集团在大方县投入扶贫资金30亿元。与全县一道，通过产业扶贫、易地搬迁扶贫、吸纳就业扶贫、发展教育扶贫和特殊困难群体生活保障扶贫等一揽子综合措施，三年实现全县贫困人口全部稳定脱贫。

四、结对帮扶措施

（一）产业扶贫

1、扶持发展特色农业。恒大出资4亿元，重点扶持400个左右天麻、冬荪、皱椒、蔬菜、香菇等贫困户互助合作社及初加工企业。

2、扶持发展畜牧产业。恒大出资6亿元，购买10万头（只）肉牛、肉羊、生猪等基础母畜无偿送给贫困户，同时引导贫困户组成互助合作社，适度集中饲养。重点扶持1000个左右互助合作社。

3、扶持建设种苗基地。恒大出资1亿元，建设20个种苗、苗木繁育基地。近三年内，种苗、苗木全部无偿提供给贫困户种植。建成后产权确权给周边贫困户。

4、扶持投放生产信贷。恒大出资1亿元，为贫困户发展生产贷款予以担保，增强扶贫信贷投放能力。

（二）易地搬迁扶贫

针对基本丧失生产生活条件地区的贫困群众，依托城镇和厂矿、旅游区等，通过易地搬迁转移就业，实现稳定脱贫。恒大出资10亿元，建设10处易地搬迁扶贫安置区，易地搬迁2万名贫困人口。

（三）吸纳就业扶贫

恒大集团通过组织大规模职业技能培训，在物业、园林、酒店等下属企业和战略合作企业，吸纳3万人就业。

（四）发展教育扶贫

恒大出资5亿元，用于支持大方县教育发展。其中：

1、新建10所标准小学、10个标准幼儿园。

2、新建1所完全中学。

3、新建1所现代化职业技术学院。

4、建立“恒大大方教育基金”，用于表彰奖励大方县优秀教师和优秀贫困家庭学生。

（五）特殊困难群体生活保障扶贫

1、恒大出资2亿元，新建1所慈善医院。

2、恒大出资5000万元，在县城新建1处敬老院、1处儿童福利院，用于救助农村贫困家庭中五保老人和孤儿。

3、恒大出资 5000 万元，通过恒大人寿为贫困人口中特殊困难群体，每人赠送1份万能险，保险收益用于此部分群体稳定脱贫。

4、恒大员工志愿对大方县农村贫困家庭全部留守儿童、生活困境儿童和孤儿“一助一结对、手拉手帮扶”。

五、双方的义务

（一）恒大集团帮扶工作在大方县委、县人民政府的统一领导下进行，与全县扶贫攻坚形成合力。

（二）恒大集团所有帮扶资金，全部阳光操作，精准投入到贫困家庭脱贫，接受全社会的公开监督。

（三）恒大集团在大方县注册成立独立的法人机构全权负责大方县的结对帮扶工作。

（四）大方县人民政府全力支持配合恒大集团结对帮扶工作，抽调精干人员，成立专项推进组，共同推动帮扶工作。

（五）大方县人民政府全力保障恒大扶贫项目的建设用地、规划审批、报建手续和自来水、道路、电力、通讯等基础设施建设，保证项目施工进度。

（六）大方县人民政府负责到村、到户帮扶事项的协调组织。

六、其他事项

本协议经双方签字盖章后生效。未尽事宜，双方协商后签订

3

补充协议，补充协议与本协议具有同等法律效力。

本协议文本壹式肆份，甲、乙双方各执贰份。

恒大地产集团：

法定（或授权）代表人：

大方县人民政府：

法定（或授权）代表人：

签署时间：2015 年 12 月 19 日

大方县人民政府将黄泥等乡、村委托贵州百里杜鹃管理区管理委员会管理的协议

监　证：毕节市人民政府

委托方：大方县人民政府

接管方：贵州百里杜鹃管理区管理委员会

一、委托管理依据及管理范围

根据2016年《中共毕节市委一届第87次常委会议纪要》（〔2016〕第38号）、《毕节市人民政府第60次会议纪要》（一届60次）精神，贵州百里杜鹃管理区管理委员会在托管大方县普底乡、大水乡及部分村的基础上，受大方县委托，管理大方县百纳彝族乡、黄泥彝族苗族满族乡、沙厂彝族乡（仓上、罗陇2个村除外）及凤山彝族蒙古族乡的白鸡、联兴两个村。

二、对委托管理乡、村行使的职权

（一）贯彻执行党和国家的方针、政策和法律，法规及省、市的相关政策；对托管乡、村实行统一管理并抓好托管乡、村的物质文明、精神文明、政治文明、生态文明和党的建设等工作。

（二）根据全市经济和社会发展规划和总体规划，编制或修订托管乡、村建设总体规划、发展计划和年度国民经济与社会发展计划，并组织实施。

（三）组织实施托管乡、村的综合配套改革，建立适应经济

发展要求的企业制度、劳动人事制度、分配制度、社会保障制度、风险投资机制和国有资产监管机制，培育和发展各类市场和社会中介组织。

（四）负责做好纪检监察、机构编制、组织人事管理和干部任免调配、宣传、统战、社会治安综合治理等工作；指导工、青、妇等群团组织开展活动。

（五）负责财政管理和工程项目资金管理，调整和优化财政支出结构，完善公共财政体系；编报各类专项资金计划、预算和决算，并监督实施；对托管乡、村国有资产实行监管。

（六）负责托管乡、村资源的培育、森林防火和林业有害生物的防治工作；查处破坏野生动植物资源案件和负责珍稀、濒危野生动植物保护工作。

（七）加强依法行政和行政执法监督，依法做好行政诉讼、民事诉讼、行政复议等工作，促进托管乡、村行政管理的制度化、规范化和法治化建设。

（八）统筹、协调、管理托管乡、村的经济技术协作和招商引资工作，加强旅游开发与管理工作。

（九）负责托管乡、村水电路讯等基础设施和公共设施的建设，并跟踪审计政府投资建设项目。

（十）领导和管理托管乡、村的经济发展、脱贫攻坚、易地扶贫搬迁、美丽乡村建设、社会公共事务、安全生产、计划生育、国土资源管理、社会保障、环境保护、行政综合执法等工作。

— 2 —

（十一）委托方和接管方在2017年5月1日前完成债权债务、各类工程项目清理和移交等工作。

（十二）承办市委、市政府交办的其他事项。

三、委托管理时间

从2017年2月24日起，正式移交委托管理。

四、其它

1. 本次托管乡、村未尽事宜由双方协商解决。

2. 本协议从签订之日起生效。

3. 本协议一式三份，报市人民政府一份，大方县人民政府、贵州百里杜鹃管理区管理委员会各存一份。

监　证：毕节市人民政府　　　　监证领导签字：冉霞

委托方：大方县人民政府　　　　法人代表签字：陈萍

接管方：贵州百里杜鹃管理区管委会　法人代表签字：游新年

2017年2月24日

— 3 —

三、文史辑存

因灾祈赈书

陈百朋

谨启者：敝属薄德，上干天怒。自去秋来，水潦为灾，人民乏食。三四月之滴淋，云烟久蔽；亿万石之稼穑，颗粒无收。问彼曾孙①，都归乌有；询伊寡妇，尽属子虚。此虽天灾流行，抑亦人事所感召也。乃去年禾稼，既付渺茫；而今岁收成，尚无把握。正月之冰坚于金，菜亦未熟；二月之雹大如卵，麦又无收，而且季春忽飞大雪，土中之谷种不生；孟夏犹降繁霜，田内之秧苗皆坏。嗟彼富户，即有地亦是荒郊；哀此穷民，欲补耕曾无子种。兴言及此，良可悲也！倏于四月，粮价弥高，斗米值四两余金，升谷需三百余钱。谷米之贵，从古未闻；饥馑交加，于今未已！纵属大省，亦所难堪；况系穷乡，乌乎不死。敝地六龙场，居大定府东乡，距城二十余里，为大定首场，实府城屏障。合街计二千余户，饥民约一万余口。初卖牛马，继卖田地。老羸展于沟壑，少壮离于异乡。士大夫辈，难饱糟糠；缙绅之家，不见屑豆。掘鼠罗雀，宛同上世食鲜②；面鹄形鸠，莫悯斯民饥色。呼庚呼癸③，四野同声；鬻子鬻妻，十室空半。甚而草根食尽，六龙之场草已断根；树叶争餐，五凤之山树几无叶。食膏壤者，命贱泥沙；饮泉水者，身同蚯蚓。一门缢死，谁收枯朽之尸？午夜哀号，尽是饥毙之鬼。以至易子而食，折骸而爨，随处皆然，不忍言矣。呜呼噫嘻！此情此景，即耳闻之亦应下泪，况目睹者，能无寒心！愚等际此时艰，不忍独活，集十余人之力，筹数千金之款，公禀本郡尊府，请札各处采买，行赈济之方，设平粜之法；虽剜心头之肉，聊医眼前之疮，亦云尽力调护矣。奈日时甚久，钱剩粮不多，大厦非独木可支，车火岂杯水能救？故欲赈民饥溺，是必告急邻封：伏维贵省，年登大有，人庆年丰。簪缨不少仁人，商贾恒多义士。好施乐善，岂区乎吴水黔山？救灾恤邻，奚吝夫仁粟性米？叹束手之无方。爰倾心而求助。维冀推大士④之婆心，慈悲普济；何至如秦君之袖手、悭吝不施？倘蒙挥金，立候回玉。俾池中涸鲋，早得就于西江；使野外飞鸿，免哀鸣于东里。试看深仁远被，当赐予千里万里之遥；定知为善必昌，卜食报于十世百世而后。谨启以闻。

注：清光绪二十六年（1900），大定饥荒，六龙乡区的灾情特重。作者在乡同地方人士组织起来进行救灾工作，写了本文寄发省内外各地，请求捐输，救济灾民。

解释：①曾孙：姓氏，借指当地农户。②食鲜：喻饥荒年人民生食食物。③呼庚呼癸：饥荒年代，称借贷为“呼庚呼癸”。④大士：佛教称菩萨为“大士”。

创建县大队

王荣初

中国人民解放军一四一团解放大定的第二天，我们一三八团路过大定。11月27日晚，在毕节观音桥宿营。刚一住下，营教导员就找我去谈话，动员我留下来建设新区，巩固后方。我是四川人，为生活所迫，从小就在外流浪。后来找到了革命队伍，在部队的培育下成了一名共产党员，并担任了排长职务，与部队有着母子般的依恋之情。当时，一心只想跟着队伍向前，完成解放全中国的大业。因此，虽然教导员反复动员，我也不愿意下地方工作。最后，教导员问我："你是共产党员吗?"我说："我是共产党员。"教导员严厉地说："共产党员就必须服从组织安排，我命令你留下来!"就这样，我带上组织介绍信，于28日到了毕节城。

当时，毕节刚解放，新政府尚未挂出牌子，城里比较混乱。我找不到地方报到，只好先找旅店住了下来。直到12月2日，才在街上看到通知，通知从部队抽调下来的人员于12月3日早晨到专署集中开会。召开会议的是毕节地区第一届地委书记赵欲樵。他先批评了我们不主动联系组织，然后给我们布置了"建设地方武装，保卫新解放区"的任务，并把我们编成小组，分到各县。

12月6日，我们这一组十多人来到了大定县城。当时大定县人民政府刚成立，众事纷纷。县委不熟悉我们的情况，暂时还顾不过来安排我们的工作。我们根据赵欲樵的指示，主动商量成立大定县大队，由孙先法任连长，赵明英任指导员，寇新见、马守奇任排长，我任事务长。我们把组织情况向县委汇报，县委很赞成我们的做法，并布置了县大队成立后的具体工作任务。

得到县委的批准，我们立即贴出了征兵告示。大概内容是：我中国人民解放军留守部队，为巩固和建设人民的大定，决定成立县大队，凡爱国青年均可报名参军。告示一贴出，陆陆续续就来了许多青年应征。我记得第一批报名的有城关的彭朝贵、安世俊、陈天云、陈昆华、陈忠明、李宗林等。由于当时条件限制，无法进行政审体检，我们只到应征青年的家庭去了解，认为家庭成份较好、本人身体条件不错的便批准入伍。后来，又收容了一些大部队行军掉队的人员。到1950年元月中旬，县大队已有一百零几个人了。在同一时期，几个区也建立了公安班。那时因土匪猖獗，为了扩大影响，公安班又叫区中队，属县大队建制，由区委直接领导。

短短两个月，县大队一边组建，一边开展工作，担负着警卫县城，看管监狱，在城关附近剿匪和镇反等任务，工作十分繁重。县大队的经费开支，是由毕节军分区供给。那时没有车，交通不便，每月都是先向县人民政府财政科支借，然后再去毕节报账。有一次，我带了一个班步行去毕节，刚到落脚河，突然遭到三十多个土匪的袭击。我见土匪火力并不强，便指挥机枪猛烈射击，带部队跑步冲过了落脚河大桥。土匪见阻挡不住，便一窝蜂溃散了。到分区报了账，领到一大堆钱。那时使用的旧币面值较小，因而数量很多，只好把钱分成几大包，票面较大的我自己背。回大定的路上，我很担心，我们人少钱多，行动不便，怕出现意外。幸好，路程走了大半，碰到的都是小股土匪，一打就散了。可是，走到老鹰岩时，山口上响起了急促的枪声，并夹杂着嘈杂的嘶喊叫骂。我一看，嗬！一群土匪足有五十来个，居高临下向我们射击。但敌人火力并不密集，只是虚张声势，不敢往下冲。根据来时的经验，我断定土匪人多枪少，并且害怕解放军的正规部队，便当机立断，叫大家赶快把钱包放在机枪旁边，带上六七个战士向土匪发起猛烈的冲锋，把土匪赶过了山那边。趁土匪溃退，我们背上钱包，快步赶回了县城。这是利用土匪畏惧心理取得的胜利。假若当时我们不主动出击而是撤退避让的话，土匪得寸进尺，我们的麻烦就大了。

后来，县里成立了警卫营，县大队改编为警卫二连，我任连长。以后又改名为公安大队，我任大队长兼指导员。虽然名称改了多次，其职能和任务都没有改变。在大定解放初期的那些日子里，县大队确实为人民政权的巩固和发展起了极为重要的作用。

编纂始末

《大方县志（1991—2015）》编纂工作始于2005年12月，因诸多原因，十多年间无实质性进展，直至2017年1月才进入实质性编修和总纂。2017年10月，完成初稿分送县几大班子领导和各部门征求意见，11月17日通过市史志办复审，12月18日通过省地方志办终审。2019年1月通过省地方志办验收。

2001年12月，全国地方志第三次工作会议启动全国第二轮志书编纂工作，2002年6月，全省地方志第五次工作会议安排启动全省地方志续修工作，省政府办公厅《关于加强全省地方志续修工作的通知》明确，《大方县志》续修列入《贵州省地方志续修计划》。

2005年6月6日，县委副书记、县长李玉平主持召开第十四届人民政府第二十五次常务会议，对启动全县第二轮地方志编修工作进行安排部署。是年12月1日，县委、县人民政府召开大方县第二轮地方志编修启动工作会议，副省长吴嘉甫出席会议并讲话，省地方志办主任彭刚和地区地方志办主任金国藩到会讲话，县委书记、县志编纂委员会名誉主任沈晓春，县长、县志编纂委员会主任李玉平讲话，明确第二轮修志下限至2009年，各乡镇和县直各部门与县人民政府签订了修志目标责任书，对全县100多名参会人员进行了业务培训，第二轮修志工作启动。2007年8月12日，县第十五届人民政府第三次常务会议听取地方志编修工作情况汇报，要求各级各部门充分认识修志工作的重要性。2013年9月5日，县第十六届人民政府第九次常务会议明确将续修《大方县志》下限延长至2014年。2016年11月21日，省政府地方志行政执法检查组到大方县检查《大方县志》续修情况，县委常委、常务副县长徐萍主持召开座谈会，听取检查组反馈意见，执法检查组明确，第二部《大方县志》下限至2015年，要加快进度，2017年完成编修任务，力争2018年公开出版。

2017年1月，县史志办主要负责人调整到位后，组织全体干部职工认真梳理本志编修存在问题，倒排工期，明确时间表、路线图、责任人。3月，调整充实县地方志编纂委员会。4月8日，县委、县人民政府召开全县地方志工作专题会议，邀请民盟贵州省委原主委、省文史研究馆原馆长顾久到会作指导讲话。会议要求，县史志办要以雷厉风行的速度、科学严谨的作风、敬业尽责的态度，扎实做好县志续修工作，全县各级各部门要形成合力，积极配合提供资料，努力打造精品志书。5月5日，县委常委、常务副县长、县地方志编纂委员会副主任徐萍召开会议，对入志立传人物的收录范围、类别、标准等进行研究和明确。在编纂过程中，县史志办定期召开调度会和初稿讨论会，成稿一篇，讨论修改一篇，初稿编写、讨论修改、资料催收同步进行。2017年1月至10月，县史志办共召开调度会39次、初稿讨论会22篇次，催收补充资料110个单位约80万字，完成初稿编写22篇约160万字。2017年10月，将初稿送县四大班子领导和各部门征求意见，同时送市史志办复审。是年11月10日，徐萍再次组织召开会议，对立传人物初定及其资料采集等作进一步明确和要求。11月13日，县委副书记、县长陈萍主持召开县第十七届人民政府第十三次常务会议，对聘请修志人员劳务费、绩效奖、稿酬等进行了研究和明确。12月26日，根据省地方志办终审意见，为突出旅游业的地位和特色，县史志办召集旅游管理部门负责人专题研究，决定专设“旅游篇”。

2018年1月26日，县史志办召开旅游管理部门和涉旅乡镇参加“旅游篇”资料收集专题会议，明确各单位收集提供相关资料。5月，“旅游篇”初稿编纂完成。7月，将“人物志”分送县几大班子领导、部分离任老领导、各部门、各乡镇征求意见。8月14日，县史志办召开本志《大方县地图》《大方县资源图》审查会，县国土、交通、民政、规划、林业、铁路高速公路机场建设指挥部、旅发办等有关部门专业人员及贵州省第三测绘院制图人员参加会议。8月17日，县史志办组织召开“人物志”讨论会，退休老领导谢志全、康朝敏、杨官文及老同志吴季陶、赵江、刘明刚、陈开亮、陈绍竹、徐德后、赵钦中参加会议并提出意见建议，县委办、人大办、政府办、政协办、组织部、宣传部、离退局相关负责人参会。9月7日，县史志办召开“人物志”第二次讨论会，全体编纂人员参加。10月12日，县人民政府副县长周登印组织召开“人物志”审定小组会议。在“人物志”编纂过程中，年近八旬的原县志办主任赵江四处奔走，收集整理20余人资料，为充实完善“人物志”内容付出大量心血。12月，本志初稿按照省专家意见修改完毕，再次分送县四大班子领导、部分离任老领导、曾在大方工作过的县外老领导及全县各部门、各乡镇征求意见。

2019年1月4日，《大方县志（1991—2015）》初稿通过省地方志办验收，1月23日，县委副书记、县长陈萍主持召开全县审稿大会。

本志编修得到省、市地方志办领导的关心、帮助和指导，得到县委、县人民政府领导的重视和支持，得到全县各部门、各乡镇和广大干部群众以及外籍在大方工作过的同志和本县在外地工作的同志的大力支持配合。在初稿编写过程中，先后聘请饶继武、陈祖彭、臧学达、陈君述、陈绍竹、尹开武、刘明刚、郭华荣、高祥勋、张龙荣、王正江、陈永德、孙元祥、陈开亮、沈福德、吴学江、熊益强、谢洪秦、曾居荣、高承勇、彭智、任贵明、龙玉廷、刘安军参与；聘请时任县统计局副局长周显文负责对全书主要经济指标和人口数据进行审核把关。全体编纂人员力学笃行，秉笔直书，呕心沥血，史志办全体干部职工在全力以赴投入脱贫攻坚战的同时，加班加点，争分夺秒，按照省、市专家意见和全县各级各部门反馈意见，对初稿进行反复认真修改打磨。在此，一并表示感谢！

编修县志是一项艰巨浩繁的文化工程，由于志书内容涉及年限跨度大，资料缺乏，时间仓促，编纂人员水平有限，疏虞谫陋在所难免，诚请读者批评指正。

编　者

2019年12月

说明

1. 本志索引分主题索引、图照索引和表格索引，采用主题分析法编制。

2. 全部标引词按首字的汉语拼音音序排列，首字相同按第二字音序排列，以此类推。标引词后的阿拉伯数字表示内容所在的页码，标引词后第二个页码起，表示该索引参见内容所在页码。

主题索引

A

B

C

D

索　引

图照索引

表格索引